AF906351

Planung – Umwelt – Recht

Festschrift für Willy Spannowsky zum 65. Geburtstag

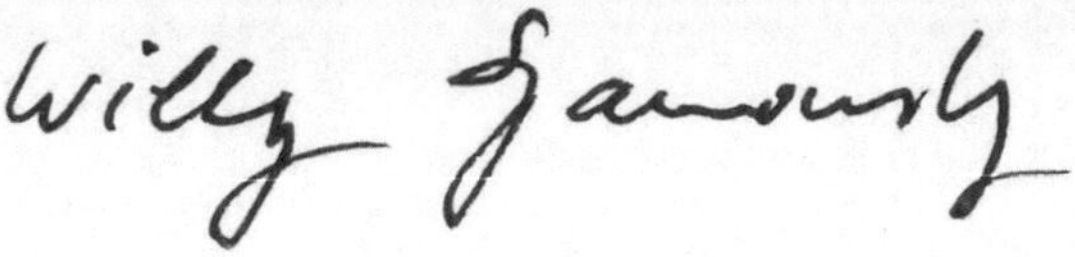

PLANUNG – UMWELT RECHT

FESTSCHRIFT FÜR WILLY SPANNOWSKY ZUM 65. GEBURTSTAG

Herausgegeben von

Christian Gohde

Christoph Mayer

2024

C.H.BECK

beck.de

ISBN 978 3 406 82058 8

©2024 Verlag C.H.Beck oHG
Wilhelmstraße 9, 80801 München
Druck und Bindung: Beltz Grafische Betriebe GmbH
Am Fliegerhorst 8, 99947 Bad Langensalza

Satz: Jung Crossmedia Publishing GmbH, Lahnau
Umschlag: Druckerei C.H.Beck Nördlingen

chbeck.de/nachhaltig

Gedruckt auf säurefreiem, alterungsbeständigem Papier
(hergestellt aus chlorfrei gebleichtem Zellstoff)

Alle urheberrechtlichen Nutzungsrechte bleiben vorbehalten.
Der Verlag behält sich auch das Recht vor, Vervielfältigungen dieses Werkes
zum Zwecke des Text and Data Mining vorzunehmen.

VORWORT

Mit der vorliegenden Festschrift möchten die Herausgeber, die Autorinnen und Autoren sowie der Verlag ihrem geschätzten akademischen Lehrer, beruflichen Weggefährten, Fachkollegen und Autor Willy Spannowsky herzlich zum Geburtstag gratulieren. Der Jubilar hat am 11. Dezember 2023 sein 65. Lebensjahr vollendet.

Die Verbindungen der an der Entstehung der Festschrift Beteiligten zu Willy Spannowsky sind unterschiedlich und spiegeln die vielfältigen beruflichen Interessensgebiete und Tätigkeiten des Jubilars wider. Sie alle aufzuzählen ist in diesem Rahmen unmöglich, zu nennen sind aber in jedem Fall: Dem Bau-, Planungs- und Umweltrecht und seinen Verschränkungen mit den Planungswissenschaften leidenschaftlich verschriebener Universitätsprofessor an der Rheinland-Pfälzischen Technischen Universität Kaiserslautern-Landau, Richter im zweiten Hauptamt im Staatshaftungssenat des Oberlandesgerichts Zweibrücken, Rechtsberater der Öffentlichen Hand auf allen staatlichen Ebenen, insbesondere als Mitglied des Beirats für Raumentwicklung, sowie Autor und Herausgeber einer Vielzahl von Fachpublikationen auf den vorgenannten Rechtsgebieten. Die Eignung des Jubilars für die Ehrung durch eine Festschrift steht daher außer Frage!

Die Herausgeber kennen Willy Spannowsky inzwischen seit mehr als zehn Jahren. Sie haben nach dem Ende des Rechtsreferendariats fast gleichzeitig ihre Tätigkeit als wissenschaftliche Mitarbeiter am Lehrstuhl des Jubilars aufgenommen und in der Folgezeit unter dessen fachlich fundierter und stets wertschätzender Betreuung ihre Promotion abgeschlossen. Christian Gohde arbeitet als Akademischer Rat am Lehrstuhl des Jubilars weiterhin mit diesem zusammen. Christoph Mayer ist zwischenzeitlich als Rechtsanwalt in einer auf das Infrastrukturrecht spezialisierten Kanzlei in Freiburg im Breisgau tätig, durch einen Lehrauftrag am Lehrstuhl des Jubilars aber weiterhin eng mit diesem verbunden.

Einen Höhepunkt der Lehrstuhltätigkeit der Herausgeber bildete die Unterstützung des Jubilars bei der Vorbereitung und Ausrichtung des 12. Internationalen Städtebaurechtskongresses der Association Internationale de Droit de l'Urbanisme (AIDRU, Internationale Städtebaurechtsvereinigung). Zu dieser Fachtagung kamen im September 2019 mehr als 40 renommierte Rechtswissenschaftlerinnen und Rechtswissenschaftler aus 14 Staaten nach Trier, um sich aus rechtsvergleichender Sicht über das Thema „Mobilität im Städtebaurecht" auszutauschen und Impulse für die Weiterentwicklung der jeweiligen nationalen Städtebaurechtsordnungen zu erhalten. Den Herausgebern ist es daher eine besonders große Freude, dass sich unter den Autorinnen und Autoren der Festschrift auch mehrere Mitglieder der Internationalen Städtebaurechtsvereinigung befinden.

Der Titel der Festschrift „Planung – Umwelt – Recht" soll thematisch das wissenschaftliche und weitere berufliche Wirken des Jubilars abbilden. Diese Begriffe stehen dabei nicht in einem Ausschließlichkeitsverhältnis, sondern überlagern und bedingen sich vielmehr gegenseitig. Aus diesem Grund befassen sich die in der Festschrift versammelten Beiträge vielfach nicht nur mit einem dieser Begriffe. Für die Gliederung der Festschrift haben die Herausgeber die Beiträge daher sechs Querschnittsthemen im Schnittfeld von Planung, Umwelt und Recht zugeordnet: Rechtliche und planungswissenschaftliche Grundlagen, Planung raumbedeutsamer Infrastrukturen, Entwicklungslinien der Raumordnung, aktuelle Themenfelder der städtebaulichen Planung, Anwendungsfragen der Vorhabenzulassung sowie Digitalisierung in der Planung.

Herzlich bedanken möchten sich die Herausgeber vor diesem Hintergrund bei allen Autorinnen und Autoren der Beiträge zu dieser Festschrift sowie dem Verlag C.H.Beck für die sofortige Bereitschaft zur Aufnahme der Festschrift in sein Verlagsprogramm. Ihr besonderer Dank gilt Frau Dr. Katja Haberzettl für die professionelle Betreuung des Entstehungsprozesses seitens des Verlags sowie Frau Stephanie Wernli-Heiler und Frau Sigrid Haager für die unermüdliche Unterstützung der Herausgeber bei der Vorbereitung der Festschrift.

Dem Jubilar wünschen alle Beteiligten weiterhin gute Gesundheit und ungebrochene Schaffenskraft!

Kaiserslautern und Freiburg im Breisgau, den 31.1.2024

Christian Gohde und Christoph Mayer

INHALTSVERZEICHNIS

B. PLANUNG RAUMBEDEUTSAMER INFRASTRUKTUREN

C. ENTWICKLUNGSLINIEN DER RAUMORDNUNG

D. AKTUELLE THEMENFELDER DER STÄDTEBAULICHEN PLANUNG

E. ANWENDUNGSFRAGEN DER VORHABENZULASSUNG

A. RECHTLICHE UND PLANUNGSWISSENSCHAFTLICHE GRUNDLAGEN

GOTTHOLD ALEXANDER BALENSIEFEN

Planungsrecht: Typologie und Strukturelemente

I. Einführung

1. Das Spannungsverhältnis von Planung und Recht

Planung und Recht befinden sich in einem schwer auflösbaren Spannungsverhältnis.

Planung beruht „auf einer analysierenden Erfassung gegenwärtiger Lagen, auf einer Prognose künftiger Entwicklungen und auf dem Vorentwurf einer normativen Ordnung“[1]. Recht in Form von Normen assoziiert Statisches und wird durch die Subsumierbarkeit eines gegebenen Sachverhalts unter jene charakterisiert, wohingegen Planung dynamisch angelegt ist und sich durch einen Gestaltungsauftrag mit einem bestimmten Zeithorizont in die Zukunft hinein auszeichnet.[2] Recht kann zwar Zukünftiges a priori nicht rechtlich erzwingen, aber mehr oder weniger verbindliche Regeln für die einzuschlagenden Wege vorgeben und Leitplanken für anzustrebende oder abzuwehrende zukünftige Zustände oder Entwicklungen festlegen. Unvereinbar sind Recht und Planung damit nicht, wenngleich die Substrate von Planung rechtlichen Vorgaben in sehr unterschiedlicher Weise zugänglich sind.[3] Im Folgenden soll daher ein Versuch der Systematisierung unternommen werden, indem Typen und Strukturelemente des Planungsrechts aufgezeigt werden.

2. Rechtliche Relevanz von Planungen

Planungen als Prozesse des Erstellens und Verabschiedens von Plänen werden in zahlreichen Rechtsbereichen gesetzlich vorgeschrieben und sind keineswegs auf das öffentliche Recht beschränkt.[4] In Technik und Wirtschaft wird Planung als Teil-

---

[1] Hoppe in HStR Bd. III, § 71.

[2] Di Fabio FS Hoppe, 2000, 75 (75), der hierin eine Ähnlichkeit zur Gesetzgebung konstatiert; die Schwierigkeit, Planungsprozesse vertragsrechtlich im Privatrecht abzubilden, zeigt sich in den Regelungen des BGB zu Planerverträgen (§§ 650p ff. BGB), bei denen das Bedürfnis nach Planänderungen und damit des vertraglich vereinbarten Leistungssolls naturgemäß besteht und im Widerspruch zum Grundsatz pacta sunt servanda aufgefangen werden muss, § 650q Abs. 1 iVm § 650b BGB, § 650q Abs. 2 BGB.

[3] Prototypische Gegenstände von Planung sind das Bauen, die Land- und Forstwirtschaft sowie Jagd und Kriegsführung.

[4] ZB Insolvenzplan nach § 42 BGB, Ratenzahlungsplan nach § 486a BGB, Tilgungsplan nach § 492 Abs. 3 BGB, Wirtschaftsplan für Wald und Bergwerk nach §§ 1038, 2123 BGB, Auseinandersetzungsplan nach § 2204 Abs. 2 BGB, Eigenverwaltungsplanung nach § 270a InsO; Vollzugsplan nach § 66c StGB; die Aufzählung ließe sich beliebig in vielen Rechtsbereichen fortsetzen.

oder Unterfunktion übergeordneter Instrumente wie Projekt- oder Prozessmanagement verstanden, wohingegen rechtlich mit Planungen fast ausschließlich öffentliches Recht, neben dem Verfassungsrecht[5] insbesondere Verwaltungsrecht[6], assoziiert wird. Gesetzliche Normen, die zur Planung verpflichten, zeichnen sich dadurch aus, dass sie nur einen mehr oder weniger engmaschigen Rahmen in formeller, zeitlicher und inhaltlicher Hinsicht für bestimmte Planungen vorgeben, deren inhaltliche Konkretisierung jedoch einem Planungsträger überantworten.[7] Insofern ähneln gesetzliche Planungsvorgaben den an die Mitgliedstaaten gerichteten EU-Richtlinien, die ihrerseits zahlreich auch zur Umsetzung gerade durch Planungen verpflichten.[8] Qualifizierte normative Vorgaben bestehen für bestimmte Planungen und Pläne hinsichtlich der materiellen Planinhalte oder der formellen Anforderungen an den Prozess der Planung. Paradigmatisch hierfür sei auf Verfahren der Aufstellung und die Inhalte von Bauleitplänen verwiesen: So sind in §§ 1 ff. BauGB nicht nur Erforderlichkeit und Aufstellung von Bauleitplänen geregelt, sondern auch die mindestens erforderlichen, begrenzt bzw. beispielhaft möglichen Festsetzungen bzw. Darstellungen (§ 30 Abs. 1 BauGB: qualifizierter Bebauungsplan; mögliche Festsetzungen im Bebauungsplan nach § 9 BauGB; regelbeispielhaft aufgeführte Darstellungen im Flächennutzungsplan nach § 5 BauGB) sowie die einzuhaltenden Verfahrensschritte (§§ 2 ff. BauGB).

3. *Planungsrecht*

Das Rechtsgebiet des schwer greifbaren und „eigenwilligen“[9] Planungsrechts soll normlogisch solche Rechtssätze beschreiben, die nicht konditional, sondern final strukturiert sind.[10] Die Belastbarkeit dieser Unterscheidung ist deshalb von immer

---

[5] Haushaltsplan nach Art. 110 ff. GG, weitere im GG angeführte Planungen betreffen die Landesplanung (Art. 29 Abs. 1 GG), Planungen für den Verteidigungsfall (Art. 53 a Abs. 2 GG), die Planung informationstechnischer Systeme nach Art. 91 c Abs. 1 GG, die mehrjährige Finanzplanung nach Art. 106 Abs. 3 S. 3 Nr. 1 und Art. 109 Abs. 4 GG sowie die Bildungsplanung nach Art. 143 Abs. 1 S. 1 GG.

[6] Kloepfer FS Hoppe, 2000, 111 (121).

[7] Vgl. Di Fabio FS Hoppe, 2000, 75 (95).

[8] Typisch hierfür zB Art. 2 a Abs. 2 der durch die RL 2018/844/EU vom 30.5.2018 geänderten RL 2010/31/EU über die Gesamtenergieeffizienz von Gebäuden: „In seiner langfristigen Renovierungsstrategie erstellt jeder Mitgliedstaat einen Fahrplan mit Maßnahmen und innerstaatlich festgelegten messbaren Fortschrittsindikatoren im Hinblick darauf, das langfristige Ziel einer Verringerung der Treibhausgasemissionen in der Union bis 2050 um 80–95% im Vergleich zu 1990 zu erreichen … Der Fahrplan enthält indikative Meilensteine für 2030, 2040 und 2050 sowie eine Beschreibung, wie diese zum Erreichen der Energieeffizienzziele der Union gemäß der Richtlinie 2012/27/EU beitragen.“ Zur finalen Rechtsetzung des europäischen Umweltrechts und dem Systembruch beim Versuch der Umsetzung in das konditional strukturierte deutsche Umweltrecht, Breuer AöR 2002, 523 (556 ff.).

[9] Di Fabio FS Hoppe, 2000, 75.

[10] Allgemein hierzu Breuer AöR 2002, 523 (525 ff.) im Anschluss an Hoppe DVBl 1974, 641 (643 f.) und Luhmann, Zweckbegriff und Systemrationalität, 2. Aufl. 1977, 101 ff.; eine andere rechtstheoretische Begründungsschiene verweist auf die Unterscheidung von Dworkin zwischen unmittelbar zu befolgenden Rechtsregeln und Rechtsgrundsätzen, welche (nur) einen Geltungsimpuls setzen, vgl. Di Fabio FS Hoppe, 75 (82 ff.). Jedoch sind nicht alle final strukturierten Rechtssätze Planungsrecht, solche bestehen zB im Verfassungsrecht zu den Grundprinzipen der

größerer Bedeutung, weil die Anwendung konditionaler Rechtssätze nicht nur hinsichtlich der Tatsachenerfassung, sondern auch der Subsumtion eines Sachverhaltes unter einen Rechtssatz[11] mit den klassischen Auslegungsregeln in immer perfekterer Art der Digitalisierung in Algorithmen zugänglich sein bzw. gemacht werden soll.[12]

Dagegen sind finale Rechtsätze unbestritten nur hinsichtlich der Sachverhaltsaufarbeitung, zB der Erfassung und Zusammenstellung des Abwägungsmaterials nach § 2 Abs. 3 BauGB, einer Digitalisierung zugänglich, in noch nicht absehbarer Weise aber auch die digitale Herleitung von Rechtsfolgen aus finalisierten Rechtsgrundsätzen, mit denen ein „Planungsermessen" oder „planerische Gestaltungsfreiheit", jedenfalls aber ein Auftrag zur „Abwägung" einhergeht.[13]

Normativ ist das Planungsrecht als solches begrifflich nur punktuell gesetzlich hinterlegt, zB in § 188b VwGO: Hiernach können für Angelegenheiten des Planungsrechts besondere Kammern oder Senate gebildet werden (Planungskammern und Planungssenate, in welchen die Sachgebiete der Raumordnung und Landesplanung sowie des Bauplanungs-, Bauordnungs- und Städtebauförderungsrechts zusammengefasst werden und die auch in anderen Sachgebieten insbesondere über Streitigkeiten entscheiden, die Planfeststellungsverfahren oder anstelle einer Planfeststellung erteilte Genehmigungen betreffen).

Während das Feld der örtlichen und überörtlichen Raumplanung, nicht zuletzt Dank der vielfältigen Publikationen und wissenschaftlichen Tagungen des Jubilars, bestens bestellt ist, gleicht das Feld der hiervon üblicherweise ex negativo abgegrenzten Fachplanungen eher einem mit Kraut und Rüben wild bewachsenen Acker. Versuche, Fachplanungen zu systematisieren, haben soweit erkennbar nicht weitergeführt.[14]

Im Folgenden soll daher der Frage nachgegangen werden, ob es, um es positiv zu wenden, nicht besser ist, es bei der wilden Blumenwiese des sog. Fachplanungsrechts mit hoher Diversität zu belassen, oder aber, ob es mit praktischem Gewinn

---

Verfassung und zu Institutionen, welche einer Subsumtion mit den klassischen juristischen Auslegungsmethoden von Normen ebenfalls nur teilweise zugänglich sind.

[11] In Rechtskulturen mit kodifizierten Gesetzen unter Normen, in Rechtsordnungen mit ungeschriebenem Recht unter aus der Rechtsprechung und der Rechtsdogmatik entwickelten Rechtsregeln.

[12] Schwierigkeiten bereiten indes bereits bei eigentlich konditional anmutenden Normen gerade im Bau- und Umweltrecht zahlreiche und vielfältige Möglichkeiten von Ausnahmen, Befreiungen oder Abweichungen, für die kein exaktes Ausnahmeentscheidungsprogramm normativ vorgegeben ist, sondern die im Einzelfall – neben dem Rekurs auf Beurteilungsspielräume – auf Grund einer Abwägung ermessensweise ergehen können, wenn nicht ausnahmsweise hierauf sogar ein Anspruch besteht. Das Postulat in dieser Hinsicht guter oder zumindest besserer Gesetzgebung lässt sich rechtlich zwar über das rechtsstaatliche Gebot der Konsistenz der Rechtsordnung einfordern, aber nur schwer durchsetzen; zur Forderung nach einer besseren Gesetzgebungsplanung Kloepfer FS Hoppe, 2000, 111 (119).

[13] Zu den jeweiligen dogmatischen Begründungssträngen vgl. Di Fabio FS Hoppe, 2000, 75 (76ff.).

[14] Erbguth FS Hoppe, 2000, 631 (644ff.) kommt zu dem Ergebnis, dass auch das Planfeststellungsrecht nicht nur kein Fachplanungs-, sondern gar kein Planungsrecht darstellt, dagegen zu Recht Badura FS Hoppe, 2000, 167 (174).

möglich ist, Strukturen gerade des über die raumplanende Gesamtplanung hinausreichenden Planungsrechts zu entwickeln.

II. Strukturelemente des Planungsrechts

1. Planung und Plan

Zunächst gilt es festzustellen, dass das Planungsrecht zuvörderst ein Recht der Planung ist, also von Prozessen im Sinne strukturierter Abläufe,[15] und nicht Planrecht, und damit prozedurales, also Verfahrensrecht. Planung in diesem Sinne bezeichnet den Prozess des systematischen Entwurfs einer rationalen Ordnung auf der Grundlage verdichteter Informationen mit dem Ziel der Verwirklichung von Vorhaben, der Gestaltung von ganzen Räumen, einzelnen Lebensbereichen und bestimmten Vorhaben, indem ihre Entwicklung ausgehend von einer gegebenen Lage hin zu einem angenommenen Ziel unter Einsatz vorgegebener Mittel konzipiert wird.[16]

Der Plan dagegen als Ergebnis eines Planungsprozesses versucht, den „Totalablauf eines zukünftigen Geschehens" festzuschreiben.[17] Daher ist Planung die dynamische, auf den Erlass eines Planes zielende iterative Tätigkeit, der Plan als Produkt das statische Ergebnis dieser Tätigkeit und als solcher zunächst rechtlich indifferent.[18] Allerdings können gesetzliche Vorgaben für Pläne bestehen, welche auch subjektiv-rechtlich bewehrt sein können, diese stellen dann Normen dar, die, wie zB das wohl prominenteste Beispiel des Bebauungsplans nach §§ 9, 10 BauGB, den Rechtscharakter von Satzungen im System der normativ-hierarchischen Ordnung haben, oder die, wie festgestellte Pläne als Planfeststellungsbeschlüsse oder Plangenehmigungen nach §§ 74ff. VwVfG, mit bestimmten Rechtsfolgen verbundene verbindliche Einzelfallentscheidungen sind.

2. Planung und Verdichtung von Informationen

Planung als vorausschauendes Setzen von Zielen und gedankliches Vorwegnehmen der zu ihrer Verwirklichung erforderlichen Verhaltensweisen und Mittel bedeutet, dass mit Voranschreiten des Planungsprozesses Ziel und Mittel in Relation

---

[15] Dies drückt der frz. Begriff des *droit de la planification* plastisch aus.

[16] Vgl. Kaiser Planung I, 7; ähnlich Meyer in Handwörterbuch der Raumforschung und Raumordnung,1362 (1363) unter Verweis auf die Definition der Arbeitsgemeinschaft der Landesplaner: „Planung ist die systematische Vorbereitung eines vernunftgemäßen Handelns von Einzelnen oder von Gemeinschaften, um ein Ziel unter den gegebenen Verhältnissen auf die beste Weise zu erreichen."

[17] Forsthoff DVBl 1957, 113 (114).

[18] Positivistisch betrachtet ist unter Plan alles zu verstehen, was normativ oder in sonstiger Weise als Plan bezeichnet wird, vgl. Maurer/Waldhoff AllgVerwR § 16 Rn. 1; Detterbeck Öffentliches Recht Rn. 844. Pläne mit ihrer sehr unterschiedlichen Rechtsqualität sind in diesem Sinne rechtlich als solche indifferent und stellen neben Norm und Verwaltungsakt keine eigenständige Rechtsform dar; rechtlich strukturierte Planungsprozesse weisen dagegen eigene Strukturelemente und eine eigenständige Typologie auf. Vgl. auch das Bonmot Eisenhowers, wonach Pläne nichts sind, Planung jedoch alles ist, Eisenhower, Letzte Worte, 28.3.1969.

zu den ständig verdichteten Informationen mit dem Zweck der Erleichterung, Optimierung und Absicherung der Entscheidungsfindung konkretisiert werden können.[19] Im Prototyp von Planung, der Planung baulicher Vorhaben, lässt sich dies am Beispiel der die Kostenverfolgung in der Objektplanung für Gebäude exakt aufzeigen.[20] Ein besonderes Strukturmerkmal von Planung ist es daher, dass sie im Zuge der Verdichtung der Informationen im Planungsprozess Schrittwiederholungen, Überarbeitungen und Selbstkorrekturen leisten kann.[21]

3. Planungsakteure

Planungsakteure sind keineswegs nur Behörden. Die verbreitete Sichtweise der Dominanz administrativer Pläne beruht zum einen auf einer etatistischen Rechtstradition, zum anderen auf der Abdankung von gesamtwirtschaftlicher Planung, insbesondere in der Form der gescheiterten zentral gesteuerten Planwirtschaften in Gegenüberstellung zur liberalen Marktwirtschaft. Im Zentrum der rechtswissenschaftlichen Auseinandersetzung mit Plänen stand nach der Planungseuphorie der 1960er Jahre[22] der „verwaltungsrechtliche Plan" als Ausarbeitung eines Verwaltungsorgans, der durch verschiedene aufeinander abgestimmte Maßnahmen die Verwirklichung eines bestimmten Ordnungszustandes anstrebt.[23] Die zutreffende Kritik am Verständnis des Staates und der Verwaltung als alleinigen und letztverantwortlichen Planungsträgern darf nicht als Kritik an Planung als solcher missverstanden werden, sondern als Kritik an zentraler gegenüber dezentraler und dominant staatlicher gegenüber privater Planung und richtet sich im Kern oftmals nicht gegen ein Planinstrument und seine rechtliche Ausgestaltung als solche, sondern gegen die Eignung des Gegenstandes von Planung für administrative Planung und gegen die faktische, insbesondere administrativ-bürokratische Durchführung sowie oft mangelhafte oder den Vorgaben hinterherhinkende Umsetzung. Die Grenzziehung, nicht im Sinne einer scharfen Ausgrenzung, sondern konstruktiver und optimierungsorientierter Verzahnung von staatlicher wie kommunaler Aufgabenbewältigung einerseits und privatwirtschaftlicher Vorbereitung oder Erledigung anderer-

---

[19] Zum Zweck von Planung, den Werdegang von Entscheidungen zu erleichtern, vgl. Meyer in Handwörterbuch der Raumforschung und Raumordnung, 1362 (1363 mwN).

[20] So erfolgt im Modell der Objektplanung für Gebäude und Innenräume gemäß § 34 HOAI iVm Anlage 10 in der Leistungshase 2 (Vorplanung) die *Kostenschätzung* nach DIN 276 und der Vergleich mit den finanziellen Rahmenbedingungen des Auftraggebers, in der Leistungsphase 3 (Entwurfsplanung) die *Kostenberechnung* nach DIN 276 und der Vergleich mit der Kostenschätzung, in der Leistungsphase 6 (Vorbereitung der Vergabe) das *Ermitteln der Kosten* auf der Grundlage der vom Planer bepreisten Leistungsverzeichnisse und die Kostenkontrolle durch Vergleich der vom Planer bepreisten Leistungsverzeichnisse (vgl. DIN 276: *„Kostenanschlag"*) mit der *Kostenberechnung,* in der Leistungsphase 7 (Mitwirkung bei der Vergabe) der Vergleich der Ausschreibungsergebnisse mit den vom Planer bepreisten Leistungsverzeichnissen oder der Kostenberechnung und schließlich in der Leistungsphase 8 (Objektüberwachung) die *Kostenkontrolle* durch Überprüfen der Leistungsabrechnung der bauausführenden Unternehmen im Vergleich zu den Vertragspreisen und die Kostenfeststellung, zB nach DIN 276.

[21] Auf Planung als „Mittel zur Selbstkorrektur" weist Kloepfer FS Hoppe, 2000, 111 (113), hin.

[22] Kaiser Planung I, 7:"Planung ist der große Zug unserer Zeit … Hoheitliche und privatwirtschaftliche Planung ergreift in wachsenden Dimensionen alle Lebensbereiche …".

[23] Breuer Die hoheitliche raumgestaltende Planung, 1968, 37f.

seits wird, je nach den rechtspolitischen Vorgaben und ökonomischen Zwängen, in den verschiedenen Bereich und Zeiten sehr unterschiedlich vorgenommen.[24]

So können bei der Aufstellung von Bauleitplänen je nach den kommunalen Möglichkeiten Planungsaufgaben durch eigenes Personal geleistet oder durch private Planungsbüros im Wege von Dienstleistungsaufträgen beauftragt werden. Darüber hinaus ermöglicht § 4b BauGB die Einschaltung Dritter auch für die Durchführung von Verfahrensschritten nach §§ 2a–4a BauGB.

In der Vorhabenplanung für Gebäude oder Infrastrukturprojekte wird – unabhängig davon, ob der Vorhabenträger einen öffentlichen oder privaten Auftraggeber darstellt – die Projektplanung mehr oder weniger weitgehend durch vom Projektträger beauftragte private Planungsbüros übernommen.[25] In der Genehmigung oder Planfeststellung wird diese im Rahmen der jeweiligen normativen Vorgaben zustimmend, in der Regel nach iterativen Überarbeitungs- und Beteiligungsschritten sowohl bei gebundenen Entscheidungen wie auch Abwägungsentscheidungen – dort eben abwägend – nachvollzogen und in der Regel mit hieraus resultierenden Nebenbestimmungen versehen.

Idealtypisch für das heute praktische Verständnis der Aufteilung von aufgabenbezogenen Planungsprozessen ist daher eine kooperative und effizienz- sowie optimierungsorientierte Aufgabenverteilung zwischen und unter öffentlichen und privaten Planungsakteuren.[26] Zu verzeichnen ist in diesem Sinne nicht nur eine deutliche Zunahme von rechtlich vorgegebenen Planungen, sondern auch positivere Beurteilung der Eignung rechtlich strukturierten Planungen zur Bewältigung von Zukunftsaufgaben.[27]

4. *Relative Planungsautonomie der Planungsakteure und Alternativenplanung*

Planungsprozesse auf normativer Grundlage sind keine mathematisch deduzierbaren oder digital vollständig ableitbaren Prozesse, sondern setzen ein erhebliches Maß an Autonomie der Planenden sowohl in Bezug auf die Konkretisierung der

---

[24] Selbst unter den Vertretern des planungskritischen Neoliberalismus gab es vermittelnde Stimmen, zB des Nobelpreisträgers (1988) Maurice Allais, der in seinem Konzept des „planisme concurrentiel" die Vereinbarkeit des Neoliberalismus mit bestimmten Formen wirtschaftlicher Planung vertrat, vgl. Trecker in Jahrbuch für Wirtschaftsgeschichte/Economic History Yearbook 2023, 263 (263ff.) mwN; abgerufen unter https://doi.org/10.1515/jbwg-2023-0009 am 24.10.2023 mwN.

[25] Die Eigenplanung durch staatliche Behörden wurde in den letzten Jahrzenten sukzessive zurückgeführt und durch private Dienstleistungsbeauftragungen, Beleihungen (Prüfstatik) oder beauftragte private Gutachten zumindest in der inhaltlichen Vorbereitung und Ausgestaltung ersetzt. Im kommunalen Bereich ist die Eigenplanung bzw. Einbeziehung Privater in Planungsprozesse abhängig von der finanziellen und personellen Ausstattung der jeweiligen Gemeinde sowie deren Selbstverständnis und divergiert von Gemeinde zu Gemeinde erheblich.

[26] Dies verkennt Erbguth, wenn er Planfeststellungen u.a. vergleichbare Planungsinstrumente mit der Begründung nicht dem Fachplanungsrecht zuordnen will, dass diese bloß Planungen an anderer Stelle und von anderen nachvollziehen und der Zulassungsbehörde keinen eigenen Gestaltungsspielraum mehr lassen, Erbguth FS Hoppe, 2000, 631 (645ff.), dagegen zu Recht Badura FS Hoppe, 2000, 167 (174).

[27] Kloepfer FS Hoppe, 2000, 111 (115): „... in dieser Kennzeichnung ist Planung das zukunftsgestaltende „Instrument" par excellence", und mit Bezug auf Hoppe in HStR Bd. III, 2. Aufl. 1996, § 71 Rn. 39: Planung als „herausgehobenes Lenkungsmittel zukünftigen Geschehens".

Zielsetzung als auch die Wahl der Mittel im Rahmen der Vorgaben voraus. Damit wird die Abwägung nicht nur von Belangen, sondern unter Einbeziehung von Alternativen zu einer wesentlichen Methodik in Planungsprozessen, die es rechtlich ein- und aufzufangen gilt.[28] Brisant ist dies insbesondere im Hinblick auf die fortschreitende Digitalisierung: Ein vordringliche Forschungsaufgabe ist es, zu analysieren und rechtlich zu bewerten, inwieweit in der gegenwärtigen exponentiell fortschreitenden Digitalisierung eine Übernahme einzelner Teile ausdifferenzierter planerischer Abwägungsprozesse oder gar ein gesamter planungsrechtlich strukturierter Prozess einschließlich der Entscheidung durch „Künstliche Intelligenz" darstellbar ist.[29]

Bereits am Beispiel der Planung von Gebäuden kann verdeutlicht werden, dass schon zu den Grundleistungen der Vorplanung[30] das Erarbeiten eines Planungskonzeptes einschließlich der Untersuchung alternativer Lösungsmöglichkeiten gehört. Auch im administrativen Raumordnungsverfahren nach § 15 Abs. 1 S. 1 Nr. 2 ROG mit der Raumverträglichkeitsprüfung zur raumordnerischen Beurteilung bestimmter Projekte mit überörtlichen Auswirkungen müssen „ernsthaft in Betracht kommende Standort- oder Trassenalternativen" in die Raumverträglichkeitsprüfung einbezogen werden. Ähnliches gilt für die Umweltverträglichkeitsprüfung.[31] Der Jubilar hat mit seiner 2005 publizierten Untersuchung zur Alternativenprüfung in der Bauleitplanung schon frühzeitig und instruktiv zur Notwendigkeit einer solchen Alternativenprüfung ausgeführt.[32]

5. *Planungen und Gewaltenteilung*

Wenngleich die hier in Frage stehenden Planungen überwiegend durch die Exekutive auf den unterschiedlichen Ebenen verantwortet zu sein scheinen (Steuerung des Planungsprozesses, Anforderungen an Planinhalte, Entscheidung und Zulassung eines Plans) und somit der Verwaltungsplan dominant erscheinen mag, sind Planungen im öffentlichen Sektor keineswegs auf die Exekutive beschränkt. Die Legis-

---

[28] Vgl. Badura FS Hoppe, 2000, 167 (176 f.) im Sinne der normativ hinterlegten engeren Sichtweise; weiter dagegen Kloepfer FS Hoppe, 2000, 111 (122): „Soll das Planungsrecht für raumbedeutsame Projektplanungen eine effiziente Interessenausgleichsfunktion auf Dauer behalten, dürfte unter prospektiven Aspekten der Gedanke der Alternativenermittlung und -abwägung eher noch ausgebaut werden."

[29] Zu entsprechenden Vorhaben an der Universität Münster vgl. https://www.jura.uni-muenster.de/de/fakultaet/fakultaetsnahe-einrichtungen/zir/forschung/laufende-projekte-2024: Künstliche Intelligenz im Planungsrecht.

[30] Leistungsphase 2 des Leistungsbildes „Gebäude und Innenräume" gemäß § 34 HOAI iVm Anlage 10.

[31] Beschreibung „vernünftiger Alternativen" im UVP-Bericht nach §§ 16 Abs. 1 S. 1 Nr. 6, § 40 Abs. 1, Abs. 2 S. 1 Nr. 8 UVPG) und Anlage 4 Nr. 2 UVPG; zusammenfassende Erklärung nach § 44 Abs. 2 Nr. 2 UVPG mit den Gründen des angenommenen Plans oder Programms „nach Abwägung mit den geprüften Alternativen"; § 53 UVPG („vernünftige" bzw. „alternative" Verkehrsnetze und Verkehrsträger).

[32] Spannowsky UPR 2005, 401 (401 ff.); zur neueren Diskussion der Alternativenprüfung in der Strategischen Umweltprüfung sowie der Umweltverträglichkeitsprüfung vgl. Umweltbundesamt, Texte 83/2020, abrufbar unter https://www.umweltbundesamt.de/sites/default/files/medien/479/publikationen/texte_83-2020_schlussbericht_alternativenpruefung_endg.pdf, abgerufen am 8.4.2024.

lative kann selbst Planungen durch Gesetz verabschieden und damit einen gesetzgeberischen Akt an die Stelle einer Verwaltungsentscheidung setzen.[33] Dies betrifft nicht nur Maßnahmengesetze des Bundes durch Legislativakte,[34] sondern zB auch die Möglichkeit der Ersetzung einer an sich erforderlichen Planfeststellung durch einen Bebauungsplan als kommunale Satzung nach § 17b Abs. 2 FStrG. Schließlich dürfte der Bebauungsplan als Akt kommunaler Gesetzgebung nicht nur das bedeutsamste, sondern auch häufigste planungsrechtliche Produkt sein.

6. *Rechtlicher Stellenwert von Plänen*

In Frage steht, ob eine Analyse und Einteilung des Planungsrechts nach der jeweiligen Rechtsqualität der jeweiligen Pläne als Produkte von Planung Rückschlüsse auf Strukturelemente des Planungsrechts erlauben, haben doch Pläne in diesem Sinne sehr unterschiedliche Rechtsnaturen, die jeweils den üblichen Handlungsformen weitgehend zugeordnet werden können.[35] Was die rechtliche Belastbarkeit von Plänen anbelangt, hängt wesentlich davon ab, ob sie durch staatliche Akte[36] oder darüber hinaus überprüfbar sind. Die gerichtliche Überprüfbarkeit kann hinsichtlich der Aktivlegitimation beschränkt oder erweitert sein: Pläne können, wie Flächennutzungspläne, grundsätzlich keine subjektiven Rechtspositionen vermitteln, oder, wie Bebauungspläne, Regelungen enthalten, die Kläger in ihren Rechten verletzen und gerichtlich eingeklagt werden können, oder darüber hinaus und unabhängig hiervon eine erweiterte gerichtliche Überprüfbarkeit durch bestimmte Vereinigungen erlauben.[37]

Die Einteilung von Plänen nach ihrer Bindungswirkung und Rechtsnatur in indikative bzw. informative Pläne, influenzierende Pläne und imperative Pläne,[38] beschreibt unterschiedliche Stufen rechtlicher Steuerungsfähigkeit von Plänen, die mit den nachfolgende dargestellten Typen rechtlich strukturierter Planungen in unterschiedlicher Weise verbunden sind.

---

[33] Badura FS Hoppe, 2000, 167 (168, 171ff.).

[34] Zum Investitionsmaßnahmengesetz des Bundes betreffend die Bahnstrecke „Südumfahrung Stendal" BVerfG 17.7.1996 – 2 BvF 2/93: „staatliche Planung kann weder eindeutig der Legislative noch eindeutig der Exekutive zugeordnet werden … Parlamente sind auch nach ihren Aufgaben und ihren Verfahren durchaus zu einer anlagenbezogenen Fachplanung in der Lage. Der parlamentarische Gesetzgeber vollzieht mit seiner Entscheidung für oder gegen die planerische Zulassung eines Vorhabens nicht andere Gesetze, insbesondere des Planungsrechts, sondern trifft eine eigenständige gestaltende Regelung, die das Vorhaben von der Zulassungsbedürftigkeit nach anderen Gesetzen befreit und der Entscheidung zugleich die sonst an einen Planfeststellungsbeschluß gesetzlich geknüpften materiellen Wirkungen verleiht. Deshalb sind auch Planfeststellungen einer Mehrheitsentscheidung zugänglich …"

[35] Detterbeck Öffentliches Recht Rn. 844.

[36] ZB durch eine Pflicht zur Genehmigung durch Aufsichtsbehörden wie zB bei Flächennutzungsplänen nach § 6 BauGB und Bebauungsplänen nach §§ 10 Abs. 2 und 3 BauGB.

[37] ZB nach § 2 Abs. 1 UmwRG iVm § 1 Abs. 1 Nr. 4 UmwRG für Entscheidungen über die Annahme von bestimmten Plänen und Programmen, sofern über diese nicht durch formelles Gesetz entschieden wird.

[38] Vgl. Maurer/Waldhoff AllgVerwR § 16 Rn. 15ff.

III. Typen von Planungen

Herkömmlich wird zwischen Gesamtplanung und Fachplanung unterschieden. Gesamtplanungen sollen im Interesse der Gesamtentwicklung eines Raumes und des Gemeinwohls alle in einem Raum auftretenden Raumansprüche und Belange integrieren,[39] wohingegen Fachplanungen der planerischen Bewältigung sektoraler Aufgaben- bzw. Problemfelder dienen sollen.[40] Normiert ist der Begriff der Fachplanung in zwei ganz unterschiedlichen Zusammenhängen: Zum einen ist der Begriff der Fachplanung im Bereich der Regelung von Planungsleistungen und deren Honorierung in Abgrenzung von Flächenplanungen und Objektplanungen seit langem eingeführt (§§ 49ff. HOAI: Tragwerksplanung, §§ 53ff. HOAI: Technische Ausrüstung) und wird in diesem Sinne vereinzelt auch in Landesbauordnungen verwendet.[41] Zum anderen taucht er begrifflich punktuell in neueren Gesetzen wie dem Netzausbaubeschleunigungsgesetz („Bundesfachplanung" nach §§ 4ff. NABEG) oder dem Windenergie-auf-See-Gesetz (Flächenentwicklungsplan im Rahmen der „Fachplanung" nach §§ 4ff. WindSeeG) auf. Daher ist der Begriff der Fachplanung – außerhalb der Regelungen der HOAI – als untechnischer Begriff der Rechtslehre zu verstehen, der zur Abgrenzung von Bauleitplanung und überörtlicher Raumplanung einerseits und nach § 38 BauGB vorrangigen Planungen andererseits hinreichend sein mag,[42] nicht aber zur systematischen Unterteilung des Planungsrechts über die Raumplanung hinaus.

Vor dem Hintergrund der gebotenen differenzierten Betrachtung der Aufteilung der Planungsaufgaben im Sinne einer kooperativen Aufgabenverteilung zwischen und unter öffentlichen und privaten Planungsträgern ergeben sich praktisch drei Planungsarten: *Raumplanung, Sachplanung, Vorhabenplanung.* Damit unterscheidet sich die Fachplanung in zwei grundsätzlich unterschiedlich strukturierte Planungsarten, eine mehr oder weniger raumbezogene Sachplanung zum einen und eine unmittelbar vorhabenbezogene Projektplanung zum anderen.

1. Raumplanung

Aufgabe der Raumplanung als raumstrukturierender Gesamtplanung ist die umfassende Entwicklung von Räumen auf den verschiedenen Gliederungsebenen eines Staates, einschließlich supranationaler Ebenen, wie der EU. Kennzeichen solcher Pläne ist der integrale Charakter im Hinblick auf alle den Raum betreffenden anderen Planungen und Maßnahmen. Dies bedeutet, dass alle raumbedeutsamen einzelnen Planungen und Maßnahmen entweder einem strukturierten Abstimmungs- und Abwägungsprozess unterzogen werden oder je nach rechtlicher Verbindlichkeit Schranken darstellen, die in die Gesamtplanung mit aufzunehmen sind. Die Raumplanung gliedert sich in die örtliche Raumplanung insbesondere durch die Bauleitplanung und die überörtliche Raumplanung, die mit dem über-

[39] Hoppe/Bönker/Grotefels Öffentliches Baurecht § 1 Rn. 5.
[40] Hoppe/Bönker/Grotefels Öffentliches Baurecht § 1 Rn. 4.
[41] ZB § 54 Abs. 2 BauO NRW.
[42] Vgl. Löhr in BKL BauGB § 38 Rn. 1f.

kommenen Begriff der Raumordnung auch gesetzlich auf Bundes- und Landesebene durchstrukturiert ist.

Üblicherweise wird als Gegenstand der Raumplanung verkürzend die Raumordnung angegeben, wobei durch den Ordnungsbegriff als Oberbegriff die für gebietsbezogene Raumplanungen zentrale Aufgabe zukunftsgerichteter Gestaltung und Entwicklung nur teilweise erfassbar wird. Denn Planung schlägt sich nicht nur in Negativplanung, dh Ordnung im Sinne der Schrankensetzung für unkontrollierte Entwicklung mit Gefahren für das Gemeinwohl nieder, sondern ist begriffsnotwendig mit einem zukunftsgerichteten Auftrag der Gestaltung verbunden, dh einer Positivplanung im Sinne der Ermöglichung oder Initiierung zukünftiger Entwicklungsprozesse.[43]

Des Weiteren wird aus verfassungsrechtlichen Gründen der Gesetzgebungskompetenzverteilung zwischen Bund und Ländern der Begriff der Raumordnung in Unterscheidung von der städtebaulichen Planung nur auf die überörtliche Raumplanung, dh die zusammenfassende, übergeordnete Planung und Ordnung des Raumes im Bereich eines Landes (Landes- und Regionalplanung) bezogen. Hingegen soll die Raumplanung des Bundes für den Gesamtstaat nicht unter die konkurrierende Gesetzgebungskompetenz des Bundes für die Raumordnung nach Art. 74 Abs. 1 Nr. 31 GG, sondern aus der Natur der Sache begründet in ausschließlicher und voller Kompetenz des Bundes liegen.[44] Praktisch ist deshalb der Begriff der Raumplanung als Oberbegriff vorzugswürdig. GG sowie ROG verwenden trotz des missverständlichen – und auch historisch vorbelasteten Begriffes[45] – diesen allerdings weiter. Letzteres bestimmt in § 1 Abs. 1 S. 1 ROG als Aufgabe der Raumordnung, den Gesamtraum der Bundesrepublik und seine Teilräume durch zusammenfassende, übergeordnete Raumordnungspläne und durch Abstimmung raumbedeutsamer Planungen und Maßnahmen zu entwickeln, zu ordnen und zu sichern.[46] § 7 Abs. 2 ROG

[43] Meyer in Handwörterbuch der Raumforschung und Raumordnung, 1362 (1362); Kloepfer weist darauf hin, dass Planung nicht nur mit ihren grundrechtseingreifenden Wirkungen gesehen werden darf, sondern ihr auch eine grundrechtsverwirklichende oder -fördernde Wirkung zukommen kann, FS Hoppe, 2000, 110 (123); dieser Aspekt kommt auch im Beschluss des BVerfG 24.3.2021 – 1 BvR 2656/18, 78/20, 96/20, 288/20 („Klimabeschluss") zum Tragen, wenn in der vormaligen Fassung des KSG eine Grundrechtsverletzung darin gesehen wird, dass „der Gesetzgeber keine ausreichenden Vorkehrungen getroffen hat, die – wegen der gesetzlich bis 2030 zugelassenen Emissionen in späteren Zeiträumen möglicherweise sehr hohen – Emissionsminderungspflichten grundrechtsschonend zu bewältigen".

[44] Str., vgl. Sannwald in SHH GG Art. 74 Rn. 355 ff.; aA Erbguth FS Rengeling, 2008, 35 (35 ff.) zu den Folgen der Abschaffung der Rahmengesetzgebungskompetenz des Bundes und der Zuordnung der Raumordnung zur konkurrierenden Gesetzgebung mit Abweichungsmöglichkeiten der Länder. Praktisch geht es bei den überörtlichen Raumplänen des Bundes selbst insbes. um die für Off-shore-Windparks maßgeblichen ausschließlichen Wirtschaftszonen in Nord- und Ostsee.

[45] Durch Führererlass vom 26.6.1935 (RGBl I 1935, 793) wurde die neu gebildete Reichsstelle zur Regelung des Landbedarfs der öffentlichen Hand „Reichsstelle für Raumordnung" benannt mit der Aufgabe der „zusammenfassenden, übergeordneten Planung und Ordnung des deutschen Raumes für das gesamte Reichsgebiet". Diese konnte sich zur Durchführung der Aufgaben der bestehenden Planungsbehörden und Verbände bedienen, die ihren Weisungen Folge zu leisten hatte.

[46] Unter Raumordnungsplänen sind nach § 3 Nr. 7 ROG die zusammenfassenden, überörtlichen und fachübergreifenden Pläne nach den §§ 13 und 17 ROG zu verstehen.

führt dann den Begriff der Raumstruktur ein, die insbesondere bestimmt werden soll durch die anzustrebenden Siedlungsstrukturen (§ 7 Abs. 2 Nr. 1 ROG), die anzustrebenden Freiraumstrukturen (§ 7 Abs. 2 Nr. 2 ROG) sowie die zu sichernden Standorte und Trassen für die Infrastruktur (§ 7 Abs. 2 Nr. 3 ROG).

Angesicht der Befassung des Jubilars mit dem örtlichen wie überörtlichen Raumplanungsrecht, das er in der Rechtslehre mit maßgeblichen Ausführungen in Lehrbüchern, Kommentaren und Zeitschriften sowie wissenschaftlichen Tagungen, die gleichermaßen immer den Praxisbezug einbeziehen, mitprägt, wäre es vermessen, an dieser Stelle zum Raumplanungsrecht übergreifende weitere Ausführungen zu wagen.

2. *Sachplanung*

a) *Begriff*

Von der Raumplanung als raumstrukturierender Gesamtplanung zu unterscheiden sind Planungen, die bestimmte Sachgebiete als sektorale Aufgaben oder Problemfelder gesondert erfassen. In der überkommenen Begrifflichkeit könnte man sie als sektorale Fachplanungen bezeichnen, die nicht nur von raumstrukturierenden Gesamtplanungen, sondern auch von vorhabenbezogenen Planungen (→ III.3) grundsätzlich zu unterscheiden sind.[47] Herkömmlich unter Fachplanungen zusammengefasste Planungen sind damit nicht notwendigerweise oder nur indirekt projektbezogen.[48]

Sie können zyklisch vorgegebene (Mehr-)Jahrespläne sein, die als Daueraufgabe für bestimmte Sektoren vorgeschrieben sind.[49] Insofern sind sie funktionell teilweise mit betriebswirtschaftlichen Qualitätsmanagements-, Akkreditierungs-, oder Controlling-Instrumenten vergleichbar, bei denen der Schwerpunkt weniger auf der zielgerichteten zukünftigen Gestaltung liegt, sondern auf einer selbstkritischen Bestandaufnahme der Ist-Situation. Von projektbezogenen Planungen unterscheiden Sachplanungen sich grundlegend, da sie keine staatliche Zulassung zur Ausführung gewährleisten, sondern eine solche lediglich in gewisser Weise vorbereitend kanalisieren können. Es erscheint daher sinnvoll, hierfür eine spezifische Begriff-

---

[47] Die Landesplanungsgesetze verwenden zum Teil den Begriff der raumbedeutsamen Fachplanungen, zB § 25 LplG BW, worunter fachliche Entwicklungspläne und sonstige raumbedeutsame Fachplanungen zu verstehen sind.

[48] So aber Di Fabio FS Hoppe, 2000, 75 (78ff.).

[49] Solche Pläne sind insbes. in Sektoren anzutreffen, in denen marktwirtschaftliche Instrumente nur begrenzt Steuerungswirkung entfalten können, wie zB im Umweltrecht: Abfallwirtschaftspläne nach § 30 KrWG, welche die Bedarfe der zukünftigen, „innerhalb eines Zeitraums von 10 Jahren zu erwartende[n] Entwicklungen" berücksichtigen sollen; Risikomanagementpläne zum Hochwasserschutz nach § 75 WHG, welche alle 6 Jahre zu überprüfen und ggf. zu aktualisieren sind, Lärmaktionspläne nach § 74d BImSchG, welche alle 5 Jahre zu überprüfen und ggf. zu überarbeiten sind; außerhalb des Umweltbereichs: 5-Jahrespläne wie die verpflichtende Struktur- und Entwicklungsplanung für Hochschulen nach § 7 LHG BW, regelmäßig zu aktualisierende Krankenhauspläne nach §§ 4ff. LKHG BW mit Darstellung bedarfsgerechter Krankenhäuser, ggf. mit medizinischen Fachplanungen, durch einen Rahmenplan mit allgemeinen Zielsetzungen und Kriterien zur Investitionsförderung.

lichkeit einzuführen, die der Sachplanungen.[50] Sofern sich sektorale Pläne auf bestimmte Räume oder Teilräume beziehen und mit der Raumplanung abgestimmt oder in diese integriert sind, sind sie der Raumplanung[51] zugehörig, sofern sie nur isoliert, aber nicht raumplanungsintegriert bestimmte Sachaufgaben planerisch aufarbeiten, geht es insbesondere um die Priorisierung von Bedarfen angesichts knapper Ressourcen.

Rechtspolitisch ist eine verstärkte Tendenz zur Verpflichtung zu verbindlich vorgegebenen Sachplänen zu beobachten, nicht nur im Umwelt- und Klimaschutzbereich. Vermuten werden kann, dass die rechtliche Einführung immer neuer und zahlreicherer Sachplanungen einen – im Vergleich zu nicht durchsetzbaren konditional klar konturierten Normen – in der Gesetzgebung kompromissfähigeren leichteren Weg darstellt.[52] Erkauft wird dies nicht nur mit fraglicher Effizienz und einem erheblichen zusätzlichen administrativen Aufwand, sondern zudem mit der Schaffung neuer Schnittstellenprobleme mit anderen Planungen. Die Schaffung von immer zahlreicheren Sachplanungsvorgaben substituiert in Teilen eine anderweitig rechtspolitisch nicht mögliche Gesetzgebung[53] und konterkariert hierdurch Bemühungen zu einer effektiveren Gesetzgebung gegenläufig zur Forderung nach einer „Konditionalisierung des Planungsrechts".[54]

b) Verbindlichkeit

Sachplanungen betreffen nur mittelbar konkrete Räume oder Vorhaben und stellen hierfür grundsätzlich nicht nur rechtlich, sondern auch fiskalisch keine abschließende und hinreichende Planungsgrundlage dar. Ihr Produkt, Sachpläne, werden in aller Regel nicht als Normen durch die Legislative erlassen, sondern durch die Exekutive.

So wird der Bundesverkehrswegeplan durch das Bundeskabinett beschlossen, eine Rechtswirkung kommt ihm unmittelbar nicht zu, mittelbar indes insofern, als im Rahmen die Abwägung in der bundesfernstraßenrechtlichen Vorhabenplanung der festgestellte Bedarf bei Aufnahme in den Bundesverkehrswegeplan grundsätzlich nicht mehr als nicht gegeben angenommen werden darf. Denn die Aufnahme eines Vorhabens in den Bundesverkehrswegeplan als Bedarfsplan hindert die Pla-

---

[50] Eine explizite Sachplanung besteht in der Schweiz für bestimmte der Bundeskompetenz obliegende Aufgaben. Die Sachplanung im Sinne einer raumbedeutsamen Fachplanung bezieht sich auf die Bereiche Fruchtfolgenplanung, Verkehr, Übertragungsleitungen, geologische Tiefenlager und Militär, siehe Näheres hierzu unter https://www.are.admin.ch/are/de/home/raumentwicklung-und-raumplanung/strategie-und-planung/konzepte-und-sachplaene/sachplaene-des-bundes.html aufgerufen am 24.10.2023.

[51] Überörtlich zB in Form von Teilfortschreibungen von Regionalplänen zur Solar- und Windenergie, örtlich zB in sachbezogenen Teilfortschreibungen von Flächennutzungsplänen.

[52] Zu Recht wird darauf hingewiesen, dass gesetzliche Planungsvorgaben immer auch Umsetzung politischer Willensbildung in Rechtsform sind, Di Fabio FS Hoppe, 2000, 75 (85) im Anschluss an Koch in Erbguth Abwägung im Recht, 9 (22).

[53] Die Genese des sog. „Heizungsgesetzes" legt dies nahe: Nachdem die zunächst schärferen zwingenden Vorgaben über die Novellierung des GEG nicht durchsetzbar waren, wurde zur Problemlösung auf später einzuführende Wärmeplanungen fokussiert.

[54] Di Fabio FS Hoppe, 2000, 75 (86ff.).

nungsbehörde daran, den Verkehrsbedarf im Rahmen des Abwägungsgebots zu verneinen, entbindet sie aber nicht von der Prüfung entgegenstehender öffentlicher oder privater Belange.[55]

Die Klimaschutzplanung nach §§ 9ff. KSG auf Grund des Klimaschutzplans[56] verpflichtet zur Aufstellung fortzuschreibender Klimaschutzprogramme, das Berücksichtigungsgebot in § 13 Abs. 1 S. 1 KSG sieht indes nur vor, dass die Träger öffentlicher Aufgaben bei ihren Planungen und Entscheidungen den Zweck des KSG und die zu seiner Erfüllung festgelegten Ziele zu berücksichtigen haben.

Die nach dem am 1.1.2024 in Kraft getretenen Gesetz für die Wärmeplanung und zur Dekarbonisierung der Wärmenetze[57] ähnlich und ebenfalls zyklisch angelegte[58] Wärmeplanung bestimmt in § 3 Abs. 1 Nr. 6 des RegE WPlG, dass die Wärmeplanung eine „rechtlich unverbindliche, strategische Fachplanung" darstellt und nach § 23 Abs. 4 RegE WPlG dem Wärmeplan „keine rechtliche Außenwirkung" zukommt und dieser „keine einklagbaren Rechte und Pflichten" begründet. Allerdings sollen nach § 27 Abs. 3 Nr. 1 RegE WPlG Entscheidungen über die Ausweisung als Gebiet zum Neu- oder Ausbau von Wärmenetzen oder als Wasserstoffnetzausbaugebiet in Abwägungs- und Ermessensentscheidungen bei der Aufstellung, Änderung, Ergänzung oder Aufhebung eines Bauleitplans zu berücksichtigen sein.

Die Netzausbauplanung in den Bereichen Strom und Gas ist komplex und mehrstufig strukturiert,[59] hinsichtlich ihrer Rechtsverbindlichkeit jedoch erheblich strikter angelegt, was auch dadurch zum Ausdruck kommt, dass der Bundesbedarfsplan durch Bundesgesetz verbindlich festhält, welche Ausbaumaßnahmen aufgrund der Vorstufen der Netzplanung (Szenariorahmen und Netzentwicklungsplan) notwendig sind.

Bildlich gesprochen stellen die Sachplanungen somit in jeweils spezifisch geregelter Weise eine Brücke einerseits zur Raumplanung, andererseits zur Vorhabenplanung dar.

3. Vorhabenplanung

a) Vorhabenbegriff

Vorhabenplanungen stellen als projektbezogene Planungen solche Planungen dar, welche konkrete Projekte definieren und die für deren reale Ausführung notwendige und hinreichende Rechtsgrundlage liefern.

---

[55] BVerwG 25.1.1996 – 4 C 5/95 im Anschluss an BVerwG 8.6.1995 – 4 C 4.94; zu den Ausbaugesetzen des Bundes für Bundesfernstraßen und Bundesschienenwege Badura Vorhabenplanung im Rechtsstaat, 167, 169f.

[56] Hierunter ist nach § 2 Nr. 7 KSG die deutsche Langfriststrategie nach dem Übereinkommen von Paris und nach Artikel 15 der Europäischen Governance-Verordnung VO (EU) Nr. 2018/1999 zu verstehen.

[57] BGBl. I Nr. 394; BT-Drs. 20/8654.

[58] Nach § 25 Abs. 1 RegE WPlG (BT-Drs. 20/8654) sollen die Wärmepläne alle 5 Jahre zu überprüfen und fortzuschreiben sein.

[59] Steinbach/Franke Kommentar zum Netzausbau, 3. Aufl. 2023.

Die allgemeine Definition eines Projektes erfolgt gemeinhin unter Verweis auf die DIN-Normreihe 69901.[60] Hiernach ist ein Projekt ein Vorhaben, das im Wesentlichen durch die Einmaligkeit der Bedingungen in ihrer Gesamtheit gekennzeichnet ist, namentlich die Zielvorgabe, die zeitlichen, finanziellen, personellen oder anderen Begrenzungen, die Abgrenzung gegenüber anderen Vorhaben sowie eine projektspezifische Organisation.[61] In ähnlicher Weise wird Projekt in der ISO-Norm 10006 definiert.[62]

Dabei haben Projektplanungen in rechtlich bestimmter Weise[63] die Vorgaben aus raumstrukturierenden Gesamtplänen, Sachplänen und anderen Festlegungen zu berücksichtigen. In rechtlicher Hinsicht zielen Vorhabenpläne auf Verbindlichkeit im Sinne der Zulassung der realen Ausführung in Form der Genehmigung, Planfeststellung oder einer anderen Form von Zulassung ab, die bei stufenweise gegliederten Vorhabenplanungen[64], jedenfalls mit der letzten Stufe, gewährleistet werden soll. Es geht also zB bei baulichen Anlagen um die Schaffung von „Baurecht" entsprechend dem Modell der Objektplanung nach den jeweiligen Leistungsphase 4 („Genehmigungsplanung") der Leistungsbilder „Gebäude und Innenräume" (§§ 33ff. HOAI), „Freianlagen" (§§ 38ff. HOAI), „Ingenieurbauwerke" (§§ 41ff. HOAI) oder „Verkehrsanlagen" (§§ 45ff. HOAI).

b) *Vorhabenplanung als Exekutivrecht*

Entscheidungen über Vorhabenplanungen stellen zwar in der Regel Exekutivrecht dar, Ausnahmen wie Maßnahmengesetze für einzelne Projekte sind verfassungsrechtlich zulässig[65] und auch auf Ebene der kommunalen Gesetzgebung durch Satzung in Gestalt planfeststellungersetzender Bebauungspläne gemäß § 17b Abs. 2 FStrG möglich und praktisch relevant. Der vorhabenbezogene Bebauungsplan nach § 12 BauGB dagegen ist nur scheinbar eine Ausnahme, da dieser nicht von der Erforderlichkeit einer daran sich dennoch anzuschließenden Genehmigungsplanung enthebt. De lege ferenda wäre allerdings zu überlegen, ob eine Vereinfachung der Projektzulassung nicht dadurch erreicht werden könnte, dass ein Vorhaben- und Erschließungsplan entsprechend Landesbauordnungsrecht auch baugenehmigungsersetzend konzipiert werden könnte.

c) *Verbindlichkeit von Vorhabenplanungen*

Rechtlich strukturierte Vorhabenplanungen dienen dem Ziel, für konkrete Projekte die erforderliche staatliche Zulassung zur Durchführung in Form eines Ver-

---

[60] Näher hierzu unten Bönker in Balensiefen/Bönker/Geiger/Schaller Rechtshandbuch für die Immobilienpraxis, Bönker/Lailach Praxisleitfaden Immobilienrecht, § 11.1, 163ff.

[61] In der Normung des DIN wird projektbezogene Planung im Prozessmodell der DIN 69901-2 als dritte der in fünf ablauforientierte Phasen des Projektmanagements differenziert strukturiert.

[62] „… unique process, consisting of a set of coordinated and controlled activities with start and finish dates, undertaken to achieve an objective conforming to specific requirements, including the constraints of time, cost and resources."

[63] Zum verfassungsrechtlichen Hintergrund Badura FS Hoppe, 2000, 167 (167ff.).

[64] Hierzu Badura FS Hoppe, 2000, 167 (177).

[65] Hierzu Badura FS Huber, 1981, 15 (15ff.).

waltungsaktes (Genehmigung, Erlaubnis, Bewilligung) oder Planfeststellungsbeschlusses oder einer ähnlichen konkret-individuellen rechtlichen Handlungsform zu erreichen.

In einer praktischen Folge der Prüfung der Zulassungsfähigkeit von Vorhaben liegt es nahe, hierfür planungsrechtlich zunächst die raumplanungsrechtlichen, dann die sachplanerischen Vorgaben und sodann die vorhabenspezifischen und in der Regel weitgehend konditional gefassten Zulassungstatbestände zu prüfen.

IV. Fazit

1. Planungsrechtlich gesteuerte Planungen lassen sich in drei große Bereiche mit jeweils eigenen Strukturelementen untergliedern: Die örtliche und überörtliche *Raumplanung,* die *Sachplanung* und die *Vorhabenplanung.* Die nach herkömmlichem Verständnis unter dem Fachplanungsrecht zusammengefassten Planungen beinhalten im Wesentlichen zwei grundsätzlich verschiedenen Zwecken dienende und unterschiedlich rechtlich strukturierte Planungsarten, die Sachplanungen (ohne unmittelbare Rechtsverbindlichkeit) zum einen sowie die Vorhabenplanungen (mit verbindlicher rechtlicher Zulassung zur Ausführung) zum anderen.

2. Sachplanungen dienen der sektoralen Planung bestimmter Aufgaben. Sofern Raumpläne bezüglich bestimmter Sachgebiete teilfortgeschrieben und die gebiets- oder sachbezogenen Teilfortschreibungen in die Raumpläne integriert werden, werden sie integrale Bestandteile der Raumplanungen, was die Berücksichtigung aller Belangen, die auch für die Raumplanung von Bedeutung sind, voraussetzt. Dagegen betreffen Sachpläne sektorale Aufgaben als solche, die ihrerseits bei der Fortschreibung der Raumpläne wie auch bei Vorhabenplanungen zu berücksichtigen sind, denen aber als solche keine unmittelbare Verbindlichkeit zukommt. Ihre rechtliche Bedeutung liegt in der Bedarfs-, Finanzierungs-, Ermessens- und Abwägungsrelevanz, die hierdurch in jeweils spezifischer Weise gesetzlich vorgegeben wird. Charakteristisch für Sachpläne ist die Priorisierung von Bedarfen in Bereichen, insbes. Infrastrukturaufgaben, die durch eine Knappheit an finanziellen Ressourcen gekennzeichnet sind.

3. Die auf allen Regelungsebenen stark zunehmende Zahl von rechtlich vorgegebenen Sachplanungen führt zum einen zu kaskadenhaften Aufträgen hinsichtlich der gleichen Sachgebiete zur Erarbeitung und Verabschiedung von Plänen (oder begrifflichen Äquivalenten wie „Programmen“ oder „Konzepten“) auf den unterschiedlichen Regelungs- und Planungsstufen, zum anderen zu sich multiplizierenden Schnittstellen mit anderen Planungen. Beides wirft nicht nur rechtlich Probleme auf, sondern bindet insbesondere administrative Ressourcen und führt zu Ineffizienzen hinsichtlich der Zielerreichung.

4. Die Digitalisierbarkeit von rechtlich strukturierten Planungen hängt maßgeblich von der Konditionalisierung nicht nur des Planungsrechts, sondern auch weiterer Rechtsregeln mit Ermessens- bzw. Abwägungsaufträgen und insbes. rechtlich gegebenen Ausnahmemöglichkeiten ab. Grenze für verbindliche Vorgaben für die – sich de facto hiervon zunehmend entfernende – Gesetzgebung sind die ver-

fassungsrechtlichen Grundprinzipien des Art. 20 Abs. 2 GG (demokratisches Prinzip) und Art. 20 Abs. 3 GG (Bindung der Gesetzgebung – nur – an die verfassungsmäßige Ordnung und Gewaltenteilung). Andererseits lässt sich aus dem rechtsstaatlichen Gebot der Konsistenz des Rechts ein Auftrag an die Gesetzgebung der klaren Differenzierung zwischen gebotener Konditionalisierung rechtlicher Regeln einerseits und punktueller finaler Rechtssetzung mit weitreichenden Gestaltungsspielräumen für Planungsträger andererseits herleiten.

5. Die Zurückhaltung der Legislative auf Bundes- und Landesebene, konkrete Planungen gesetzlich festzuschreiben, ist rechtlich nicht begründet und unverständlich. Die kommunalen Gesetzgeber zeigen seit langem, dass mit dem feinstrukturierten Instrumentarium der Bauleitplanung und anderen Instrumenten des Städtebaurechts verantwortlich und effektiv umgegangen werden kann. An fehlendem Personal kann es jedenfalls in den Legislativorganen des Bundes und der Länder wohl kaum liegen.

HENNING JAEGER

Vorschläge zur Verfahrensbeschleunigung in der Bauleitplanung

I. Vorbemerkungen[1]

Überlegungen und Anregungen zu Verfahrensbeschleunigungen in der Bauleitplanung stellen einen großen Teil des akademischen Wirkens des Jubilars dar. So hat der Jubilar schon frühzeitig in seiner Habilitationsschrift herausgearbeitet, dass die einvernehmliche Kooperation im Städtebaurecht – in der Regel über städtebauliche Verträge – eine wesentliche Säule der Beschleunigung der Bauleitplanverfahren und deren praktischer Umsetzung darstellt.[2] Die Kommentierungen des Jubilars zu den §§ 13–13b BauGB im Berliner Kommentar zum BauGB[3] sowie die mannigfaltigen Veröffentlichungen zur Verfahrensbeschleunigung[4] geben einen deutlichen Fingerzeig, wie die eng verwobene wissenschaftliche Arbeit und die Praxiserfahrung des Jubilars dem Rechtsanwender im konkreten Fall Lösungswege anbietet bzw. auf solche verweist. Der nachfolgende Beitrag versucht diesen Ariadnefaden im akademischen Wirken des Jubilars aus der Sicht eines kommunalen Praktikers aufzunehmen und weiterzuspinnen.

II. Verfahrensdauer von Bauleitplanverfahren

Trotz aller gesetzgeberischen Versuche seit den 1990er-Jahren[5] in der Bauleitplanung eine Verfahrensbeschleunigung zu erreichen (zB Baulandmobilisierungsgesetz[6]), muss man konstatieren, dass Plan- und Genehmigungsverfahren in Deutschland zu lange dauern. Nach eigenen praktischen Erfahrungen und Umfragen der kommunalen Spitzenverbände dauern Bauleitplanverfahren im normalen „Regelverfahren" zwei bis drei Jahre vom Aufstellungsbeschluss bis zur Bekanntmachung des Satzungsbeschlusses. Im vereinfachten und/oder beschleunigten Verfahren nach den §§ 13–13b BauGB muss man mindestens mit einem Jahr – in der Regel eher mit zwei Jahren – rechnen. Die Ursachen dafür sind vielschichtig, teils

[1] Die nachfolgenden Ausführungen geben die private Meinung des Verfassers wieder.

[2] Spannowsky, Grenzen des Verwaltungshandelns durch Verträge und Absprachen, 1994, S. 355f.

[3] Spannowsky in Schlichter/Stich Kommentar zum BauGB §§ 13–13b BauGB.

[4] Zuletzt Spannowsky in Spannowsky/Gohde (Hrsg.), Fach- und Rechtsfragen der Baulandmobilisierung – das aktuelle Baulandmobilisierungsgesetz, Berlin, 2022, S. 1 und Überblick unter https://spannowsky.de/publikationen/st-dtebaurecht, abgerufen am 26.10.2023.

[5] Spannowsky ZfBR 2022, 127 (129).

[6] Gesetz zur Mobilisierung von Bauland vom 14.6.2021 (BGBl. I 1802).

hausgemacht, aber größtenteils den aus Sicht der Verfahrensbeschleunigungen unzureichenden Regelungen im BauGB und dem Baunebenrecht geschuldet.

In der Planungspraxis gibt es eine Reihe von faktischen Indikatoren, die zu Verfahrensverzögerungen führen. An erster Stelle ist hier die Frage der Kooperation von Gemeinde und Vorhabenträger aufzuwerfen. Der Verfasser selbst hat ein Planverfahren im Regelverfahren zur Ansiedlung eines Einkaufzentrums mit 33.000 qm Verkaufsfläche mitten in der Dortmunder Innenstadt begleitet, dass innerhalb von neun Monaten im Regelverfahren zur Rechtsverbindlichkeit gebracht werden konnte. Dem hochprofessionellen Projektentwickler gelang es tatsächlich alle erforderlichen Fachgutachten uÄ innerhalb kürzester Zeit vorzulegen. Das gesamte Projekt wurde hochprofessionell und kooperativ vom Anfang bis Ende durchgezogen. Demgegenüber gibt es auch Planverfahren, in denen Vorhabenträger und Kommune um jeden Quadratmeter Bruttogeschoßfläche und/oder Verkaufsfläche feilschen. In einem dem Verfasser bekannten Projekt musste sogar die anwaltliche Begleitung des Vorhabenträgers ausgewechselt werden, da diese mit rechtlich zweifelhaften Annahmen auch den eigenen Auftraggeber verwirrten und es dadurch zu einer erheblichen Zeitverzögerung von mehreren Jahren kam.

Das gleiche Phänomen lässt sich aber auch bei der Behördenbeteiligung beobachten. Vielfach stehen die Fachbehörden der Suche nach einem Abwägungskompromiss mit den von ihnen vertretenen Belangen negativ gegenüber und beharren auf einer „faktischen“ Abwägungssperre in Bezug auf ihre Belange. In nachfolgenden Beteiligungsschritten wird auch ein mühsam gefundener Kompromiss wieder in Frage gestellt. Diese fehlende konstruktive Kompromissbereitschaft führt zu weiteren Verzögerungen in der Abwägungsarbeit.

Neben den möglichen differenten Vorstellungen von Vorhabenträgern, Fachbehörden und planender Gemeinden stellt auch der zunehmenden interne und externe Fachkräftemangel die Verfahrensdauer von Bauleitplanverfahren vor große Herausforderungen. So ist es bei der Behördenbeteiligung gemäß § 4 BauGB nicht unüblich und leider sehr frustrierend, wenn nach Versendung der digitalen Beteiligung postwendend die automatisch eingestellte Fristverlängerungsemail über weitere Monate gefordert wird oder aber der kurze Hinweis erfolgt, dass wegen des Personalmangels gar keine Stellungnahme zum Planverfahren erfolgt.

Das gleiche Phänomen zeigt sich auch bei der Suche nach geeigneten externen Fachplanern oder -gutachtern. Hier werden teilweise wegen Überlastung der Büros keine Angebote auf Ausschreibungen für Planungsleistungen mehr abgegeben. Auch die vielbemühte Digitalisierung des Bauleitplanverfahrens mit Hilfe der Künstlichen Intelligenz (KI) hilft hier nur bedingt weiter, da mittelfristig der Kern der Bauleitplanung – die Abwägung – weiterhin dem humanoiden Planer überlassen bleiben wird, was gleichzeitig auch für die Abgabe von fachlichen Stellungnahmen im Rahmen der Beteiligungen nach den §§ 3, 4 BauGB gilt.

Die o. g. faktischen Probleme führen letztlich zu der Erkenntnis, dass die schnellste Bauleitplanung immer noch die ist, die gar nicht stattfindet; dh auch die planungsrechtlichen Fragen ins Baugenehmigungsverfahren schiebt (§§ 31, 34, 35 BauGB). Diese für den Planungspraktiker bittere Schlussfolgerung durchzieht die nachfolgenden Wünsche an den Bundes- aber auch Landesgesetzgeber.

III. Vorschläge an den Gesetzgeber des BauGB/der BauNVO zur Verfahrensbeschleunigung

Bei den Wünschen an den Gesetzgeber des BauGB ist zunächst zu trennen zwischen den Vorschlägen, die das normale Regelverfahren betreffen und die das vereinfachte und beschleunigte Verfahren nach den §§ 13, 13a BauGB umfassen.

1. Regelverfahren:

Zur vereinfachten Übersicht in diesem vorgegebenen inhaltlichen Rahmen werden die nachfolgenden Vorschläge den Paragraphen folgend angelehnt:

a) Leitfäden für Abwägung, § 1 Abs. 7 BauGB

Schon in den Fachexperten-Gesprächen 2023 zur Modernisierung des Städtebaurechts,[7] an der der Verfasser teilgenommen hat, wurde die Vereinheitlichung von verbindlichen Methodenstandards, Leitfäden etc für die umweltrechtlichen Fragen der Abwägung gefordert. Hier sind speziell der Umgang mit dem Artenschutz, mit der TA-Lärm, den Geruchsimmissionen und den Lichtimmissionen benannt worden. Diese sind teilweise auf Länderebene bereits vorhanden, aber leider uneinheitlich. Gerade die größeren Städte haben indes eigene Anforderungen bzw. Leitfäden[8] entwickelt, die auf die individuelle städtebauliche Situation besser abgestimmt sind. Ein denkbarer Kompromiss wäre hier eher die Aufnahme und Betreuung von best-practice Beispielen gerade für kleinere Kommunen durch die Bundesländer.

b) Abschichtung von Umweltprüfung und -bericht

In der Fachliteratur sind zudem Forderungen nach einer Absenkung der Anforderungen an die Umweltprüfung, den Umweltbericht und an das sog. Scoping in § 2 Abs. 4 BauGB iVm Anlage 1 zum BauGB aufgekommen. Dies ist in Österreich und anderen Ländern der Europäischen Union bereits erfolgt.[9] Es gibt unterschiedliche Anlagen für das Bauleitplanverfahren und das Baugenehmigungsverfahren. Es ist tatsächlich in Frage zu stellen, ob man gerade bei einem Angebotsbebauungsplan etwas zu dem Bau und/oder Abriss von baulichen Anlagen und den zu verarbeitenden Stoffen/Abfällen sagen muss oder ob dies das Bauleitplanverfahren nicht eher überlastet. In der Planungspraxis werden Umweltprüfung und/oder Umweltbericht in der Regel extern vergeben. Sichtet man die einschlägige Rechtsprechung in Normenkontrollverfahren, so kommt man zu dem Schluss, dass Bebau-

---

[7] Difu, Fachexperten-Gespräche 2023 zur Modernisierung des Städtebaurechts, S. 89f. (https://backend.repository.difu.de/server/api/core/bitstreams/7026620f-8d29-43d8-8fd2-c358375dca27/content, abgerufen am 23.10.2023).

[8] ZB https://www.berlin.de/sen/uvk/umwelt/laerm/laermschutz-in-der-bauleitplanung/, abgerufen am 23.10.2023.

[9] Difu, Fachexperten-Gespräche 2023 zur Modernisierung des Städtebaurechts, S. 193f. (https://backend.repository.difu.de/server/api/core/bitstreams/7026620f-8d29-43d8-8fd2-c358375dca27/content, abgerufen am 23.10.2023).

ungspläne in der Regel nicht wegen Fehlern einer durchgeführten Umweltprüfung und/oder Fehlern im Umweltbericht für unwirksam erklärt werden. Dies geschieht äußert selten.

Soweit man sich dafür entscheidet, die Prüfungsdichte der Umweltprüfung/des Umweltberichts abzuschichten und auf das Baugenehmigungsverfahren zu übertragen, muss man sich vergegenwärtigen, dass es dann zu weiteren Verzögerungen im Baugenehmigungsverfahren kommt. Sieht man beides als Einheit an, so ergeben sich keine wesentlichen Zeitgewinne, sondern lediglich eine Verschiebung von Zeitverlusten.

c) Verfahrensbeschleunigungen bei den Beteiligungen, §§ 3–4a BauGB

Nach den Erfahrungen des Verfassers wäre eine Umstellung der Beteiligung der Öffentlichkeit nach § 3 Abs. 2 S. 1 BauGB nF ganz aufs Internet möglich gewesen. In den letzten drei Jahren haben von der physischen Offenlage in über 120 Bauleitplanverfahren der Stadt Dortmund nur drei Stellungnehmer Gebrauch gemacht. Der Rest hat sich über das Internet informiert und Stellungnahmen abgeben. Hier hätte der Gesetzgeber mutiger sein können und auf eine weitere Alternative der öffentlichen Zugänglichkeit, wie sie durch das Gesetz zur Stärkung der Digitalisierung in Bauleitplanverfahren und weitere Vorschriften vom 3.7.2023[10] gefordert wird, verzichten können. Zumal auch in den Bekanntmachungen in der Praxis immer Ansprechpartner mit Kontaktdaten benannt werden, die von nicht internetaffinen Öffentlichkeitsteilen auch telefonisch für eine physische Offenlage kontaktiert werden können. Dies hätte man sogar in den Gesetzestext aufnehmen können, um insoweit einen Verfahrensfehler zu vermeiden.

Für die Praxis ist es wichtig auch klarzustellen, dass Internetstörungen auf Seiten der Gemeinde während der digitalen Beteiligung der Öffentlichkeit nur dann zu beachtlichen Verfahrensverstößen führen können, wenn diese Ausmaße annehmen, die auch bei einer physischen Beteiligung der Öffentlichkeit zur Rechtswidrigkeit führen würden[11]; also mithin keine dauernde Erreichbarkeit der Internetadresse über 24 Stunden an mindestens 30 Tagen von der Gemeinde nachzuweisen ist. Dies dürfte auch Internetriesen wie Google, Amazon oder Instagram technisch nicht möglich sein.

Die Präklusionsvorschrift des § 4a Abs. 6 BauGB ist für die Beteiligung der Behörden und Träger sonstiger öffentlicher Belange zu „zahm". Europarechtlich könnte diese Vorschrift zumindest in Bezug auf die Behördenbeteiligung enger gefasst werden, da die Rechtsprechung des Europäischen Gerichtshofs zum Verbot der Präklusion in § 47 Abs. 2a VwGO aF bzw. § 3 Abs. 2 S. 2 Hs. 2 BauGB in der Form des Europarechtsanpassungsgesetzes[12] nur die Beteiligung der betroffenen Öffentlichkeit erfasst.[13] Das Argument der (häufig selbst zu verantwortenden) Per-

---

[10] BGBl. I Nr. 176.

[11] Zusammenfassend Krautzberger/Jaeger in EZBK BauGB § 3 BauGB Rn. 40f.; offengelassen von Decker ZfBR 2018, 325 (327).

[12] Gesetz zur Anpassung des Baugesetzbuchs an EU-Richtlinien (Europarechtsanpassungsgesetz Bau (EAG Bau) vom 24.6.2004 (BGBl. I Nr. 31).

[13] EuGH NVwZ 2015, 1665 Rn. 55.

sonalknappheit für eine Fristenverlängerung anzuführen, würde ggf. dann häufiger überlegt werden.

d) Überarbeitung des Festsetzungskatalogs des § 9 BauGB

Den Festsetzungskatalog des § 9 gilt es dringend zu überarbeiten. Neben der immer noch für die Praxis ungelösten Problemen der Geräuschkontingentierung[14], dem Umgang mit der TA-Lärm in der Bauleitplanung[15] sollten insbes. die Regelungen zu § 9 Abs. 2a–d BauGB in den allgemeinen Festsetzungskatalog des § 9 Abs. 1 BauGB übernommen werden. Der Festsetzungskatalog sollte den Gemeinden damit insgesamt zur Verfügung gestellt werden, so dass sie sich am gesamten „Buffet" der Festsetzungen bedienen kann. Sektorale Bebauungspläne haben sich aus Sicht des Verfassers nicht bewährt.

Die gerade erst neu eingeführte Vorschrift des § 9 Abs. 2d BauGB zeigt das Dilemma eines zerfaserten Festsetzungskatalogs durch sektorale Bebauungspläne auf. Hier ist schon umstritten, ob Dachaufstockungen oder auch nur Nutzungsänderungen unter den Begriff der Errichtung eines Wohngebäudes fallen oder nicht.[16] Hier sollte klarstellend im Gesetzestext formuliert werden, dass auch die Änderungen oder Nutzungsänderungen erfasst sind.

Der sozial geförderte Wohnungsbau ist das zentrale politische Thema in der heutigen Zeit[17], die Gemeinden können aber mit diesem sektoralen Bebauungsplan keine Erschließungsflächen und/oder Lärmschutzmaßnahmen festsetzen, die zur Umsetzung der Planvorhaben gerade bei einer Hinterlandbebauung erforderlich wären. Warum steht dann eine solche Regelung nicht im allgemeinen Festsetzungskatalog und wird entfristet? Die Voraussetzung eines angespannten Wohnungsmarktes, der auch erst noch im Wege einer Rechtsverordnung des jeweiligen Bundeslandes nach § 201a BauGB festgestellt werden muss, ist ebenso überflüssig, wenn man bedenkt wie viel sozial gebundener Wohnraum bundesweit aus der Bindungsfrist fallen wird.[18] Insoweit greift ein Abstellen nur auf den Wohnungsmarkt des betroffenen Gemeindegebiets – uU nur das Bundesland (zB Berlin-Brandenburg) – nicht (Stichwort „Speckgürtel"). Die Schaffung von genügend sozial geförderten Wohnraum ist damit eine Daueraufgabe und kein zeitlich befristetes „Schlaglicht".

---

[14] S. hierzu DAV Stellungnahme zur BauGB Novelle, BauR 2023, 1602f.

[15] S. hierzu DAV Stellungnahme zur BauGB Novelle, BauR 2023, 1602f. (1603f.).

[16] Mitschang in Mitschang (Hrsg.), Entwurf eines „Gesetzes zur Mobilisierung von Bauland", Berliner Schriften zur Stadt- und Regionalplanung, 2021, S. 13ff.

[17] Bundesministerium für Wohnen, Stadtentwicklung und Bauwesen, Maßnahmen der Bundesregierung für zusätzliche Investitionen in den Bau von bezahlbarem und klimagerechtem Wohnraum und zur wirtschaftlichen Stabilisierung der Bau- und Immobilienwirtschaft (https://www.bmwsb.bund.de/SharedDocs/topthemen/Webs/BMWSB/DE/Massnahmenpaket-bauen/massnahmenpaket-artikel.html, abgerufen am 26.10.2023).

[18] Bundeszentrale für politische Bildung, Sozialmietwohnungen (https://www.bpb.de/kurz-knapp/zahlen-und-fakten/soziale-situation-in-deutschland/341826/sozialmietwohnungen/, abgerufen am 30.10.2023).

2. *Verfahrensbeschleunigungen im vereinfachten und beschleunigten Verfahren, § 13–13a BauGB*

Die ebenfalls zum erweiterten Anwendungsbereich des § 13a BauGB zählende Vorschrift des § 13b BauGB ist durch das Bundesverwaltungsgericht für europarechtswidrig und damit für nicht mehr anwendbar erklärt worden.[19] Die Vorschrift wird daher nachfolgend nicht mit in die Betrachtung einbezogen. Wegen ihres begrenzten räumlichen Schwellenwerts von 10 000 qm ist das Verfahren in größeren Städten ohnehin kaum zum Tragen gekommen.

a) Vereinfachtes Verfahren, § 13 BauGB

Jubilar und Verfasser dieses Beitrags vertreten schon seit längerem in ihren Kommentierungen zu § 13 Abs. 1 Alt. 2 BauGB die Auffassung, dass auch die Aufhebung von Bebauungsplänen in eindeutig nach § 34 BauGB vorgeprägten Baugebieten als actus contrarius zur Aufstellung gemäß § 1 Abs. 8 BauGB in den Anwendungsbereich der Vorschrift fallen.[20] Dies sollte explizit im Gesetzeswortlaut auch seinen Niederschlag finden. Es findet sich keine sachliche Rechtfertigung dafür, dass eine Aufstellung von Bebauungsplänen in diesen eindeutig vorgeprägten und versiegelten Gebieten zulässig ist, aber eine Aufhebung nicht. Im Aufhebungsverfahren ist die fehlende Notwendigkeit einer planerischen Steuerung für das betreffende Plangebiet näher auszuführen. Eine Verletzung der kommunalen Planungshoheit ist nicht zu befürchten, da die Gemeinde selbst das Aufhebungsverfahren betreibt. So könnten Baugenehmigungen in Gebieten, die nach § 34 BauGB beplant werden können, schneller erteilt werden.

Die Verfahrensanforderungen in § 13 Abs. 2 Nr. 2 BauGB sollten ebenfalls vereinfacht werden: So wird in der Praxis häufig die erneute Beteiligung der Öffentlichkeit nach § 3 Abs. 2 BauGB durchgeführt, weil man bei der anderen Alternative den Verfahrensfehler befürchtet, nicht bei der gesamten betroffenen Öffentlichkeit, zu der auch die allgemein anerkannten Naturschutzverbände gehören,[21] Stellungnahmen einzuholen. Hier könnte sich anbieten, der Gemeinde auch die Wahlmöglichkeit zu geben eine verkürzte Beteiligung der Öffentlichkeit nach § 3 Abs. 2 BauGB von zB 14 Tagen zu geben. Eine solche angemessene Verkürzung der Veröffentlichungsfrist sieht zB auch § 4a Abs. 3 S. 3 BauGB vor. Europarecht steht dem nicht entgegen, da Art. 7 Abs. 7 der Richtlinie 2014/52/EU des Europäischen Parlaments und des Rates vom 16.4.2014[22] nur für UVP-pflichtige Bebauungspläne gilt, die im Anwendungsbereich des § 13 BauGB wegen seines Abs. 1 S. 1 Nr. 1 nicht zum Tragen kommt. Das Gleiche gilt selbstverständlich auch für die Beteiligungen der Behörden nach § 4 Abs. 2 BauGB. Über § 13a Abs. 2 Nr. 1 BauGB würde diese Verfahrensbeschleunigung auch für das beschleunigte Verfahren gelten.

---

[19] BVerwG, BeckRS 2023, 17631.

[20] Spannowsky in Schlichter/Stich Kommentar zum BauGB § 13 Rn. 9 und Jaeger in BeckOK BauGB, § 13 Rn. 16.

[21] BVerwG NVwZ 1998, 279 (280).

[22] ABl. L, Nr. 124, 25.4.2014, S. 1.

b) Beschleunigtes Verfahren, § 13a BauGB

Schon im Planspiel zur BauGB-Novelle 2007 kam die Frage auf, warum die Schwellenwerte nicht identisch mit denen der Anlage 1 zum UVPG sind.[23] Dezidierte europäische Rechtsprechung zur Frage, wann noch ein kleines Gebiet iSd Art. 3 Abs. 3 der Plan-UVP Richtlinie vorliegt, existiert gerade nicht. Es wird eher auf die Größe der jeweiligen planenden Gemeinde Bezug genommen.[24] Da es hier um Bebauungspläne der Innenentwicklung geht, wäre eine maßvolle Anhebung der Schwellenwerte, auch in Relation zur Grundfläche der planenden Gemeinde europarechtskonform ohne Weiteres möglich.

In § 13a Abs. 1 S. 1 BauGB ist die Zweckbestimmung zu streichen; maßgeblich ist allein die Frage, ob ein Bebauungsplan der Innenentwicklung vorliegt oder nicht. Der Begriff des Bebauungsplans der Innenentwicklung ist durch die höchstrichterliche Rechtsprechung hinreichend geklärt.[25] Warum daneben noch eine Zweckbestimmung (Wiedernutzbarmachung von Flächen, die Nachverdichtung oder andere Maßnahmen der Innenentwicklung) als weiteres Korrektiv erforderlich sein soll, ist nicht nachvollziehbar. Es ist auch allein eine Frage des Planungsermessens nach § 1 Abs. 3 S. 1 BauGB, was für das Gemeindegebiet eine Maßnahme der Innentwicklung sein kann und was nicht.[26] Ob die Gerichte bei der vollständigen Überprüfung dieses unbestimmten Rechtsbegriffs ihre Meinung an die Stelle des Gemeinderats setzen können, ist auch unter dem Aspekt der Gewaltenteilung nicht unproblematisch.

3. Zurückstellung von Baugesuchen und Veränderungssperren, §§ 14, 15 BauGB

In der Planungspraxis spielt auch die Verfahrenssicherung durch den Erlass von Veränderungssperren und die Zurückstellung von Baugesuchen nach den §§ 14, 15 BauGB eine große Rolle. In Anbetracht der durchschnittlichen Verfahrensdauer von Bauleitplanverfahren in Deutschland von mindestens zwei Jahren, ist die „normale" Geltungsdauer von zwei Jahren in § 17 Abs. 1 S. 1 BauGB gleich auf drei Jahre im Gesetzestext zu verlängern. Die zweite Verlängerungsmöglichkeit in § 17 Abs. 2 BauGB könnte dann gestrichen werden. So erspart man sich einen weiteren zeitkritischen kommunalen Gremiengang für die 1. Verlängerung der Veränderungssperre.

Vor dem Hintergrund der o. g. durchschnittlichen Verfahrensdauer von mindestens zwei Jahren ist § 15 BauGB mit seiner Ein-Jahresfrist eher zu streichen. Die rein als Verfahrensregelung für das Baugenehmigungsverfahren ausgestaltete Vorschrift[27] führt in der Regel wegen der langen Verfahrensdauer zu einer nachfolgenden Veränderungssperre. Dann lässt sich ein zweiter Gremiengang vermeiden, wenn man Aufstellungsbeschluss und Beschluss zum Erlass einer Veränderungssperre gleich

[23] Jaeger in BeckOK BauGB BauGB § 13a Rn. 14.
[24] Vgl. hierzu EuGH BeckRS 2016, 83106 Rn. 74.
[25] Zusammenfassend zuletzt BVerwG, ZfBR 2023, 683 Rn. 15f.
[26] Zuletzt BVerwG NVwZ 2023, 351 Rn. 18.
[27] Kümper ZfBR 2020, 135 (136).

miteinander verbindet. Die Veränderungssperre ist generell effektiver und verlangt nur nach einem abstrakten Sicherungsbedürfnis der planenden Gemeinde.[28]

4. *Änderungen bei der Zulässigkeit von Vorhaben*

Auch die §§ 30f. BauGB haben durch die letzten Baugesetzbuchnovellen viele Änderungen erfahren. Für eine deutliche Verfahrensbeschleunigung sollten insbes. die letzten Änderungen zu § 31 BauGB sorgen.

a) Änderungen in § 31 Abs. 3 BauGB

Das Baulandmobilisierungsgesetz[29] hat den befristet maximal bis zum 31. 12. 2026 geltenden § 31 Abs. 3 BauGB eingeführt, wonach in einem Gebiet mit einem angespannten Wohnungsmarkt, das nach § 201 a BauGB bestimmt ist, mit Zustimmung der Gemeinde im Einzelfall von den Festsetzungen des Bebauungsplans zugunsten des Wohnungsbaus befreit werden kann, wenn die Befreiung auch unter Würdigung nachbarlicher Interessen mit den öffentlichen Belangen vereinbar ist. Die Regelung ist zweifelsohne eines der Herzstücke des o. g. Gesetzes für die Verfahrensbeschleunigung, da sie Befreiungen auch zulässt, wenn diese die Grundzüge der Planung betreffen. Sie ermöglicht es damit, auch von der Art der baulichen Nutzung auf Grundstücken zu befreien, ohne dass für einzelne Grundstücke extra Bebauungsplanänderungsverfahren initiiert werden müssen.[30] Leider ist auch hier der Gesetzgeber auf halbem Weg stehen geblieben. So bewirkt bereits die Kopplung an eine Rechtsverordnung des jeweiligen Bundeslandes nach § 201 a BauGB Abhängigkeiten von den jeweiligen Landesregierungen. Diese setzen solche Rechtsverordnungen aus politischen Gründen oder aus einer Verkennung der tatsächlichen Wohnraumbedarfe der einzelnen Gemeinden verspätet oder gar nicht um.[31]

In dem Kontext das bundesweit jährlich bis zu 400 000 neue Wohnungen entstehen müssten, um die tatsächlichen Wohnraumbedarfe zu stillen[32],verwundert auch das einschränkende Tatbestandsmerkmal des Einzelfalls. Diesem Tatbestandsmerkmal soll nach der verwaltungsgerichtlichen Rechtsprechung genügt sein, solange nicht erkennbar ist, dass eine vergleichbare Befreiungslage im Plangebiet in einer solchen Anzahl gleich gelagerter Fälle eintreten könnte, dass die Schwelle des Planungserfordernisses überschritten würde.[33] Das OVG Berlin-Brandenburg hat mit

---

[28] Kümper ZfBR 2020, 135 (140).

[29] Gesetz zur Mobilisierung von Bauland (Baulandmobilisierungsgesetz) vom 14.6.2021 (BGBl. I S. 1802).

[30] OVG Hamburg NVwZ 2021, 1472, Rn. 29.

[31] ZB Verordnung über die Bestimmung der Freien und Hansestadt Hamburg als Gebiet mit einem angespannten Wohnungsmarkt nach § 201 a BauGB vom 13.7.2021 (AngWoMBestV HA) (HmbGVBl. 2021, 530) und Verordnung zur Bestimmung von Gebieten im Land Nordrhein-Westfalen mit einem angespannten Wohnungsmarkt nach § 201 a Satz 1 des Baugesetzbuches vom 21. 12. 2022 (BaulandmobilisierungsVO NRW) (GV. NRW. 2023, 2).

[32] Bundesregierung, Mehr bezahlbaren Wohnraum schaffen (https://www.bundesregierung.de/breg-de/suche/wohnungsbau-bundesregierung-2006224, abgerufen am 30. 10. 2023).

[33] OVG Hamburg NVwZ 2021, 1472, Rn. 29: OVG Berlin-Brandenburg, BeckRS 2023, 6656, Rn. 84.

diesem Hinweis, die Befreiung zu Gunsten eines Dachgeschoßausbaus abgelehnt.[34] Soweit dieses Tatbestandsmerkmal von der Rechtsprechung so restriktiv ausgelegt wird, geht die Neuregelung fehl. Bei solchen Befreiungen geht es in der Regel um sehr alte Bebauungspläne, die nur noch eine begrenzte Steuerungswirkung entfalten, aber noch nicht funktionslos geworden sind und um maßvolle Erweiterungen. Wie bei § 31 Abs. 2 BauGB aF[35] ist daher der Einzelfall zu streichen. Korrektiv ist und bleibt in diesen Fällen das in den öffentlichen Interessen iSd § 31 Abs. 3 S. 1 BauGB verankerte Planerfordernis.[36] Wegen der weiterhin erforderlichen Zustimmung der plangebenden Gemeinde ist eine Aushöhlung der kommunalen Planungshoheit gerade nicht zu befürchten.

Da es sich gerade bei der Schaffung von (sozial geförderten) Wohnraum um eine Daueraufgabe handelt, ist eine entsprechend neu gestaltete Vorschrift ebenfalls zu entfristen.

In dem genannten Kontext ist auch die Absicht die Umwandlung von Büroräumen in Wohnräume ausdrücklich zu begrüßen.[37] In Zeiten des Home-Office ließen sich damit noch weitere Wohnraumpotentiale in den Innenstädten ohne größeren Aufwand erschließen. Dies müsste aber einhergehen mit bauaufsichtlichen Sonderregelungen für diese bestehenden Aufenthaltsräume. Diese werden in der Regel nicht den heutigen Bestimmungen zu Brandschutz, Schalldämmung uÄ entsprechen. Hier wären Neuregelungen in der Musterbauordnung und den Bauordnungen der Bundesländer erforderlich hin zum Weg zu einer „Umbauordnung“[38].

b) Vorhaben im unbeplanten Innenbereich, § 34 BauGB

Will man die lebensnotwendige Umsetzung der Klimaschutzziele[39] sowie die o. g. Ziele der sozialen Wohnraumförderung erreichen, wird man nicht umhinkommen, diese als weitere Tatbestandsvoraussetzung in den § 34 BauGB mit aufzunehmen.[40] Diese Ziele sind nicht ohne Eingriffe in den Bestand im unbeplanten Innenbereich umzusetzen. Den vorher bestehenden Rechtsanspruch auf Baurecht nach § 34 BauGB aus den genannten Allgemeinwohlgründen aufzuheben, stellt ohne Frage einen erheblichen Eingriff in das Grundeigentum nach Art. 14 GG dar. Ein solcher Eingriff ließe sich aber mit Übergangsfristen und Ausnahmetatbeständen wie auch in anderen Rechtsgebieten verfassungskonform als Inhalts- und Schrankenbestimmung ausgestalten. Das Planersatzschadensrecht könnte hier als

---

[34] OVG Berlin-Brandenburg BeckRS 2023, 6656, Rn. 84.

[35] § 31 Abs. 2 in der bis zum 31.12.1997 geltenden Fassung.

[36] ZB BVerwG NVwZ 2013, 719, Rn. 39.

[37] Bundesministerium für Wohnen, Stadtentwicklung und Bauwesen, Maßnahmen der Bundesregierung für zusätzliche Investitionen in den Bau von bezahlbarem und klimagerechtem Wohnraum und zur wirtschaftlichen Stabilisierung der Bau- und Immobilienwirtschaft (https://www.bmwsb.bund.de/SharedDocs/topthemen/Webs/BMWSB/DE/Massnahmenpaket-bauen/massnahmenpaket-artikel.html;jsessionid=606A0AD2151AB173BD056FDA92955DE6.2_cid387, abgerufen am 6.11.2023).

[38] Schröer/Kümmel NVwZ 2023, 30 (33).

[39] Bundesregierung, Generationenvertrag für das Klima (https://www.bundesregierung.de/breg-de/schwerpunkte/klimaschutz/klimaschutzgesetz-2021-1913672, abgerufen am 6.11.2023).

[40] So auch Sauthoff KlimR 2022, 12 (14).

Vorbild dienen. Für den Gesetzgeber wird die Luft auch aus verfassungsrechtlichen Gründen langsam eng. Das Bundesverfassungsgericht hat die Frage des effizienten Klimaschutzes bereits auf seiner Agenda.[41]; ihm folgend die (fach-)planungsrechtliche Rechtsprechung[42]. Letztlich stellt sich auch die Frage, warum der Vertrauensschutz auf das bestehende Baurecht bei der gesetzlichen Regelung des § 34 BauGB größer sein sollte als bei Bebauungsplänen.

Insbesondere könnten über diese Tatbestandsmerkmale auch die Gemeinden dazu kommen, über städtebauliche Dispensverträge kooperative Lösungen der o. g. Herausforderungen für den Einzelfall gemeinsam mit dem Bauherrn zu finden.

5. Änderungen an der BauNVO

Es ist zu konstatieren, dass sich die BauNVO in der Praxis bewährt hat und keine grds. Änderungen an der Systematik der BauNVO aus Sicht der Praxis erforderlich sind.[43] Anregungen und Problemlösungen zu den drängenden Fragen des Umgangs mit dem Gewerbelärm in der Bauleitplanung, der Lärmkontingentierung und der Steuerung von Einzelhandel über Verkaufsflächenfestsetzungen sind bereits seit längerem Gegenstand der wissenschaftlichen[44], politischen und auch gerichtlichen Diskussion[45].

Eine vorsichtige Öffnung der BauNVO in der Form einer befristeten Experimentierklausel in § 11 Abs. 1 BauNVO wäre ein weiterer Denkansatz, um die Stadt der kurzen Wege umzusetzen. So könnte § 11 Abs. 1 S. 2 BauNVO wie folgt lauten: Aus besonderen städtebaulichen Gründen können sonstige Sondergebiete dargestellt und festgesetzt werden, die keinen der Baugebiete nach den §§ 3–9 BauNVO entsprechen. So könnten zB Sondergebiete für Büro und Verwaltung rechtssicherer festgesetzt werde, ohne die wesentliche Unterscheidung zum Gewerbegebiet herausarbeiten zu müssen.[46]

Die Steuerungsfunktion von divergierenden Nutzungen in einem Plangebiet würde automatisch, wie bei den Baugebieten nach den §§ 2–9 BauNVO das Immissionsschutzrecht übernehmen.[47]

---

[41] BVerfG NVwZ 2021, 951, Rn. 118f.; BVerfG NVwZ 2022, 1890, Rn. 79.

[42] Etwa BVerwG, NVwZ 2023, 1657 Rn. 40; VGH Mannheim BeckRS 2023, 16314 Rn. 112.

[43] Difu, Fachexperten-Gespräche 2023 zur Modernisierung des Städtebaurechts, S. 69 (https://backend.repository.difu.de/server/api/core/bitstreams/7026620f-8d29-43d8-8fd2-c358375dca27/content, abgerufen am 8.11.2023).

[44] Zusammenfassend zuletzt DAV Stellungnahme zur BauGB Novelle, BauR 2023, 1602.

[45] BVerwG NVwZ 2021, 1241 Rn, 36.

[46] Einerseits OVG Saarlouis BeckRS 1993, 10103, Rn. 10; anderseits OVG Koblenz BeckRS 2021, 965, Rn. 72f.

[47] Difu, Fachexperten-Gespräche 2023 zur Modernisierung des Städtebaurechts, S. 69 (https://backend.repository.difu.de/server/api/core/bitstreams/7026620f-8d29-43d8-8fd2-c358375dca27/content,, abgerufen am 8.11.2023).

IV. Vorschläge an den Landesgesetzgeber

Auch im Bereich der Landesgesetzgebung würden Änderungen an den Gemeindeordnungen, die den Gemeindeverwaltungen mehr Spielraum geben, zu Verfahrensbeschleunigungen führen. Verfahrensleitende Beschlüsse zum Bauleitplanverfahren kosten viel Zeit. Gremienläufe zu den verfahrensleitenden Beschlüssen in Großstädten können bis zu zwei Monate dauern. Nach der Rechtsprechung sind auch verfahrensbegleitende Entscheidungen im Bauleitplanverfahren keine Geschäfte der laufenden Verwaltung.[48] Eine gesetzliche Klarstellung für erneute Offenlagebeschlüsse uÄ wäre hier praxisnah. Große Planfeststellungsverfahren mit erheblichen Rechtswirkungen für Dritte aus dem Fachrecht bedürfen auch keiner politischen Entscheidung bis zum Ende des Verfahrens. Ausdrücklich ausgenommen sind natürlich die abschließenden Feststellungs- und Satzungsbeschlüsse.[49]

Die Gemeinderäte und auch die Fachverwaltungen müssten davon natürlich auch Gebrauch machen, um den Verwaltungen mehr Spielräume zu überlassen. Ziel wäre es neben dem gemeindepolitisch wichtigen Aufstellungsbeschluss nur noch den abschließenden Feststellungs- oder Satzungsbeschuss im Bauleiplanverfahren in die politischen Gremien zu bringen.

Schließlich liegt es auch an den Landesgesetzgebern die Landesbauordnungen zu „Umbauordnungen“ umzuwandeln. Die erleichterte Umnutzung von Büro- und Gewerberäumen müsste auch mit Sonderregelungen für bestehende Aufenthaltsräume begleitet werden, da diese häufig nicht den heutigen gesetzlichen Anforderungen, wie zB Schallschutz, Wärmdämmung, Brandschutz etc entsprechen.

V. Rechtsprechung

Letztlich muss sich auch die Rechtsprechung den drängenden Problemen des (sozialen) Wohnraumbedarfs und des Klimaschutzes stellen. Hier wäre insbes. ein Umdenken beim Stellenwert des privaten Grundeigentums in der Abwägung erforderlich. Die Rechtsprechung betont immer wieder, dass dieser private Belang mit allen anderen privaten und öffentlichen Belange gleichwertig in die Abwägung einzustellen ist. Sie holt diese Aussage aber immer wieder postwendend zurück, indem sie ausurteilt, dass das private Grundeigentum in hervorgehobenen Sinne in der Abwägung zu berücksichtigen ist.[50] Der Praktiker bleibt angesichts solcher Widersprüchlichkeit nur der rechtssichere Weg das private Grundeigentum in besonderem Maße in der Abwägung zu berücksichtigen. Gerade auch in Anbetracht der Klimaschutzrechtsprechung des Bundesverfassungsgerichts[51], muss sich die Fachjudikatur fragen lassen, ob dem Privateigentum weiterhin ein so großer Stellenwert in der Abwägung gegenüber den öffentlichen Interessen, wie zB dem Klimaschutz und dem (sozial) geförderten Wohnraum einzuräumen ist.

---

[48] ZB OVG Münster BeckRS BeckRS 2009, 34584.
[49] ZB § 41 Abs. 1 lit. g) GO NRW.
[50] ZB BVerwG NVwZ 2023, 667, Rn. 29.
[51] BVerfG NVwZ 2021, 951, Rn. 118f.; BVerfG NVwZ 2022, 1890, Rn. 79.

VI. Fazit

Die seit den 1990er Jahren laufende Debatte über die Vereinfachung und Beschleunigung von Planverfahren hat noch nicht zu einschneidenden Änderungen in den maßgeblichen Gesetzen geführt. Will man die drängenden Probleme der Schaffung von sozial gefördertem Wohnraum, Klimaanpassung und Klimaschutz rechtlich mit den Mitteln der Bauleitplanung lösen, sind gravierende und nicht nur punktuelle Gesetzesänderungen erforderlich. Das Planerfordernis muss als Grenze für Verfahrensvereinfachungen und- beschleunigungen fungieren und nicht die Bezugnahme auf „den Einzelfall" oder die „Grundzüge der Planung". Gerade im Bereich der Innenentwicklung muss mehr auf die Vorhabenzulassung gesetzlich „delegiert" werden, wenn man zu tatsächlichen Zeitgewinnen kommen möchte. Aber auch die Rechtsprechung und die politischen Gemeindevertreter müssen von dem überholten Eigentumsbegriff bzw. seinem Stellenwert in der Abwägung abkommen, um zeitnahe und sachgerechte Lösungen für die drängendsten gesellschaftspolitischen Herausforderungen zu finden. Dieser Beitrag möchte hierzu Denkanstöße geben.

MARTIN JUNKERNHEINRICH/DOMINIK FRANKENBERG

Gespaltene Kompetenzzuordnungen im föderalen Staat: Schnittstellenmanagement als Herausforderung für die Bereitstellung und Finanzierung kommunaler Leistungen

I. Schnittstellen im föderalen Mehrebenensystem

Die vielfach ungenutzten Potenziale des föderalen Staatsaufbaus, die Steuerungsgrenzen eines bundesseitigen Mikromanagements und die unzureichende Nutzung des technischen Fortschritts (Defizite der Digitalisierung etc) haben sich bei der Pandemiebewältigung erneut deutlich gezeigt. Hier wurden die Rahmenbedingungen öffentlichen Handelns – hohe Komplexität und Unsicherheit – besonders gut sichtbar. Die anstehenden Aufgaben des Gesamtstaates können allerdings nicht bewältigt werden, wenn jede Ebene die Lösung von der anderen Ebene erwartet.

Klare Kompetenzzuordnungen bilden die Voraussetzung für effektive politische, fachliche und finanzielle Steuerung. Die bei zahlreichen Aufgaben gespaltenen Entscheidungs-, Durchführungs- und Finanzierungskompetenzen der öffentlichen Aufgabenerfüllung erfordern an den Schnittstellen zwischen Land und Kommunen – und mittelbar auch zum Bund – sachgerechte Entscheidungen über die Aufgaben- und Finanzverteilung. Da weder Aufgabenumfang noch Aufgabenverteilung statisch sind, steht diese Schnittstelle häufig unter einer politischen Spannung. Mit der Einführung des landesverfassungsrechtlichen Konnexitätsprinzips ist diese Spannung angestiegen, weil die Finanzierungsfrage nunmehr gleichzeitig mit der Aufgabenzuordnung und -ausgestaltung zu regeln ist.[1]

Im Zuge veränderter Aufgabenzuordnungen, der Änderung von Finanzierungsanteilen (zB im System Schule) oder der Formulierung neuer Aufgaben (zB Inklusion, Offener Ganztag) wird im Rahmen der bestehenden Konnexitätsregelungen ein finanzieller Belastungsausgleich erforderlich.[2] Wenn die Regelung durch das Land nicht oder nicht durch Gesetz oder Verordnung erfolgt, wird ein finanzieller Belastungsausgleich vermieden. Dies ist ein Anreiz zur Unterregulierung und er-

---

[1] Die folgenden Ausführungen basieren insbes. auf den Ergebnissen der Transparenzkommission des Landes Nordrhein-Westfalen, die im Juni 2019 eingesetzt wurde und den Auftrag hatte, kommunalbelastende Regelungen zu überprüfen und Empfehlungen für Über-, Unter- und Fehlregulierungstatbestände sowie zur Aufgabenkritik zu erarbeiten (Junkernheinrich/Ebinger/Klieve/Oebbecke/Welge, Kommunale Selbstverwaltung und staatliche Regulierung. Zur Ausgestaltung des Handlungsrahmens durch das Land, 2022).

[2] Zu den Funktionen und Formen der Konnexitätsprinzipien: Wohltmann in ARL Handwörterbuch der Stadt- und Raumentwicklung, Düsseldorf, 2018, 1178.

schwert die notwendige Modernisierung der Aufgabenerfüllung. Die Dimension der *Unterregulierung* betrifft insbes. folgende Aspekte:

- Die Finanzierungsregeln zwischen Land und Kommunen wirken auf die Ausgestaltung der Politik. Aufgrund landesseitiger Befürchtungen einer wirksam werdenden Kostenverantwortung können Defizite in der Steuerung und Standardsetzung resultieren.
- Fehlende, uneinheitliche oder zu offene Regeln, die durch eine unzureichende Adressatenfreundlichkeit bzw. Vollzugstauglichkeit gekennzeichnet sind, teilweise bestehen etwa erhebliche Spielräume in Bewertung und Abwägung oder Ermessensspielräume zugunsten der Normadressaten werden nicht ausgeschöpft.
- Regelungslatenz (dh die verzögerte Anpassung oder Einführung von Regelungen, zB für den Einsatz neuer E-Government-Dienste) bzw. Untersteuerung durch die vorgesetzte Behörde (durch fehlende Vorgaben/Entscheidungen/Standards von Landesseite, bspw. Daten- und Schnittstellenstandards).

Komplexe Regelsysteme (zB Sozialgesetzbuch, Schulangelegenheiten) weisen meist Teilsysteme auf, die sich auf spezielle Elemente eines Regelungstatbestandes beziehen, oder verteilte Zuständigkeiten. Eine Schnittstellenproblematik mit Konsequenzen für die Aufgabenerfüllung besteht beispielsweise im Sozialbereich mit dem Zusammenwirken verschiedener Leistungsarten (→ *vgl. Interferenz, Abb. 1*), insbes. in einem Familienkontext. Bundesweit bestehen über 150 familienpolitische Leistungen.[3] Diese Vielzahl und Vielfalt erzeugt damit einen Finanzbedarf für das Fallmanagement, der über den Verwaltungsaufwand für einzelne Sozialleistungen hinausgeht. Beispiele für die geteilte Zuständigkeit in einem Aufgabenbereich sind die Grundsicherung für Erwerbsuchende, für die sowohl die Bundesagentur für Arbeit als auch die Kommunen – vereint im Jobcenter – zuständig sind (Ausnahme: Optionskommunen) und das Aufgabenfeld Schule mit der Differenzierung von inneren und äußeren Schulangelegenheiten und den Zuständigkeiten von Land und Kommunen. Zudem kann die Abgrenzung der jeweiligen Zuständigkeit zur Erfüllung einer Aufgabe durch neue Entwicklungen an Eindeutigkeit verlieren (zB infolge der Digitalisierungserfordernisse).

Anders verhält es sich, wenn sich ein zu lösendes Problem aus einzelnen Teilproblemen zusammensetzt, für die jeweils eigene Regelungen mit eigenen Zuständigkeiten bestehen (→ *vgl. Diffusion, Abb. 1*). Es kommt zu einer parallelen Bearbeitung, bei der das Gesamtproblem nicht oder nur schwer übergreifend behandelt werden kann. Beispielhaft hierfür ist die administrative Bewältigung sozialer Probleme in einer Familie, die gleichzeitig Maßnahmen der Grundsicherung für Arbeitsuchende und der Kinder- und Jugendhilfe erfordert. Denkbar ist hier, dass bereichsübergreifend die Schule (zB Schulverweigerung) und die Justiz (zB Jugendkriminalität) mitbetroffen sind.

Schnittstellenprobleme ergeben sich vielfach, wenn bei Übergängen zwischen den Rechtskreisen ein Zuständigkeitswechsel ausgelöst wird (→ *vgl. Transition, Abb. 1*), zB aufgrund der Übergänge zwischen den verschiedenen Leistungen der

[3] Vgl. Beblo ifo Schnelldienst Nr. 9/2023, 76.

Sozialgesetzgebung, zB von der Grundsicherung für Arbeitsuchende (SGB II) zur Grundsicherung im Alter und bei Erwerbsminderung oder Hilfe zum Lebensunterhalt (SGB XII).

Kommunalbelastende Regelungen können verschiedene Dimensionen betreffen:

- die Aufgabenebene,
- die politische Regulierungsebene,
- die administrative Regulierungsebene sowie
- die Vollzugsebene. Unter Umsetzungsgesichtspunkten ist die Vollzugs- bzw. Organisationsebene auf intraorganisatorischer Ebene (innerhalb öffentlicher Verwaltungen) sowie interorganisatorischer Ebene (zwischen öffentlichen Organisationen und Ebenen) zu differenzieren.[4]

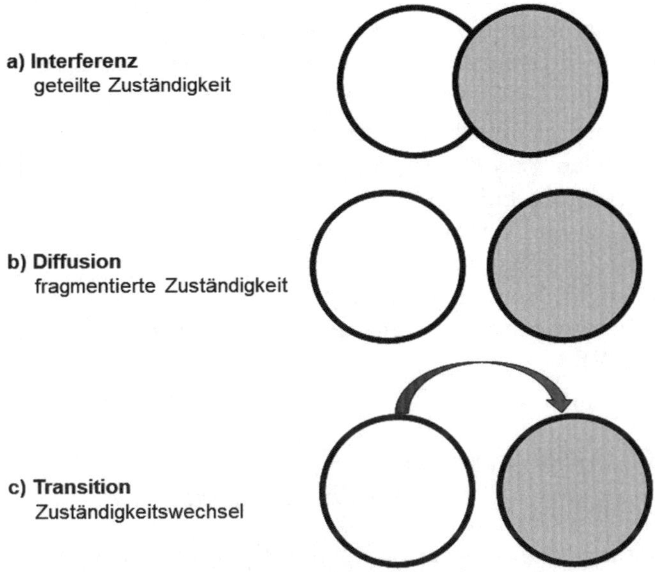

Abb. 1: Typisierung zentraler Schnittstellen, eigene Darstellung in Anlehnung an Stöbe-Blossey/Brussig/Ruth/Drescher/Alfuss Schnittstellen in der Sozialpolitik: Differenzierung und Integration in der Absicherung sozialer Risiken, 2020, 18.

Im föderalen Mehrebenensystem sind insbes. die Kommunen von einer Vielzahl von Regelungen betroffen, die sie selbst nicht unmittelbar beeinflussen können. Da der Regelsetzer hinsichtlich der Durchführung – auch hinsichtlich der Pflichtaufgaben – teilweise keine Mindeststandards (zB hinsichtlich der Stellenausstattung) vorgibt, sind auch im Kreis der pflichtigen Aufgaben kommunale Freiheitsgrade vorhanden. Dies gilt insbes., wenn Art und Umfang der Aufgabenwahrnehmung – etwa aufgrund von Rechtsunsicherheit in Haftungsfragen – über die Vorgaben der

[4] Vgl. Jann/Bogumil (Verwaltung und Verwaltungswissenschaft in Deutschland. 2020, 190, mwN.

staatlichen Regelsetzer hinausgehen.[5] Erhebungen zu kommunalbelastenden Regelungen liefern Hinweise darauf, dass vielfach nicht einzelne Gesetze, Verordnungen oder Verwaltungsvorschriften im Vordergrund der Belastungswahrnehmung stehen, sondern die Dichte und Komplexität des Regelungsbestands erst in seiner Gesamtheit von den Adressaten als belastend wahrgenommen wird.[6] Statt zur Schaffung von „Einzelfallgerechtigkeit" alle denkbaren Fallkonstellationen abzusichern, könnten Regelungen sich grundsätzlich auf den Standardfall beziehen und Abweichungen davon in den Ermessensspielraum der jeweiligen Kommunen und Behörden verlagern – sofern diese Bewertungs- und Ermessensspielräume eine lokale oder auch fachlich zweckmäßige Anpassung an die jeweiligen Verhältnisse ermöglichen.[7] Demgegenüber kann „Unterregulierung" und fehlende Standardsetzung auch die Folge der landesseitigen Vermeidung von Finanzierungsrisiken im Sinne konnexitätsrelevanter Setzungen sein.

Vor diesem Hintergrund sollen nachfolgend beispielhaft und unter besonderer Berücksichtigung des Landes Nordrhein-Westfalen,

- die aus der Unterscheidung zwischen inneren und äußeren Schulangelegenheiten resultierenden Zuordnungsprobleme zwischen Landes- und Kommunalzuständigkeit (→ Abschnitt II),
- die Trägervielfalt und Versäulung im Sozialbereich (→ Abschnitt III) sowie
- die Regelungen zur Konnexität (→ Abschnitt IV) analysiert und reformpolitischer Handlungsbedarf aufgezeigt werden.
- Ein Fazit mit Ausblick auf den weiteren Forschungsbedarf schließt den Beitrag ab (→ Abschnitt V).

II. Schulangelegenheiten: Abgrenzung von Landes- und Kommunalzuständigkeit

Das in der Zuständigkeit der Länder (Art. 30, 70ff. GG) befindliche Bildungssystem Schule hat sich in den letzten Jahrzehnten deutlich verändert. Für die fiskalischen Folgen der „Neuerungen", die in der alten Zuständigkeitsverteilung nicht eindeutig zuzuordnen sind, besteht ein hoher fiskalischer Anreiz für eine Vermeidungsstrategie durch Nichtregelung (Standardabstinenz), eine Regulierung auf einer Ebene, die keine Konnexitätswirksamkeit entfaltet oder die Aushandlung separater Finanzierungslösungen.

---

[5] Vgl. Junkernheinrich/Frankenberg/Markert/Micosatt Kommunale Haushaltskonsolidierung im Saarland – Notwendigkeiten und Möglichkeiten. Gutachten im Auftrag des Ministeriums für Inneres und Sport des Saarlandes. Berlin, 2015, 223ff.

[6] Vgl. Grohs/Gröbe/Knappe/Zabler Bürokratielasten der kommunalen Ebene in Nordrhein-Westfalen, 2023, 34ff. sowie Normenkontrollrat Baden-Württemberg Bürokratieabbau – gemeinsam einfach. Empfehlungen des Normenkontrollrats Baden-Württemberg. 2018, 147.

[7] Normenkontrollrat Baden-Württemberg Bürokratieabbau – gemeinsam einfach. Empfehlungen des Normenkontrollrats Baden-Württemberg. 2018, 146f. sowie Junkernheinrich/Ebinger/Klieve/Oebbecke/Welge, Kommunale Selbstverwaltung und staatliche Regulierung. Zur Ausgestaltung des Handlungsrahmens durch das Land, 2022.

Auf der Landesebene besteht im Aufgabenfeld „schulische Bildung" eine Verantwortungsgemeinschaft von Land und Kommunen (Art. 8 Abs. 3 S. 1 LVerf NRW). Das Land ist dabei für die inneren Schulangelegenheiten zuständig (pädagogisches Personal im Sinne von Lehrerinnen und Lehrern, Lehrpläne, Fach- und Dienstaufsicht etc) und die Kommunen als Schulträger für die äußeren Schulangelegenheiten (Infrastruktur, Sachmittel, nicht-pädagogisches Personal, Schülerbeförderung, Schulentwicklungsplanung etc (§§ 78, 79 SchulG NRW).[8]

Darüber hinaus sind weitere Rahmensetzungen zu beachten:

- Mit der Benennung von *außerunterrichtlichen* Angeboten (§ 9 Abs. 2f. SchulG NRW), zu denen der offene Ganztag gehört, erfolgt eine Abgrenzung zum *Unterricht,* die im Rahmen der Trennung von inneren und äußeren Schulangelegenheiten relevant für die Finanzierung pädagogischen Personals wird, das jenseits des klassischen Unterrichts ebenfalls der „besonderen Förderung der Schülerinnen und Schüler" dient. Hierfür erhalten die Schulträger Zuschüsse nach Maßgabe des Landeshaushalts (§ 94 Abs. 2 SchulG NRW).
- Im Rahmen der Jugendsozialarbeit werden nach § 13 Abs. 1 SGB VIII sozialpädagogische Hilfen angeboten, die vielfach im Kontext der Schule als Schulsozialarbeit stattfinden und mit den Schulen abzustimmen sind (§ 7 3. AG-KJHG NRW).
- Schulsozialarbeit wurde mit Einführung des Bildungs- und Teilhabegesetzes im Jahr 2011 zu einem festen Bestandteil der Schule. Der Bund förderte die Schulsozialarbeit durch eine Aufstockung seiner Beteiligung an den Kosten der Unterkunft aber nur bis 2013. Seither wurde die Förderung vom Land übernommen. Hier bestehen zudem Überschneidungen zu den Hilfen nach dem SGB VIII.
- Mit der schulischen Inklusion entstehen für die Schulträger zusätzliche aufwandsverursachende Verpflichtungen. In baulicher Hinsicht sind die Schulen barrierefrei umzubauen und sind Klassenräume ggf. zu vergrößern. Dazu kommt die notwendige Assistenz für Schüler mit Behinderungen, die sich nicht allein auf eine betreuende Funktion beschränkt. Für die inklusive Beschulung erhalten die Kommunen nach dem Gesetz zur Förderung kommunaler Aufwendungen für die schulische Inklusion einen Belastungsausgleich nach dem KonnexAG. Darüber hinaus wird die kommunal finanzierte Eingliederungshilfe für seelisch behinderte Kinder und Jugendliche nach § 35a SGB VIII mit der Inklusion inhaltlich aufgeladen, denn über sie wird zusätzliches pädagogisches und/oder betreuendes Personal (zB Inklusionshelfer/-innen) bezahlt, und erweitert das in den Schulen tätige Personal, wodurch zusätzlicher Koordinationsaufwand entsteht.[9]

Die eigentliche pädagogische Kernaufgabe, die von Lehrerinnen und Lehrern wahrgenommen wird, erfährt somit eine zunehmende Ergänzung durch nicht-

[8] Vgl. Enquetekommission „Chancen für Kinder", Chancen für Kinder – Rahmenbedingungen und Steuerungsmöglichkeiten für ein optimales Betreuungs- und Bildungsangebot in Nordrhein-Westfalen, 2008, 69 u. 128f.

[9] Im Rahmen der Jugendhilfe erfolgende Maßnahmen unterliegen dabei nicht der Konnexität, weil hier durch den Bundesgesetzgeber definierte Rechtsansprüche vorliegen.

pädagogisches und pädagogisches Personal, um den Unterricht unter den Bedingungen der zusätzlichen Aufgaben aufrecht erhalten zu können bzw. eine den ergänzenden Bildungszielen adäquate Ausstattung zu geben. Die Trennung von inneren und äußeren Schulangelegenheiten[10] passt offensichtlich nicht mehr zu diesen „neuen" Anforderungen bzw. Aufgaben, die in „der Schule" gebündelt werden.[11] Deshalb wird ein Wechsel von dem gewachsenen organisatorisch-formalen Schulbegriff zu einem funktionalen Verständnis formuliert, das „... unter Schule jede Form der Vermittlung von Bildung und bildungsbezogener Erziehung zu verstehen [ist], die geeignet und erforderlich ist, um Kinder zu selbstbestimmten und verantwortungsbewussten, in die soziale Gemeinschaft integrierten Bürgern zu entwickeln und ihre Teilhabe an Ausbildung, Studium und Beruf sicherzustellen."[12] Insofern sind der Unterricht und die Nachmittagstags-„Betreuung", die schließlich über die reine Betreuung (Aufsicht) hinausgeht, als eine bildungsorientierte Einheit zu verstehen.

Die derzeitige Finanzierungsstruktur für die in der Schule gebündelten Aufgaben ist dazu (noch) nicht eindeutig bestimmt. Vielmehr verschwimmt sie durch unklare Regelungen und in diversen Förderprogrammen des Landes, zu denen der Bund teilweise etwas beisteuert. Vor diesem Hintergrund wird die Aufhebung der bisherigen Trennung von inneren und äußeren Schulangelegenheiten und die Errichtung eines neuen, transparenten Systems mit klaren Verantwortlichkeiten auch in der Finanzierung gefordert.[13] Die unterschiedlichen Positionen dazu scheinen sich aber seit langem nicht zu verändern oder anzunähern.[14] Insofern besteht kein Erkenntnisproblem, sondern ein Entscheidungsproblem – und ein grundsätzliches Finanzierungsproblem.

Mit der von der Bundesregierung beabsichtigten Einführung eines Rechtsanspruchs auf Ganztagsbetreuung ab dem Jahr 2026 und dessen vollständiger Umsetzung bis 2029 (vgl. Entwurf Ganztagsförderungsgesetz (GaFöG)) wird sich die Situation einer nicht angemessenen Finanzierung weiter verschärfen. Zwar stellt der Bund für die ganztägigen Bildungs- und Betreuungsangebote zusätzliche Investitionsmittel bereit (seit 2020: 3,5 Mrd. EUR) und will die Länder auch bei den Betriebskosten unterstützen (ansteigend von 100 Mio. EUR im Jahr 2026 auf 960 Mio. EUR ab 2030). Die Länder müssen in gleichem Umfang einen Beitrag leisten.[15]

[10] Die Trennung ist bis auf das allgemeine preußische Landrecht von 1794 zurückzuverfolgen; vgl. Faber Die gegenwärtige und künftige Rolle der kommunalen Schulträger. Ein Bericht aus der Praxis. In: Recht der Jugend und des Bildungswesens. Jg. 62, 231.

[11] Vgl. Hebborn/Oebbecke SchulVerwaltung NRW. 1993, 299f.; Enquetekommission „Chancen für Kinder", Chancen für Kinder – Rahmenbedingungen und Steuerungsmöglichkeiten für ein optimales Betreuungs- und Bildungsangebot in Nordrhein-Westfalen, 2008. 204.

[12] FaberRecht der Jugend und des Bildungswesens. Jg. 62, 229.

[13] Vgl. LT-Drs. 17/6255, 2.

[14] Vgl. Enquetekommission „Chancen für Kinder", Chancen für Kinder – Rahmenbedingungen und Steuerungsmöglichkeiten für ein optimales Betreuungs- und Bildungsangebot in Nordrhein-Westfalen, 2008,, 175–187.

[15] Vgl. Enquetekommission „Chancen für Kinder", Chancen für Kinder – Rahmenbedingungen und Steuerungsmöglichkeiten für ein optimales Betreuungs- und Bildungsangebot in Nordrhein-Westfalen, 2008, 8f.

Diesen Eingriff rechtfertigt der Bund u. a. mit der Herstellung gleichwertiger Lebensverhältnisse sowie der Wahrung der Wirtschafts- sowie der Rechtseinheit im gesamtstaatlichen Interesse.[16] Problematisch daran ist aber, dass die Kosten – vermutlich – unterschätzt werden.[17] Problematisch ist auch, dass die rechtliche Verankerung des Rechtes auf einen Ganztagsplatz über das Jugendhilferecht des SGB VIII erfolgt und sich damit – wie schon bei der Inklusion und dem § 35a SGB VIII – die Frage der Konnexitätsfolgen für das Land stellt.

Das Grundproblem der hinreichenden und an langfristigen Bildungs- und Integrationszielen oder substanzerhaltenden Notwendigkeiten (Abschreibungen) ausgerichteten Finanzierung kann durch temporäre Förderprogramme, wie zB durch den „DigitalPakt Schule" oder das Kommunalinvestitionsförderungsgesetz jedoch nicht hinreichend gelöst werden.[18]

Die Finanzierungsfolgen gesellschaftlicher bzw. bundespolitisch definierter (Zusatz-) Wünsche sind ein Kernproblem an der Schnittstelle Land/Kommune in der Schule und im Verhältnis zum Bund. Wie verfahren die Zuständigkeits- und Finanzierungsfrage ist, wird besonders daran deutlich, dass der Bund im Januar 2021 ein Förderprogramm im Volumen von 500 Mio. EUR aufgelegt hat (Eigenanteil der Länder mind. 10%), für das die Länder die jeweils landesspezifischen Förderrichtlinien und Antragsverfahren ausarbeiten, damit die Kommunen, dh die Schulträger, Finanzmittel für Dienstlaptops beantragen können, mit denen die bei den Ländern beschäftigten Lehrer ausgestattet werden können.[19] Infolge der kommunalseitig als komplex und überreguliert wahrgenommenen Ausgestaltung des Digitalpakts setzte der Mittelabruf nur stark verzögert, mit insgesamt verhaltener Dynamik ein und blieb weit hinter den Notwendigkeiten zurück. Vielfach waren Kommunen auf die Inanspruchnahme externer Beratung angewiesen.[20]

Bisher schützte das Konnexitätsprinzip aufgrund der streitigen Finanzverantwortung vor allem das Bildungswesen vor Digitalisierung, was wiederum sozial differenzierend wirkt, denn finanzstarke Kommunen bzw. Bürger sind eher in der Lage, in Eigeninitiative den Digitalisierungsrückstand aufzuholen. Im derzeitigen Rechtsrahmen der Trennung nach inneren und äußeren Schulangelegenheiten kommt der Frage, was ist Unterricht (Land) und was ist nicht Unterricht sondern Ergänzung (Kommune), die zentrale Bedeutung zu – nicht das pädagogische Erfordernis oder die Frage, ob die Finanzierung des Lehrkörpers auch deren persönliche

---

[16] Vgl. Enquetekommission „Chancen für Kinder", Chancen für Kinder – Rahmenbedingungen und Steuerungsmöglichkeiten für ein optimales Betreuungs- und Bildungsangebot in Nordrhein-Westfalen, 2008, 4.

[17] Vgl. Alt/Guglhör-Rudan/Hüsken/Winklhofer Ganztagsbetreuung für Grundschulkinder. Kosten des Ausbaus bei Umsetzung des Rechtsanspruchs.

[18] Vgl. Thöne in Schweisfurth/Wallmann, Haushalts- und Finanzwirtschaft der Kommunen in der Bundesrepublik Deutschland 1059–1082.

[19] Vgl. Zusatz-Verwaltungsvereinbarung „Leihgeräte für Lehrkräfte" zum DigitalPakt Schule 2019 bis 2024 vom 27. Januar 2021.

[20] Vgl. Grohs/Gröbe/Knappe/Zabler Bürokratielasten der kommunalen Ebene in Nordrhein-Westfalen, 2023, 80ff. sowie Junkernheinrich/Ebinger/Klieve/Oebbecke/Welge, Kommunale Selbstverwaltung und staatliche Regulierung. Zur Ausgestaltung des Handlungsrahmens durch das Land, 2022, 156.

betriebsnotwendige Dienstausrüstung umfasst.[21] In diesem Zusammenhang kommt es zu Regelungen, die Konnexität zu vermeiden suchen. So hat etwa die Aufhebung der Schulbaurichtlinie des Landes Nordrhein-Westfalen zur Konsequenz, dass keine Mindeststandards für das Raumangebot für die inklusive Beschulung oder die Ganztagsbetreuung vorliegen und hier die lokale Finanzkraft endscheidend wird. Die isolierte inhaltliche Behandlung der unterschiedlichen Zusatzelemente findet fiskalisch in der Anwendung der strikten Konnexität bei der Behandlung der jeweiligen Aufgaben ihr Spiegelbild. Derzeit werden diese Probleme eher im Rahmen von Aushandlungsprozessen zwischen Land und kommunalen Spitzenverbänden gelöst oder auch nicht gelöst.

Unter Beibehaltung der Verantwortungsgemeinschaft von Land und Kommunen müssten die Zuständigkeiten an den Schnittstellen geschärft werden. Die bisherige Trennung von inneren und äußeren Schulangelegenheiten muss dabei nicht zwangsläufig aufgehoben werden, wenn die jeweiligen Inhalte eindeutig festgelegt werden. Als Grundverständnis für die Zuständigkeitsverteilung gilt:

- Das Land trägt die Verantwortung dafür, dass landesweit Chancengerechtigkeit im Bildungssystem besteht. Dafür sind Vorgaben in Sinne von Mindeststandards festzulegen, die für alle Schüler gelten. Dies bezieht sich beispielsweise auf die Lerninhalte und Bildungsziele, auf die Qualifikationen und Betreuungsschlüssel (so § 93 Abs. 2, 3 SchulG, einschließlich an die sozialen Bedarfe angepasster Modifikationen), auf die bedarfsgerechte Verteilung des pädagogischen Personals im Raum sowie auf die baulichen Mindestvoraussetzungen für Inklusion und offenen Ganztag.
- Die Kommunen tragen hingegen die Verantwortung für die Durchführung von Schule vor Ort unter Einhaltung der Mindeststandards mit der notwendigen Anpassung an die lokalen Rahmenbedingungen. Dabei haben sie in der Schulentwicklungsplanung die sozialen Unterschiede innerhalb ihres Gebietes zu berücksichtigen, um Chancengerechtigkeit zu gewährleisten.
- Die lokale Finanzkraft sollte keinen negativen Einfluss auf die Chancengerechtigkeit haben, etwa wenn Mindeststandards fehlen. Die Entscheidungen über die Entwicklung des Schulsystems landesweit und vor Ort sind stärker evidenzbasiert vorzunehmen, was eine entsprechende Datengrundlage (lokales Bildungsmonitoring) erfordert, um Probleme erkennen und beheben zu können. Notwendig ist die landesweite Erhebung und Bereitstellung von Daten über die individuelle Bildungslaufbahn mit den ergänzenden sozialen Informationen. Belange des Datenschutzes stehen dem nicht entgegen. Die Ausarbeitung evidenzbasierter Lösungen für Veränderungen in den Schulen setzt die Kenntnisse individueller Bildungskarrieren voraus. Bisher lassen sich Probleme und besondere Bedarfe kaum erkennen, um sie gezielt bearbeiten zu können.[22]

---

[21] An dieser Stelle soll nicht die – immer schon – kontrovers diskutierten Fragen der Bildungspolitik aufgenommen werden. Hier geht es allein um die Finanzierungsverantwortung zweier Körperschaftstypen, die eine Aufgabe gemeinsam erfüllen sollen.

[22] Vgl. Böttcher/Kühne Schulstatistische Individualdaten zur Rekonstruktion von Bildungsverläufen, 2016.

III. Schnittstellenprobleme im Sozialbereich: Trägervielfalt und Versäulung

Der kommunale Sozialbereich ist angesichts des in den letzten Jahrzehnten angestiegenen sozialen Problemdrucks sowohl in seiner fachlichen Aufgabenstellung als auch seiner fiskalischen Dimension zu einem zentralen Feld kommunaler Aufgabenerfüllung geworden.[23] Er ist für die Kommunen insgesamt fiskalisch der größte Ausgabenbereich und in solchen mit einem überproportional hohen sozialen Problemdruck (zB Langzeitarbeitslosigkeit) engt er die Spielräume der zukunftsorientierten Haushaltsgestaltung – zum Beispiel für Investitionen – zusätzlich ein. Ursächlich für die hohe Belastung in Nordrhein-Westfalen sind insbes. drei Teilsegmente:

- die Grundsicherung für Arbeitsuchende aufgrund der hohen Falldichte (Langzeitarbeitslosigkeit), während die Kostenintensität nur durchschnittlich ausfiel,[24]
- die Kosten für das betreute Wohnen, das insbes. im Rahmen der Eingliederungshilfe für Behinderte zu den Aufgaben der Landschaftsverbände gehört sowie
- die Hilfen zur Erziehung mit ebenfalls hohen Falldichten.

Bei den Hilfen zur Erziehung (§§ 27–40 SGB VIII) ergibt sich ein Zusammenhang zu den ebenfalls überdurchschnittlich hohen Fallzahlen bei den existenzsichernden Leistungen. Die Kostenintensität ist in der Jugendhilfe zwar nur durchschnittlich, schwankt allerdings erheblich. Regelgebundene Leistungen zur Existenzsicherung weisen insgesamt nur wenig variierende Kostenintensitäten auf. Die Falldichte ist der zentrale Erklärungsfaktor für Belastungsunterschiede. Für die Variation sind vor allem unterschiedliche Mietenniveaus verantwortlich.[25]

Kommunalrelevante soziale Leistungen lassen sich zwar systematisieren und so die stark regelgebundenen existenzsichernden Leistungen von anderen Hilfen in besonderen Lebenslagen trennen. Gleichwohl müssen insbes. Wechselwirkungen bzw. Querbezüge zwischen den einzelnen sozialen Aufgabenfeldern berücksichtigt werden. Insofern ergeben sich in der Arbeit vor Ort zahlreiche Schnittstellen zwischen den jeweiligen „Säulen" der Sozialgesetzgebung. Dazu gehören u. a. folgenden Fälle:[26]

- *Rechtskreis- und Trägerwechsel:* Der Wechsel von Leistungsempfängern in einen anderen sozialgesetzlichen Rechtskreis bedeutet Transaktionskosten, weil damit Übergabeprozesse und Zuständigkeitsfragen (Widerspruchsverfahren) verbunden sind, etwa wenn eine Person von der Grundsicherung für Arbeitsuchende (SGB II) wegen dauerhafter Erwerbsunfähigkeit in die Grundsicherung für Alter

---

[23] Vgl. Junkernheinrich/Micosatt Analyse der kommunalen Sozialausgaben im Ruhrgebiet. 2018; Thöne SchweisfurthWallmannHaushalts- und Finanzwirtschaft der Kommunen in der Bundesrepublik Deutschland. 1059 (1065).

[24] Vgl. Junkernheinrich/Micosatt Analyse der kommunalen Sozialausgaben im Ruhrgebiet, 2018, 27 u. 97 ff.

[25] Vgl. Junkernheinrich/Micosatt Analyse der kommunalen Sozialausgaben im Ruhrgebiet, 2018, 29 u. 297 ff.

[26] Vgl. umfassend Stöbe-Blossey/Brussig/Ruth/Drescher/Alfuss Schnittstellen in der Sozialpolitik: Differenzierung und Integration in der Absicherung sozialer Risiken. 2020, 15 ff.

und bei Erwerbsunfähigkeit (SGB XII, Kap. 4) oder aus dem Asylbewerberleistungsrecht in die Grundsicherung für Arbeitsuchende (SGB II) wechselt.

- *Nebeneinander von Richtlinien zu gleichen oder ähnlichen Sachverhalten nach unterschiedlichen Sozialgesetzen:* Für die Leistungsgewährung zentrale Kriterien wie Einkommen oder angemessener Wohnraum werden in den Sozialgesetzen nicht immer einheitlich abgegrenzt. Dies erschwert die Übersicht innerhalb der Sozialgesetzgebung, bedeutet bei Rechtskreiswechsel zusätzlichen Aufwand und verhindert ein durchgehend konsistentes Steuer- und Sozialrecht.
- *Rechtskreisübergreifende Betroffenheit:* Die einzelnen Sozialgesetze werden auch als Säulen bezeichnet, in denen jeweils spezifische soziale Problemkreise stringent behandelt werden. Die Versäulung wird dann selbst zum Problem, wenn rechtskreisübergreifende Bedarfe vorliegen. Hier müssen die jeweils zuständigen Stellen kooperieren und den notwendigen Informationsaustausch ermöglichen. Hierfür gibt es bisher weder Regelungen, die rechtskreisübergreifende Problematiken aufgreifen, sofern solche überhaupt zu schaffen sind, noch organisatorische Konzepte zur Bearbeitung – außer in Modellprojekten.
- *Klärung der Finanzierungsverantwortlichkeiten:* Angesichts der Dynamik der kommunalen Sozialausgaben in den letzten Jahrzehnten ist die Diskussion über die Finanzierungsverantwortung ein Dauerzustand. Die von den Kommunen wahrgenommenen Aufgaben im Sozialbereich werden in der Regel als Selbstverwaltungsaufgaben durchgeführt. Der Bund definiert diese Aufgaben, aus dem Regelkreis „Konnexität" fallen diese aber heraus, da im Verhältnis vom Bund zu den Kommunen aufgrund des sog. Durchgriffsverbots (Art. 84 Abs. 1 S. 7 GG) keine Konnexitätsregeln bestehen. Gäbe es sie, würde es sich in der Regel um „Altaufgaben" handeln, für die die „neuen" Konnexitätsregeln nicht gelten. Zwischen Land und Kommunen erfassen die Konnexitätsregeln Sozialleistungsbereiche, die von der Bundesgesetzgebung nicht unmittelbar an die Kommunen adressiert sind. In diesem Sinne ergab sich der Streit um die Finanzierung der Flüchtlings- und Integrationskosten nach dem Flüchtlingsaufnahmegesetz. Insofern besteht ein fiskalisches Dreiecksverhältnis, in das zusätzlich der kommunale Finanzausgleich (Soziallastenansatz) einzubeziehen ist. Insbesondere die Zuweisung über den Gemeindeanteil an der Umsatzsteuer mit einem wirtschaftsbezogenen Verteilungsschlüssel begünstigt insbes. wirtschaftsstarke Kommunen ohne ausgeprägte Soziallastenintensität. Die direkten Zuweisungen begünstigen an dieser Stelle vor allem abundante Kommunen, da nur der Kreis der Schlüsselzuweisungsempfänger einen Rückgang der Zuweisungen verzeichnen kann. Allerdings fehlt es in dieser komplexen Gemengelage von Finanzströmen an Informationstransparenz.

In Teilen haben die Länder die Möglichkeit oder auch die Pflicht, mittels Ausführungsbestimmungen die Sozialgesetzgebung zu konkretisieren.[27] Dies betrifft beispielsweise die Regelung der Zuständigkeit (zB Bestimmung des überörtlichen

---

[27] Vgl. Döhrn/Rappen/Klein/Fiebig Gestaltungsspielräume der Kommunen und Länder bei sozialen Aufgaben und Ausgaben. Analyse und Ansätze zur Stärkung der Eigenverantwortung. 2018.

Sozialhilfeträgers, Verortung der Jugendämter). Dabei müssen für die jeweiligen Sozialleistungen die unterschiedlichen Zuständigkeiten (örtlicher/überörtlicher Träger, teilweise kommunaler/staatlicher Träger mit/ohne Finanzierungsbeteiligungen) berücksichtigt werden.

So wie die sozialen Hilfen aufgrund der gesetzlichen Regelungen zunächst als „Säulen" nebeneinander stehen und damit unterschiedliche Zuständigkeiten verbunden sind, so besteht seitens der auf Bundes- und Landesseite zuständigen Ministerien eine sektoralisierte Förderpolitik.[28] Die Nettokosten der Grundsicherung im Alter und für Erwerbslose werden seit dem Jahr 2014 vollständig vom Bund übernommen (Bundesauftragsverwaltung). Für die Grundsicherung für Arbeitsuchende erhalten die Träger eine Beteiligung an den Kosten der Unterkunft (KdU) rund 50%. Zugleich werden über diesen Transferweg mit einem Volumen von rund 25% der KdU weitere Zahlungen zB für das Bildungs- und Teilhabepaket geleistet, (derzeit) die Kosten der Unterkunft für Flüchtlinge an die Kommunen erstattet und ein erster Teil der Zuweisungen aus dem Fünf-Milliarden-Paket ausgezahlt. Der zweite Teil wird über den Gemeindeanteil an der Umsatzsteuer weitergeleitet.[29]

Insbesondere vor dem Hintergrund der Standardisierungs- und Harmonisierungserfordernisse der Verwaltungsdigitalisierung ist zu empfehlen, die in den unterschiedlichen Sozialgesetzen verwendeten Begrifflichkeiten prinzipiell gleichen Inhalts (zB Einkommen) aufeinander abzustimmen. Verfahrensvereinfachungen bieten grundsätzlich das Potenzial, personelle Kapazitäten für eine ursachenorientierte Fallbetreuung freizusetzen und organisatorische Möglichkeiten zur rechtskreisübergreifenden Koordination von Sozialleistungen der einzelnen Bücher des SGB auszubauen.

IV. Ausgestaltung des Konnexitätprinzips

Die Einführung des Konnexitätsprinzips in die nordrhein-westfälische Landesverfassung in Art. 78 Abs. 3 S. 2–4 iVm dem Konnexitätsausführungsgesetz (KonnexAG) ist eine wichtige rechtsförmige Sicherung der Kommunen gegen eine nicht oder unterfinanzierte Übertragung von Aufgaben durch das Land. Für jede neue Aufgabenübertragung oder Veränderung einer übertragenen Aufgabe (Pflichtaufgaben und pflichtige Selbstverwaltungsaufgaben) mit wesentlicher Belastungsänderung ist ein Ausgleich herbeizuführen und gesetzlich zu regeln (§ 1 Abs. 1 KonnexAG). Zum rechtlichen Rahmen der Konnexitätsregelung gehören ferner:

- Die Regelung gilt für Gesetzes- und Verordnungsentwürfe, nicht aber für Verwaltungsvorschriften und nicht rückwirkend für bestehende Aufgaben (Altaufgaben).

---

[28] Vgl. hierzu die im Rahmen der Evaluation des Modellvorhabens „Kein Kind zurücklassen" festgestellten Probleme: Ramboll Management Consulting GmbH Evaluation des Modellprojekts „Kommunale Präventionsketten" (ehemals „Kein Kind zurücklassen"), 2018.

[29] Vgl. Junkernheinrich/Micosatt Kommunalfinanzbericht Metropole Ruhr 2020. Erfolgreiche Konsolidierung in 2019 … und dann kam die nächste Krise, 2020, 63 u. 87.

- Die Regelung greift nur, wenn den Vollzug einer Aufgabe prägende Anforderungen geändert werden, nicht aber, wenn sich die Aufgabenintensität rein quantitativ verändert (Mengeneffekt).
- Es muss eine „wesentliche Belastung" vorliegen, wobei mehrere Gesetzesvorgaben eines Ressorts in einem Fünf-Jahres-Zeitraum zusammengefasst werden können.
- Gleichzeitig erfolgende Entlastungen der Kommunen an anderer Stelle können nur ressortbezogen verrechnet werden.
- Die Kostenfolgenabschätzung erfolgt frühzeitig auf Basis einer Prognose der notwendigen durchschnittlichen Kosten und ist in den Gesetzentwurf mit aufzunehmen oder ein separates Belastungsausgleichsgesetz einzubinden.
- Die Kostenfolgenabschätzung ist spätestens vor Ablauf von fünf Jahren zu überprüfen. Eine wesentliche Abweichung von der Kostenfolgeabschätzung wird nachträglich nicht ausgeglichen, sondern nur für die Zukunft angepasst.
- Die Kommunen werden über ihre kommunalen Spitzenverbände spätestens nach der ersten Beschlussfassung über einen Gesetzentwurf in das Gesetzgebungsverfahren eingebunden (Beteiligungsverfahren), um möglichst zu einer einvernehmlichen Beurteilung der Folgekosten zu kommen. Im Fall eines Dissenses können Gutachten eingeholt werden, deren Kosten das zuständige Ressort trägt.

Die im Ländervergleich als besonders strikt und detailorientiert geltende Ausgleichsregelung erfüllt ihren Zweck gut in Fällen, in denen alle Parameter für die Übertragung einer bestehenden Aufgabe bekannt und unstreitig sind und dazu der Finanzbedarf bereits gedeckt ist. Problematisch wird es aber, wenn neue Aufgaben einen Ausgleich erfordern oder die Änderungen von Rahmenbedingungen alte Aufgaben in ihrem Inhalt so stark verändern, dass die fiskalischen Folgen nicht mehr als Aufgabenintensivierung eingestuft werden können, womit sich die Konnexitätsfrage stellt. Problematisch ist die nordrhein-westfälische Konnexitätsregel auch wegen ihres Ressortbezugs, der eine gesamthafte Bewertung der Aufgabenentwicklung erschwert und dazu geführt hat, dass ein Überblick über alle Konnexitätsfälle fehlt. Die bisher nicht mögliche Korrektur von fiskalischen Fehleinschätzungen – für die Vergangenheit – erschwert politische Lösungen zusätzlich.

Die notwendige Schutzfunktion der Konnexitätsregelung entfaltet nicht gewollte Nebenwirkungen, die die Weiterentwicklung der kommunalen Aufgabenwahrnehmung behindern. Das Bestreben des Landes, neue Aufgaben zu regeln, erlahmt angesichts der Finanzierungsfrage oder führt zu Ausweichreaktionen, indem versucht wird, mit untergesetzlichen Regelungen oder auf Umwegen (Förderpolitik) eine Regulierung herbeizuführen, ohne dabei die Konnexitätspflicht auszulösen.

Dabei besteht im Falle von Neuregelungsbedarfen vermehrt das Problem, dass der Gesetzgeber aufgrund der finanziellen Folgen durch das Konnexitätsprinzip (strikte Konnexität) auf eine Regelung oder deren Präzisierungen verzichtet und sich mit Empfehlungen begnügt. So könnte eine Konstellation vorliegen, in der ein Ressort, dass fachlich gestalten müsste, nicht über die Mittel zur Realisierung bzw. konnexitätsorientierten Finanzierung der „neuen" kommunalen Aufgabe verfügt. Es müsste die fiskalischen Ressourcen innerhalb der Landesregierung durchsetzen, was den freien Handlungsspielraum der Landesebene wiederum einschränken würde. Die „Konnexitätsfalle" besteht hier darin, dass sich ceteris paribus die individuelle Ressortposition bzw. die Landesposition verschlechtern würde. Diese Selbstblockade des Systems würde sich nur bei konsequenter Verfolgung des „Gesamtlandes-Nettonutzens" im Sinne der Gemeinwohlperspektive auflösen. Neue Regelungsbedarfe können somit einer „Konnexitätsfalle" unterliegen.[30] Was die Kommunen einmal vor zu viel Aufgabenübertragung und Verwaltungsaufwand schützen sollte, wirkt bei sich dynamisch ändernden Aufgabenschwerpunkten nachteilig. Dies führt zu höheren Kosten oder gefährdet die Homogenität der Aufgabenwahrnehmung, da die Umsetzung der Regelungsvorgaben in Abhängigkeit der jeweiligen Finanzkraft erfolgt und damit das Ziel gleichwertiger Lebensverhältnisse zumindest bedroht ist. Im ungünstigsten Fall kann die Regelung darüber hinaus sogar kontraproduktive Nebenwirkungen entfalten, wenn sie jenseits des anvisierten Wirkungsziels mittelbar – und unbeabsichtigt – Einfluss auf andere Bereiche nimmt und dadurch Kosten an anderer Stelle entstehen.[31]

Angesichts dieses strikten und detailorientierten Ausgleichsprinzips wird die nordrhein-westfälische Konnexitätsregelung im Ländervergleich als „vorbildlich" und „kommunalfreundlich" bezeichnet.[32] Insofern sah die Verfassungskommission des Landes keinen grundsätzlichen Reformbedarf und konnte sich lediglich in einem Punkt nicht auf eine Änderung einigen: den nachträglichen Ausgleich für eine wesentliche Abweichung der tatsächlichen Kosten von der Kostenfolgenabschätzung.[33] Die umfassende Ausdifferenzierung der Konnexitätsregelung hat aber umfassende Nebenwirkungen. Sie macht das System unflexibel, führt auf Seiten des Gesetzgebers zur Verzerrung der Präferenzen und verursacht hohe Transaktionskosten.[34]

Die ressortbezogene Betrachtung verhindert für das Land eine ganzheitliche Betrachtung der Aufgabenentwicklung:

- Das Prinzip der ressortbezogenen Betrachtung (§§ 2 Abs. 5 KonnexAG) führt in der Praxis zu Lösungen, die nicht über die Breite der Politik, sondern nur ressortweise optimiert sind. Eine ressortübergreifende Lösung von Sachproblemen wird dadurch erschwert. Dass Entlastungen der Kommunen nur ressortweise gegengerechnet werden können, verstärkt dieses Problem. Damit ist die Landespolitik für die Lösung komplexer, ressortübergreifender Probleme schlecht gerüstet und wichtige Regelungen unterbleiben oder werden nicht konsequent gestaltet.

---

[30] Vgl. Oebbecke in Schweisfurth/Wallmann Haushalts- und Finanzwirtschaft der Kommunen in der Bundesrepublik Deutschland. 2019, 381 ff.

[31] Vgl. Dolan/Galizzi Journal of Economic Psychology. 47, 1.

[32] Vgl. Verfassungskommission Nordrhein-Westfalen Bericht der Kommission zur Reform der Nordrhein-Westfälischen Verfassung. 2016, 94 (= LT-Drs. 16/12400).

[33] Vgl. Verfassungskommission Nordrhein-Westfalen Bericht der Kommission zur Reform der Nordrhein-Westfälischen Verfassung. 2016, 95 (= LT-Drs. 16/12400).

[34] Vgl. Junkernheinrich/Ebinger/Klieve/Oebbecke/Welge, Kommunale Selbstverwaltung und staatliche Regulierung. Zur Ausgestaltung des Handlungsrahmens durch das Land, 2022, 101.

- Hinzu kommt, dass die Fünf-Jahresfrist für die Berechnung bei einer Ressortneuordnung im Rahmen der Bildung einer neuen Regierung zu Problemen führt, da sich der Rahmen der Berechnung verschiebt. In der Konsequenz hat in Nordrhein-Westfalen bisher weder auf Seiten der kommunalen Spitzenverbände noch auf Seiten der Landesregierung jemand einen Überblick über die Anwendungsfälle des Konnexitätsprinzips und ihre finanziellen Auswirkungen.

Die geltende Regelung schreibt vor, dass *vor* der Entscheidung über ein Gesetz oder eine Verordnung eine Kostenschätzung vorgenommen wird. Was bei der Übertragung einer bestehenden Aufgabe vergleichsweise einfach ist, wird aber bei neuen Bestimmungen, die eine Prognose erfordern, schwierig, streitanfällig und kostet Zeit, insbes. wenn dazu Gutachten eingeholt werden müssen. Das macht die Landesgesetzgebung gerade dann schwerfällig, wenn Einigkeit darüber besteht, dass ein Ausgleich erforderlich ist.

Der in der Verfassungskommission diskutierte Vorschlag, in Art. 78 Abs. 3 S. 4 LVerf die Worte „für die Zukunft" zu streichen,[35] hätte es ermöglicht, in eiligen oder umstrittenen Fällen die Kostenermittlung auf die Zeit nach dem Inkrafttreten des Gesetzes zu verschieben und Fehler der Kostenermittlung rückwirkend zu korrigieren. Diese Lösung erfordert eine Verfassungsänderung. Weniger effektiv wäre eine Änderung des § 4 Abs. 5 KonnexAG dahin, dass Kostenfolgeabschätzungen rückwirkend zu korrigieren und die Zahlungen anzupassen sind. Beide Lösungen vermindern aber die Planungssicherheit bei Land und Kommunen.

Ausweichstrategien, um Steuerungsziele zu erreichen, ohne jedoch Konnexität auslösende gesetzliche Regelungen einführen zu müssen, sind beispielsweise rechtlich nicht bindende Regelungen auf dem Erlassweg, die aber vorgeben verbindlich zu sein, Empfehlungen guter Praxis oder Richtlinien und Vorgaben bei der Ausführung von Förderprogrammen.

Angesichts potenzieller Haftungsrisiken durch deren Nichtbeachtung entsteht ebenfalls ein Anpassungsdruck auf die Kommunen. Insofern stellt sich die Frage, ob untergesetzliche Regelungen in die Konnexitätsregelungen einbezogen werden sollten. Hier hat sich aber die Verfassungskommission NRW bereits eindeutig dagegen ausgesprochen.[36]

Eine besondere Form der Ausweichstrategie besteht darin, nichts mehr zu regeln, was Kostenfolgen auslösen könnte. Dadurch werden aber erkannte oder langsam entstehende Probleme nicht mehr aufgegriffen und einer politischen Lösung zugeführt.

Auch ohne die Einbeziehung untergesetzlicher Regelungen in die Konnexität entsteht über die Zeit eine immer größer werdende Konnexitätsbürokratie. Da es aber in Nordrhein-Westfalen keine Übersicht über die bestehenden konnexitätsbedingten Belastungsausgleiche gibt und diese sich auch nicht ohne weiteres aus

---

[35] Vgl. Verfassungskommission Nordrhein-Westfalen (2016): Bericht der Kommission zur Reform der Nordrhein-Westfälischen Verfassung. Düsseldorf, 95 (= LT-Drs. 16/12400).

[36] Vgl. Verfassungskommission Nordrhein-Westfalen Bericht der Kommission zur Reform der Nordrhein-Westfälischen Verfassung. 2016, 95 (= LT-Drs. 16/12400).

den Zuweisungsübersichten des Landes ableiten lässt, bleibt unklar, welche fiskalische Dimension die strikte Konnexität angenommen hat.[37]

Zu bedenken ist dabei, dass die Vergrößerung des Anteils direkter, finanzkraftunabhängiger Zuweisungen an die Kommunen die Ausgleichswirkung des kommunalen Finanzausgleichs mindert. Belastungsausgleiche führen zu einer Umverteilung zugunsten der finanzstarken Kommunen und insbes. der abundanten Kommunen. Dies erhöht tendenziell den interkommunalen Ausgleichsbedarf, mindert aber zugleich die für den Ausgleich zur Verfügung stehende Finanzmasse. Um genau diesen Effekt zu vermindern, wurden in Nordrhein-Westfalen im Jahr 1983 die Kopfbeträge für Auftragsaufgaben und Pflichtaufgaben zur Erfüllung nach Weisung abgeschafft.[38]

Die beiden zentralen Probleme des Konnexitätsprinzips – die Verschiebung der Präferenzen und hohe Transaktionskosten – vermeiden Regelungen, wie sie etwa Bayern oder Hessen getroffen haben. Der Freistaat Bayern praktiziert ein nicht rechtliche, sondern nur politische Bindungen auslösendes Konsultationsverfahren. Dabei ist die Grundkonstruktion der nordrhein-westfälischen Regelung sehr ähnlich (83 Abs. 3 ByVerf). In folgenden Punkten bestehen aber wesentliche Unterschiede:[39]

- Die Konsultation der kommunalen Spitzenverbände setzt bereits bei der Vorbereitung eines Gesetzentwurfs an (Regelungsidee, Arbeitsentwürfe) (Abs. II.1.1).
- In Fällen besonderer Dringlichkeit, insbes. zur Gefahrenabwehr, werden ggf. kommunale Kostenbelastungen ex post ermittelt (Abs. II.2).
- Synergieeffekte und Einsparungen im Hinblick auf bisherige kommunale Leistungen und Aufgaben sind zu berücksichtigen (Abs. II.2.3).
- Es wird unter Beachtung der kommunalen Finanzhoheit geprüft, ob auf kommunaleigene Finanzquellen zurückgegriffen werden kann (Abs. II.2.5.2).
- Das kommunale Eigeninteresse wird mit bewertet (Abs. II.2.5.2).
- Von der Kostenfolgenabschätzung abweichende Kostenentwicklungen werden auch für die Vergangenheit korrigiert (Abs. II.2.5.3).
- Der finanzielle Ausgleich erfolgt als pauschalierter Vollkostenersatz der Mehrbelastung explizit neben dem kommunalen Finanzausgleich.
- In Hessen erfolgt der Ausgleich nach Art. 137 Abs. 6 HessVerf und dem GemFinAusstG nicht neben, sondern im Finanzausgleich. Seine Höhe wird auf der Grundlage des Berichts einer paritätisch besetzten Kommission unter dem Vorsitz des Präsidenten des Landesrechnungshofs bestimmt. Möglicherweise lösen die vom hessischen Finanzministerium vorgelegten Zahlen einen gewissen (vor-

---

[37] So gewährte beispielsweise das Ministerium für Schule und Bildung NRW zwei Ausgleiche von Konnexitätsverpflichtungen: 6,2 Mio. EUR nach der Schülerfahrtkostenverordnung und 25,0 Mio. EUR nach dem Gesetz zur Förderung kommunaler Aufwendungen für die schulische Inklusion. Daneben bestand die Inklusionspauschale mit einem Volumen von 35,0 Mio. EUR (2019).

[38] Vgl. Junkernheinrich/Micosatt Kreise im Finanzausgleich der Länder. Eine finanzwissenschaftliche Untersuchung am Beispiel Nordrhein-Westfalens. 2011, 137 f.

[39] Vgl. Vereinbarung über ein Konsultationsverfahren zwischen der Staatsregierung und den kommunalen Spitzenverbänden zur Umsetzung des Konnexitätsprinzips (Konsultationsvereinbarung – KonsultVer) vom 21. Mai 2004 (GVBl. 218).

prägenden) Ankereffekt aus. Sie lassen sich aber – jedenfalls auf grobe Fehler – von den Spitzenverbänden kontrollieren.

V. Fazit und Ausblick

In der Gesamtschau der diskutierten Schnittstellenprobleme bestehen zahlreiche Zielkonflikte, die im gesamtstaatlichen Interesse klare politische Entscheidungen erfordern. Vor dem Hintergrund der in den letzten zehn Jahren veränderten Lage sind die Finanzbeziehungen hinsichtlich Quantität, Struktur und Erreichen eines interkommunalen Ausgleichsziels einer differenzierten Prüfung zu unterziehen, um die fortbestehenden Diskussionen um eine angemessene Beteiligung an den kommunalen Sozialausgaben durch Bund und Land auf eine transparente Basis zu stellen. Hinsichtlich der Finanzierung des Sozialbereichs ist eine Bestandsaufnahme vorzunehmen, die die Wirkung der verschiedenen Entlastungen des Bundes und des Landes mit dem Aufwuchs von kommunalen Sozialausgaben und sozialen Aufgaben abgleicht.

Flankierend müssten die organisatorischen Möglichkeiten zur rechtskreisübergreifenden Koordination von Sozialleistungen der einzelnen Bücher des SGB ausgebaut werden. Mit dem Ziel, „Leistungen aus einer Hand" anzubieten, könnte die Weiterentwicklung der Konzepte des ganzheitlichen Fallmanagements (zB „Haus der Sozialleistung", Kreis Recklinghausen) kommunale Handlungsspielräume stärken.[40] Die Minderung von Friktionen an solchen Schnittstellen kann die Effektivität und Effizienz der Aufgabenwahrnehmung steigern.

Da Fragen der Finanzverteilung immer strittig bleiben werden, ist die Diskussion darüber möglichst transparent zu gestalten, und die Entscheidungskriterien sind offenzulegen. Deshalb könnte die Einrichtung einer Kommission unter Einbeziehung unabhängiger Akteure, die nicht selbst von den Verteilungsentscheidungen betroffen sind, auf Basis einer systematischen Beobachtung der Aufgabenentwicklung eine gemeinwohlorientierte Abwägung bei der Verteilung finanzieller Lasten erleichtern. In dieser Hinsicht muss die finanzielle Leistungsfähigkeitsbeschränkung des Landes beim übergemeindlichen Finanzausgleich umgekehrt auch für die Kommunen durch eine Begrenzung der Aufgaben auf ihre Leistungsfähigkeit gelten. Dies impliziert eine Begrenzung neuer Aufgaben, wenn die Finanzierungsbedarfe die Finanzierungsmöglichkeiten überschreiten und das Risiko struktureller Defizite entsteht.

Um die Intransparenz über die aufgelaufenen Konnexitätsfälle zu beenden, könnte eine Erfassung aller Konnexitätsausgleiche nach betroffenen Ressorts, der Erstattungssummen an die Empfänger nach Gemeindetypen und eventueller Einsparungen durch eine zentrale Stelle erfolgen. Eine weitere Verbesserung kann durch eine Änderung des Konnexitätsausführungsgesetzes, die die Korrektur von

[40] Vgl. Bogumil/Hafner/Heinze Steuerung kommunaler Sozialleistungen im Kreis Recklinghausen. Wissenschaftliches Gutachten im Auftrag des Jobcenters der Kreisverwaltung Recklinghausen. 2021.

Kostenfolgeabschätzungen und Erstattungen auch rückwirkend absichert, ermöglicht werden. Dabei ist zu prüfen, ob der Konnexitätsausgleich zumindest teilweise in den kommunalen Finanzausgleich integriert werden kann. Alternativ könnte die Einführung von Finanzausgleichsumlagen als Instrument zur interkommunalen Umverteilung geeignet sein.

Perspektivisch eröffnet die digitale Transformation zusätzliche Gestaltungsspielräume für das kommunale Kerngeschäft. So könnten für ausgewählte Pflichtaufgaben zur Erfüllung nach Weisung eine „Rückführung" an Bund und Land erfolgen. Ermessensfreie Vollzugsaufgaben könnten grundsätzlich im (digitalen) Back-Office gebündelt werden.

DAVID RENDERS

Modulation dans le temps des effets d'un acte annulé par le Conseil d'État de Belgique et exception d'illégalité

L'on est particulièrement touché d'avoir été convié à rendre hommage au Professeur Willy Spannowsky à l'occasion des 65 ans qu'il atteint à la fin de l'année 2023. On l'est d'autant plus qu'il nous a été donné d'avoir une collaboration approfondie avec le jubilaire dans le cadre de l'Association Internationale de Droit de l'Urbanisme, notamment lors de la préparation du 12e Congrès International de Droit de l'Urbanisme qui s'est tenu à Trèves en septembre 2019.

Pour honorer le Professeur Spannowsky, le choix s'est porté de mettre en lumière, sur la scène internationale, un arrêt rendu par la Cour de cassation de Belgique que l'on a eu l'occasion, tout comme d'autres, de commenter dans une Revue de droit belge et qui revêt une grande importance pour le contentieux de la légalité des actes administratifs unilatéraux en Belgique.[1]

Par cet arrêt, la Cour de cassation prend pour la première fois position quant à la manière d'articuler la modulation dans le temps des effets d'un acte annulé par le Conseil d'État avec l'exercice du contrôle de légalité incident consacré à l'article 159 de la Constitution belge.

L'enseignement de la juridiction s'inscrit dans un périmètre particulier: la matière pénale. Il laisse, pour l'heure, sans réponse la matière civile qui invite à se poser une question de même teneur, même si les paramètres juridiques en jeu ne sont pas entièrement identiques.

[1] Cass., 24.2.2021, Pasicrisie, 2021/13, 112–114; égal. Journal des Tribunaux, 2021, 567 et la contribution de Nihoul, L'inefficacité du maintien d'effet(s) d'un acte annulé sur le contrôle de la légalité incident en matière pénale selon la Cour de cassation, Journal des Tribunaux, 2021, 557–563; Jurisprudence de Liège, Mons et Bruxelles, 2021/25, 1116; Administration Publique, 2021/2, 268 et note Nihoul, Le maintien d'effet(s) d'une norme illégale: une arme à courte portée?; Revue de Droit Pénal et de Criminologie, 2021/6, 675 et note Rigaux, Le maintien des effets d'une disposition annulée par le Conseil d'État: une discutable querelle des investitures; Pâques La sécurité en droit administratif. Quatre leçons sur l'État de droit, coll. Centre Montesquieu d'études de l'action publique, Bruxelles, Larcier, 2023, 318–322; Renders Jusqu'où l'article 159 de la Constitution est-il en mesure de s'opposer à la modulation dans le temps des effets d'un acte annulé par le Conseil d'État?, note sous Cass. (2e ch.), 24.2.2021, Revue Critique de Jurisprudence Belge, 2023/1, 54-116. La présente contribution reprend de nombreux passages de l'étude parue à la Revue Critique de Jurisprudence Belge. Toutes les références nécessaires peuvent être trouvées dans cette étude, que la présente contribution ne reprend pas.

I. Le cadre juridique

L'examen du cadre juridique indispensable à la compréhension de l'enseignement de la Cour de cassation que l'on se propose de présenter impose, tour à tour, de présenter l'article 159 de la Constitution belge, l'article 14*ter* des lois coordonnées sur le Conseil d'État de Belgique et leur articulation telle qu'elle était appréhendée avant le prononcé de l'arrêt en cause.

L'article 159 de la Constitution est l'un des piliers du droit public belge, inchangé dans sa formulation depuis 1831. Il dispose que:

„Les cours et tribunaux n'appliqueront les arrêtés et règlements généraux, provinciaux et locaux, qu'autant qu'ils seront conformes aux lois".

Même s'il n'évoque que les „cours et tribunaux", l'article 159 s'applique non seulement aux juridictions de l'ordre judiciaire, mais plus généralement à toute „juridiction contentieuse". Toute juridiction contentieuse, qu'elle relève donc de l'ordre judiciaire ou de l'ordre juridictionnel administratif, se voit confier le pouvoir et le devoir que consacre l'article 159, à l'exclusion de toute autre autorité, notamment de toute autorité administrative.

L'article 159 dispose, par ailleurs, qu'il est applicable aux „arrêtés et règlements généraux, provinciaux et locaux". À la faveur d'une jurisprudence bien établie, la formule est interprétée comme renvoyant non seulement aux actes administratifs unilatéraux de portée réglementaire, mais également aux actes administratifs unilatéraux de portée individuelle.

En précisant que les cours et tribunaux n'appliqueront les actes administratifs unilatéraux „qu'autant qu'ils seront conformes aux lois", l'article 159 impose que tout acte administratif unilatéral soit conforme aux règles et principes auxquels le droit prête une valeur supérieure. Il s'agit des prescriptions à valeur réglementaire, législative et constitutionnelle, ainsi que les prescriptions internationales et européennes qui produisent des effets directs dans l'ordre juridique interne. Le respect de la légalité ainsi requis s'impose tant sur le plan de la légalité externe – la compétence de l'auteur de l'acte, les formes et les formalités – que sur le plan de la légalité interne – l'objet, les motifs et le but –.

En requérant des juridictions contentieuses qu'elles n'appliquent les actes administratifs unilatéraux que dans la mesure où ceux-ci respectent la légalité, l'article 159 donne aussi ordre à ces juridictions de ne pas appliquer ces actes s'ils y contreviennent. Ainsi, les juridictions contentieuses ont non seulement le pouvoir, mais aussi le devoir de vérifier la légalité de tout acte administratif unilatéral sur lequel est fondée une demande, une défense ou une exception. Si, au terme de l'examen auquel elle est astreinte, une juridiction juge qu'est irrégulier l'acte administratif sur lequel est fondée la prétention qu'elle a reçu charge d'examiner, elle est tenue d'écarter l'application de l'acte en cause, autrement dit de ne pas en tenir compte pour la résolution du litige dont elle est saisie. La sanction ainsi prononcée doit être correctement appréhendée: le refus d'application que viendrait à prononcer la juridiction „a pour seule conséquence de ne faire naître ni droits ni obligations pour les intéressés"[2].

---

[2] Voy. not. Cass., 29.6.1999, Pasicrisie, I, 1999, 407; égal., mais en des termes différents, Cass., 21.11.2019, C.18.0613.N.

La „décision illégale continue", dès lors, „d'exister tant qu'elle n'est pas annulée"[3], ce qui distingue nettement le refus d'application décidé sur le fondement de l'article 159 de la Constitution de l'annulation d'un acte administratif prononcée par le Conseil d'État sur le fondement de l'article 14, § 1er, des lois coordonnées sur le Conseil d'État qui, elle, a pour conséquence de soustraire l'acte en cause de l'ordonnancement juridique avec effet rétroactif.[4]

L'on soulignera, enfin, que l'examen de légalité qu'est requis d'entreprendre toute juridiction contentieuse, sur le fondement de l'article 159, relève de l'ordre public, tant en vertu de la jurisprudence du Conseil d'État qu'en vertu de celle des cours et tribunaux. À notre estime, cet enseignement est à inscrire dans un courant jurisprudentiel plus général – et, du reste, plus souvent répété – suivant lequel le Conseil d'État considère que relève de l'ordre public la circonstance qu'un acte administratif unilatéral ne repose sur aucun fondement juridique. C'est, en effet, parce qu'il estime que l'absence de fondement juridique d'un acte relève de l'ordre public que le juge considère que la question de la légalité du fondement juridique existant d'un acte participe de ce même ordre.

L'article 14*ter* des lois coordonnées sur le Conseil d'État est, pour sa part, une disposition législative fédérale. Elle s'inscrit dans la foulée de l'article 14, § 1er, des mêmes lois, lequel – on l'a relevé – confie à la section du contentieux administratif du Conseil d'État le contentieux de l'annulation de l'excès de pouvoir.

En substance, la section du contentieux administratif du Conseil d'État est chargée de trancher les recours en annulation dirigés contre tout acte administratif unilatéral, de portée réglementaire ou individuel.

Au terme de l'examen de légalité qu'elle est invitée à opérer, la juridiction conclut soit à l'annulation de l'acte objet du recours, soit au rejet du recours.

Si le Conseil d'État décide d'annuler l'acte attaqué – ce qui suppose que la requête soit déclarée recevable et qu'un des moyens invoqués au moins soit jugé fondé –, l'acte est censé n'avoir jamais existé.

En raison de la portée de l'annulation, l'arrêt qui prononce une telle sanction est revêtu de l'autorité absolue de chose jugée. Chacun est, en d'autres termes, tenu par la décision de la juridiction, qu'il s'agisse des parties à la cause ou de tiers qui, le cas échéant, pourront se prévaloir de cette décision ou, au contraire, s'opposer à celle-ci.

L'annulation vaut *erga omnes.* À cet égard, l'autorité absolue de chose jugée s'attache non seulement au dispositif de l'arrêt d'annulation, mais aussi aux motifs qui y sont indissociablement liés, autrement dit à ceux qui en constituent le soutien ou le fondement nécessaire.

Par hypothèse, l'article 14*ter* des lois coordonnées sur le Conseil d'État n'a vocation à entrer en jeu que si la juridiction annule l'acte objet du recours au nom de ce qu'il est frappé d'une illégalité au moins.

---

[3] Ibid.

[4] Voy. not., en ce sens, Mast/Dujardin/Van Damme/Vande Lanotte Overzicht van het Belgisch Administratiefrecht, 22ste ed., Mechelen, Kluwer, 2021, 1102–1103.

C'est parce que l'annulation d'un acte administratif unilatéral constitue une sanction radicale que l'article 14*ter* a été adopté. Celui-ci apporte, en effet, le moyen d'amoindrir la portée de la sanction prononcée.

Insérée dans les lois coordonnées par une loi du 4 août 1996, la disposition prescrivait, dans un premier temps, que:

„Si la section [du contentieux administratif] l'estime nécessaire, elle indique, par voie de disposition générale, ceux des effets des dispositions d'actes réglementaires annulées qui doivent être considérés comme définitifs ou maintenus provisoirement pour le délai qu'elle détermine".

L'article 14*ter* n'était donc, à cette époque, applicable qu'en cas d'annulation d'un acte administratif unilatéral de portée réglementaire.

À l'occasion de la réforme que le Conseil d'État connut en 2014, la disposition fut révisée. Elle dispose, depuis lors, que:

„À la demande d'une partie adverse ou intervenante, et si la section du contentieux administratif l'estime nécessaire, elle indique ceux des effets des actes individuels annulés ou, par voie de disposition générale, ceux des effets des règlements annulés, qui doivent être considérés comme définitifs ou maintenus provisoirement pour le délai qu'elle détermine.

La mesure visée à l'alinéa 1er ne peut être ordonnée que pour des raisons exceptionnelles justifiant de porter atteinte au principe de la légalité, par une décision spécialement motivée sur ce point et après un débat contradictoire. Cette décision peut tenir compte des intérêts des tiers."[5]

Il résulte du dispositif aujourd'hui applicable que l'article 14*ter* permet au Conseil d'État de maintenir les effets de tout acte qu'il censure, que cet acte soit réglementaire ou individuel. L'identité de traitement des deux catégories d'actes n'est toutefois pas absolue: la nature même de l'acte administratif individuel étant d'agir par des mesures spéciales et concrètes, la modulation de l'annulation d'un tel acte ne saurait être prononcée „par voie de disposition générale", comme elle doit l'être pour l'acte réglementaire. Dans l'un et l'autre cas cependant, le maintien des effets n'est appelé à porter que sur le dispositif annulé de l'acte objet du recours, à l'exclusion du dispositif de l'acte qui ne subirait pas la sanction de l'annulation.

Conscient de ce qu'il étendait largement le champ d'application de l'article 14*ter*, puisque désormais les actes individuels y étaient également assujettis, le législateur estima toutefois indispensable d'encadrer la mise en œuvre de la disposition par plusieurs conditions d'application qu'une partie de la doctrine avait appelé de ses vœux.[6] C'est en ce sens que le maintien des effets doit être sollicité par la partie adverse ou la partie intervenante, mais aussi jugé nécessaire par le Conseil d'État, fondé sur des raisons exceptionnelles justifiant de porter atteinte au principe de la légalité, spécialement motivé sur ce point, précédé d'un débat contradictoire et prononcé en tenant, le cas échéant, compte de l'intérêt des tiers.[7]

---

[5] L. du 20.1.2014 „portant réforme de la compétence, de la procédure et de l'organisation du Conseil d'État", Moniteur belge du 3.2.2014; err. Moniteur belge du 13.2.2014.

[6] Voy. Renders/Gors À propos de la boucle administrative et du maintien des effets des actes annulés, Publicum, n 15, juin 2013, 30.

[7] Pour un développement relatif à chacune de ces conditions, voy. Renders/Gors Le Conseil d'État, coll. Centre Montesquieu d'études de l'action publique, Bruxelles, Larcier, 2020, 320–326, et les réf. citées.

Dès lors que les termes de l'article 159 de la Constitution et ceux de l'article 14*ter* des lois coordonnées sur le Conseil d'État sont, à présent, connus, la question se pose de savoir comment les prescriptions consacrées par ces deux dispositions sont en mesure de s'articuler.

Dans une étude publiée au *Journal des Tribunaux* il y a de cela plus de vingt ans, l'on défendait que le pouvoir conféré au Conseil d'État par l'article 14*ter* des lois coordonnées n'était pas illimité.[8] À raison de la hiérarchie existant entre les normes juridiques, l'on défendait qu'un tel pouvoir – alors applicable aux seuls actes réglementaires – devait se concilier avec les prescriptions qui, par leur supériorité, s'imposent à la disposition législative en cause.

Parmi ces prescriptions, l'on identifiait le droit à l'application égalitaire des garanties juridictionnelles consacrées. Au sujet de l'existence de ce droit, l'on soulignait notamment que:

*„[...] l'article 159 de la Constitution impose à toute juridiction, quelle qu'elle soit, d'écarter l'application d'un acte administratif, notamment réglementaire, s'il apparaît que celui-ci est irrégulier. Une conséquence s'en dégage dans le champ de la présente étude. Bien qu'il soit décidé qu'une partie de l'acte annulé est maintenu applicable, rien n'empêche les juridictions d'encore exercer la mission que leur confie l'article 159 de la Constitution, en écartant, le cas échéant, l'application des dispositions maintenues. La raison est simple. S'il ne pouvait en être ainsi, l'article 14*ter *détournerait l'acte en cause du juge que l'article 159 lui assigne, à savoir le juge de l'exception d'illégalité. "*[9]

En soulignant ce qui précède, l'on ne cherchait pas, à tout prix, à combattre l'existence de l'article 14*ter* qui offre au Conseil d'État un instrument lui permettant de nuancer la sanction draconienne que la juridiction est appelée à prononcer. Mais il nous paraissait que, face à la contradiction normative devant laquelle on était placé, une autre solution méritait sans doute d'être privilégiée: celle consistant, au bénéfice d'une déclaration de révision de la Constitution, à modifier l'article 159 de la Constitution.[10]

Quelque dix années plus tard, le Tribunal de première instance de Bruxelles, par un jugement du 21 janvier 2011, pose à la Cour constitutionnelle de Belgique une question préjudicielle relative à la compatibilité de l'article 14*ter* des lois coordonnées sur le Conseil d'État avec les règles constitutionnelles de l'égalité et de la non-discrimination combinées avec l'article 159 de la Constitution.[11]

Par un arrêt du 9 février 2012, la Cour constitutionnelle répond au Tribunal de première instance de Bruxelles que l'article 14*ter* est conforme aux dispositions constitutionnelles visées dans la question.[12] À la lecture des considérants de cet arrêt, il apparaît que la Cour constitutionnelle juge, en substance, que:

---

[8] Renders Le maintien des effets d'un règlement annulé par le Conseil d'État et le respect des droits fondamentaux, Journal des Tribunaux, 2002, 761–765.

[9] Ibid., 762.

[10] Voy., en ce sens, Nihoul La Cour de cassation et le geste barrière du maintien d'application d'une norme déclarée illégale pour assurer la sécurité juridique, in Entre pragmatisme et tradition, Liber amicorum Paul-Alain Foriers, vol. 2, Bruxelles, Larcier, 2021, 1663.

[11] Civ. (4e ch.), 21.1.2011, Journal des Tribunaux, 2011, 366.

[12] C. const., arrêt n 18/2012 du 9.2.2012.

- Le contrôle juridictionnel de légalité incident consacré à l'article 159 de la Constitution „doit raisonnablement tenir compte de l'effet utile des arrêts d'annulation du Conseil d'État et des modalités dont ils peuvent être assortis" par une loi prise en vertu de l'article 160 de la Constitution qui „consacre le contrôle objectif de la légalité des actes administratifs";
- Tenu, par ailleurs, „de garantir notamment le principe de sécurité juridique" – lequel est „inhérent à l'ordre juridique interne et aux ordres juridiques de l'Union européenne et de la Convention européenne des droits de l'homme" –, le législateur „se doit de régler le mode de contrôle de l'action administrative, ce qui peut exiger des restrictions au contrôle juridictionnel incident de la légalité des actes réglementaires, pour autant que ces restrictions soient proportionnées au but légitime poursuivi";
- L'article 6, § 1er, de la Convention européenne de sauvegarde des droits de l'homme – auquel la Cour doit avoir égard dans le cadre du contrôle de constitutionnalité qu'elle est, en l'espèce, chargée d'opérer – n'empêche pas „que des actes d'autorités publiques continuent à produire leurs effets, malgré leur irrégularité, en raison du respect dû au principe de sécurité juridique";
- En adoptant l'article 14*ter* des lois coordonnées „sur le Conseil d'État", le législateur „a cherché à ménager un équilibre entre le principe de légalité des actes réglementaires, consacré à l'article 159 de la Constitution, et le principe de sécurité juridique";
- Si le Conseil d'État „l'estime nécessaire, en fonction des circonstances de l'espèce", il „peut néanmoins excepter du maintien des effets du règlement annulé les justiciables qui ont introduit, dans les délais, un recours en annulation contre ce règlement litigieux et ceci dans le respect du principe d'égalité et de non-discrimination";
- Au regard des considérations qui précèdent, l'article 14*ter* n'est pas incompatible avec les dispositions constitutionnelles visées par la question préjudicielle.

Suite à la réforme du Conseil d'État intervenue en 2014, dans le cadre de laquelle on rappelle que l'article 14*ter* est révisé pour à la fois s'étendre aux actes individuels et être assujetti à plusieurs conditions d'application, divers recours en annulation sont introduits à la Cour constitutionnelle.

Par un arrêt du 16 juillet 2015[13], la Cour indique que dans l'arrêt du 9 février 2012 précité, la Cour a „limité son examen à l'hypothèse qu'aucun élément du litige n'entrait dans le champ d'application du droit de l'Union européenne"[14].

La Cour constate alors que, selon la jurisprudence de la Cour de justice de l'Union européenne, c'est à cette Cour – et à elle seule – que revient le pouvoir de déterminer les conditions dans lesquelles un élément de droit national qui serait contraire au droit de l'Union peut bénéficier du maintien d'effets décidé par le juge national.[15]

---

[13] C. const., arrêt n 103/2015 du 16.7.2015.
[14] Ibid., B.50.3.
[15] Ibid., B.50.4.

Elle poursuit en précisant, en substance, que dans l'hypothèse où le Conseil d'État annule un acte administratif unilatéral *pour violation du droit de l'Union,* il ne peut pas appliquer l'article 14*ter,* sauf si les conditions énoncées par la Cour de justice sont réunies. Et dans l'hypothèse où le Conseil d'État annule un acte administratif unilatéral *pour violation d'une norme autre qu'une norme du droit de l'Union* et applique l'article 14*ter,* les autres juridictions ne peuvent permettre que soit appliqué un acte national contraire au droit de l'Union, indépendamment de l'arrêt de la section du contentieux administratif du Conseil d'État qui a décidé la modulation des effets de l'acte annulé.

II. L'enseignement de la Cour de cassation

Dans le cadre de l'arrêt que l'on a fait choix de présenter dans la présente étude, la Cour de cassation avait à se demander comment articuler, dans le champ pénal, la modulation dans le temps des effets d'un acte d'annulé par le Conseil d'État avec l'exercice du contrôle de légalité incident consacré à l'article 159 de la Constitution.

Au bénéfice de cet arrêt, la Cour de cassation dit pour droit que la mise en œuvre de l'article 14*ter* des lois coordonnées, par le Conseil d'État, ne saurait être régulièrement admise en matière pénale.

Pour aboutir à cette conclusion, la Cour de cassation estime qu'en ce domaine, l'exigence consacrée par l'article 159 de la Constitution doit se combiner avec celle consacrée à l'article 12, alinéa 2, du même texte, aux termes duquel „[n]ul ne peut être poursuivi que dans les cas prévus par la loi, et dans les formes qu'elle prescrit".

Selon la Cour de cassation, dès lors que le maintien des effets d'un acte administratif réglementaire illégal contient ne fut-ce qu'une partie du régime de l'incrimination en cause, il ne répond pas à l'exigence de légalité consacrée par les articles 159 et 12, alinéa 2, combinés de la Constitution.

Il en résulte que, dans cette hypothèse, la modulation dans le temps des effets d'un acte administratif unilatéral dûment décidée par le Conseil d'État doit, purement et simplement, être tenue en échec par application combinée de ces deux dispositions constitutionnelles.[16]

Ainsi que le lecteur l'aura compris, l'on défend, de longue date, le point de vue suivant lequel l'article 14*ter* ne saurait empêcher la mise en œuvre de l'article 159 de la Constitution, sauf à y contrevenir.

C'est écrire qu'on partage pleinement l'arrêt commenté en ce qu'il enseigne qu'en présence d'une incrimination illégale, le juge répressif conserve le pouvoir et le devoir de refuser d'appliquer l'acte administratif illégal dont les effets ont été modulés dans le temps.

À cet égard, l'on croit pouvoir déduire de l'arrêt commenté que ce qui vaut pour la légalité des incriminations vaut aussi pour la légalité des peines. Dans l'affaire qu'elle avait à trancher, la Cour de cassation était certes confrontée à un régime

[16] Ibid.

d'incrimination illégal, raison pour laquelle elle se réfère à l'article 12, alinéa 2, de la Constitution, non à l'article 14 du même texte qui consacre le principe de la légalité des peines. Mais la Cour n'en indique pas moins que la solution qu'elle juge applicable doit prévaloir „lorsqu'il s'agit du jugement de l'action publique", autrement dit en matière pénale.

À notre estime, les conclusions de Monsieur l'Avocat général Damien Vandermeersch vont dans le même sens.[17] L'on a, en conséquence, le sentiment qu'en vertu de l'enseignement dégagé par la Cour, éclairé par les conclusions de l'Avocat général, la modulation dans le temps des effets d'un acte administratif unilatéral illégal contenant tout ou partie d'un régime d'incrimination pénale ou tout ou partie d'un régime de sanction pénale devrait être tenue en échec par le juge répressif qui, selon la lecture que l'on a de cet enseignement, doit faire prévaloir les articles 159, 12, alinéa 2, et 14 combinés de la Constitution sur l'article 14*ter* des lois coordonnées sur le Conseil d'État.

III. *Les perspectives*

La question se pose de savoir quelles pourraient être les perspectives de l'enseignement de la Cour de cassation qui vient d'être présenté, en particulier dans le domaine de la responsabilité civile extracontractuelle que le droit belge applique tant aux particuliers qu'aux autorités publiques.

L'on sait que, dans son arrêt du 9 février 2012, la Cour constitutionnelle jugeait que l'article 14*ter* des lois coordonnées sur le Conseil d'État ne violait pas les règles constitutionnelles de l'égalité et de la non-discrimination combinées avec l'article 159 de la Constitution.

Plus de dix ans après le prononcé de cet arrêt, l'on n'est toujours pas convaincu par le raisonnement qui a conduit la Cour constitutionnelle à cette conclusion.

Il y a, d'abord, que mettre sur un pied d'égalité, dans l'opération de contrôle que la Cour constitutionnelle avait à mener, l'article 159 de la Constitution, d'une part, les articles 160 de la Constitution et 14*ter* des lois coordonnées sur le Conseil d'État, de l'autre, n'est juridiquement pas exact.

L'article 159 de la Constitution contient la prescription que l'on sait: un pouvoir et un devoir, pour toute juridiction, de refuser d'appliquer tout acte administratif unilatéral qui serait illégal. L'article 160 de la Constitution se contente, lui, d'indiquer qu' „[i]l y a pour toute la Belgique un Conseil d'État […]" qui, notamment, „statue par voie d'arrêt en tant que juridiction administrative […]", sans consacrer que c'est au contentieux de l'excès de pouvoir, ce que la Cour constitutionnelle tient étonnement pour acquis.[18] Quant à l'article 14*ter* des lois coordonnées sur le Conseil d'État, il constitue une disposition législative qui apporte un correctif aux arrêts d'annulation que le Conseil d'État peut prononcer parce qu'une loi prise, en vertu de l'article 160 précité, a donné au Conseil d'État le pouvoir d'annuler tout

[17] Concl. Av. gén. Vandermeersch, 9-10.
[18] C. const., arrêt n° 18/2012 du 9.2.2012, B.8.1.

acte administratif unilatéral qui serait déféré à sa censure et que la juridiction jugerait illégal.

Dès lors que rien, dans l'article 160 de la Constitution, ni dans les travaux préparatoires y relatifs, ne limite le pouvoir et le devoir que l'article 159 de la Constitution requiert de tout juge à l'égard de l'acte administratif unilatéral qu'il jugerait illégal, la loi prise en vertu de l'article 160 – l'article 14*ter* – ne saurait excepter à une disposition constitutionnelle – l'article 159 –, dès lors que la loi est d'un rang inférieur à la Constitution dans la hiérarchie des normes.

Il y a, ensuite, que mettre à égalité, dans le cadre de la même opération de contrôle, l'article 159 de la Constitution et le principe de sécurité juridique n'est juridiquement pas davantage exact:

- L'article 159 de la Constitution, qui contient la prescription que l'on sait, est une disposition écrite à valeur constitutionnelle puisqu'elle fait partie intégrante de la Constitution;
- Le principe de sécurité juridique, auquel on prête aussi une valeur constitutionnelle, n'est pas une disposition écrite, les principes généraux du droit étant des sources de droit qui, par nature, sont non écrites;
- Il n'est pas de sécurité juridique plus primaire et plus sûre que celle que prescrit l'article 159 de la Constitution, lui qui consacre le principe suivant lequel tout acte administratif unilatéral doit être conforme aux règles et principes juridiques qui s'imposent à l'auteur de l'acte au moment de son adoption, sous peine de devoir être écarté d'application par le juge;
  Du reste, la Cour constitutionnelle ne définit-elle pas elle-même l'exigence de sécurité juridique comme étant un „principe fondamental de l'ordre juridique belge selon lequel le *contenu* du droit doit en principe être *prévisible et accessible* de sorte que *le sujet de droit* puisse *prévoir,* à un degré raisonnable, les conséquences juridiques d'un acte déterminé au moment où cet acte se réalise"[19]?
  De même, la Cour de cassation ne juge-t-elle pas, dans un sens comparable, que la sécurité juridique implique „notamment que *le citoyen* doit pouvoir *faire confiance* à ce qu'il ne peut concevoir que comme étant une *règle fixe* de conduite et d'administration"[20]?

Dès lors qu'une règle constitutionnelle prime un principe général de droit de même valeur et que cette règle consacre, qui plus est, la plus primaire et la plus sûre des sécurités juridiques garantie par le principe général en cause – la légalité –, l'article 14*ter* ne pouvait juridiquement que s'incliner devant l'exigence que consacre l'article 159 de la Constitution.

---

[19] C. const., arrêt n° 25/90 du 5.7.1990, Revue Critique de Jurisprudence Belge, 1991/4, 621 et note Ergec, Le droit international et le droit à l'égalité des étrangers dans la jurisprudence de la Cour d'arbitrage. C'est nous qui soulignons.

[20] Cass., 27.3.1992, Pasicrisie, 1992, I, 680; Revue Critique de Jurisprudence Belge, 1995/1, 53 et note Geelhand, Le principe de la croyance légitime en droit administratif et en droit fiscal. C'est nous qui soulignons. Au sujet de l'arrêt rendu par la Cour de cassation le 27.3.1992, voy. égal. Mayence Obs. sous Cass. (1re ch.), arrêt *Van Apers* du 27.3.1992, Pasicrisie, 1992, I, p. 680, in Goffaux/Slautsky/Sohier (dir.) Les grands arrêts du droit administratif, coll. „Grands arrêts", Bruxelles, Larcier, 2021, 146–155.

À bien observer le cadre dans lequel l'articulation de l'article 159 de la Constitution et de l'article 14*ter* des lois coordonnées est tenue de s'opérer en matière civile, l'on est d'avis que ce cadre ne diffère pas réellement de celui dans lequel la même articulation doit être opérée en matière pénale.[21]

C'est qu'en matière civile comme en matière pénale, l'exigence de légalité s'impose. Si, en matière pénale, cette exigence s'exprime sous la forme de la légalité des incriminations et des peines, en matière civile, elle s'exprime à travers l'idée que, sous l'une ou l'autre réserves, tout acte administratif unilatéral adopté illégalement par l'administration constitue une faute au sens civil du terme.[22]

Pour l'exprimer autrement, ce n'est pas parce que les articles 12, alinéa 2, et 14 de la Constitution exigent des incriminations et des peines qu'elles s'inscrivent dans un texte législatif et, le cas échéant, réglementaire par essence réguliers, que l'exigence consacrée par l'article 159 de la Constitution, qui veut que tout acte administratif soit régulier, ne contient pas, à lui seul, et toutes matières confondues – notamment la matière civile –, l'interdiction absolue qu'au nom du principe de sécurité juridique ou d'une autre norme d'un rang inférieur à la Constitution, il puisse être excepté à cette exigence constitutionnelle écrite.

Dans cette perspective, l'on plaide pour un revirement de jurisprudence de la part de la Cour constitutionnelle sur ce point et, dans le même temps, pour une extension à la matière civile de l'enseignement jurisprudentiel prodigué par la Cour de cassation dans l'arrêt commenté.

Sans révision de l'article 159 de la Constitution, tout enseignement jurisprudentiel qui prétend l'article 14*ter* des lois coordonnées conforme à la règle nationale la plus élevée dans la hiérarchie des normes est, à notre estime, juridiquement inexact.

Ce n'est pas que l'on réclame, à tout prix, une révision de l'article 159 de la Constitution, lui qui représente une garantie essentielle pour le citoyen dans l'État démocratique belge. Mais cette révision constitutionnelle nous paraît, de longue date, indispensable, si l'on veut résoudre le conflit de normes qui existe entre l'article 14*ter* des lois coordonnées sur le Conseil d'État et l'article 159 de la Constitution tel qu'il est actuellement libellé.

À supposer que l'enseignement prodigué par la Cour constitutionnelle le 9 février 2012 soit maintenu, voire même confirmé par la Cour de cassation dans le cadre d'un arrêt à venir, ce que l'on ne peut hélas exclure, cet enseignement de la Cour constitutionnelle ne saurait, en tout cas, être pris pour ce qu'il n'est pas, et ce, à un double titre.

Il y a, au premier titre, que, dans son arrêt du 9 février 2012, la Cour constitutionnelle juge notamment que:

---

[21] Voy., en ce sens, Nihoul Le maintien d'effet(s) de l'acte annulé étendu aux actes administratifs individuels: entre acharnement thérapeutique et soin palliatif, in Renders (dir.) La réforme du Conseil d'État, an 2014, Administration Publique, 2016/3, numéro spécial, 277; Nihoul L'inefficacité du maintien d'effet(s) d'un acte annulé sur le contrôle de la légalité incident en matière pénale selon la Cour de cassation, Journal des Tribunaux, 2021, 561.

[22] Voy. not., à cet égard, Renders Droit administratif général, 4e éd., coll. Centre Montesquieu d'études de l'action publique, Bruxelles, Larcier, 2022, 735–736, et les réf. citées.

„S'il l'estime nécessaire, en fonction des circonstances de l'espèce, le Conseil d'État peut néanmoins excepter au maintien des effets du règlement annulé les justiciables qui ont introduit, dans les délais, un recours en annulation contre ce règlement litigieux et ceci dans le respect du principe d'égalité et de non-discrimination.“[23]

L'on est d'avis que, pour résoudre ces difficultés, l'ouverture qu'esquisse la Cour constitutionnelle est certainement digne d'intérêt.

Il y a, à un second titre, qu'en jugeant que l'article 14*ter* des lois coordonnées sur le Conseil d'État ne méconnaissait pas les règles constitutionnelles de l'égalité et de la non-discrimination combinées avec l'article 159 du même texte, la Cour constitutionnelle n'a dit pour droit:

- Ni que l'acte administratif unilatéral dont les effets dans le temps étaient modulés avait, au bénéfice de ces effets, recouvré la légalité;[24]
- Ni que la modulation des effets dans le temps d'un acte administratif unilatéral empêchait la mise en cause de la responsabilité civile extracontractuelle de l'administration.

Ces deux précisions nous paraissent déterminantes en matière civile, où, pour rappel, le demandeur en responsabilité civile extracontractuelle est appelé à devoir démontrer l'existence d'une faute, d'un dommage et d'un lien causal.[25]

L'on sait qu'en droit administratif, l'administration commet une faute si, sous l'une ou l'autre réserves, elle viole une règle ou un principe hiérarchiquement supérieur ou ne respecte pas le devoir général de prudence qui est notamment le sien.

Par hypothèse, si le Conseil d'État annule un acte administratif unilatéral et en module les effets dans le temps, c'est qu'il a déclaré cet acte contraire à une règle ou à un principe hiérarchiquement supérieurs.

La modulation des effets dans le temps de l'acte en cause ne couvre en rien l'illégalité commise: c'est précisément parce qu'une illégalité a été commise et constatée, au point d'entraîner l'annulation de l'acte en cause, que le Conseil d'État peut décider d'en moduler les effets.

Deux conséquences en résultent dans le champ de la responsabilité civile extracontractuelle:

- La première est que puisqu'une illégalité a été commise, il s'agit, sous la réserve d'une erreur invincible ou d'une autre cause d'exonération, d'une faute civile;

---

[23] C. const., arrêt n 18/2012 du 9.2.2012, B.9.3.

[24] L'on note même que, dans un arrêt qu'elle a rendu le 7.7.2011, auquel elle se réfère dans l'arrêt du 9.2.2012, la Cour constitutionnelle reconnaît expressément, au sujet certes d'une disposition législative dont les effets seraient maintenus, que „[l]a Cour européenne des droits de l'homme a notamment admis qu'au regard du principe de la sécurité juridique, une cour constitutionnelle peut laisser un délai au législateur pour légiférer à nouveau, ce qui a pour conséquence qu'une norme *inconstitutionnelle* reste applicable pendant une période transitoire (CEDH, décision, 16 mars 2000, *Walden c. Liechtenstein*)“ (C. const., arrêt n° 125/2011 du 7.7.2011, B.5.4. C'est nous qui soulignons).

[25] Voy. not. Pâques Principes de contentieux administratif, coll. Faculté de droit de l'Université de Liège, Bruxelles, Larcier, 2017, 150–198; Renders Droit administratif général, 4e éd., op. cit., 732–741, et les réf. citées; Mast/Dujardin/Van Damme/Vande Lanotte Overzicht van het Belgisch administratief recht, 22ste ed., op. cit., 1131–1153.

- La seconde est que le juge civil n'a pas à déclarer cette illégalité au moyen de l'article 159 de la Constitution – instrument qui, on le sait, est celui dont il dispose pour contrôler la légalité des actes administratifs unilatéraux –, mais au nom de l'autorité de la chose jugée de l'arrêt d'annulation du Conseil d'État qui, valant *erga omnes,* s'impose à lui comme à tous.

La conséquence est celle-ci: indépendamment même du point de savoir si la Cour constitutionnelle et la Cour de cassation pourraient, dans le futur, envisager d'adopter un enseignement jurisprudentiel qui, en matière civile, convergerait avec celui adopté par la Cour de cassation en matière pénale et que l'on approuve, l'enseignement actuellement prodigué par la Cour constitutionnelle n'empêche, selon nous, pas le justiciable d'engager la responsabilité civile extracontractuelle de l'administration en raison de la faute découlant de l'illégalité qui entache un acte administratif unilatéral dont les effets ont été modulés en vertu de l'article 14*ter* des lois coordonnées sur le Conseil d'État.[26]

Il résulte de ce qui précède que si l'article 14*ter* des lois coordonnées est, à notre estime, incompatible avec l'article 159 de la Constitution, la compatibilité que la Cour constitutionnelle pense pouvoir observer entre les deux normes en cause, et qui paraît contestable, n'empêche en tout cas pas, à nos yeux, que la responsabilité de l'administration soit engagée au contentieux de la responsabilité civile extracontractuelle.

Les développements qui viennent d'être proposés permettent de mesurer combien les potentialités de l'article 14*ter* des lois coordonnées sur le Conseil d'Etat sont plus limitées qu'on ne le croit.

En *matière pénale,* l'enseignement prodigué par la Cour de cassation dans l'arrêt commenté tient, purement et simplement, l'article 14*ter* en échec: c'est là une limite majeure placée sur le chemin de cette disposition, qui s'appuie sur la correspondance entre légalité, d'une part, et sécurité juridique, de l'autre, dans le champ du droit répressif.

Il nous paraît que ce qui vaut en matière pénale devrait aussi valoir en *matière civile* et, du reste, *en toute matière,* tant il est vrai qu'*en toute matière,* la légalité est la forme de sécurité juridique la plus primaire et la plus sûre, et que l'article 159 de la Constitution prime une disposition législative nonobstant un enseignement de la Cour constitutionnelle qui, élevant artificiellement cette disposition législative au rang constitutionnel, ne convainc guère. Dans cette perspective, nous en appelons à la juridiction constitutionnelle elle-même, de même qu'à la Cour de cassation, pour étendre, dans le champ civil et dans les autres, l'enseignement que livre l'arrêt commenté dans le champ pénal, et que nous approuvons.

À supposer que l'enseignement dégagé par l'arrêt commenté ne soit pas transposé en matière civile, ce que l'on regretterait, nous avons tenté de démontrer que les effets de la mise en œuvre de l'article 14*ter* pouvaient, en toute hypothèse, être plus

[26] Voy., en ce sens, Doc. parl., Ch. repr., 2013–2014, n 53–3233/4, 23; égal. C.E., arrêt *De Smet,* n° 225.912 du 19.12.2013; Renders Préface, in Viseur/Philippart (dir.) La justice administrative, coll. Conférence du Jeune Barreau de Bruxelles, Bruxelles, Larcier, 2015, 10; Donnay/Lewalle Manuel de l'exécution des arrêts du Conseil d'État, coll. Faculté de droit de l'Université de Liège, Bruxelles, Larcier, 2017, 172–173.

justement circonscrits par le Conseil d'État et qu'indépendamment même de ce que décide la juridiction administrative, cette mise en œuvre ne pouvait paralyser les droits de la victime d'une faute civile au contentieux de la responsabilité civile extracontractuelle de l'État qui administre.

Indépendamment des limites ainsi tracées qui font sinon obstacle à la mise en œuvre de l'article 14*ter*, tout au moins barrage à une part significative des effets que l'on croit pouvoir en tirer, la disposition présente-t-elle réellement l'utilité qu'on lui prête?

Pour répondre à cette question, l'on peut d'abord observer que l'on n'a inséré l'article 14*ter* des lois coordonnées qu'en 1996, soit cinquante années après la création du Conseil d'État qui avait, jusqu'alors, réussi à traiter le contentieux de l'excès de pouvoir qui lui est dévolu sans avoir besoin de recourir à un tel instrument, et qu'on n'a étendu l'application de la disposition aux actes individuels que près de vingt années plus tard, sans que la pratique contentieuse ait montré le moindre besoin existentiel en ce sens.

L'on peut aussi observer qu'en plus de vingt-cinq années de pratique pour les actes réglementaires, en près de dix pour les actes individuels, le Conseil d'État n'a pas fait un usage abondant de l'instrument mis à sa disposition, ce qui tend à démontrer que, dans bien des cas encore, l'annulation contentieuse peut parfaitement se concevoir sans modulation d'effets dans le temps.

L'on rappellera encore:

- Qu'au nombre des actes administratifs unilatéraux adoptés chaque jour, tous niveaux de pouvoir confondus, le nombre d'actes attaqués devant le Conseil d'État est réduit compte tenu notamment des moyens dont il faut disposer pour ce faire et qu'il s'agit de déployer à des conditions procédurales strictes;
- Que l'annulation d'un acte – réglementaire ou individuel – n'est insusceptible de réfection que dans des circonstances déterminées et, au final, peu nombreuses;
- Que l'annulation d'un acte n'entraîne l'annulation d'autres actes que si ceux-ci ont été eux-mêmes directement frappés de recours en annulation;
- Et qu'un certain nombre de correctifs existent, qui ménagent déjà une part significative des effets radicaux de l'annulation contentieuse prononcée, qu'il s'agisse, par exemple, de la théorie du fonctionnaire de fait ou de la théorie du service fait.

Dans un tel contexte, est-il réellement indispensable que le Conseil d'État dispose du pouvoir de moduler dans le temps les effets d'un acte dont il prononce l'annulation?

L'on peut évidemment comprendre que l'autorité cherche à obtenir la mise en œuvre de l'article 14*ter* si elle se sent ou se sait condamnée par le verdict du Conseil d'État. C'est, pour elle, synonyme de simplicité, de sécurité et de suprématie:

- Simplicité, dans la mesure où la modulation d'effets dans le temps permet à l'autorité de ne pas devoir se soucier de la réfection de l'acte irrégulier, ce qui, il faut le reconnaître, n'est pas toujours aisé;
- Sécurité, dès lors que la modulation d'effets dans le temps assure le maintien au moins provisoire des positions arrêtées par l'autorité et contient ainsi une part si-

gnificative des remous que peut susciter l'irrégularité d'un acte administratif unilatéral;

- Suprématie, enfin, car, à travers la mise en œuvre de l'instrument en cause, l'autorité renforce le pouvoir unilatéral dont elle dispose à l'égard de l'administré, en faisant prévaloir ses vues sur celles de ce dernier.

C'est ici pourtant qu'il faut, à notre sens, s'interroger.

La simplicité, la sécurité et la suprématie, qui encouragent l'autorité administrative à chercher à ce que le Conseil d'État fasse usage de la modulation dans le temps des effets d'un acte annulé justifient-elles qu'une société démocratique favorise l'émergence d'un procédé de cet ordre?

Même dans la mesure où le recours à ce procédé ne serait pas irrégulier – ce que l'on a mis en doute dans le cadre des développements qui précèdent comme dans celui de travaux antérieurs –, la modulation dans le temps des effets d'un acte annulé favorise la *sécurité juridique de l'administration* au mépris de la sécurité juridique sinon de tous, au moins d'une partie des administrés.

Soutenir que l'article 14*ter* des lois coordonnées sur le Conseil d'État serait destiné à assurer „la" sécurité juridique répond, en ce sens, à une conception biaisée du principe de sécurité juridique, sachant que la sécurité juridique des uns n'est en rien celle des autres.

Par ailleurs, même dans la mesure où le recours au procédé en cause ne serait pas irrégulier – ce qu'encore une fois, l'on a mis en doute dans le cadre des développements qui précèdent comme dans celui de travaux antérieurs –, la modulation dans le temps des effets d'un acte annulé participe à l'affaiblissement de la justice administrative: à l'affaiblissement du pouvoir d'annulation du juge, cela va sans dire; mais, plus grave sans doute, à la déliquescence des aspirations les plus légitimes de l'administré.

L'administré qui se voit opposer un maintien d'effets est celui qui – dit de façon prosaïque – a saisi le juge administratif pour rien, a payé un avocat pour rien, s'est battu pour rien et a obtenu gain de cause ... pour rien. Quelle frustration n'éprouve-t-il pas dans ces conditions, lui qui, à raison du caractère non suspensif du recours, avait déjà dû, tout le temps du procès, se résigner à admettre provisoirement l'application d'un acte dont il s'impose à présent qu'il avait raison d'en contester la régularité?[27]

L'administré qui se voit opposer un maintien d'effets est celui qui, tout en contestant la régularité d'un acte administratif, cherchait, dans bien des cas, à nouer un dialogue avec des hommes et des femmes qui incarnent l'administration, en vue d'apaiser un conflit. Quelle frustration n'éprouve-t-il pas au moment où lui est opposé, par la voie de l'instrument juridictionnel en cause, le rejet de tout dialogue et l'imposition abrupte d'une solution qu'il cherchait à voir reconsidérer?

Surtout, l'administré qui se voit opposer un maintien d'effets n'est pas n'importe quel administré. On a relevé que tout acte administratif unilatéral n'était pas attaqué

---

[27] Voy. not. Donnay/Lewalle Manuel de l'exécution des arrêts du Conseil d'État, op. cit., 169. Les auteurs écrivent: „[t]out d'abord, et fondamentalement, [l'article 14*ter*] peut avoir pour effet de transformer les vainqueurs d'un procès en vaincus et inversement".

devant le Conseil d'État. Et on a relevé que tout acte administratif unilatéral annulé par le Conseil d'État ne faisait pas l'objet d'une modulation d'effets dans le temps. Dans ces conditions, quelle frustration n'éprouve pas l'administré qui s'aperçoit que l'acte dont il combat l'existence est choisi pour être l'un de ceux qui recueille cette attention particulière du juge administratif?

Plus encore qu'à un affaiblissement de la justice administrative, on peut se demander si la mise en œuvre de l'article 14*ter* des lois coordonnées sur le Conseil d'État ne conduit pas à un affaiblissement de l'État de droit.

À supposer même que la Constitution belge permette de consacrer l'instrument législatif que l'on ausculte, ce qui, on l'a écrit, n'est, à notre estime, pas le cas dans l'état actuel des textes, c'est dans la mesure où il est permis au juge administratif d'avoir égard à des „circonstances exceptionnelles" ou, selon la Cour de justice de l'Union européenne, à des „circonstances impérieuses".

Dans toutes ces hypothèses, le juge administratif, le cas échéant couvert par le juge européen, peut donc décider que des règles et des principes le cas échéant haut perchés dans la hiérarchie des normes céderont le pas devant ces circonstances porteuses d'intérêt ou de valeur jugés, *in casu,* supérieurs.

Ainsi qu'on l'avait écrit à propos du phénomène des consolidations législatives d'actes administratifs unilatéraux[28], voisines même si pas jumelles de la problématique en cause, la question se pose de savoir au nom de qui ou de quoi des juges, institués pour garantir le respect du droit, pourraient être les dépositaires d'un pouvoir qui leur permettrait de s'en écarter au cas par cas, à la seule lanterne d'un contradictoire opposant des parties par nature intéressées.

Il y a là un paradoxe qui n'est pas sans conséquence pour le sens du système dans lequel on a la chance de vivre.

Eu égard à ce que l'article 14*ter* des lois coordonnées sur le Conseil d'État est de nature à favoriser „une certaine" sécurité juridique, mais non „la" sécurité juridique, et compte tenu de ce que son usage conduit, par nature, à l'affaiblissement de la justice administrative, il apparaît que le recours à un instrument qui renforce l'action unilatérale accomplie de l'administration au mépris de l'État de droit ne saurait constituer une voie satisfaisante pour la promotion de ce dernier.

La légalité pure et simple, qui garantit la sécurité juridique de tous et qui protège l'administré contre l'arbitraire de l'administration, est seule à satisfaire pleinement l'État de droit. De ce fait, elle est aussi la meilleure garante de la paix sociale.

Si, de notre point de vue, l'article 159 de la Constitution belge est en mesure de s'opposer à la modulation dans le temps des effets de tout acte annulé par le Conseil d'État, c'est, bien au-delà du fait qu'il prime une disposition législative dans la hiérarchie des normes, parce qu'il est le gardien du bien le plus précieux dont nous avons hérité: la légalité du système dans lequel on vit et des règles que l'on s'est données pour, tant que faire se peut, assurer l'harmonie entre nous.

---

[28] Voy. Renders La consolidation législative de l'acte administratif unilatéral, coll. Faculté de droit de l'Université catholique de Louvain, Bruxelles, Bruylant, Paris, L.G.D.J., 2003, 431–433.

DETLEF KURTH

Das Informelle im Formellen – Aphorismen über das produktive Verhältnis des Planungsrechts zur Stadtplanung

I. Über den Zusammenhang von Planungsrecht und Stadtplanung

Die Stadtplanung ist nicht ohne das Planungsrecht zu denken. Manche behaupten sogar, dass erst mit der Verabschiedung des Bundesbaugesetzes 1960 die Stadtplanung ihre Existenzberechtigung erhielt, mit neu gegründeten Stadtplanungsämtern und entsprechenden Studiengängen. Natürlich wird dies vom Stadtplaner gerne anders herum gesehen: mit Beginn der Industrialisierung entstanden die großen Stadterweiterungspläne der mächtigen Stadtplaner (Haussmann in Paris, Hobrecht in Berlin, Bindewald in Kaiserslautern), und das Planungsrecht für solche großen Entwürfe musste erst noch geschaffen werden. Es war ja tatsächlich eine lange Entwicklung von der Feuergasse im engen Hinterhof nach preußischer Bauordnung in Berlin über die Straßen-Fluchtliniengesetze und die Neuerungen der Weimarer Republik bis hin zum Bebauungsplan nach Bundesbaugesetz. Vermutlich wird sich die Frage, was zuerst da war, die Vorstellung von einem Plan oder die Rechtsnorm für einen Plan, nicht lösen lassen – ähnlich wie bei der Henne und dem Ei. Sie bedingen einander.

Die These sei gewagt, dass es in Deutschland gerade deshalb überwiegend eine „geordnete" städtebauliche Entwicklung gibt, meist ohne große Immobilienkrisen und Spekulationsblasen, weil es einen klaren Rechtsrahmen für die Flächennutzung und die Bebauungsdichte gibt. Es gibt auch keine Ghettos oder regelmäßige gewaltsame Ausschreitungen, wie wir es aus anderen Großstädten in Europa kennen – da das Planungsrecht auch eine sozialgerechte Bodenordnung und eine soziale Mischung ermöglicht. Der Projektentwickler muss zwar einen langjährigen Planungsprozess durchlaufen, aber er hat am Ende ein verbindliches Baurecht, was seine Investition schützt, auch gegenüber der Nachbarschaft. Das ist gut für langfristige und nachhaltige Projekte, und schlecht für kurzfristige Bodenspekulationen.

II. Über das kreative Spannungsverhältnis im Studiengang Raumplanung

Die Raumplanung an der RPTU Kaiserslautern-Landau ist nicht ohne das Planungs- und Umweltrecht zu denken. Mit Gründung des Studiengangs Raum- und Umweltplanung 1972, dem zweitältesten Studiengang für Planung in Deutschland, waren von Anfang zwei Gründungslehrstühle gesetzt: das Öffentliche Recht (insbes. Verwaltungs- und Rechtslehre des Bauwesens, der Raumplanung und des

Umweltschutzes), vertreten durch Prof. Dr. Rudolf Stich, und die Stadtplanung, vertreten durch Prof. Albert Speer. Zwei durchaus unterschiedlich geprägte Persönlichkeiten und Charaktere, die mit ihrer Fachkompetenz, ihrem Eigensinn und ihrer Strahlkraft den Studiengang gegründet und geprägt haben. In den Studienplänen gab es von Anfang an große Anteile von Planungsrecht, Umweltrecht, Städtebau und dessen Umsetzung in einem Bebauungsplan.

Der Studiengang entstand also in einem gewissen Spannungsverhältnis von Recht und Planung, Regulierung und Entwurfsfreiheit, Rechtstexten und Konzepten, woraus immer wieder kreative Studienprojekte und Forschungsideen entsprangen. Dies wurde auch in die neuen Lehrmodule in den Bachelor- und Master-Studiengänge übernommen und in einem kollegialen Miteinander gepflegt. So sind bis heute die Absolventinnen und Absolventen der Raumplanung aus Kaiserslautern dafür bekannt, dass sie das Planungs- und Umweltrecht sehr gut beherrschen, und es auch in städtebaulichen Entwürfen und Bebauungsplänen anwenden können.

III. Über die Berufsbilder

Der Planungsjurist ist nicht ohne das Formalistische zu denken. Jeder denkt an das besondere Jurastudium, Gesetzestexte, Kommentare. Der gewöhnliche Stadtplaner begegnet dem Planungsjuristen also zunächst mit großem Respekt und vielleicht auch etwas Distanz. Es gibt zahlreiche Abhandlungen von entwurfsorientierten Kollegen vor allem aus der Architektur, die das Planungsrecht und dessen Regulierungswillen als eine Ursache für alle Probleme in der Architekturwelt sehen, da angeblich herausragende Entwürfe verwässert oder „überreguliert" werden. Letztes Zeugnis dafür war die sogenannte „Düsseldorfer Erklärung" von 2019, die eine Deregulierung der Baunutzungsverordnung forderte, um endlich dem Städtebau seine freie Gestaltung zu ermöglichen, losgelöst von Dichte- und Nutzungsbeschränkungen. Häufig stehen hinter diesen Forderungen Kollegen, die selbst kein Planungsrecht im Studium hatten, bzw. die auch keine entsprechenden Fachleute am Fachbereich haben.

Umgekehrt schaut der Planungsjurist vermutlich auch etwas kritisch auf den Stadtplaner, der mit seinen „bunten" Entwürfen kommt, gerne kreativ sein möchte und vielleicht nicht immer alle Details der Baunutzungsverordnung und Planzeichenverordnung beachtet. Aber gerade wenn beide Seiten voneinander wissen und sich schätzen, dann entstehen in diesem Spannungsverhältnis die guten und nachhaltigen Pläne, die über Jahrzehnte robust sind. Es ist ein Wechselverhältnis, das produktiv zu nutzen ist.

IV. Über das Kreative im Juristen

Der Planungsjurist ist auch als kreativer Gestalter zu denken. Es ist eine interessante Erkenntnis für den Stadtplaner, dass auch der Planungsjurist konzeptionell arbeiten kann, und auch offen ist für Neuerungen und informelle Pläne. Deutlich wird dies vor allem im Besonderen Städtebaurecht. Dort stehen Paragraphen wie die Baugebote (§ 176 BauGB), die nie angewendet werden – warum eigentlich nicht? Dort steht die Erhaltungssatzung (§ 172 BauGB), die von den Kommunen endlos gedehnt werden kann, oder auch einfach ignoriert. Dort steht das Sanierungsrecht (§§ 136ff. BauGB) zwar rechtlich klar fixiert, bis hin zu Genehmigungsvorbehalten – es wird aber im Sanierungsverfahren mit den vorbereitenden Untersuchungen und der Festlegung der Sanierungsziele sehr flexibel gehandhabt – in jedem Bundesland, in jeder Großstadt anders.

Bei unserem Forschungsprojekt zur Stadtwende in der DDR hatten wir uns intensiv mit der Einführung der Bauplanungs- und Zulassungsverordnung (BauZVO) für die DDR und den Änderungen in der Städtebauförderung in der Übergangsphase zur Deutschen Einheit beschäftigt. In Interviews mit den damals Beteiligten, insbes. mit Michael Krautzberger vom Bundesbauministerium, wurde deutlich, dass die neuen Elemente im Planungsrecht wie Städtebaulicher Vertrag und Vorhabenbezogener Bebauungsplan mit viel Kreativität eingeführt wurden, in einer rasanten Zeit der Einigungsverhandlungen. Ein Planungsjurist wie Michael Krautzberger hat die Planungspolitik in den neuen Ländern und später auch in Gesamtdeutschland maßgeblich konzeptionell weiterentwickelt, er war voller Kreativität und Gestaltungskraft. Und auch Willy Spannowsky hat immer wieder neue kreative Vorschläge zur Weiterentwicklung des Planungsrechts entwickelt und den Bundesgesetzgeber dabei beraten.

V. Über die Klimaanpassung als neue Fachplanung

Ich durfte Willy Spannowsky erstmals persönlich auf einem Fachkolloquium in Stuttgart vor etwa zehn Jahren kennenlernen. Im Rahmen eines Forschungsprojekts für das Bundesumweltministerium ging es um die Frage, wie Klimaanpassungskonzepte als damals relativ neue Fachplanung in die Bauleitplanung integriert werden könnten. Willy Spannowsky eilte damals bereits sein hervorragender Ruf voraus, und er erfüllte ihn. Er hatte das „neue" Thema sehr grundsätzlich aufbereitet, Klimakonzepte studiert, Richtwerte herausgesucht, und kreative Thesen aufgestellt, wie die Klimaaspekte in das Planungsrecht und in die Umweltprüfung integriert werden könnten. Zehn Jahre später ist es längst geübte Praxis, diese Fachpläne beim Flächennutzungsplan und Bebauungsplan zu berücksichtigen. Und derzeit soll ein Bundesgesetz zur Klimaanpassung eingeführt werden.

Willy Spannowsky ist eben nicht nur ein Experte für das Planungsrecht, sondern auch für Umweltrecht, EU-Recht, Bauordnungsrecht und vieles mehr. Das zeigt seine große Vielfalt und seine hohe Denkgeschwindigkeit, und deshalb ist er auch so häufig in Expertenräten auf allen Ebenen eingeladen. Beeindruckend auch die regelmäßigen wissenschaftlichen Fachtagungen, bei denen Experten aus ganz Deutschland anreisen und neue Themen wie zB die Klimaanpassung diskutieren, mit Vertretern aus Wissenschaft und Praxis.

VI. Über die Stadtentwicklungsplanung als informelles Planungsinstrument

Seit den 2000er Jahren gibt es eine Renaissance der Stadtentwicklungsplanung als Planungsinstrument, obwohl diese gar nicht im Baugesetzbuch steht. Aufgrund der zunehmenden Herausforderungen für eine nachhaltige Stadtentwicklung wurde es als sinnvoll angesehen, ein integriert und prozessual angelegtes, informelles Entwicklungskonzept zu erstellen, das sich auf die nächsten 15–20 Jahre erstreckt, mit Bestandsanalyse, Leitbildern und Maßnahmen. Dies wird in der Leipzig Charta von 2007 und in der daraus folgenden „Nationalen Stadtentwicklungspolitik" explizit gefordert – aber in keinem Gesetz. Da der Flächennutzungsplan (FNP) sich überwiegend auf die Nutzungsdarstellung und die Neuausweisungen beschränkt, kann der Stadtentwicklungsplan eine gute Ergänzung dazu darstellen, im Sinne einer bestandsorientierten Stadtentwicklung. Auch ist zu beobachten, dass viele FNP nur in großen zeitlichen Abständen oder gar nicht mehr erneuert werden, so dass sie ihre Steuerungskraft verlieren.

Mit den §§ 171a und 171e BauGB im Jahr 2004 wurde das „städtebauliche Entwicklungskonzept" als Planungsinstrument für Stadtumbau- und Soziale-Stadt-Gebiete auf Quartiersebene eingeführt, außerdem wurden sie zu einer Fördervoraussetzung in der Städtebauförderung. Somit wurden Stadtentwicklungspläne (oder Stadtentwicklungskonzepte bzw. städtebauliche Entwicklungskonzepte, hier gehen die Bezeichnungen durcheinander) auf Stadt- und Quartiersebene indirekt zu einem formellen Planungsinstrument. Gerade in Städten, in denen der FNP nicht mehr fortgeschrieben wurde, ersetzten sie zunehmend den FNP. Wenn wir darüber diskutierten, war Willy Spannowsky immer offen dafür, in dieser Hinsicht auch weitere Anpassungen im BauGB vorzunehmen und sich neuen Entwicklungen in der Planung zu stellen. Vielleicht eine Kombination aus FNP und Stadtentwicklungsplan, oder eine Abfolge, bei dem der FNP aus dem Stadtentwicklungsplan abgeleitet wird? Willy Spannowsky hat das Gesetz nie als etwas Abgeschlossenes gesehen, sondern immer als etwas Lebendiges, wozu er immer wieder selbst Vorschläge erarbeitete. Für das Kollegium am Fachbereich, aber auch für die Studierenden ist das ein großer Glücksfall.

VII. Über das verzweifelte Beschleunigen

Der Gesetzgeber hat inzwischen viele Novellen des Baugesetzbuchs verabschiedet, und stellt dann immer wieder fest, dass sich die Planung dennoch nicht beschleunigt. Vielmehr müssen immer mehr Fachplanungen berücksichtigt und abgewogen werden, und die Öffentlichkeitsbeteiligung wird immer bedeutender. Ein rechtssicherer Plan benötigt eben auch korrekte Verfahrensabläufe, sonst scheitert er vor Gericht. Dennoch sollen an den langen Planungsverfahren angeblich immer die Stadtplaner und Planungsjuristen „Schuld" sein – aus Sicht der Gegner eines geordneten Bebauungsplanverfahrens sind also beide Berufsbilder vereint.

Willy Spannowsky hatte vorhergesehen, dass der neue § 13b BauGB scheitern würde, da er die Umweltprüfung ignoriert. Das Bundesverwaltungsgericht gab seiner Einschätzung Recht. Eine scheinbare Vereinfachung führte nicht nur dazu, dass weiter in den Randbereichen gebaut wird und der Flächenverbrauch zunahm, sie hat auch das EU-Recht gebrochen. Zahlreiche Kommunen müssen nun umplanen und brauchen dafür noch mehr Zeit. Es ist auch das Schicksal des Planungsjuristen, dass er zwar oft angehört wird, aber nicht gehört. Nun versucht der Gesetzgeber mit dem geplanten § 246e erneut, die Wohnbauvorhaben zu beschleunigen, sie gleichzusetzen mit dem Bau von Flüchtlingsunterkünften und das Planungsrecht dafür zeitweise außer Kraft zu setzen – und wieder wird er die Verfahren eher verkomplizieren als vereinfachen.

Eine gute und geordnete städtebauliche Entwicklung ist ohne das Planungsrecht nicht zu denken, und umgekehrt. Das Planungsrecht ist Teil unserer Planungskultur, und es muss seine Abwägungskompetenz und Einschätzungsprärogative wieder in den Mittelpunkt stellen, mit politischem Geschick und Entscheidungsfreude. Dafür benötigt es gut ausgebildete Absolventen, die überhaupt den planungsrechtlichen Rahmen kennen, um ihn dann anzuwenden, weiterzuentwickeln oder ggf. auch informell zu dehnen können. Wir werden an der RPTU Kaiserslautern-Landau das produktive Verhältnis von Planungsrecht und Stadtplanung gemäß der Gründungsidee weiter lehren, und es um neue Herausforderungen wie Klimaanpassung, Klimaschutz und Wohnungsbedarf erweitern – und dabei das Erbe von Willy Spannowsky weiter pflegen.

KARINA PALLAGST

Planungssysteme und Planungskulturen im Grenzraum

I. *Einleitung*

Raumplanungssysteme beruhen auf unterschiedlichen institutionellen und kulturellen Rahmenbedingungen der jeweiligen Staaten. In ihren Grundzügen sind sie zwar vergleichbar, allerdings sind sie auf spezifische kulturelle, normative und räumliche Gegebenheiten zugeschnitten. Im Bereich der Stadt- und Regionalplanung zeigte sich in den vergangenen Jahren mehr und mehr Interesse an einer international vergleichenden Sichtweise in der Diskussion um Planungssysteme und Planungskulturen.

Auch wenn jede Planerin/jeder Planer ein grundlegendes Verständnis davon hat, was ein Planungssystem ausmacht, so kann der eigentliche Rahmen dessen, was als Planungssystem aufgefasst wird, vielgestaltig sein. Darüber hinaus besteht Unklarheit was den Begriff des Planungssystems betrifft, denn oftmals werden die Begriffe Planungssysteme, Raumplanungsmodelle oder Planungskulturen synonym verwendet[1].

Planungskulturen wurden lange Zeit als akademisches Konzept verstanden, dem nur wenig evidenzbasierte Forschung zugrunde liegt[2]. Um einen Beitrag zur Erweiterung der empirischen Basis von Planungskulturen zu leisten, erforscht die Autorin seit mehreren Jahren unterschiedliche Themenfelder, die sich als mögliche Zugänge für empirische Untersuchungen mit Blick auf Planungskulturen eignen könnten, so insbes. schrumpfende Städte[3] und Grenzräume[4]. Ein wesentlicher Leitgedanke für diese Forschung besteht darin, dass im internationalen Maßstab nach wie vor Erkenntnislücken bestehen, ob oder in welcher Weise Planungsparadigmen, Planungssysteme, Planungsstrategien und Planungskulturen angesichts der Dynamik von planerischen Herausforderungen wie Schrumpfung oder Planung für Grenzräume angepasst werden müssen. Diese Idee wurde dann als Grundhypothese in einer Reihe von Forschungsprojekten untersucht (u. a. DFG-Projekt PlanShrinking 2016–2018; BMBF-Projekt „Linking Borderlands" 2020–2024). Erkenntnisse aus dieser Forschung fließen in diesen Beitrag ein.

---

[1] Pallagst, Stichwort „Planungssysteme" in ARL Handwörterbuch der Stadt- und Raumentwicklung, 2019.

[2] Fürst, in Knieling/Othengrafen Planning cultures in Europe – decoding urban phenomena in urban and regional planning, 23.

[3] Pallagst, Town Planning Review Vol. 81, Issue 5, pp. I-VI;; Pallagst/Fleschurz/Said South Architecture Magazine; Special Issue on Industrial Heritage, 2016, 54.

[4] Pallagst in Hamez/Defays Réalités, perceptions et représentations des frontières l'espace transfrontalier de la Grande Région Sare-Lor-Lux; 183.

Im Wesentlichen wurde im Rahmen der Projekte herausgearbeitet, dass mit Blick auf die Komplexitäten der räumlichen Planung eine Reihe von Themen existieren, die in hohem Maße von Planungskulturen beeinflusst werden und vice versa diese Themen ebenfalls dazu beitragen, Planungskulturen zu verändern. In aktuellen Forschungsarbeiten hat die Autorin Raumplanung im territorialen Kontext der Großregion Saar Lor Lux + untersucht. Auch diese Forschung über die Gemeinsamkeiten und Unterschiede von Raumplanung im Grenzkontext war motiviert von der Untersuchung von Planungskulturen. Vergleichbar mit der Forschung über schrumpfende Städte[5] hat die Autorin die Hypothese aufgestellt, dass Grenzraumforschung eine Untersuchungslinse für die Erforschung von Planungskulturen darstellen kann[6]. Somit eröffnen sich zusätzliche Möglichkeiten für die Generierung empirischer Erkenntnisse, um den Begriff der Planungssysteme und Planungskulturen, ihren Charakter, potenzielle Einflussbereiche und mögliche Veränderungen weiter zu beleuchten.

Ausgehend von eigener Forschung zu schrumpfenden Städten und Planungskulturen[7] vertieft dieses Kapitel die Kontextualisierung zu Grenzräumen aus der Perspektive von Planungssystemen und Planungskulturen. Anders als bei schrumpfenden Städten, wo der Diskurs erst zu Beginn des neuen Jahrtausends aufkam, hat die Planung für Grenzräume eine lange Tradition. Auch in diesem Forschungsfeld ist der Planungskontext nicht statisch, sondern entwickelt sich kontinuierlich weiter in Verbindung mit sich wandelnden gesellschaftlichen Herausforderungen, wie zum Beispiel die Gewährleistung der Daseinsvorsorge, die Auswirkungen der COVID-19 Pandemie oder neue geopolitische Konstellationen. Von zentraler Bedeutung ist, dass im Grenzraumkontext unmittelbar verschiedene Planungssysteme und Planungskulturen aufeinandertreffen, was einen sinnvollen Rahmen für eine empirische Forschung zu Planungskulturen bilden könnte.

Der erste Teil des Beitrags stellt eine begriffliche Erklärung von Planungssystemen und Planungskulturen dar. Der zweite Teil beschreibt das Forschungsfeld der Grenzräume und ihre besonderen Herausforderungen für die Raumplanung. In den Schlussfolgerungen des Beitrags werden Ansätze für die empirische Erforschung von Planungssystemen und Planungskulturen anhand des Forschungsfelds der Grenzräume aufgezeigt.

[5] Pallagst, Town Planning Review Vol. 81, Issue 5, pp. I–VI.

[6] Pallagst in Hamez/Defays Réalités, perceptions et représentations des frontières l'espace transfrontalier de la Grande Région Sare-Lor-Lux; 183.

[7] Pallagst/Asaaied/Fleschurz The shrinking cities phenomenon and its influence of planning cultures – influence from a German-American comparison; conference proceedings of the AESOP-ACSP Joint Congress 15–19 July 2013, Dublin. Pallagst/Fleschurz/Said South Architecture Magazine; Special Issue on Industrial Heritage, 2016, 54.

II. Planungssysteme und Planungskulturen – eine nicht immer eindeutig abgrenzbare Begriffsbestimmung

In diesem Teil des Beitrags erfolgt eine begriffliche Klärung zu Planungssystemen und Planungskulturen. Allerdings – so wird in diesem Teil verdeutlicht – zeigt sich hinsichtlich der genauen Abgrenzung eine gewisse Unschärfe.

1. Begriffsbestimmung zu Planungssystemen

Zunächst kann man beobachten, dass Abweichungen in der Anwendung von Begriffen in unterschiedlichen Länderkontexten bestehen. Im deutschen raumplanerischen Diskurs ist der Begriff des Planungssystems gebräuchlich, während in der angelsächsischen Literatur der Begriff Planungssystem (engl. Planning System) seltener verwendet wird. Hier wird zB der Begriff der Raumplanungsmodelle (engl. Models of Spatial Planning) herangezogen[8], der aber im Wesentlichen dem Planungssystembegriff entspricht. Der Begriff der Planungssysteme scheint aufgrund der Nähe zum Begriff der Systemtheorie sowie der dieser anhaftenden Kritik in der internationalen Literatur eher vermieden zu werden.

Bezüglich des Planungssystembegriffs erweist sich eine weitere wesentliche Komponente als kennzeichnend, und zwar die des Eingebunden seins (Embeddedness) in nationale Kontexte. Der Planungssystembegriff wird von Fachleuten idR verwendet, um raumplanerisches Handeln in einem bestimmten nationalen Rahmen zu beschreiben. Dabei spricht man geläufig vom deutschen Planungssystem, dem französischen Planungssystem, dem amerikanischen Planungssystem, etc.

Planungssysteme haben sich in enger Anlehnung an die jeweiligen institutionellen Rahmenbedingungen sowie die gesetzlichen Regelwerke herausgebildet. Daraus ergibt sich die enge Verknüpfung von Planungssystemen mit dem nationalstaatlichen Kontext. Diese Regelungen ermöglichen es wiederum, die Raumplanung zu legitimieren und ihr entsprechende Kompetenzen einzuräumen. Dies bedingt die Steuerungsfunktion der Raumplanung[9].

Planungssysteme umfassen dabei das Zusammenspiel von territorialen Governance Strukturen, die darauf abzielen, räumliche Entwicklung in bestimmten Gebieten umzusetzen[10]. Ebenfalls von Bedeutung ist dabei ebenfalls die Rolle von Fachplanungen und von bestimmten Interessengruppen wie politische AkteurInnen, Privatwirtschaft oder Bevölkerung. Weiterhin ist für die Entwicklung von Planungssystemen relevant, auf welchen wirtschaftlichen Modellen das staatliche Handeln beruht. Deutliche Unterschiede zeigen sich beispielsweise zwischen einem neoliberal geprägten Planungssystem wie dem US-amerikanischen System und einem kommunistischen System wie dem chinesischen. Nadin/Stead[11] haben den Einfluss von Staatsformen auf die Herausbildung von Planungssystemen aufgezeigt.

---

[8] Dühr/Colomb/Nadin European Spatial Planning and Territorial Cooperation, 2010.

[9] Newman/Thornley Urban Planning in Europe: international competition, national systems and planning projects, 2005.

[10] Nadin/Stead DISP – The Planning Review 44, 352008 (35).

[11] Nadin/Stead DISP – The Planning Review 44, 35.

Zusätzlich ist auch das Selbstverständnis der Berufsgruppe der planerisch Handelnden sowie deren Status innerhalb einer Gesellschaft bedeutsam für Planungssysteme[12].

Die Bedeutung der Beschreibung und Typisierung von Planungssystemen bezieht sich vor allem auf vergleichende Untersuchungen unterschiedlicher nationaler Planungssysteme und darauf aufbauend den systematischen Wissensaustausch, um gegenseitige Lernprozesse anzuregen und Best Practice Lösungen für oftmals ähnliche planerische Herausforderungen zu finden. Rückblickend betrachtet bestanden zu Beginn der 90er Jahre noch kaum vergleichende Beschreibungen von Planungssystemen, und in der Literatur wurde wenig Wert auf einen Austausch zwischen den Ländern gelegt[13]. Dies änderte sich jedoch nach und nach mit wachsenden europäischen Diskursen über Planungssysteme und Planungskulturen. Ausschlaggebend dafür waren eine verstärkte europäische Betrachtung von Raumplanung, Diskussionen zu potenziellen Raumordnungskompetenzen auf der europäischen Ebene und das steigende Interesse an einem Wissensaustausch zu raumplanerischen Fragestellungen über Staatsgrenzen hinweg. Insgesamt wird der Begriff des Planungssystems zum Zweck des Systemvergleichs herangezogen, um unterrichtliche raumplanerische Systeme zu beschreiben, zu typisieren, und den Austausch von Wissen zwischen Nationalstaaten zu ermöglichen[14]. Von Bedeutung ist dabei das EU Kompendium der Planungssysteme und -politiken (CEC 1997) sowie die darauf aufbauende Systematik von Raumplanungsmodellen nach Dühr/Colomb/Nadin.[15]

2. *Begriffsbestimmung zu Planungskulturen*

Wie die Vorträge und Sitzungen auf mehreren Kongressen der Association of European Schools of Planning (AESOP) in der Vergangenheit gezeigt haben, gibt es bereits einen beachtlichen Diskurs über Planungskulturen. Der Begriff der Planungskulturen ist nicht neu – er wurde im deutschen Kontext beispielsweise von dem Raumwissenschaftler Klaus Selle im Rahmen der kooperativen Planung verwendet[16]. Das Interesse am Thema Planungskulturen wurde auch durch den sogenannten „cultural turn“ in der Raumplanung[17] befördert, welcher die Rolle von Kultur in der Raumplanung, u. a. bei städtischen Revitalisierungsprozessen, hervorhebt. Insbesondere die wachsende Nachfrage nach vergleichenden Forschungsprojekten im Rahmen von EU-Programmen wie INTERREG macht deutlich, dass Planungskulturen ein Bereich sind, der mit dem Planungssystem eines Landes

[12] Healey/Williams Urban Studies 30, 701.
[13] Healey/Williams Urban Studies 30, 701.
[14] siehe auch Reimer/Getimis/Blotevogel Spatial planning systems and practices in Europe – A comparative perspective, 2014.
[15] Dühr/Colomb/Nadin European Spatial Planning and Territorial Cooperation, 2010.
[16] Selle Dortmunder Beiträge zur Raumplanung, 89, 210.
[17] Soja European Planning Studies, 7, 65; Knieling/Othengrafen, in Knieling/Othengrafen Planning cultures in Europe – decoding urban phenomena in urban and regional planning, xxiii–xxxv.

verknüpft ist und daher in der vergleichenden Raumforschung berücksichtigt werden sollte[18].

Zu Beginn der vergleichenden Forschung zu Planungskulturen standen eine Reihe von Bestandsaufnahmen zu Planungskulturen bestimmter Staaten. Hier sind insbes. zwei Projekte relevant: Das MIT hat mit der Veröffentlichung eines Sammelbandes[19] einen wichtigen Diskurs gestartet. In diesem Buch „Comparative planning cultures" stellt John Friedmann[20], ein US-amerikanischer Planungstheoretiker, der umfassende Beiträge zur Diskussion über den Wandel von Raumplanung geliefert hat, grundsätzliche Forderungen für den Umgang mit Planungskulturen in Forschung und Lehre auf. Insbesondere konstatiert er dabei die Pluralität von Planungskulturen. Die zweite nennenswerte Forschungsarbeit ist das von der EU geförderte Projekt CULTPLAN, das sich mit Planungskulturen im europäischen Raum befasst hat und einen Beitrag für die Berücksichtigung theoretischer Ansätze und den Vorschlag eines „kulturalisierten Planungsmodells" liefert[21]. Diese Beiträge haben gezeigt, dass Planungskulturen ein vielschichtiges Thema sind, das einem ständigen Wandel unterliegt, der unter anderem durch Faktoren wie Europäisierung und Internationalisierung beeinflusst wird. Ausgehend von dieser Erkenntnis definiert die Autorin Planungskulturen wie folgt: „Planungskulturen umfassen die gesellschaftlichen Bestrebungen in Bezug auf die Raumplanung – ihre Prozesse und ihre Ergebnisse. Sie beziehen sich auf die Werte und gemeinsamen Überzeugungen der an der Planung beteiligten AkteurInnen sowie auf die Methoden und Instrumente, die sie hervorbringen und anwenden. Planungskulturen sind nicht statisch, sondern entwickeln sich ständig im Einklang mit gesellschaftlichen Veränderungen oder planungsbezogenen Herausforderungen weiter. Planungskulturen, wie wir sie verstehen, können bestimmten territorialen Einheiten zugeordnet werden, seien es Nationen, Subnationen, Regionen oder Städte – fast immer, aber nicht zwingend notwendig, innerhalb administrativer Grenzen. Außerdem können sie auf Städte oder Regionen bezogen sein, die mit spezifischen Planungsproblemen konfrontiert sind."[22] Diese Erweiterung des Verständnisses von Planungskulturen hin zu sogenannten „thematischen Planungskulturen" stellt ein Novum in der Forschung zu Planungskulturen dar.

Betrachtet man den Zusammenhang von Planungssystemen und Planungskulturen, so zeigt sich, dass der Begriff der Planungssysteme einen über den nationalstaatlichen Kontext präziser abgegrenzten kontextualen Rahmen bietet als der weiter gefasste Begriff der Planungskulturen. Letzterer kann darüber hinaus auch auf Teilräume oder planerische Problematiken (thematische Planungskulturen) bezo-

[18] Fürst, in Knieling/Othengrafen Planning cultures in Europe – decoding urban phenomena in urban and regional planning, 23.

[19] Sanyal Comparative Planning Cultures 2005.

[20] Friedmann in Sanyal Comparative Planning Cultures, 29.

[21] Knieling/Othengrafen Planning cultures in Europe – decoding urban phenomena in urban and regional planning, 2009; Othengrafen Town Planning Review 81, 83.

[22] Pallagst/Fleschurz/Nothof/Uemura Shrinking cities – implications for planning cultures? In: Urban Studies 58, 164.

gen werden. Planungssysteme können darüber hinaus als Bestandteile des gesellschaftlichen Rahmens von Planungskultur aufgefasst werden.

III. Planungssysteme und Planungskulturen als Gegenstand der Forschung

Im folgenden Teil werden ausgewählte Ansätze der Forschung zu Planungssystemen und Planungskulturen vorgestellt. Während sich der Teil zu Planungssystemen auf mehrere Literaturquellen unterschiedlicher AutorInnen stützt, wird für den Teil zu Planungskulturen auf Ergebnisse der eigenen empirischen Arbeiten zu Planungskulturen aus dem Projekt PlanShrinking zurückgegriffen.

1. Forschungsansätze zu Planungssystemen

Die Forschung zu Planungssystemen konzentriert sich weitgehend auf Typisierungen, die eine vergleichende Analyse der Systeme ermöglichen sollen. Planungssysteme lassen sich dabei durch bestimmte Merkmale charakterisieren, die eine Vergleichbarkeit ermöglichen sollen. Nach Turowski[23] sind dies die folgenden Kriterien: Staatliche Gliederung, Planungsebenen, gesetzliche Grundlagen, Planungsinstrumente sowie materieller Inhalt.

Die staatliche Gliederung beeinflusst beispielsweise wie viele Ebenen ein Planungssystem aufweist. Durch die föderale Gliederung Deutschlands besteht zusätzlich die Ebene der Länder im Planungssystem, wohingegen Luxemburg als kleiner Flächenstaat über keine regionale Ebene verfügt. Auch gesetzliche Grundlagen bzw. der normative Rahmen von Raumplanung ist von enormer Bedeutung für Planungssysteme, da hierdurch einheitliche planerische Vorgaben geliefert werden können, was auch innerhalb des Planungssystems für Vergleichbarkeit sorgt. Planungsinstrumente können von Planungssystem zu Planungssystem variieren. Was den materiellen Inhalt von Planungssystemen betrifft, zeigen sich mehr und mehr Parallelen auch zwischen Planungssystemen, u. a. wenn es um flächensparende Bauweisen sowie die Operationalisierung von Nachhaltigkeit geht. Darüber hinaus konstatiert Faludi[24], dass sich Planungssysteme in ihrem Entwicklungsstand unterscheiden. Die sogenannte „Ausgereiftheit" eines Planungssystems (im Englischen ‚Mature Systems')[25] bedeutet dabei, dass je komplexer Hierarchien und Governance-Strukturen sind, umso weiter gediehen ist ein Planungssystem.

Zusätzlich zu der Typisierung von staatlichen Planungssystemen hat sich ein weiterer Strang der Forschung mit Planungssystemen auf städtischer Ebene beschäftigt. Healey und Williams beobachten diesbezüglich drei Elemente städtischer Planungssysteme[26], und zwar:

a) Pläne erstellen, um Strategien und Prinzipien für die räumliche Organisation, die Flächennutzung und die gebaute Umwelt aufstellen zu können;

---

[23] Turowski Spatial Planning in Germany- Structures and Concepts, 2002.
[24] Turowski Spatial Planning in Germany- Structures and Concepts, 2002.
[25] Faludi European Spatial Planning; Lincoln Institute of land Policy, 2002, S. 6.
[26] Healey/Williams Urban Studies 30, 701 (702).

b) Flächen entwickeln, um Landnutzung zu regeln, Infrastruktur bereitstellen zu können und Bautätigkeit zu ermöglichen;
c) Städtebau regulieren, um Lage und Zuschnitts von Gebäuden sowie Nutzungsveränderungen bestehender Gebäude festzulegen.

Durch die Anwendung des Begriffes des Planungssystems im städtischen Kontext zeigt sich, dass Planungssysteme ebenfalls auf unterschiedlicher Ebene agieren und auch unterschiedlich aufgefasst werden können.

Darüber hinaus werden Planungssysteme in Verbindung mit Planungspraktiken charakterisiert[27]. Dies ermöglicht eine vergleichende Analyse bezüglich der Kriterien Umfang, Verfahren und Instrumente, Maßstab, Akteure und Politiken. Dadurch kann das Verständnis von Planungssystemen auf eine breitere Basis gestellt werden.

Ein wichtiger Untersuchungsgegenstand neben dem Systemvergleich ist die Veränderung von Planungssystemen im Verlauf der Zeit. Inwieweit sich Planungssysteme verändern bzw. an neue Gegebenheiten anpassen können, wurde in verschiedenen Untersuchungen dargelegt[28]. So ist davon auszugehen, dass Planungssysteme innerhalb ihres jeweiligen (nationalen) Rahmens auf bestimmte Tendenzen und Herausforderungen reagieren müssen, die ausgelöst werden durch sich wandelnde gesellschaftliche Rahmenbedingungen. In der Literatur wurden hierfür u. a. Globalisierung und globale Vernetzungen genannt[29], Tendenzen von Flexibilisierung und Deregulierung[30], aber auch die Operationalisierung einer nachhaltigen Entwicklung[31].

Allerdings konstatieren Healey/Williams[32], dass der Veränderung von Planungssystemen Grenzen gesetzt sind, da jedes System eine gewisse Starrheit aufweist, die sich durch den normativen Rahmen sowie die politischen Regelungen und das Governance-System ergibt. Die Kapazität der Anpassung an Veränderungen ist daher eher als defensive Reaktion zu verstehen und nicht als proaktives Handeln[33]. Adams et al.[34] unterstreichen diese Problematik und betrachten die Passivität und Starrheit von Planungssystemen als Komponente, die sogar Innovationen verhindert.

Die Forschung zu Planungssystemen beruht insgesamt auf der Analyse von Gemeinsamkeiten und Unterschieden von Systemen mit dem Ziel des Wissenstransfers zwischen diesen.

---

[27] Reimer/Getimis/Blotevogel Spatial planning systems and practices in Europe – A comparative perspective, 2014.
[28] u. a. Reimer/Getimis/Blotevogel Spatial planning systems and practices in Europe – A comparative perspective, 2014.
[29] Sanyal Comparative Planning Cultures, 2005.
[30] Newman/Thornley Urban Planning in Europe: international competition, national systems and planning projects, 2005.
[31] Reimer/Getimis/Blotevogel Spatial planning systems and practices in Europe – A comparative perspective, 2014.
[32] Healey/Williams Urban Studies 30, 701.
[33] Healey/Williams Urban Studies 30, 701.
[34] Adams et. al. Geografiska Annaler, Series B Human Geography Vol. 95, 375.

2. Forschungsansätze zu Planungskulturen – das Projekt PlanShrinking

Pallagst et al. untersuchten im Rahmen des Projekts PlanShrinking (2010–2015; bzw. 2016–2018) schrumpfende Städte als eine Ausprägung möglicher Veränderungen in Planungskulturen, mit Fokus auf den USA und auf Deutschland. In aktuellen raumplanerischen Diskursen bezeichnet der Begriff „schrumpfende Stadt" in der Regel ein dicht besiedeltes städtisches Gebiet, das einerseits einen erheblichen Bevölkerungsverlust zu verzeichnen hat und andererseits derzeit einen tiefgreifenden wirtschaftlichen Wandel mit Symptomen einer Strukturkrise erlebt[35].

Schrumpfende Städte sind in der Planungsforschung seit langem ein viel diskutiertes Thema. Der raumplanerische Diskurs in Europa setzt sich seit vielen Jahren aktiv mit dem Thema schrumpfende Städte auseinander und hat eine Vielzahl von Literatur zu diesem Thema hervorgebracht[36]. In den USA setzte die Diskussion um schrumpfende Städte vergleichsweise spät ein (den Anfang machten hier u. a. Beauregard[37]). Angesichts der Realität schrumpfender Städte und den damit einhergehenden Aufgaben in der Raumplanung stellte sich für die raumwissenschaftliche Forschung die Frage, ob der einseitige Fokus auf Wachstum in der Planung vorbei ist. Pallagst/Wiechmann[38] hatten hierzu die Hypothese aufgestellt, dass die Planung für schrumpfende Städte nicht unter den Voraussetzungen des städtischen Wachstums funktioniert, sondern einen Wechsel zu einem neuen Paradigma erfordert. Für das Projekt PlanShrinking wurde daher die Leitfrage formuliert, ob und inwieweit die Herausforderungen schrumpfender Städte einen Wandel in Planungskulturen auslösen könnten. Das Phänomen der schrumpfenden Städte bot somit die Gelegenheit, die Grundsätze zu untersuchen, auf denen Raumplanung traditionell beruht, und könnte auf diese Weise möglicherweise dazu beitragen, den Wandel der Planungskulturen zu beleuchten.

Um eine Typologie der Planungskulturen für den Kontext schrumpfender Städte abzuleiten, modifizierten Pallagst et al. das Planungsmodell von Othengrafen[39], das den allgemeinen Kontext von Planungskulturen in Bezug auf Schrumpfung beschreibt. Dieses umfasst mehrere allgemeine Kennzeichen von Planungskulturen, die sich modellhaft darstellen lassen. Der „gesellschaftliche Kontext" stellt dabei die Basis von Planungskulturen dar mit einer Reihe von allgemeinen Grundsätzen, der „Planungskontext" beschreibt die Überzeugungen und Werthaltungen der PlanerInnen, und das „Planungsinstrumentarium" bezieht sich auf die Methoden und Instrumente, die in der Raumplanung zum Einsatz kommen. Für das Plan-

---

[35] Pallagst Urban Infill, 1, 6.

[36] zB Häussermann/Siebel in Friedrichs Soziologische Stadtforschung, 78; Bontje Geojournal, 61, 13; Gestring/Glasauer/Hannemann/Petrowsky/Pohlan Jahrbuch StadtRegion 2004/2005 – Schwerpunkt Schrumpfende Städte, 2005; Siedentop/Wiechmann RaumPlanung, 131, 57; Cunningham-Sabot/Fol Berliner Debatte Initial, 18, 22, Pallagst/Bontje/Cunningham-Sabot/Fleschurz Handbook on Shrinking Cities, 2022.

[37] Beauregard Urban Geography, 24, 672; Hollander/Pallagst/Schwarz/Popper Progress in Planning: Special issue on emerging research agendas in urban design and planning 2009, 223.

[38] Pallagst/Wiechmann in Gestring/Glasauer/Hannemann/Petrowsky/Pohlan Jahrbuch StadtRegion 2004/2005 – Schwerpunkt Schrumpfende Städte, 2005, 105.

[39] Othengrafen Town Planning Review 81, 83.

Shrinking-Projekt wurde dieses Modell um spezielle Kriterien zu schrumpfenden Städten ergänzt. Diese Kategorie „Schrumpfungskontext" umfasst diejenigen Aspekte, die einen Wandel der Planungskulturen aufgrund von Schrumpfung und deren Auswirkungen auf die Stadtentwicklung auslösen könnten.

Darüber hinaus wurden als Ergebnis des PlanShrinking-Projekts mehrere grundlegende Tendenzen für die gemeinsame Erforschung von Planungskulturen und schrumpfenden Städten ermittelt:

a) Beide Themen – Planungskulturen und schrumpfende Städte – wurden in den 2000er Jahren als ‚neue' Themen in Diskurse der Raumplanung eingebracht. Ebenso wie Planungskulturen waren auch schrumpfenden Städte in der international vergleichenden Stadt- und Regionalforschung vorher bislang weitgehend unterrepräsentiert.
b) Das Phänomen der schrumpfenden Stadt ist ein mehrdimensionaler Prozess, der Städte, Stadtteile oder Ballungsgebiete umfasst, die einen dramatischen Rückgang ihrer wirtschaftlichen und sozialen Grundlagen erlebt haben. Städtischer Niedergang und der Verlust von Beschäftigungsmöglichkeiten sind eng miteinander verbunden und führen zu einer Abwanderung der Bevölkerung[40]. Trotz der Tatsache, dass die Globalisierung ein Auslöser für die Schrumpfung von Städten ist, wirken sich die wirtschaftlichen Veränderungen nicht auf alle Städte in gleicher Weise aus; im Gegenteil, die Schrumpfung kann je nach nationalem, regionalem und lokalem Kontext sehr unterschiedliche Merkmale aufweisen[41]. Die Forschung zu Planungskulturen wird in der Regel auf einen nationalen Kontext eines Planungssystems zurückgeführt – dabei wurden jedoch auch verschiedene Planungsebenen (von der nationalen bis zur lokalen Ebene) einbezogen.
c) Planungskulturen sind ein akademisches Konzept, für das es lange Zeit keine empirische Basis gab, während schrumpfende Städte eine planerische Herausforderung darstellen, die Praxis und Wissenschaft auf der Suche nach städtischen oder regionalen Lösungen gleichermaßen beschäftigt.

Die bisherigen Forschungen der Autorin zu schrumpfenden Städten haben deutlich gemacht, dass Planungskulturen durch evidenzbasierte Forschung anhand des Phänomens der schrumpfenden Städte untersucht werden können. Nichtsdestotrotz bietet die Planung eine Fülle von Themen, die als Untersuchungsrahmen für Planungskulturen dienen können – eines davon könnten beispielsweise auch Grenzräume darstellen. Die Forschung von Sorensen[42] untermauert diese Argumentation weiter: Er schlägt vor, dass sich Planungskulturen verändern können, wenn sie mit, wie er es nennt, sog. „kritischen Wendepunkten" (engl: critical junctures) des institutionellen Wandels und der Innovation in Planungssystemen konfrontiert werden[43]. Einer dieser kritischen Wendepunkte könnte sich auf den Kontext von Grenzregionen beziehen.

---

[40] Pallagst Urban Infill, 1, 6.
[41] Cunningham-Sabot/Fol Berliner Debatte Initial, 18, 22.
[42] Sorensen, Perspectives, 30, 17.
[43] Sorensen, Perspectives, 30, 17 (33).

Ziel des folgenden Teils ist es, die Forschung zu Planungskulturen aufbauend auf den Erkenntnissen der empirischen Untersuchung schrumpfender Städte auf den Bereich der Grenzregionen zu übertragen. In den folgenden Abschnitten wird daher der Versuch unternommen, die Prinzipien aus der Forschung zu schrumpfenden Städten für das Feld der Grenzraumforschung nutzbar zu machen.

IV. Forschung zu Planungssystemen und Planungskulturen im Kontext von Grenzräumen

1. Eine Annäherung an Planungssysteme und Planungskulturen in Grenzräumen

Grenzräume sind für viele europäische Länder von hoher räumlicher Relevanz, wie zB für Deutschland, welches an neun Nachbarstaten angrenzt. Dies liegt daran, dass es sich bei Grenzräumen oftmals um periphere, strukturschwache Räume handeln kann, die besondere Förderung benötigen. Zudem erfordern diese Räume auch eine abgestimmte und kooperative Entwicklung bezüglich der Planungen der jeweiligen Nachbarstaaten, u. a. im Bereich der Verkehrsinfrastruktur. Im Allgemeinen befinden sich die raumplanerischen Handlungserfordernisse im Zusammenhang mit dem territorialen Zusammenhalt zunehmend unter Anpassungsdruck und im Wandel. Dies liegt u. a. auch an der Fülle neuer räumlicher Herausforderungen, die sich aus der Polykrise ergeben (demografischer Wandel, Migrationsströme, COVID-19 Pandemie, Energiewende, Klimakrise, etc). In einem grenzüberschreitenden Umfeld wird diese Situation immer komplexer sein als in Regionen innerhalb einzelner Staaten, da in den Grenzräumen divergente administrative Systeme, verschiedene Governance-Stile und schließlich auch unterschiedliche Planungssysteme und -kulturen aufeinandertreffen.

Betrachtet man den besonderen Kontext von Grenzräumen, so steht die Raumplanung in diesem besonderen Raumgefüge vor zusätzlichen Herausforderungen, die sich aus der grenzüberschreitenden Situation ergeben, und zwar:

a) Unterschiedliche Planungstraditionen und Planungskulturen: Es wurde lange Zeit davon ausgegangen, dass Planungskulturen räumlich mit Nationalstaaten übereinstimmen, aber selbst innerhalb von Nationen kann es verschiedene Planungskulturen geben. Grenzregionen wiederum beherbergen mehrere (mindestens zwei) Planungskulturen, die zu unterschiedlichen Planungsstilen und Planungsinstrumenten innerhalb des Systems Grenzraum geführt haben.
b) Zu geringes grenzüberschreitendes Wissen über Planungsprozesse und -instrumente: Die Planungspraxis bewegt sich in ihrem jeweiligen administrativen Umfeld. Dies kann eine lokale Einheit (Planungsamt einer Gemeinde oder eines Kreises) oder eine regionale Einrichtung sein. Da die grenzüberschreitende Planung unter unterschiedlichen Bedingungen erfolgt und nicht selten neue rechtliche oder operationelle Änderungen mit sich bringt, ist es eine Herausforderung, mit der Entwicklung der Planung Schritt zu halten. Diesen Informationsfluss zu Planung über die Grenzen hinweg sicherzustellen steht jedoch oft nicht im Mittelpunkt der täglichen Arbeit in der Planungspraxis.

c) Unterschiedliche Formen von Governance: Die Durchführung und Umsetzung von Raumplanung steht im Einklang mit den nationalen Governance-Stilen, und in der Regel ist die Planung auf formaler Basis mit den bestehenden rechtlichen Rahmenbedingungen verflochten, die den Regierungsstellen Planungskompetenzen übertragen. Dies bedeutet, dass es nicht für jede Planungsaufgabe ein entsprechendes Gegenstück auf der anderen Seite der Grenze gibt.

Aber auch wenn es weitreichende Herausforderungen gibt, ergeben sich meist gleichzeitig auch Chancen. Für die spezifische Situation der Raumplanung für Grenzräume sind dies (Pallagst, 2020):

a) In Bezug auf die Tatsache, dass die Planung das Potenzial hat, sich anzupassen: Die Möglichkeit, kulturelle Unterschiede zu überbrücken, indem man über die Grenzen der eigenen Planungskultur hinausgeht.
b) In Bezug auf die konzeptionelle Planung: Die Möglichkeit, gemeinsame territoriale Visionen für Teilräume oder die gesamte Grenzregion zu entwickeln (auch wenn diese nicht immer umgesetzt werden).
c) Im Hinblick auf Governance: Die Möglichkeit, starke Partnerschaften und Netzwerke aufzubauen, die ihrerseits dazu beitragen, den Wissensaustausch zwischen grenzüberschreitenden Planungen zu verbessern.
d) Im Hinblick auf die Umsetzung von Planung: Die Fähigkeit, neue Instrumente zu schaffen, zu erforschen und anzuwenden, die speziell auf die Situation von Grenzregionen zugeschnitten sind.
e) In Bezug auf die supranationale Ebene (EU): Die Aussicht, Testlabore für das große europäische Projekt des territorialen Zusammenhalts zu werden.

Die Möglichkeit und Bereitschaft zur grenzüberschreitenden Zusammenarbeit wird schon seit langem als ein europäischer Lernprozess betrachtet[44]. Wachsende wirtschaftliche Verflechtungen ermöglichen die Schaffung neuer inter- und supranationaler Bereiche der Kooperation. Im Einklang mit einem Europa der Regionen, das seit den 1990er Jahren ein europäisches Paradigma ist[45], könnte somit die Rolle des Nationalstaates in Grenzräumen an Bedeutung verlieren, und die Grenzregion wird als territoriale Einheit zu einem relevanten Merkmal der räumlichen Entwicklung.

Dennoch sind Grenzräume in ihrer räumlichen Ausdehnung nicht notwendigerweise homogene Gebiete, sondern sie können räumliche Disparitäten und Herausforderungen aufweisen, wie zB eine polarisierte wirtschaftliche, soziale und demografische Entwicklung, Lücken im Verkehrs- und Transportwesen (insbes. im schienengebundenen Verkehr), soziale Anforderungen und Infrastrukturbedürfnisse im Bereich Bildung und Gesundheit. Hinzu kommen die Auswirkungen von Grenzschließungen und Grenzkontrollen im Zuge der COVID-19 Pandemie und

---

[44] Platzer Lernprozeß Europa – die EG und die neue europäische Ordnung, eine Einführung, 1993.

[45] Irmen, in BfLR Räumliche Folgen des politischen und gesellschaftlichen Strukturwandels in Osteuropa – interne und externe Auswirkungen, Materialien zur Raumentwicklung 49, 92.

von Migrationsbewegungen, die Grenzräume zu Brenngläsern der Polykrise werden lässt.

Diese Herausforderungen und Anpassungsbedarfe können für BewohnerInnen sowie planerische und politische Entscheidungsträger schwerwiegend sein und die Lebensqualität in den Grenzräumen auf die Probe stellen, was wiederum die Attraktivität der Regionen in wirtschaftlicher, sozialer und ökologischer Hinsicht verringern kann. Hier könnte sich die Raumplanung profilieren, und zwar als diejenige Disziplin, die das Potenzial hat, lebenswerte Entwicklungspfade zu gestalten und mit den Akteuren multidisziplinär zusammenzuarbeiten, um zukünftige Entwicklungsperspektiven auszuloten.

Aufgrund ihrer unterschiedlichen Planungstraditionen haben die an der grenzüberschreitenden Planung beteiligten Staaten jedoch ihre ganz eigenen Planungssysteme. Diese funktionieren in der Regel auf verschiedenen Verwaltungsebenen, und bestimmte Akteuren, die auf diesen Ebenen tätig sind, haben die Kompetenz, Planungsaufgaben zu erfüllen und Planungsartefakte zu liefern, seien es Bauleitpläne, Flächennutzungspläne, strategische Dokumente oder Visionen[46].

Die Raumplanung agiert in unterschiedlichen Verwaltungssystemen, wobei sowohl die Rahmenbedingungen als auch die formellen Planungsdokumente gravierende Unterschiede aufweisen können, wie zB:

a) Unterschiedliche lokale und gesellschaftliche Rahmenbedingungen.
b) Unterschiedlicher normativer Rahmen.
c) Verschiedene Planungs- und Verwaltungsebenen.
d) Unterschiedliche Plangrafiken.
e) Unterschiedlicher Maßstabsebenen.
f) Unterschiedliche Governance-Systeme.
g) Unterschiedliche Planinhalte.

Die Komplexität der Raumplanung für Grenzräume wird europaweit jedoch erhöht durch Planungsinstrumente, die grenzübergreifend konzipiert werden, wie zB Projektfinanzierungsinstrumente (zB INTERREG), Steuerungsinstrumente (zB EVTZ), Monitoring-Instrumente (zB Geographische Informationssysteme in Grenzregionen), Politikinstrumente (zB ESPON) sowie Visions- und Entwicklungsinstrumente (zB regionale Entwicklungskonzepte). Diese Zusammenstellung zeigt, dass in Grenzräumen zahlreiche sich überlagernde Planungsansätze existieren, die ein breites Spektrum an raumplanerischen Aktivitäten abdecken. Folglich könnte die Frage aufkommen, ob Grenzräume ein eigenes Planungssystem, vielleicht sogar eine eigene Planungskultur aufweisen? Solange es aber keine formale Planungskompetenz gibt, die über bestehende nationale Grenzen hinausreicht, muss festgehalten werden, dass alle Planungsaktivitäten informeller Natur sind.

Eine eingehende vergleichende Analyse von Planungsinstrumenten soll an dieser Stelle nicht geliefert werden, da der Zweck dieses Kapitels darin besteht, Ansatzpunkte für die Forschung aufzuzeigen und nicht darin, detaillierte Analysen von

---

[46] Pallagst, Stichwort „Planungssysteme" in ARL Handwörterbuch der Stadt- und Raumentwicklung, 2019.

konkreten Planungssystemen im grenzüberschreitenden Kontext zu liefern. Hier soll auf Forschungsarbeiten der Autorin im Projekt Linking Borderlands verwiesen werden, bei dem die Planungskulturen in der Großregion Saar Lor Lux+ mit derjenigen im deutsch-polnischen Grenzraum verglichen werden.

2. Überlegungen zu einem Analyserahmen für Planungskulturen im grenzüberschreitenden Kontext

Wie in den vorhergehenden Ausführungen dargelegt, waren Planungssysteme lange Zeit auf den Kontext von Nationalstaaten bezogen. Daher bilden die jeweiligen Systeme auch die Grundlage für planerisches Handeln in Grenzräumen. Interessantes verbindendes Potenzial zwischen der Forschung zu schrumpfenden Städten und der Grenzraumforschung ergibt sich aus der Definition von Planungskulturen von Pallagst (→ II. 2.). Hier wird der neue Bereich der thematischen Planungskulturen vorgestellt. Dieser könnte sich – ausgehend von den Überlegungen für schrumpfende Städte – für den Bereich der Grenzräume anwenden lassen und somit dazu beitragen, die empirische Forschung zu Planungskulturen zu erweitern.

In einem ersten Versuch, Planungskulturen und Grenzregionen zu konzeptualisieren, schlägt die Autorin einen Forschungsrahmen vor, welcher sich an den allgemeinen Kennzeichen von Planungskulturen orientiert, und sich aus der modellhaften Darstellung von Planungskulturen in Bezug auf schrumpfende Städte ableitet. Dieser Forschungsrahmen fügt den Grenzraumkontext als neue Komponente zum planungskulturellen Kontext hinzu.

Die im Rahmen des Grenzraumkontexts zu berücksichtigenden Aspekte betreffen vier zeitliche Ebenen, die Ausgangspunkte für weitere Forschungstätigkeit bieten können, und zwar:

a) Historische Spuren:

Wie manifestieren sich Pfadabhängigkeiten in der Planung im Grenzraumkontext, insbes. im Hinblick auf die Frage, inwieweit sich die Planung in Grenzräumen bereits angepasst hat. Dies knüpft an das Plädoyer von Sorensen[47] für historisch-institutionalistische Analysen vergleichender Planungskontexte an.

b) Status quo:

Welchen Herausforderungen in Bezug auf den Raum und die Governance müssen sich die Grenzräume in ihrem jeweiligen Umfeld stellen? Welche Planungsinstrumente/Werkzeuge/Strategien werden angewandt und umgesetzt, und welche räumlichen Auswirkungen haben sie?

---

[47] Sorensen, Perspectives, 30, 17.

c) Zukünftige Entwicklung:

Inwieweit trägt der Grenzraumkontext zu einem Wissenstransfer oder -austausch zwischen ExpertInnen im Grenzraum bei? Wie können die Potenziale der policy diffusion effektiv genutzt werden?

d) Kritische Ereignisse:

Wie wirken sich kritische Ereignisse (critical junctures) auf die Entwicklung von Planungskulturen in Grenzräumen aus? Welche innovativen Potenziale kommen ihnen zu, und wie weitreichend können diese Transformationen sein angesichts des (laut Healey) starren Gerüsts der Planungssysteme?

V. Schlussfolgerungen

Was können wir bezüglich Planungssystemen und Planungskulturen im Kontext von Grenzräumen lernen?

Im Vergleich zur Forschung über schrumpfende Städte, die sich in der Regel auf vergleichende Ansätze zwischen Städten stützt, die nicht unbedingt in unmittelbarer Nähe zueinander liegen, ist der Kontext der Grenzräume ein anderer. Hier bilden Teilräume aus mindestens zwei Staaten einen Raum, teilweise eine institutionalisierte Grenzregion. Dies führt zu komplexen Rahmenbedingungen für Planungssysteme und Planungskulturen. Zudem treffen eine Vielzahl unterschiedlicher Planungspolitiken und unterschiedliche AkteurInnen aufeinander.

Dies hat höchstwahrscheinlich auch Auswirkungen auf die bestehenden Planungsinstrumente der jeweiligen Systeme, aber zusätzliche Herausforderungen ergeben sich aus der Tatsache, dass im besonderen Bereich der Grenzräume neue grenzüberschreitende Planungsinstrumente generiert werden können, die möglicherweise dazu beitragen, eine eigene Planungskultur zu bilden. In diesem besonderen Kontext stellt sich die Frage, welchen Status diese Instrumente haben werden und welche Art von Interdependenzen zwischen ihnen und den nationalen Planungsinstrumenten entstehen könnten? Hier darf nicht vergessen werden, dass Planungssysteme mit ihren spezifischen Ausprägungen nach wie vor den maßgeblichen Rahmen für planerisches Handeln in den jeweiligen nationalen Kontexten bilden. Sie stellen damit den kontextualen und normativen Rahmen für Raumplanung in Grenzräumen. Trotz Veränderungsbedarfen im Laufe der Zeit wird sich daran auch in Zukunft nichts ändern.

Die Frage ist also weiterhin unbeantwortet, ob es das Potenzial gibt, eine eigene Planungskultur für Grenzräume zu definieren, die sich komplementär zu bestehenden (nationalstaatlichen) Planungssystemen etablieren könnte. Da eine große Zahl an Grenzräumen entlang der europäischen Territorien existiert, kann empirische Forschung dazu durchgeführt werden, die das Spannungsfeld Planungssysteme und Planungskulturen in Grenzräumen weiter untermauert.

SASCHA HENNINGER

Auf der Suche nach dem klimatologisch richtigen Weg – Wie „Öffentliches Recht“ und „Physische Geographie“ zusammenfinden –

I. Einleitung[1]

Auch im Jahr 2024 gibt es noch immer Disparitäten zwischen einzelnen Räumen, wobei die von Landwirtschaft und Handwerk geprägten ländlichen Regionen stärker benachteiligt sind. Zu den wirtschaftlichen Unterschieden kommen soziale Probleme wie Bevölkerungsrückgang und Überalterung hinzu. Gerade ländliche Kommunen stehen vor der Aufgabe, diesen wirtschaftlichen und sozialen Trends mit neuen Strategien, Konzepten und Ideen zu begegnen, um die Chancengleichheit der Bürger und der Region zu sichern und gegenüber städtischen Räumen konkurrenzfähiger zu werden.

Ein großes Potenzial für die Entwicklung eines solchen Konzeptes liegt in der Einführung bzw. dem Ausbau des Tourismus. Dieser kann als endogene Strategie genutzt werden, um die Entwicklung des Raumes aus sich selbst heraus voranzutreiben. Ein solches raumbezogenes Tourismuskonzept kann u. a. Arbeitsplätze schaffen, Wirtschaftskreisläufe und Wertschöpfungsketten initiieren sowie Vernetzungs- und Kooperationsprozesse anregen.[2]

Vor diesem Hintergrund war die Verbandsgemeinde Waldfischbach-Burgalben im Jahr 2009/2010 Beispielkommune eines Kooperationsprojektes „Tourismus als Chance für den ländlichen Raum“ im Rahmen des Diplomstudiengangs „Raumplanung“ des Fachbereichs A/RU/BI der TU Kaiserslautern zwischen dem Lehrstuhl „Öffentliches Recht“ und dem im gleichen Jahr neu eingerichteten Lehr- und Forschungsgebiet „Physische Geographie“ – u. a. mit den Forschungsschwerpunkten Angewandte Klimatologie und Umweltbildung. Ziel war es, ein Konzept zu entwickeln, um den wirtschaftlichen und sozialen Problemen dieser ländlich geprägten Region entgegenzuwirken.

Zwar waren bereits vor Projektbeginn touristische Strukturen in der Verbandsgemeinde Waldfischbach-Burgalben vorhanden. Diese sollten jedoch durch eine gezielte Anpassung zur weiteren Stärkung des Raumes genutzt werden. Konzeptionelle Bausteine zur Sicherung eines nachhaltigen Tourismus in der Verbands-

---

[1] Dieser Beitrag basiert in Teilen in dieser überarbeiteten, ergänzten und aktualisierten Form auf den Erkenntnissen des Projektberichtes „Großes Studienprojekt 2009/2010 – Tourismus als Chance für den ländlichen Raum – Das Beispiel der Verbandsgemeinde Waldfischbach-Burgalben“.

[2] Kah Arbeitsmaterial zur Raumordnung und Raumplanung, Heft 227, 20.

gemeinde Waldfischbach-Burgalben sollten entwickelt werden. Dazu wurden zunächst die bestehenden touristischen Ansätze analysiert, um sie anschließend aufzuwerten und zu modifizieren. Darüber hinaus sollten neue innovative Ideen kreiert werden, die in die touristischen Strukturen der Verbandsgemeinde integriert werden sollten. Die Schaffung von Leuchtturmprojekten sollte dazu dienen, Waldfischbach-Burgalben regional zu profilieren, um letztendlich ein Alleinstellungsmerkmal gegenüber den umliegenden Verbandsgemeinden und Gemeinden aufweisen zu können.

II. Tourismus im ländlichen Raum

Nach wie vor gibt es keine allgemein gültige Definition des ländlichen Raumes. Dies liegt unter anderem daran, dass der ländliche Raum in den letzten Jahrzehnten einem ständigen Wandel unterworfen war und sich daher einer einfachen Beschreibung entzieht. Die Land- und Forstwirtschaft prägt zwar vielfach noch das Landschaftsbild, ist aber nicht mehr die alleinige wirtschaftliche Grundlage. Der Dienstleistungssektor gewinnt auch im ländlichen Raum zunehmend an Bedeutung, obschon der ländliche Raum nach wie vor eine geringere Bevölkerungsdichte im Vergleich zu städtischen Räumen aufweist.

Ländliche Räume sind in Deutschland sehr unterschiedlich entwickelt. Wirtschaftsstarken Regionen in unmittelbarer Nähe zu größeren Städten stehen sehr periphere Räume abseits der Verdichtungsräume gegenüber.[3] Das Statistische Landesamt Rheinland-Pfalz beziffert den Anteil des ländlichen Raums in Rheinland-Pfalz auf rund 44% der Landesfläche.[4] Häufig steht jedoch die Entwicklung der Städte und Agglomerationsräume im Vordergrund. In den letzten Jahren zeigt sich aber auch, dass der ländliche Raum als Wohn-, Wirtschafts- und Tourismusstandort zunehmend an Bedeutung gewinnt. Dennoch ist der ländliche Raum vielerorts nach wie vor dem demografischen Wandel unterworfen, mit einem fortschreitenden Alterungsprozess, verbunden mit einem Geburtenrückgang und einer damit einhergehenden Schwächung der gesamten Infrastruktur (Gesundheitsinfrastruktur, Behörden, Kindergarten- und Schulplätze, Bildungseinrichtungen, zunehmende Leerstände, fehlende Nahversorgung).[5]

Im Jahr 2005 wurde der ländliche Raum durch den Raumordnungsbericht definiert als: *„Gebiet, in dem dörfliche bis kleinstädtische Siedlungsstrukturen vorherrschen und die Bevölkerungsdichte relativ gering ist. Im Vordergrund [des ländlichen Raumes] stehen neben der allgemeinen Sicherung der Arbeits- und Wohnfunktion die Nahrungsmittelproduktion, Erholung und Tourismus, der Schutz der Natur- und Kulturlandschaft sowie die Ressourcenbereitstellung. "*.[6]

[3] BBSR Raumordnungsbericht 2021 – Wettbewerbsfähigkeit stärken.
[4] Weitzel Statistische Monatshefte 02/2022, 117.
[5] Transdisziplinäres Forschen des Bundesministeriums für Forschung und Wissenschaft Österreich (https://www.trafo-research.at/cms/scripts.asp?vorlage=3&id=347&rubrik=347; Zugriff 02/2010).
[6] BBR Raumordnungsbericht 2005.

Dennoch stellt u. a. der Tourismus einen wichtigen Faktor für die Entwicklung ländlicher Räume dar. Tourismus kann als Katalysator positive Effekte in einer Region auslösen. Tourismus im ländlichen Raum kann Prozesse anstoßen, die im Rahmen unterschiedlicher Strategien genutzt werden können, um lokale/regionale Potenziale zu nutzen und den Raum aus sich selbst heraus zu stärken. Wenn die Chancen des Tourismus richtig genutzt werden, kann er einen Beitrag zur Lösung ökologischer, ökonomischer und sozialer Probleme leisten.

Eine der wichtigsten Auswirkungen des Tourismus auf den ländlichen Raum ist die wirtschaftliche Entwicklung. Im Rahmen des Projektes von „Öffentliches Recht" und „Physische Geographie" wurden jedoch nicht vorrangig ökonomische Ziele verfolgt. In einem Raum wie der Verbandsgemeinde Waldfischbach-Burgalben lagen und liegen die Chancen eher im ökologischen Bereich, u. a. in Form eines nachhaltigen Tourismus und der Umweltbildung. Gerade ländliche Räume sind aufgrund ihrer naturräumlichen und landschaftlichen Ausstattung häufig attraktive Erholungsräume.[7] Nachhaltiger Tourismus bietet die Chance, landschaftliche Besonderheiten zu erhalten und Prozesse zu initiieren, die die vorhandene Natur aktiv schützen, erhalten und die Menschen für diese Räume sensibilisieren. Der Tourismus im ländlichen Raum muss nachhaltig sein, damit die Bevölkerung langfristig davon profitieren kann und die Natur erhalten bleibt.

III. Räumliche Einordnung

Das Kooperationsprojekt befasste sich im Rahmen der Fragestellung eines nachhaltigen Tourismuskonzeptes mit der Verbandsgemeinde Waldfischbach-Burgalben. Diese liegt im Süden von Rheinland-Pfalz und gehört zum Landkreis Südwestpfalz. Sie liegt zwischen den Städten Kaiserslautern und Pirmasens und ist Teil des Naturparks Pfälzerwald. Naturräumlich liegt die Verbandsgemeinde an der Grenze zwischen den beiden Großlandschaften „Pfälzisch-Saarländisches Muschelkalkgebiet" und „Haardtgebirge". Zum „Pfälzisch-Saarländischen Muschelkalkgebiet" gehört der Landschaftsraum „Sickinger Höhe". In diesem liegen die Ortsgemeinden Hermersberg und Höheinöd. Im Landschaftsraum „Westlicher Pfälzerwald" der Großlandschaft „Pfälzerwald (Haardtgebirge)" liegen die Ortsgemeinden Waldfischbach-Burgalben, Steinalben, Horbach, Geiselberg, Schmalenberg und Heltersberg.

Das touristische Angebot der Verbandsgemeinde Waldfischbach-Burgalben wird durch die Infrastruktur, die Freizeit- und Kultureinrichtungen, das Sportangebot sowie die vorhandenen Wanderwege und Lehrpfade bestimmt. Eine im Rahmen des Projektes durchgeführte Befragung hatte ergeben, dass ein Großteil der Urlauber großes Interesse am Wandern hat, dicht gefolgt vom Radfahren bzw. Mountainbiken. Die Verbandsgemeinde bietet touristische Angebote sowohl für den Aktiv- und Familientourismus als auch in geringem Umfang für den Incentive-Tourismus. Das Angebot umfasst vor allem die Bereiche Wandern, Mountainbiking, Klettern und Golf. So ist die Verbandsgemeinde u. a. an den Mountainbike-

---

[7] Bieger Tourismuslehre – Ein Grundriss.

park Pfälzerwald angeschlossen und besitzt einige Wanderwege. Diese sind unterschiedlich anspruchsvoll und führen sowohl innerhalb der Verbandsgemeindegrenzen (u. a. Brunnenwanderung, Sickinger Höhenweg, Holzlandweg) als auch durch die Verbandsgemeinde (zB Jakobsweg).

Die Verbandsgemeinde Waldfischbach-Burgalben ist gemäß § 1 Abs. 2 der rheinland-pfälzischen Gemeindeordnung eine „Körperschaft des öffentlichen Rechts", vertreten durch den Verbandsbürgermeister (§ 64 Abs. 2 iVm § 47 Abs. 1 GemO RLP). Die Bildung der Verbandsgemeinde im Sinne einer Gebietskörperschaft beruht auf § 64 Abs. 1 GemO RLP. Danach verwaltet die Verbandsgemeinde ihre Angelegenheiten im Rahmen der bestehenden Verfassung und der Gesetze in eigener Verantwortung. Ebenso versteht sich die Verbandsgemeinde als Zusammenschluss mehrerer benachbarter, selbständiger Ortsgemeinden. Diese bilden zur Erledigung bestimmter Verwaltungsgeschäfte eine Verwaltungsgemeinschaft (ebd.). Die rheinland-pfälzische Gemeindeordnung weist den Verbandsgemeinden bestimmte Aufgaben zu, u. a. das Schulwesen, die Wasserversorgung und Abwasserbeseitigung sowie die Bereitstellung von Sport- und Freizeitanlagen.

Die Zuständigkeit für Angelegenheiten des Fremdenverkehrs liegt bei den Gemeinden und ist in § 2 Abs. 1 GemO RLP geregelt. Danach hat die Verbandsgemeinde zunächst keine unmittelbare Zuständigkeit. Es besteht jedoch die Möglichkeit, dass die Verbandsgemeinde anstelle der Ortsgemeinden die ihr durch Gesetz übertragenen Aufgaben wahrnimmt. Darüber hinaus ermöglicht § 67 Abs. 3 GemO RLP der Verbandsgemeinde, über die ihr durch Gesetz übertragenen Aufgaben hinaus weitere Selbstverwaltungsaufgaben der beteiligten Ortsgemeinden zu übernehmen. Dies setzt voraus, dass die Erfüllung der Aufgaben im dringenden öffentlichen Interesse liegt und von den Ortsgemeinden nicht selbständig wahrgenommen werden kann. Dementsprechend hatte der Verbandsgemeinderat Waldfischbach-Burgalben mit Beschluss vom 15. 9. 1986 für die Aufgabe „Fremdenverkehr" von dieser Möglichkeit Gebrauch gemacht: *„Der Verbandsgemeinderat beschließt einstimmig, die Selbstverwaltungsaufgabe* „Förderung des Fremdenverkehrs" *gemäß § 67 Abs. 3 GemO durch die Verbandsgemeinde wahrzunehmen, soweit die in Betracht kommenden Maßnahmen über den örtlichen Bereich der Gemeinden hinausgehen oder durch eine einheitliche Erledigung durch die Verbandsgemeinde eine größere Wirkung erzielt wird*".

In der Folge wurde auf Ebene der Verbandsgemeinde ein Tourismusbüro eingerichtet, das bis heute die gesamte Verbandsgemeinde nach außen vertritt und damit die Grundvoraussetzung für ein nachhaltiges und zukunftsorientiertes Tourismusmarketing ermöglicht hat.[8]

[8] Gemeinde- und Städtebund Rheinland-Pfalz (http://www.gstbrp./index.epl?expand=5&inhalt=/kos.epl/verbaende/gstb/blitzreport/blitzreport_09/januar_2009/index.phtml&nav=blitzreport; Zugriff 01/2009).

IV. Klimatologie und Tourismus

Dass Klima und Tourismus – auch im Rahmen der Umweltbildung – eine wichtige Rolle spielen, wurde von den Disziplinen „Öffentliches Recht“ und „Physische Geographie“ schon früh erkannt und rückt im Zusammenhang mit dem Klimawandel und der zunehmenden Bedeutung der Bildung für nachhaltige Entwicklung (BNE) immer mehr in den Fokus des wissenschaftlichen, aber auch des öffentlichen Interesses.

Die lokalklimatischen Bedingungen einer Region prägen nicht nur die Menschen, sondern auch den Tourismus in vielfältiger Weise. Tourismus gilt als klimasensitiv. Das Wetter und insbes. das Klima spielen u. a. bei der Wahl des Urlaubsortes und des touristischen Angebotes eine entscheidende Rolle. Im vorliegenden Projekt wurden sowohl die möglichen Auswirkungen auf den Menschen als auch auf das touristische Angebot sowie die für lokalklimatologische Aussagen notwendigen Messgrößen dargestellt.

Bei der Beurteilung und Beschreibung der Auswirkungen des Lokalklimas auf den Menschen sind eine Reihe von thermischen, physikalischen und ästhetischen Faktoren zu berücksichtigen. Dabei sind nicht nur Mittelwerte, sondern auch die Variabilität der Witterung und mögliche Extreme für die Beurteilung der Auswirkungen auf den betroffenen Raum zu berücksichtigen.

Der Klimawandel hat direkte und indirekte Auswirkungen auf den Tourismus. Direkte Auswirkungen sind veränderte (lokale) klimatische Bedingungen, die sich sowohl positiv als auch negativ auf touristische Aktivitäten auswirken können. Steigt beispielsweise die Anzahl der Sonnentage in einer Baderegion, so wirkt sich dies positiv auf die Attraktivität des Angebots aus. Nimmt die Anzahl der Schneetage in einer Skiregion ab, ist dies ein negativer Effekt.

Indirekte Auswirkungen ergeben sich durch Veränderungen der nichtklimatischen Rahmenbedingungen, zB Verlust der Landschaftsästhetik (zB der Harz bzw. Brocken) oder Zunahme von Gefährdungssituationen durch Unwetterereignisse (zB Hochwasser). Touristen wählen ihr Reiseziel nach ihren Bedürfnissen aus. Das Wetter ist dabei ein wichtiger Faktor für die Auswahl und die damit verbundenen Aktivitäten. Die meteorologischen bzw. lokalklimatischen Bedingungen bestimmen die Gestaltung des Tagesablaufs.

Neben der wetterabhängigen Orts- und Aktivitätswahl wird der Mensch durch verschiedene Faktoren (zB Luftdruck, Temperatur, Sonneneinstrahlung, Wind) beeinflusst. Die Wahrnehmung und Reaktion auf Wettereinflüsse variieren je nach körperlicher Konstitution, möglichen Erkrankungen (zB Herz-Kreislauf-Erkrankungen) und Alter.

Nachhaltiger Tourismus gewinnt daher auch aufgrund des Klimawandels zunehmend an Bedeutung und bietet neue Potenziale, zB um die Menschen vor Ort für die Auswirkungen des lokalen Klimas zu sensibilisieren. Für die Verbandsgemeinde Waldfischbach-Burgalben stellte und stellt daher nach wie vor ein nachhaltiger, lokalklimaorientierter Tourismus aufgrund der Lage im Pfälzerwald und dem damit verbundenen Angebot (u. a. Wanderwege, Mountainbikestrecken) eine Chance dar. Vor diesem Hintergrund wurde abschließend ein Schwerpunkt auf die lokalklimatische Bewertung ausgewählter Wanderwege gelegt und wie deren Nutzer aktiv in das Thema „Lokalklima" eingebunden werden können.

Klimatologische Bewertungsmethoden

Für die lokalklimatologische Bewertung der Wanderwege wurden verschiedene Messgrößen ausgewählt. Durch die Kombination mehrerer meteorologischer Parameter (Lufttemperatur, Luftfeuchte, Oberflächentemperatur, Strahlungsintensität, Bedeckungsgrad, Windgeschwindigkeit) konnte der Behaglichkeitsindex (PMV) ermittelt werden.

Um eine entsprechende Vergleichbarkeit der verschiedenen Messpunkte entlang der Wanderrouten zu gewährleisten und eine adäquate Bewertung vornehmen zu können, wurden diese nach der Behaglichkeitsgleichung von Fanger (s. u. a. DIN EN ISO 7730) berechnet. Die Behaglichkeitsgleichung nach Fanger stellt eine Wärmebilanzgleichung dar, welche die Wärmeaufnahme und -abgabe des menschlichen Körpers gegenüberstellt. Der so errechnete Wert spiegelt das durchschnittliche thermische Empfinden eines Menschen wider. Dieser Wert kann jedoch stark vom individuellen Empfinden abweichen, da das Wärmeempfinden jedes Menschen stark subjektiv geprägt ist[9]. Im Zuge der Bewertung für die Verbandsgemeinde Waldfischbach-Burgalben wurde schließlich auf das „Klima-Michel-Modell" zurückgegriffen.[10] Die erforderliche körperliche Aktivität wird aus dem sogenannten metabolischen Wärmestrom (Q_{met}) einer Person nach Fanger abgeleitet und wurde für Wanderungen mit Steigungen mit 200 Watt pro Quadratmeter angenommen.[11] Wird bei der Berechnung des PMV der Wert „Null" erreicht, ist die thermische Behaglichkeit gegeben. Jede Abweichung von diesem Wert bedeutet thermisches Unbehagen. Diese Abweichungen können sowohl negativ (von leicht kühl bis kalt) als auch positiv (von leicht warm bis heiß) sein.

V. Lokalklimatologische Bewertung existierender Wanderwege – Auf der Suche nach dem klimatologisch richtigen Weg

Wie bereits erwähnt, wurden ausgewählte Wanderrouten in der Verbandsgemeinde Waldfischbach-Burgalben hinsichtlich ihrer lokalklimatischen Bedingungen untersucht. Bei der Auswahl der zu untersuchenden Wanderwege wurde vor allem auf eine gute Erreichbarkeit und infrastrukturelle Anbindung geachtet, um insbes. mit Blick auf den Familientourismus eine attraktive Route anbieten zu können.

Um eine lokalklimatische Bewertung der Wanderwege zu ermöglichen, wurden sechs Routen in der Verbandsgemeinde Waldfischbach-Burgalben ausgewählt und bewertet, wobei die Bewertungsmethodik für drei Zielgruppen entwickelt wurde: „normale" Wanderer („Wandermichel"), Paare mit Kindern und Senioren (Altersgruppe: 65+). Diese Unterteilung war notwendig, da für jede dieser Zielgruppen

[9] Hupfer/Kuttler Witterung und Klima, 2006.

[10] Jendritzky Methodik der räumlichen Bewertung der thermischen Komponente im Bioklima des Menschen (Fortgeschrittenes Klima-Michel-Modell) 1990, 28.

[11] Hupfer/Kuttler Witterung und Klima, 2006.

unterschiedliche Faktoren das Wandererlebnis beeinflussen können. Zudem orientierte sich die Bewertung an verschiedenen Kriterien des Bewertungssystems des Deutschen Wanderinstituts.[12] Um die Analyse spezifisch auf die Bedürfnisse der einzelnen Zielgruppen abzustimmen, wurde ein Bewertungsschlüssel erstellt, in dem die Gewichtung der Faktoren für jede Zielgruppe unterschiedlich war. Wurde ein Kriterium erfüllt, wurde dies im Bewertungsbogen markiert. Die Gewichtung erfolgte schließlich bei der Digitalisierung des Bogens. Dabei wurde nach dem Schulnotenprinzip vorgegangen. Die bereits erwähnte unterschiedliche Gewichtung der Zielgruppen ergab sich aus der unterschiedlichen Bewertung der einzelnen Kriterien des Bewertungsbogens. So wurden zB Rastmöglichkeiten für Familien und Sitzgelegenheiten für Senioren höher bewertet als für den „normalen" Wanderer, da für diese beiden Gruppen die Verweilfunktion einen höheren Stellenwert einnimmt.

Für die Datenerhebung entlang der Wanderrouten wurden die Parameter Luft-, Boden- und Oberflächentemperatur sowie Luftfeuchtigkeit, Windstärke, UV-Index, Lichtintensität, Deckungsgrad, aber auch die Vitalwerte Blutdruck und Puls sowie die Bodenbeschaffenheit schriftlich erfasst, um anschließend die PMV-Werte berechnen zu können. Anhand dieser Werte konnten im nächsten Schritt Aussagen über die lokalklimatologische Situation des jeweiligen Wanderweges getroffen werden. Die Messung der UV-Werte ermöglichte zudem eine Vorauswahl des Hauttyps, um abschätzen zu können, wie lange sich eine Person ungeschützt in der Sonne aufhalten kann.

Die Messungen wurden durch die Studierenden zwischen Juni und September 2009 morgens und am frühen Nachmittag durchgeführt. Besonderes Augenmerk wurde auf die lokalen Wetterbedingungen gelegt. Es wurde versucht, die Untersuchungen bei möglichst hohen Umgebungstemperaturen, hoher Sonneneinstrahlung und geringen Windgeschwindigkeiten durchzuführen, um aussagekräftige und vor allem zeitlich und meteorologisch vergleichbare Werte zu erhalten.

VI. Allgemeines touristisches Leitbild und Zielsetzung

Ziel des Projektes sollte u. a. die Erstellung eines nachhaltigen Tourismuskonzeptes für Waldfischbach-Burgalben sein. Hierbei waren die bereits vorhandenen Angebote in der Verbandsgemeinde in Verbindung mit den naturräumlichen Gegebenheiten ebenso ausschlaggebend wie die Überlegung, dass nur eine langfristige Planung und eine stetige, schrittweise Weiterentwicklung finanziell tragfähig und wirtschaftlich vertretbar sein würde. Die ökologische Ausrichtung erfolgte aufgrund der Potenziale, die der Pfälzerwald und die damit verbundenen vielfältigen touristischen Angebote boten und nach wie vor bieten.

Nach Abschluss der Analysephase und der Messkampagne kristallisierten sich für die Verbandsgemeinde Waldfischbach-Burgalben vier Konzeptbausteine heraus:

---

[12] Deutsches Wanderinstitut (http://wanderinstitut.de/deutsches-wandersiegel/kriterien).

(1) Geschichte – Kultur – Regionales, (2) Sport – Freizeit – Gesundheit, (3) Kooperation – Marketing und (4) Natur – Erlebnis – Umweltbildung.

Dem Konzeptbaustein „Natur – Erlebnis – Umweltbildung" kam im Hinblick auf die bereits dargestellten naturräumlichen Qualitäten der Verbandsgemeinde eine besondere Bedeutung zu, da dieses Potenzial im Rahmen der Bestandsaufnahme identifiziert werden konnte. Dementsprechend sollte es ein Ziel sein, aufbauend auf dieser Stärke gerade diesen Konzeptbaustein besonders umfassend auszuarbeiten.

Auf Basis der Voruntersuchungen wurde zudem deutlich, dass dieser bei entsprechender Ausrichtung der einzelnen Angebote durchaus geeignet ist, der Verbandsgemeinde als klimatologisch/ökologisches Alleinstellungsmerkmal zu dienen, das Waldfischbach-Burgalben über die Regionsgrenzen hinaus bekannt machen sollte und helfen könnte, sich auf dem (über-)regionalen Tourismusmarkt zu positionieren.

Der Konzeptbaustein „Natur – Erlebnis – Umweltbildung" basierte dementsprechend auf drei Säulen:

Säule 1: Klimalehrpfad

Als potentielles Alleinstellungsmerkmal für die Verbandsgemeinde Waldfischbach-Burgalben sollte ein Klimalehrpfad entstehen. Dieser als Rundwanderweg konzipierte Pfad sollte mithilfe von Informationstafeln die unterschiedlichen lokalen Klimaeinflüsse, die an verschiedenen Stellen auf den Wanderer/Nutzer des Pfades einwirken, erläutern. Die Grundausrichtung des Klimalehrpfades orientierte sich dabei an verschiedenen meteorologischen Messgrößen, die im Rahmen der oben beschriebenen Wanderwegevaluierung erhoben wurden. Um den Alleinstellungscharakter zu verstärken, sollte den Nutzern zusätzlich die Möglichkeit gegeben werden, den Weg mit verschiedenen Messgeräten abzulaufen und vor Ort selbst Messungen durchzuführen, um so die eigenen Erfahrungen mit den Informationen vor Ort zu vergleichen. In diesem Zusammenhang sollte zu jedem Gerätesatz, der ausgeliehen werden könnte, eine kurze Erläuterung zur Bedienung und Messmethode der einzelnen Geräte gegeben werden.

Als Erweiterungsmöglichkeit sollte es auch damals ermöglicht werden, Führungen anzubieten, bei denen zusätzliche Informationen durch eine Begleitperson vermittelt werden. Eine solche Führung sollte die Attraktivität eines solchen Klimalehrpfades zusätzlich steigern.

Neben der reinen Freizeitnutzung des Klimalehrpfades sollte der Pfad auch für den Geographie- bzw. Sachkundeunterricht der umliegenden Schulen angeboten werden, um als außerschulischer Lernort praktischen Unterricht im Freien zu ermöglichen, u. a. um den Schüler*innen das Thema „Klima" im Rahmen der Umweltbildung auf eine etwas andere Art und Weise näher zu bringen.

Insgesamt handelte es sich bei der Säule „Klimalehrpfad" um eine Konzeption, die in dieser Form überregional nicht annähernd vergleichbar angeboten wurde. Es handelte sich um ein interaktives Angebot, das unterschiedliche Nutzergruppen ansprechen sollte, weshalb dieses Projekt besonders geeignet erschien, sich zu einem Alleinstellungsmerkmal für die Verbandsgemeinde zu entwickeln.

Säule 2: Waldklimahaus

Neben dem Klimalehrpfad wurde auch die Idee eines Waldklimahauses entwickelt. Dieses würde den Grundgedanken der Schaffung eines Alleinstellungsmerkmals mit klimatologisch/ökologischer Ausrichtung für die Verbandsgemeinde aufgreifen und wäre gleichzeitig ein wichtiger Bestandteil dieses Konzeptes. Dabei würde es sich in erster Linie um eine Einrichtung handeln, die verschiedene Aufgaben und Angebote mit lokalklimatischem/ökologischem Bezug wahrnimmt bzw. anbietet und gleichzeitig eine Anlaufstelle für Besucher der Verbandsgemeinde darstellt. Die Einrichtung selbst könnte eine eigene Anziehungskraft entwickeln, die als Anlaufstelle mit einem touristischen Eigenwert gegenüber einer „gewöhnlichen" Touristinformation punkten könnte. Die Angebote eines solchen Waldklimahauses sollten vielfältig sein – sich aber dem Grundkonzept und der touristischen Ausrichtung der Gemeinde anpassen. Im Rahmen der Umweltbildung sollte auch ein Lernort eingerichtet werden, der sich inhaltlich mit dem Thema „Waldklima" auseinandersetzt, indem wiederum die lokalklimatischen Besonderheiten des Waldes dargestellt werden – mit lokalem Bezug zum Pfälzerwald und zum geplanten Klimalehrpfad. Aus dieser Idee leitete sich auch der Name der Einrichtung „Waldklimahaus" ab, in dem Umweltbildungsangebote in unmittelbarer Naturnähe für Schulklassen verschiedener Altersstufen aus ökologischer und lokalklimatischer Sicht an konkreten Beispielen erlebbar gemacht werden sollten.

Über das eigentliche Angebot des Waldklimahauses hinaus wurde eine Steigerung des Bekanntheitsgrades durch mögliche regionale Kooperationen angestrebt. In diesem Zusammenhang sollten das „Haus der Nachhaltigkeit" in Johanniskreuz und das „Biosphärenhaus Pfälzerwald" in Fischbach gewonnen werden, sodass die spezifische Konzeption des Waldklimahauses als thematische Ergänzung das Angebot der beiden anderen Einrichtungen erweiterte.

Säule 3: Geocaching

Geocaching – die moderne, digitale Form der klassischen „Schnitzeljagd" – wird seit Anfang der 2000er Jahre mithilfe von geographischen Koordinaten und einem GPS-Empfänger durchgeführt. Dabei wird jedem „Point of Interest" oder „Schatz" (Cache) eine Koordinate zugeordnet. Dies können versteckte Gegenstände oder besondere Orte sein. Die Koordinaten werden auf Internetportalen (zB www.geocaching.com) zur Verfügung gestellt und können von den Nutzern auf ihr GPS-Gerät heruntergeladen werden. Wird der „Cache" gefunden, liefert er Informationen über den nächsten Standort in Form von Koordinaten und/oder Beschreibungen. Der Finder kann sich in ein Logbuch eintragen.

Geocaching im Rahmen dieses Konzeptbausteines würde sich sowohl für Einzelpersonen als auch für Gruppen und Familien jeden Alters eignen. Insbesondere für Kinder, unerfahrene Gruppen oder Familien empfiehlt sich die Begleitung durch eine digitale Schnitzeljagd. Diese kann wetterunabhängig das ganze Jahr über durchgeführt werden. Geocaching bietet die Möglichkeit, nach den „Spielregeln" der in Deutschland meistgenutzten Geocache-Plattform (www.geocaching.com) die eigene Umgebung naturverträglich zu entdecken. Diese moderne Form der Schnitzeljagd eignet sich aufgrund der angesprochenen Nutzergruppen auch für den Tourismus. Die Routen und „Caches" können zB unter speziellen Themenschwerpunkten wie „Klima" und „Geschichte" oder einfach zur Erkundung der Verbandsgemeinde ausgewählt und genutzt werden.

Am konkreten Beispiel des potentiellen Klimalehrpfades hätte die spielerische Komponente des Geocaching sehr gut mit der Wissensvermittlung kombiniert werden können. In Form eines Multi-Caches, also eines Caches mit mehreren Stationen, hätte jede der angedachten Informationstafeln eine Station eines solchen Caches dargestellt. Dort hätte auf jeder Tafel anhand von gestellten Aufgaben eine entsprechende Information/Lösung auf die Nutzer gewartet, die am Ende zu einer GPS-Koordinate geführt hätte, wo der abschließende, finale „Schatz/Cache" mit dem obligatorischen Logbuch zu finden gewesen wäre. Auf diese Weise wäre es über eine der national bekannten Geocache-Plattformen möglich gewesen eine weitere Personengruppe nach Waldfischbach-Burgalben zu locken.

VII. Fazit zur 2009er Konzeptentwicklung

Im Rahmen des Projektes „Tourismus als Chance für den ländlichen Raum" des Lehrstuhls „Öffentliches Recht" und des Lehr- und Forschungsgebietes „Physische Geographie" sollten touristische Bausteine für die Verbandsgemeinde Waldfischbach-Burgalben entwickelt werden, die wesentliche Handlungsempfehlungen beinhalten. Daraus ergaben sich vier Konzeptbausteine, wobei sich bereits während bzw. im Anschluss an die Projektbearbeitung herausstellte, dass der Konzeptbaustein „Natur – Erlebnis – Umweltbildung" auf deutlich größeres Interesse stieß, da hier ein bisher fehlendes regionales Alleinstellungsmerkmal entwickelt werden konnte. Der Baustein sollte mit der Idee eines Klimalehrpfades in Verbindung mit einem Waldklimahaus und den Möglichkeiten der digitalen Spurensuche durch Geocaching weitergedacht werden. Durch dieses besondere Angebot sollte die Verbandsgemeinde einen überregionalen Bekanntheitsgrad erlangen, wodurch möglicherweise die Zahl der Tagestouristen gesteigert werden sollte. Die Vermarktung und Steigerung des Bekanntheitsgrades sollte zudem durch eine Kooperation mit dem bereits bestehenden „Biosphärenhaus Pfälzerwald" und dem „Haus der Nachhaltigkeit" auf regionaler Ebene effizient gestaltet werden.

Aus dieser Idee heraus entstand im Jahr 2012 ein Prototyp in unmittelbarer Nähe des Biosphärenhauses in Fischbach, um zu prüfen, inwieweit die Idee eines sowohl klassisch als auch digital geführten Klimalehrpfades umgesetzt werden kann.[13] Schließlich entschied sich die Verbandsgemeinde Waldfischbach-Burgalben im Jahr 2012 dafür, den Konzeptbaustein „Natur – Erlebnis – Umweltbildung" aus dem Jahr 2009/2010 in der Gemeinde Waldfischbach-Burgalben und damit auch in Anbindung an das dort ansässige Tourismusbüro umzusetzen. Dementsprechend wurde im Sommer 2013 ein Studienprojekt im Bachelorstudiengang „Raumplanung" am Fachbereich Raum- und Umweltplanung der TU Kaiserslautern initiiert, das sich der Wiederaufnahme des „alten" Konzeptes mit seinen drei Säulen widmete.

---

[13] Ohnesorg/Henninger Schriften des Arbeitskreises Landes- und Volkskunde, Nr. 11, 1.

VIII. Dem Klima auf der Spur

Mit dem Projekt „Dem Klima auf der Spur – Lernen und Forschen als touristisches Angebot“ wurde das Thema „Klima, Gesundheit und Wandern“ erneut aufgegriffen und ein innovativer Ansatz verfolgt, um einen Klimalehr- und Lernpfad zu entwickeln, der es interessierten Bürgern ermöglicht, die verschiedenen Elemente des Klimas selbst zu erfahren und zu begreifen. Auf einem der bereits im Vorprojekt meteorologisch untersuchten Wanderwege wurden lokalklimatologische und gesundheitsrelevante Themen aufgegriffen und entlang des Weges als Mitmachstationen konzipiert, die auf einfache und unkomplizierte Weise die Elemente des Klimas direkt vor Ort erfahrbar machen. So kann beispielsweise der Frage nachgegangen werden, was der Unterschied zwischen Luft- und Strahlungstemperatur ist oder warum die drei Buchstaben PMV eine Aussage über das Wohlbefinden des Menschen zulassen.

Parallel zur Errichtung des Klimalehrpfades konnte unter Berücksichtigung verschiedener Klimaelemente auch ein für den lokalen Wandertourismus aussagekräftiger „Wander-Michel“ entwickelt werden, der Auskunft darüber gibt, inwieweit die Streckenführung aus humanbiometeorologischer Sicht für den Menschen als angenehm zu bewerten ist.

Die Standortwahl für den Klimalehrpfad wurde von verschiedenen Faktoren beeinflusst. Eine gute Erreichbarkeit der Gemeinde Waldfischbach-Burgalben und eine gute infrastrukturelle Anbindung wurden bereits vor den lokalklimatologischen Messungen bei der Auswahl der Route berücksichtigt. Das entscheidende Kriterium für die Lage des Klimalehrpfades war jedoch, dass möglichst viele unterschiedliche Messdaten, aus denen sich die verschiedenen Einflüsse auf Wanderer ableiten lassen, entlang der Route nachweisbar waren. Die schließlich ausgewählte Wanderroute wies daher mehrere Extrempunkte auf, an denen deutliche Auswirkungen auf Wanderer zu verzeichnen waren.

Entlang der Route wurden verschiedene Arten von Informationstafeln aufgestellt. Auf den Tafeln sind unter anderem verschiedene meteorologische Werte angegeben. Wanderer ohne Messgerät können sich an diesen Werten orientieren und Wanderer, die mit den Messgeräten aus dem Klimarucksack unterwegs sind, der im Tourismusbüro der Verbandsgemeinde zur Verfügung steht, können ihre individuellen Messwerte vergleichen. Ebenso gibt es Informationstafeln, auf denen verschiedene Einflussfaktoren auf den Wanderer beschrieben werden. Die Standorte dieser Tafeln wurden entlang der Strecke so gewählt, dass sich die jeweilige Tafel immer an der Stelle mit der stärksten Ausprägung befindet. So wird zB der Vitalwert „Puls“ dort erfasst und erläutert, wo die größte Steigung des Klimalehrpfades endet oder die Windgeschwindigkeit in unmittelbarer räumlicher Nähe zu Windkraftanlagen thematisiert, wo aufgrund der Topographie auch die höchsten Windgeschwindigkeiten zu erwarten sind.

Die Informationstafeln selbst bestehen aus zwei zentralen Elementen. Im unteren Teil werden allgemeine Informationen zur Wanderroute gegeben. Dazu gehören neben einer Karte mit allen bisherigen Tafelstandorten und Informationen wie Streckenlänge, Dauer und Höhenmeter auch ein Höhenprofil sowie ein

QR-Code. Dieser QR-Code kann mit einem Smartphone fotografiert werden und führt zu einer Internetseite, auf der weitere Informationen abgerufen werden können. Die Tafel informiert auch über die entsprechenden meteorologischen Parameter. Die Zusammenstellung der Erklärungen kann aus verschiedenen Teilen bestehen. Besonderer Wert wurde darauf gelegt, dass die Inhalte sowohl für Erwachsene als auch für Kinder aufbereitet sind und beiden Zielgruppen über das bereits bekannte Wissen hinaus zusätzliche Informationen bieten. Die kindgerechten Informationen werden mit dem „Schlauen Fuchs" verknüpft, der gleichzeitig das Maskottchen des Weges ist und sich auf jeder Informationstafel findet, um für die Kinder einen Wiedererkennungswert zu schaffen, damit sie sofort erkennen, welche Informationen für sie geeignet sind. Gleichzeitig dient er als Wegweiser entlang des Klimalehrpfades.

Der Klimalehrpfad wurde als Rundweg angelegt. Die Strecke selbst weist einen Wechsel zwischen Offenland und Waldrandbereichen auf und ist somit für die Anlage eines Klimalehrpfades geeignet. Eine Wegeführung ausschließlich im dichten Waldbereich oder im Offenland hätte die Wechselwirkungen der verschiedenen Klimaelemente für Besucher*innen nicht ausreichend darstellen können. Die lokalklimatischen Unterschiede zwischen den beiden Bereichen wären nicht erkennbar und vor allem nicht erlebbar. Das Thema „Klima" profitiert jedoch von der Erlebbarkeit. Aus diesem Grund wurde die Wanderroute gewählt, die über solch entsprechende Zusammenhänge verfügt.

Unter anderem wurde bei der Analyse der Lufttemperaturergebnisse die Wechselwirkungen zwischen Waldrand (Schatten spendende Bäume) und Offenland (direkte Sonneneinstrahlung) deutlich. Die Lufttemperaturunterschiede sind aber auch auf die unterschiedlichen Bodenmaterialien zurückzuführen. Nach dem Stefan-Boltzmann-Gesetz wird die bodennahe Luftschicht in Abhängigkeit der Bodenart unterschiedlich stark erwärmt.

Bei der Betrachtung der Strahlungstemperatur des Bodens im Tagesverlauf wurde deutlich, wie sich die Oberflächentemperaturen der verschiedenen Bodenmaterialien aufgrund ihrer unterschiedlichen Beschaffenheit (Farbe, Zusammensetzung, Versiegelungsgrad, Oberflächenrauhigkeit, Wasserversorgung, Ausrichtung zur Sonne und thermische Eigenschaften) entwickeln. Die Charakterisierung des Materials bestimmt, wie viel Energie über die „[…] *Oberfläche aufgenommen, an den Untergrund weitergeleitet oder von diesem an die Atmosphäre abgegeben wird* […]".[14]

Die lokalklimatische Bewertung ermöglicht die Analyse einzelner Messgrößen und den Vergleich mehrerer Parameter untereinander. So kann zB die Lufttemperatur separat und im Zusammenhang mit der Strahlungstemperatur betrachtet werden.

Die thermische Bewertung erfolgt mithilfe des bereits erwähnten Wärmebilanzmodells nach Fanger und beschreibt den Wärmeaustausch zwischen dem Menschen und seiner Umgebung. Das ebenso bereits erwähnte „Klima-Michel-Modell" von Jendritzky[15] berücksichtigt konkret einen „Durchschnittsmenschen" (Michel:

---

[14] Hupfer/Kuttler Witterung und Klima, 2006, 376.

[15] Jendritzky Methodik der räumlichen Bewertung der thermischen Komponente im Bioklima des Menschen (Fortgeschrittenes Klima-Michel-Modell) 1990, 28.

männlich, 35 Jahre, 1,75 m, 75 kg, 1,8 m^2 Hautoberfläche). Mit diesem Modell kann das durchschnittliche subjektive Empfinden eines Menschen (PMV) berechnet werden. Für die Berechnung wurden neben den erfassten Klimaelementen und Beobachtungen ein Gesamtenergieumsatz von 150 W m^{-2} (entspricht einer Bewegungsgeschwindigkeit von 4,8 km h^{-1}) und ein Bekleidungsindex von 1,0 clo (entspricht normaler Straßenkleidung mit langer Hose und Jacke) gewählt. Die Ergebnisse wurden tabellarisch und kartographisch im GIS erfasst und aufbereitet. Zur besseren Lesbarkeit der Ergebnisse wurden den physiologischen Belastungsstufen Farben zugeordnet.

Insgesamt hat die thermische Bewertung der Gesamtstrecke gezeigt, dass die Streckenführung in den Sommermonaten, insbes. bei Strahlungswetterlagen, zu thermischer Unbehaglichkeit beim Menschen führen kann. Vereinzelt konnten die höchste thermische Belastung berechnet werden. Die Wegeführung hat jedoch den Vorteil, dass sich schattige und sonnige Bereiche abwechseln, sodass sich die Menschen unter einem schützenden Blätterdach von der direkten Sonneneinstrahlung erholen können. Die Messergebnisse zeigen aber auch, dass im Schatten nicht pauschal von „keiner Belastung" gesprochen werden kann. Je nach den vorherrschenden lokalklimatischen Bedingungen tritt auch in diesen Bereichen eine thermische Belastung auf. Es darf jedoch nicht außer Acht gelassen werden, dass sich die ermittelten PMV-Werte auf einen „Normmenschen" beziehen. Dennoch ist es wichtig, eine thermische Bewertung einer Strecke durchzuführen, um generelle Aussagen über die Verhältnisse treffen zu können und Verbesserungsmöglichkeiten bzw. Handlungsempfehlungen für Problembereiche auszusprechen bzw. zu entwickeln. Darüber hinaus ermöglicht die Analyse der lokalklimatischen bzw. thermischen Verhältnisse, diese als Grundlage für die Identifikation geeigneter lokalklimatischer Themenstandorte zu nutzen. Dabei spielen sowohl die Anforderungen des jeweiligen Themas, wie zB ein sonniger Standort für Informationen zur Strahlungstemperatur, als auch die Kenntnis der physiologischen Belastungsstufen einzelner Standorte eine wichtige Rolle, um einen für Besucher*innen interessanten und angenehmen Klimalehrpfad planen und gestalten zu können.[16]

Praktische Umsetzung

Das Thema „Klima" bietet eine Vielzahl von Themenkomplexen, die in einem Informationspfad aufgegriffen werden können. Neben der Umsetzung eines Themenkomplexes besteht auch die Möglichkeit, mehrere Themen miteinander zu kombinieren. Ein Klimalehrpfad kann dabei sowohl Grundlagenwissen als auch spezielle Themen (zB Klimawandel, regenerative Energiequellen etc) behandeln. Bei der Entwicklung des Klimalehrpfades wurde das Klimabasiswissen als Schwerpunkt gewählt. Hier sollen die einzelnen Klimaelemente, die thermische Behaglichkeit sowie die Abgrenzung der Begriffe Wetter, Witterung und Klima behandelt werden.

Aus diesem Grund wurde bei der Planung des Klimapfades auch die Wissensvertiefung durch praktische Beispiele und eigenes Forschen als Umsetzungsschwer-

[16] Ohnesorg/Henninger Schriften des Arbeitskreises Landes- und Volkskunde, Nr. 11, 1.

punkt gewählt. Durch die Auswahl der Themenkomplexe sowie die Planung der Interaktionen und die damit verbundene direkte praktische Umsetzung des Gelernten ergaben sich so genannte standortabhängige und standortunabhängige Themen.

Standortunabhängige Themen, wie zB die Starttafel und Begriffsabgrenzungen, konnten an Standorten ohne klimatische Besonderheiten installiert werden. Dagegen wurden die Informationen zur Strahlungstemperatur im offenen Gelände platziert. Dieser Standort profitiert auch in den Abendstunden von der direkten Sonneneinstrahlung, wodurch die Temperaturunterschiede der verschiedenen Oberflächen deutlich werden.

Bei der Standortwahl sollten Bereiche mit starker bis extremer Wärmebelastung möglichst vermieden werden, sodass ein längerer Aufenthalt in den Belastungszonen nicht erforderlich ist. Die Wahl eines geeigneten Standortes ist natürlich wichtig, wird aber auch von den vorherrschenden lokalen klimatischen Bedingungen beeinflusst, die sich im Tagesverlauf ändern können. So können sich trotz geeigneter Standortwahl ungünstige Bedingungen einstellen. Der Klimalehrpfad ist jedoch kein „Schönwetter"-Ausflugsziel, sondern bietet dem Besucher bei jeder Witterung die entsprechenden Informationen. Lediglich die Erlebbarkeit der Zusammenhänge kann witterungsbedingt eingeschränkt sein.

Der Klimalehrpfad bietet neben der reinen Information die Möglichkeit, den Besucher*innen weitere Angebote zur Verfügung zu stellen, da das lokale Klima bzw. Wetter ein erlebbares und vor allem messbares Thema ist. Aus diesem Grund können mobile Klimamessungen entlang der Route angeboten werden. Dazu wurde der Verleih des sogenannten „Klimarucksacks" organisiert. Dieser enthält alle notwendigen Handmessgeräte in einer handlichen „kleinen" Ausführung – in der Größe eines Smartphones. Der Verleih erfolgt vor Ort über die zentrale Einrichtung der Touristinformation in Waldfischbach-Burgalben. Die Handmessgeräte sind robust und einfach zu bedienen. Die Besucher erhalten die Möglichkeit, selbst forschend tätig zu werden und ihr erworbenes Wissen mit eigenen Erfahrungen vor Ort zu verknüpfen. So kann zB die Oberflächentemperatur in Abhängigkeit vom jeweiligen Bodenmaterial entlang des Weges immer wieder eigenständig bestimmt werden.

Die überwiegend passive Wissensvermittlung wird durch die Integration von Mitmachstationen unterstützt. Diese Stationen, die dauerhaft in unmittelbarer Nähe der jeweiligen Informationstafel zur Verfügung stehen, können ohne Hilfsmittel genutzt werden. Beispielsweise kann das Thema „Oberflächentemperatur" durch eine offene Vitrine mit verschiedenfarbigen Oberflächen dargestellt werden. Durch die einfallende Sonnenstrahlung erwärmen sich die Oberflächen je nach Reflexions- bzw. Absorptionsvermögen unterschiedlich. Benutzer*innen haben somit die Möglichkeit, zB durch Auflegen der Handfläche, die unterschiedlichen thermischen Eigenschaften zu erfahren.

Neben der lokalklimatischen Analyse, der Themenauswahl und den Interaktionsmöglichkeiten war die Entwicklung eines Corporate Designs wichtig, das ein einheitliches Erscheinungsbild mit festgelegter Farbwahl, Schriftart und Anordnung der Elemente definiert. Das Corporate Design des Klimalehrpfades wurde an das Erscheinungsbild des Gesamtdesigns der Verbandsgemeinde angepasst. Dabei wurden die Farbgebung sowie Elemente der bereits vorhandenen Informationstafeln übernommen. Das für den Klimalehrpfad entwickelte Corporate Design wurde auf das gesamte Vorhaben übertragen. Dies betraf sowohl die Ebene der Öffentlichkeitsarbeit und des Marketings als auch die unterschiedlichen Darstellungsformen der Informationen entlang des Weges. Aus diesem Grund wurde für den Klimalehrpfad zusätzlich das themenspezifische Maskottchen „der schlaue Fuchs" entwickelt, das den Wiedererkennungswert dieses Angebotes erhöhen soll. Der Fuchs führt die Besucher durch die verschiedenen Themenbereiche. Dabei können dem Maskottchen verschiedene Funktionen zugeordnet werden, wie zB eine Sprechblase, in der Fragen gestellt werden können, Hinweise auf lokalklimatische Gegebenheiten gegeben werden oder er einfach als Wegweiser dient.

Im Bereich der Darstellungsmöglichkeiten des Klimalehrpfades stehen stationäre und mobile Formen zur Verfügung. Die stationäre Variante fasst die Darstellungsformen zusammen, die vor Ort in gedruckter Form zur Verfügung stehen. Darunter ist die klassische Informationstafel zu verstehen, die Informationen passiv zur Verfügung stellt und durch Interaktionen zur praktischen Wissensvertiefung ergänzt werden kann.

Neben der stationären Präsentation gibt es unabhängig vom bereits erwähnten Klimarucksack auch mobile Methoden zur Erstellung eines Klimapfades. Diese unterscheiden sich vor allem in den Anforderungen an die technische Infrastruktur (Internetverbindung, GPS-Empfang) vor Ort. Mobile Klimalehrpfade können mithilfe von Smartphones oder Tablet-PCs erstellt werden. Sie ermöglichen es, digitale Informationen vor Ort abzurufen. Dazu wird über einen QR-Code eine Verbindung zu einer speziell eingerichteten Internetseite hergestellt. Die Verwendung des QR-Codes ermöglicht einen schnellen Zugriff auf die entsprechende Internetseite des Klimapfades, ohne dass der entsprechende Link manuell eingegeben werden muss. Die Verwendung des Codes setzt jedoch eine Internetverbindung voraus, um die Informationen abrufen zu können. Der Code wird auf den stationären Informationstafeln aus wetterfestem Material für die Nutzer des mobilen Teils des Klimalehrpfades dargestellt. Für den Klimalehrpfad wurde eine Kombination aus stationärer und mobiler Präsentation gewählt. Die Verknüpfung erfolgt durch die Gestaltung klassischer Informationstafeln in Kombination mit QR-Codes.[17]

Für weiterführende Informationen zu den Themen und Angeboten wurde eine Website eingerichtet. Die Nutzung der Website ermöglicht eine individuelle Anpassung der Inhalte an das definierte Corporate Design, vergleichbar mit einem „Wiki". Die bereitgestellten Informationen können in Text-, Audio- und Videoformaten wiedergegeben werden. Zusätzlich steht eine Kommentarfunktion zur Verfügung. Diese ermöglicht den Austausch der Besucher*innen untereinander und mit den Initiatoren des Projektes. Die Kommentarfunktion bedarf allerdings einer regelmäßigen Pflege durch den Administrator der Website, um Missbrauch zu vermeiden. Der Zugang zur Website kann am Klimalehrpfad durch „Abfotografieren" des QR-Codes mit dem mobilen Endgerät geöffnet werden. Auch hier benötigt der Besucher eine Internetverbindung. Die Darstellung der Website passt sich

[17] Ohnesorg/Henninger Schriften des Arbeitskreises Landes- und Volkskunde, Nr. 11, 1.

dem jeweiligen Endgerät an und unterscheidet sich je nach Hersteller von der klassischen PC-Ansicht.[18]

IX. Gesamtfazit – Was am Ende bleibt

Das Thema „Klima" ist spannend und komplex. Es betrifft den Menschen und seine Umwelt gleichermaßen und muss generationenübergreifend betrachtet werden. Klimalehrpfade können durch ihre Gestaltung in Form von Themenauswahl und Darstellungsmethoden sowie durch zusätzliche Angebote ein einzigartiges Ausflugsziel für den Tourismus, aber auch für Bildungseinrichtungen darstellen. Im Vordergrund stehen die Informationsvermittlung und die praktische Vertiefung, um das Grundwissen und das Verständnis der Menschen zu stärken. Durch einen solchen Informationspfad ist es möglich, das lokale Klima auf einfache Weise begreifbar zu machen.

Um möglichst viele Interessierte über das Angebot eines Klimalehrpfades als Konzeptbaustein zu informieren, muss dieser vermarktet werden. Dabei ist es wichtig, den Klimalehrpfad im Zusammenhang mit dem Gesamtkonzept und der damit verbundenen Ausrichtung auf Kinder und Erwachsene in den Vordergrund zu stellen. Neben der klassischen Informationsvermittlung durch Broschüren bietet sich der Internetauftritt an. Ebenso kann die Kommentarfunktion und der Austausch über soziale Netzwerke genutzt werden. Diese Art der Kommunikation stellt eine moderne Mundpropaganda dar, die jedoch von den Verantwortlichen der Touristinformation Waldfischbach-Burgalben nicht direkt gesteuert werden kann. Lediglich eine Steuerung der Kommentare ist möglich. Eine Steuerung ist aber nur durch ein interessantes und attraktives Angebot möglich.

Was am Ende dieses lokalklimatologisch orientierten Themenweges bleibt, ist, dass aus einem Seitenstrang des „Großen Studienprojektes" von 2009/2010 der Fachrichtungen „Öffentliches Recht" und „Physische Geographie" ein für den Standort Waldfischbach-Burgalben nach wie vor einmaliges Angebot geschaffen wurde, das es in dieser Kombination nur vor Ort gibt. Was als übergeordnetes Thema „Tourismus als Chance für den ländlichen Raum" begann, entwickelte sich in der Umsetzung als Klimalehrpfad, der aus dem Konzeptbaustein „Natur – Erlebnis – Umweltbindung" entstand und ursprünglich aus drei Säulen bestehen sollte.

Zwei dieser Säulen sind heute noch aktiv und tragen die Idee über das Jahr 2024 hinaus. Neben der analog-digitalen Umsetzung als Themenweg zum Klima haben Schulklassen, aber auch interessierte Wandernde die Möglichkeit, sich mit dem bereitgestellten Klimarucksack und seinen Handmessgeräten vertiefend mit dem Thema auseinanderzusetzen. Hinzu kommt als zweite Säule seit 2013 der Geocache *„Puzzle im Wald"*, der über verschiedene Geocache-Internetplattformen ausgewählt werden und vor Ort gespielt werden kann und ein breit gefächertes, überregionales Publikum anspricht. Dieser Mehrstationen-Cache orientiert sich in

[18] Ohnesorg/Henninger Schriften des Arbeitskreises Landes- und Volkskunde, Nr. 11, 1.

Form eines Rundweges an den Stationen des Klimalehrpfades, auch wenn inhaltlich eine ganz andere, familientaugliche Geschichte erzählt wird. Dennoch verbindet dieser digitale Gamification-Ansatz zwei unterschiedliche Disziplinen – wie schon 2009/2010 den Lehrstuhl für „Öffentliches Recht“ und das Lehr- und Forschungsgebiet „Physische Geographie“.

MICHAEL KOCH

Die Bedeutung des Planungs- und Umweltrechts für die Lehre an der RPTU Kaiserslautern-Landau

Die Ausbildung von Architekten, Stadtplanern und Raum- und Umweltplanern hat sich im Laufe der letzten Jahrzehnte deutlich verändert. Als ich Architektur und Stadtplanung an der Technischen Universität in Stuttgart in den 1970er-Jahren studiert habe gab es keine Pflichtveranstaltung zu Bau-, Planungs- oder Umweltrecht. Es gab nur ein Wahlfach zum Baurecht, das aber nur von wenigen Studierenden belegt wurde.

Im Planungsalltag heute steht man auf verlorenem Posten ohne entsprechende Kenntnisse des Planungs-, Bau- und Umweltrechts, da die inhaltlichen und verfahrenstechnischen Anforderungen der Planungs- und Genehmigungspraxis sehr komplex geworden sind. So haben sich – je nach Hochschule unterschiedlich – auch die Lehrinhalte deutlich verändert und sie werden auch in Zukunft immer weiterentwickelt und angepasst werden müssen.

I. Der Planungsalltag heute

Das deutsche Planungs- und Umweltrecht ist sehr komplex und hoch differenziert in seiner vertikalen und horizontalen Struktur. Neben der Rahmenkompetenz des Bundes bei vielen Gesetzen führt der Föderalismus auf Länderebene mitunter zu unterschiedlichen Diversifikationen.

In jedem Bundesland gelten zB unterschiedliche Anforderungen an die Bewältigung der naturschutzrechtlichen Eingriffsregelung (der Naturschutz liegt in der Kompetenz der Bundesländer), es gelten jeweils eigene Kartierungsschlüssel für die Erfassung von Biotopstrukturen oder für die Berechnungsverfahren bei der Einrichtung von Ökokonten und der Erstellung von Eingriffs-Ausgleichs-Bilanzen. Zudem steht die Entwicklung der naturschutzrechtlichen Eingriffsregelung unter dem wachsenden Einfluss der europarechtlichen Anforderungen.[1]

Ein zunehmendes Problem stellen auch Aspekte des Immissionsschutzes dar, insbes. wenn es um die angestrebte Innenentwicklung von Siedlungen geht. Viele Planungssituationen sind von ungeordneten Gemengelagen geprägt, die bei einer Überplanung von Bestandsgebieten geordnet werden müssen. Dabei ist je nach Quelle zB von Lärm, eine Vielzahl unterschiedlicher Regelungen zu beachten.

[1] Spannowsky in Spannowsky/Hofmeister Naturschutzrechtliche Anforderungen in der Bauleitplanung unter Berücksichtigung aktueller Entwicklungen 1 (13f.).

Dies betrifft uU die Berechnungsmethoden oder die Bewertung von Beeinträchtigungen anhand unterschiedlicher Orientierungs-, Richt- oder Grenzwerte. Bei der Überplanung von Bestandsgebieten muss die Rechtslage zum jeweiligen Zeitpunkt der Planung berücksichtigt werden, das kann Umfang und Tiefe der Ermittlungen von Sachverhalten deutlich beeinflussen.

Je nach Planungs- und Genehmigungsverfahren sind die zT sehr unterschiedlichen Regelungen der Umweltprüfung von Vorhaben oder Plänen zu beachten. Schon die Feststellung der Pflicht zur Durchführung einer Umweltprüfung im sog. Screening erfordert einen oftmals vertieften Einstieg in die Materie der Umweltprüfung, sei es durch kumulierende Vorhaben und ihre Wirkungen auf die Umwelt oder die Grenzziehung zwischen standortbezogener oder allgemeiner Vorprüfung.

Auch die Verzahnung unterschiedlicher Rechtsgebiete erfordert eine gute Kenntnis der Rechtslage. So kann die Landschaftsplanung als ein Aufgabengebiet des Bundesnaturschutzgesetzes (§§ 8ff. BNatSchG) eine wesentliche Grundlage für die Umweltprüfung nach BauGB oder UVPG sein. Dieser Aspekt wurde in einer Fachtagung des Lehrstuhls Öffentliches Recht im Jahr 2007 diskutiert[2]

Der Planungsalltag wird zunehmend durch steigende Anforderungen aufgrund von Richtlinien auf europäischer Ebene gekennzeichnet, die in deutsches Recht überführt werden müssen. Neben den Regelungen zur Umweltprüfung haben insbes. die Regelungen des Artenschutzes zu tiefgreifenden Veränderungen der Planungslandschaft geführt mit zT erheblichen Auseinandersetzungen auf juristischer Ebene.

Die Gewährleistung von Rechtssicherheit und die Möglichkeit bzw. Gefahr der gerichtlichen Kontrolle von Planungsverfahren spielt eine zunehmende Rolle im Planungsalltag. Gerade bei komplexen Planungsaufgaben ergeben sich zahlreiche Anknüpfungspunkte für gerichtliche Auseinandersetzungen.

Die Häufigkeit von Gesetzesänderungen hat in den letzten Jahren auch im Bereich des Planungs- und Umweltrechts deutlich zugenommen. Es gibt eine hohe Fehleranfälligkeit im Planungsalltag bei der Vielzahl von Novellierungen von Gesetzen zT auch bedingt durch eine enorme Beschleunigung bei den Gesetzgebungsverfahren. Bei der Novellierung des BauGB 2017 zB hinsichtlich der Umweltprüfung wurden Umweltbelange im Gesetzestext und in der Anlage 1 nicht deckungsgleich verwendet (Beispiel Umweltbelang Menschen und Gesundheit) und bei der zeitgleichen Novellierung des UVPG nicht abgestimmt.

Manche Gesetzgebungsverfahren haben in der Vergangenheit zu Verunsicherungen im Planungsalltag geführt. Bestes Beispiel hierfür ist das beschleunigte Bauleitplanverfahren für die Entwicklung von Wohnbauflächen im Außenbereich nach § 13b BauGB. Schon im Gesetzgebungsverfahren wurden Bedenken hinsichtlich der Vereinbarkeit mit dem Europäischen Recht geäußert. Die UVP-Gesellschaft hatte bereits im Jahr 2017 diesbezüglich eine Beschwerde beim Europäischen Gerichtshof (EuGH) eingereicht, die angenommen, aber bis heute nicht behandelt

---

[2] Bunge in Spannowsky/Hofmeister Umweltprüfungen in der Bauleitplanung nach dem BauGB 2004, 63.

wurde. Durch das Urteil des Bundesverwaltungsgerichts vom 18.7.2023[3] wurde nun die Unvereinbarkeit des § 13b BauGB mit dem Europarecht festgestellt, was zu noch nicht absehbaren Konsequenzen für die Planungspraxis führen dürfte.

II. Anforderungen an die Lehre in der Raum- und Umweltplanung

Vor den oben beispielhaft genannten Problemen der Planungspraxis sind die Anforderungen an die Ausbildung von Planerinnen und Planern zu prüfen bzw. zu definieren. Die Curricula insgesamt bzw. die einzelnen Lehrangebote der verschiedenen Bildungseinrichtungen müssen den Verschiebungen von inhaltlichen und methodischen Schwerpunkten im Planungsalltag laufend angepasst werden. Dabei ergeben sich auch Veränderungen der Berufsbilder für die Studierenden.

1. Komplexität bewältigen

Zur Bewältigung der Komplexität von Planungsaufgaben heute ist multidisziplinäres und interdisziplinäres Arbeiten in der Planungspraxis unumgänglich. Das spiegelt sich auch in der Lehre der Hochschule wider, wenn verschiedene Lehrgebiete unterschiedliche Arbeiten wie Projektarbeiten, Bachelor-, Master- und Promotionsarbeiten gemeinsam betreuen. Dabei können materiell-inhaltliche, rechtliche und verfahrenstechnische Aspekte verknüpft werden, wodurch die Studierenden gute Einblicke in die Planungsprobleme erhalten.

In der Lehre an den Hochschulen muss das Interesse an der Rechtsmaterie geweckt und das Verständnis für das Ineinandergreifen von Instrumenten und Verfahren etabliert werden. Rechtssicherheit in Planungsverfahren kann nur durch Kenntnis von Planungs- und Genehmigungsverfahren und der dazugehörenden Planungs- und Umweltprüfungs-Instrumente erreicht werden. Komplexität lässt sich nicht durch Vereinfachung bewältigen, sondern erfordert Kenntnis der Materie, Ermittlung und Strukturierung der Grundlagen und Qualifikation der Akteure.

Die Vielfalt an Regelungen zB im Immissionsschutz im Umweltbereich Lärm oder bei der Umweltprüfung von Vorhaben und Plänen auf Bundes- und Länderebene erfordert umfassende und vertiefte Kenntnisse der Rechtsmaterie. Hierbei sind Kooperationen unterschiedlicher Fachrichtungen notwendig, wie sie bei Projektarbeiten in der Ausbildung von Raum- und Umweltplanern gefordert und gefördert werden. In komplexen Gesellschaften nimmt die Bedeutung von kollektiver Intelligenz und vernetztem Denken deutlich zu.

Neben der Vermittlung von Grundlagenwissen durch Vorlesungen und Seminare kommt der Projektarbeit eine wichtige Rolle bei der Bewältigung von Komplexität zu. Durch die Bearbeitung von Planungsaufgaben im Projektteam lernen die Studierenden Eigenverantwortung, Kommunikation, Interaktion und Verteilung von Aufgaben und damit Selbstorganisation, wie sie im späteren Berufsleben unabdingbar sind.

---

[3] BVerwG NVwZ 2023, 1652.

Die Vorbereitung auf den Berufsalltag durch Projektarbeiten konnte in den letzten Jahren immer wieder bestätigt werden, wenn im Laufe der Projektbearbeitung der Erkenntnisgewinn und die Zunahme an Fähigkeiten bei den Studierenden sichtbar wurden. Dieses positive Erfahren hat nun auch dazu geführt, dass der Stellenwert der Projektbearbeitung durch insgesamt drei Studienprojekte in der seit dem 6.6.2023 gültigen Prüfungsordnung im Fachbereich Raum- und Umweltplanung an der RPTU Kaiserslautern-Landau gestärkt wird.

2. *Neue Aufgaben kennenlernen*

In der Projektarbeit und bei Bachelor- und Masterarbeiten können Planungsaufgaben gestellt werden, die aktuell und von besonderer gesellschaftlicher Relevanz sind. Derzeit stellen sich neue Herausforderungen durch gesellschaftliche Prozesse wie die zunehmende Wohnungsnot, die Integration von Flüchtlingen, die Vermeidung des Klimawandels und die Anpassung an den Klimawandel, die Bewältigung der Klimakrise, der Artenschutz oder der Verlust der biologischen Vielfalt.

Bei der Kooperation vom Lehrgebiet Freiraum- und Landschaftsentwicklung in der Betreuung von Arbeiten der Studierenden mit dem Lehrstuhl Öffentliches Recht unter der Leitung von Willy Spannowsky an der RPTU Kaiserslautern-Landau konnten unterschiedliche Sichtweisen und Lösungsansätze vermittelt werden. Neben den materiell-inhaltlichen Aspekten wurden dabei immer auch die Möglichkeiten und Grenzen der Umsetzbarkeit durch die planerischen Instrumente in den jeweiligen Planungs- und Genehmigungsverfahren vermittelt.

Ein wesentlicher Aspekt der Lehre ist die Sensibilisierung für gesellschaftliche Prozesse und Konflikte und die Suche nach planerischen Lösungen. Hierbei kommt der partizipativen Planung eine wachsende Bedeutung zu. Teilhabe einer breiten Öffentlichkeit an planerischen Aufgaben kostet Zeit und ist organisatorisch aufwendig, letztlich führt sie aber zu größerem Verständnis für möglicherweise notwendige Kompromisse und ggf. zu mehr Akzeptanz von Lösungen in der Bevölkerung.

Der partizipatorische Ansatz kann in der Lehre sehr gut im Rahmen von Projektarbeiten trainiert werden, indem die Studierenden sich selbst organisieren, ihre Aufgaben verteilen und unterschiedliche Meinungen oder Lösungsvorschläge diskutieren und die Lehrpersonen die Rolle von Coaches übernehmen. Daher ist die Projektarbeit eine geeignete Lehrform zur Vorbereitung auf die spätere Berufspraxis.

Für die Rechtssicherheit planerischer Verfahren spielt die Kenntnis der Rechtsmaterie eine große Rolle. Hierbei müssen die verschiedenen rechtlichen Regelungen auf den unterschiedlichen planerischen Ebenen und in den einzelnen Fachgesetzen bekannt sein. Schwierig ist es heute, einen Überblick über die Vielzahl rechtlicher Regelungen zu haben. Allein das Baugesetzbuch wurde innerhalb von 12 Monaten zwischen 2022 und 2023 dreimal aktualisiert, u. a. auch durch neue Richtlinien aus der Europäischen Union (zB Notfallverordnung zur Beschleunigung der Planung und Genehmigung von Vorhaben der Erneuerbaren Energien).

Besonders bei Bestrebungen zur Beschleunigung von Planungs- und Genehmigungsverfahren, wie sie durch das Erneuerbare Energien-Gesetz aus dem Jahr 2022 (BGBl. S. 1325) und das Gesetz zur Erhöhung und Beschleunigung des Ausbaus von Windenergieanlagen an Land von 2023 (BGBl. I Nr. 28) verabschiedet wurden, ist die Kenntnis von möglichen Fallstricken bedeutsam. Hier gilt es die Voraussetzungen für mögliche Beschleunigungen im Einzelfall sorgsam zu prüfen (zB wenn Umfang und Detaillierungsgrad einer Umweltprüfung für die Ausweisung von Flächen für die Windenergie, die auf der Regionalplanungsebene durchgeführt wurde, uU nicht den Anforderungen einer Umweltprüfung auf der Zulassungsebene für einzelne Windkraftanlagen entsprechen). Bei zunehmender Regelungsdichte für Ausnahmen steigt der Prüfungsbedarf im Einzelfall.

Beim UVPG stellt das sog. Screening, also die Feststellung der UVP-Pflicht uU eine große Herausforderung dar, zB bei der zweistufigen standortbezogenen oder der allgemeinen Vorprüfung oder bei der Frage der Kumulation von Vorhaben und kumulierenden Wirkungen. Hier lauern viele Fallstricke und auch der aktuell vorliegende Entwurf zur Verwaltungsvorschrift für das UVPG[4] liefert wenig Hilfestellung für die Anwendung in der Praxis.

Im BauGB wurde mit dem vereinfachten Verfahren nach § 13, dem beschleunigten Verfahren im Innenbereich nach § 13a oder dem beschleunigten Verfahren im Außenbereich nach § 13b, der im Jahr 2023 durch Urteil des Bundesverwaltungsgerichts[5] gekippt wurde, zT sehr unterschiedliche Prüfungsanforderungen gestellt, die Sorgfalt und somit Zeit erfordern[6], was in vielen Fällen nicht immer zur Beschleunigung beiträgt.

Bei der Beschleunigung von Planungsverfahren wird in der Praxis leicht übersehen, dass der Verzicht auf eine Umweltprüfung für Bebauungspläne der Innenentwicklung im vereinfachten oder beschleunigten Verfahren nicht unbedingt zur Reduzierung der Inhalte und damit des Arbeitsaufwandes führt. Die Berücksichtigung der Umweltbelange nach § 1 Abs. 6 Nr. 7 BauGB ist grundsätzlich für alle Bauleitpläne zu beachten und in die Abwägung einzustellen, also auch für die nach dem § 13 BauGB vereinfachten oder beschleunigten Verfahren. Wenn es keinen Umweltbericht wegen Verzichts auf die Umweltprüfung gibt, stellt sich die Frage, woher die materiellen Inhalte kommen, die in die Abwägung einzustellen sind.

III. Erfahrungen in der Lehre an der RPTU Kaiserslautern-Landau

Komplexe Aufgaben erfordern häufig einen interdisziplinären Ansatz. Somit kommt dem Austausch verschiedener Lehrgebiete an der Universität untereinander und der gemeinsamen Betreuung von Arbeiten der Studierenden eine zentrale Bedeutung zu.

---

[4] Entwurf einer Allgemeinen Verwaltungsvorschrift zur Ausführung des Gesetzes über die Umweltverträglichkeitsprüfung (UVPVwV 2023).

[5] BVerwG NVwZ 2023, 1652.

[6] Vgl. Jaeger in Spannowsky/Hofmeister Umweltprüfungen und Verfahrenserleichterungen in der städtebaulichen Planung und Raumordnungsplanung, 85.

1. *Kennenlernen von Rechtsproblemen*

Zentrale Bedeutung für die Rechtssicherheit von Planungen und Planungsverfahren sind die Ermittlung von Grundlagen (zB beim Lärm die Prognosen der Verkehrsmengen und die geeigneten Berechnungsmethoden), die Bewertung der Auswirkungen (zB die Lärmbelastung von empfindlichen Nutzungen) und die Abwägung der verschiedenen Belange. Diese Fähigkeiten müssen Gegenstand der Ausbildung von Raum- und Umweltplanern an der Universität sein.

In der Kooperation des Lehrstuhl Öffentliches Recht zB mit dem Lehrgebiet Freiraum- und Landschaftsentwicklung an der RPTU Kaiserslautern – Landau konnten vielfältige aktuelle Aufgabenstellung wie die Unterbringung von Flüchtlingen, die Lärmaktionsplanung, die Planung in ungeordneten Gemengelagen oder in hochwassergefährdeten Gebieten und insbes. in letzter Zeit die Vermeidung des Klimawandels oder die Anpassung an den Klimawandel von Studierenden in Masterprojekten oder Masterarbeiten bearbeitet werden.

Die Sensibilisierung der Studierenden für die Rechtsmaterie und mögliche Probleme bei der Umsetzung von Planungen kann neben der formalen Lehre an der Hochschule auch außerhalb der Universität vermittelt werden. Beispiele hierfür sind der Besuch von Gremiensitzungen wie technischen Ausschüssen in Kommunen oder Sitzungen bei einem Regionalverband, die Teilnahme an Scoping-Terminen oder Erörterungsveranstaltungen bei Planfeststellungsverfahren von Infrastrukturvorhaben.

Wichtige Erfahrungen können auch durch einen Besuch bei gerichtlichen Verhandlungen zB am Verwaltungsgerichtshof (VGH) Mannheim bei Terminen vermittelt werden, in denen es um Klagen beispielsweise gegen Regionalpläne oder Bebauungspläne geht. Bei verschiedenen Besuchen der Studierenden der RPTU Kaiserslautern -Landau im VGH in Mannheim in den letzten Jahren standen unterschiedliche Themen im Fokus wie unzureichende Festsetzungen zum Lärmschutz in einem Bebauungsplan oder Einschränkungen der kommunalen Planungshoheit einer Gemeinde durch naturschutzrechtliche Ausgleichsmaßnahmen für Planungen der Deutschen Bahn im Zusammenhang mit dem Projekt Stuttgart 21 oder Lärmimmissionen in ungeordneten Gemengelagen in einem Baugebiet.

Es gab verschiedene Gelegenheiten für einen Besuch auch gemeinsam mit Vertretern des Lehrstuhls Öffentliches Recht bei Verhandlungen am Verwaltungsgerichtshof (VGH) in Mannheim, bei denen anschließend an die Verhandlung sowohl mit den Richtern diskutiert und Fragen gestellt als auch vertiefende Diskussionen intern mit den Studierenden im Anschluss an der RPTU geführt werden konnten.

Bei dem letzten Besuch am VGH im November 2022 hat der Vorsitzende Richter zu Beginn der Verhandlung darauf hingewiesen, dass es im Kern der Verhandlung um Ermittlung, Bewertung und Abwägung gehen würde. Das war ein wichtiger Hinweis für die Studierenden für ihre planerische Tätigkeit, die sich im Planungs- und Genehmigungsverfahren u. a. mit diesen Aspekten auseinandersetzen müssen.

Schon zu Beginn jeder planerischen oder gutachterlichen Tätigkeit ist der Ermittlung von Grundlagen hohe Aufmerksamkeit zu widmen. Dabei spielen die

Aspekte Aktualität, Vollständigkeit sowie Problem- und Raumangemessenheit der zu ermittelnden Grundlagen eine zentrale Rolle. Die Bewertung von Auswirkungen eines Vorhabens auf Umweltbelange oder Schutzgüter muss neben der Empfindlichkeit gegenüber projektspezifischen Wirkungen auch deren Bedeutung sowie Vorbelastung berücksichtigen. Im Zentrum der fachlichen oder politischen Entscheidung im Genehmigungsverfahren steht die Abwägung, in der die unterschiedlichen Belange einander gegenübergestellt und untereinander abgewogen werden müssen. Die Grundlagen für die Abwägung und der Prozess im Vorfeld eines Beschlusses bzw. einer Entscheidung müssen nachvollziehbar dokumentiert werden[7]. Hier kann ein Umweltbericht als zusammenfassende Grundlage dienen[8]. Für die Nachvollziehbarkeit bei der Abwägung[9] kann neben der Prüfung der Vollständigkeit der zu betrachtenden Belange auch eine Plausibilitätsprüfung sinnvoll sein[10].

Die Anforderungen an räumliche Planungen sind durch die gesetzlichen Regelungen zur Umweltprüfung sowohl nach UVPG als auch nach dem BauGB immer wieder konkretisiert und erweitert worden. Da der Umweltbericht Teil der Begründung eines Bauleitplans ist, können Mängel und Fehler im Umweltbericht erhebliche Folgen für die Rechtssicherheit eines Planes haben.[11] Für die Vorbereitung der Entscheidung über einen Plan kann dabei auch die Alternativenprüfung[12] auf der Planungsebene des Flächennutzungsplans (Standortalternativen)[13] eine große Rolle spielen.

Der Besuch beim VGH verdeutlicht den Studierenden die Notwendigkeit zur gewissenhaften Bearbeitung, zu präziser Ausdrucksweise, zur Beachtung der Vollständigkeit und zur Prüfung von Plausibilität sowie die explizite Beachtung von Formalia und Regularien. Inhaltliche und formale Mängel oder Fehler können einen Anlass zur Normenkontrolle und ggf. zur anschließenden Aufhebung eines Rechtsplans liefern, wobei der Fehlerbehebung und der Planerhaltung uU Grenzen gesetzt sind.[14]

---

[7] Vgl. Spannowsky in Spannowsky/Hofmeister Die Abwägung – das Herzstück der räumlichen Planung, 127.

[8] Vgl. Koch, in Spannowsky/Hofmeister Die Abwägung – das Herzstück der räumlichen Planung, 41 (41 ff.).

[9] Vgl. Koch, in Spannowsky/Hofmeister Die Abwägung – das Herzstück der räumlichen Planung, 41.

[10] Vgl. Koch uvp-report 34, 24.

[11] Vgl. Birk in Spannowsky/Hofmeister Rechtsverstöße bei städtebaulichen Planungen – Beachtlichkeit, Heilung und Nichtigkeit, 75.

[12] Vgl. Spannowsky in Spannowsky/Hofmeister Umweltprüfungen in der Bauleitplanung nach dem BauGB 2004, 87.

[13] Vgl. Koch in Spannowsky/Hofmeister Umweltprüfungen in der Bauleitplanung nach dem BauGB 2004, 109.

[14] Vgl. Stüer in Spannowsky/Hofmeister Rechtsverstöße bei städtebaulichen Planungen – Beachtlichkeit, Heilung und Nichtigkeit, 39.

2. *Die Universität als Forum*

Lehre und Forschung sind Kernaufgaben der Universitäten. Forschung stellt sich der Beantwortung offener Fragen in den Wissenschaften und ihrer Anwendung in der Praxis und sucht nach Lösungsansätzen für die Problembewältigung. Bei den vielfältigen Fragestellungen des Planungsalltags mit sich ständig erneuernden Aufgabenstellungen werden die Anforderungen an die Rechtsmaterie laufend neu formuliert. Die Forschung liefert somit einen Blick in die Zukunft, sie kann durch Einbindung in die universitäre Lehre einen Einblick in aktuelle Diskussionen liefern und die Studierenden sensibilisieren für offene Fragen und notwendige Weiterentwicklungen von Planungs- und Prüfungsinstrumenten und der entsprechenden Genehmigungs- und Zulassungsverfahren.

An der RPTU Kaiserslautern – Landau hat der Lehrstuhl Öffentliches Recht unter Leitung von Willy Spannowsky jährlich Fachtagungen zu unterschiedlichen aktuellen Rechtsproblemen organisiert, bei denen Wissenschaftler von unterschiedlichen Einrichtungen ihre Sichtweise auf bestimmte Problemstellungen zur Diskussion gestellt haben.

Die auf den Fachtagungen behandelten Themen wie Konflikte mit der Landwirtschaft bei der Planung von Erneuerbare-Energien-Anlagen (2023), Baulandmobilisierung (2022), Umweltprüfungen und Verfahrenserleichterungen in der städtebaulichen Planung und Raumordnungsplanung (2019), Niederschlagswasserversickerung und Starkregen (2021), Schutz vor Luftschadstoffen und Lärm (2018) oder Naturschutzrechtliche Anforderungen an die Bauleitplanung (2016) zeigen das große Spektrum der betrachteten Fragestellungen in der Stadtentwicklung, der Bauleit- und Raumordnungsplanung, mit denen sich die Fachwelt auseinandersetzen muss.

Den Studierenden des Fachbereichs Raum- und Umweltplanung konnten durch die Teilnahme an diesen Fachtagungen wertvolle Informationen vermittelt werden. Sie konnten verschiedene Forschungsansätze kennenlernen und in den Diskussionen ihre eigenen Sichtweisen und Positionen prüfen bzw. hinterfragen und erweitern.

Mit diesen Fachtagungen bietet der Lehrstuhl Öffentliches Recht ein vielfältiges Forum, das über die eigene Universität in die Fachwelt und die Öffentlichkeit ausstrahlt, insbes. durch die anschließende Veröffentlichung der Vorträge in Tagungsbänden.

IV. Ausblick

Für die spätere Praxis ist zu betonen, dass die Vermittlung von gesetzlichen Grundlagen im Studium der Raum- und Umweltplanung keine Rechtsberatung bei späteren Verfahren ersetzen kann. Die Gefahr von Klagen gegen Pläne nimmt mit der Komplexität der Planungsaufgaben zu. Daher ist eine frühzeitige Rechtberatung sowohl den Auftraggebern als auch den Planern und Gutachtern bei komplexen Aufgaben anzuraten. Für die Absolventen ist es daher wichtig, dass sie ihre eigenen Fähigkeiten einschätzen können und ihre Grenzen kennen lernen.

Ich selber habe sehr viel gelernt in der angenehmen und fruchtbaren Zusammenarbeit mit Willy Spannowsky und seinem Team an der Rheinland-Pfälzischen Technischen Universität Kaiserslautern – Landau und hoffe, dass unsere Absolventinnen und Absolventen eine solide Basis für die Berufspraxis erhalten haben und weiterhin erhalten!

B. PLANUNG RAUMBEDEUTSAMER INFRASTRUKTUREN

PETER RUNKEL

„Bund und Länder wirken … konstruktiv zusammen"[1] – Zum Verhältnis von Raumordnungsplanungen der Länder zu den Infrastrukturplanungen des Bundes

I. Zum Wirken von Willy Spannowsky als Mittler zwischen Theorie und Praxis sowie als Ansporn für diesen Beitrag

Professor Dr. Willy Spannowsky hat über Jahrzehnte hinweg Planungs- und Umweltrecht an der Rheinland-PfälzischenTechnischen Universität Kaiserslautern-Landau gelehrt. Seine Studenten waren in der Regel keine angehenden Juristen, sondern Planer verschiedener Fachrichtungen. Ihnen musste das komplexe und häufig nur historisch zu erklärende Umwelt- und Planungsrecht verständlich gemacht und dazu auf seine Grundzüge reduziert werden. Wo der Jurist sich gerne mit Details befasst, galt es für Willy Spannowsky, die Grundlagen der Umweltplanungen herauszuarbeiten.[2] In zahlreichen Aufsätzen hat er sich darüber hinaus zu Fragen geäußert, die an ihn aus Städten, Gemeinden und Planungsverbänden herangetragen worden sind und zu denen er sich stets um praxisgerechte Lösungen bemüht hat.[3] Dies nimmt sich der Verfasser als Ansporn, zentrale Fragen des Verhältnisses der Raumordnungsplanungen der Länder zu den raumbedeutsamen Infrastrukturplanungen des Bundes aufzuzeigen und zu möglichst klaren Antworten zu gelangen. Wem das an einzelnen Stellen zu holzschnittartig und nicht differenziert genug erscheint, der sei auf die ausführlicheren Kommentierungen zusammen mit dem Geehrten verwiesen.[4]

II. Auftrag, Träger und Besonderheiten der Planungsarten

Die Konflikte zwischen Gesamtplanung durch Raumordnung und den raumbedeutsamen Fachplanungen beruhen zumeist auf den unterschiedlichen Aufträgen und Trägern der Planungen sowie – daraus abgeleitet – deren Interessen. Sie lassen sich häufig unter regionale und überregionale Interessen subsumieren, die insbesondere dann nicht deckungsgleich sind, wenn eine Region einen überproportionalen Beitrag zu einer gesamtstaatlichen Zielsetzung leisten soll.

---

[1] § 3a Abs. 1 NABEG.

[2] Zuletzt Spannowsky Rechtliche Grundlagen der Umweltplanung – Raumordnungsrecht, Energierecht, Klimaschutz.

[3] Siehe das umfangreiche Schrifttumsverzeichnis in dieser Festschrift.

[4] BRS Raumordnungs- und Landesplanungsrecht des Bundes und der Länder; SRG ROG.

1. *Raumordnungsplanung*

§ 1 Raumordnungsgesetz (ROG) umschreibt als Aufgabe der Raumordnungspläne, den Gesamtraum der Bundesrepublik Deutschland und seine Teilräume (Länder und Regionen) zu entwickeln, zu ordnen und zu sichern. Dazu sollen unterschiedliche Anforderungen an den Raum aufeinander abgestimmt und die auf der jeweiligen Planungsebene auftretenden Konflikte ausgeglichen sowie Vorsorge für einzelne Nutzungen und Funktionen des Raums getroffen werden. Dabei werden die Anforderungen an den Raum sowie die Nutzungen und Funktionen des Raums nur in Form allgemeiner Grundsätze benannt.[5] Diese sind für den jeweiligen Planungsraum im Sinne einer Gesamtplanung zu konkretisieren, soweit dies erforderlich ist.[6] Die Vielfältigkeit von Anforderungen, Nutzungen und Funktionen sind in einem begrenzten Raum zu einem Konzept in Form eines Rechtsplans zusammen zu führen. Wie ein solcher Plan inhaltlich aussehen soll, dazu enthält das Gesetz in § 1 Abs. 2 ROG nur die recht offene Leitvorstellung einer nachhaltigen Raumentwicklung. Der inhaltlichen Offenheit der Pläne und Planinhalte[7] stehen strikte Verfahrensvorgaben zur Umweltprüfung, Beteiligung und Bekanntmachung[8] gegenüber.

2. *Raumbedeutsame Infrastrukturplanungen*

Der Begriff der raumbedeutsamen Fachplanungen bzw. Infrastrukturplanungen ist gesetzlich nicht definiert. Hier soll er eingeschränkt auf die Planung der raumbedeutsamen technischen Infrastruktur verwandt werden. Diese tritt sowohl als Netzinfrastruktur auf, bei der die einzelnen Teile physisch miteinander verbunden sind, so dass ein Netz entsteht, wie bei Straßen oder Fernleitungen, als auch als Punktinfrastruktur, die sich auf einen Standort konzentriert, auch wenn dieser vielfältig durch weitere Infrastrukturen angebunden ist, wie ein Flug- oder Seehafen. Träger dieser Infrastrukturen ist zum Teil der Staat (Bund, Länder, Kreise, Gemeinden) wie bei Straßen, zum Teil aber auch Personen des Privatrechts, wie bei Fernleitungen zum Transport von Strom, Öl oder Gas.

Exemplarisch seien hier die Höchstspannungsleitungen nach dem Netzausbaubeschleunigungsgesetz Übertragungsnetz (NABEG)[9] herausgegriffen. Das Gesetz findet nur auf eine bestimmte Anzahl genau festgelegter länderübergreifender und grenzüberschreitender Leitungen Anwendung. Es soll deren beschleunigtem Ausbau dienen. Durch die Bundesfachplanung werden für diese Leitungen Trassenkorridore bestimmt, die Grundlage für die nachfolgenden Planfeststellungsverfahren sind.[10] Nach der Bedarfsfeststellung durch Gesetz erfolgt die raumbedeutsame Planung zweistufig – im Sinne einer Grob- und Feinplanung. Die Fachplanung hat

---

[5] § 2 Abs. 2 ROG.
[6] § 2 Abs. 1 ROG.
[7] § 13 Abs. 5 ROG.
[8] §§ 8 bis 10 ROG.
[9] Gesetz vom 28.7.2011 (BGBl. I 1690), zuletzt geändert durch Art. 7 des Gesetzes vom 22.3.2023 (BGBl. I 2023 Nr. 88).
[10] §§ 1 und 4 NABEG.

also einen begrenzten Auftrag für zentrale Trassen der Stromversorgung, den sie in festgelegten Verfahren abarbeiten soll. Das NABEG von 2011 wurde inzwischen 15-mal geändert, davon mehrere Male grundlegend.[11] Eine Beschleunigung der Verfahren trat bisher offenbar nur beschränkt ein; die Gründe hierfür liegen aber eher außerhalb des Rechts, wie der politisch veranlasste Wechsel von Freileitungen zu Erdkabeln – und das während laufender Planungsverfahren. Die anderen, nicht unter das NABEG fallenden Stromleitungen werden nach wie vor durch die Länder geplant, zum Teil durch Bestimmung der Trassenkorridore als festgelegte Ziele in einem Raumordnungsplan und ein anschließendes Planfeststellungsverfahren nach Landesrecht.

3. Fachliche Teilraumordnungspläne

Nicht für jede raumbedeutsame technische Infrastruktur gibt es eine Fachplanung oder gar ein zweistufiges räumliches Planungssystem aus Grob- und Feinplanung. Dies gilt zum Beispiel für die Nutzung der Windenergie an Land. Diese war bisher kraft Baugesetzbuch im Außenbereich privilegiert zulässig,[12] aber durch Gesamtplanungen, wie der gemeindlichen Flächennutzungsplanung oder Bebauungsplanung sowie der Regionalplanung, räumlich steuerbar im Sinne einer Konzentrationsplanung.[13] Diese räumliche Konzentrationsplanung, die ursprünglich dazu gedacht war, die generelle Privilegierung der Anlagen im Außenbereich räumlich zu steuern,[14] sofern auf Grund der Planungen den Anlagen der Windenergienutzung noch substanzieller Raum blieb,[15] hat den Gesamtplanungen (gemeindliche Bauleitplanung und Raumordnungsplanung) die zusätzliche Aufgabe einer Fach- und Grobplanung zugewiesen. Sie haben sich dazu zumeist der Instrumente des sachlichen Teilflächennutzungsplans[16] bzw. der sachlichen Teilpläne der Raumordnung[17] bedient. Der Unterschied zwischen diesen fachlichen Teilplänen der Gesamtplanungen und den Grobplänen der Fachplanungen wie den Linienbestimmungen im Fernstraßenbau[18] oder der Bundesfachplanung bei bestimmten Höchstspannungsleitungen liegt vor allem darin, dass die Planer und Entscheider nicht nur einer fachlichen Aufgabe verpflichtet sind, sondern alle Anforderungen, Nutzungen und Funktionen an und in dem Raum grundsätzlich gleichwertig im Blick haben und ihre Teilplanungen eingebettet in das räumliche Gesamtplanungskonzept vornehmen.

---

[11] BGBl. I 2019 706; BGBl. I 2021 298; BGBl. I 2022 1214; BGBl. I 2022 1726.
[12] § 35 Abs. 1 Nr. 5 BauGB.
[13] § 35 Abs. 3 S. 3 BauGB.
[14] Spannowsky NuR 2013, 773 (773ff.).
[15] BVerwG 12.5.2016 – 4 BN 49/15.
[16] § 5 Abs. 2b BauGB.
[17] § 7 Abs. 1 S. 3 ROG; Kment EurUP 2021, 191 (191ff.).
[18] § 16 FStrG.

4. *Träger der Planung*

Viele Konflikte zwischen Gesamtplanung und Fachplanung beruhen auf den unterschiedlichen Aufgaben und Interessen der Träger der Planungen. Bei der Gesamtplanung auf regionaler Ebene kommt hinzu, dass die Länder hinsichtlich der Trägerschaft unterschiedliche Systeme etabliert haben. Grob kann man zwischen staatlichen und kommunal verfassten Trägern – mit vielen Zwischenformen – unterscheiden.[19] Die Verfasstheit der Träger hat auch Auswirkungen auf die Kontrollrechte der Aufsichtsbehörden und die Frage, wie eigenständig die Träger der Planung ihren Plan in Kraft setzen können. Die Stichworte hierzu lauten: nur Rechtsaufsicht oder zusätzlich auch Fachaufsicht sowie nur Anzeige der Pläne zur Rechtskontrolle mit Fristsetzung oder Genehmigungspflicht der Pläne.[20]

Die kommunale Verfasstheit der Regionalplanung birgt Vor-, aber auch Nachteile. Von Vorteil ist, dass die Planung stärker in der Region verankert ist. Von Nachteil kann sein, dass regionale, besonders aber kommunale Interessen ein größeres Gewicht gegenüber landes- oder bundesweiten Interessen erhalten. Ein Land kann seine Interessen auch bei einer nur auf Rechtsfragen beschränkten Aufsicht dadurch sichern, dass es im landesweiten Raumordnungsplan den Regionen entsprechende Ziele vorgibt. Beachtet ein Regionalplan ein solches Ziel nicht, kann die Rechtsaufsicht einschreiten. Dem Bund steht diese Möglichkeit nicht zu Gebote, da es ihm an der Kompetenz für einen bundesweiten Raumordnungsplan fehlt.[21] Er ist daher versucht, seine Interessen auf anderem Wege durchzusetzen.

Die Träger der Fachplanung sind entweder Fachbehörden oder Private, je nachdem, ob es sich um eine öffentliche oder private Infrastruktur handelt. Die Rechtsakte der Fachplanung, sei sie zweistufig wie beim NABEG (Bundesfachplanung und Planfeststellung im Sinne einer nachvollziehenden Planung) ergehen auch bei privaten Infrastrukturen durch öffentliche Stellen, im Fall des NABEG durch die Bundesnetzagentur[22]. Dieser sind 2011 erstmals die Zuständigkeit für bestimmte „Autobahnen des Stromnetzes" zugewiesen worden.[23] Die Zuständigkeit für diese Ländergrenzen und Staatsgrenzen überschreitenden Leitungen lag zuvor bei den Ländern, was zu Abstimmungsschwierigkeiten und damit Verzögerungen geführt hatte.

5. *Den Fachplanungen vorgeschaltete Bedarfs- und Investitionsplanungen*

Den staatlichen Infrastrukturplanungen sind zumeist Bedarfsplanungen und Investitionsplanungen vorgeschaltet, die auf Bundesebene in Form eines Gesetzes erfolgen.[24] Besonders ausgeprägt ist dies bei den Infrastrukturen Straße und Schiene mit Bundesverkehrswegeplan (Straßen und Schiene) und den nach Sparten ge-

[19] Grotefels in Kment Raumordnungsgesetz und Landesplanungsrecht § 13 Rn. 49.
[20] Grotefels in Kment Raumordnungsgesetz und Landesplanungsrecht § 13 Rn. 54.
[21] Runkel FS Erbguth, 2019, 265 (265ff.).
[22] § 5 NABEG.
[23] Gesetz vom 28.7.2011 (BGBl. I 1690).
[24] § 1 Abs. 2 FStrAbG: „Die in den Bedarfsplan aufgenommenen Bau- und Ausbauvorhaben entsprechen den Zielsetzungen des § 1 Abs. 1 Bundesfernstraßengesetz".

trennten Ausbaugesetzen mit den jeweiligen Bedarfsplänen[25]. Daraus werden dann Investitionspläne entwickelt, die die Grundlage für die Aufstellung der Straßenbaupläne nach Art. 3 des Straßenbaufinanzierungsgesetzes bilden.

6. Zeiträume der Planungen

Die Aufstellung von Raumordnungsplänen als Gesamtplanung mit ihren verschiedenen Verfahrensschritten und Kompromissfindungen benötigt viel Zeit. Umso größer ist das Interesse der Planungsträger, dass ein einmal in Kraft getretener Plan möglichst lange Geltung behält, um Wirkung zu entfalten. Die Planungen sind mittelfristig (20 Jahre) angelegt.[26] Zwar bestimmt § 7 Abs. 8 ROG, dass Raumordnungspläne mindestens alle 10 Jahre zu überprüfen sind, ohne allerdings Art und Tiefe der Überprüfung näher zu bestimmen oder Rechtsfolgen an eine unterlassene Prüfung zu knüpfen. Die Praxis dürfte auf sich ändernde Anforderungen der Fachplanungsträger eher mit Zielabweichungen (Befreiungen) oder punktuellen Planänderungen reagieren, als die Grundkonzeption des Plans einer eingehenden Überprüfung zu unterziehen. Die Rechtsprechung setzt bisher einem in die Jahre gekommenen Plan nur dort Grenzen, wo seine Verwirklichung aufgrund tatsächlicher oder rechtlicher Entwicklungen auf unabsehbare Zeit offenkundig ausgeschlossen ist, und erklärt einen solchen Plan für funktionslos.[27] Aber auch ein solcher ganz oder in Teilen funktionslos gewordener Plan ist in einem besonderen Verfahren aufzuheben, da nach wie vor der Rechtsschein für seine Gültigkeit spricht.[28]

Anders verhält es sich bei förmlichen Fachplanungen. Zwar wird auch bei diesen Planungen häufig beklagt, dass die Verfahren zu lange dauern und auch deren Realisierung nach Abschluss der Planung nur schleppend erfolgt. Doch gelten die einzelnen Rechtsakte des Fachplanungsrechts nicht, bis sie obsolet geworden sind, sondern sie sind zeitlich idR auf 10 Jahre befristet mit einmaliger Verlängerungsmöglichkeit um 5 Jahre.[29] Die mittelfristige Entwicklungssicht der Raumordnung und der kurzfristige Realisierungsdruck der Fachplanungen sind mit ein Grund für viele Konflikte.

III. Das Abwägungsgebot als tragendes Element beider Planungsarten

Das Bundesverwaltungsgericht hat – zunächst im Bauplanungsrecht – das materielle Abwägungsgebot als Ausfluss des Verhältnismäßigkeitsgrundsatzes mit Verfassungsrang in den Mittelpunkt der Planungen gestellt und ihm Struktur gegeben,[30] sowie in einem zweiten Schritt diese Struktur auf das Fachplanungsrecht übertra-

---

[25] Bundesschienenwegeausbaugesetz und Fernstraßenausbaugesetz.

[26] § 7 Abs. 1 S. 1 ROG; Runkel in SRG ROG § 7 Rn. 7.

[27] BVerwG 29.4.1977 – IV C 39.75; BVerwG 7.2.2005 – 4 BN 1.05.

[28] Jetzt geregelt in § 9 Abs. 5 S. 2 ROG.

[29] ZB § 15 Abs. 2 NABEG: Die Entscheidung der Bundesfachplanung ist auf 10 Jahre befristet und kann um 5 Jahre verlängert werden.

[30] BVerwGE 34, 301 (301 ff.); BVerwGE 45, 309 (309 ff.); BVerwGE 48, 56 (56 ff.).

gen,[31] ohne dessen Besonderheiten im Sinne einer nachvollziehenden Abwägung außer Acht zu lassen. Zwischen der primären Abwägung bei Planungen nach BauGB und ROG sowie der nachvollziehen Abwägung in den Planfeststellungen des Fachplanungsrechts bestehen zwar erhebliche tatsächliche Unterschiede, nicht aber in deren rechtlicher Beurteilung und Überprüfung. Auch das raumordnerische Planungsrecht kennt im Übrigen nachvollziehende Abwägungen von Fachplanungen, so wenn § 7 Abs. 4 ROG vorschreibt, dass Raumordnungspläne auch Festlegungen zu raumbedeutsamen Planungen von öffentlichen Stellen enthalten sollen, die zur Koordinierung von Raumansprüchen erforderlich sind.

Das Bundesverwaltungsgericht fasst seine bisherige Rechtsprechung wie folgt zusammen: „Das Abwägungsgebot verlangt, dass – erstens – eine Abwägung überhaupt stattfindet, dass – zweitens – in die Abwägung an Belangen eingestellt wird, was nach Lage der Dinge in sie eingestellt werden muss, und dass – drittens – weder die Bedeutung der öffentlichen und privaten Belange verkannt, noch der Ausgleich zwischen ihnen in einer Weise vorgenommen wird, die zur objektiven Gewichtung einzelner Belange außer Verhältnis steht. Innerhalb des so gezogenen Rahmens wird das Abwägungsgebot nicht verletzt, wenn sich die zur Planung ermächtigte Stelle in der Kollision zwischen verschiedenen Belangen für die Bevorzugung des einen und damit notwendig für die Zurückstellung eines anderen entscheidet.“[32]

1. *Ermittlung der Flächenbedarfe*

In einem ersten Schritt sind somit die Belange, die für die Abwägung von Bedeutung sind, zu ermitteln.[33] Die Ermittlung der raumbedeutsamen Bedarfe kann durch den Träger der Raumordnungsplanung entlang der gesetzlichen Grundsätze des § 2 Abs. 2 ROG entweder eigenständig erfolgen oder anhand der von Dritten im Beteiligungsverfahren angemeldeten Bedarfe.

Auf der Ebene der Raumordnungsplanung ist das Abwägungsmaterial dadurch eingegrenzt, dass es auf der jeweiligen Planungsebene – Land oder Region – erkennbar und von Bedeutung sein muss.[34] Um an die dafür notwendigen Informationen zu gelangen, hat der Gesetzgeber die Pflicht zur Unterrichtung und Beteiligung der öffentlichen Stellen bei der Planaufstellung um eine Obliegenheit für diese Stellen ergänzt. Danach sind die öffentlichen Stellen zugleich aufzufordern, Aufschluss über diejenigen von ihnen beabsichtigten oder bereits eingeleiteten Planungen und Maßnahmen sowie über deren zeitliche Abwicklung zu geben, die für die Planaufstellung bedeutsam sein können. Gleiches gilt für ihnen vorliegende Informationen, die für die Ermittlung und Bewertung des Abwägungsmaterials zweckdienlich sind.[35]

Für Fachplanungsträger dürften sich daraus vor allem Probleme hinsichtlich der beabsichtigten Planungen und Maßnahmen und der Frage ergeben, welchen inter-

[31] BVerwG 12.3.1985 – 4 C 15/83; BVerwG. 12.7.1987 – 4 C 40/83.
[32] BVerwG 10.11.2022 – 4 A 16/20.
[33] § 2 Abs. 3 BauGB.
[34] § 7 Abs. 2 S. 1 ROG.
[35] § 9 Abs. 1 S. 2 u. 3 ROG.

nen Abstimmungs- und Konkretisierungsstand die Planungen und Maßnahmen haben müssen, um sie der Raumordnungsstelle mitzuteilen. Für einen Fachplanungsträger mit etablierter Bedarfsplanung dürfte gelten, dass er neben den Inhalten des Bedarfsplans auch die sich konkret abzeichnenden Fortschreibungen mitzuteilen hat.

Die im Beteiligungsverfahren geltend gemachten Flächenbedarfe prüft der Träger der Raumordnungsplanung insbesondere nach den ihnen zugrunde liegenden Annahmen und Prognosen.[36] Dies gilt zB für die vorsorgende Sicherung sowie die geordnete Aufsuchung und Gewinnung von standortgebundenen Rohstoffen wie Sand und Kies. Meldet eine Gemeinde einen Siedlungsflächenerweiterungsbedarf aufgrund zunehmender Bevölkerung oder wachsender Wirtschaft an, ist neben dem Bedarf zusätzlich deren Deckung im Rahmen einer gemeindlichen Innenentwicklung zu prüfen.[37]

Anders verhält es sich beim Flächenbedarf von Fachplanungen des Bundes, insbesondere wenn dieser durch Bundesgesetz festgestellt worden ist. Dann gilt der Bedarf für die im Gesetz aufgeführten raumbedeutsamen Planungen und Maßnahmen des Fachplanungsträgers im Sinne einer Planrechtfertigung als festgestellt.[38] Er kann vom Träger der Raumordnungsplanung nicht durch Abwägung, sondern nur auf dem Rechtsweg in Frage gestellt werden, weil die Verwerfungskompetenz von Bundesrecht in der ausschließlichen Zuständigkeit des Bundesverfassungsgerichts liegt. Seine Abwägungsmöglichkeiten sind durch die bundesgesetzliche Bedarfsfeststellungen daher deutlich eingeengt.

2. *Bewertung der Flächenbedarfe*

Sind die zu berücksichtigenden Belange der Fachplanungsträger auf diesem Wege ermittelt, müssen sie in die Abwägung eingestellt und bewertet sowie anschließend gegeneinander und untereinander abgewogen werden. Bei dieser Bewertung sind zunächst alle Belange grundsätzlich gleichwertig; ihre besondere Bedeutung erhalten sie aus der konkreten räumlichen Planungssituation und der Konzeption des Plangebers für den Plan.[39] Dabei hat der Plangeber einen gewissen Entscheidungsspielraum, dem rechtlich Schranken insbesondere in Form von Fehlgewichtungen und von Willkür gesetzt sind.[40] Dabei kommt der Begründung zum Plan eine besondere Bedeutung zu. Diese muss nachvollziehbar belegen, welche Gründe für die unterschiedlichen Gewichtungen der zu berücksichtigenden einzelnen Belange und das Abwägungsergebnis maßgeblich waren. Nachvollziehbare Begründungen, die das Für und Wider einer Planungsentscheidung offenlegen, erzeugen beim objektiven Planleser Vertrauen; bloße Floskeln oder gar Lücken in der Begründung dagegen Misstrauen.

---

[36] Durner DVBl 2023, 237 (237ff.).
[37] § 1 Abs. 5 S. 3 BauGB; Spannowsky UPR 2013, 201 (201ff.).
[38] BVerwG 22.6.2023 – 7 VR 3/23; BVerwG 7.7.2022 – 9 A 1/21; BVerwG 4.5.2022 – 9 A 7/21.
[39] Hoppe DVBl 1977, 136 (136ff.).
[40] Hofmann in Kment Raumordnungsgesetz und Landesplanungsrecht § 7 Rn 18ff.

3. Abwägungsgewichtungsvorgaben zugunsten bestimmter Fachplanungen des Bundes

Die Fachplanungsgesetze des Bundes sind ihrerseits bestrebt, die grundsätzlich offene planerische Abwägung der Raumordnungsplanung hinsichtlich ihrer Belange zu beeinflussen. Dies geschieht durch gesetzliche Abwägungsvorgaben. So bestimmt § 1 S. 3 NABEG, dass die Realisierung der Stromleitungen, die in den Geltungsbereich dieses Gesetzes fallen, aus Gründen eines überragenden öffentlichen Interesses und im Interesse der öffentlichen Sicherheit erforderlich ist. § 3a Abs. 2 NABEG wird noch konkreter: „Zeichnet sich bei der Aufstellung, Änderung oder Ergänzung eines Raumordnungsplans ab, dass Ziele der Raumordnung die Bundesfachplanung oder die Planfeststellung berühren können, sollen im Raumordnungsplan Festlegungen getroffen werden, die sicherstellen, dass die Bundesfachplanung und die Planfeststellung nicht erschwert werden." Zugleich überträgt der Gesetzgeber den Koordinierungs- und Abstimmungsauftrag der Raumordnung bezogen auf die unter das Gesetz fallenden Leitungen von den Ländern und Regionen auf die Bundesnetzagentur. Nach § 5 Abs. 2 NABEG prüft die Bundesnetzagentur in der Bundesfachplanung zur Bestimmung des Trassenkorridors die Übereinstimmung mit den Erfordernissen der Raumordnung und die Abstimmung mit anderen raumbedeutsamen Planungen und Maßnahmen.[41]

Von den beiden strategischen Ansatzpunkten, mit denen eine Fachplanung des Bundes ihr „Standing" gegenüber der Raumordnungsplanung der Länder verbessern kann – im Rahmen der Abwägung und bei den Bindungswirkungen[42] – setzt das NABEG damit bereits bei der raumordnerischen Abwägung mit einer Gewichtungsvorgabe an und ordnet im übrigen „Wohlverhalten" der Raumordnungsplanung ihren Leitungsplanungen gegenüber an.

Dass im Rahmen der Bundesfachplanung die Übereinstimmung mit den Erfordernissen der Raumordnung geprüft wird und die Abstimmung mit anderen raumbedeutsamen Planungen und Maßnahmen erfolgt, ist dagegen Aufgabe jeder förmlichen Fachplanung. Dabei ist jedoch entscheidend, dass die Erfordernisse der Raumordnung durch das jeweilige Land bzw. die Region u. a. durch Festlegungen im Raumordnungs- oder Regionalplan bestimmt werden. Die Bundesnetzagentur ist nicht befugt, Erfordernisse der Raumordnung eigenständig zu bestimmen.

4. Planungspflichten mit Mengenvorgaben durch Fachplanungen des Bundes gegenüber den Gesamtplanungen der Länder und Gemeinden

Noch stringentere Vorgaben für die Gesamtplanungen der Länder und Gemeinden macht das Windenergieflächenbedarfsgesetz (WindBG).[43] Es gibt den Ländern verbindliche Flächenziele als Mengenziele oder Flächenbeitragswerte vor, die nach Auffassung des Gesetzgebers für den Ausbau der Windenergie an Land benötigt

---

[41] § 5 Abs. 2 S. 1 NABEG.

[42] Dazu unter VI.

[43] Vom 20.7.2022 (BGBl. I 1353), zuletzt geändert durch Art. 3 des Gesetzes vom 3.7.2023 (BGBl. I 2023 Nr. 176).

werden. Zugleich schreibt das Gesetz den Ländern vor, durch welche Art von Festlegungen in Raumordnungsplänen oder Bauleitplänen diese Ziele zu erreichen sind, wie im Land die Umsetzung erfolgen soll und bis zu welchen Zeitpunkten die Erfüllung dieser Pflicht dem Bund nachgewiesen sein muss. Die Regelungen dieses Gesetzes werden durch § 249 BauGB durch umfangreiche Sonderregelungen für Windenergieanlagen an Land ergänzt, die das bisherige System aus genereller Privilegierung der Anlagen und deren räumlicher Konzentration durch Planung nach § 35 Abs. 3 S. 3 BauGB ersetzen.[44]

Im Zusammenhang des Verhältnisses von Gesamtplanungen zu Fachplanungen des Bundes ist bemerkenswert, dass erstmals eine Bundesfachplanung der Gesamtplanung von Ländern und Gemeinden aus übergeordnetem gesamtstaatlichen Interesse Mengenziele mit Planungs- und Berichtspflichten vorgibt und an deren Erfüllung Rechtsfolgen knüpft. Dieser Weg war der Bundesraumordnung auf der Grundlage des Baurechtsgutachtens des BVerfG verwehrt (nur begrenzte Zuständigkeit aus der Natur der Sache).[45] Die Möglichkeit, den Ländern zumindest planerische Grundsätze zu windhöffigen Gebieten nach einheitlichen Maßstäben vorzugeben, hat die Bundesraumordnung nicht genutzt.[46] Der Versuch, auf der Grundlage von § 17 Abs. 2 ROG einen Bundesraumordnungsplan für den länderübergreifenden Hochwasserschutz aufzustellen, hat nur allgemein gehaltene Zielaussagen hervorgebracht ohne zeitliche Umsetzungspflichten,[47] worüber auch die jüngst eingeführte Anpassungspflicht der Raumordnungspläne in den Ländern an Ziele in Bundesraumordnungsplänen nichts grundlegendes ändern wird.[48] Dagegen scheint die fachrechtliche Begründung von Planungspflichten Schule zu machen, wie die geplante Pflicht zur kommunalen Wärmeplanung nach dem Gesetz für die Wärmeplanung und zur Dekarbonisierung der Wärmenetze zeigt.[49]

IV. Der Abstimmungs- und Ausgleichsauftrag der Raumordnung

Hat der raumordnerische Planungsträger im Wege des Beteiligungsverfahrens oder auf sonstige Weise Kenntnis von den laufenden, vorgemerkten und angedachten Planungen und Maßnahmen der Fachplanungen des Bundes erhalten, stellt sich die Frage, wie er damit umzugehen hat. Dabei wurde bereits auf eine unzulässige Infragestellung von bundesgesetzlich festgestellten Bedarfen und gesetzlichen Vorgaben für die Bewertung der Bedarfe hingewiesen.[50]

---

[44] Eingeführt durch Art. 2 des Gesetzes von 20.7.2022 (BGBl. I 1353).

[45] BVerfG 16.6.1954 – 1 PBvV 2.52 = BVerfGE 3, 407 (407 ff.); Runkel FS Erbguth, 2019, 265 (265 ff.).

[46] Spannowsky UPR 2013, 54 (54 ff.).

[47] Runkel in BRS Raumordnungs- und Landesplanungsrecht des Bundes und der Länder M § 17 Rn. 35 f.; Kümper UPR 2023, 1 (1 ff.).

[48] § 13 Abs. 1 a ROG.

[49] G. v. 2023 (BGBl. 2023 Nr.).

[50] Siehe unter III.

1. *Raumordnung als „Ermöglichungsplanung" für fachplanerische Belange des Bundes*

Geht man einerseits von der gesetzlichen Aufgabenstellung für die Raumordnung durch § 1 Abs. 1 ROG und andererseits von den Aufgabenstellungen der Flachplanungsgesetze des Bundes aus, so wird deutlich, dass beiden Planungsarten unterschiedliche Aufgabenstellungen zukommen.[51] Die Fachplanungen des Bundes für Infrastrukturen haben ihre Bedarfe entsprechend den fachgesetzlichen Zielsetzungen nach den dafür vorgegebenen Kriterien zu ermitteln und in Planungen umzusetzen. Aufgabe der Raumordnungsplanung ist dagegen, diese verschiedenen Planungen im Land oder in der Region mit anderen raumbedeutsamen Planungen, Nutzungs- und Funktionsbedarfen räumlich abzustimmen. Dabei auftretende Konflikte sind nicht etwa zu Gunsten oder zu Lasten der einen oder anderen Fachplanung zu entscheiden, sondern auszugleichen. Die Raumordnungsplanung ist nicht, wie es noch im ROG von 1960 hieß, die den Fachplanungen übergeordnete Planung,[52] sondern steht neben den Fachplanungen mit einem eigenständigen Auftrag.[53]

Diesen Auftrag zumindest gegenüber den Fachplanungen des Bundes als „Ermöglichungsplanung" zu bezeichnen, mag ihn in Abgrenzung zu dem Gegenbegriff der „Verhinderungsplanung" veranschaulichen. Die den Planungsraum betreffende Planungen und Maßnahmen der Fachplanungsträger des Bundes räumlich aufeinander abzustimmen, gehört zu den zentralen Aufgaben der Raumordnungsplanung. Für sie – in Abstimmung mit dem Fachplanungsträger – eine raum- und umweltverträgliche Trasse oder einen entsprechenden Standort zu finden, gehört zu ihren Kernaufgaben. Wo dieses noch nicht möglich erscheint, weil zB die fachplanerischen Überlegungen noch zu offen sind, sind zumindest Festlegungen zu vermeiden, die sich abzeichnende Planungen der Fachplanungen erschweren können.

2. *Konflikte zwischen Nutzungs- und Funktionsvorsorge*

Der so beschriebene tendenzielle „Ermöglichungsauftrag" kann in Konflikt mit dem Vorsorgeauftrag stehen, den die Raumordnungsplanung neben dem Abstimmungsauftrag zu erfüllen hat.[54] Dieser Vorsorgeauftrag bezieht sich auf einzelne Nutzungen und Funktionen des Raums. Die Belange der Fachplanungsträger des Bundes sind dabei zumeist den Nutzungen des Raums zuzuordnen, so dass der Konflikt auch hier im Allgemeinen zwischen dem Auftrag zur Vorsorge für Nutzungen und dem der Vorsorge für Funktionen verläuft. Auf die Belange der Fachplanungsträger bezogen spitzt sich dieser Konflikt auf die Frage zu, ob die Raumordnungsplanung aus Vorsorge für Funktionen des Raums raumbedeutsame

---

[51] BVerwG 16.03.2006 – 4 A 1075/04.

[52] Runkel in BRS Raumordnungs- und Landesplanungsrecht des Bundes und der Länder M § 1 Rn. 33.

[53] Runkel in BRS Raumordnungs- und Landesplanungsrecht des Bundes und der Länder M § 1 Rn. 47 ff.

[54] Runkel in SRG ROG § 1 Rn. 88.

Planungen und Maßnahmen der Fachplanungsträger des Bundes ausschließen oder zumindest erschweren kann.

Versucht man, auf diese komplexe Fragestellung zu einer einfachen und verständlichen Antwort zu gelangen, so muss man wohl feststellen, dass sich aus dem tendenziellen „Ermöglichungsanspruch" für Bedarfe der Fachplanungen und daraus, dass sich der Vorsorgeauftrag der Raumordnung nicht nur auf die Funktionen des Raums, sondern auch auf einzelne Nutzungen bezieht, die Funktionsvorsorge der Raumordnungsplanung Rücksicht auf die Nutzungsbelange der Fachplanungsträger nehmen muss. Dies kann bei entsprechenden (großflächigen) Gebietsfestlegungen zum Funktionsschutz zB durch die Bestimmung von (kleinräumigen) Ausnahmen für Planungen und Maßnahmen bestimmter Fachplanungen geschehen.[55]

3. Regionale Interessen versus überregionale und länderübergreifende Interessen

Die meisten Konflikte zwischen Raumordnungsplanungen und raumbedeutsamen Fachplanungen für Infrastrukturvorhaben des Bundes haben ihren Ursprung in der unterschiedlichen Interessenlage der jeweiligen Planungsträger. Die Fachplanungen des Bundes definieren ihre Planungen und Maßnahmen nach den Bedarfen des Gesamtstaates, die Fachplanungen der Länder aus denjenigen des Teilraums und die Regionalplanungen aus denjenigen der jeweiligen Region. Während die Fachplanungen der Länder ihre Belange den Regionen mit Hilfe des landesweiten Raumordnungsplans vorgeben können, besteht für den Bund eine solche Möglichkeit nicht. Vielmehr führt die Kommunalisierung der Regionalplanung zwar zu einer größeren Bürgernähe, verleitet aber zugleich zu einer Betonung regionaler und kommunaler Interessen. Dies mit Hilfe des Planungsrechts – wie im NABEG – durch entsprechende Vorgaben an die Träger der Raumordnungsplanung in den Griff zu bekommen, mag ein Weg sein. Erfolgversprechender wäre es, einen Interessenausgleich zwischen Gesamtstaat, Land und Region dadurch herbeizuführen, dass auch die Regionen von dem Mehrwert der durch die Fachplanungen des Bundes zu schaffenden Infrastruktur profitieren und nicht, wie beim Leitungsbau, durch den Strompreis mit den regional unterschiedlichen Netzentgelten zusätzlich belastet werden.[56]

V. Festlegungsmöglichkeiten der Raumordnungsplanung bezogen auf die raumbedeutsamen Planungen und Maßnahmen der Fachplanungen des Bundes

Der Träger der Raumordnungsplanung hat bei der räumlichen Abstimmung der raumbedeutsamen Planungen und Maßnahmen der Fachplanungen des Bundes einen gewissen Handlungsspielraum, allerdings beschränkt durch die Tendenz, sie zu ermöglichen. Der Träger der Raumordnungsplanung sollte sich dabei der verschiedenen Möglichkeiten bewusst sein und im Plan und/oder in der Begründung

---

[55] § 6 Abs. 1 ROG.

[56] Hinz/Möst in ifo Dresden berichtet 5/2017.

klar zum Ausdruck bringen, welchen Weg er beschritten hat. Nachfolgend sollen einige Möglichkeiten aufgezeigt werden.

1. *Standort- oder Trassenfestlegungen oder sog. Freihalteziele*

Ein wichtiges Kriterium für den raumordnerischen Planungsgeber bei der Entscheidung darüber, wie er auf eine ihm mitgeteilte raumbedeutsame Planung oder Maßnahme des Bundes reagieren soll, ist der Konkretisierungsgrad dieser Planung oder Maßnahme. Der einfachste Fall dürfte darin bestehen, dass der raumordnerische Plangeber nach Prüfung und Abwägung der Planung oder Maßnahme zustimmt und die vom Flachplanungsträger vorgeschlagene Trasse oder den Standort als zweckbestimmtes Ziel der Raumordnung in seinem Plan festlegt. Dies hat für den Fachplanungsträger den Vorteil, dass der Standort oder die Trasse gegenüber anderen raumbedeutsamen Planungen und Maßnahmen geschützt ist und deren Raumverträglichkeit feststeht, aber den Nachteil, dass er auf diesen Standort oder diese Trasse festgelegt ist. Ändern sich seine Planungen in räumlicher Hinsicht, bedarfs es einer Zielabweichung (Befreiung) oder, falls durch die Abweichung die Grundzüge der Planung berührt werden, eines Planänderungsverfahrens.

Sind die fachplanerischen Überlegungen noch nicht auf eine Trasse oder einen Standort fokussiert, favorisiert der Träger der Raumordnungsplanung aber eine Trasse oder einen Standort für diese Planung oder Maßnahme, kann er ein sog. „Freihalteziel" festlegen.[57] Dies sichert den möglichen Standort oder die mögliche Trasse vor anderen raumbedeutsamen Maßnahmen und Planungen, bindet aber nicht den Fachplanungsträger; er kann auch auf einer anderen Trasse oder einem anderen Standort planen, bei dem dann allerdings die Raumverträglichkeit zu prüfen ist. Auch das Freihalteziel sollte mit dem Träger der Fachplanung abgestimmt sein, da anderenfalls der Raumordnungsplan Gefahr läuft, zumindest teilweise funktionslos zu werden, weil Planung und Planverwirklichung nicht länger übereinstimmen. Auf jeden Fall ist es für den raumordnerischen Plangeber wichtig, dass er im Plan oder zumindest in der Begründung dazu deutlich macht, ob das Ziel den Fachplanungsträger binden soll oder als Freihalteziel und damit als ein Trassen- und Standortangebot zu verstehen ist.

Eine weitere „Ermöglichungsstrategie" kann darin bestehen, dass der Träger der Raumordnungsplanung im Plan bei Zielen, die den Belangen einzelner Fachplanungsträger entgegenstehen können, Ausnahmen zugunsten dieser Träger und deren raumbedeutsamen Planung oder Maßnahme zulässt.[58] Die Ausnahmen müssen ihrerseits die an Ziele der Raumordnung zu stellenden Anforderungen hinsichtlich ihrer räumlichen und sachlichen Bestimmtheit oder Bestimmbarkeit erfüllen.[59] Generalklauseln zu Gunsten einzelner Fachplanungsträger reichen nicht aus, vielmehr ist auch die von diesem beabsichtigte raumbedeutsame Planung oder

---

[57] Runkel in BRS Raumordnungs- und Landesplanungsrecht des Bundes und der Länder M § 3 Rn. 54.

[58] § 6 Abs. 1 ROG.

[59] Zur Bestimmbarkeit von Ausnahmen im Plan vgl. BVerwG 18.9.2003 – 4 CN 20/02; Kment in Kment Raumordnungsgesetz und Landesplanungsrecht § 6 Rn. 29 ff.

Maßnahme zu benennen. Bei einer Ausnahme für ein festgelegtes Gebiet mit Schutzfunktion kann auch bestimmt werden, dass sich die Ausnahme nur auf einen Teil bzw. auf Randbereiche bezieht. Die Festlegung von Ausnahmen ist auch bei Zielen zulässig, die nach § 7 Abs. 4 ROG aus zumeist informellen Plänen einer Fachplanung nach raumordnerischer Abwägung übernommen werden. Werden dagegen in einem Raumordnungsplan nachrichtlich förmliche Gebietsfestlegungen anderer Fachplanungen wie des Naturschutzes übernommen, richten sich die Ausnahmen nach den fachgesetzlichen Bestimmungen

2. *Planerische Grundsätze und Belange der Fachplanungsträger*

Man kann sicher darüber streiten, ob es sinnvoll ist, dem Plangeber von Raumordnungsplänen neben den umfangreichen gesetzlichen Grundsätzen der Raumordnung[60] noch die Möglichkeit zu eröffnen, planerische Festlegungen mit Grundsatzqualität zu treffen, dies zumal, wenn sie nicht absolut, sondern ihrerseits „weich" formuliert werden, obwohl sie von anderen Trägern raumbedeutsamer Planungen und Maßnahmen nicht strikt zu beachten, sondern lediglich zu berücksichtigen sind. Fachplanerische Belange lassen sich auf jeden Fall mit planerischen Grundsätzen nicht ermöglichen, allenfalls durch solche mit Gewichtungsvorgaben, wie durch die Festlegung von Vorbehaltsgebieten zu Gunsten eines fachplanerischen Belangs.[61]

3. *Fehlende Festlegungen im Plan – die Raumverträglichkeitsprüfung als Ersatz*

Sind die Planungsabsichten eines Fachplanungsträgers noch zu ungenau, um sie auf ihre Raumverträglichkeit zu prüfen und sie mit anderen Planungen abzustimmen, kann es bei der Aufstellung eines Raumordnungsplans angezeigt sein, sie insofern zu berücksichtigen, als für den in Frage kommenden Bereich weder begünstigende noch erschwerende Festlegungen getroffen werden, um die eingehende Prüfung nach Konkretisierung der fachplanerischen Vorstellungen einer späteren Raumverträglichkeitsprüfung zu überlassen.[62] Dabei wird nicht nur die konkret beabsichtigte Planung oder Maßnahme geprüft, sondern auch ernsthaft in Betracht kommende Standort- oder Trassenalternativen.[63] Das ist aber nur möglich bei raumbedeutsamen Planungen oder Maßnahmen, die in der Raumordnungsverordnung des Bundes (RoV)[64] oder in ergänzenden landesrechtlichen Bestimmungen aufgeführt sind.

Um das frühere Raumordnungsverfahren, dass sich nun ergebnisorientiert Raumverträglichkeitsprüfung nennt,[65] gab es immer wieder Kontroversen. Keine

---

[60] § 2 Abs. 2 ROG.

[61] § 7 Abs. 4 S. 2 Nr. 2 ROG; Hoppe DVBl 1998, 246 (246 ff.).

[62] § 15 ROG; Schmitz in BRS Raumordnungs- und Landesplanungsrecht des Bundes und der Länder M § 15.

[63] Schink UPR 2022, 206 (206 ff.).

[64] Raumordnungsverordnung (RoV) v. 13.12.1990 (BGBl. I. 2766), zuletzt geändert durch Art. 12 des Gesetzes vom 22.3.2023 (BGBl. I. 2023 Nr. 88).

[65] ROGÄndG vom 22.3.20230 (BGBl. I 2023 Nr. 88).

andere Vorschrift des ROG ist so häufig geändert worden. Das Verfahren war mal mit und dann ohne Öffentlichkeitsbeteiligung, mal mit und mal ohne integrierte Umweltverträglichkeitsprüfung ausgestaltet.[66] Für die einen bedeutet es offenbar eine Doppelprüfung und Planungsverzögerung, für andere ist es ein willkommenes Vorverfahren, um grundlegende Fragen der Trassenführung und Standortwahl zu klären, bevor zusätzliche Mittel und Zeit in die Detailplanung gesteckt werden. Der aktuelle Kompromiss läuft auf die Möglichkeit einer umfassenden Prüfung durch die Raumordnungsbehörde mit UVP und Öffentlichkeitsbeteiligung hinaus, allerdings unter engen zeitlichen Vorgaben.[67] Damit soll offenbar der Versuchung vorgebeugt werden, die Raumverträglichkeitsprüfung als Verzögerungsinstrument einzusetzen; dies stärkt ihren Einsatz als „Ermöglichungsinstrument".

Das Ergebnis einer Raumverträglichkeitsprüfung ist lediglich ein sonstiges Erfordernis der Raumordnung, das im fachplanerischen Verfahren zu berücksichtigen ist. Je überzeugender es in seiner Argumentation ausfällt, des do größer sind die Chancen, dass sich seine Sichtweise in den nachfolgenden förmlichen Planungsverfahren des Fachplanungsrechts durchsetzt.

Wenn das Ergebnis einer Raumverträglichkeitsprüfung auch nur den rechtlichen Status eines zu berücksichtigenden sonstigen Erfordernisses der Raumordnung hat, besagt das nicht, dass die in ihm abgehandelten Festlegungen eines Raumordnungsplans mit Zielqualität diese Rechtsqualität gleichsam verlieren und zu sonstigen Erfordernissen der Raumordnung mutieren. Dass Ergebnis einer Raumverträglichkeitsprüfung kann daher dahin lauten, dass der Fachplanung zwar bestimmte Ziele der Raumordnung entgegenstehen, sie gleichwohl raumverträglich ist oder ausgestaltet werden kann und dadurch die Grundzüge des Raumordnungsplans nicht berührt werden. Ein solches Ergebnis eröffnet den Weg für eine Zielabweichung (Befreiung) nach § 6 Abs. 2 ROG.

VI. Beachtungspflicht von Zielen der Raumordnung durch raumbedeutsame Fachplanungen

Nach den Regeln des ROG haben öffentliche Stellen bei Entscheidungen über die Zulässigkeit raumbedeutsamer Planungen und Maßnahmen Ziele der Raumordnung zu beachten sowie raumordnerische Grundsätze sowie sonstige Erfordernisse der Raumordnung in Abwägungs- und Ermessensentscheidungen zu berücksichtigen.[68] Dies gilt auch für Planfeststellungen und diesen gleichgestellte Plangenehmigungen über entsprechende Planungen oder Maßnahmen Privater sowie für diesen vorgelagerte Verfahren wie die Linienbestimmung bei Fernstraßen und die Bundesfachplanung bei bestimmten Höchstspannungsleitungen, wobei in letzteren Fällen raumordnungsrechtlich eine Beschränkung der Bindungswirkung gilt.[69]

---

[66] Schmitz in BRS Raumordnungs- und Landesplanungsrecht des Bundes und der Länder M § 15 Rn. 38ff.
[67] Kment UPR 2022, 329 (329ff.).
[68] § 4 Abs. 1 ROG.
[69] Siehe unten unter 2.

1. Für welche Stufe einer mehrstufigen Fachplanung gilt die Beachtungspflicht?

Viele Fachplanungen des Bundes sind mehrstufig mit Bedarfsplanung, Finanzplanung und förmlicher Streckenplanung aufgebaut, wobei die formelle Streckenplanung wiederum zweigestuft erfolgen kann, wie beim NABEG mit Bundesfachplanung und Planfeststellung. Die Bedarfs- und Finanzplanung erfolgt zumeist durch Gesetz. Kann nun ein Raumordnungsplaner seine Vorstellung von der Ausstattung der von ihm festzulegenden Zentralen Orte mit technischer Infrastruktur des Bundes dadurch erfüllen, dass er zB in den Raumordnungsplan die Festlegung aufnimmt: „Mittelzentren sind an das überregionale Schienennetz anzuschließen und wochentags mit Fernzügen in regelmäßiger Taktung zu bedienen" und diese Festlegung durch ein Z als Ziel der Raumordnung kenntlich macht? Auch wenn ein solches Anliegen raumordnungspolitisch sinnvoll erscheint, kann es nicht mit den Mitteln der Raumordnungsplanung angegangen werden. Das Anliegen betrifft die Bedarfs- und Budgetplanung des Fachplanungsträgers des Bundes. Sie wird zumeist vom Gesetzgeber festgelegt und ist der raumordnungsrechtlichen Bindung entzogen.[70]

Die Bindungswirkungen der Erfordernisse der Raumordnung beziehen sich nur auf deren formelle Planungen und Maßnahmen im Planungsraum. Sie besagen an den Träger der Fachplanung gerichtet vereinfacht ausgedrückt: Wann immer er in dem Planungsraum eine raumbedeutsame Planung oder Maßnahme verwirklicht will, sind die dort geltenden Ziele zu beachten und Grundsätze sowie sonstigen Erfordernisse zu berücksichtigen.

2. Beachtungspflicht bei Fachplanungen des Bundes

Die gesetzlichen Regeln, die das Verhältnis von Gesamtplanungen zu den Fachplanungen des Bundes bestimmen und umgekehrt, sind vielfältig und uneinheitlich; sie folgen insbesondere keinem einheitlichen Rechtsgrundsatz.

Die raumordnungsrechtliche Lösung eines Konflikts zwischen Raumordnungsplanung der Länder und Fachplanungen des Bundes geht dahin, das der Fachplanungsträger zu beteiligen ist, seine Planungen mitzuteilen hat und nach Inkrafttreten des Plans innerhalb einer bestimmten Frist einzelnen Festlegungen mit Zielqualität widersprechen kann.[71] Dieser Widerspruch lässt die Bindungswirkung eines Ziels gegenüber dem widersprechenden Planungsträger bezogen auf eine konkrete Planung oder Maßnahme nicht entstehen. Materielle Voraussetzung ist, dass das ihn berührende Ziel auf einer fehlerhaften Abwägung beruht oder er seine Planung oder Maßnahme nicht auf einer anderen Fläche verwirklichen kann. Macht später eine Veränderung der Sachlage, wie eine neue oder geänderte Bedarfsplanung, nach Auffassung des Fachplanungsträgers ein Abweichen von einer Festlegung mit Zielqualität erforderlich, kann er unter Einhaltung von Fristen und nach Zustimmung seiner vorgesetzten Behörde nachträglich widersprechen. Mit

---

[70] Siehe oben III. und Runkel in BRS Raumordnungs- und Landesplanungsrecht des Bundes und der Länder M § 1 Rn. 47ff.

[71] § 5 ROG.

dem Widerspruch entfällt dann die Bindungswirkung, sofern die materiellen Voraussetzungen wie beim unmittelbaren Widerspruch gegeben sind. Ob dies der Fall ist, kann nur auf gerichtlichem Weg, wie durch eine verwaltungsgerichtliche Feststellungsklage, ermittelt werden.

Anders ausgestaltet ist zB die Regelung in § 16 Abs. 3 S. 3 Fernstraßengesetz (FStrG). Danach haben Bundesplanungen grundsätzlich Vorrang vor Orts- und Landesplanungen. Dabei sollen sich die Bundesplanungen nur auf die Fernstraßenplanungen beziehen, die Orts- und Landesplanungen dagegen auch auf die Gesamtplanungen.[72] Die Regionalplanung wird je nach ihrer Verfasstheit entweder der Orts- oder der Landesplanung zugeordnet. Dieser Vorrang soll aber nur grundsätzlich gelten, was dann nicht der Fall ist, wenn es bezogen auf bestimmte Orts- und Landesplanungen bundesrechtliche Spezialvorschriften gibt, wie etwa § 38 BauGB für die gemeindliche Bauleitplanung oder § 5 ROG für die Raumordnungsplanung. Dann gehen die Spezialvorschriften der grundsätzlichen Regel vor.

Das NABEG verfolgt zwei andere Ansätze. Nach § 5 Abs. 2 S. 2 NABEG sollen die Bindungswirkungen der Ziele der Raumordnung nur dann gelten, wenn die Bundesnetzagentur am Verfahren des Raumordnungsplans beteiligt worden ist und dem Ziel innerhalb einer bestimmten Frist nicht widersprochen hat. Die Problematik dieser Vorschrift liegt darin, dass sie entgegen § 5 ROG keine materiellen Maßstäbe für den Widerspruch aufstellt und die Bindungswirkung an die Verfahrensbeteiligung der Bundesnetzagentur knüpft. Diese ist aber erst seit 2011 für die unter das Gesetz fallenden Planungen zuständig. Bei Raumordnungsplanverfahren vor diesem Datum brauchte die Agentur nach § 9 ROG nicht beteiligt zu werden. Die Regelung kann daher nicht zur Folge haben, dass alle vor 2011 festgelegten Ziele der Raumordnung gegenüber der Bundesnetzagentur keine Bindungswirkung entfalten. Die Bundesnetzagentur muss sich vielmehr die Verfahrensbeteiligung der zuvor für diese Aufgabe zuständigen (Landes-) Stelle anrechnen lassen.

Den zweiten Ansatz, das Verhältnis der Bundesfachplanung zur Gesamtplanung zu regeln, enthält § 15 Abs. 1 S. 2 NABEG. Danach haben Bundesfachplanungen grundsätzlich Vorrang vor nachfolgenden Planungen, insbesondere Landesplanungen und Bauleitplanungen. Das entspricht dem anerkannten zeitlichen Prioritätsgrundsatz.[73]

3. Beachtungspflicht bei rechtswidrigen Zielen – Gibt es eine Verwerfungskompetenz des Fachplanungsträgers?

Ziele der Raumordnung sind zu beachten. Dies gilt auch für Ziele, wenn der Raumordnungsplan an einem Verfahrensmangel, Abwägungsmangel, Mangel an Zuständigkeit oder einem Verkündungsmangel leidet und dieser nicht von der Heilungsvorschrift des § 11 ROG erfasst wird und daher rechtswidrig ist. Ist ein Fachplanungsträger daher verpflichtet, ein solchermaßen rechtswidriges Ziel als Inhalt des Plans zu beachten? Diese Frage ist umstritten,[74] im Regelfall aber zu be-

[72] Durner in Kment Raumordnungsgesetz und Landesplanungsrecht § 4 Rn. 118.
[73] BVerwG 5.11.2022 – 9 VR 14/02; BVerwG 27.7.2021 4 A 14/19.
[74] Dafür Kümper DVBl 2017, 1216 (1216ff.).

jahen.[75] Hierfür sprechen vielfältige Gründe. Zunächst ist häufig die rechtliche Beurteilung nicht einfach, ob ein im Planverfahren gemachter formeller oder materieller Fehler im Zusammenspiel von anordnender und heilender Vorschrift zur Rechtswidrigkeit des Plans oder der konkreten Zielfestlegung führt. Auch wenn dies der Fall sein sollte, hat der Plangeber zumeist die Möglichkeit, den Mangel in einem ergänzenden Verfahren auch rückwirkend zu beheben.[76] Und schließlich gehört es zum Primat der Verwaltungsgerichte, einen Raumordnungsplan ganz oder teilweise für nichtig zu erklären, weil er rechtsfehlerhaft ist.[77]

Eine Verwerfungskompetenz des Fachplanungsträgers kann nur dann angenommen werden, wenn die Rechtswidrigkeit des Ziels offensichtlich ist zB wegen Kompetenzüberschreitung wie beim obigen Anbindungsziel von Mittelzentren an das überregionale Bahnnetz oder ein Gericht das Ziel bereits für rechtswidrig erklärt hat, dieses Urteil aber Rechtswirkungen nur unter den Verfahrensbeteiligten erzeugt, zu denen der Fachplanungsträger nicht zählt. Leitet der Träger der Raumordnungsplanung nach einem solchen Urteil nicht zeitnah ein ergänzendes Verfahren zur Behebung des gerichtlich festgestellten Mangels ein, können auch andere Fachplanungsträger von der Rechtswidrigkeit dieses Ziels ausgehen und brauchen es nicht zu beachten.[78] Dies entspricht auch dem Rechtsgedanken des § 5 Abs. 2 ROG, nach dem ein Fachplanungsträger des Bundes einem Ziel der Raumordnung auch dann förmlich widersprechen muss, wenn es objektiv rechtswidrig ist, um die Bindungswirkung nicht entstehen oder später entfallen zu lassen. Der Gesetzgeber geht offensichtlich davon aus, dass ohne förmlichen Widerspruch auch ein abwägungsfehlerhaftes Ziel einen Fachplanungsträger bindet.

4. Beachtungspflicht und Zielabweichung

Von Zielen der Raumordnung kann auch abgewichen werden, wenn die Abweichung raumverträglich ist und die Grundzüge der Planung nicht berührt werden.[79] Daraus leitet sich die Frage ab, ob bei der Beachtungspflicht die Zielabweichung mitgedacht werden muss. Wird ein Ziel der Raumordnung auch dann beachtet, wenn der Planung zwar ein bestimmtes Ziel der Raumordnung entgegensteht aber im konkreten Fall die Kriterien für eine Zielabweichung erfüllt sind? Das hängt u. a. von der Frage ab, ob die Zielabweichung nur in einem besonderen Verfahren von der dafür zuständigen Raumordnungsbehörde zugelassen werden kann oder auch Kraft Konzentrationswirkung in jedem Planfeststellungsverfahren[80] von der dafür zuständigen Stelle.[81] Der Bundesgesetzgeber hatte diese Frage

[75] Durner in Kment Raumordnungsgesetz und Landesplanungsrecht § 4 Rn. 72.
[76] § 11 Abs. 6 ROG.
[77] Inzident durch Anfechtungs- oder Verpflichtungsklage bzw. im Wege einer Normenkontrollklage nach § 47 Abs. 1 Nr. 2 VwGO; BVerwG 7.3.2002 – 4 BN 60/01.
[78] Durner in Kment Raumordnungsgesetz und Landesplanungsrecht § 4 Rn. 73.
[79] § 6 Abs. 2 ROG; Kümper UPR 2021, 121 (121 ff.), 171 (171 ff.).
[80] § 75 Abs. 1 VwVfG.
[81] Durner in Kment Raumordnungsgesetz und Landesplanungsrecht § 4 Rn. 121; Kümper ZUR 2023, 168 (168 ff.).

bisher offengelassen, so dass die Landesgesetzgeber ergänzende Regelungen treffen konnten, und sich nur bei Abweichungen von Zielen in Raumordnungsplänen des Bundes für die Integrationslösung im Planfeststellungsverfahren ausgesprochen.[82] Das Gesetz zur Änderung des Raumordnungsgesetzes und anderer Vorschriften vom 22.3.2023 scheint dagegen gesonderte Zielabweichungsverfahren unter der Verfahrensherrschaft der zuständigen Raumordnungsbehörde zu präferieren, hat die Vorschrift zugleich aber von einer Kann-Vorschrift in eine Soll-Vorschrift umgewandelt.[83] Damit wird für den Regelfall ein Anspruch auf Zielabweichung begründet, sofern die materiellen Voraussetzungen dafür vorliegen.

5. Ist die Zielumsetzung gegenüber der Fachplanung durchsetzbar – gibt es ein raumordnungsrechtliches Planungsgebot?

Hinsichtlich eines raumordnerischen Planungsgebots ist zwischen den unterschiedlichen Adressaten der Bindungswirkungen zu unterscheiden. Es kommt unter strengen Voraussetzungen wohl nur gegenüber Gemeinden hinsichtlich ihrer Bauleitplanung in Betracht.[84] Bei Fachplanungsträgern insbesondere des Bundes stehen dem die unterschiedlichen Zuständigkeiten und bei öffentlichen Aufgaben das Budgetrecht der Parlamente entgegen.

VI. Schlussfolgerungen

Das Verhältnis von raumordnerischer Gesamtplanung der Länder und Regionen zu den Fachplanungen für Infrastrukturen des Bundes ist offenbar mit mannigfachen Problemen behaftet, die der Bundesgesetzgeber zunehmend durch Vorschriften zu lösen versucht, die auf unterschiedliche Weise die Stellung der Fachplanungen gegenüber der Raumordnungsplanung stärkt. Ursache der Konflikte sind meist unterschiedliche Interessen vor allem dann, wenn einzelne Regionen einen überschießenden Beitrag zur Erreichung einer gesamtstaatlichen Aufgabe oder Zielsetzung leisten sollen. Mit zunehmender Kommunalisierung der Regionalplanung werden diese Konflikte tendenziell zunehmen. Sie lassen sich durch rechtliche Vorrang- und Wohlverhaltensregelungen sowie Einschränkung der Beachtungspflicht von Zielen der Raumordnung nur bedingt lösen. Wichtiger wäre ein stärkerer Ausgleich zwischen gesamtstaatlichen und regionalen Interessen bei Kosten und Mehrwert der zu planenden Infrastrukturen.[85] Der Gesamtstaat seinerseits ist zur Durchsetzung wirtschafts- und umweltpolitischer Zielsetzungen zunehmend auf die Leistungs- und Durchsetzungsfähigkeit der Gesamtplanungen von Ländern, Regionen und Gemeinden angewiesen, wie in den Fällen des Windenergieflächenbedarfsgesetzes und (eingeschränkt) des Wärmeplanungsgesetzes. Er muss daher ein

---

[82] § 19 S. 2 ROG.
[83] Spannowsky ZfBR 2023, 540 (540ff.); Kümper ZfBR 2023, 531 (531ff.).
[84] Vgl. BVerwG 17.9.2003 – 4 C 14/01.
[85] § 6 EEG 2023 mit der finanziellen Beteiligung der Kommunen als Soll-Vorschrift ist ein erster Ansatz.

Interesse an einer durchsetzungsstarken Gesamtplanung haben. Der Raumordnungsplanung ist dagegen zu raten, sich gegenüber den Fachplanungen des Bundes stärker als „Ermöglichungsplanung“ zu verstehen, die deren raumbedeutsamen Planungen und Maßnahmen durch konstruktives Zusammenwirken eine raum- und umweltverträgliche Realisierung eröffnet.

GERD SCHMIDT-EICHSTAEDT

Windenergie an Land: Der Beitrag der Windenergie an Land zum Erreichen des Ziels der CO_2-freien Energiegewinnung

I. Der Stand der Dinge

2022 sind in Deutschland 589 neue Windenergieanlagen mit einer Leistung von 2745 MW neu in Betrieb gegangen. Davon wurden 551 Windenergieanlagen mit einer Leistung von 2403 MW an Land installiert. Weitere 38 Anlagen haben auf See [342 MW] erstmals in das Stromnetz eingespeist. Ende 2022 standen damit in Deutschland insgesamt 28443 Onshore-Windenergieanlagen mit einer Leistung von insgesamt 58106 MW.

Umgekehrt wurden im Verlauf des Jahres 2022 246 Windenergieanlagen stillgelegt. Das mittlere Alter aller zurückgebauten Anlagen lag bei 21 Jahren. Gut die Hälfte dieser Anlagen hatte den Förderungsanspruch aus dem EEG bereits verloren und befand sich zum Zeitpunkt der Stilllegung im Weiterbetrieb. Zum Jahresende befanden sich weitere 5999 Anlagen (5.447 MW) ohne Förderanspruch in Betrieb. Diese Altersklasse stellt 9% des Leistungsbestands. Anlagen mit Inbetriebnahme im Jahr 2002 verlieren zudem ab dem 1.1.2023 ihren Förderanspruch. Solange sie nicht aufgrund technischer oder wirtschaftlicher Gründe stillgelegt oder im Zuge eines Repowerings durch neue Anlagen ersetzt werden, ist ein Weiterbetrieb dieser Anlagen möglich und zu erwarten.

Im Jahr 2022 wurden 103 Windenergieanlagen mit 423 MW im Rahmen von Repowering-Projekten ausgebaut. Das entspricht einem Anteil von 18% am Brutto-Zubau. Der Großteil des Zubaus erfolgte wie bisher auch im Jahr 2022 als Neuprojekte oder Parkerweiterungen.

Die ansehnliche Zahl an Neubau und Repowering konnte nur erreicht werden, weil die Kommunen in Verbindung mit den Gesetzgebern in Bund und Ländern sich um schlanke Planungsprozesse bemüht haben und die Genehmigungsbehörden mitgezogen haben. Kernstück der bundesrechtlichen Neuregelung ist der ergänzte § 249 BauGB. Mit dem um sieben neue Absätze ergänzten § 249 BauGB wurde (mit Wirkung ab dem 1.3.2023) ein neues System der räumlichen Zulässigkeit von Windenergieanlagen im Außenbereich eingerichtet.[1] Der komplizierten Tabu-Zonen-Dogmatik der bisherigen Rechtsprechung wurde damit vom Gesetzgeber die Grundlage entzogen.[2]

---

[1] Aus der Literatur: Bovet/Kindler NVwZ 2020, 754; Kümper ZfBR 2022, 25; Benz/Wegner ZNER 2022, 367; Grigoleit/Engelbert/Strothe/Klanten NVwZ 2022, 512; Kment NVwZ 2022, 1153; Meurer UPR 2023, 41.

[2] BT-Drs. 20/205, 33.

II. Das neue System

Die neue Grundregel für die Planung von Windenergieflächen besteht darin, dass bei der Planung und Einrichtung von Flächen für Windenergieanlagen im Wesentlichen nur noch darauf abgestellt werden soll, ob die Forderung des Bundesgesetzgebers erfüllt wird, wonach ab dem Jahr 2031 insgesamt 2% der jeweiligen Landesfläche als „Windenergiegebiete“ für Windenergieanlagen zur Verfügung stehen müssen. Hierfür gibt das Windenergieflächenbedarfsgesetz (WindBG) vom 20.2.2022[3] den Ländern verbindliche, zeitlich gestufte Flächenziele (sog „Flächenbeitragswerte“) vor. Die in Hektar benannten Flächen werden für den Ausbau der Windenergie an Land benötigt, um die Ausbauziele und Ausbaupfade des Erneuerbare-Energien-Gesetzes vom 21.7.2014[4] bis zum Jahr 2032 zu erreichen.

Wenn, sobald und wo diese Forderung des Bundesgesetzgebers planerisch erfüllt und dies förmlich festgestellt wurde, dürfen Windenergieanlagen im restlichen Raum der Planungseinheit (Land, Region, Kommune) nur noch nach § 35 Abs. 2 BauGB als nicht privilegierte Anlagen (oder kraft verbindlicher Bauleitplanung) genehmigt werden. Die Genehmigung als nicht privilegierte Vorhaben nach § 35 Abs. 2 BauGB ist nach Lage der Dinge im Regelfall ausgeschlossen. Der sonstige Außenbereich (außerhalb der Windenergiegebiete) wird also von Windenergieanlagen weitgehend freigehalten. Darin besteht gleichsam die Belohnung für diejenigen Planungsträger, die das 2%-Ziel durch positive Planung verwirklicht haben.

Wenn, solange und wo die 2%-Forderung in Stufen bis 2031 nicht erfüllt und bestätigt wurde, sind Windenergieanlagen weiterhin als privilegierte Anlagen nach § 35 Abs. 1 Nr. 5 BauGB zu genehmigen. Dabei können Darstellungen in Flächennutzungsplänen, Ziele der Raumordnung sowie sonstige Maßnahmen der Landesplanung einem Windenergieanlagen-Vorhaben nicht entgegengehalten werden. Das führt in vielen Fällen zum Anspruch auf Genehmigung.

Durch die Überleitungsvorschriften im neuen § 245e BauGB ist geregelt, dass die Ausschlusswirkung von Konzentrationszonen in vorhandenen Regionalplänen und Flächennutzungsplänen (sofern diese bis spätestens zum 1.2.2024 in Kraft gesetzt wurden) bis spätestens zum 31.12.2027 fort gilt. Die Ausschlusswirkung kann jedoch schon vorher durch die planerische Einrichtung von Windenergiegebieten im vorgeschriebenen Umfang abgelöst werden. Die Erfüllung des vorgeschriebenen Flächenbeitrags muss amtlich festgestellt werden, damit die Sperrwirkung für andere Flächen eintritt.

III. Die Aufhebung der Ausschlusswirkung von Konzentrationszonen nach § 35 Abs. 3 Satz 3 BauGB

Nach § 35 Abs. 3 S. 3 BauGB stehen öffentliche Belange einem Vorhaben nach § 35 Abs. 1 Nr. 2–6 BauGB (also auch den privilegierten Vorhaben zur Nutzung

---

[3] BGBl. I 1353.

[4] BGBl. I 1066 mit nachf. Änderungen.

der Windenergie) in der Regel auch dann entgegen, soweit hierfür durch Darstellungen im Flächennutzungsplan oder als Ziele der Raumordnung eine Ausweisung an anderer Stelle erfolgt ist. Mit der (durch § 249 Abs. 1 BauGB bewirkten) Aufhebung der Anwendbarkeit dieser sog. Ausschlusswirkung auf Vorhaben nach § 35 Abs. 1 Nr. 5 BauGB, die der Erforschung, Entwicklung oder Nutzung der Windenergie dienen, hat der Gesetzgeber die Ausschlusswirkung für diese Vorhaben zunächst beseitigt. Die Vorschrift muss allerdings im Kontext des § 245 e BauGB – Überleitungsvorschriften aus Anlass des Gesetzes zur Erhöhung und Beschleunigung des Ausbaus von Windenergieanlagen an Land – gelesen werden.

Nach der Überleitungsvorschrift des § 245 e Abs. 1 S. 1 BauGB gelten die Rechtswirkungen eines Raumordnungs- oder Flächennutzungsplans gem. § 35 Abs. 3 S. 3 BauGB für Vorhaben, die der Erforschung, Entwicklung oder Nutzung der Windenergie dienen (also die Ausschlusswirkung) fort, wenn der Plan bis zum 1.2.2024 wirksam geworden ist. Sie entfallen aber endgültig mit dem Ablauf des 31.12.2027 (so § 254 e Abs. 1 Satz 2 BauGB). Diese Überleitungsvorschrift motivierte alle Planungsträger mit noch laufenden Konzentrationsflächenplanungen dazu, dafür zu sorgen, dass ihre Pläne noch bis zum 1.2.2024 in Kraft gesetzt wurden. Damit verhinderten sie eine „Lücke" in der Ausschlusswirkung. Bis zum 1.2.2024 stand den Planungsträgern für Flächennutzungspläne die Möglichkeit der Zurückstellung von Anträgen nach § 15 Abs. 3 BauGB zur Verfügung – seitdem gilt die Ausschlusswirkung des Konzentrationsflächenplans bis zum Inkrafttreten der neuen Windeignungsgebiete. Planungsträger für Raumordnungspläne (insbes. Regionalplanungsbehörden) können die Windenergieanlagen-Genehmigungsbehörde gemäß § 14 Abs. 2 ROG befristet daran hindern, über Genehmigungsanträge positiv zu entscheiden.

Offenbar mochte der Bundesgesetzgeber nicht darauf vertrauen, dass die Länder seinen generalisierenden Auftrag zum Vollzug der 2%-Vorgabe so zügig und genau wie möglich ausführen würden. Er hat deswegen ein kompliziertes System von Terminen und Kontrollen errichtet, mit dem sichergestellt werden soll, dass alles zur rechten Zeit und im vorgeschriebenen Umfang der auszuweisenden Flächen geschehen wird. Dieses System ist am 1.2.2023 in Kraft getreten.

IV. Der Vollzug der Pflicht zur Flächenausweisung

Gemäß § 3 Abs. 1 WindBG gilt nun folgendes: In jedem Bundesland ist ein prozentualer Anteil der Landesfläche nach Maßgabe der *Anlage 1* (Flächenbeitragswert) für die Windenergie an Land auszuweisen. Dabei sind bis zum 31.12.2027 mindestens die Flächenbeitragswerte nach dem WindBG – *Anlage 1* Spalte 1 (und bis zum 31.12.2032 mindestens die Flächenbeitragswerte nach *Anlage 1* Spalte 2) auszuweisen. Zum Zwecke der Bestimmung der Größe der hiernach auszuweisenden Flächen ist die Größe der Landesflächen der Bundesländer insgesamt dem WindBG – *Anlage 1* Spalte 3 zu entnehmen. Mit dem 31.12.2032 muss der Planungsauftrag des Bundesgesetzgebers von den Ländern (und ggf. den Gemeinden) komplett erfüllt werden. Die addierten Werte müssen dann 2% der Fläche der Bundesrepublik Deutschland ausmachen.

Gemäß § 3 Abs. 2 WindBG dürfen die Länder die Pflicht nach § 3 Abs. 1 WindBG erfüllen, indem sie

1. entweder die zur Erreichung der Flächenbeitragswerte notwendigen Flächen selbst in landesweiten oder regionalen Raumordnungsplänen ausweisen
2. oder eine Ausweisung der zur Erreichung der Flächenbeitragswerte notwendigen Flächen durch von ihnen abweichende regionale oder kommunale Planungsträger sicherstellen; dabei legt das jeweilige Land hierzu regionale oder kommunale Teilflächenziele fest, die in Summe den Flächenbeitragswert erreichen müssen, und macht diese durch ein Landesgesetz oder als Ziele der Raumordnung verbindlich.

Im Fall der Nummer 1 kann das Land durch ein Landesgesetz oder als Ziele der Raumordnung regionale Teilflächenziele für eigene regionale Raumordnungspläne festlegen, die in Summe die Flächenbeitragswerte erreichen.

Die Aufgabenerfüllung muss von den Ländern im Rahmen ihrer jährlichen Berichterstattung nach § 98 EEG nachgewiesen werden. Gelingt dies nicht, sind Windenergieanlagen weiterhin als privilegierte Vorhaben genehmigungsfähig. Zudem können Windenergieanlagen-Vorhaben dann etwaige Darstellungen in Flächennutzungsplänen, Ziele der Raumordnung sowie sonstige Maßnahmen der Landesplanung nicht entgegengehalten werden.

V. Die Hauptvorschrift zur Flächenvorsorge für Windenergie an Land: § 249 BauGB

1. Inhalt der Vorschrift

Kern der Neuregelung zugunsten der Windenergienutzung im BauGB ist der § 249 BauGB. Die Vorschrift mit ihren Sonderregelungen für Windenergieanlagen wurde durch Art. 2 des Gesetzes zur Erhöhung und Beschleunigung des Ausbaus von Windenergieanlagen an Land vom 20.7.2022[5] wesentlich erweitert. Die neun Absätze sind wie folgt aufgebaut:

- In Absatz 1 wird die Ausschlusswirkung des § 35 Abs. 3 S. 3 BauGB für Windenergieanlagen grundsätzlich aufgehoben. Für andere Vorhaben (zB Kiesabbau) gilt sie weiterhin.
- In Absatz 2 wird angeordnet, dass Windenergieanlagen außerhalb von planerisch festgelegten Windenergiegebieten nach § 35 Abs. 2 BauGB zu beurteilen (also kaum genehmigungsfähig) sind, wenn und sobald die Windenergiegebiete im vom Land festgelegten Planungsraum (Land, Region, Kommune) ausreichend groß sind und dies amtlich festgestellt wurde.
- In Absatz 3 wird geregelt, dass Repoweringvorhaben für Windenergieanlagen nicht von der einschränkenden Wirkung von eingerichteten Windenergiegebieten ergriffen werden, es sei denn, sie sollen in Natura-2000-Gebieten oder in Naturschutzgebieten gebaut werden.

[5] BGBl. I 1353.

- Absatz 4 stellt klar, dass bereits erreichte Flächenziele der Ausweisung zusätzlicher Flächen für Windenergieanlagen nicht entgegensehen.
- Absatz 5 setzt die Wirkung von Zielen der Raumordnung und von Darstellungen in Flächennutzungsplänen außer Kraft, soweit sie der Ausweisung von ausreichend großen Windenergiegebieten entgegenstehen. Dies gilt auch im Zulassungsverfahren.
- Absatz 6 beschränkt die Abwägung der Eignung eines Windenergiegebiets bei dessen Planung auf die isolierte Abwägung der Eignung des betreffenden Gebiets. Unbeachtlich soll sein, ob und welche anderen Flächen im Planungsraum auch geeignet gewesen wären.
- Absatz 7 enthält die Sanktionen für den Fall, dass die für einen Planungsraum vom Gesetzgeber vorgegebenen Flächenziele planerisch nicht erreicht werden. In diesem Fall können Darstellungen in Flächennutzungsplänen, Ziele der Raumordnung sowie sonstige Maßnahmen der Landesplanung einem Windenergieanlagen-Vorhaben der Windenergie bei der dann privilegierten Zulassung nach § 35 Abs. 1 Nr. 5 BauGB nicht entgegengehalten werden. Auch Vorschriften über landesrechtlich bestimmte Mindestabstände sind dann nicht mehr anzuwenden.
- Absatz 8 entspricht dem bisherigen Absatz 2 der Vorschrift. Danach kann die Genehmigung von neuen Windenergieanlagen mit Rückbauvereinbarungen zu vorhandenen Anlagen verbunden werden.
- Absatz 9 entspricht dem bisherigen Absatz 3. Danach dürfen die Länder die privilegierte Zulassung von Windenergieanlagen an die Einhaltung bestimmter Mindestabstände (höchstens 1.000 m zur nächsten baulichen Nutzung zu Wohnzwecken) knüpfen.

Hierzu ist erläuternd Folgendes auszuführen.

2. *Ziel und Zweck der Vorschrift*

Mit § 249 BauGB wird ein neues System der räumlichen Zulässigkeit von Windenergieanlagen im Außenbereich eingerichtet. Der Tabu-Zonen-Dogmatik der bisherigen Rechtsprechung[6] wird damit die Grundlage entzogen.

Die neue Grundregel besteht darin, dass bei der Planung und Einrichtung von Flächen für Windenergieanlagen im Wesentlichen nur noch darauf abgestellt werden soll, ob die mit örtlichen und zeitlichen Stufen versehene Forderung des Gesetzgebers im Erneuerbare-Energie-Gesetz erfüllt wird, wonach ab dem Jahr 2031 insgesamt 2% der Landesfläche als „Windenergiegebiete“ für WA zur Verfügung stehen sollen. Wenn, sobald und wo diese Forderung planerisch erfüllt wurde, dürfen Windenergieanlagen im restlichen Raum der Planungseinheit (Land, Region, Kommune) nur noch nach § 35 Abs. 2 BauGB als nicht privilegierte Anlagen (oder kraft verbindlicher Bauleitplanung) genehmigt werden. Die Genehmigung als nicht privilegierte Vorhaben nach § 35 Abs. 2 BauGB ist nach Lage der Dinge im Regelfall ausgeschossen.

---

[6] Vgl. nur OVG NRW BauR 2017, 2103 (2115).

Wenn, solange und wo die 2%-Forderung in Stufen bis 2031 nicht erfüllt wurde, sind Windenergieanlagen weiterhin als privilegierte Anlagen nach § 35 Abs. 1 Nr. 5 BauGB zu genehmigen. Dabei können Darstellungen in Flächennutzungsplänen, Ziele der Raumordnung sowie sonstige Maßnahmen der Landesplanung einem Windenergieanlagen-Vorhaben nicht entgegengehalten werden. Das führt in vielen Fällen zum Anspruch auf Genehmigung.

Durch die Überleitungsvorschriften in § 245e BauGB ist geregelt, dass die Ausschlusswirkung von vorhandenen Regionalplänen und Flächennutzungsplänen (sofern sie bis spätestens zum 1.2.2024 in Kraft gesetzt wurden) nur bis spätestens zum 31.12.2027 fortgilt. Die Ausschlusswirkung kann jedoch schon vorher durch die planerische Einrichtung von Windenergiegebieten im vorgeschriebenen Umfang abgelöst werden. Die Erfüllung des vorgeschriebenen Flächenbeitrags muss amtlich festgestellt werden, damit die Sperrwirkung für andere Flächen eintritt.

3. *Aufhebung der Ausschlusswirkung nach § 35 Abs. 3 S. 3 BauGB*

a) Regelungsinhalt

Gemäß § 35 Abs. 3 Satz 3 BauGB stehen öffentliche Belange einem Vorhaben nach § 35 Abs. 1 Nr. 2–6 BauGB in der Regel auch dann entgegen, soweit hierfür durch Darstellungen im Flächennutzungsplan oder als Ziele der Raumordnung eine Ausweisung an anderer Stelle erfolgt ist. Mit der Aufhebung der Anwendbarkeit dieser sog. Ausschlusswirkung auf Vorhaben nach § 35 Abs. 1 Nr. 5 BauGB, die der Erforschung, Entwicklung oder Nutzung der Windenergie dienen, wird die Ausschlusswirkung für diese Vorhaben zunächst beseitigt. Die Vorschrift muss allerdings im Kontext des § 245e BauGB – Überleitungsvorschriften aus Anlass des Gesetzes zur Erhöhung und Beschleunigung des Ausbaus von Windenergieanlagen an Land – gelesen werden.

Nach der Überleitungsvorschrift des § 245e Abs. 1 S. 1 BauGB gelten die Rechtswirkungen eines Raumordnungs- oder Flächennutzungsplans gemäß § 35 Abs. 3 S. 3 BauGB für Vorhaben, die der Erforschung, Entwicklung oder Nutzung der Windenergie dienen, vorbehaltlich des § 249 Abs. 5 S. 2 BauGB fort, wenn der Plan bis zum 1.2.2024 wirksam geworden ist. Sie entfallen aber endgültig mit dem Ablauf des 31.12.2027 (so § 245e Abs. 1 S. 2 BauGB).

Nach § 249 Abs. 5 S. 2 BauGB entfällt die Bindung der Genehmigungsbehörde an Ziele der Raumordnung oder Darstellungen in Flächennutzungsplänen schon vor dem 31.12.2027, wenn der betreffende Windenergieanlagen-Standort in einem nach dem Windenergiebedarfsgesetz festgestellten Windeignungsgebiet liegt. Das Windeignungsgebiet muss allerdings erforderlich und ausreichend sein, um den Flächenbeitragswert iSd § 3 Abs. 1 des WindBG oder ein daraus abgeleitetes Teilflächenziel zu erreichen.

b) Die Vorgaben für die Flächenbeiträge der Länder.

Das Windenergieflächenbedarfsgesetz gibt den Ländern mittels der Anlage 1 zum Gesetz verbindliche Flächenziele (Flächenbeitragswerte) vor, die für den Ausbau der Windenergie an Land benötigt werden, um die Ausbauziele und Ausbaupfade des Erneuerbare-Energien-Gesetzes vom 21.7.2014 (BGBl. I S. 1066 mit nachf. Änderungen) in zwei Stufen (bis zum 31.12.2027 und bis zum 31.12.2032) zu erreichen.

Die Länder dürfen diese die Pflicht erfüllen, indem sie

1. die zur Erreichung der Flächenbeitragswerte notwendigen Flächen selbst in landesweiten oder regionalen Raumordnungsplänen ausweisen oder
2. eine Ausweisung der zur Erreichung der Flächenbeitragswerte notwendigen Flächen durch von ihnen abweichende regionale oder kommunale Planungsträger sicherstellen; dabei legt das jeweilige Land hierzu regionale oder kommunale Teilflächenziele fest, die in Summe den Flächenbeitragswert erreichen, und macht diese durch ein Landesgesetz oder als Ziele der Raumordnung verbindlich.

Im Fall der Nummer 1 kann das Land durch ein Landesgesetz oder als Ziele der Raumordnung regionale Teilflächenziele für eigene regionale Raumordnungspläne festlegen, die in Summe die Flächenbeitragswerte erreichen (§ 3 Abs. 2 WindBG).

Die von § 249 Abs. 2 BauGB angeordnete Rechtsfolge der Festlegung von Windenergiegebieten in ausreichender Flächengröße (nämlich Beurteilung aller Anträge für Standorte außerhalb der Windenergiegebiete nach § 35 Abs. 2 BauGB – also de facto nicht genehmigungsfähig) tritt gemäß § 249 Abs. 2 BauGB erst dann ein, wenn die ausreichende Größe von dem zuständigen Planungsträger amtlich festgestellt wurde. Diese Feststellung soll in der Regel zusammen mit dem Beschluss über den betreffenden Plan erfolgen und zusammen mit dem Plan oder – bei dessen Genehmigungsbedürftigkeit – zusammen mit der Genehmigung verkündet bzw. bekanntgemacht werden. Die Feststellung dürfte trotz ihrer regelmäßigen Kombination mit der Bekanntmachung und Inkraftsetzung des Plans einen selbstständigen Verwaltungsakt darstellen. Bei der isolierten Feststellung der Bedarfserfüllung nach § 5 Abs. 2 WindBG lässt sich dies kaum bestreiten. Die Verknüpfung der Feststellung mit gesetzlich geregelten Folgen (und damit die Außenwirkung der Feststellung) lässt sich auch nicht dadurch beseitigen, dass der Gesetzgeber in § 249 Abs. 2 S. 3 BauGB feststellt, dass „der Eintritt der Rechtsfolge der Sätze 1 und 2 gesetzliche Folge der Feststellung“ sei. Richtig – aber damit wird die Qualität der Feststellung als Verwaltungsakt mit unmittelbarer Außenwirkung nicht beseitigt, sondern umgekehrt bekräftigt.

Der Gesetzgeber wollte eine isolierte gerichtliche Anfechtung verhindern (vgl. Begründung BT-Drs. 27/2355, S. 28), indem er in § 5 Abs. 1 S. 2 WindBG anordnete: *„Die Feststellung nimmt an der Bekanntgabe oder der Verkündung des Plans, der Genehmigung oder des Beschlusses teil, die jeweils nach den dafür einschlägigen Vorschriften erfolgt“*. Die Feststellung nach dem WindBG mit ihren eigenen Rechtsfolgen kann jedoch durch diese bloße Verfahrensvorschrift nicht ihres Charakters als feststellender Verwaltungsakt mit besonderen Rechtswirkungen entkleidet werden. Einschränkungen der gerichtlichen Kontrolle werden durch die Subsidiarität von Feststellungsklagen gegenüber Verpflichtungsklagen herbeigeführt.

Zur Kontrolle der Länder hat das Bundesministerium für Wirtschaft und Klimaschutz gemäß § 5 Abs. 3 WindBG bis zum 30.6.2024 zu prüfen und festzustellen, ob und welche Länder ihre Nachweispflicht hinsichtlich der Planaufstellungsbeschlüsse für eigene Pläne oder das Inkrafttreten der Überweisung der Planungsaufgabe an die Regionen oder Kommunen erfüllt haben. Die Feststellung ist öffentlich bekannt zu machen; sie stellt damit einen feststellenden Verwaltungsakt dar.

c) Anrechnung der Aufstellflächen vorhandener Anlagen auf die Erfüllung der Flächenbeiträge

Grundsätzlich sind nur die Flächen von Anlagen mit ihren Rotor-Drehkreisen anrechenbar, die sich vollständig innerhalb von festgelegten Windenergiegebieten im Sinne der Definition des § 2 Nr. 1 WindBG befinden. Ausnahmsweise können auch solche Drehkreis-Flächen von vorhandenen Anlagen auf die Erfüllung der geforderten Flächenbeiträge angerechnet werden, die sich nicht im Windenergiegebiet befinden.

Die Anrechnung von Rotordrehkreisflächen, die sich nicht in Windenergiegebieten befinden, muss nach § 4 Abs. 1 S. 3 WindBG vom Planungsträger im Feststellungsbeschluss über die Erfüllung des jeweiligen Flächenbeitragsziels ausdrücklich beschlossen werden. In diesem Fall erfolgt die Anrechnung im Umfang der Fläche, die im Umkreis von einer Rotorblattlänge um die Windenergieanlage liegt. Die Anlage selbst muss sich innerhalb der Windenergiefläche befinden.

Für Flächen von Windenergieanlagen im Geltungsbereich von Raumordnungsplänen oder Flächennutzungsplänen, die eine ausdrückliche Regelung des Inhalts aufweisen, dass sich die Fläche des Rotordrehkreises innerhalb der ausgewiesenen Fläche befinden muss (sog. „Rotor-innerhalb-Flächen" iSd § 2 WindBG), gilt wiederum eine Sonderregelung. Der Gesetzgeber erkennt hier nur die Flächen als anrechenbar an, die für die Aufstellung des Turmfußes genutzt werden können. In der Begründung des Regierungsentwurfs heißt es hierzu:[7]

Die Flächenbeitragswerte der Anlage 1 des Gesetzes wurden unter der Annahme festgelegt, dass auf den ausgewiesenen Flächen Anlagen auch dann zugelassen werden können, wenn die Rotorblätter über die Grenzen der ausgewiesenen Fläche hinausragen, der Anlagenmast also bis an die Grenze der Fläche heranrücken kann. Die Geltung einer Rotor-innerhalb-Regelung reduziert demgegenüber die auf einer Fläche realisierbare Leistung erheblich. Daher können solche Flächen nicht in vollem Umfang auf die Flächenbeitragswerte angerechnet werden.

Daher ist bei der Berechnung der Fläche flächenscharf der einfache Rotorradius von den Grenzen der ausgewiesenen Fläche abzuziehen. Denn an diesem äußersten Rand dürfen keine Anlagen mehr platziert werden.

Bei einem Raumordnungs- oder Flächennutzungsplan, der keine Bestimmung im Hinblick auf die Platzierung der Rotorblätter von Windenergieanlagen außerhalb einer ausgewiesenen Fläche trifft, kann der Planungsträger, der den Beschluss über den Plan gefasst hat, gem. § 5 Abs. 4 WindBG durch Beschluss bestimmen, dass die Rotorblätter nicht innerhalb der ausgewiesenen Fläche liegen müssen, wenn der Plan bis zum 1.2.2024 wirksam geworden ist. Der Beschluss ist öffentlich

[7] BT-Drs. 20/2355, 27.

bekannt zu geben oder zu verkünden. Damit erhöht sich die Aufnahmekapazität der Fläche.

Nicht anrechenbar sind Flächen, auf denen Windenergieanlagen auf Grundlage ihrer Außenbereichsprivilegierung zugelassen oder errichtet wurden, die aber nicht als Windenergiegebiet ausgewiesen sind.

Flächen, die in Plänen ausgewiesen werden, die nach dem Inkrafttreten des WindBG wirksam geworden sind und Bestimmungen zur Höhe baulicher Anlagen enthalten, sind nicht anzurechnen (§ 4 Abs. 1 S. 5 WindBG). Hieraus folgt, dass der Flächennutzungsplan in Bezug auf Windenergieanlagen keine die Leistung beschränkenden Darstellungen enthalten darf. Im Übrigen werden alle ausgewiesenen Flächen angerechnet, ohne Rücksicht auf die Frage, wie dicht sie tatsächlich mit Windenergieanlagen belegt werden können.

4. Ausnahmeregelung für das Repowering

Durch Absatz 3 Satz 1 des § 249 BauGB wird das sog. Repowering von den für die Genehmigungsmöglichkeit von Windenergieanlagen stark einschränkenden Wirkungen des Absatz 2 (Genehmigung von Windenergieanlagen nur nach § 35 Abs. 2 BauGB) ausgenommen. Das Repowering ist in § 16b BImSchG wie folgt definiert und geregelt:

§ 16b Repowering von Anlagen zur Erzeugung von Strom aus erneuerbaren Energien

(1) Wird eine Anlage zur Erzeugung von Strom aus erneuerbaren Energien modernisiert (Repowering), müssen auf Antrag des Vorhabenträgers im Rahmen des Änderungsgenehmigungsverfahrens nur Anforderungen geprüft werden, soweit durch das Repowering im Verhältnis zum gegenwärtigen Zustand unter Berücksichtigung der auszutauschenden Anlage nachteilige Auswirkungen hervorgerufen werden und diese für die Prüfung nach § 6 erheblich sein können.

(2) Die Modernisierung umfasst den vollständigen oder teilweisen Austausch von Anlagen oder Betriebssystemen und -geräten zum Austausch von Kapazität oder zur Steigerung der Effizienz oder der Kapazität der Anlage. Bei einem vollständigen Austausch der Anlage sind zusätzlich folgende Anforderungen einzuhalten:

1. *Die neue Anlage wird innerhalb von 24 Monaten nach dem Rückbau der Bestandsanlage errichtet und*
2. *der Abstand zwischen der Bestandsanlage und der neuen Anlage beträgt höchstens das Zweifache der Gesamthöhe der neuen Anlage.*

Die hier umschriebene Modernisierung soll durch § 249 BauGB nicht behindert werden. Die Erleichterung der Genehmigungsfähigkeit gilt nach § 249 Abs. 3 S. 2 BauGB allerdings nicht für Anlagen, die in einem Natura 2000-Gebiet oder in einem Naturschutzgebiet errichtet werden sollen. Damit wird auf diese Gebiete aus guten Gründen besonders Rücksicht genommen.

5. Zusätzliche Flächen für die Windenergie. Keine Bindung an Ziele der Raumordnung oder Darstellungen in Flächennutzungsplänen. Unbeachtlichkeit von alternativen Möglichkeiten der Flächenausweisung

Die vom WindBG sehr genau geregelten Flächenbeitragswerte für die einzelnen Länder sind nur Mindestvorgaben; sie stellen aber keine Deckelung nach oben dar. Dies wird durch Absatz 4 des § 249 BauGB klargestellt.

Die vom Gesetzgeber geforderten Flächenbeitragswerte sollen bei der Auswahl und Festlegung der Windenergieflächen einen höheren Rang besitzen als etwa entgegenstehende vorgefundene Ziele der Raumordnung oder Darstellungen in Flächennutzungsplänen. Absatz 5 des § 249 BauGB ordnet daher an, dass der jeweilige Planungsträger bei der Festlegung von Windenergiegebieten nicht an solche Vorgaben gebunden ist, soweit dies erforderlich ist, um den jeweiligen Flächenbeitragswert oder ein daraus abgeleitetes Teilziel zu erreichen.

Über § 249 Abs. 6 BauGB sollte die Prüfung der Eignung eines Windenergiegebiets auf die isolierte Abwägung der Eignung nur des betreffenden Gebiets beschränkt werden. Unbeachtlich sollte sein, ob und welche anderen Flächen im Planungsraum auch geeignet gewesen wären. Gänzlich unbeachtlich sollte sein, ob und welche anderen Flächen im Planungsraum ebenso für die Windenergienutzung geeignet gewesen wären – vielleicht sogar besser geeignet. Jede Alternativenprüfung soll entfallen.

6. Sanktion bei fehlender Zielverwirklichung

Wenn es dem Planungsträger nicht gelingt, die gesetzlich vorgegebenen Flächenbeitragswerte bis zu den jeweiligen Stichtagen planerisch umzusetzen, geht gem. § 249 Abs. 7 BauGB die Möglichkeit verloren, die nicht für Windenergienutzung ausgewiesenen Flächen von Windenergieanlagen freizuhalten. Windenergieunternehmen können dann für jeden Standort in dem betreffenden Gebiet, der sich angesichts der zu berücksichtigen öffentlichen und privaten Belange für die Aufstellung einer Windenergieanlage eignet, die erforderliche Genehmigung beantragen und möglicherweise erhalten. Landesrechtliche Regelungen über Mindestabstände sind dann gem. Abs. 7 Satz 2 nicht mehr anzuwenden. Auch Darstellungen in Flächennutzungsplänen, Ziele der Raumordnung sowie sonstige Maßnahmen der Landesplanung können dann gem. Abs. 7 Satz 1 einem Vorhaben nach § 35 Abs. 1 Nr. 5 Alt. 1 BauGB im Zulassungsverfahren auf der Vollzugsebene nicht mehr entgegengehalten werden. Der Begriff „Maßnahmen" im hier gemeinten Sinn umfasst alle Maßnahmen der Landesplanung, die diesen Vorhaben ohne diese Regelung entgegengehalten werden könnten;[8] hierzu gehören insbes. Untersagungen gem. § 12 ROG.[9]

Weithin maßgebend bleiben jedoch die Anforderungen des Bauordnungsrechts, des Immissionsschutzrechts oder sonstiger öffentlich-rechtlicher Vorschriften.

[8] BT-Drs. 20/2355 34.

[9] Eingehend hierzu Starnofsky in Pielok/Starnofsky NROG Vor §§ 14–17.

Die in § 249 Abs. 7 S. 2 BauGB festgelegte „Sanktion" ist von dem einzelnen Träger der Flächennutzungsplanung nicht zu beeinflussen – sie ergibt sich erst aus der Summe aller Flächenausweisungen. Das Land kann jedoch durch genaue Flächenbeitragszuweisungen an die Planungsträger versuchen, dafür zu sorgen, dass der Flächenbeitragswert im Land insgesamt erreicht wird. Ob dies gelingt, hängt dann vom Planungsvollzug ab.

Das von der „Sanktion" nach § 249 Abs. 7 S. 2 BauGB betroffene Land, kann nachträglich das Erreichen seines Flächenbeitragswerts nachweisen und damit (verspätet) zur Regelung nach § 249 Abs. 2 BauGB zurückkehren.

7. *Begrenzung des landesrechtlich festlegbaren Mindestabstands auf 1.000 m*

Ein Mindestabstand nach Satz 1 darf nach § 249 Abs. 9 S. 2 BauGB höchstens 1.000 m von der Mitte des Mastfußes der Windenergieanlage bis zur nächstgelegenen im Landesgesetz bezeichneten baulichen Nutzung zu Wohnzwecken betragen. Der Bundesgesetzgeber stellt es den Ländern im Übrigen frei, die Mindestabstände gegenüber „baulichen Nutzungen zu Wohnzwecken" unterschiedlich zu bemessen.

VI. Neuere Gesetzgebung

Das Land Nordrhein-Westfalen hat durch die Änderung des Gesetzes zur Ausführung des Baugesetzbuchs in NRW einen 1.000 m-Abstand beschlossen und damit von der bundesgesetzlichen Länderöffnungsklausel Gebrauch gemacht. Die Regelung ist seit dem 15.7.2021 in Kraft. In NRW müssen Windenergieanlagen einen 1.000 m-Abstand einhalten zu Wohngebäuden in *„Gebieten mit Bebauungsplänen (§ 30 BauGB) und innerhalb der im Zusammenhang bebauten Ortsteile (§ 34 BauGB), sofern dort Wohngebäude nicht nur ausnahmsweise zulässig sind"* oder zu Wohngebäuden *„im Geltungsbereich von Satzungen nach § 35 Absatz 6 BauGB"*. Es genügt grundsätzlich das Vorhandensein eines einzigen Wohngebäudes, z. B. in einem Mischgebiet, um die Mindestabstandspflicht zu diesem Wohngebäude auszulösen. Nach § 249 Abs. 7 S. 2 BauGB wird diese Regelung bei Festlegung eines nicht ausreichend großen Windenergiegebiets nicht mehr anwendbar sein.

Bislang haben folgende Länder von der Ermächtigung zur Einführung von Mindestabständen Gebrauch gemacht: Der Freistaat Bayern[10], das Land Brandenburg[11]

---

[10] Die bayerische Regelung wurde in die Bayerische Bauordnung integriert; vgl. Art. 82 Abs. 1 BayBO idF der Bekanntmachung vom 14.8.2007 (GVBl. S. 588): § 35 Abs. 1 Nr. 5 BauGB findet auf Vorhaben, die der Erforschung, Entwicklung oder Nutzung der Windenergie dienen, nur Anwendung, wenn diese Vorhaben einen Mindestabstand vom 10-fachen ihrer Höhe zu Wohngebäuden in Gebieten mit Bebauungsplänen (§ 30 BauGB), innerhalb im Zusammenhang bebauter Ortsteile (§ 34 BauGB) – sofern in diesen Gebieten Wohngebäude nicht nur ausnahmsweise zulässig sind – und im Geltungsbereich von Satzungen nach § 35 Abs. 6 BauGB einhalten.

[11] Gesetz zur Regelung von Mindestabständen von Windenergieanlagen zu Wohngebäuden im Land Brandenburg (Brandenburgisches Windenergieanlagenabstandsgesetz – BbgWEAAbG) vom 20.5.2022 (GVBl. I, Nr. 9)

und das Land Nordrhein-Westfalen[12]. Andere Länder haben für ihre Planungsbehörden und Kommunen nur entsprechende Empfehlungen veröffentlicht. In Hessen ist gemäß Ziel 5.3.2.2–4 (Z) lit. b) des Landesentwicklungsplans 2020 (LEP 2020) „zu bestehenden und geplanten Siedlungsgebieten … ein Mindestabstand von 1.000 m zu wahren“.

[12] NRW hat den 1.000 m-Mindestabstand zu Windenergieanlagen durch Änderung des Gesetzes zur Ausführung des Baugesetzbuch in NRW beschlossen (Zweites Gesetz zur Änderung des Gesetzes zur Ausführung des Baugesetzbuches in NRW, GV.NRW. 2021 Nr. 52 vom 14.7.2021, 891). Diese Änderung ist seit dem 15.7.2021 in Kraft.

STEPHAN MITSCHANG

Planerische Aspekte im Anwendungsbereich von WindBG und BauGB

Willy Spannowsky hat sich mit der Privilegierung von Windenergieanlagen und den Möglichkeiten ihrer planerischen Steuerung in vielen Vorträgen und wissenschaftlichen Beiträgen stets kritisch auseinandergesetzt. Im Fokus stand dabei jeweils eine im Schnittfeld von erneuerbaren Energien und räumlicher Planung angelegte bauplanungs- und umweltrechtliche Bewertung. Seinem 65. Geburtstag und seinem wissenschaftlichen Wirken bis heute ist dieser Beitrag gewidmet.

I. Einleitung

Für die Stromerzeugung in der Bundesrepublik Deutschland spielt die Windenergie eine wichtige Rolle. Innerhalb der erneuerbaren Energien kommt ihr die größte Bedeutung zu. Der Zubau von Windenergieanlagen ist allerdings in den letzten Jahren schwächer geworden. Gleichzeitig sind die Ausbauziele für erneuerbare Energien verschärft worden. Nach § 1 Abs. 2 EEG 2023[1] soll der Anteil des aus erneuerbaren Energien erzeugten Stroms am Bruttostromverbrauch auf mindestens 80% im Jahr 2030 gesteigert werden. Vor diesem Hintergrund wird es zur Erreichung der energiepolitischen Zielsetzungen als notwendig angesehen, zwei Prozent der Landesfläche für die Windenergienutzung auszuweisen.[2] Erreicht werden soll dieses Ziel durch ein Wind-an-Land-Gesetz (WaLG)[3], das in Art. 1 ein bereits am 1.2.2023 in Kraft getretenes Windenergieflächenbedarfsgesetz (WindBG)[4] enthält und mit einer weitgehenden Überarbeitung der Regelungen zur Wind-

[1] Erneuerbare-Energien-Gesetz vom 21.7.2014 (BGBl. I 1066), das zuletzt durch Art. 1 des Gesetzes vom 5.2.2024 (BGBl. 2024 I Nr. 33) geändert worden ist.

[2] Siehe hierzu die Ausführungen im Koalitionsvertrag „Mehr Fortschritt wagen – Bündnis für Freiheit, Gerechtigkeit und Nachhaltigkeit", S. 44f. Zu finden unter: https://www.spd.de/fileadmin/Dokumente/Koalitionsvertrag/Koalitionsvertrag_2021–2025.pdf (letzter Zugriff am 19.3.2024).

[3] Siehe hierzu das „Gesetz zur Erhöhung und Beschleunigung des Ausbaus von Windenergieanlagen an Land" vom 20.7.2022 (BGBl. I 1353). Zur Nichtvereinbarkeit mit dem Unionsrecht aufgrund einer fehlenden Umweltprüfung, vgl. Spannowsky ZfBR 2023, 18 (24).

[4] Gesetz zur Festlegung von Flächenbedarfen für Windenergieanlagen an Land (Windenergieflächenbedarfsgesetz – WindBG) vom 20.7.2022, BGBl. I 1353, das zuletzt durch Art. 6 des Gesetzes vom 26.7.2023 (BGBl. 2023 I Nr. 202) geändert worden ist.

energie im BauGB[5] und ROG[6] verzahnt ist.[7] Gerade die inhaltlichen Überschneidungen mit dem Raumplanungsrecht werfen sowohl rechtliche[8] als auch planerische Fragestellungen auf, die einerseits gegenwärtig noch nicht abschließend zu beantworten sind und andererseits aufgrund der mit ihnen verbundenen Planungsrisiken, die energiepolitischen Zielsetzungen in Frage stellen können. Einzelne Problembereiche werden im Folgenden näher thematisiert.

II. Ausgangslage und Anlass

Am 1.1.1997 wurden Vorhaben, die der Nutzung der Windenergie dienen, im Außenbereich privilegiert (vgl. § 35 Abs. 1 Nr. 7 BauGB-a. F.).[9] Gleichzeitig wurde eine weitere Neuregelung in § 35 Abs. 3 Satz 3 BauGB-a.F ausgestaltet, wonach öffentliche Belange einem Vorhaben nach § 35 Abs. 1 Nr. 4 bis 7 BauGB-a. F. in der Regel auch dann entgegenstehen, soweit hierfür durch Darstellungen im Flächennutzungsplan oder als Ziele der Raumordnung und Landesplanung eine Ausweisung an anderer Stelle erfolgt ist (sog. „Planvorbehalt"[10]). Dadurch wurde es sowohl den Trägern der Raumordnungsplanung als auch den Gemeinden als Trägern der Flächennutzungsplanung ermöglicht, durch eine positive Standortzuweisung (sog. „Konzentrationszonen") an einer oder auch an mehreren Stellen im Plangebiet, den übrigen Planungsraum von Windenergieanlagen freizuhalten (sog. „Ausschlussgebiete").[11] Auch Spannowsky[12] versieht dieses planerische Ordnungskonzept mit kritischen Anmerkungen. Eine bundesgesetzliche Verpflichtung zur Anwendung des Planvorbehalts wurde dabei allerdings nicht normiert.[13]

Zentrale Grundlage und gleichzeitig Voraussetzung für die planerische Steuerung von Windenergieanlagen war ein schlüssiges gesamträumliches Konzept, für

---

[5] Baugesetzbuch (BauGB) in der Fassung der Bekanntmachung vom 3.11.2017 (BGBl. I S. 3634), das zuletzt durch Art. 3 des Gesetzes vom 20.12.2023 (BGBl. 2023 I Nr. 394) geändert worden ist.

[6] Raumordnungsgesetz vom 22.12.2008 (BGBl. I 2986), das zuletzt durch Art. 1 des Gesetzes vom 22.3.2023 (BGBl. 2023 I Nr. 88) geändert worden ist.

[7] Operhalsky UPR 2022, 337ff.

[8] Spannowsky ZfBR 2023, 18 (18) weist hierzu auf die bestehende systematische Verringerung der Umweltvorsorgestandards in Bezug auf das Landschaftsbild und den Artenschutz hin, die im Zusammenhang mit ebenfalls vorgenommenen Erleichterungen im Naturschutzrecht stehen.

[9] S. Art. 1 des „Gesetzes zur Änderung des Baugesetzbuchs" vom 30.7.1996 (BGBl. I 1189). Zu den damit verbundenen Auswirkungen Spannowsky NuR 2013, 773 (774f.) unter Hinweis auf die besondere Problematik bei Windenenergieanlagen im Verhältnis zu anderen erneuerbaren Energien.

[10] Kritisch dazu Spannowsky ZfBR Beil 2012, 53 (57f.).

[11] Spannowsky NuR 2013, 773 (775), der ausdrücklich auf die drastische Verschiebung im Beziehungsgefüge zwischen dem Ausbau der erneuerbaren Energien und der Umweltvorsorge zugunsten des Einsatzes der Windenergienutzung durch die Gesetzgebung einzelner Bundesländer hinweist; ders. ZfBR Beil 2012, 53 (54f.). Zu den Problemen der Ausweisung von Konzentrationszonen ausführlich Zietlow/Hinsch NordÖR 2022, 273 (275f.).

[12] Spannowsky ZfBR 2023, 18 (19); s. auch Schmitz/Haselmann NVwZ 2015, 846 (846f.) sowie Grigoleit/Engelbert/Strothe/Klanten ZfBR 2022, 512 (513).

[13] Meurers UPR 2023, 41 (41ff.). Demgegenüber sind die künftig einzuhaltenden Flächenbeitragswerte nach dem WindBG verbindlich.

das die Rechtsprechung[14] ein spezifisches Anforderungsprofil entwickelt hat, welches sich methodisch in mehreren Arbeitsschritten vollzieht.[15] Zunächst sind danach sog. „harte Tabuzonen“[16] zu ermitteln, die für eine Windenergienutzung von vorneherein nicht zur Verfügung stehen. Davon zu unterscheiden sind die sog. „weichen Tabuzonen“[17], in denen zwar grundsätzlich eine Nutzung der Windenergie möglich ist, die aber aufgrund von Vorgaben des Planungsträgers hierfür nicht herangezogen werden sollen. Der Plangeber muss bei von ihm selbst definierten weichen Tabuzonen seine getroffene Entscheidung sachlich rechtfertigen.[18] Daher besteht für den Planungsgeber nur bei den weichen Tabu-Kriterien ein Bewertungsspielraum[19]. Die verbleibenden sog. „Potenzialflächen“ sind sodann zu konkurrierenden Außenbereichsnutzungen abwägend in Beziehung zu setzen. Stellt sich dabei heraus, dass für die Windenergie oder eine andere privilegierte Nutzung nach Abs. 1 Nr. 2–6 nicht substanziell[20] Raum geschaffen wird, muss der Plangeber seine Kriterien[21] für die Festlegung der Konzentrationsflächen nochmals prüfen und gegebenenfalls auch ändern. Zudem muss er sich zur Vermeidung eines Fehlers im Abwägungsvorgang den Unterschied zwischen beiden Arten von Tabuzonen bewusst machen und dies dokumentieren.[22] Eine neue Strategie[23] zur Bereitstellung und Nutzung von Flächen für die Windenergie wurde als erforderlich angesehen.

[14] Vgl. insbesondere BVerwG NVwZ 2003, 733 (736f.) sowie BVerwG NVwZ 2003, 1261 (1261). Dazu auch Külpmann DVBl 2019, 608 (608ff.); Wormit ZfU 2021, 324 (328).

[15] Siehe hierzu etwa BVerwG ZfBR 2010, 65 (66) sowie BVerwG NVwZ 2013, 519 Rn. 10f.; BVerwG BVerwGE145, 231 Rn. 10ff.; BVerwG ZfBR 2013, 569 Rn. 5; aus dem Schrifttum: Külpmann DVBl 2019, 608 (609f.); Scheidler BauR 2022, 1419 (1422); Raschke/Roscher ZfBR 2022, 531 (532f.); Gatz DVBl 2017, 461 (461f.); Schink UPR 2016, 366 (367f.); Albrecht/Zschiegner NVwZ 2019, 444 (446f.) sowie Schmidt-Eichstaedt ZfBR 2019, 434 (435f.).

[16] Entweder aufgrund mangelnder Eignung der Flächen (z. B. innerhalb der Siedlungsflächen, in Bauverbotszonen bei Flughäfen oder Straßenflächen) oder aufgrund des Vorliegens gesetzlicher Hindernisse (z. B. aus Gründen des zwingenden Immissionsschutzes oder nicht überwindbarer naturschutzrechtlicher Hindernisse).

[17] ZB aus Gründen des vorsorgenden Immissionsschutzes oder in Waldflächen.

[18] Siehe hierzu etwa BVerwG BeckRS 2019, 1756 Rn. 6 zur Heranziehung von Mindestgrößen für Konzentrationsflächen; insgesamt zur Rechtsentwicklung Külpmann DVBl 2019, 608 (609f.); Gatz DVBl 2017, 461 (465f.).

[19] BVerwG BeckRS 2019, 3680 Rn. 6; BVerwG ZfBR 2020, 373 Rn. 8.

[20] Vgl. BVerwG NVwZ 2008, 559 (560); OVG Berlin-Brandenburg BeckRS 2022, 1711 Rn. 52ff.

[21] ZB Pufferzonen.

[22] Vgl. VerfGH Nordrhein-Westfalen BeckRS 2020, 35658 Rn. 77f.; BVerwG ZfBR 2020, 373 Rn. 10; BVerwG ZfBR 2018, 469 Rn. 3ff.

[23] Vgl. oben I. Bisherige Reformvorschläge und ihre Bewertung, s. Kümper ZfBR 2022, 25 (26f.); Hermsdorf ZUR 2022, 341 (343f.). Stüer/Stüer BauR 2021, 1735 (1746f.); Grigoleit/Engelbert/Strothe/Klanten ZfBR 2022, 512 (515f.). Siehe auch SRU in seinem Impulspapier vom Oktober 2021, Klimaschutz braucht Rückenwind: Für einen konsequenten Ausbau der Windenergie an Land, S. 4. Zu finden unter: https://www.umweltrat.de/SharedDocs/Downloads/DE/04_Stellungnahmen/2020_2024/PDF_Impulspapier_Wind.pdf?__blob=publicationFile&v=1 (letzter Zugriff am 19.3.2024).

III. Das Windenergieflächenbedarfsgesetz

Nicht nur die Regelungen des WindBG, sondern auch die Vorschriften des Städtebaurechts sind von den Neuregelungen des WaLG erfasst worden. Die wichtigste Änderung bezieht sich auf § 249 BauGB[24], der künftig als maßgebliche Vorschrift für die Zulässigkeit von Windenergieanlagen Bedeutung erlangt und der die flächenbezogenen Bestimmungen des WindBG in das Städtebaurecht integriert.[25] Entscheidende Bedeutung erlangen hierbei die gesetzlich festgelegten Flächenbeitragswerte als verbindliche, mengenbezogene Flächenziele. In diesem Sinne wird zunächst durch § 249 Abs. 1 BauGB der hierfür erforderliche Systemwechsel eingeleitet und bestimmt, dass § 35 Abs. 3 S. 3 BauGB nicht mehr auf Vorhaben nach § 35 Abs. 1 Nr. 5 BauGB anzuwenden ist[26], die der Erforschung, Entwicklung oder Nutzung der Windenergie dienen. Die auf dieser Vorschrift basierende und im Rahmen von planerischen Konzepten für Windenergieanlagen normierte Ausschlussfunktion durch Ziele der Raumordnung oder durch Darstellungen des Flächennutzungsplans entfällt künftig ebenso wie das Substanzgebot.[27] Werden die Flächenbeitragswerte erreicht, greift § 249 Abs. 2 BauGB, nach dem es für die bauplanungsrechtliche Zulässigkeit von Windenergieanlagen im Weiteren maßgeblich ist, ob diese innerhalb oder außerhalb eines Windenergiegebiets liegen (vgl. § 2 Abs. 1 WindBG).[28] Innerhalb wird der Errichtung von Windenergieanlagen die Privilegierung weiterhin zuteil, außerhalb sind Vorhaben nur noch nach § 35 Abs. 2 BauGB zulässig (vgl. § 249 Abs. 2 S. 1 BauGB).[29] Demzufolge bestimmt der ebenfalls im Rahmen des WaLG geänderte § 35 Abs. 1 Nr. 5 BauGB, dass eine Privilegierung für Windenergieanlagen nur noch „nach Maßgabe des § 249“ gilt.

1. Vorgabe verbindlicher Flächenziele für die Nutzung der Windenergie an Land

Durch die Vorgabe von Flächenbeitragswerten[30], die für die Ausweisung von Flächen für die Windenergienutzung einzuhalten sind (vgl. § 1 Abs. 2 WindBG)

---

[24] Es handelt sich bei dieser Bestimmung um die „zentrale Rechtsfolgenregelung“, die nach Spannowsky ZfBR 2023, 18 (21 f.) in der Planungspraxis zu erheblichen Unklarheiten führen dürfte.

[25] Stets kritisch: Spannowsky ZfBR 2023, 18 (18 ff.), der eine Unvereinbarkeit mit Unionsrecht, eine Beschneidung der Planungshoheit von regionalen und kommunalen Planungsträgern, einen Verstoß gegen das föderale Gebot der Gleichbehandlung der Bundesländer sowie im Übrigen auch einen Verstoß gegen das Übermaßverbot sieht. Siehe des Weiteren Scheidler BauR 2022, 1419 (1422); Meurers UPR 2023, 41 (41 ff.).

[26] Zu einem weitreichenden Überleitungsrecht für bestehende Planungen und in Aufstellung befindliche Planungen, vgl. unten IV.

[27] So deutlich: Spannowsky ZfBR 2023, 18 (21); Raschke/Roscher ZfBR 2022, 531 (535); Scheidler BauR 2022, 1419 (1426).

[28] Dies ist allerdings nicht neu, sondern hat schon bei § 249 Abs. 3 BauGB a. F. Anwendung gefunden. Siehe dazu Mitschang/Reidt in BKL BauGB § 249 Rn. 13; Kment in Jarass/Kment BauGB § 249 Rn. 8.

[29] Oder durch Bebauungsplan. Auch Schmidt-Eichstaedt ZfBR 2023, 10 (10).

[30] S. hierzu § 3 Abs. 1 S. 1 WindBG iVm Anlage 1.

sollen die Ausbauziele des EEG 2023 erreicht werden.[31] Hierzu muss, bezogen auf das einzelne Bundesland, ein prozentualer Anteil der Landesfläche nach Maßgabe der Spalte 3 der Anlage zum WindBG für die Windenergie an Land ausgewiesen werden.[32] § 3 Abs. 1 S. 2 WindBG orientiert die zu erreichenden Flächenbeitragswerte an einem Zwischen- und einem Gesamtziel (zweistufiges Modell). Mittelfristig sind danach bis zum 31.12.2027 für das Erreichen des Zwischenziels in einer ersten Modellstufe mindestens diejenigen Flächenbeitragswerte nach Spalte 1 der Anlage zum WindBG auszuweisen.[33] Für das Erreichen des Gesamtziels der zweiten Modellstufe müssen dann die Flächenbeitragswerte in Spalte 2 der Anlage zum WindBG bis zum 31.12.2032 durch Flächenausweisungen erfüllt werden. Aufgrund der in § 4 WindBG vorgegebenen Berechnungsregeln, müssen die Planungsträger daher zunächst bestimmen, welche Flächen für die Erreichung der Flächenbeitragswerte überhaupt herangezogen werden können.

2. *Möglichkeiten der Länder zur Erfüllung ihrer Flächenausweisungsverpflichtungen*

§ 3 Abs. 2 WindBG lässt den Ländern die Wahl, wie sie ihre Flächenbereitstellung erfüllen wollen, und stellt ihnen zwei Möglichkeiten zur Verfügung:
– Flächenausweisungen durch das Land als Planungsträger,
– Flächenausweisungen durch regionale oder kommunale Planungsträger.

Ebenso können die Länder darüber entscheiden, auf welcher Planungsebene sie eine planerische Steuerung der Windenergie vornehmen.

a) Flächenausweisungen durch das Land als Planungsträger

Die Länder können ihre Flächenausweisungspflichten erfüllen, indem sie die zur Erreichung der Flächenbeitragswerte notwendigen Flächen selbst in landesweiten oder regionalen Raumordnungsplänen ausweisen (vgl. § 3 Abs. 2 S. 1 Nr. 1 WindBG). In diesem Fall werden sie selbst planerisch tätig.[34] § 3 Abs. 2 S. 2 WindBG erlaubt es außerdem, dass das Land durch ein Landesgesetz oder als Ziele der Raumordnung regionale Teilflächenziele für eigene regionale Raumordnungspläne festlegen kann, die in Summe dann die Flächenbeitragswerte erreichen. Zwingend ist dies nicht („Kann-Regelung"), hat aber den Vorteil, dass die Rechtsfolge des § 249 Abs. 2 BauGB und in der Folge auch die Sanktionsregelung in § 249 Abs. 7 S. 1 BauGB nur in der betroffenen Region eintritt.[35]

---

[31] Den Bundesländern wird demgegenüber nicht die Möglichkeit eingeräumt, insgesamt auf eine Planung zur Bereitstellung von Flächen für die Nutzung der Windenergie zu verzichten, und den bauplanungsrechtlichen Außenbereich für die Errichtung von privilegierten Windenergieanlagen zu öffnen.

[32] Die Flächenbeitragswerte markieren Mindestvorgaben, deren Überschreitung daher ohne Erfüllung weiterer Voraussetzungen möglich ist. Zur verfassungsrechtlichen Einordnung, vgl. Erbguth DVBl 2023, 510 (512f.).

[33] Angesichts der unterschiedlichen Ausgangslagen in den einzelnen Bundesländern sind zwischen 1,1 und 1,8% der Landesflächen bereitzustellen.

[34] Dem gleichgestellt ist auch der Fall, wenn das Land auch der Träger der Regionalplanung ist und die Flächenausweisungen durch Regionalpläne vorgenommen werden.

[35] BT-Drs 20/2355, 25.

b) Flächenausweisungen durch regionale oder kommunale Planungsträger

Nach der zweiten Alternative stellen die Länder die notwendigen Flächen zur Erreichung der Flächenbeitragswerte durch von ihnen abweichende regionale oder kommunale Planungsträger sicher (§ 3 Abs. 2 S. 1 Nr. 2 Hs. 1 WindBG). Planungsträger dieser zweiten Alternative sind damit die Träger der Regional- und Bauleitplanung. Allerdings muss dazu dann das jeweilige Land zur „Sicherstellung" den ihm zugewiesenen Flächenbeitragswert auf diejenige Planungsebene herunterbrechen, der die Aufgabe der Ausweisung von Flächen für die Windenergienutzung an Land zugewiesen worden ist (vgl. § 3 Abs. 2 S. 1 Nr. 2 Hs. 2 WindBG). Regionale oder kommunale Teilflächenziele können entweder in der Form eines Landesgesetzes oder als Ziele der Raumordnung in Raumordnungsplänen für die jeweiligen Planungsträger bestimmt werden.

3. Ausweisung von „Windenergiegebieten" in der Regional- und Bauleitplanung

Bei der in § 2 Nr. 1 WindBG normierten Legaldefinition für „Windenergiegebiete" wird hinsichtlich der getroffenen Flächenausweisungen zwischen der Ausweisung von bestimmten Flächen für die Nutzung der Windenergie differenziert, so dass, insgesamt alle Planungsebenen erfassend, sowohl zielförmige Festlegungen in Raumordnungsplänen als auch Darstellungen in Flächennutzungs- und Festsetzungen in Bebauungsplänen berücksichtigt werden.

a) Festlegungen in Raumordnungsplänen

In Raumordnungsplänen werden allerdings nur Vorranggebiete[36] sowie damit vergleichbare Gebiete erfasst (§ 2 Nr. 1 a WindBG). Für Eignungs- und Vorbehaltsgebiete[37] gibt es demgegenüber eine spezifische Bestimmung im Sinne einer Übergangsregelung.[38] Für diese Gebiete sieht § 2 Nr. 1 b WindBG eine Anrechnung nur auf die Flächenbeitragswerte nach der Anlage Spalte 1 sowie für die entsprechenden Teilflächenziele vor, nicht aber für die Flächenbeitragswerte der Spalte 2 der Anlage zum WindBG. Die zeitliche Beschränkung bei der Einbeziehung von Eignungs- und Vorbehaltsgebieten ergibt sich daraus, dass diese nur für die Flächenbeitragswerte berücksichtigt werden dürfen, die bis zum 31.12.2027 als Zwischenziel erreicht werden müssen und auch nur dann, wenn der entsprechende Raumordnungsplan bis zum 1.2.2024, also ein Jahr nach Inkrafttreten des WindBG wirksam geworden ist (§ 2 Nr. 1 b WindBG). Mit dieser Bestimmung wird der unterschiedlichen rechtlichen Wirkung zwischen Vorrang-, Eignungs- und Vorbehaltsgebieten Rechnung getragen, so dass den Eignungs- und Vorbehaltsgebieten für die Flächensicherung zugunsten der Windenergie an Land eine eindeutig geringere Wirkung zuerkannt wird als den ausgewiesenen Vorranggebieten.[39]

---

[36] Zum Begriff vgl. § 7 Abs. 3 S. 2 Nr. 1 ROG.
[37] Zum Begriff vgl. § 7 Abs. 3 S. 2 Nr. 2 ROG.
[38] So BT-Drs. 20/2355, 24; kritisch Benz/Wegner ZNER 2022, 367 (371).
[39] Keine Bedeutung für die Anrechnung von Flächen hat im Übrigen der Umstand, ob einem Vorranggebiet die Wirkung eines Eignungsgebiets zugewiesen wurde. Vgl. BT-Drs. 20/2355, 24.

b) Darstellungen und Festsetzungen in Bauleitplänen

Neben den raumordnerischen Gebietsfestlegungen werden auch in Flächennutzungsplänen dargestellte Sonderbauflächen im Sinne von § 1 Abs. 1 Nr. 4 BauNVO und mit diesen vergleichbaren Ausweisungen sowie auch in Bebauungsplänen festgesetzte Sondergebiete im Sinne von § 1 Abs. 2 Nr. 12 BauNVO und mit diesen vergleichbaren Ausweisungen von der Begriffsdefinition des Windenergiegebiets erfasst (§ 2 Nr. 1a WindBG). In diesem Zusammenhang ist darauf hinzuweisen, dass die Erweiterungen um „mit diesen vergleichbaren Ausweisungen" erst durch das „Gesetz zur sofortigen Verbesserung der Rahmenbedingungen für die erneuerbaren Energien im Städtebaurecht" vorgenommen wurden. Angesprochen sind insoweit etwa unbenannte Konzentrationsflächendarstellungen oder Darstellungen, die auf der Grundlage von § 5 Abs. 2 Nr. 2b BauGB in Flächennutzungsplänen getroffen werden[40]. Mit in Bebauungsplänen ausgewiesenen Sondergebieten vergleichbar ist außerdem die Ausweisung von Windenergieflächen auf der Grundlage einer Festsetzung von Versorgungsflächen nach § 9 Abs. 1 Nr. 12 BauGB, soweit damit jedenfalls eine ähnliche Flächensicherungsfunktion verfolgt wird. Inwieweit sich dann die Ausschlusswirkung nach § 249 Abs. 2 BauGB auch auf die vergleichbaren Ausweisungen erstreckt, ist davon abhängig, ob sie bei der Feststellung nach § 5 Abs. 1 oder 2 WindBG angerechnet wurden.[41]

4. Planwirksamkeit als Voraussetzung einer Anrechenbarkeit von Flächen

§ 4 WindBG regelt die Anrechenbarkeit[42] von bereits ausgewiesenen Flächen zur Nutzung der Windenergie auf die in der Anlage zum WindBG festgelegten Flächenbeitragswerte. Folglich sind die Voraussetzungen zu klären, wonach die bereits ausgewiesenen Flächen auf den von dem jeweiligen Bundesland zu erreichenden prozentualen Anteil an der Landesfläche angerechnet werden können. Dies führt zu einer, unterschiedliche Situationen erfassenden, Anrechenbarkeit von

- Flächen in Windenergiegebieten (§ 4 Abs. 1 WindBG),
- anteiligen sog. „Rotor-innerhalb-Flächen"[43] (§ 4 Abs. 3 WindBG) sowie
- Flächen innerhalb eines Abbaubereiches eines Braunkohlen- oder Sanierungsplans (§ 4 Abs. 4 WindBG[44]).

Nach § 4 Abs. 2 S. 1 WindBG sind ausgewiesene Flächen anrechenbar, sobald und solange der jeweilige Plan wirksam ist. „Sobald" stellt dabei auf das Inkrafttreten des Plans ab. Die Anrechenbarkeit ausgewiesener Flächen gilt unabhängig

[40] Siehe hierzu die Beschlussempfehlung und den Bericht des 24. Ausschusses, BT-Drs. 20/4704, S. 19.

[41] Vgl. BT-Drs. 20/4704, 19.

[42] Ausführlich Meurers UPR 2023, 41 (41 ff.).

[43] Nur sog. „Rotor-Out-Flächen, bei denen die Rotorblätter über die Gebietsgrenzen hinausragen dürfen, sind vollständig anrechenbar. Vgl. Jaenicke ZUR 2023, 291 (292).

[44] Erst durch das „Gesetz zur sofortigen Verbesserung der Rahmenbedingungen für die erneuerbaren Energien im Städtebaurecht" wurde eine Ergänzung der Bestimmung in § 4 WindBG um einen neuen Absatz 4 vorgenommen. Hiernach können auch Flächen innerhalb des Abbaubereichs eines Braunkohlen- oder Sanierungsplans angerechnet werden.

davon, ob der Plan einer noch zulässigen gerichtlichen Überprüfung zugeführt werden kann oder ein Normenkontrollverfahren sogar schon anhängig ist. „Solange“ stellt auf eine dynamische Betrachtung ab, nach der auch nach dem einmaligen Erreichen der Zielwerte des § 3 Abs. 1 S. 2 WindBG und damit nachträglich eine Verfehlung der Ziele eintreten kann.[45]

Allerdings gibt es auch von der Grundregel des § 4 Abs. 2 S. 1 WindBG Ausnahmen. Sie werden von den nachfolgenden Sätzen 2 und 3 erfasst. Zunächst regelt Satz 2 den Fall einer nachträglichen Zielverfehlung, wenn ein Gericht einen Plan für unwirksam erklärt. Dann waren an den Stichtagen zwar die Flächenbeitragswerte erreicht, sind dann aber aufgrund der gerichtlichen Entscheidung dennoch rückwirkend verfehlt. Diese Rechtsfolge wird zeitlich aufgeschoben, indem eine Übergangsfrist von einem Jahr bestimmt wird, in der die in gerichtlich verworfenen Plänen ausgewiesenen Flächen weiterhin Anrechnung finden. Eine Korrektur der Pläne mittels eines ergänzenden Verfahrens wird dadurch möglich, ohne dass in dem dafür erforderlichen Zeitraum die Rechtsfolge nach § 249 Abs. 7 BauGB eintritt. Sobald die Übergangsfrist abgelaufen ist, sind ungültig ausgewiesene Flächen aber nicht mehr anrechenbar.

Der § 4 Abs. 2 S. 3 WindBG regelt den Beginn der Anrechenbarkeit. Hiernach wird ein Plan, der vor Ablauf der in § 3 Abs. 1 S. 2 WindBG genannten Stichtage des 31.12.2027 bzw. des 31.12.2032 zwar beschlossen, aber noch nicht wirksam geworden ist, für sieben Monate ab Beschluss des Plans gewissermaßen „vorwirkend“ angerechnet. Während der Siebenmonatsfrist können die gegebenenfalls erforderliche Genehmigung und Bekanntmachung bzw. Verkündung vorgenommen werden. Tritt der Plan nach Ablauf der Übergangsfrist nicht in Kraft, gilt wiederum die Grundregel nach Satz 1 und die Rechtsfolge des § 249 Abs. 7 BauGB tritt ein.

Für die jeweiligen Planungsträger ergibt sich aus der Voraussetzung der Planwirksamkeit die Notwendigkeit, mehr Flächen als zur punktgenauen Erfüllung der Flächenbeitragswerte oder der aus ihnen abgeleiteten Teilflächenziele erforderlich bereitzustellen, um auch im Falle von infolge gerichtlicher Verfahren unwirksam gewordener Planungen ihre Ausweisverpflichtung erfüllt zu haben.

5. Keine Bindung an entgegenstehende Ziele in Raumordnungsplänen und Darstellungen in Flächennutzungsplänen?

§ 249 Abs. 5 BauGB enthält materielle Erleichterungen für die Planungsträger bei der Erfüllung der Flächenausweisungsaufgabe. Danach ist der jeweils zuständige Planungsträger nicht an entgegenstehende Ziele in Raumordnungsplänen oder an entgegenstehende Darstellungen eines Flächennutzungsplans gebunden, allerdings nur, soweit dies erforderlich[46] ist, um den Flächenbeitragswert oder ein daraus abgeleitetes Teilflächenziel zu erreichen.[47] Aus Gründen der Dringlichkeit der Flä-

[45] Vgl. BT-Drs. 20/2355, 26.
[46] Dadurch wird Verhältnismäßigkeitsgesichtspunkten Rechnung getragen.
[47] Eine Ergänzung in Bezug auf ein der Planung nachfolgendes Zulassungsverfahren erfährt die Bestimmung durch Satz 2.

chenbereitstellung müssen sogar ein Änderungsverfahren für einen Landesraumordnungsplan oder Flächennutzungsplan und dessen Inkrafttreten nicht abgewartet werden, um Flächen für die Windenergienutzung auszuweisen. In zeitlicher Hinsicht gilt die Bestimmung in § 249 Abs. 5 S. 1 BauGB so lange Pläne aufgestellt werden, um die Flächenbeitragswerte oder Teilflächenziele zu erreichen.

Zunächst ist darauf hinzuweisen, dass der Nichtbindung an entgegenstehende Ziele der Raumordnung bzw. entgegenstehende Darstellungen des Flächennutzungsplans in der Planungspraxis mit Vorsicht zu begegnen ist, weil sie unter der Voraussetzung steht, dass sie für das Erreichen des Flächenbeitragswertes oder der daraus abgeleiteten Teilziele „erforderlich" sein muss. Die damit verbundene Reichweite ist völlig offen, so dass damit gemeint sein kann, dass diese Erleichterungen nur dann zur Anwendung gelangen dürfen, wenn es nicht mehr anders geht oder dass, wie bei Ausnahmen im Bereich des Artenschutzes, vernünftigerweise gebotene Gründe ausreichen. Im Weiteren wird dabei unter rechtlichen Gesichtspunkten in die Steuerungskraft von Regional- und Bauleitplanung eingegriffen.[48] Dies betrifft zunächst das Anpassungsgebot in § 1 Abs. 4 BauGB sowie auch das in § 1 Abs. 3 ROG enthaltene Gegenstromprinzip, die beide nicht zur Anwendung gelangen.[49] Soweit Flächen für die Windenergie ausgewiesen werden, können sich die Gemeinden[50] ohne Durchführung einer Regionalplanänderung oder eines Zielabweichungsverfahrens über entgegenstehende Ziele der Raumordnung und umgekehrt die Regionalplanung sich über entgegenstehende Darstellungen des Flächennutzungsplans, ebenfalls ohne Durchführung eines entsprechenden Änderungsverfahrens, hinwegsetzen. In verfassungsrechtlicher Hinsicht dürfte hierzu das letzte Wort noch nicht gesprochen sein, denn es besteht die Gefahr, dass ein Eingriff in das kommunale Selbstverwaltungsrecht nach Art. 28 Abs. 2 GG vorliegt.[51] Daneben findet auch ein Eingriff in die planerische Konzeption derjenigen Planungsebene statt, die zur Bereitstellung der Flächen für die Windenergienutzung geführt hat, indem deren Ziele der Raumordnung oder Darstellungen in Flächennutzungsplänen keine Bindung mehr entfallen sollen. Und noch ein weiterer Aspekt ist anzusprechen: Nicht nur, dass die wegfallende Bindung an entgegenstehende raumordnerische Zielsetzungen bzw. Darstellungen des Flächennutzungsplans nicht mit der Verpflichtung zur Durchführung eines Planänderungsverfahrens mit Öffentlichkeitsbeteiligung und gegebenenfalls der Durchführung einer Umweltprüfung verbunden ist, es stellt sich darüber hinaus auch noch die Frage, welche Konsequenzen sich für die betreffende Planung selbst in der Folge ergeben. Müssen diese entsprechend der vorgenommenen Flächeninanspruchnahme geändert werden, und welche Folgen hat dies für die zu treffenden Abwägungsentscheidungen, insbesondere vor dem Hintergrund, dass die entgegenstehenden Ziele der Raumordnung oder die entgegenstehenden Darstellungen des Flächennutzungsplans selbst bereits Er-

---

[48] Zu Recht kritisiert dies Kment NVwZ 2022, 1153 (1158).

[49] So deutlich Operhalsky UPR 2022, 337 (337ff.).

[50] Die Vorschrift gilt sowohl in Bezug auf die Flächennutzungsplanung als auch die Bebauungsplanung.

[51] Spannowsky ZfBR 2023, 18 (23); Scheidler BauR 2022, 1419 (1428).

gebnis einer abgeschlossenen auf einer konzeptionellen Grundlage beruhenden Abwägungsentscheidung sind?

6. Förmliche Feststellung des Erreichens der Flächenbeitragswerte oder der regionalen oder kommunalen Teilflächenziele

Die Bestimmungen in § 5 Abs. 1 und 2 WindBG regeln das Erfordernis der förmlichen Feststellung[52] des Erreichens der Flächenbeitragswerte oder der regionalen oder kommunalen Teilflächenziele und unterscheiden hierzu zwei Fallgestaltungen:

- Erreichen der Flächenbeitragswerte oder der regionalen oder kommunalen Teilflächenziele mit Ausweisung neuer Windenergiegebiete
- Erreichen der Flächenbeitragswerte oder der regionalen oder kommunalen Teilflächenziele ohne Ausweisung neuer Windenergiegebiete.

Die Feststellung ist erforderlich, um die Rechtsfolge gemäß § 249 Abs. 2 BauGB auszulösen. Zuständig für die Feststellung ist der Planungsträger, der die Flächenbereitstellung entsprechend § 3 Abs. 2 S. 1 Nr. 2 oder S. 2 WindBG zu gewährleisten hat.

a) Erreichen der Zielwerte durch Ausweisung neuer Windenergiegebiete – Positivplanung statt Ausschlussmethode

Aus der Feststellung, dass die Flächenbeitragswerte durch die Ausweisung neuer Windenergiegebiete erreicht werden, ergeben sich Rechtsfolgen. Gemäß § 249 Abs. 2 S. 1 BauGB richtet sich dann die Zulässigkeit von Windenergieanlagen außerhalb der Windenergiegebiete im gesamten Bundesland nach § 35 Abs. 2 BauGB.[53] Diese Bestimmung regelt die Zulässigkeit sonstiger Vorhaben im Außenbereich. Hiernach dürfen Vorhaben nur zugelassen werden, wenn sie öffentliche Belange nicht beeinträchtigen und die Erschließung gesichert ist. Das bedeutet, dass durch die Regelungen in § 249 Abs. 2 S. 1 und 2 BauGB für alle außerhalb von Windenergiegebieten gelegenen Flächen die bislang bestehende privilegierte Zulässigkeit von Windenergieanlagen im Außenbereich zurückgenommen wird.[54] Sie sind damit deutlich schwerer im Außenbereich realisierbar als vorher. Dies führt zu einer Entprivilegierung von Windenergieanlagen außerhalb von ausgewiesenen Windenergiegebieten. Begründet wird dies nachvollziehbar damit, dass ein Bedürfnis für den Fortbestand der Privilegierung außerhalb der nach dem WindBG anrechenbaren Windenergiegebiete nicht mehr besteht, weil die Flächenbeitragswerte erreicht oder die Teilflächenziele erreicht oder sogar überschritten werden.[55] Entscheidender Ansatzpunkt für die Rechtsfolgen des § 249 Abs. 2 S. 1 und 2

[52] Hierbei sind die sich aus § 4 WindBG ergebenden Anforderungen, insbesondere in Bezug auf die Wirksamkeit der Planung zu beachten. Vgl. hierzu III. 4.

[53] Hat ein Land regionale oder kommunale Teilflächenziele festgelegt, gilt dasselbe, räumlich betrachtet aber nur für die Region oder die Gemeinde (vgl. § 249 Abs. 2 S. 2 BauGB).

[54] Scheidler BauR 2022, 1419 (1427).

[55] Vgl. BT-Drs. 20/2355, 32; s. auch Jaenicke ZUR 2023, 291 (296).

BauGB ist der Feststellungsbeschluss nach § 5 Abs. 1 WindBG. Konsequenterweise bestimmt § 249 Abs. 2 S. 3 BauGB dazu, dass der Eintritt der Rechtsfolge nach den Sätzen 1 und 2 eine gesetzliche Folge der Feststellung ist. Diesbezüglich veranlasst ist daher auch eine Folgeänderung des § 35 Abs. 1 Nr. 5 BauGB, der nunmehr bestimmt, dass Vorhaben, die der Erforschung, Entwicklung oder Nutzung der Windenergie dienen, nur noch nach Maßgabe des § 249 BauGB einer privilegierten Zulassung im Außenbereich zugänglich sind. Durch die Neufassung des § 35 Abs. 1 Nr. 5 BauGB wird für die Privilegierung von Windenergieanlagen eine Verknüpfung mit dem Erreichen und Feststellen der Flächenbeitragswerte oder der Teilflächenziele nach den Vorschriften des WindBG hergestellt.[56] Mit der Geltung dieser neuen Regelungen ist es für die Planungsträger unter Heranziehung der Raumordnungs- oder Flächennutzungsplanung weder erforderlich noch möglich, die Zulässigkeit von Windenergieanlagen räumlich zu steuern und wie bislang, eine planerische Ausschlusswirkung zu bestimmen. Planungssystematisch wird insoweit von der „Ausschlussmethode" auf eine Positivplanung[57] übergewechselt, bei der sich die räumliche Standortbestimmung von Windenergieanlagen hin zu einer nur noch positiven Ausweisung von Flächen für die Nutzung der Windenergie verlagert.[58] Damit wird einerseits den Wünschen der Planungspraxis, eine Vereinfachung der planerischen Steuerung von Windenergieanlagen durch den Gesetzgeber zur Verfügung gestellt zu bekommen, andererseits aber auch dem Ziel des Gesetzgebers, zusätzliche Flächen für die Nutzung der Windenergie zu erhalten, Rechnung getragen.

Ebenso diskussionsbeladen sind Fragen um den Wechsel hin zur Positivplanung. Werden nämlich Windenergiegebiete vom Planungsträger in ausreichendem Umfang und zudem wirksam zur Verfügung gestellt, bestimmt § 249 Abs. 1 BauGB, dass die Ausschlussmethode nach § 35 Abs. 3 Satz 3 BauGB für die Windenergienutzung nicht mehr anwendbar ist. An ihrer Stelle greift die Rechtsfolge des § 249 Abs. 2 BauGB Platz und die Zulässigkeit von Windenergieanlagen außerhalb der wirksam ausgewiesenen Windenergiegebiete beurteilt sich nach § 35 Abs. 2 BauGB. Innerhalb der Windenergiegebiete gilt für die Zulässigkeit von Windenergieanlagen entsprechend der Maßgabe von § 249 BauGB weiterhin die Privilegierung des § 35 Abs. 1 Nr. 5 BauGB. Weniger rechtsdogmatisch als eher planungspraktisch unklar bleibt die Differenzierung zwischen alter und neuer Rechtslage. Vormals waren unter Anwendung der Ausschlussmethode Windenergieanlagen innerhalb der ausgewiesenen Konzentrationszonen privilegiert zulässig und außerhalb unzulässig. Nunmehr sind Windenergieanlagen innerhalb der Windenergiegebiete nach wie vor privilegiert zulässig, außerhalb davon, sind sie als sonstige Vorhaben im Sinne von § 35 Abs. 2 BauGB zu beurteilen und im Ergebnis daher regelmäßig unzulässig. Worin besteht also die Differenzierung? Ein Unterschied ist zugegebenermaßen in der Frage des Substanzgebots zu sehen, das nach den Neuregelungen zur Windenergie nicht mehr aufrechterhalten wird. Gescheitert sind die Raumord-

---

[56] Vgl. BT-Drs. 20/2355, 30. Auch Burkert EnK-Aktuell 2022, 01141, 1 (1).
[57] Im Einzelnen Thiel UPR 2022, 132 (132ff.).
[58] Ausdrücklich BT-Drs. 20/2355, 33.

nungs- und Bauleitpläne, mit denen von der Windenergiesteuerung auf der Grundlage von § 35 Abs. 3 S. 3 BauGB Gebrauch gemacht worden ist, aber regelmäßig nicht am Substanzgebot, sondern an der fehlerhaften Anwendung der Bewertungskriterien in der Form von harten und weichen Tabuzonen. Auch die zusätzlichen Flächen für die Windenergie, die im Sinne einer Positivplanung zur Verfügung gestellt werden sollen, sind nicht von der Anwendung der Bewertungskriterien freigestellt und müssen auf der Grundlage einer Alternativenprüfung für ihre Auswahl zueinander ins Verhältnis gesetzt werden. In diesem Zusammenhang stellt sich die Frage, welche planungsmethodischen Maßgaben von der Rechtsprechung an die neue Rechtslage gestellt werden und wie auch den Anforderungen des Abwägungsgebots weiterhin Rechnung getragen werden muss.[59] Offene Fragen, die den Windenergieausbau gefährden, denn mit ihnen steht und fällt die Ausweisung zusätzlicher Flächen.

b) Vollumfängliche Privilegierung bei Nicht-Erreichen der Zielwerte – Wegfall der Rechtsfolge des § 249 Abs. 2 BauGB

Nach § 5 Abs. 2 WindBG muss der jeweilige Planungsträger auch durch Beschluss feststellen, dass die Flächenbeitragswerte oder Teilflächenziele bei bereits existierenden Plänen und damit ohne eine Ausweisung von neuen Windenergiegebieten erreicht werden. Die erste Konsequenz, die ein Bundesland bei Nicht-Erreichen seiner Ausweisungspflichten trifft, ergibt sich aus § 249 Abs. 7 S. 1 Nr. 1 BauGB. Es handelt sich bei dieser Bestimmung um das „negative" Gegenstück zu § 249 Abs. 2 BauGB. Sobald und solange nach Ablauf des jeweiligen Stichtages gemäß § 3 Abs. 1 S. 2 WindBG weder der Flächenbeitragswert nach Spalte 1 sowie Spalte 2 der Anlage zum WindBG noch ein daraus abgeleitetes regionales oder kommunales Teilflächenziel nach § 3 Abs. 2 S. 1 oder Satz 2 WindBG erreicht werden, entfällt die Rechtsfolge des § 249 Abs. 2 BauGB. Für die Zulassung von Windenergieanlagen außerhalb der Windenergiegebiete findet § 35 Abs. 2 BauGB dann keine Anwendung. Es handelt sich bei diesen Windenergieanlagen wie vor der Neuregelung um vielmehr um privilegierte Vorhaben[60] im Außenbereich (sog. „erweiterte Privilegierung"). Die in § 249 Abs. 7 S. 1 Nr. 1 BauGB enthaltene Rechtsfolge führt insoweit dazu, dass bei Nicht-Erreichen der Ausweisungspflichten durch ein Bundesland, Windenergieanlagen im gesamten Planungsraum als privilegierte Anlagen hinsichtlich ihrer Zulassungsfähigkeit zu beurteilen sind.[61] Die eine solche Rechtsfolge herbeiführenden Anlässe sind vielfältig. Sie können darin liegen, dass

– an den maßgeblichen Stichtagen die Flächenbeitragswerte oder Teilflächenziele nicht erreicht werden

---

[59] Raschke/Roscher ZfBR 2022, 531 (539) sowie auch Jaenicke ZUR 2023, 291 (297) sehen eine Normenkontrolle, wie sie bislang zulässig war, als nicht mehr statthaft an.

[60] Die immissionsschutzrechtlichen Anforderungen gelten weiterhin.

[61] Haben die Länder allerdings von der Möglichkeit der Festlegung regionaler oder kommunaler Teilflächenziele Gebrauch gemacht, sind bei Verfehlung des Teilflächenziels Windenergieanlagen nur in denjenigen Gebieten, in denen die Teilflächenziele nicht erreicht worden sind, privilegiert zulässig.

- durch ein weitergehendes Flächenziel die danach geltenden Flächenbeitragswerte oder Teilflächenziele nicht erreicht werden, wie dies etwa für die in Anlage zum WindBG in Spalte 2 angegebenen Flächenziele gilt, die mit Ablauf des Jahres 2032 die Werte nach Spalte 1 der Anlage 1 zum WindBG ersetzen
- der Feststellung des Erreichens der Flächenbeitragswerte oder der Teilflächenziele eine fehlerhafte Ermittlung vorausging
- ein Plan auf der Grundlage einer gerichtlichen Entscheidung gemäß § 4 Abs. 2 S. 2 WindBG für unwirksam erklärt wurde und damit aus der Anrechnung fällt. Etwas anderes gilt für den Fall, dass die Länder von der Möglichkeit der Festlegung von regionalen oder kommunalen Teilflächenzielen Gebrauch gemacht haben. Dann sind bei Verfehlung des Teilflächenziels Windenergieanlagen nur in denjenigen Gebieten, in denen die Teilflächenziele nicht erreicht worden sind, privilegiert zulässig.

Wird zu einem späteren Zeitpunkt aber festgestellt, dass die Flächenbeitragswerte oder die regionalen oder kommunalen Teilflächenziele im Zuge weiteren Zubaus erreicht wurden, gilt, wie sich aus der Verwendung des Wörtchens „solange" in § 249 Abs. 7 S. 1 BauGB ergibt, die aus § 249 Abs. 2 BauGB resultierende Rechtslage.

c) Verstärkte Durchsetzungsfähigkeit von Windenergieanlagen gegenüber entgegenstehenden Darstellungen in Flächennutzungsplänen, Zielen der Raumordnung und sonstigen Maßnahmen der Landesplanung

Eine weitere Rechtsfolge bei Nicht-Erreichen der Ausweisungspflichten ergibt sich für die Länder aus § 249 Abs. 7 S. 1 Nr. 2 BauGB, wonach Darstellungen in Flächennutzungsplänen, Ziele der Raumordnung sowie sonstige Maßnahmen der Landesplanung[62] einem Vorhaben nach § 35 Abs. 1 Nr. 5 BauGB nicht entgegengehalten werden können.[63] Anders als bei § 249 Abs. 5 S. 1 und 2 BauGB, wonach auf die Ausweisung von Windenergiegebieten in Bezug auf das Erreichen der Flächenbeitragswerte oder der aus ihnen abgeleiteten Teilflächenziele und die Zulassung von Windenergieanlagen innerhalb dieser Gebiete abgestellt wird, geht es bei § 249 Abs. 7 S. 1 Nr. 2 BauGB um Erleichterungen der Durchsetzungsfähigkeit von Windenergieanlagen bei ihrer Zulässigkeitsbeurteilung, weil die Rechtsfolgen des § 249 Abs. 2 BauGB bei Nicht-Erreichen der Zielwerte nicht ausgelöst werden. In der Folge wird es dann in vielen Fällen zur Genehmigung der beantragten Windenergieanlage kommen[64], denn maßgebliche Rechtsgrundlage für die Zulassung der Anlagen ist ausschließlich der Privilegierungstatbestand in § 35 Abs. 1 Nr. 5 BauGB. Stehen der Genehmigungsfähigkeit der Windenergieanlage öffentliche (auch ungeschriebene) Belange entgegen, dürfen sie dennoch zugelassen werden. Die Vorschrift differenziert nicht danach, ob insoweit jegliche oder nur bestimmte Darstellungen in Flächennutzungsplänen oder Ziele der Raumordnung angespro-

---

[62] Etwa eine Untersagung nach § 12 ROG oder Moratorien. Vgl. BT-Drs. 20/2355, 35.

[63] Dies gilt nach Maßgabe von § 249 Abs. 7 S. 2 BauGB auch in Bezug auf landesrechtliche Mindestabstände gemäß § 249 Abs. 9 BauGB.

[64] Schmidt-Eichstaedt ZfBR 2023, 10 (10).

chen sind, also solche, die windenergiespezifisch sind.[65] Daher muss wohl davon ausgegangen werden, dass alle Darstellungen und Ziele der Raumordnung von der Vorschrift angesprochen sind, insbesondere auch solche, die positive Darstellungen[66] oder Ziele der Raumordnung[67] betreffen[68]. Der Durchsetzungsfähigkeit windenergetischer Belange ist dadurch noch stärker Rechnung als durch die Privilegierung getragen. Die in § 249 Abs. 7 S. 1 BauGB enthaltenen Rechtsfolgen gelten so lange, bis die Flächenziele wieder erreicht sind. In der Folge gilt dann erneut § 249 Abs. 2 BauGB. Auch hier bleiben die schon vorangehend erörterten Fragen nach dem Umgang mit denjenigen Planungen, bei denen die Ziele der Raumordnung, die Darstellungen des Flächennutzungsplans oder sonstige Maßnahmen der Landesplanung überwunden worden sind.[69]

IV. Umgang mit Bestandsplanungen

Mit dem WaLG wurde auch der Umgang mit Bestandsplanungen geregelt und zwar im Sinne einer Förderung von zusätzlichen Flächenausweisungen zur Nutzung der Windenergie.[70]

1. Weitergeltung der Ausschlussfunktion bei bestehenden Planungen

Der neue § 245e Abs. 1 BauGB enthält eine Übergangsregelung zu § 249 Abs. 1 BauGB. In diesem Sinne bestimmt § 245e Abs. 1 S. 1 BauGB, dass die Rechtswirkungen eines Raumordnungs- oder Flächennutzungsplans nach § 35 Abs. 3 S. 3 BauGB in der bis zum 1.2.2023 geltenden Fassung für Vorhaben nach § 35 Abs. 1 Nr. 5 BauGB, die der Erforschung, Entwicklung oder Nutzung der Windenergie dienen, vorbehaltlich des § 249 Abs. 5 S. 2 BauGB fortgelten, wenn der Plan bis zum 1.2.2024 wirksam geworden ist. Mit dieser Regelung soll gewährleistet werden, dass die vielerorts bereits vorhandenen Bestandsplanungen während des vorgesehenen Übergangszeitraums ihre Steuerungswirkung nicht einbüßen, sondern weiterhin entfalten können.[71] Dies gilt auch für in Aufstellung befindliche Pläne, die bis zum 1.2.2024 wirksam geworden sind. Zu welchem Zeitpunkt der Übergangszeitraum endet, hängt allerdings von der konkreten Situation ab. Definitiv endet der Übergangszeitraum spätestens mit dem Ablauf des 31.12.2027. Dies ergibt sich aus § 245e Abs. 1 S. 2 BauGB, denn danach entfallen die Rechtswirkungen des § 35 Abs. 3 S. 3 BauGB, soweit für den Geltungsbereich des Plans das Errei-

---

[65] Dieser Auffassung sind Raschke/Roscher ZfBR 2022, 531 (536f.) unter Hinweis auf eine unzureichende Begründung des Bundesgesetzgebers.

[66] ZB auch Darstellungen nach § 5 Abs. 2 Nr. 1, Nr. 5, Nr. 9 oder Nr. 10 BauGB.

[67] ZB ein Vorranggebiet für Abgrabungen, eine Standortentscheidung für ein Güterverteilzentrum oder auch Festlegungen für den Ausgleich kommunaler Eingriffe in Natur und Landschaft.

[68] So auch Scheidler BauR 2022, 1419 (1430).

[69] Dazu schon oben III.5.

[70] Ausführlich hierzu Herzer BauR 2023, 550 (553f.); Meurers UPR 2023, 41 (41ff.).

[71] Vgl. BT-Drs. 20/2355, 31. Kritisch Spannowsky ZfBR 2023, 18 (22f.), weil der Eintritt der Rechtsfolge nicht zuverlässig absehbar ist. Gleichwohl ist die Bestimmung mit dem Bestimmtheitsgebot vereinbar.

chen des Flächenbeitragswerts oder eines daraus abgeleiteten Teilflächenziels gemäß § 5 Abs. 1 oder Abs. 2 WindBG festgestellt wird, spätestens mit Ablauf des 31.12.2027.[72] Wenn danach im konkreten Einzelfall die Erreichung des Flächenbeitragswerts oder eines Teilflächenziels früher erstmalig festgestellt wird, entfällt die Ausschlusswirkung des § 35 Abs. 3 S. 3 BauGB bereits zu diesem Zeitpunkt.[73] Eine Steuerungswirkung ist dann auch nicht mehr erforderlich, weil sich gemäß § 249 Abs. 2 BauGB die Zulässigkeit von Windenergieanlagen außerhalb ausgewiesener und anrechenbarer Flächen ab diesem Zeitpunkt nach§ 35 Abs. 2 BauGB zu richten hat.

Für die Planungsträger von Flächennutzungs- und Regionalplänen stellte sich in Anbetracht dieser Übergangsregelung die Frage, wie verfahren werden sollte, insbesondere, soweit es sich um in Aufstellung befindliche Planwerke handelte.[74] Diese galten nur fort, wenn sie bis zum 1.2.2024 wirksam[75] aufgestellt worden sind, entfalten die Ausschlussfunktion des § 35 Abs. 3 S. 3 BauGB aber nur bis zum Zeitpunkt des Erreichens des Flächenbeitragswertes oder der daraus abgeleiteten regionalen oder kommunalen Teilflächenziele, längstens jedoch bis zum Ablauf des 31.12.2027. Danach werden sie unwirksam. Für die Flächenbereitstellung für Windenergieanlagen ergibt sich daraus, dass der Planungsträger entscheiden musste, ob er angesichts dieser Fristen, seine Planung weiter vorantreibt. Inwieweit dies für die Bereitstellung weiterer Flächen für die Windenergie förderlich war, bleibt abzuwarten.[76] Da eine Verpflichtung zur planerischen Steuerung von Windenergieanlagen nach dem vormals geltenden Recht nicht bestanden hat, bleibt die Privilegierung nach § 35 Abs. 1 Nr. 5 BauGB bis zur Erreichung der Flächenbeitragswerte oder aus ihnen abgeleiteten Teilflächenziele bestehen, auch wenn für Pläne von der Fortgeltung kein Gebrauch gemacht wurde.

2. *Erleichterungen durch ergänzende Bestimmungen*

Eine Ergänzung der Übergangsregelung enthält § 245e Abs. 1 S. 5–8 BauGB,[77] deren Ziel es ist,[78] die Ausweisung zusätzlicher Flächen bei bereits vorhandenen Windenergieplanungen einerseits sowie die Zulassung von Windenergieanlagen auf der Grundlage in Aufstellung befindlicher Regional- und Flächennutzungspläne andererseits während des Übergangszeitraums zu erleichtern.[79]

---

[72] Spannowsky ZfBR 2023, 18 (24) sieht darin einen Verstoß gegen das unionsrechtliche Erfordernis zur Durchführung einer Umweltprüfung im Zusammenhang mit der Ausgestaltung des WindBG.

[73] Auch Burkert EnK-Aktuell 2022, 01141, 1 (2).

[74] Diese Frage wirft auch Spannowsky ZfBR 2023, 18 (25) auf.

[75] Zum Problem der Planwirksamkeit schon oben III. 4.

[76] In diesem Sinne auch Spannowsky ZfBR 2023, 18 (25).

[77] Siehe Art. 12 Abs. 2 S. 2 des Gesetzes zur Änderung des Energiesicherungsgesetzes und anderer energiewirtschaftlicher Vorschriften.

[78] Hierzu Schütte/Winkler ZUR 2022, 691 (895).

[79] Beide Bestimmungen waren im ursprünglichen Gesetzesentwurf nicht enthalten, sondern sind als Regelungen in Art. 11 in die Beschlussempfehlung des Ausschusses für Klimaschutz und Energie vom 28.9.2022 erst aufgenommen worden (vgl. BT-Drs. 20/3743, 13f.).

a) *Beschränkung der Abwägung auf zusätzliche Flächen*

Soweit hiernach in einem Flächennutzungsplan oder Raumordnungsplan zusätzliche Flächen für die Nutzung von Windenergie dargestellt werden[80], kann die Abwägung auf die Belange beschränkt werden, die durch die Darstellung der zusätzlichen Flächen berührt werden (vgl. § 245e Abs. 1 S. 5 BauGB). Eine Bindung an das bisherige Plankonzept besteht dabei nicht. Die Vorschrift verfolgt das Ziel, die Abwägung auf die zusätzlich ausgewiesenen Flächen für die Windenergie zu beschränken und damit nicht erneut eine Bezugnahme auf das schlüssige gesamträumliche Konzept nehmen zu müssen. Auch ein Abweichen von diesem gesamträumlichen Konzept ist möglich, allerdings müssen die Grundzüge der Planung erhalten werden.[81] Die Regelung ist insgesamt kritisch zu betrachten, denn offen bleibt auch hier die Frage, ob das im Rahmen der Abwägung bestehende Erfordernis zur Durchführung einer Alternativenprüfung nicht auch greift. Wird dies bejaht, dann dürften sich die Erleichterungen zur bisherigen Konzentrationsplanung nur als marginal darstellen.[82] Wenn durch die Ausweisung zusätzlicher Flächen, die Flächenbeitragswerte oder die aus ihnen abgeleiteten Teilflächenziele nicht erreicht werden, gelten die reduzierten Anforderungen der Positivplanung, da eine wirksame Ausschlussplanung besteht. Diese Regelungen zu bereits bestehenden Planungen und die Möglichkeiten ihrer Fortentwicklung, sollen zur Beseitigung von Rechtsunsicherheiten beitragen und es soll den Planungsträgern ein Anreiz zur schnellen Ausweisung zusätzlicher Flächen und ihrer späteren Anrechnung auf die Flächenbeitragswerte oder aus ihnen abgeleiteter Teilflächenziele gegeben werden.[83] In der Planungspraxis dürfte eine Anwendung der Bestimmung für bestehende Planungen zwar nur selten vorkommen, denn von den Regelungserleichterungen erfasst werden nur Planungen unter Anwendung der Ausschlussfunktion, also nach dem vormals geltenden Recht zustande gekommene Raumordnungs- und Flächennutzungspläne, die um weitere Flächen für die Nutzung von Windenergie ergänzt werden sollen, und außerdem zeitlich, bis zum 1.2.2024, wirksam sein und auch weiterhin dem Substanzgebot Rechnung tragen müssen. Bei dieser Bestimmung handelt es sich um eine Klarstellung zum durch das WaLG vorgenommenen Wechsel von der Ausschlussmethode zu einer isolierten Positivplanung.[84] Für den Fall, dass durch die Ausweisung zusätzlicher Flächen die ohnehin erfüllten Flächenbeitragswerte eingehalten werden, hat die Regelung von vorneherein keine Bedeutung.[85]

[80] Sog. „isolierte Positivplanung". Vgl. BT-Drs. 20/3743, 23 sowie Tigges ZNER 2012, 127 (129f.); Osing, NVwZ 2020, 749 (750f.); Thiel UPR 2022, 132 (132ff.); Menne/Wegner ZfBR 2020, 336 (337).

[81] Hierzu genauer unten IV.2.b.

[82] Zu Recht auch Herzer BauR 2023, 550 (553).

[83] Siehe BT-Drs. 20/3743, 23.

[84] Siehe BT-Drs. 20/3743, 23.

[85] Siehe BT-Drs. 20/3743, 23.

b) Einhaltung der Grundzüge der Planung

Von dem Planungskonzept, das der Abwägung über bereits dargestellte Flächen zu Grunde gelegt wurde, kann zwar abgewichen werden, allerdings müssen nach § 245e Abs. 1 S. 6 BauGB die Grundzüge der Planung erhalten werden. Davon ist regelmäßig auszugehen, wenn Flächen im Umfang von nicht mehr als 25% der schon bislang dargestellten Flächen zusätzlich dargestellt werden (vgl. § 245e Abs. 1 S. 7 BauGB).[86] Bezugspunkt für die Frage, ob die Grundzüge der Planung erhalten werden, ist auch hier ausschließlich der Umfang der Flächen, die für die Windenergienutzung zur Verfügung gestellt werden und nicht etwa das der Planung insgesamt zugrunde liegende Konzept wie bei § 31 Abs. 2 BauGB.[87] Zwar ist die Größenordnung von 25% recht hoch gegriffen und als Schwellenwert zur Abgrenzung von Eingriffen in bestehende Planungen schon als kritisch zu betrachten, allerdings handelt es sich dabei lediglich um eine Regelvermutung, sodass der jeweilige Einzelfall maßgeblich ist.[88] Positiv zu sehen ist dabei aber, dass der Bundesgesetzgeber überhaupt einen solchen Schwellenwert bestimmt hat, der zumindest den praktischen Umgang erleichtern und viele Diskussionen darüber, wann die Grundzüge der Planung nicht mehr erhalten werden, auch im zeitlichen Sinne, erspart.

3. Unberührtbleiben von § 249 Abs. 6 BauGB

Die vorangehend dargelegten Erleichterungen in § 245e Abs. 1 BauGB stehen unter der Maßgabe, dass die Bestimmung in § 249 Abs. 6 BauGB unberührt bleibt. Bei § 245e Abs. 1 S. 5–7 BauGB handelt es sich um spezielle Vorschriften, die § 249 Abs. 6 BauGB im Range vorgehen. Nach Satz 1 dieser Bestimmung erfolgt die Ausweisung von Windenergiegebieten nach den für die jeweiligen Planungsebenen geltenden Vorschriften für Gebietsausweisungen. Je nachdem sind dann die Bestimmungen über Raumordnungspläne und/oder die Bauleitplanung anzuwenden. Beispielsweise für die bauleitplanerische Ebene bedeutet dies, dass

- die auszuweisenden Flächen für die Windenergienutzung grundsätzlich geeignet sein müssen (vgl. § 1 Abs. 3 BauGB)
- Alternativenprüfungen durchgeführt werden müssen (vgl. § 3 Abs. 1 S. 1 BauGB sowie § 2 Abs. 4 BauGB sowie § 2a S. 2 Nr. 2 BauGB iVm Nr. 2d der Anlage 1 zum BauGB).

Zurückzuführen ist auch dies auf den vorgenommenen Wechsel von der Ausschlussmethode auf die Positivplanung. Die gesetzgeberischen Mengenvorgaben im Rahmen des WindBG lösen die komplexen methodischen Anforderungen ab, die das Substanzgebot und die Ausschlussfunktion an die planerische Ausweisung von Windenergiegebieten mit Konzentrationswirkung gestellt haben. Die Ergänzung der Überleitungsbestimmung durch § 245e Abs. 1 S. 5 BauGB soll demgegenüber klarstellen, dass die Abwägung bei der isolierten Positivplanung auf die neu

---

[86] Ausführlich zu den Anforderungen Herzer BauR 2023, 550 (555f).

[87] Vgl. Reidt, in: BKL BauGB § 31 Rn. 29.

[88] Von ihr gehen keine Auswirkungen auf die Anwendbarkeit des vereinfachten Verfahrens nach § 13 BauGB aus. S. auch Herzer BauR 2023, 550 (553).

auszuweisenden Flächen beschränkt werden darf, ein neues schlüssiges gesamträumliches Konzept also nicht erforderlich ist. Nach der Begründung[89] des WaLG soll hierdurch sichergestellt werden, dass bei der Umstellung auf die Positivplanung keine unangemessen hohen Anforderungen im Hinblick auf eine vergleichende Betrachtung zur Eignung sonstiger Flächen im Planungsraum gestellt werden. Vielmehr soll es danach ausreichend sein, wenn die gewählte planerische Methodik sowie das Ergebnis nachvollziehbar sind. Eine Ausweisung zusätzlicher Flächen für die Windenergie soll danach gegenüber der vormals geltenden Rechtslage einfacher sein. Daher bestimmt § 249 Abs. 6 S. 2 BauGB ergänzend hierzu, dass es für die Rechtswirksamkeit des Plans unbeachtlich ist, ob und welche sonstigen Flächen im Planungsraum für die Ausweisung von Windenergiegebieten geeignet sind. Für die Planaufstellung ist diese Bestimmung von besonderer Bedeutung. Sie gewährt dem Planungsträger zwar eine gewisse Flexibilität bei der Ausweisung von Windenergiegebieten, doch ändert dies nichts am Abwägungserfordernis und der damit verbundenen Alternativenprüfung bei mehreren geeigneten Flächen. Der Planungsträger darf keine Willkür walten lassen. Insoweit ist das Ziel der Regelung, bei der Positivplanung nicht jede Fläche im Plangebiet in Bezug auf ihre Nicht-Eignung hin zu untersuchen und dies außerdem hinsichtlich der die Entscheidung tragenden Gründe zu erläutern, vor dem Hintergrund der Anforderungen des Abwägungsgebots eher kritisch zu betrachten.[90] Ob die noch ausstehende Rechtsprechung den angestrebten Erleichterungen auch tatsächlich Rechnung trägt oder ob die Anforderungen, die bislang an die Ausweisung von Flächen für die Windenergie gestellt worden sind, aufrecht erhalten werden, bleibt gegenwärtig noch offen.[91] Schließlich kann es unter europarechtskonformer Auslegung im Einzelfall auch erforderlich sein, eine umfassende Alternativenprüfung vorzunehmen, wenn es geeignetere andere Flächen im Planungsraum gibt.[92]

V. Ausblick

Was bleibt, sind offene Fragen. Spannowsky hat mit seiner jüngst erschienenen Veröffentlichung[93] „den Finger in die Wunde" gelegt.

---

[89] Siehe BT-Drs. 20/2355, 34.
[90] Kritisch auch Kment NVwZ 2022, 1153 (1156); a. A. Raschke/Roscher ZfBR 2022, 531 (536).
[91] Kritisch dazu schon oben III. 5.
[92] Zu Recht Schmidt-Eichstaedt ZfBR 2023, 10 (17).
[93] ZfBR 2023, 18 (18ff.).

JÖRG KNIELING

Öffentlichkeitsbeteiligung und Infrastrukturprojekte der Energiewende

I. Einleitung: Energiewende und Raumnutzungskonflikte

Als politische Zielsetzung bezieht sich die „Energiewende" auf den Übergang von der Nutzung fossiler Energieträger und der Kernenergie zu einer Energieversorgung durch erneuerbare Energien, wozu insbes. Sonnenenergie, Windenergie und Bioenergie zählen. Damit verbunden ist die Anforderung, in großem Umfang neue technische Infrastrukturen zu entwickeln und zu realisieren, darunter Stromleitungen, Wind- und Solarparks oder Speicher für die Energiespeicherung. Daher bemühen sich die EU und viele europäische Länder, neue Kraftwerkstypen und transeuropäische Energienetze für die Verteilung erneuerbarer Energien bereitzustellen. Obwohl viele dieser ehrgeizigen Projekte, wie Energieleitungen, die von Offshore-Windparks in der Nordsee nach Süddeutschland reichen, unter Zeitdruck realisiert werden sollen, müssen sie die demokratischen Rechte auf Information, Beteiligung und Einspruch berücksichtigen.

Vor diesem Hintergrund gibt es seit einigen Jahren eine intensive Diskussion, welche Lösungen am besten geeignet sind, um die Öffentlichkeitsbeteiligung in Planungsprozesse für Projekte der Energiewende zu integrieren. „Zur Öffentlichkeit gehören (...) natürliche oder juristische Personen, die in ihren Belangen betroffen sein können oder ein sonstiges Interesse an der Planung aufweisen. Dies schließt auch ihre Zusammenschlüsse in Verbänden, Vereinigungen, Nichtregierungsorganisationen und sonstigen Organisationen mit ein"[1]. Diese Diskussion ist von zwei unterschiedlichen Positionen geprägt: Während auf der einen Seite vorgeschlagen wird, den Planungsprozess zu verkürzen und dabei die Beteiligungsmöglichkeiten zu reduzieren, wird auf der anderen Seite dafür plädiert, die Beteiligung anders zu organisieren, um sowohl frühere als auch effizientere Konfliktlösungsmechanismen zu erreichen.

Der vorliegende Beitrag berücksichtigt den wissenschaftlichen Diskurs zur Infrastrukturplanung in Bezug auf Merkmale wie Komplexität, Unsicherheit und gesellschaftliche Akzeptanz. Die empirische Grundlage bilden drei Fallstudien zu unterschiedlichen Beteiligungsstrategien in Deutschland, Großbritannien und den Niederlanden. Während in Großbritannien eine Verpflichtung zu einer frühzeitigen informellen Beteiligung besteht, wurde in den Niederlanden eine für verschie-

[1] Sinning, H. 2018: Öffentlichkeitsbeteiligung, in: ARL (Hg.), Handwörterbuch der Stadt und Raumentwicklung, Hannover: ARL, 1655–1664.

dene Behörden zuständige Dienststelle zur Qualifizierung von Beteiligungsprozessen eingerichtet. In Deutschland hat die Gesetzgebung den Umfang der Infrastrukturplanung reduziert, gleichzeitig aber frühzeitige unverbindliche Formen der Beteiligung einbezogen. Aus dem Vergleich dieser drei Ansätze werden Schlussfolgerungen für die weitere Forschung gezogen.

II. Theoretische Ansätze zur Planung großer Infrastrukturen: Ungewissheit, Komplexität und soziale Akzeptanz

Was unterscheidet die Konflikte bei großen Infrastrukturprojekten von bekannten Raumnutzungskonflikten?[2] Konflikte bei großen Infrastrukturen sind in Bezug auf Aspekte, die mit Veränderungen oder Eingriffen in bestehende Strukturen zusammenhängen, mit anderen Landnutzungsthemen vergleichbar. Häufig handelt es sich dabei um Interessenkonflikte bezüglich einer wahrgenommenen negativen Auswirkung auf Seiten der betroffenen Gemeinden, Institutionen, Grundeigentümer oder Bevölkerung. Während die Standortkommune oft von einer Vielzahl von Störungen negativ betroffen ist, sehen übergeordnete politische Instanzen auf Landes-, Bundes- oder europäischer Ebene solche Projekte als Beitrag zum Gemeinwohl. Obwohl einige lokale Argumente kritisch als NIMBY-Positionen (Not in My Backyard) charakterisiert werden können, da sie eine individuelle oder institutionelle Verweigerung widerspiegeln, Veränderungen zu akzeptieren, artikuliert der Widerstand im Wesentlichen demokratisch legitimierte Interessen, für deren Einbringung die formalen Planungsprozesse einen Rahmen bieten.

Große Infrastrukturen provozieren jedoch nicht selten grundsätzlichere Konflikte über konkurrierende Entwicklungsvorstellungen. Der Bau neuer Autobahnen im Verkehrsbereich kann zwar als notwendige Lösung für Verkehrsstaus und unzureichende Verbindungen angesehen werden, er kann aber auch zu einem höheren Verkehrsaufkommen führen und innovative Mobilitätsstrategien behindern. Im Energiebereich plädieren Politik und Umweltverbände für ein neues europaweites Makronetz, um den Übergang zu erneuerbaren Energien zu fördern. Wenn es um Naturschutzaspekte geht, können dieselben Akteure aber auch zu Gegnern von Infrastrukturprojekten auf lokaler Ebene werden. Darüber hinaus wird die Diskussion über den Ausbau der erneuerbaren Energien von einem Streit über die Notwendigkeit der Energiewende sowie von Skepsis oder Unsicherheit über die Realität des Klimawandels überlagert. Wenn Kommunalpolitik oder örtliche Bevölkerung nicht davon überzeugt sind, dass die prognostizierten Klimaveränderungen sie unmittelbar betreffen werden, ist es unwahrscheinlich, dass sie mögliche Nachteile für ihr Eigentum oder ihre Lebensqualität in Kauf nehmen werden. Eine ähnliche Konstellation kann bei der Diskussion über die zeitliche Dimension des Klimawandels entstehen. Wenn die Risiken des Klimawandels erst längerfristig

[2] Vgl. Glasl, F. 2020: Konfliktmanagement, 12. Aufl., Bern/Stuttgart; Schiller, G. 2009: Praxisprobleme bei der Planfeststellung von Energiefreileitungen. Umwelt und Planungsrecht (7), 245–253.

erfahrbar werden, sehen die betroffenen Akteure kurzfristig kaum die Notwendigkeit, Einschränkungen zu akzeptieren. Während die Kommunalpolitik befürchtet, durch Standortkonflikte Stimmenverluste bei Wahlen hinnehmen zu müssen, stehen für die Bevölkerung die Beeinträchtigung ihrer Lebens- bzw. Wohnqualität, ein eventueller Wertverlust der eigenen Immobilie oder – aus Sicht der Landwirtschaft – der Verlust landwirtschaftlicher Flächen oder ein Anstieg der Pachtpreise im Vordergrund.

Dieser kurze Überblick über Dilemmata im Zusammenhang mit der Planung großer Infrastrukturen kann als Erklärung für einige spezifische Herausforderungen auf diesem Gebiet dienen. Für ein besseres Verständnis der Herausforderungen können theoretische Überlegungen hilfreich sein, die sich mit Fragen von Unsicherheit, Komplexität und sozialer Akzeptanz befassen[3]. Unsicherheit bezieht sich in erster Linie auf die lange Dauer von Planung und Betrieb großer Infrastrukturprojekte. Obwohl absehbar ist, dass sich die Projekte auf verschiedene Bereiche der öffentlichen und privaten Entwicklung auswirken werden, ist jede Prognose durch nur begrenztes Wissen über die Zukunft eingeschränkt. Planung steht also vor der Herausforderung, sich auf diese grundlegende Rahmenbedingung der Unsicherheit einzustellen und mit ihr umzugehen.

Im Gegensatz zu „normalen" Planungskonflikten zeichnen sich große Infrastrukturprojekte durch ein hohes Maß an Komplexität aus. Diese Komplexität ist vor allem in der Größe derartiger Infrastrukturprojekte begründet, die vielfältige räumliche, ökonomische, soziale und ökologische Auswirkungen zur Folge hat. Planungsprozesse müssen daher ein breites Spektrum von Akteuren und Interessen, zB verschiedener öffentlicher Ressorts, privater Akteure oder von Verbänden, und dies zugleich auf mehreren politischen Ebenen berücksichtigen (Mehrebenen-Dimension).

Für die gesellschaftliche Akzeptanz spielt die Art und Weise, wie Meinungen gebildet und Entscheidungen getroffen werden, eine maßgebliche Rolle. Die Raumplanung ist durch eine lange Tradition der kommunikativen Planung auf lokaler und regionaler Ebene gekennzeichnet. In der Folge der „kommunikativen Wende in der Planung"[4] bietet Planungskommunikation die Möglichkeit, divergierende Meinungen in die Entscheidungsfindung zu integrieren. Dies ist bei großen Infrastrukturprojekten angesichts der oben beschriebenen Merkmale der Unsicherheit und Komplexität umso wichtiger. Abgesehen davon, dass die öffentliche Planung kaum in der Lage ist, alle für ein komplexes Infrastrukturprojekt relevanten Aspekte zu berücksichtigen, basiert jedes Großprojekt auf Annahmen über die zukünftige Entwicklung, die bis zu einem gewissen Grad hypothetisch sein können. Kom-

[3] Giezen, M. 2012: Navigating Mega Projects through Uncertainty and Complexity: Strategie and Adaptive Capacity in Planning and Decision-Making. Dissertation, Amsterdam; Priemus, H. 2007: Development and design of large infrastructure projects. Environment and Planning B: Planning and Design 34, 626–644; Salet, W., Bertolini, L., Giezen, M. 2012: Complexity and uncertainty: problern or asset in decision making of mega infrastructure projects? International Journal of Urban and Regional Research 37(6): 1984–2000; Wolsink, M. 2007: Planning of renewable schemes. Energy Policy 35, 2692–2704.

[4] Healey, P. 1996: The communicative turn in planning theory and its implications for spatial strategy formation. Environment and Planning B: Planning and Design 23, 217–234.

munikation ist nicht nur ein methodisches Mittel, um widerstreitende Akteure einzubeziehen und eine breitere Basis für ein gemeinsames Verständnis zu schaffen, sondern ermöglicht es auch, Öffentlichkeit und Transparenz über gegensätzliche Positionen herzustellen. Obwohl Kommunikation auf den ersten Blick Konflikte durch das Aufzeigen der verschiedenen Positionen verstärken kann, sollte die daraus resultierende Diskussion und die Einbeziehung unterschiedlicher Meinungen in die Entscheidungsfindung langfristig zu besseren Lösungen führen.

Im Bereich der Energieinfrastrukturen kann ein weiterer Aspekt im Zusammenhang mit der sozialen Akzeptanz relevant werden. Die Energieplanung ist traditionell ein technisch orientierter Bereich, der von technischer Rationalität geprägt ist. Die beteiligten Fachleute sind in der Regel beruflich als Teil des Ingenieurwesens sozialisiert und daran gewöhnt, die beste Lösung aus technischer Sicht zu finden. Aus dieser Perspektive erscheint Protest von Seiten der Bevölkerung als Störung und Hindernis bei der Auswahl und Umsetzung der bevorzugten Lösung. Dieses spezifische Selbstverständnis auf Seiten der Energieplanung kann es erschweren, einen Kompromiss zwischen widerstreitenden Akteuren zu finden.

III. Niederlande: Servicestelle für Öffentlichkeitsbeteiligung auf nationaler Ebene

Im Folgenden werden Beispiele ausgewählter Länder beschrieben, die zur Lösung der beschriebenen Dilemmata beitragen können. Diese beziehen sich auf die Niederlande, Großbritannien und Deutschland.

Aufgrund der knappen Verfügbarkeit von Flächen stellte sich für die Infrastrukturplanung in den Niederlanden schon immer die Herausforderung, Raumnutzungskonflikte zu lösen, um öffentliche und private Flächenbedarfe zu koordinieren. Während das Land einerseits dafür bekannt ist, durch Eindeichung und Trockenlegung an der Küste neues Land zu gewinnen, sind andererseits neue Infrastrukturprojekte oft mit einem hohen Konfliktpotenzial sowohl mit den Städten und Gemeinden als auch mit Umwelt- oder anderen spezifischen Interessen verbunden.[5]

Daher führte die niederländische Regierung 1997 ein zentralisiertes Verfahren für die Planung großer Infrastrukturprojekte ein. Als die für den Bereich Infrastruktur zuständige Ministerialbehörde war „Inspraak" für die Organisation von Genehmigungsverfahren, Anhörungen usw zuständig, die mit der Beteiligung der Öffentlichkeit verbunden sind. In ihrer Schlüsselfunktion als zentraler „Briefkasten" für Prozesse der Infrastrukturplanung sollte diese erfahrene und spezialisierte zentrale Einheit in der Lage sein, diese Prozesse effizienter auszugestalten. Da Inspraak die gemeinsame Anlaufstelle für alle Einwände gegen Infrastrukturprojekte war, bot

[5] U.a. Lagendijk, A., Kooij, H.J., Veenman, S., Oteman, M. 2021: Noisy monsters or beacons of transition: The framing and social (un)acceptance of Dutch community renewable energy initiatives. Energy Policy 159, 112580.

diese Organisationsform der betroffenen Öffentlichkeit mehr Verfahrenstransparenz.

In einer zweiten Phase wurden die Aufgaben dieser „Clearingstelle" um die frühzeitige Öffentlichkeitsbeteiligung und die Unterstützung der Verkehrsverwaltung bei der Organisation von Beteiligungsprozessen erweitert. Dies bedeutete für das neu benannte Zentrum für Öffentlichkeitsbeteiligung (CPP) eine wesentliche Veränderung, da es nun als Beratung fungierte und die Aufgabe hatte, die zuständigen Verwaltungen für Öffentlichkeitsbeteiligung zu qualifizieren. Infolgedessen veröffentlichte das CPP eine Reihe von Informationen und Handreichungen darüber, wie Öffentlichkeitsbeteiligung sinnvoll und effektiv ausgestaltet werden kann. Durch die Ausrichtung auf die Lösung von Planungskonflikten wurde die Grundlage für einen neuen Bereich von Planungsdienstleistungen geschaffen. In der Folge begann der private Sektor, entsprechende Kompetenzen zu entwickeln, um sich für diese Aufgaben anzubieten.

Nachdem umfangreiche Erfahrungen mit der Konsultation benachbarter Verwaltungseinheiten gesammelt worden waren, wurde in der nächsten Phase darauf hingearbeitet, den Schwerpunkt des CPP von formellen zu informellen Prozessen zu verlagern. Auch bestand die Überlegung, dass das CPP selbst die Organisation von Beteiligungsprozessen übernehmen könnte. Der Vorteil dieses Ansatzes wäre, dass das CPP seine Erfahrungen bündeln und fallspezifische Lösungen entwickeln könnte, die dann – angepasst an den jeweiligen Kontext – bundesweit zum Einsatz kommen könnten.

Wie die niederländische Vorgehensweise bei großen Infrastrukturprojekten zeigt, kann eine verwaltungsinterne Strategie zur Lösung von Konflikten in der Infrastrukturplanung beitragen. Dies kann in Form einer zentralen, querschnittsorientierten Verwaltungseinheit erfolgen, die für die Organisation von Beteiligungsverfahren und die Qualifizierung der für die Planung zuständigen Stellen zuständig ist. Die organisatorische Lösung zielt dabei in erster Linie auf eine größere Effizienz der notwendigen Verfahren ab. Da sich die Organisation von Konfliktlösungsprozessen zu einem neuen Marktsegment für Beratungsunternehmen entwickelt hat, führt dieser innovative Verwaltungsansatz auch zum Entstehen neuer kommunikativer Planungsdienstleistungen im privaten Sektor. Dies kann zu einer weiteren Professionalisierung im Bereich der Planungskommunikation und Öffentlichkeitsbeteiligung beitragen.

Allerdings gibt es auch eine Reihe von ungelösten Aspekten, die kritisch betrachtet werden können. Da es sich bei dem CPP um eine öffentliche Einrichtung handelt und sie daher von der Bevölkerung und anderen Beteiligten als unmittelbar mit den Interessen der beteiligten öffentlichen Planungsträger verbunden wahrgenommen wird, stellt sich die Frage nach einer ausreichenden Neutralität. Selbst wenn sich das CPP um Unabhängigkeit bemüht, bleibt aus Sicht der betroffenen Bevölkerung aufgrund der hierarchischen Organisationsstruktur der öffentlichen Verwaltung Skepsis. Ebenso kann die zentralisierte Organisationsstruktur der Beteiligung kritisch gesehen werden. Während diese zentralisierte Struktur einerseits Vorteile in Bezug auf „Skaleneffekte" bieten kann (zB die Bündelung von Wissen oder juristischen Kompetenzen), kann sie andererseits die Entwicklung von individuellen Prozessdesigns und projektspezifischen Sachlösungen einschränken, die eine dezentrale und aufgabenübergreifende Struktur ermöglichen würden.

IV. Großbritannien: Verpflichtende frühzeitige Öffentlichkeitsbeteiligung

Großbritannien ist je nach politischer Mehrheit für extreme Veränderungen in der öffentlichen Planungspolitik bekannt.[6] Während die Labour-Partei mehr oder weniger für eine wirkungsvolle öffentliche Planung und eine differenzierte Organisationsstruktur der Raumplanung eintritt, setzt die Konservative Partei vor allem auf die Marktkräfte und begrenzte öffentliche Planungskompetenzen. Im Bereich der Infrastrukturplanung ging der Anstoß zur Schaffung eines koordinierten Planungsverfahrens in den 1990er Jahren von der Labour-Regierung aus. Eine gesetzliche Regelung sieht vor, dass der Projektträger vor der Beantragung der Projektgenehmigung ein strukturiertes Verfahren zur Beteiligung der Öffentlichkeit organisiert, das dokumentiert und dem formellen Projektantrag beigefügt wird. Diese frühzeitigen Öffentlichkeitsbeteiligung soll dazu dienen, in einem frühen Stadium der Planung Kompromisse auszuhandeln.

Als Folge dieser verbindlichen Regelung sind in Großbritannien mehrere auf Konfliktlösung spezialisierte Beratungsunternehmen entstanden, die sich auf diesen neuen Bereich professioneller Planungsdienstleistungen ausgerichtet haben. War die betroffene Bevölkerung bisher auf die Bereitschaft des Vorhabenträgers zur Durchführung eines Beteiligungsverfahrens angewiesen, so bietet die gesetzliche Verpflichtung eine verlässliche Grundlage für die Öffentlichkeitsbeteiligung. Allerdings ist die alleinige Verantwortung des Vorhabenträgers für den Beteiligungsprozess gleichzeitig auch kritisch zu sehen. Dabei stellt sich nicht nur die Frage, inwieweit die bestehenden Qualitätsstandards ausreichen, sondern auch, ob ein faires und neutrales Verfahren erreicht werden kann.[7] Wird der von einer privaten Beratungsfirma organisierte Beteiligungs- und Konfliktlösungsprozess vom Projektträger finanziert, verstärkt dies die Skepsis der betroffenen Bevölkerung, ob alle Interessen angemessen berücksichtigt werden. Einer Voreingenommenheit zugunsten des Vorhabenträgers soll allerdings mit der Dokumentationspflicht entgegengewirkt werden. Der britische Ansatz zeigt damit einen alternativen Weg der Organisation von Öffentlichkeitsbeteiligung bei Infrastrukturprojekten, indem dem Projektträger die Zuständigkeit für die Durchführung des Prozesses und damit die Verantwortung für die Öffentlichkeitsbeteiligung auferlegt wird.

---

[6] Marshall, T. 2013: Planning Major lnfrastructure: A Critical Analysis. Abingdon: Routledge; Swain, C., Marshall, T., Baden, T. (Hg.) 2013: English Regional Planning 2000–2010: Lessons for the Future. RTPI Library Series. London: RTPI.

[7] U.a. Roddis, P., Roelich, K., Tran, K., Carver, S., Dallimer, M., Ziv, G. 2020: What shapes community acceptance of large-scale solar farms? A case study of the UK's first 'nationally significant' solar farm. Solar Energy 209, 235–244; Williams, L. J., Martin, A., Stirling, A. 2022: Going through the 'dance steps': lnstrumentality, frustration and performativity in processes of formal public participation in decision-making on shale development in the United Kingdom. Energy Research & Social Science 92, 102796.

V. Deutschland: Freiwillige frühzeitige Beteiligung bei gleichzeitiger Beschleunigung der Planung

Deutschland blickt auf eine bewegte Geschichte zurück, wenn es um Fragen der öffentlichen Infrastruktur geht. Ab den 1970er-Jahren entwickelte sich eine hoch kontroverse Debatte über die Nutzung der Kernenergie, in deren Mittelpunkt Konflikte um Standorte für Kernkraftwerke und Endlager standen. Begleitet wurden diese Konflikte durch das Aufkommen der Umweltschutzbewegung, die in verschiedenen Infrastrukturkonflikten Gegenexpertise einbrachte. Beispiele in diesem Zusammenhang sind der Bau von Autobahnen oder Eisenbahnen, der Bau oder Ausbau von Flughäfen (Berlin, Frankfurt, München) sowie der Ausbau und die Begradigung von Flüssen (Donau, Elbe).

In den 2000er Jahren nahm die Komplexität dieser Konflikte weiter zu. Angesichts des sich beschleunigenden Klimawandels und weiterer Atomkatastrophen (Tschernobyl 1986, Fukushima 2011) leitete Deutschland eine Energiewende zur Umstellung der Energieversorgung auf erneuerbare Energien ein. Dies betrifft nicht nur ein breites Spektrum an Infrastrukturprojekten im Bereich von Wind- und Solarenergie oder Biogas, sondern auch Speicher und Stromleitungen. Bei konkreten Standortfragen können Umweltargumente auf lokaler Ebene dem auch vom Umweltschutz verfolgten Gesamtziel der Energiewende teilweise zuwiderlaufen. Obwohl beide Seiten ein gemeinsames Grundverständnis davon haben, was Umweltschutz leisten soll, kommt es immer wieder zu Interessenskonflikten. Das übergeordnete Ziel der Energiewende übt außerdem einen erheblichen Zeitdruck auf die Planungsprozesse aus[8].

Neben diesen Konflikten im Bereich der Energieinfrastruktur haben prominente Konflikte zur Verkehrsinfrastruktur Impulse für die Diskussion zur Öffentlichkeitsbeteiligung in Deutschland gegeben. Am bedeutendsten ist in diesem Zusammenhang das Projekt „Stuttgart 21“, das sich auf den Umbau des Stuttgarter Hauptbahnhofs bezieht. Nach einem über zehn Jahre dauernden formalen Planungsprozess kam der Konflikt erst in einer späteren Phase des Genehmigungsverfahrens auf, als die örtliche Bevölkerung die Auswirkungen des Projekts auf das regionale Verkehrssystem problematisierte. Infolge der intensiven und heftigen Auseinandersetzungen löste der Protest einen grundlegenden politischen Wandel in Baden-Württemberg aus. Die konservative Landesregierung verlor ihre absolute Mehrheit und die Partei DIE GRÜNEN stellte erstmals den Ministerpräsidenten. Die neue Regierung ernannte eine Staatssekretärin, die explizit für die Entwicklung neuer Bürgerbeteiligungsmodelle für Planungsprozesse in Baden-Württemberg zuständig war. In der Folge entstand sowohl im wissenschaftlichen als auch im politischen Raum eine breite Diskussion über neue Ansätze der Bürgerbeteiligung. Während auf der einen Seite argumentiert wurde, dass Deutschland von „Wutbürgern“ blockiert würde, plädierten andere für eine neue Form der Demokratie, bei der die Bevölkerung

---

[8] U.a. Einig, K.; Knieling, J.; Mattern, S.; Panebianco, S.; Schmidt-Kaden, P. 1.; Trinemeier, C.; Wernig, R.; Zeck, H. 2022: Regionalplanung für einen raumverträglichen Ausbau von Freiflächen-Photovoltaik-Anlagen (FPV), Informations- und Initiativkreis Regionalplanung der ARL, Positionspapier aus der ARL, Nr. 134, Hannover: ARL.

mehr Verantwortung in den etablierten politischen Entscheidungsprozesse übernehmen sollte.

Im Rahmen dieses Diskurses veröffentlichte das damalige Bundesministerium für Verkehr und digitale Infrastruktur ein „Handbuch für gute Öffentlichkeitsbeteiligung“, das zahlreiche Ideen und Empfehlungen enthält, wie die Öffentlichkeitsbeteiligung bei der Planung von Großprojekten im Verkehrsbereich angegangen werden kann.[9] Kritiker wiesen jedoch darauf hin, dass die vorwiegend informellen Verfahren unzureichend seien. Angeregt durch ein neues Gesetz zur Öffentlichkeitsbeteiligung, das zeitgleich vom Bundesministerium des Innern auf den Weg gebracht wurde und in erster Linie darauf abzielte, Planungsprozesse, die keine frühzeitige Öffentlichkeitsbeteiligung erfordern, zu beschleunigen[10], fand eine kontroverse Debatte statt.[11] Neben der Diskussion über den geeigneten Zeitpunkt der Beteiligung und die Verpflichtung, die Ergebnisse der frühzeitigen Beteiligung in den nachfolgenden Phasen des Genehmigungsverfahrens zu berücksichtigen, ging es dabei um die Berücksichtigung unterschiedlicher Interessen und Meinungen im Zuge der Beteiligung, insbes. um die Frage, ob die sogenannte Null-Option (dh die Beibehaltung des Status quo) Teil der Öffentlichkeitsbeteiligung sein müsste.

Die erste Kontroverse betrifft den Zeitpunkt, zu dem die Öffentlichkeitsbeteiligung idealerweise stattfinden sollte. Obwohl sich die meisten Fachleute und Interessenvertretungen einig sind, dass die Öffentlichkeitsbeteiligung in einer frühen Phase des Planungsprozesses stattfinden sollte, um Konflikte bereits zu diesem Zeitpunkt erkennen und vorklären zu können, gehen die Meinungen auseinander, wenn es um die angemessene Durchführung der Beteiligung in einem solch frühen Stadium geht. Während die eine Seite die Bereitstellung von Informationen und den Dialog über die bestehenden Optionen für ein neues Projekt bevorzugt, plädieren bürgerorientierte Argumente für eine stärkere Mobilisierung der Bevölkerung, um die Meinungsbildung über vorgeschlagene Projekte in einem frühen Stadium des Planungsprozesses zu verbessern.

Eng damit verbunden ist auch die zweite Kontroverse zu der Frage, ob die frühzeitige Beteiligung obligatorisch oder fakultativ sein sollte. Während das Ministerium argumentierte, dass eine verpflichtende Lösung zu einer unnötigen Ver-

[9] Bundesministerium für Verkehr und digitale Infrastruktur (Hrsg.) 2014: Handbuch für eine gute Bürgerbeteiligung. Planung von Großvorhaben im Verkehrssektor, Berlin.

[10] Bundesinnenministerium 2013: Gesetz zur Verbesserung der Öffentlichkeitsbeteiligung und Vereinheitlichung von Planfeststellungsverfahren v. 31.5.2013, BGBI. 11388; siehe auch Verein Deutscher Ingenieure 2015: Frühe Öffentlichkeitsbeteiligung bei Industrie- und lnfrastrukturprojekten, VDI Richtlinie 7000, Düsseldorf; VDI 2014: Kommunikation und Öffentlichkeitsbeteiligung bei Planung und Bau von lnfrastrukturprojekten, VDI Richtlinie 7001, Düsseldorf.

[11] ZB Beirat für Raumentwicklung 2012: Öffentlichkeitsbeteiligung bei Planungs- und Zulassungsverfahren großer lnfrastrukturvorhaben, Empfehlungen des Beirats für Raumentwicklung beim Bundesministerium für Raumentwicklung, Berlin; Groß, T. 2011: Stuttgart 21: Folgerungen für Demokratie und Verwaltungsverfahren. Die Öffentliche Verwaltung 64 (13), 51 0-516; Wulfhorst, R. 2011: Konsequenzen aus „Stuttgart 21“: Vorschläge zur Verbesserung der Bürgerbeteiligung. Die Öffentliche Verwaltung 64 (15), 581-590; Ziekow, J. 2012: Neue Formen der Bürgerbeteiligung? München: Beck.

komplizierung und Verlängerung des Planungsprozesses bei kleinen konsensualen Projekten führen würde, steht dem entgegen, dass das volle Vertrauen der Bevölkerung in die Planungsprozesse gewährleistet sein muss. Wenn die frühzeitige Beteiligung nur freiwillig bleibt, könnten nicht-partizipative Verfahren unbemerkt bleiben und so zu Misstrauen gegenüber der öffentlichen Verwaltung und Projektträgern führen.

Ein weiterer Streitpunkt bezieht sich auf die Frage, ob die Beibehaltung des Status quo als Option in die frühzeitige Öffentlichkeitsbeteiligung aufgenommen werden sollte. Die Bürgerperspektive spricht sich aufgrund des ansonsten bereits eingeschränkten Optionsspektrums für die Berücksichtigung der Null-Option aus. Dem gegenüber steht die Argumentation, dass die Einbeziehung der Null-Option die Glaubwürdigkeit Deutschlands als Wirtschaftsstandort gefährden könnte, da die Umsetzung von Infrastrukturprojekten erschwert würde.

Obwohl die deutsche Debatte über die Öffentlichkeitsbeteiligung bei großen Infrastrukturprojekten sehr komplex ist, lässt sich in den letzten Jahren ein Wandel in der Auseinandersetzung mit dieser Thematik beobachten. Während frühere Forderungen nach einer stärkeren Beteiligung der Öffentlichkeit als kontraproduktiv für die wirtschaftliche Entwicklung und den globalen Standortwettbewerb beurteilt wurden, zeigen die Diskussionen inzwischen mehr Offenheit für die Öffentlichkeitsbeteiligung. Die Suche nach innovativen Wegen zur Einbeziehung der Bevölkerung in formelle öffentliche Verfahren ist zu einem vielbeachteten Thema geworden. Neben „Stuttgart 21" haben viele andere Projekte, etwa der Ausbau von Flughäfen, Eisenbahntrassen und Autobahnen oder Atommüllendlagern, verdeutlicht, dass neue und integrative Formen der Entscheidungsfindung notwendig sind, um in komplexen Gesellschaften Entscheidungsprozesse zu strukturieren. Die Energiewende hat die Konfliktlagen noch einmal verschärft und aufgezeigt, dass vorausschauende partizipative Prozesse erforderlich sind.[12] In vielen Teilen des Landes zeigen sich bei Stromtrassen, Wind- und Solarparks oder Speicherinfrastrukturen Proteste, die von NIMBY-Positionen bis zu grundsätzlich konträren Meinungen reichen.

VI. Vergleich der Öffentlichkeitsbeteiligung bei der Infrastrukturplanung in Deutschland, Großbritannien und den Niederlanden,

Ausgehend von den unterschiedlichen Strategien, die in den Niederlanden, in Großbritannien und in Deutschland verfolgt werden, um der Komplexität, der Unsicherheit und den divergierenden Interessen bei großen Infrastrukturprojekten zu begegnen, gibt Tabelle 1 einen Überblick über ausgewählte Aspekte der verschiedenen Ansätze.

[12] U.a. Schweizer, P.J., Bovet, J. 2016: The potential of public participation to facilitate infrastructure decision-making: Lessons from the German and European legal planning system for electricity grid expansion. Utilities Policy 42, 64–73.

	Niederlande	Großbritannien	Deutschland
Zeitpunkt der Beteiligung	Frühzeitige Beteiligung	Frühzeitige Beteiligung	Frühzeitige Beteiligung
Verpflichtung zur Beteiligung	Nicht verbindlich	Verbindlich	Nicht verbindlich
Zuständigkeit für die Beteiligung	Verwaltung	Projektträger	Verwaltung
Finanzierung der Beteiligung	Öffentlich	Projektträger	Öffentlich
Art der Prozess-innovation	Verwaltungsintern	Verwaltungsexterne Innovation	Verwaltungsinterne und -externe Innovation
Auswirkungen auf den Planungs-sektor	Entstehung neuer Planungsdienstleistungen (Planungskommunikation)	Entstehung neuer Planungsdienstleistungen (Planungskommunikation)	Offen, inwieweit Planungskommunikation ausgeweitet wird

Tabelle 1: Organisation der Öffentlichkeitsbeteiligung bei der Infrastrukturplanung in den Niederlanden, Großbritannien und Deutschland.

Alle drei Fallbeispiele zeigen, dass sich die frühzeitige Beteiligung zu einer akzeptierten Form der Einbeziehung konkurrierender Interessen in die Infrastrukturplanung entwickelt hat. Die frühzeitige Einbindung der Öffentlichkeit ermöglicht nicht nur die Abwägung und Diskussion unterschiedlicher Interessen, sondern bietet auch ausreichend Raum für die Identifizierung von Alternativen und Kompromisskorridoren. Dennoch zeigt der Vergleich, dass es keine einheitliche Strategie für den Umgang mit der Öffentlichkeitsbeteiligung gibt. Vielmehr gibt es eine Reihe von grundlegenden Unterschieden und gegensätzlichen Ansätzen, die eine Diskussion über die Vor- und Nachteile im Hinblick auf die ideale Konzeption der Öffentlichkeitsbeteiligung in der Infrastrukturplanung ermöglicht.

Während der Vergleich zeigt, dass die deutsche Politik auf Bundesebene einer verpflichtenden frühzeitigen Beteiligung an der Infrastrukturplanung eher skeptisch gegenübersteht und an der Beschleunigung von Planungsverfahren arbeitet, hat Großbritannien die frühzeitige Öffentlichkeitsbeteiligung eingeführt, um sicherzustellen, dass zu einem möglichst frühen Zeitpunkt Konfliktlösungen gefunden werden können und der Projektträger nachweist, dass er sich ernsthaft um eine Lösungsfindung bemüht hat. Darüber hinaus zeigt der Vergleich, dass die Planungsgesetzgebung einen direkten Einfluss auf die Planungspraxis hat. Führt der Staat ein obligatorisches Beteiligungsverfahren durch, entsteht ein neues Marktsegment im Bereich kommunikativer Planungsdienstleistungen für private Beratungsunternehmen. Bleibt dieses Marktvolumen über einen gewissen Zeitraum stabil, kann dies positive Auswirkungen im Hinblick auf den Fachdiskurs und die Qualifikation der beteiligten Akteure haben. Ansätze aus den USA unterstützen diese Einschätzung, da auch dort der Diskurs dazu beigetragen hat, die Prozessqualität und die Konfliktlösungskompetenz zu steigern.[13] Allerdings muss

[13] Vgl. Raab, J., Susskind, L. 2009: New Approaches to Consensus Building and Speeding up Large-Scale Energy lnfrastructure Projects. Conference paper, The Expansion of the German

bei einer Übertragung von Erfahrungen beachtet werden, dass unterschiedliche planungskulturelle und planungsrechtliche Rahmenbedingungen vorliegen.

Wie das niederländische Vorgehen zeigt, kann die Entwicklung eines administrativen Qualifizierungssystems eine weitere Strategie der Kompetenzentwicklung sein, das zu einem Paradigmenwechsel beiträgt, der zu mehr Offenheit der Fachverwaltungen gegenüber der Öffentlichkeitsbeteiligung führt. Besonders zurückhaltend gegenüber Partizipation sind oftmals technische und ingenieurwissenschaftliche Bereiche der Verwaltung, die durch ein primär rationales Selbstverständnis von Planungsprozessen geprägt sind. Das Portfolio des CPP ermöglicht eine Öffnung dieser verengten Denkweise, indem neue prozessbezogene Impulse einbracht werden. Sowohl im Vergleich zu den Niederlanden als auch zu Großbritannien zeigt Deutschland bei der Schaffung vergleichbarer Strukturen im Bereich der öffentlichen Verwaltung noch Nachholbedarf. Allerdings wurde vor einiger Zeit ein neues Mediationsgesetz verabschiedet, das auch für die Konfliktvermittlung bei Infrastrukturprojekten als Grundlage für entsprechende Planungsdienstleistungen dienen und diesen Bereich befördern kann.

VII. Schlussfolgerung

Die vorliegende Analyse der unterschiedlichen Ansätze der Öffentlichkeitsbeteiligung bei der Infrastrukturplanung lässt noch verschiedene Fragen offen, die für das Verständnis der spezifischen Ansätze relevant sind. Eine Schlüsselfrage bezieht sich etwa darauf, inwieweit die Vorgehensweisen die Erörterung der Null-Option zulassen, dh die Möglichkeit, dass das vorgeschlagene Infrastrukturprojekt nicht umgesetzt wird. Die Null-Option wird von den projektkritischen Akteuren als sehr relevant angesehen, da der Entscheidungsweg ansonsten bereits durch eine hierarchische Entscheidung eingeschränkt wäre. Zweitens stellt sich die Frage, wie verbindlich die Ergebnisse einer frühen Konfliktlösung für nachfolgende Entscheidungsstufen sein können. Auch dies ist ein Thema, das die für die Verlässlichkeit des Beteiligungsprozesses von entscheidender Bedeutung ist: Warum sollten sich Akteure an einem informellen Verfahren beteiligen und Zeit und Mühe investieren, dessen Ergebnisse in späteren Genehmigungsphasen eines Infrastrukturprojekts keine Verbindlichkeit erlangt?

Aus europäischer Sicht stellt sich angesichts der Vielfalt der planerischen Regulierung und Organisation die Frage, ob eine stärkere Konvergenz angebracht ist oder ob der bestehende divergierende Status Quo der Infrastrukturplanung ausreicht. Im Hinblick auf transnationale Infrastrukturprojekte innerhalb Europas würde ein kohärenter Planungsprozess zur Stärkung der gemeinsamen europäischen Entwicklung beitragen. Allerdings stellen die unterschiedlichen und ortsspezifischen Planungstraditionen und -kulturen[14] eine Herausforderung dar, so dass es an-

Transmission Grid, Göttingen University, Göttingen; Susskind, L., Chun, J., Gant, A., Hodgkins, C., Cohen, J., Lohmar, S. 2022: Sources of Opposition to renewable energy projects in the United States. Energy Policy 165, 112922.

[14] Knieling, J.; Othengrafen, F. (Hg.) 2009: Planning Cultures in Europe: Decoding Cultural Phenomena in Urban and Regional Planning. Farnham/Burlington.

gebracht sein kann, unterschiedliche Lösungswege zu beschreiten, welche die jeweiligen nationalen Gegebenheiten berücksichtigen.

Darüber hinaus wäre die Frage zu stellen, wie positive Erfahrungen in eine gemeinsame „europäische Infrastrukturplanung" einfließen könnten. Beispiele hierfür sind die Verpflichtung zur frühzeitigen Beteiligung, ein fairer und transparenter Beteiligungsprozess sowie die Zuständigkeit des Projektträgers, die Kosten der Beteiligung zu tragen. Weitere Aspekte sind etwa die Neutralität der Trägerorganisation und die Verbindlichkeit der Ergebnisse der frühzeitigen Beteiligung für den weiteren Planungsprozess, oftmals nicht ausreichend geregelt. Sie weisen damit auf Themen hin, die sowohl im wissenschaftlichen Diskurs als auch in der Praxis weiter vertieft werden sollten.

Klärungsbedarf besteht außerdem zu der Frage, wie eine intermediäre institutionelle Lösung aussehen könnte, die für den Beteiligungsprozess zuständig ist, aber nicht von einem der projektbeteiligten Akteure, sei es Projektträger oder öffentliche Hand, abhängig ist. In der Stadt- und Raumplanung wurden vergleichbare Konstellationen mit dem Konzept der Advocacy-Planung in der Stadtsanierung gelöst. Dabei finanziert die Stadt eine Fachperson, ohne dass die Stadt inhaltlich oder organisatorisch auf die Ausübung der „Anwaltsfunktion" einwirken kann. Die Aufgabe der Anwaltsplanung ist es, der Bevölkerung vor Ort zu helfen, ihre Interessen zu organisieren und gegenüber der Stadtverwaltung und der Politik zu artikulieren. Im Falle der Infrastrukturplanung könnte der Projektträger verpflichtet werden, die notwendigen finanziellen Mittel bereitzustellen, und eine öffentliche Stiftung könnte als zwischengeschalteter intermediärer Akteur fungieren.

Eine solche Konstruktion könnte für einzelne große Infrastrukturprojekte oder als Gesamtstruktur geschaffen werden, die für Infrastrukturkonflikte ansprechbar ist. Die Einrichtung eines intermediären Akteurs im Bereich der Partizipation und Konfliktlösung unterscheidet sich von den derzeitigen Lösungen, zB der niederländischen CPP als Serviceeinheit des Ministeriums oder dem britischen Ansatz, bei dem die Organisation des Beteiligungsprozesses in den Händen des Projektträgers liegt. Die Analyse der Vor- und Nachteile der verschiedenen Ansätze vor dem Hintergrund der jeweils spezifischen Rahmenbedingungen könnte wertvolle Erkenntnisse für die Suche nach geeigneten Lösungen liefern.

Zusammenfassend lässt sich folgern, dass der Vergleich der Praktiken in den drei ausgewählten Ländern weiterführende Aspekte für die Konzeptualisierung der Öffentlichkeitsbeteiligung bei der Planung großer Infrastrukturvorhaben aufzeigt. Der Vergleich weist darauf hin, dass eine Vertiefung in Richtung einer breiteren internationalen Analyse lohnenswert sein kann. Dabei könnten insbes. auch die Erfahrungen aus den USA mit der Umweltmediation von Interesse sein, da auch hier langjährige Erfahrungen vorliegen. Darüber hinaus hat die Untersuchung eine Reihe offener Fragen aufgezeigt, mit denen sich künftige Debatten in Praxis und Forschung befassen sollten, um für die Öffentlichkeitsbeteiligung bei der Planung großer Infrastrukturprojekte eine geeignete und funktionsfähige Vorgehensweise und Organisationsform zu finden, die zugleich die erforderlichen demokratischen Qualitäten sicherstellt.

RUTHARD HIRSCHNER

Mediation in Planungs- und Genehmigungsverfahren für Windenergieanlagen

I. Einführung

In der Presse wird berichtet, dass seit Jahren der Ausbau der Windenergie, bedingt durch den Genehmigungsstau und zunehmende Klagen, zurückgeht und 2019 einen historischen Tiefpunkt erreicht hat,[1] mit Auswirkungen auf den Strompreis, der für die Industrie längst zu einem kritischen Faktor bei Investitionsentscheidungen geworden ist.[2]

Beispiele auf der kommunalen Ebene verdeutlichen die Situation: Der im Jahre 2012 geplante und im Jahre 2017 in Betrieb genommene höchstgelegene Windpark Baden-Württembergs mit 5 Anlagen wird wegen vorgetragener Lärmbelästigungen immer noch sowohl vor dem Verwaltungsgericht als auch vor dem Landgericht beklagt.[3] Kommunale Konflikte werden sichtbar bei der Entscheidung über den Abschluss eines Grundstücksnutzungsvertrages für einen Windkraftstandort im Südschwarzwald.[4] Andernorts im Schwarzwald wiederum wird die Windkraftnutzung – trotz anfänglicher Skepsis – differenzierter gesehen und insgesamt positiv aufgenommen.[5]

Bei kommunalen Entscheidungen stößt die Windkraftnutzung – trotz erheblicher, nach § 6 EEG strafrechtlich zulässiger Zahlungen durch die Windkraftbetreiber – ebenfalls auf Ablehnung. In zwei Bürgerentscheiden über die Verpachtung eines Grundstücks zur Windkraftnutzung in Waldflächen hat sich – trotz eindeutiger Empfehlung durch den Gemeinderat – die Bürgerschaft jüngst mit deutlicher Mehrheit gegen den Bau von Windrädern auf ihrer Gemarkung ausgesprochen.[6] Vielleicht bedarf es anderer Anreize, um dieses Entscheidungsverhalten zu ändern.

---

[1] Vgl. Kersting/Olk/Witsch Handelsblatt, 19.1.2022, 7; Stratmann Handelsblatt, 19./20./21.11.2021, 10.

[2] Vgl. Krapp/Stratmann Handelsblatt, 29.11.2023, 1, 4.

[3] Vgl. Hönig Badische Zeitung, Online-Ausgabe v. 21.7.2023, https://www.badische-zeitung.de/windpark-schopfheim-gersbach-landratsamt-gibt-bei-windradlaerm-klein-bei-275530203.html (abgerufen am 8.9.2023).

[4] Vgl. Nill Markgräfler Tagblatt, Online-Ausgabe v. 9.12.2022, https://www.verlagshaus-jaumann.de/inhalt.kleines-wiesental-von-gegnern-in-die-ecke-gedraengt.13782a82-187e-4e40-93f6-3d511da7d039.html (abgerufen am 1.12.2023).

[5] Vgl. Hutters Badische Zeitung, Online-Ausgabe v. 22.8.2023, https://www.badische-zeitung.de/der-widerstand-gegen-die-windkraftanlagen-wird-leiser (abgerufen am 18.9.2023).

[6] Vgl. Orths Rhein-Neckar-Zeitung, Online-Ausgabe v. 23.10.2023, https://www.rnz.de/region/sinsheim-kraichgau_artikel,-Windpark-in-Waibstadt-Buergerentscheid-beschaeftigt-Buerger-weiterhin-_arid,1213169.html (abgerufen am 4.11.2023).

Das Bauplanungsrecht wiederum ist derzeit von Gesetzesänderungen zur Beschleunigung sowie Digitalisierung der Verfahren[7] geprägt. Diese verfolgen das Ziel, für die Windenergieanlagen die Planungs- und Bearbeitungszeiten sowie das Rechtsbehelfsverfahren durch Bearbeitungsfristen, Vorrang- und Beschleunigungsgebote[8] und durch Änderungen im Instanzenzug zu verkürzen.

Die bisherigen Regelungen sehen für Windenergieanlagen schwerpunktmäßig unter anderem vor: Die Begründung der Zuständigkeit des OVG in erster Instanz nach § 48 Abs. 3a VwGO; gleichzeitig entfällt durch § 63 BImSchG die aufschiebende Wirkung von Widerspruch und Anfechtungsklage eines Dritten bei der Anlagenzulassung. Die Verpflichtung der Bundesländer, 2% der Landesfläche für den Windkraftausbau auszuweisen und die gleichzeitige Absicherung der Flächenausbauziele durch Änderungen im Baugesetzbuch.[9] Weiter die Regelung der optisch bedrängenden Wirkung von Windenergieanlagen in § 249 Abs. 10 BauGB. Abweichungsmöglichkeit von Vorgaben für Schall und Schatten aufgrund § 31k BImSchG sowie Sondervorschriften für das Repowering bei Typenwechsel und Leistungsupgrade aufgrund § 16b BImSchG. Einführung eines zeitlich befristeten vorrangigen Belangs für erneuerbare Energien durch § 2 EEG-2023. Beschleunigungstatbestände kennen auch das Naturschutzrecht in §§ 44, 45b–d BNatSchG und das Umweltrechtsbehelfsgesetz mit § 6 UmwRG.

Die zahlreichen, teilweise detaillierten und verweisenden Regelungen machen die Rechtsmaterie für die Zivilgesellschaft unübersichtlich, intransparent und kompliziert. Durch die Beschleunigung besteht die Gefahr, dass diese, da das vorgegebene materielle Recht abzuarbeiten ist, mit dem EU-Recht und mit verfassungsrechtlichen Anforderungen, nicht zuletzt den Grundsätzen des rechtlichen Gehörs, in Konflikt gerät.[10] Aufgrund der massiven Ausbauziele, die nicht vorbehaltlos geteilt werden, sind bei deren Umsetzung Konflikte zu erwarten,[11] die zu Widerstand gegen die Windkraft und zu Klageverfahren führen werden.

Diese Konflikte müssen in einem Verfahren frühzeitig bekannt werden, um sie bearbeiten zu können und um eine Konflikteskalation zu vermeiden. Vor allem die Teilnahme der Anwohner im Planungsprozess wird als wichtig angesehen.[12]

Wenn Konfliktlösungen in das Verfahren einfließen, schaffen diese Transparenz und eine Versachlichung im Umgang. Das wird auch von den Behörden hinsichtlich der Veröffentlichung von Gutachten gefordert, wodurch weniger Klagen erwartet werden.[13] Die Konfliktparteien sind dann offener für konstruktive Diskussionen, was bei einem entsprechenden Dialog zu einem frühen Interessenausgleich führen kann.[14] Eine Möglichkeit zu einer derartigen Beteiligung der Akteure der

---

[7] BGBl 2023 I Nr. 176.
[8] §§ 87b Abs. 4, 87c, 188b VwGO.
[9] BGBl 2022 I 1353 (1358).
[10] Vgl. Korbmacher NJW 2022 12 (13); Anger Handelsblatt, 11.7.2023, 12.
[11] Stratmann Handelsblatt, 19./20./21.11.2021, 10.
[12] Witsch/Stratmann Handelsblatt, 26./27./28.7.2019, 14.
[13] Vgl. Rennert Handelsblatt, 18.5.2021, 6 (7).
[14] Vgl. Delhaes Handelsblatt, 21.9.2021, 10 (11).

Windkraft wird in der Mediation gesehen.[15] Diese kann daher auch zur Verfahrensbeschleunigung beitragen.[16]

Wenn auch die Mediation in der Bauleitplanung vereinzelt kritisch gesehen wird,[17] lohnt sich dennoch ein Blick auf die Konflikte und die Konfliktlösung durch eine Mediation, denn sie wird im Umweltbereich als ein geeignetes Instrument zur Konfliktlösung bei öffentlichen und privaten Vorhaben angesehen;[18] ebenso vor dem Hintergrund der Forderung aus der Zivilgesellschaft[19] als Instrument der Partizipation.[20]

II. Konfliktbereiche bei der Windkraft

1. Konfliktmerkmale

Von einem sozialen Konflikt ist auszugehen, wenn zwischen zwei Personen ein Interessengegensatz besteht. Eine Person sieht ihr Anliegen – ein erwünschter Soll-Zustand – durch eine andere Person beeinträchtigt, verletzt oder gefährdet. Als persönliche Anliegen kommen beispielsweise in Betracht: Eigentum, Besitz, Gesundheit, Autonomie, Sozialprestige, soziale Sicherheit, Selbstachtung, die Gemeinschaft oder Gruppe, der man angehört. Die Beeinträchtigung der persönlichen Anliegen kann auf verschiedenen Formen bzw. Verhaltensweisen beruhen: Behinderung, fehlende Unterstützung, Verweigerung, Nötigung oder Bedrohung. Dabei kann die Beeinträchtigung entweder durch eine andere natürliche oder juristische Person – Behörde oder Verband – erfolgen oder aber auch durch eine größere soziale Gruppe.[21]

2. Konfliktpotenzial

Die Akteure rund um den Windkraftausbau sind die Entscheidungsträger der Politik von Bund, Land und Kommunen, Behörden, Gerichte sowie Personen aus der Wirtschaft und aus der Zivilgesellschaft.[22] Letztere ist nur bedingt in nachhaltig stabilen Formen organisiert. Oft wird von ihr ein selbst gewähltes Thema mit einem allgemeinen Belang aufgegriffen und in der Öffentlichkeit vertreten, weil dieser – vermeintlich oder tatsächlich – nicht oder nicht genügend beachtet wird. Dabei kann das aufgegriffene Thema zu einem großen Teil von Eigeninteressen geprägt

---

[15] Platz ntv online, 19.3.2022, https://www.n-tv.de/politik/Die-Windkraft-Fuzzis-sollen-uns-in-Ruhe-lassen-article 23189648.html (abgerufen 4.11.2023).
[16] Vgl. Delhaes Handelsblatt, 24.7.2021, 9.
[17] Vgl. Battis DÖV 2011, 340 (341).
[18] Vgl. Ortloff NJW-aktuell 2015, 12 (12ff.); Hill DÖV 1994, 279 (280, 281).
[19] Zum Begriff vgl. Strachwitz Achtung vor dem Bürger 65f., 69ff.
[20] Im Ergebnis ebenso Krautzberger/Wagner in EZBK BauGB § 4b Rn. 67; ähnlich Wachinger/Hilpert/Renn Spektrum der Mediation 2015, 54 (55ff.).
[21] Vgl. Montada/Kals Mediation 70ff., 63.
[22] Im Einzelnen vgl. Hirschner in Brand Jahrbuch Windenergierecht 2016, 53 (60ff.).

sein und muss nicht immer mit den relevanten, wirklichen Themen identisch sein. Mitunter sind die Themen *maskiert* oder *vorgeschoben*.[23]

Die Konflikte beim Ausbau der Windenergie sind multipolar. Ein großes Konfliktpotential kann sich im kommunalen Bereich interkommunal wie intrakommunal ergeben. Denkbar sind Konflikte bei der planerischen Steuerung von Windenergieanlagen als auch bei der Beteiligung der Gemeinde hinsichtlich des Einvernehmens im Genehmigungsverfahren, mit Grundstückseigentümern, Nachbarkommunen sowie der Zivilgesellschaft, die vortragen, dass die Belange Natur- und Landschaftsschutz, Artenschutz, Tourismus, Lärmschutz, Denkmalschutz und Sicherheit der Wasserversorgung nicht oder nicht im erforderlichen Ausmaß gesichert sind und deshalb den Windkraftausbau ablehnen. Oder intrakommunale Konflikte im kommunalen Entscheidungsgremium, dem Gemeinderat, insbesondere und gerade dann, wenn Windenergieanlagen in Teilorten eines Gesamtortes erstellt werden sollen und dort abgelehnt werden. Eine Lösung solcher Konflikte kann es nur geben, wenn diese sich sowohl auf die kognitive, die emotionale als auch auf die Verhaltensdimension bezieht.[24] Eine Konfliktbearbeitung setzt allerdings voraus, dass die Konflikte identifiziert und wahrgenommen werden oder dass ein sich anbahnender Konflikt erkennbar ist. Dass das nicht immer der Fall ist, zeigt das Beteiligungsparadoxon auf.

3. *Beteiligungsparadoxon*

Die zeitliche Wahrnehmung von Konflikten ist bei den Betroffenen und in der Zivilgesellschaft unterschiedlich. Mit dem Beteiligungsparadoxon wird zum Ausdruck gebracht, dass sich Betroffene oder die Zivilgesellschaft im zeitlichen Ablauf eines Planungs- oder Genehmigungsverfahrens erst sehr spät beteiligen, wenn sich das Projekt der Umsetzungsphase nähert, dann allerdings mit negativen Folgen für ihre Einflussmöglichkeit auf das Verfahren.

Während zu Beginn eines Verfahrens die Einfluss- und Gestaltungsmöglichkeiten noch groß sind, nehmen diese im Lauf des Verfahrens zusehends ab, da bereits maßgebliche Entscheidungen getroffen sind. Befindet sich ein Projekt in der Endphase oder steht vor der Umsetzung, ist das Interesse der Zivilgesellschaft zwar am größten, da sich das Vorhaben konkretisiert und detaillierte Informationen vorliegen; jedoch ist die Einfluss- und Gestaltungsmöglichkeit dann am geringsten, da wichtige Entscheidungen im Laufe der Planung bereits getroffen sind. Im Verlauf eines Verfahrens steigt zwar das Interesse an dem Projekt; doch der Einfluss darauf sinkt rapide ab. Das lässt sich in einem Diagramm schematisch darstellen.[25]

Die Gründe für dieses Verhalten können vielfältig sein: Vieles ist am Anfang zunächst abstrakt und für bislang Unbeteiligte nicht vorstellbar. Mangelnde Information und fehlende Kenntnisse der Betroffenen über das Planungsverfahren können die Zurückhaltung in der Anfangsphase und das Abwarten verstärken.

---

[23] RB-HEGHHHS Entscheidungen über dezentrale Energieanlagen in der Zivilgesellschaft 25f.

[24] Mayer Die Dynamik der Konfliktlösung 132f.

[25] S. Hirschner FWS 2017, 323 (323f.).

Typisch sind zwei Beispiele aus der Windkraftszene: Bereits im Frühjahr 2012 wird in der Presse über die Vorbereitungen zur planerischen Steuerung für eine Windenergieanlage berichtet. Im Herbst des gleichen Jahres erfolgt der Aufstellungsbeschluss für einen Teilflächennutzungsplan Windkraft. Erst knapp zwei Jahre später (2014) gründet sich eine Bürgerinitiative gegen die Windkraft. Für den im Mai 2015 eingereichten Genehmigungsantrag nach dem BImSchG wird aufgrund des Verfahrensstandes im Planungsverfahren im November des gleichen Jahres die Rodung des Waldes genehmigt und auch vorgenommen.[26]

Eine ähnliche Entwicklung ist in einem Genehmigungsverfahren eingetreten. Erste Presseberichte über die Windenergienutzung in einer Schwarzwaldgemeinde datieren aus dem Jahre 2011. Weitere folgen im Jahre 2013, 2014 und konkreter – auch im Mitteilungsblatt der Gemeinde – ab dem Jahre 2016. Zu dem Genehmigungsantrag nach BImSchG erteilt der Gemeinderat sein Einvernehmen. Erst danach gründet sich eine Bürgerinitiative, deren Bürgerbegehren wegen unklarer Fragestellung vom Gemeinderat abgelehnt wird. Ein Ratsmitglied erhebt gegen das erteilte Einvernehmen rechtliche Einwendungen und klagt gegen das Einvernehmen des Rates erfolglos.[27]

Die beiden Beispiele zeigen deutlich, dass sich die Initiativen der Zivilgesellschaft erst spät im Laufe der Verfahren gebildet haben, als das Beteiligungsinteresse anstieg, der Gestaltungs- und Einfluss-Spielraum aber bereits wesentlich reduziert war. Die gleiche Situation ergibt sich – wenn auch aus einem anderen Grund – bei einem Vorhaben- und Erschließungsplan nach § 12 BauGB, der – bevor er im Verfahren öffentlich wird – bereits viele Festlegungen enthält, die im Vorfeld mit dem Vorhabenträger evtl. nichtöffentlich verhandelt und entschieden sind und die im anschließenden Verfahren verteidigt werden. Das führt zu Resignation und Unzufriedenheit und schließlich Frust in der Zivilgesellschaft. Die Verfahren stehen dann einem zu spät eingebundenen *Wutbürger* und möglicherweise einer Konflikteskalation gegenüber, anstatt einen mündigen und verantwortungsvollen Bürger zu erreichen, dessen Ideen und Anregungen als Chance im Verfahren zu sehen sind. Bei einer früh- oder vorzeitigen Beteiligung hätten sich möglicherweise Transparenz und – zumindest in Teilbereichen – Akzeptanz ergeben können.[28]

4. *Konflikteskalation*

In einer Konfliktsituation wird eine Partei zunächst versuchen, die andere zu überzeugen oder anzugreifen. Jedenfalls wird keine der Parteien nachgeben. Sie stehen sich im Konflikt festgefahren gegenüber. Es wird eine eskalierende Dynamik eintreten[29] und die Beteiligten des Konflikts geraten in eine Sackgasse, blockieren sich gegenseitig und stecken in einer Konfliktfalle[30].

---

[26] Vgl. Hirschner in Brand Jahrbuch Windenergierecht 2017, 93 (116f.).

[27] Vgl. Hirschner in Brand Jahrbuch Windenergierecht 2017, 93 (118f.).

[28] Vgl. Krautzberger/Wagner in EZBK BauGB § 4b Rn. 74; vgl. Hirschner FWS 2017, 323 (325 mwN).

[29] So auch Greger/Unberath Mediationsgesetz Teil 1 Rn. 18.

[30] Vgl. Friedmann/Himmelstein Konflikte fordern uns heraus 52ff.

Die Konflikteskalation als allmähliche Steigerung der Auseinandersetzung und ihre Auswirkungen werden als Abfolge eines neunstufigen Modells beschrieben.[31] Bezeichnend für die einzelnen Phasen ist, dass beim jeweiligen Durchschreiten gleichzeitig die Fähigkeit zur Steuerung des Konfliktes im Sinne eines Konfliktmanagements durch die Beteiligten schwindet.[32] Die Steigerung der Konfliktintensität erfolgt stufenweise und ist dadurch gekennzeichnet, dass auf jeder Stufe von den Konfliktparteien eine kritische Schwelle erlebt wird, deren Überschreitung zur nächsten Stufe führt, die nur schwerlich wieder verlassen werden kann.[33]

Bei der kommunalen Bauleitplanung für einen Windpark hat sich die Konflikteskalation wie folgt gezeigt:

Auf der ersten Stufe verhärtet sich unter den Beteiligten die Situation. Es bilden sich Standpunkte heraus und die Meinungen nehmen starre Formen an. Die Beteiligten beharren auf ihren Ideen und Vorschlägen, die Standpunkte verfestigen sich und die Parteien verkehren nicht mehr unbefangen miteinander.[34] Auf der zweiten Stufe scheuen sich die Parteien nicht vor harten verbalen Auseinandersetzungen. Die Kommunikation wird vieldeutig und undurchsichtig. Dadurch häufen sich die Streitpunkte. Die Standort-Teilgemeinde kritisiert Planungswillkür und die Missachtung ihrer Beschlüsse.[35] In der Folgezeit entwickeln die Parteien auf der dritten Stufe ein Eigenleben und wollen Taten sprechen lassen, um die eigenen Ziele durchzusetzen und diejenigen des Gegners auszubremsen.[36] Auf der vierten Stufe wird die Einstellung der Konfliktparteien rigoroser, starrer und aggressiver. Sie suchen Sympathisanten und erhöhen das eigene Selbstbild.[37] Im Planungsverfahren kommt der Vorwurf, dass Gutachten methodisch fehlerhaft seien, nicht dem Mindeststandard entsprechen und damit wertlos sind.[38]

Zu einem Gesichtsverlust kommt es auf der fünften Stufe, indem eine Konfliktpartei gegen die andere Konfliktpartei direkte, öffentliche Angriffe führt, die zur Vernichtung deren Identität führen sollen, um bei ihr eine andere Identität entstehen zu lassen. Der Angreifende stellt sich selbst als öffentlicher Ankläger dar.[39]

In der Folge werden auf der sechsten Stufe Drohstrategien entwickelt und auf der siebten Stufe begrenzte Vernichtungsschläge ausgeführt. Es werden gegenseitige Strafanzeigen erstattet.[40] Auf der achten Stufe wird versucht, den Gegner zu zersplittern und seine Macht- und Existenzgrundlage zu vernichten,[41] wenn zB versucht wird, zulasten des Projekts weitere Forderungen durchzusetzen, um es unwirtschaftlich werden zu lassen oder zu veranlassen, ausgesprochene Genehmigun-

---

[31] Vgl. von Hertel Professionelle Konfliktlösung 288.

[32] Vgl. Glasl Konfliktmanagement 233f., 300ff., 306ff.

[33] Vgl. Glasl Konfliktmanagement 227ff.; Glasl Selbsthilfe in Konflikten 96f., 119ff.

[34] Dazu Glasl Konfliktmanagement 234, 238.

[35] Siehe Glasl Konfliktmanagement 239, 247; vgl. Hirschner in Brand Jahrbuch Windenergierecht 2016, 53 (70).

[36] Vgl. Glasl Konfliktmanagement 249f., 256; Glasl Selbsthilfe in Konflikten 103f.

[37] Vgl. Glasl Konfliktmanagement 256f., 261, 266.

[38] Vgl. Hirschner in Brand Jahrbuch Windenergierecht 2016, 53 (71).

[39] Vgl. Glasl Konfliktmanagement 266f., 264, 276f., 273; vgl. ausführlich dazu Hirschner in Brand Jahrbuch Windenergierecht 2016, 53 (71f.).

[40] Glasl, Konfliktmanagement 277ff., 292ff.

[41] Vgl. Glasl Konfliktmanagement 297f.; Glasl Selbsthilfe in Konflikten 116.

gen wieder zurück zu nehmen. Die neunte Stufe kennzeichnet die totale Konfrontation, die auf die endgültige Vernichtung der Gegenseite zielt, selbst wenn das zur Selbstvernichtung führen sollte.[42]

Werden Konflikte nicht bearbeitet und erarbeiten die am Konflikt Beteiligten keine Lösung, kann es zu dieser Konflikteskalation kommen, bei der spätestens ab Stufe sieben ein Konfliktmanagement nur noch schwerlich möglich ist.[43]

Eine Mediation kann zur Vermeidung von Konflikten führen – ebenso eine Konflikteskalation verhindern –, wenn eine Problemlage gelöst wird, bevor sie als Konflikt zutage tritt.[44] Allerdings bestehen für ihren Einsatz objektive und subjektive Grenzen und bestimmte Anforderungen an den Mediator.

III. Methodik der Mediation zur Konfliktlösung

1. Mediation und Mediator

Während die Mediation in den USA seit Mitte der 1970er Jahre als Verfahren zur alternativen Konfliktregelung[45] bei umweltpolitischen Konflikten angewandt wird,[46] ist sie in Deutschland erst Jahrzehnte später bekannt geworden durch die sog. „Mediationsnacht" im Zusammenhang mit dem Verfahren zum Ausbau des Flughafens Frankfurt/Main.[47] Ins Baugesetzbuch hat die Mediation mit § 4b S. 2 BauGB klarstellend Eingang gefunden im Jahr 2013, nachdem das Mediationsgesetz 2012 in Kraft getreten ist;[48] ebenso ist die Umweltmediation in Baden-Württemberg im Jahre 2014 eingeführt worden.[49]

Das Mediationsgesetz geht von einem engen Mediationsbegriff aus, wie er bis dato auch in der Mediationspraxis und in der Literatur verwendet wurde[50] und definiert die Mediation und den Mediator folgendermaßen legal:

„Mediation ist ein vertrauliches und strukturiertes Verfahren, bei dem Parteien mithilfe eines oder mehrerer Mediatoren freiwillig und eigenverantwortlich eine einvernehmliche Beilegung ihres Konflikts anstreben."[51]

„Ein Mediator ist eine unabhängige und neutrale Person ohne Entscheidungsbefugnis, die die Parteien durch die Mediation führt."[52]

---

[42] Vgl. Glasl Selbsthilfe in Konflikten 118; Glasl Konfliktmanagement 299 f.

[43] Vgl. Glasl Selbsthilfe in Konflikten 138, 195.

[44] Vgl. Mayer Die Dynamik der Konfliktlösung 99.

[45] Vgl. Yarn in Haft/Schlieffen Handbuch der Mediation, § 53 Rn. 1 f.; Schillinger VBlBW 2001, 396 (397 f.).

[46] Vgl. Zilleßen in FKvMV Mediation im Bauwesen, 95 (97 f., 101).

[47] Vgl. BVerwG NVwZ 2012, 1314 (1316, 1324 ff.).

[48] Uechtritz in BeckOK BauGB § 4b Rn. 8.1.

[49] GBl BW 2014 592 ff.

[50] Vgl. Bastine in HMBF Mediation, 14 ff.; Montada/Kals Mediation 1 f.; v. Hertel Professionelle Konfliktlösung 18; Friedman/Himmelstein Konflikte fordern uns heraus 74, 84 ff., 94 ff.; Mayer Die Dynamik der Konfliktlösung 222 ff., 230 ff.; Kraus Mediation – wie geht denn das? 15 f., 65 ff.

[51] § 1 Abs. 1 MediationsG.

[52] § 1 Abs. 2 MediationsG.

Konstitutive Wesensmerkmale einer Mediation sind: das strukturierte Verfahren, die einvernehmliche Konfliktbeilegung, die Freiwilligkeit der Teilnahme, die Eigenverantwortlichkeit der Konfliktparteien sowie die Verfahrensführung durch den Mediator und seine fehlende Entscheidungsbefugnis. Ein Mediator ist, selbst wenn er von der Gemeinde beauftragt wird, lediglich Verwaltungshelfer.[53]

Der Mediator ist dafür verantwortlich, dass in dem Verfahren die Auseinandersetzungen um die unterschiedlichen Interessen so geführt werden, dass die Autonomie der (Mediations-)Parteien nicht eingeschränkt wird. Gleichzeitig müssen dabei Verständigung und konsensuale Entscheidungen ermöglicht werden. Der Mediator sorgt dafür, dass die Rahmenbedingen der Mediation eingehalten und kommunikative Regelverstöße oder Entgleisungen angemessen aufgefangen und kontrolliert werden. Er sorgt ferner für ein ausgewogenes und faires Vermittlungs- und Verhandlungsverfahren.[54] Der Mediator ist der Neutralität verpflichtet, was auch mit dem Begriff *Allparteilichkeit*[55] umschrieben wird, um hervorzuheben, dass er nicht Vertreter einer Partei ist, selbst wenn eine Partei die Mediation anregt oder initiiert.

2. *Voraussetzungen und Grenzen einer Mediation*

Ziel einer Mediation ist die einvernehmliche Konfliktbeilegung. Das setzt voraus, dass die Konfliktparteien objektiv in Verhandlungen treten und eine gemeinsame Lösung suchen.[56] Eine bestehende Konfliktlage muss daher durch Verhandlungen veränderbar sein. Folglich scheidet eine Mediation aus, wenn Konflikte ideologisch oder fundamentalistisch geprägt sind. Es liegen dann Wertkonflikte vor, die nicht zur Disposition stehen und einer Mediation nicht zugänglich sind.[57] Ebenso scheidet eine Mediation bei vorliegenden rechtlichen Grundsatzfragen oder streitigen Rechtsfragen aus. Beide sind nur lösbar durch juristische Auslegung oder gerichtliche Entscheidungen.[58] Eine weitere objektive Grenze stellt die mangelnde Verfügungsbefugnis über einen Gegenstand dar. So ist die planerische Ausweisung und Steuerung von Windkraftstandorten nur über das gesetzliche Planungsverfahren möglich und nicht durch eine Vereinbarung.

Subjektive Grenzen für eine Mediation können sich aus dem Verhalten der Mediationsparteien in zwei Fällen ergeben. Zum einen, wenn eine Partei nicht bereit ist, in Verhandlungen einzutreten,[59] um nach einer gemeinsamen Lösung zu suchen.[60] Es fehlt die Verhandlungsbereitschaft und damit die Mediationswilligkeit.[61]

---

[53] Uechtritz in BeckOK BauGB § 4b Rn. 12–14.

[54] So Bastine in HMBF Mediation, 21.

[55] Vgl. Greger/Unberath Mediationsgesetz § 2 Rn. 14, 127, 130.

[56] Vgl. Bastine in HMBF Mediation, 22.

[57] Vgl. Fuchs/Hehn/Wagner UPR 2011, 81 (83); Wagner/Engelhardt NVwZ 2001, 370 (372); ebenso Kochenburger in FKvMV Mediation im Bauwesen, 110; im Ergebnis ebenso Duve/Eidenmüller/Hacke Mediation in der Wirtschaft 170; Köster DVBl 2002, 229 (231); Hill DÖV 1994, 279 (282); aM Wachinger/Hilpert/Renn Spektrum Mediation 2015, 54 (55).

[58] Vgl. Hirsch ZRP 2012, 189 (190).

[59] Vgl. Fuchs/Hehn/Wagner UPR 2011, 81 (83).

[60] Vgl. Bastine in HMBF Mediation, 22.

[61] Vgl. Holznagel/Ramsauer VerwArch 2013, 131 (135).

Zum anderen muss ein Konfliktpartner über die Eignung verfügen und fähig sein, sich selbst in Verhandlungen zu vertreten. Die Konfliktparteien müssen folglich mediationswillig und mediationsfähig sein.[62]

Neben den objektiven und subjektiven Voraussetzungen muss allerdings noch die Kompromissfähigkeit über den Streitgegenstand gegeben sein. Erforderlich ist ein ausreichendes Gestaltungspotential, über das die Parteien disponieren und verhandeln können.[63] Damit scheidet eine Mediation auch aus, wenn eine Behörde lediglich *mehr Akzeptanz* für eine vorgefertigte Lösung oder für eine getroffene politische Entscheidung erreichen möchte[64] oder einer umstrittenen Lösung einen demokratischen Anstrich geben möchte oder eine Alibiveranstaltung durchgeführt wird, die zur Idee der Kooperation und Beteiligung der Betroffenen in Widerspruch steht und nicht geeignet ist, der Politikverdrossenheit entgegen zu wirken.[65]

3. Phasenmodell der Mediation

Der Mediator hat sich zunächst die Frage zu stellen, ob ein dargelegter Sachverhalt Gegenstand einer Mediation sein kann und ob die Konfliktsituation für eine Mediation geeignet ist.[66] Um eine Beurteilung vornehmen zu können, führt der Mediator mit den Parteien jeweils getrennt ein Vorgespräch, um Informationen über die jeweilige persönliche Sichtweise der Situation zu sammeln und die zeitlichen, rechtlichen, wirtschaftlichen und politischen Rahmenbedingungen zu eruieren. Am Ende muss er die Frage beantworten können, ob der Sachverhalt mediationsgeeignet ist und ob möglicherweise objektive oder subjektive Grenzen vorliegen, die eine Mediation ausschließen. Zu diesem Zeitpunkt hat der Mediator auch abzuklären, welche Personen oder Gruppen an der Mediation zu beteiligen sind. Da die Mediation ein strukturiertes Verfahren ist, hat der Mediator dafür zu sorgen, dass diese Struktur, die für die Medianten wichtig ist, im Laufe der Mediation auch eingehalten wird.[67] Die Mediation läuft danach in mehreren Phasen ab.

a) Phase 1: Auftragsklärung

Bei der ersten Zusammenkunft erläutert der Mediator *allen* Beteiligten in einem gemeinsamen Gespräch das Verfahren und den Ablauf der Mediation. Breiten Raum nimmt auch die Information über die Rolle des Mediators ein; insbesondere seine Unparteilichkeit bzw. Neutralität und das Prinzip der Vertraulichkeit. Letzteres kann jedoch bei Mediationen im öffentlichen Bereich mit Zustimmung aller Beteiligten durchbrochen werden. In diesem Fall muss der Mediator abklären, wer

---

[62] Vgl. Bastine in HMBF Mediation 24f.

[63] Vgl. Kopp/Ramsauer VwVfG Einf. I Rn. 79.

[64] Vgl. Schillinger VBlBW 2001, 396 (404).

[65] Vgl. Fuchs/Hehn/Wagner UPR 2011, 81 (83); vgl. Wachinger/Hilpert/Renn Spektrum der Mediation 2015, 54 (56f.).

[66] Vgl. Kessen/Troja in Haft/Schlieffen Handbuch Mediation, § 13 Rn. 11ff. Zum Mediations-Modell und den Phasen vgl. Ripke Mediations-Struktur, Grundlagenkurs Mediation 2008 (unveröffentlicht).

[67] Vgl. Bastine in HMBF Mediation, 45.

und auf welche Weise die Presse informieren oder eine Presseerklärung herausgeben darf und ob und wie sie zuvor mit den Beteiligten abzustimmen ist.

Für den erfolgreichen Fortgang der Mediation entscheidend ist die Aufgabe des Mediators, eine Atmosphäre zu schaffen, die durch eine gute und positive Grundstimmung geprägt ist. Der Mediator muss deshalb darauf achten, dass in dieser Phase jede teilnehmende Konfliktpartei frühzeitig die Gelegenheit zur gleichen Redebeteiligung erhält[68], dabei werden von den Parteien sowohl die Positionen einer Partei als auch deren Ziele, Bedürfnisse und Anliegen dargelegt[69]. Anschließend wird der Gegenstand der Mediation festgelegt und ein schriftliches Arbeitsbündnis, eine Vereinbarung zur Durchführung einer Mediation geschlossen, in welcher die erörterten Prinzipien der Mediation nochmals für die Beteiligten festgehalten sind.[70]

b) Phase 2: Information und Themensammlung

In dieser Phase werden mit den Beteiligten Themenbereiche entwickelt. Die Beteiligten legen zu diesem Zweck dar, wie sie die Dinge sehen und benennen gleichzeitig diejenigen Sachverhalte, die nach ihrer Meinung in der Mediation abschließend geregelt werden müssen. Alle relevanten Informationen werden gesammelt und erörtert;[71] ebenso wie eine Angelegenheit unter rechtlichen Aspekten zu beurteilen ist.[72] Anschließend besteht für den Mediator die Aufgabe, aus dem Vortrag der Medianten bewertungsfreie Themen zu formulieren und nach Rücksprache mit diesen zu visualisieren. Daraus entsteht eine gemeinsame Themenliste, wofür die Beteiligten nun eine Reihenfolge für die weitere Bearbeitung im Rahmen der Mediation festzulegen haben.

c) Phase 3: Interessenklärung und Konfliktbearbeitung

Die Medianten haben in der zweiten Phase bislang stets ihre jeweiligen Ansprüche und Positionen vorgetragen. Nun ist es die Aufgabe des Mediators, zunächst die tiefer liegenden Interessen und Bedürfnisse der Konfliktparteien zu ermitteln, was auch als das Herzstück der Mediation bezeichnet wird. Vom Mediator ist herauszuarbeiten, welche persönlichen Interessen die jeweiligen Parteien wirklich verfolgen, um zu vermeiden, dass die Mediation möglicherweise über *maskierte* oder *vorgeschobene* Konflikte geführt wird, die die tatsächlichen Gründe nicht offenlegen. Der Mediator wird deshalb die Beteiligten unterstützen und befähigen, ihre eigenen Bedürfnisse und Interessen zu erkennen und für die anderen Beteiligten nachvollziehbar zu formulieren.[73] Danach fördert der Mediator die Anerkennung der verschiedenen Interessen und Bedürfnisse durch die übrigen Beteiligten. Er schafft damit die Möglichkeit, dass diese die geschilderte Situation nachvollziehen sowie

---

[68] Vgl. Kessen/Troja in Haft/Schlieffen Handbuch Mediation, § 13 Rn. 15.

[69] Vgl. Bastine in HMBF Mediation, 11, 27ff.

[70] Vgl. Friedman/Himmelstein Konflikte fordern uns heraus 84f.; Ripke in Haft/Schlieffen Handbuch Mediation, § 7 Rn. 22.

[71] Vgl. Kessen/Troja in Haft/Schlieffen Handbuch Mediation, § 13 Rn. 20, 23, 25.

[72] Vgl. Ripke in Haft/Schlieffen Handbuch Mediation, § 7 Rn. 23.

[73] Vgl. Bastine in HMBF Mediation, 30ff.

die Einstellungen akzeptieren und respektieren können. Dabei eröffnet das Interesse an der Sichtweise der jeweils anderen Konfliktpartei oftmals neue Perspektiven für eine gemeinsame Lösung.[74]

d) Phase 4: Suche und Bewertung von Lösungsoptionen

Grundlage für die gemeinsame Suche nach Lösungsoptionen sind die ermittelten Interessen und Bedürfnisse. Mit Hilfe von Kreativitätstechniken suchen die Teilnehmer nach Lösungsoptionen und Handlungsalternativen. Dem kreativen Prozess muss dabei breiter Raum eingeräumt werden, da es das Ziel ist, möglichst viele Optionen zu suchen.[75] Erst in einem zweiten Schritt werden die gefundenen Lösungsoptionen bewertet und auf ihre Realisierbarkeit überprüft. Ferner muss ermittelt und bewertet werden, wie die einzelnen Optionen zu beurteilen sind und mit welcher Option sich für die Beteiligten der höchste Wert schöpfen lässt. Als wichtiger Aspekt wird auch das Scheitern der Mediation in Betracht gezogen. Im Rahmen der Bewertung wird deshalb überlegt, wie sich die möglichen Einigungsoptionen zu der Alternative einer Nichteinigung verhalten.[76]

e) Phase 5: Abschlussvereinbarung

In dieser Phase wird eine Gesamtlösung als Paket geschnürt, das umsetzbar und rechtlich durchsetzbar sein muss. Daher sind Teillösungen auf dem Weg dorthin nicht verbindlich, sondern erst dann, wenn eine Einigung über das Gesamtpaket vorliegt.[77]

Die gefundene Gesamtlösung ist in einer schriftlichen Abschlussvereinbarung festzuhalten. Die Abschlusserklärung wird in der Regel vom Mediator entworfen und den Parteien vor deren Unterschrift übermittelt, um ihnen Gelegenheit zu geben, das Ergebnis mit ihren Beratern zu besprechen. Da mit einer Mediationsvereinbarung zukünftige Beziehungen zwischen den Konfliktpartnern verbindlich gestaltet werden, muss die Vereinbarung spezifisch formuliert, messbar, erreichbar, annehmbar, ausgewogen und realitätsnah sein sowie eine Zeitbestimmung für die Erfüllungen enthalten.[78] Erst danach erfolgt die verbindliche Unterschrift unter die getroffene Vereinbarung.

Ferner hat sie die Konfliktparteien zu bezeichnen, den Gegenstand der Mediation und deren zeitlichen Verlauf sowie die gelösten und möglicherweise ungelösten Fragen. Wichtig ist auch eine Mediationsklausel für sich ändernde Rahmenbedingungen oder Auslegungsfragen. Hierauf hat der Mediator bei der Abfassung der Vereinbarung zu achten.

---

[74] Vgl. Kessen/Troja in Haft/Schlieffen Handbuch Mediation, § 13 Rn. 26; ähnlich Wagner/Engelhard NVwZ 2001, 370 (373).

[75] Vgl. Kessen/Troja in Haft/Schlieffen Handbuch Mediation, § 13 Rn. 46f., 56; ähnlich Wagner/Engelhard NVwZ 2001, 370 (373).

[76] Vgl. Duve/Eidenmüller/Hacke Mediation in der Wirtschaft 80, 235ff.

[77] Vgl. Duve/Eidenmüller/Hacke Mediation in der Wirtschaft 80, 235ff.

[78] Vgl. Kessen/Troja in Haft/Schlieffen Handbuch Mediation, § 13 Rn. 76, 79, 82, 84ff.

4. *Rechtsnatur der Mediationsvereinbarung*

Die Abschlussvereinbarung aus einer Mediation nach § 2 Abs. 6 S. 3 MediationsG wird oftmals auch als Absprache, Absichtserklärung, Zusage oder als Vergleichsvertrag bezeichnet.

Obwohl Verträge im Bau- und Raumordnungsrecht häufig verwendete Instrumente zur Verwirklichung von Planungszielen, zur Beschleunigung und zur Konfliktbewältigung sind,[79] kann bei einer gemeindlichen Beteiligung an einer Mediation die Abschlussvereinbarung nicht als öffentlich-rechtlicher Verfügungs- oder Verpflichtungsvertrag angesehen werden, weil sich die Gemeinde aufgrund des Rechtsstaatsprinzips nicht über die Bindung an Recht und Gesetz hinwegsetzen darf.[80] Sie kann sich – auch als Mediationsbeteiligte – weder zur Durchführung noch zum Unterlassen einer bestimmten Planung verpflichten (§ 1 Abs. 3, Abs. 7 BauGB), sondern sie ist an die gesetzlich vorgeschriebenen Handlungsformen gebunden.[81] Das bedeutet: Folgt einer Mediation ein hoheitliches Verwaltungsverfahren, muss das Mediationsergebnis mit diesem Verfahren vereinbar sein, dh, dessen rechtliche Anforderungen sind zu beachten.[82]

Der Wille einer Gemeinde, die an einem Mediationsverfahren teilnimmt, ist dahin gehend auszulegen, dass das Ergebnis aus der Abschlusserklärung einer Mediation rechtlich gesehen zunächst eine Absprache (Agreement) darstellt, die unter dem Vorbehalt der Vereinbarung mit der Rechtsordnung steht und damit lediglich eine faktische Bindung gewollt ist.[83] Diese Bindung kann aber auch in einer Schadensersatzverpflichtung bestehen.[84] Die Bindung darf allerdings nicht zu einer unzulässigen Vorabbindung führen, weil der Abwägungsvorgang eines Planungsverfahrens nicht durch bloßes Aushandeln ersetzt oder sachwidrig eingeengt werden darf.[85] Das Ergebnis einer Mediation ist deshalb rechtmäßig in das folgende oder laufende Verwaltungsverfahren zu implementieren.

IV. *Implementierung des Mediationsergebnisses*

1. *Rechtliche Vorgaben der Implementierung*

Eine Abschlussvereinbarung aus einer Mediation kann nicht das Verwaltungsverfahren ersetzen. Für das Verwaltungsverfahren bleibt alleine die zuständige Behörde

[79] Vgl. Spannowsky Grenzen des Verwaltungshandelns durch Verträge und Absprachen 355 ff.

[80] Vgl. Pünder Die Verwaltung 2005, 1 (24); Pitschas NVwZ 2004, 396 (399); Pitschas DÖV 2011, 333 (336 f.).

[81] Vgl. Spannowsky ZfBR 2010, 429 (431); Pünder Die Verwaltung 2005, 1 (24); Pitschas NVwZ 2004, 396 (399); Pitschas DÖV 2011, 333 (336 f.).

[82] Vgl. Wagner/Hehn UPR 2013, 1 (4).

[83] Vgl. Holznagel/Ramsauer VerwArch 2013, 131 (152); Holznagel/Ramsauer in Haft/Schlieffen Handbuch Mediation, § 28 Rn. 2; Guckelberger NVwZ 2011, 390 (393, 394); Pitschas DÖV 2011, 333 (337, 338); so auch Ziekow Gutachten 69. DJT 2012 D 109 f. Für die Bauleitplanung vgl. auch BT-Drs. 17/11468, 21, 30.

[84] Vgl. Pünder, Die Verwaltung 2005, 1 (25, 30 f.).

[85] Vgl. BVerwG NVwZ 2011, 1256 (1258 Rn. 24). Vgl. Siegel DVBl 2012, 1003 (1007).

verantwortlich, und zwar auch dann, wenn ein Mediationsergebnis als Vereinbarung vorliegt.[86] Das bedeutet, dass Fristen im Verfahren und Präklusionsvorschriften weiterhin und unabhängig vom Mediationsverfahren laufen und zu beachten sind[87] mit der Folge, dass mit Mediationen frühzeitig gestartet werden muss, um der schriftlichen Abschlussvereinbarung eine Chance zur Implementierung zu geben.

Unter dem Aspekt der Vorwirkung des Rechts für die Mediation wird gefordert, dass alle vom Vorhaben Betroffenen in die Mediation einzubeziehen sind.[88] Dieser Auffassung kann nicht gefolgt werden, weil die Teilnahme an einer Mediation freiwillig ist. Eine rechtliche Vorwirkung kann nur in dem Sinne angenommen werden, dass die freiwillige Teilnahme an der Mediation unter dem Gleichheitsgebot keinem betroffenen Interessenten verwehrt werden darf, soweit bei ihm die Voraussetzungen für eine Mediation vorliegen (→ III.2.).

Das Mediationsergebnis muss in das jeweilige Verwaltungsverfahren – Planungs- oder Genehmigungsverfahren – implementiert werden, was nach dem formellen und materiellen Recht zu erfolgen hat, das im Regelungsbereich anzuwenden ist.

Nach der Rechtsprechung bestehen keine Bedenken, die Ergebnisse aus einer Mediation einer Verwaltungsentscheidung zugrunde zu legen.[89] Im Gegenteil: So hat das Bundesverfassungsgericht festgestellt, dass es in einem Rechtsstaat vorzugswürdig ist, eine zunächst streitige Problemlage durch eine einverständliche Lösung gegenüber einer richterlichen Streitentscheidung zu bewältigen;[90] zumal in der Mediation Standpunkte, Interessen und Befürchtungen aller Beteiligten ebenso einbezogen werden, wie dies bei einem Verwaltungsverfahren zu erfolgen hat.[91] Allerdings darf sich die Gemeinde mit einer Abschlusserklärung keinen rechtlichen Bindungen unterwerfen, durch die die unbeeinflusste, freie und damit pflichtgemäße Ermessensausübung beeinträchtigt wird.[92]

2. *Implementierung in ein Planungsverfahren*

Das kommunale Planungsermessen, das sich als Planungsentscheidung im Bebauungsplan niederschlägt und durch die Elemente des Erkennens, des Wertens, des Bewertens und des Wollens gekennzeichnet ist, muss gewahrt sein.[93] Wird der Abwägungsvorgang durch eine Vorwegnahme der Entscheidung geschmälert, führt das zu einem Abwägungsfehler.[94]

Einerseits ist anerkannt, dass vorgeschaltete Besprechungen, Abstimmungen, Zusagen und Verträge geradezu unerlässlich sind, um eine angemessene effektive Rea-

---

[86] Vgl. Holznagel/Ramsauer VerwArch 2013, 131 (155, 157).
[87] Vgl. Holznagel/Ramsauer VerwArch 2013, 131 (155, 156, 157); vgl. Holznagel/Ramsauer in Haft/Schlieffen Handbuch Mediation, § 28 Rn. 48f.
[88] Vgl. Krautzberger/Wagner in EZBK BauGB § 4b Rn. 58.
[89] Vgl. BVerwG NVwZ 2011, 1256 (1258 Rn. 25).
[90] BVerfG NJW-RR 2007, 1073 (1074, 1075).
[91] Vgl. BVerfGE 53, 30 (77).
[92] Vgl. BVerwGE 75, 214 (230).
[93] Hierzu grundlegend BVerwGE 34, 301 (304).
[94] Vgl. BVerwGE 45, 309 (318).

lisierung der Planung gewährleisten zu können.[95] Andererseits wird aber der planerischen Gestaltungsfreiheit der Kommune im Baugesetzbuch der Vorrang eingeräumt.[96] Eine sachliche Verkürzung des abschließenden Abwägungsvorganges bedarf allerdings – wenn sie hingenommen werden soll – einer Rechtfertigung und darf nur erfolgen, wenn die Vorwegnahme sachlich gerechtfertigt ist, die planungsrechtliche Zuständigkeitsordnung gewahrt bleibt und die vorgezogene Entscheidung unter Beachtung der planerischen Auswirkungen inhaltlich nicht zu beanstanden ist, daher den Grundsätzen der sachgerechten Abwägung entspricht und kein zu missbilligendes Abwägungsergebnis beinhaltet.[97] Der vorweggenommene Entscheidungsbestandteil muss sich als Teil der abschließenden und dort den Anforderungen des § 1 Abs. 7 BauBG unterstellten Abwägung darstellen.[98]

Rechtlich zu beanstanden ist das nach der Rechtsprechung in einer Entscheidung zur Fachplanung nur dann, wenn die verfahrensrechtlich geordneten Entscheidungsebenen nicht mehr getrennt sind oder einseitige Absprachen über die weitere Verfahrensgestaltung getroffen werden oder der Gestaltungspielraum der Planungsbehörde von vornherein durch aktive Einflussnahme auf politischer Ebene sachwidrig eingeengt wird.[99]

Diese Rechtsprechung kann, weil die gleiche Sachlage vorliegt, für die Übernahme einer Abschlussvereinbarung aus einer Mediation auf das kommunale Planungsrecht übertragen werden. Das bedeutet, dass eine Kommune nach wie vor an das von der Rechtsprechung entwickelte Modell der bauleitplanerischen Abwägung gebunden ist, wenn nicht ausnahmsweise die Voraussetzungen für eine zulässige „Vorabbindung" gegeben sind.[100] Beispielsweise sind städtebauliche Verträge zulässig, wenn sie keine Planungsverpflichtungen oder Planungseinschränkungen enthalten, sondern lediglich die Interessenlage von Planungsbetroffenen bestimmen, konkretisieren und dokumentieren, weil dadurch lediglich abwägungsrechtlich relevante Belange und Positionen nach Art und Umfang ermittelt werden.

Nicht anders verhält es sich mit einer Abschlussvereinbarung aus einer Mediation, die entsprechend auszulegen ist und in der die Bedürfnisse und Anliegen festgehalten sind, die hinter den jeweiligen Positionen stehen. Auch dies sind Belange bzw. Interessen, die in die erste Stufe der Abwägung einzustellen und dann zu gewichten sind[101] und an der eigentlichen Abwägung teilnehmen, ohne die planende Gemeinde vorweg auf ein bestimmtes Ergebnis festzulegen, weshalb ansonsten Abwägungsausfall vorliegt[102].

---

[95] Vgl. BVerwGE 45, 309 (318, 320 f.).

[96] Vgl. BVerwGE 45, 309 (318).

[97] Vgl. BVerwGE 45, 309 (321); zur selbstbindenden Vorentscheidung und zur unzulässigen planungsrechtlichen Vorabbindung vgl. auch HBG Öffentliches Baurecht § 7 Rn. 123 ff. sowie § 13 Rn. 41; ebenso Köster DVBl 2002, 229 (234); Wagner/Hehn UPR 2013, 1 (5).

[98] Vgl. BVerwGE 45, 309 (321).

[99] Vgl. BVerwG NVwZ 2011, 1256 (1258 Rn. 2); ebenso Mehler NVwZ 2012, 1288 (1290).

[100] Hierzu BVerwGE 45, 309 (321); Pünder Die Verwaltung 2005, 1 (26); ähnlich Battis DÖV 2011, 340 (344 f.).

[101] Vgl. hierzu Birk in Spannowsky/Krämer Realisierung städtebaulicher Planungen und Projekte durch Verträge, 39 (42 f., 46 f., 49).

[102] Vgl. Spannowsky in Spannowsky/Hofmeister Die Abwägung – das Herzstück der städtebaulichen Planung, 127 (145); Uechtritz in BeckOK BauGB § 4b Rn. 10.

Damit kann festgehalten werden: Eine Mediation beinhaltet eine intensive Ermittlung betroffener Belange, über die von der Gemeinde, dem demokratisch legitimierten Organ, in der planerischen Abwägung entschieden wird. Sie dient damit auch der Vorgabe des § 4a Abs. 1 BauGB. Folglich ist es für eine Bauleitplanung sinnvoll, vor dem eigentlichen Verfahren eine Mediation durchzuführen. Zum einen, um frühzeitig die berührten Belange zu ermitteln und zum anderen, um Kenntnisse darüber zu erhalten, welche Möglichkeiten die Betroffenen sehen, den in der Mediation vorgetragenen Interessen und Belangen Rechnung zu tragen. Aber auch aus einem weiteren Grund: Wenn Belange frühzeitig bekannt werden, können sie bereits auch als Wunschalternative oder Vorschlagsvariante in einen Planentwurf eingearbeitet werden, der dann ins Verfahren geht. Auf diese Weise schafft die Mediation eine Beteiligung durch die von der Planung Betroffenen. Das setzt aber voraus, dass eine Mediation wesentlich früher durchgeführt wird als die im Baugesetzbuch vorgesehene Öffentlichkeitsbeteiligung nach §§ 3, 4a BauGB.[103]

3. Implementierung in ein Genehmigungsverfahren

a) Umweltmediation

Wird für eine Windenergieanlage eine immissionsschutzrechtliche Genehmigung beantragt, so könnte eine Genehmigung erteilt werden, ohne dass daran zwingend die Öffentlichkeit beteiligt ist. In einem vereinfachten Verfahren nach §§ 9, 19 BImSchG kann ein Investor einen konkreten Standort für die Windenergieanlage durch einen Vorbescheid prüfen lassen. Oder für den Bau und Betrieb eines Windparks gemäß §§ 4, 6, 10, 13, 19 BImSchG, soweit dafür keine Umweltverträglichkeitsprüfung durchzuführen ist, ebenfalls im vereinfachten Verfahren. Wenn die Antragsunterlagen vollständig sind, hat der Antragsteller einen Anspruch auf unverzügliche Genehmigung, die innerhalb von drei Monaten zu erteilen ist[104] und aufgrund ihrer Konzentrationswirkung alle weiteren Genehmigungen einschließt[105]. Das vereinfachte Verfahren kennt keine Öffentlichkeitsbeteiligung, keine Bekanntmachung, keine Erörterung und keine Möglichkeit für Einwendungen. Ebenso ist keine öffentliche Bekanntmachung der Genehmigung vorgesehen.[106] Lediglich Dritte werden im Verwaltungsverfahren hinzugezogen, wenn ihre rechtlichen Interessen betroffen sind.[107]

Eine *Umweltmediation* – wie in Baden-Württemberg nach § 4 Abs. 1 UVwG möglich – ist nur für umweltbedeutsame Vorhaben vorgesehen, bei denen sich erhebliche Konflikte mit der betroffenen Öffentlichkeit abzeichnen.[108] Aber auch dann besteht für den Antragsteller keine Verpflichtung zur Durchführung. Der be-

---

[103] Siehe hierzu auch Krautzberger/Wagner in EZBK BauGB § 4b Rn. 98.
[104] Vgl. §§ 6, 19 Abs. 2 iVm § 10 Abs. 6a BImSchG.
[105] Vgl. § 13 BImSchG.
[106] Vgl. § 19 Abs. 2 BImSchG.
[107] Vgl. §§ 13 Abs. 2 S. 1, 28 VwVfG.
[108] LT-Drs. BW 15/5487, 63.

hördliche Vorschlag zur Umweltmediation, der nach pflichtgemäßem Ermessen erfolgt, hat lediglich Appellfunktion.[109]

Die Umweltmediation ist als Instrument der Konfliktlösung dem eigentlichen Verwaltungsverfahren vorgelagert. Sie soll nach § 4 Abs. 2 S. 2 UVwG bereits vor dem Verwaltungsverfahren beginnen.[110] Teilnehmer einer Umweltmediation sind ausschließlich die Konfliktparteien, nicht aber die am Verwaltungsverfahren beteiligte Behörde. Das ist konsequent, weil sie das anschließende Verwaltungsverfahren unvoreingenommen führen soll.[111] Ihr ist aber nach § 4 Abs. 2 S. 4 UVwG Gelegenheit zur Teilnahme an der Mediation und zur Äußerung eingeräumt.

Für das Verfahren und die Struktur der Umweltmediation sowie für den Mediator gelten die gleichen Anforderungen, wie sie bereits im Mediationsgesetz vorgegeben sind, allerdings mit einer wichtigen Ausnahme: Eine Umweltmediation ist grundsätzlich öffentlich, was durch § 4 Abs. 2 S. 5 UVwG iVm § 4 Abs. 1 S. 1 Hs. 2 MediationsG gesetzlich legitimiert ist[112], weil auch die Konflikte öffentlich auftreten[113]. Die Umweltmediation ist daher öffentlich bekannt zu machen. Die Öffentlichkeit ist teilnahmeberechtigt, aber nicht Konfliktpartei und hat lediglich ein passives Teilnahmerecht ohne Äußerungsmöglichkeit.[114] Nichtöffentlich ist die Umweltmediation gemäß § 4 Abs. 2 S. 4 UVwG nur, wenn eine Konfliktpartei widerspricht oder der Mediator den Ausschluss der Öffentlichkeit für sachdienlich ansieht.

Die Erkenntnisse aus einer Umweltmediation sind der Zulassungsbehörde zwingend vorzulegen.[115] Sie hat das Ergebnis in das Verwaltungsverfahren einzubeziehen. Die Behörde kann, wenn ihr auch ein vom Antragsteller unterzeichnetes Dokument über die Mediationsvereinbarung vorgelegt wird, davon ausgehen, dass der Projektantrag entsprechend der vorgelegten Dokumentation modifiziert ist.[116] Erforderlich ist noch das kommunale Einvernehmen.

b) Kommunale Verfahrensbeteiligung

An dem immissionsschutzrechtlichen Verfahren nach §§ 4ff. BImSchG zur Erstellung von Windenergieanlagen ist die potenzielle Standortgemeinde nach § 36 Abs. 1 S. 2 Hs. 1 BauGB, dem Hauptanwendungsfall der Norm,[117] zu beteiligen. Sie entscheidet über das Einvernehmen entsprechend den bestehenden planungs-

[109] Vgl. Feldmann NVwZ 2015, 321 (325); LT-Drs. BW 15/5487, 64.

[110] Ebenso Feldmann NVwZ 2015, 321 (324).

[111] Vgl. LT-Drs. BW 15/6137, 65.

[112] Ebenso Feldmann NVwZ 2015, 321 (326); siehe auch Ziekow Gutachten 69. DJT 2012 D 86.

[113] Vgl. LT-Drs. BW 15/6137, 65.

[114] Vgl. LT-Drs. BW 15/6137, 65.

[115] Vgl. LT-Drs. BW 15/6137, 66f.

[116] Zur Antragsmodifikation siehe auch BVerwG 4.4.2012 – 4 C 8.09 u. a., Rn. 30, 253f., 257f.; vgl. Kopp/Ramsauer VwVfG § 22 Rn. 50ff., 59, 80, 82 iVm Jarass BImSchG § 10 Rn. 19, 25, 28. Im Ergebnis ebenso Feldmann NVwZ 2015, 321 (325), die von einer Gestaltungsmöglichkeit im Hinblick auf die Antragsbindung ausgeht und im Mediationsergebnis eine faktische Bindung sieht.

[117] Siehe Söfker in EZBK BauGB § 36 Rn. 16.

rechtlichen Verhältnissen zum Entscheidungszeitpunkt.[118] Damit wird die kommunale Planungshoheit geschützt und gleichzeitig sichergestellt, dass die Gemeinde darüber entscheiden kann, ob sie aus Anlass des Verfahrens von ihrer Befugnis Gebrauch macht, durch politische Entscheidung die planungsrechtlichen Grundlagen durch Aufstellung oder Änderung eines Bebauungsplanes zu verändern.[119] Die Gemeinde ist damit nicht gehindert, eine die Zulässigkeit des Vorhabens ausschließende Bauleitplanung zu betreiben,[120] die sie dann allerdings noch innerhalb der Einwendungsfrist mit einer Veränderungssperre oder mit einer Zurückstellung absichern muss.[121]

Bei der planerischen Abwägung hat die Gemeinde allerdings die neue Gewichtungsvorgabe des § 2 Abs. 2 EEG-2023 zu beachten. Die erneuerbaren Energien sind mit einem besonders hohen Gewicht, nämlich „als vorrangiger Belang" in die Abwägung einzustellen. Die Gewichtung ist quasi „voreingestellt" und als sog. „Soll-Bestimmung" dahin gehend zu verstehen, dass die erneuerbaren Energien in der Schutzgüterabwägung Vorrang haben sollen.[122]

Ändert die Gemeinde ihre Planung rechtmäßig und sichert sie diese ab, kann die beantragte immissionsschutzrechtliche Genehmigung nicht erteilt werden, wenn das Einvernehmen versagt wird.

V. Weitere Potenziale der Mediation

1. Informationspotenzial

Die Mediation verfolgt das Ziel der Konfliktlösung. Daneben kann sie aber auch weitere Erkenntnisse bringen, wenn mögliche Konfliktparteien frühzeitig beteiligt werden, und zwar zu einem Zeitpunkt, in dem das Verfahren noch ergebnisoffen ist und Spielräume vorhanden sind.

Insoweit ist festzustellen, dass eine Mediation im Zeitpunkt der Öffentlichkeitsbeteiligung nach § 3 BauGB zu spät ist, weil bereits Planungsalternativen fertig sind, in denen uU planerische Festpunkte vorgegeben werden und bereits Grundsatzbeschlüsse der Gemeindevertretung vorliegen können, die dann lediglich dargelegt und erörtert werden.[123] Auch zeigt die Erfahrung, dass sich Planer und Behörden in der Praxis oft schwer tun, vorgefertigte Plankonzepte zu ändern. Daraus folgt, dass die Öffentlichkeit früher einzubeziehen ist.

Denkbar ist dann bei einem früheren Mediationsbeginn, dass sich mit der Mediation weitere Fragestellungen klären lassen: Welche Eckpunkte sollen für eine

---

[118] Vgl. BVerwG 26.3.2015 – 4 C 1.14, Rn. 11; Söfker in EZBK BauGB § 36 Rn. 30.

[119] BVerwG 26.3.2015 – 4 C 1.14, Rn. 11; BVerwG 11.8.2008 – 4 B 25.08, Rn. 5, 6; Söfker in EZBK BauGB § 36 Rn. 9, 30, 31.

[120] BVerwG 26.3.2015 – 4 CN 1.14, Rn. 11; BVerwG 19.2.2004 – 4 CN 16.03, Rn. 23ff.

[121] BVerwG 26.3.2015 – 4 CN 1.14, Rn. 11; BVerwG 19.2.2004 – 4 CN 16.03, Rn. 27ff.; OVG Lüneburg 1.3.2016 – 12 ME 162.15, Rn. 29; Söfker in EZBK BauGB § 36 Rn. 31.

[122] So OVG Greifswald ZNER 2023, 162 Rn 155, 158, 160, mit zust. Anm. Deutinger/Sailer ZNER 2023, 120 (125, 126).

[123] Vgl. Krautzberger in EZBK BauGB § 3 Rn. 14, 15a, 15b, 19.

Planung vorab einvernehmlich festgelegt werden? Sollen Streitpunkte im Vorfeld geklärt werden? Soll ein Planungsverfahren gestrafft werden? Soll in einem Verfahren ein zu erwartender störender Sachverhalt beseitigt werden? Soll ein schwieriger Verfahrensabschnitt unterstützt werden?[124] Damit können weitere Ziele verfolgt werden: Information der Bevölkerung, Abfrage eines Meinungs- und Stimmungsbildes der Gesellschaft, Unterstützung und Erkenntnisgewinn für das formale Verfahren, Herausarbeitung der Interessen und Bedürfnisse, Ermittlung des Konfliktpotenzials, Ermutigung zur Beteiligung.

Werden die Konfliktparteien tatsächlich von Anfang an am Verfahren beteiligt, bevor die ersten Gutachten oder Entwurfsvorschläge nach § 3 BauGB auf dem Tisch liegen, können sie so mitgestalten und eine Lösung nicht ausschließlich dem behördlichen oder gerichtlichen Verfahren überlassen.[125] Vielmehr wird den potentiellen Konfliktparteien die Möglichkeit eingeräumt, ihre Interessen frühzeitig darzulegen und an Lösungsalternativen mitzuarbeiten, was tatsächlich einen sehr frühen Beginn voraussetzt.[126] Nur dann ist gewährleistet, dass das vorhandene Informationspotenzial abgeschöpft werden kann.

Als Zeitpunkt für eine Information und Initiierung einer Mediation kommen in Betracht: Erste Überlegungen zur planerischen Steuerung in der Gemeinde, erste Interessenbekundungen möglicher Projektierer oder die Aufforderung zu einem Einvernehmen für einen Antrag nach dem BImSchG, um sich in diesem Zusammenhang nicht dem Vorwurf einer Alibiveranstaltung auszusetzen.[127] Damit hat die Bevölkerung die Chance, sich im Sinne der Zivilgesellschaft zu organisieren und erhält die Möglichkeit zur Bürgerbeteiligung im Sinne der Information, Konsultation und Kooperation,[128] um so dem Beteiligungsparadoxon (→ II.3.) zu entgehen.

2. *Beschleunigungspotenzial*

Mit einer *vorauslaufenden Mediation*[129], bei der die zu erwartenden Konflikte quasi vor die Klammer gezogen werden, können das Konfliktpotenzial und die Lösungsalternativen vor einer Planung ermittelt und die Lösungsvorschläge aus der Mediation in den Planungsvorschlag aufgenommen werden. Die Konfliktparteien und die Öffentlichkeit werden von Anfang an in den Planungsprozess einbezogen und an der Planung aktiv beteiligt. Damit lässt sich das vorhandene Informationspotenzial für das Verwaltungsverfahren nutzen.

---

[124] Vgl. Holznagel/Ramsauer in Haft/Schlieffen Handbuch Mediation, § 28 Rn. 81 f., 20.

[125] Vgl. Zilleßen in FKvMV Mediation im Bauwesen, 95 (98).

[126] Vgl. im Ergebnis ebenso Ziekow Gutachten 69. DJT 2012 D 89; Zilleßen in FKvMV Mediation im Bauwesen, 95 (97 f.).

[127] Siehe Wachinger/Hilpert/Renn Spektrum Mediation 2015, 54 (56, 58); vgl. auch Wagner/Engelhard NVwZ 2001, 370 (372); hierzu auch Ziekow Gutachten 69. DJT D 89, 97 ff., 130 ff., 144 ff.

[128] Vgl. AHPTT Das Handbuch Öffentlichkeitsbeteiligung 9; RB-HEGHHHS Entscheidungen über dezentrale Energieanlagen in der Zivilgesellschaft 50.

[129] Vgl. Krautzberger/Wagner in EZBK BauGB § 4b Rn. 93; Wagner/Hehn UPR 2013, 1 (3, 6).

Dieser Grundgedanke liegt auch den umweltbedeutenden Vorhaben nach § 2 Abs. 1 S. 1 UVwG zugrunde, da dem eigentlichen Zulassungsverfahren zwei Verfahren vorgelagert sind. Zum einen die frühe Öffentlichkeitsbeteiligung zur Optimierung der Kommunikation zwischen dem Vorhabenträger und der Öffentlichkeit.[130] Und zum anderen bei umweltbedeutenden Vorhaben, sobald sich Konflikte abzeichnen, die Umweltmediation, diese soll bereits vor Beginn des Verwaltungsverfahrens starten.[131] Sie ist regelmäßig dem eigentlichen Verwaltungsverfahren vorgelagert und – als eine vorauslaufende Mediation – umso erfolgreicher, je früher sie beginnt. Idealerweise soll diese bereits im Stadium der Vorüberlegung zu einem später zu beantragenden Verfahren beginnen.[132]

Bei einer *mitlaufenden Mediation*[133] werden im Planungsverfahren auftretende Konflikte während des Verfahrens einer Lösung zugeführt, um eine Konflikteskalation zu verhindern. Die Konfliktparteien haben die Möglichkeit, auf diese Weise Konflikte zu lösen, ersparen dadurch Zeit im Verfahren, vermeiden die Verhärtung der Fronten und dadurch möglicherweise spätere gerichtliche Auseinandersetzungen.

Die gleichen Vorteile gelten bei einer *nachlaufenden Mediation*[134], wenn Windkraft- und Infrastrukturprojekte umgesetzt und in Betrieb sind. Entstehende Konflikte beim Betrieb eines Projektes werden mediativ gelöst, wodurch zunächst Information hergestellt sowie Vertrauen und Akzeptanz geschaffen und weitere gerichtliche Auseinandersetzungen vermieden werden können, die ansonsten Ressourcen binden und Kosten verursachen würden.

Ein zusätzlicher bürokratischer Aufwand oder Zeitverzug infolge der sehr frühen Mediation wird nicht gesehen, da sich Vorhabenträger insbesondere aus der Industrie, die Investitionsprojekte planen, bei ihrer internen betrieblichen Planung hierauf längst eingestellt haben.

VI. Exkurs: Projektmanagement und Mediation

Die Industrie plant ihre Investitionsprojekte nach der Richtlinie VDI 7000, der die Erkenntnis zugrunde liegt, dass Konflikte mit der Öffentlichkeit häufig erst im Rahmen des Planungs- oder Genehmigungsverfahrens sichtbar werden.[135] Zwar werden die vorgeschriebenen Regelungen der Öffentlichkeitsbeteiligung eingehalten; dies würde aber nicht mehr den Ansprüchen eines modernen Bürgers auf Information und Kommunikation genügen.[136]

---

130 Vgl. LT-Drs. BW 15/5487, 60.

131 Vgl. § 4 Abs. 2 S. 2 UVwG; LT-Drs. BW 15/5487, 63.

132 Vgl. LT-Drs. BW 15/5487, 64.

133 Vgl. Krautzberger/Wagner in EZBK BauGB § 4b Rn. 94: Wagner/Hehn UPR 2013, 1 (3, 6f.).

134 Vgl. Krautzberger/Wagner in EZBK BauGB § 4b Rn. 95: Wagner/Hehn UPR 2013, 1 (3, 8).

135 Vgl. VDI-Richtlinie 7000, 2015, 2.

136 Vgl. Uhlendorf VDI-Richtlinie 7000 und 7001 1f.

Bis zum Antrag hat ein Projekt bereits einen langen Management- und Entwicklungsprozess durchlaufen, und zwar von der Projektidee über die Vorplanung mit verschiedenen Varianten, Machbarkeitsstudien und der endgültigen Auswahl, die dann zur Genehmigung eingereicht wird. Kommt es dabei zu einer verschärften öffentlichen Debatte, politischem Druck, Nachfragen und einer Vielzahl von Einsprüchen, kann das zu einer Verzögerung der Umsetzung führen. Damit läuft der Vorhabenträger Gefahr, in weitere Gutachten, Studien oder Tests investieren zu müssen, was zu weiteren Kosten und zum Zeitverzug führt.[137]

Die Richtlinie VDI 7000 ist darauf ausgerichtet, durch eine gezielte Öffentlichkeitsbeteiligung als Teil eines integrierten Projektmanagements Vertrauen aufzubauen, den Planungsprozess zu verbessern, das Genehmigungsverfahren zu entlasten, Information und Transparenz zu verbessern sowie Konflikte und Risiken zu minimieren und die gewonnenen Ergebnisse bereits vor dem förmlichen Anhörungsverfahren frühzeitig zu bearbeiten und in die Antragsvariante einfließen zu lassen.[138] Die Richtlinie skizziert für das Projektmanagement ein phasenweises Vorgehen.[139] Dieses ist inhaltlich teilweise vergleichbar mit einer vorauslaufenden, begleitenden und nachlaufenden Mediation zur Konfliktlösung und entspricht damit in Zielsetzung und Struktur dem Vorgehen einer mehrfach zu durchlaufenden Mediation bei der Realisierung eines Projektes während Planung, Durchführung und im späteren Betrieb. Beide Instrumente – Beteiligung nach VDI 7000 und die Mediation – zielen darauf ab, Konflikte mit Akteuren der Öffentlichkeit zu vermeiden, frühzeitig zu sensibilisieren, Akzeptanz und Vertrauen herzustellen,[140] um durch Information, Beteiligung, Transparenz und Akzeptanz das Verwaltungsverfahren zu entlasten und zu beschleunigen.[141] Die Mediation kann daher zur Konfliktlösung nahtlos in das Projektmanagement eines Investitionsverfahrens eingebunden sein.

VII. Rechtspolitischer Vorschlag

Um das Bauleitplanverfahren zu beschleunigen, kann die Gemeinde Dritte beauftragen; also auch einen Mediator nach § 4b S. 2 BauGB zur außergerichtlichen Konfliktbeilegung. Zu diesem Zeitpunkt läuft üblicherweise bereits das Planungsverfahren. Konflikte entstehen jedoch schon zu einem früheren Zeitpunkt. Eine Mediation sollte deshalb von Anfang an in das Bauleitplanverfahren einbezogen werden, aus der Überlegung, Konflikte zu lösen, anstatt diese anschließend durch Auflagen oder andere Maßnahmen abzumildern.[142] Über die Konfliktsituation bestünde Klarheit von vornherein. Information, Transparenz und Akzeptanz wären gegeben, wenn die Konflikte mediativ bearbeitet sind.

[137] Vgl. VDI-Richtlinie 7000, 2015, 2.

[138] Vgl. Brennecke DVBl 2016, 329 (330f.); VDI-Richtlinie 7000, 2015, 7.

[139] Vgl. VDI-Richtlinie 7000, 2015, 5; Uhlendorf VID-Richtlinie 7000 und 7001 3f.; Brennecke DVBl 2016, 329 (333ff.).

[140] Uhlendorf VDI-Richtlinie 7000 und 7001 3f.

[141] Vgl. Brennecke DVBl 2016, 329 (335f., 337).

[142] Vgl. Stüer Bauleitplanung Rn. 1146ff., 1174ff.

Eine gesetzliche Ergänzung könnte für das Planungsrecht – ähnlich wie beim UVwG – geschaffen werden, um eine vorzeitige Mediation zu veranlassen, indem § 3 Abs. 1 S. 1 BauGB die folgende Regelung als neuer Absatz 1 vorangestellt wird:

Sobald der Gemeinde ein Vorhaben bekannt wird, das nur durch ein Planungsverfahren realisiert werden kann oder wenn hierfür das Einvernehmen in einem anderen Verfahren erforderlich ist und von dem Vorhaben anzunehmen ist, dass es Konflikte auslösen kann, hat die Gemeinde dem potenziellen Vorhabenträger unverzüglich vorzuschlagen, eine öffentliche Mediation anzubieten und durchzuführen, sofern eine solche nicht bereits in dem anderen Verfahren geführt wird, und ihr deren Ergebnisse mitzuteilen.

Der Vorteil einer derartigen Regelung würde darin liegen, dass vorzeitig bekannt wird, was sonst erst im Laufe des Verfahrens und damit zu einem späteren Zeitpunkt als Anregungen oder Einwendungen in Stellungnahmen vorgebracht wird und die Gemeinde bliebe Herr des Verfahrens.

VIII. Fazit

Mit einer Mediation werden nicht nur Konflikte einer Lösung zugeführt, sondern sie bietet auch die Chance, Konfliktpotenzial in einem frühen Stadium zu erkennen oder eine zu erwartende Konflikteskalation zu vermeiden. Die Risiken für ein Projekt sind zu diesem Zeitpunkt in der Regel noch geringer und beherrschbar. Die Öffentlichkeit wird vorzeitig beteiligt und die gewonnenen Erkenntnisse können von vornherein in das Planungsverfahren einfließen. Das schafft rechtzeitig Planungssicherheit und vermeidet möglicherweise im besten Fall eine Konflikteskalation oder einen Rechtsstreit. Deshalb wird eine ergänzende Regelung in § 3 BauGB zur vorzeitigen Mediation vorgeschlagen. Es ist in jeden Fall vorteilhaft, dazu noch schneller und kostengünstiger, die Konfliktlösung und Verfahrensbeschleunigung mit einer Mediation zu versuchen, als diese einem langwierigen und nicht kalkulierbaren Rechtsstreit zu überlassen.

NORBERT KÄMPER

Fachplanung für raumbedeutsame militärische Vorhaben

Die von der Bundeswehr und den alliierten Gaststreitkräften genutzten Liegenschaften und Einrichtungen wurden – sofern sie nicht in der Nachkriegszeit aufgrund Besatzungsrechts errichtet oder von der Wehrmacht übernommen worden waren – nach der Gründung der Bundeswehr 1955 im Wesentlichen in den 1950er- und 1960er-Jahren einer militärischen Zweckbestimmung zugeführt. Die rechtlichen Instrumente hierfür, wie etwa das Landbeschaffungsgesetz, entstammen der Gründungsphase der Bundeswehr.

Seit dem Ende der Ost-West-Konfrontation, der deutschen Wiedervereinigung und der Auflösung des Warschauer Paktes Anfang der 1990er-Jahre, wurden kaum noch neue Flächen für militärische Zwecke benötigt; vielmehr wurden zahlreiche zuvor militärisch genutzte Liegenschaften aus der militärischen Zweckbestimmung entlassen[1] und als Konversionsvorhaben[2] zivilen Nutzungen zugeführt. Erst mit der „Trendumkehr" in der Verteidigungspolitik nach der russischen Annexion der Krim 2014 und der russischen Aggression gegen die Ukraine und nunmehr nach der von Bundeskanzler Scholz im Februar 2022 verkündeten „Zeitenwende" entsteht vermehrter Bedarf nach der Wiederinbetriebnahme aufgegebener militärischer Liegenschaften, dem Ausbau und der Neuerrichtung militärischer Anlagen.

Allerdings fehlt hierfür eine aktuelle, den heutigen rechtlichen Ansprüchen genügende gesetzliche Grundlage für die Planung raumbedeutsamer militärischer Vorhaben. So kritisierte das Bundesverwaltungsgericht bereits im Jahr 1986 das Fehlen eines modernen Fachplanungsgesetzes für raumbeanspruchende Verteidigungsvorhaben[3], was wohl als rechtspolitischer Hinweis verstanden werden konnte[4]. Der Gesetzgeber zog daraus bis heute keine Konsequenzen. Das BVerwG deutete dann aber an, dass diese Gesetzeslücke durch richterliche Rechtsfortbildung gefüllt werden könne.[5] Im Folgenden soll der Frage nachgegangen werden, inwieweit und auf welcher rechtlichen Grundlage eine den verfassungsrechtlichen Anforderungen entsprechende Fachplanung für militärische Vorhaben erfolgen kann.

---

[1] Kühling/Hermann Fachplanungsrecht, Rn. 134.
[2] Siehe dazu etwa § 8 Abs. 5 LuftVG.
[3] BVerwG BVerwGE 74, 124 = NJW 1986, 2447 (2448).
[4] OVG Berlin-Brandenburg, Urteil v. 27.3.2009 – 2 B 8.08 – juris Rn 47.
[5] BVerwG NVwZ 1990, 260 (261).

I. Der Verteidigungsauftrag des Grundgesetzes

Mit Einführung der Art. 87a, 12a Abs. 1, 73 Nr. 1, 65a und 115b GG hat der Verfassungsgeber eine Grundentscheidung für eine wirksame Landesverteidigung getroffen. Einrichtung und Funktionsfähigkeit der Bundeswehr haben damit Verfassungsrang.[6] Die indikative Formulierung in Art. 87a Abs. 1 GG, dass der Bund zur Verteidigung Streitkräfte aufstellt, enthält nicht nur eine Kompetenzzuweisung an den Bund, sondern einen Verfassungsauftrag zur Aufstellung funktionsfähiger Streitkräfte zur Verteidigung.[7] Die verfassungsrechtliche Garantie der Funktionsfähigkeit der Streitkräfte erfordert eine personelle und materielle Ausstattung und Organisation, die es ermöglicht, den Verteidigungsauftrag effektiv zu erfüllen.[8] Dieser Verteidigungsauftrag wird nicht erst in Kriegszeiten akut, sondern er besteht schon in Friedenszeiten; er erstreckt sich auch auf diejenigen Tätigkeiten, die der Erlangung, Aufrechterhaltung und Verbesserung der Einsatzbereitschaft der Streitkräfte dienen.[9] Damit unterfällt auch die Bereitstellung militärischer Liegenschaften etwa für Truppenübungsplätze diesem Verteidigungsauftrag. Die verfassungsrechtliche Garantie der Funktionsfähigkeit der Bundeswehr ist insbes. im Rahmen von Abwägungsprozessen relevant.[10]

II. Raumbedeutsamkeit militärischer Vorhaben

Militärische Vorhaben wie etwa Truppenübungsplätze können unabhängig von der Frage, ob sie das Gebiet mehrerer Gemeinden berühren[11], iSv § 3 Abs. 1 Nr. 6 ROG raumbedeutsam sein, da sie allein schon wegen ihrer Flächeninanspruchnahme raumbeanspruchend, aber auch aufgrund von räumlichen Umweltauswirkungen raumbeeinflussend sein[12] können, wie etwa militärische Flugplätze. Im Raumordnungsrecht des Bundes sind militärische Vorhaben nur punktuell erwähnt. So formuliert § 2 Abs. 2 Nr. 7 ROG den Grundsatz der Raumordnung, dass den räumlichen Erfordernissen der Verteidigung Rechnung zu tragen ist[13], woraus eine Berücksichtigungspflicht in Raumordnungsplänen für die räumlichen

---

[6] Ständige Rechtsprechung, vgl. etwa BVerfG BVerfGE 69, 1, 21; zustimmend Aust in v. Münch/Kunig GG Art. 87a Rn 29f.; Schwarz in Stern/Sodan/Möstl Das Staatsrecht der Bundesrepublik Deutschland, § 23 Rn 6.

[7] Müller-Franken in Huber/Voßkuhle GG Art. 87a Rn. 23; Heun in Dreier GG Art. 87a Rn. 10; Krieger in Schmidt-Bleibtreu/Hofmann/Henneke GG Art. 87a Rn. 3. Mittlerweile wird auch wieder eine grundrechtliche Unterlegung dieses Verfassungsauftrags diskutiert, Heinemann, Zeitenwende und Wehrverfassung (https://verfassungsblog.de//ein-grundrecht-auf-verteidigung/, abgerufen am 4. 1. 2024).

[8] Depenheuer in Dürig/Herzog/Scholz GG Art. 87a Rn. 72 mwN; Dau NZWehrR 2011, 1 (8).

[9] Vgl. Kirchhoff in Isensee/Kirchhoff Handbuch des Staatsrechts § 84 Rn. 12f.

[10] Aust in v. Münch/Kunig GG Art. 87a Rn 30.

[11] BVerwG NVwZ 2004, 1240 (1241).

[12] Runkel in Spannowsky/Runkel/Goppel ROG § 3 Rn 115.

[13] Dazu Spannowsky in Spannowsky/Runkel/Goppel ROG § 2 Rn 144ff.; Kümper in Kment ROG § 2 Rn 25, 67.

Bedürfnisse der Bundeswehr und der Gaststreitkräfte gefolgert wird[14]. Der Grundsatz erfasst nicht nur die Flächensicherung für das militärische Vorhaben und dessen infrastrukturelle Anbindung an das allgemeine Infrastrukturnetz. Vielmehr wird auch der Umgebungsschutz umfasst, wodurch sicherzustellen ist, dass das Vorhaben zweckentsprechend genutzt werden kann[15]. Damit kann etwa ein Truppenübungsplatz zur Vermeidung von Nutzungseinschränkungen vor heranrückender Wohnbebauung[16] oder bei fliegerischer Nutzung vor heranrückenden Windenergieanlagen zu schützen sein.

In dem vom BMDV aufgestellten Raumordnungsplan für die deutsche ausschließliche Wirtschaftszone (AWZ)[17] wurden unter der Ziff. 2.5 „Vorbehaltsgebiete Verteidigung" ausgewiesen[18] für militärische Zwecke als Artillerieschießgebiete, U-Boottauchgebiete und Gefahrengebiete, mit denen ausweislich der Begründung die Funktionsfähigkeit der Bundeswehr gesichert werden soll.

Für das Erfordernis einer Raumverträglichkeitsprüfung sind in der ROV keine dezidierten militärischen Vorhaben genannt. Zwar unterfallen militärische Flugplätze dem Flugplatzbegriff in § 1 Nr. 12 ROV. Allerdings bedürfen diese gem. § 30 Abs. 1 S. 2 LuftVG keiner Planfeststellung iSv § 8 LuftVG und stellen deshalb keine Vorhaben iSd ROV dar.[19]

Im Rahmen der Aufstellung von Bauleitplänen sind gem. § 1 Abs. 6 Nr. 10 BauGB auch die Belange der Verteidigung zu berücksichtigen. Aufgrund des Landbeschaffungsgesetzes durch die Bezeichnung militärisch gewidmete Flächen kommen diese für eine nachrichtliche Übernahme in Bauleitpläne in Betracht.[20] Entsprechendes gilt für militärische Schutzbereiche.[21] Im Übrigen haben militärische Vorhaben gegenüber Vorgaben des Bauplanungsrechts ein erhöhtes Durchsetzungsvermögen, § 37 Abs, 2, 4 BauGB.

III. Der bestehende rechtliche Rahmen

Die bestehenden militärischen Fachgesetze wie das Landbeschaffungsgesetz, das Schutzbereichsgesetz oder das Bundesleistungsgesetz entstammen den 1950er-Jahren. Lediglich das Luftverkehrsgesetz enthält auch für die Planung militärischer Flugplätze ein angemessenes planerisches Instrumentarium. Allerdings ist für die Anlegung und Änderung militärischer Flugplätze das klassische Planungsinstru-

---

[14] Spannowsky in Spannowsky/Runkel/Goppel ROG § 2 Rn 147.

[15] Runkel in Bielenberg/Runkel/Spannowsky Raumordnungsrecht des Bundes und der Länder § 2 ROG Rn 253; Werk in Praxis der Kommunalverwaltung, § 2 ROG Rn 122.

[16] Runkel in Bielenberg/Runkel/Spannowsky Raumordnungsrecht des Bundes und der Länder § 2 ROG Rn 253.

[17] Raumordnungsplan für die deutsche ausschließliche Wirtschaftszone in der Nordsee und in der Ostsee (Anlage zur Verordnung über die Raumordnung in der deutschen ausschließlichen Wirtschaftszone in der Nordsee und in der Ostsee) vom 19. August 2021, BGBl. I 3886.

[18] Dazu Grigoleit in Kment ROG § 17 Rn 44f.

[19] BVerwG NVwZ 2008, 563 Rn 45.

[20] Söfker in EZBK BauGB § 1 BauGB Rn 171.

[21] Dirnberger in BeckOK BauGB § 1 Rn 124.

ment des Planfeststellungsverfahrens ausdrücklich ausgeschlossen, § 30 Abs. 1 S. 2 LuftVG.

1. *Landbeschaffungsgesetz*

Als gesetzliche Grundlage für die Beschaffung von Grundstücken für Zwecke der Verteidigung dient das Landbeschaffungsgesetz (LBG). Der Verteidigungszweck ist dabei weit zu verstehen: dazu zählen nicht nur Vorhaben der militärischen Infrastruktur wie etwa militärische Flughäfen, Truppenübungsplätze, Munitionslager oder Schießplätze, sondern auch Kasernen und Wohnanlagen für Stationierungsstreitkräfte, wie aus § 1 Abs. 1 Nr. 2 LBG zu entnehmen ist.[22]

Dieses unterscheidet dabei grundlegend zwischen der Planung des Vorhabens, § 1 Abs. 2 und 3 LBG, und der Beschaffung von Grundstücken, §§ 2ff. LBG.[23] Es ist damit nicht nur in Fällen anwendbar, in denen die Grundstücke von privaten Dritten erworben werden müssen, sondern auch dann, wenn diese bereits im Eigentum des Bundes stehen, aber nicht zu militärischen Zwecken gewidmet sind und damit der Planungshoheit der Gemeinde unterliegen.[24]

Das in § 1 Abs. 2 LBG nur rudimentär geregelte Planungsverfahren wird von der Rechtsprechung als ein Verfahren angesehen, das den rechtsstaatlichen Anforderungen an staatliche Planungsentscheidungen bei entsprechender richterlicher Rechtsfortbildung genügen kann.[25] So kann dem LBG „sinngemäß“ eine Planungsermächtigung entnommen werden. Die Planungsentscheidung unterliegt auch ohne ausdrückliche gesetzliche Festlegung dem rechtsstaatlichen Abwägungsgebot[26] und muss dann auf einer gerechten Abwägung der für und gegen das Vorhaben sprechenden öffentlichen und privaten Belange beruhen[27].

Die „Bezeichnung“ nach § 1 Abs. 3 LBG bildet den Abschluss dieses Planungsverfahrens und legt die militärische Zweckbestimmung der davon erfassten Flächen fest. Diese werden damit der kommunalen Planungshoheit entzogen. Denn mit Wirksamkeit der Bezeichnung wird die verbindliche Raumnutzungsentscheidung für Zwecke der Verteidigung getroffen. Diese entfaltet Ausschlusswirkung hinsichtlich anderer, einer militärischen Nutzung entgegenstehenden Nutzungen. Die Flächen stehen damit für eine anderweitige kommunale Planung nicht mehr zur Verfügung[28].

Die Bezeichnung erfüllt alle Merkmale eines Verwaltungsakts, da sie unmittelbar in die gemeindliche Planungshoheit eingreift und damit gegenüber den betroffenen kommunalen Gebietskörperschaften unmittelbare rechtliche Außenwirkung entfaltet.[29] Ein Eingriff in die Planungshoheit einer Gemeinde liegt auch dann vor, wenn

---

[22] BVerwG NVwZ 2001, 198.
[23] BVerwG DVBl 1983, 345 (346).
[24] BVerwG BVerwGE 112, 274 (278).
[25] BVerwG BVerwGE 74, 124 = NJW 1986, 2447 (2449).
[26] dazu Durner, Konflikte räumlicher Planungen, S. 295ff. mwN.
[27] BVerwG BVerwGE 74, 124 = NJW 1986, 2447 (2449); Durner, Konflikte räumlicher Planungen, S. 290ff. mwN.
[28] BVerwG BVerwGE 74, 124 = NJW 1986, 2447 (2448); BVerwG NVwZ-RR 1994, 305 (306).
[29] BVerwG NVwZ-RR 1994, 305 (306); BVerwG NJW 1986, 2447.

die Gemeinde in ihrer bestehenden Bauleitplanung die Verwendung der fraglichen Liegenschaft für militärische Zwecke vorgesehen hat, da sie durch eine Bezeichnung gehindert wird, eine solche Festlegung in Zukunft zu ändern. Damit kann die Bezeichnung als „sonstige behördliche Entscheidung über die Zulässigkeit von Vorhaben" iSd § 2 Abs. 6 Nr. 1 UVPG angesehen werden und als Trägerverfahren für die Umweltverträglichkeitsprüfung dienen.

Demgegenüber soll sie Dritten gegenüber, insbes. den betroffenen Grundstückseigentümern, nach der bisherigen Rechtsprechung des Bundesverwaltungsgerichts keine Außenwirkung entfalten[30], insoweit wird ihr die Eigenschaft als innerbehördlicher Planungsakt ohne Außenwirkung zuerkannt[31]. Anders als vielen Planfeststellungsbeschlüssen, vgl. etwa § 28 Abs. 2 LuftVG, kommt ihr mangels gesetzlicher Anordnung auch keine enteignungsrechtliche Vorwirkung zu.[32]

Diese Auffassung der Rechtsprechung verkennt allerdings, dass eine Planungsentscheidung nicht nur Auswirkungen auf die Grundstücke potentieller Enteignungsbetroffener haben kann, sondern auch mittelbare Betroffenheiten auf Grundstücke außerhalb der von der Bezeichnung erfassten Grundstücke auslösen kann, die abwägungserheblich sind, etwa Lärmwirkungen von Truppenübungsplätzen. Soweit die Bezeichnung ohne weiteren behördlichen Umsetzungsakt Duldungspflichten auslösen kann, wird ihr auch insoweit rechtliche Außenwirkung zuzumessen sein mit der Folge, dass sie auch für mittelbar Betroffene anfechtbar ist.

Die materiellen und verfahrensrechtlichen Anforderungen an die Bezeichnung sind in § 1 Abs. 2 und 3 LBG nur sehr rudimentär geregelt. In § 1 Abs. 2 S. 1 LBG ist lediglich die Anhörung der Landesregierung vorgesehen, die „nach Anhörung der betroffenen Gemeinde (Gemeindeverband) unter angemessener Berücksichtigung der Erfordernisse der Raumordnung, insbes. der landwirtschaftlichen und wirtschaftlichen Interessen sowie der Belange des Städtebaus und des Naturschutzes und der Landschaftspflege zu dem Vorhaben Stellung nimmt". Die danach vorgesehene nur mittelbare Anhörung der Gemeinde ist von der Rechtsprechung bisher als hinreichend akzeptiert worden. Dass gesetzlich keine Anhörung betroffener Personen vorgesehen ist, war zunächst von der Rechtsprechung im Hinblick darauf, dass der Bezeichnung ihnen gegenüber keine Außenwirkung zukommen soll, hingenommen worden. Demgegenüber hat insbes. das Oberverwaltungsgericht Berlin-Brandenburg die Auffassung vertreten, dass aus rechtsstaatlichen Gründen auch im Landbeschaffungsverfahren weitere verfahrensrechtliche Mindestanforderungen zu beachten seien. Insbes. folge aus den Anforderungen an den Abwägungsvorgang, dass auch zur Ermittlung des erforderlichen Abwägungsmaterials im Hinblick auf die Berücksichtigung privater Belange in jedem Fall ein ordnungsgemäßes Beteiligungsverfahren durchzuführen sei, in dem auch Private, deren Belange durch das Vorhaben berührt werden, Gelegenheit zur Stellungnahme erhalten müssen. Die Anhörung sei ein wesentliches und unverzichtbares Element jeglicher planerischen

---

[30] BVerwG NVwZ-RR 1994, 305 (306); BVerwG DVBl 1983, 345 (346); Offen lassend BVerwG NVwZ 1990, 260 (261). Anderes dürfte allerdings dem Urteil des OVG Berlin-Brandenburg vom 27.3.2009 – OVG 2 B 8.08 – Juris Rn. 26f. zu entnehmen sein.

[31] BVerwG NJW 1986, 2447; kritisch dazu Laubinger, VerwArch 77 (1986), 421 (430f.).

[32] Vgl. dazu Kämper in BeckOK VwVfG § 75 Rn 15ff.

Entscheidung[33]. Nur so könne die Entscheidung dem Gebot einer umfassenden Problembewältigung Rechnung tragen. Im Ergebnis zieht das OVG die Beteiligungsvorschriften des § 73 VwVfG – mit Ausnahme der Durchführung eines Erörterungstermins, § 73 Abs. 6 VwVfG – in die rechtsstaatlich gebotenen Erfordernisse einer planerischen Abwägungsentscheidung hinein[34]. Diese Analogie zum Planfeststellungsrecht ist von Durner kritisiert worden, da der Bezeichnung die weitgehenden Rechtswirkungen eines Planfeststellungsbeschlusses eben nicht zukommen: weder entfaltet die Bezeichnung Konzentrationswirkung[35] noch hat sie enteignungsrechtliche Vorwirkung[36].

Diese Rechtsprechung hat das Bundesministerium der Verteidigung in seiner Bereichsdienstvorschrift für das Landbeschaffungsverfahren nicht berücksichtigt.[37]

Gleichwohl ist die Bezeichnung aufgrund der Abwägung aller öffentlichen und privaten Belange einem Planfeststellungsbeschluss angenähert[38] und kann deshalb in fachplanerischer Hinsicht als eine sonstige Entscheidung mit den Wirkungen der Planfeststellung iSd § 38 S. 1 BauGB bezeichnet werden[39]. Ferner ist § 45 Abs. 2 S. 3 BWaldG zu entnehmen, dass das Anhörungsverfahren gem. § 45 Abs. 2 BWaldG in dem Landbeschaffungsverfahren stattfinden soll, wenn das Vorhaben mit einer Waldumwandlung verbunden ist.

2. *Schutzbereichsgesetz*

Das Gesetz über die Beschränkung von Grundeigentum für die militärische Verteidigung vom 7.12.1956[40] dient zum Schutz und zur Erhaltung der Wirksamkeit von Verteidigungsanlagen, § 1 Abs. 2 SchBerG. Ein Gebiet wird durch Allgemeinverfügung zum Schutzbereich erklärt.[41] Der Umfang des Schutzbereichs wird in einem Plan kenntlich gemacht, § 2 Abs. 1 S. 2 SchBerG. Innerhalb des Schutzbereichs bedarf die Errichtung, Änderung oder Beseitigung baulicher oder anderer Anlagen einer Genehmigung. Die landwirtschaftliche Nutzung kann eingeschränkt werden und, soweit es zur Erreichung der Zwecke des Schutzbereichs dringend erforderlich ist, die Benutzung oder der Gemeingebrauch ausgeschlossen oder eingeschränkt werden, § 5 Abs. 1 SchBerG.

Vor der Einrichtung eines Schutzbereichs ist nach § 1 Abs. 3 SchBerG die Landesregierung zu hören, die nach Anhörung der betroffenen Gemeinde unter angemessener Berücksichtigung der Erfordernisse der Raumordnung, insbes. der Interessen des Städtebaus und des Naturschutzes und der Landschaftspflege sowie der

---

[33] OVG Berlin-Brandenburg, Urteil vom 27.3.2009 – OVG 2 B 10.08 – juris Rn. 46ff.

[34] OVG Berlin-Brandenburg, Urteil vom 27.3.2009 – OVG 2 B 10.08 – juris Rn. 51.

[35] Dazu Kämper in BeckOK VwVfG § 75 Rn 5ff.

[36] Durner DVBl 2009, 1044 (1048).

[37] Bereichsdienstvorschrift C-1810/112 vom 5.9.2017.

[38] Dirnberger in BeckOK BauGB § 1 Rn 123.

[39] Siehe zu einer entsprechenden Einstufung der selbständigen Genehmigung für Flugplätze BVerwG NVwZ 2007, 459 Rn 5; Kämper ZLW 2009, 16 (20f.).

[40] BGBl. I 899.

[41] BVerwG BVerwGE 70, 77 = NJW 1985, 281. Die zunächst vertretene Auffassung, ein Schutzbereich werde durch Rechtsverordnung festgelegt (BVerwG BVerwGE 30, 287), hat das BVerwG aufgegeben. Vgl. zu den prozessualen Folgen Tiemann NVwZ 1985, 26.

landwirtschaftlichen und wirtschaftlichen Interessen zu dem Vorhaben Stellung nimmt. Eine mittelbare Anhörung der Gemeinde wird dabei als ausreichend angesehen.[42] Aus dieser Raumordnungsklausel hat die Rechtsprechung gefolgert, dass die Schutzbereichseinrichtung den rechtsstaatlichen Mindestanforderungen genügen muss, die allgemein an staatliche Planungsentscheidungen zu stellen sind.[43] Das erfordert einen Akt planender Gestaltung durch Abwägung, um das öffentliche Interesse an dem dem Gemeinwohl dienenden Vorhaben mit den sonstigen privaten und öffentlichen Belangen durch Abwägung zum Ausgleich zu bringen.[44] Gegenstand dieser Abwägungsentscheidung soll die Beurteilung des dringenden Erfordernisses eines Schutzbereichs gerade an der angeordneten Stelle sein.[45]

Allerdings wird die Entscheidung über den Standort einer militärischen Anlage nicht auf der Ebene der Anordnung eines Schutzbereichs gefällt; vielmehr sichert der Schutzbereich regelmäßig die Nutzung und die Erhaltung von bestehenden Verteidigungsanlagen, wird also durch diese präjudiziert.[46] Insofern ist der planerische Gestaltungsspielraum bei der Schutzbereichsfestlegung nicht mit dem einer Planungsentscheidung vergleichbar, durch die der Standort einer militärischen Anlage bestimmt wird wie etwa bei der Bezeichnung. Wie die Verteidigungsanlage genutzt wird, etwa die Lagerkapazität eines Munitionslagers, unterliegt dem verteidigungspolitischen Beurteilungsspielraum des Bundesministeriums der Verteidigung und ist gerichtlich nur begrenzt überprüfbar.[47] Zur Konkretisierung der erforderlichen Schutzabstände kann das Bundesministerium der Verteidigung Dienstvorschriften erlassen, die von der Rechtsprechung als normkonkretisierende Verwaltungsvorschriften eingestuft werden.[48]

Entsprechendes gilt auch bei der im Abstand von fünf Jahren erforderlichen Überprüfung, ob die Voraussetzungen der Anordnung noch vorliegen, § 2 Abs. 4 S. 1 SchBerG.

Für die Anordnung eines Schutzbereichs ist die abstrakte Gefährdung des Verteidigungszwecks der Verteidigungsanlage ausreichend. Die Prüfung, ob ein Bauvorhaben zu einer konkreten Gefährdung des Verteidigungszwecks führt, ist im Rahnen des Genehmigungsverfahrens gem. § 3 SchBerG zu prüfen.[49]

3. *Luftverkehrsgesetz*

Das Luftverkehrsgesetz und die auf seiner Grundlage erlassenen Rechtsverordnungen gelten grundsätzlich auch für die militärische Luftfahrt. Sondervorschriften für die Bundeswehr und die Gaststreitkräfte sind allerdings § 30 LuftVG zu entnehmen. Demgegenüber erfassen die auch national unmittelbar geltenden Vorschriften

---

[42] BVerwG BVerwGE 112, 274 (289); BVerfG BVerfGE 56, 298 (319ff.).

[43] VGH Mannheim NVwZ 1989, 978; VGH Mannheim, Urteil vom 18.2.2009 – 1 S 893/08 – juris Rn. 32

[44] VGH Mannheim, Urteil vom 18.2.2009 – 1 S 893/08 – juris Rn. 32.

[45] Tiemann NVwZ 1984, 759 (760).

[46] Kühling/Herrmann Fachplanungsrecht, Rn 724.

[47] VGH Mannheim, Urteil v. 18.2.2009 – 1 S 893/08 – juris Rn 49.

[48] BVerwG, ZfBR 2010, 160.

[49] Wahlhäuser UPR 2015, 333 (339); OVG Lüneburg BeckRS 2013, 58251.

des EU-Rechts regelmäßig nicht militärische Flugplätze und den militärischen Flugbetrieb.[50]

a) Raumbedeutsamkeit militärischer Flugplätze

§ 1 Nr. 12 ROV sieht für planfeststellungsbedürftige Flugplätze eine Raumverträglichkeitsprüfung vor. Zwar sind militärische Flugplätze davon ausgenommen, weil für sie das Planfeststellungsverfahren gem. § 30 Abs. 1 S. 2 LuftVG nicht stattfindet. Gleichwohl wird von der Raumbedeutsamkeit militärischer Flugplätze schon im Hinblick auf den diesen zuzurechnenden weit in die Flugplatzumgebung wirkenden Fluglärm regelmäßig auszugehen sein. Zum materiellen Prüfprogramm einer luftrechtlichen Genehmigung nennt § 6 Abs. 2 S. 1 LuftVG als besonders bedeutsam, ob das Vorhaben den Erfordernissen der Raumordnung entspricht.

b) Die Genehmigungspflichtigkeit militärischer Flugplätze

Die Anlegung militärischer Flugplätze war nach § 7 Abs. 3 LuftVG 1922 von der Genehmigungspflicht ausgenommen. Damit wurden insbes. die während des zweiten Weltkrieges angelegten militärischen Flugplätze zulässigerweise ohne Genehmigung errichtet. Mit der grundlegenden Novellierung des Luftverkehrsgesetzes 1958 wurde diese Ausnahme nicht mehr in das LuftVG übernommen, sondern auf die punktuellen Ausnahmen für Streitkräfte und Polizei in § 30 Abs. 1 LuftVG reduziert. So ist nach § 30 Abs. 1 S. 2 LuftVG das in § 8 LuftVG vorgesehene Planfeststellungsverfahren für die Anlegung oder Änderung militärischer Flugplätze ausgeschlossen. Damit bleibt allerdings grundsätzlich die Genehmigungspflicht nach § 6 LuftVG[51], wonach Flugplätze nur mit Genehmigung angelegt, wesentlich geändert oder betrieben werden sollen. Hiervon ist lediglich eine Ausnahme nach § 30 Abs. 1 LuftVG möglich, wenn diese unter Berücksichtigung der öffentlichen Sicherheit oder Ordnung zur Erfüllung der besonderen Aufgaben der Bundeswehr erforderlich ist, dessen Voraussetzungen aber regelmäßig nicht vorliegen dürften.

Gleichwohl ging die Rechtspraxis und die Rechtsprechung bis in die 1980er Jahre davon aus, dass militärische Flugplätze grundsätzlich nicht genehmigungsbedürftig sind.[52] Erst 1988 hat das Bundesverwaltungsgericht seine Rechtsprechung grundlegend geändert und festgehalten, dass auch für die Anlegung eines Militärflugplatzes grundsätzlich eine Genehmigung nach § 6 LuftVG erforderlich ist[53], solange kein Sondertatbestand im Sinne von § 30 Abs. 1 S. 1 LuftVG vorliegt, was in der Regel auszuschließen ist.

Die Sonderregeln für ein isoliertes Verfahren nach § 30 Abs. 3 S. 1 LuftVG greifen nur dann, wenn das Bundesverteidigungsministerium aus den in § 30 Abs. 1 genannten Gründen von der Durchführung eines Genehmigungsverfahrens ab-

---

[50] Art. 2 Abs. 3 lit. b) der Verordnung (EU) 2018, 1139; siehe auch Erwägungsgrund 10 der Durchführungsverordnung (EU) Nr. 923/2012.

[51] Dazu ausf. Kämper ZLW 2008, 487 (489) und ZLW 2009, 16.

[52] So auch BVerfG BVerfGE 56, 298, 316; VG Wiesbaden NJW 1986, 680; zweifelnd HessVGH NJW 1989, 470, 476.

[53] BVerwG NVwZ 1988, 1122.

sieht[54]. Die Genehmigungspflicht gilt gemäß § 6 Abs. 4 S. 2 LuftVG auch für die wesentliche Erweiterung oder Änderung der Anlage oder des Betriebes eines bestehenden militärischen Flugplatzes. Kriterien für die Wesentlichkeit der Änderung können die Erhöhung der luftseitigen technischen Maximalkapazität des Flugplatzes, erhebliche Umweltauswirkungen, die zur UVP-Pflichtigkeit des Vorhabens führen sowie die verstärkte Beeinträchtigung rechtlich geschützter nachbarlicher Interessen[55] etwa durch zusätzlichen vorhabenbedingten Fluglärm sein.

c) Das Genehmigungsverfahren

Wegen des Ausschlusses des Planfeststellungsverfahrens in § 30 Abs. 1 S. 2 LuftVG wird das luftrechtliche Genehmigungsverfahren für militärische Flugplätze[56] als selbstständiges Genehmigungsverfahren nach § 6 LuftVG unter Einbeziehung des UVPG durchgeführt[57]. Das Verwaltungsverfahren ist in § 6 LuftVG nur sehr rudimentär geregelt. Soweit für die Genehmigung eine Umweltverträglichkeitsprüfung durchzuführen ist, gelten die Verfahrensvorschriften des UVPG, allerdings mit der Einschränkung, dass gemäß § 6 Abs. 7 LuftVG auf eine förmliche Erörterung etwaiger Einwendungen verzichtet werden kann.

Ein förmliches Anhörungsverfahren ist in § 6 LuftVG nicht vorgesehen, jedoch macht der Hinweis in § 6 Abs. 7 LuftVG und der Verweis in § 6 Abs. 5 S. 1 LuftVG auf § 73 Abs. 3a VwVfG nur Sinn, wenn ein Anhörungsverfahren entsprechend § 73 VwVfG durchgeführt wird. Eine Anhörung der durch die Auswirkungen eines Flugplatzes ggf. Betroffenen ist auch deshalb erforderlich, weil ohne Anhörung eine rechtsstaatliche Abwägung, die eine vollständige Sachverhaltsermittlung erfordert, nicht durchgeführt werden kann. Ein formelles Anhörungsrecht der betroffenen Gemeinden wird aus der Selbstverwaltungsgarantie des Art. 28 Abs. 2 GG hergeleitet.[58] Umweltschutzvereinigungen sind jedenfalls dann zu beteiligen, wenn eine Umweltverträglichkeitsprüfung durchzuführen ist. Umweltschutzvereinigungen zählen gemäß § 2 Abs. 9 UVPG zur „betroffenen Öffentlichkeit". Zur Bekanntgabe einer Genehmigungsentscheidung verweist § 6 Abs. 5 LuftVG auf § 74 Abs. 4 und 5 VwVfG.

d) Materielle Entscheidungskriterien

Entscheidungskriterien sind in § 6 Abs. 2 LuftVG definiert: Danach ist „vor der Erteilung der Genehmigung besonders zu prüfen, ob die geplante Maßnahme den Erfordernissen der Raumordnung entspricht und ob die Erfordernisse des Naturschutzes und der Landschaftspflege sowie des Städtebaus und der Schutz vor Fluglärm angemessen berücksichtigt sind". Ferner ist das Ergebnis der Umweltverträglichkeitsprüfung in der Zulassungsentscheidung zu berücksichtigen, § 25 UVPG.

---

[54] BVerwG NVwZ 1988, 1122 (1123).
[55] BVerwG NVwZ 1989, 750 = BVerwGE 81, 95 (104f.).
[56] Zum Begriff des militärischen Flugplatzes Kämper in Grabherr/Reidt/Wysk Luftverkehrsgesetz § 30 Rn. 18f.
[57] Dazu ausführlich Kämper ZLW, 2008, 487ff. und ZLW 2009, 16ff.
[58] BVerwG NVwZ 1989, 750 = BVerwGE 81, 95 (106).

Auch wenn das planerische Abwägungsgebot lediglich in § 8 Abs. 1 S. 2 LuftVG für die Planfeststellung geregelt ist, gelten die zum fachplanerischen Abwägungsgebot entwickelten Grundsätze auch für die selbstständige Genehmigung eines Militärflugplatzes.[59] Dazu hatte das Bundesverwaltungsgericht bereits geurteilt, dass im selbstständigen luftrechtlichen Genehmigungsverfahren nach den Grundsätzen materieller Planung entschieden werden müsse.[60]

Nach dem im Planungsrecht geltenden Grundsatz der Problembewältigung sind auch im Rahmen einer selbstständigen luftverkehrsrechtlichen Flugplatzgenehmigung ggf. entsprechend § 74 Abs. 2 S. 2 VwVfG dem Vorhabenträger die Errichtung und Unterhaltung der Anlagen aufzuerlegen, die zum Schutz der Nachbarschaft vor Gefahren und erheblichen Nachteilen erforderlich sind, wobei für die Bewältigung des Fluglärms das Fluglärmschutzgesetz anzuwenden ist, § 8 Abs. 1 S. 3, 9 LuftVG.

e) *Genehmigungsfiktion*

Mit der Regelung des § 71 LuftVG beabsichtigt der Gesetzgeber, den zum Zeitpunkt des Inkrafttretens am 1.3.1999 vorhandenen Bestand genehmigungsrechtlich festzuschreiben, soweit ein Flugplatz bereits Ende 1958 bzw. im Beitrittsgebiet bis zum 2.10.1990 angelegt war und am 1.3.1999 noch betrieben wurde. Mit dieser Genehmigungsfiktion sollten Unsicherheiten über den Rechtszustand eines Flugplatzes beseitigt werden, was insbes. auch militärische Flugplätze betrifft, die vor 1959 ohne förmliche Genehmigung errichtet worden waren.[61] Im Hinblick auf den Stabilisierungszweck der Norm ist dabei nach Auffassung des VGH Mannheim nicht auf den Betriebszustand des Jahres 1958 abzustellen, sondern auf den am 1.3.1999 bestehenden Betrieb.[62]

IV. „Materielle Planungsentscheidung"

Ist ein bereits für militärische Zwecke gewidmetes im Bundeseigentum stehendes Gelände vorhanden, das der Planungshoheit der Gemeinde entzogen ist, bedarf es für eine weitere geänderte militärische Nutzung keines Verfahrens nach dem LBG.[63] Eine grundsätzliche Raumnutzungsentscheidung liegt insoweit bereits vor. Gleichwohl kann für eine weitergehende geänderte militärische Nutzung eine planerische Entscheidung erforderlich werden.[64]

Auch ohne ausdrückliche normative Anordnung kann bei raumbedeutsamen Vorhaben ein Bedarf für eine Koordination komplexer konfligierender Anfor-

---

[59] BVerwG ZLW 2010, 309 Rn. 7 m. Anm. Kämper; BVerwG NVwZ 1988, 1122 (1123); Kämper ZLW 2009, 16.

[60] BVerwG NVwZ 1990, 260 (261).

[61] VGH Mannheim, Urteil vom 24.5.2023 – 14 S 1705/22 – juris Rn. 64; OVG NRW, Urteil vom 3.6.2015 – 20 D 16/14 – juris Rn. 77.

[62] VGH Mannheim Urteil vom 24.5.2023 – 14 S 1705/22 – juris Rn. 66.

[63] BVerwG BVerwGE 112, 274, 278.

[64] BVerwG BVerwGE 112, 274, 285 ff.

derungen an die Raumnutzung entstehen.[65] Für solche materiellen Planungsentscheidungen wird den planenden Behörden ein planerischer Abwägungsspielraum eingeräumt, der aus dem Rechtsstaatsprinzip[66] und dem diesem innewohnenden Verhältnismäßigkeitsgebot hergeleitet, aber auch grundrechtlich unterlegt wird. Dieser hat Verfassungsrang[67]. Der hierfür entwickelte „materielle" Planungsbegriff[68] wurde allerdings als „richterrechtliche Notlösung" bezeichnet[69].

In der Rechtsprechung des Bundesverwaltungsgerichts wurde dieser Topos in verschiedenen Rechtsbereichen fruchtbar gemacht, etwa bei der Festlegung von An- und Abflugverfahren[70], bei der Planung von Energieleitungen[71], aber auch bei militärischen Vorhaben wie Flugplätzen[72] und Truppenübungsplätzen[73] sowie von Vorhaben, die dem LBG unterliegen[74].

Das Bundesministerium der Verteidigung hat mit der Bereichsdienstvorschrift C-1810/9 (Stand Februar 2019) unter Bezug auf die Rechtsprechung des Bundesverwaltungsgerichts für raumbedeutsame und umweltrelevante Großvorhaben ein Planungsverfahren in Anlehnung an das im Verwaltungsverfahrensgesetz geregelte Planfeststellungsverfahren[75] vorgesehen, allerdings beschränkt auf die Errichtung militärischer Übungs- und Ausbildungseinrichtungen. Vor dem Hintergrund der verfassungsrechtlichen Unterlegung des planerischen Abwägungsgebots können diese Grundsätze aber auch auf sonstige raumbedeutsame militärische Vorhaben wie etwa Munitionsdepots übertragen werden.

V. Übergreifende Verfahrenserfordernisse

Auch bei fehlenden oder defizitären normativen Festlegungen des Verwaltungsverfahrens können aus der Geltung des planerischen Abwägungsgebots Mindestanforderungen an das Verwaltungsverfahren bei Entscheidungen über raumbedeutsame militärische Vorhaben abgeleitet werden. Auch wenn man nicht so weit gehen will wie das OVG Berlin-Brandenburg[76], können aus den Anforderungen an den Abwägungsvorgang Verfahrensschritte, insbes. das Erfordernis einer Öffentlichkeitsbeteiligung, abgeleitet werden. Soweit einzelne Teile des Verfahrens normativ ausgestaltet sind wie etwa die UVP oder das Waldumwandlungsverfahren, kann auf die Normen unmittelbar zurückgegriffen werden.

---

[65] Durner Konflikte räumlicher Planungen, S. 317f. mwN.
[66] So bereits BVerwG BVerwGE 48, 56, 63.
[67] Dazu im Einzelnen Durner Konflikte räumlicher Planungen, S. 301ff. mwN.
[68] Dazu Durner, Konflikte räumlicher Planungen, S. 317f.; Wahl NVwZ 1990, 426 (427ff.).
[69] So Rojahn in Burgi Planungssicherheit im Energiewirtschaftsrecht, 66 (73f.).
[70] BVerwG BVerwGE 111, 276 (280).
[71] BVerwG BVerwGE 116, 365 (372).
[72] BVerwG NVwZ 1990, 260 (261).
[73] BVerwG BVerwGE 112, 274 (278); VGH Kassel NVwZ-RR 2006, 315; VG Minden NuR 2012, 287.
[74] BVerwG BVerwGE 74, 124 = NJW 1986, 2447 (2449).
[75] Dazu Kämper in BeckOK VwVfG §§72 VwVfG ff.; Kämper in Münchner Anwaltshandbuch Verwaltungsrecht § 19.
[76] OVG Berlin-Brandenburg, Urteil vom 27.3.2009 – OVG 2 B 10.08 – juris Rn. 51.

1. *Öffentlichkeitsbeteiligung*

Eine rechtsstaatliche Abwägung erfordert die Ermittlung und Einstellung aller abwägungserheblichen Belange.[77] Die Ermittlung der privaten abwägungserheblichen Belange wird ohne Beteiligung der von einem Vorhaben betroffenen Öffentlichkeit kaum möglich sein, ebenso wenig eine Ermittlung aller relevanten öffentlichen Belange ohne eine Anhörung der Behörden, deren Aufgabenbereich durch das Vorhaben berührt wird. Deshalb ist es naheliegend, für die hier diskutierten Vorhaben eine Öffentlichkeitsbeteiligung in Anlehnung an § 73 VwVfG vorzusehen. Dazu zählt auch eine hinreichende Information der Betroffenen über das Vorhaben und seine Auswirkungen. Im Hinblick auf die verfassungsrechtliche Garantie effektiven Rechtsschutzes sind die Betroffenen so zu informieren, dass sie die Wahrscheinlichkeit ihrer eigenen Betroffenheit hinreichend abschätzen können.[78]

2. *Umweltverträglichkeitsprüfung*

a) Anwendbarkeit des UVPG auf militärische Vorhaben

Das UVPG ist grundsätzlich auch auf militärische Anlagen anwendbar. Allerdings sieht § 1 Abs. 2 UVPG vor, dass das Bundesministerium der Verteidigung im Einzelfall entscheiden kann, dass das UVPG ganz oder teilweise nicht anzuwenden ist, soweit sich die Anwendung nach Einschätzung des Ministeriums nachteilig auf die Erfüllung dieser Zwecke auswirken würde, insbes. wegen Eilbedürftigkeit des Vorhabens oder aus Gründen der Geheimhaltung. Diese Regelung basiert auf Art. 1 Abs. 3 der UVP-RL 2014/51/EU, wonach aufgrund nationaler gesetzlicher Regelungen auf Basis einer Einzelfallbeurteilung die UVP-RL nicht auf Projekte anzuwenden ist, die ausschließlich Zwecken der Verteidigung dienen. Von der Anwendbarkeit des UVPG ausgenommen sind Pläne und Programme, die ausschließlich Zwecken der Verteidigung dienen, § 2 Abs. 7 S. 2 UVPG, basierend auf Art. 3 Abs. 8 der SUP-RL 2001/42/EG.

b) UVP-Pflichtigkeit militärischer Vorhaben

Das UVPG sieht für die Planung militärischer Infrastrukturmaßnahmen keine grundsätzliche UVP-Pflicht vor. Lediglich für militärische Flugplätze besteht nach Anlage 1 Nr. 14.12 zum UVPG eine UVP- bzw. Vorprüfungspflicht. Im Übrigen kann sich eine solche aus Anforderungen an einzelne Projektteile ergeben, etwa wenn für die Durchführung militärischer Infrastrukturmaßnahmen Waldumwandlungen durchzuführen sind, vgl. Anl. 1 Nr. 17.2.1 UVPG.

Soweit das UVPG auf Verteidigungsanlagen anwendbar ist, gelten auch die dortigen Verfahrensvorschriften, so dass sich die Defizite etwa des Landbeschaffungsgesetzes (→ III. 1.) in verfahrensrechtlicher Hinsicht insoweit ausgleichen lassen.

---

[77] Erbguth in Spannowsky/Hofmeister, Die Abwägung – das Herzstück der städtebaulichen Planung, 1 (11).

[78] BVerfG NVwZ 2018, 573 Rn 57.

c) Trägerverfahren für die UVP

Nach § 4 UVPG ist die Umweltverträglichkeitsprüfung unselbstständiger Teil verwaltungsbehördlicher Verfahren, die Zulassungsentscheidungen dienen. Damit stellt sich die Frage nach dem Trägerverfahren bei militärischen Vorhaben. In der Literatur wird daraus und im Hinblick auf die definitorische Auflistung bestimmter Zulassungsentscheidungen in § 2 Abs. 6 Nr. 1 UVPG ein Bezug zu einer abschließenden Zulassungsentscheidung hergestellt, der teilweise verstanden wird als Begrenzung auf Entscheidungen zur Befreiung von präventiven Verboten mit Erlaubnisvorbehalt.[79] Dieses Verständnis dürfte jedoch angesichts der deutlich weiter gefassten, dem UVPG zugrundeliegenden europarechtlichen Vorschriften, etwa Art. 4 Abs. 2 S. 1 UVP-RL iVm Anhang II zu eng gefasst sein.[80] Die Begründung des Gesetzentwurfs der Bundesregierung zum UVPG geht ebenfalls von einem weiten Verständnis des Trägerverfahrens aus: Aus dem Wort „dienen“ ergebe sich, dass hiermit nicht nur Zulassungsverfahren gemeint seien, die der Verwirklichung des Vorhabens unmittelbar vorausgehen (zB Genehmigungsverfahren). Vielmehr seien verwaltungsbehördliche Verfahren auch solche Entscheidungsprozesse, die vor dem Beginn des Zulassungsverfahrens im engeren Sinne ablaufen und die in Folge rechtlicher oder faktischer im nachfolgenden Zulassungsverfahren beachtlicher Festlegungen ebenfalls der Entscheidung über die Zulässigkeit von Vorhaben „dienen“[81]. Dazu gehören nicht nur Verwaltungsverfahren iSv § 9 VwVfG, sondern auch verwaltungsinterne Verfahren, die der Entscheidung über die Zulässigkeit von Vorhaben „dienen“. So kann jedenfalls die Bezeichnung als Abschluss eines Landbeschaffungsverfahrens nach § 1 Abs. 2, 3 LandbeschaffungsG als eine Zulassungsentscheidung angesehen werden, die ein Trägerverfahren für eine UVP darstellen kann. Auch eine Zustimmungsentscheidung nach § 37 Abs. 2 BauGB für Vorhaben der Landesverteidigung wurde als Trägerverfahren für eine UVP angesehen.[82]

Aber auch eine materielle Planungsentscheidung (→ IV.), die nicht auf spezifischer gesetzlicher Grundlage erfolgt, wird man als „sonstige behördliche Entscheidung über die Zulässigkeit von Vorhaben“ iSd § 2 Abs. 6 Nr. 1 UVPG ansehen und damit als Trägerverfahren für eine UVP heranziehen können, da im Rahmen der hierfür erforderlichen planerischen Abwägungsentscheidung unter Berücksichtigung der nach § 25 UVPG zu erstellenden Bewertung der Umweltauswirkungen des Vorhabens über die Durchführung des Vorhabens entschieden wird.

Demgegenüber ist das Anhörungsverfahren nach § 45 Abs. 2 BWaldG nicht als sonstige behördliche Entscheidung über die Zulässigkeit von Vorhaben einzustufen[83], weil auch die Anhörung nach § 45 Abs. 2 BWaldG nur unselbstständiger Bestandteil eines – möglicherweise internen – Entscheidungsverfahrens über die Durchführung von Vorhaben darstellt und nicht eine Entscheidung über die Zulassung eines militärischen Vorhabens.

---

[79] Bauer in Beckmann/Kment UVPG § 2 UVPG Rn. 99.
[80] Vgl. etwa EuGH, Urteil vom 24.10.1996 – Rs. C-72/95, ECLI:EU:C:1996, 404, Rn. 36ff.
[81] BT-Drs. 11/3919, 20.
[82] OVG Koblenz NVwZ-RR 2014, 721 (722).
[83] So aber VG Neustadt DVBl. 2013, 536 (537).

3. *Waldumwandlung, Anhörungsverfahren nach § 45 Abs. 2 BWaldG*

Ist das militärische Vorhaben mit der Umwandlung von Wald in eine andere Nutzungsart, etwa durch Rodung, verbunden, ist gem. § 45 Abs. 2 S. 1 BWaldG die höhere Forstbehörde anzuhören. Durch diese Verfahrensbestimmung werden die sonst für Waldumwandlungen bestehenden landesrechtlichen Genehmigungserfordernisse ausgeschlossen.[84] Die Durchführung des Anhörungsverfahrens wurde auf die Bundesanstalt für Immobilienaufgaben (BImA) mit deren Gründung durch das BImA-Errichtungsgesetz übertragen.

Ist es erforderlich, zur Durchführung des militärischen Vorhabens von einer nach § 45 Abs. 2 S. 1 BWaldG abgegebenen Stellungnahme der Höheren Forstbehörde abzuweichen, entscheidet hierüber das zuständige Bundesministerium im Einvernehmen mit den beteiligten Bundesministerien und im Benehmen mit der nach Landesrecht zuständigen obersten Landesbehörde. Die Vorschrift des § 45 Abs. 2 S. 2 BWaldG kann als eine materiell-rechtliche Privilegierung angesehen werden[85], weil das für die Zulassungsbehörde zuständige Ministerium – bei militärischen Anlagen also das Bundesministerium der Verteidigung – sich faktisch über die Stellungnahme der Landesforstbehörde hinwegsetzen kann. Das Ergebnis der Anhörung ist damit im Rahmen der planerischen Abwägungsentscheidung über das militärische Vorhaben zu berücksichtigen. Dabei sind die Belange der Verteidigung abzuwägen gegen die waldrechtlichen Belange.

VI. übergreifende materielle Entscheidungskriterien

Als gemeinsames Merkmal der Fachplanung für raumbedeutsame militärische Vorhaben kann die Geltung des planerischen Abwägungsgebots festgehalten werden. Im Übrigen unterliegen diese Vorhaben den allgemein geltenden gesetzlichen Vorgaben.

1. *Abwägungsgebot*

Die Geltung des Abwägungsgebots, das auch als „Herzstück der Planung" bezeichnet wird[86], stellt damit das prägende Element jeglicher planerischer Entscheidung über raumbedeutsame militärische Vorhaben dar. Allerdings ist die planerische Gestaltungsfreiheit, die Wesensmerkmal jeglicher Planung ist, nicht grenzenlos. Sie ist verwaltungsgerichtlich überprüfbaren rechtlichen Bindungen unterworfen, wozu der Abwägungsvorgang und das in der Planungsentscheidung zum Ausdruck kommende Abwägungsergebnis zählt[87]. Die Rechtsprechung hat für das Fachplanungsrecht – aus dem Bauplanungsrecht hergeleitete[88] – Grundsätze

---

[84] Vgl. Endres BWaldG § 45 Rn. 3; Klose/Orf Forstrecht § 45 BWaldG, Rn. 12; Gesetzentwurf der Bundesregierung, BT-Drs. 7/889, 32.

[85] Dietrich Landesverteidigung in den Grenzen der Umweltpflichtigkeit, S. 406; Repkewitz, Bundeswehr und Umweltschutz, 1999, S. 339.

[86] Spannowsky, Rechtliche Grundlagen der Umweltplanung, Einl. Rn 19.

[87] Kämper in Münchner Anwaltshandbuch Verwaltungsrecht § 19 Rn 130.

[88] BVerwG BVerwGE 34, 301 (304).

entwickelt, die das Gebot, die von einer Planung berührten öffentlichen und privaten Belange gegeneinander und untereinander gerecht abzuwägen, präzisieren. Danach muss eine Abwägung überhaupt stattfinden, in die Abwägung an Belangen eingestellt werden, was nach Lage der Dinge eingestellt werden muss, und weder die Bedeutung der öffentlichen und privaten Belange verkannt noch der Ausgleich zwischen Ihnen in einer Weise vorgenommen werden, die zur objektiven Gewichtigkeit einzelner Belange außer Verhältnis steht.[89] Das Ergebnis einer ggf. durchgeführten Umweltverträglichkeitsprüfung ist ebenso in die Abwägung einzustellen wie etwaige Stellungnahmen in einem waldrechtlichen Anhörungsverfahren nach § 45 Abs. 2 BWaldG und erkennbare schützenswerte Belange Privater. Maßgeblich ist das öffentliche Interesse an funktionierenden Streitkräften zu gewichten (→ I.).

2. *Bindung an materielles Recht*

Im Übrigen ist auch bei Planungsentscheidungen für militärische Vorhaben das materielle Recht zu beachten, soweit es in der Abwägung nicht überwunden werden kann, etwa das Immissionsschutzrecht[90], soweit die Anwendbarkeit auf militärische Vorhaben nicht ausgeschlossen[91] oder eingeschränkt ist[92]. Für Flächen, die Zwecken der Verteidigung, einschließlich der Erfüllung internationaler Verpflichtungen, dienen, sieht § 4 BNatSchG eine Verpflichtung zur Gewährleistung der bestimmungsgemäßen Nutzung vor, sog. Funktionssicherung. Allerdings ist ggf. der Anwendungsvorrang des Unionsrechts zu beachten[93], das aber auch Zwecke der Verteidigung als Abweichungstatbestände und Ausnahmegründe zulässt, vgl. etwa § 34 Abs. 4, § 45 Abs. 7 S. 1 Nr. 4 BNatSchG.

VI. Kompetenzen

Während die Aufgaben der Streitkräfte in Art. 87a GG definiert werden, ist die Deckung des unmittelbaren Sachbedarfs der Streitkräfte gem. Art. 87b Abs. 1 S. 2 GG der Wehrverwaltung[94] zugewiesen. Dazu zählt u. a. die Verwaltung der Liegenschaften[95], wozu aber nicht das Bauwesen gehört, arg. e. Art. 87b Abs. 1 S. 3 GG. Mit der Bundeswehrreform 2012 wurde als Bundesoberbehörde das Bundesamt für Infrastruktur, Umweltschutz und Dienstleistungen der Bundeswehr gebildet, das u. a. Aufgaben der Errichtung und Verwaltung von Infrastruktureinrichtungen sowie der Liegenschaftsverwaltung wahrnimmt.

---

[89] BVerwG BVerwGE 48, 56 (63f.); st. Rspr.

[90] BVerwG BVerwGE 112, 274 (285).

[91] So findet das Bundes-Klimaanpassungsgesetz keine Anwendung auf Flächen und Einrichtungen, die der Landes- oder Bündnisverteidigung dienen, § 13 Abs. 2 KAnG.

[92] Vgl. BVerwG BVerwGE 88, 210 zu § 60 BImSchG.

[93] Meyer in Frenz/Müggenborg, BNatSchG § 4 Rn 37.

[94] Zur verfassungsrechtlichen Trennung von Streitkräften und Bundeswehrverwaltung Pieroth NVwZ 2011, 705ff.; v. Graevenitz ZRP 2023, 187.

[95] Müller-Franken in Huber/Voßkuhle GG Art. 87b Rn 38.

VII. Vorhaben von Gaststreitkräften

Mit der Mitgliedschaft der Bundesrepublik Deutschland im NATO-Verteidigungsbündnis gehört diese einem „System kollektiver Sicherheit" iSd Art. 24 Abs. 2 GG an.[96] Die Bündnisverteidigung gehört zum Verteidigungsauftrag des Grundgesetzes[97] (→ I.). Die Stationierung von NATO-Gaststreitkräften in Deutschland beruht rechtlich auf dem Aufenthaltsgesetz[98], dem NATO-Truppenstatut und dem Zusatzabkommen zum NATO-Truppenstatut (ZA-NTS). Regelungen über die Bereitstellung von Liegenschaften für die Gaststreitkräfte enthält Art. 48 ZA-NTS. Dabei gelten die nationalen Rechts- und Verwaltungsvorschriften, die durch deutsche Behörden in Verfahrensstandschaft für die Gaststreitkräfte durchgeführt werden, Art. 49 ZA-NTS. Die Landbeschaffung erfolgt ggf. nach Maßgabe des Landbeschaffungsgesetzes, § 1 Abs. 1 Nr. 2 LBG. Die materiellrechtlichen Anforderungen an fachplanerische Entscheidungen für raumbedeutsame militärische Vorhaben der Gaststreitkräfte entsprechen im Wesentlichen den oben dargestellten Grundsätzen.

Lediglich Anlagen und Liegenschaften, die am Tage des Inkrafttretens des Abkommens zur Änderung des Zusatzabkommens zum NATO-Truppenstatut (18.3.1998) einer Gaststreitkraft zur ausschließlichen Benutzung überlassen waren, können auch nach diesem Tag ohne die nach deutschem Recht erforderlichen Genehmigungen weiterbetrieben werden, Art. 21b Abs. 1 des Gesetzes zum NATO-Truppenstatut und zu den Zusatzvereinbarungen. Diese Bestandsschutzklausel soll im wesentlichen den Verpflichtungen aus Art. 53 ZA-NTS entsprechen[99].

---

[96] BVerfG BVerfGE 90, 286, 351.
[97] Kment in Jarass/Pieroth GG Art. 87a Rn 11.
[98] Wolfrum in Isensee/Kirchhoff Handbuch des Staatsrechts, § 221 Rn 32.
[99] Gesetzesbegründung der Bundesregierung, BT-Drs. 12/6477, 9.

C. ENTWICKLUNGSLINIEN DER RAUMORDNUNG

HANS-JÖRG DOMHARDT

Entwicklungslinien der Raumordnung in Deutschland – bedeutsame Meilensteine der Regional- und Landesplanung

I. ... und sie bewegt sich doch! Knapp 60 Jahre Raumordnung in Deutschland

Fast 60 Jahre ist es her, dass neben den bereits in den meisten (alten) Bundesländern etablierten Landes- und Regionalplanungssystemen erstmals ein Raumordnungsgesetz als Rahmengesetz in Kraft trat.[1]

Zwei verfassungsrechtliche Vorschriften im Grundgesetz (Art. 74 Abs. 1 Nr. 31 sowie Art. 72 Abs. 3 S. 1 Nr. 4 GG) regeln die Gesetzgebungskompetenz für die Raumordnung. Als Raumordnung im Rechtssinne ist die hoheitliche Gestaltung des Raumes zu verstehen, die jenseits der Ortsebene nach Maßgabe überörtlicher und überfachlicher Gesichtspunkte erfolgt und die nicht unmittelbar die rechtlichen Beziehungen des Menschen zum Grund und Boden betrifft. Diese Begriffsbestimmung liegt dem sogenannten Baurechtsgutachten[2] des Bundesverfassungsgerichts (BVerfG) zugrunde, wenngleich sie dort sprachlich etwas anders gefasst ist.[3].

Vorbereitet durch ein Sachverständigen-Gutachten (SARO 1961), kam es 1965 zum Bundesraumordnungsgesetz (ROG), das dem Bund eine eigene, allerdings eingeschränkte Kompetenz zur bundesstaatlichen Raumordnung sowie eine Rahmenkompetenz für die Raumordnung in den Ländern zuerkannte. Die Vorgabe allgemeiner Grundsätze der Raumordnung durch das ROG sowie vor allem die 1967 gegründete Ministerkonferenz für Raumordnung (MKRO), in der neben dem Bund sämtliche Länder der Bundesrepublik zusammenwirken, sollen eine einigermaßen einheitliche Raumordnungspolitik im gesamten Staatsgebiet gewährleisten. Da 1960 mit dem Bundesbaugesetz die kommunale Raumplanung auf eine neue, bundeseinheitliche Rechtsgrundlage gestellt worden war und in der Folge des ROG auch die letzten Bundesländer Landesplanungsgesetze erließen und Regionalplanungen implementierten, entstand nun ein lückenloses Raumplanungssystem mit den vier Ebenen: Bund, Land, Region und Gemeinde.[4]

Dieses Mehrebenensystem wurde (und wird) charakterisiert durch das sog. Gegenstromprinzip[5], bei dem die top-down gerichteten Vorgaben der höheren Ebene

---

[1] ROG 1965.
[2] BVerfG BVerfGE 3, 40 (424f.).
[3] Hendler ARL Handwörterbuch der Stadt- und Raumentwicklung, S. 1907.
[4] Blotevogel ARL Handwörterbuch der Stadt- und Raumentwicklung, S. 793.
[5] Kümper in ARL Handwörterbuch der Stadt- und Raumentwicklung, S. 761.

mit einer bottom-up gerichteten Mitwirkung der nächst niedrigeren Ebene verbunden werden.

In den Bundesländern erfuhr das System der Landes- und Regionalplanung in den 1960er- und frühen 1970er-Jahren eine flächendeckende instrumentelle Ausgestaltung. Nach und nach begannen alle Flächenländer auf der Grundlage ihrer Landesplanungsgesetze mit der Ausarbeitung von Plänen und Programmen. Leitender Gedanke war auch hier, die Raum- und Siedlungsstruktur entsprechend den normativen Leitbildvorstellungen des ROG auf ein System von Zentralen Orten, Entwicklungsachsen und dazwischen liegenden Freiräumen auszurichten sowie regionsspezifische Ziele durch die räumliche Einteilung nach Gebietskategorien bzw. Regionen mit bestimmten Entwicklungsprioritäten zu setzen.[6]

Einige Länder verbanden die Aufgabe der Landesplanung mit einem umfassenden Auftrag zur Landesentwicklung im Sinne einer integrierten Entwicklungsplanung. Vorreiter für dieses Modell waren Hessen und Nordrhein-Westfalen, gefolgt von Niedersachsen. Bis 1974 hatten fast sämtliche Flächenländer Raumordnungspläne aufgestellt. Sie trugen unterschiedliche Bezeichnungen: Landesentwicklungsplan (Baden-Württemberg 1971/73, Hessen 1971, Nordrhein-Westfalen 1970), Landesraumordnungsprogramm (Hessen 1970, Niedersachsen 1974), Landesentwicklungsprogramm (Rheinland-Pfalz 1968, Niedersachsen 1973, Nordrhein-Westfalen 1974), Raumordnungsprogramm (Saarland 1967/70, Schleswig-Holstein 1967), Raumordnungsplan (Schleswig-Holstein 1969/73). Als letztes Land folgte Bayern, wo erst 1976 das erste Landesentwicklungsprogramm aufgestellt wurde.

Auf der regionalen Ebene wurde in den 1960er- und in der ersten Hälfte der 1970er-Jahre die Regionalplanung flächendeckend implementiert. Da das ROG die Organisation der Regionalplanung den Ländern überließ, entschieden sich die Länder für Organisationsformen, die in unterschiedlicher Weise kommunale und staatliche Elemente kombinierten. Baden-Württemberg, Hessen und Rheinland-Pfalz bildeten auf der regionalen Ebene kommunale Planungsgemeinschaften, während Nordrhein-Westfalen den Einfluss des Landes ausbaute.

Spätestens Mitte der 1970er-Jahre wurde offenkundig, dass der weit reichende vertikale und horizontale Koordinationsanspruch der Raumordnung nicht eingelöst werden konnte. Beispielhaft deutlich wird dies am Bundesraumordnungsprogramm (BROP 1975), das 1975 von der MKRO verabschiedet wurde. In den vorangegangenen langjährigen Diskussionen wandten sich sowohl mehrere Bundesministerien als auch die Länder gegen ein wirksames Programm, so dass das BROP letztlich auf viele Leerformeln reduziert wurde und der Anspruch einer horizontalen und vertikalen Planungskoordinierung scheiterte.[7] Raumordnung (-spolitik) konzentriert sich seitdem auf eine im engeren Sinne raumrelevante (dh flächenbezogene und strukturpolitische) Politik und Planung mit eher punktuellen horizontalen Koordinationen. Dabei erwies sich die Raumordnung stets als anpassungsfähig, wenn es darum ging, ihre Leitbilder und Ziele auf die gewandelten Pro-

---

[6] Blotevogel ARL Handwörterbuch der Stadt- und Raumentwicklung, S. 793.

[7] Hübler in ARL, Zur geschichtlichen Entwicklung der Raumordnung, Landes- und Regionalplanung in der Bundesrepublik Deutschland. S. 32.

blemsituationen der Raumentwicklung auszurichten. Der Wandel der Leitbilder zeigt sich in der veränderten Bewertung der ländlichen Räume und der Ballungsgebiete, in unterschiedlichen Akzentuierungen ökologischer, ökonomischer und sozialer Zielsetzungen sowie im Verhältnis Ausgleichs- versus Wachstumsziel.[8]

II. Erfolge und Hemmnisse der Weiterentwicklung – Auswahl einzelner Aspekte

Die Entwicklung der Raumordnung insbesondere auf der regionalen Ebene ist gekennzeichnet durch eine Vielzahl von differenzierten Zielsetzungen und durch die jeweilige landesspezifische „Planungsphilosophie". Eine umfassende Darstellung aller Einzelaspekte kann und soll hier nicht erfolgen. Der Autor konzentriert sich hier auf die jeweiligen Entwicklungslinien bzw. Themen, die aus seiner Sicht wesentlich für die Aufgabenerfüllung der Raumordnung ist. Zudem war für die Auswahl der Themenfelder auch die Mitwirkung des Autors bei vielen Forschungsfeldern und Diskussionsforen in diesem Bereich prägend.[9]

1. Das Konzept der Vorranggebiete

Umfänglich wurden Vorrang- bzw. Vorbehaltsgebiete erstmals im niedersächsischen Landesraumordnungsprogramm von 1982 zur Anwendung gebracht. Davon ausgehend hat sich die ARL (damals: Akademie für Raumforschung und Landesplanung, heute: Akademie für Raumentwicklung in der Leibniz-Gemeinschaft) in mehreren Arbeitskreisen den verschiedenen Aspekten dieser Konzeption gewidmet. Dieser umfängliche und mehr als zehn Jahre dauernde Diskussionsprozess führte schließlich dazu, dass mit dem ROG von 1998 in der Fassung der Bekanntmachung vom 18.8.1997[10] für die großflächige Ausweisung von Vorrang- und Vorbehaltsgebieten erstmals rahmenrechtliche Vorgaben gemacht (§ 7 Abs. 4 Nr. 1 und 2 ROG, § 4 Nr. 3 ROG) und für die drei Gebiete die jeweiligen Voraussetzungen und Rechtsfolgen beschrieben werden.

Das ROG von 2008 bezeichnet in § 8 Abs. 7 ROG Vorrang-, Vorbehalts- und Eignungsgebiete und benennt in § 8 Abs. 5 ROG beispielhaft Raumordnungsgebiete für den Freiraumbereich zur Aufnahme in die Raumordnungspläne der

[8] Blotevogel ARL Handwörterbuch der Stadt- und Raumentwicklung, S. 793.

[9] Vgl. u. a. Domhardt/Benzel/Kiwitt/Proske/Scheck/Weik in ARL, Grundlagenwerk „Grundriss der Raumordnung und Raumentwicklung", S. 203 ff.; Domhardt (Hrsg.) Regionaler Flächennutzungsplan (RegFNP) im Ballungsraum Frankfurt/Rhein-Main. Bisherige Erfahrungen bei der Aufstellung und Hinweise zur künftigen Handhabung,2010; ARL Regionaler Flächennutzungsplan – Rechtlicher Rahmen und Empfehlungen zur Umsetzung, 2000; ARL „Zukunftsaufgabe Regionalplanung", 1996, S.75; ARL Zukunftsaufgabe Regionalplanung, 1995; Bundesamt für Bauwesen und Raumordnung Schlanker und effektiver Regionalplan, Praxisuntersuchung und Expertise zur Harmonisierung von Festlegungen in regionalen Raumordnungsplänen auf Grundlage des Raumordnungsgesetzes, 2001;Bundesamt für Bauwesen und Raumordnung, Freiraumschutz in Regionalplänen, 2006.

[10] BGBl. I, 2081, 2102.

Länder. Insbesondere der Dualismus von Vorrang- und Vorbehaltsfestlegungen ist hierbei wesentlich.

Ein Vorranggebiet ist für eine bestimmte raumbedeutsame Funktion oder Nutzung vorgesehen. Andere raumbedeutsame Nutzungen sind in diesem Gebiet ausgeschlossen, soweit diese mit der vorrangigen Funktion, Nutzung oder den Zielen der Raumordnung nicht vereinbar sind. Insofern dienen Vorranggebiete entweder der Sicherung standortgebundener Nutzungen oder Funktionen oder deren gezielter Entwicklung in einem bestimmten Gebiet.

Ein Vorranggebiet hat den Charakter eines Ziels der Raumordnung im Sinne von § 3 Abs. 1 Nr. 2 ROG; es ist damit endgültig abgewogen und lässt den Adressaten keinen diesbezüglichen Entscheidungsspielraum, wohl aber einen Ausformungsspielraum auf den Ebenen der Regional- und Bauleitplanung. In der praktischen Regionalplanung wird es jedoch zunehmend schwieriger, die Anforderung an eine planerische Letztabwägung zu erfüllen und sicherzustellen, dass sich der vorrangige Belang gegenüber anderen Belangen (zumindest nach den Erkenntnissen auf der regionalplanerischen Ebene) durchsetzen kann. Regionalplanung ist auf Flächensicherung beschränkt und kann zB an eine Vorrangfestlegung keine Auflagen binden, die die Wahrung anderer Belange bei ansonsten durchschlagendem Vorrang sicherstellen könnte.[11]

In einem Vorbehaltsgebiet – teilweise auch Vorsorgegebiet genannt – ist einer bestimmten raumbedeutsamen Funktion oder Nutzung bei der Abwägung mit konkurrierenden raumbedeutsamen Nutzungen besonderes Gewicht beizumessen. Ein Vorbehaltsgebiet besitzt den Charakter eines Grundsatzes der Raumordnung. Es ist damit im Vergleich zum Vorranggebiet der endgültigen Abwägung voll zugänglich, wirkt nur rahmensetzend und überlässt die konkrete Ausgestaltung der nachfolgenden Planung, auch der gemeindlichen Bauleitplanung. Vorbehaltsgebiete sind in nachfolgenden Plan-, Prüf- und Zulassungsverfahren zu berücksichtigen.

So sind mit der eindeutigen Differenzierung zwischen Vorranggebieten als abschließend abgewogene Ziele der Raumordnung und Vorbehaltsgebieten als nicht abgewogene Grundsätze der Raumordnung die wichtige instrumentelle Grundlage für regionalplanerische Festlegungen getroffen worden.[12] Diese Unterscheidung wird mittlerweile in allen Bundesländern entsprechend zur Anwendung gebracht.

2. *Der schlanke und effektive Regionalplan – ein unerreichbares Ziel?*

Parallel zur Diskussion um die inhaltliche und instrumentelle Ausgestaltung von zukunftsfähigen Regionalplänen befasste sich der ARL-Arbeitskreis „Regionalplanung 2000“ unter Leitung von Prof. Dr. Dr. h. c. Hans Kistenmacher in den Jahren 1992–1995 intensiv mit dem zukünftigen Aufgabenverständnis und Aufgabenerfüllung einer leistungsfähigen Regionalplanung. Neben Forderungen nach zügigen

[11] Scholich ARL Handwörterbuch der Stadt- und Raumentwicklung, S. 2841.

[12] Bundesamt für Bauwesen und Raumordnung, Freiraumschutz in Regionalplänen, 2006, S. 11 ff.

Aufstellungs- und Fortschreibungsverfahren für Regionalpläne, ein verbessertes Zusammenspiel zwischen den Ebenen der Raumplanung sowie einer aktive Zusammenarbeit zwischen Regionalplanung und Fachplanungen, Anforderungen an organisatorische Mindeststandards einer leistungsfähigen Regionalplanung einschließlich einer verbesserten Außendarstellung der Regionalplanung war ein zentraler Punkt die Forderung nach schlanken Regionalplänen und ergänzenden regionalpolitischen Handlungsprogrammen.[13]

Zentrale Zielaussagen dieses Arbeitskreises wurden auf der ersten bundesweiten Regionalplanungstagung 1995 in Chemnitz vorgestellt und mit mehr als 300 Fachleuten aus der Raumordnung (insbesondere der Regionalplanung) intensiv diskutiert.[14]

Insbesondere die Forderung nach einem sogenannten „schlanken und effektiven Regionalplan" prägte die regionalplanerische Diskussion der späten 1990er und frühen 2000er Jahre. In einigen dieser Arbeitsgremien wirkte der Autor intensiv mit.[15]

Wesentliche Erkenntnisse aus diesen Diskussionen waren dabei sogenannte „Schlankheitsregeln", die vor allem beim Regionalen Raumordnungsplan für die Region Westpfalz exemplarisch zur Anwendung kamen.[16]

Die Umsetzung der oben genannten Aufträge bzw. die Konkretisierung der Grundsätze der Raumordnung konnte dabei auf den erstmalig im Forschungsprojekt „Schlanker und effektiver Regionalplan" entwickelten Überlegungen aufbauen.[17] Die stringente Ausformulierung dieser Anforderungen erfolgte in der Planungspraxis im Rahmen der Fortschreibung des Regionalen Raumordnungsplans Westpfalz („westpfälzische Schlankheitsregeln")[18]. Diese Regeln geben vor, dass auf der Ebene der Regionalplanung nur das gesteuert wird, was auf dieser Ebene auch zu steuern ist und nicht anderweitig besser gesteuert werden kann, auf der Ebene der Regionalplanung nur dann gesteuert wird, wenn auch Zieladressaten benannt werden können, auf der Ebene der Regionalplanung nur dann gesteuert wird, wenn das einsetzbare Instrumentarium auch Steuerungswirkung zeigt.

Mit der ersten Regel soll dem Subsidiaritätsprinzip Rechnung getragen werden.

Mit der zweiten Regel soll bewirkt werden, dass die Formulierung von Leerformeln und allgemeinpolitischen Selbstverständlichkeiten unterbleibt.

Mit der dritten Regel soll gesichert werden, dass die Festlegungen im nachgelagerten Verwaltungshandeln auch tatsächlich zum Tragen kommen (können).

---

[13] ARL Zukunftsaufgabe Regionalplanung, 1995, S. 272ff.

[14] Domhardt in ARL „Zukunftsaufgabe Regionalplanung", 1996, S.75.

[15] Vgl. hierzu Bundesamt für Bauwesen und Raumordnung Schlanker und effektiver Regionalplan, Praxisuntersuchung und Expertise zur Harmonisierung von Festlegungen in regionalen Raumordnungsplänen auf Grundlage des Raumordnungsgesetzes, 2001.

[16] Domhardt/Benzel/Kiwitt/Proske/Scheck/Weik in ARL, Grundlagenwerk „Grundriss der Raumordnung und Raumentwicklung", S. 203ff.

[17] Bundesamt für Bauwesen und Raumordnung Schlanker und effektiver Regionalplan, Praxisuntersuchung und Expertise zur Harmonisierung von Festlegungen in regionalen Raumordnungsplänen auf Grundlage des Raumordnungsgesetzes, 2001.

[18] Vgl. Weick in Spannowsky/Krämer, Die aktuellen Änderungen des BauGB sowie des ROG 2004 und ihre Auswirkungen auf die Praxis, S. 53.

Der Regionalplan ist und bleibt das zentrale Gestaltungs- und Koordinierungsinstrument der Raumordnung. In den Bundesländern finden sich für dieses Planungsinstrument abweichende Bezeichnungen (Regionales Raumordnungsprogramm, Regionaler Raumordnungsplan, Regionales Raumentwicklungsprogramm). Mit dem Regionalplan legt der Träger der Regionalplanung im Rahmen der Landesvorgaben die Ziele und Grundsätze der räumlichen Entwicklung in seiner Planungsregion fest. Wesentliche Funktionen des Regionalplans sind dabei ambivalent.

Einerseits ist der Regionalplan ein Entwicklungskonzept und stellt das angestrebte räumliche Zukunftsbild für die jeweilige Region dar. Er zeigt, wie sich die Region und ihre Teilräume in einer mittelfristigen Perspektive entwickeln sollen und wo welche Entwicklungen (zB Siedlungsschwerpunkte, Logistikschwerpunkte, Erholung und Tourismus) als Zielsetzungen der Regionalplanung festgelegt werden.

Andererseits ist der Regionalplan ein Instrument zur Ordnung der Raumnutzungen. Mit der Planaufstellung müssen die Konflikte zwischen konkurrierenden Raumnutzungsansprüchen fachlich und politisch gelöst werden. So muss beispielsweise entschieden werden, wo im Freiraum welche Funktionen bzw. Nutzungen (etwa Naturschutz, Naherholung, Rohstoffgewinnung und Windkraftanlagen) Priorität haben und welche anderen Optionen ausgeschlossen werden sollen.

Zudem ist der Regionalplan ein Sicherungsinstrument: Viele Raumfunktionen, Standorte und Trassen bedürfen der verbindlichen und langfristigen Sicherung gegenüber anderen Belangen und Ansprüchen. So ist es unumgänglich, dauerhaft bestimmte Bereiche für Trinkwassergewinnung oder Rohstoffabbau zu sichern, ebenso Standorte für Energieerzeugung und Abfallbehandlung sowie Leitungstrassen und Verkehrswege.

Der Stellenwert eines Regionalplans variiert zwischen den einzelnen Regionen erheblich. Zum Teil wird er eher als nüchternes technisches Plandokument verstanden, zum Teil werden mit seiner Hilfe engagierte regionale Zukunftsvisionen entwickelt. In jüngerer Zeit ist klar erkennbar, dass der Regionalplan wieder stärker als strategisches Instrument genutzt wird (Strategische Planung).[19]

In einem strategisch ausgerichteten Regionalplan sollen, aufbauend auf einer gründlichen Stärken-Schwächen-Analyse, prioritäre Handlungsfelder und Schlüsselprojekte der Regionalentwicklung unter Berücksichtigung der verfügbaren Ressourcen identifiziert und Hinweise für die Umsetzung gegeben werden. Mit der Analyse der Stärken und Schwächen einer Region soll eine Diskussion über die gewünschte künftige Ausrichtung der Entwicklung initiiert werden. Dies kann beispielsweise über eine Leitbilddiskussion erfolgen, die der Aufstellung des eigentlichen Plans häufig vorgeschaltet wird und in die sowohl die breite Öffentlichkeit als auch die regionalen Stakeholder einbezogen werden (Leitbilder der Raumentwicklung). Das entworfene Leitbild wird oft dem eigentlichen Regionalplan vorangestellt; es ist allerdings nicht verbindlich.[20]

---

[19] Vallee Strategische Regionalplanung, 2012.
[20] Vgl. Priebs ARL Handwörterbuch der Stadt- und Raumentwicklung, S. 2047.

Allerdings fehlt oftmals der Wille solche gesellschaftlichen Aushandlungsprozesse durchzuführen und auch in einer Region umzusetzen (politische Willensbildung). Sind die Entscheidungsgremien des Trägers der Regionalplanung durch kommunalpolitische Delegierte bestimmt, werden häufig regionalpolitische Konflikte nicht ausgetragen und es bleibt bei Kompromissen „auf kleinstem gemeinsamem Nenner“. Direkt gewählte Regionalparlamente haben hier erhebliche Vorteile, da sie ein reales Abbild der politischen Willensbildung in einer Region darstellen. Positive Beispiele hierfür sind die Region Hannover und der Regionalverband Stuttgart und in jüngster Vergangenheit der Regionalverband Ruhr.

Wenn auch bei aktuellen Regionalplänen nicht immer von einem „schlanken und effektiven Regionalplan“ gesprochen werden kann, so ist doch die Tendenz erkennbar, dass sich bei neueren Regionalplänen stärker auf die steuerungsrelevanten Inhalte konzentriert wird und die leerformelhaften Aussagen einen immer geringeren Stellenwert haben.

3. Harmonisierung von Struktur und Inhalten der Regionalpläne

Ungeachtet der erwähnten länder- und regionsspezifischen Unterschiede bei den Inhalten von Regionalplänen enthalten diese sowohl generelle und übergreifende Aussagen zur Regionalentwicklung als auch räumlich konkrete und nutzungsbezogene Festlegungen. Die Essentials der Regionalentwicklung werden entweder dem Regionalplan in einem Leitbild vorangestellt oder als Grundsätze der Regionalplanung in den verbindlichen Textteil des Regionalplans aufgenommen.

Die räumlich konkreten und nutzungsbezogenen Festlegungen erfolgen sowohl in textlicher als auch in zeichnerischer Form. Um in diesem Beitrag einen Überblick über die wesentlichen Planinhalte und Regelungsgegenstände der Regionalplanung zu geben, werden die Festlegungen zur Raumstruktur nachfolgend entsprechend § 8 Abs. 5 ROG untergliedert in

- die anzustrebende Siedlungsstruktur,
- die anzustrebende Freiraumstruktur und
- die zu sichernden Standorte und Trassen für Infrastruktur.

Hier wird eine eindeutige und weitgehend überschneidungsfreie Struktur für Raumordnungspläne vorgegeben, die eine bundesweite Harmonisierung der Regionalpläne unterstützt.

In einer vom Bundesamt für Bauwesen und Raumordnung in Auftrag gegebenen Untersuchung[21] wurden mehr als 100 Regionalpläne darauf hin analysiert, wie regionalplanerische Festlegungen im Bereich Freiraumschutz vorgenommen wurden. Als Ergebnisse wurde abschließend Hinweise bzw. Forderungen für die zukünftige Anwendung und Systematisierung entsprechender Festlegungen formuliert.

Aus der oben genannten umfassenden Untersuchung wurden im Ergebnis Vorschläge entwickelt, die der Planungspraxis Hinweise für die adressatenbezogene Festlegung von Planelementen im Freiraumbereich an die Hand geben. Diese Vor-

---

[21] Bundesamt für Bauwesen und Raumordnung, Freiraumschutz in Regionalplänen, 2006.

schläge berücksichtigen insbesondere die Fragen, wie entsprechende freiraumbezogene Festlegungen textlich formuliert und zeichnerisch dargestellt werden können, wie der Kennzeichnungspflicht genügt werden kann und wie die Plankapitel strukturiert werden können.

Vor allem eine klare Unterscheidung von „Zielen der Raumordnung" und „Grundsätzen der Raumordnung" durch individuelle Kennzeichnung am Plansatz mittels der Buchstaben „Z" für „Ziele der Raumordnung" und „G" für „Grundsätze der Raumordnung" sowie „N" für „nachrichtliche Übernahmen" ist zielführend. Ebenso ist eine exakte Verwendung der Begriffe „Ziele der Raumordnung" und „Grundsätze der Raumordnung" entsprechend der Definitionen in § 3 ROG geboten.

Es handelt sich hierbei um die Auswertung entsprechender „best practices" und die Ableitung von Vorschlägen zur besseren Lesbarkeit und Nachvollziehbarkeit freiraumbezogener Festlegungen in Regionalplänen. Der Fokus liegt auf der Formulierung von Plansätzen, die vor allem für die Planadressaten eine klare Einschätzung hinsichtlich der Bindungswirkung ermöglichen soll. Deshalb sind zukünftig eindeutige Formulierungen anzustreben, die vor allem die Kriterien nach § 3 ROG hinsichtlich

- abschließender Abwägung,
- Verbindlichkeit,
- sachlicher Bestimmtheit sowie
- räumlicher Bestimmtheit

angemessen beachten.[22]

Dementsprechend empfiehlt es sich für die Plangeber, hinsichtlich der Formulierung von Plansätzen zukünftig den folgenden Vorschlägen besondere Aufmerksamkeit beizumessen. Hierbei ist darauf hinzuweisen, dass diese Vorschläge sich nicht nur auf Festlegungen im Freiraumbereich beschränken, sondern auch als Orientierung und Leitlinie für alle raumordnerischen Festlegungen (auch im Bereich Siedlungs- und Infrastruktur) dienen können. Hierdurch kann die Normenklarheit und Nachvollziehbarkeit raumordnerischer Festlegungen insgesamt verbessert werden.

Vorschläge für die abschließende Abwägung:

- Eindeutige Hinweise auf abschließende Abwägung im Plansatz oder in der Begründung/Erläuterung,
- explizite Verwendung des Begriffes „(abschließend) abgewogen",
- explizite Hinweise auf eine „abschließende Abwägung" sowie
- keine Pauschalaussagen bezüglich der „abschließenden Abwägung" anstelle konkreter Hinweise bei den einzelnen Freiraumausweisungen.

Vorschläge für die Verbindlichkeit:

- Verwendung von Ist-Formulierungen („ist/sind", „müssen", „dürfen (nicht)"...) für Ziele der Raumordnung; hierbei ist keinesfalls ausgeschlossen, dass die Festlegung von Zielen auch in Form der Regel-Ausnahme-Struktur möglich ist. So

[22] Bundesamt für Bauwesen und Raumordnung, Freiraumschutz in Regionalplänen, 2006, S. 11 ff.

werden in einigen Bundesländern durch die Vorgaben der Landesplanung Ziele der Raumordnung prinzipiell als Soll-Formulierungen vorgenommen (zB im Freistaat Bayern, teilweise auch in Baden-Württemberg). Diese Regelung des § 6 Abs. 1 ROG setzt allerdings voraus, dass der Plangeber neben den Regel- auch die Ausnahmevoraussetzungen mit hinreichender Bestimmtheit oder doch wenigstens Bestimmbarkeit selbst festgelegt,

- bei der Zielformulierung sind keine einschränkenden Begriffe wie „möglichst", „grundsätzlich" oder Ähnliches zu verwenden,
- Formulierungen wie „sollte", „soll möglichst" „soll grundsätzlich" sind auf Grundsätze der Raumordnung zu beschränken und die
- Formulierung von Handlungsanweisungen gehört in den Plansatz und nicht in die Begründung.
- Vorschläge für die sachliche Bestimmtheit:
- Begriffe wie „Schutz", „Verbesserung", „Entwicklung", „Sicherung", „Erhaltung", „Sanierung" verwenden,
- eine gute Nachvollziehbarkeit der sachlichen Ziele durch klare, präzise sowie hinreichend bestimmte Handlungsanweisungen anstreben,
- Handlungsanweisungen in die Plansätze und nicht in die Begründung einstellen sowie
- bei der Wahl der Terminologie für das Planzeichen auf gute Verständlichkeit achten.

Vorschläge für die räumliche Bestimmtheit:

- Flächenfüllungen und Linienumgrenzungen für Ziele der Raumordnung (Vorranggebiete) sowie
- Symbole sowie weite Schraffuren und Punktraster mit geringer Dichte für Grundsätze der Raumordnung (Vorbehalts-/Vorsorgegebiete),
- bei Überlagerungen von Planelementen müssen die gebietlichen Abgrenzungen klar erkennbar bleiben.[23]

4. *Institutionelle Verbesserungen in einzelnen Stadtregionen (Stuttgart, Hannover, Region Ruhr)*

Für die Regionalplanung in Stadtregionen sind zwei Entwicklungen von Bedeutung: zum einen die organisatorischen Veränderungen in der Region Stuttgart in den 1990er Jahren und zum anderen in ähnlicher Weise die Bildung der Region Hannover im Jahre 2001.

So erfolgte bereits in 1994 die erste Direktwahl zur Regionalversammlung nachdem der Landtag Gesetze „zur Stärkung der Zusammenarbeit in der Region Stuttgart" und „über die Errichtung des Verbands Region Stuttgart" verabschiedet hatte. Alle fünf Jahre ist die Bevölkerung der Region (2,7 Mio. Einwohner) dazu aufgerufen, ihr „regionales Parlament" direkt zu wählen: die Regionalversammlung. Das Gremium besteht aus mindestens 80 Personen, die von den rund

[23] Bundesamt für Bauwesen und Raumordnung, Freiraumschutz in Regionalplänen, 2006, S. 37.

1,7 Mio. Wahlberechtigten aus der Stadt Stuttgart, den Landkreisen Böblingen, Esslingen, Göppingen, Ludwigsburg und dem Rems-Murr-Kreis gewählt werden.[24]

In ähnlicher Form wurde im Jahre 2001 die Region Hannover als größte Gebietskörperschaft Niedersachsens mit ca. 1,1 Mio. Einwohnerinnen und Einwohnern gebildet. Sie ist ein Gemeindeverband eigener Art aus den Gemeinden des früheren Landkreises Hannover und der Landeshauptstadt Hannover (21 Gemeinden) und ist Rechtsnachfolgerin des Landkreises Hannover und des Kommunalverbandes Großraum Hannover.

Das wesentliche Organ der Region Hannover stellt die Regionsversammlung als direkt gewählte Vertretung der Bevölkerung der Region dar. Ihre Funktionen sind der eines Kreistages vergleichbar (84 Abgeordnete, Rechtsstellung wie Kreistagsabgeordnete).[25]

Sehr aktuell ist die Entwicklung im Ruhrgebiet. Dort ist die Verbandsversammlung des Regionalverbandes Ruhr das „Ruhrparlament" und damit die einzige demokratisch legitimierte und verlässliche regionale Klammer der Metropole Ruhr. Im Herbst 2020 wurde das Ruhrparlament (91 Sitze) erstmals von den Bürgerinnen und Bürgern (ca. 4 Mio. Wahlberechtigte) direkt gewählt.[26]

Allen drei Beispielen ist – neben vielen regionsspezifischen Unterschieden – gemeinsam, dass die Beschlussfassung über den Regionalplan durch ein direkt gewähltes Gremium erfolgt. Ein solches direkt gewähltes Regionalparlament stellt ein reales Abbild der politischen Willensbildung in den jeweiligen Regionen dar. Gesellschaftliche Aushandlungsprozesse haben hier ihre Plattform. Dies ist für die Transparenz und somit auch für die Akzeptanz des zentralen Planwerkes „Regionalplan" von großem Vorteil und zeigt den Weg einer zukünftig erfolgreichen Regionalentwicklung und -planung auf.

5. Über die Grenzen des Systems: Der regionale Flächennutzungsplan – ein Erfolgsmodell?

Ein sehr weitgehendes Ziel verfolgte die Novellierung des ROG von 1998, bei der die Einführung eines neuen spezifischen Planungsinstrumentes in das deutsche Planungssystem ermöglicht wurde. Dieser sogenannte „Regionale Flächennutzungsplan" sollte in seiner vorgeschlagenen Form Regional- und Flächennutzungsplanung in einem Planwerk zusammenführen und somit eine Planungsebene „einsparen".

Zwar ist das deutsche Raumplanungssystem jahrzehntelang gewachsen und stellt eine etablierte und weitgehend bewährte Systematik zur Steuerung und Gestaltung räumlicher Entwicklungsprozesse dar, dennoch zeigen sich in Teilbereichen Schwachstellen und Defizite hinsichtlich eines effektiven Steuerungsanspruches. So ist insbesondere in den verdichteten Räumen eine umfassende Planung für die Daseinsvorsorge und die damit im Zusammenhang stehende Inanspruchnahme von Flächen nur im regionalen Maßstab möglich. Die Notwendigkeit einer

[24] https://www.region-stuttgart.org/de/ (abgerufen am 18.10.2023).
[25] https://www.hannover.de/ (abgerufen am 18.10.2023).
[26] https://www.rvr.ruhr/ (abgerufen am 18.10.2023).

regionalen Gestaltung steht dabei latent in dem Spannungsbereich, dass das verfassungsrechtliche gesicherte Selbstverwaltungsrecht der Kommunen in Angelegenheiten der örtlichen Gemeinschaft nicht beeinträchtigt werden darf. Somit ist die Regionalplanung weitgehend auf eine Rahmensetzung begrenzt, der sich die Kommunen in ihrer Bauleitplanung anzupassen haben (§ 1 Abs. 4 BauGB). Gerade in Verdichtungsräumen bzw. Metropolregionen muss eine enge Kooperation zwischen den Trägern der Regionalplanung und den Kommunen ein Kernanliegen sein, wenn die Effektivität und Effizienz des deutschen Raumplanungssystems gesteigert werden soll.[27]

Insbesondere die Defizite beim Zusammenwirken beider Planungsebenen zur Bewältigung der komplexen Herausforderungen in metropolitanen Stadtregionen und dem in vielen Fällen nicht ausreichend wirksamen Gegenstromprinzip führten bei der Novellierung des BauROG 1998 dazu, das damals neue Instrument des „Regionalen Flächennutzungsplanes" (RegFNP) in das ROG aufzunehmen. Dieser Plantyp soll zugleich die Funktionen eines Regionalplans und eines gemeinsamen Flächennutzungsplans übernehmen und „zwei verbindliche Planebenen durch eine einzige ersetzen"[28].

Die Formulierung des damals nach einigen Kursänderungen im Gesetzgebungsverfahren verabschiedeten Gesetzestextes des § 9 Abs. 6 ROG 1998 lautete:

„Erfolgt die Regionalplanung durch Zusammenschlüsse von Gemeinden und Gemeindeverbänden zu regionalen Planungsgemeinschaften, kann in verdichteten Räumen oder bei sonstigen raumstrukturellen Verflechtungen zugelassen werden, dass ein Plan zugleich die Funktion eines Regionalplanes und eines gemeinsamen Flächennutzungsplans nach § 204 des Baugesetzbuchs übernimmt, wenn er den auf Grund des Abschnitts 2 dieses Gesetzes erlassen Vorschriften und den Vorschriften des Baugesetzbuchs entspricht (regionaler Flächennutzungsplan). In den Plänen sind sowohl die Festlegungen im Sinne des § 7 Abs. 1 bis 4 als auch die Darstellungen im Sinne des § 5 des Baugesetzbuchs zu kennzeichnen. § 7 Abs. 1 S. 2 ist hinsichtlich seiner räumlicher Teilpläne nicht anzuwenden." (§ 9 Abs. 6 ROG idF vom 18. 8. 1997)

Die Akademie für Raumforschung und Landesplanung (ARL) hatte wegen der grundsätzlichen Konsequenzen des neuen Plantyps „Regionaler Flächennutzungsplan" (RegFNP) für das System der deutschen Raumplanung einen Arbeitskreis zur Klärung wichtiger Kernfragen in Bezug auf die Planungsstruktur, auf das Planungsverständnis und auf die Aufgabenabschichtung zwischen den raumplanerischen Ebenen eingerichtet. Dieser Arbeitskreis hat sich in den Jahren 1998 bis 2000 mit diesen Fragen auseinandergesetzt und seine Ergebnisse in einer Veröffentlichung der ARL zusammengefasst.[29]

---

[27] ARL Regionaler Flächennutzungsplan – Rechtlicher Rahmen und Empfehlungen zur Umsetzung, 2000, S. 21.

[28] ARL Regionaler Flächennutzungsplan – Rechtlicher Rahmen und Empfehlungen zur Umsetzung, 2000, S. 21 f.

[29] vgl. ARL Regionaler Flächennutzungsplan – Rechtlicher Rahmen und Empfehlungen zur Umsetzung, 2000.

Auf Grund der bisher einmaligen Aufstellung eines RegFNP nach § 9 Abs. 6 ROG 1998 für das Plangebiet des Planungsverbandes Ballungsraum Frankfurt/Rhein-Main bestand die Möglichkeit, diesen Planungsprozess kritisch zu begleiten und im laufenden Verfahren Erkenntnisse zu gewinnen.

Im Rahmen dieser Untersuchung[30] konnten im Regionalverband Frankfurt/Rhein-Main zukünftige Anforderungen an die inhaltliche, organisatorische und prozessuale Ausgestaltung regionaler Flächennutzungspläne abgeleitet werden.

a) Stärken und Chancen

Aus Sicht der Regionalplanung kann eine höhere Steuerungswirkung des RegFNP gegenüber dem bisherigen Regionalplan angenommen werden. Das gelingt einerseits durch die Detailschärfe, die durch das hohe Konfliktpotenzial und den großen Koordinierungsbedarfs der Entwicklungen im Ballungsraum Frankfurt/Rhein-Main erforderlich wird. Beispielsweise können nun im RegFNP auf Basis des Einzelhandelskonzeptes standortbezogenen Festlegungen einschließlich grober Nutzungsdefinition festgelegt und zentrale Versorgungsbereiche abgegrenzt werden.

Andererseits trägt der sogenannte Gemeindeteil zur Erhöhung der Steuerungswirkung bei, der eine Serviceleistung des Planungsverbandes ist. Auf einem gesonderten Blatt sind für jede Gemeinde die jeweils relevanten Planaussagen und der einschlägige Kartenausschnitt abgedruckt.

Unter Verfahrensgesichtspunkten liegt eine Stärke darin, dass nun eine „gemeinsame Planungssprache" im Ballungsraum gesprochen wird. Nicht nur die Vereinheitlichung der Flächennutzungsplanung von 75 Städten und Gemeinden, sondern auch die gleichzeitige Aufstellung mit dem Regionalplan Südhessen tragen zu der Bedeutung dieses Planes bei.

Eine Chance des RegFNP könnte auch darin liegen, dass durch die Rücknahme der Regelungstiefe (im Wesentlichen durch den gröberen Maßstab) neue kommunale Entwicklungsspielräume entstehen können.[31]

b) Schwächen und Risiken

Hinsichtlich der inhaltlichen Ausgestaltung konnten die meisten anfänglich bestehenden Schwachpunkte (eindeutige Trennung zwischen regionalplanerischen Festlegungen und bauleitplanerischen Darstellungen) weitgehend überwunden werden. Allerdings stimmten die einschlägigen Planzeichen des Regionalplans und des integrierten RegFNPs noch nicht vollständig in Form, Farbe und Größe überein. Zudem ergeben sich durch die bei der sogenannten „Lupenlösung" angewandte Maßstabsvergrößerung Schwierigkeiten bei der Lesbarkeit der in den Regionalplan eingebauten verkleinerten Karte im Maßstab 1:100 000.

---

[30] Vgl. Domhardt (Hrsg.) Regionaler Flächennutzungsplan (RegFNP) im Ballungsraum Frankfurt/Rhein-Main – Bisherige Erfahrungen bei der Aufstellung und Hinweise zur künftigen Handhabung.

[31] Vgl. Domhardt (Hrsg.) Regionaler Flächennutzungsplan (RegFNP) im Ballungsraum Frankfurt/Rhein-Main – Bisherige Erfahrungen bei der Aufstellung und Hinweise zur künftigen Handhabung, S. 76.

In verfahrenstechnischer Hinsicht stellte sich das lange Aufstellungsverfahren als eine Schwäche dar. So musste der RegFNP in seinem Aufstellungsprozess bereits an die reale Entwicklung angepasst werden und viele Planungsgrundlagen und Zielsetzungen sind bei Inkrafttreten des RegFNP bereits veraltet.

Die doppelte Beschlussfassung von zwei Gremien birgt zudem das Risiko eines Zeitverzugs, da Verbandskammer und Regionalversammlung übereinstimmende Beschlüsse erzielen müssen. Bei zusätzlichem Konfliktpotenzial, insbesondere aber auch bei unterschiedlichen politischen Mehrheitsverhältnissen in der Regionalversammlung und der Verbandskammer könnte das Vermittlungsverfahren eine weit größere Bedeutung erlangen.

c) Anforderungen an die zukünftige Anwendung des neuen Planungsinstruments im Regionalverband FrankfurtRheinMain

aa) Die inhaltliche Ausgestaltung des RegFNP weiterentwickeln

Die bisherige Erarbeitung des RegFNP im Ballungsraum Frankfurt/Rhein-Main hat deutlich gemacht, dass die inhaltliche Ausgestaltung (Konzipierung) des neuen Planinstrumentes leistbar ist. Die im Arbeitskreis der ARL 1999 und 2000 entwickelten Überlegungen lassen sich ohne größere Schwierigkeiten und Modifikationen umsetzen. Der RegFNP stellt somit ein problemadäquates Steuerungsinstrument zur Beeinflussung der räumlichen Entwicklung in einem Ballungsraum dar.

Die Kooperation zwischen den Geschäftsstellen des Planungsverbandes und des Regierungspräsidiums hat belegt, dass eine erfolgreiche Zusammenführung von Inhalten des bestehenden Regionalplans und von insgesamt 33 Flächennutzungsplänen in einem neuen Planwerk zielführend möglich ist.

Die spezifischen Anforderungen durch die sogenannte „Lupenlösung" (Einbeziehung des Plangebietes des RegFNP in das größere Plangebiet für den Regionalplan Südhessen im kleinen Maßstab 1:100 000) sind recht anspruchsvoll. Da der RegFNP als Teil des Regionalplans nur im vergrößerten Maßstab 1:50 000 seine Rechtswirkung entfaltet, ist eine solche Vorgehensweise eine praktikable Lösung zur Etablierung eines RegFNP[32].

bb) Das Aufstellungsverfahren effektiver gestalten

Zwei Gemeindebefragungen in 2005 und in 2008 dokumentierten eine durchaus positive Einschätzung zum neuen RegFNP. Es wird dennoch eine wichtige Aufgabe aller Planungsakteure sein, den RegFNP als neues Steuerungsinstrument im Ballungsraum zu etablieren.[33]

---

[32] vgl. Domhardt (Hrsg.) Regionaler Flächennutzungsplan (RegFNP) im Ballungsraum Frankfurt/Rhein-Main – Bisherige Erfahrungen bei der Aufstellung und Hinweise zur künftigen Handhabung, S. 78f.

[33] vgl. Domhardt (Hrsg.) Regionaler Flächennutzungsplan (RegFNP) im Ballungsraum Frankfurt/Rhein-Main – Bisherige Erfahrungen bei der Aufstellung und Hinweise zur künftigen Handhabung.

Das bisherige Aufstellungsverfahren stellte sich als sehr zeitintensiver, komplexer, aber auch sehr kooperativer Planungsprozess dar. Es handelte sich zwar um einen aufwändigen, aber dennoch effektiven Planungsdialog, der auch einen neuen kooperativen Diskurs über die zukünftige Entwicklung im Ballungsraum Frankfurt/Rhein-Main angestoßen hat.

Die oftmals kritisierte zu lange Planungsdauer des RegFNP ist allerdings ein Spezifikum dieses Planwerkes. Da weder andere praktikable Beispiele noch Erfahrungen mit einer solch großen Anzahl von beteiligten Kommunen in einem flächennutzungsplanadäquaten Planwerk vorlagen, handelt es sich um eine echte „Pionierarbeit", die naturgemäß mehr Zeit in Anspruch genommen hat, als eingefahrene etablierte Planungsverfahren. Grundsätzlich muss die Zeitdauer für die Aufstellung des RegFNP an dem Zeitbedarf für die Aufstellung des Regionalplans einschließlich des Aufwandes für die Aufstellung von 33 Flächennutzungsplänen mit ihren inhaltlichen und verfahrensmäßigen Anforderungen an die Abstimmung für ein Planungsgebiet dieser Dimension gemessen werden. In diesem Zusammenhang ist durchaus bemerkenswert, dass die Aufstellung des RegFNP nur etwa 1–2 Jahre länger dauert, als die gleichzeitig laufenden Neuaufstellungen der Regionalpläne in Mittel- und Nordhessen.

Positiv hatte sich während des Planungsprozesses auch die intensive Nutzung des Internets als Informations- und Kommunikationsplattform gezeigt. Erfolgreich konnte damit das neue Planwerk bei vielen Planungsakteuren und auch Bürgern „ins Bewusstsein" gebracht werden. Zusammen mit der breiten Öffentlichkeitsbeteiligung führte dies auch zu einer besseren Akzeptanz im Planungsraum.

d) *Schlussfolgerungen für die raumplanerische Steuerung in metropolitanen Stadtregionen und Chancen zur Weiterentwicklung des deutschen Planungssystems.*

Was lässt sich nunmehr nach dem Inkrafttreten des ersten RegFNP in Deutschland hinsichtlich der grundsätzlichen Anwendung dieses Planinstrumentes in metropolitanen Stadtregionen aussagen?

Welche Wirkungen kann dieses Instrument zur räumlichen Steuerung der Herausforderungen in den Metropolregionen entfalten?

Und welche Chancen zur Weiterentwicklung bzw. Verschlankung des komplexen deutschen Raumplanungssystems können somit bestehen?

Obwohl der RegFNP bislang noch wenig Steuerungswirkung entfalten konnte, lassen sich dennoch folgende Feststellungen bezüglich der Fragestellungen formulieren:[34]

- Der Aufstellungsprozess hat gezeigt, dass es möglich ist einen RegFNP, der den Anforderungen des ROG entspricht, für einen größeren Planungsraum mit komplexen Herausforderungen und einer vielfältigen (75 Kommunen) sowie heterogenen kommunalen Struktur zu realisieren. Das Argument, dieser Plantyp sei für einen solchen Raum mit einer Vielzahl von Städten und Gemeinden „nicht machbar" ist nicht haltbar.

[34] vgl. Domhardt/Hilligardt Raumforschung und Raumordnung, 2011, 397.

- Der RegFNP wird auf Grund seiner Regelungstiefe die Steuerungswirkung eines herkömmlichen Regionalplans übertreffen können. Insbesondere bezüglich der Festlegungen zur Art der baulichen Nutzung können weitergehende Festlegungen zur Steuerung der Siedlungsentwicklung vorgenommen werden, als dies bei klassischen Regionalplänen der Fall ist.
- Inwieweit dieser RegFNP nach seiner Rechtsverbindlichkeit auch „Vorbildfunktion" für andere, ähnlich strukturierte Ballungsräume haben wird, wird abzuwarten bleiben. Bislang gibt es allerdings keine entsprechenden „Nachahmungen".
- Dabei bietet es sich an, die Aufgabenwahrnehmung für die „Regionale Flächennutzungsplanung" auf eigenständige regionale Planungsinstitutionen, wie sie in ähnlicher Form bereits in Stuttgart oder Hannover bestehen, zu übertragen. Hier besteht die Chance die reine Planungsaufgabe mit anderen raumplanerisch relevanten Aufgaben wie zB ÖPNV, Abfallbeseitigung, zu kombinieren und zusätzliche Synergieeffekte zu erreichen.
- Es hat sich gezeigt, dass bei der Erarbeitung der Grundkonzeption für den RegFNP im Ballungsraum Frankfurt/Rhein-Main und der Erarbeitung der konkreten Entwürfe einige Einschränkungen durch die gesetzlichen Vorgaben (§ 9 Abs. 6 ROG-1998, jetzt § 8 Abs. 4 ROG-2008, zB Differenzierung zwischen Inhalten aus der Bauleitplanung und aus der Regionalplanung) bestanden und teilweise weiter bestehen. Eine weitere Lockerung entsprechender Vorgaben sollte bei zukünftigen Novellierungen angestrebt werden.[35]

Letztendlich geht es nicht um die Ersetzung des einen Plantyps durch einen anderen Plantyp, sondern um die die Entwicklung eines neuen, spezifisch auf die zukünftigen Planungsanforderungen eines Verdichtungsraumes zugeschnittenen Planungsinstrumentes. Hierbei muss immer beachtet werden, dass die gemeinsamen kommunalen und regionalen Sichtweisen und Handlungserfordernisse in adäquater Art und Weise umgesetzt werden können.

Nach den Erfahrungen mit dem RegFNP für den Ballungsraum Frankfurt/Rhein-Main zeigt sich aber auch deutlich, dass das Ziel der Reform des deutschen Planungssystems mit der konkreten Vorstellung eine Planungsebene einzusparen, ohne den Gestaltungsanspruch der Raumplanung zu reduzieren, in dieser Form kaum zu realisieren ist. Der RegFNP wird unter diesen Rahmenbedingungen nicht zu einer bundesweiten Verschlankung des Planungssystems führen können. Er ist ein spezifisches Planungsinstrument zu effektiveren Aufgabenwahrnehmung in metropolitanen Stadtregionen, aber kein „Allheilmittel" zur Verbesserung der Koordination und Kooperation zwischen kommunaler und regionaler Planungsebene.[36]

---

[35] Domhardt (Hrsg.) Regionaler Flächennutzungsplan (RegFNP) im Ballungsraum Frankfurt/Rhein-Main – Bisherige Erfahrungen bei der Aufstellung und Hinweise zur künftigen Handhabung, S. 80.

[36] ARL Regionaler Flächennutzungsplan – Rechtlicher Rahmen und Empfehlungen zur Umsetzung, 2000.

6. Die Raumordnung als Anwalt von Freiraumsicherung und -entwicklung

Eine große Bedeutung hat die Raumordnung – gerade auf regionaler Ebene – als Anwalt freiraumbezogener Festlegungen und damit leistet sie einen nicht unerheblichen Anteil zum Freiraumschutz (bzw. Freiraumsicherung). Darüber hinaus hat sie auch eine wichtige Bedeutung für die zukünftige Freiraumentwicklung im regionalen Kontext.

Eine sehr umfassende Untersuchung zu raumordnerischen Festlegungen in diesem Bereich wurde in den Jahren 2005 und 2006 durchgeführt. Darin wurden im Auftrag des BBR alle verfügbaren deutschen Regionalpläne (mehr als 100 Pläne, Stand: 2005) hinsichtlich ihrer freiraumbezogenen Festlegungen analysiert. Zielsetzung dieser Analyse von Planelementen zum Freiraumschutz war die Entwicklung eines Ansatzes zur Systematisierung der freiraumbezogenen normativen Ausweisungen (in der Terminologie des ROG „Festlegungen“) in Raumordnungsplänen.[37]

Hierbei sollte einerseits die Systematik der Vorgaben des ROG hinsichtlich der Definitionen von „Zielen der Raumordnung“ und „Grundsätzen der Raumordnung“ in § 3 ROG und auch der Vorgaben nach § 8 Abs. 7 ROG (§ 7 ROG 1998), insbesondere Vorrang-, Vorbehalts- und Eignungsgebiete, auf die bestehenden Raumordnungspläne angewendet werden, um eine Klassifizierung der vorhandenen vielfältigen Festlegungen im Freiraumbereich vorzunehmen[38].

Planelemente zu Freiraumschutz und -nutzung in Regionalplänen verfolgen in der Regel zwei Zielsetzungen:

Zum einen leisten sie einen Beitrag zum Schutz größerer, zusammenhängender Freiräume. Hierzu zählen vor allem multifunktionale Planelemente wie zB regionale Grünzüge.

Zum anderen besteht ihr Beitrag darin, die Sicherung und Entwicklung von einzelnen Freiraumfunktionen sowie deren Koordinierung untereinander zu unterstützen. Dies erfolgt vor allem mit monofunktionalen Planelementen wie Vorrang- und Vorbehaltsgebieten für verschiedene Freiraumfunktionen (Natur und Landschaft, Hochwasserschutz etc).[39]

Die Leistungsfähigkeit dieser regionalplanerischen Festlegungen ist, wie verschiedene Untersuchungen gezeigt haben, unbestritten hoch[40]. Bereits das ROG 1998 trifft in § 7 Abs. 2 Nr. 2 ROG aF Aussagen zu raumordnerischen Festlegungen im Bereich „Freiraumstruktur“. Hierbei erfolgt eine Differenzierung zwischen großräumig übergreifenden Freiräumen und Freiraumschutz, Nutzungen im Freiraum, wie Standorte für die vorsorgende Sicherung sowie die geordnete Aufsuchung und Gewinnung von standortgebundenen Rohstoffen, Sanierung und

[37] Bundesamt für Bauwesen und Raumordnung, Freiraumschutz in Regionalplänen, 2006.

[38] Bundesamt für Bauwesen und Raumordnung, Freiraumschutz in Regionalplänen, 2006, S. 1.

[39] vgl. Domhardt/Benzel/Kiwitt/Proske/Scheck/Weik in ARL, Grundlagenwerk „Grundriss der Raumordnung und Raumentwicklung“, S. 203 ff.

[40] Bundesamt für Bauwesen und Raumordnung Schlanker und effektiver Regionalplan, Praxisuntersuchung und Expertise zur Harmonisierung von Festlegungen in regionalen Raumordnungsplänen auf Grundlage des Raumordnungsgesetzes, 2001; Bundesamt für Bauwesen und Raumordnung, Freiraumschutz in Regionalplänen, 2006.

Entwicklung von Raumfunktionen, Freiräumen zur Gewährleistung des vorbeugenden Hochwasserschutzes (§ 8 Abs. 5 Nr. 2 ROG).

Freiraumsicherung und -entwicklung ist ein grundlegendes Thema und wichtiges Ziel, es erfährt große Resonanz in Wissenschaft, Planung und Politik.[41] Eine wirksame Umsetzung von Flächen- bzw. Freiraumschutz-Zielen ist unter den gegebenen politischen, rechtlichen und planerischen Bedingungen jedoch nach wie vor nur schwer möglich. Bundespolitische Flächensparziele werden seit Jahrzehnten verfehlt. Akteure der Planungspraxis und mit ihnen zahlreiche weitere kommunale und regionale Akteure der Raumentwicklung sowie Vertreter:Innen der Raumwissenschaften setzen sich seit Jahren intensiv mit freiraumbezogenen Flächen- und Nutzungskonflikten auseinander. Auch gesellschaftlich spielt das Thema zunehmend eine bedeutende Rolle, dies zeigt bspw. die Sensibilisierung für den Schutz von Landschaften über Initiativen wie solidarische Landwirtschaft, urban farming oder gemeinschaftliche Unterstützungsmodelle (bspw. Bodenfonds).

Es ist daher ein zentrales Anliegen der Raumwissenschaften und der Planungspraxis, Freiraumsicherung und -entwicklung in der räumlichen Planung viel stärker zu etablieren als bisher. Die durchaus kontroverse Diskussion um das facettenreiche Thema wird in der ARL im Rahmen eines aktuellen Arbeitskreises aufgegriffen und weitergeführt, da eine fundierte Aufarbeitung flächenpolitischer Argumentationsmuster und zielführender Ansätze für konkrete Flächenspar- und Freiraumsicherungsinstrumente bislang ausstehen.

Der Arbeitskreis „Freiraumsicherung und -entwicklung in der räumlichen Planung – Innovative Ansätze im Kontext einer nachhaltigen Entwicklung von Siedlungs- und Verkehrsflächen“ leistet einen Beitrag dazu, das Thema in den Fokus der gesellschaftspolitischen Diskussion zu rücken und zur Entwicklung integrierter Flächenpolitiken beitragen.

Ziel dieses Arbeitskreises ist es, den Freiraum mit seinen vielseitigen Funktionen und Qualitäten in der Politik, Verwaltung und Gesellschaft sichtbar zu machen sowie seinen Schutz in Wissenschaft, Recht und Planungspraxis mit einer am Freiraum orientierten Planungsperspektive voranzutreiben. Dabei geht es auch insbesondere darum, hinsichtlich einer nachhaltigen Freiraumentwicklung eine neue Perspektive proaktiv aufzuzeigen („vom Freiraum her denken“).

Im Rahmen dieses Arbeitskreises wurde vom Autor eine vergleichende Untersuchung von Strategien zur Freiraumsicherung und -entwicklung in sechs ausgewählten Stadtregionen durchgeführt, in der neben den Erfahrungen mit dem Einsatz bestehender Planinstrumente vor allem die Herausarbeitung der Gemeinsamkeiten und Unterschiede in der Ausgestaltung der Strategien bzw. der jeweiligen Planungsprozesse im Vordergrund stand.[42]

---

[41] bspw. BBSR 2018, Jacoby/Job/Kment/Miosga/Hafner/Hehn, Begrenzung der Flächenneuinanspruchnahme in
Bayern, 2018; Siedentop/Egermann (Hrsg.) Freiraumschutz und Freiraumentwicklung durch Raumordnungsplanung – Bilanz, aktuelle Herausforderungen und methodisch-instrumentelle Perspektiven 2009

[42] ARL Freiraumsicherung und -entwicklung in der räumlichen Planung – Innovative Ansätze im Kontext einer nachhaltigen Entwicklung von Siedlungs- und Verkehrsflächen, 2024.

In dieser Untersuchung sollten Erfolgsfaktoren und Hemmnissen einer regionalen Freiraumsicherung und -entwicklung ermittelt werden. Im Schwerpunkt erfolgte eine Analyse der Wirksamkeit regionalplanerischer Strategien zur Freiraumsicherung und -entwicklung an Fallbeispielen.

Dabei lag der Fokus auf der Regionalplanung. Ein wichtiger Aspekt dabei ist die Verknüpfung von formellen und informellen Konzepten bzw. Instrumenten. Dabei wurde auch der Frage nachgegangen, wie in den jeweiligen Regionen versucht wird, eine Steigerung der Wirksamkeit der Planungsprozesse zu erreichen. Die Untersuchung vergleicht anhand von ausgewählten Beispielen den unterschiedlichen Umgang mit dem „Freiraum" in der Regionalplanung bzw. -entwicklung.

Folgende Regionen wurden für die Untersuchung ausgewählt, wobei darauf geachtet wurde, dass die Mehrzahl der Regionen durch Mitglieder des Arbeitskreises vertreten waren:

- Region München,
- Region Ruhr,
- Region Rhein-Neckar,
- Region Stuttgart,
- Region Hannover,
- Region Leipzig-Westsachsen.

Alle diese Regionen sind durch besonders starke Siedlungsflächeninanspruchnahme gekennzeichnet, die erhöhte Anforderungen an eine erfolgreiche Freiraumsicherung und -entwicklung nach sich ziehen. Da in den sechs Regionen sehr differenzierte Strukturen bei den Landes- und Regionalplanungssystemen zugrunde liegen, ist eine direkte Vergleichbarkeit schwierig, aber vergleichbare Analogien sind trotz unterschiedlicher Begriffsverständnisse dennoch möglich.

Aus der Untersuchung lassen sich derzeitig folgende Erkenntnisse und Forderungen hinsichtlich der Verbesserung des Freiraumschutzes auf regionaler Ebene formulieren:

Die sechs Regionen sind zwar nicht repräsentativ für die bundesdeutsche Regionalplanung; so sind einzelne Bundesländer wie Hessen, Mecklenburg-Vorpommern, Schleswig-Holstein, etc ausgeblendet. Allerdings sind diese untersuchten Regionen prägend für regionalplanerische Strategien in großen bedeutsamen Stadtregionen.

In den Gesprächen wurde deutlich, dass sowohl best-practices für erfolgreiche Strategien der Freiraumsicherung und -entwicklung auf regionaler Ebene als auch vielfältige best-practices für die wirksame Anwendung von entsprechenden Instrumenten auf regionaler Ebene vorhanden sind.

Ebenso ist hervorzuheben, dass für die Durchführung effektiver Planungsprozesse in enger Verbindung mit erfolgreichen Ansätzen zur Akzeptanzsteigerung von Planungen und Maßnahmen der Freiraumsicherung und -entwicklung auf regionaler Ebene viele erfolgreiche Beispiele existieren. Die Planungsprozesse haben eine hohe Bedeutung, sie erfordern aber eine strukturierte Vorgehensweise und die entsprechenden Beteiligungsformen sind sehr zeitaufwändig. Als Grundlage für eine gute Planung sind sie aber erforderlich, da gut strukturierte und durchgeführte

Planungsprozesse in der Regel zu besseren Planungsergebnissen führen. Die sachgerechte Beteiligung der Adressaten (in erster Linie Städte und Kommunen) ist dabei eine Grundvoraussetzung (auf Augenhöhe kommunizieren).

Zudem sind die Chancen für Freiraumschutz und -entwicklung, die sich durch die Herausforderungen des Klimawandels ergeben, gezielt aufzugreifen. Insbesondere durch eine Bewusstseinsschärfung bei allen Akteuren in der Region mit der Botschaft „Freiräume sichern hilft Herausforderungen des Klimawandels besser zu meistern" lassen sich die Zielsetzungen einer verbesserten Freiraumsicherung und -entwicklung erfolgreich transportieren und umsetzen. Hierzu gehören ebenso Anpassungsstrategien an den Klimawandel (Adaption) wie Maßnahmen zum aktiven Klimaschutz (Migitation).

Dies bedeutet auch eine konsequente Festlegung von Taburäumen/-flächen. Insbesondere Regionale Grünzüge bzw. Siedlungszäsuren sind deshalb als unverzichtbare Freiräume in großen Stadtregionen zu kennzeichnen, die in der rechtlichen Qualifizierung als endabgewogene Ziele der Raumordnung nicht für weitere potentielle Siedlungsflächen zur Verfügung stehen.

Hierbei muss stärker auf eine Schärfung der verwendeten Begrifflichkeiten hingewirkt werden. Die Verwendung der Begriffe „grüne und blaue Infrastrukturen" in Analogie zu Siedlungsstrukturen macht die hohe Bedeutung der Freiräume in Stadtregionen (und nicht nur dort!) sichtbar und führt zu einer verbesserten Verständlichkeit, die zu einer erhöhten Akzeptanz entsprechender Festlegungen in Regionalplänen führt.

Im Rahmen einer verständlicheren Begrifflichkeit ist die Novellierung der Formulierungen in § 13 Abs. 5 ROG dringend erforderlich. Im Sinne einer erfolgreichen Freiraumsicherung und -entwicklung sind die derzeitigen Formulierungen viel zu unspezifisch, es bedarf dort einer Präzisierung im Sinne einer Verbesserung von Freiraumsicherung und -entwicklung.

Ziel muss es sein, den Freiraum nicht mehr als (verfügbare) Restkategorie zu verstehen, sondern als zentrales Element einer nachhaltigen Raumentwicklung zu etablieren („Vom Freiraum her denken!").

Zudem sind bereits bestehende erfolgreiche Ansätze zur zielführenden Verknüpfung von nachhaltiger Flächenhaushaltspolitik/Flächenmanagement und effektiver Freiraumsicherung aufgegriffen und weitergeführt worden.[43]

Da die freiraumbezogenen Festlegungen in den Regionalplänen in der Regel nicht an den Ursachen des quantitativen Freiraumverbrauchs und der qualitativen Freiraumbeeinträchtigung ansetzen, wird es immer mehr wichtig, die (nicht neue) Forderung nach Verknüpfung der regionalplanerischen Festlegungen mit Förderprogrammen und Finanzierungsinstrumenten umzusetzen. Hinsichtlich der Verknüpfung mit Finanzierungsinstrumenten ist es praktikabel, „freiraumbezogene Vorrang-/Vorbehaltsausweisungen in Regionalplänen zur Grundlage finanzieller Zuwendungen über den kommunalen Finanzausgleich (FA) heranzuziehen, dies

[43] vgl. Hoymann/Goetzke in ARL Handwörterbuch der Stadt- und Raumentwicklung, S. 675 sowie Scholich/Neubert, Nachhaltiges Flächenmanagement – Flächensparen, aber wie? Stadt und Region als Handlungsfeld, 2012.

quasi als Ausgleich für die durch die Ausweisung eingeschränkten Entwicklungsmöglichkeiten. Durch diese finanzielle Inwertsetzung der Freiraumausweisungen erfahren die gemeinwohlorientierten Flächensicherungen eine höhere Akzeptanz durch die Gemeinden. Neben der Verbreiterung und Verstetigung der gemeindlichen Einnahmebasis wären so Anreize gegeben, um nachhaltige Entwicklung zu betreiben (Verringerung der Flächenneuinanspruchnahme, Klimaschutz, etc)"[44].

Schlussendlich hat diese exemplarische Untersuchung von sechs Stadtregionen gezeigt, dass es hinsichtlich der regionalplanerischen Aufgabe an sich kein Erkenntnisdefizit gibt. Allerdings existiert noch ein erhebliches Umsetzungsdefizit, das durch einige hier aufgezeigte Weiterentwicklungen und Verbesserungsvorschläge reduziert werden kann. Die Regionalplanung muss in diesem Aufgabenfeld ihre Möglichkeiten besser ausschöpfen und wahrnehmen, in dem sie sich stärker einmischt und ihre Koordinierungskompetenz in den Vordergrund stellt. Dies ist vor allem hinsichtlich ihrer Rolle in Planungsprozessen zu fordern. Die Lösung der vielfältigen Ursachen für den qualitativen Freiraumverlust und die qualitativen Freiraumbeeinträchtigungen kann sie allein nicht leisten, aber Lösungswege dorthin können von ihr aufgezeigt werden.

III. Quo-vadis Raumordnung – der Versuch eines Blicks in die Zukunft

Wie an den dargestellten Beispielen deutlich wurde, gab es in bisherigen fast 60-jährigen Geschichte der bundesdeutschen Raumordnung durchaus vielfältige Weiterentwicklungen, die den geänderten Rahmenbedingungen und Anforderungen der Raumentwicklung Rechnung trugen. Hierbei ging es immer um die Erhöhung der Leistungsfähigkeit der Raumordnung auf allen Ebenen – insbesondere auf regionaler Ebene.

Es wurden dabei einerseits erfolgversprechende Ansätze in der Praxis umgesetzt, wie dies bei der schrittweisen Weiterentwicklung in Richtung eines schlanken und effektiven Regionalplans in Zusammenhang mit der weitgehenden Harmonisierung von Struktur und Inhalten der bundesdeutschen Regionalpläne gelungen ist.

Andererseits haben sich sehr weitgehende Veränderungen wie die umfassende Einführung des regionalen Flächennutzungsplans noch nicht in der deutschen Raumordnungslandschaft umfassend etabliert und bewährt.

Zukünftige Herausforderungen für die bundesdeutsche Raumordnung bestehen vor allem darin, bestehende Hemmnisse für eine erfolgreiche Beeinflussung der Raumentwicklung abzubauen. Dies betrifft sowohl die zielgenaue Reaktion auf geänderte externe Rahmenbedingungen (welche Festlegungen sind in einem Regionalplan noch relevant? Auf welche kann zukünftig verzichtet werden?) als auch hinsichtlich der internen Aufgabenwahrnehmung die Weiterentwicklung von rechtlichen Vorgaben, einzusetzenden Instrumenten und die Durchführung transparenter und zügiger Planungsprozesse.

---

[44] ARL Neue Perspektiven für eine zukunftsfähige Raumordnung in Bayern, 2022, S. 159.

Viele Untersuchungen haben gezeigt, dass es in der Regel vor allem Umsetzungsdefizite in der Raumordnung sind, die sie als einen „zahnlosen Tiger“ erscheinen lässt. Hier gibt es allerdings die Hoffnung, dass die Beispiele aus Stuttgart, Hannover und dem Regionalverband Ruhr Schule machen und auch andere Regionen die politische Verantwortung für Regionalplanung und -entwicklung in die Hände von direkt gewählten Entscheidungsgremien legen werden.

In diesem Zusammenhang hat sich auch gezeigt, dass ein enges Zusammenwirken mit anderen Politikfeldern für die Steuerung der Raumentwicklung in einer Region von hoher Bedeutung ist. Gerade die Aufgabenübertragung für raumrelevante Politikbereiche wie zB der Planung des ÖPNV machen dies deutlich.

Zudem sollte weiterhin darauf hingewirkt werden, dass raumordnerische Festlegungen mit finanziellen Fördermöglichkeiten besser verknüpft werden. So wie dies durch anzustrebende finanzielle Inwertsetzung von Freiraumausweisungen in Regionalplänen eine höhere Akzeptanz durch die Gemeinden erfahren können.

Bezüglich der Aufgabenwahrnehmung muss sich Regionalplanung stärker als bisher „einmischen“ und in den jeweiligen Planungsprozessen mehr „Initiative“ zeigen. Die Regionalplanung ist gut beraten sich nicht nur auf die Rolle eines Akteurs in relevanten Planungsprozessen zu reduzieren, sondern eine aktivere und initiierende Aufgabenwahrnehmung anzustreben. Hierfür braucht sie allerdings eine ausreichend große personelle und materielle Ausstattung und die umfängliche Unterstützung der regionalpolitischen Gremien.

GABI TROEGER-WEIß

Ländliche Räume 2035 – steht die Leitvorstellung der gleichwertigen Lebensverhältnisse auf dem Spiel?

I. *Einführung*

Die Diskussion über die Schaffung gleichwertiger Lebensbedingungen gerade in Verbindung mit der Diskussion um die Entwicklung ländlicher Räume ist nicht neu, jedoch gewinnt sie aufgrund aktueller Rahmenbedingungen und Entwicklungstrends neue Dimensionen. Ging es noch in den 1970er und 1980er Jahren – u. a. im damaligen Bundesraumordnungsprogramm – im Wesentlichen um die gleichwertige Ausstattung ländlicher Regionen und Verdichtungsräume mit sozialer, verkehrlicher und wirtschaftsnaher Infrastruktur (möglichst in Rahmen des zentralörtlichen Systems), so weist die „Gleichwertigkeit von Lebensverhältnissen und Lebensbedingungen" heute andere Rahmensetzungen und andere Eckdaten auf. Verschiedenen Raumtypen sowohl in ländlichen Räumen als auch in Metropolen haben sehr unterschiedliche Bedarfe und Handlungserfordernisse. Zentrales Anliegen und Leitbild der Raumordnung ist die Schaffung und Sicherung gleichwertiger Lebensverhältnisse, wobei es keineswegs nur um das breite Spektrum der Daseinsvorsorge geht, sondern – mit Blick auf den Zusammenhalt – insbesondere auch um den Ausgleich gesellschaftlicher, sozialer und ökonomischer Divergenzen, Polarisierungen, Segmentierungen und Auseinander-Drifts von Regionen.

Das Thema der „Gleichwertigkeit von Lebensverhältnissen" ist damit seit Jahrzehnten ein Grundanliegen der Disziplin und des Politikbereichs der Raumordnung, Raumplanung und Raumentwicklung (in anderen Fachplanungen und damit Fachressorts steht dieses Leitbild und diese Philosophie im Handeln allerdings nicht immer im Vordergrund). Die Gleichwertigkeit von Räumen hat – im Vergleich zu den 1970er und 1980er Jahren – deutlich größere Dimensionen angenommen. Sie bedeutet für Bevölkerung, Kommunen und Unternehmen vergleichbare Startchancen, vergleichbare Entwicklungsmöglichkeiten, Zugang und Erreichbarkeit zu öffentlichen und privaten Einrichtungen und Infrastrukturen der Daseinsvorsorge sowie auch vergleichbarer Zugang zu Fördermöglichkeiten auf der Ebene der EU, des Bundes und der Länder und damit vergleichbare Möglichkeiten zur Gestaltung des gesellschaftlichen, demographischen, sozialen, wirtschaftlichen und technologischen Strukturwandels. Ferner bedeutet Gleichwertigkeit vergleichbare Lebensqualitäten, vergleichbare Ausbildungs- und Qualifikationschancen für Arbeitnehmer und vergleichbare (technologische) Innovationsmöglichkeiten für Unternehmen sowie ein vergleichbares Versorgungsangebot in verschiedenen Bereichen (zB medizinische Versorgung, öffentliche und private Dienstleistungen, Nahversorgung, Mobilitätsangebote um nur die zentralen Aspekte zu nennen).

Angesichts der Breite des materiellen, also fachlich-inhaltlichen Spektrums der Gleichwertigkeit und der damit berührten Politikbereiche bedarf es im gesellschaftlichen und vor allem auch im sozio-ökonomischen Interesse und damit auch und vor allem im Interesse der ländlichen Räume nicht nur einer stetigen konzeptionellen und operationalisierbaren Weiterentwicklung des Leitbildes der „Gleichwertigkeit", sondern in der Folge auch der Prüfung der rahmensetzenden Trends sowie verschiedener Instrumente (zB proaktive, gestaltende Instrumente, beispielsweise Instrumente der Regional- und Strukturpolitik, Instrumente der Raumordnungspolitik – zB System der Zentralen Orte versus regionale Leistungszentren/Regiopole und Metropolregionen sowie „nachlaufende"/regulierende Instrumente, wie beispielsweise die Finanzausgleichssysteme, Inzidenzen der sozialpolitischen Instrumente u. a.).

Sowohl in der wissenschaftlichen Diskussion als auch in der (politischen) Praxis gibt es in den vergangenen Jahren immer wieder Überlegungen, die das Gleichwertigkeitsprinzip in Frage stellen – sei es aus Gründen der Finanzierbarkeit auf nationaler, regionaler oder kommunaler Ebene oder sei es auch aufgrund einer stark metropolitanen Sichtweise insbesondere auf nationaler Ebene. So wichtig die Sicherung und Stärkung der Metropolen gerade im Hinblick auf die internationale Wettbewerbsfähigkeit von Deutschland ist, so darf nicht übersehen werden, dass mehr als die Hälfte der Bevölkerung in Deutschland in ländlichen Räumen ihren Wohnstandort und auch Arbeitsstandort haben[1] und gerade in den ländlichen Räumen spezifische Rahmenbedingungen und Bedarfe gegeben sind (Beispiel: das Deutschlandticket für Bevölkerungsgruppen in peripheren ländlichen Räumen ist aufgrund des dort häufig fehlenden oder stark ausgedünnten ÖPNV für die Schaffung von gleichwertigen Lebensbedingungen nur bedingt zielführend).

Nicht übersehen werden darf ferner bei dieser Diskussion, dass es bislang keine Analysen gibt, die nachweisen würden, dass die Konzentration staatlicher Instrumente und Maßnahmen auf Verdichtungsräume und damit eine starke Konzentration von Bevölkerung und Wirtschaft gesamtwirtschaftliche Vorteile bieten würden (Agglomerationskosten).

II. Raumbezogene Trendforschung als Grundlage

So wichtig und unerlässlich die Verankerung des Leitbilds der Gleichwertigkeit im Grundgesetz und im Bundesraumordnungsgesetz sowie in den Landesplanungsgesetzen auf der Ebene der Länder ist, so erfordert das Leitbild der Gleichwertigkeit der Lebensverhältnisse vor allem auch eine materielle Diskussion über die Relevanz und die Ausgestaltung in der planerisch-politischen Praxis. Eine Annäherung hierzu ist über die Darstellung und Analyse von aktuellen, neuen Rahmenbedingungen und Trends möglich. Da – wie derzeit gut im globalen Kontext sichtbar –

[1] vgl. BMEL (Hrsg.), Das Land lebt! Dritter Bericht der Bundesregierung zur Entwicklung der ländlichen Räume, Berlin, 2020.

Rahmenbedingungen und Trends einer hohen Dynamik unterliegen, ist eine laufende raumbezogene Trendforschung erforderlich und sollte als neues Instrument in die Raumordnung, Landesplanung und Raum- sowie Regional- und Kommunalentwicklung Eingang finden. Dabei geht es insbesondere um eine Inwertsetzung folgender Leittrends:

- Globalisierung, Internationalisierung und Europäisierung gerade im Hinblick auf eine mögliche Neubewertung von Unternehmensmobilitäten, Export-Orientierung, Lieferketten in Schlüsselindustrien: gerade ländliche Räume im Süden Deutschlands (Rheinland-Pfalz, Baden-Württemberg, Bayern) sind häufig Standorte von Schlüsselindustrien, beispielsweise Automobilzulieferindustrie oder chemische Industrie, die aufgrund der Energiewende, der Mobilitätswende und dynamisch wachsenden Verbraucher-Märkten in Asien, China und Indien vor einer tiefgreifenden Transformation stehen;
- Digitalisierung, digitale Infrastrukturen und Konnektivität (Vernetzung) sowie „5G an jeder Milchkanne" als zentrale Voraussetzung für die künftige Entwicklung von Landkreisen und Wirtschaftsstandorten: dies hat insbesondere Bedeutung beispielsweise für die Bereiche Arbeitsmarkt, Einzelhandel, Logistik, medizinische Versorgung, um nur einige Beispiele zu nennen;
- Neue Formen der Mobilität: zB all-inclusive-Mobilität, on-demand-Mobilität, Helicopter-Drohnen für Personentransporte;
- Nachhaltigkeit – Ökologie als querschnittsorientierte Trend;
- Energiewende und Klimawandel mit erheblichen Wirkungen auf nahezu alle Strukturbereiche;
- Gesellschaftliche Trends, also der soziale Wandel und Wertewandel in der Gesellschaft: Stichpunkte hierfür sind
  - der Wertewandel der jüngeren Generation, was etwa in Schlichtheit, Reduziertheit, neue Landlust und damit neues multilokales Wohnstandortverhalten mit einer neuen Inwertsetzung ländlicher Räume einhergeht;
  - neue Verhaltensweisen von Bevölkerungsgruppen, beispielsweise in den Bereichen Wohnen, Versorgung, Arbeitsmarkt, Ernährung (10–15% der bundesdeutschen Bevölkerung ernähren sich vegetarisch oder vegan, was Konsequenzen für die agrarische Flächennutzung nach sich zieht und damit in hohem Maße raumbedeutsam ist);
  - zunehmender Anspruch auf Mitsprache und Mitentscheidung der Bevölkerung, was möglicherweise einen Gegensatz zum Erfordernis der Vereinfachung und Beschleunigung sowie Entbürokratisierung von (Planungs-)Verfahren darstellt;
  - zunehmender Fokus auf die Babyboomer-Generation mit neuen Verhaltensweisen (Wohnverhalten, Freizeitverhalten, Versorgungsverhalten auch im Bereich Gesundheit/Medizin).

Hinzuweisen ist in diesem Zusammenhang die hohe Bedeutung der ökonomischen Trends und der damit verbundenen ökonomischen Transformation. Dieser – in den Raum- und Regionalwissenschaften häufig vernachlässigter Aspekt – kommt im Hinblick auf die Raumrelevanz und -wirksamkeit höchste Bedeutung zu. Unternehmerische Entscheidungen pro oder contra einen Standort können erhebliche Auswirkungen auf den Arbeitsmarkt, auf die Kaufkraft, auf den Immobilienmarkt, auf den Einzelhandel, auf die Attraktivität von Innenstädten oder auf die Mobilität haben. Gerade derzeit zeichnet sich eine zunehmende Unternehmensmobilität ab, was neben dem Fachkräftemangel auch auf die hohen Lohnstandards, auf die hohe Bürokratiedichte und die geringe Dynamik bei der Umsetzung (digitale) Innovationen zurückzuführen ist. Nicht unberücksichtigt bleiben darf in diesem Zusammenhang das Faktum der starken Nachfragemärkte vor allem in Indien, Asien und China mit Bevölkerungszahlen von deutlich einer Milliarde Menschen bei zunehmenden Mittelschichten mit relativ hoher Kaufkraft. Gerade die Konsumgüterindustrie, jedoch auch die Investitionsgüterindustrie zeigt sich derzeit offen für diese Märkte.

Ebenfalls nicht übersehen werden sollte in diesem Zusammenhang, dass aufgrund der globalen Konflikte in den nächsten Jahren nicht mehr die Konversion militärischer Einrichtungen, sondern vielmehr deren Bestandserhaltung und ggf. Erweiterung zur Diskussion stehen könnte, was vor allem auch zur Stärkung bereits bestehender oder künftiger Standorte in ländlichen Räumen und damit zur Schaffung gleichwertiger Bedingungen beitragen könnte.

III. Der aktuelle Diskurs zur Gleichwertigkeit der Lebensverhältnisse

Wie dargelegt, steht aktuell nicht das „ob" der Gleichwertigkeit im Fokus der wissenschaftlichen und politischen Diskussion, sondern vielmehr deren Ausgestaltung in räumlicher und materieller Hinsicht. Um welche Fragestellungen geht es dabei und welche Themen sind hierbei relevant?

1. Fragestellungen zur Gleichwertigkeit der Lebensverhältnisse

Von welchen Fragestellungen ist nun die aktuelle gesellschaftliche und politische Diskussion über die Gleichwertigkeit geprägt? Derzeit zeichnen sich folgende zentrale Fragestellungen ab:

- Inwieweit ist die Gleichwertigkeit der Lebensverhältnisse von globalen Entwicklungen beeinflusst (Pandemien und damit verbundene Wirkungen auf die medizinische Versorgung, den Arbeitsmarkt, den Immobilienmarkt u. a., militärische Konflikte im Nahen Osten oder in der Ukraine, ökonomische Teilhabebedarfe von Bevölkerungsgruppen aus dem globalen Süden und damit ausgelöste internationale Migration, ökonomische Verflechtungen mit China und Asien u. a. aufgrund von Rohstoffvorkommen und Technologien, neue globale Wirtschaftsachsen, wie etwa die Seidenstraße u. a. mehr)?
- Inwieweit sind von der Gleichwertigkeit ländliche Räume *und* Großstädte/Verdichtungsräume betroffen? Um welche Raumtypen handelt es sich?
- Welche Faktoren bestimmen die Gleichwertigkeit der Lebensverhältnisse? Kann die Gleichwertigkeit von Lebensbedingungen (ausschließlich) über ein breites Spektrum der Daseinsvorsorge definiert werden?

- Gibt es eine Bedürfnispyramide im Bereich der Daseinsvorsorge, also Grundbedürfnisse und sekundäre Bedürfnisse (Infrastruktur und Dienstleistungen für existentielle Bedürfnisse und für „nice-to-have“) mit unterschiedlichen Konsequenzen für das Postulat der Gleichwertigkeit? Ist hierbei eine Differenzierung nach unterschiedlichen Raumtypen erforderlich?
- Welchen Herausforderungen steht die staatliche und kommunale Handlungsfähigkeit im Lichte der „Gleichwertigkeit“ gegenüber?
- Welche Strategien und Instrumente sind zur Herstellung gleichwertiger Lebensbedingungen geeignet? Kommen neue, bislang in der Raumplanung eher nicht relevante Kategorien wie raumbezogene und sozio-ökonomische Trendforschung, Gemeinschaft und gesellschaftlicher Konsens sowie Zusammenhalt, öffentliche Sicherheit und Ordnung für das Leben im Alltag, kulturelle Identitäten und Multikulturalität mit all ihren Herausforderungen, Stabilität, Orientierung hinzu und bedürfen einer raumbezogenen Inwertsetzung? Inwieweit sind die bisherigen Instrumente, beispielsweise das zentralörtliche System oder regional- und strukturpolitische Instrumente und Programme noch zielführend und vor allem noch ausreichend?

Betont wird an dieser Stelle, dass der vorliegende Beitrag Anregungen und Impulse zur Diskussion der Fragestellungen zur „Gleichwertigkeit“ geben möchte, ohne stets konkrete Antworten geben zu können, da die Diskussion über gleichwertige Lebensverhältnisse volatil und im Fluss ist.

2. Räumliche Relevanz der Gleichwertigkeit der Lebensverhältnisse – Gleichwertigkeit nicht nur ein Postulat für ländliche Räume

Ein weiteres Diskursthema stellt die räumliche Relevanz der Gleichwertigkeit der Lebensverhältnisse dar. Diese sind zweifelsohne ein (aktuelles) Handlungsfeld von Staat und Kommunen und konkretisieren sich insbesondere über den physischen und funktionalen Zugang zu Einrichtungen, Infrastrukturen und Dienstleistungen der Daseinsvorsorge in differenziert strukturierten ländlichen Räumen und auch Verdichtungsräumen. Letztere sind in zweifacher Hinsicht berührt: zum einen weisen die meisten Verdichtungsräume eine hohe räumliche, strukturelle und kommunale Diversität auf – neben den Kernstädten sind bei vielen Metropoleregionen unterschiedlich strukturierte ländliche Räume (Landkreise und kreisangehörige Gemeinden) räumliche Teilbereiche. In den Kernstadtbereichen der Metropolregionen zeigen sich zunehmend „Überhitzungserscheinungen“ und „Wachstumsschmerzen“, die vor allem in den Bereichen Immobilienmarkt, Arbeitsmarkt, Mobilität, Freiraum und natürliche Ressourcen (Wasser, Luft u. a.) zum Tragen kommen. Aus dieser Begründungslage kann die Forderung von Verdichtungsräumen nach Schaffung gleichwertiger Lebensverhältnisse, insbesondere in den Bereichen Mobilität, Wohnen und Bildung nachvollzogen werden. Was ferner die ländlichen Räume betrifft, so ist ein breiteres Spektrum an Infrastrukturen und Dienstleistungen der Daseinsvorsorge tangiert, um dem Postulat der Gleichwertigkeit gerecht zu werden.

Gleichwohl ist es erforderlich, den Schwerpunkt der Diskussion über „Gleichwertigkeit" in strukturschwachen ländlichen Räumen zu setzen, ohne jedoch die Wachstumszentren in Metropolregionen und ihre Herausforderungen insbesondere durch die multilateralen und multisektoralen Transformationsprozesse (Demographie, Ökonomie, Mobilität, Energie, Klima u. a.) aus den Augen zu verlieren. Es bedarf daher zur sachgerechten Einschätzung von Gleichwertigkeit auf der einen und räumlichen sowie funktionalen Disparitäten auf der anderen Seite einer räumlich individualisierten Betrachtung der strukturellen Ausgangssituation in einzelnen Regionen insbesondere mit Blick auf die Basisbereiche Demographie, Daseinsvorsorge, Wirtschaft, Arbeitsmarkt, Immobilienmarkt, natürliche Ressourcen.

3. Gesellschaftliche und wirtschaftliche Transformation – Anpassungsfähigkeiten und Anpassungsgeschwindigkeiten

Die Entwicklung und Ordnung von Räumen, also von Regionen und Kommunen, – sei es im ländlichen oder im metropolitanen Kontext – wird zunehmend von Transformationsprozessen bestimmt. Trigger-Faktoren, also auslösende Momente, können demographische, soziale, ökonomische, ökologische, jedoch auch digitale, institutionelle, organisatorische und instrumentelle Trends und/oder Innovationen sein, die von Regionen und Kommunen mit unterschiedlichen Anpassungspotentialen und Geschwindigkeiten aufgenommen und für eine zukunftsfähige Entwicklung in Wert gesetzt werden. Gerade die Anpassungsfähigkeiten und Anpassungsgeschwindigkeiten sind wesentliche Aspekte für die Gleichwertigkeit von Lebensverhältnissen, sind doch manche Regionen und Kommunen, insbesondere in Metropolregionen, in der Lage schnell und antizipativ neue Trends und Entwicklungen aufzunehmen und politisch sowie fachlich umzusetzen. Hingegen zeigt sich gerade in ländlichen, strukturschwachen Regionen und Kommunen, dass die Implementation, also die Umsetzung von neuen Entwicklungen deutlich zeitversetzt oder nicht erfolgt. Gleichwohl sind Verdichtungsräume und ländliche Räume gleichermaßen von sozialen und ökonomischen Transformationsprozessen berührt.

Die derzeit ablaufenden sozio-ökonomischen Transformationsprozesse weisen im Lichte der Raumordnung und Raumentwicklung folgende fünf Dimensionen auf:

- Gesellschaftlicher Wertewandel und sozialer Wandel, beispielsweise konkretisiert in Individualisierung der Lebensstile, in Pluralität, Diversität und Meinungsvielfalt, Multilokalitäten, Multikulturalitäten,
- Wandel in Verhaltensweisen, zB Arbeits- und Pendlerverhalten, Wohnverhalten, Versorgungs- und Einkaufsverhalten, Freizeitverhalten, u. a.,
- Neubewertung von Infrastrukturen (abnehmende Akzeptanz von (großen) Infrastrukturprojekten insbesondere in den Bereichen Energie und Verkehr; Tendenzen zur Privatisierung öffentlicher Infrastrukturen, zB Kliniken; Investitionsstaus bei kommunalen Infrastrukturen),

- Ökonomische Transformation in Verbindung mit einer Neubewertung von Standortfaktoren,
- Instrumentell-organisatorischer Wandel sowie Breite der Handlungsoptionen auf verschiedenen räumlichen Ebenen.

Der gesellschaftliche Wandel und dessen Wirkungen werden bislang in der Raum- und Regionalwissenschaft in ihrer Bedeutung nur bedingt wahrgenommen. Neue gesellschaftliche Entwicklungen betreffen dabei zum einen veränderte Verhaltensweisen der Bevölkerung, beispielsweise Multilokalitäten in den Bereichen Arbeits- und Wohnstandorte, neue Formen des Arbeitsverhaltens (mobiles standortunabhängiges Arbeiten mit weitreichenden Konsequenzen auf den öffentlichen und privaten Immobilienmarkt durch geringere Inanspruchnahme von Büroflächen) sowie den Wertewandel gegenüber materiellen Werten und Sachwerten bei der jungen Generation. Zum Ausdruck kommt dies insbesondere in einer Neubewertung der work-life-Balance, einer Neubewertung der Familienarbeit, in sharing econmies, in reduzierten, flächensparenden Wohnformen (zB Tiny-Häuser), in einem umweltbewussten Mobilitätsverhalten.

Bei der gesellschaftlichen Transformation, die bislang in der Diskussion um die Gleichwertigkeit der Lebensverhältnisse nur eine Randrolle spielt, aber eine hohe Raumrelevanz in verschiedenen Strukturbereichen hat, bedarf es auch einer Berücksichtigung der derzeit in starkem Maße zu beobachtenden Polarisierung der Gesellschaft durch unterschiedliche Bildungs- und Einkommensniveaus. Damit teilweise in Verbindung stehend ist die Diskussion zum Grundeinkommen im Hinblick auf die Reduzierung der Kinder- und Altersarmut zu sehen. Nicht außer Acht gelassen werden darf in diesem Zusammenhang der bevorstehende Wandel auf dem Arbeitsmarkt für gering qualifizierte Tätigkeiten aufgrund des Einsatzes von digitalen Lösungen.

IV. Gleichwertigkeit der Lebensverhältnisse – eine Zukunftsaufgabe für Staat und Kommunen: Handlungsansätze – Strategien – Maßnahmen

Wie dargelegt werden konnte, ist neben der konzeptionellen Ausgestaltung auch die konkrete Umsetzung und Anwendungsorientierung der Gleichwertigkeit der Lebensverhältnisse von Bedeutung. Hierzu bedarf es verbindlicher Leitlinien, aber auch die Darstellung konkreter Anwendungsbereiche.

1. Konzeptionelle und rechtliche Ansätze

„Im Verfassungsrecht ist die einzige Vorschrift, die ausdrücklich „gleichwertige Lebensverhältnisse" benennt, Art. 72 Abs. 2 des Grundgesetzes (GG). Danach hat der Bund im Bereich der konkurrierenden Gesetzgebung in bestimmten Gebieten des Art. 74 Abs. 1 GG nur dann ein Gesetzgebungsrecht, wenn und soweit die Herstellung gleichwertiger Lebensverhältnisse im Bundesgebiet oder die Wahrung der Rechts- oder Wirtschaftseinheit im gesamtstaatlichen Interesseeine bundesgesetzliche Regelung erforderlich macht. Der verfassungsrechtliche Begriff der gleichwertigen Lebensverhältnisse steht somit in einem engen Zusammenhang mit dem Verhältnis zwischen Bundes- und Landesgesetzgebungskompetenzen"[2]

So vielschichtig die Thematik der „Gleichwertigkeit" materiell auch ist, so ist die rechtliche Einordnung im Bundesraumordnungsgesetz klar und deutlich: § 2 Abs. 2 Nr. 1 Raumordnungsgesetz des Bundes (ROG) gibt in den Grundsätzen der Raumordnung unmissverständlich den Auftrag an Bund und Länder zur Schaffung gleichwertiger Lebensverhältnisse im Gesamtraum der Bundesrepublik Deutschland und in seinen Teilräumen: Dabei sollen ausgeglichene soziale, infrastrukturelle, wirtschaftliche, ökologische und kulturelle Verhältnisse angestrebt werden. Diese Aufgaben sind gleichermaßen in Verdichtungsräumen wie in ländlichen Räumen, in strukturschwachen wie in strukturstarken Räumen zu erfüllen. Auf einen Ausgleich räumlicher und struktureller Ungleichgewichte zwischen den Regionen ist hinzuwirken.

Entgegen manch aktueller Forderungen: das „ob" der Gleichwertigkeit steht damit nicht zur Disposition. Allerdings erscheint eine Diskussion über die inhaltliche, funktionale und distanzielle Ausgestaltung und Umsetzung – wie dargelegt – erforderlich. Neben *Grundbedürfnissen* (Infrastrukturen und Dienstleistungen in den Bereichen Wohnen, technische Ver- und Entsorgung einschl. Digitalisierung, Bildung, Alltagsversorgung, Arbeitsmarkt, Mobilität, medizinische und pflegerische Versorgung, Nutzung natürlicher Ressourcen, Sicherheit, soziale Teilhabe) gibt es *abgeleitete Bedürfnisse,* beispielsweise im Bereich der Freizeiteinrichtungen. Die Verantwortbarkeit und Leistungsfähigkeit staatlicher, kommunaler und privater Träger ist dabei gerade im Bereich der Daseinsvorsorge ein wichtiger Maßstab; nicht ausschließlich finanzielle Aspekte, sondern räumlich-individuelle, maßgeschneiderte und passgenaue Leistungserbringung sollten künftig die Leitlinien für Gleichwertigkeit bestimmen.

Zu berücksichtigen ist dabei, dass Gleichwertigkeit in strukturstarken und strukturschwachen sowie ländlichen und verdichteten Räumen bedeutet:

- Vergleichbare Lebensqualitäten (zB den Bedürfnissen entsprechenden und bezahlbarer Wohnraum, Zugang zu natürlichen Ressourcen – Freiflächen, Luftqualitäten u. a.),
- Vergleichbare Start- und Entwicklungsmöglichkeiten,
- Hochwertige digitale Infrastruktur „an jeder Milchkanne" (möglichst im state-of-the-art-Standard),
- Zugang zu und Erreichbarkeit von öffentlichen und privaten Einrichtungen der Daseinsvorsorge,
- Vergleichbarer Zugang zu Informationen (zB Fördermöglichkeiten auf der Ebene der EU, des Bundes und der Länder),
- Vergleichbare Möglichkeiten zur Gestaltung des (wirtschaftlichen) Strukturwandels,

[2] Vgl. Wissenschaftlicher Dienst des Deutschen Bundestags, Begriff der „gleichwertigen Lebensverhältnisse", WD-Dokumentation, WD 3-3000-162/22, WD 1-3000-041/022, S. 4f.

- Vergleichbare Möglichkeiten zur Gestaltung der derzeit laufenden Transformationsprozesse vor allem in den Bereichen Wirtschaft, Klima, Energie, Mobilität, Digitalisierung,
- Vergleichbare Qualifikationschancen für Arbeitnehmer,
- Vergleichbare Innovationsmöglichkeiten für Unternehmen.

Es ist damit festzuhalten, dass die Gleichwertigkeit der Lebensverhältnisse maßgeblich von der Sicherung von Einrichtungen und Dienstleistungen der Daseinsvorsorge bestimmt wird, da diese die Bleibe- und Haltefaktoren von Bevölkerung und Unternehmen und damit die Zukunftsfähigkeit von Regionen bestimmen. Geprüft werden müssen dabei allerdings auch der Anspruch auf Verteilungsgerechtigkeit sowie die Stärkung der Flexibilitäten bei der Leistungserbringung und bei Standards.

2. Verbindliche Leitlinien für Strategien und Projekte zur Schaffung und Erhaltung gleichwertiger Lebensverhältnisse

Für die Ausgestaltung und Umsetzung des Gleichwertigkeitspostulats erscheinen folgende Leitlinien erforderlich:

- Nachhaltigkeit: alle Maßnahmen und Projekte sollten nicht auf kurzfristige, öffentlichkeitswirksame Wirkung, sondern auf Dauerhaftigkeit ausgerichtet sein;
- Vernetzung und Querschnittsorientierung: alle Maßnahmen und Projekte, die zur Schaffung gleichwertiger Lebensverhältnisse beitragen, sollten möglichst miteinander vernetzt und fachübergreifend sein und damit auf Synergieeffekte ausgerichtet sein;
- Interkommunale Kooperation: aufgrund der zunehmend schwierigen fachlichen und ökonomischen Leistungsfähigkeit der Kommunen (teilweise gerade in den westlichen Bundesländern sehr kleine Gebietszuschüsse von Landkreisen und Gemeinden) sollten interkommunale Kooperationen verstärkt werden;
- Zielgruppen- und Adressatenkreis-Orientierung: dies bedeutet, dass bei allen Maßnahmen und Projekten die Frage beantwortet werden sollte, an wen sich ein Strategieschritt bzw. eine Maßnahme/ein Projekt wendet;
- Marktanalytische Orientierung und Finanzierbarkeit: eine weitere Frage sollte sein, ob eine Maßnahme/ein Projekt, das zur Schaffung und zur Erhaltung gleichwertiger Lebensverhältnisse beitragen soll, marktfähig ist, dh ob für ein Angebot auch eine Nachfrage vorhanden ist und damit auch eine Finanzierung nach Auslaufen einer staatlichen Förderung möglich ist; dies kann bedeuten, dass methodisch vor der Umsetzung eines Projekts Marktanalysen erforderlich sind (diese wären eine wichtige Erweiterung im Methodenspektrum der Regionalwissenschaften). Hingewiesen wird allerdings in diesem Zusammenhang, dass erfahrungsgemäß gerade bei innovativen Projekten nicht sofort eine Nachfrage vorhanden ist (Beispiel: digitale medizinische Angebote nehmen möglicherweise gerade ältere Bevölkerungsgruppen nicht oder nur zeitverzögert an). Marktanalysen können – gerade in Zusammenhang mit Akzeptanzanalysen – einen deutlichen Beitrag zum Erfolg eines Projektes leisten;

- Akzeptanz-Orientierung: in Zusammenhang mit einer Marktanalyse steht eine Akzeptanzanalyse, dh es gilt im Rahmen der Konzipierung eines Projekts auch zu prüfen, welche Akzeptanz bei Zielgruppen besteht;
- Dezentralität: eine weitere Leitlinie ist, dass dezentrale Maßnahmen vor zentralen Maßnahmen stehen sollten;
- Nutzung einer flächendeckenden digitalen Infrastruktur: bei dieser Leitlinie geht es insbesondere darum, bei Projekten digitale Potentiale und niederschwellige Anwendungen mit zu denken und zu prüfen (zB digitaler Einzelhandel, digitale Mobilitätsformen);
- Analoge Ersatz- und Übergangslösungen: gerade zu Beginn der Digitalisierung sollten analoge Ersatz- und Übergangslösungen vorgehalten werden, was gerade bei Projekten von Bedeutung ist, die sich an breite Bevölkerungsgruppen in ländlichen Räumen wenden;
- Ökologische und soziale Verträglichkeit: diese Leitlinie umfasst bei Projekten und Maßnahmen die Prüfung ökologischer und sozialer Wirkungen. Bei den ökologischen Wirkungen geht es beispielsweise um mögliche Flächeninanspruchnahmen, um klimatologische Wirkungen oder auch um den Verzicht auf Großprojekte. Bei der sozialen Verträglichkeit sollten die Teilhabemöglichkeiten im Vordergrund stehen;
- Professionalität, Modellprojekte, Kommunikation und Öffentlichkeitsarbeit sowie Evaluation: eine zentrale Leitlinie umfasst das Thema „Professionalität". Professionalität bedeutet neben einem strukturierten Vorgehen vor allem auch die Anwendung Projekt-relevanter Methoden sowie auch Mut zur Evaluation und zu einer Fehlerkultur. Ferner ist es wichtig, modellhafte Lösungen sowohl in der konzeptionellen Phase als auch in der Phase der Umsetzung zu erarbeiten und diese öffentlichkeitswirksam zu präsentieren. Gerade der Kommunikation und der Öffentlichkeitsarbeit kommt bei allen Strategien und Maßnahmen zur Schaffung und Erhaltung gleichwertiger Lebensverhältnisse höchste Bedeutung zu.

3. Praxisrelevanz und Umsetzbarkeit des Gleichwertigkeits-Postulats

Ein weiteres Thema ist – angesichts der angespannten öffentlichen Haushalte auf kommunaler und staatlicher Ebene (u. a. bedingt aufgrund der Ausgabentätigkeiten durch die COVID-19-Pandemie sowie durch die veränderten geopolitischen Rahmenbedingungen und aufgrund der Transformationsbedarfe in den Bereichen Klimawandel, Energie und Ökonomie) – die konkrete Implementation und Umsetzbarkeit des Gleichwertigkeits-Postulats. Es erscheint daher erforderlich, neue Ansätze der Umsetzung und Implementation, beispielsweise durch verstärkte Anwendung von Management- und Marketingstrategien, zu prüfen. Für die Regionalwissenschaften bedeutet dies auch eine noch stärkere Hinwendung zur Projektorientierung ohne die bisherige Orientierung an Konzepten, Plänen und Programmen als rechtsverbindliche Orientierungsrahmen und „Leitplanken" zu verlassen.

4. *Strategische und organisatorische Ansätze*

In der Diskussion um die Schaffung und Sicherung der gleichwertigen Lebensverhältnisse stellt der Aspekt der Umsetzung, also der Einsatz von Strategien und Maßnahmen, eine Herausforderung dar.

Bei den Handlungsansätzen geht es vor dem Hintergrund der skizzierten Trends und Herausforderungen schwerpunktmäßig um die Frage, welche „Stellschrauben" Einfluss auf die Entwicklungsdynamik einer Region nehmen. Regionen und Räume bedürfen dahingehend der Unterstützung, dass sie innerhalb eines (Bundes-)Landes eine annähernd gleiche Entwicklungsdynamik entfalten können. Es geht damit um die Frage, welche Maßnahmen und Strategien geeignet sind, um eine gleichwertige Entwicklungsdynamik von Regionen und Teilräumen in ländlichen Räumen und Verdichtungsräumen/Metropolregionen zu gewährleisten. Ziel ist es, möglichst konkrete Handlungsansätze und –strategien zu erarbeiten, die bisherigen „Slow-Regions", in der Regel ländliche und struktursachwache Regionen, in die Lage versetzen, eine höhere Entwicklungsdynamik zu erreichen.

Folgende Überlegungen sollten im Hinblick auf die Schaffung gleichwertiger Lebensverhältnisse Gegenstand der Diskussion auf der Ebene des Bundes, der Länder und der Kommunen werden:

Das Instrumentarium der Raumordnung, Landes- und Regionalplanung sowie Regionalentwicklung bedarf daher im Hinblick auf die Gleichwertigkeit von Lebensverhältnissen einer Erweiterung: so kann – auch als „Antwort" auf die Ausweisung von Metropolregionen – die Ausweisung eines Netzes von *Regiopolen* mit Anker- und Haltefunktionen für Bevölkerungsgruppen und als Innovationspole für Unternehmen in ländlichen Regionen geprüft werden, ohne das bewährte Prinzip der Zentralen Orte zu relativieren.

Ferner erscheint es im Hinblick auf die Daseinsvorsorge sinnvoll, das Prinzip *„Managing Diversity"*, also flexible Einrichtungen und Dienstleistungen der Daseinsvorsorge einzuführen (statt technokratischer Mindeststandards).

Zentrale Bedeutung kommt dem Ausbau der *Infrastruktur* zu, insbesondere dem sofortigen Ausbau einer hochleistungsfähigen digitalen Infrastruktur in Gestalt eines flächendeckenden, terrestrischen Glasfasernetzes (5G-Standard) mit der Maximalforderung: „5G an jeder Milchkanne". Neben der digitalen Infrastruktur ist allerdings auch der Ausbau der Verkehrsinfrastruktur auf Straße, Schiene und Luftverkehr erforderlich, wobei hier der zeitnahen Beschleunigung von Planungs- und Genehmigungsverfahren und dem Abbau von Bürokratien in den Realisierungsphasen eine zentrale Rolle zukommt.

Als Instrument noch ausbaufähig ist die *Dezentralisierung* öffentlicher Einrichtungen auf der Ebene des Bundes und der Länder; gerade die damit verbundenen strukturpolitischen Wirkungen leisten einen nicht hoch genug einzuschätzenden Beitrag zur Schaffung gleichwertiger Lebensverhältnisse, da alle Bereiche durch Dezentralisierungsmaßnahmen Vorteile haben (Immobilienmarkt, Arbeitsmarkt, Einzelhandel usw).

Die Neugründung bzw. Zweigstellen-Gründung von *Hochschulen und außeruniversitären Forschungseinrichtungen* im Umfeld der Hochschulen (wie dies beispielsweise in großem Umfang in Bayern und Rheinland-Pfalz erfolgt) sowie von Berufsbildungsstätten trägt wesentlich zur Aufwertung ländlicher Räume und zur Schaffung gleichwertiger Bedingungen bei; allerdings muss hierzu auch angemerkt werden, dass gerade im Bereich der Hochschulen und Forschungseinrichtungen Grenzen dezentraler Strukturen durchaus vorhanden sind.

Zu prüfen ist ferner die Ausweisung eines Programms (beispielsweise auf der Ebene der Bundesraumordnung), das den Aufbau von *regionalen Entwicklungs- und Managementagenturen* zum Ziel hat. Damit verbunden sollte eine Bündelung von Förderaktivitäten von EU, Bund und Ländern sein. Aufgabe der Agenturen könnte ferner auch die Begleitung von Antragstellungen bei fachlich und organisatorisch komplexen Förderprogrammen ebenso sein wie eine Lotsenfunktion (Förderlotsen). Organisatorisch bedarf es beim Aufbau der Agenturen einer Einbeziehung der Wirtschaftskammern (IHKs und HWKs, ggf. auch Landwirtschaftskammern) sowie staatlicher Mittelbehörden. Die Erfolge in einer Vielzahl ländlicher Räume in Bayern zeigen, dass es mit einer solchen querschnittsorientierten raumplanerischen Maßnahme gelingen kann, einen Beitrag zur Gleichwertigkeit der Lebensverhältnisse zu leisten.

5. Regional- und strukturpolitische Maßnahmen

Die Gleichwertigkeit der Lebensverhältnisse ist – wie gezeigt wurde – vor allem für ländliche Räume von hoher Relevanz. Zu deren Zukunftsfähigkeit sind beispielhaft folgende Handlungsansätze auf den verschiedenen Ebenen zu prüfen. Was nun die Handlungsansätze betrifft, so ist zunächst grundsätzlich festzuhalten, dass es auf der Ebene des Bundes und der Länder einer instrumentellen Individualisierung auf kommunaler und regionaler Ebene in Gestalt eines „passgenauen und maßgeschneiderten" Instrumenteneinsatz bedarf (Reduzierung von Förderprogrammen und Modellprojekten im „Gießkannenprinzip" und Einführung passgenauer, raum-individueller Fördermaßnahmen). Folgende Handlungsansätze bedürfen der Einbeziehung in den Diskurs:

- Aufbau eines Index „Daseinsvorsorge" und damit verbunden Definition der „Basis-Infrastrukturen und Dienstleistungen" im Bereich der Daseinsvorsorge (zB E-Health – MVZs und digitale Sprechstunden mit Allgemein- und Fachmedizinern; digitale Dorfläden – Amazon-System auf der Ebene der Landkreise mit dem Ziel der Versorgung der Bevölkerung und der Schaffung regionaler Wertschöpfungsketten, schulische und berufliche Bildungsangebote unter Nutzung der Möglichkeiten von „Bildung digital");
- Zeitnahe Beschleunigung von Planungs- und Genehmigungsverfahren und damit Entbürokratisierung (u. a. auch Entschärfung der DSGVO);
- Abbau von Bürokratien, insbesondere auch bei Förderprogrammen des Bundes und der Länder sowie der EU;
- Durchführung von hochprofessionellen Regional- und Standortmarketing-Kampagnen und damit Dachmarkenprozessen;
- Aufbau integrierter Mobilitätsketten und integrierter Mobilitäts-Hubs (analog der Planungen von DB AG, Automobilindustrie und Autovermietungen sowie Taxigewerbe und Busunternehmen in Großstädten);

- Aufbau von Modellregionen „autonomes Fahren“ sowie „all-inclusive-Mobilität in ländlichem Raum“; gerade bei der Gruppe der Senioren werden sich neue Mobilitätsmuster in ländlichen Räumen ergeben (automatisiertes Fahren bis in das hohe Alter). Nicht übersehen werden sollte in diesem Zusammenhang der Trend, dass große Mobilitätskonzerne (DB AG, SIXT AG u. a.) bereits Konzepte für umfassende Mobilitätsdienstleistungen im Sinne einer all-inclusive-Mobilität entwickeln; die Unterstützung des Aufbaus niedrigschwelliger Angebote im Bereich Verkehr (zB Radschnellwege, Mitfahrbänke) sollte dabei nicht außer Acht gelassen werden;
- Ökologisierung der (regionalen) Wirtschaftsentwicklung und -politik;
- Unterstützung der Revitalisierung stillgelegter Bahnstrecken zur verbesserten Anbindung ländlicher Teilregionen;
- Programm zur Schaffung von Co-Working-Spaces in Verbindung mit einem modernen Start-Up-Programm (es zeigt sich in der Pandemie und dies ist auch noch für einige Jahre zu erwarten eine gewisse Dynamik im Bereich der Neugründungen);
- Unterstützung von Rückkehrer-Kampagnen, um junge Familien mit gut ausgebildeten Menschen für die ländlichen Räume zurückzugewinnen, was mittelfristig auch der Stabilisierung der Bevölkerungsentwicklung dient;
- Weiterer Ausbau der Hochschulen und Wissenschafts-Infrastruktur zur Unterstützung des wirtschaftlichen Strukturwandels;
- Stärkung von Mittelstädten als Wachstumsmotoren – Förderung von Modellprojekten;
- Aufbau regionaler Think-Tanks und Denkfabriken als moderne Netzwerke und als neue Organisationsformen mit Schwerpunkt auf regionaler und kommunaler Trendforschung und Projekten zur ökonomischen und kommunalen Zukunftssicherung (u. a. als Plattform zur Nutzung von Experimentierklauseln).

Die zukünftige (regional-)wirtschaftliche Entwicklung in ländlichen Räumen hängt maßgeblich von dem Erkennen, der Analyse, der Bewertung und Gestaltung des ökonomischen, sozialen, digitalen und gesellschaftlichen Wandels ab. Strukturwandel muss das TOP-Thema mit klarer Kommunikationsstrategie und begleitet von Image- und Dachmarkenprozessen werden. Der ökonomische Strukturwandel bedarf einer breiten Thematisierung, damit regional- und strukturpolitische Weichen im Sinne der Diversifizierung der Branchen, der Unterstützung zukunftsweisender Branchen (zB Medizintechnik. Gesundheitsbranche u. a.), des Ausbaus von FuE-Einrichtungen (Hochschulen, außeruniversitäre Forschungseinrichtungen) sowie im Hinblick auf Dezentralisierungsmaßnahmen im öffentlichen Bereich gestellt werden können. Im Sinne der Globalisierung muss auch an eine stärkere Einbindung in großräumige Wirtschaftsräume (Donauraum, Rheinschiene, chinesisch-europäische Seidenstraße u. a.) gedacht werden. Ein „Weiter-so“ bei der Digitalisierung als „Dreh- und Angelpunkt“ der Wettbewerbsfähigkeit“ in wirtschaftlicher Hinsicht aber auch im Hinblick auf die Regional- und Kommunalentwicklung ist für die ländlichen Räume weder aus der Sicht der Wirtschaft noch aus der Sicht der öffentlichen Einrichtungen und Organisationen auf der Ebene der

Kommunen und der Regionen akzeptabel: dies betrifft zum einen den Ausbau der digitalen Infrastruktur auf 5G- oder 6G-Standard in Gestalt eines Sofortprogramms für digitale Infrastruktur – 5G an „jeder Milchkanne" als Maximalforderung (China hat bereits den 7G-Standard); zum anderen bedarf es einer Anwender-Strategie, d. h. öffentliche Einrichtungen und Unternehmen bedürfen der Unterstützung bei der Nutzung und Anwendung digitaler Möglichkeiten. Gefordert ist somit eine Digital-Offensive – eine Strategie, die einen starken Beitrag zur Resilienz insbesondere ländlicher Räume leisten wird.

V. Fazit

Als Fazit lässt sich an dieser Stelle festhalten, dass nicht die Gleichwertigkeit der Lebensverhältnisse in allen Teilräumen zur Diskussion steht (also das „ob" der Gleichwertigkeit), sondern deren inhaltliche, funktionale und distanzielle Ausgestaltung vor dem Hintergrund staatlicher und kommunaler Verantwortung auf der einen und Leistungsfähigkeit auf der anderen Seite. Nicht unerwähnt bleiben sollen in diesem Zusammenhang auch die Leistungspotentiale privater Träger der Daseinsvorsorge, wobei neuere Erfahrungen zeigen, dass privatisierte Leistungen der Daseinsvorsorge keineswegs immer ein günstiges Kosten-Nutzen-Verhältnis aufweisen.

Die Schaffung und Erhaltung der gleichwertigen Lebensbedingungen ist ein zentraler Pfeiler für die ausgewogene Entwicklung aller Teilräume in Deutschland und dient vor allem auch der Sicherung der Zukunftsfähigkeit der ländlichen Räume, in denen nicht nur die Mehrheit der Bevölkerung ihren Lebensmittelpunkt hat, sondern in denen auch eine Vielzahl von Unternehmen ihren Standort hat. Gerade in einer Zeit der Transformation und des Umbruchs muss die Gleichwertigkeit der Lebensverhältnisse grundlegender Maßstab des planerischen und politischen Handels sein.

HANS-JÜRGEN SEIMETZ

Räumliche Planung und Regionalentwicklung über Ländergrenzen – Metropolregion Rhein-Neckar

Mit rd. 2,4 Millionen Einwohnern auf 5637 qkm ist Rhein-Neckar die kleinste der Metropolregionen in Deutschland. Die Lage der Region im Dreiländereck Baden-Württemberg/Hessen/Rheinland-Pfalz erschwerte viele Jahre eine abgestimmte Raumentwicklung, insbesondere im Bereich der Verkehrsinfrastruktur und Wirtschaftsentwicklung.

Die heute bestehende Struktur der Zusammenarbeit regionaler Akteure in der Metropolregion Rhein-Neckar ist aus einem dynamischen Regionalisierungsprozess heraus entstanden, der sich über mehrere Jahrzehnte erstreckte.

I. Ländergrenzen übergreifende Zusammenarbeit in der Region Rhein-Neckar

1. Von der Kommunalen Arbeitsgemeinschaft zum Raumordnungsverband Rhein-Neckar

Die Ländergrenzen übergreifende Zusammenarbeit im Bereich der Raumordnung und Regionalentwicklung im Schnittpunkt der drei Bundesländer Baden-Württemberg, Hessen und Rheinland-Pfalz hat eine lange Tradition. Die institutionelle, Ländergrenzen übergreifende Zusammenarbeit bei der Raumentwicklung begann 1951 mit der Gründung der „Kommunalen Arbeitsgemeinschaft Rhein-Neckar" (KAG) in Form einer gemeinnützigen GmbH. Mitglieder waren die Städte Ludwigshafen, Mannheim, Heidelberg und Viernheim sowie die Landkreise Ludwigshafen und Heidelberg. Arbeitsschwerpunkte lagen bei Aufgaben des Verkehrs, der Versorgung mit Gas, Wasser und Strom, Aufgaben der Raumplanung und der Industrie- und Wohnansiedlung.[1] Die KAG erfüllte jedoch nicht die Hoffnungen, die in sie gesetzt waren. Sie war zuletzt nur eine Konferenz der Nachbarn, die der gegenseitigen Unterrichtung und dem Erfahrungsaustausch diente.[2]

Eine Weiterentwicklung der regionalen Zusammenarbeit wurde 1969 mit der Unterzeichnung des Staatsvertrages über die Zusammenarbeit bei der Raumordnung im Rhein-Neckar-Gebiet erreicht.[3] Die drei Länder verpflichteten sich,

[1] Vgl. Schmitz Raumforschung und Raumordnung 5 (2006), 360 (361).

[2] Vgl. Hoffend Politik ohne Grenzen. Hermann Heimerich: Motor und Mentor der Metropolregion Rhein-Neckar 50.

[3] Staatsvertrag zwischen den Ländern Baden-Württemberg, Hessen und Rheinland-Pfalz über die Zusammenarbeit bei der Raumordnung im Rhein-Neckar-Gebiet, GBl. BW 1969, 151.

ihre Planungen so aufeinander abzustimmen, dass ein einheitliches planungs- und entwicklungsrelevantes Handeln gewährleistet würde. Auf dieser Grundlage wurde 1970 der Raumordnungsverband Rhein-Neckar (ROV) gegründet. Erstmals in der deutschen Planungsgeschichte bildete sich über bestehende Ländergrenzen hinweg ein öffentlich-rechtlicher Planungsverband. Räumlich umfasste der ROV den nördlichen Teil der rheinland-pfälzischen Region Rheinpfalz, den Westteil der baden-württembergischen Region Rhein-Neckar-Odenwald sowie auf hessischer Seite den Landkreis Bergstraße. Allerdings waren die Länder nicht bereit, ihre Planungshoheit an den ROV abzugeben. Ferner wurden dem Verband keine Vollzugskompetenzen zugestanden. Institutionell entstand eine zweistufige Regionalplanung mit einer komplizierten Organisationsstruktur: zum einen bildete der ROV eine neue Planungseinheit auf Länderebene, zum anderen bestand er aus Teilgebieten größerer Planungsgemeinschaften für die durch die Länder jeweils eigene Regionalpläne aufgestellt wurden. Neun Jahre nach Bildung des ROV trat im Sommer 1979 der erste Raumordnungsplan Rhein-Neckar für das durch Ländergrenzen durchschnittene Rhein-Neckar-Gebiet in Kraft.

Die achtziger Jahre brachten weitere Fortschritte bei der Bildung wichtiger regionaler Institutionen und Netzwerke. Besonders zu nennen ist die Gründung des Rhein-Neckar-Dreieck e.V., der sich aus einem Arbeitskreis der Städte Ludwigshafen, Mannheim und Heidelberg, der links- und rechtsrheinischen Industrie- und Handelskammern und des ROV heraus entwickelte. Seine Kernaufgabe war es, durch Imagekampagnen und regionale Großveranstaltungen die Außenwahrnehmung der Region zu verbessern.

Das Beharren der Länder auf einer zweistufigen Planung (ein Ländergrenzen übergreifender Rahmenplan für das Gebiet des ROV sowie eigenständige Regionalpläne nach den jeweiligen Landesplanungsgesetzen der Länder) erschwerte die Kooperation im Rhein-Neckar-Gebiet erheblich. So begann Anfang der neunziger Jahre eine Diskussion über die Weiterentwicklung des Verbandes. Im Kern ging es um die Frage, ob das vielgliedrige Kooperationsmodell durch einen Einheitsverband ersetzt werden sollte und regional bedeutsame Aufgaben zusammengefasst werden können. Für ein solches Regionalverbandsmodell fehlte damals jedoch die politische Unterstützung. Vor diesem Hintergrund kam es 1998 lediglich zu einer Änderung der Verbandssatzung. Neu wurden in der Satzung Koordinierungsaufgaben in den Bereichen Wirtschaftsförderung und Standortmarketing, integrierte Verkehrsplanung, Abfallwirtschaft, regionale Freizeitzentren, Informations- und Kommunikationstechnik sowie Tourismus und Großveranstaltungen, Kultur und Sport verankert. Die Zweistufigkeit der Planung blieb bestehen. Die Ergänzung der Satzung war jedoch ein wichtiger Schritt hin zu einer besser abgestimmten Regionalentwicklung. Es entstanden mehrere thematische Netzwerke, wie zB das Kompetenzzentrum Medizintechnik, die Bioregion Rhein-Neckar e.V., das Gesundheitsnetz Rhein-Neckar-Dreieck e.V. und die EnergieEffizienzAgentur Rhein-Neckar-Dreieck. Von großer Bedeutung war ebenso die Gründung einer Regionalmarketing Rhein-Neckar-Dreieck GmbH, mit der ein Einstieg in eine auch umsetzungsorientierte Regionalentwicklung erreicht werden sollte.

Die Ergänzung der Satzung brachte deutliche Fortschritte für die Regionalentwicklung im Rhein-Neckar-Gebiet, sie war jedoch nicht der erhoffte große Wurf.

2. Der Weg zum Verband Region Rhein-Neckar und zur Metropolregion Rhein-Neckar

Die weitere Entwicklung erhielt ab dem Jahr 2000 enormen Schub, der mit einem gestiegenen Interesse und Engagement von Führungspersönlichkeiten der politischen Eliten (Oberbürgermeister, Bürgermeister, Landräte), der wirtschaftlichen Eliten (Vorstandsvorsitzende, Mitglieder von Vorständen) und wissenschaftlichen Eliten (Universitätspräsidenten, Hochschulpräsidenten) verbunden war.

Im Jahr 2000 stellte sich die Ausgangslage in der Region wie folgt dar:[4]

- Komplizierte regionale Organisationsstrukturen;
- Mehrfachmitgliedschaften der politischen Akteure in den regionalen Gremien;
- Mangelnde Wahrnehmung der Region nach innen und außen;
- Forderungen der Wirtschaft nach Vereinfachung der Verfahrensabläufe und stärkere Einbindung in regionale Entwicklungsprozesse.

Hinzu kam, dass regionsinterne Ereignisse eine Aufbruchstimmung in der Region auslösten. Dazu zählte die Mobilisierung der gesellschaftlichen, wirtschaftlichen und politischen Kräfte zu einem gemeinsamen Aktionsbündnis zur ICE-Neubaustrecke Rhein-Main – Rhein-Neckar, die sich am geplanten Bypass um Mannheim entzündete. Ferner ist der Start der S-Bahn Rhein-Neckar im Dezember 2003 zu nennen. Diese Ereignisse lösten massive Forderungen, insbesondere seitens der Wirtschaft, nach weiteren Schritten zur Weiterentwicklung der Region aus.

Um die Integration voranzubringen, fand am Jahresende 2000 erstmals ein „Regionalgespräch Rhein-Neckar-Dreieck" mit rd. 120 Teilnehmern aus Wirtschaft, Wissenschaft, Gewerkschaften, Verwaltung und Politik statt. Dazu eingeladen hatten die Vorsitzenden des IHK-Wirtschaftsforums, ein Länder übergreifender Zusammenschluss der Industrie- und Handelskammern, des Rhein-Neckar-Dreieck e.V., des ROV und der Regionalmarketing Rhein-Neckar-Dreieck GmbH. Die Teilnehmer verständigten sich nach mehreren Treffen auf vorrangig zu lösende regionale Infrastrukturprojekte, darunter die Errichtung eines Regionalflughafens, einer Rheinquerung bei Altrip, den Aufbau eines gemeinsamen Kongresswesens und eine intensivere Repräsentation auf EU-Ebene in Brüssel.

Erneut war es das IHK-Wirtschaftsforum, auf dessen Initiative eine Vision Rhein-Neckar-Dreieck 2015" erarbeitet wurde mit dem Ziel, die Region bis 2015 zu einer der attraktivsten und wettbewerbsfähigsten Regionen in Europa zu entwickeln. Parallel dazu wurde ein Gutachten zur strategischen und strukturellen Weiterentwicklung der Zusammenarbeit in der Region Rhein-Neckar in Auftrag

[4] Vgl. Seimetz Regional Governance-Voraussetzung für eine zukunftsweisende Regionalentwicklung 10.

gegeben, das im Weiteren eine wichtige Rolle spielte.[5] Nachdem Anfang des Jahres 2003 das Regionalgespräch Rhein-Neckar-Dreieck ins Stocken geriet, formierte sich mit der „Zukunftsinitiative Rhein-Neckar-Dreieck" (ZRND) eine Nachfolgeorganisation, mit der mehr Verbindlichkeit des Handelns und mehr Prozesskontinuität erreicht wurde. Gemeinsames Ziel war es, die Vision 2015 mit Leitprojekten und mit finanzieller Unterstützung der Unternehmen umzusetzen und die Region zu profilieren.

Anfang des Jahres 2004 lagen die Ergebnisse des Strategie- und Strukturgutachtens vor. Dessen zentrale strategische Handlungsempfehlungen lauteten:[6]

- Schaffung einer einheitlichen Regionalplanung in der Region Rhein-Neckar;
- Entwicklung einer auf Dauer angelegten organisierten und verbindlich ausgestalteten Kooperation im Bereich der Regionalentwicklung;
- Fortentwicklung der Kooperations- und Koordinationsstrukturen auf den Stufen der Aufgabenträgerschaft, der Vollzugskoordinierung und der Aufgabenerfüllung;
- Steigerung der Kooperation zwischen der Landes- und Regionalentwicklung sowie der Regional- und Kommunalentwicklung im Bereich der überörtlich bedeutsamen Planungen und Maßnahmen;
- Einbindung der Wirtschaft (Kammern und Unternehmen) und sonstiger regional bedeutsamer Interessengruppen in die Regionalentwicklung;
- Errichtung eines Fonds für die Ergänzungsfinanzierung von regional abgestimmten Regionalentwicklungsprojekten auf Länderebene.

Hinsichtlich der Schaffung einer einheitlichen Regionalplanung stellten die Gutachter drei Lösungsalternativen vor:[7]

- Zurückverlagerung der Regionalplanung auf die Länderebene und Beschränkung auf die Wahrnehmung der Regionalentwicklungs- und Koordinierungsaufgaben;
- Einstufige Ausformung der Regionalplanung, dh Übertragung der Aufgabe der Regionalplanung auf einen neuen Verband Region Rhein-Neckar mit der Konsequenz, dass der Regionalverband Rhein-Neckar-Odenwald sowie die Planungsgemeinschaft Rheinpfalz aufgelöst und der Kreis Bergstraße dem Aufgabenbereich des Verbands Region Rhein-Neckar zugeordnet wird;
- Übertragung der Regionalplanung auf einen neuen Verband Region Rhein-Neckar und Ausgestaltung des Gesamtkonzeptes durch sich ergänzende Teilraumpläne nach Maßgabe des jeweiligen Landesrechts.

[5] Eichhorn/Spannowsky Verbesserung der Regionalentwicklung-Regionalmanagement-Staatsvertrag. Strategische und strukturelle Weiterentwicklung der Zusammenarbeit in der Region Rhein-Neckar.

[6] Vgl. Eichhorn/Spannowsky Verbesserung der Regionalentwicklung-Regionalmanagement-Staatsvertrag. Strategische und strukturelle Weiterentwicklung der Zusammenarbeit in der Region Rhein-Neckar 100ff.

[7] Vgl. Eichhorn/Spannowsky Verbesserung der Regionalentwicklung-Regionalmanagement-Staatsvertrag. Strategische und strukturelle Weiterentwicklung der Zusammenarbeit in der Region Rhein-Neckar 122ff.

Die erste Variante wurde als unzureichend eingeschätzt, da sie hinter dem bestehenden Staatsvertrag zurückgeblieben wäre, die dritte Variante als kurzfristige Kompromisslösung in Betracht gezogen. Empfohlen wurde die zweite Lösungsvariante, weil nur ein einziger grenzüberschreitender Regionalplan für das gesamte Verbandsgebiet erarbeitet werden müsste. Ferner könnten mehrere Organisationen und Gremien eingespart werden. Diese Lösung setzte voraus, dass sich die drei Bundesländer in einem neuen Staatsvertrag auf eine einheitliche Rechtsgrundlage für die Regionalplanung einigen. Die Gutachter entwarfen ein Modell einer neuen Kooperationsstruktur, das zwischen einer strategischen und operativen Ebene unterscheidet.[8] Die hoheitlichen Aufgaben der Regionalplanung und der Regionalentwicklung werden von einem neu zu bildenden einheitlichen Verband Region Rhein-Neckar wahrgenommen. Die unternehmerischen Aufgaben soll eine neue Rhein-Neckar-Management GmbH wahrnehmen. Für die Umsetzung einzelner Projekte bedient sich die Rhein-Neckar-Management GmbH verschiedener Aufgabenerfüller, die in unterschiedlicher Rechtsform agieren können.

Die Empfehlungen des Gutachtens und die konkreten Vorschläge zur Änderung des Staatsvertrages brachten den entscheidenden Impuls für die weiteren Verhandlungen für eine Neuorganisation der regionalen Zusammenarbeit.

Auf Einladung der ZRND trafen sich am 26.7.2004 in Anwesenheit der Ministerpräsidenten der drei Länder Baden-Württemberg, Hessen und Rheinland-Pfalz mehrere hundert Vertreter der Region zur Präsentation und Erläuterung der Ziele der Vision 2015. Am Ende stand eine Erklärung der Ministerpräsidenten, in der sie das Engagement der Vertreter aus Wirtschaft, Politik, Wissenschaft und regionaler Verbände würdigten und sich zu ihrer gemeinsamen Verantwortung für diesen Ländergrenzen überschreitenden Wirtschaftsraum bekannten. Sie erklärten sich bereit die Regionalplanung in der Region Rhein-Neckar durch eine Änderung des Staatsvertrages von 1969 entsprechend den Vorgaben des Strategie- und Strukturgutachtens neu zu fassen.

Ende des Jahres 2004 bildete sich eine Regierungskommission zur Erarbeitung eines neuen Staatsvertrages. Für die Beratungen erwies es sich als besonders hilfreich, dass in dem Strategie- und Strukturgutachten bereits konkrete Vorschläge und Formulierungen für einen neuen Staatsvertrag enthalten waren.[9] Die Verhandlungen gestalteten sich dennoch schwierig, da es nicht nur um die Auflösung von drei Verbänden (Raumordnungsverband Rhein-Neckar, Regionalverband Rhein-Neckar-Odenwald, Planungsgemeinschaft Rheinpfalz) und die Schaffung eines neuen Verbandes ging, sondern vor allem um neue Kompetenzregelungen. Die umsetzungsorientierte Regionalentwicklung sollte als Aufgabengebiet stärker akzentuiert werden. Von Seiten der Wirtschaft gab es klare Forderungen nach einer operativen Ebene, die über Kompetenzen zur Projektumsetzung verfügen müsse.

---

[8] Vgl. Eichhorn/Spannowsky Verbesserung der Regionalentwicklung-Regionalmanagement-Staatsvertrag. Strategische und strukturelle Weiterentwicklung der Zusammenarbeit in der Region Rhein-Neckar 110.

[9] Vgl. Eichhorn/Spannowsky Verbesserung der Regionalentwicklung-Regionalmanagement-Staatsvertrag. Strategische und strukturelle Weiterentwicklung der Zusammenarbeit in der Region Rhein-Neckar 131 ff.

Parallel zu den Beratungen über einen neuen Staatsvertrag bewarb sich die Region um Aufnahme in den Kreis der europäischen Metropolregionen in Deutschland. Ende 2004 öffnete sich hier ein Zeitfenster, da die Ministerkonferenz für Raumordnung (MKRO) über eine Erweiterung dieses aus bisher 7 Regionen bestehenden Kreises diskutierte. Bei einem von ROV und ZRND vorbereiteten Symposium präsentierte sich die Region als „Modellregion für kooperativen Föderalismus" und bekannte sich in einer Erklärung zu einer Metropolregion Rhein-Neckar.[10] Die Verhandlungen um den Staatsvertrag und die Anerkennung als Metropolregion wurden als gemeinsames Ganzes betrachtet.

Mit Beschluss der MKRO vom 28.4.2005 wurde die Region Rhein-Neckar in den Kreis der europäischen Metropolregionen in Deutschland aufgenommen. Auch die Regierungskommission arbeitete erfolgreich, beflügelt und politisch getrieben durch die Anerkennung als Metropolregion. Am 26.7.2005 unterzeichneten die drei Ministerpräsidenten der Länder den neuen Staatsvertrag über die Zusammenarbeit bei der Raumordnung und Weiterentwicklung im Rhein-Neckar-Gebiet.

Mit dem neuen Staatsvertrag waren einschneidende Veränderungen der Planungs- und Organisationsstruktur verbunden. Seit dem 1.1.2006 ist der Verband Region Rhein-Neckar (VRRN) Träger der Ländergrenzen übergreifenden Zusammenarbeit in der Metropolregion Rhein-Neckar. 290 Kommunen, 8 kreisfreie Städte und 7 Landkreise zählen zur Region. Sie ist polyzentrisch durch die drei Oberzentren Ludwigshafen, Mannheim und Heidelberg geprägt. Räumlich erstreckt sich die neue grenzüberschreitende Zusammenarbeit damit auf das Gebiet des alten ROV, ergänzt um den baden-württembergischen Neckar-Odenwald-Kreis und auf rheinland-pfälzischer Seite die Südpfalz. An die Stelle einer zweistufigen Regionalplanung trat eine einstufige einheitliche Regionalplanung. Damit wurde eine Verschlankung der Strukturen, eine Reduzierung der Zahl der Gremien und ein Bürokratieabbau erreicht. Der VRRN bildet das demokratisch legitimierte Organ der Metropolregion Rhein-Neckar, wobei die Mitglieder der Verbandsversammlung nicht, wie in den Regionen Stuttgart und Hannover, direkt, sondern von den jeweiligen Kreistagen und Stadt- bzw. Gemeinderäten mittelbar gewählt werden.

Zentrale Aufgabe des Verbandes ist die Aufstellung, Fortschreibung und Änderung eines grenzüberschreitenden Einheitlichen Regionalplanes.[11] Darüber hinaus hat der Verband umsetzungsorientierte Aufgaben in folgenden Bereichen:[12]

- Regional bedeutsame Wirtschaftsförderung und Standortmarketing;
- Regionaler Landschaftspark und regional bedeutsame Erholungseinrichtungen;
- Integrierte Verkehrsplanung und Verkehrsmanagement sowie Energieversorgung auf der Grundlage von regionalen Energiekonzepten;
- Regional bedeutsame Kongresse, Messen, Kultur- und Sportveranstaltungen;
- Regionales Tourismusmarketing.

---

[10] Raumordnungsverband Rhein-Neckar (Hrsg.) Metropolregion Rhein-Neckar. Modellregion für kooperativen Föderalismus. Das Rhein-Neckar-Dreieck auf dem Weg zur Europäischen Metropolregion-Fakten und Hintergründe.

[11] Art. 3 Abs. 2 Staatsvertrag 2005.

[12] Art. 3 Abs. 5 Staatsvertrag 2005.

Mindestens ebenso wichtig wie die institutionelle Neuordnung der Regionalplanung war die Neugestaltung der regionalen Zusammenarbeit von Politik, Wirtschaft und Wissenschaft und die Vereinigung der regionalen Akteure, Netzwerke und Institutionen unter der Dachmarke „Metropolregion Rhein-Neckar“.

Im April 2006 schlossen sich der 1989 gegründete Rhein-Neckar-Dreieck e.V. und die ZRND zum „Zukunft Metropolregion Rhein-Neckar e.V.“ (ZMRN e.V.) zusammen. Aufgabe des neuen Vereins ist es, gemeinnützige und regionale Initiativen ideell und finanziell zu unterstützen. Er bildet die zentrale strategische Plattform für die Regionalentwicklung in der Metropolregion Rhein-Neckar. Für die operative Regionalentwicklung wurde im Juli 2006 die „Metropolregion Rhein-Neckar GmbH“ (MRN GmbH) als Rechtsnachfolgerin der Regionalmarketing Rhein-Neckar GmbH gegründet. Gesellschafter sind der VRRN, der ZMRN e.V. und die Industrie- und Handelskammern Rhein-Neckar, Pfalz und Darmstadt sowie die Handwerkskammern Mannheim-Rhein-Neckar-Odenwald und Rhein-Main. Aufgabe der MRN GmbH ist es, die Region zu einer der attraktivsten und wettbewerbsfähigsten Regionen Europas zu positionieren. Sie führt Projekte in eigener Trägerschaft durch, unterstützt und koordiniert die Arbeit vorhandener Netzwerke, initiiert neue Netzwerke und betreibt Öffentlichkeitsarbeit.

Mit diesem Modell der regionalen Zusammenarbeit in der Region ist man weitgehend den Empfehlungen aus dem Strategie- und Strukturgutachten gefolgt. Der VRRN ist mit seiner demokratisch legitimierten Verbandsversammlung das Organ der politischen Willensbildung. Während der ZMRN e.V. die strategische Plattform für alle an der Regionalentwicklung interessierten Akteure bildet, ist mit der MRN GmbH eine professionelle operative Einheit geschaffen worden. Sie ist die operative Schnittstelle zu den regionalen Netzwerken, die im Wesentlichen für die Projektarbeit zuständig sind. Nicht zuletzt ist sie der Garant für das Engagement der Wirtschaft. Unternehmen haben ein großes Interesse daran, dass eine Region „funktioniert“, dass sie nicht im Ranking untergeht, damit sich ihre Investitionen in den Standort rentieren.[13] Alle drei Institutionen stehen für eine Regionalplanung und Regionalentwicklung „aus einem Guss.“[14]

II. Regionalplanung und Regionalentwicklung in der Metropolregion Rhein-Neckar

1. Der Einheitliche Regionalplan Rhein-Neckar

Der Einheitliche Regionalplan Rhein-Neckar (ERP) bildet die rechtlich bindende Grundlage der länderübergreifenden Zusammenarbeit und der gemeinsamen Regionalentwicklung im Rhein-Neckar-Raum. Er wurde von 2007 bis 2013 erarbeitet und am 26.9.2014 vom Ministerium für Verkehr und Infrastruktur Baden-Württemberg im Einvernehmen mit dem Ministerium für Wirtschaft, Kli-

[13] Vgl. Seimetz Regional Governance-Voraussetzung für eine zukunftsweisende Regionalentwicklung 16.

[14] Vgl. Schlusche/Böhringer Informationen zur Raumentwicklung 5 (2016). 609 (609).

maschutz, Energie und Landesplanung Rheinland-Pfalz genehmigt und am 15.12.2014 für den baden-württembergischen und rheinland-pfälzischen Teilraum rechtskräftig.[15] Im hessischen Teilraum Bergstraße entfaltet der ERP keine rechtliche Verbindlichkeit. Er ist im Rahmen der Aufstellung des Regionalplans Südhessen zu berücksichtigen.[16]

Bei der Aufstellung des ERP waren die unterschiedlichen Vorgaben der Landesentwicklungspläne Baden-Württemberg (2002) und Hessen (2000), des Landesentwicklungsprogramms Rheinland-Pfalz (2008) sowie verschiedener Regionalpläne so weit wie möglich zusammenzuführen und aufeinander abzustimmen. Dies erfolgte in einem umfassenden Beteiligungsprozess, der über die im Staatsvertrag getroffenen Regelungen hinausging. Da die Inhalte der Landesentwicklungspläne hinsichtlich ihrer Methodik, Datenbasis und rechtlichen Vorgaben nicht miteinander vergleichbar waren, mussten verschiedene Gutachten in Auftrag gegeben werden, um eine einheitliche Grundlage für den ERP zu schaffen. Dennoch konnten nicht alle Themenfelder, die einer regionalplanerischen Steuerung bedürfen, vollständig harmonisiert und aufeinander abgestimmt werden.[17] Zu unterschiedlich waren die rechtlichen Rahmenbedingungen und politischen Vorstellungen hinsichtlich der Regelung der einzelnen raumrelevanten Bereiche. Im Folgenden werden einzelne Themenbereiche herausgegriffen und hinsichtlich der Harmonisierung regionalplanerischer Inhalte betrachtet.

2. *Harmonisierung regionalplanerischer Inhalte im ERP*

a) *Zentrale Orte und Verflechtungsbereiche*

Die in den jeweiligen Landesentwicklungsplänen ausgewiesenen Oberzentren und Mittelzentren sind als nachrichtliche Übernahme im ERP aufgenommen. Das System der Zentralen Orte wird auf der regionalplanerischen Seite durch die Ausweisung von Unterzentren (Baden-Württemberg und Hessen), Grundzentren (Rheinland-Pfalz) sowie Kleinzentren (Baden-Württemberg) ergänzt. In der Raumstrukturkarte fehlen die hessischen Kleinzentren, da der Regionalplan Südhessen/Regionaler Flächennutzungsplan 2010 alle Kommunen als Kleinzentren ausweist, die nicht bereits in eine höhere Zentralitätsstufe eingeordnet sind. Unter-, Grund- und Kleinzentren, die nicht die notwendigen Mindestausstattungsniveaus aufweisen, sind als Doppelzentren (Baden-Württemberg) und kooperierende Zentren (Rheinland-Pfalz) dargestellt. Die Verflechtungsbereiche der Mittelzentren (Mittelbereiche) sind nachrichtlich aus den jeweiligen Landesentwicklungsplänen übernommen. Die Nahbereiche der Unter-, Grund- und Kleinzentren sind für den rheinland-pfälzischen Teilraum als Ziele, für den baden-württembergischen Teilraum als Grundsätze der Raumordnung festgelegt. Für den hessischen Teilraum wird auf die Abgrenzung von Nahbereichen verzichtet, da jede Gemeinde eine zentralörtliche Funktion besitzt.

[15] Verband Region Rhein-Neckar (Hrsg.) Einheitlicher Regionalplan Rhein-Neckar.
[16] Art. 5 Abs. 2 S. 2 Staatsvertrag 2005.
[17] Vgl. Seimetz in Oswalt/Rettich (Hrsg.) Zentralitäten 4.0 – Raumpolitiken und neue Mobilität auf dem Lande, 200 (205).

Insgesamt ist eine Vereinheitlichung des Zentrale-Orte-Systems in den Landesentwicklungsplänen der drei Länder nicht gelungen. In der Raumstrukturkarte werden vielmehr die erheblichen Differenzen sichtbar.

b) Wohnbauflächenentwicklung

Hinsichtlich der Steuerung der Wohnbauflächenentwicklung ist im ERP eine weitgehende Harmonisierung der unterschiedlichen Länderregelungen erreicht worden. Da die Bevölkerungsprognosen in den drei Bundesländern keine vergleichbare Methodik aufwiesen, wurde eine eigene Bevölkerungs- und Haushaltsvorausrechnung für das Verbandsgebiet erstellt. Damit konnte eine einheitliche Datenbasis geschaffen werden, aus der der zukünftige Wohnbauflächenbedarf für alle Kommunen abgeleitet wurde.

Bewusst hatte man zunächst darauf verzichtet, länderspezifische Modifikationen in die Bevölkerungs- und Haushaltsprognose einfließen zu lassen. Die Berücksichtigung länderspezifischer Besonderheiten geschah erst in einem zweiten Schritt. Die strukturräumliche Lage der Gemeinde, die zentralörtliche Funktion, die Lage an einer regionalen Entwicklungsachse und die Lage an einem Haltepunkt des Schienenpersonennahverkehrs bildeten die zentralen Kriterien für die Festlegung des maximalen Wohnbauflächenbedarfs der einzelnen Gemeinden. Vom maximalen Wohnbauflächenbedarf der einzelnen Kommune waren die vorhandenen Wohnbauflächenpotenziale abzuziehen. Deren Erfassung erfolgte für das gesamte Verbandsgebiet über eine Auswertung der Flächennutzungspläne sowie über das Projekt „Raum +“.[18]

Um eine nachhaltige Siedlungsentwicklung zu gewährleisten, wurden die so ermittelten Wohnbauflächenbedarfe der einzelnen Gemeinden als Schwellenwert festgelegt. Hinsichtlich der rechtlichen Qualität der Schwellenwerte konnte allerdings keine Harmonisierung erreicht werden. Im rheinland-pfälzischen und hessischen Teilraum besitzen sie Zielqualität, im baden-württembergischen Teilraum sind sie als Grundsätze der Raumordnung vorgegeben und dienen als Orientierungswerte.

Für die Bereiche „Wohnen“ und „Gewerbe“ entstand bereits kurz nach Rechtskraft des ERP die Notwendigkeit einer Aktualisierung. So verlief die Bevölkerungsentwicklung in der Region dynamischer als prognostiziert, die darauf basierenden Bedarfsschätzungen waren überholt. Es wurde daher eine neue Bedarfsabschätzung vorgenommen und geprüft, inwiefern Flächenreserven zur Deckung des Wohnflächenbedarfs qualitativ und quantitativ zur Verfügung stehen. Auch im gewerblichen Bereich war eine erhöhte Flächennachfrage durch betriebliche Erweiterungen, Neuansiedlungen und Verlagerungen festzustellen. Neben einer Aktualisierung der Bevölkerungsvorausschätzung hat der Verband 2018 eine regionale Gewerbeflächenstudie in Auftrag gegeben. Die Studie dient der Abschätzung des künftigen Gewerbeflächenbedarfs und der Identifizierung regionalbedeut-

[18] Ministerium für Wirtschaft, Klimaschutz, Energie und Landesplanung (Hrsg.) Raum+ Rheinland-Pfalz 2010. Die Bewertung von Flächenpotenzialen für eine zukünftige Siedlungsentwicklung.

samer Gewerbestandorte. Die 1. Teiländerung des ERP steht kurz vor dem Abschluss.[19]

c) *Windenergie*

Beim Thema Windenergie konnte keine Vereinheitlichung der raumstrukturellen Zielvorstellungen der drei Länder erreicht werden. Stark unterschiedliche politische Vorgaben zu den Standortkriterien von Windenergieanlagen machten eine Harmonisierung unmöglich. Letzten Endes führten laufende Änderungen der landesrechtlichen Vorgaben zur Windenergienutzung dazu, dass eine erneute Anhörung und Offenlage des ERP notwendig geworden wäre. Dies hätte zu einer erheblichen Verzögerung geführt, sodass entschieden wurde, das Thema Windenergie aus dem ERP auszukoppeln und in einem „Teilplan Windenergie" zu bearbeiten.

Inzwischen ist der Bereich „Erneuerbare Energien" zu einem zentralen Thema regionalplanerischer Steuerung geworden. Aktuell sind zwei Teilregionalpläne „Windenergie" und „Solarenergie" in Arbeit. Mit ihnen sollen die gesetzlich vorgeschriebenen Flächenziele für die Erzeugung erneuerbarer Energien in der Metropolregion Rhein-Neckar erreicht werden. Die Satzungsbeschlüsse für die Teilregionalpläne sollen bis September 2025 erfolgt sein.

d) *Großflächiger Einzelhandel*

Das Kapitel „Einzelhandelsgroßprojekte" ist ein Beispiel für eine nur teilweise Harmonisierung einzelner Länderregelungen. Die Standortsteuerung großflächiger Einzelhandelsbetriebe ist eng mit dem Zentrale-Orte-System verknüpft. In den einzelnen Landesentwicklungsprogrammen finden sich unterschiedliche Regelungen und Ausnahmetatbestände zur Zulässigkeit dieser Betriebe in den jeweiligen zentralen Orten, die nicht vereinheitlicht werden konnten. Demgegenüber sind die „Zentralörtlichen Standortbereiche für Einzelhandelsgroßprojekte" nach einheitlichen Maßstäben gebildet und in der Raumnutzungskarte dargestellt worden. Darüber hinaus hat man sich auf eine einheitliche Liste zentrenrelevanter Sortimente verständigt, von der nur in Einzelfällen auf der Grundlage eines kommunalen Einzelhandelskonzeptes abgewichen werden kann.

Mit dem ERP 2014 ist ein erster Schritt zu einer einheitlichen Regionalplanung im Rhein-Neckar-Raum gelungen. Auch dort, wo nur eine teilweise Vereinheitlichung der Zielsetzungen oder noch keine Harmonisierung erreicht werden konnte, ist das Bewusstsein für die länderspezifischen Besonderheiten geschärft worden.

---

[19] Einheitlicher Regionalplan Rhein-Neckar, 1. Änderung Kapitel 1.4 und Wohnbauflächen Kapitel 1.5 Gewerbliche Bauflächen, Entwurf zur 2. Offenlage und 2. Anhörung (§ 6 Abs. 4/§ 10 Abs. 1 LPlG Rheinland-Pfalz), Stand: Februar 2023.

3. *Weiterentwicklung (Resolution 2015)*

10 Jahre nach der Unterzeichnung des Staatsvertrages 2005 haben die Ministerpräsidenten von Baden-Württemberg, Hessen und Rheinland-Pfalz eine „Gemeinsame Erklärung zur weiteren Zusammenarbeit und regionalen Entwicklung in der Metropolregion Rhein-Neckar" abgegeben. Darin verpflichten sie sich zu einer Weiterentwicklung der Zusammenarbeit und einer Anpassung an neue Herausforderungen, wie den Demografischen Wandel, die Energiewende, den Klimaschutz und nachhaltige Mobilitätsformen.[20] Zentrales Ziel der Zusammenarbeit soll die Schaffung möglichst einheitlicher Rahmenbedingungen und Regelungen der Zusammenarbeit sein.

Vor dem Hintergrund der Erfahrungen bei der Aufstellung des ERP wird ausdrücklich eine Weiterentwicklung der Ländergrenzen überschreitenden Gesamtplanung propagiert. Die drei Länder streben gemeinsam mit dem VRRN eine Effizienzsteigerung in den Aufgabenfeldern der räumlichen Planung an. Unter Beteiligung des VRRN soll durch die Raumordnungskommission[21] geprüft werden

- welche Möglichkeiten einer Effizienzsteigerung bei der Ländergrenzen überschreitenden Regionalplanung bestehen,
- ob und gegebenenfalls welche neuen regionalplanerischen Instrumente aus fachlicher und rechtlicher Sicht umsetzbar erscheinen und
- wie die Bürgerbeteiligung im Rahmen der Planung weiter ausgebaut werden kann.[22]

Darüber hinaus verständigte man sich darauf, die Region in den Themenfeldern „Verwaltungsvereinfachung/E-Government", „Digitale Modellregion für intelligent vernetzte Infrastrukturen", „Europäische Zusammenarbeit" und „Verkehrsinfrastruktur und nachhaltige Mobilität" zu fördern und weiterzuentwickeln.

Diese Aussagen sind insofern bemerkenswert, als der Staatsvertrag 2005 nicht als ein starres Gebilde betrachtet wird, sondern auch aus Sicht der Länder weiterentwickelt werden kann und soll.

III. *Vorschläge zur Fortentwicklung der Ländergrenzen übergreifenden Zusammenarbeit*

In der Metropolregion Rhein-Neckar ist es in eindrucksvoller Weise gelungen, öffentliche Planungsträger, Wirtschaftsunternehmen und zivilgesellschaftliche Akteure für eine kooperative Regionalentwicklung zusammenzubringen. In der Metropolregion Rhein-Neckar ist mit dem Verband, der MRN GmbH und dem

---

[20] Gemeinsame Erklärung der Länder Baden-Württemberg, Hessen und Rheinland-Pfalz zur weiteren Zusammenarbeit und regionalen Entwicklung in der Metropolregion Rhein-Neckar vom 18.9.2015.

[21] Art. 13 Staatsvertrag 2005.

[22] Gemeinsame Erklärung der Länder Baden-Württemberg, Hessen und Rheinland-Pfalz zur weiteren Zusammenarbeit und regionalen Entwicklung in der Metropolregion Rhein-Neckar Vom 18.9.2015, 4.

ZMRN e.V. eine nahezu ideale Organisationsform/Governance-Modell für eine effektive Regionalentwicklung erreicht worden. Alle Institutionen eint das gemeinsame Ziel, die Metropolregion Rhein-Neckar als eine der attraktivsten und wettbewerbsfähigsten Regionen Europas zu entwickeln und bekannt zu machen. Die folgenden Punkte stellen eine subjektive Einschätzung noch möglicher weiterer Verbesserungen der Ländergrenzen übergreifenden Zusammenarbeit dar.

1. Stärkung der demokratischen Legitimierung

Räumliche Planung, insbesondere im Ländergrenzen übergreifenden Bereich, erfordert zwingend harte, formale Steuerungsinstrumente und eine starke politische Institutionalisierung, um Wirkung zu entfalten.

Bei der Erarbeitung des Staatsvertrages 2005 war eine Direktwahl der Verbandsversammlung, wie in der Region Stuttgart oder der Region Hannover, politisch nicht umsetzbar. Die am Staatsvertrag beteiligten drei Länder waren in dieser Frage weitgehend einig. Dabei schwang auch die Befürchtung mit, dass eine Direktwahl der Verbandsversammlung durch die Bevölkerung des Verbandsgebietes zu einem politisch zu starken räumlichem Gebilde führen würde.

Fast 20 Jahre nach Verabschiedung des Staatsvertrages sollte hier eine neue Diskussion geführt werden. Durch eine Direktwahl würde die regionale Identität in der Metropolregion gefördert. Auch die politische Legitimation wäre deutlich gestärkt mit der Folge, dass auch unpopuläre Projekte, insbesondere bei den „harten" Themen wie Verkehrsinfrastruktur/nachhaltige Mobilität, Flächenmanagement und Wohnen und Gewerbe effektiver umgesetzt werden können.

2. Bessere Verzahnung von Regionalplanung und umsetzungsorientierter Regionalentwicklung

In Teilbereichen ist das Zusammenwirken von regionalplanerischen, strategischen Zielvorstellungen und operativer Umsetzung gut gelungen. Ein Beispiel ist der Energiebereich. Aus dem den ERP ergänzenden „Regionalen Energiekonzept" des Verbandes werden im Hinblick auf eine effiziente Energienutzung, den Ausbau erneuerbarer Energien sowie eine nachhaltige Mobilität zahlreiche Einzelmaßnahmen abgeleitet. Die Umsetzung erfolgt im Wesentlichen durch die MRN GmbH durch den Fachbereich „Energie und Umwelt" und die Clusterinitiative Energie und Umwelt mit 70 Partnern.[23]

Die „harten" Verkehrsinfrastrukturthemen sind nach wie vor offen. Dies betrifft insb. fehlende Rheinquerungen (Brücke Altrip, Brücke Wörth/Karlsruhe, ICE-Strecke Rhein-Main – Rhein-Neckar). Bei der Kooperation hat es jedoch deutliche Fortschritte gegeben (Mobilitätspakt für die Metropolregion). Die Kommunikation über Länder-, Stadt- und Interessengrenzen funktioniert.

Das Zusammenspiel aus strategischer Positionierung, regionalplanerischer Steuerung und umsetzungsorientierter Regionalentwicklung könnte jedoch noch optimiert werden. Die Vielzahl der einzelnen Projekte der MRN GmbH und die große

[23] Schlusche/Böhringer Informationen zur Raumentwicklung 5 (2016), 609 (611).

Zahl plakativer, regionaler Positionierungen (zB Smart City/Smart Region, Wasserstoffregion, Kulturregion, Digitale Metropolregion, Gesundheitsregion) machen es schwierig, einen Gesamtzusammenhang zu erkennen. Institutionell besteht zwar eine enge Verflechtung zwischen dem Verband, der GmbH und dem ZMRN e.V. Die Geschäftsführung der GmbH wird durch den Verbandsdirektor und einen der Geschäftsführer des ZMRN e.V. wahrgenommen. In der Außenwirkung kommt dies jedoch kaum zum Tragen; hier dominieren der ZMRN e.V. und die MRN GmbH. Beide Institutionen mit mittlerweile rd. 60 Mitarbeiterinnen und Mitarbeitern haben sich teilweise verselbständig. Die operativen Projekte von ZMRN e.V. und MRN GmbH sollten daher enger mit der Arbeit des VRRN verknüpft werden.

3. Stärkung der Kompetenzen des Verbandes bei Raumverträglichkeitsprüfungen und Zielabweichungsverfahren

Die Bundesregierung hat am 22.3.2023 das Gesetz zur Änderung des Raumordnungsgesetzes und anderer Vorschriften (ROGÄndG) beschlossen.[24] Kernanliegen der Novelle ist die Beschleunigung von Planungs- und Genehmigungsverfahren.

Im Rahmen der Anpassung der Landesplanungsgesetze der drei Länder an das geänderte ROG sollten die Kompetenzen des Verbandes erweitert werden. Da die Ziele und Grundsätze der Raumordnung in einem umfassenden Abstimmungsprozess vom Verband erarbeitet und von der demokratisch legitimierten Verbandsversammlung verabschiedet werden, sollten Raumverträglichkeitsprüfungen[25], beschleunigte Raumverträglichkeitsprüfungen[26] und Zielabweichungsverfahren[27] von der zuständigen Behörde im Einvernehmen mit dem VRRN erfolgen.

4. Bildung eines eigenen regionalen EU-Förderansatzes

Der VRRN hat mit großem Erfolg an EU-geförderten Projekten mitgewirkt und beim Interreg-Projekt „Corridor Developement CODE 24“ die koordinierende Projektträgerschaft übernommen. Aus diesem Projekt heraus erfolgte 2015 unter Federführung des Verbands die Gründung eines Europäischen Verbunds für territoriale Zusammenarbeit (EVTZ) „Interregionale Allianz für den Rhein-Alpen-Korridor“, der erste EVTZ mit Sitz in Deutschland.[28] Der Einsatz von EU-Fördermitteln sollte für die Region noch effizienter ausgestaltet werden. Wünschenswert wäre eine bessere Abstimmung der jeweiligen operationellen Programme der drei Länder, im Idealfall die Bildung eines eigenen Förderansatzes durch die drei Länder für die Region Rhein-Neckar.

---

[24] Gesetz zur Änderung des Raumordnungsgesetzes und anderer Vorschriften vom 22.3.2023 (ROGÄndG) BGBl I Nr. 88.
[25] § 15 ROG.
[26] § 16 ROG.
[27] § 6 Abs. 2 ROG.
[28] Schlusche/Böhringer Informationen zur Raumentwicklung 5 (2016), 609 (613).

KONRAD GOPPEL

Das Raumordnungsverfahren – oftmals angefochten, aber unverzichtbar

I. Das Raumordnungsverfahren in seiner Entstehung aus der Raumordnungs-Praxis der Länder

Entsprechend bewährter öffentlich-rechtlicher Übung kam das Raumordnungsverfahren (ROV) zunächst in der Raumordnungspraxis der Länder zum Einsatz und wurde nach seiner Bewährung und unter Berücksichtigung der dabei gemachten Erfahrungen erstmals im ersten Bayerischen Landesplanungsgesetzt 1957 normiert (vgl. Art. 10 Bay LPLG vom 21.12.1957).

Andere Länder folgten nach.[1] 1989 erfolgte in Zusammenhang mit der Einführung der Umweltverträglichkeitsprüfung in nationales Recht die Verankerung im ROG.[2]

Das ROV ist damit in der Geschichte der Raumordnung und Landesplanung (RO) nach dem Krieg das erste Instrument der RO, um selbstständig und neutral raumrelevante Belange zu koordinieren und zu einem raumverträglichen Gesamtergebnis zu bringen, und dies in einer Zeit, als landesweite und regionale Raumordnungspläne weder in der Praxis noch in der Gesetzgebung eingeführt waren.

Das ROV gehört so zum Urverständnis der RO als einer selbstständigen, neutralen und von einer Fachplanung unabhängigen staatlichen Disziplin zur Ordnung und Entwicklung des Landes im Wege pflichtgemäßer Gewichtung und anschließender Abwägung aller einschlägigen raumrelevanten Belange.

Als förmliches landesplanerisches Verfahren dient das ROV nach der Rechtsprechung des Bundesverwaltungsgerichts dazu, „vor der abschließenden Entscheidung in dem eigentlichen Genehmigungsverfahren … als Vorfrage die raumordnerische Verträglichkeit des Vorhabens zu klären“[3].

II. Die hohe Akzeptanz des ROV trotz eingeschränkter Verbindlichkeit

Das ROV behandelt das überörtlich raumrelevante Einzelvorhaben und entscheidet über dessen Raumverträglichkeit (vgl. § 15 ROG). Es begründet als „sonstiges Erfordernis der RO“ (vgl. § 3 Abs. 1 Nr. 4 ROG) die sogenannte „Berücksich-

---

[1] Vgl. Goppel in SRG ROG § 15 Rn. 10f.
[2] Vgl. Goppel in SRG ROG § 5 Rn. 9.
[3] BVerwGE 68, 311 (318).

tigungspflicht" (vgl. § 4 Abs. 1 Satz 1 ROG). Sie bedeutet, dass sein Ergebnis in die nachfolgende Abwägung, in der Regel des Zulassungsverfahrens, aber im Einzelfall auch einer nachfolgenden Bauleitplanung, einzustellen ist und bei aller Bedeutsamkeit des Votums über die Raumverträglichkeit oder -unverträglichkeit des Vorhabens damit bei entsprechender Begründung in der Abwägung des Zulassungsverfahrens oder der Bauleitplanung auch unterliegen kann.[4] Unbeschadet dessen hat sich das ROV als unabhängiges, neutrales Verfahren der RO über die Jahrzehnte hinweg höchste Akzeptanz erworben. Dies gilt sowohl für die Befürworter wie für die Gegner eines Vorhabens, als auch für dessen Träger und die nachfolgend für das Vorhaben zuständige Fachbehörde. Dabei ging diese Akzeptanz der Zulassungsbehörden so weit, dass es einer eigenen Rechtsprechung der Verwaltungsgerichtsbarkeit bedurfte, die es den Zulassungsbehörden untersagte, einfach unreflektiert ihre Entscheidung am Ergebnis des ROV auszurichten und ihnen auferlegte, sich im Sinne des Abwägungsgebots zunächst argumentativ mit dem Ergebnis des ROV auseinanderzusetzen, bevor man es sich in der Zulassungsentscheidung zu eigen machte (vgl. VG Regensburg zum Kraftwerksvorhaben Dießensteiner Leite).

Diese hohe Akzeptanz führte auch dazu, dass immer wieder versucht wurde, bei Vorhaben, die mangels überörtlicher Raumbedeutsamkeit die Einleitung eines ROV nicht zuließen, diese Einleitung auf dem Klageweg zu erzwingen.[5]

Die Klagen wurden wegen des fehlenden Verwaltungsaktcharakters des ROV als unzulässig abgewiesen, belegen aber ebenfalls das große Vertrauen von Politik und Bevölkerung in das unabhängige, neutrale Verfahren der RO. Diese unbestreitbare hohe Akzeptanz, hier beispielhaft Maß genommen an der bayerischen Praxis, lässt sich mit der in der bayerischen Verwaltungsübung gängigen Redewendung zusammenfassen „Ein Vorhaben steht und fällt mit dem Ausgang des ROV"[6] und hat sogar zu hier nicht zu vertiefenden rechtlichen Erwägungen geführt, ob sich dies mit dem wegen der bloßen Gutachtensqualität fehlenden Rechtsschutz überhaupt vereinbaren lässt.

III. Gründe der Akzeptanz und ihre Abhängigkeit vom ROV als eigenständigem Verfahren der RO

1. Das ROV als Vorverfahren vor dem fachlichen Zulassungsverfahren

Als Vorverfahren findet das ROV naturgemäß zu einem frühen Zeitpunkt statt. Das Vorhaben ist üblicherweise in einem noch nicht voll ausgereiften und „ausgeplanten" Stadium. Dementsprechend genügen dem ROV auch Projektunterlagen in geringer Aussageschärfe, es sind damit auch noch nicht so hohe Planungs-

[4] Vgl. Numberger/Kraus Raumordnung und Landesplanung in Bayern Art. 25 Rn. 67 ff.

[5] Vgl. zB entsprechende Versuche bei dem Vorhaben einer Landessammelstelle für schwach- und mittelradioaktive Abfälle in Mitterteich (VG Regensburg 19.11.1981 – 8 K 81.A.2838, Rn. 9 ff.) oder bei der Einrichtung von sog. Kompaktlagern im Kernkraftwerk Ohu bei Landshut (VG Regensburg 4.12.1979 – R/N 73 VI 79, Rn. 8 ff.).

[6] Vgl. Goppel BayVBl 1982, 716 (717).

kosten angefallen. Die Projektunterlagen müssen lediglich die Beurteilung der Raumverträglichkeit ermöglichen.[7]

All das bedingt, dass das Vorhaben bis hin zur Aufgabe, aber jedenfalls der Anpassung an unterschiedliche fachliche Anforderungen der Veränderung zugänglich ist und damit im Laufe des Verfahrens „verträglich gemacht" werden kann. Diese Unschärfe und gewisse Vorläufigkeit ist nur einem frühzeitigen Verfahren in eigener Zuständigkeit der RO und nach deren eigenen Prüfungsmesskriterien und damit entsprechender fachlicher Neutralität und Unabhängigkeit zugänglich und wird von der Gesellschaft und dem betroffenen Raum auch nur dieser unabhängigen Zuständigkeit der RO abgenommen.

2. Das ROV als Ergebnis einer überfachlichen Gesamtabwägung

Das ROV endet mit dem Votum „raumverträglich", „raumunverträglich" oder „raumverträglich unter bestimmten Maßgaben". Es sind dabei sämtliche einschlägigen raumrelevanten Fachbelange zu gewichten und gegeneinander abzuwägen. Dies bedeutet zwingend eine querschnittsbezogene Kompetenz der Raumordnung, die keinem sektoralen Fachbelang verpflichtet ist. Auch bei der üblichen Verbindung der Obersten Landesplanungsbehörde mit einem Fachplanungsbereich in einem Ressort, so etwa Umwelt oder Wirtschaft, bleibt sie diesem Fachbereich gegenüber neutral und es bleibt die Souveränität erhalten, auch diesen Fachbelang im ROV oder bei Aufstellung der Raumordnungspläne bei der Abwägung unterliegen zu lassen.

Ein Fachplanungsbereich ist hingegen, durchaus legitim, immer sektoral gebunden und damit immer Partei. Er verfügt nicht über die Kompetenz, eine überfachlich neutrale Abwägung vorzunehmen und würde damit auch nicht die bestehende Akzeptanz der Raumordnung über ein im Fachverfahren integriertes ROV erfahren.

3. Das ROV mit seiner Möglichkeit, Alternativen zu prüfen

Auch die Möglichkeit, Alternativen zu prüfen, trägt wesentlich zur bestehenden Akzeptanz des ROV bei. Auch wenn diese Möglichkeit, im Gegensatz zur diesbezüglich unbehelflichen Formulierung der Neufassung des ROG 2017, von der Zustimmung des Projektträgers abhängig ist,[8] bedeutet sie eine weitere Objektivierung des Ergebnisses, indem auch andere, sich anbietende oder von gesellschaftlichen Kräften des Raumes vertretene Varianten mit einbezogen werden können und damit die Chance eröffnet wird, das bestmögliche Ergebnis im Hinblick auf die Belange des Raumes zu erzielen. Im Zulassungsverfahren hat sich der Projektträger bereits für eine bestimmte Variante entschieden und begehrt die Entscheidung über deren Zulässigkeit. Für eine Alternative besteht damit faktisch kein Spielraum mehr. Auch wird man die Bereitschaft des Projektträgers hierzu angesichts der bereits aufgewendeten Planungskosten und seiner psychologisch nahe-

---

[7] Vgl. Numberger/Kraus Raumordnung und Landesplanung in Bayern Art. 25 Rn. 13 ff.

[8] Vgl. hierzu Goppel in SRG ROG § 15 Rn. 41 ff.

liegenden Fokussierung auf ein bestimmtes, im Raum klar verortetes Vorhaben kaum mehr erwirken können.

4. Das ROV und die gängige Praxis, sein Ergebnis an Maßgaben zu knüpfen[9]

Das ROV endet nach erfolgter Gesamtabwägung mit dem Votum „raumverträglich" oder „raumunverträglich". In der Regel wird allerdings die Raumvertäglichkeit von der Einhaltung von Maßgaben abhängig gemacht, die die RO aus eigenen Erkenntnissen oder aus Vorschlägen der am ROV Beteiligten gewinnt. Auch diese Maßgaben leisten einen wesentlichen Beitrag zur Akzeptanz des ROV, da sie die Schwere der mit dem Vorhaben verbundenen Eingriffe mildern oder den Eingriff ganz verhindern und damit nicht nur ein hohes Maß an Verträglichkeit zu erreichen vermögen, sondern auch bei der Bevölkerung des Raumes erfahrungsgemäß eine deutliche Befriedung herbeiführen können. So war etwa das Votum im ROV zur ICE-Verbindung München-Berlin an über fünfzig Maßgaben geknüpft, die die im Raum bestehenden massiven Widerstände erheblich besänftigen konnten.[10]

5. Das ROV und die Möglichkeit seiner Wiederaufnahme bei wesentlicher Änderung der Beurteilungsgrundlagen

Seinem Charakter als Gutachten geschuldet, kann das ROV im Gegensatz zu einem Verwaltungsakt bei einer wesentlichen Änderung der Beurteilungsgrundlagen wiederaufgenommen werden.[11] Nach erneuter Abwägung kann die Folge entweder die Bestätigung des bisherigen Ergebnisses oder auch ein gegenteiliges anderes bzw. verändertes Ergebnis sein. Auch dieser Umstand trägt belegbar zur Akzeptanz des ROV bei. Er gewährleistet, dass dem Ergebnis des jeweiligen ROV beständige Aktualität und damit unbestreitbare Glaubwürdigkeit und unanfechtbare Überzeugungskraft zukommen.

Allerdings besteht die Möglichkeit einer Wiederaufnahme naturgemäß nur bis zum Abschluss des Zulassungsverfahrens, da durch den abschließenden Verwaltungsakt eine grundsätzlich nicht mehr rückholbare Rechtsposition entstanden ist.

Bei einem vom Zulassungsverfahren als Vorverfahren der Raumordnung getrennten ROV besteht erfahrungsgemäß eine Zeitspanne, die in der bisherigen ROV-Praxis wiederholt zur Wiederaufnahme und damit Aktualisierung von ROV geführt hat. Diese Aktualisierung hat die Glaubwürdigkeit und Akzeptanz des jeweiligen Verfahrens nachweislich erhöht (vgl. etwa ROV Püttlachspeicher in Oberfranken). Die Änderung von Beurteilungsgrundlagen wird naturgemäß von der Fachbehörde geltend gemacht, die diese in das ROV eingebracht hatte. So etwa beim ROV zum Püttlachspeicher von der Naturschutzbehörde. Ob es sich bei den geltend gemachten geänderten Beurteilungsgrundlagen um eine für die

---

[9] Vgl. Goppel in SRG ROG § 15 Rn. 25.

[10] Vgl. Haydn, Zu Wirksamkeit und Einsatz der klassischen Instrumente der Raumordnung in der Praxis – das Beispiel der ICE-Verbindung München – Berlin.

[11] Vgl. Abschn. VIII. iVm Abschn. VI.2.7 der Bek. über die Durchführung von ROV des früheren Bayerischen Staatsministeriums für Landesentwicklung und Umweltfragen vom 27.3.1984, LUMBl., 29.

landesplanerische Beurteilung „wesentliche" Änderung handelt, die eine Wiederaufnahme des ROV rechtfertigt, entscheidet allein die RO.

In einem im Hinblick auf Verfahrensbeschleunigung und Deregulierung diskutierten Vorschlag wurde vertreten, das ROV in das Fachverfahren zu integrieren. Bei einem in das Fachverfahren integrierten ROV entfiele u. a. die Möglichkeit der nachfolgenden Korrektur zwangsläufig. Mit dem Verwaltungsakt der Zulassung wäre auch das darin enthaltene Votum des ROV nicht mehr rückholbar festgeschrieben. Im Übrigen wäre es wohl kaum im Sinne der Fachbehörde, ihrer fachlichen Entscheidung durch eine Neuaufnahme des ROV den Boden zu entziehen.

Unbeschadet dessen würde das Fachverfahren durch eine Integration des ROV weder vereinfacht noch beschleunigt. Es würde aber einem Verfahren der Boden entzogen, das sich durch seine Objektivität und Neutralität und vor allem durch seinen modernen, querschnittsbezogenen, allein den Belangen des Raumes verpflichteten Ansatz hohes Ansehen erworben hat. Ein Ansehen, aus dem auch das Fachverfahren Akzeptanz und Nutzen zu ziehen vermag. Dieses Ansehen ist zwingend mit dem Charakter als selbstständiges, unabhängiges Verfahren verbunden.

Im Gegensatz zur vorangegangenen Diskussion hat sich der Gesetzgeber diese Erkenntnis wohl zu eigen gemacht und bei der kürzlichen Novellierung des ROG dem Anliegen der Verfahrensbeschleunigung dadurch Rechnung getragen, dass alle im ROV geprüften Belange einer Prüfung im nachfolgenden Fachverfahren nicht mehr zugänglich sein sollen. Es mag im vorliegenden Zusammenhang dahinstehen, ob damit in ausreichendem Maße den fachlichen Notwendigkeiten des Fachverfahrens ausreichend Rechnung getragen ist, allerdings beschränkt sich ja der Prüfungsmaßstab des ROV ausschließlich auf raumrelevante Fachbelange. Auf jeden Fall stärkt die Neuregelung entgegen allen Unkenrufen die Position des ROV und trägt seiner unverzichtbaren Bedeutung im Sinne eines modernen Staatsverständnisses Rechnung.

RAINER DANIELZYK/AXEL PRIEBS

Gestaltung von Transformationsprozessen durch die Raumplanung

I. Einleitung

Die Raumentwicklung ist immer geprägt durch Wandel, wozu auch viele Prozesse des wirtschaftlichen Strukturwandels gehören. Aktuell sind Raum und Gesellschaft nicht nur in Deutschland zahlreichen Krisen und weitere Herausforderungen ausgesetzt, häufig wird von einer „multiplen Krisensituation" gesprochen. Diese aktuellen Entwicklungen werden überlagert durch eine Reihe langfristiger Transformationsprozesse und die daraus resultierenden Notwendigkeiten öffentlichen Handelns.

Im Gegensatz zu aktuellen Entwicklungen wird „unter einer Transformation … ein grundlegender Wandel verstanden", wobei „Auslöser einer Transformation (…) neue technisch-wirtschaftliche Möglichkeiten als auch deutlich veränderte gesellschaftliche Bedürfnisse sein" können. „Jede Transformation ist ein längerfristiger, mehrere Jahrzehnte andauernder Lern- und Suchprozess, der mit vielen Unsicherheiten verbunden ist. Er kommt erst dann zum Abschluss, wenn sich neue Systemstrukturen dauerhaft etabliert und stabilisiert haben"[1]. Transformationsprozesse gehen also über einzelne unternehmens- oder branchenbezogene Veränderungen hinaus. Beispiele für umfassende Transformationsprozesse, die auch von der Raumplanung begleitet wurden, sind die umfassende wirtschaftliche und gesellschaftliche Transformation in Ostdeutschland nach 1989 sowie die tiefgreifende Konversion militärischer Standorte in ganz Deutschland, ebenfalls nach 1989. Auf den aktuellen Prozess der Transformation in den Braunkohleregionen wird unten ausführlich zurückgekommen. Wichtige Prozesse und Treiber der derzeit stattfindenden Transformation sind der demographische Wandel sowie die Dekarbonisierung von Industrie, Verkehr und Alltag.

In diesem Beitrag soll dargestellt werden, welche Möglichleiten die Raumplanung hat, auf Transformationsprozesse Einfluss zu nehmen und diese aktiv zu gestalten. Dazu wird zuerst ein Überblick über informelle und formelle Instrumente der Raumplanung gegeben (→ II.), bevor vertieft auf Szenarien als Grundlage qualifizierter Zukunftsdiskussionen eingegangen wird (→ III.). Besonders betont wird die Aussagekraft von Plankarten und Raumbildern (→ IV.) gerade auch im Vergleich mit klassischen Texten (→ V.).

---

[1] Difu: Was ist eigentlich … Transformation? (https://difu.de/nachrichten/was-ist-eigentlich-transformation, abgerufen am 22.11.2023).

II. Informelle und formelle Instrumente der Raumplanung

Raumplanung als komplexer Prozess räumlicher Gestaltung hat immer schon eine formelle wie auch eine informelle Dimension. Auch wenn Raumplanung im engeren Sinne vor allem durch ihre rechtsverbindlichen Aussagen künftige räumliche Nutzungsstrukturen gestaltet, lässt sich gut die These vertreten, dass jede formelle Planung – zumindest kleinere – informelle Elemente beinhaltet, etwa wenn vorbereitend, begleitend und in der Phase der Umsetzung mit für die Raumentwicklung relevanten Akteuren kooperiert wird, Adressaten gezielt angesprochen werden usw.[2] Erstmals reflektiert wurde das mit dem Aufkommen der integrierten Stadtentwicklungsplanung in den 1970er-Jahren, als deutlich wurde, dass jenseits der rechtsverbindlichen Bauleitplanung Instrumente zur Gestaltung städtischer Entwicklungen erforderlich sind. Seit den 1990er-Jahren gewinnt auf allen Planungsebenen die informelle Planung erheblich an Bedeutung, was auf die zunehmende Komplexität der Herausforderungen und Aufgabenstellungen der Raumentwicklung, aber auch auf die in diesem Kontext deutlich sichtbaren Defizite formeller Planung zurück zu führen ist. Informelle Planung ist vor allem durch folgende Merkmale gekennzeichnet[3]:

- keine (oder allenfalls geringe) rechtliche Normierung;
- hohe Flexibilität durch situationsgerechte Orientierung auf spezifische Herausforderungen;
- kommunikative Aushandlungsprozesse und kooperatives Zusammenwirken in netzwerkartigen Strukturen;
- Wirksamkeit durch die Selbstbindung der Akteure an informelle Festlegungen.

Bislang gibt es keine allgemein anerkannte Systematisierung informeller Planungsinstrumente. In jedem Falle gehören dazu:

- Berichte zur Raumentwicklung und ähnliche Informationsgrundlagen,
- Szenarien und Prognosen,
- Leitbilder und Konzepte,
- kommunikative Ansätze einschl. Veranstaltungen,
- und (Sonder-) Formate.

Diese informellen Planungsansätze und -instrumente werden auf allen Ebenen der raumbezogenen Planung und Entwicklung eingesetzt. Besondere Bedeutung haben Leitbilder, wie etwa die „Leitbilder und Handlungsstrategien für die Raumentwicklung in Deutschland"[4] oder die für viele Regionen existierenden und von diversen förderpolitischen Ansätzen geforderten Regionalen Entwicklungskonzepte (REK). Auf städtischer Ebene haben integrierte Stadtentwicklungskonzepte sowohl als Instrument der Selbstverständigung von Stadtgesellschaft und Stadt-

[2] Rainer Danielzyk/Martin Sondermann: Informelle Planung, in: ARL, Handwörterbuch der Stadt- und Raumentwicklung, 2018, S. 964.

[3] Rainer Danielzyk/Martin Sondermann: Informelle Planung, in: ARL, Handwörterbuch der Stadt- und Raumentwicklung, 2018, S. 964.

[4] Leitbilder und Handlungsstrategien für die Raumentwicklung in Deutschland, Beschluss der Ministerkonferenz für Raumordnung (MKRO) vom 09.03.2016.

politik über die Zukunft der jeweiligen Kommune als auch als Fördervoraussetzung in verschiedenen Programmen große Bedeutung erlangt.

Die Berücksichtigung informeller Instrumente ist ausdrücklich in gewissen Fällen auch in formellen Planungsverfahren gesetzlich vorgeschrieben: So sind etwa auf kommunaler Ebene die Ergebnisse städtebaulicher Entwicklungskonzepte bei der Aufstellung von Bauleitplänen zu berücksichtigen (§ 1 Abs. 6 Nr. 11 BauGB). In der überörtlichen Planung sind etwa vorliegende Regionale Entwicklungskonzepte zu berücksichtigen (§ 2 Abs. 2 Nr. 1 ROG sowie § 14 ROG).

Eine wichtige „Brücke" zur Verbindung von formeller Planung und informellen Ansätzen können räumliche Leitbilder sein, die auch Raumstrukturkonzepte bzw. „Raumbilder" genannt werden.[5] Sie sind selbst nicht rechtsverbindlich, sondern Ergebnis oft langer und intensiver Diskussions- und Aushandlungsprozesse zwischen den für die Raumentwicklung relevanten Akteuren. Ihre kartographischen Darstellungen sind nicht exakt, sondern bewusst „unscharf". Wichtig ist, dass sie Überzeugungskraft durch ihre bildhaften Aussagen zur Gestaltung eines Raumes entwickeln und damit eine orientierende Funktion erhalten. Im günstigsten Falle gelingt es, die Aussagen formeller Plandokumente, etwa eines Regionalplans oder eines Flächennutzungsplans, mit den Aussagen des „Raumbildes" in Übereinstimmung zu bringen. Im Kontext der Bundesraumordnung und auf europäischer Ebene sind sie – mangels formeller Planungskompetenzen – oft die einzige Möglichkeit, Konsens über die Orientierung der Raumentwicklung auszudrücken (vgl. zB die erwähnten Leitbilder der Raumentwicklung auf Bundesebene und VASAB im Ostseeraum).

III. Szenarien als Grundlage qualifizierter Zukunftsdiskussionen

1. Von der Prognose zur Szenariotechnik

Transformationen sind mit großen Unsicherheiten verbunden, weil es sich um komplexe Prozesse handelt und Erfahrungswerte zu deren Gestaltung meist fehlen. Dementsprechend lassen sich Transformationen „nicht einfach steuern", „sondern (können) nur über Aushandlungsprozesse in eine gesellschaftlich akzeptierte Richtung" gelenkt werden.[6] Die Gestaltung der Transformation und das Verhandeln der einzuschlagenden Richtung kann nur über einen demokratisch legitimierten und gesteuerten Prozess erfolgen. Dabei sind unterschiedliche öffentliche Akteure gefordert. Insbesondere bei den Prozessen, die eine starke räumliche Komponente haben, zB der Umbau der Energieversorgung, haben Landes- und Regionalplanung eine wesentliche Funktion. Ihre Aufgabe ist es, trotz unsicherer Informationsgrundlagen Orientierung zu geben, um den Umbau entsprechend der „gesellschaftlich akzeptierten Richtung" zu begleiten und zu gestalten.

---

[5] Vgl. ARL, Die Zukunft der Regionen in NRW gestalten, ARL-Positionspapier Nr. 142, 2023.

[6] Difu: Was ist eigentlich … Transformation? (https://difu.de/nachrichten/was-ist-eigentlich-transformation, abgerufen am 22.11.2023).

Da Prognosen, die ja stets auf der Extrapolation begonnener Prozesse in die Zukunft basieren, bei langfristigen Zeiträumen idR ungeeignet sind, müssen andere Grundlagen für langfristige raumwirksame Entscheidungen („Weichenstellungen") bereitgestellt werden. Deswegen wurde die in der Zukunftsforschung entwickelte Szenariotechnik auch für die Raumplanung entdeckt und nutzbar gemacht.[7] Als Grund dafür, dass „das Paradigma der Prognose" abgelöst wurde „vom Paradigma der Szenarienbildung" führt Schmid „zunehmende Instabilität in der Gesellschaft, zunehmende Unsicherheiten und Umbrüche im System, sowie auch Umweltkrisen"[8] an, die die zukünftige Planung beeinflussen. Tatsächlich hat sich in den Sozial- und Raumwissenschaften die Diskussion alternativer Zukünfte auf der Grundlage konkret ausgestalteter Szenarien bewährt, um einen möglichst breiten Konsens über die einzuschlagende bzw. anzustrebende Richtung der Raumentwicklung zu erzielen. Vorteil der Szenariotechnik ist, dass „realistische Entwicklungsmöglichkeiten bzw. -korridore in vergleichsweise ferner Zukunft bei relativ großer Unsicherheit in Abhängigkeit von bestimmten Rahmenbedingungen aufgezeigt werden" können.[9] Dabei stellt die Szenariotechnik „eine Verbindung von kontrollierter Fantasie und konkreter Utopie"[10] dar.

Das Schweizer Bundesamt für Raumentwicklung begründet die Anwendung der Szenariotechnik in der Schweiz damit, dass die Zukunft offen sei; sie lasse „sich zwar nicht vorhersagen, doch lassen sich die Grundkonstellationen bestimmen, indem plausible Bilder der künftigen Entwicklung entworfen werden." Außerdem erlaube es die Szenario-Technik, „sich von den Gegebenheiten der Gegenwart zu lösen und eine Debatte über die wünschbare Zukunft der Schweiz in Gang zu setzen"[11]. Ebenfalls auf die Schweiz bezieht sich die Einschätzung eines Teams von Wissenschaftler*innen, wonach sich „räumliche Szenarien … als sehr wertvolle Instrumente zum Ausloten möglicher Handlungsalternativen zur Strategieentwicklung erwiesen" haben; „sie erlauben die Betrachtung unterschiedlicher Dimensionen und damit die Reflexion der komplexen sozio-ökonomischen und räumlichen Wechselwirkungen. Diskussionen profitieren von ihrer Attraktivität aufgrund ihrer Anschaulichkeit, sie wecken Assoziationen, geben Denkanstöße und können auf diese Weise Akteure auf politische Diskussionen vorbereiten."[12]

Um Anregungen für die Gestaltung von Transformationen durch die Raumplanung zu bekommen, ist ein Blick auf bereits durchgeführte Prozesse der Zukunftsdiskussion und der Gestaltung räumlicher Transformationen mit Hilfe von Szenarien sinnvoll. Wie die folgenden Beispiele zeigen, spielt bei den räumlichen Szenarien das Verhältnis von Zentren und Peripherie in den Regionen/Staaten eine wichtige Rolle.

[7] Vgl. Stiens, Prognostik in der Geographie, 1996, S. 153ff.

[8] Schmid in: Perlik/Wissen/Schuler/Hofschreuder/Jarne/Keiner/Cavens/Schmid, Szenarien für die nachhaltige Siedlungs- und Infrastrukturentwicklung in der Schweiz (2005–2030), 2008.

[9] Scholles in: Fürst/Scholles, Handbuch Theorien + Methoden der Raum- und Umweltplanung, 2001, 206.

[10] Scholles in: Fürst/Scholles, Handbuch Theorien + Methoden der Raum- und Umweltplanung, 2001, 207.

[11] Bundesamt für Raumentwicklung, Raumentwicklungsbericht, 2005, 67.

[12] Perlik/Wissen/Schuler/Hofschreuder/Jarne/Keiner/Cavens/Schmid, Szenarien für die nachhaltige Siedlungs- und Infrastrukturentwicklung in der Schweiz (2005–2030), 2008.

2. Beispiel: Dänische Regionalplanung der 1970er-Jahre

Eine zentrale Rolle für eine breite gesellschaftliche Zukunftsdiskussion haben räumliche Szenarien bei der Einführung der landesweiten Regionalplanung in Dänemark ab Mitte der 1970er-Jahre gespielt. Dort wurde mit der 1974 abgeschlossenen Neuordnung des Planungssystems, beeinflusst durch englische und amerikanische Partizipationsansätze, gleich am Beginn des Aufstellungsverfahrens für die Regionalpläne eine Öffentlichkeitsbeteiligung verpflichtend eingeführt. Die dänischen Erfahrungen zeigen sowohl die Möglichkeiten als auch die Grenzen einer intensiven und frühzeitigen Öffentlichkeitsbeteiligung unter Einsatz von Szenarien in der Raumordnung auf.

Das 1974 in Kraft getretene Planungsgesetz verpflichtete die Amtskommunen als Träger der Regionalplanung, zu Beginn des Planungsprozesses alternative Planungsentwürfe zu erarbeiten und in einer 6-monatigen Öffentlichkeitsphase zur Diskussion zu stellen. Entsprechend der in den 1970er-Jahren in Dänemark vorherrschenden Tendenz der Stadt-Land-Wanderungen spielte bei den alternativen Planentwürfen die künftige Siedlungsstruktur in so gut wie allen Regionen eine zentrale Rolle. Häufig wurden seitens der Regionalplanung mindestens drei siedlungsstrukturelle Alternativen als Zukunftsszenarien vorgelegt. Exemplarisch zeigen die vier siedlungsstrukturellen Alternativen der Region West-Seeland (Vestsjællands amtskommune) das Vorgehen: Einer auf starke Dezentralisierung ausgerichteten Skizze standen dort drei unter verschiedenen Aspekten stärker auf Konzentration ausgerichtete Skizzen gegenüber.[13]

In allen dänischen Regionen wurde die Öffentlichkeitsbeteiligung sehr breit angelegt. Übliche Instrumente waren öffentliche Ideenwettbewerbe, Bürgerversammlungen, Volkshochschulkurse und Material für Schulklassen.[14] Wie schon die Wahl des Themenschwerpunktes „regionale Siedlungsstruktur" zeigt, wurden durchaus komplexe und anspruchsvolle Zukunftsthemen vermittelt und diskutiert. Im Beispielfall der Region West-Seeland wurde die Öffentlichkeitsphase damit eingeleitet, dass die vier Planungsalternativen als Szenarien der künftigen Raumstruktur der Presse vorgestellt wurden. Es folgten eine breit angelegte Anzeigenkampagne sowie der Versand einer Diskussionszeitung an alle Haushalte, in der vertieft über die Inhalte der Szenarien und die Mitwirkungsmöglichkeiten der Bürger informiert wurde. Mit 47 öffentlichen Informationsveranstaltungen konnten fast 4800 Bürger erreicht werden, die sich in zahlreichen Bürger-Arbeitsgruppen engagierten. Landesweit gelang es nach Illeris[15], rund 100 000 Bürgerinnen und Bürger für diese gelegentlich als „trocken" geltende Materie zu gewinnen, was zweifelsohne einen großen Erfolg darstellt.

---

[13] Priebs, Dorfbezogene Politik und Planung in Dänemark unter sich wandelnden gesellschaftlichen Rahmenbedingungen, Kieler Geographische Schriften 75, 1990, S. 77 ff., Vestsjællands Amtskommune, Offentlighedsfasen om de alternative skitser, 1. Halvår 1977.

[14] Illeris, Dänische Erfahrungen mit Bürgerbeteiligung in der Regionalplanung, Informationen zur Raumentwicklung, 1981, S. 63.

[15] Illeris, Dänische Erfahrungen mit Bürgerbeteiligung in der Regionalplanung, Informationen zur Raumentwicklung, 1981, S. 63 (65).

Allerdings zeigt sich die Kehrseite des gewählten Verfahrens darin, dass die landesweit deutlich werdenden Sympathien der Bevölkerung für eine stärkere Dezentralisierung der Siedlungsstruktur auf deutliche Widerstände in den staatlichen und kommunalen Institutionen stießen. Eine realistische Möglichkeit, die notwendige Kursänderung bei diesen Institutionen herbeizuführen, hatte die Regionalplanung aber nicht. Es liegt auf der Hand, dass diese Erfahrung Enttäuschung und Unzufriedenheit bei den Bürgerinnen und Bürgern hervorrufen musste. Deswegen lehren die dänischen Erfahrungen, dass bei der Erarbeitung von Szenarien stets die tatsächliche Realisierbarkeit mitgedacht oder zumindest die dafür notwendigen Änderungen rechtlicher oder organisatorischer Rahmenbedingungen aufgezeigt werden sollten. Durch die Arbeit mit Szenarien soll das Nachdenken über neue Wege in der Raumentwicklung angeregt werden, es sollten aber keine unerfüllbaren Erwartungen an die Raumplanung geweckt werden, weil darunter letztlich auch deren Glaubwürdigkeit zu leiden hätte.

Abb. 1: Siedlungsstrukturellen Alternativen der Region West-Seeland, Vestsjællands Amtskommune, Offentlighedsfasen om de alternative skitser, 1. Halvår 1977.

3. *Beispiel: Großraum Hannover in den 1990er-Jahren*

Im Kontext der Erarbeitung eines neuen Regionalen Raumordnungsprogramms (RROP) für den Großraum Hannover wurden 1995 „Szenarien für ein gesamträumliches Leitbild der HannoverRegion" entwickelt. Ähnlich den Diskussionen in Dänemark wurde in den drei Szenarien sehr stark die Frage von mehr Konzentration oder mehr Dezentralisierung im Siedlungssystem betont. Folgende Szenarien wurden entwickelt[16]:

- Szenario 1: Die HannoverRegion entwickelt teilräumliche Spezialisierungen
- Szenario 2: Die HannoverRegion konzentriert sich auf ihr Zentrum
- Szenario 3: Die HannoverRegion setzt auf Kooperation in Teilräumen

Auch wenn diese Szenarien nicht annähernd die Popularität und Bekanntheit der dänischen Szenarien erreichten, wurden sie doch im politischen Planungsprozess intensiv diskutiert. Insbesondere wurde aus dieser Diskussion das räumliche Leitbild für den Großraum Hannover entwickelt, das schließlich dem formalen RROP vorangestellt wurde.

4. Beispiel: Zeichnerische Szenarien zur Entwicklung der Städte und ihrer Peripherie

Sehr plakativ stellt Hanns Adrian, der frühere Präsident der Deutschen Akademie für Städtebau und Landesplanung, die möglichen Entwicklungen an der Peripherie der Städte bzw. Stadtregionen in vier unterschiedlichen Entwicklungsszenarien dar. Er selbst verwendet zwar nicht den Begriff der Szenarien, sondern spricht davon, dass „man sich modellhaft, bewusst vereinfachend, verschiedene Modelle vor Augen führen" müsse, „um zu begreifen, wohin die Reise gehen könnte". In diesem Sinne entwickelt er vier Modelle, die denkbare Entwicklungen der Städte bzw. Stadtregionen zeigen[17]:

- Modell 1 „Die bewahrte Stadt": In diesem Modell werden alle Anstrengungen darauf gerichtet, die städtische Grundstruktur mit einer attraktiven Innenstadt zu erhalten, „mit großem planerischem Aufwand und sehr weitgehenden Eingriffen wird das Entstehen disperser Besiedlung und stadtferner Zentren verhindert"[18].
- Modell 2 „Die Stadt der kooperierenden Zentren": In diesem Modell bleibt die Innenstadt zwar „wichtigster Einkaufsbereich, allerdings ergänzt durch in die Bebauung integrierte Fachmärkte und durch Einkaufszentren zur Versorgung der regionalen dispersen Besiedlung"[19].
- Modell 3 „Die ausgelaugte Stadt": In diesem Modell entstehen um die Stadt herum „leistungsfähige, sehr große Einkaufszentren, die die Versorgung der Region und der Stadt weitgehend übernehmen"[20].

---

[16] Kommunalverband Großraum Hannover, Szenarien für ein gesamträumliches Leitbild der HannoverRegion, 1995.

[17] Adrian in: Institut für Landes- und Stadtentwicklungsforschung Nordrhein-Westfalen, Am Rande der Stadt, Schrift Nr. 106, 1997, 22–24.

[18] Adrian in: Institut für Landes- und Stadtentwicklungsforschung Nordrhein-Westfalen, Am Rande der Stadt, Schrift Nr. 106, 1997 (22).

[19] Adrian in: Institut für Landes- und Stadtentwicklungsforschung Nordrhein-Westfalen, Am Rande der Stadt, Schrift Nr. 106, 1997 (22f.).

[20] Adrian in: Institut für Landes- und Stadtentwicklungsforschung Nordrhein-Westfalen, Am Rande der Stadt, Schrift Nr. 106, 1997 (23).

- Modell 4 „Die Stadt der künstlichen Welten“: In diesem Modell „entstehen ihrer Bestimmung angepasste gemanagte Kunstwelten“ und die Region „wird durch ein System von spezialisierten, für ihre Funktion optimierten Zentren versorgt“[21].

Wie Abb. 2 zeigt, sind die von Adrian auch zeichnerisch ausgeführten Szenarien sehr aussagekräftig und regen zum Nachdenken an. Adrian spricht sich klar für die Verfolgung des Modells 2 als „Leitmodell“ aus, um dem Trend einer weiteren Orientierung der Städte auf den motorisierten Individualverkehr zu beenden.

Die von Adrian dargestellten Szenarien sind nicht Teil eines konkreten Planungsprozesses. Allerdings wurden sie von den Verfassern dieses Beitrages häufig in Vortrags- und Diskussionsveranstaltungen eingesetzt, um die Diskussion am Podium oder mit dem Publikum anzuregen.

Modell 1: „Die bewahrte Stadt“

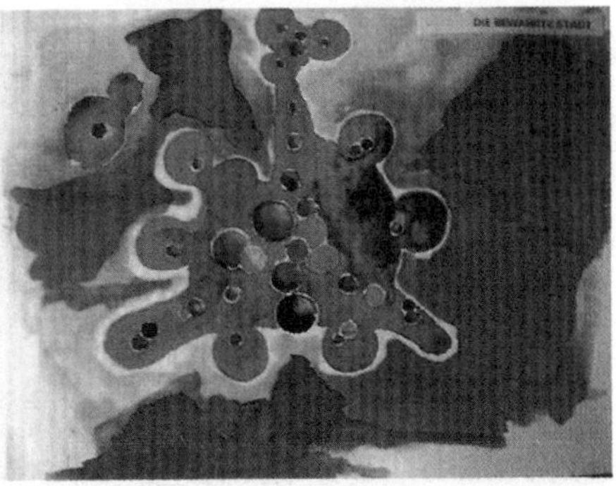

Modell 3: „Die ausgelaugte Stadt“

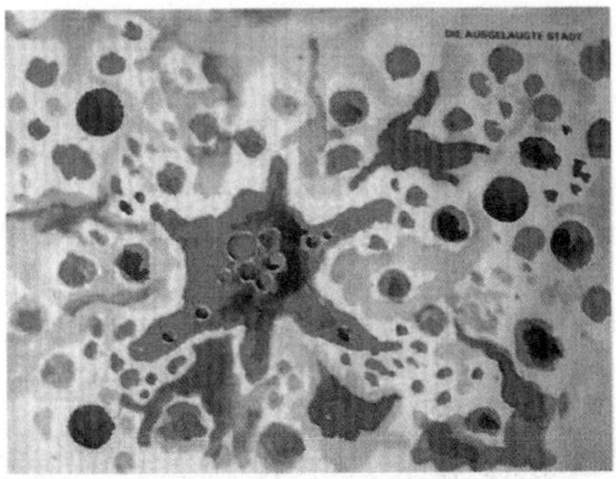

Modell 2: „Die Stadt der kooperierenden Zentren“

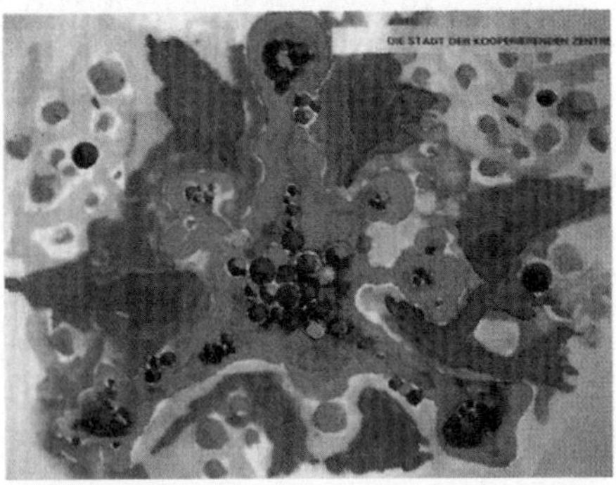

Modell 4: „Die Stadt der künstlichen Welten“

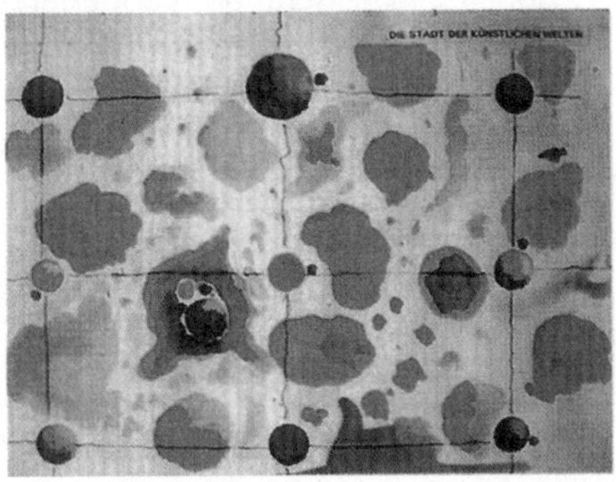

Abb. 2: Szenarien zur Entwicklung der Städte und ihrer Peripherie, Adrian in: Institut für Landes- und Stadtentwicklungsforschung Nordrhein-Westfalen, Am Rande der Stadt, Schrift Nr. 106, 1979, 22.

---

[21] Adrian in: Institut für Landes- und Stadtentwicklungsforschung Nordrhein-Westfalen, Am Rande der Stadt, Schrift Nr. 106, 1979, 22 (23).

5. *Beispiel: Szenarien für die nachhaltige Siedlungs- und Infrastrukturentwicklung in der Schweiz (2005–2030)*

In der Schweiz hat das Arbeiten mit Szenarien zur Landesentwicklung bereits eine längere Tradition. Die im Jahr 1991 von einer Eidgenössischen Expertenkommission veröffentlichten „Vier Szenarien zur schweizerischen Zukunft"[22] stießen seinerzeit in der Fachwelt auf großes Interesse.

2005 veröffentlichte das Bundesamt für Raumentwicklung in seinem Raumentwicklungsbericht vier markante Szenarien für die Schweiz um das Jahr 2030[23], in denen sehr stark das Verhältnis der metropolitanen Räume und der anderen Schweizer Regionen thematisiert wurde:

- Szenario 1: Eine Schweiz der Metropolen (Trendszenario)
- Szenario 2: Zersiedlung – städtischer Niedergang
- Szenario 3: Eine polyzentrische urbane Schweiz – vernetztes Städtesystem
- Szenario 4: Eine Schweiz der Regionen – territoriale Solidarität

Im Jahr 2008 wurden im Rahmen des Nationalen Forschungsprogramms NFP 54 („Nachhaltige Siedlungs- und Infrastrukturentwicklung") von Wissenschaftler*innen Schweizer Hochschulen erneut Szenarien erarbeitet.[24] Diese bauen grundsätzlich auf dem Raumentwicklungsbericht 2005 auf, der nach Ansicht von Perlik et al. gezeigt hat, „dass für eine nachhaltige Raumentwicklung der Schweiz noch erhebliche Anstrengungen notwendig sind". Ferner wurde betont, dass sich räumliche Szenarien „in diesem Zusammenhang als sehr wertvolle Instrumente zum Ausloten möglicher Handlungsalternativen zur Strategieentwicklung erwiesen" hätten. Die von Perlik et al. vorgelegten „Szenarien für die nachhaltige Siedlungs- und Infrastrukturentwicklung in der Schweiz (2005–2030)" greifen wiederum sehr stark das Spannungsfeld der städtischen und ländlichen Lebensräume auf:

- Szenario A „Vorsichtig und individualistisch – Räumliche Dispersion"
- Szenario B „Dynamisch und individualistisch – Metropolitane Expansion"
- Szenario C „Vorsichtig und sozial – Kernstädtisch und rural"
- Szenario D „Dynamisch und sozial – Räumliche Gleichwertigkeit"

Auch wenn die Ausformung dieser Szenarien im Rahmen dieses Beitrages nicht detailliert ausgeführt werden kann, werden schon durch die Überschriften die mit den einzelnen Szenarien thematisierten Entwicklungsrichtungen deutlich, wobei das Szenario D klar darauf abzielt, die räumliche Polarisierung der Schweiz im Sinne einer ausgeglichenen Raumentwicklung zu überwinden.

---

[22] Bundesamt für Konjunkturfragen, Schweiz morgen – Vier Szenarien zur schweizerischen Zukunft. Bericht der Eidgenössischen Expertenkommission an den Bundesrat, 1991.

[23] Bundesamt für Raumentwicklung, Raumentwicklungsbericht, 2005.

[24] Perlik/Wissen/Schuler/Hofschreuder/Jarne/Keiner/Cavens/Schmid, Szenarien für die nachhaltige Siedlungs- und Infrastrukturentwicklung in der Schweiz (2005–2030), 2008.

6. *Erste Ergebnisse aus dem laufenden Arbeitskreis „Zukunft der Planung" der ARL*

Ein von der ARL im Jahr 2020 eingesetzter AK zur „Zukunft der Planung" hat es sich u. a. zur Aufgabe gemacht, Szenarien zu alternativen Zukünften der Raumordnung in Deutschland für das Jahr 2050 zu entwickeln. Wie oben betont, sind Szenarien nicht mit Prognosen zu verwechseln, da sie sowohl Aussagen über wahrscheinliche Entwicklungen als auch Optionen für unterschiedliche Entwicklungen beschreiben. Die Szenarien des Arbeitskreises sollen die Basis für einen Diskurs über die Zukunft der Disziplin „Raumplanung" im akademischen wie auch praktischen Kontext schaffen. Sie beruhen auf einer sehr umfassenden Vorbereitung, die insgesamt 110 bedeutsame Einflussfaktoren berücksichtigt hat. In einem mehrstufigen diskursiven Verfahren wurden für mögliche Zukünfte der Planung im Jahr 2050 folgende vier Szenarien herausgearbeitet, die hier nur stichwortartig dargestellt werden können.[25]

Szenario 1: „Leben in den Blasen"

Durch fortschreitende Digitalisierung und sozial- kulturelle Individualisierungen entstehen „Parallelwelten", die größere Kontexte ausblenden und das Wohlgefühl ihrer Mitglieder stärken. Politik und Planung findet vor allem in digitaler Weise und unter massivem Einsatz künstlicher Intelligenz statt. Gewinner sind die mittelgroßen Städte, in denen komfortables Leben und Arbeiten möglich ist. Raumplanung ist vom abnehmenden Vertrauen in staatliche Instanzen wie auch vom Fachkräftemangel betroffen. Viele Aufgaben, gerade auch in Beteiligungsverfahren, werden digital erledigt.

Szenario 2: „Smarte Transformationsgemeinschaften"

Nachhaltigkeit und Klimaschutz bestimmen die Gesellschaft und damit auch die Raumentwicklung. Die Dekarbonisierung von Wirtschaft und Verkehr war erfolgreich. Exemplarischer Ausdruck für neue Lebensformen ist eine durch Plattformen gestützte sharing economy. Die zum Teil extreme Digitalisierung mit ihren vielfältigen „smart solutions" hat auch die digitale Verwundbarkeit und Cyber Crime erheblich gefördert, was inzwischen die Funktionsfähigkeit gesellschaftlicher und wirtschaftlicher Teilbereiche beeinträchtigt.

Die Raumplanung ist stark digitalisiert, aber auch als wichtiger Handlungsansatz zur Verwirklichung von Nachhaltigkeit und Klimaneutralität anerkannt. Die zunehmende Integration in Kerneuropa hat zu einer stärker verbindlichen internationalen Raumplanung geführt, zugleich haben angesichts der Komplexität der Aufgabenstellungen informelle Projekte auf Stadt- und Quartiersebene erhebliche Bedeutung erlangt.

Szenario 3: „Reparaturbetrieb Heimat"

Durch die extreme Alterung der Bevölkerung haben Spannungen in der Gesellschaft zugenommen und die Wettbewerbsfähigkeit Deutschlands und Europas ist gesunken. Es gibt nur wenige erfolgreiche „Wachstumsinseln" was zu einer Ver-

---

[25] Vgl. zum Vorgehen und zu der Beschreibung der Szenarien selbst Thorsten Wiechmann/Jakob Busse von Colbe/Till Jenssen/Marion Klemme/Viola Schulze Dieckhoff: Zur Zukunft der Planung. Vier Szenarien als Ausgangspunkte der strategischen Weiterentwicklung, in: RaumPlanung Heft 226, 2-2024, S. 21–28.

schärfung der Spaltung zwischen Gewinner- und Verliererregionen geführt hat. Durch den fortschreitenden Klimawandel sind Siedlungsstrukturen und kritische Infrastrukturen erheblich betroffen. Mangelnde politische Handlungsfähigkeit aufgrund der umfassenden gesellschaftlichen Spannungen lassen die Raumplanung weitgehend wirkungslos erscheinen.

Die Hauptaufgabe der Raumplanung besteht im technischen Umgang mit den Folgen des Klimawandels und einem präventiven Katastrophenmanagement.

Szenario 4: „Autoritärer Rollback“

Multiple Krisen, umfassende gesellschaftliche Konflikte und nicht steuerbare Migrationsdynamiken haben dem Protektionismus und einem zentralstaatlichen Top-Down-Handeln zu einem erheblichen Aufschwung verholfen. In dem Kontext hat zivilgesellschaftliches Engagement eher abgenommen. Die Bedeutung der kommunalen Ebene ist geringer geworden, da der Staat, mit Einverständnis der gesellschaftlichen Mehrheit, „durchregiert“. Dazu gehört auch, bislang benachteiligte Regionen durch Infrastruktur, Dezentralisierung von Einrichtungen und Vergabe von Fördermitteln zu unterstützen. Das sichert die Legitimität zentralstaatlichen Handelns. Eine präventive Klimaschutzpolitik gibt es nicht, vielmehr haben die katastrophalen Folgen des Klimawandels deutlich sichtbar zugenommen und müssen durch staatliches Katastrophen-Management bewältigt werden. Dazu gehören etwa auch Umsiedlungen aus gefährdeten Bereichen.

Raumplanung wird vor allem als nationale Aufgabe der räumlichen Gestaltung im weitesten Sinne verstanden. Internationale Abstimmungen sind auf ein Mindestmaß reduziert worden. Beteiligungsverfahren spielen nur noch eine geringe Rolle, was aber auch von der gesellschaftlichen Mehrheit akzeptiert wird.

Die Entwicklung der vier Szenarien soll spezifische Chancen und Risiken für die Zukunft der Raumplanung aufzeigen. Sie wollen zum Nachdenken über die Zukunft der Planung in Wissenschaft und Praxis anregen und entsprechende Diskurse initiieren. Zugleich können sie aber auch bei konkreten Planungs- und Entwicklungsprozessen Anregungen für die Erarbeitung regionalspezifischer Ausprägungen verschiedener Zukünfte geben.

IV. Zukunftsgestaltung mit Plankarten und Raumbildern

1. Verbindliche Plankarten als konkrete Zukunftsbilder

Ein Blick in die Zukunft ist bekanntlich nicht möglich, doch ist es zentrales Anliegen der räumlichen Planung, in der Zukunft zu treffende Entscheidungen der Raumentwicklung vorzubereiten, für diese einen Rahmen zu setzen und sie auch in einem bestimmten Grad vorzuprägen. In diesem Kontext spielen die Plankarten der Raumplanung eine wesentliche Rolle, weil sie die Entwicklungsvorstellungen für einen Raum nicht nur verbal (siehe → V.) ausführen, sondern im wahrsten Sinne des Wortes ein Zukunftsbild der jeweiligen Räume zeichnen. Der „Zukunftscharakter“ der Regionalpläne ist nicht selten auch daraus ablesbar, dass die

Regionalpläne die Bezeichnung eines fiktiven Zieljahres bekommen, zB wird der 1996 aufgestellte, derzeit noch gültige Regionalplan des Regionalverbandes Ostwürttemberg als „Regionalplan 2012“ bezeichnet.

Ein sehr markantes Beispiel einer Zukunftsdarstellung bot über viele Jahre der Berliner Flächennutzungsplan, weil in der Plankarte für das Gelände des früheren innerstädtischen Flughafens Tempelhof auch schon zu Zeiten, als dort noch intensiver Flugbetrieb herrschte, überwiegend eine Grünfläche dargestellt war. Dadurch war erkennbar, wie sich die Stadt Berlin langfristig die Nutzung für diesen Teil des Stadtgebiets vorstellt.

Diese Art des konkreten Zukunftsbildes ist charakteristisch für den Flächennutzungsplan und auch für viele Plandokumente der Regional- und Landesplanung. Allerdings gibt es zwischen den Bundesländern (und in begrenztem Rahmen auch innerhalb der Bundesländer) Unterschiede, wie konkret das jeweilige Zukunftsbild ist. So zeichnen sich die Regionalpläne in Nordrhein-Westfalen dadurch aus, dass ähnlich den kommunalen Flächennutzungsplänen durchgängig eine „Positivdarstellung“ erfolgt, das heißt, dass eine klare Grundfarbe für alle Flächen zeigt, welche künftige Raumnutzung dort vorgesehen ist. Infrastrukturelemente, zB Straßen, werden ebenfalls in ihrer konkreten Lage dargestellt – unabhängig davon, ob sie schon Bestand sind oder erst im Bedarfsplan enthalten sind. Eine Ausnahme stellen diejenigen geplanten Projekte dar, die nur gestrichelt dargestellt sind, in diesen Fällen ist eine konkrete Festlegung der Trassen noch nicht erfolgt, gleichwohl ist deren Grobverlauf aber bei anderen Planungen zu berücksichtigen.

In den meisten anderen Bundesländern enthalten die Regionalpläne weniger Positivdarstellungen. Gerade im Siedlungsbereich wird der Regionalplanung überwiegend Zurückhaltung in der Weise auferlegt, dass die Regionalplanung keine eigenen planerischen Festlegungen zu den Siedlungsflächen darstellen darf. Das bedeutet, dass dort nur die als Grundkarte dienende topographische Karte erkennbar ist oder der Bestand (bzw. die verbindlichen kommunalen Planungen) nachrichtlich dargestellt werden. Von diesen nachrichtlichen Darstellungen gehen keinerlei regionalplanerische Bindungswirkungen aus. Insbesondere in den Bereichen außerhalb des Siedlungsraumes, also den Freiräumen, kommen in diesen Regionalplänen vor allem Vorrang- und Vorbehaltsfestlegungen zum Zuge. Das bedeutet, dass die Regionalplanung hier eine Sicherungs- oder Sperrfunktion übernimmt. So sind die jeweils festgelegten Vorränge zwingend zu beachten und zuwiderlaufende Planungen sind unzulässig; bei den Vorbehalten gilt eine Pflicht zur Berücksichtigung, was aber auch bedeutet, dass sie im Rahmen einer gut begründeten Abwägung überwunden werden können. Ein Beispiel soll dies belegen: In einem Vorranggebiet für den Freiraumschutz sind sämtliche Planungsvorstellungen für Siedlungsentwicklungen unzulässig und könnten im Rahmen einer Änderung des Flächennutzungsplans nicht genehmigt werden (keine Anpassung im Sinne des § 1 Abs. 4 BauGB). Möglich sind Überlagerungen von Vorrängen und Vorbehalten. Ein Vorbehaltsgebiet für die Landwirtschaft etwa kann überlagert werden durch einen Vorrang für Freiraumschutz und Vorbehalte etwa für Grundwasserschutz oder Natur und Landschaft – diese verschiedenen Raumansprüche sind miteinander vereinbar oder ergänzen sich sogar.

Vorränge und Vorbehalte in Raumordnungsplänen als Zukunftsbildern können als „vorweggenommene" Zukunftsentscheidungen bezeichnet werden: bestimmte Nutzungen werden dort kategorisch ausgeschlossen, während für andere Raumansprüche eine Sicherung mit unterschiedlichem Grad der Verbindlichkeit vorgenommen wird. Vorrangdarstellungen haben den Charakter von Zielen der Raumordnung (nach § 3 Abs. 1 Nr. 2 ROG), während Vorbehaltsdarstellungen den Charakter von Grundsätzen der Raumordnung (nach § 3 Abs. 1 Nr. 3 ROG) haben und damit der Abwägung unterliegen. Das heißt, dass Zukunftsentscheidungen sehr stark eingeschränkt oder schon weitgehend vorgezeichnet sind. Auf den Unterschied von Grundsätzen und Zielen der Raumordnung wird unten bei den textlichen Festlegungen der Raumordnungspläne eingegangen. Ergänzend sei hier auch auf die Erläuterungskarten der Raumordnungspläne hingewiesen, die in ihrer Bedeutung der unten auch genannten textlichen Begründung entsprechen.

Wesentliches Merkmal von flächigen Darstellungen in Plankarten ist, dass die bestehenden oder geplanten Nutzungen konkret dargestellt sind. Das wirft das Problem auf, dass für bestimmte Flächen noch gar keine so eindeutige Zukunftsaussage getroffen werden kann, weil sich zB die Fläche noch in einer konkreten, aber auslaufenden Nutzung befindet und die Vorbelastungen der Flächen und die daraus resultierenden Einschränkungen erst in vollem Umfang nach Beendigung der Nutzung untersucht werden können. Gerade bei Flächen, die im Zuge eines längerfristigen Transformationsprozesses für veränderte oder völlig neue Nutzungen zur Verfügung stehen sollen, kann die konkrete Nachnutzung meist noch gar nicht detailliert dargestellt werden. Üblich ist es, größere Neuplanungen zuerst einmal im Rahmen eines Masterplan-Prozesses vorzubereiten und sich damit einem künftigen Konzept anzunähern.

Hier wäre ein mögliches neues Planzeichen „Vorbehalt/Vorrang Transformation" sinnvoll, das natürlich im Textteil des Plans genauer erläutert werden müsste. Mit diesem Planzeichen würde ausgesagt, dass auf dieser Fläche eine längerfristige Transformation im Gange ist und die Flächen vorrangig für noch zu entwickelnde Zielvorstellungen zu sichern sind, also eine eher zufällige Um- oder Neunutzung ausgeschlossen wird (siehe → V.).

2. *Raumbilder*

Raumbilder sind ein bereits länger diskutiertes, aber bislang nicht sehr häufig eingesetztes informelles Instrument der räumlichen Planung. Raumbilder können grundsätzlich für alle planerischen Maßstabsebenen, von der lokalen bis zur europäischen, erarbeitet werden. Hier interessieren sie vor allem auf der Maßstabsebene der Regionalplanung, auf der sie rechtlich unverbindlich alternative Entwürfe für die künftige Struktur und Entwicklung einer Region (Variante 1) oder auch eine konsensual abgestimmte Leitvorstellung für die Zukunft einer Region (Variante 2) darstellen können. Wichtig ist bei Raumbildern der Prozess ihrer Erarbeitung. In jedem Falle werden sie diskursiv verarbeitet, insbesondere dann, wenn es (Variante 2) um das Ergebnis eines regionalen Dialogs über die Zukunft einer Region geht. Dann sind dem Raumbild Workshops oder Zukunftswerkstätten mit den Akteuren einer Region vorausgegangen, auf denen nach einer Regionalanalyse Perspektiven für die Zukunft diskutiert und schließlich im Einvernehmen festgelegt wurden. Aber auch in der Variante 1 einer Erarbeitung unterschiedlicher spezifischer Raumbilder für eine Region etwa durch bestimmte Akteursgruppen oder Planungsbüros, sind diese in einem regionalen Diskussionszusammenhang zu sehen, der sowohl vor ihrer Erarbeitung wie auch zu ihrer „Verarbeitung" existieren muss.

Im Folgenden werden zwei Raumbild-Prozesse auf regionaler Ebene aus der jüngeren Vergangenheit vorgestellt, die breite Aufmerksamkeit im planerischen Fachdiskurs erlangt haben: Die „Raumbilder für die Lausitz" und das „Raumbild für die Region Köln/Bonn".

Das Lausitzer Revier gehört zu den drei Braunkohleregionen, in denen entsprechend der politischen Beschlusslage der Kohleausstieg spätestens 2038 erfolgen soll. Der Braunkohlenbergbau hat insbesondere im sogenannten Lausitzer Revier eine große ökonomische, soziale und kulturelle Relevanz. Zur Lausitz gehören nach der gängigen Definition die Landkreise Dahme-Spreewald, Elbe-Elster, Oberspreewald-Lausitz und Spree-Neiße in Brandenburg sowie die Landkreise Bautzen und Görlitz im Freistaat Sachsen. Der Braunkohlenbergbau hat in Folge der großen Tagebaue extrem tiefgreifende Folgen für Kulturlandschaften und Naturhaushalt, aber auch für Siedlungsstrukturen und Infrastrukturen wie das Verkehrssystem. Damit ist aktuell, vor allem aber nach der kompletten Stilllegung planerisch umzugehen. Die bisherige Form der Braunkohlenplanung kümmert sich in einem eher technischen Sinne um die Restrukturierungen der Landschaften.

Angesichts der politisch initiierten tiefgreifenden Strukturtransformationen ist aber eine umfassende Perspektive erforderlich. Dem sollte ein vom BMBF gefördertes Forschungsprojekt des Interdisziplinären Zentrums für transformativen Stadtumbau des Leibniz-Instituts für ökologische Raumentwicklung (IÖR-IZS in Görlitz) dienen. Hintergrund für das Vorgehen ist, dass das Lausitzer Revier durch die Transformation nach 1989 schon erhebliche Strukturbrüche erfahren hat, die in hoher Arbeitslosigkeit, starker selektiver Abwanderung und ökonomischer Strukturschwäche einen Ausdruck fanden. Der politisch initiierte Kohleausstieg ist eine erneute Herausforderung, für die bislang eine „raumsensible Strategiebildung zur Steuerung und Bewältigung des Strukturwandels, die räumliche Auswirkungen von Standortentscheidungen einbezieht und dabei eine langfristige Perspektive einnimmt", fehlt[26]. Hinzukommt eine unzureichende Kooperation zwischen den Ländern Brandenburg und Sachsen, deren Grenze mitten durch das Lausitzer Revier verläuft.

In diesem Kontext hat das IÖR-IZS ein „Planungslabor" initiiert, in dessen Rahmen vier interdisziplinäre Planungsteams zur Erarbeitung spezifischer Raumbilder ausgewählt wurden.[27] Die Planungsteams, die federführend von den Büros Berchtold-Krass, Cityförster, Urban Kalalyst und KH Studio geleitet wurden, haben Visionen für die Zukunft des Lausitzer Reviers erarbeitet. Dabei wurden aktu-

---

[26] Theuner/Herr, Raumbilder für die Lausitz, in: Nachrichten der ARL Heft 02-03/2022, S. 35–41.

[27] Vgl. hierzu und zum Folgenden Theuner/Herr, Raumbilder für die Lausitz, in: Nachrichten der ARL Heft 02-03/2022, S. 35–41 sowie die Website https://transformation-lausitz.ioer.eu.

elle Planungsdokumente und Strategiepapiere sowie Erfahrungen vor Ort und ein Austausch mit regionalen Akteuren zugrunde gelegt. Zudem wurden in zwei Kolloquien die grundsätzlichen Ideen für die Raumbilder in einem sogenannten Würdigungsgremium diskutiert und weiterentwickelt. Die erarbeiteten Raumbilder, die hier nicht im Detail dargestellt werden können, haben die Titel:

1. „Bunter Bund Lausitz 2050“
2. „Die Lausitz wird WOWsitz! Gemeinwohlorientierte Regionalentwicklung – die Lausitz als Allmende“
3. „Zeit für die Lausitz – 1 Raum, 2 Motoren, 3 Felder“
4. „Lausitz 2050. Eine Hyper-Campus-Region macht Stadt. Eine Laborregion für den räumlichen, wirtschaftlichen und ökologischen Wandel“

Es bestand nicht die Absicht, die vier unterschiedlichen Raumbilder bzw. Visionen für die Lausitz zu einem Gesamtbild zusammenzufügen. Vielmehr wurden in einer Transferphase die vier Raumbilder mit Akteuren der Raumplanung und Raumentwicklung auf der kommunalen, regionalen und Landesebene diskutiert. Durch den bildlichen Charakter wurden die Aufmerksamkeit für die Herausforderungen und Gestaltungsperspektiven verbessert und Lernprozesse für eine räumlich integrierte Perspektive auf den Strukturwandel angestoßen.[28] Trotz der positiven Resonanz der regionalen Akteure konnte bisher eine Übernahme von Aussagen der Raumbilder in Dokumente der verbindlichen Raumplanung oder der Raumentwicklung nicht festgestellt werden.

Ein etwas anderes Vorgehen wurde in der Region Köln/Bonn, eine der großen und wirtschaftsstarken westdeutschen Agglomerationen, gewählt. Nach der erfolgreichen Durchführung einer REGIONALEN im Jahr 2010 in der Region Köln/Bonn, die den östlichen Teil des Regierungsbezirks Köln beidseits des Rheines mit der Städtereihe Bonn/Köln/Leverkusen in der Mitte umfasst, wurden in den Jahren 2016–2019 für die Region eine Klimawandelvorsorgestrategie und ein Agglomerationskonzept erarbeitet. Letzteres lehnt sich an das Vorbild der Agglomerationsprogramme in der Schweiz an, wo für die wesentlichen Stadtregionen Fördermittel des Bundes insbesondere im Bereich des Verkehrs, aber auch des Städtebaus nur auf der Basis eines interkommunal entwickelten und verabschiedeten Agglomerationsprogrammes vergeben werden.[29] In der Region Köln/Bonn ist das Verständnis des Agglomerationskonzeptes allerdings weiter gefasst: Es ist als ein strategischer Beitrag zur formellen Regionalplanung gedacht und soll zugleich eine Basis für interkommunale Kooperationen und die Definition regionaler Schlüsselprojekte wie auch eine Argumentationshilfe und Input für teilregionale (und interkommunale) Strategieprozesse und Planungen darstellen.

Das Agglomerationskonzept wurde unter sehr breiter Beteiligung der für die Regionalentwicklung relevanten Akteure der Region erarbeitet. Dabei wurden vier Beiträge wettbewerblich ausgewählter Planungsteams diskutiert. Ziel war aber

---

[28] Theuner/Herr, Raumbilder für die Lausitz, in: Nachrichten der ARL Heft 02-03/2022, S. 35–41.

[29] Bernd Scholl, Der Beitrag der Agglomerationsprogramme für Entwicklungen im Großraum Zürich, in: vhw-Forum Wohnen und Stadtentwicklung, Heft 1-2020, S. 7–10.

von vornerein, aus diesen vier Beiträgen im Rahmen des umfassenden Diskurses ein gemeinsam getragenes räumliches Zielbild für die Entwicklung der Gesamtregion bis 2040 zu erarbeiten.[30] Als Ergebnis ist ein Raumbild („Strukturbild 2040+") entstanden, das im Maßstab eines Regionalplans, aber mit anderer Diktion und weit darüberhinausgehenden Aussagen einer Vision für die Gestaltung der Region formuliert. Annahme ist dabei, dass eine bildhafte Darstellung viel geeigneter ist, Zukunftsdiskurse zu initiieren als wenn man sich auf eine rein textliche Darstellung beschränken würde. Auf die Erarbeitung des Agglomerationskonzeptes mit dem Raumbild ist in den Jahren 2020–2022 die Erarbeitung eines Agglomerationsprogrammes gefolgt, in dem vor dem Hintergrund des Raumbildes Handlungsansätze und konkrete Projekte definiert werden, die ab 2023 förderfähig gemacht und umgesetzt werden. Dabei sollen Förderansätze wie etwa die Städtebauförderung, Mittel aus den diversen EU-Fonds, Forschungsfördermittel usw integriert werden.

Gerade am Beispiel der Region Köln/Bonn wird deutlich, dass die Perspektiven der Regionalplanung und der Regionalentwicklung (inklusive der Integration von Förderansätzen) durch das Raumbild ein verbindendes „Dach" erhalten und damit in einer Weise verknüpft werden, die wechselseitig zur Stärkung führen soll. Das kann grundsätzlich als vorbildlicher Ansatz („Benchmark") für eine noch bessere Verknüpfung der Perspektiven der Regionalplanung und Regionalentwicklung vor dem Hintergrund des ausdifferenzierten deutschen Systems räumlicher Planung und der Multi-Level-Governance der Regionalentwicklung gesehen werden.[31]

V. Zukunftsgestaltung mit textlichen Festlegungen in Raumordnungsplänen

Rechtlich auf gleicher Ebene mit den oben angesprochenen Plankarten steht der Textteil, zT auch als „beschreibende Darstellung" eines Raumordnungsplans bezeichnet. Wie bei den Plankarten sind auch bei den einzelnen Textteilen deren unterschiedlicher Rechtswirkungen zu unterscheiden:

- Die in den Raumordnungsplänen enthaltenen Grundsätze der Raumordnung (nach § 3 Abs. 1 Nr. 3 ROG) ergänzen die noch deutlich allgemeineren Grundsätze des Raumordnungsgesetzes. Sie sind noch nicht abschließend untereinander abgewogen, sondern stellen eher einen „Merkposten" dar, was bei konkreteren Planungen zu berücksichtigen ist. Die Gemeinden müssen sich in ihrer Bauleitplanung zwar mit diesen Grundsätzen auseinandersetzen, können sie jedoch im Rahmen einer qualifizierten und begründeten Abwägung überwinden.
- Eine deutlich höherer Rechtswirkung haben die Ziele der Raumordnung (nach § 3 Abs. 1 Nr. 2 ROG). Sie sind bereits abschließend abgewogen und stellen bereits weitgehend konkretisierte Zukunftsentscheidungen des Plangebers dar. Weil sie eine sehr weitgehende Rechts- und Bindungswirkung haben und u. a. eine Anpassungsverpflichtung der kommunalen Bauleitplanung nach § 1 Abs. 4

[30] Vgl. Region Köln/Bonn e. V., Bericht Geschäftsjahr 2022.

[31] Vgl. auch ARL, Die Zukunft der Regionen in NRW gestalten, ARL-Positionspapier Nr. 142, 2023.

BauGB auslösen, sind an ihre Ausformung (Klarheit der Aussage) hohe Anforderungen zu stellen (zB Flächensicherung, Nutzungseinschränkungen etc).
- Formal nicht verbindlich ist der Erläuterungs- und Begründungsteil eines Raumordnungsplans. Dessen Bedeutung hat sich jedoch in jüngerer Zeit erheblich verstärkt, weil dort die Herleitung und Begründung der Grundsätze und Ziele zu dokumentieren ist. Idealerweise wird der Wille des Plangebers, der hinter seinen Zielen steht, hier noch einmal deutlich gemacht. Gerade bei häufig streitbefangenen Planinhalten stellen die Begründungen wichtiges Material für die Verwaltungsgerichte dar, weswegen zB Freiräume, Rohstoffabbaugebiete und Windenergiegebiete besonders detaillierte Begründungen erfordern.

Für die Begleitung von Transformationsprozessen bedeutet das, dass die Entwicklungsvorstellungen (zB Entwicklung eines Erholungsgebiets auf einer Industriebrache) schon sehr konkret sein müssen, um als Ziele der Raumordnung in die Pläne aufgenommen zu werden. Da dies meist noch nicht der Fall ist, kommen in der Regel nur Grundsätze der Raumordnung in Frage. Anders könnte dies aussehen, wenn eine großräumige wirksame Transformationsstrategie durch die Raumordnung begleitet wird und es von hoher Bedeutung ist, dass die zur Diskussion stehenden Flächen im Gesamtkontext überplant werden. Dann wäre es mit der entsprechend deutlichen Begründung möglich, hier das oben angesprochene Vorranggebiet für Transformationszwecke einzusetzen, um die in Entwicklung befindliche Transformationsstrategie nicht zu gefährden. Hier ist eine sorgfältig vorbereitete und rechtlich zu prüfende Zielformulierung zu erarbeiten, die den Anforderungen an Ziele der Raumordnung entspricht.

VI. Raumplanung als Transformationsinstrument

1. Beispiel Energiewende

Das aktuell weitestgehende Beispiel der Gestaltung eines Transformationsprozesses durch die Raumordnung stellt die Bereitstellung der erforderlichen Flächen für die Erzeugung von Windenergie dar, um damit die klimapolitischen Ziele (zB Klimaneutralität für ein bestimmtes Zieljahr) zu erreichen. Von der Bundesregierung veranlasste Berechnungen haben ergeben, dass in zehn Jahren 2% des Bundesgebiets (statt derzeit 0,8%) für Windenergie zur Verfügung stehen müssen. Dieser Wert ist Grundlage für das Windenergieflächenbedarfsgesetz (WindBG). In der Anlage zu diesem Gesetz wird der 2%-Wert auf sogenannte Flächenbeitragswerte der 16 Bundesländer heruntergebrochen. Zwischen Bund und Ländern wurde ein Korridor vereinbart, der in den Flächenländern zwischen 1,8% und 2,2% der jeweiligen Landesfläche liegt. Beispielsweise müssen Bayern und Baden-Württemberg bis Ende 2032 jeweils 1,8% ihrer Fläche für die Windenergie sichern, während Brandenburg und Niedersachsen jeweils 2,2% ausweisen müssen. Für die drei Stadtstaaten wurde jeweils ein Wert von 0,5% festgelegt. Für alle Länder wurden zudem Zwischenziele (bis 2027) festgelegt.

Für die Umsetzung der Flächensicherung setzen die Länder (mit Ausnahme der Stadtstaaten und des kleinen Saarlandes) auf die Regionalplanung. Diese bekommt Vorgaben des Landes zu ihren regionalen Flächenbeitragswerten, was entweder per Gesetz oder durch Ziele der Raumordnung erfolgen kann. Zum Teil wird das Landesziel unverändert an die einzelnen Regionen weitergegeben (so zB in Baden-Württemberg), zum Teil werden aufgrund der konkreten Raumstruktur individuelle Werte für die Planungsregionen vorgegeben (zB in Niedersachsen). Die Tatsache, dass die Regionalplanung (und nicht die Landesplanung oder die Bauleitplanung) gewählt wurde, zeigt die Bedeutung der regionalen Planungsebene für die Energiewende.

Die gesetzlichen Neuregelungen bedeuten einen weitgehenden Paradigmenwechsel in der Raumplanung. Bisher galt für Außenbereichsflächen, dass Windenergieanlagen planungsrechtlich privilegiert waren. Künftig gilt die umfassende Privilegierung gem. § 35 Abs. 1 BauGB nur noch innerhalb der festgelegten Windenergiegebiete. Auf die Regionen wird nun gesetzlich ein doppelter Druck ausgeübt: Bei Nichterreichen des Flächenbeitragswerts gilt zum einen die bisherige Privilegierung für den gesamten Außenbereich des Planungsraums fort, zum anderen können einem privilegierten Windenergievorhaben Ziele der Raumordnung nicht mehr entgegengehalten werden. Der letztgenannte Punkt kann de facto zu einer Unwirksamkeit regionalplanerischer Festlegungen führen.

Die Neuregelung war notwendig, weil das alte System durch eine wenig konkrete Gesetzeslage, eine überbordende Rechtsprechung und viele Unsicherheiten seine Grenzen erreicht hatte. Viele Windenergieplanungen in Regionalplänen und Flächennutzungsplänen wurden von den Oberverwaltungsgerichten für unwirksam erklärt. Faktisch waren auch leistungsfähige Planungsträger kaum noch in der Lage, rechtssichere Konzentrationszonen für die Windenergieerzeugung festzulegen. Die neuen Regelungen bringen mehr definitorische und prozessuale Klarheit. Die Regionalplanung hat gute Chancen, ihre Bedeutung unter Beweis zu stellen. Sie steht aber auch unter erheblichem Druck, weil es nicht einfach sein wird, die erforderlichen politischen Beschlüsse für die Flächenziele zu bekommen, und weil die gesetzlichen Sanktionen sehr stark sind.

Als vorläufiges Fazit der Neuregelungen kann festgehalten werden, dass der Bundesgesetzgeber die Notwendigkeit verbindlicher, räumlich-konkreter Festlegungen für die Energiewende erkannt haben. Es wird deutlich, dass die Transformation der Energieversorgung im Sinne einer umfassenden Dekarbonisierung und der Ausbau erneuerbarer Energien ohne integrierte Raumplanung nicht möglich wäre. Allerdings wurde bislang kein gleichermaßen konsequenter Steuerungsanspruch bezüglich weiterer erneuerbarer Energien deutlich. Im Zuge der Zwischenevaluierung der neuen Windkraftgesetzgebung könnte auch geprüft werden, ob die ausschließlich flächenbezogene Steuerung der Windenergieerzeugung abgelöst werden könnte durch kombinierte Energiemengen- und -flächenziele unter Einbeziehung der Freiflächen-Photovoltaik, deren Ausbau bislang weitgehend unkoordiniert und bezüglich der räumlichen Anordnung zum Teil auch zufällig erfolgt.

2. *Beispiel Braunkohleregionen*

Die Entscheidung für den Ausstieg aus der Braunkohlenverstromung bis zum Jahr 2038 hat als Beitrag zur sozialökologischen Transformation der Bundesrepublik beispiellose Herausforderungen für die Braunkohleregionen geschaffen. Es geht dabei nicht um einen klassischen langfristigen Prozess des industriellen Strukturwandels, wie er in sogenannten altindustrialisierten Regionen wie dem Ruhrgebiet oder den Küstenräumen über Jahrzehnte stattgefunden hat und noch stattfindet, sondern darum, die Teilräume zu „europäischen Modellregionen einer weitgehend klimaneutralen Industriegesellschaft" zu entwickeln. Dabei sind die endogenen Potenziale der Braunkohleregionen mit exogenen Impulsen und Ressourcen zu verknüpfen um Innovationen ökonomischer, technologischer, sozialer und kultureller Art zu initiieren.[32] Nach Auffassung des Beirates für Raumentwicklung (2021) sind diese Herausforderungen mit den gängigen Ansätzen der raumbezogenen Planungen und der Regionalentwicklungsstrategien nicht zu bewältigen. Vielmehr werden neue Koordinationsmechanismen in vertikaler wie horizontaler Hinsicht, ebenso wie ein „vollkommen neuer, umfassender und integrativer Ansatz räumlicher Planung und Entwicklung im Sinne einer Transformationsplanung für erforderlich gehalten". Diese sogenannte Transformationsplanung ist als innovativer Planungs- und Entwicklungsansatz zur Gestaltung des Strukturwandels gedacht.[33] Die Erarbeitung eines Raumordnungsplans herkömmlicher Art wird nicht für einen angemessenen Ansatz gehalten.[34] Vielmehr sollen auf der Basis unterschiedlicher Zukunftsszenarien strategische Planungs- und Entwicklungsperspektiven formuliert werden, die vor allem auch durch Offenheit für Innovationen gekennzeichnet sein müssen, da es durch die Langfristigkeit des Transformationsprozesses ausgeschlossen ist, dass über Jahrzehnte vorab konkrete Raumgestaltung „vorgedacht" werden kann. Die besondere Herausforderung für die in den Empfehlungen des Beirates für Raumentwicklung nur angedeutete Form der sog. „Transformationsplanung" ist die Entwicklung einer „flexiblen Rechtssetzung im Sinne von konditionalen Bestimmungen"[35]. Gleichermaßen verbindliche wie flexible planungsrechtliche Festlegungen sollen mit Förderstrategien verknüpft werden, was durchaus als Vorbild für neue Formen der Transformationsplanung in anderen Regionen gesehen wird.[36] Eine besondere Rolle in dieser Form einer flexiblen Transformationsplanung sollte die Initiierung sogenannter Sonderformate bzw. „Sonderorganisationen auf Zeit" spielen, wie sie etwa Internationale Bauausstellungen darstellen. Diese sollen der Koordinierung innerhalb der Multi-Level-Governance

[32] Vgl. Bundesministerium für Wirtschaft und Energie, Eckpunkte zur Umsetzung der strukturpolitischen Empfehlungen der Kommission „Wachstum, Strukturwandel und Beschäftigung" für ein „Strukturstärkungsgesetz Kohleregionen", 2019.

[33] Beirat für Raumentwicklung: Transformation in den Kohleregionen, Empfehlungen des Beirates für Raumentwicklung vom 9.4.2021, S. 11ff.

[34] Beirat für Raumentwicklung: Transformation in den Kohleregionen, Empfehlungen des Beirates für Raumentwicklung vom 9.4.2021, S. 12.

[35] Beirat für Raumentwicklung: Transformation in den Kohleregionen, Empfehlungen des Beirates für Raumentwicklung vom 9.4.2021, S. 12.

[36] Beirat für Raumentwicklung: Transformation in den Kohleregionen, Empfehlungen des Beirates für Raumentwicklung vom 9.4.2021, S. 13.

und dem besseren Zusammenspiel von verbindlicher raumbezogener Planung und Regionalentwicklung dienen. Bei seinen eher vagen Überlegungen für eine sogenannte Transformationsplanung in Braunkohleregionen kann der Beirat für Raumentwicklung[37] auf die umfangreichen Erfahrungen mit den „Sonderformaten" IBA Emscher-Park im Ruhrgebiet (1989–1999) und IBA Fürst Pückler-Land bzw. IBA See im Lausitzer Revier (2000–2010) verweisen. In die vom Beirat für Raumentwicklung mit dem Konzept einer Transformationsplanung skizzierten Perspektiven passen das oben vorgestellte Projekt der Raumbilder für das Lausitzer Revier (→ IV. 2.) ebenso wie der Vorschlag einer Internationalen Bau- und Technologieausstellung (IBTA) für das Rheinische Revier durch den Verein Region Köln/Bonn e. V.[38]

Bei der weiteren Konzeptualisierung von Instrumenten zur räumlichen Gestaltung von Transformationsprozessen kann die Differenzierung von Transformationsplanung und transformativer Planung im Anschluss an das Konzept von Transformationsforschung versus transformative Forschung hilfreich sein.[39] In jedem Falle kann festgehalten werden, dass zunehmend nach Instrumenten der räumlichen Planung für die Gestaltung der Transformation räumlicher Strukturen, insbesondere im Kontext der sozialökologischen Transformation und der Dekarbonisierung von Wirtschaft und Gesellschaft, verlangt wird, konkrete Operationalisierungen aber noch weiter ausstehen.

VII. Ausblick

Mit diesem Beitrag plädieren die Verfasser für eine stärkere Anerkennung der Transformationskompetenz der Raumplanung. Ihr stehen bereits jetzt zahlreiche formelle und informelle Instrumente zur Verfügung, um Diskussionen zu erzeugen, alternative Zukünfte sichtbar zu machen und politische Entscheidungen vorzubereiten. Als neues Instrument wird aber auch ein neues Planzeichen „Transformationsraum" als Ziel der Raumordnung vorgeschlagen. Damit wird es einerseits möglich, bestimmte Flächen für neue, die Transformation unterstützende Projekte zu sichern, ohne schon abschließend über deren genaue Ausformung Auskunft zu geben. Damit wird auch den vielfältigen Unsicherheiten Rechnung getragen, die charakteristisch für Transformationsprozesse sind.

---

[37] Beirat für Raumentwicklung, Transformation in den Kohleregionen, 2021.

[38] Vgl. Region Köln/Bonn e. V., Geschäftsjahr 2022, S. 31, sowie Internationale Bau- und Technologieausstellung, Memorandum zur Internationalen Bau- und Technologieausstellung (IBTA) Rheinisches Zukunftsrevier, 2022

[39] Tanja Mölders, Nachhaltige Raumentwicklung revisited. Von Transformationsplanung und transformativer Planung, in: PlanerIn Heft 6-2022, S. 45–46.

HOLGER SCHMITZ

Meeresnaturschutz durch maritime Raumordnung

Regelungen zum Meeresschutz weisen zwangsläufig eine Schnittmenge mit der Raumordnung auf, weil, wie es Spannowsky in Bezug auf wasserrechtliche Regelungsgegenstände in seiner Abhandlung „Wasserrecht in der Raumordnung"[1] formuliert, sie sich unmittelbar auf die gesamträumliche Aufgabenstellung der Raumordnung, für eine nachhaltige gesamträumliche Entwicklung zu sorgen, auswirken. Er verweist insoweit auf die Regelung des § 2 Abs. 2 Nr. 6 S. 9 (jetzt 12) ROG, wonach die nachhaltige Entwicklung im Meeresbereich unter Anwendung eines Ökosystemansatzes gemäß der Richtlinie 2014/89/EU des Europäischen Parlaments und des Rates vom 23.7.2014 zur Schaffung eines Rahmens für die maritime Raumplanung (ABl. L 257 v. 28.8.2014, S. 135) zu unterstützen ist.

Dieser Befund trifft ebenso auf das Verhältnis von Naturschutz einerseits und Raumordnung andererseits zu, etwa bei naturschutzrechtlichen Schutzgebietsausweisungen. Im Rahmen der terrestrischen Raumordnung ist das Verhältnis beider Rechtsmaterien eingespielt, etwa indem die ausweisende Naturschutzbehörde gemäß § 4 Abs. 1 ROG an die Ziele der Raumordnung gebunden ist. Zudem gewährleisten die in den Raumordnungsplänen enthaltenen Grundsätze, dass sich die Schutzgebiete sinnvoll in das räumliche Gesamtplanungskonzept einpassen und nicht in Konflikt mit anderweitigen Planungen geraten.[2] Beschäftigt man sich allerdings mit dem Naturschutz und der Raumordnung in der Nord- und Ostsee, also dem Meeresumweltschutz und der maritimen Raumordnung, gewinnt man den Eindruck, dass eine solche eingespielte Rollenverteilung nicht ausgeprägt ist.

Dabei steht gerade der Meeresumweltschutz vor besonderen Herausforderungen. Dies liegt zum einen an der besonderen Beschaffenheit des Meeresraums, zum anderen an der terrestrischen Ausrichtung des Naturschutzrechts. Die Besonderheit des Meeres als Naturraum liegt unter anderem darin, dass er den Meeresgrund, die Wassersäule, die Meeresoberfläche und den Luftraum darüber umfasst, während terrestrische Naturschutzkonzepte in aller Regel auf den Schutz von Flächen fokussiert, und somit zweidimensional, sind.[3] Das deutsche Naturschutzrecht macht demgegenüber zwischen dem terrestrischen und dem Meeresschutz keinen Unterschied, es kommen vielmehr dieselben Schutzinstrumente zur Anwendung.

Letztlich auch im Zuge der Entwicklung großer Windenergieparks in der Nord- und Ostsee wurden in den letzten Jahrzehnten große Bereiche unter Schutz ge-

---

[1] Spannowsky ZfW 2021, 49 (49ff.).

[2] de Witt/Dreier/Kause in Hoppenberg/de Witt Handbuch des öffentlichen Baurechts, E. Naturschutz Rn. 1085.

[3] Wolf ZUR 2010, 365 (366); Heselhaus in Frenz/Müggenborg BNatSchG § 56 Rn. 8.

stellt.[4] So werden etwa das Wattenmeer und Teile des vorgelagerten Küstenmeers durch die Ausweisung als Nationalparks geschützt. Insgesamt sind im deutschen Küstenmeer und der deutschen ausschließlichen Wirtschaftszone („AWZ") etwa 43% der Nordsee und 51% der Ostsee unter Schutz gestellt, 32% der deutschen AWZ sind Natura-2000-Gebiete bzw. Naturschutzgebiete.[5] Circa 14% der deutschen Nord- und Ostsee sind Nationalparke.[6]

Auch die Raumordnung spielt in der deutschen Nord- und Ostsee eine immer größere Rolle. Nachdem sie als Instrument auf dem Meer lange als untauglich befunden wurde, haben nunmehr alle Küstenbundesländer einen Raumordnungsplan für die Wasserregionen erlassen. Dabei kommt der Raumordnung nicht nur eine ordnende Funktion von konfligierenden Nutzungen zu, sondern sie kann auch einen Beitrag zum Naturschutz leisten. Auf dem offenen Meer zeigt sich die besondere Eignung der Raumordnung, auch die Funktionen des Naturschutzes zu erfüllen.

Der folgende Beitrag geht nach einer kurzen Darstellung des völkerrechtlichen Hintergrundes (→ I.) der Frage nach, ob die Schutzgebiete des BNatSchG sinnvoll auf Meeresregionen angewendet werden können (→ II.). Sodann werden mögliche Kompetenzkonflikte zwischen Bund und Ländern bei der Ausweisung solcher Gebiete näher betrachtet (→ III.). Schließlich wendet sich der Beitrag der Frage zu, welche Rolle der Raumordnung zum Schutz der Nord- und Ostsee künftig zukommen sollte (→ IV.).

I. Erstes internationales Hochsee-Abkommen zum Schutz der Weltmeere der Vereinten Nationen

Im Juni 2023 hat die UN-Vollversammlung in New York formal das erste internationale Hochsee-Abkommen zum Schutz der Weltmeere („Biodiversity Beyond National Jurisdiction treaty", kurz: „BBNJ") verabschiedet.[7] Es kann seit dem 20.9.2023 offiziell unterzeichnet werden, was zwischenzeitlich 82 Staaten getan haben (Stand: 17.10.2023), unter ihnen Deutschland.[8] Sobald es von mindestens 60 Staaten ratifiziert wurde, tritt es 120 Tage später in Kraft. Der Verabschiedung des Abkommens waren Jahre intensiver Verhandlungen vorausgegangen. Nun sind erstmals Schutzgebiete außerhalb der ausschließlichen Wirtschaftszonen der Mitgliedstaaten vorgesehen. Das Abkommen legt außerdem ein Verfahren fest, um wirtschaftliche Projekte, Expeditionen und andere Aktivitäten in den Meeren auf ihre Umweltverträglichkeit hin zu prüfen. Dem Abkommen wird entscheidende Bedeutung für die Verwirklichung der meeresbezogenen Ziele der Agenda 2030

[4] Siehe Krause/Schuchardt u.a. NuL 2022, 1 (2); in der deutschen Nordsee entstand so ein Schutzgebiet mit ca. 18.024 km^2.

[5] https://www.bfn.de/nationale-meeresschutzgebiete#anchor-6205.

[6] Siehe https://www.bfn.de/daten-und-fakten/nationalparke-deutschland.

[7] https://www.un.org/bbnj/; Dokument A/CONF.232/2023/L.3 vom 12.6.2023.

[8] https://www.auswaertiges-amt.de/de/newsroom/un-hochseeschutzabkommen/2617738.

für nachhaltige Entwicklung beigemessen.[9] Die Agenda 2030 für nachhaltige Entwicklung der Vereinten Nationen enthält die sog. „30 bis 30"-Verpflichtung, nach der bis zum Jahr 2030, 30 Prozent der Land- und Binnengewässer sowie der Meeres- und Küstengebiete der Erde geschützt werden müssen. Bislang kann Deutschland zB bei der Ausweisung strenger Naturschutzgebiete im europäischen Vergleich nicht mithalten. Es liegt mit derzeit nur 0,6 Prozent ausgewiesener Schutzfläche auf dem drittletzten Platz der EU-Staaten.[10] Nur Belgien (0,1 Prozent) und Dänemark (0,2 Prozent) schneiden schlechter ab.

Die Verabschiedung immer weiterer internationaler Abkommen und europäischer Vorgaben trifft auf einen alarmierenden Zustand deutscher Küstengewässer. Für rund 27% der deutschen Küstengebiete in der Ostsee und 14% in der Nordsee wurde offiziell ein schlechter Zustand festgestellt (Stand: 2021). Kein einziges Küstengewässer war in gutem oder sehr gutem Zustand.[11] Ursache für den schlechten Zustand sind eine hohe Nährstoffeinleitung der Landwirtschaft, insbesondere von Phosphat, Sauerstoffarmut sowie die Erwärmung aufgrund der globalen Klimaerwärmung und in der Folge der Rückgang der Fischbestände. Des Weiteren sind Sand- und Kiesabbau, Öl- und Gasbohrungen, Lärm und Verschmutzung durch den internationalen Seeverkehr, die Errichtung von Pipelines, Munition sowie der Plastik- und Schadstoffeintrag zu nennen.[12]

II. Anwendbarkeit der Schutzgebiete des BNatSchG auf die Nord- und Ostsee

Das BNatSchG selbst geht von einer uneingeschränkten Anwendbarkeit der Bestimmungen zu Schutzzonen auch im Bereich der Küstengewässer, im Meeresbereich der deutschen AWZ und im Breich des Festlandsockels aus, siehe § 56 Abs. 1 BNatSchG.[13] Dies wird auch durch die Zielbestimmung des BNatSchG in § 1 Abs. 3 Nr. 3 bekräftigt, nach der es ausdrückliches Ziel des Gesetzes ist, Meeres- und Binnengewässer vor Beeinträchtigungen zu bewahren und ihre natürliche Selbstreinigungsfähigkeit und Dynamik zu erhalten. Die AWZ erstreckt sich bis zu 200 Seemeilen ab der sog. Basislinie ins Meer und beginnt jenseits des Küstenmeeres, welches sich auf 12 Seemeilen hinter der Basislinie befindet.[14] Im Bereich seines Küstenmeeres stehen dem jeweiligen Staat alle Hoheitsbefugnisse zu, es gehört zu seinem Staatsgebiet.[15] In der AWZ kann Deutschland begrenzt Hoheitsbefugnisse

[9] So UN-Generalsekretär António Guterres, 19.6.2023: https://www.un.org/sg/en/content/sg/statement/2023-06-19/secretary-generals-remarks-the-intergov-conference-intl-legally-binding-instrument-under-the-un-convention-the-law-of-the-sea-the-conservation-and-sustainable-use-of.

[10] Gatti et al. Analysing the distribution of strictly protected areas toward the EU2030 target, 25.6.2023.

[11] https://de.statista.com/statistik/daten/studie/1299900/umfrage/zustand-der-deutschen-kuestengewaesser/.

[12] Runkel in BRS Raumordnungs- und Landesplanungsrecht des Bundes und der Länder § 17 ROG Rn. 35.

[13] S. auch Gellermann in Landmann/Rohmer UmweltR § 56 BNatSchG Rn. 1.

[14] Art. 55 des Seerechtsübereinkommens der Vereinten Nationen v. 10.12.1982.

[15] S. Art. 3 des Seerechtsübereinkommens.

ausüben („funktionale Hoheitsbefugnisse"), da sie nicht mehr zum Staatsgebiet gehört, dennoch aber durch das Seerechtsübereinkommen Souveränitätsbefugnisse zugewiesen werden. Für die Hohe See, die hinter der Außenwirtschaftszone beginnt, hat die Bundesrepublik Deutschland keine Zuständigkeit, da dort ausschließlich das internationale Seerecht und nicht deutsches Naturschutzrecht gilt.

§ 56 Abs. 1 BNatSchG ordnet ohne besondere Spezifizierungen die Anwendung des terrestrisch geprägten naturschutzrechtlichen Instrumentariums an.[16] Diese grundlegende Entscheidung des Gesetzgebers erscheint nicht zwingend, beruhen doch die im terrestrischen Umweltschutz entwickelten Rechtskonzepte auf weiteren Bedingungen, die sich deutlich von der maritimen Situation unterscheiden. Insbesondere kennen die maritimen Nutzungsräume weder die Dialektik von Siedlungsraum und Freiraum noch die Auseinandersetzung zwischen Natur als öffentlichem Gut und privaten Eigentumsrechten auf dem Festland.[17] Im dreidimensionalen Naturraum Meer sind in seinen unterschiedlichen Schichten andere Lebenswelten (marine Landschaften, Biotope und Habitate) vorzufinden als an Land. Natürliche Barrieren wie Berge, Flüsse oder Seen finden sich im Meer nicht oder sie sind nicht ohne Weiteres sichtbar.[18] Außerdem reagieren marine Ökosysteme anders und unter Umständen besonders empfindlich.[19] Zudem kann eine Einordnung von Meeresgebieten schwierig sein, wenn sich einzelne Normen zugleich auf Naturlandschaften als auch auf Kulturlandschaften oder auf bebaute Flächen und zugleich unbebaute Flächen beziehen.[20]

Insgesamt wird daher in der Literatur eine „hinkende Verrechtlichung" des Schutzes und der Nutzung der marinen Ressourcen konstatiert.[21] Angesichts dessen mag man fragen, ob es nicht besser gewesen wäre, an die Stelle einer schlichten Erstreckungsklausel spezifische naturschutzrechtliche Regelungen zu setzen, die den Besonderheiten des marinen Naturraums und den dort obwaltenden Bedingungen angepasst sind.[22] Denn um terrestrische Instrumente für den marinen Ressourcenschutz adäquat einsetzen zu können, stellt sich die Herausforderung einer vertikalen Aufrüstung vom Flächenschutz zum dreidimensionalen Lebensraumschutz in einem fließenden Medium.[23] Gleichzeitig ist ein Umdenken dahingehend notwendig, dass das Meer nicht länger als unendliche Ressource begriffen wird, sondern eher als Teil des terrestrischen Nutzungsraums mit ähnlichen räumlichen Einschränkungen und Notwendigkeiten der Abwägungen zwischen verschiedenen Nutzungsanforderungen.[24]

Die Geeignetheit einer Erstreckung der Vorschriften über Natur- und Landschaftsschutz des BNatSchG auf Nord- und Ostsee soll im Folgenden angesichts der soeben skizzierten Probleme anhand einzelner Schutzgebietskategorien unter-

[16] Heselhaus in Frenz/Müggenborg BNatSchG § 56 Rn. 9.
[17] Heselhaus in Frenz/Müggenborg BNatSchG § 56 Rn. 9.
[18] Czybulka/Janssen EurUP 2023, 161 (162).
[19] Czybulka in Schumacher/Fischer-Hüftle BNatSchG § 56 Rn. 4.
[20] Czybulka in Schumacher/Fischer-Hüftle BNatSchG § 56 Rn. 7.
[21] Wolf ZUR 2010, 365 (366).
[22] Gellermann in Landmann/Rohmer UmweltR § 23 BNatSchG Rn. 10, 11.
[23] Wolf ZUR 2010, 365 (366).
[24] Gee/Kannen/Licht-Eggert Raumordnerische Bestandsaufnahme für die deutschen Küsten- und Meeresbereiche 23.

sucht werden. Für alle Gebiete des BNatSchG gilt einheitlich, dass Instandhaltungs-/Wiederherstellungsmaßnahmen auf dem Meer nur in sehr geringem Umfang aktiv durchgeführt werden können. Eine Pflege des Meeresgrundes und der Meeresflora erscheint nicht zweckmäßig bzw. zu kostenintensiv. Je nach Wassertiefe wird sie nur sehr eingeschränkt möglich bzw. nötig sein. Zudem stellt sich die Frage, mit welchen Maßnahmen man diese überhaupt pflegen könnte. Zugutekommen könnten sie wohl nur Riffen, Seegraswiesen oder Miesmuschelbänken.

Fischbestände und Pflanzenbewuchs unter Wasser erholen sich in der Regel vor allem durch ein Unterlassen der Störung, bspw. durch das Einstellen von kommerziellem Fischfang oder des Einleitens von schädlichen Stoffen. Denn die Wasserqualität von Nord- und Ostsee ist vor allem auch deshalb schlecht, weil von außen schädliche Eintragungen zB aus der Landwirtschaft oder Industrie erfolgen. Dies führt zu einer Überdüngung des Wassers. Hinzu kommt die generelle Erwärmung der Gewässer durch die steigenden Temperaturen des Klimawandels.[25]

Zudem macht das Meer als fließendes Medium erhaltende oder schützende Einwirkungen auf den Wasserkörper, die Fischpopulationen oder die Unterwasserflora schwierig. Gerade die Fischarten wandern häufig je nach Jahreszeit zwischen unterschiedlichen Gewässern. Der Wasserkörper wechselt sich nahezu sekündlich aus. Einwirkungen hinsichtlich eines konkreten Gebiets dürften so kaum Auswirkungen zeigen.

Des Weiteren weisen marine Biotope beispielsweise zum Teil keine „Pflanzen" im herkömmlichen Sinne auf (siehe Definition § 7 Abs. 2 Nr. 2 BNatSchG).[26] Auch begrifflich bestehen hier also Anwendungsschwierigkeiten. Andererseits verfügen auch Meereskörper über schützenswerte Flora, wie Riffe, Algen, Seegraswiesen und Miesmuschelbänke. Ein Vergleich zu Waldflächen oder Mooren ist daher durchaus möglich.

1. „Natura 2000" Gebiete

Die Vorschriften über „Natura 2000" Gebiete sind europarechtlich determiniert. Maßgeblicher Rechtsakt ist die Richtlinie 92/43/EWG des Rates v. 21.5.1992 zur Erhaltung der natürlichen Lebensräume sowie der wildlebenden Tiere und Pflanzen („FFH-Richtlinie"), die durch §§ 31 ff. BNatSchG umgesetzt wurde. Die Auswahl der Gebiete vollzieht sich in einem mehrstufigen Prozess unter Beteiligung der Mitgliedsstaaten, der Europäischen Kommission und des Habitatausschusses.[27] Maßgeblich für die Auswahl der Gebiete sind naturfachliche Kriterien, die in Anhang III der FFH-RL geregelt sind.[28] Von der Europäischen Kommission als schützenswert klassifizierte FFH-Gebiete werden so schnell wie möglich, spätestens binnen sechs Jahren, zu Schutzgebieten iSv § 20 Abs. 2 BNatSchG erklärt, § 32

[25] IPCC 2007, 2013; https://www.umweltbundesamt.de/themen/klima-energie/klimafolgen-anpassung/folgen-des-klimawandels/monitoring-zur-das/das-handlungsfelder-indikatoren/wasserhaushalt-wasserwirtschaft-kuesten/ww-i-7-wassertemperatur-des-meeres#die-nordsee-wird-warmer-.

[26] Czybulka in Schumacher/Fischer-Hüftle BNatSchG § 56 Rdnr. 4.

[27] Gellermann in Landmann/Rohmer UmweltR Vor §§ 31–36 BNatSchG Rn. 6.

[28] Gellermann in Landmann/Rohmer UmweltR Vor §§ 31–36 BNatSchG Rn. 6.

Abs. 2 BNatSchG. Welche Schutzgebietskategorie des § 20 Abs. 2 BNatSchG gewählt wird, richtet sich nach der Schutzbedürftigkeit und den Erhaltungszielen des betreffenden Gebietes.[29]

Die Unterschutzstellung der marinen Natura-2000-Gebiete erfolgt auf der Grundlage des § 57 Abs. 2 BNatSchG. § 57 Abs. 3 Nr. 1–5 BNatSchG will dafür sorgen, dass die Unterschutzstellung mariner Natura 2000-Gebiete den Vorgaben des Seevölkerrechts entspricht, keine Konflikte mit dem europäischen Fischereirecht hervorruft und die regenerative Energieerzeugung sowie die Aufsuchung und Gewinnung von Bodenschätzen nicht weitergehend beschränkt, als dies zur Erfüllung der habitatschutzrechtlichen Pflichten des Unionsrechts erforderlich ist.[30]

In der deutschen AWZ befinden sich insgesamt zehn Gebiete, die unter den Schutz des Natura-2000-Netzes fallen, davon acht FFH- und zwei Vogelschutzgebiete. Sie umfassen insgesamt ca. 30% der deutschen AWZ. Die in der AWZ liegenden Vogelschutzgebiete wurden durch den Bund im September 2005 als Naturschutzgebiete gem. § 23 BNatSchG ausgewiesen.[31] Die FFH Gebiete wurden sodann im September 2017 zu sechs nationalen Naturschutzgebieten zusammengefasst und unter Schutz gestellt.[32]

Das Gebietsnetz Natura 2000 ist jedoch kein statisches Gebilde.[33] So kann sich die avifaunistische Bedeutung eines Gebietes verändern oder erst nachträglich herausstellen. Mitgliedstaaten haben sich daher auf eine Fortentwicklung des Gebietsnetzes einzustellen, das Habitatschutzrecht begründet entsprechend Dauerpflichten.[34]

2. *Naturschutzgebiete*

Naturschutzgebiete sind Gebiete, in denen ein besonderer Schutz von Natur und Landschaft in ihrer Ganzheit oder in einzelnen Teilen zur Erhaltung, Entwicklung oder Wiederherstellung von Lebensstätten, Biotopen oder Lebensgemeinschaften bestimmter wild lebender Tier- und Pflanzenarten, aus wissenschaftlichen, naturgeschichtlichen oder landeskundlichen Gründen oder wegen ihrer Seltenheit, besonderen Eigenart oder hervorragenden Schönheit erforderlich ist, § 23 Abs. 1 BNatSchG.

Naturschutzgebiete stehen damit etwa für die Erholung grundsätzlich nicht zur Verfügung, es sei denn, eine solche Nutzung läuft dem gebietsbezogen verfolgten

---

[29] Lüttgau/Kochler in BeckOK Umweltrecht § 32 BNatSchG Rn. 7.

[30] Gellermann in Landmann/Rohmer UmweltR § 57 BNatSchG Rn. 14.

[31] https://www.bfn.de/natura-2000-gebiete.

[32] Verordnung über die Festsetzung des Naturschutzgebietes „Borkum Riffgrund" (NSGBRgV) v. 22.11.2017 (BGBl. I 3395); Verordnung über die Festsetzung des Naturschutzgebietes „Doggerbank" (NSGDgbV) v. 22.11.2017 (BGBl I 3400); Verordnung über die Festsetzung des Naturschutzgebietes „Sylter Außenriff – Östliche Deutsche Bucht" (NSGSylV) v. 22.11.2017 (BGBl. I 3423); Verordnung über die Festsetzung des Naturschutzgebietes „Fehmarnbelt" (NSGFmbV) v. 22.11.2017 (BGBl. I 3405); Verordnung über die Festsetzung des Naturschutzgebietes „Kadetrinne" (NSGKdrV) v. 22.11.2017 (BGBl. I 3410); Verordnung über die Festsetzung des Naturschutzgebietes „Pommersche Bucht – Rönnebank" (NSGPBRV) v. 22.11.2017 (BGBl. I 3415).

[33] Gellermann in Landmann/Rohmer UmweltR Vor §§ 31–36 BNatSchG Rn. 10.

[34] Gellermann in Landmann/Rohmer UmweltR Vor §§ 31–36 BNatSchG Rn. 10.

Schutzzielen nicht zuwider. In der Abwägung zwischen den Erholungsinteressen der Bevölkerung und dem Schutz der Gebiete hat der Gesetzgeber dem letztgenannten Aspekt einen klaren Vorrang eingeräumt, vgl. § 23 Abs. 2 S. 2 BNatSchG.[35]

Naturschutzgebiete stellen einen eher kleinräumigen Gebietsschutz dar. Die durchschnittliche Größe eines Naturschutzgebiets beläuft sich zwar mittlerweile auf 302 ha, ca. 58% der Gebiete haben jedoch eine Fläche von weniger als 50 ha.[36] Großflächige Naturschutzgebiete weisen besonders die Küstenbundesländer auf. In der deutschen AWZ gibt es bislang sechs Naturschutzgebiete, die insgesamt 10.392 km^2 Wasserfläche schützen, an Land sind es rund 9.000 km^2.[37] Zu beachten ist, dass das Meer Lebensraum hoch mobiler Arten ist. Marine Ökosysteme benötigen erheblich größere Gebiete als terrestrische.[38] Eine kleinräumige Ausweisung von Naturschutzgebieten wird daher jedenfalls für migrierende Tierarten keinen erhöhten Schutz versprechen. Schon hier zeigt sich die mangelnde Geeignetheit der Naturschutzgebiete für nachhaltigen Artenschutz zu Wasser.

Auch hinsichtlich des Zugangs der Bevölkerung zu Naturschutzgebieten auf dem Wasser bestehen Herausforderungen. Ein gänzliches Betretensverbot für die Allgemeinheit ist in einem Naturschutzgebiet der gesetzlich vorgesehene Normalfall. Aus § 23 Abs. 2 S. 2 BNatSchG ergibt sich, dass es verboten ist, ein Naturschutzgebiet aufzusuchen, solange und soweit der zuständige Normgeber dies in der Naturschutzgebietsverordnung nicht erlaubt. Es besteht keine rechtliche Verpflichtung, Naturschutzgebiete der Allgemeinheit zugänglich zu machen.[39] § 23 Abs. 2 S. 2 ist lex specialis zum allgemeinen Betretensrecht des § 59 Abs. 1 BNatSchG.[40] Nur Spiegelbildlich zu den Betretensverboten wäre auf der Nord- und Ostsee das Befahrensverbot. Allerdings bestimmt § 5 S. 3 WaStrG, dass der Erlass von Befahrensverboten auf Bundeswasserstraßen, zu denen die Nord- und Ostsee gehören, allein dem Bund mittels Rechtsverordnung obliegt.[41] § 23 BNatSchG wurde für Naturschutzgebiete an Land konzipiert und auch überwiegend auf solche angewendet. Zwei Kernaspekte der Naturschutzgebiete, nämlich ihre geringe Größe und die regelmäßigen Betretensverbote, stoßen auf dem Meer auf offenkundige Hindernisse.

3. Nationalparke

Nationalparke sind einheitlich zu schützende Gebiete, die großräumig, weitgehend unzerschnitten und von besonderer Eigenart sind, in einem überwiegenden Teil ihres Gebiets die Voraussetzungen eines Naturschutzgebiets erfüllen und sich in einem überwiegenden Teil ihres Gebiets in einem vom Menschen nicht oder wenig beeinflussten Zustand befinden oder geeignet sind, sich in einen Zustand zu entwickeln oder in einen Zustand entwickelt zu werden, der einen möglichst ungestörten Ablauf der Naturvorgänge in ihrer natürlichen Dynamik gewährleistet,

[35] Gellermann in Landmann/Rohmer UmweltR § 23 BNatSchG Rn. 24.
[36] https://www.bfn.de/naturschutzgebiete.
[37] Stand Ende 2020, https://www.bfn.de/daten-und-fakten/naturschutzgebiete-deutschland.
[38] Wolf ZUR 2005, 176 (182).
[39] OVG Lüneburg 19.10.2021 – 4 KN 174/17, Rn. 90.
[40] Albrecht in BeckOK UmweltR § 23 BNatSchG Rn. 33.
[41] OVG Lüneburg 11.12.2020 – 4 LC 291/17, Rn. 42.

§ 24 Abs. 1 BNatSchG. Entsprechend wird auf Nationalparke weitestgehend das Schutzregime des Naturschutzgebietes angewendet, § 24 Abs. 3 S. 1 BNatSchG, was jedoch mit Blick auf die intensive Nutzung von Nord- und Ostsee zu vielfältigen Zielkonflikten führt.

So muss gemäß § 24 Abs. 1 Nr. 1 BNatSchG das zu schützende Gebiet großräumig sein, wobei das Gesetz keine Zielgröße vorschreibt. Für jeden individuell geplanten Nationalpark ist anhand naturschutzfachlicher Aspekte zu eruieren, welche Größe zur Erreichung des Schutzzwecks notwendig ist.[42] Eine gewisse Größe ist notwendig, um die Repräsentanz eines regionalen Kulturerbes sicherzustellen.[43] Die Größe dient der Wahrung naturräumlicher Zusammenhänge und ist damit wichtig, um einen sinnvollen Schutz zu ermöglichen.[44]

Das zu schützende Gebiet muss weitgehend unzerschnitten sein, § 24 Abs. 1 Nr. 1 BNatSchG. Von weitgehender Unzerschnittenheit kann ausgegangen werden, wenn aus naturschutzfachlicher Sicht zu erwarten ist, dass die Schutzziele erreicht werden können. Sie ist Grundbedingung für eine ungestörte Entwicklung von Naturvorgängen in einem Landschaftsraum.[45] Der wohl bekannteste Nationalpark zu Wasser ist der Nationalpark Wattenmeer. Es handelt sich um einen von 16 derzeit in Deutschland existierenden Nationalparks, von denen sich fünf teilweise oder überwiegend auf Wasserflächen erstrecken.[46]

Der Nationalpark Wattenmeer erstreckt sich über das Küstenmeer der Länder Niedersachsen, Hamburg und Schleswig-Holstein, denen jeweils die Zuständigkeit für die Ausweisung des Nationalparks in eigener Verantwortung zukommt.[47] Das Land Schleswig-Holstein hat für das von ihm zu beplanende Küstenmeer zwei Schutzzonen festgelegt. In einem sog. nutzungsfreien Gebiet ist jegliche Ressourcennutzung unzulässig.[48]

Unklar bleibt jedoch, wie das rechtliche Regime des Nationalparks überhaupt zu mehr Naturschutz beiträgt. Der ökologische Zustand etwa des Wattenmeeres lässt sich jedenfalls nicht auf den Schutz als Nationalpark zurückführen. So kann etwa der Rückgang der Nährstoffeinträge (Eutrophierung) gegenüber den Höchstwerten in den 1980er Jahren[49] schwerlich auf den Schutz der Nordsee zurückgeführt werden. Das Meer wird insbesondere durch den Schadstoffeintrag von Nutzungen bedroht, die auf dem Festland stattfinden und muss daher durch dort ansetzende Maßnahmen geschützt werden.[50]

---

[42] Gellermann in Landmann/Rohmer UmweltR § 24 BNatSchG Rn. 6; Peine LKV 2002, 441 (441 ff.).

[43] Peine LKV 2002, 441 (442).

[44] Vgl. OVG Lüneburg 22.2.1999 – 3 K 2630/98, Rn. 49.

[45] Gellermann in: Landmann/Rohmer, Umweltrecht, § 24 BNatSchG Rn. 7.

[46] S. dazu die Aufstellung vom BfN, https://www.bfn.de/nationalparke.

[47] Die Nationalparks des Wattenmeeres bedecken zu 94 bis 99,5 Prozent Wasserflächen und haben insgesamt einen Umfang von ca. 800.000 ha. In der Ostsee erstrecken sich die Nationalparks Jasmund (mit ca. 600 ha) und Vorpommersche Boddenlandschaft (mit ca. 59.000 ha).

[48] Gesetz zum Schutz des schleswig-holsteinischen Wattenmeeres (Nationalparkgesetz – NPG), GVOBl. Schl.-H. 1999 518.

[49] Sie sind ggü. den ursprünglichen Werten der ersten Messungen aber noch erhöht, siehe https://www.nationalpark-wattenmeer.de/wissen/gefaehrdung/.

[50] Wolf ZUR 2005, 176 (177).

4. *Landschaftsschutzgebiete*

Landschaftsschutzgebiete sind Gebiete, in denen ein besonderer Schutz von Natur und Landschaft zur Erhaltung, Entwicklung oder Wiederherstellung der Leistungs- und Funktionsfähigkeit des Naturhaushalts oder der Regenerationsfähigkeit und nachhaltigen Nutzungsfähigkeit der Naturgüter erforderlich ist, einschließlich des Schutzes von Lebensstätten und Lebensräumen bestimmter wild lebender Tier- und Pflanzenarten, wegen der Vielfalt, Eigenart und Schönheit oder der besonderen kulturhistorischen Bedeutung der Landschaft oder wegen ihrer besonderen Bedeutung für die Erholung, § 26 Abs. 1 BNatSchG.

Ziel von Landschaftsschutzgebieten ist der Bestandsschutz, nicht ein Mehr an biologischer Vielfalt. Die Bodennutzung steht im Fokus. Typische Maßnahmen in einem Landschaftsschutzgebiet sind Einschränkungen der land- und forstwirtschaftlichen Bodennutzung, Befahrens- und Nutzungsverbote für Uferzonen und Wasserflächen, Störungsverbote (Reitverbot, Tauchverbot), Verbot der Errichtung baulicher Anlagen, Lärmverbote, Verbote des Betriebs von Modellflugzeugen sowie Beschränkungen des „Freizeitrummels“ (Wettfischen, Drachenfliegen).[51]

In Deutschland gibt es insgesamt 8.903 Landschaftsschutzgebiete (Stand: 31.12.2019).[52] Die meisten Landschaftsschutzgebiete beinhalten kaum Einschränkungen der Nutzung oder Zugänglichkeit, da lediglich der Gesamtcharakter des Gebietes erhalten werden soll. Verboten sind deshalb insbesondere Handlungen, die den Gesamtcharakter des Gebietes verändern, was insbesondere die Bebauung betrifft. Am Beispiel der Landschaftsschutzgebiete lässt sich gut erkennen, dass die typische Unterscheidung an Land zwischen bebauten und unbebauten Flächen für das Wasser nicht übertragbar ist. Es bleibt fraglich, wie ein Meeresgebiet einen besonderen Gesamtcharakter aufweisen kann. Auch die ästhetische Dimension („Schönheit“) küstenferner Meeresgebiete wird weit weniger wiegen als die Qualität der Landschaft auf dem Festland.[53] Somit scheint die Ausweisung als Landschaftsschutzgebiet für Meeresflächen keinen erhöhten Naturschutz zu bieten.

5. *Naturparke*

Naturparke sind einheitlich zu entwickelnde und zu pflegende Gebiete, die großräumig sind, überwiegend Landschaftsschutzgebiete sind, sich wegen ihrer landschaftlichen Voraussetzungen für die Erholung besonders eignen und in denen ein nachhaltiger Tourismus angestrebt wird, nach den Erfordernissen der Raumordnung für Erholung vorgesehen sind, der Erhaltung, Entwicklung oder Wiederherstellung einer durch vielfältige Nutzung geprägten Landschaft und ihrer Arten- und Biotopvielfalt dienen und in denen zu diesem Zweck eine dauerhaft umweltgerechte *Landnutzung* angestrebt wird und besonders dazu geeignet sind, eine nachhaltige Regionalentwicklung zu fördern, § 27 Abs. 1 BNatSchG. Vorrangiges Ziel der Naturparke ist die Vermarktung einer attraktiven Landschaft

---

[51] Gellermann in Landmann/Rohmer UmweltR § 26 BNatSchG Rn. 20.
[52] https://www.bfn.de/landschaftsschutzgebiete.
[53] Vgl. Wolf ZUR 2005, 176 (182).

und die Erholung.[54] Hauptziel ist daher gerade nicht der Schutz von Flora und Fauna.

In Deutschland existieren insgesamt 103 Naturparke mit einer Gesamtfläche von ca. 9,9 Mio. ha. Davon befindet sich jedoch keiner auf dem Meer.

6. *Biosphärenreservate*

Biosphärenreservate sind einheitlich zu schützende und zu entwickelnde Gebiete, die großräumig und für bestimmte Landschaftstypen charakteristisch sind, in wesentlichen Teilen ihres Gebiets die Voraussetzungen eines Naturschutzgebiets, im Übrigen überwiegend eines Landschaftsschutzgebiets erfüllen, vornehmlich der Erhaltung, Entwicklung oder Wiederherstellung einer durch hergebrachte vielfältige Nutzung geprägten Landschaft und der darin historisch gewachsenen Arten- und Biotopvielfalt, einschließlich Wild- und früherer Kulturformen wirtschaftlich genutzter oder nutzbarer Tier- und Pflanzenarten, dienen und beispielhaft der Entwicklung und Erprobung von die Naturgüter besonders schonenden Wirtschaftsweisen dienen, § 25 Abs. 1 BNatSchG.

Ziel der Reservate ist die Gewährleistung eines harmonischen Miteinanders von Mensch und Natur im Sinne eines ganzheitlichen, die ökologischen, ökonomischen und sozialen Aspekte gleichermaßen berücksichtigenden Ansatzes.[55] Sie dienen auch der Forschung und der Beobachtung von Natur und Landschaft sowie der Bildung für nachhaltige Entwicklung, § 25 Abs. 2 BNatSchG.

Derzeit gibt es 17 Biosphärenreservate in Deutschland, davon drei im Wattenmeer.[56] Hier stellen sich die gleichen Herausforderungen des dreidimensionalen Mediums Wasser wie in anderen Schutzgebieten auch.

III. *Kompetenzkonflikte zwischen Bund und Ländern*

Ein Problemfeld des Gebietsschutzes in den Meeresregionen ist die Überschneidung von Zuständigkeiten zwischen dem Bund und den Küstenländern.

Gem. § 22 Abs. 1 S. 1 BNatSchG erfolgt die Unterschutzstellung von Teilen von Natur und Landschaft durch Erklärung. Form und Verfahren dieser Unterschutzstellung richten sich sodann nach Landesrecht, § 22 Abs. 2 S. 1 BNatSchG. Grundsätzlich sind also die Länder für die Ausweisung von Schutzgebieten zuständig. Dies gilt wegen des § 57 BNatSchG im Bereich des Meeresschutzes jedoch nur für das deutsche Küstenmeer. § 57 Abs. 1 und 2 BNatSchG ordnet die Befugnis zur Auswahl und Unterschutzstellung von Meeresgebieten in der deutschen AWZ dem Bund zu, konkret dem Bundesamt für Naturschutz und dem Bundesministerium für Umwelt, Naturschutz und nukleare Sicherheit. In der AWZ wurden bislang sechs Naturschutzgebiete ausgewiesen.

---

[54] Albrecht in BeckOK UmweltR § 27 BNatSchG.

[55] Gellermann in Landmann/Rohmer UmweltR § 25 BNatSchG Rn. 2.

[56] S. https://www.bfn.de/biosphaerenreservate.

Inhalt der Schutzerklärung nach § 22 Abs. 1 S. 2 BNatSchG sind Schutzgegenstand, Schutzzweck, die zur Erreichung des Schutzzweckes erforderlichen Ge- und Verbote und ggf. Pflege-, Entwicklungs- und Wiederherstellungsmaßnahmen. Die Ausweisung eines Nationalparks erfolgt im Benehmen mit den Bundesministerien für Umwelt, Naturschutz und nukleare Sicherheit sowie für Verkehr und digitale Infrastruktur, § 22 Abs. 5 BNatSchG.

Da sich Naturschutzgebiete und Nationalparke in Nord- und Ostsee notwendigerweise auf Bundeswasserstraßen erstrecken, kann sich ergeben, dass der Schutzzweck dieser Gebiete nur erreichbar ist, wenn in geeigneter Weise auf den Wasserstraßenverkehr eingewirkt wird.[57] Ein Vorrang der Ziele des Naturschutzes und der Landschaftspflege (vgl. § 1 BNatSchG) wird jedoch nicht begründet. Es bedarf vielmehr der Abwägung im Einzelfall unter Berücksichtigung des Schutzzweckes des Naturschutzgebietes.[58]

Bei der Festsetzung bestimmter Schutzgebiete auf dem Meer sind daher die Vorschriften des WaStrG zu beachten. Gem. § 5 S. 1 WaStrG darf grundsätzlich jedermann die Bundeswasserstraßen mit Wasserfahrzeugen befahren. Gem. § 5 S. 3 WaStrG kann das Befahren der Bundeswasserstraßen in Naturschutzgebieten und Nationalparken nach den §§ 23 und 24 BNatSchG durch Rechtsverordnung, die das BMDV im Einvernehmen mit dem BMUV erlässt, geregelt, eingeschränkt oder untersagt werden, soweit dies zur Erreichung des Schutzzweckes erforderlich ist. § 5 S. 3 WaStrG gilt nicht für Naturparke und Landschaftsschutzgebiete. Hintergrund der Regelung ist, dass der Schutzzweck von Naturschutzgebieten und Nationalparken nur erreichbar sein soll, wenn in geeigneter Weise auf den Wasserstraßenverkehr eingewirkt wird.

Eine wie auch immer auszugestaltende Einflussnahme der Länder mit Blick auf das Befahren von Wasserstraßen sieht § 5 S. 3 WaStrG nicht vor. Der Bund entscheidet vielmehr allein und umfassend über Befahrensverbote, nicht nur für Schiffe und Motorboote, sondern bezogen auf sämtliche zur Bewegung auf dem Wasser geeigneten Verkehrsmittel, und zwar auch solche ohne eigene Triebkraft.[59] Somit sind alle Fortbewegungsmittel zu Wasser „Wasserfahrzeuge“, also auch Segelboote, Surfbretter und sogar Luftmatratzen.[60]

Entsprechend verbietet auch § 57 Abs. 3 Nr. 1 BNatSchG Beschränkungen der Schifffahrt in Schutzgebieten auf Meeresflächen. Sog. „Nullnutzungszonen“, in denen keinerlei menschliche Einwirkungen in einem Gebiet zulässig sein, können die Länder somit in keinem Fall anordnen. Im Hinblick auf die Erholungsfunktion und -bedeutung des Wassers durch sportliche Betätigung ist fraglich, ob sich dieser Konflikt auflösen lässt. Deutlich wird dies bei der Festlegung von Nationalparken, die „in einem überwiegenden Teil ihres Gebiets den möglichst ungestörten Ablauf der Naturvorgänge in ihrer natürlichen Dynamik“ gewährleisten sollen, § 24 Abs. 2 BNatSchG.[61] Nationalparke sollen mithin großflächig sich selbst überlassen und ungestört von jeglicher Nutzung bleiben.

---

[57] Reinhardt/Schäfer in Nomos-BR § 5 WaStrG Rn. 2.
[58] Reinhardt/Schäfer in Nomos-BR § 5 WaStrG Rn. 2.
[59] OVG Lüneburg 11.12.2020 – 4 LC 291/17, Rn. 46; Kloepfer/Brandner NVwZ 1988, 115 (118).
[60] Kloepfer/Brandner NVwZ 1988, 115 (118).
[61] So auch § 2 Abs. 1 S. 2 NPG.

IV. Meeresnaturschutz durch Raumordnung

1. Raumordnerische Grundsätze in Meeresgebieten

Mit der bereits eingangs erwähnten gesamträumlichen Aufgabenstellung der Raumordnung, für eine nachhaltige gesamträumliche Entwicklung zu sorgen, ist die Raumordnung auf die Koordination von Nutzungen ausgelegt, während der Naturschutz vor allem menschliche Einwirkungen auf die Natur reduziert. Indem die Sicherungsfunktion der Raumordnung die Erhaltung von Gebieten für bestehende oder erwartete Nutzungen oder Funktionen umfasst, ist auch Natur- und Freiraumschutz durch Schutzgebiete kohärent. So kann bspw. ein Gebiet vor einer Inanspruchnahme durch Siedlung oder Gewerbe geschützt werden, wenn dort in absehbarer Zeit ein Naturschutzgebiet geschaffen werden könnte.[62] Das Raumordnungsrecht bietet durch seine Entwicklungsfunktion zudem die Möglichkeit, aktive Maßnahmen zur Widerherstellung der Natur raumordnerisch festzulegen. Insofern wird auch von einer „räumlichen Umweltvorsorge" gesprochen.[63] Der Schutz und die Erhaltung von Umwelt und Klima ist gem. § 2 Abs. 2 Nr. 6 ROG außerdem ein in Raumordnungsplänen zu konkretisierender Grundsatz. Dies weist auf die zentrale Bedeutung räumlicher Planung für den Umwelt-, Klima- und Ressourcenschutz hin.[64] Die Vorschrift fordert die Entwicklung und Sicherung sowie, soweit erforderlich, auch die Wiederherstellung des Raumes in seiner Bedeutung für die Funktionsfähigkeit der Naturgüter.[65] § 2 Abs. 2 Nr. 6 S. 12 ROG gibt zudem einen klaren Auftrag hinsichtlich des Meeresschutzes.

In der AWZ ist in den letzten Jahren ein Geflecht vielfältiger konkurrierender und koordinationsbedürftiger Ansprüche an den Raum entstanden. Dazu gehören Kabel und Leitungen, die Förderung von Erdgas und Erdöl, die großräumige Gewinnung von Sand und Kies, Offshore Windenergieanlagen sowie die Schifffahrt. Damit wird die AWZ zunehmend durch immer dichter werdende und intensivere sowie miteinander um Standorte und Trassen konkurrierende Nutzungsansprüche ortsfester Anlagen belegt.[66] Raumordnungspläne sind ein zentrales Instrument, um die vielfältigen menschlichen Ansprüche an die Meeresgebiete räumlich zu steuern. Zu ihrem Kernbereich gehört die Zusammenschau der verschiedenen Sektorpolitiken unter räumlichen Gesichtspunkten.[67] Der Raumordnung kommt hier eine Integrations- und Konfliktvermeidungsfunktion zu.[68] Ein Raumordnungsplan gewährleistet die Koordinierung der Nutzungen im Planungsraum, um jeweils die bestmögliche Entfaltung bei gleichzeitig minimaler Behinderung der anderen Nutzungen zu erreichen. Die Raumordnung operiert unter anderem auf der Basis der Unterscheidung und Abgrenzung von Siedlungsraum und Freiraum, vgl. § 2 Abs. 2 Nr. 2 ROG.[69]

---

[62] Hofmann in Kment Raumordnungsgesetz mit Landesplanungsrecht § 1 ROG Rn. 23.
[63] So erstmals BT-Drs. 11/3916, 12.
[64] Kümper in Kment Raumordnungsgesetz mit Landesplanungsrecht § 2 ROG Rn. 63.
[65] Kümper in Kment Raumordnungsgesetz mit Landesplanungsrecht § 2 ROG Rn. 63.
[66] Wolf ZUR 2005, 176 (178).
[67] Runkel in SRG ROG § 1 Rn. 85.
[68] Spannowsky in SRG ROG § 2 Rn. 22.
[69] Vgl. auch Spannowsky in SRG ROG § 2 Rn. 68.

Der Schutz des Freiraums enthält drei tragende Komponenten: erstens die Erhaltung und Pflege des vorhandenen Freiraums durch entsprechende Planungen und Schutzvorkehrungen, zweitens die Begrenzung der Flächeninanspruchnahme im Freiraum und drittens die Verminderung der erstmaligen Inanspruchnahme von Freiflächen für Siedlungs- und Verkehrszwecke.[70] Auf diesem Weg können auch empfindliche marine Lebensräume von schädigenden Nutzungen freigehalten werden. Die Raumordnung übernimmt damit eine wichtige Funktion, um anthropogene Eingriffe in die marinen Ökosysteme zu mindern.[71] Durch diese lenkende Wirkung kann verhindert werden, dass menschliche Aktivitäten Schäden in sensiblen oder besonders schützenswerten Ökosystemen verursachen bzw. dazu beitragen, dass diese mit den Belangen des Biodiversitätsschutzes konfligieren.[72] Aus Sicht des Meeresumweltschutzes ist es vor allem geboten, Meeresschutzgebiete als Raumordnungsgebiete zu sichern, da eine schlichte nachrichtliche Übernahme nicht den raumordnerischen Prinzipien der Nachhaltigkeit und Vorsorge entspricht.[73] Schon der Regelungsauftrag der Raumordnung sowie ihre abstrakten Regelungsmöglichkeiten zeigen ihr Potenzial für den Meeresnaturschutz.

Dennoch wurde eine Raumordnung der deutschen Nord- und Ostsee lange Zeit abgelehnt. Auch gesetzlich war sie nicht vorgesehen. § 17 ROG, der die Raumordnung auch für die deutsche AWZ, und damit für die Meeresregionen vorsieht, wurde 2004 eingeführt. Danach war eine gewisse Zurückhaltung, diesem Planungsauftrag nachzukommen, festzustellen,[74] wohl unter anderem deshalb, weil nicht alle der typisch angebotenen Planinhalte zu Wasser „passen".[75] Aufgrund neuer wirtschaftlicher Inanspruchnahme der See sowie entsprechenden Nutzungskonflikten und damit einhergehenden ökologischen Schutzansprüchen hat die Raumordnung hier aber nunmehr deutlich an Bedeutung gewonnen.

Dass die Koordinierungsfunktion der Raumordnung für den Naturschutz namentlich im maritimen Bereich fruchtbar gemacht werden sollte, folgt aus den Anwendungsproblemen des Naturschutzrechtes auf dem Wasser. An Land kann der terrestrisch ausgelegte Naturschutz nach BNatSchG uneingeschränkt genutzt werden, wodurch der Raumordnung vor allem die Funktion zukommt, die ausgewiesenen Schutzgebiete in Raumplänen zu verankern. Ihre Ordnungsfunktion ist sodann nur noch nebensächlich. Auf die Wichtigkeit der Raumplanung gerade in Meeresregionen verweist auch Erwägungsgrund 14 der europäischen Richtlinie zur Schaffung eines Rahmens für die maritime Raumplanung.[76] Dort heißt es: „Im Interesse der Förderung des nachhaltigen Wachstums der Meereswirtschaft, der nachhaltigen Entwicklung der Meeresgebiete und der nachhaltigen Nutzung der Meeresressourcen sollte die maritime Raumplanung auf einem Ökosystem-Ansatz […] beruhen".

---

[70] Spannowsky in SRG ROG § 2 Rn. 71.
[71] Salomon/Schumacher NuR 2021, 820 (820 ff.).
[72] Salomon/Schumacher NuR 2021, 820 (821).
[73] Janssen/Birnstengel/Mage/Zegada Umweltbelange der Meeresraumordnung in der deutschen AWZ unter Berücksichtigung des Ökosystemansatzes 27.
[74] Erbguth DÖV 2011, 373 (374).
[75] Erbguth DÖV 2011, 373 (374).
[76] Sog. MRO-RL, 2014/89/EU.

Das Meer ist damit ebenso wie Flächen an Land Handlungs- und Schutzraum für die Sicherung der Raumfunktionen, etwa der „ökologischen Funktionen" gem. § 1 Abs. 2 ROG.

Beim Meeresnaturschutz handelt es sich im Gegensatz zu den anderen Nutzungsarten jedoch nicht um eine Nutzung im engeren Sinne, sondern um eine grundlegende flächendeckende Raumfunktion, die die besondere Bedeutung der Meeresnatur und des Ökosystems Meer verdeutlicht und die es bei der Inanspruchnahme durch andere Nutzungen zu berücksichtigen gilt.[77] Dies hat die Raumordnung als Handlungsauftrag erkannt. Die Meere sind dynamische, von Strömungen geprägte dreidimensionale Systeme. So wird teilweise die Meinung vertreten, diese Merkmale und Funktionen des Meeresökosystems stellten für die Raumordnung eine Herausforderung dar, da das terrestrisch geprägte Planungssystem, welches in der deutschen AWZ und den Küstengewässern bislang zur Anwendung kam, auf mehr oder weniger statische Verhältnisse ausgerichtet sei.[78] Insofern bestünden ähnliche Probleme bei der Anwendbarkeit auf Wassergebiete wie beim BNatSchG. Die im Vergleich zur terrestrischen unterschiedliche Natur des Meeres solle nicht nur den Naturschutz, sondern auch die Konzepte der Raumordnung prägen.[79]

Während selbstredend die Besonderheiten des Meereskörpers Einfluss auf sinnvolle raumordnerische Entscheidungen haben sollten, ist der Planungsraum ‚Meer' gegenüber dem Festland aus raumplanerischer Perspektive jedoch nicht derart andersartig beschaffen, dass er zu einer grundlegenden Neuausrichtung des raumordnerischen Instrumentariums zwänge.[80] Die Dreidimensionalität des Meeresraums mag zwar das Konfliktpotenzial und folglich die Komplexität der Planung erhöhen; das zieht indes keinen wesensmäßigen Unterschied maritimer und terrestrischer Raumordnung nach sich.[81] Die Mehrdimensionalität ist der Raumordnung keineswegs fremd, wie die Auswirkungen des Bergbaus auf das Grundwasser oder die Auswirkungen des Flugverkehrs zeigen[82]. Insgesamt ist das Raumordnungsrecht flexibel genug, um auf die Besonderheiten des Meeres einzugehen.

Das Raumordnungsrecht kann Flächen samt ihren Funktionen und Nutzungen großflächig beplanen und schützen. Dies erlaubt – ohne die strengen Vorgaben des Naturschutzes – Flächen weitgehend von Nutzung freizuhalten. Die Raumordnung kann so die Funktionen des Naturschutzes auf dem Wasser mitübernehmen. Die sektorale Fachplanung des BNatSchG kann für den Meeresbereich in raumordnerischen Vorgaben aufgehen.

Die Raumordnung kennt, anders als das BNatSchG, unterschiedliche Festlegungsmöglichkeiten der Raumordnungspläne an Land und zu Wasser. So macht

---

[77] Vgl. Anlage zur Verordnung über die Raumordnung in der deutschen ausschließlichen Wirtschaftszone in der Nordsee und in der Ostsee v. 19.8.2021, Anlageband zum Bundesgesetzblatt Teil I Nr. 58 v. 26.8.2021, 18.

[78] Czybulka/Janssen EurUP 2023, 161 (162); so auch Buchholz Handwörterbuch der Raumordnung 538.

[79] Czybulka/Janssen EurUP 2023, 161 (162).

[80] Vgl. Erbguth/Schubert Maritime Raumplanung 1454.

[81] Erbguth/Schubert Maritime Raumplanung 1454.

[82] Erbguth DÖV 2011, 373 (380).

§ 13 Abs. 3 ROG Vorgaben für Festlegungsmöglichkeiten an Land und §§ 13 Abs. 6, 17 Abs. 1 S. 2 ROG Vorgaben für Raumordnungspläne auf dem Wasser. Diese Flexibilität und Anpassung an unterschiedliche Voraussetzungen an den zu beplanenden Raum kennt das BNatSchG nicht.

2. Raumordnungspläne in der deutschen AWZ und im Küstengewässer

Mit dem größer werdenden Platzbedarf einzelner Nutzungen im Meeresbereich wird auch die Konkurrenz um die zur Verfügung stehende Meeresfläche immer stärker. Daher wurde es erforderlich, für die einzelnen Nutzungen Vorsorge zu treffen und die unterschiedlichen Flächenbedarfe miteinander in Einklang zu bringen. Diese Vorsorge und Koordinierung im Rahmen einer nachhaltigen Entwicklung ist Aufgabe der Raumordnung.[83] In dem neuen Meeresraumordnungsplan wird der Naturschutz nicht als Nutzung, sondern als grundlegende flächendeckende Raumfunktion definiert. Die Bedeutung des Ökosystems Meer soll bei den Ansprüchen von Meeresnutzungen berücksichtigt werden.[84]

§ 17 ROG sieht ausdrücklich einen Raumordnungsplan für die deutsche ausschließliche Wirtschaftszone vor. Im Jahr 2021 wurde dieser Plan erneuert und um neue Vorrang- und Vorbehaltsgebiete sowohl für Windenergie auf See als auch für Gebiete des Natur- und Artenschutzes ergänzt.[85] Insgesamt hat außerdem die Fläche, in der die Schifffahrt einen besonderen Vorrang genießt, zugenommen.[86] Nach dem neuen Plan bleiben alle Nutzungen, die bisher in den Schutzgebieten zulässig waren und die über die Raumordnung geregelt werden könnten, in den Schutzgebieten weiterhin zulässig.[87] Hier bleibt ein Teil des Schutzpotentials der Raumordnung ungenutzt. Vorrang genießt der Naturschutz hingegen gegenüber neuen Nutzungsansprüchen.

Der Raumordnungsplan für die AWZ legt die Naturschutzgebiete in der AWZ als Vorranggebiete Naturschutz fest. Dies schließt die Rohstoffgewinnung und militärische Nutzungen nicht gänzlich aus (Ziff. 2.4). Bei Überlagerung der Vorranggebiete Naturschutz mit Vorranggebieten Schifffahrt, genießt die Schifffahrt wegen völkerrechtlicher Vorgaben des SRÜ Vorrang. Zudem setzt der Plan ein Vorranggebiet für den Seetaucher fest, in dem Nutzungen, die mit dem Schutzzweck nicht vereinbar sind, ausgeschlossen sind. Welche Nutzungen dies sind, bleibt der Prüfung des Einzelfalls auf Projektebene vorbehalten.[88] Zudem besteht ein jahreszeitlich befristetes Vorbehaltsgebiet für den Schweinswal. Diese Festlegung ist saisonal auf die für Schweinswale sensible Zeit von Mai bis August begrenzt. Des Weiteren

---

[83] S. BMWSB – Maritime Raumordnung (bund.de).

[84] Salomon/Schumacher NuR 2021, 820 (826).

[85] Anlage zur Verordnung über die Raumordnung in der deutschen ausschließlichen Wirtschaftszone in der Nordsee und in der Ostsee (AWZROV) v. 19.8.2021 (BGBl. I 3886).

[86] Salomon/Schumacher NuR 2021, 820 (823).

[87] Salomon/Schumacher NuR 2021, 820 (827).

[88] Anlage zur Verordnung über die Raumordnung in der deutschen ausschließlichen Wirtschaftszone in der Nordsee und in der Ostsee v. 19.8.2021, Anlageband zum Bundesgesetzblatt Teil I Nr. 58 v. 26.8.2021, 19.

werden Vogelzugkorridore festgelegt, die den Vogelzug möglichst ungestört – gerade von Windenergieanlagen – gewährleisten sollen.

Es ist zu berücksichtigen, dass die Mitgliedstaaten in der AWZ nicht alle Nutzungen des Meeresraums, in dem Maße wie es eventuell erforderlich wäre, beschränken können. So werden die Sektoren Fischerei und Schifffahrt durch europäische bzw. internationale Vorgaben bestimmt.[89] Zudem spielt bei der AWZ wegen des internationalen Abstimmungsbedarfs die Kooperation mit den Anrainerstaaten eine große Rolle.[90] So besteht auch hier ein Konflikt des Naturschutzes mit der Schifffahrt (Art. 58 Abs. 1 SRÜ). Die Schifffahrtsfreiheit ist bei der Ordnung der AWZ besonders zu beachten.[91] Auch § 17 Abs. 1 S. 2 Nr. 1 ROG verlangt jedenfalls für die AWZ die Berücksichtigung der Gewährleistung der Sicherheit und Leichtigkeit des Schiffsverkehrs. Die Hoheitsrechte eines Küstenstaates sind in der AWZ von vornherein durch die Freiheit der internationalen Schifffahrt begrenzt und dürfen deshalb nur so genutzt werden, dass sie die Benutzung anerkannter und für die internationale Schifffahrt wichtiger Schifffahrtswege nicht behindern können (Art. 60 Abs. 7 SRÜ).[92] Die im SRÜ geforderte Freiheit der Schifffahrtsbewegungen verbietet zudem die Verdrängung der Schiffe ausschließlich auf bestimmte Routen.[93] Eine gänzlich nutzungsfreie Zone wäre also jedenfalls in der AWZ nicht möglich. Eine einseitige Ausweisung von Meeresschutzgebieten in der AWZ, die gegen die von der Schifffahrt resultierenden Beeinträchtigungen Schutz bieten, ist nach dem SRÜ unzulässig.[94] Auch der Landesentwicklungsplan Schleswig-Holstein sieht Vorranggebiete für die Schifffahrt vor, die entsprechende völkerrechtliche Vorgaben des SRÜ umsetzen.

Um Konflikte mit dem Meeresschutz zu lösen, können bei der Internationalen Seeschifffahrtsorganisation abschließend sog. „Areas to be avoided" mit Befahrensregelungen für bestimmte Bereiche der Nordsee oder Ostsee zum Schutz mariner Arten beantragt werden. Darauf kann die Raumordnung hinwirken.[95] Zudem erlaubt auch das SRÜ die Ausweisung sog. Marine Protected Areas, in denen schädliche Nutzungen für die marine Flora und Fauna ausgeschlossen werden können. In jedem Fall hat der Schiffsverkehr geltenden Umweltauflagen und Schutzgebietsausweisungen Rechnung zu tragen.[96]

Die Landesentwicklungspläne der Küstenländer unterstreichen mit ihren Festlegungen die schon bestehenden Schutzgebiete nach BNatSchG.

So sind in den Regionalplänen in Schleswig-Holstein zB der Nationalpark Schleswig-Holsteinisches Wattenmeer und alle bestehenden Naturschutzgebiete als

[89] Salomon/Schumacher NuR 2021, 820 (821).

[90] Hofmann in Kment Raumordnungsgesetz mit Landesplanungsrecht § 1 ROG Rn. 37.

[91] Runkel in BRS Raumordnungs- und Landesplanungsrecht des Bundes und der Länder § 17 ROG Rn. 38.

[92] Grigoleit in Kment Raumordnungsgesetz mit Landesplanungsrecht § 17 ROG Rn. 21.

[93] Gee/Kannen/Licht-Eggert Raumordnerische Bestandsaufnahme für die deutschen Küsten- und Meeresbereiche 26.

[94] Proelß EurUP 2009, 2 (9).

[95] Vgl. Czybulka/Janssen EurUP 2023, 161 (168).

[96] Gee/Kannen/Licht-Eggert Raumordnerische Bestandsaufnahme für die deutschen Küsten- und Meeresbereiche 30.

Vorranggebiete für den Naturschutz dazustellen.[97] Die Ausweisung bedeutet jedoch in der Regel nicht den Ausschluss jeglicher anderer Ansprüche im Sinne eines generellen Nutzungsverbots, sondern lediglich derjenigen, die mit den Schutz- bzw Erhaltungszielen nicht vereinbar sind.[98] Der Landesentwicklungsplan Schleswig-Holstein sieht in der Nordsee Vorranggebiete für den Naturschutz vor, daneben bestehen Vorbehaltsgebiete für Natur und Landschaft.

Das Landesentwicklungsprogramm Mecklenburg-Vorpommern (LEP) sieht für den gesamten Küstenbereich ein marines Vorbehaltsgebiet Tourismus vor. Dieses wird allerdings von anderen Nutzungen unterbrochen und durchzogen. Großflächig bestehen daneben Vorranggebiete für die Schifffahrt, insbesondere zu den Häfen des Landes. Daneben bestehen einige marine Vorbehalts- und Vorranggebiete für den Küstenschutz, diese sind jedoch nicht zusammenhängend.

Im Bereich des Küstenmeeres besteht kein Konflikt mit Regeln der internationalen Schifffahrt, da dieser Bereich im Hoheitsbereich der Bundesrepublik liegt. Für das Küstengewässer trifft aber § 13 Abs. 6 ROG spezielle Vorgaben. Ein Raumordnungsplan muss[99] auf diesen Gebieten insbesondere Festlegungen zur Gewährleistung der Sicherheit und Leichtigkeit des Schiffsverkehrs, zu weiteren wirtschaftlichen Nutzungen, zu wissenschaftlichen Nutzungen sowie zum Schutz und zur Verbesserung der Meeresumwelt treffen.

3. Effektiver Naturschutz in Nord- und Ostsee durch Raumordnung

Die Raumordnung bietet nach alledem derzeit die besseren Schutzmöglichkeiten der deutschen Nord- und Ostsee. Raumordnungspläne lassen sich flexibler auf die Besonderheiten des Meeres anpassen. Dabei kommt der Raumordnung die Aufgabe zu, nicht schlicht naturschutzrechtliche Schutzgebietsausweisungen zu wiederholen, sondern diese raumordnungsrechtlich zu würdigen, zu sichern und ggf. unter dem Gesichtspunkt der Kohärenz zu ergänzen.[100] Dies kann zB durch die Ausweisung von Pufferzonen zwischen streng geschützten Naturschutzgebieten und solchen mit intensiver Raumnutzung geschehen. Bei den Pufferzonen geht es um die Verhinderung der Zulassung störender Nutzungen und damit um eine Aufgabe der Raumordnung, was großräumig durch Naturschutzrecht nicht bzw. nicht sicher zu erreichen ist.[101]

---

[97] S. 384 des Landesentwicklungsplans SH von 2021.

[98] S. 385 des Landesentwicklungsplans SH von 2021.

[99] S. zum Inhalt dieser „Soll"-Vorschrift Spannowsky in BRS Raumordnungs- und Landesplanungsrecht des Bundes und der Länder § 13 ROG Rn. 178.

[100] Czybulka/Janssen EurUP 2023, 161 (172); so auch Anlage zur Verordnung über die Raumordnung in der deutschen ausschließlichen Wirtschaftszone in der Nordsee und in der Ostsee v. 19.8.2021, Anlageband zum Bundesgesetzblatt Teil I Nr. 58 v. 26.8.2021, 18.

[101] Vgl. AWZROVAnl, Begründung S. 38, 29.

V. Fazit

Der Meeresschutz stellt das BNatSchG vor einige Herausforderungen. Zwar scheinen die Schutzgebiete rein formal auch auf Meeresregionen anwendbar, in der Praxis stellt sich jedoch die Frage, ob Schutzgebiete im Meer einen wesentlichen Beitrag leisten können. Derzeit besteht keine Absicht des Gesetzgebers, das BNatSchG hinsichtlich der Spezifika der Küsten- und Meeresregionen anzupassen bzw. sogar ein eigenes Gesetz zum Schutz des Meeres zu erlassen. Daher müssen die Länder Wege finden, den Naturschutz mithilfe der vorhandenen Instrumentarien voranzutreiben.

Für einen effektiven Naturschutz wäre eine Überarbeitung des Raumordnungsplanes für die AWZ nötig, mit der insbesondere die unionsrechtlichen Vorgaben des Naturschutzes umgesetzt werden. Die marine Raumordnung steht im Ergebnis vor einer doppelten Herausforderung. Sie hat zum einen die natürlichen Lebensgrundlagen des Meeres durch raumbezogene Maßnahmen zu sichern und zum anderen die Investitionssicherheit für potentielle Investoren im Entwicklungsraum der Offshore-Nutzungen durch die planerische Minimierung von Nutzungskonflikten zu erhöhen.[102]

Im Ergebnis ist die Raumordnung geeignet, die Funktionen des Naturschutzes auf dem Meer mitzuübernehmen und mit ihrem Regelungsregime abzudecken. Die sektorale Fachplanung des Naturschutzrechts kann hier vollständig in der Raumordnung aufgehen.

---

[102] Wolf ZUR 2005, 176 (178).

D. AKTUELLE THEMENFELDER DER STÄDTEBAULICHEN PLANUNG

GERRIT MANSSEN

Klimabeschluss und Baurecht

I. Das Baugesetzbuch als Spiegel aktueller politischer Entwicklungen

Das Baugesetzbuch ist ein Spiegel gegenwärtiger gesellschaftlicher Entwicklungen. Die wichtigsten in der Vergangenheit aufgetretenen „Herausforderungen“ und „Krisen“, die die Politik zu lösen hatte oder jedenfalls lösen wollte, verursachten Anpassungen im Städtebaurecht.[1] Konsequent etwa wurde der Umweltschutzgedanke in den letzten Jahrzehnten im Baugesetzbuch etabliert, beispielsweise im Jahr 2001 mit dem Gesetz zur Einbeziehung der Umweltverträglichkeitsprüfung in das Bauplanungsrecht[2], durch das EAG Bau 2004[3] sowie durch das Gesetz zur Umsetzung der Richtlinie 2014/52/EU im Städtebaurecht und zur Stärkung des neuen Zusammenlebens in der Stadt[4]. Ein Dauerbrenner in der städtebaulichen Reformdiskussion war und ist ferner die Innenentwicklung.[5] Auch dieser Bereich gehört mittlerweile zum großen Thema „Umweltschutz“. Schließlich lassen sich die Probleme von Biodiversität und Klimaschutz nur durch eine Verminderung der Versiegelung von Böden angehen. Als weitere Beispiele der Reaktionsbereitschaft des Gesetzgebers im Hinblick auf aktuelle Herausforderungen lassen sich nennen: Nach dem Jahrhunderthochwasser 2005 wurde das Gesetz zur Verbesserung des vorbeugenden Hochwasserschutzes beschlossen.[6] Mit den Flüchtlingen kamen das Gesetz über Maßnahmen im Bauplanungsrecht zur Erleichterung der Unterbringung von Flüchtlingen[7] sowie Änderungen durch Art. 6 Asylverfahrensbeschleunigungsgesetz[8]. Auch die Covid-19-Pandemie fand im Baugesetzbuch ihren Niederschlag.[9] Auf die Wohnraumnot reagierte der Gesetzgeber zuletzt vor allem mit dem

---

[1] Eine gute Übersicht gibt Söfker in Söfker Baugesetzbuch Textausausgabe, 52. Auflage 2021, IX ff.

[2] Siehe Art. 12 Gesetz zur Umsetzung der UVP-Richtlinie, IVU-Richtlinie und weiterer EG-Richtlinien zum Umweltschutz vom 27.7.2002, BGBl. I 1950.

[3] Gesetz vom 24.6.2004, BGBl. I 1359.

[4] Gesetz vom 4.5.2017, BGBl. I 1057.

[5] Siehe das Gesetz zur Erleichterung von Planungsvorhaben für die Innenentwicklung der Städte vom 21.12.2006, BGBl. I 3316 sowie das Gesetz zur Stärkung der Innenentwicklung in den Städten und Gemeinden und weiteren Fortentwicklung des Städtebaurechts vom 11.6.2013, BGBl. I 1548.

[6] Gesetz vom 3.5.2005, BGBl. I 1224.

[7] Gesetz vom 20.11.2014, BGBl. I 1748.

[8] Gesetz vom 10.10.2015, BGBl. I 1722.

[9] Gesetz zum Schutz der Bevölkerung bei einer epidemischen Lage von nationaler Tragweiter vom 27.3.2020, BGBl. I 587, insbesondere Einfügung von § 246b BauGB „Sonderregelungen für Anlagen für gesundheitliche Zwecke im Zuge der COVID-19-Pandemie“.

Planungssicherstellungsgesetz[10] und mit einer – von der Fachwelt mit gewissem Kopfschütteln zur Kenntnis genommenen – Ergänzung des § 1 Abs. 3 BauGB um den Hinweis, bei der Aufstellung von Bauleitplänen komme insbesondere die Ausweisung von Flächen für den Wohnungsbau in Betracht.

Der Klimaschutz war anfangs ein Aspekt im Großthema Umweltschutz. Fester Bestandteil des Bauplanungsrechts wurde er bereits 2011 mit dem Gesetz zur Förderung des Klimaschutzes bei der Entwicklung in den Städten und Gemeinden.[11] Mittlerweile ist er städtebauliches Leitbild (§ 1 Abs. 5 S. 2 BauGB), es gibt erweiterte Darstellungsmöglichkeiten für erneuerbare Energien in Flächennutzungs- und Bauleitplänen (siehe etwa § 5 Abs. 2 Nr. 2c: Darstellung von Anlagen, Einrichtungen und sonstigen Maßnahmen, die der Anpassung an den Klimawandel dienen), beides Ergänzungen des Bauplanungsrechts vor allem mit dem Ziel der Reduzierung von klimaschädlichen Emissionen. Durch das Gesetz zur Verbesserung der Rahmenbedingungen für die erneuerbaren Energien im Städtebaurecht[12] ist zudem § 249a BauGB eingefügt worden. Damit wird in der Sache die Privilegierungsregelung des § 35 Abs. 1 BauGB auf Vorhaben zur Herstellung oder Speicherung von Wasserstoff aus erneuerbaren Energien erweitert.[13] Überdies ermöglicht § 35 Abs. 1 Nr. 8 BauGB die privilegierte Errichtung von Anlagen zur Erzeugung solarer Strahlungsenergie an vorhandenen Gebäuden und entlang von Verkehrswegen, was ebenfalls maßgeblich dem Ziel der Energiewende vor dem Hintergrund des Klimawandels geschuldet ist.

Auch die „Schwester" des Bauplanungsrechts, das Bauordnungsrecht, reagiert auf aktuelle politische Schwerpunktsetzungen. Im Hinblick auf den Klimaschutz fallen die neuerdings in den Ländergesetzen vermehrt auftauchenden Solardachregelungen ins Auge. Speziell für Bayern ist hier Art. 44a BayBO zu nennen.[14] Nebstdem hat der Freistaat Bayern seine 10H-Regelung für Windenergieanlagen, mit der in den letzten Jahren der Windkraftausbau in Bayern quasi zum Erliegen gekommen ist, jedenfalls teilweise aufgeweicht (siehe Art. 82 Abs. 5 BayBO, weiterhin: Abstand in bestimmten Fällen nach Art. 82a BayBO nur noch 1000 Meter, nach Art. 82b BayBO keine Anwendung auf Windenergiegebiete gemäß § 2 Nr. 1 des Windenergieflächenbedarfsgesetzes).

Auch von „außerhalb" wird mittlerweile im Interesse des Klimaschutzes in das Baugesetzbuch hineinregiert. Bisher hatte der Gesetzgeber viel Wert darauf gelegt, das Gesetz quasi als Kodifikation des Städtebaurechts zu bewahren und neue Instrumente und Anforderungen zu integrieren. Neuerdings verlangt § 2 EEG, dass erneuerbare Energien als vorrangiger Belang in den jeweils durchzuführenden Schutzgüterabwägungen zu berücksichtigen sind und beeinflusst damit bauplaneri-

[10] Gesetz vom 18.3.2021, BGBl. I 353.

[11] Gesetz vom 22.7.2011, BGBl. I 1509.

[12] Gesetz vom 4.1.2023, BGBl. I Nr. 6. Vgl. dazu auch Kröninger BauR 2023, 1325 (1325ff.).

[13] Erste Überlegungen zur Auslegung der Vorschrift bei Decker ZfBR 2023, 319 (319ff.). Siehe auch Spannowsky ZfBR 2023, 18 (18ff.).

[14] Vgl. dazu allgemein Kraus BayVBl 2023, 145 (145ff.); Manssen in BeckOK BayBO Art. 44a Rn. 1ff.

sche Abwägungsvorgänge im Rahmen von § 1 Abs. 7 BauGB und § 35 BauGB.[15] Eine Eingliederung in den bauplanerischen Abwägungsvorgang wird in den nächsten Monaten auch im Hinblick auf die geplante kommunale Wärmeplanung erfolgen müssen.[16]

Das bisherige Reaktionsschema des Gesetzgebers, um aktuelle politische Anforderungen im Bauplanungsrecht zu verankern, lässt sich wie folgt skizzieren: Stets wichtig sind (scheinbar) Ergänzungen bei § 1 BauGB, also bei den Leitvorstellungen und den zu berücksichtigenden Belangen. Flankiert wird dies durch punktuelle Ergänzungen von Darstellungs- und Festsetzungsmöglichkeiten in § 5 und § 9 BauGB für Flächennutzungs- und Bebauungspläne (im Fall von Flächennutzungsplänen mit rein deklaratorischer Wirkung, da es einen abgeschlossenen Katalog von Darstellungsmöglichkeiten für Flächennutzungspläne nicht gibt).[17] Hinzu kommen regelmäßig zeitliche Sonderregelungen, mit denen die Zulässigkeitstatbestände der §§ 29ff. BauGB erweitert werden (vgl. die diversen Ausnahmebestimmungen in §§ 246ff. BauGB zu Flüchtlingsunterkünften, Windenergie, Biogasanlagen, angespannten Wohnungsmärkten etc.). Gegen diese Regelungstechnik lässt sich vor allem einwenden, dass die Bedeutung von Leitvorstellungen und Abwägungsdirektiven regelmäßig überschätzt wird. Was nicht zwingend ist, sondern „weggewogen" werden kann, hat auch nur eine beschränkte Durchsetzungskraft. Die vielen Sonderregelungen in den Schlussvorschriften der §§ 246ff. BauGB vermitteln zudem den falschen Eindruck, es handele sich um Vorschriften mit zeitlich absehbarer Bedeutung. Es ist aber in keiner Weise erkennbar, dass Flüchtlingskrise, Wohnungsmangel und Energiewende als politische Herausforderungen ein absehbares Verfallsdatum haben. Vernünftigerweise müssten diese Bestimmungen – entsprechend modifiziert – in Dauerrecht überführt werden. Der im Einzelnen noch zu besprechende Klimabeschluss des Bundesverfassungsgerichts[18] führt zudem zu der Frage, ob mit der bisherigen Praxis kleinteiliger Änderungen des Baugesetzbuchs, ergänzt um am Ende des Gesetzes „versteckte" Sonderregelungen, auch beim Thema „Klimaschutz" fortgefahren werden kann. Reicht das bisherige Reaktionsmuster aus, um auch den Anforderungen des Klimaschutzes gerecht zu werden? Genügt ein wenig „Modellpflege" oder brauchen wir ein neues Städtebaurecht, ein „Last-Generation-BauGB"? Bedarf es gar eines neuen Auslegungsgrundsatzes „Im Zweifel für den Klimaschutz" oder sogar einer absoluten Vorrangregel?

---

[15] Zum Einfluss von § 2 EEG auf Schutzgüterabwägungen siehe auch OVG Greifswald KlimR 2023, 120 (120ff.). Siehe weiterhin Rieger UPR 2023, 161 (161ff.).

[16] Vgl. dazu Benz/Boinski ZUR 2023, 330 (330ff.).

[17] Vgl. etwa Manssen in Becker/Heckmann/Kempen/Manssen Öffentliches Recht in Bayern IV, Rn. 374.

[18] Vom 24.3.2021 – 1 BvR 2656/18, 78, 96, 288/20 = BVerfGE 157, 30 (30ff.).

II. Klimaschutz im Verwaltungsrecht nach dem Klimabeschluss

1. Kurze Analyse des Klimabeschlusses

Anlass für Überlegungen zu einer solch grundsätzlichen Umgestaltung des Städtebaurechts könnte der Klimabeschluss des Bundesverfassungsgerichts sein.[19] Kurz zum mittlerweile von vielen Autoren diskutierten Inhalt der Entscheidung:[20] Mehrere Personen hatten Verfassungsbeschwerde gegen das Bundes-Klimaschutzgesetz vom 12.12.2019[21] erhoben: anerkannte Umweltverbände, Landwirte und Gastwirte oder Personen, die Landwirte oder Gastwirte werden wollen, deren eigene oder elterliche Betriebe jedoch durch den steigenden Meeresspiegel als bedroht angesehen werden sowie sonstige Jugendliche und junge Erwachsene, auch mit Lebensmittelpunkt in Bangladesch und Nepal. Das Bundesverfassungsgericht hat den Beschwerden jedenfalls teilweise mit der Begründung stattgegeben, nach 2030 drohten bereits aus heutiger Sicht unverhältnismäßige Grundrechtseinschränkungen, weil von dem der Bundesrepublik Deutschland noch verbleibenden Gesamtbudget von 6,7 Gigatonnen ab 2030 nur noch eine Gigatonne für die Zeit bis zur Erreichung von Klimaneutralität übrigbleibe. Der Gesetzgeber müsse jetzt mehr tun, damit die Verhältnisse in der Zukunft nicht untragbar würden und unverhältnismäßige Grundrechtsbeschränkungen drohten.

Das, was das Gericht hier beanstandet, ist ein Politikstil, der in vielen Bereichen seit Jahrzehnten Praxis ist. So lügt sich die Politik nach wohl fast allgemeiner Auffassung seit 60 Jahren selbst in die Tasche („Eins ist sicher, die Rente“[22]). Es werden ständig Regelungen in Kraft gesetzt, die nur dadurch funktionieren, dass immer mehr Finanzlasten auf spätere Generationen verlagert werden, ohne dass ein langfristig tragfähiges Finanzierungsmodell eingeführt wird. Ähnlich ist die Situation im Pflegebereich. In der Atompolitik braucht man gleich für mehrere Millionen Jahre sichere Zwischenlager, um den Strombedarf für ein paar Jahrzehnte zu decken. Politischer Durchsetzungswille fehlt auch im Hinblick auf die Durchsetzung von effektivem Bodenschutz, weil vor allem die Lobby der Kommunen Beschränkungen bei der Neuausweisung von Flächen bekämpft.[23] Die Liste ließe sich fortführen (Verkehrsinfrastruktur, Bildungseinrichtungen, Krankenhäuser). In keinem relevanten Bereich hatte das Bundesverfassungsgericht bisher ernsthaft eingegriffen und der Politik vorgehalten, getroffene Maßnahmen seien nicht nachhaltig genug und müssten verschärft werden. Das Gericht orientierte sich – soweit es mit der

[19] BVerfGE 157, 30 (30ff.).

[20] Siehe etwa Bartone jM 2021, 326 (326ff.); Britz NVwZ 2022, 825 (825ff.); Callies JuS 2023, 1 (1ff.); Eifert Jura 2021, 1085 (1085ff.); Frenz DÖV 2021, 715 (715ff.); Kramer/Baumgärtel GewArch 2022, 90 (90ff.); Sangi AnwBl Online 2022, 506 (506ff.). Zur Rolle der Rechtsprechung im Bereich Klimaschutz allgemein siehe Steiner BayVBl 2023, 653 (653ff.).

[21] BGBl. I 2513.

[22] Diese Parole wird regelmäßig mit dem früheren Bundesminister Norbert Blüm in Zusammenhang gebracht, siehe https://www.uni-muenster.de/news/view.php?cmdid=12483 (Abruf am 20.9.2023, 20.41 Uhr).

[23] Zum politischen Ziel des Flächensparens siehe https://www.umweltbundesamt.de/themen/boden-flaeche/flaechensparen-boeden-landschaften-erhalten#flachenverbrauch-in-deutschland-und-strategien-zum-flachensparen (Abruf am 20.9.2023, 20.43 Uhr).

jeweiligen Problematik befasst – war im Gegenteil regelmäßig vor allem an der Frage, ob Eingriffe in Besitzstände mit vermeintlich drohenden Problemen gerechtfertigt werden könnten.[24] Stets würden die Änderungen in Frage gestellt und überprüft, nicht das Weiter so.

So konservativ – wenn nicht altmodisch – dieses Vorgehen manchem heute erscheinen mag: Es geschah und geschieht aus guten Gründen. Die demokratische Verantwortung für das politische Geschehen, dafür, die richtigen Weichen für die Zukunft zu stellen, liegt nicht beim Verfassungsgericht. Dieses ist grundsätzlich nicht legitimiert, der Politik vorzuschreiben, wie die Zukunft zu gestalten ist. Es muss der Verfassung als Rahmenordnung Geltung verschaffen und aufzeigen, wo die Grenzen politischen Handelns liegen. Das Gericht hätte daher in seiner bisherigen Tradition – statt einen Beschluss von fast 150 Seiten in der amtlichen Sammlung zu Papier zu bringen und den Verfassungsbeschwerden teilweise stattzugeben – auch einen seiner berüchtigten Zweizeiler verschicken können bzw. – unter Beibehaltung bisheriger Maßstäbe – müssen: „Die Verfassungsbeschwerde wird nicht zur Entscheidung angenommen (§ 93a BVerfGG).“ Eine Begründung hätte sich leicht finden lassen: keine unmittelbare Betroffenheit durch das Klimaschutzgesetz, weil die Maßnahmen, die später zu möglicherweise erheblichen Grundrechtseingriffen führen, noch gar nicht erlassen sind; ebenso keine gegenwärtige Betroffenheit, weil schließlich die Zeit nach 2030 umfasst ist; und nebstdem auch keine Selbstbetroffenheit der Beschwerdeführer, tangieren doch die Maßnahmen, die voraussichtlich nach 2030 getroffen werden müssen, potentiell jeden Bewohner in Deutschland.

Dass das Echo in der Fachliteratur auf die Entscheidung – trotz mancher dogmatischen Ungereimtheiten[25] – im Ergebnis gleichwohl überwiegend positiv ist,[26] liegt am Zeitgeist, dem sich das Gericht beugt. Das mittlerweile in breiten Teilen der Gesellschaft verankerten Bewusstsein über die Bedeutung des Klimawandels verlangte nach einer deutlichen Reaktion des Verfassungsgerichts auf das höchstens halbherzige Vorgehen der Politik im Bereich Klimaschutz. Das Gericht hat die Politik in diesem Fall – nach Auffassungen vieler „endlich“ – beim Wort genommen: Maßnahmen, die der Gesetzgeber ergriffen hat, werden an den selbst gesetzten Maßstäben und Ankündigungen geprüft. Ausgehend vom Pariser Klimaabkommen[27] und der wissenschaftlichen Erkenntnis der Unumkehrbarkeit des Klimawandels sowie der teilweise dramatischen Folgen, die für das Leben der Menschen auf dem Planeten Erde eintreten werden, hat es die Verteilung der verbleibenden Emis-

---

[24] Beispiele gäbe es viele, siehe etwa BVerfG NJW 2017, 217 (217 ff.) zum Atomausstieg oder BVerfG NJW 2014, 211 (211 ff.) zum Braunkohletagebau Garzweiler.

[25] Sehr kritisch zur Entscheidung vor allem Windoffer GewArch 2023, 46 (46 ff.); kritisch dazu wiederum Huggins/Bilgen/Bustami/Hillermann/Emauel GewArch 2023, 227 (227 ff.); ablehnend zur Entscheidung des BVerfG wegen Übergriffigkeit der Rechtsprechung in den politischen Entscheidungsprozess auch Beckmann UPR 2021, 241 (241 ff.); Wagner NJW 2021, 2256 (2256 ff.); zu dogmatischen Schwachstellen der Entscheidung Hofmann NVwZ 2021, 1587 (1587 ff.).

[26] → Fn. 20. Vgl. weiterhin etwa Frenz DÖV 2021, 715 (715 ff.); Schlacke, NVwZ 2021, 912 (912 ff.); Wahnschaffe/Lücke DÖV 2021, 1099 (1099 ff.).

[27] Siehe dazu etwa Franzius ZUR 2017, 515 (515 ff.).

sionsbudgets auf die nächsten Jahre als letztlich unverhältnismäßig beanstandet. Jetzt gilt es, mehr zu bewirken, mehr zu leisten, um die Freiheitsspielräume nach 2030 einigermaßen zu erhalten.

Immerhin schafft der Beschluss in einigen Punkten aber auch dogmatische Klarheit. Zunächst: Es besteht unter dem Aspekt der Schutzpflichten vor allem für Leben und körperliche Unversehrtheit eine Verpflichtung dazu, die Grundrechtsträger vor den Gefahren des Klimawandels zu schützen. Das gilt auch für künftige Generationen.[28] Sie folgt zum zweiten auch aus Art. 20a GG,[29] beruht also auf zwei Säulen, einerseits der Schutzpflicht, andererseits der Staatszielbestimmung des Art. 20a GG. Der Staat muss Klimaneutralität anstreben, allerdings ohne, dass dem Klimaschutz ein unbedingter Vorrang gegenüber anderen Belangen zuerkannt wird. Je weiter der Klimawandel fortschreitet, desto höher wird aber das relative Gewicht des Klimaschutzgebotes. Aus den bereits genannten Zusammenhängen (zwingende völkerrechtliche Verpflichtungen, wissenschaftliche Erkenntnisse) folgt nach Auffassung des Gerichts eine Verpflichtung zur Sicherung grundrechtsgeschützter Freiheit „über die Zeit" und zur Verteilung von Freiheitschancen über die Generationen.[30]

Nahezu genauso wichtig wie dasjenige, was nach Auffassung des Gerichts aus der Verfassung folgt, um dem Klimawandel entgegenzutreten, ist jedoch, was *nicht* aus ihr folgt. An vorderster Stelle hat das Gericht darauf verzichtet, irgendein neues Grundrecht zu „erfinden". Es besteht also kein „Grundrecht auf Klimaschutz", kein „Grundrecht auf Generationengerechtigkeit" und ebenso kein „Grundrecht auf eine menschenwürdige Umwelt".

Schließlich ist von besonderer Bedeutung, dass das Gericht eine Schutzpflichtverletzung durch den Gesetzgeber, wie sie von den Beschwerdeführern vor allem moniert wurde, nicht angenommen hat. Der grundsätzliche Vorrang der Politik bei der Frage, wie grundrechtlichen Gefährdungen entgegenzutreten ist, bleibt erhalten. Der Erfolg der Klimaklagen beruht auf einer Aktivierung der Eingriffsdogmatik wegen der zwingenden Begrenzung des Gesamtbudgets an schädlichen Klimastoffen.[31] Ohne diese Annahme lassen sich keine Eingriffe begründen, so dass weitere Klimaklagen beim Bundesverfassungsgericht derzeit kaum Aussicht auf Erfolg haben dürften. Kurzum: Die Entscheidung ist einerseits ein mutiger und wichtiger Schritt im Hinblick auf mehr Klimaschutz und wahrt andererseits die Grenzen des Judicial Self-Restraint. Der Politik wird nichts vorgeschrieben, was sie nicht selbst „eigentlich" beschlossen hatte.

---

[28] Siehe BVerfGE 157, 30 (30ff. LS 1).

[29] BVerfGE 157, 30 (30ff. LS 2).

[30] BVerfGE 157, 30 (30ff. LS 4).

[31] Zur dogmatischen Einordnung des Beschlusses in die Eingriffsdogmatik siehe auch Manssen Staatsrecht II Grundrechte Rn. 175ff.

2. *Relevanz des Klimabeschlusses für das Baurecht*

a) Mögliche Übertragung der Eingriffsdogmatik

Verwaltungsrecht ist – so eine geflügelte Phrase unter Juristen – konkretisiertes Verfassungsrecht.[32] Ändert sich das Verfassungsrecht wie jetzt durch den Klimabeschluss, bedarf es auch im Verwaltungsrecht gewisser Konkretisierungen. Was muss sich also ändern im Bauplanungs- und Bauordnungsrecht?

Zunächst drängt sich die Frage auf, ob die dargestellte neue Eingriffsdogmatik Einfluss auf das Baurecht hat. Dass Vorteile für einen wegen Ressourcenerschöpfung zu Nachteilen für andere führen können, ist dem Planungsrecht geläufig, vor allem aus § 35 Abs. 3 S. 3 BauGB. Daher ist nach der Rechtsprechung des Bundesverwaltungsgerichts ein Normenkontrollantrag gegen einen Flächennutzungsplan mit der Ausweisung von Konzentrationsflächen nach § 47 Abs. 1 Nr. 1 VwGO in analoger Anwendung zulässig, um in solchen Fällen hinreichenden Rechtsschutz zu gewährleisten.[33] Dieser Rechtsprechung liegt ein paralleler Gedanke zugrunde wie dem Klimabeschluss. Wenn im Außenbereich der Gemeinde eine Ausweisung von Konzentrationsflächen für bestimmte privilegierte Nutzungen erfolgt, schließt § 35 Abs. 3 S. 3 BauGB die Zulässigkeit solcher Vorhaben an anderer Stelle aus. Was dem einen erlaubt wird, führt zu einem Verbot für andere. Der Unterschied zur Klimaproblematik wird aber auch deutlich: Bei den Konzentrationsflächen tritt die Rechtswirkung uno actu ein. Es geht gerade nicht um eine Zeitachse.

Eine eventuell vergleichbare Situation zum Klimabeschluss könnte künftig weiterhin beim Thema „Flächensparen" auftreten. Bekanntlich versucht die Politik seit langem, den sog. Flächenfraß auf 30 ha am Tag zu begrenzen. Große Erfolge sind bisher nicht eingetreten, weil es die Politik derzeit noch bei weichen Regelungen belässt, die unter Abwägungsvorbehalt stehen.[34] Eine effektive Regulierung wie ein Flächenzertifikatsprogramm ist nicht in Sicht. Betrachtet man exemplarisch das Bayerische Landesentwicklungsprogramm,[35] so findet man dort einige allgemeine Regelungen zum Flächensparen, zur Innenentwicklung und zur Vermeidung von Zersiedelung, allerdings ohne wirkliche juristisch durchsetzbare Beschränkungen der gemeindlichen Planungshoheit. Die Gemeinden dürfen also nach wie vor Flächen als Baugebiete ausweisen, ohne sich dabei irgendeiner Obergrenze zu nähern. Die Grundlogik des Klimabeschlusses ist also auf das Thema Flächensparen derzeit noch nicht übertragbar. Eine Antragsbefugnis nach § 47 Abs. 2 S. 1 VwGO, etwa mit der Begründung, bestimmte Planungen der Gemeinde, die heute stattfinden, würden anderen Planungen in zehn oder zwanzig Jahren entgegenstehen, ist nach derzeitigem Stand nicht anzunehmen.

---

[32] Werner DVBl. 1959, 527 (527ff.).

[33] BVerwGE 128, 382 (382ff.).

[34] Siehe etwa https://www.umweltbundesamt.de/themen/boden-flaeche/flaechensparen-boeden-landschaften-erhalten#flachenverbrauch-in-deutschland-und-strategien-zum-flachensparen (Abruf am 15.5.2023, 19.23 Uhr).

[35] Landesentwicklungsprogramm Bayern, siehe Verordnung über das Landesentwicklungsprogramm Bayern (LEP) vom 22.8.2013 (GVBl. 550, BayRS 230-1-5-W), die zuletzt durch Verordnung vom 3.12.2019 (GVBl. 751) geändert worden ist, siehe unter 3.

b) Aufwertung des Art. 20a GG

Aus dem Klimabeschluss ergibt sich weiterhin die Frage, welche Rückwirkungen die erfolgte Aufwertung des Art. 20a GG auf das Baurecht hat. Der 1994 in das Grundgesetz eingefügte Art. 20a GG[36] hat ein jahrzehntelanges Schattendasein gefristet. Vor allem im Baurecht hat er – legt man die Rechtsprechung der ersten 25 Jahre seiner Existenz zugrunde – so gut wie gar keine Rolle gespielt.[37] Mittlerweile kommt auch die Verwaltungspraxis an Art. 20a GG nicht mehr vorbei. Zu deutlich mahnen die Worte des Verfassungsgerichts. Dem Klimaschutz muss in der Abwägung mit anderen Rechtsgütern eine deutliche höhere Bedeutung eingeräumt werden.

Gleichwohl: Die geringe Steuerungswirkung des Art. 20a GG ist in der Vorschrift angelegt, denn die Verwaltung und damit auch die planenden Gemeinden sind keine unmittelbaren Normadressaten. Der Staat schützt die natürlichen Lebensgrundlagen „nach Maßgabe von Gesetz und Recht durch die vollziehende Gewalt und die Rechtsprechung". Primär richtet sich die Bestimmung an die Gesetzgebung. Diese muss die Verwaltung verpflichten, etwas für die Umwelt, für den Klimaschutz zu tun.[38] Rechtlich gesehen bedarf es also eines Transformationsriemens. Ein solcher ist mittlerweile vorhanden, einerseits durch den schon erwähnten § 2 EEG, andererseits aber auch durch die Änderungen im Baugesetzbuch.

c) Rechtspolitische Änderungsvorschläge für die Bauleitplanung

Der Verfassungsauftrag des Art. 20a GG muss vom Gesetzgeber maßgeblich durch das Bundes-Klimaschutzgesetz umgesetzt werden. Dieses ist aber kein „Maßstäbegesetz"[39], an dem die Verfassungsmäßigkeit des Städtebaurechts geprüft werden könnte.[40] Es definiert in § 4 zulässige Jahresemissionsmengen für Energiewirtschaft, Industrie, Verkehr, Gebäude, Landwirtschaft sowie Abfallwirtschaft und Sonstiges. Das Baugesetzbuch liegt „quer" dazu. Es betrifft alle genannten Bereiche. Mithin existiert kein Minderungsziel „für die Bauleitplanung". Das, was die Bauleitplanung in Gestalt von Darstellungen oder Festsetzungen vorsieht, kann sich positiv oder negativ auf den Klimaschutz auswirken. Die Instrumente des Baugesetzbuchs müssen also so optimiert werden, dass sie jedenfalls mittelbar dazu beitragen, den Klimaschutz voran zu bringen.

Hierzu gibt es in der Literatur bemerkenswerte und diskussionswürdige Überlegungen, insbesondere aus der Feder von Michael Sauthoff,[41] die im Folgenden

---

[36] Siehe 42. ÄndG zum Grundgesetz vom 27.10.1994, BGBl. I 3146.

[37] Siehe dazu ausführlich Arango-Diaz, Der Einfluss von Staatszielbestimmungen auf die Rechtsauslegung und die Rechtmäßigkeitskontrolle von Bebauungsplänen am Beispiel des Art. 20a GG, Dissertation Regensburg 2018.

[38] Siehe Calliess in DHS GG Art. 20a Rn. 206f.

[39] Die Figur des „Maßstäbegesetzes" ist vom Bundesverfassungsgericht für die verfassungsrechtliche Prüfung des Länderfinanzausgleichs eingeführt worden, siehe BVerfGE 101, 158 (216ff.).

[40] Zur verfassungsrechtlichen Problematik eines „Maßstäbegesetzes" siehe Franzius ZUR 2023, 199 (201).

[41] Vgl. Sauthoff KlimR 2022, 11 (11ff.). Die Maßnahmen aufgrund des Windenergie-an-Land-Gesetzespaketes bleiben im Folgenden außer Betracht, siehe dazu etwa Kment NVwZ 2023, 959 (959ff.).

näher beleuchtet werden sollen. Die Grundannahme von Sauthoff ist folgende: Das, was heute gebaut wird, wird auch 2050 noch die bauliche Umgebung prägen, also die Jahre, in denen die Bunderepublik „klimaneutral" sein möchte. Daher müssten bereits jetzt die richtigen Weichen gestellt werden, einerseits zur Beseitigung von Ursachen für den Klimawandel (sog. Mitigation), andererseits zur Anpassung an den Klimawandel (Adaption).[42] Folgende gesetzgeberische Maßnahmen werden unter anderen vorgeschlagen:

- In Betracht käme eine Verstärkung der Regelung des § 1a Abs. 5 BauGB.[43] Eindeutig dürfte zunächst sein, dass das Ziel „Klimaschutz" auch derzeit schon geeignet ist, eine städtebauliche Rechtfertigung gemäß § 1 Abs. 3 BauGB herbei zu führen.[44] Gleichwohl erscheint die Sollregelung als zu weich. Es würde sich anbieten, das „Soll" durch ein „Muss" zu ersetzen. Hinzutreten könnte, dass der Klimaschutz als Belang im Rahmen des § 1 Abs. 6 Nr. 7a BauGB verselbständigt wird.[45] Heute taucht er etwas unter, zwischen „Tieren", „Pflanzen", „Landschaft" und „Vielfalt". Die Steuerungswirkung von Zielvorstellungen und Abwägungsvorgaben darf nach allen bisherigen Erfahrungen aber nicht überschätzt werden, erst Recht dann nicht, wenn es letztlich nur um sprachliche Hervorhebung ohne inhaltliche Bedeutung geht.
- Der Gesetzgeber könnte – so eine weitere Idee – die bisherige Umweltprüfung nach § 2 Abs. 4 BauGB zu einer umfassenden Umwelt- und Klimaprüfung aufzubauen.[46] Dieser Vorschlag leuchtet ein. Bisher verharrt das Baugesetzbuch noch sehr in alten Denkschemata des Fauna-, Flora- und Habitat-Schutzes. Gerade eine verfahrensrechtliche Aufwertung könnte die Gemeinden dazu bewegen, sich dem Klimaschutz auch gedanklich stärker zu widmen. Solche verfahrensrechtlichen Aufwertungen führen regelmäßig zu einer stärkeren Beachtung im Rahmen der Abwägung, einfach deshalb, weil die planenden Stellen quasi zwangsweise mit der Problematik konfrontiert werden.
- Eher skeptisch zu betrachten ist der Vorschlag, Nachbarklagen zu ermöglichen, wenn klimaschützende Festsetzungen von Vorhabenträgern nicht beachtet werden.[47] Damit wäre ein weitgehender Systemwechsel verbunden, wäre doch nicht zu erklären, warum im Hinblick auf das Klima drittschützendes Nachbarrecht bestehen sollte, bei anderen Belangen aber nicht. Hinzu kommt, dass das System des Nachbarschutzes schon heute einerseits erhebliche Ressourcen bei den Gerichten bindet und andererseits gewünschte Investitionsvorhaben verschleppt. Argumente des Umweltschutzes dienen in manchen Konstellationen zu oft dazu, Vorhaben zu stoppen oder zu Fall zu bringen. Vor allem das Normenkontrollverfahren nach § 47 VwGO ist insoweit missbrauchsanfällig. Die weite Be-

[42] Siehe Sauthoff KlimR 2021, 11 (11).
[43] Siehe auch Eckardt/Heß/Wulff EurUP 2021, 212 (223).
[44] Eckardt/Heß/Wulff EurUP 2021, 212 (223).
[45] Sauthoff KlimR 2021, 11 (12).
[46] Vgl. Sauthoff KlimR 2021, 11 (12): Die Vorgaben der Umweltprüfung sollten für eine ausgeprägte Klimavorprüfung spezifiziert werden.
[47] So Sauthoff KlimR 2021, 11 (13). Ablehnend gegenüber solchen Vorstellungen hingegen Birk/Pieper, VR 2021, 151 (156).

stimmung der Antragsbefugnis unter Heranziehung von § 1 Abs. 7 BauGB ermöglicht zulässige Anträge von nahezu allen Betroffenen einer Bauleitplanung.[48] Die gerichtliche Verwerfung der Pläne erfolgt dann meist aus Gründen, die mit den Interessen des oder der Antragsteller gar nichts zu tun haben. Statt einer nachträglichen gerichtlichen Kontrolle erscheint eine formalisierte Verfahrensregelung besser geeignet, den Klimaschutz voranzubringen, beispielsweise durch die Pflicht zur Einschaltung einer Klimaagentur bei der Aufstellung des Bauleitplans.

– Bedenkenswert erscheint es, eine Revisionsklausel für „alte“ Bauleitpläne einzuführen.[49] Vor allem bei Flächennutzungsplänen ist es angebracht, nach einem gewissen Zeitablauf zu prüfen, ob die bisherigen Darstellungen noch mit den aktuellen Anforderungen des Klimaschutzes in Übereinstimmung zu bringen sind. Insoweit könnte an einer Änderung der Monitoring-Klausel des § 4c BauGB zu denken sein. Die Schwierigkeiten werden praktischer Natur sein: Woher kommt das Personal, welches die notwendige Verwaltungsarbeit leistet? Die Gemeinden geraten schon mit ihren derzeitigen Aufgaben schnell an ihre Grenzen. Bauleitplanverfahren werden vor allem im ländlichen Bereich oft nur noch dann durchgeführt, wenn Investoren sich bereit erklären, externe Planungs- und Beratungsleistungen zu finanzieren.
– Sollte der Klimaschutz schließlich auch bei den bauplanungsrechtlichen Zulässigkeitstatbeständen berücksichtigt werden?[50] Bei Ermessenstatbeständen oder nachvollziehenden Abwägungen kommt die Berücksichtigung von Klimaschutzgesichtspunkten schon heute in Betracht, etwa bei § 31 Abs. 2 BauGB oder bei § 35 BauGB. Auch bei § 34 BauGB Klimagesichtspunkte einzubeziehen und gegebenenfalls deswegen Baugenehmigungen zu versagen, dürfte hingegen zu weit gehen. Klimaschutz muss planerisch bewältigt werden, nicht mit dem Planersatzmaßstab des § 34 BauGB. Die bisherigen Erfahrungen mit § 34 Abs. 3 BauGB sollten als mahnendes (negatives) Beispiel dienen.[51] § 34 BauGB muss für die Baugenehmigungsbehörden handhabbar bleiben, droht doch ansonsten Rechtsunsicherheit bis hin zur möglichen Verfassungs- und Unionsrechtswidrigkeit der Vorschrift.
– Schließlich muss in der rechtspolitischen Diskussion auch der Außenbereich betrachtet werden. Dort bieten sich – wie bei anderen öffentlichen Belangen – stets Möglichkeiten zur Erweiterung von Zulässigkeitstatbeständen, etwa im Sinne einer erweiterten Privilegierung erneuerbarer Energien.[52]

[48] Vgl. dazu näher Manssen in Becker/Heckmann/Kempen/Manssen Öffentliches Recht in Bayern IV, Rn. 344ff.
[49] Sauthoff KlimR 2021, 11 (13).
[50] So Sauthoff KlimR 2021, 11 (14).
[51] Siehe Manssen in Kühling Die L(i)ebenswerte (Innen-)Stadt, 23ff.
[52] Siehe etwa Bach/Große EnWZ 2023, 209 (209ff.).

d) Rechtspolitische Entwicklungen im Bereich der Bauordnung

Ein effektiver Klimaschutz verlangt nach umfangreichen Maßnahmen in vielen Rechtsgebieten. Daher bleibt auch das Bauordnungsrecht nicht unberührt. So finden sich vermehrt Regelungen in den Bauordnungen, die eine Pflicht zur Installation von Solaranlagen enthalten. Exemplarisch sei hier Art. 44a der Bayerischen Bauordnung erläutert.

Zunächst: Systematisch-strukturelle Argumente scheinen den Gesetzgebern mehr und mehr gleichgültig zu sein. So werden in Gesetze zunehmend Regelungen aufgenommen, die systemfremd oder überflüssig sind.[53] Das gilt auch für Art. 44a BayBO, und zwar für den Absatz 1. So begrüßenswert es aus Sicht des Klimaschutzes sein mag, dass der Freistaat Bayern auf in seinem Eigentum stehenden Gebäuden Solaranlagen errichten will (siehe Art. 44a Abs. 1 BayBO): Eine solche Regelung – zumal versehen mit einem Haushaltsvorbehalt – gehört nicht in eine Bauordnung als spezielles Sicherheits- und Ordnungsrecht. Sie sollte nicht Tummelplatz für halbherzige politische Absichtserklärungen sein.

Die weiteren Regelungen des Art. 44a BayBO (Abs. 2 bis 6) betreffen vor allem private Eigentümer. Sie zeigen die Schwierigkeiten der Umsetzung von Klimaschutz im Baurecht und das Dilemma, in welchem die Politik an dieser Stelle steckt: Der Gebäudebereich ist ein zentrales Feld für mehr Klimaschutz. Andererseits: Niemand wundere sich über steigende Preise für Neubauten und hohe Mieten, wenn mal wieder neue „bürokratische" Regelungen eingefügt werden, die das Bauen weiter verteuern. Im Sanierungsfall stellt sich zudem das Problem der noch zumutbaren Belastung für die Vorhabenträger. Ob und inwieweit jemand überhaupt die nötigen Mittel hat, der Solarpflicht nachzukommen, kann im Rahmen der Bauordnung aber nur ganz mittelbar und vorsichtig und nur sehr allgemein berücksichtigt werden. Das zeigt insbesondere Art. 44a Abs. 5 BayBO, der eine Ausnahme etwa für Fälle einer unbilligen Härte vorsieht. Die Bauordnung ist kein Steuer-, Abgaben- oder allgemeines Vermögensverteilungsgerechtigkeitsgesetz. Es gilt der Grundsatz „Geld hat man zu haben, wenn man eine Immobilie besitzt." Den notwendigen sozialen Ausgleich muss die Politik daher auf anderen gesetzgeberischen Wegen herstellen, vor allem über Subventionen oder das Steuerrecht.

III. Kurzes Fazit

Ein großer Wurf im Sinne des Klimaschutzes ist dem öffentlichen Baurecht bisher nicht gelungen. Vor allem das Bauplanungsrecht verharrt in alten Regelungsmustern. Zwar lassen viele Appelle und Darstellungs- bzw. Festsetzungsmöglichkei-

---

[53] Ein besonders krasses Beispiel ist der durch das Baulandmodernisierungsgesetz vom 14.6.2021 (BGBl. I 1802) in § 1 Abs. 3 BauGB aufgenommene Hinweis, die Aufstellung von Bauleitplänen könne insbesondere in Betracht kommen, um Flächen für den Wohnungsbau auszuweisen. Als ob die Gemeinden seit Inkrafttreten des Bundesbaugesetzes 1960 auf diese Idee noch nicht gekommen wären! Völlig überflüssig ist auch die eingefügte Ergänzung von § 31 Abs. 3 S. 3 BauGB, die dort enthaltene Regelung ergibt sich schon aus allgemeinen Grundsätzen.

ten das Bemühen des Gesetzgebers erkennen, den Beitrag des Baurechts zur Erreichung der Klimaziele zu verbessern. Zwingende Regelungen bleiben aber die Ausnahme. Für die nächsten Jahre sind daher weitere Änderungen und Ergänzungen der bestehenden Gesetze wünschenswert und zu erwarten. Jedenfalls sind die Gesetzgeber angehalten, bei allen künftigen Änderungen den Klimaschutz mitzudenken.

HOLGER SCHMIDT

Problemimmobilien in historischen Ortskernen Ostdeutschlands – eine Zukunftsaufgabe der Stadterneuerung

Eine Problemimmobilie ist „... eine nicht angemessen genutzte und/oder bauliche Missstände (Verwahrlosung) aufweisende Liegenschaft, die negative Ausstrahlungseffekte auf ihr Umfeld verursachen kann“[1]. Hier soll es im Folgenden um Problemimmobilien gehen, die vor 1919 errichtet wurden und die in aller Regel Teil einer geschlossenen Blockrandbebauung, zB in historischen Altstadtstrukturen oder in Gründerzeitgebieten sind. Diese Gebiete stehen in den ostdeutschen Bundesländern seit Beginn der 1990er-Jahre im Fokus der Stadterneuerung, und in einem historisch überschaubaren Zeitraum konnten diese Stadtgebiete in ihrer Struktur gesichert werden.[2] Trotz dieser Erfolge ist in vielen Städten die Anzahl von Problemimmobilien immer noch sehr hoch, was verschiedene Ursachen hat. Der Beitrag endet mit Thesen für einen anderen Umgang mit den Problemimmobilien.

I. Rahmenbedingungen in den schrumpfenden Städten Ostdeutschlands

Viele Klein- und Mittelstädte jenseits der Ballungsräume und der Universitätsstädte sind auch heute noch von Einwohnerverlusten geprägt. Und folgt man einer aktuellen Studie des vhw, so wird dieser Trend anhalten. Denn inzwischen nimmt auch die Anzahl der nachfragenden Haushalte wieder ab, so dass bis zum Jahr 2035 die Wohnungsleerstände besonders in den Innenstädten weiter zunehmen werden.[3] Die hohen Leerstandszahlen haben einen Mietermarkt zur Folge. Die erzielbaren Mieten sind vergleichsweise niedrig, was sich auf die Wirtschaftlichkeit von Bauinvestitionen negativ auswirkt. Eine Ursache für die hohen Leestandszahlen vor allem in den historischen Baubeständen ist wohl der Umstand, dass die Städte in Ostdeutschland im Vergleich zu westdeutschen Städten generell über mehr historisch wertvolle Bebauung verfügen. Zudem ist das Phänomen des Wohnungsleerstandes ein ständiger Begleiter der Stadterneuerung: so standen bei der Zensuserhebung 2011 im Freistaat Sachsen etwa 232 000 Wohnungen leer, davon wurden fast

---

[1] Bundesinstitut für Bau-, Stadt- und Raumforschung (BBSR): Leitfaden zum Umgang mit Problemimmobilien – Herausforderungen und Lösungen im Quartierskontext, 2019.

[2] Schmidt: Warum die Stadterneuerung in Ostdeutschland ein Erfolgsmodell wurde, in: Altrock/Kurth//Kunze/Schmitt/Schmidt: Stadterneuerung im vereinigten Deutschland – Rück- und Ausblicke, 2017.

[3] Simons: 33 Jahre Wiedervereinigung – 33 Jahre Stadtentwicklung: Kurzfassung einer Studie im Auftrag des vhw anlässlich des Verbandstags 2023.

100 000 Wohnungen vor 1919 errichtet. Die Leerstandsquote in dieser Baualtersklasse hat sich zwischen 2000 und 2011 nur marginal von 44,2% auf 41,9% reduziert. Die nachfolgende Karte zeigt für den Freistaat Sachsen die hohe Betroffenheit, vor allem in Klein- und Mittelstädten. Fast 100 Städte und Gemeinden mit mehr als 2500 Einwohnern hatten einen höheren Wohnungsleerstand als der Landesdurchschnitt von 10%.

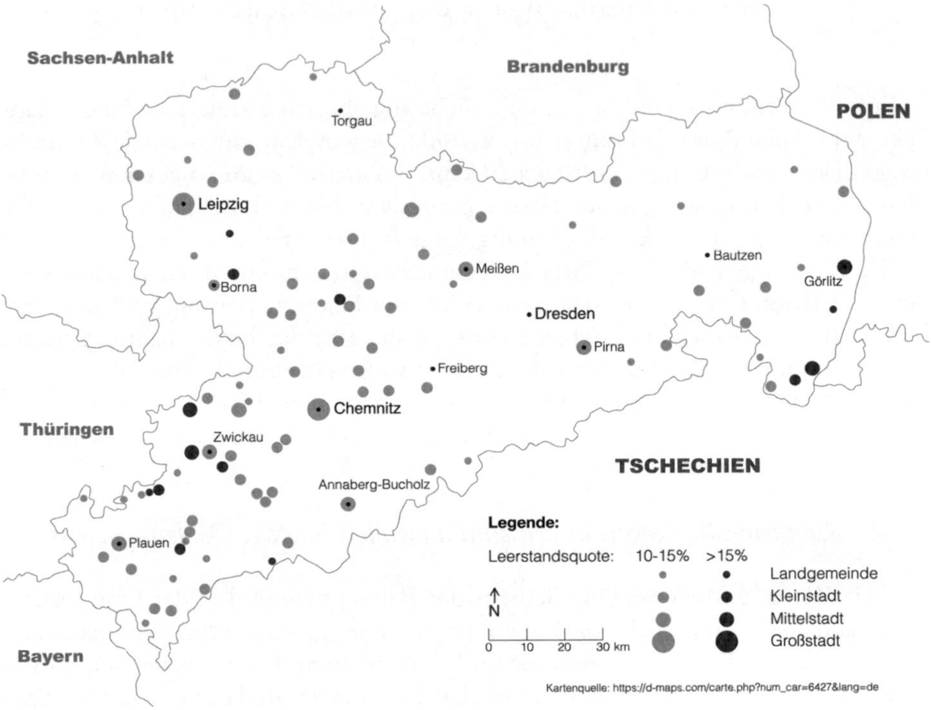

Abb. 1: Kommunen in Sachsen mit mehr als 2500 Einwohnern und hohem Wohnungsleerstand im Mai 2011; eigene Bearbeitung nach Statistischen Ämtern des Bundes und der Länder 2014.

In vielen Klein- und Mittelstädten in Sachsen hat sich die Leerstandssituation in den letzten Jahren nicht grundlegend verändert. Im günstigsten Fall gelang es den Kommunen, die Wohnungsleerstände durch den Abbruch von strukturell überzähligen Wohnungen in den Wohnsiedlungen am Stadtrand zu stabilisieren oder zu reduzieren.

II. Historischer Exkurs – Wohnungsleerstand trotz Wohnungsmangel

Zum Ende der DDR 1989 gab es trotz dem bekannten Wohnungsmangel etwa 400 000 leerstehende oder unbewohnbare Wohnungen, bis auf wenige Ausnahmen in historischen Baubeständen der Ortskerne. Die Wohnungen waren baupolizeilich gesperrt oder wiesen so starke bauliche Mängel auf, dass man in ihnen nicht leben konnte. Oft betraf es komplette Gebäude. Diese Leerstände waren das direkte Ergebnis einer ungesunden und einseitigen Schwerpunktsetzung der DDR-Planwirtschaft auf den Wohnungsneubau in industrieller Plattenbauweise. Große Baukombinate mit Wohnungsbautaktstraßen und Plattenwerken versprachen einen schnellen und effizienten Neubau von Standardwohnungen, gleichzeitig wurde die Werterhaltung, Instandsetzung und Modernisierung der bestehenden Bausubstanz stark vernachlässigt. Die Präferenz des industriellen Bauens führte gleichzeitig zu einem permanenten Mangel an Baumaterialien (jenseits des Baustoffs Beton), an Arbeitskräften für die Bestandserhaltung und an Baukapazitäten jenseits der großen Baukombinate. Die 1972 von der DDR-Führung vollzogene Enteignungswelle von halbstaatlichen oder privaten Baufirmen verschärfte die Situation nachhaltig. Während an den Stadträndern vieler Städte neue Wohnsiedlungen entstanden, verfielen die historischen Altstädte planlos oder es war in vielen Städten geplant, für eine Neubebauung mit angepassten Plattenbauserien großräumige Flächenabrisse vorzunehmen.

Dieser bedrohliche bauliche Zustand der Altstädte wurde zu einem wesentlichen Treiber der friedlichen Proteste gegen die DDR-Führung in den 1980er Jahren. Die Menschen forderten im Herbst 1989 tiefgreifende politische Reformen ein, die in der Folge zur Maueröffnung und zur deutschen Einheit führten. Dabei waren die Protestformen von Bürgergruppen gegen den Altstadtverfall sehr verschieden und vielfältig: sie reichten von eigenen historischen Forschungen, um den Wert der historischen Bausubstanz zu vermitteln, über aktive Sicherungsmaßnahmen von ausgewählten Gebäuden unter dem Dach des DDR-Kulturbundes, bis zu individuellen Eingaben an die Staats- und Parteiführung. Im Wendeherbst erlangten die Gruppen schnell eine große politische Wirkung. So beschloss beispielsweise die Stadtverordnetenversammlung der Stadt Potsdam auf Initiative der Bürgergruppe ARGUS am 1.11.1989 einen allgemeinen Abrissstop in der historischen Barockstadt. In Erfurt protestierte die Bevölkerung am 10.12.1989 unter dem Motto „Ein Bürgerwall für unsere Altstadt" gegen den Altstadtverfall und geplante Abrissmaßnahmen für die Weiterführung des innerstädtischen Stadtrings mit einer Menschenkette um die Altstadt und leitete damit eine behutsamere Stadterneuerungspolitik ein. Die Situation in den DDR-Innenstädten und die Proteste gegen den Stadtverfall können an dieser Stelle nicht weiter ausgeführt werden, sie wurden umfassend mit einem von 2019 bis 2023 vom BMBF geförderten Forschungsprojekt „Stadterneuerung am Wendepunkt – die Bedeutung der Bürgerinitiativen gegen den Altstadtverfall für die Wende in der DDR (Stadtwende)" erforscht, bei dem der Autor die Verbundleitung innehatte. Interessierte finden weitere Informationen auf der Website www.stadtwende.de oder im gleichnamigen Buch „Stadtwende – Bürgerengagement und Altstadterneuerung in der DDR und Ostdeutschland".[4]

[4] Breßler/Engler/Kegler/Kummer/Kurth/Noeske/Reinert/Welch Guerra: STADTWENDE – Bürgerengagement und Altstadterneuerung in der DDR und Ostdeutschland, 2022.

Schon im Wendeherbst 1989/1990 leiteten neben Potsdam und Erfurt weitere Kommunen eine grundsätzliche Umorientierung der Städtebaupolitik ein. Zunächst ging es um die (Not-) Sicherung von Gebäuden als Grundvoraussetzung für deren Erhalt und eine spätere umfassende Sanierung. In vielen Städten konnten quasi in letzter Minute viele von Verfall und Abriss bedrohte historische Baubestände gerettet werden. Diese Veränderungen nach 1990 hatten bei der Bevölkerung eine sehr hohe Akzeptanz und Unterstützung. Neben der Anwendung des besonderen Städtebaurechts waren es vor allem das neue Förderprogramm „Städtebaulicher Denkmalschutz" oder die finanzielle Schwerpunktsetzung des „klassischen Sanierungsprogramms" zugunsten der Städte in den neuen Ländern, die eine hohe Wirkung entfalteten und die den Paradigmenwechsel in der Städtebaupolitik zugunsten der Altstädte für jedermann sichtbar machten.

III. Wie sieht es heute in den historischen Innenstädten aus – das Beispiel Altenburg

In der ostthüringer Stadt Altenburg leben aktuell etwa 31000 Einwohner, über 15000 Einwohner weniger als 1990. Die Innenstadt ist komplett als Denkmalbereich mit vielen erhaltenswerten Einzeldenkmalen ausgewiesen. Das historische Bauerbe besteht aus einer wohl einmaligen Mischung von Gebäuden aus der Renaissance, dem Barock, dem Klassizismus und von Gründerzeitarchitektur sowie von Überresten der Stadtbefestigung. Im Jahr 1990 gab es in der Innenstadt einen sehr hohen Leerstand, da viele Bewohner die unbewohnbar gewordenen historischen Gebäude verließen und eine Wohnung in den Plattenbaugebieten am Stadtrand vorgezogen hatten. In einem Fernsehbeitrag im DDR-Fernsehen von Januar 1990 wurde Altenburg als negatives Beispiel für den Stadtverfall dokumentiert und die Frage gestellt: „Ist Altenburg noch zu retten?"

Heute, nach fast 33 Jahren Stadtsanierung sieht Altenburg auf den ersten Blick deutlich freundlicher aus. Alle Straßenräume und öffentlichen Plätze wurden hochwertig erneuert, viele Gebäude sind mittlerweile saniert und gut in Nutzung. Ein Blick in die Statistik zeigt, dass die Innenstadt der einzige Stadtteil von Altenburg ist, der in den letzten Jahren kontinuierlich Einwohner gewinnen konnte. Aber es ist ein Wettlauf mit der Zeit, denn auf den zweiten Blick fallen die komplett leerstehenden Gebäude oder die vielen ungenutzten Obergeschosse auf. 140 Gebäude in der Innenstadt haben einen Leerstand von über 75%. Die Erdgeschosse vieler Häuser am Markt werden (noch) gewerblich genutzt, die Wohnungen darüber stehen komplett leer und die Dächer weisen bereits erste Schäden auf. In Lagen jenseits des Haupteinkaufsbereichs (etwa in der Johannisstraße) steht über die Hälfte aller Häuser komplett leer. Die Stadt versucht aktuell, mit dem Projekt HOFHALTEN im Rahmen des Bundesprogramms „Zukunftsfähige Innenstädte und Zentren" dagegen anzugehen. Durch eine intensive Beratung und Begleitung privater Eigentümer von Problemimmobilien sollen neue Entwurfs- und Umnutzungskonzepte entwickelt werden. Dabei werden die Gebäude von den großen grünen Innenhöfen her gedacht und versucht, durch Veränderungen der Grundstückszuschnitte oder grundstücksübergreifende Gebäudeerschließungen vorhandene Entwicklungsblockaden aufzulösen.[5] Die Frage, ob mit dem Projekt erfolgreich Problemimmobilien revitalisiert werden können oder ob doch nach 1990 wieder umfangreiche Verluste von historischer Bausubstanz drohen, muss die Zukunft beantworten.

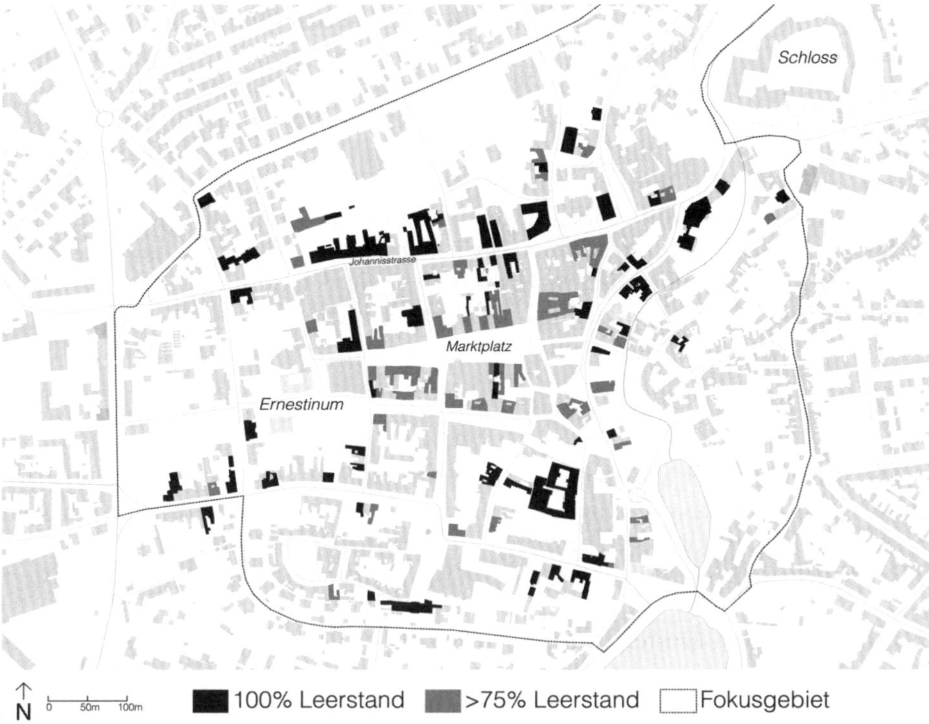

Abb. 2: Leerstände in der Innenstadt von Altenburg: Masterstudienprojekt „Masterplan Innenstadt Altenburg" 2023/unveröffentlicht, nach Gernot Lindemann – Büro für Kreative Stadtentwicklung, Sanierung und Denkmalpflege.

IV. Problemimmobilien – Leitfäden und Handreichungen

Das Phänomen der Problemimmobilien wurde erstmals in den 2010er-Jahren akut und führte im Jahr 2013 zu einer behutsamen Erweiterung des Rückbau- und Entsiegelungsgebotes in § 179 BauGB. Es setzt seitdem zu seiner Anwendung nicht mehr zwingend einen Bebauungsplan voraus, sondern kann auch aufgrund von städtebaulichen Missständen erlassen werden. Wichtig für die Kommunen war

---

[5] https://www.innenstadtprogramm.bund.de/SharedDocs/textbaustein/Webs/ZIZ/DE/projekte/Altenburg.html,

auch die neue Regelung, dass der Eigentümer für die Finanzierung des Abrisses herangezogen werden kann, wenn er durch die Beseitigung der Immobilie Vermögensvorteile hat.[6] In der Planungspraxis viel beachtet wurde der Leitfaden zum Einsatz von Rechtsinstrumenten beim Umgang mit verwahrlosten Immobilien („Schrottimmobilien"), der erstmals die Rechtsinstrumente und Eingriffsmöglichkeiten für den Umgang mit verwahrlosten Immobilien zusammenfassend beschrieben hat.[7] Bereits 2019 gab es nach einem dreijährigen Forschungsprojekt eine Aktualisierung und Erweiterung in Form eines Leitfadens zum Umgang mit Problemimmobilien, der auch Herausforderungen und erste Lösungen im Quartierskontext vorstellte.[8] Die im Leitfaden und die vielen anderen in der Literatur vorgestellten positiven Beispiele zum Umgang mit Problemimmobilien können jedoch nicht über die Tatsache hinwegtäuschen, dass es in der Praxis eine Vielzahl an Hemmnissen und Vorbehalten gegen eine Beschäftigung mit dem Thema gibt und sich fast ausschließlich Großstädte an das Thema herangewagt haben. Von einer eigentlich dringend gebotenen proaktiven Strategie der Kommunen ist besonders in den Klein- und Mittelstädten nichts wahrzunehmen.

V. Warum sich viele Kommunen mit dem Thema Problemimmobilien schwertun

Die nachfolgenden Erkenntnisse wurden heuristisch ermittelt und basieren auf vielen Gesprächen mit Verantwortlichen in Klein- und Mittelstädten, die vom Autor im Rahmen von Forschungsprojekten und Lehrprojekten oder seiner praktischen Tätigkeit als Städteplaner in Sachsen, Thüringen und Sachsen-Anhalt geführt wurden.

Zunächst wäre festzustellen, dass in vielen Städten leerstehende Häuser nicht als vordringliches Problem der Stadterneuerung wahrgenommen werden, da viele Gebäude bereits seit vielen Jahren leer stehen und man sich an den Anblick von verfallenen Häusern „gewöhnt" hat. Wenn der Autor Mitarbeiterinnen oder Mitarbeiter der Verwaltung direkt auf die für jedermann sichtbaren verfallenen Gebäude oder verwahrloste Grundstücke und Gebäude ansprach, so war es vielen oft peinlich und es wurde fast reflexhaft auf die Verantwortung der privaten Eigentümer verwiesen und hinzugefügt, dass die Kommune keine Handhabe hätte, gegen solche städtebaulichen Missstände vorzugehen. Auch wird das Thema in sehr vielen integrierten städtebaulichen Entwicklungskonzepten (ISEK), die zB als Grundlage für die Städtebauförderung dienen, entweder ganz ausgespart oder eher verklausuliert formuliert. In dem im Jahr 2023 in der dritten Überarbeitung erschienenen Leitfaden für die ISEKs kommt der Begriff „Problemimmobilie" gar nicht vor, aber immerhin wird der oben zitierte Leitfaden zu den Schrottimmobilien im Literatur-

---

[6] Krautzberger ZfBR 2013, 529.

[7] Bundesministerium für Umwelt, Naturschutz, Bau und Reaktorsicherheit: Verwahrloste Immobilien. Leitfaden zum Einsatz von Rechtsinstrumenten beim Umgang mit verwahrlosten Immobilien – „Schrottimmobilien", 2014.

[8] Bundesinstitut für Bau-, Stadt- und Raumforschung (BBSR): Leitfaden zum Umgang mit Problemimmobilien – Herausforderungen und Lösungen im Quartierskontext, 2019.

anhang dort aufgeführt.[9] Dabei wären doch gerade die städtebaulichen Entwicklungskonzepte der richtige Ort, das Thema mit nachvollziehbaren Analysen, daraus ableitbaren Zielen, Handlungsprioritäten und Maßnahmen mit einem untersetzten Budget fachlich und kommunalpolitisch zu verankern.

Zu jeder Problemimmobilie gibt es eine konkrete Eigentümer-Objekt-Geschichte zu verhandeln. Häufig ist mit der Problemimmobilie eine Erzählung des Scheiterns verbunden, das für die Eigentümerin oder den Eigentümer nicht einfach zu akzeptieren und zu verarbeiten ist. Das Verhalten und die Entscheidungen der Eigentümer zur Bewirtschaftung „ihrer" Immobilie wird von einer Vielzahl von Faktoren beeinflusst, wie dem Lebensalter, der ökonomischen Potenz, einer emotionalen Bindung, der Frage des Motivs des Eigentumserwerbs oder das angestrebte Bewirtschaftungskonzept bzw. Geschäftsmodell. Auf der anderen Seite fehlt es in Verwaltung und Kommunalpolitik häufig an fachlichem Wissen, um die komplexen immobilienwirtschaftlichen oder rechtlichen Fragestellungen fundiert bearbeiten zu können.

VI. Was braucht es in Zukunft für einen anderen Umgang mit Problemimmobilien – drei Thesen für einen Paradigmenwechsel

These 1: Sicherung vor Komplettsanierung

Wie in den Wendejahren muss in vielen Städten die Sicherung der Gebäude eine höhere Priorität erhalten, um weitere Substanzverluste zu vermeiden. Viele Fördermittelstellen oder auch Kreditinstitute sehen ein schrittweises oder etappenweises Vorgehen skeptisch und wollen eine umfassende, ausfinanzierte und vermeintlich „richtige Komplettsanierung" sehen. Wäre es nicht sinnvoll, zunächst nur die Substanz soweit herzurichten, dass sie modernisierungsfähig wird, also trocken und sicher ist und damit nicht weiter verfällt und die anschließende Sanierung immer teurer wird? Die Städtebauförderung lässt eine solche Variante zu, sie wird aber zu wenig genutzt.

These 2: Kommunale Vorleistungen ziehen nicht automatisch privates Eigentümerengagement nach sich

In den letzten 30 Jahren haben viele Kommunen Ostdeutschlands in den Erhaltungs- oder Sanierungsgebieten fast alle öffentlichen Räume meist stadtgestalterisch sehr gut und (sehr) teuer neugestaltet. Und trotzdem stehen angrenzende Häuser leer und verfallen. Insofern wäre es logisch, weiteres Geld nicht (nur) in die öffentlichen Räume, sondern in die Erhaltung und Entwicklung der Immobilen zu investieren. Dafür ist eine direkte Ansprache der Eigentümer notwendig um herauszufinden, worin die Ursachen für das Nicht-Investieren bestehen und ob dem Eigentümer mit Beratung und Förderung geholfen werden kann. Denn nicht wenige Eigentümer können den Immobilienmarkt nicht richtig einschätzen oder sie spekulieren auf eine möglichst hohe Förderung. Einige Eigentümer wären sicher

[9] Bundesministerium für Wohnen, Stadtentwicklung und Bauwesen Integrierte städtebauliche Entwicklungskonzepte in der Städtebauförderung – Eine Arbeitshilfe, 2023.

froh, wenn sie die Verantwortung für die Immobilie abgeben könnten. Für all diese Fälle bieten die vorliegenden Forschungen und Leitfäden viele Anregungen.

These 3: Ohne Förderung nimmt die Zahl der Problemimmobilien eher zu denn ab

Machen wir uns nichts vor: nur durch eine sinnvolle und ausreichende Förderung und neue Konzepte werden sich Problemimmobilien reaktivieren lassen, denn unter diesen immobilienwirtschaftlichen Rahmenbedingungen lässt sich eine selbsttragende Entwicklung oft nur schwer darstellen. Vor einer Ausreichung von Fördermitteln für das Bauen muss aber zwingend eine fachliche Beratung und die Entwicklung eines realistischen Revitalisierungskonzeptes stehen. Und die ausgereichten Fördermittel müssen im Grundbuch gesichert werden, damit im Falle eines Scheiterns des Projekts die Kommune eine Mitsprachemöglichkeit für die weitere Projektentwicklung behält.

VII. Fazit

Nicht jedes leerstehende Haus ist eine Problemimmobilie. Aber viele leerstehende Häuser in einem überschaubaren Stadtgebiet sind ein Problem der Stadterneuerung. Jede Problemimmobilie ist verschieden, sie ist einzigartig hinsichtlich ihrer Entstehungsgenese und möglicher Lösungsstrategien. Dringend nötig ist es, dass sich die betroffenen Städte auf den Weg machen, eine längerfristige Strategie entwickeln, Arbeitsstrukturen innerhalb der Verwaltung aufbauen und die finanziellen Mittel etwa mit Hilfe der Städtebauförderung absichern. Als Wissenspool können die in den letzten Jahren erarbeiteten Leitfäden und Handreichungen eine Fülle an Hinweisen und Anregungen liefern, die Auseinandersetzung mit dem Thema Problemimmobilien muss aber in der Kommune vor Ort mit der Bürgerschaft und der Kommunalpolitik selbst geführt werden. Behilflich könnte dabei ein extern besetztes Problemimmobilienmanagement sein, das zwischen den Eigentümerinnen und Eigentümern und der Verwaltung, den anderen Immobilieneigentümern, der gewerblichen Wohnungswirtschaft, potentiellen Investoren und Gewerbetreibenden vermittelt. Eine Einbindung von interessierten Bürgerinnen und Bürgern sowie von sozialen und kulturellen Akteuren und Trägern kann helfen, das Quartier zu stärken und damit bessere Rahmenbedingungen zur schrittweisen Sicherung und Revitalisierung von Problemimmobilien zu schaffen.

ANNETTE SPELLERBERG

Wohnen, Wohnzufriedenheiten und Ortsbindungen der 63- bis 67jährigen Babyboomer aus (sub-)urbanen Standorten im Südwesten

I. Einleitung

Dieser Beitrag nimmt seinen Ausgangspunkt beim Geburtsjahr des Kollegen Willy Spannowsky, das Jahr 1958. Er gehört damit zu den sogenannten Babyboomern, die in Deutschland von Mitte der 1950er bis Ende der 1960er Jahre geboren sind.[1] Im Jahr 1958 lag die Geburtenrate bei 2,28 (in der DDR bei 2,21[2]), der Höhepunkt des Babybooms war 1964 mit einer zusammengefassten Geburtenziffer von 2,54 (2,51 in Ostdeutschland; bei insgesamt 1,4 Mio. Geburten in beiden Landesteilen[3]). Diese Kohorte, die etwa ein Viertel der Bevölkerung der Bundesrepublik ausmacht, geht sukzessive in den Ruhestand über. Der Jahrgang 1958 gehört zu den ersten der Babyboomer, die von diesem Wechsel der Lebensphasen betroffen ist. Auch wenn mit dem offiziellen Eintritt in das Renten- bzw. Pensionsalter die inhaltliche Arbeit nicht zwangsläufig endet und sich die Übergänge zwischen Erwerbsleben und Ruhestand ausdifferenzieren, wird in unserem Kulturkreis das „dritte Lebensalter" mit dem Zeitpunkt des Renten- bzw. Pensionsbezugs festgelegt.[4]

Ein abrupter Eintritt in den Ruhestand ist bei gut Ausgebildeten, besser Verdienenden und Selbständigen seltener zu beobachten als bei weniger gut gebildeten, gering verdienenden und abhängig beschäftigt Erwerbstätigen.[5] Die Letzteren sind

---

[1] Statistisches Bundesamt Einfluss demografischer Prozesse auf die Bevölkerungsstruktur (https://www.destatis.de/DE/Themen/Querschnitt/Demografischer-Wandel/Aspekte/demografie-prozesse-bevoelkerungsstruktur.html, abgerufen am 13.12.2023).

[2] Bundesinstitut für Bevölkerungsforschung, Zusammengefasste Geburtenziffer in West- und Ostdeutschland (1945–2019) (https://www.bib.bund.de/Permalink.html?cms_permaid=1217746, abgerufen am 13.12.2023).

[3] Bundesinstitut für Bevölkerungsforschung, Zusammengefasste Geburtenziffer in West- und Ostdeutschland (1945–2019) (https://www.bib.bund.de/Permalink.html?cms_permaid=1217746, abgerufen am 13.12.2023).

[4] Henning/Baumann/Huxhol The Journals of Gerontology, Series B: Psychological Sciences and Social Sciences, 78, 1365 (1367) (https://doi.org/10.1093/geronb/gbad066, abgerufen am 13.12.2023);

Mergenthaler Bevölkerungsforschung Aktuell 5/2013, 2 (5) (https://www.bib.bund.de/Publikation/2013/Auf-den-Spuren-des-Dritten-Alters-Befunde-zur-Dauer-eines-Lebensabschnitts-auf-der-Grundlage-der-Third-Age-Life-Expectancy.html?nn=1219558).

[5] Gordo/Gundert/Engstler/Vogel/Simonson IAB-Kurzbericht. 8/2022. 1 (4) (https://doku.iab.de/kurzber/2022/kb2022-08.pdf, abgerufen am 14.12.2023).

häufiger gesundheitlich belastet, werden nicht weiterbeschäftigt oder möchten sich von ihren Arbeitsbedingungen befreien. Im Fall akademischer Eliten ist zu erwarten, dass weitergearbeitet wird und monetäre Gründe dafür nicht ausschlaggebend sind. Als Universitätsprofessor genießt ein Babyboomer zudem im Erwerbsleben hochgradige Freiheiten, Arbeitszeiten und Arbeitsorte selbst zu wählen. Für diese privilegierte Gruppe mag der Rollenwechsel, der mit dem Ende der Erwerbstätigkeit einhergeht, weniger spürbar sein als für den Durchschnitt der Babyboomer, dennoch findet ein Statuswechsel statt, der vor allem durch die veränderte Haupteinkommensquelle markiert wird (und u. a. auch durch das Auslaufen der RPTU-E-Mail-Adresse). Aus soziologischer Sicht ist dieses „soziale Alter" entscheidender als das kalendarische, biologische oder psychologische Alter.

In diesem Beitrag sollen aus stadtsoziologischer Sicht einige empirische Informationen zu Babyboomern dargelegt werden, genauer zu einer Auswahl aus dieser Kohorte. Die hier vorgestellten Daten stammen aus einer repräsentativen Befragung von 50- bis 75-Jährigen, die das Fachgebiet Stadtsoziologie im Jahr 2022 im Rahmen des Projekts „Ageing Smart – Räume intelligent gestalten" in sieben Kommunen in drei Bundesländern durchgeführt hat.[6] Es wird bei den hier präsentierten empirischen Analysen eine Homogenisierung der Babyboomer nach demographischen, sozialstrukturellen und räumlichen Merkmalen vorgenommen. Ausgewählt wurden männliche Babyboomer der Geburtsjahrgänge 1955 bis 1959 mit Hochschulabschluss aus einer suburbanen Kommune und einer kleinen Großstadt in Rheinland-Pfalz sowie aus einer suburbanen Kommune aus Baden-Württemberg. Es wird nicht überraschen, dass bei dieser Einengung die Wohnbiografie des imaginierten Pensionärs eine zentrale Rolle spielt.

Um mögliche Spezifika dieser Gruppe herauszuarbeiten, wird sie mit Männern verglichen, die maximal den Realschulabschluss erreichten. Da Lebenschancen und Lebensstile maßgeblich durch die schulische Bildung bestimmt werden – wobei hier nichtmeritokratische Aspekte unberücksichtigt bleiben, wie zB Erbschaften – wird dieses zentrale Merkmal bei den folgenden Analysen herangezogen. Die Bildung, das kulturelle Kapital, prägt den kulturellen Geschmack, Freizeitaktivitäten, Konsumverhalten und wechselseitige Bewertungen.[7] In empirischen Studien hat sich gezeigt, dass Alter und Bildung die entscheidenden Variablen zur Unterscheidung von Lebensstilgruppen sind, die wiederum die Wohnstandortwahl maßgeblich beeinflussen.[8]

Für die Babyboomer-Kohorte stellt sich die Frage, wie und wo sie ihre sogenannte Freizeit gestalten, die mit Eintritt in den Ruhestand einen großen Anteil des Tages ausmacht. Die Aktivitäten und Interessen der Bewohnerinnen und Bewohner können sehr unterschiedliche Radien haben, von der Wohnortzentrierung über regionale Schwerpunkte bis hin zu weiter entfernten Gelegenheiten, saisona-

---

[6] vgl https://www.ageing-smart.de/.

[7] Bourdieu, Die feinen Unterschiede, 1982.; Spellerberg, Soziale Differenzierung durch Lebensstile. Lebensqualität in West- und Ostdeutschland, 1996.

[8] Schneider/Spellerberg, Lebensstile, Wohnbedürfnisse und räumliche Mobilität, 1999; Beckmann/Hesse/Holz-Rau/Hunicke, StadtLeben – Wohnen, Mobilität und Lebensstil. Neue Perspektiven für Raum- und Verkehrsentwicklung, 2006.

len Möglichkeiten, Fernreisen oder auch Zweitwohnsitzen, die Zeit und Engagement erfordern. Die vor Ort ausgeübten Aktivitäten werden stark von der Siedlungsstruktur bestimmt. In ländlichen Räumen sind die Aktivitäten häufig auf den häuslichen Bereich ausgerichtet, in städtischen Räumen gibt es ein breit gefächertes Angebot und auch subkulturelle Ausdifferenzierungen.[9] Es ist vergleichsweise schwierig, typische Verhaltensweisen von Bewohnern suburbaner Räume zu identifizieren, die selbst aufgrund ihrer Hybridität und Vielfalt nur schwer zu charakterisieren sind.[10] Menzl hat in seiner Studie zur Suburbanität folgende Merkmale für eine suburbane Lebensweise identifiziert: eine Fokussierung auf Kinder, eine Orientierung auf den Ortsteil, Wohnort als Rückzugsort sowie eine mehrdimensionale, auch normative Homogenität.[11]

Beim Übergang in den Ruhestand und der Anpassung an die neue Lebensphase ist davon auszugehen, dass Hobbys und Aktivitätsschwerpunkte beibehalten werden.[12] Dass ein eingeübter und individuell passender Lebensstil mit dem Eintritt in den Ruhestand nicht einfach aufgegeben wird bzw. werden kann, wurde bereits im Deutschen Alterssurvey festgestellt.[13] Backes/Clemens haben herausgefunden, dass die Lebenszufriedenheit umso höher ist, je mehr der Alltag im Alter dem Alltag im mittleren Alter ähnelt.[14]

Von den hier einbezogenen Männern im Alter von 63 bis 67 Jahren sind bereits knapp drei Viertel (73%) im Ruhestand. Nur eine Minderheit dieser Altersjahrgänge gibt an, dass im Ruhestand neue Angebote wichtiger geworden sind (24% bei den weniger und 33% bei den höher Gebildeten), dies sind vor allem Freizeit- und Sportangebote. In diesem Beitrag steht daher auch nicht die Unterscheidung von Personen vor und nach dem Eintritt in den Ruhestand im Vordergrund, sondern die Wohnsituation, Aktivitäten im Wohnumfeld und Ortsbindungen von suburban wohnenden Männern an der Schwelle zum oder Beginn des dritten Lebensalters, die sich im Hinblick auf ihr kulturelles Kapital unterscheiden.

Auch das Thema Nachbarschaft wird behandelt – auch durch den Beruf des Adressaten dieses Bandes bedingt – der sich als Jurist mit Siedlungsentwicklungen befasst. Nachbarschaftsstreitigkeiten beschäftigen häufig und unterschiedliche Rechtsbereiche der deutschen Gerichte, sofern sie nicht von kommunalen Schiedsstellen und in Mediationsverfahren geschlichtet werden. Für das Jahr 2017 hat eine Forsa-Umfrage ergeben, dass knapp die Hälfte der Befragten Bundesbürger (46%) schon einmal Konflikte mit Nachbarn hatte.[15] Aus der Perspektive des Fachgebiets

---

[9] Otte/Baur Zeitschrift für Soziologie 37, 93; Henkel, Das Dorf. Landleben in Deutschland – gestern und heute, 2012; Scheiner Deutsche Zeitschrift für Kommunalwissenschaften 47, 47; Spellerberg Kölner Zeitschrift für Soziologie und Sozialpsychologie, Sonderheft 51/2011, 399.

[10] Göb, Lebenswelten im Suburbanen – (Re)konstruktionen von Raum und Routinen am Rande von Hannover, 2021, S. 54f.

[11] Menzl, Leben in Suburbia – Raumstrukturen und Alltagspraktiken am Rand von Hamburg, 2007, S. 399ff.

[12] Kohli/Künemund, Die zweite Lebenshälfte – Gesellschaftliche Lage und Partizipation im Spiegel des Alters-Survey, 2000.

[13] Mayer/Baltes, Die Berliner Altersstudie, 1996.

[14] Kontinuitätstheorie; Backes/Clemens, Lebensphase Alter – Eine Einführung in die sozialwissenschaftliche Alternsforschung, 1998, S. 120ff.

[15] Nier Streit am Gartenzaun (Statista.com, abgerufen am 13.12.2023).

Stadtsoziologie, das die Autorin vertritt, geht es jedoch eher grundsätzlich um die sozialen Beziehungen, die mit Nachbarschaften entstehen und gestaltet werden. Es wird hier untersucht, inwieweit hochgebildete Männer Nachbarschaftskontakte pflegen und ob sie sich von der Vergleichsgruppe unterscheiden.

Es sei darauf hingewiesen, dass die hier getroffenen Aussagen nicht auf einer repräsentativ ausgewählten Gruppe hoch qualifizierter Babyboomer-Männer beruhen, sondern dass der Anlass dieser Festschrift zu der spezifischen Auswahl geführt hat. Die Autorin bittet daher um etwas Nachsicht, dass die Aussagen nur für die hier Befragten gelten. Die im folgenden Abschnitt vorgestellten Verteilungen sollen die Leserschaft dennoch dazu einladen, die Wohnsituation und Wahrnehmungen männlicher hochgebildeter Babyboomer im Alter von 55 bis 59 Jahren in den Modellkommunen kennenzulernen, die eine Minderheit sind, über die eher wenig bekannt ist. In öffentlichen Debatten zur Wohnraumversorgung, Flächenverbrauch, Klimakrise und Suffizienz werden sie als Adressat für eine Umverteilung gesehen: Wenn ein Teil der gut versorgten Babyboomer sich für einen Umzug in eine kleinere Wohnung entscheiden könnte, wären große Häuser und Wohnungen für unterversorgte Familienhaushalte verfügbar. Es stellt sich also die Frage, wie zufrieden die Babyboomer mit ihrer Wohnsituation sind, ob sie sich am Ort einbringen, wie stark ihre Ortsbindungen ausfallen und ob sie einen Umzug in Erwägung ziehen. Sollte dies nicht der Fall sein, gehen alle Umzugsappelle ins Leere und andere Strategien der Bereitstellung von angemessenen Wohnungen sollten in Erwägung gezogen werden.

II. Wie wohnen und leben männliche, gut gebildete Babyboomer im Alter von 63 bis 67 Jahren in suburbanen Räumen und einer kleinen Großstadt im Südwesten? Empirische Informationen

1. Befragungsmethode

Die Umfrage fand als postalische und Online-Befragung in sieben Modellkommunen von Juli bis September 2022 bei den Geburtsjahrgängen 1947 bis 1972 statt. Es wurden von den Kommunen jeweils die Anschriften von 3 000 Bürgerinnen und Bürgern repräsentativ ausgewählt und zur Verfügung gestellt (in einer Kommune wurde eine Vollerhebung wegen der geringen Anzahl älterer Bewohner durchgeführt). Der Fragebogen umfasste 80 Fragen der Themenfelder Wohnen, Freizeit, Digitalisierung, Lebensstile, Erreichbarkeiten, Mobilität und sozioökonomischer Status. Die Rücklaufquote von 25% kann vor allem in Anbetracht der durchschnittlichen Antwortzeit von 20 Minuten als sehr gut bewertet werden. Wie oben erwähnt, stehen in diesem Beitrag vier Jahrgänge (1955–1959) aus zwei suburbanen Kommunen und einer Großstadt aus den Bundesländern Rheinland-Pfalz und Baden-Württemberg im Mittelpunkt. Es werden die männlichen Befragten mit Hochschulabschluss – dies sind immerhin 87 Fälle – mit weniger gut gebildeten Männern kontrastiert (111 Personen mit maximal Realschulabschluss).

2. *Ergebnisse*

a) Indikatoren des Lebensstandards, der Haushaltskonstellation und der Lebensqualität

Zwei Drittel der Hochgebildeten und bereits drei Viertel derjenigen mit maximal Realschulabschluss befinden sich im Ruhestand (67% zu 75%). Das Haushaltsnettoeinkommen pro Person beträgt im Durchschnitt (Median) 2.000 EUR bei den Befragten mit Hochschulabschluss, bei den weniger gut Gebildeten sind dies 1.375 EUR. Dies ist ein deutlicher Unterschied, der nicht nur auf die Qualifikation, sondern auch auf die höhere Rate der Ruheständler bei den weniger gut Gebildeten zurückgeht. Bei den Personen mit kürzerer Schulbildung beträgt die Differenz zwischen Personen im Ruhestand und den übrigen beim monatlichen Haushaltsnettoeinkommen pro Person (Median) 660 EUR und bei denjenigen mit sehr langer Bildungszeit 600 EUR vor und nach dem Ruhestandseintritt.

Der überwiegende Teil dieser hier untersuchten Altersgruppe lebt zu zweit in einem Haushalt, vorwiegend im „empty nest“: 63% der Höhergebildeten und 54% der Vergleichsgruppe sind Paare ohne Kinder, zwei Drittel der Hochschulabsolventen bzw. 58% der weniger Gebildeten haben Kinder außerhalb des Haushalts. Längere Bildungszeiten führen zu einem späteren Einstieg in die Familienphase, was sich an dem höheren Anteil bei Hochschulabsolventen zeigt, der noch mit Kindern im Haushalt lebt (21% im Vergleich zu 16%). Während lediglich 10% derjenigen mit Hochschulabschluss allein leben, sind dies 17% in der Vergleichsgruppe. Und 6% der Hochschulabgänger im Vergleich zu 14% leben in einem sonstigen Mehrpersonenhaushalt.[16]

Zwei Drittel der Hochschulabsolventen im Alter von 63 bis zu 67 Jahren beurteilen ihren Gesundheitszustand als gut bzw. als sehr gut, während dies bei den weniger gut gebildeten Männern 58% sind. Bei den höher Gebildeten sind drei Viertel (75%), bei den weniger gut Gebildeten 63% mit ihrem Leben sehr zufrieden (sechs und sieben auf der Skala 1–7). Die Werte sind insgesamt sehr positiv, die Unterschiede weisen jedoch zugleich auf eine etwas geringere Lebensqualität bei den weniger gut Gebildeten hin.

b) Wohnverhältnisse

Beide hier vorgestellten Teilgruppen der Babyboomer leben in relativ großen Wohnungen bzw. Häusern (lediglich ein Viertel stammt aus der Großstadt, drei Viertel aus den beiden suburbanen Kommunen). Die Privilegierten leben zu 85% im Eigentum, aber auch 72% der weniger gut gebildeten Männer dieser Altersgruppe; die verfügbaren Wohnflächen liegen bei durchschnittlich 66 m^2 bzw. 59 m^2 Wohnfläche pro Kopf. In Anbetracht der Einkommensunterschiede erscheint diese Differenz als eher gering. Zusammenfassend verfügen beide Gruppen über überdurchschnittlich viel Fläche und sind weit häufiger Eigentümer als der bundesdeutsche Durchschnitt (42% in 2022).

---

[16] ZB mit den eigenen Eltern; zu Babyboomern allgemein vgl. Menning/Hoffmann, Die Babyboomer: Ein demografisches Portrait. Report Altersdaten 2/2009.

Als Haustyp überwiegt das freistehende Ein-/Zweifamilienhaus (59%) und das Reihenhaus (20%; insgesamt 79%), bei weniger gut Gebildeten sind es insgesamt 68% (48% Ein-/Zweifamilienhaus, 16% Reihenhaus und 4% in landwirtschaftlichen Gebäuden). Bei Letzteren ist das Wohnen im Geschosswohnungsbau eher verbreitet. Immerhin ein knappes Drittel der Hochschulabsolventen (31%) geben an, ihre Wohnung sei zu groß (20% in der Kontrastgruppe). Zu erwähnen ist zugleich, dass die Hochschulabsolventen zu 9% über einen Zweitwohnsitz verfügen, jedoch nur sehr wenige (2%) der weniger gut Gebildeten.

Unterschiede zeigen sich auch bei der Ausstattung und auch beim Zustand der Gebäude. Dreiviertel im Vergleich zu zwei Drittel der beiden Gruppen verfügen über einen Garten; jedoch hat die überwiegende Mehrheit beider Gruppen einen Balkon bzw. eine Terrasse (jeweils knapp 90%). Ganz und gar zufrieden mit ihrer Wohnung bzw. ihrem Haus sind 43% der hoch Gebildeten und nur 30% der weniger gut Gebildeten. Die Differenz erklärt sich auch durch den Gebäudezustand, da immerhin drei von zehn der weniger gut Gebildeten meinen, dies sei teilweise renovierungsbedürftig (zwei von zehn bei den Hochschulabsolventen). Mögliche Gründe können im Investitionsstau liegen oder auch in der „Lebensphase" des Wohngebiets, das ein wichtiges Unterscheidungsmerkmal für Wohnstandards in Suburbia ist.

Die Wohndauer unterscheidet sich überraschenderweise nicht bei denjenigen beider Gruppen, die in den Ort zugezogenen sind, sie beträgt immerhin 30 Jahre. Werden auch diejenigen einbezogen, die seit der Geburt am Ort leben, so beträgt die Wohndauer im Schnitt 34 Jahre bei den Hochschulabsolventen. Bei den weniger gut Gebildeten sind es 41 Jahre. Der Anteil der „Einheimischen" ist bei den Letzteren entsprechend höher. Warum sind die Menschen zugezogen? Die höher Gebildeten häufiger, wegen eines größeren Hauses (41% im Vergleich zu 29%). Das günstige Haus stand umgekehrt bei 16% weniger gut Gebildeten und bei 10% der höher Gebildeten im Vordergrund. Unterschiede zeigen sich zudem bei den folgenden Aspekten: Nähe zum eigenen Arbeitsplatz: 24% zu 13%; Nähe zu Grün/zur Natur: 38% zu 27%; Wohnlage: 37% zu 30%; andere Gründe: 32% zu 22%; dies waren zumeist Erbschaften.

Ein größerer Anteil der Hochgebildeten – aber dennoch eine Minderheit – ist nicht aus der Region oder dem gleichen Ort in die aktuelle Wohnung gezogen (ein Fünftel im Vergleich zu einem Zehntel der Kontrastgruppe). In Anbetracht der suburbanen Situation mit Nähe zu wirtschaftsstarken Metropolregionen hätte ein größerer Anteil Zugezogener aus ferneren Regionen erwartet werden können.

c) Bewertung der Wohngegend und Nachbarschaft

Die Bewertungen der jeweiligen Wohngegend fallen bei den Hochgebildeten häufiger besser als bei denjenigen mit maximal Realschulabschluss aus (vgl. Abb. 1): Große Diskrepanzen zeigen sich vor allem bei der Einschätzung der Umweltqualität, Parks- und Grünanlagen bzw. die Natur, der sozialen Einbindung, dem Ruf der Wohngegend, den Freizeitmöglichkeiten und der Anbindung durch Bus und Bahn.

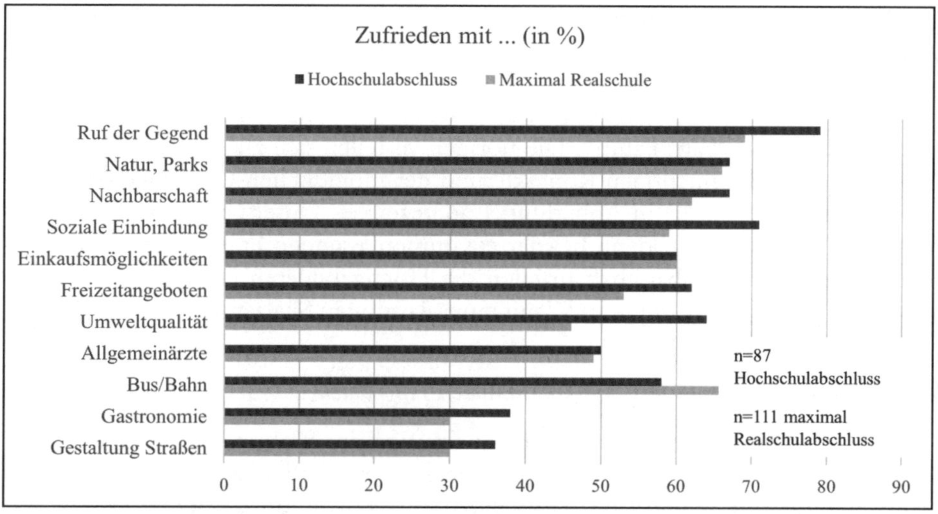

Abb. 1: Bewertungen des Wohnumfelds (Werte zufrieden und sehr zufrieden auf 5-stufiger Skala) Datenbasis: Stadtsoziologie – RPTU 2022. Wohnen, Alltag, Lebensqualität von Babyboomern

Obwohl es sich hier um suburbane Kommunen handelt und eine kleine Großstadt, die typischerweise nicht so stark von Segregationstendenzen betroffen sind wie Metropolen, zeigen die Angaben zur Umweltqualität am Ort und bei der Einschätzung des Rufs der Wohngegend, dass sozialräumliche Differenzierungen existieren. Eine höhere Unzufriedenheit umfasst bei den weniger gut Gebildeten sowohl ökologische als auch soziale und gestalterische Aspekte des Wohnumfeldes.

Die Nachbarschaft kann für die soziale Integration wichtiger werden, wenn andere soziale Kreise wie Kollegen oder das Zusammenleben mit Kindern im Alter wegfallen. Wie schätzen also die hier befragten Männer in ihren 60er Jahren ihre Nachbarschaften ein? Für Personen, die sich überdurchschnittlich häufig im Wohngebiet aufhalten, unter anderem Kinder, Senioren und Hausfrauen, kann dies eine gute Nachbarschaft, Kommunikationsmöglichkeiten und Unterstützung bedeuten. In der Altersforschung wird betont, dass mit steigendem Alter die Bedeutung nahräumlicher Kontakte zunimmt.[17] Gabriele Sturm hat zudem belegt, dass entsprechend der Stereotype vom städtischen und ländlichen Leben die Kontakthäufigkeit und die Intensität zu Nachbarn in kleinen Gemeinden intensiver ist.[18] Auch die Wohndauer und der Wohnstatus als Eigentümer haben einen positiven Einfluss auf die Intensität von Nachbarschaftskontakten.[19] Und Gebiete, in denen höhere Statusgruppen wohnen, werden in der Regel höher bewertet als Gebiete, in denen statusniedrigere Gruppen wohnen.[20]

[17] Hamm in Häußermann, Großstadt. Soziologische Stichworte, 173 (175).
[18] Sturm, Lebensqualität in kleinen Städten und Landgemeinden, 2011, S. 13.
[19] Günther in Lenz/Nestmann, Handbuch Persönliche Beziehungen, 445 (451 ff.).
[20] Sturm/Walther, Landleben – Landlust? Wie Menschen in Kleinstädten und Landgemeinden über ihr Lebensumfeld urteilen, 2010, S. 8.

Die Ergebnisse der Befragung des Fachgebiets Stadtsoziologie hat hingegen keinerlei Unterschiede in der Intensität der Nachbarschaftskontakte zwischen den beiden Bildungsgruppen ermittelt. Immerhin vier von zehn geben an „Ich habe ein freundschaftliches Verhältnis zu meinen Nachbarn"; Lediglich 7% kreuzen an „Ich kenne meine Nachbarn kaum". Die übrigen verteilen sich zu je einem Viertel auf die Statements der flüchtigen Kontakte und der sporadischen Gefälligkeiten. Dennoch bestätigen sich die in Abbildung 1 aufgezeigten Unterschiede in der Bewertung der Nachbarschaft, denn bei der zusammenfassenden Frage nach der Zufriedenheit mit der Nachbarschaft urteilen die Hochgebildeten etwas positiver (60% und 53% geben die Werte 6 und 7 auf einer 7-stufigen Skala an).

d) Bewertung und Nutzung von kommunalen Angeboten

Die hohen Zufriedenheitswerte beim Prestige des Wohnviertels, der Umweltqualität, der sozialen Einbindung und den Freizeitmöglichkeiten geben keinerlei Hinweise auf eine mangelnde Wertschätzung des Wohnortes oder einer unzureichenden Identifikation. Im nächsten Schritt wird weitergehend analysiert, inwieweit kommunale Angebote von den Hochgebildeten genutzt werden.

Wie Abbildung zwei zeigt, werden die Einrichtungen unterschiedlich stark genutzt und auch unterschiedlich bewertet (vgl. Abb. 2). Angebote zur sportlichen Betätigung und der Bewegung an der frischen Luft sind bekannt und werden positiv bewertet. Männer mit maximal Realschulabschluss nutzen die Angebote ebenso häufig wie die besser Gebildeten, die etwas unzufriedener mit den Angeboten sind. Die Volkshochschule und Einrichtungen für Senioren sind (noch?) nicht in gleichem Maße in das Blickfeld gerückt wie die anderen Betätigungsangebote und Treffpunkte.

Bemerkenswerterweise sind bei den ehrenamtlichen Tätigkeiten kaum Unterschiede zu identifizieren. Beliebt ist die Mitgliedschaft in einem Sportverein (43% Hochschulabschluss zu 39% bei den weniger Gebildeten), ansonsten sind es jeweils nur wenige Aktive (Musik-, Tanzgruppe: 10% und 8%; Kulturverein: 10% zu 16%; Politische Partei: 15% zu 13%, Rotes Kreuz uÄ: 16% zu 14% – die Hochgebildeten jeweils zuerst genannt). Die Unterschiede sind zu vernachlässigen. Beide Gruppen engagieren sich zu gleichen Anteilen in ihren Gemeinden. Eine geringere Integration der Hochschulabsolventen kann nicht festgestellt werden.

Bei den Freizeitaktivitäten zeigen sich die mit der Bildung einhergehenden, zu erwartenden Muster des häufigeren Besuchs von hochkulturellen Veranstaltungen, mehr Ausflüge machen, regelmäßiger aktiv Sport treiben, auch künstlerisch aktiv sein, lesen, sich weiterbilden und auch Faulenzen und seltener Computer spielen oder fernsehen bzw. Serien schauen als bei Personen mit kürzerer Bildungsdauer. Bei den sozialen Kontakten mit Freunden oder der Familie, dem Ehrenamt, Spazierengehen oder Treffen mit einem festen Personenkreis gibt es keine Unterschiede. Da dies selbstgewählte Aktivitäten sind, ist es kaum überraschend, dass beide Gruppen mehrheitlich mit ihrer Freizeit sehr zufrieden sind (jeweils zwei Drittel Werte 6 und 7 auf der 7-stufigen Skala). Ein anderer Aktionsradius und eine andere Ausrichtung bei den Freizeitaktivitäten bedeutet zusammenfassend nicht, sich aus anderen Bereichen des örtlichen Lebens herauszuziehen (Soziales, Sport, Ehrenamt).

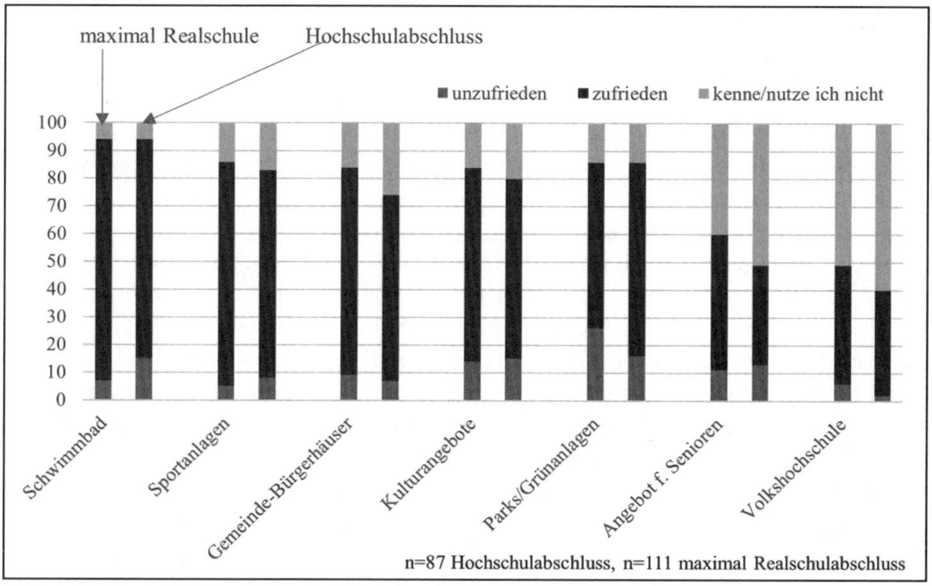

Abb. 2: Bewertung und Nutzung von kommunalen Angeboten nach Bildungsniveau (in %) (Männer, 63–67 Jahre, drei Kommunen)
Datenbasis: Stadtsoziologie – RPTU 2022. Wohnen, Alltag, Lebensqualität von Babyboomern

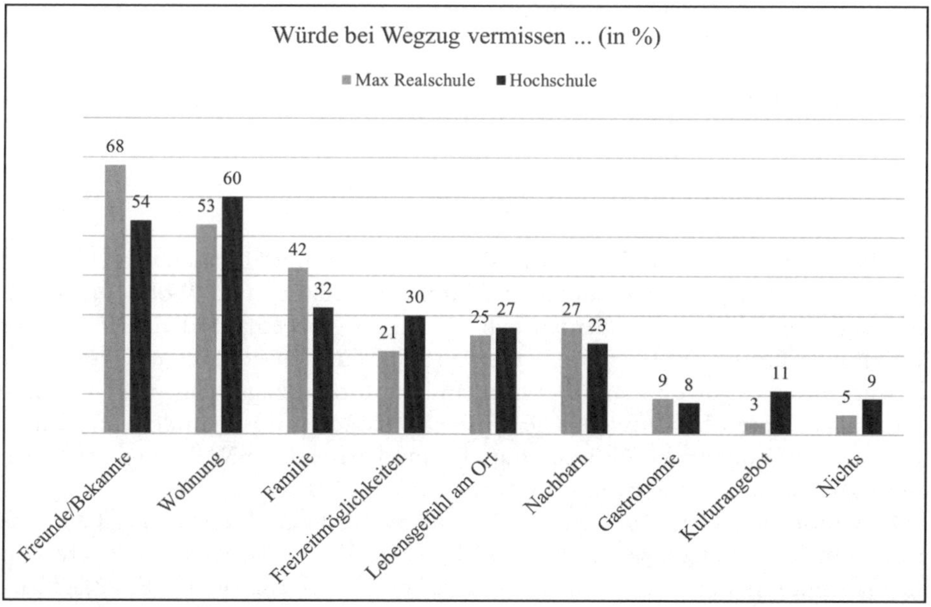

Abb. 3: Aspekte der Ortsbindung nach Bildungsniveau (Männer, 63–67 Jahre, drei Kommunen)
Datenbasis: Stadtsoziologie – RPTU 2022. Wohnen, Alltag, Lebensqualität von Babyboomern

e) Ortsbindungen der männlichen Babyboomer im suburbanen Raum

Bisher wurde festgestellt, dass die hier ausgewählte Gruppe von Befragten eine lange Wohndauer aufweist, mit den Wohnverhältnissen und der Gemeinde zufrieden ist und die Angebote der Kommunen unterschiedlich stark genutzt werden. Abschließend steht die Frage im Mittelpunkt, welche Aspekte der Ortsbindung besondere Bedeutung haben.

Die Bindung an den Bekannten- und Freundeskreis führt die Liste an: bei denjenigen mit weniger Schuljahren mit 68%, bei den Hochschulabgängern immerhin mit 54%. Während bei den Hochschulabgängern auf Platz eins „mein Haus/meine Wohnung" steht, ist dies bei der Vergleichsgruppe Platz zwei. Familie und Verwandte ist wiederum für die Vergleichsgruppe wichtiger. Insgesamt sind die sozialen Bindungen für die letztgenannte Gruppe von größerer Bindungskraft als für Hochschulabgänger, für die die Freizeit- und Kulturangebote etwas wichtiger sind. Dass ihnen im Falle eines Umzugs nichts fehlen würde, meinen lediglich 9% der besser Gebildeten und nur 5% der weniger Gebildeten. Insgesamt ist festzustellen, dass die privaten sozialen Beziehungen und die Wohnung für die Bindung an den Wohnort hervorstechen. Die außerhäuslichen Freizeit-, Kultur und Ausgehmöglichkeiten fallen demgegenüber weit zurück. Auf die direkte Frage nach der Verbundenheit mit der Gemeinde antworteten 13% der gut Gebildeten, sie fühlten sich nicht verbunden, während dies nur 6% bei den weniger Gebildeten sind.

Umzugspläne sind mehrheitlich nicht vorhanden (62% bzw. 72% möchten nicht umziehen) und wenn, sind diese häufig unkonkret (irgendwann später). Inwieweit sich hier ein Mobilitätspotenzial ableiten lässt, das auch zu tatsächlichen Umzugsentscheidungen führt, kann nicht abschließend geklärt werden. Ein Massenexodus von hochgebildeten Männern aus dem suburbanen Raum lässt sich aus den Ergebnissen zumindest nicht ablesen.

III. Fazit

Offensichtlich wohnen die 63–67-jährigen Männer mit Hochschulabschluss mit großer Mehrheit gut im suburbanen Raum. Die Häuser und Wohnungen sind großzügig geschnitten und werden teilweise als zu groß empfunden. Dies scheint jedoch kein Grund für Unzufriedenheit zu sein. Für den konkreten Schritt eines Auszugs aus der „gewohnten" Wohnung müssen für Umzugswillige weitere Push- und Pull-Faktoren hinzutreten, wie zB soziale Faktoren im Freundes- und Familienkreis, gesundheitliche Gründe, die zB eine barrierefreie Wohnung erfordern, oder Erbschaften in attraktiven Räumen.

Es würde den Orten bei einem Wegzug viel Potenzial verloren gehen. Die Hochgebildeten nutzen die Sport- und Freizeitanlagen, die Kulturangebote und die Gastronomie und tragen zum Ehrenamt bei. Die Wertschätzung der Nachbarschaft begünstigt ein positives soziales Klima in den Orten, von Nachbarschaftskonflikten kann bei der überwiegenden Mehrheit keine Rede sein. Und Kommunen möchten sicher nicht auf die Finanzkraft dieser Bevölkerungsgruppe verzichten.

Lieber Herr Spannowsky,

in Anbetracht der präsentierten Ergebnisse für den hier imaginierten Ruheständler gehe ich davon aus, dass Sie dem Wohnort und der Region erhalten bleiben und Sie Ihre sogenannte Freizeit aktiv gestalten werden. Inwiefern Freizeit und berufliche Tätigkeit in ein anderes Mischungsverhältnis treten werden, kann ich nicht beurteilen. Ich vermute aber aus den gemeinsamen Jahren im Kollegium, dass die Nachbarschaftskontakte, das Sport treiben, das Ehrenamt und der Aufenthalt im Ort nicht deutlich hinzugewinnen werden.

Ich wünsche Ihnen bei all Ihren Aktivitäten in den verschiedenen Kontexten, im nahen wie im fernen Raum, weiterhin und für eine lange Zeit viel Erfolg, Glück und Zufriedenheit.

HANS DENNHARDT

Aktuelle Erkenntnisse und Folgerungen für die Baugebietsentwicklung am Beispiel einer ländlichen Gemeinde

I. Hinführung

1. Situation

In Deutschland besteht Wohnungsnot – nicht nur in unseren Städten, sondern auch in vielen ländlichen Gemeinden im Umfeld der Städte. Hier kann derzeit die Wohnungsnachfrage nicht befriedigend beantwortet werden.

In der Kritik stehen unter anderem die komplizierten rechtlichen und fachplanerischen Anforderungen. So war zum Beispiel im Oktober 2023 in der „Rheinpfalz" die Überschrift zu lesen: „Bürokratie-Berge blockieren [...] Genehmigungsverfahren".

Blockiert unser derzeitiges Rechtssystem auch das Grundrecht auf bezahlbaren Wohnungsbau?

Den Wünschen und Bedürfnissen der Menschen im Hinblick auf bezahlbaren Wohnraum kann heute selbst in ländlichen Gemeinden nur bedingt entsprochen werden. Die politisch gesetzten Ziele der Wohnraumbeschaffung sind insgesamt kurz- und mittelfristig nicht umzusetzen.

Planungsprozesse werden auf den Prüfstand gestellt – und es stellt sich die Frage: *Welchen Beitrag können dabei auch Raum- und Umweltplaner leisten?*

2. Anspruch

Unser früherer Kollege, Prof. Dr. Rudolf Stich, war als Jurist schon in der Gründungsphase der Universität Kaiserslautern davon überzeugt, dass zwischen den Architekten und den Juristen ein neuer „Planertyp" gefunden werden muss. So entstand bereits 1972, zwei Jahre nach der Gründung der Universität Kaiserslautern, die Berufsbezeichnung „Raum- und Umweltplaner" – als neuer Studiengang – einzigartig in Deutschland.

Nach Überzeugung von Prof. Dr. Stich war das neue Berufsfeld so auszurichten, dass der Raum- und Umweltplaner in der Lage sein musste, Genehmigungsverfahren fachgerecht und zügig durchzuführen. Neben der Stadt- und Regionalplanung wurde auch die Landschaftsplanung in das Ausbildungsprofil miteinbezogen.

Für die Problemstellungen des ländlichen Raumes richtete man bereits 1981 das Entwurfslehrgebiet für „Ortsentwicklung und Ortserneuerung" ein. Damit sollte auch der Verödung der ländlichen Ortskerne entgegengewirkt werden.

3. *Ländlicher Raum*

Schon in den 1970er Jahren war mit dem Begriff der „Nachhaltigkeit" die Wohnbauentwicklung auf die Ortskerne gerichtet. Das politische Ziel lautete: „Innenentwicklung vor Außenentwicklung".

Auch wir Planer waren überzeugt, dass die Verknappung von Neubaugebietsflächen die Wiederbelebung der Ortskerne beschleunigen würde.

Obgleich unterschiedliche Förderungsmaßnahmen der Stadtsanierung oder der Dorferneuerung zu vielen – vor allem öffentlichen – Investitionen führten, konnte der Bedarf an Wohnraum nicht befriedigt werden.

In den Ortskernlagen gab es vor allem in Bezug auf private Baumaßnahmen unüberwindbare Probleme und Hemmnisse, die auch im Zusammenhang mit den verschiedenen Rechtsbestimmungen und Eigentumsverhältnissen stehen. Wohnbauwünsche und -bedürfnisse der Menschen richteten sich in den Kommunen immer wieder auf die Außenentwicklung, was zu Zersiedlungserscheinungen und hohem Landschaftsverbrauch führte.

Heute sind verstärkt Umweltbelange schon im §§ 1 und 1 a BauGB festgeschrieben und zusammen mit vielen anderen Vorschriften und Rechtsbezügen zu bewältigen.

4. *Umweltbewusstsein*

In diesem Bezugsfeld ist festzustellen, dass schon seit den 1970er Jahren das Umweltbewusstsein der Menschen sich erheblich verändert hat. Von der Schallschutz-Gesetzgebung über den eingeforderten ökologischen Ausgleich bis hin zur Regenwasserbewirtschaftung und der aktuellen Diskussion über Energie- und Klimafragen sind Rechtsbestimmungen in die Planung eingeflossen. Das globale politische Ziel heute ist vor allem, der umfassenden Erderwärmungs-Problematik Einhalt zu gebieten.

Daher ist die Integration möglichst vieler Umweltbelange schon in die Regionalplanung und vorbereitende Bauleitplanung bis hinein zur Entwicklung von Architekturkonzepten unabdingbar.

Damit wird deutlich, dass mit diesen „neuen" Anforderungen ein großer planerischer Aufwand verbunden ist, was auch das künftige Ausbildungsprofil ausmachen muss! Hier sind vor allem die Abstimmungen zwischen unterschiedlichen Umweltbelangen sehr zeitaufwändig und zum Teil auch widersprüchlich. Einseitige Fachansprüche können Genehmigungsverfahren nicht nur aufhalten, sondern auch zum Scheitern bringen.

5. *Hilfestellung*

Im Nachvollzug praktischer Planungen bietet sich die Gelegenheit, Hürden und Hemmnisse im Planungsprozess zu erkennen. Dazu soll das praktisches Beispiel der Wohnbaugebietsentwicklung in den 1990er-Jahren für die Ortsgemeinde Schwedelbach im Landkreis Kaiserslautern dienen. Das neue Baugebiet mit 3,1 ha Fläche soll Wohnungen für den Eigenbedarf der Gemeinde ermöglichen und gleichzeitig die Umweltbedingungen, insbes. den sparsamen Umgang mit Grund und Boden, berücksichtigen. Schlussfolgerungen können danach Erklärungsansätze und ggf. Forderungen für die künftige Planung ergeben.

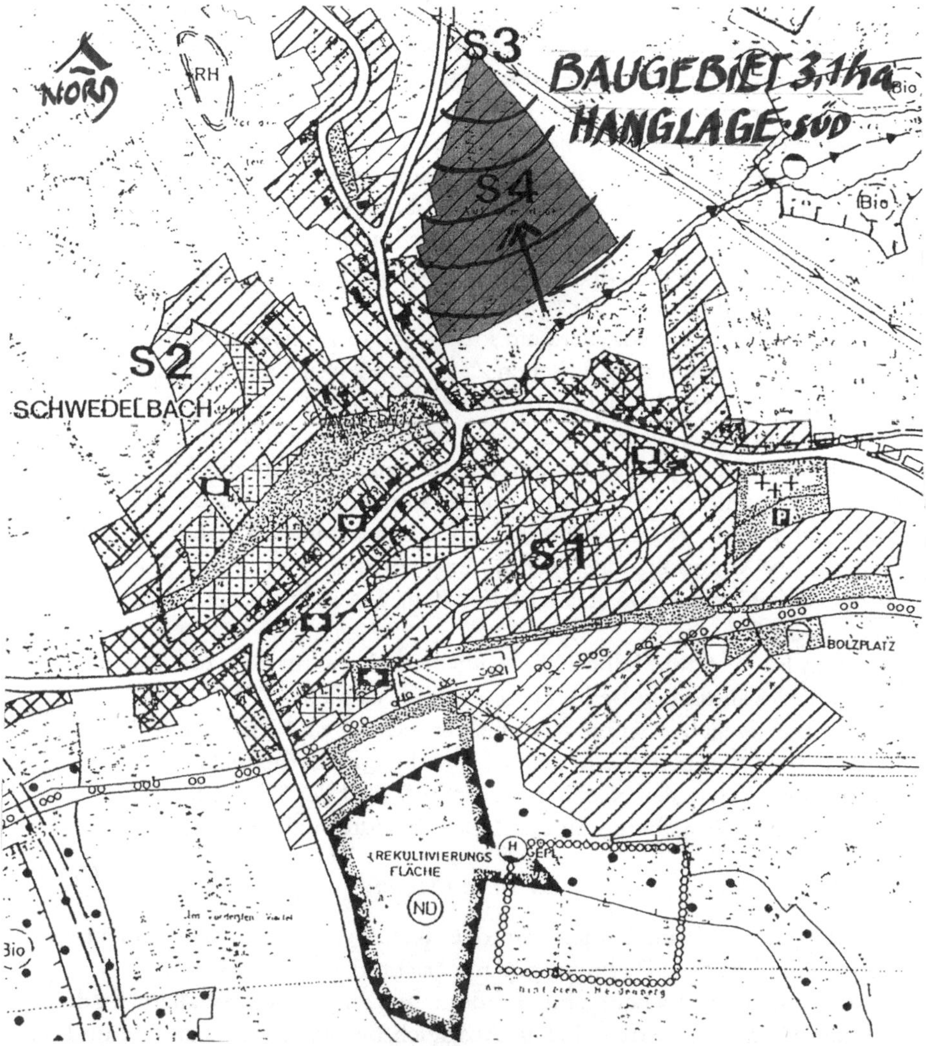

Abb. 1: Ausschnitt aus dem gültigen Flächennutzungsplan:

II. *Modellhafte Baugebietsausweisung am Beispiel der Ortsgemeinde Schwedelbach*

1. *Voraussetzungen*

Das Lehrgebiet „Ortsentwicklung und Ortserneuerung“ wurde vielfach um Hilfe gebeten, wenn es um Fragen und Problemlösungen in ländlichen Gemeinden ging.

Ortsgemeinden haben zwar die Planungshoheit, jedoch fehlt oft die planerische Kompetenz und/oder das Bewusstsein für Planungsbedarf und Planungsqualität.

So kam Ende 1994 auch der damalige Ortsbürgermeister der Gemeinde Schwedelbach (mit etwa 1000 Einwohnern) im Kreis Kaiserslautern an das Lehrgebiet mit der Bitte, ihn und seinen Gemeinderat bei der Entwicklung eines neuen Wohnbaugebietes zu unterstützen.

Aus seiner Sicht sollte vor allem ein sozial- und umweltverträgliches Wohngebiet entstehen. Seine kommunalpolitischen Ziele bezogen sich schon damals auf kostengünstiges und ökologisch orientiertes Bauen.

Eine ortstypische Bauweise war vor allem für junge Familien aus dem Ort gedacht. Diese Zielsetzung bot für unser Lehrgebiet eine Möglichkeit, studentische Entwürfe zu erstellen und sie in und mit der Gemeinde zu diskutieren.

Rechtliche und örtliche Rahmenbedingungen bildeten dabei die Planungsgrundlage. Die Voraussetzungen für die Entwicklung eines neuen Wohnbaugebietes waren sowohl aus regionalplanerischer Sicht wie auch aus der Flächennutzungsplanung gegeben.

Vor dem Hintergrund konnte die Aufgabenstellung für den studentischen Wettbewerb unter realistischen Bedingungen gestellt werden.

Die Standortgegebenheiten, wie die Vernetzung und Einfügung des Neubaugebietes in die Ortslagen und in die Topographie, die Berücksichtigung der Vegetationsstrukturen sowie der Nachbarschaftsschutz und der Schutz für die bestehende Bebauung galten als Rahmen für die Ziele des städtebaulichen Entwurfs.

2. *Erste Planung*

So wurden die Planungsziele für den Raum- und Umwelt-Studentenwettbewerb an die örtlichen Bedingungen ausgerichtet:

Dabei standen für das Lehrgebiet Forderungen an, die sich vor allem auf den Naturschutz und den wasserrechtlichen Ausgleich bezogen. Der sparsame und schonende Umgang mit Grund und Boden war die bindende Vorgabe, möglichst verdichtete Bauformen im Bebauungsplan zu berücksichtigen. Die Ergebnisse konnten bereits im Februar 1995 dem Gemeinderat in öffentlicher Sitzung vorgestellt werden.

Obwohl aus gemeindlicher Sicht viel Lob für die Studentenentwürfe ausgesprochen wurde, gab es doch Wünsche für eine geringere Baudichte mit der Planung von freistehenden Häusern.

Trotz dieser unterschiedlichen Zielvorstellungen wurde das Lehrgebiet gebeten, die Durchführung des Planungsprozesses *als Modellvorhaben* zu übernehmen. Der

Bitte konnte mit einer Auftragserteilung bereits im Dezember 1995 entsprochen werden.

Planungsziel und Konzept-Idee: Integration des Regenwassers sowie ökologischer Ausgleich im Plangebiet durch Schaffung eines neuen Grünzugs als Rückgrat der Bebauung; Nutzung der Topografie für Wasserkaskaden und Freizeit-Nutzung für Nachbarschaften

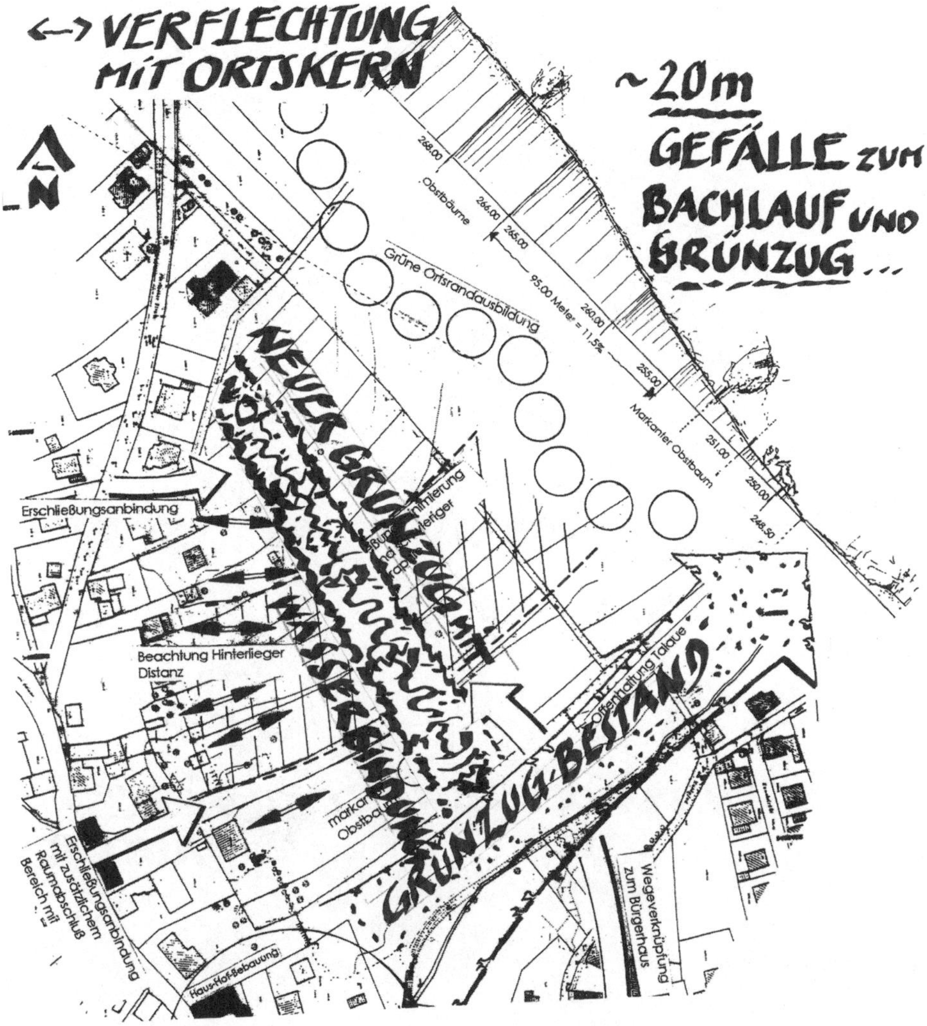

Abb. 2: Konzeptvorgabe für Regenwasserbewirtschaftung – sowie für den ökologischen Ausgleich auf dem neuen Baugebiet

Abb. 3: Bebauungsplanentwurf

Das vom Lehrgebiet der Gemeinde vorgestellt Entwurfskonzept sollte aus der Sicht der Grundstückeigentümer freistehende Häuser stärker berücksichtigen. Sowohl die Ziele des Gemeinderates als auch die städtebaulichen Ziele des Lehrgebiets „Ländliche Ortsplanung“ mussten modifiziert werden.

3. Neue inhaltliche Struktur und Planungsziel

Aus gemeindlicher Sicht mussten unsere Planungsziele relativiert werden. Vor allem dem Wunsch nach freistehenden Wohnhäusern für einzelne Familien wurde schon deshalb entsprochen, weil Grund und Boden fast ausschließlich in privater Hand lag. Um trotzdem eine modellhafte Planung durchzuführen, hat das Lehrgebiet neue Einsichten und Zielsetzungen entwickelt:

- Erprobung der zeitlichen und inhaltlichen Integration wasserwirtschaftlicher und landespflegerischer Umweltbelange in die Bauleitplanung
- Erprobung des zeitlichen Zusammenspiels zwischen Bodenordnung und Bebauungsplanverfahren
- Klärung der informellen und formellen Spielräume und Konditionen der gemeindlichen Einflussnahme bei der Planung und gestalterischen Entwicklung des Baugebietes

Da diese Vorhaben an der Universität nun als anwendungsbezogene Forschung betrieben werden konnte, war es naheliegend, die fachplanerischen Anforderungen wie landespflegerische Umweltbelange und die wasserwirtschaftliche Integration auch in Verbindung mit weiteren Universitäts-Lehrgebieten durchzuführen.

4. Zeitliche Abfolge

Durch diese Integration fachplanerischer Belange erwiesen sich die „kurzen Wege“ als zeitsparend. Die städtebauliche Konzeption gab Möglichkeiten für fachplanerische Integration.

So war es bereits im Mai 1996 möglich, eine vorgezogene Beteiligung von Trägern öffentlicher Belange durchzuführen.

Bereits im September konnte die Erarbeitung eines städtebaulichen Konzeptes unter Berücksichtigung abwägungsrelevanter Belange erfolgen. Damit war auch die Grundlage geschaffen, dass Wünsche und Bedürfnisse bei der Gemeinde eingebracht werden konnten. Im gleichen Jahr versuchte die Kommune Einfluss auf die eigentumsrechtliche Situation zu nehmen.

Da die Gemeinde selbst im gesamten Baugebiet nur wenig Gelände besaß, wurde es erst im Rahmen der freiwilligen Umlegung möglich, dass sie Gelände mit dem Flächenanteil von etwa 20% der Baufläche erwerben konnte.

Dieser Vorgang der freiwilligen Bodenordnung dauerte mehr als zwei Jahre. Die Ergebnisse konnten in den städtebaulichen Entwurf eingearbeitet werden. Ebenso wurden die Anregungen und Bedenken der Träger öffentlicher Belange aufgenommen.

Somit war es möglich, den Bebauungsplan bereits 1999 auszulegen. Da es keine planungsrelevanten Anregungen und Einwände gab, hatte Ende 1999 ein rechtskräftiger Bebauungsplan Bestand. Es zeigte sich aber auch, dass in dieser dreijährigen Planungszeit sich die ursprünglich formulierten Planungsziele der Gemeinde von den Wünschen der Eigentümer wesentlich unterscheiden. Auch die vom Lehrgebiet präferierten Ziele konnten nur bedingt erreicht werden. Ziel der Gemeinde war es dennoch, auf den erworbenen Teilflächen ihre Vorstellungen zu realisieren.

Nach den freiwilligen Umlegungsverfahren konnte die Gemeinde die Flächen 1–4 erwerben (20% der Fläche). Für diese jetzt zur Verfügung stehenden Gemeindeflächen wurden Vorschläge für verdichtetes Wohnen erprobt und im Rechtsplan berücksichtigt. Für die Gemeindeflächen konnten alternative Verdichtungsstrukturen entwickelt werden, wobei vor allem der sparsame Umgang mit Grund und Boden Zielsetzung der Gemeinde war. Weitere Umwelt- und soziale Belange wurden berücksichtigt.

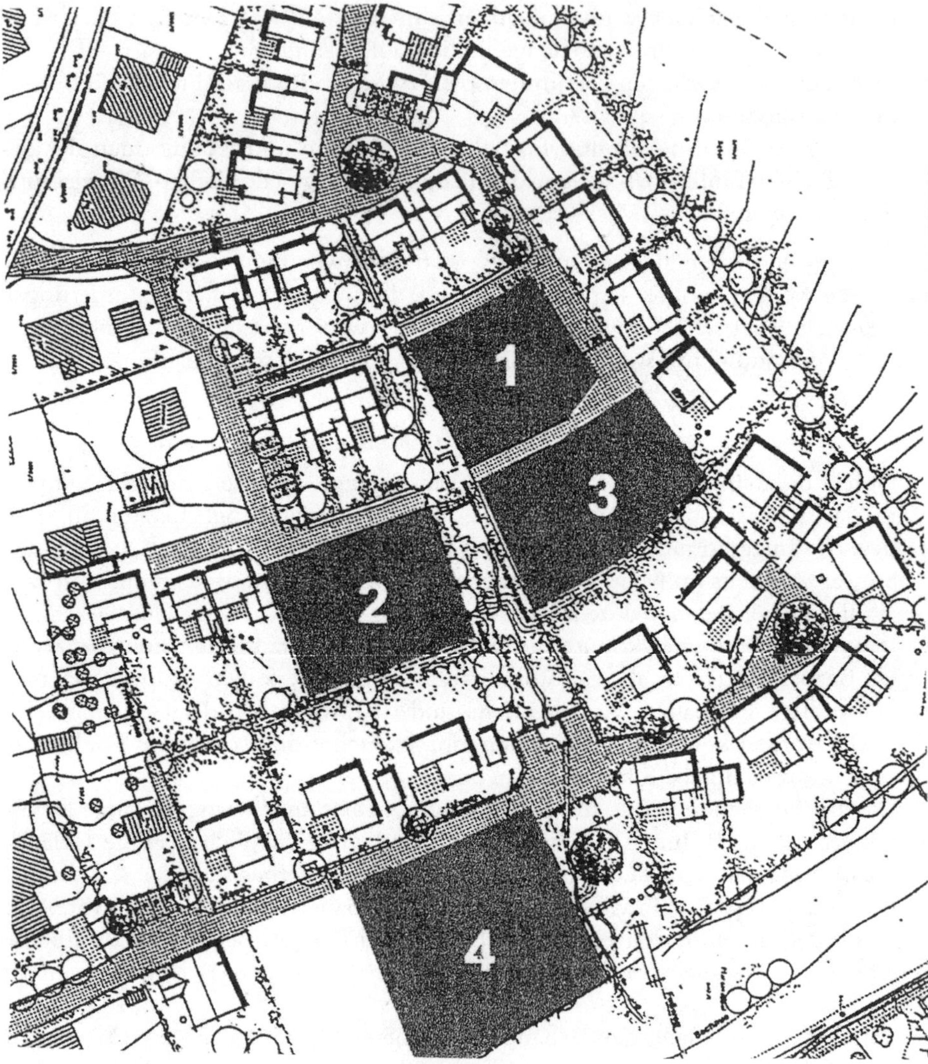

Abb. 4: Darstellung der erworbenen Gemeindeflächen

Im rechtswirksamen Bebauungsplan konnten sowohl siedlungswasserwirtschaftliche als auch ökologische Ausgleichsflächen weitgehend integriert werden. Die gemeindeeigenen Flächen wurden von weiteren Rechtsbestimmungen weitgehend freigehalten, so dass auch architektonische Ideen in das neue Baugebiet einfließen konnten.

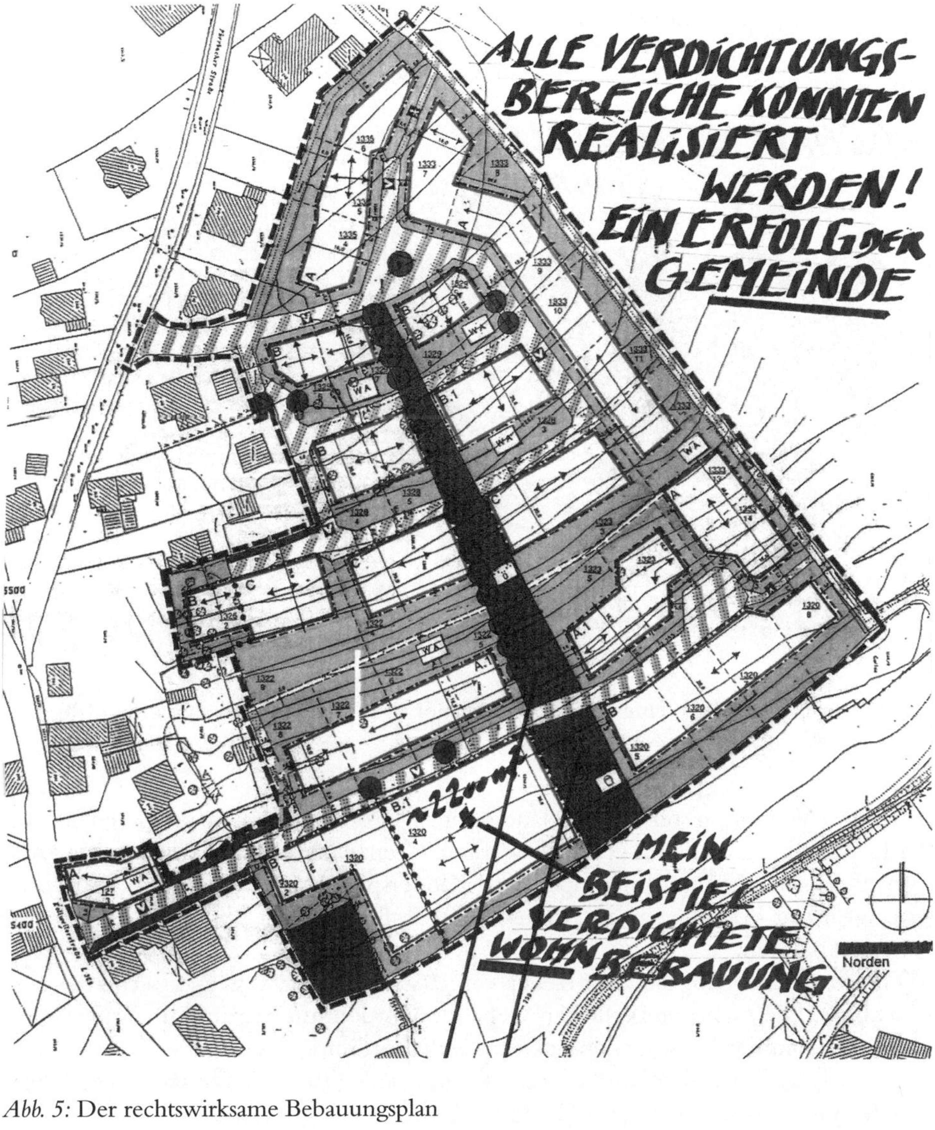

Abb. 5: Der rechtswirksame Bebauungsplan

Das Ziel der Gemeinde, die vier erworbenen Teilflächen modellhaft für verdichtetes Wohnen zu entwickeln, war hiermit gegeben. Dazu konnten von vier Lehrgebieten des Fachbereichs „Architektur/Raum- und Umweltplanung/Bauingenieurwesen" (A/RU/BI) Bebauungsvorschläge erarbeitet und öffentlich vorgestellt werden.

Für keinen der vier Vorschläge war Bauinteresse zu wecken, wie auch schon bei früheren Informationsveranstaltungen. Da immer wieder das freistehende Familienwohnhaus präferiert wurde, habe ich in Eigeninitiative eine Konzeption entwickelt, die freistehende Häuser in verdichteter Bauform darstellt. Als Architekt war ich von meinem Bebauungsvorschlag überzeugt – und ich sah in diesem Entwurf die Möglichkeit, eine beispielhafte Bebauung zu entwickeln und auch als Träger der Maßnahme durchzuführen.

Abb. 6: Der Entwurf zeigt einen Nachbarschaftshof als verdichtete Bebauung unter Berücksichtigung wichtiger Umweltbelange.

Das zur Verfügung stehende Gelände mit ca. 2200 qm Fläche hat ein Gefälle von der Erschließungsstraße bis zur rückwärtigen Grenze der Grünzone. Um eine Hofform mit Nachbarschaftsnutzungen und Kinderspielplatz zu erreichen, wurde die zum Grünzug orientierten drei Häuser unterkellert. Damit konnte der Hang abgefangen werden.

Gleichzeitig bildete die dem Keller vorgelagerte Regenwasser-Zisterne die Terrassenbasis. Die nichtunterkellerten Gebäude wurden mit begrünten Carports und Kellerersatzräumen entsprechend der Landesbauordnung angelegt.

Die sieben Einfamilienhäuser erfüllen mit jeweils 170 qm Wohnfläche alle Wünsche für junges und preiswertes Wohnen.

Abb. 7: Beispiel Hofform

Abb. 8: Beispiele der Bebauung.

III. Folgerungen und Ergebnisse

1. Auftrag für Raum- und Umweltplaner

Die Integration von fachplanerischen Belangen ist durch die vorgezogene Beteiligung von Trägern öffentlicher Belange (§ 4 Abs. 1 BauGB), sowie der wechselseitigen Kommunikation und Abstimmung für den zeitlichen Ablauf des Planungsprozesses von großer Bedeutung.

Der Beitrag der Raum- und Umweltplanung hat hier als Aufgabe verstärkt Abwägungs- und Bewertungsunterstützung zu geben. Noch wichtiger sind Entwurfskonzepte, die die Integration von Umweltbelangen erlauben.

Demzufolge hat der Raum- und Umweltplaner in der Zukunft eine ganz entscheidende Verantwortung bei der Zusammenführung fachplanerischer Belange – und gute Bebauungskonzepte sind Schlüssel für unsere gestaltete Umwelt.

2. Auftrag für die Gemeinde

Nach aktuellem Umweltrecht kann ohne die Berücksichtigung von Wünschen und Bedürfnissen der Bodeneigentümer die Umsetzung eines neuen Baugebietes nur schwer erreicht werden. Denn die Einholung des Einverständnisses der Eigentümer nahm in unserem Planungsfall den größten Teil der Planungszeit in Anspruch.

Daher ergibt sich folgender Auftrag für die Gemeinde:

- Vor Beginn der Bebauungsplanung macht die Gemeinde ihren Einfluss auf „Grund und Boden“ deutlich durch Planungsziele und Information.
- Das Zusammenspiel zwischen Bodenordnung und Planungsverfahren verläuft gleichzeitig und im Gleichklang als Voraussetzung für ein zügiges Genehmigungsverfahren.
- Im konkreten Fall konnte die Gemeinde Schwedelbach durch Privatumlegung von Ackerland Baulandflächen gewinnen. Damit kann das Umlegungsverfahren auch Schlüssel für umweltgerechtes Bauen werden.

3. Verdichteter Wohnungsbau: Beispiel

Der Flächenerwerb der Gemeinde war die Voraussetzung, modellhaft auf den gewonnenen Gemeindeflächen eine umweltgerechte Bebauung als verdichtete Wohnanlage zu errichten.

Die Zielsetzung des ökologischen Bauens, vor allem wenn es um verdichtetes Wohnen geht, *braucht gute Beispiele, die als Alternative zum freistehenden Wohnhaus von den Bauherren akzeptiert und angenommen werden können.* Es hat sich gezeigt, dass schon während der Bauzeit des Verdichtungsbeispiels eine Reihe von Interessenanfragen kam. Diese Erfahrung zeigt, dass gute Beispiele den Bewusstseinsprozess der Menschen auch zu einer veränderten Einstellung des Bauens und des künftigen Wohnens führen können.

Allerdings ist es von großem Vorteil, eine einheitliche Anlage aus „einer Hand“ zu planen und zu realisieren.

IV. Ausblick

Die Folgerungen und Ergebnisse der aufgezeigten Baugebietsplanung haben gezeigt, dass die *Beschleunigung von Planverfahren* von unterschiedlichen Aspekten abhängig ist. Planungsrecht muss sein. Die Anwendung muss interpretiert werden.

Daher sollte eine „gute" Planung nicht nur *Umweltbedingungen* als Determinanten erkennen, sondern auch die entsprechenden *Rechtsbezüge* je nach Situation berücksichtigen.

Das wichtigste Ziel ist es jedoch, eine Planungsgrundlage zu schaffen, damit eine *qualitätsvoll gestaltete Umwelt* entstehen kann. Dazu ist auch Gestaltungsverständnis notwendig.

Der *Raum- und Umweltplaner* hat in diesem Zusammenspiel zwischen Recht und dem erforderlichen Gestaltungspielraum *die Aufgabe, ggf. das Recht standortbezogen zu interpretieren oder auch Anregungen für die zeitgemäße Fortschreibung des Rechts zu geben.*

Im Originalton von Prof. Dr. Stich heißt es: „Das Recht ist nur so gut, wie es den Menschen nützt – und musss ggf. auch geändert werden".

Aus meiner Überzeugung und langjährigen Planererfahrung ist es unabdingbar, dass Raum- und Umweltplaner, wenn sie mit städtebaulicher Planung befasst sind, erkennen müssen, *welche dreidimensionalen Folgen ihre Pläne haben.*

Bebauungsplanung beinhaltet als Rechtsinstrument eine so starke Kraft und Wirkung, dass schon bei den ersten Planungskonzepten spätere Probleme und auch „Bausünden" erkannt werden. Ebenso sind in Planungskonzepten *„Spielräume" für Umweltbelange notwendig.*

Vor diesem Hintergrund ist auch aus der Erfahrung der aufgezeigten verdichteten Wohnbebauung die *Kooperationsnotwendigkeit mit Architekten* gegeben. Damit greift das Spektrum des RU-Planers von der übergeordneten Raumplanung über die fachplanerischen Belange bis hin zum Verständnis der Architektur.

Das aufgezeigte Planungsbeispiel macht deutlich, dass die Erstellung und Umsetzung von zeitgemäßen Bauleitplänen, sowohl für Planer als auch für Gemeinden, in Zukunft eine noch größere Herausforderung sein wird.

Die Umweltaspekte heute haben das Recht, in allen Planungsstufen sichtbar zu werden.

GERHARD HORNMANN

Die neuen Baugebietstypen der Baunutzungsverordnung „urbanes Gebiet“ (MU) und „dörfliches Wohngebiet“ (MDW)

I. Ausgangslage

Auf dem 13. Wohnungsbau-Tag der Bauwirtschaft 2022 bekräftigten die Bundesbauministerin und der Bundeswirtschafts- und Klimaschutzminister erneut das – bisher allerdings deutlich verfehlte – Ziel der Bundesregierung, dass in Deutschland zur Bekämpfung der erheblichen Not an (bezahlbarem) Wohnraum jährlich 400.000 neue Wohnungen gebaut werden sollen, davon 100.000 Sozialwohnungen.

Als Beitrag zur Erreichung dieses hochgesteckten Ziels wurden zwei neue Baugebietstypen geschaffen und in die Baunutzungsverordnung aufgenommen, nämlich 2017 das „urbane Gebiet“ für den städtischen Raum (§ 1 Abs. 2 Nr. 8 BauNVO i. V. m. § 6a BauNVO) und 2021 das „dörfliche Wohnbiet“ für den ländlichen Raum (§ 1 Abs. 2 Nr. 6 BauNVO i. V. m. § 5a BauNVO). Sie können im Bebauungsplan festgesetzt werden und durch ihre Festsetzung werden die §§ 2–14 BauNVO Bestandteil des Bebauungsplans (§ 1 Abs. 3 S. 1 und 2 BauNVO).[1]

II. Urbanes Gebiet (MU)

1. Entstehungsgeschichte

Schon seit vielen Jahren gibt es eine neue Welle der Urbanisierung in Gestalt des Zuzugs von immer mehr Menschen in die Städte und Ballungszentren. Städte sind wieder attraktiv, denn sie bieten Arbeitsplätze, eine gute Infrastruktur und Versorgung und viele Möglichkeiten für die Freizeitgestaltung und in ihnen zeigt sich die ganze kulturelle Vielfalt unseres Landes. Seit 2015 zieht es zudem viele Migranten in die Städte. Für alle Menschen, die neu in die Stadt kommen, muss Wohnraum geschaffen werden.

Nach der Vorstellung des Gesetzgebers soll der neue Baugebietstyp „urbanes Gebiet“ insbesondere in innerstädtischen Lagen die Planung eines „funktionsgemischten Gebiets der kurzen Wege“ erleichtern. Dieser Baugebietstyp sieht daher – auch zur Vermeidung und Reduzierung von Verkehr und zur Förderung eines lebendigen öffentlichen Raums – eine räumliche Nähe von wichtigen Funktionen wie Wohnen, Arbeiten, Versorgung, Bildung, Kultur und Erholung vor, die aber nicht

[1] Grdl. Spannowsky in BecKOK BauNVO § 1 Rn. 110ff.

notwendig gleichgewichtig vorhanden sein müssen. Gleichzeitig soll in diesem Gebiet eine stärkere Verdichtung ermöglicht werden. Damit soll einem seit langem entstandenen städtebaulichen Bedürfnis Rechnung getragen werden. Den Städten soll eine städtebaulich wünschenswerte Innenentwicklung ermöglicht werden, nämlich in besonderen urbanen Lagen Baugebiete auszuweisen, in denen eine deutlich höhere bauliche Dichte als in Mischgebieten möglich ist. Zudem soll das Bauplanungs- und Immissionsschutzrecht besser aufeinander abgestimmt und flexibilisiert werden.[2]

§ 6a BauNVO über das urbane Gebiet (MU) wurde eingeführt durch das Gesetz zur Umsetzung der Richtlinie 2014/52/EU im Städtebaurecht und zur Stärkung des neuen Zusammenlebens in der Stadt vom 4.5.2017 (BGBl. I 1057).[3]

Nach § 245c Abs. 3 BauGB findet § 34 Abs. 2 BauGB auf Baugebiete nach § 6a BauNVO (urbane Gebiete) keine Anwendung[4] – dh es soll keine faktischen urbanen Gebiete geben[5] – und § 6a BauNVO soll nur dann seine Wirkung entfalten, wenn die Gemeinde dies planerisch vorgesehen hat[6].

2. *Zweckbestimmung*

a) *Zwei Hauptnutzungsarten: Wohnen und das Wohnen nicht wesentlich störende Nutzungen*

Nach § 6a Abs. 1 S. 1 BauNVO besteht die Zweckbestimmung des urbanen Gebiets in der Unterbringung von Wohnnutzung einerseits und andererseits der Unterbringung von Gewerbebetrieben und sozialen, kulturellen und anderen An-

---

[2] Zur Entstehungsgeschichte vgl. Hornmann in BecKOK BauNVO § 6a Rn. 11ff.; vgl. auch Schmidt-Eichstaedt DVBl. 2016, 950 (950); Seifert Grundeigentum 2016, 832. Die „Initiative Urbanität, Mobilität und kurze Wege“ bildete sich 2012 und arbeitete seit 2013 unter dem Dach des Forschungskollegs Siegen (FoKoS) an der Universität Siegen. Sie verfolgte das Ziel, die seit Beginn der 1990er Jahre politisch und planerisch propagierte „Stadt und Region der kurzen Wege mit kleinräumiger Nutzungsmischung“ in der städtebaulichen und verkehrlichen Praxis argumentativ und konkret voranzubringen.

[3] Er ist nach Art. 4 dieses Gesetzes am 13.5.2017 in Kraft getreten. Vgl. dazu auch den Gesetzentwurf der Bundesregierung (Regierungsentwurf) eines Gesetzes zur Umsetzung der Richtlinie 2014/52/EU im Städtebaurecht und zur Stärkung des neuen Zusammenlebens in der Stadt vom 30.12.2016, BR-Drs. 806/16 und BT-Drs. 18/10942, sowie auch die Empfehlungen der Ausschüsse, BR-Drs. 806/1/16, die Stellungnahme des Bundesrates BR-Drs. 806/16 (Beschluss), die Stellungnahme des Bundesrates und die Gegenäußerung der Bundesregierung, BR-Drs. 18/11181. Vgl. ferner Battis/Mitschang/Reidt NVwZ 2017, 817; Schink NVwZ 2017, 1641; Schink UPR 2018, 167; Krautzberger/Stüer BauR 2017, 474; Scheidler KommJur 2017, 161; Scheidler GewArch 2017, 321; Scheidler VR 2017, 397; Bunzel ZfBR 2017, 220; Franßen ZUR 2017, 532; Sparwasser BWGZ 2017, 896; Mundt/Reidt UPR 2017, 494; Wienhues NordÖR 2017, 313; Köppen/Mitschang BauR 2019, 754; Eibl GewArch 2022, 134; Burgi NJW 2022, 2726; Kment NJW-Beil 2022, 48.

[4] Vgl. VGH München BeckRS 2017, 133252; OVG Berlin-Brandenburg BeckRS 2020, 3210; OVG Saarlouis BeckRS 2020, 16516.

[5] Vgl. Blechschmidt in EZBK BauGB § 6a BauNVO Rn. 3.

[6] Kritisch Battis/Mitschang/Reidt NVwZ 2017, 817 (für die Art der baulichen Nutzung dürfte § 34 Abs. 1 BauGB angesichts der zulässigen Nutzungsarten in einem urbanen Gebiet, wo zudem keine Nutzung überwiegen muss, wegen jeweils weitgehend identischem Zulassungsmaßstab regelmäßig zu kaum anderen Ergebnissen führen).

lagen, die alle die Wohnnutzung nicht wesentlich stören dürfen und die in § 6a Abs. 2 Nr. 2 bis 5 BauNVO explizit aufgeführt sind.[7] Es wird also zwischen diesen zwei Hauptnutzungsarten unterschieden und der Gebietscharakter des urbanen Gebiets ist auf diese beiden Hauptnutzungsarten festgelegt. Dies zeigt das „sowie" zwischen diesen beiden Hautnutzungsarten und das „und" zwischen den Gewerbebetrieben und den diversen Anlagen. Einer Einteilung in drei Hauptnutzungsarten Wohnen, gewerbliche Nutzungen und soziale, kulturelle und andere Nutzungen[8] entgegen diesem Wortlaut – der Gesetzgeber hat gerade kein „und" anstelle des „sowie" gesetzt – bedarf es nicht, denn das urbane Gebiet soll einerseits dem Wohnen und andererseits dem Nichtwohnen in Gestalt vornehmlich gewerblicher und diese ergänzender sozialer, kultureller und anderer Nutzungen, die allesamt das Wohnen nicht wesentlich stören dürfen, dienen, um nämlich ein „funktionsgemischtes Gebiet der kurzen Wege" (kompakte Stadt) zu erreichen.[9] Dies erhellt auch § 6a Abs. 4 Nr. 4 BauNVO, in dem zwar nur von „gewerblichen Nutzungen" die Rede ist, der aber als Gegenstück zu § 6a Abs. 4 Nr. 3 BauNVO, der nur „Wohnungen" nennt, auch soziale, kulturelle und sonstige Anlagen erfasst. Der für die Gegenmeinung angeführte geringe Unterschied zum Mischgebiet[10] trägt nicht, da § 6a BauNVO anders als beim Mischgebiet gerade keine Gleichgewichtigkeit von Wohnnutzung und gewerblicher Nutzung vorschreibt[11] und da § 6a BauNVO im Zusammenhang mit § 17 Abs. 1 BauNVO zu sehen ist, wo beide Gebietstypen gravierende Unterschiede aufweisen und wo die vergleichsweise hohen Ausnutzungsziffern des urbanen Gebiets gerade aus dem Leitbild der „nutzungsgemischten Stadt der kurzen Wege" resultieren.

b) Nutzungsmischung zwischen den beiden Hauptnutzungsarten

Bereits aus dem Wortlaut des § 6a Abs. 1 S. 1 BauNVO folgt, dass zwischen diesen beiden Hauptnutzungsarten des urbanen Gebiets kein Rangverhältnis besteht. Es besteht auch keine Vorrangklausel wie in § 5 Abs. 1 S. 2 BauNVO für das Dorfgebiet. Daraus ist – wie beim Mischgebiet (§ 6 BauNVO) – zu folgern, dass das urbane Gebiet nach seiner typischen Eigenart für das Wohnen sowie für die die Wohnnutzung nicht wesentlich störende gewerbliche Nutzung und diversen anderen Nutzungen gleichermaßen offen steht im Sinne einer Gleichwertigkeit beider Nutzungsarten.[12] Das urbane Gebiet muss aufgrund dieser Gleichwertigkeit als Baugebiet daher für beide Hauptnutzungsarten bauplanungsrechtlich verfügbar sein. Das Nebeneinander bedingt zudem eine wechselseitige Rücksichtnahme der

---

[7] Vgl. (auch zum Nachstehenden) Hornmann BeckOK BauNVO § 6a Rn. 16ff.; Blechschmidt in EZBK BauGB § 6a BauNVO Rn. 13. Nach § 2 Abs. 1 PlanZV sollen für die Kennzeichnung des urbanen Gebiets im Bebauungsplan die Planzeichen nach Nr. 1.2.3 der Anlage zur PlanZV verwendet werden und soll für es die Abkürzung „MU" verwendet werden.

[8] Vgl. Battis/Mitschang/Reidt NVwZ 2017, 817; Schink NVwZ 2017, 1641; Fickert/Fieseler BauNVO § 6a Rn. 9.

[9] Vgl. Regierungs-Begründung, BR-Drs. 806/126, 48.

[10] Vgl. Köppen/Mitschang BauR 2019, 754. Vgl. auch Roeser in KRS BauNVO § 6a Rn. 6.

[11] Vgl. Blechschmidt in EZBK BauGB § 6a BauNVO Rn. 14.

[12] Vgl. Hornmann in BeckOK BauNVO § 6a Rn. 21ff.; BVerwGE 40, 94 = BRS 25 Nr. 127; BVerwG NVwZ-RR 1997, 463 (jeweils zum Mischgebiet).

einen Nutzung auf die andere und deren Bedürfnisse. Mithin müssen – wie im Mischgebiet – die beiden Hauptnutzungsarten – dies zeigt auch § 6a Abs. 1 S. 2 BauNVO – „gemischt" sein, wozu es sowohl einer qualitativen als auch – unter der Einschränkung des § 6a Abs. 1 S. 2 BauNVO – quantitativen Durchmischung bedarf.[13]

c) *Nicht zwingend gleichgewichtige Nutzungsmischung*

Maßgeblich für die quantitative Durchmischung von Wohnen sowie die Wohnnutzung nicht wesentlich störender gewerblicher und anderer Nutzung ist, in welchem Verhältnis die dem Wohnen und die den gewerblichen und anderen Zwecken dienenden Anlagen im Baugebiet nach Anzahl und Umfang zueinanderstehen. Hierzu bestimmt § 6a Abs. 1 S. 2 BauNVO, dass die Nutzungsmischung nicht gleichwertig sein muss. Dadurch unterscheiden sich urbanes Gebiet und Mischgebiet (§ 6 BauNVO). § 6a Abs. 1 S. 2 BauNVO ist in Abgrenzung zu § 6 Abs. 1 BauNVO zu sehen und lässt für das urbane Gebiet ein weitergehendes Ungleichgewicht als im Mischgebiet zu. Jedoch wird die Bandbreite der typischen Eigenart des urbanen Gebiets wie beim Mischgebiet[14] dann verlassen, wenn eine der beiden Hauptnutzungsarten als eigenständige Nutzung im Gebiet weitestgehend verdrängt wird.[15] Die Nutzungsmischung nach der Zweckbestimmung ist also ein Charakteristikum für das urbane Gebiet und muss in dem Baugebiet ablesbar sein. § 6a Abs. 1 S. 2 BauNVO ist also dahingehend zu verstehen, dass den Gemeinden eine größere Flexibilität bei der Planung und Realisierung eines urbanen Gebiets eingeräumt werden soll, um einer der beiden Hauptnutzungsarten – ggf. auch nur in Teilen des Baugebiets – einen Schwerpunkt zuzuweisen. Die Zweckbestimmung des urbanen Gebiets muss also stets gewahrt bleiben. Sie ist dann nicht gewahrt, wenn beim Überwiegen der einen Nutzung der anderen Nutzung keine mitprägende Funktion mehr zukommt. Erst durch die Planung wird die spezifische Eigenart des urbanen Gebiets hinsichtlich des Mischungsverhältnisses ausgebildet und können seine Hauptnutzungsarten gemäß der Planung der Gemeinde in den Vordergrund treten. Überwiegend wird davon ausgegangen, dass das Wohnen im urbanen Gebiet eher überwiegen wird.

§ 6a Abs. 1 S. 2 BauNVO erlaubt keinen Etikettenschwindel dahingehend, unter dem Deckmantel „urbanes Gebiet" entweder ein allgemeines Wohngebiet (§ 4 BauNVO) oder ein Mischgebiet (§ 6 BauNVO) oder gar ein Gewerbegebiet (§ 8 BauNVO) mit der gegenüber diesen Baugebietskategorien deutlich höheren Verdichtungsmöglichkeit nach § 17 Abs. 1 BauNVO für das urbane Gebiet zu planen. Dies zeigen gerade auch die Differenzierungsmöglichkeiten nach § 6a Abs. 4 BauNVO, die dazu dienen, ein Mindestmaß an Nutzungsmischung iSd § 6a Abs. 1

---

[13] Vgl. BVerwG NVwZ 1986, 469; VGH München BeckRS 2011, 46480 (jeweils zum Mischgebiet); OVG Koblenz BeckRS 2022, 18221.

[14] Vgl. zum Mischgebiet BVerwGE 68, 207 = NJW 1984, 1572; BVerwGE 79, 309 = NJW 1988, 3168; BVerwG NVwZ 1986, 643; VGH München BeckRS 2011, 46480; OVG Münster BeckRS 2004, 19100.

[15] Vgl. Blechschmidt in EZBK BauGB § 6a BauNVO Rn. 14; Hornmann in BeckOK BauNVO § 6a Rn. 24ff.; Köppen/Mitschang BauR 2019, 754.

S. 1 BauNVO zu gewährleisten. Zudem wurde mit § 6a BauNVO eine neue, zu den bisherigen und unverändert gebliebenen Baugebietsregelungen hinzutretende Baugebietsregelung geschaffen.

3. *Allgemein zulässige Nutzungen*

Die im urbanen Gebiet allgemein zulässigen Nutzungen (Nutzungsarten) enthält § 6a Abs. 2 BauNVO. Danach sind allgemein zulässig 1. Wohngebäude, 2. Geschäfts- und Bürogebäude, 3. Einzelhandelsbetriebe, Schank- und Speisewirtschaften sowie Betriebe des Beherbergungsgewerbes, 4. sonstige Gewerbebetriebe, 5. Anlagen für Verwaltungen sowie für kirchliche, kulturelle, soziale, gesundheitliche und sportliche Zwecke.

Die Nutzungen iSd § 6a Abs. 2 Nr. 2 bis Nr. 5 BauNVO stehen nach § 6a Abs. 1 BauNVO sämtlich unter der Voraussetzung, dass sie die Wohnnutzung nicht wesentlich stören dürfen.

Nach § 1 Abs. 3 S. 2 BauNVO sind im urbanen Gebiet zudem Stellplätze und Garagen (§ 12 BauNVO), Gebäude und Räume für freie Berufe (§ 13 BauNVO), Ferienwohnungen (§ 13a BauNVO) sowie Nebenanlagen, Anlagen zur Nutzung solarer Strahlungsenergie und Kraft-Wärme-Kopplungsanlagen (§ 14 BauNVO) allgemein zulässig.[16]

4. *Ausnahmsweise zulässige Nutzungen*

Nach § 6a Abs 3 BauNVO können im urbanen Gebiet im Wege der Ausnahme nach § 31 Abs. 1 BauGB sog. nicht kerngebietstypische Vergnügungsstätten (Nr. 1) und Tankstellen (Nr. 2) zugelassen werden.[17]

5. *Maß der baulichen Nutzung*

Nach § 17 Abs. 1 BauNVO dürfen bei der Bestimmung des Maßes der baulichen Nutzung nach § 16 BauNVO, auch wenn eine Geschossflächenzahl oder eine Baumassenzahl nicht dargestellt oder festgesetzt wird, für das urbane Gebiet folgende Obergrenzen nicht überschritten werden: Grundflächenzahl (GRZ) 0,8 und Geschossflächenzahl (GFZ) 3,0. Hinsichtlich der Art der baulichen Nutzung liegt das urbane Gebiet nahe beim Mischgebiet, in Bezug auf das Maß der baulichen Nutzung jedoch näher beim Kerngebiet (GRZ 1,0 und GFZ 3,0) und deutlich über dem Mischgebiet (GFZ 0,6 und GRZ 1,2). § 6a Abs. 1 BauNVO iVm § 17 Abs. 1 BauNVO erlaubt eine Nutzungsmischung bei sehr hoher Verdichtung.[18] Diese hohen Ausnutzungswerte des urbanen Gebiets basieren auf dem Leitbild der „nutzungsgemischten Stadt der kurzen Wege".[19]

---

[16] Vgl. Hornmann in BeckOK BauNVO § 6a Rn. 102ff.

[17] Vgl. Hornmann in BeckOK BauNVO § 6a Rn. 106ff.; Schink NVwZ 2017, 1641.

[18] Vgl. Hornmann in BeckOK BauNVO § 6a Rn. 30. ff.; Bunzel ZfBR 2017, 220; Köppen/Mitschang BauR 2019, 754.

[19] Vgl. Regierungs-Begründung, BT-Drs. 18/10942, 32.

Die Gestaltung von GRZ und GFZ für das urbane Gebiet in § 17 Abs. 1 BauNVO erlaubt eine stärker in die Vertikale gerichtete Bebauung. Beschränkungen bei der Bebauung durch die (teils unterschiedlichen) landesrechtlichen Abstandsvorschriften sind kaum zu erwarten, da die Festsetzungen in Bebauungsplänen insbesondere durch geschlossene Bauweise (§ 22 Abs. 3 BauNVO) sowie durch Baulinien (§ 23 Abs. 2 BauNVO) und Baugrenzen (§ 22 Abs. 3 BauNVO) und Bebauungstiefen (§ 22 Abs. 4 BauNVO) nach allen Bauordnungen der Länder den landesrechtlichen Abstandsvorschriften vorgehen.[20]

Mit der sehr hohen Verdichtung wird auch der Bodenschutzklausel des § 1a Abs. 2 S. 1 BauGB Rechnung getragen, die die planende Gemeinde verpflichtet, mit Grund und Boden sparsam und schonend umzugehen; dies ist ein in der Abwägung nach § 1 Abs. 7 BauGB zu berücksichtigender Belang.

6. *Differenzierende Festsetzungen*

Zur Wahrung des quantitativen Mischungsverhältnisses stehen der Gemeinde grundsätzlich die Instrumente der planerischen Feinsteuerung nach § 1 Abs. 4 bis 10 BauNVO zur Verfügung.[21]

Daneben sind für das urbane Gebiet spezielle Differenzierungsmöglichkeiten des § 6a Abs. 4 BauNVO geschaffen worden. Nach dieser Vorschrift kann für urbane Gebiete oder Teile von ihnen festgesetzt werden, dass in Gebäuden 1. im Erdgeschoss an der Straßenseite eine Wohnnutzung nicht oder nur ausnahmsweise zulässig ist, 2. oberhalb eines im Bebauungsplan bestimmten Geschosses nur Wohnungen zulässig sind, 3. ein im Bebauungsplan bestimmter Anteil der zulässigen Geschossfläche oder eine im Bebauungsplan bestimmte Größe der Geschossfläche für Wohnungen zu verwenden ist, oder 4. ein im Bebauungsplan bestimmter Anteil der zulässigen Geschossfläche oder eine im Bebauungsplan bestimmte Größe der Geschossfläche für gewerbliche Nutzungen zu verwenden ist.[22]

Von den Differenzierungsmöglichkeiten des § 6a Abs. 4 BauNVO wird die Gemeinde Gebrauch zu machen haben, wenn sie für ein konkretes urbanes Gebiet das Ziel der nutzungsgemischten Stadt der kurzen Wege näher regeln und dies nicht den Bauherren und Investoren sowie den Baugenehmigungsbehörden überlassen will. Die Anwendung der Feinsteuerung nach § 6a Abs. 4 BauNVO ist zwar für die Gemeinde nicht verpflichtend, wird jedoch zumeist unerlässlich sein, um die hohen Obergrenzen des Maßes der baulichen Nutzung nach § 17 Abs. 1 BauNVO und ggf. samt Überschreitung nach § 17 Abs. 2 BauNVO ausnutzen zu können. Die vier Festsetzungsmöglichkeiten des § 6a Abs. 4 BauNVO können in dem gesamten Plangebiet oder auch nur in einzelnen Teilen desselben und auch untereinander kombiniert zur Anwendung kommen; zu widersprüchlichen Vorgaben darf es jedoch nicht kommen.[23]

---

[20] Vgl. zB § 6 Abs. 11 Nr. 1 HBO und dazu Hornmann, HBO § 6 Rn. 167ff.

[21] Ausführlich dazu Spannowsky in BeckOK BauNVO § 1 Rn. 147ff.; Hornmann in BeckOK BauNVO § 6a Rn. 54ff.

[22] Wegen der Einzelheiten vgl. Hornmann in BeckOK BauNVO § 6a Rn. 59ff.

[23] Vgl. Hornmann in BeckOK BauNVO § 6a Rn. 61; Köppen/Mitschang BauR 2019, 754.

7. *Regelwerke zum Lärmschutz*

Die Immissionsrichtwerte wurden für urbane Gebiete in Nr. 6.1 S. 1 lit c TA Lärm auf tags 63 dB(A) und damit rechtlich nicht unbedenklich 3 dB(A) höher als in Kerngebieten, Dorfgebieten und Mischgebieten sowie nachts wie in diesen Gebieten auf 45 dB(A) festgesetzt, wodurch der Nutzungsmischung bei hoher Verdichtung Rechnung getragen werden soll.[24]

Die Tagwerte der 18. BImSchV (Sportanlagenlärmschutzverordnung) für urbane Gebiete, nämlich tags außerhalb der Ruhezeiten von 63 dB(A), tags innerhalb der Ruhezeiten am Morgen von 58 dB(A), im Übrigen von 63 dB(A), sind rechtlich nicht unbedenklich, soweit sie die Werte für Kern,- Dorf- und Mischgebiete von 60 dB(A) tags außerhalb der Ruhezeiten, 55 dB(A) innerhalb der Ruhezeiten am Morgen und 60 dB(A) im Übrigen überschreiten.[25]

8. *Zulässiger Störgrad*

Der zulässige Störgrad des urbanen Gebiets ergibt sich aus § 6a Abs. 1 BauNVO. Aus der Einschränkung, dass die Wohnnutzung nicht wesentlich gestört werden darf durch Gewerbebetriebe und soziale, kulturelle und andere Anlagen, folgt, dass diese im urbanen Gebiet einerseits eingeschränkter zulässig sind als in Gewerbegebieten (§ 8 BauNVO) und andererseits wegen der qualitativen und quantitativen Nutzungsmischung und der Möglichkeit, die gewerbliche Nutzung gegenüber der Wohnnutzung überwiegen zu lassen (§ 6a Abs. 1 S. 2 BauNVO), weitergehender zulässig sind als im Mischgebiet (§ 6 BauNVO). Das Wohnen unterliegt daher im urbanen Gebiet gegenüber dem Mischgebiet einer höheren Duldungslast, wiewohl andererseits nicht wesentlich störende Gewerbebetriebe und soziale, kulturelle und andere Anlagen eine relativ weitgehende Pflicht zur Rücksichtnahme auf das Wohnen haben. In § 6a Abs. 1 BauNVO werden zwar keine Immissionsgrenzwerte für störende Betriebe, ebenso nicht für andere bauliche Anlagen mit Emissionen, festgelegt. Für anlagenbezogene Richt- oder Grenzwerte können aber andere Rechtsvorschriften und technische Regelwerke Bedeutung erlangen, die der besonderen Wohnruhe Rechnung tragen. Für einen Störgrad, der tags höher als der im Mischgebiet zulässige ist, sprechen die hohen Immissionsrichtwerte außerhalb von Gebäuden von 63 dB(A) tags nach der TA Lärm und nach der 18. BImSchV.[26]

9. *Fazit*

Urbane Gebiete nach § 6a BauNVO sind typische städtische Gebiete mit kleinräumiger Nutzungsmischung zwischen Wohnen und den das Wohnen nicht wesentlich störenden gewerblichen und sonstigen Nutzungen mit einer Palette von

---

[24] Zur Entstehungsgeschichte und Kritik vgl. Hornmann in BeckOK BauNVO § 6a Rn. 32ff.; zustimmend Schink NVwZ 2017, 1641; kritisch Battis/Mitschang/Reidt NVwZ 2017, 817.

[25] Vgl. Hornmann in BeckOK BauNVO § 6a Rn. 35ff.; zu den Bedenken Blechschmidt in EZBK BauGB § 6a BauNVO Rn. 8.

[26] Vgl. Blechschmidt in EZBK BauGB § 6a BauNVO Rn. 6; Hornmann in BeckOK BauNVO § 6a Rn. 27ff.; Köppen/Mitschang BauR 2019, 754.

Differenzierungsmöglichkeiten, wobei die Nutzungsmischung zwischen diesen beiden Hauptnutzungsarten nicht zwingend gleichgewichtig sein muss, sowie der Zulässigkeit einer sehr hohen Verdichtung zur Erreichung des Ziels eines funktionsgemischten Gebiets der kurzen Wege.

Um dieses Ziel zu erreichen, muss die planende Gemeinde insbesondere folgendes beachten:[27] Die Größe der Baugrundstücke darf nicht so beschränkt werden, dass sie einem urbanen Gebiet, insbesondere der Nutzungsmischung auf engem Raum, nicht gerecht wird. Zudem muss deshalb der Bebauungsplan auch eine für ein urbanes Gebiet ausreichende Erschließung vorsehen. Insbesondere für den Andienungsverkehr zu den gewerblichen Nutzungen müssen ausreichende, wenn auch ggf. verkehrsberuhigte Erschließungsstraßen vorhanden sein. Im Übrigen sollen kennzeichnend sein ein leistungsfähiger öffentlicher Nahverkehr, das Fahrrad, E-Bikes, Elektroautos und Carsharing-Angebote als zukunftsweisende Alternativen zum klassischen Auto. Auch wenn urbane Gebiete kurze Wege ermöglichen sollen, werden zusätzliche Bewohner unter Berücksichtigung ihrer konkreten Arbeits- und Freizeitbedürfnisse sowie ihrer Versorgung mit Gütern das Verkehrsaufkommen in der Stadt erhöhen, was stadtentwicklungspolitisch und verkehrsplanerisch gesteuert werden muss, um umweltrelevante Fehlentwicklungen zu begrenzen.[28] Der Verwirklichung beider Nutzungsarten in einer Nutzungsmischung auf engem Raum müssen schließlich auch die übrigen Festsetzungen des Bebauungsplans über das Maß der baulichen Nutzung (§§ 16ff. BauNVO), insbesondere Grundflächenzahl und Geschossflächenzahl (§ 17 BauNVO), die Bauweise (§ 22 BauNVO) und die überbaubare Grundstücksfläche (§ 23 BauNVO) Rechnung tragen.

Die Städte haben den Baugebietstyp urbanes Gebiet bereits zahlreich angenommen und entsprechende Bebauungspläne aufgestellt.[29]

III. Dörfliches Wohngebiet (MDW)

1. Entstehungsgeschichte

Bereits seit Jahrzehnten ist der ländliche Raum mit seinen Dörfern von dem Strukturwandel der Landwirtschaft und des ländlichen Raums betroffen. Der Trend zu großen Betrieben in der Landwirtschaft setzt sich seit Jahrzehnten fort; da sie im Innenbereich kaum expandieren können, sind sie zumeist im Außenbereich angesiedelt. Gleichzeitig sterben kleinere Betriebe in großer Zahl.[30] Bei den weiter von Städten entfernten und zumeist verkehrsmäßig eher schlecht angebundenen Dörfern ist hingegen eine Landflucht festzustellen. Aufgrund der sehr hohen Baulandpreise insbesondere in den Großstädten und sehr hohen Baupreise und seit

[27] Vgl. Hornmann in BeckOK BauNVO § 6a Rn. 45b.

[28] Vgl. Franßen ZUR 2017, 532.

[29] Instruktiv dazu ist die Untersuchung von Beibl „Urbane Gebiete nach § 6a BauNVO und ihre Auswirkungen auf Betriebsstandorte und Neuansiedlungen im Handwerk" für das Ludwig-Fröhler-Institut (https://lfi-münchen.de).

[30] Vgl. die Nachweise bei Hornmann in BeckOK BauNVO § 5a Rn. 7.

Kurzem steigenden Bauzinsen begünstigt durch Corona nimmt gleichzeitig die Bedeutung von ehemals landwirtschaftlich geprägten Ortschaften als Wohnstandort für Pendler in nahegelegene Städte zu, was wiederum eine auf diese Wohnnutzung bezogene gewerbliche Nutzung anzieht und den Ortschaften zunehmend das Gepräge von allgemeinen Wohngebieten gibt. Durch diese haben dort zudem zahlreiche der Versorgung des Gebiets dienende Läden, Schank- und Speisewirtschaften und Gewerbebetriebe geschlossen und sind auf der grünen Wiese große Märkte entstanden. Der Gesetzgeber ist der Ansicht, dass es mit einer Novellierung der Baugebietsvorschrift des § 5 BauNVO über das Dorfgebiet nicht getan ist,[31] da landwirtschaftliche Vollerwerbsbetriebe und Wohnen kaum in Einklang zu bringen sind.

Speziell zu der neuen Baugebietskategorie „dörfliches Wohngebiet" heißt es in der Regierungsbegründung zu dem Baulandmobilisierungsgesetz, mit dem die Einführung des § 5a BauNVO über das dörfliche Wohngebiet vorgesehen wurde,[32] unter Hinweis auf die Empfehlung aus den Beratungen in der Kommission für „Nachhaltige Baulandmobilisierung und Bodenpolitik" (Baulandkommission): „Die Baulandkommission empfiehlt die Einführung einer neuen Baugebietskate gorie „dörfliches Wohngebiet", um in sich stark wandelnden ländlichen Räumen ein einvernehmliches Nebeneinander von Wohnen (Neubau und Bestand), landwirtschaftlichen Betrieben (im Neben- und Haupterwerb) und gewerblicher Nutzung zu ermöglichen. Der Änderungsvorschlag in Nr. 3 soll der Umsetzung dieser Empfehlung dienen, wobei Wirtschaftsstellen landwirtschaftlicher Haupterwerbsbetriebe indes nur ausnahmsweise zulässig sein sollen."

§ 5a BauNVO wurde eingeführt durch das Gesetz zur Mobilisierung von Bauland (Baulandmobilisierungsgesetz) vom 14.6.2021 (BGBl. I 1802).[33]

Nach dem ebenfalls durch das Baulandmobilisierungsgesetz eingefügten § 245d Abs. 1 BauGB findet § 34 Abs. 2 BauGB auf Baugebiete nach § 5a BauNVO keine Anwendung. Ein faktisches dörfliches Wohngebiet soll es mithin nicht geben und § 5a BauNVO soll nur dann seine Wirkung entfalten, wenn die Gemeinde dies planerisch vorgesehen hat.[34]

---

[31] So aber Schmidt-Eichstaedt ZfBR 2011, 323.

[32] Vgl. Regierungsbegründung BT-Drs. 19/24838 34. Zu dem Ringen um den neuen § 5a BauNVO zwischen Bundesrat, Bundesregierung und dem Bundestagsausschuss für Bau, Wohnen, Stadtentwicklung und Kommunen vgl. die Nachweise bei Hornmann in BeckOK BauNVO § 5a Rn. 30.

[33] Er ist nach Art. 4 dieses Gesetzes am 23.6.2021 in Kraft getreten. Nach § 2 Abs. 1 PlanZV sollen für die Kennzeichnung des dörflichen Wohngebiets im Bebauungsplan die Planzeichen nach der Nr. 1.2.2 der Anlage zur PlanZV verwendet werden, insbesondere die Abkürzung MDW. Zu § 5a BauNVO vgl. Kment ZRP 2010, 179; Hornmann NVwZ 2021, 1274; Battis/Mitschang/Reidt NVwZ 2021, 905; Otto ZfBR 2021, 626; Krautzberger/Stüer UPR 2021, 252 und ZfBR 2021, 33; Fimpel/Müller ZfBR 2022, 16. Allg. zum Baulandmobilisierungsgesetz vgl. Finster/Reicherzer ZfIR 2021, 149; Muckel/Ogarek JA 2021, 881; Uechtritz BauR 2021, 1227; Breuer NVwZ 2022, 585.

[34] Vgl. Blechschmidt in EZBK BauGB § 245d BauGB Rn. 2; Hornmann in BeckOK BauNVO § 5a Rn. 20.

2. *Zweckbestimmung*

a) Allgemeines

§ 5a BauNVO regelt die Zulässigkeit des Bauens ausweislich seiner Überschrift im dörflichen Wohngebiet. Aus der Bezeichnung „dörflich" und der Zweckbestimmung (§ 5a Abs. 1 BauNVO) und den allgemein zugelassenen Nutzungen (§ 5a Abs. 2 BauNVO) folgt, dass diese Baugebietskategorie dem dörflichen Raum und anders als die sonstigen Baugebietskategorien – ausgenommen § 6a BauNVO, der urbane und damit städtische Gebiete betrifft – nicht allen Räumen vorbehalten ist. Von § 5a BauNVO dürfen somit nur ländliche Gemeinden Gebrauch machen. Denn um das Zusammenleben auf dem Land zu erleichtern ist mit § 5a BauNVO eine neue Baugebietskategorie in die BauNVO eingefügt worden, die auf die Nutzungsmischung im Schnittbereich von Wohnnutzung und Land- und Forstwirtschaft ausgerichtet ist. Von der Gesetzessystematik weist § 5a BauNVO über das dörfliche Wohngebiet Parallelen zu § 6a BauNVO über das urbane Wohngebiet auf. Konzeptionell ist das dörfliche Wohngebiet dem Dorfgebiet nach § 5 BauNVO nachempfunden, verschiebt jedoch Wirtschaftsstellen land- und forstwirtschaftlicher Betriebe und die dazugehörigen Wohnungen und Wohngebäude (Nr. 1), Gartenbaubetriebe (Nr. 2) und Tankstellen (Nr. 3) von der Regelbebauung (§ 5a Abs. 2 BauNVO) in die Ausnahmebebauung (§ 5a Abs. 3 BauNVO).[35]

b) Zwei Hauptnutzungsarten: Wohnen und das Wohnen nicht wesentlich störende Nutzungen

Nach § 5a Abs. 1 S. 1 BauNVO besteht die Zweckbestimmung des dörflichen Wohngebiets in der Unterbringung von Wohnnutzung einerseits (s. § 5a Abs. 2 Nr. 1 BauNVO) und andererseits der Nichtwohnnutzung, nämlich der Unterbringung von (das Wohnen) nicht wesentlich störenden Gewerbebetrieben (s. § 5a Abs. 2 Nr. 5–7 BauNVO), der Unterbringung von land- und forstwirtschaftlichen Nebenerwerbsstellen (s. § 5a Abs. 2 Nr. 2 BauNVO) und sonstigen Anlagen (s. § 5a Abs. 2 Nr. 4, 8 BauNVO) und Kleinsiedlungen (s. § 5a Abs. 2 Nr. 3 BauNVO). Es wird also zwischen den beiden Hauptnutzungsarten Wohnen und Nichtwohnen, nämlich die Wohnnutzung nicht wesentlich störenden Gewerbebetrieben und sozialen, kulturellen Anlagen etc., die in § 5a Abs. 2 Nr. 2 bis Nr. 8 BauNVO explizit aufgeführt sind, unterschieden. Der Gebietscharakter des dörflichen Wohngebiets ist also auf diese beiden Hauptnutzungsarten festgelegt. Dies zeigt das „sowie" zwischen diesen beiden Hauptnutzungsarten und das „und" zwischen den land- und forstwirtschaftlichen Nebenerwerbsstellen und den nicht wesentlich störenden Gewerbebetrieben etc.[36] Diese Struktur des § 5a Abs. 1 S. 1 BauNVO findet sich auch in § 6a Abs. 1 S. 1 BauNVO über den neuen Baugebietstyp des urbanen Gebiets; beide verfolgen die vergleichbaren Ziele der Ermöglichung der Schaffung von

[35] Vgl. Hornmann in BeckOK BauNVO § 5a Rn. 32; Spannowsky in BeckOK BauNVO § 1 Übersicht.

[36] Vgl. Stock in EZBK BauGB § 5a BauNVO Rn. 14; Blechschmidt in EZBK BauGB § 5a BauNVO Rn. 16; Hornmann in BeckOK BauNVO § 5a Rn. 33.

Wohnraum in gemischten Gebieten, jedoch für unterschiedliche Bauflächen, nämlich den dörflichen Raum einerseits und den städtischen (urbanen) Raum andererseits. § 5a BauNVO ist also an § 6a BauNVO angelehnt, nicht aber an § 5 BauNVO über das Dorfgebiet, das drei Hauptnutzungsarten kennt, nämlich Wirtschaftsstellen land- und forstwirtschaftlicher Betriebe, Wohnnutzungen und nicht störendes Gewerbe.[37] Sowohl der Gesetzeswortlaut des § 5a Abs. 1 S. 1 BauNVO als auch seine deutliche Anlehnung an den § 6a Abs. 1 S. 1 BauNVO mit ähnlicher Zielsetzung sprechen dagegen, wie bei § 5 Abs. 1 S. 1 BauNVO von drei Hauptnutzungsarten auszugehen.[38] Zudem erweitert die Annahme von nur zwei Hauptnutzungsarten den planerischen Gestaltungsspielraum, was dem Zweck des § 5a BauNVO besser entsprechen dürfte.[39]

c) Nutzungsmischung zwischen den beiden Hauptnutzungsarten

Bereits aus dem Wortlaut des § 5a Abs. 1 S. 1 BauNVO folgt, dass zwischen diesen beiden Hauptnutzungsarten des dörflichen Wohngebiets kein Rangverhältnis besteht. Es existiert auch keine Vorrangklausel wie in § 5 Abs. 1 S. 2 BauNVO für das Dorfgebiet. Daraus ist – wie beim Mischgebiet (§ 6 BauNVO) – zu folgern, dass das dörfliche Wohngebiet nach seiner typischen Eigenart für diese beiden Hauptnutzungsarten gleichermaßen offen steht im Sinne einer Gleichwertigkeit der beiden Hauptnutzungsarten. Wie das Mischgebiet und das urbane Gebiet (§ 6a BauNVO) muss das dörfliche Wohngebiet daher aufgrund dieser Gleichwertigkeit beider Hauptnutzungsarten als Baugebiet für beide Hauptnutzungsarten bauplanungsrechtlich verfügbar sein. Das Nebeneinander bedingt zudem eine wechselseitige Rücksichtnahme der einen Nutzung auf die andere und deren Bedürfnisse. Mithin müssen die beiden Hauptnutzungsarten – dies zeigt auch § 5a Abs. 1 S. 2 BauNVO – „gemischt" sein, wozu es sowohl einer qualitativen als auch – unter der Einschränkung des § 5a Abs. 1 S. 2 BauNVO – quantitativen Durchmischung bedarf.[40]

d) Nicht zwingend gleichgewichtige Nutzungsmischung

Für die quantitative Durchmischung von Wohnen sowie die Wohnnutzung nicht wesentlich störender gewerblicher und sonstiger Nutzung ist maßgeblich, in welchem Verhältnis die dem Wohnen und die den gewerblichen und sonstigen Zwecken dienenden Anlagen im Baugebiet nach Anzahl und Umfang zueinanderstehen. Hierzu bestimmt § 5a Abs. 1 S. 2 BauNVO – wie § 6a Abs. 1 S. 2 BauNVO für das urbane Gebiet –, dass die Nutzungsmischung nicht gleichgewichtig sein muss. Dadurch unterscheiden sich dörfliches Wohngebiet und urbanes Gebiet vom

---

[37] Vgl. Söfker in EZBK BauGB § 5 BauNVO Rn. 10; Hornmann in BeckOK BauNVO § 5a Rn. 33.

[38] Vgl. Hornmann in BeckOK BauNVO § 5a Rn. 33; anders Roeser in KRS BauNVO § 5a Rn. 4.

[39] Vgl. Stock in EZBK BauGB § 5a BauNVO Rn. 14; Hornmann in BeckOK BauNVO § 5a Rn. 33.

[40] Vgl. Hornmann in BeckOK BauNVO § 5a Rn. 37f.

Mischgebiet. Wiewohl auch für das Mischgebiet nicht erforderlich ist, dass die beiden Hauptnutzungsarten zu genau oder annähernd gleichen Anteilen im jeweiligen Gebiet vertreten sind. § 5a Abs. 1 S. 2 BauNVO ist wie § 6a Abs. 1 S. 2 BauNVO in Abgrenzung zu § 6 Abs. 1 BauNVO zu sehen und lässt für das dörfliche Wohngebiet wie bei dem urbanen Gebiet ein weitergehendes Ungleichgewicht als im Mischgebiet zu. Jedoch wird die Bandbreite der typischen Eigenart des dörflichen Wohngebiets wie beim Mischgebiet dann verlassen, wenn eine der beiden Hauptnutzungsarten als eigenständige Nutzung im Gebiet weitestgehend verdrängt wird. § 5a Abs. 1 S. 2 BauNVO ist also dahingehend zu verstehen, dass den Gemeinden (wie beim urbanen Gebiet) eine größere Flexibilität bei der Planung und Realisierung eines dörflichen Wohngebiets eingeräumt werden soll, um einer der beiden Hauptnutzungsarten – ggf. auch nur in Teilen des Baugebiets – einen Schwerpunkt zuzuweisen. Aus § 5a Abs. 1 S. 2 BauNVO folgt mit anderen Worten somit nicht, dass in einem Bebauungsplan nur eine der nach § 5a Abs. 2 BauNVO allgemein zulässigen Nutzungen (etwa Wohngebäude) als allein zulässige Nutzung festgesetzt werden kann; vielmehr ist das Vorhandensein einer Nutzungsmischung nach § 5a Abs. 1 S. 1 BauNVO ein charakteristisches Merkmal des dörflichen Wohngebiets. Überwiegend wird davon auszugehen sein, dass das Wohnen im dörflichen Wohngebiet eher überwiegen wird, da es ja vornehmlich der Schaffung von Wohnraum dienen soll.

3. Allgemein zulässige Nutzungen

Nach § 5a Abs. 2 BauNVO sind im dörflichen Wohngebiet allgemein zulässig 1. Wohngebäude, 2. Wirtschaftsstellen land- und forstwirtschaftlicher Nebenerwerbsbetriebe und die dazugehörigen Wohnungen und Wohngebäude[40a], 3. Kleinsiedlungen einschließlich Wohngebäude mit entsprechenden Nutzgärten[41], 4. nicht gewerbliche Einrichtungen und Anlagen für die Tierhaltung[42], 5. die der Versorgung des Gebiets dienenden Läden sowie Schank- und Speisewirtschaften, 6. Betriebe des Beherbergungsgewerbes, 7. sonstige Gewerbebetriebe, 8. Anlagen für örtliche Verwaltungen sowie für kirchliche, kulturelle, soziale, gesundheitliche und sportliche Zwecke.

Nach § 1 Abs. 3 S. 2 BauNVO sind im urbanen Gebiet zudem Stellplätze und Garagen (§ 12 BauNVO), Gebäude und Räume für freie Berufe (§ 13 BauNVO), Ferienwohnungen (§ 13a BauNVO) sowie Nebenanlagen, Anlagen zur Nutzung solarer Strahlungsenergie und Kraft-Wärme-Kopplungsanlagen (§ 14 BauNVO) allgemein zulässig.[43]

[40a] Ausführl. BVerwG NVwZ 2023, 1576.
[41] Vgl. dazu Hornmann in BeckOK BauNVO § 5a Rn. 95.
[42] Vgl. dazu Hornmann in BeckOK BauNVO § 5a Rn. 96.
[43] Vgl. Hornmann in BeckOK BauNVO § 5a Rn. 115ff.

4. *Ausnahmsweise zulässige Nutzungen*

Nach § 5a Abs. 3 BauNVO können im dörflichen Wohngebiet im Wege der Ausnahme nach § 31 Abs. 1 BauGB 1. Wirtschaftsstellen land- und forstwirtschaftlicher Betriebe und die dazugehörigen Wohnungen und Wohngebäude[43a], 2. Gartenbaubetriebe und 3. Tankstellen zugelassen werden.[44]

5. *Maß der baulichen Nutzung*

Für das dörfliche Wohngebiet gilt nach § 17 Abs. 1 BauNVO als Orientierungswert für die Bestimmung des Maßes der baulichen Nutzung eine Grundflächenzahl (GRZ) von 0,6 und eine Geschossflächenzahl (GFZ) von 1,2. Diese Orientierungswerte gelten ebenfalls für das Dorfgebiet und für das Mischgebiet.

6. *Differenzierende Festsetzungen*

Zur Wahrung des quantitativen Mischungsverhältnisses stehen der Gemeinde in besonderem Maße die Instrumente der planerischen Feinsteuerung nach § 1 Abs. 4 bis 10 BauNVO zur Verfügung, wiewohl auf diesem Wege jedoch im Bebauungsplan kein bestimmter Prozentsatz hinsichtlich der Zulässigkeit einer beiden Hauptnutzungen festgesetzt werden kann. Die Festsetzung der höchstzulässigen Zahl der Wohnungen nach § 9 Abs. 1 Nr. 6 BauGB ist jedoch möglich.[45].

7. *Regelwerke zum Lärmschutz*

In der TA Lärm sind noch keine Immissionsrichtwerte für das dörfliche Wohngebiet festgesetzt worden. Wegen ähnlicher Zweckbestimmung ist zu erwarten, dass diese für das dörfliche Wohngebiet wie für das Dorfgebiet und das Mischgebiet nach (der bestehenden) Nr. 6.1 S. 1 lit. c TA Lärm bei 60 dB(A) tags und 45 dB(A) nachts liegen werden. Sie können nach Nr. 6.6 TA Lärm für das dörfliche Wohngebiet herangezogen werden.[46]

Auch in der 18. BImSchV (Sportanlagenlärmschutzverordnung) wurden noch keine Immissionsrichtwerte für das dörfliche Wohngebiet festgesetzt. Wegen ähnlicher Zweckbestimmung können die Immissionsrichtwerte für Errichtung und Betrieb von Sportanlagen für das dörfliche Wohngebiet wie für das Dorfgebiet und das Mischgebiet, die nach § 2 Abs. 2 Nr. 2 18. BImSchV im Dorfgebiet und im Mischgebiet bei 60 dB(A) tags außerhalb und 55 dB(A) innerhalb der Ruhezeiten am Morgen, 60 dB(A) im Übrigen sowie bei 45 dB(A) nachts liegen, für das dörfliche Wohngebiet nach § 2 Abs. 6 S. 2 18. BImSchV herangezogen werden.[47]

[43a] Gral. BVerwG NVwZ 2023, 1576.

[44] Vgl. Hornmann in BeckOK BauNVO § 5a Rn. 117 ff.

[45] Vgl. Hornmann in BeckOK BauNVO § 5a Rn. 84 ff.

[46] Vgl. Hornmann in BeckOK BauNVO § 5a Rn. 58; Blechschmidt in EZBK BauGB § 5a BauNVO Rn. 19.

[47] Vgl. Hornmann in BeckOK BauNVO § 5a Rn. 60; Blechschmidt in EZBK BauGB § 5a BauNVO Rn. 20.

8. *Zulässiger Störgrad*

Der zulässige Störgrad des dörflichen Wohngebiets ergibt sich aus § 5a Abs. 1 S. 1 BauNVO. Das dörfliche Wohngebiet weist – wie das Dorfgebiet nach § 5 BauNVO – einen Gebietscharakter als „ländliches Mischgebiet" auf, wobei im dörflichen Wohngebiet im Gegensatz zu dem Dorfgebiet Wirtschaftsstellen land- und forstwirtschaftlicher Betriebe und die dazugehörigen Wohnungen und Wohngebäude als eine der drei Hauptnutzungsarten (§ 5 Abs. 1 S. 1 und Abs. 2 Nr. 1 BauNVO) mit besonderem Schutz durch die Vorrangklausel (§ 5 Abs. 1 S. 2 BauNVO) generell nicht und nur ausnahmsweise zulässig sind. Dadurch existiert im dörflichen Wohngebiet eine der ganz wesentlichen Immissionsquellen nicht und ist der zulässige Störgrad deutlich niedriger als im Dorfgebiet, denn diese beträchtlichen Störfaktoren in Bezug auf Lärm und insbesondere Geruch entfallen weitgehend. Das Schutzniveau lässt sich im konkreten Einzelfall mit den Orientierungshilfen für die Beurteilung von Geruchsemissionen durch Tierhaltung bestimmen (TA Luft).[48]

Der zulässige Störgrad in Bezug auf Lärm im dörflichen Wohngebiet ist weitgehend vergleichbar dem des Mischgebietes. Denn es kommen, ähnlich wie in diesem, weitere in § 5a Abs. 2 BauNVO allgemein zugelassene Nutzungen mit Störpotential hinzu, wie Einzelhandelsbetriebe, Schank- und Speisewirtschaften und Betriebe des Beherbergungsgewerbes sowie Anlagen für örtliche Verwaltungen sowie für kirchliche, kulturelle, soziale, gesundheitliche und sportliche Zwecke. Aus der Einschränkung, dass – wie im Mischgebiet – die Wohnnutzung durch diese nicht wesentlich gestört werden darf, folgt aber, dass diese im dörflichen Wohngebiet einerseits deutlich eingeschränkter zulässig sind als in Gewerbegebieten (§ 8 BauNVO) und andererseits wegen der qualitativen und quantitativen Nutzungsmischung und der Möglichkeit des § 5a Abs. 1 S. 2 BauNVO, die gewerbliche Nutzung gegenüber der Wohnnutzung überwiegen zu lassen, je nach Ausgestaltung des dörflichen Wohngebiets geringfügig weitergehender zulässig sind als im Mischgebiet. Das Wohnen kann daher bei einer solchen Ausgestaltung im dörflichen Wohngebiet gegenüber dem Mischgebiet einer leicht höhere Duldungslast haben, wiewohl andererseits nicht wesentlich störende Gewerbebetriebe und soziale, kulturelle und andere Anlagen etc. eine relativ weitgehende Pflicht zur Rücksichtnahme auf das Wohnen haben.[49]

9. *Abgrenzung zu Dorfgebiet und Mischgebiet*

Der erste wesentliche Unterschied zwischen dem dörflichen Wohngebiet nach § 5a BauNVO und allen anderen Baugebietskategorien der BauNVO – ausgenommen Dorfgebiete – und mithin den Wohngebieten nach den §§ 3, 4 und 4a BauNVO (WR, WA, WB) und dem Mischgebiet liegt darin, dass dörfliche Wohngebiete auf den ländlichen Raum beschränkt sind.[50]

---

[48] Vgl. Hornmann in BeckOK BauNVO § 5a Rn. 44.
[49] Vgl. Hornmann in BeckOK BauNVO § 5a Rn. 45ff.
[50] Vgl. Hornmann in BeckOK BauNVO § 5a Rn. 72.

Der wesentliche Unterschied zwischen dem dörflichen Wohngebiet und dem Dorfgebiet liegt darin, dass im dörflichen Wohngebiet Wirtschaftsstellen land- und forstwirtschaftlicher Betriebe und die dazugehörigen Wohnungen und Wohngebäude als generell zulässige Nutzungsart ausgeschlossen (§ 5a Abs. 1 S. 1 u. Abs. 2 BauNVO) und nur ausnahmsweise zulässig sind (§ 5a Abs. 3 Nr. 1 BauNVO) und nur derartige Nebenerwerbsbetriebe allgemein zulässig[51] sind (§ 5a Abs. 2 Nr. 2 BauNVO),[52] wodurch die Hauptnutzungsart Wohnen, aber auch die weitere Hauptnutzungsart Gewerbe priorisiert werden. Hingegen sind diese Wirtschaftsstellen land- und forstwirtschaftlicher Betriebe und die dazugehörigen Wohnungen und Wohngebäude im Dorfgebiet eine der drei Hauptnutzungsarten (§ 5 Abs. 1 S. 1 u. Abs. 2 Nr. 1 BauNVO) und in ihnen ist zudem über eine Vorrangklausel (§ 5 Abs. 1 S. 2 BauNVO)[53], wonach auf die Belange der land- und forstwirtschaftlichen Betriebe einschließlich ihrer Entwicklungsmöglichkeiten vorrangig Rücksicht zu nehmen ist, anders als nach § 15 Abs. 1 BauNVO bei Nutzungskonflikten in anderen Baugebieten dadurch der Landwirtschaft ein gewisser Vorrang eingeräumt und damit die Schutzwürdigkeit vornehmlich der anderen Hauptnutzungsart Wohnen, aber auch der weiteren Hauptnutzungsart Gewerbe niedriger.[54]

Der wesentliche Unterschied zwischen dem dörflichen Wohngebiet und dem Mischgebiet liegt darin, dass das Mischgebiet die Nutzungsart Unterbringung von land- und forstwirtschaftlichen Nebenerwerbsstellen nicht kennt und dass im Mischgebiet Wirtschaftsstellen land- und forstwirtschaftlicher Betriebe und die dazugehörigen Wohnungen und Wohngebäude auch nicht ausnahmsweise zulässig sind, ebenso nicht Kleinsiedlungen einschließlich Wohngebäuden mit entsprechenden Nutzgärten und ebenso nicht gewerbliche Einrichtungen und Anlagen für die Tierhaltung. Andererseits sind im Mischgebiet zusätzliche Formen gewerblicher Nutzung allgemein zulässig. Umgekehrt sind im dörflichen Wohngebiet Vergnügungsstätten generell unzulässig und Gartenbaubetriebe und Tankstellen nur ausnahmsweise zulässig. Schließlich muss im Mischgebiet die Nutzungsmischung zwischen Wohnen und den verschiedenen gewerblichen Nutzungen weitgehend gleichwertig und gleichgewichtig sein, während nach § 5a Abs. 1 S. 2 BauNVO im dörflichen Wohngebiet diese Nutzungsmischung nicht gleichgewichtig sein muss, d. h. eine der beiden Hauptnutzungsarten deutlich überwiegen darf.[55]

10. Fazit

Um das Zusammenleben auf dem Land zu erleichtern, ist mit § 5a BauNVO eine neue, zu den bisherigen und unverändert gebliebenen Baugebietsregelungen hinzutretende Baugebietsregelung geschaffen.[56] Sie ist auf eine Nutzungsmischung im Schnittbereich von Wohnnutzung und diese nicht wesentlich störender gewerb-

---

[51] Vgl. – auch zu den Begriffen – Hornmann in BeckOK BauNVO § 5a Rn. 90ff.
[52] Vgl. Hornmann in BeckOK BauNVO § 5a Rn. 118ff.
[53] Vgl. dazu Scheidler BauR 2022, 175.
[54] Vgl. VGH Mannheim NVwZ-RR 1996, 310; Hornmann in BeckOK BauNVO § 5a Rn. 73.
[55] Vgl. Hornmann in BeckOK BauNVO § 5a Rn. 73.
[56] Vgl. Hornmann in BeckOK BauNVO § 5a Rn. 39ff.

licher Nutzung sowie Land- und Forstwirtschaft ausgerichtet.[57] Die Zukunft der Städte mit großer Unterversorgung mit Wohnraum hängt also (auch) ganz entscheidend davon ab, ob die ländlichen Räume attraktive Alternativen für das Wohnen bereithalten. Hinzu muss selbstverständliche eine funktionierende und dem Umweltschutz Rechnung tragende Verkehrsinfrastruktur kommen. Die Attraktivität der ländlichen Räume wird durch die Möglichkeit des Homeoffice steigen, sie wurde zu Beginn der Corona-Pandemie im Frühjahr 2020 und während derselben deutlich ausgeweitet. Das dörfliche Wohngebiet dürfte der Gebietstyp der Zukunft für den ländlichen Raum werden.

[57] Vgl. Kment ZRP 2020,179.

ANDREAS STAUDACHER

Innenentwicklung als Herausforderung in der praktischen Umsetzung in den Städten und Gemeinden mit Blick auf Baden-Württemberg

Willy Spannowsky hat in seinem akademischen Leben an der Rheinland-Pfälzischen Technischen Universität Kaiserslautern-Landau (RPTU) in Forschung, Lehre und in der praktischen Umsetzung vielfältig gewirkt.

Er hat unter anderem wesentlich zur Entwicklung des *Stadtplanungs-* und *Umweltrechts* in den letzten vier Jahrzehnten beigetragen.

Hierbei möchte der Verfasser den *Praxisbezug* herausstellen. Das ständige lösungsorientierte Aufgreifen von Themenbereichen durch Willy Spannowsky hat den Kommunen de lege lata, aber auch in der Problembewältigung vor Ort nachhaltig geholfen. Hierbei wurde von ihm im Grunde zum jeweils frühesten Zeitpunkt der Blick auf *unionsrechtliche Vorgaben* gelenkt.

Der Verfasser konnte immer wieder bei Fachtagungen und Einzelprojekten verfolgen, wie aufgrund seiner Vorgaben mit *Planern* und *Juristen* gute und tragfähige Lösungen entwickelt wurden.

So zu verstehen sind die nachfolgenden Anmerkungen: Es werden bewusst Probleme aus der Praxis (mit Blick auf *Baden-Württemberg*) angesprochen, die – wie in den letzten vier Jahrzehnten auch – nach Lösungsansätzen rufen. Diese werden de lege lata zum Teil behandelt; zum Teil dürfte aber auch de lege ferenda in Bund und Land Bedarf zur weiteren Behandlung sein, um die sehr verdienstvollen Ansätze in der Rechtsprechung fortzuführen.

Hierbei dürfte der *Bebauungsplan* das Instrument der Wahl für die *Innenentwicklung* sein. Die Kommunen können den Akteuren damit klar signalisieren, was städteplanerisch gewünscht ist. Durch *Städtebauliche Verträge* bestehen hinreichend Steuerungssmöglichkeiten für die Praxis zur Lösung der jeweils sehr speziellen Problemstellungen.

Dieser Praxisbezug hat bereits die gemeinsame Zeit des Verfassers mit Willy Spannowsky an der Eberhard-Karls-Universität am Lehrstuhl von *Prof. Dr. Günter Püttner* bestimmt.

I. *Maßnahmenpakete*

Auf Bundes- oder Landesebene werden in kurzen Abständen *Maßnahmenpakete* angestoßen. Diese werden dann in der Bevölkerung und den Kommunen aufgenommen. Automatisch ergeben sich Fragen der praktischen Umsetzung.

Damit soll der jeweils aktuelle Wille von Regierung und Parlament in der Tiefe des Raumes wirkmächtig werden. Mit Verabschiedung des jeweiligen Maßnahmepaketes geht dann der Blick auf dessen *Wirkmächtigkeit.*

Dies trifft das *öffentliche Baurecht* nicht minder wie viele andere Rechtsgebiete. Indes entsteht gesamtstaatliche Wirkmächtigkeit nur dann, wenn die so politisch angestoßenen und legislativ in Bund und Ländern kodifizierten Maßnahmen in den Städten und Gemeinden *umgesetzt* werden. Hier stellt sich die Frage, inwieweit Städte und Gemeinden rein tatsächlich in der Lage sind, die so dringend gewünschte Umsetzung zu *bewältigen.*

Dies erzeugt vorderhand eine *kommunalhaushaltsrechtlich* fordernde Situation; diese kann zum Teil durch entsprechende von Bund und Ländern geschaffene *Förderkulissen* abgefedert werden. Das ist aber nur ein Aspekt. Die Maßnahmen müssen von der Kommunalverwaltung geplant und umgesetzt werden; die personellen Ressourcen sind dabei sehr knapp und die Aufgaben werden stets vielschichtiger.

Dieser Herausforderung sehen sich viele Wirtschafts- und Verwaltungszweige alltäglich gegenüber.

II. *Maßnahmenpakete und verbindliche Planungsvorgaben*

Die Maßnahmenpakete regeln zunehmend verbindliche *Planungsvorgaben,* die die noch vor Jahren bestehende kommunale Planungsfreiheit der Städte und Gemeinde einschränken.

Dies ist nicht der Ort für eine *verfassungsrechtliche Diskussion,* inwieweit bundes- oder landesrechtliche Vorgaben Art. 28 Abs. 2 GG oder Art. 71 LV BW ausgestalten können.

De facto schafft der Bund aber über die *Planungsleitlinien* (§ 1 Abs. 6 BauGB) und die dort beispielsweise erfolgende *Verknüpfung* gem. § 1 Abs. 6 Nr. 7 lit. g BauGB mit der Umweltfachplanung *weitgehende Vorgaben* für die kommunale Planungshoheit.

Exemplarisch in den Blick geraten dabei Begriffe wie die *naturschutzrechtliche Eingriffsregelung* (§ 1a Abs. 3 BauGB), der *Klimaschutz* oder die *Bodenschutzklausel* (§ 1a Abs. 2 BauGB).

Neuerdings werden über die Raumordnung (§ 1 Abs. 4 BauGB iVm dem ROG) *quantifizierbare Flächenausweisungen* vorgegeben; diese werden aus (politischen) Maßnahmenpaketen abgeleitet. Geschuldet beispielsweise den schlimmen Hochwasserereignissen, gewinnt zunehmend *vorbeugender Hochwasserschutz* (§ 2 Abs. 2 Nr. 5 ROG) an Bedeutung. Anforderungen im Bereich des beschleunigten Ausbaus Erneuerbarer-Energie-Anlagen wie *Windkraft* oder *Freiflächenphotovoltaik* stellen die Städte und Gemeinden vor schwierige Herausforderungen vor der Kulisse von bereits bestehenden Schutzgebietsausweisungen wie beispielsweise Natura-2000-Schutzgebiete.

Für die Städte und Gemeinden stellt sich die Frage, wo *verbindliche Bauleitplanung* auch noch als *Planungsfreiheit* empfunden wird. Hierbei kommt der Innenbereich und die Nachverdichtung in den Blick. Die Planung dort scheint viele in den Maßnahmenpaketen angesprochene Postulate zu befriedigen und ist gewünscht. Wie funktioniert Innenentwicklung in der Praxis?

III. Abwägungsgebot

Kommunale Planungshoheit bedeutet immer auch Abwägung. Dieser (Rechts-)Begriff ist mannigfaltig in Rechtsprechung und Judikatur ausgeleuchtet worden. An der Schnittstelle zwischen Legitimität und kommunaler Rechtssetzung stellt er auch hohe Anforderungen an die Mitglieder *kommunaler Gremien*. Deren Entscheidungen erlangen nur dann Akzeptanz, wenn sie in der Bevölkerung auch verstanden werden.

Die sich aus dem *Abwägungsgebot* (§ 1 Abs. 7 BauGB) ergebenden Gestaltungsmöglichkeiten wurden gegenüber der Situation vor zwei oder drei Dekaden *maßgeblich eingeschränkt* (kommunalpolitisch betrachtet) oder eben auch durch *höherrangiges Recht* geleitet. Dies erfolgte durch Umweltfachpläne, durch Umsetzung unionsrechtlicher Vorgaben und die Fortentwicklung nationalem Umweltrechts. Auch spielt detaillierte Rechtsprechung eine zunehmende Rolle.

Verfahrensrechtlich treten die Anforderungen zumeist im Rahmen der *Beteiligung der Behörden* gem. § 4 BauGB in den Bauleitplanverfahren zu Tage. Erfreulicherweise fertigen die Unteren Verwaltungsbehörden in Baden-Württemberg hierzu für die Städte und Gemeinden gute und zumeist auch belastbare Zusammenfassungen. Diese Stellungnahmen zeigen aber auch die *Grenzen der Planungshoheit* und deren Abhängigkeit von im Rahmen gesamträumlicher Planung mit integrierter Umweltplanung erfolgender Vorgaben auf.

Allein der Innenbereich erscheint hiervon nicht allzu sehr belastet und bietet Möglichkeiten der *Steuerung innerörtlicher Entwicklung*. Die de facto flächenmäßig als fulminant zu bezeichnende Einbeziehung von Außenbereichsflächen in das beschleunigte Verfahren (§ 13b BauGB) durch Städte und Gemeinden hat durch die neueste Judikatur des Bundesverwaltungsgerichts eine deutliche Dämpfung erhalten. Die Weiterentwicklung des Innenbereiches stellt also *die Herausforderung* der kommenden Jahre dar.

IV. Der aktive Bundesgesetzgeber und die Stadtplanung

Der Bundesgesetzgeber wurde in den letzten beiden Dekaden in diesem Bereich sehr aktiv und hat den Städten und Gemeinden plurale *Instrumente* anhand gegeben.

Anzusprechen sind dabei die *Innenentwicklungsnovelle* 2007/2008 (beschleunigte Verfahren für Bebauungspläne der Innenentwicklung gem. § 13a BauGB; Sicherung zentraler Versorgungsbereiche gem. § 9 Abs. 2a BauGB oder auch Erleichterungen im Bereich des unbeplanten Innenbereichs gem. § 34 Abs. 3a BauGB), Klimaschutznovelle 2011, Innentwicklungsnovelle 2013 (mit dem Rückbaugebot gem. § 179 BauGB sowie einer Stärkung des Städtebaulichen Vertrages). Anzusprechen sind das *Flüchtlingsunterbringungsgesetz* 2015 und Reaktionen des Gesetzgebers auf Covid als epidemische Lage nationaler Tragweite.

Die Dynamik der Entwicklung ist offensichtlich, tritt aber besonders durch Novellierungen des Jahres 2017 und das *Baulandmobilisierungsgsetz* 2021 hervor. Dies ist nicht der Ort, die dort modifizierten Möglichkeiten und deren Effizienz zu diskutieren.

Im Ergebnis dürften einzelne Instrumente noch verbesserungs- oder erweiterungsfähig sein. Indes müssen sie auch in der Praxis von den Städten und Gemeinden und dort auch von den *Gremien* in ihrer zum Teil parallelen Anwendung und der zeitlichen Dimension als lösungsorientiert anwendbar verstanden werden.

Die *Stadtplanung* hat hierbei eine stets steigende Bedeutung für die städtebauliche Entwicklung und Ordnung in Städten und Gemeinden. Dies gilt für interne Abteilungen oder extern beratende Büros in gleicher Weise. Stadtplaner müssen die Planungsüberlegungen der Verwaltung und der Gremien aufnehmen und möglichst frühzeitig inhaltliche und zeitliche Perspektiven eröffnen, die heute weit über die Erstellung eines verbindlichen Bauleitplanes hinausgehen. *Fortbildung* ist hierfür das Gebot der Stunde. Sonst kommt die Entwicklung im Inneren nicht voran.

V. Anwendung bestehender Instrumente und deren Gestaltung

Nachfolgend soll thesenartig aufgezeigt werden, wie bestehende *stadtplanerische Instrumente* noch geschmeidiger zur Effizienz geführt werden können. Dies mit Blick auf einige in der Praxis relevante Probleme und Lösungsansätze hierzu.

1. Rahmenplan

Soweit *Innenentwicklung* in einem bestimmten Zielgebiet nicht auf Freiflächen stattfindet, ist sie praktisch gleichbedeutend mit *Flächenkonversion*.

Der Gesetzgeber gibt den Städten und Gemeinde mit den *Städtebaulichen Sanierungsmaßnahmen* (§§ 136 bis 164b BauGB) ein elaboriertes und im Übrigen bis zu Einzelmaßnahmen erprobtes Regime an Hand. Die Durchführung benötigt Zeit und erfordert regelmäßig die Einschaltung von Sanierungsträgern und anderen Beauftragten (vgl. § 157 BauGB). Regelmäßig ist zudem die Förderkulisse abzustimmen.

Oft kann es aber auch genügen, unterschwelliger zunächst einen *städtebaulichen Rahmenplan* aufzustellen mit dem Ziel, aus diesem dann *segmentäre Bebauungspläne* – ein jeder in der gegebenen Form und in der gegebenen Zeit – zu entwickeln. Die Grundstückseigentümer werden in dem jeweiligen Zielgebiet zeitlich und inhaltlich ganz unterschiedliche Nutzungs- und Bauüberlegungen haben.

Sinnvollerweise werden die Akteure seitens der Städte und Gemeinden parallel zu förmlichen Verfahren (§ 3 BauGB) in *Kommunikationsprozesse* einbezogen. Die Akteure sollen wissen, was auf sie zukommen kann. Der digitale Fortschritt stellt hierbei eine ausgezeichnete Chance dar.

Der Rahmenplan ist dann auch der Ort, *umweltrelevante Entwicklungen* vorzubereiten, zu lenken und zu steuern. Dies betrifft den Umgang mit schädlichen *Bodenveränderungen* im Gebiet ebenso wie die *Grünflächenplanung* oder *Gewässerplanung* in Verbindung mit dem *Hochwasserschutz*. Je nach Planungsstrategie der Städte und Gemeinden bildet dabei der *Lärmschutz* eine wichtige Komponente für die weitere bauliche Entwicklung.

Es macht dabei Sinn, diese Komponenten umweltstrategisch frühzeitig durch *Gutachten* aufzuarbeiten. Dies vereinfacht vorderhand auch die *Wertermittlung* (vgl. §§ 192ff. BauGB) und den *Grundstücksverkehr* mit der Kommune ohne Ausnutzung gesetzlicher Bodenordnungsinstrumente, wie des Vorkaufsrechts, zu einem in der Zukunft liegenden unsicheren Zeitpunkt.

So kann es durchaus sinngebend sein, im Rahmenplan Angaben zum Maß der baulichen Nutzung abzubilden ohne die Art der baulichen Nutzung zu definieren.

2. *Bebauungspläne*

Besteht ein Rahmen, können dann die Flächen im Zielgebiet *segmentär* – bei Bedarf auch parallel zur Rahmenplanung – *überplant* werden.

Im Rahmen der Bestandsaufnahme stößt man *„in Stadt und Land"* auf bereits *bestehendes Ortsrecht*. Je nach Zugehörigkeit zu ehemals badischen, hohenzollerischen oder württembergischen Landesteilen des Landes *Baden-Württemberg*, gründet sich dieses Ortsrecht auf unterschiedlichen Rechtsnormen aus dem 19. und 20. Jahrhundert in den jeweiligen Landesteilen.

Gem. § 2 Abs. 7 BBauG 1960 gelten die Vorschriften über die Aufstellung von Bauleitplänen auch für ihre Änderung, Ergänzung und Aufhebung. Seinerzeit galten grundhaft *andere Verfahrensnormen* wie beispielsweise die Bürgersausschussverfassung in Baden. Durch das zum 1.7.1983 in Kraft getretene Gesetz zur Änderung der GemO und LKrO (GBl. S. 243) wurde den Kommunen gem. Art. 8 eine *rückwirkende Heilungsmöglichkeit* eröffnet.

Im Einzelfall ist also zu prüfen, inwieweit jenen Vorschriften noch Verbindlichkeit zukommt. Die Rechtsklarheit gerade bei der Innenentwicklung dürfte (§ 1 Abs. 3 S. 1 BauGB) Anlass sein, die bisherigen Vorschriften aufzuheben und einen *neuen Bebauungsplan* zu erlassen.

Der Innenbereich ist im (laufend faktischen) Wandel begriffen. Gegebenenfalls planungsrechtlich festgesetzte *Dorf-* oder *Mischgebiete* (§§ 5 und 6 BauNVO) entsprechen nach Wegfall von landwirtschaftlicher oder gewerblicher Nutzung nicht mehr der Realität; sie können funktionslos oder *teilfunktionslos* werden. Schon allein die Teilfunktionslosigkeit schafft Unsicherheit für alle Akteure.

Infolge dessen wird aber auch die *Nachverdichtung* dort – regelmäßig als Wohnnutzung – schwierig umzusetzen sein. Im Ergebnis bedeutet dies die Blockade der Nachverdichtung und unerwünschte Brachflächen.

Außerdem wird es schwierig, mit dem *Gebietserhaltungsanspruch* bei möglicher *Teilfunktionslosigkeit* der Festsetzung der Art der baulichen Nutzung umzugehen. Auch hier bietet sich eine Überplanung gerade an, bspw. mit der Festsetzung eines *Urbanen Gebiets* (§ 6a BauNVO) oder eines *Dörflichen Wohngebietes* (§ 5a BauNVO).

Aus Mosaikflächen entsteht das Bild der neuen Innenentwicklung in der Kommune im Zielgebiet. Instrument ist dabei der (regelmäßig) *qualifizierte Bebauungsplan*.

Die *gesetzliche Ersatzplanung* gem. § 34 BauGB (Zulässigkeit von Vorhaben innerhalb der im Zusammenhang bebauten Ortsteile) wird in Fällen der Nachverdichtung eher selten den Anforderungen der Kommunen genügen.

Der Gesetzgeber hat mit dem *Vorhaben- und Erschließungsplan* (§ 12 BauGB) eine Möglichkeit eines *vorhabenbezogenen Bebauungsplans* kodifiziert. Es handelt sich um ein bewegliches und starres Instrument zugleich – beweglich durch Aufnahme von Überlegungen des Vorhabenträgers in der Umsetzung und starr bei späteren Änderungen. Probleme ergeben sich auch bei der Durchführungsfrist und dem Vorhabenträgerwechsel. In vielen Fällen dürfte auch ein *projektbezogener Angebotsbebauungsplan* (durchaus in Verbindung mit einem Städtebaulichen Vertrag) das gewünschte Instrument sein.

Auch wenn im *Beschleunigten Verfahren* (§ 13a in Verbindung mit § 13 BauGB) Verfahrenserleichterungen gem. § 13 Abs. 2 BauGB möglich sind, stellt sich die Frage, ob die Kommune mit Blick auf einen angemessenen Bürgerdialog davon Gebrauch macht und nicht vielmehr eine zweistufige Beteiligung nach §§ 3, 4 BauGB wählt. Eine allzu große Zeitersparnis wird sich durch die Einstufigkeit nicht ergeben.

Nach dem *Planerhaltungsrecht* (§§ 214, 215 BauGB) werden *Verfahrens- und Begründungsmängel* (§ 214 Abs. 1 S. 1 in Verbindung mit § 2a und § 215 Abs. 1 BauGB) unbeachtlich, wenn sie nicht innerhalb der *Jahresfrist* seit der *Bekanntmachung* des Bebauungsplanes schriftlich und unter Darlegung des die Verletzung begründenden Sachverhalts dargelegt werden. Diese Frist fällt zeitlich mit der *Frist* für einen *Normenkontrollantrag* (§ 47 Abs. 1 Nr. 1 VwGO) zusammen und beendet die Möglichkeit eines direkten (und nicht inzidenten) Vorgehens gegen den Bebauungsplan. Sie ist also für die Absicherung der Baulandentwicklung durch einen qualifizierten Bebauungsplan von hoher Bedeutung.

3. *Städtebauliche Verträge*

Über § 11 BauGB (in Verbindung §§ 54ff. LVwVfGBW) ist die *grundsätzliche Zulässigkeit* geregelt. Die Regelungen bilden aber mit Blick auf mögliche Vertragsgegenstände (§ 11 Abs. 1 S. 2 BauGB) nur *einen groben Rahmen*.

Sinnvollerweise werden in den bebauungsplanbegleitenden Verträgen alle die Dinge geregelt, die zur *Baureifmachung* der Flächen erforderlich sind. Dies ist in einem jeden Fall gesondert zu betrachten. Hierbei macht es Sinn, Vorgaben gem. § 4 BauGB – soweit in der Abwägung berücksichtigt – dem Vertragspartner der Kommune mit verbindlichen Regelungen bis hin zur Dienstbarkeit oder Reallast aufzuerlegen.

Stets sinnvoll ist die *abschließende Regelung* der Bodenordnung (ggf. als freiwillige Umlegung), Fragen der Erschließung und des Umgangs mit schädlichen Bodenveränderungen, Fragen der Beitragsablösung oder der Grünordnung (vgl. auch § 135a BauGB), des naturschutzrechtlichen Ausgleichs oder des Umgangs mit Habitaten.

Die *konsensuale Entwicklung* des städtebaulichen Vertrages zwischen der Kommune und dem Vorhabenträger schafft beidseitiges Vertrauen und vermindert rechtliche Auseinandersetzung. Die Vorlage entsprechender Verträge unterstützt in der Praxis regelmäßig auch die den Vorhabenträger *finanzierenden Banken* in deren Bewertung des Vorhabens.

4. *Landwirtschaft*

Bei der Aufstellung von Bebauungsplänen ist das *Abwägungsmaterial* bezogen auf die konkrete Planungssituation in die Abwägung einzustellen (§§ 2 Abs. 3, 1 Abs. 7 BauGB). Gem. § 1 Abs. 6 BauGB sind dabei u. a. sowohl die allgemeinen Anforderungen an gesunde *Wohnverhältnisse* (Nr. 1) wie auch die Belange der *Land- und Forstwirtschaft* (Nr. 8 lit. b) und die Belange des *Umweltschutzes* (Nr. 7) zu berücksichtigen.

Ein *Ermittlungsdefizit* von schutzwürdigen und abwägungserheblichen Belangen führt regelmäßig zu einer Fehlgewichtung der Abwägungserheblichkeit und damit zur *Angreifbarkeit der Planung.*

Im Rahmen der Innenentwicklung – gerade bereits in der Phase der Rahmenplanung – wird die Kommune nicht darum herumkommen, mit *Immissionsprognosen* unter Identifizierung der Emissionsquellen (insb. *Lärm* und *Geruch*) zu arbeiten.

Dies insbesondere dann, wenn im Innenbereich neuer Wohnraum geschaffen werden soll. Hierbei steht zunächst das Interesse des Landwirts im Raum, von dem *Heranrücken einer schutzbedürftigen Bebauung* verschont zu bleiben.

Hierbei ist seine *derzeitige und zukünftige Betriebsführung* zu berücksichtigen. Aufgrund der Mitarbeiterknappheit kommt es in Kernzeiten der Ernte zu einem sehr hohen und damit auch lärmintensiven Maschineneinsatz zum Teil rund um die Uhr. Ohne eine Bewertung des *bauordnungsrechtlich genehmigten Bestandes* durch die Kommune dürfte dies kaum möglich sein. Gerade im Innenbereich sieht man sich hierbei oft Genehmigungen gegenüber, die bereits vor vielen Jahrzehnten erteilt wurden.

Hierbei ist die Thematik des Lärms bereits sehr fordernd. Dies liegt in der Natur der Sache und betrifft zunächst den *Tierlärm* in der Zeit von 22 bis 6 Uhr sowie an Sonn- und Feiertagen. In den Blick geraten dabei vom *aufgestallten Tierbestand* ausgehender Lärm wie auch Lärm aus Tiertransporten bzw. der Futtermittelversorgung.

Daneben sind der *Maschineneinsatz* vor allem zur Erntezeit und die Lagerung der Ernte zu berücksichtigen. In diesem Zusammenhang sind auch Fahrsilos anzusprechen. Zumeist erfolgt die Bewertung in Anlehnung an die TA Lärm. (zehn außergewöhnliche Ereignisse für Ernte nicht ausreichend).

Wesentlich anspruchsvoller ist die *Geruchsbegutachtung.* Vorderhand arbeiten dabei die Landwirtschaftsbehörden mit eigenen Programmen, beispielsweise in *Baden-*

Württemberg dem Programm GERDA (in der jeweils aktuellen Form), und bringen diese Erkenntnisse regelmäßig auch als Stellungnahme im Rahmen der Behördenbeteiligung ein. Diese Erkenntnisse dürften aber allenfalls Deutwirkung haben; eine *Geruchsimmissionsprognose* als *Abwägungsgrundlage* für einen Bebauungsplan dürfte dies nicht ersetzen. Die Gründe hierfür sind multipel.

Zunächst gibt es den Idealfall – eine *Emissionsquelle* auf einem singulären Betrieb – im *landwirtschaftlich vorgeprägten Innenbereich* praktisch nie. Es gibt zumeist verschiedene Hofstellen mit multiplen Emissionsquellen (Tierhaltung mit Güllebetrieb, Fahrsilos usw.). Hinzu tritt, dass oft nicht nur eine Tierart gehalten wird, sondern *unterschiedliche Tierarten* mit überdeckenden Geruchsfahnen anzutreffen sind. In der Praxis sind dabei Tierhaltungsanlagen gar *nicht aufgestallt,* genießen aber gleichwohl (vgl. auch § 62 Abs. 3 LBO BW) berücksichtigungswürdigen *Bestandsschutz*.

Fachlich zu berücksichtigen ist zudem, dass die seit 1998 letztendlich maßgebliche Geruchsimmissionsrichtlinie (GIRL) zum 1.12.2021 in die *TA Luft* implementiert wurde und damit für aktuelle Bebauungsplanverfahren diese aktuelle Rechtslage berücksichtigt werden muss, um zu einer abwägungsfehlerfreien Planungssituation zu kommen.

Schließlich wird sich die Geruchsimmissionsprognose mit dem (rechtlichen) *Bestandsschutz* auseinandersetzen müssen. Dieser betrifft die Einhaltung von Rechtsvorschriften (beispielsweise die Düngeverordnung und die dort festgesetzten Lagerkapazitäten) wie auch *tierwohlbedingte Betriebsentwicklungen* (bspw. Freigang in der Schweinehaltung).

5. *Denkmalschutz*

Lediglich anzusprechen ist der im *Innenbereich* durchaus häufig auftretende *Denkmalschutz*.

Das Denkmalrecht ist – für den einzelnen Bauherrn dann überraschend – auch bei verfahrensfreien Vorhaben (Dachflächenphotovoltaik) bspw. im Rahmen von *Ensembleschutz* beachtlich. Diese Frage kann durchaus bereits auf bauplanungsrechtlicher Ebene vorabgestimmt und für den Bauherrn erkennbar geregelt werden.

Bei der Umsetzung von innerörtlichen Bauvorhaben ergeben sich aber zunehmend Probleme mit dem *Bodendenkmalschutz*. Hierbei belasten Ausgrabungsarbeiten die Umsetzung von Baumaßnahmen zunehmend zeitlich und hieraus resultierend auch wirtschaftlich. Die Denkmalbehörden fordern regelmäßig vor Erteilung von Baugenehmigungen Kostenübernahmeerklärungen ein; geeignetes Personal für eine Sicherungsgrabung kann aber oft weder behördenseits noch auf dem Privatsektor gewonnen werden.

6. *Wärmepumpe*

Dem Klimawandel soll in den Kommunen mit *Wärmepumpen* entgegengetreten werden; hierbei dürften sich neue Anforderungen an die Stadtplanung stellen. Werden diese (in Baden-Württemberg) im Gebäude verwirklicht, sind sie Teil der Baugenehmigung und als *haustechnische Anlage* (§ 7 Abs. 1 Nr. 4 LBOVVO) zu bezeichnen. Geschuldet der Marktsituation, entspricht die später eingebaute Wärmepumpe praktisch nie der im Bauantrag bezeichneten.

Außerhalb des Gebäudes dürfte es sich um eine *Nebenanlage* (vgl. § 14 Abs. 1 und 19 Abs. 4 S. 2 BauNVO) handeln. Hierbei handelt es sich noch um durchaus übliche Probleme, die mit den Mitteln des bauplanungs- und bauordnungsrechts bewältigbar sein dürften.

Einer genaueren Betrachtung bedürfen Wärmepumpen indes auf *bauplanungsrechtlicher Ebene,* wenn man davon ausgeht, dass in Zukunft bald jedes Gebäude über eine solche Wärmepumpe verfügen soll.

Als nicht genehmigungsbedürftige *Anlage* iSv § 22 BImschG, aber eben auch als Anlage iSv § 29 BauGB ist planungsseitig damit umzugehen.

Hierbei scheint der Betrieb technisch zur *Nachtzeit* (22-6 Uhr) nicht unterbrechbar. Damit dürften die Immissionen einer Wärmepumpe und die Lozierung von Wärmepumpen in einem Quartier sowohl bauplanungs- wie bauordnungsrechtlich nur *TA-Lärm*-konform errichtet und betrieben werden können. Privilegierungstatbestände wie für Spielplätze oder Stellplätze sind derzeit nicht erkennbar. Über das *Rücksichtnahmegebot* wird auch Nachbarschutz vermittelt werden, was insbesondere auch deren Tonhaltig- und Impulshaltigkeit betrifft. Hinzu treten Vernebelungseffekte.

7. *Zeitliche Blockade durch gerichtliche Auseinandersetzung*

Mögliche *rechtliche Auseinandersetzungen* sollten bei der Innenentwicklung stets mitbedacht werden. Oft führt ein *„laufender Prozess"* dazu, dass ein weiteres Vorantreiben der Innenentwicklung retardiert erfolgt. Alle warten gleichsam auf die *Entscheidung des Verwaltungsgerichts* und halten mit wesentlichen Entscheidungen – seien es Gremien, Vorhabenträger oder Grundstückseigentümer – zurück. Das Fluidum der Aushandlung von Städtebaulichen Verträgen wird gehemmt.

Soll die Innenentwicklung zielführend vorangebracht werden, ist zunächst zu analysieren, wer und bis wann welche *Rechtsbehelfe* erheben kann; darauf aufbauend ist einzuschätzen, wie lange das Verfahren (zumindest in erster Instanz) dauert.

So macht es beispielsweise Sinn, im Zuge der Umsetzung der Rahmenplanung in einzelne Bebauungspläne deren räumlichen Geltungsbereich mit Bedacht auch auf mögliche *Normenkontrollverfahren* abzugrenzen (§ 9 Abs. 7 BauGB). Da verschiedene Vorhaben quasi naturgegeben unterschiedliche zeitliche Entwicklungskorridore belegen, kann dies auch für das einzelne Vorhaben mit dem Ziel einer zügigen Umsetzung von Vorteil sein.

Sofern ein Eigentümer Flächen im räumlichen Geltungsbereich eines Bebauungsplans eignet, wird es regelmäßig schwierig, ihm die *Antragsbefugnis* (§ 47 Abs. 2 VwGO) in einem Normenkontrollverfahren abzusprechen. Eigentümer von außerhalb des Plangebiets belegener Grundstücke müssen hingegen eine mögliche Verletzung des *Abwägungsgebots* (§ 1 Abs. 7 BauGB) plausibel dartun. Die Antragsbefugnis entfällt bei korrekter Abwägung aber auch bei nicht schutzwürdigen, geringwertigen oder makelbehafteten Interessen. Das wäre dann der Fall, wenn sich ein Eigentümer von Wohnungsgrundbesitz gegen eine Nachverdichtung mit Wohnungen stellt.

Die für Normenkontrollverfahren zuständigen Senate verhandeln regelmäßig ca. zwei Jahre nach Antragsstellung. Wenn Antragsstellern klar gemacht werden kann, dass die Erfolgsaussichten schwierig sind oder das Verfahren vom petitum des Antragsstellers her nicht belastet, ist dadurch die Innenentwicklung zeitlich nicht gehemmt.

Behördliche Einzelentscheidungen erzeugen (in *Baden-Württemberg* anders als in *Bayern*) ein Vorverfahren mit einer *Verfahrensdauer* von ca. einem Jahr und einen Verhandlungsvorlauf vor der Kammer von ca. zwei Jahren.

Beide Einschätzungen zu Verhandlungszeitpunkten von Senat und Kammer sind subjektive, nicht empirisch unterlegte und damit wissenschaftlich nicht validierte Annahmen.

Indes ist klar, dass ohne eine gerichtliche Auseinandersetzung schneller vorangeschritten werden kann. Die Kommunen sollten also bei wohlgemeintem Einsatz der bestehenden städtebaulichen Instrumente (insbes. der vom Bundesgesetzgeber dargebotenen Ermächtigungsgrundlagen für Einzelentscheidungen) auch die *zeitliche Komponente* betrachten.

Wichtig ist dabei, dass sich alle Akteure in einer möglichst frühen Phase über mögliche rechtliche Auseinandersetzungen klar werden. Oft wird unterschätzt, wie lange diese dauern und dass nach einer aufgehobenen Entscheidung auch eine *Zweitentscheidung* erfolgen kann.

Die Verwaltungsgerichte bieten mit den *Güteverfahren* eine sehr frühzeitige Kommunikationsmöglichkeit mit dem Gericht an, das hierbei sehr hilfreich wirken kann.

8. *Zivilrechtliche Verhältnisse*

In besonderer Weise determiniert die *zivilrechtliche Situation* den – oft über viele Jahrzehnte – gewachsenen Innenbereich. Der Gesetzgeber gibt den Kommunen zwar *Bodenordnungsinstrumente* wie die Umlegung (§§ 45ff. BauGB) anhand. Die *Umlegung* lebt indes (eben gerade auch) von der *Kooperation* der Eigentümer mit der Kommune; soweit also im Rahmen einer freiwilligen Bodenordnung – sinnvollerweise wieder im Rahmen städtebaulicher Verträge – Lösungen gefunden werden können, ist dies zumindest zeiteffektiver und streithindernd.

Das strenge Schwert der *Enteignung* (§§ 85ff. BauGB) dürfte im Bereich der Stadtplanung (ganz anders als bei der Infrastrukturfachplanung) kaum praktische Relevanz haben.

Im Innenbereich sind die Dinge zumeist sehr kompliziert. Dies betrifft beispielsweise *öffentliche Leitungssysteme* (auch mit Blick auf den Ausbaubedarf) an bestehenden aber auch neuen Versorgungsstrukturen wie zB die Fernwärmeversorgung.

Zwar können *Geh-, Fahr-* und *Leitungsrechte* im Bebauungsplan gem. § 9 Abs. 1 Nr. 21 BauGB festgesetzt werden. Hierfür kann der Betroffene gem. § 41 BauGB *Entschädigung* verlangen.

Indes ist die im Grundbuch in Abteilung II notwendige Umsetzung der Rechtsposition ein langwieriger Weg. Zudem ergeben sich hier oft Streitigkeiten über die Zwangseinweisung vor den *Verwaltungsgerichten* wie in Bezug auf die Beseitigung vor den *Zivilgerichten*. Eine Rechtswegdoppelung führt stets zu ganz erheblichem zeitlichem Verzuge. Sinnvollerweise sollten die Dinge im Vorfeld über städtebauliche Verträge geregelt werden.

In Zeiten hoher Baupreise und wieder höherer Zinsen spielt zudem die *Projektfinanzierung* eine dominante Rolle; die Wertermittlung (§§ 192ff. BauGB) ist hierbei gerufen.

Klare Grundstückssituationen vereinfachen dabei die Projektumsetzung enorm. Oft sind sich die finanzierenden Institute der komplexen öffentlich-rechtlichen Vorgaben gar nicht bewusst (vgl. zum Beispiel § 144 Abs. 2 BauGB im Sanierungsgebiet). Es macht also Sinn, die spätere Umsetzung eines Projektes beispielsweise durch einen projektbezogenen Angebotsbebauungsplan auch durch problemlösende städtebauliche Verträge zu begleiten.

Da die Nachverdichtung im Innenbereich zumeist als Wohnungsbau in Form von Eigentumswohnungen nach *WEG* erfolgt, sind die Dinge planungsrechtlich bis zur Anlegung der Wohnungsgrundbücher als Voraussetzung für eine erfolgreiche Vermarktung zu durchdenken.

Im Innenbereich spielen dabei *Stellplätze* – sinnvollerweise unter Sicherstellung von Elektrolademöglichkeiten – eine ganz wesentliche Rolle. Anzusprechen sind hier wiederum wohnungseigentumsrechtliche Besonderheiten von Tiefgaragen und kommunal vorgegebene Quartiersgaragen.

„In Stadt und Land", oft aber eben gerade auch auf dem Land spielen *Geh- und Fahrrechte* eine ganz besondere Rolle. Deren Eintragung in Abteilung II des Grundbuchs liegt oft Jahrzehnte zurück. Die damals fokussierte Nutzung (beispielsweise Zufahrt zur landwirtschaftlichen Nutzung) ist nicht mehr erforderlich. Die Berechtigten und deren Rechtsnachfolger sind nicht mehr greifbar.

Zwar können derlei Probleme zum Teil auf das bauordnungsrechtliche Verfahren abgewälzt werden. Indes erscheint bei komplexen zivilrechtlichen Vorgaben – beispielsweise einem gemeinsamen Hofraumnutzungsrecht – die (dann ja gerichtliche) Durchsetzung einer *Baulasterklärung* des Berechtigen kaum erreichbar.

Werden die zivilrechtlichen Vorgaben als Ausfluss des durch Art. 14 GG geschützten Eigentumsrechts nicht hinreichend erfasst, droht zudem ein *Abwägungsfehler* im Bebauungsplanverfahren. Präzise Vorfeldarbeit tut hier also Not.

9. Akteneinsicht und Datenschutz

Eine gute Planung lebt von *präziser Bestandsaufnahme*. Hierzu ist es erforderlich, den bauordnungsrechtlichen Status quo zu ermitteln. Dies ist regelmäßig ohne Akteneinsicht in die Bestandsakten nicht möglich.

Während noch vor Jahren bei den Behörden ein *berechtigtes Interesse* durch Eigentümerstellung und mögliche Betroffenheit im weiteren Sinne im Rahmen des § 42 Abs. 2 VwGO für Akteneinsicht (§ 29 LVwVfG BW) und Ausfolgung der Akten ausreichte, werden die Dinge komplizierter.

Bestandsakten sind regelmäßig selten digitalisiert. Gerade im Bereich der Bewertung von Geruchsemmissionsquellen von Tierhaltungsbetrieben gibt es noch relevante *Genehmigungen* des 19. Jahrhunderts im Innenbereich.

Bei jedem Bauantrag im Innenbereich mit bestandsgeschützer Landwirtschaft (sei es für den Landwirt oder Wohnbebauung Dritter) ist die *Immissionsbelastung* von Bedeutung. Im Spannungsfeld von Datenschutz, § 29 LVwVfG BW, §§ 99, 100 VwGO, IFG und UIG sowie spezialgesetzlichen Vorgaben wird der Umgang der Grundlagenaufarbeitung für Planer zusehends aufwändig und mühevoll. Das Vorhaben selbst leidet dann zeitlich darunter.

VI. Vorgehensweise

Innenentwicklung ist für alle Akteure sehr *fordernd;* in diesem Bereich muss der *Bestand* in ganz besonderer Weise berücksichtig werden. Dies gilt für Gebäude, was deren Art und Maß der baulichen Nutzung angeht wie auch für Infrastruktur und Medien.

Die Kommunen haben ein Interesse, die Innenentwicklung – zumeist gleichbedeutend mit Nachverdichtung – *umzusetzen.*

Hierzu macht es Sinn, den *städtebaulichen Rahmen* abzubilden und segmentär durch einzelne Bebauungspläne bedarfsorientiert vorzugehen. Für die Gremien der Kommunen, mögliche Vorhabenträger aber auch Eigentümer und die Bevölkerung muss klar sein, in welchem Rahmen man sich bewegt. Hierzu ist die präzise rechtliche Bestandsaufnahme und darauf gestützte *gutachterliche Betrachtung,* insbes. im Bereich des *Immissions- und Hochwasserschutzes,* unerlässlich.

Darauf aufbauend müssen alle *Anforderungen potentieller Vorhabenträger* durchdacht und rechtzeitig in die Planung eingebracht werden. Der derzeitige Immobilienmarkt ist dabei besonders herausfordernd.

Möchte der Vorhabenträger Wohnungen verkaufen, ist der in der Zukunft liegende Verkaufszeitpunkt in den Blick zu nehmen und sind rechtliche Probleme weitestgehend im Vorfeld seitens der Kommunen proaktiv anzugehen. Die städtebaulich von der Kommune gewünschten Vorhaben müssen praktisch von Fertigstellung her *„rückwärts"* gedacht werden. Hierbei handelt es sich um eine klassische planerische Betrachtung.

Hierbei können *städtebauliche Verträge* hilfreich sein. Zusammen mit einer gestaltenden akzeptanzsteigernden *Öffentlichkeitsbeteiligung* (§ 3 BauGB) und *segmentären Bebauungsplänen* kann die Innenentwicklung vorangebracht werden.

Gerichtsentscheidungen klären zwar den Einzelfall in Präzision; sie führen aber zumeist nicht zu einer gewünschten schleunigsten Umsetzung der Innenentwicklung.

Zur sachgerechten Bewertung für alle Akteure ist ein offener Umgang mit dem Status quo der *Genehmigungssituation* erforderlich.

Zu alledem sind zuvorderst Stadtplaner und Ingenieure gefragt. Aufgrund der Rechtsdeterminiertheit der Fragestellungen ist die rechtliche Begleitung vor allem aber die Weiterbildung unerlässlich. Hierbei sollte allein die Umsetzung in der Praxis im Vordergrund stehen. So verstand der Verfasser zumindest die seit Jahrzehnten angängigen Fachtagungen an der RPTU in Kaiserlautern, induziert und verantwortet von Willy Spannowsky.

ARMIN VON WESCHPFENNIG

Hochwasserschutz im Städtebau – Zu den Lehren aus der Hochwasserkatastrophe 2021

I. Willy Spannowskys Engagement zum Hochwasserschutz

In den vergangenen Jahren machten Extremwetterereignisse wie Hitze, Dürre und Starkregen deutlich, dass neben dem so wichtigen Kampf gegen den Klimawandel auch Anstrengungen zur Anpassung an veränderte klimatische Rahmenbedingungen zunehmend notwendig werden. Die Herausforderung liegt darin, notwendige Anpassungsmaßnahmen zu antizipieren und vor allem frühzeitig umzusetzen. Auf staatlichen sowie supra- und internationalen Ebenen[1] sind dabei planerisch vorsorgende Klimaanpassungsstrategien zu entwickeln[2] und die zur Umsetzung notwendigen gesetzlichen Instrumente bereitzustellen sowie anzuwenden.[3] Dass hierbei zum Teil große Defizite bestehen, hat zuletzt auf tragische Weise die Hochwasserkatastrophe im Jahr 2021 mit zahlreichen Toten und hohen Sachschäden gezeigt, die viele Existenzgrundlagen zerstörte.

Willy Spannowsky hat diese Defizite früh erkannt und sich in den vergangenen Jahrzehnten immer wieder für eine Verbesserung des Hochwasserschutzes eingesetzt. Neben einigen Publikationen[4] hat er sich dem „Hoch- und Niedrigwassermanagement und deren Konsequenzen für die städtebauliche Planung und Raum-

---

[1] Dazu Hilbert ZUR 2023, 259 (259ff.); Kment JZ 2010, 62 (64ff.); Saurer NuR 2022, 513 (513ff.).

[2] Zur Klimawandelanpassung durch Planungsrecht auch Hilbert DVBl 2022, 1409 (1410ff.); Lorenzen DVBl 2023, 398 (405). Zu bisherigen Anpassungsstrategien und Aktionsplänen in Deutschland Bubeck/Klimmer/Albrecht NuR 2016, 297 (297ff.); Kment JZ 2010, 62 (68); Saurer NuR 2022, 513 (516f.). Zum Planungscharakter solcher Strategien von Weschpfennig in Kahl/Ludwigs Handbuch des Verwaltungsrechts, Bd. V., 2023, § 156 Rn. 23.

[3] Rechtsgebietsübergreifende Betrachtung bei Bubeck/Klimmer/Albrecht NuR 2016, 297 (297ff.). Zur Klimaanpassung im urbanen Raum Albrecht ZUR 2020, 12 (12ff.); Groth/Bender/Groth ZfU 2021, 385 (385ff.). Speziell zum Städtebaurecht Albrecht ZUR 2023, 273 (273ff.); Lorenzen DVBl 2023, 398 (400ff.); jüngst auch Bunzel/Krusenotto Fachexperten-Gespräche 2023 zur Modernisierung des Städtebaurechts (Difu Impulse 9/2023), Deutsches Institut für Urbanistik (Difu), 24ff. Zum Küstenschutz Schumacher Das Recht der Küstenanpassung. Einblicke aus Deutschland und Neuseeland, 2022; dies. EurUP 2022, 370 (370ff.); dies. KlimaRZ 2023, 216 (216ff.).

[4] Etwa Spannowsky ZfBR 2000, 449 (449ff.) zur Entwässerung von Baugebieten; ders. in Spannowsky/Hofmeister Umweltrechtliche Einflüsse in der städtebaulichen Planung, 2009, 145ff. zu wasserrechtlichen Vorgaben für die Bauleitplanung als Folge der Festsetzung von Überschwemmungsgebieten; ders. ZfBR 2020, 523 (523ff.) zur Hochwasserschutzvorsorge; ders. ZfW 2021, 49 (49ff.) zum Wasserrecht in der Raumordnung; ders. UPR 2023, 59 (59ff.) zu multifunktionalen Wasserspeichern zur Entschärfung von Hochwasser- und Niedrigwasserrisiken.

ordnung“ nicht erst mit einer Fachtagung im September 2023 gewidmet, sondern bereits vor der Hochwasserkatastrophe die „Bewältigung von Niederschlagswasserversickerung und Starkregen durch die Bauleitplanung“ behandelt.[5] Nicht zuletzt hat er frühzeitig die Notwendigkeit einer „länderübergreifende[n] Standardisierung der Hochwasserschutzvorsorge im föderalen Planungssystem“[6] identifiziert sowie die Möglichkeit und Notwendigkeit eines Bundesraumordnungsplans Hochwasserschutz diskutiert.[7] Nach jahrelangen Diskussionen ist schließlich im August 2021 der länderübergreifende Raumordnungsplan für den Hochwasserschutz in Kraft getreten.[8] Vorsorgender Hochwasserschutz auf der überörtlichen Ebene muss zudem u. a. das recht neue Instrument der Hochwasserentstehungsgebiete nach § 78d WHG sowie die Regionalplanung aktivieren. Auch diesen Fragen hat sich Spannowsky wissenschaftlich gewidmet.[9]

Im Folgenden richte ich den Fokus auf die örtliche Ebene und betrachte städtebauliche Konsequenzen aus der Hochwasserkatastrophe 2021 am Beispiel des besonders betroffenen Ahrtals. Dabei beschränke ich mich auf einzelne bauplanungs- und wasserrechtliche Aspekte.[10] Nach einer kurzen Skizzierung der Katastrophe, deren Auswirkungen sowie der unmittelbaren gesetz- und verordnungsgeberischen Bewältigung (→ II.) soll die Entscheidung für einen weitgehenden Wiederaufbau an Ort und Stelle im Lichte des geltenden Rechtsrahmens beleuchtet werden (→ III.). Mit Blick auf den Hochwasserschutz ist der Wiederaufbau in den betroffenen Gebieten allerdings kritikwürdig. Das leitet über zu der Frage nach der Reichweite der Eigentumsgarantie und daran anschließende Möglichkeiten einer sozialverträglichen Rücknahme von Siedlungsbereichen in Überschwemmungsgebieten (→ IV.). Dabei widme ich mich nicht nur Spannowskys wissenschaftlichen Interessen im Bau-, Planungs- und Wasserrecht, sondern punktuell auch staatshaftungs-

---

[5] Siehe dazu den Tagungsband Spannowsky/Gohde, Die Bewältigung von Niederschlagswasserversickerung und Starkregen durch die Bauleitplanung, 2021.

[6] Spannowsky ZfBR 2020, 523 (526) unter Verweis auf dens. in BBSR Konkretisierung der Grundsätze der Raumordnung durch die Bundesraumordnung. Endfassung, 2012, 11, 44ff., 80ff., 128ff. und 184ff., https://www.bbsr.bund.de/BBSR/DE/forschung/programme/refo/raumordnung/2010/Grundsaetze/Download_Handbuch.pdf;jsessionid=05DBFFC5B1C7EA3BCBEB4D841AFB199B.live21322?__blob=publicationFile&v=1 zuletzt abgerufen am 6.12.2023, sowie dens. UPR 2013, 54 (54ff.).

[7] Spannowsky Expertise „Rechtliche Möglichkeiten für einen Bundesraumordnungsplan Hochwasserschutz nach § 17 Absatz 2 ROG-Entwurf 2016“, Studie im Auftrag des Bundesinstituts für Bau-, Stadt- und Raumforschung (BBSR), November 2016, https://www.bbsr.bund.de/BBSR/DE/forschung/programme/moro/studien//2015/RegionalentwicklungHochwasserschutz/expertise.pdf?__blob=publicationFile&v=2, zuletzt abgerufen am 6.12.2023.

[8] Verordnung über die Raumordnung im Bund für einen länderübergreifenden Hochwasserschutz (BRPHV) vom 19.8.2021, BGBl. I 3712 nebst Anlage; dazu Kümper UPR 2023, 1 (1ff.); Wagner ZUR 2023, 283 (287f.).

[9] Spannowsky ZfBR 2020, 523 (523ff.); ders. ZfW 60 (2021), 49 (49ff.). Siehe dazu auch Akademie für Raumentwicklung in der Leibniz-Gemeinschaft (ARL) Risikobasierter Hochwasserschutz durch Regionalplanung. Positionspapier aus der ARL 138, 2022; Köck ZUR 2023, 266 (268ff.); Wagner ZUR 2023, 283 (283ff.).

[10] Siehe bereits von Weschpfennig EurUP 2023, 353 (359ff.); zum Problemkreis auch Faßbender ZUR 2015, 525 (525ff.); ders. NuR 2023, 658 (658ff.); Franßen UPR 2023, 129 (129ff.); Queitsch UPR 2023, 201 (201ff.); Reese ZUR 2020, 40 (40ff.).

rechtlichen Fragen und damit einem Themengebiet, mit dem der Jubilar als Richter am Oberlandesgericht Zweibrücken befasst war.

II. Die Flut im Ahrtal

1. Flutkatastrophe und Schadensausmaß

Nachdem es bereits mehrere Tage lang zu starken Regenfällen gekommen war, stiegen in der Nacht vom 14.7. auf den 15.7.2021 die Pegel mehrerer Flüsse – darunter die Ahr – infolge schwerer Sturzfluten innerhalb kürzester Zeit um mehrere Meter.[11] Vergegenwärtigt man sich das Ausmaß der Katastrophe, so sind nach Angaben der rheinland-pfälzischen Landesregierung aus dem Jahre 2022 mindestens 135 Tote in Rheinland-Pfalz zu beklagen. Allein an der Ahr seien mehr als 9000 Gebäude zerstört oder zumindest stark beschädigt worden.[12] Angaben hierzu sind nicht immer ganz einheitlich und variieren teils in der Presseberichterstattung. Am 14.7.2023 wurde eine weitere vermisste Person für tot erklärt.[13]

2. Krisenmanagement und Änderung des Rechtsrahmens

Bereits frühzeitig wurde vielfach und zu Recht erhebliche Kritik am Krisenmanagement vor und während der Katastrophe geübt, was derzeit auch Gegenstand eines Untersuchungsausschusses ist und bereits literarisch aufbereitet wurde.[14] Unmittelbar nach der Katastrophe haben Gesetz- und Verordnungsgeber sowie Verwaltungen und Katastrophenhilfe hingegen sehr schnell reagiert. Auf Bundesebene umfasst das Aufbauhilfegesetz des Bundes aus September 2021[15] unter anderem ein Gesetz zur Errichtung eines milliardenschweren Aufbauhilfefonds (Art. 1), eine Ergänzung des Baugesetzbuches um einen § 246c mit Sonderregelungen für bestimmte mobile bauliche Anlagen und mobile Infrastruktureinrichtungen[16] (Art. 9) sowie verfahrensrechtliche Erleichterungen beim Wiederaufbau von Eisenbahnstrecken und Bundesfernstraßen (Art. 10 und 11). Nach jahrelangen Diskussionen

---

[11] Spannowsky in BeckOK, 60. Edition, 1.10.2023, BauGB § 246c vor Rn. 1.

[12] Landesregierung Rheinland-Pfalz Ein Jahr Wiederaufbau in Rheinland-Pfalz nach der Naturkatastrophe vom 14./15.7.2021 13, https://wiederaufbau.rlp.de/fileadmin/wiederaufbau/2022/07-Juli/Ein-Jahr-Wiederaufbau-in-RLP.pdf, zuletzt abgerufen am 6.12.2023.

[13] Seidel/Lay/Göddertz Ahrtal unter Wasser. Chronik einer Katastrophe, https://reportage.wdr.de/chronik-ahrtal-hochwasser-katastrophe, zuletzt abgerufen am 6.12.2023.

[14] Nicht diskutiert werden sollen an dieser Stelle Versäumnisse vor und während der Katastrophe, dazu jüngst Kirschstein Flutkatastrophe Ahrtal. Chronik eines Staatsversagens, 2023. Vgl. in diesem Zusammenhang auch Calliess/Schumacher NVwZ 2023, 1361 (1361 ff.) zu datenschutzrechtlichen Problemen bei Veröffentlichung von Starkregengefahren und Hinweiskarten am Beispiel Berlins.

[15] Gesetz zur Errichtung eines Sondervermögens „Aufbauhilfe 2021" und zur vorübergehenden Aussetzung der Insolvenzantragspflicht wegen Starkregenfällen und Hochwassern im Juli 2021 sowie zur Änderung weiterer Gesetze (Aufbauhilfegesetz 2021 – AufbhG 2021) vom 10.9.2021, BGBl. I 4147.

[16] Dazu Kment NVwZ 2022, 127 (127 ff.); Schmidt-Eichstaedt DVBl 2022, 17 (17 ff.); Spannowsky in BeckOK BauGB § 246c, zuletzt 59. Edition, 1.5.2022; Will JZ 2022, 139 (139 ff.).

wurde zudem im August 2021 der einleitend bereits erwähnte länderübergreifende Raumordnungsplan für den Hochwasserschutz erlassen, der allerdings bereits vor der Katastrophe auf den Weg gebracht worden war.

Das Land Rheinland-Pfalz hat finanzielle Soforthilfen aufgelegt und mit dem Landeswiederaufbauerleichterungsgesetz vom 28.9.2021[17] ebenfalls unter anderem Erleichterungen beim Wiederaufbau von Straßen installiert (Art. 2) sowie partielle Freistellungen vom Erfordernis einer Baugenehmigung geregelt (Art. 3). Die zuständige Behörde hat das Überschwemmungsgebiet der Ahr nach § 76 Abs. 2 WHG für ein sogenanntes hundertjährliches Hochwasserereignis neu ermittelt und Anfang Oktober 2021 nach § 76 Abs. 3 WHG bis zur Feststellung durch Rechtsverordnung vorläufig gesichert.[18] Hierauf ist zurückzukommen.

III. Wiederaufbau im Lichte des geltenden Rechtsrahmens

Mit Blick auf das unvorstellbare Ausmaß der Katastrophe waren aus Wissenschaft, Praxis und Politik schnell Stimmen mit der Forderung zu vernehmen, zahlreiche Häuser gar nicht erst wiederaufzubauen, um so einen effektiven Hochwasserschutz zu ermöglichen.[19] Umso mehr überraschte es, als Ende September 2021 die rheinland-pfälzische Ministerpräsidentin bekanntgab, dass nach Maßgabe der neuen vorläufigen Überschwemmungsgebiete lediglich 34 Häuser nicht wiederaufgebaut werden könnten.[20] Bei aller Überraschung hierüber, die durchaus auch aus den betroffenen Gebieten zu vernehmen war, verleiht der geltende Rechtsrahmen des Wiederaufbaus der Ankündigung der Landesregierung eine gewisse Plausibilität.

1. Überschwemmungsgebiete und 100-jährliches Hochwasser

Zunächst erfassen die Überschwemmungsgebiete derzeit nicht das räumliche Ausmaß der Flut. Vereinfacht formuliert, setzt die Landesregierung nach § 76 Abs. 2 S. 1 Nr. 1 WHG durch Rechtsverordnung mindestens die Gebiete als Überschwemmungsgebiete fest, in denen ein Hochwasserereignis statistisch einmal in 100 Jahren zu erwarten ist.[21] Hochwasser ist nach der Definition des § 72 WHG eine zeitlich beschränkte Überschwemmung von normalerweise nicht mit Wasser bedecktem Land, insbesondere durch oberirdische Gewässer oder durch in Küsten-

---

[17] Landesgesetz zur Änderung von Vorschriften zur Erleichterung des nachhaltigen Wiederaufbaus aufgrund der Starkregen- und Hochwasserkatastrophe im Juli 2021 (Landeswiederaufbauerleichterungsgesetz), GVBl. 543.

[18] Vgl. https://sgdnord.rlp.de/themen/wiederaufbau-ahr/ueberschwemmungsgebiet, zuletzt abgerufen am 6.12.2023.

[19] Siehe etwa das Interview mit Lothar Schrott vom 21.7.2021, https://www.zdf.de/nachrichten/panorama/hochwasser-katastrophenschutz-verbesserung-100.html, zuletzt abgerufen am 14.4.2023, nicht mehr abrufbar; Forum Planungsrecht der Akademie für Raumentwicklung in der Leibniz-Gemeinschaft (ARL) ZUR 2021, 675 (675ff.).

[20] FAZ vom 2.10.2021, S. 4; implizit kritisch auch Wagner ZUR 2023, 283 (285, 289).

[21] Die alleinige Fokussierung auf HQ 100-Ereignisse kritisierend Faßbender NuR 2023, 658 (661f.).

gebiete eindringendes Meerwasser, wobei Überschwemmungen aus Abwasseranlagen davon ausgenommen sind. Erfasst werden seit 2013 auch Überschwemmungen durch Starkregenereignisse.[22]

Nach § 76 Abs. 3 WHG sind noch nicht nach Abs. 2 festgesetzte Überschwemmungsgebiete zu ermitteln, in Kartenform darzustellen und vorläufig zu sichern, was – wie eben erwähnt – an der Ahr sehr zeitnah geschehen ist. Dabei bleiben die vorläufig gesicherten Überschwemmungsgebiete aber hinter dem Ausmaß der Flut zurück[23] – offenbar, weil eine solche Flut statistisch gesehen (noch) nicht alle 100 Jahre erwartet wird. Dass diese Einschätzung historischen Hochwasserereignissen hinreichend Rechnung trägt, darf durchaus bezweifelt werden. So werden für die Jahre 1804 und 1910 Hochwasserereignisse beschrieben, die hydrologisch mit dem Hochwasser von 2021 vergleichbar sind oder sogar schwerwiegender waren.[24]

2. *Bauverbot und Dispens nach § 78 Abs. 4 und 5 WHG*

Ungeachtet dessen dürfen zerstörte und beschädigte Häuser nach einer in der Literatur vertretenen Auffassung allerdings zumeist selbst in festgesetzten und vorläufig gesicherten Überschwemmungsgebieten wiederaufgebaut werden.

Zwar ist die Errichtung oder Erweiterung baulicher Anlagen in festgesetzten oder vorläufig gesicherten Überschwemmungsgebieten nach § 78 Abs. 4 S. 1, Abs. 8 WHG untersagt. Nach Abs. 5 *kann* die zuständige Behörde aber abweichend hiervon die Errichtung oder Erweiterung einer baulichen Anlage im Einzelfall unter näher definierten Voraussetzungen genehmigen. Diese sind im Interesse eines effektiven Hochwasserschutzes eigentlich sehr streng gefasst.[25] So darf etwa nach § 78 Abs. 5 S. 1 Nr. 1 lit. a WHG das Vorhaben die Hochwasserrückhaltung nicht oder nur unwesentlich beeinträchtigen und der Verlust von verloren gehendem Rückhalteraum muss umfang-, funktions- und zeitgleich ausgeglichen werden.

Gerade bei zerstörten Gebäuden werden aber – soweit dies überhaupt diskutiert wird – diese Voraussetzungen im Ergebnis als erfüllt angesehen. Grund hierfür sind Überlegungen zum Bestandsschutz und damit letztlich zum verfassungsrechtlich durch Art. 14 GG garantierten Eigentumsschutz zugunsten der betroffenen Eigentümer sowie die Annahme, dass zumindest bei identischem Grundriss und identischer Kubatur keine Verschlechterung gegenüber der ursprünglichen Situation zu befürchten ist. Erforderlich ist allerdings auch nach dieser Auffassung, dass die Anlage hochwasserangepasst ausgeführt wird, § 78 Abs. 5

---

[22] So die Entwurfsbegründung zur Änderung des Wasserhaushaltsgesetzes BT-Drs. 17/10957, 22; Faßbender ZUR 2015, 525 (527 f.).

[23] Vgl. die Arbeitskarten im Nachweis in https://sgdnord.rlp.de/themen/wiederaufbau-ahr/ueberschwemmungsgebiet, zuletzt abgerufen am 6.12.2023.

[24] CEDIM Forensic Disaster Analysis (FDA) Group, Hochwasser Mitteleuropa, Juli 2021 (Deutschland), 21. Juli 2021 – Bericht Nr. 1 „Nordrhein-Westfalen & Rheinland-Pfalz", https://publikationen.bibliothek.kit.edu/1000135730, zuletzt abgerufen am 6.12.2023; daran anschließend Breuer EurUP 2021, 386 (393 f.); Faßbender NuR 2023, 658 (662); vgl. auch Wagner ZUR 2023, 283 (286, 288 f.).

[25] Zur gegenteiligen Praxis Bubeck/Klimmer/Albrecht NUR 2016, 297 (306); Faßbender ZUR 2015, 525 (529).

S. 1 Nr. 1 lit. d WHG.[26] Für das Ermessen auf der Rechtsfolgenseite wird ohnehin wenig Raum gesehen.[27]

Ein solch umfassender effektiver Eigentumsschutz hat freilich das Potenzial, ordnungsrechtliche und planerische Möglichkeiten, Überschwemmungsgebiete beim Wiederaufbau von Bebauung freizuhalten, erheblich zu erschweren.

3. *Erteilung einer Baugenehmigung*

Folgt man gleichwohl diesem Ansatz, dürfte nach alledem im Ergebnis auch, bei Vorliegen der weiteren Voraussetzungen, ein Anspruch auf Erteilung einer etwaig erforderlichen Baugenehmigung bestehen. Für den Außenbereich hat der Gesetzgeber sogar eine spezielle Regelung geschaffen. In § 35 Abs. 4 S. 1 Nr. 3 BauGB teilprivilegiert er die alsbaldige Neuerrichtung eines zulässigerweise errichteten, durch Brand, Naturereignisse oder andere außergewöhnliche Ereignisse zerstörten, gleichartigen Gebäudes an gleicher Stelle. Allenfalls könnte es an dem Erfordernis der gesicherten Erschließung fehlen, wenn die Infrastruktur zerstört und (noch) nicht wiederhergestellt wurde.[28]

IV. Reduzierter Eigentumsschutz und sozialverträglicher Siedlungsumbau

Dreh- und Angelpunkt der skizzierten Rechtslage ist die effektive Reichweite der Eigentumsgarantie des Art. 14 GG. Bedenkt man, dass solche Extremwetterereignisse in Zukunft häufiger auftreten werden, so stellt sich mittlerweile die Frage, ob die Eigentumsgarantie tatsächlich weitreichende Ansprüche auf Wiederaufbau vermitteln kann. Im Ergebnis führt diese Lesart dazu, dass mit staatlichen Fördergeldern Häuser an Stellen wiederaufgebaut werden, an denen sie nach heutigem Wissensstand vielleicht nie hätten errichtet werden sollen, oder doch zumindest mittlerweile ein gewisses Risiko besteht, dass sie in Zukunft öfter von Hochwasser betroffen sein könnten. Die Frage ist also, ob Art. 14 GG entgegen der soeben rezipierten Sichtweise nicht doch mehr Raum für eine aktive hochwassergerechte Siedlungspolitik lässt (→ 1.) und – falls ja – wie diese genutzt werden könnte (→ 2.).

1. *Differenzierte Anforderungen des Art. 14 GG und Folgen für das Bauverbot*

Die Eigentumsgarantie verfolgt einen durchaus differenzierten Ansatz. Bei der effektiven Reichweite ist der Sozialbezug des Eigentums und hierbei nach der Rechtsprechung insbesondere die jeweilige Situationsgebundenheit des Grundeigentums zu beachten. Eingriffe sind ausnahmsweise durch Ausgleichsleistungen und Ausgleichszahlungen zu kompensieren, um sonst im Einzelfall unverhältnismäßige Eingriffe aufzufangen.

---

[26] Rossi in SZDK Wasserhaushaltsgesetz Abwasserabgabengesetz § 78 WHG Rn. 60 (Juni 2018).

[27] Hünnekens in Landmann/Rohmer Umweltrecht § 78 WHG Rn. 44 (September 2019); Rossi in SZDK Wasserhaushaltsgesetz Abwasserabgabengesetz § 78 WHG Rn. 57 (Juni 2018).

[28] Forum Planungsrecht der Akademie für Raumentwicklung in der Leibniz-Gemeinschaft (ARL) ZUR 2021, 675 (676).

a) Situationsbindung und -berechtigung des Grundeigentums

Ungeachtet der Einzelheiten[29] liegt der Grundgedanke der Rechtsfigur der Situationsgebundenheit des Grundeigentums darin, die Grenzen der Sozialgebundenheit des Eigentums auszuloten, die keinen (finanziellen) Ausgleich verlangt. Ging es früher um die Abgrenzung von Sozialbindung und Enteignung, steht seit der Rückführung des Enteignungsbegriffs auf ein formales Verständnis mit der Nassauskiesungsentscheidung des Bundesverfassungsgerichts[30] die Frage im Raum, ob eine Inhalts- und Schrankenbestimmung des Eigentums, die keine Enteignung ist, einen (finanziellen) Ausgleich erfordert.[31]

So hat beispielsweise das Bundesverwaltungsgericht entschieden, dass „nutzungsregelnde Maßnahmen des Natur- und Landschaftsschutzes von den betroffenen Eigentümern grundsätzlich als Ausdruck der Situationsgebundenheit ihres Grundeigentums ohne weiteres hinzunehmen sind und daß ihnen nur unter besonderen Voraussetzungen eine Entschädigung zusteht." Eine Entschädigungspflichten auslösende, mit der Situationsbindung konkurrierende Situationsberechtigung ist hingegen „zum einen bei Eingriffen in bereits verwirklichte Nutzungen [gegeben] und zum anderen beim Ausschluß von Nutzungsmöglichkeiten, die sich nach Lage der Dinge objektiv anbieten oder sogar aufdrängen". Geschützt wird also insbesondere auch derjenige „Eigentümer, der im Vertrauen auf die Beständigkeit der Eigentumsordnung auf seinem Grundstück Werte geschaffen hat, gegen die plötzliche Entwertung des Geschaffenen infolge einer Änderung jener Ordnung [...]. Voraussetzung für die Gewährung von Bestandsschutz ist mithin, daß der Eigentümer ‚etwas ins Werk gesetzt hat', dh sein Grundstück unter Einsatz von Kapital und/oder Arbeit verändert hat."[32]

Spezifisch die Situationsbezogenheit von Grundstücken in Flussnähe wird geprägt von dem Bedürfnis nach Hochwasserschutz, der wiederum eine Gemeinwohlaufgabe von hohem Rang ist. Die Festsetzung eines Überschwemmungsgebiets ist nach einer Entscheidung des Bundesverwaltungsgerichts wegen der natürlichen Lage des Grundstücks an einem Gewässer infolgedessen ohne Entschädigung zulässig.[33]

---

[29] Näher und kritisch zur Rechtsfigur der Situationsgebundenheit Depenheuer/Froese in von MKS GG, 7. Aufl. 2018, Art. 14 Rn. 288ff.; Papier/Shirvani in DHS GG Art. 14 Rn. 497ff. (April 2018). Lehnt man die Figur der Situationsgebundenheit ab, können Eingriffe in die Eigentumsfreiheit gleichwohl aus Verhältnismäßigkeitserwägungen gerechtfertigt sein. Näher und differenzierend zur Verhältnismäßigkeitsprüfung bei Art. 14 GG Bryde/Wallrabenstein in von Münch/Kunig GG, 7. Aufl. 2021, Art. 14 Rn. 107f.; von Weschpfennig Strukturen des Bergrechts, 2022, 144ff.

[30] BVerfGE 58, 300 (300ff.) = NVwZ 1982, 242 (242ff.).

[31] Zur ausgleichspflichtigen Inhalts- und Schrankenbestimmung BVerfGE 58, 137 (147ff.) = NJW 1982, 633 (634f.); BVerfGE 100, 226 (243ff.) = NJW 1999, 2877 (2878f.); BVerfGE 143, 246 Rn. 258ff., 369ff. = NJW 2017, 217 Rn. 258ff., 369ff.

[32] Näher BVerwGE 94, 1 (10ff.) = NJW 1993, 2949 (2951f.); zur Instanzrechtsprechung siehe etwa OVG Münster NVwZ-RR 1998, 229 (231); OVG Saarlouis NVwZ-RR 2007, 582 (591).

[33] BVerwGE 121, 283 (288ff.) = NVwZ 2004, 1507 (1508f.).

b) Kein Bestandsschutz zerstörter Häuser

Mit Blick auf den Schutz „ins Werk gesetzter“ Nutzungen ist nun die verfassungsrechtliche Bewertung des Wiederaufbaus zerstörter Häuser problematisch. Ganz im Sinne der soeben rezipierten Rechtsprechung könnte namentlich die Rechtsfigur des Bestandsschutzes einen Wiederaufbau garantieren. Allerdings lehnen Rechtsprechung und Literatur einen eigentumsgrundrechtlich vermittelten Bestandsschutz bei zerstörten Gebäuden regelmäßig ab. Danach besteht kein Bestandsschutz, wenn die Instandsetzung die „Standfestigkeit des gesamten Gebäudes berührt und eine statische Nachberechnung des gesamten Gebäudes erforderlich macht, oder wenn die für die Instandsetzung notwendigen Arbeiten den Aufwand für einen Neubau erreichen oder gar übersteigen, oder wenn die Bausubstanz ausgetauscht oder das Bauvolumen wesentlich erweitert wird“.[34]

Speziell zur Hochwasserkatastrophe im Ahrtal hat dies zuletzt auch das Verwaltungsgericht Koblenz so gesehen.[35] Gegenstand der Feststellungsklage war die Frage, ob der Wiederaufbau eines „Campingplatzes nebst den ursprünglich vorhandenen Betriebsgebäuden“ einer Baugenehmigung bedarf. Umstritten war namentlich, ob die Dachkonstruktion zweier Gebäude zerstört oder die tragende Konstruktion des Daches des Wirtschaftsgebäudes weitestgehend unversehrt geblieben und nur das Dach durch die Flut abgedeckt worden war. Das Gericht ließ es allerdings dahinstehen, ob „die Wiedererrichtung dieser Gebäude bei isolierter Betrachtung noch als Instandsetzungsmaßnahme und nicht als Neuerrichtung anzusehen wäre“. Wegen „der Fiktion des § 2 Abs. 1 S. 2 Nr. 3 LBauO [sei] auf den Campingplatz als Gesamtanlage abzustellen“, dessen Flächen durch die Hochwasserkatastrophe völlig zerstört worden seien.[36] Zwar werde „eine Anlage, die zu irgendeinem Zeitpunkt in der Vergangenheit dem Baurecht entsprach, verfassungsrechtlich durch Art. 14 Abs. 1 GG in ihrem Bestand geschützt und so vor nachträglich geänderten Anforderungen wie dem formellen Erfordernis einer Baugenehmigung geschützt“, die im konkreten Fall für den gesamten Campingplatz ursprünglich nicht notwendig war und damit auch nicht vorlag. „Voraussetzung hierfür ist jedoch ein bestandsschutzfähiger baulicher Bestand […]. Ein Minimum an baulicher Verfestigung jeder Nutzung ist als Anknüpfungspunkt für den Bestandsschutz unverzichtbar. Denn der Bestandsschutz wird begründet, ‚wenn und weil‘ eine schutzwürdige materiell legale Eigentumsausübung vorliegt. Der Bestandsschutz beschränkt sich auf die Sicherung des durch die Eigentumsausübung Geschaffenen; darin liegt der Sinn und die Rechtfertigung für die Verwendung des Begriffs ‚Bestandsschutz‘, mit dem, wie schon der Name sagt, auf den Bestand in seiner bisherigen Funktion und damit auf das tatsächlich Vorhandene Bezug genommen wird. Dies verlangt eine sichtbare und wirtschaftlich erhebliche Investition […]. Dies ist

[34] BVerwG NVwZ 2002, 92; ebenso BVerwGE 47, 126 (128ff.) = VerwRspr 1976, 38 (38ff.); BVerwGE 72, 362 (363) = NJW 1986, 2126 (2126); Nägele/Lindner ZfBR 2014, 442 (442ff.); Söfker in EZBK BauGB § 35 Rn. 179f. (Oktober 2019); ferner BVerwG NVwZ 1991, 1076 (1077).

[35] VG Koblenz BeckRS 2023, 25477; vgl. auch Faßbender NuR 2023, 658 (663f.).

[36] VG Koblenz BeckRS 2023, 25477 Rn. 27, 29.

im Hinblick auf die Campingplatzfläche infolge ihrer Zerstörung wie gezeigt nicht der Fall."[37]

Ebenso kann die Figur der „eigentumskräftig verfestigten Anspruchsposition"[38] nicht mehr verfangen,[39] die im Ergebnis etwa bei der Zerstörung durch Naturkatastrophen unmittelbar aus Art. 14 GG auch dann einen Anspruch auf Baugenehmigung vermitteln sollte, wenn einfaches Recht der Genehmigung eigentlich entgegenstand. Denn Ansprüche unmittelbar aus Art. 14 GG sind zumindest im Baurecht mittlerweile ausgeschlossen, weil der Gesetzgeber eingeschränkten Eigentumsschutz nunmehr einfachrechtlich geregelt hat.[40]

Ein Recht auf Wiederaufbau zerstörter Gebäude erfordert Art. 14 GG damit im Ergebnis nicht. Infolgedessen gebietet die Eigentumsgarantie aber auch im Wasserrecht an sich nicht zwingend in jedem Fall die Erteilung eines Dispenses nach § 78 Abs. 5 WHG – jedenfalls sofern hinreichend gewichtige Gründe des Hochwasserschutzes entgegenstehen, die durchaus auch auf eine Veränderung des *Status quo* bezogen auf den Zeitpunkt vor der Katastrophe abstellen können.

c) *Ausgleichspflicht bei Versagung des wasserrechtlichen Dispenses?*

Eigentumsrechtlich bleibt die Versagung eines Dispenses gleichwohl problematisch, weil den betroffenen Personen nach der Zerstörung durch das Hochwasser die Lebensgrundlage auch noch förmlich entzogen wird. Dies führt zu der Frage nach einer etwaigen Ausgleichspflicht. Dagegen könnte zunächst die oben (→ IV. 1. a)) rezipierte Rechtsprechung des Bundesverwaltungsgerichts sprechen, nach der bei einer Situationsgebundenheit des Grundstücks, die vorliegend mit Blick auf den Hochwasserschutz gegeben ist, keine Entschädigung zu leisten ist und zudem kein Bestandsschutz mehr greift. Dabei bliebe aber unberücksichtigt, dass zuvor im Rahmen des geltenden Rechts bebautes sowie bewohntes Grundeigentum dauerhaft nicht mehr entsprechend genutzt werden könnte und damit eine zunächst ins Werk gesetzte Nutzung künftig unterbunden würde. Eine solche Belastung gegenüber dem Zustand vor der Katastrophe[41] wäre im Einzelfall aus Gründen des Hochwasserschutzes zwar *an sich* verhältnismäßig. Wegen ihrer existenziellen Erheblichkeit könnte sie aber – vorbehaltlich der näheren Umstände – gleichwohl unzumutbar sein, sodass eine eigentumsgrundrechtlich vermittelte Ausgleichspflicht bestünde.

---

[37] VG Koblenz BeckRS 2023, 25477 Rn. 27, 33.

[38] BVerwGE 26, 111 (116ff.) = NJW 1967, 1099 (1099f.); BVerwGE 42, 8 (13f.) = VerwRspr 1974, 320 (324); BVerwGE 47, 126 (130ff.) = VerwRspr 1976, 38 (40ff.).

[39] Ebenso Söfker in EZBK BauGB § 35 Rn. 184.

[40] BVerwG NVwZ 1991, 673 (675); BVerwG NVwZ 1991, 1076 (1078), beide u. a. unter Verweis auf § 35 Abs. 4 S. 1 Nr. 3 BauGB. Vgl. auch zum Drittschutz BVerwGE 89, 69 (77ff.) = NVwZ 1992, 977 (979); BVerwGE 101, 364 (373) = NVwZ 1997, 384 (386).

[41] Vgl. zu diesem Bezugspunkt des Eigentumsschutzes Kempny in Dreier GG, 4. Aufl. 2023, Art. 14 Rn. 191ff.; Bryde/Wallrabenstein in von Münch/Kunig GG, 7. Aufl. 2021, Art. 14 Rn. 108; von Weschpfennig Strukturen des Bergrechts, 2022, 144. Wählt man als Bezugspunkt den Zustand vor der Katastrophe, ist es auch irrelevant, ob man die Baufreiheit unmittelbar als durch Art. 14 GG gewährleistet ansieht oder als öffentlich-rechtliche Nutzungszuweisung begreift, näher zum Streit Depenheuer/Froese in von MKS GG 7. Aufl. 2018 Art. 14 Rn. 118ff.; Papier/Shirvani in DHS GG Art. 14 Rn. 164ff. (April 2018).

Allerdings fehlen im Wasserrecht entsprechende Ausgleichsgrundlagen.[42] In Betracht kommt allenfalls ein richterrechtlich entwickelter Anspruch aus enteignendem Eingriff. Dieser setzt voraus, „dass eine an sich rechtmäßige hoheitliche Maßnahme bei einem Betroffenen unmittelbar zu Nachteilen führt, die er aus rechtlichen oder tatsächlichen Gründen hinnehmen muss, die aber die Schwelle des enteignungsrechtlich [sic!] Zumutbaren übersteigen". Dabei muss es sich um ein Sonderopfer handeln, die Einwirkungen müssen „also im Verhältnis zu anderen ebenfalls betroffenen Personen eine besondere Schwere aufweisen oder im Verhältnis zu anderen nicht betroffenen Personen einen Gleichheitsverstoß [sic!] bewirken".[43] Das Vorliegen eines Sonderopfers erscheint aber zweifelhaft. Zunächst ist der Hausbau am Wasser latent risikobelastet, sodass es schon deshalb an einem Sonderopfer fehlen könnte.[44] Zudem erfasst der enteignende Eingriff typischerweise Einzelfälle und ist nicht für Entschädigungspflichten in der Breite konzipiert, weil dies das Budgetrecht des Parlaments unterminieren würde und zudem ausgleichspflichtige Inhalts- und Schrankenbestimmungen einer gesetzlichen Grundlage bedürfen, die nicht durch Richterrecht ergänzt werden kann.[45] Entsprechende Ansprüche wurden daher nicht nur bei Waldschäden durch Luftverunreinigungen[46] sowie Betriebsschließungen im Rahmen der Corona-Pandemie[47] verneint, sondern auch bei einer vergleichsweise eng umgrenzten Evakuierungsmaßnahme zwecks Bombenentschärfung[48].

d) *Eigentumsrechtliches Dilemma: Anspruch auf Wiederaufbau mangels Entschädigungsregelung?*

Damit führt der praktische Umgang mit § 78 Abs. 5 WHG in ein eigentumsrechtliches Dilemma: *An sich* wäre der Dispens im jeweiligen Einzelfall zu versagen, weil die tatbestandlichen Voraussetzungen nicht vorliegen. Nimmt man dann aber eine eigentumsrechtliche Ausgleichspflicht an, die spezialgesetzlich nicht geregelt ist und wohl auch nicht über die Rechtsfigur des enteignenden Eingriffs realisiert werden kann, sind die Norm und die darauf gestützte Versagung des Dispenses mangels der Gewährung eines finanziellen Ausgleichs insoweit verfassungswidrig.[49]

---

[42] Breuer in Schrödter BauGB, 9. Aufl. 2019, § 42 Rn. 55; vgl. auch BVerwGE 121, 283 (288f.) = NVwZ 2004, 1507 (1509).

[43] St. Rsp., siehe nur BGHZ 213, 200 Rn. 25 = NJW 2017, 1322 Rn. 25; vgl. auch jüngst BGHZ 233, 107 Rn. 56 = NJW 2022, 2252 Rn. 56.

[44] Vgl. dazu BGHZ 213, 200 Rn. 25 = NJW 2017, 1322 Rn. 25. Freilich ist auch zu überlegen, ob umgekehrt die staatliche Schaffung von Baurecht in Überschwemmungsgebieten gerade ein Sonderopfer begründen könnte – auch wenn die Grundstückswahl grds. den Eigentümern zuzurechnen ist.

[45] BGHZ 233, 107 Rn. 59 = NJW 2022, 2252 Rn. 59 unter Verweis BVerfGE 100, 226 (244f.) = NJW 1999, 2877 (2879); näher zu den damit verbundenen Fragen von Weschpfennig VERW 53 (2020), 469 (496ff.).

[46] BGHZ 102, 350 (361ff.) = BeckRS 1987, 1857.

[47] BGHZ 233, 107 Rn. 58f = NJW 2022, 2252 Rn. 58f., dort nur hilfsweise, weil bereits Entschädigungsregelungen des Infektionsschutzgesetzes für abschließend erachtet wurden, Rn. 57.

[48] OLG Koblenz MDR 2010, 153 (153ff.).

[49] Vgl. zum ähnlich gelagerten Dilemma bei Betriebsschließungen in der Corona-Pandemie von Weschpfennig VERW 53 (2020), 469 (498f.).

Möglich erscheint dann in der Tat – ganz im Sinne der oben umrissenen Literaturauffassung (→ III. 2.) – nur noch eine verfassungskonforme Auslegung, nach der die Tatbestandsvoraussetzungen für einen Dispens gegeben sind.

De lege ferenda wäre nach alledem die gesetzliche Regelung eines etwaigen Ausgleichs wünschenswert, um künftig Baudispense im Einzelfall wasserrechtlich rechtssicher verweigern zu können. Derzeit bildet zumindest das Wasserrecht vorausschauend notwendigen Hochwasserschutz nach Hochwasserkatastrophen insoweit nicht hinreichend ab.[50]

So erklärt sich auch die Ankündigung der rheinland-pfälzischen Landesregierung, dass nahezu alle Häuser wiederaufgebaut werden können. Nachhaltiger Hochwasserschutz und klimaresilienter Städtebau müssen damit kurzfristig verständlichen, aber langfristig zweifelhaften sozialen Aspekten weichen. Im Lichte der gleichwohl bestehenden Bedenken gegen den Wiederaufbau im Überschwemmungsgebiet hat die Regierung ihre Ankündigung aber schon bald wieder relativiert, wasserrechtliche Dispense werden auch jenseits der benannten 34 Häuser nicht ohne Weiteres erteilt.[51]

2. *Zurücknahme von Siedlungsbereichen*

Damit fällt der Blick zurück auf das Bauplanungsrecht mit der Frage, ob sich hier adäquate Steuerungsinstrumente zur Freihaltung der Überschwemmungsgebiete von Bebauung finden – ungeachtet der Tatsache, dass entsprechende Optionen spezifisch in den vom Hochwasser 2021 betroffenen Gebieten mittlerweile wohl nur noch eingeschränkt in Betracht kommen dürften.

a) Das überkommene Regelungsregime des Baugesetzbuches

Tatsächlich hält das Baugesetzbuch rudimentäre Instrumente bereit.

So können die betroffenen Gemeinden ganze Siedlungsgebiete zum Zwecke einer verbesserten Hochwasserresilienz durch neue Bebauungspläne zurücknehmen und zuvor nach Maßgabe des § 14 BauGB Veränderungssperren beschließen. Festgesetzt werden könnten etwa Flächen für die Rückhaltung und Versickerung von Niederschlagswasser nach § 9 Abs. 1 Nr. 14 BauGB, öffentliche oder private Grünflächen nach § 9 Abs. 1 Nr. 15 BauGB,[52] Flächen oder Maßnahmen zum Schutz, zur Pflege und zur Entwicklung von Boden, Natur und Landschaft gemäß § 9 Abs. 1 Nr. 20 BauGB, flächenbezogene Bepflanzungen und Anpflanzungen nach § 9 Abs. 1 Nr. 25 BauGB und freilich insbesondere Festsetzungen zum Hochwasserschutz nach § 9 Abs. 1 Nr. 16 lit. b–d BauGB sowie ergänzend gemäß § 9 Abs. 1

---

[50] Zum Bauplanungsrecht → IV. 2. a).

[51] Kirschstein, Rhein-Zeitung vom 6.11.2021, 3 unter Berufung auf das rheinland-pfälzische Umweltministerium; vgl. implizit auch Landesregierung Rheinland-Pfalz Ein Jahr Wiederaufbau in Rheinland-Pfalz nach der Naturkatastrophe vom 14./15.7.2021 30, https://wiederaufbau.rlp.de/fileadmin/wiederaufbau/2022/07-Juli/Ein-Jahr-Wiederaufbau-in-RLP.pdf, zuletzt abgerufen am 6.12.2023.

[52] Zur Festsetzung von privaten Grünflächen als Maßnahme, die der Anpassung an den Klimawandel dient, jüngst VGH Mannheim BeckRS 2023, 30923.

Nr. 10 BauGB auch Flächen, die von der Bebauung freizuhalten sind.[53] In diesem Falle gibt es – anders als im Wasserhaushaltsgesetz – zudem nach Maßgabe der §§ 39ff. BauGB ausdifferenzierte Entschädigungsregelungen.[54] Zwar kann auch hier ein Entschädigungsanspruch ausscheiden, sofern die Nutzung bereits nach Wasserrecht unzulässig ist.[55] Insoweit ist aber zumindest eine verfassungskonforme Auslegung denkbar. In der praktischen Umsetzung bleibt dieser Weg gleichwohl unbefriedigend. Denn auf diese Weise können zwar Überschwemmungsgebiete effektiv gesichert werden. Die betroffenen Menschen erhalten aber – außer einer etwaigen Entschädigung – keine ansatzweise akzeptable alternative Lebensgrundlage in Form anderer Grundstücke.

Grundsätzlich in Betracht kommen auch Maßnahmen des Besonderen Städtebaurechts. Seit der Klimaschutz-Novelle 2011[56] sowie der Innenentwicklungs-Novelle 2013[57] werden städtebauliche Defizite im Bereich der Klimaresilienz in zwei Instrumenten des Besonderen Städtebaurechts im Baugesetzbuch ausdrücklich adressiert – den städtebaulichen Sanierungsmaßnahmen nach §§ 136ff. BauGB und den Stadtumbaumaßnahmen nach §§ 171a ff. BauGB.[58] Sie ermöglichen und unterstützen die Anpassung bestehender Bebauung an moderne städtebauliche Anforderungen im Rahmen gebietsbezogener Gesamtmaßnahmen. Um die hohen Investitionskosten solcher Maßnahmen aufzufangen, sehen die §§ 164a und 164b BauGB (ggf. iVm § 171b Abs. 4 BauGB) ein System der Städtebauförderung vor. Seit 2020 ist nach der relevanten Verwaltungsvereinbarung zwischen Bund und Ländern Voraussetzung für die Förderung, dass auch Maßnahmen des Klimaschutzes bzw. zur Anpassung an den Klimawandel erfolgen.[59] Allerdings haben solche Maßnahmen zu lange Vorlaufzeiten und könnten zudem ebenfalls keine alternativen Grundstücke vermitteln.

---

[53] Dazu Spannowsky in BeckOK, 60. Edition, 1.10.2023, BauGB § 9 Rn. 36ff., 57ff., 60ff., 65ff., 82ff., 115ff.; ferner Söfker in Spannowsky/Gohde Die Bewältigung von Niederschlagswasserversickerung und Starkregen durch die Bauleitplanung, 2021, 77ff.

[54] Forum Planungsrecht der Akademie für Raumentwicklung in der Leibniz-Gemeinschaft (ARL) ZUR 2021, 675 (676). Vgl. auch Breuer in Schrödter BauGB, 9. Aufl. 2019, § 42 Rn. 58, der wegen des Fehlens wasserrechtlicher Ausgleichsregeln eine Pflicht zur bauplanungsrechtlichen Rücknahme von Siedlungsbereichen in Betracht zieht, um so einen Ausgleich zu vermitteln.

[55] Faßbender NuR 2023, 658 (664); vgl. Battis in BKL BauGB, 15. Aufl. 2022, § 42 Rn. 4; Breuer in Schrödter BauGB, 9. Aufl. 2019, § 40 Rn. 19; Hoffmann in BeckOK BauGB, 60. Edition, 1.10.2023, § 40 Rn. 13.1, § 42 Rn. 6; Runkel in EZBK BauGB § 42 Rn. 47 (Februar 2021).

[56] Gesetz zur Förderung des Klimaschutzes bei der Entwicklung in den Städten und Gemeinden vom 22.7.2011, BGBl. I 1509.

[57] Gesetz zur Stärkung der Innenentwicklung in den Städten und Gemeinden und weiteren Fortentwicklung des Städtebaurechts vom 11.6.2013, BGBl. I 1548.

[58] Namentlich in §§ 136 und 171a BauGB.

[59] Nunmehr Art. 3 Abs. 2 der Verwaltungsvereinbarung Städtebauförderung 2023/2024 über die Gewährung von Finanzhilfen des Bundes an die Länder nach Artikel 104b des Grundgesetzes zur Förderung städtebaulicher Maßnahmen (VV Städtebauförderung 2023/2024) vom 21.3.2023/4.7.2023, https://www.staedtebaufoerderung.info/SharedDocs/downloads/DE/Grundlagen/VV2023_24.pdf?_blob=publicationFile&v=2, zuletzt abgerufen am 12.4.2024.

b) Kooperative Zurücknahme und finanzielle Herausforderungen

Eine Alternative wäre – womöglich – eine kooperative Zurücknahme von Siedlungsbereichen (gewesen). Ein entsprechender Vorschlag wurde im September 2021 aus der Akademie für Raumentwicklung in der Leibniz-Gemeinschaft (ARL) unterbreitet.[60] Vereinfacht formuliert, sollte dabei in hochwasserfreien Gebieten neues Bauland geschaffen und durch eine Art Grundstückstausch mit den betroffenen Eigentümern einschließlich finanziellem Ersatz für das zerstörte Gebäude flankiert werden. Voraussetzung wäre freilich eine ausreichende finanzielle Ausstattung der Gemeinden. Zur Bewältigung der Hochwasserkatastrophe 2021 wurde aber – ungeachtet etwaiger Versicherungsleistungen[61] – das Hilfsprogramm durch den Wiederaufbaufonds für solche Lösungen zu eng aufgesetzt.[62] So erfasst § 3 Abs. 2 der Aufbauhilfeverordnung 2021[63] insoweit nur die *Wiederherstellung* baulicher Anlagen, damit implizit aber nicht den *Neubau* an anderer Stelle. Anlage 5 Ziff. 2.1. lit. b der Verwaltungsvereinbarung zur Aufbauhilfe 2021 zwischen dem Bund und den betroffenen Ländern[64] sieht demgegenüber zwar auch Maßnahmen zur Neuerrichtung oder zum Erwerb von gleichartigen Wohngebäuden als Ersatz von durch Hochwasser bzw. Starkregen zerstörten Wohngebäuden – auch an anderer Stelle (Ersatzvorhaben) – als förderfähig an. Ein aktiver An- und Verkauf von Grundstücken durch die Gemeinde wird damit aber nach wie vor nicht erfasst.

Zur mittel- bis langfristigen Bewältigung der Klimaanpassung in Überschwemmungsgebieten wurde aus der ARL auch ein neues Instrument im Besonderen Städtebaurecht angeregt, um eine vergleichsweise kleinteilige Siedlungsrücknahme unterstützen zu können.[65] Eine solche Ergänzung zeichnet sich derzeit allerdings nicht ab.[66]

c) Der neue § 246c BauGB

Am 7.7.2023 ist allerdings eine Neufassung des nach der Hochwasserkatastrophe neu eingefügten § 246c BauGB in Kraft getreten,[67] der über einen Änderungs-

[60] Forum Planungsrecht der Akademie für Raumentwicklung in der Leibniz-Gemeinschaft (ARL) ZUR 2021, 675 (676); zustimmend Faßbender NuR 2023, 658 (664 f.).

[61] Zur Elementarschadensversicherungspflicht *de lege ferenda* Kingreen NVwZ 2022, 598 (598 ff.); Roth NJW 2021, 2999 (2999 ff.). Siehe auch Kreft/Sandholz/Bulut/Mirwald/Kohler Klimarisikoversicherung. Potenziale als strategisches Instrument zur Klimaanpassung in Deutschland, Abschlussbericht, UBA-Studie, Climate Change 13/2022.

[62] Zur Problematik der Förderung „unvernünftiger Verhaltensweisen" durch Entschädigungsregelungen, die Klimaanpassung in der Praxis erschwerten, Bubeck/Klimmer/Albrecht NuR 2016, 297 (305 f.).

[63] Verordnung über die Verteilung und Verwendung der Mittel des Fonds „Aufbauhilfe 2021" (Aufbauhilfeverordnung 2021 – AufbhV 2021) vom 15.9.2021, BGBl. I 4214.

[64] https://wiederaufbau.rlp.de/fileadmin/wiederaufbau/2023/05-Mai/Verwaltungsvereinbarung_2021_-_Gesamt.pdf, zuletzt abgerufen am 6.12.2023.

[65] Forum Planungsrecht der Akademie für Raumentwicklung in der Leibniz-Gemeinschaft (ARL) ZUR 2021, 675 (676 f.).

[66] Kritisch Faßbender NuR 2023, 658 (660) unter Verweis auf umfassende Reformen nach vergangenen Katastrophen. Zu letzteren siehe auch Spannowsky ZfBR 2020, 523 (524 f.).

[67] Gesetz zur Stärkung der Digitalisierung im Bauleitplanverfahren und zur Änderung weiterer Vorschriften vom 3.7.2023, BGBl I Nr. 176; dazu Bunzel/Krusenotto Fachexperten-Gespräche

antrag zum Entwurf eines Gesetzes zur Stärkung der Digitalisierung im Bauleitplanverfahren und zur Änderung weiterer Vorschriften vom 15.2.2023[68] ins Gesetzgebungsverfahren eingebracht wurde.[69] Hiernach sollen die Landesregierungen – vereinfacht formuliert – insbesondere ermächtigt werden, nach einem Katastrophenfall den Wiederaufbau mit Abweichungen namentlich von den §§ 29 bis 35 BauGB zu organisieren. Nach Abs. 2 Nr. 3 soll in einer entsprechenden Rechtsverordnung auch vorgesehen werden können, dass „bei der Aufstellung, Änderung oder Ergänzung von Bauleitplänen zur Neuausweisung oder Umplanung von Baugebieten in einer Gemeinde mit einem Wiederaufbaugebiet oder in einer benachbarten Gemeinde Beeinträchtigungen des Landschaftsbildes sowie der Leistungs- und Funktionsfähigkeit des Naturhaushalts im Sinne des § 1a Abs. 3 als ausgeglichen gelten, wenn im Wiederaufbaugebiet Flächen im Umfang der neu ausgewiesenen zulässigen Grundfläche im Sinne des § 19 Abs. 2 der Baunutzungsverordnung entsiegelt werden und die Durchführung der Entsiegelung in geeigneter Weise sichergestellt ist".[70]

Erklärtes Ziel dieser Neufassung ist es, die Verlagerung von Siedlungsbereichen zu erleichtern.[71] Die Neufassung ist unmittelbare gesetzgeberische Reaktion auf das Hochwasser im Ahrtal, schließt aber alle denkbaren Katastrophenfälle ein. Dabei zielt sie insbesondere, aber nicht ausschließlich auf Natur- und Umweltkatastrophen, weil zu erwarten sei, dass solche im Zuge des Klimawandels häufiger auftreten und deren Auswirkungen gravierender sein werden.[72]

V. Ausblick

Auch wenn die Gesetz- und Verordnungsgeber zahlreiche Weichenstellungen zugunsten eines besseren Hochwasserschutzes getroffen haben, so sind doch zukunftsgerichtete, klimaresiliente Entscheidungen selbst dann schwierig umzusetzen, wenn sie sich als unmittelbare Reaktion auf Katastrophen eigentlich aufdrängen. Dies gilt umso mehr in bestehenden, nicht zerstörten Strukturen. Wie hier eine sozialgerechte Klimaanpassung funktionieren kann, ist derzeit noch weitgehend unbeleuchtet. Auch beim Klimaschutz wird – von der Transformation der Energieerzeugung abgesehen – der Bestand erst allmählich in den Blick genommen.

Politisch ist dies alles zunächst nachvollziehbar, können so doch unbequeme Entscheidungen in der Gegenwart vermieden werden. Verfassungsrechtlich untermau-

---

2023 zur Modernisierung des Städtebaurechts (Difu Impulse 9/2023), Deutsches Institut für Urbanistik (Difu), 27ff.

[68] BT-Drs. 20/5663.

[69] Beschlussempfehlung und Bericht des Ausschusses für Wohnen, Stadtentwicklung, Bauwesen und Kommunen, BT-Drs. 20/7248. Die diesbezügliche Formulierungshilfe der Bundesregierung sowie die Stellungnahmen sind abrufbar unter https://www.bmwsb.bund.de/SharedDocs/gesetzgebungsverfahren/Webs/BMWSB/DE/digitalisierung-im-bauleitverfahren.html, zuletzt abgerufen am 6.12.2023.

[70] Dazu Spannowsky in BeckOK BauGB, 60. Edition, 1.10.2023, § 246c Rn. 9ff.

[71] BT-Drs. 20/7248, 34.

[72] BT-Drs. 20/7248, 32.

ert wird diese Haltung durch Art. 14 GG, der dem Bestandsschutz einen hohen Stellenwert einräumt und auch bei zerstörtem Bestand und damit entfallendem Bestandsschutz einen weiterhin erhöhten Schutz vermitteln kann. Klimaresilienz erfordert aber neue Lösungsansätze, ohne die die Zukunftsaufgaben kaum zu bewältigen sind. Deren Bedeutung hat auch Auswirkungen auf den effektiven Schutz durch Art. 14 GG,[73] wobei – um es nochmals zu betonen – soziale Aspekte nicht aus dem Blick geraten dürfen.

[73] Vgl. von Weschpfennig in Spannowsky/Gohde Fach- und Rechtsfragen der Baulandmobilisierung – das aktuelle Baulandmobilisierungsgesetz, 2022, 119 (139) zum Klimaschutz.

MICHAEL UECHTRITZ

Abwehransprüche von Nachbargemeinden gegen Einzelvorhaben

I. Vorbemerkung

Der Beitrag behandelt ein Thema, welches in Schrifttum und Rechtsprechung seit Langem umstritten ist: Es geht um die Frage, ob und unter welchen Voraussetzungen Nachbargemeinden Abwehransprüche gegenüber Einzelvorhaben geltend machen können, wenn sich diese durch die bau- oder immissionsschutzrechtliche Genehmigung eines Vorhabens auf einer benachbarten Gemarkung beeinträchtigt wähnen.[1] Noch in jüngerer Zeit haben Entscheidungen deutlich gemacht, dass von einer abschließenden obergerichtlichen Klärung der hier zu behandelnden Fragen nicht gesprochen werden kann.[2] Da die planungsrechtliche Zulässigkeit eines Vorhabens anhand der Maßstabsnormen der §§ 29ff. BauGB zu beurteilen ist, stellt sich zunächst die Frage, ob bzw. unter welchen Voraussetzungen §§ 30, 34 oder 35 BauGB subjektive Rechte von Nachbargemeinden begründen können. Zur Vermeidung von Rechtsschutzdefiziten, speziell im Fall von Missbrauchskonstellationen, wird teilweise pauschal angenommen, § 2 Abs. 2 BauGB sei Ausdruck eines allgemeinen Rechtsprinzips, welches die Maßstabsnormen der §§ 30ff. BauGB ergänze.[3] Sofern man dies ablehnt, ist klärungsbedürftig, ob bei defizitären Rechtsschutzmöglichkeiten ein unmittelbarer Rückgriff auf die verfassungsrechtlich garantierte kommunale Selbstverwaltung möglich ist.

Im Verlauf der seit Langem anhaltenden Diskussion standen und stehen dabei unterschiedliche Anlagentypen im Fokus: Eine Durchsicht der einschlägigen Judikatur zeigt, dass Nachbarkommunen sich gerichtlich besonders häufig gegen die Genehmigung von Einkaufszentren und großflächigen Einzelhandelsbetrieben

---

[1] Der Verfasser war erstmals im Jahr 1999 mit der Thematik befasst, BauR 1999, 572 (572ff.); weitere Stellungnahmen im Schrifttum (ohne Anspruch auf Vollständigkeit) Jahn GewArch 2002, 414 (414ff.); Wurzel/Probst DVBl 2003, 197 (197ff.); Kment NVwZ 2007, 996 (999ff.); Schenke VerwArch 98 (2007), 448 (448ff.) und 561 (561ff.); Zierau DVBl 2009, 693 (693ff.); Hoffmann NVwZ 2010, 738 (738ff.); Gerhard/Würtenberger BauR 2010, 550 (550ff.) und Johlen BauR 2014, 1225 (1225ff.); monographisch Hug Gemeindenachbarklagen im Öffentlichen Baurecht 349ff.; am Beginn der Rechtsprechung des Bundesverwaltungsgerichts steht – soweit ersichtlich – das „Krabbenkamp"-Urteil, BauR 1972, 352 (352ff.); einen instruktiven Überblick über die Entwicklung der Rechtsprechung zu § 2 Abs. 2 BauGB gibt Halama DVBl 2004, 79 (79ff.); hierzu auch näher unten II. 2.

[2] Deutlich in diesem Sinne BVerwG BauR 2019, 470 (470ff.); in jüngster Zeit OVG Lüneburg DVBl 2023, 1159 (1159ff.) und VG Freiburg KommJur 2023, 299 (299ff.).

[3] So Zierau DVBl 2009, 693 (693ff.); im Ergebnis ebenso Jahn GewArch 2002, 414 (414ff.) und Wurzel/Probst DVBl 2003, 197 (201f.).

wehren.[4] Zugenommen hat die Zahl der Fälle, in denen optische Beeinträchtigungen geltend gemacht werden, etwa dann, wenn eine Genehmigung von Windkraftanlagen unmittelbar an der Gemarkungsgrenze erfolgt.[5] Neben diesen (wohl häufigsten) Konstellationen sind weitere Fälle denkbar, in denen es um die Abwehr von Anlagen geht, deren Realisierung und Betrieb geeignet ist, die Planungshoheit einer benachbarten Gemeinde einzuschränken, etwa bei der Genehmigung eines Störfallbetriebes, bei dem sich ein möglicherweise einzuhaltender Sicherheitsabstand auf das Territorium der Nachbargemeinde erstreckt[6] oder bei einem emissionsträchtigen Vorhaben, das Gebiete einer Nachbargemeinde „verlärmt“[7].

Angesichts der Vielzahl der Konstellationen, in denen sich die Frage nach interkommunalen Abwehransprüchen gegen Einzelgenehmigungen stellen kann, erfordert eine dogmatisch „stimmige“ Beantwortung der hier zu erörternden Frage, dass diese grundsätzliche auf alle Anlagentypen „passt“.

II. Abwehrrecht unmittelbar aus § 2 Abs. 2 BauGB?

Ein einzelfallbezogenes Abwehrrecht von Nachbargemeinden gegen Bauvorhaben soll sich nach teilweise vertretener Auffassung aus § 2 Abs. 2 BauGB ergeben. § 2 Abs. 2 BauGB soll – als Ausdruck eines Rechtsprinzips – die bauplanungsrechtlichen Maßstabsnormen der §§ 30 ff. BauGB als weitere Zulässigkeitsschranke ergänzen.[8] Eine Baugenehmigung, die inhaltlich materiell die Interessen einer benachbarten Gemeinde nicht hinreichend berücksichtigt bzw. nur nach Maßgabe einer den Anforderungen des § 2 Abs. 2 BauGB genügenden Bauleitplanung planerisch zugelassen werden könnte, wäre demnach rechtswidrig und könnte von einer betroffenen Nachbargemeinde mit einer Anfechtungsklage erfolgreich angefochten werden. Auch die Rechtsprechung greift – jedenfalls wenn bestimmte Voraussetzungen erfüllt sind (dazu näher unten II. 2.) – auf § 2 Abs. 2 BauGB zurück.

1. Kein Rückgriff auf § 2 Abs. 2 BauGB

Die Gründe, die gegen die Ableitung eines einzelfallbezogenen Abwehrrechts aus § 2 Abs. 2 BauGB sprechen, liegen auf der Hand. Sie sind in der Vergangenheit wiederholt benannt worden,[9] sodass hier eine kurze Zusammenfassung der wesentlichen Gründe genügen kann: Nach Wortlaut und systematischer Stellung enthält

---

[4] Die meisten Entscheidungen des Bundesverwaltungsgerichts zu § 2 Abs. 2 BauGB (hierzu näher unten II. 2.) beziehen sich auf derartige Konstellationen. Mit städtebaulichen und raumordnerischen Konflikten bei der Zulassung großflächiger Einzelhandelseinrichtungen wird hier ein Thema behandelt, welches den Jubilar immer wieder intensiv beschäftigt hat.

[5] Vgl. VGH München BayVBl 2010, 112 (112 ff.); VGH München BayVBl 2021, 93 (93 ff.) und VGH Mannheim VBlBW 2022, 389 (389 ff.).

[6] OVG Saarlouis NVwZ 2023, 319 (319 LS).

[7] VGH München BayVBl 2003, 661 (661): Anfechtung einer immissionsschutzrechtlichen Genehmigung für einen Steinbruch durch eine Nachbargemeinde.

[8] Vgl. die Nachweise in Fn. 3.

[9] Ablehnend bereits Uechtritz BauR 1999, 572 (572 ff.); ebenso ders. NVwZ 2004, 1025 (1027) und DVBl 2006, 799 (801); in diesem Sinne auch Kment NVwZ 2007, 996 (1001 ff.)

§ 2 Abs. 2 BauGB Anforderungen an die kommunale Bauleitplanung. Normverpflichteter ist die planende Gemeinde, nicht die Bauaufsichtsbehörde, die im Genehmigungsverfahren über die Erteilung einer Baugenehmigung zu entscheiden hat und die nicht mit der Standortgemeinde identisch sein muss. Auch die Annahme, ein Rückgriff auf § 2 Abs. 2 BauGB zur Begründung eines einzelfallbezogenen Abwehrrechts sei jedenfalls in Fällen eines missbräuchlichen Verhaltens der Standortgemeinde geboten, überzeugt nicht. Für den Fall fehlender Identität zwischen Standortgemeinde und Bauaufsichtsbehörde hat Letztere keinerlei Einwirkungsmöglichkeiten auf die planungsrechtliche Grundlage eines zur Genehmigung gestellten Vorhabens. Die Anwendung der im jeweiligen Einzelfall zutreffenden planungsrechtlichen Maßstabsnorm (§§ 30, 34 oder 35 BauGB) ergibt sich für die Bauaufsichtsbehörde aus der objektiv bestehenden planungsrechtlichen Situation.

Gegen die Annahme, § 2 Abs. 2 BauGB enthalte ein einzelfallbezogenes Abwehrrecht, spricht auch der im Zuge des EAG Bau eingefügte § 34 Abs. 3 BauGB, wonach ein Vorhaben nach § 34 Abs. 1 oder 2 BauGB unzulässig ist, wenn von diesem schädliche Auswirkungen auf zentrale Versorgungsbereiche in der Gemeinde oder in anderen Gemeinden zu erwarten sind. Wäre § 2 Abs. 2 BauGB als zusätzliche Zulassungsschranke bei Anwendung der planungsrechtlichen Maßstabsnormen der §§ 30ff. BauGB zu beachten, so wäre die Einfügung des § 34 Abs. 3 BauGB, um Rechtsschutzlücken im Anwendungsfall des § 34 Abs. 1 oder 2 BauGB zu schließen, überflüssig.[10] Folgert man aber aus § 34 Abs. 3 BauGB, dass jedenfalls im Fall des § 34 BauGB (bei Vorhaben, für die die Schranke des Abs. 3 eingreifen kann) ein Rückgriff auf § 2 Abs. 2 BauGB ausscheidet, ergibt sich der weitere Einwand, wieso dann bei den planungsrechtlichen Maßstabsnormen der §§ 30 und 35 BauGB die zusätzliche Schranke des § 2 Abs. 2 BauGB eingreifen soll, bei § 34 BauGB aber nicht.

Letztlich bestehen grundsätzliche Bedenken, die Anforderungen an die planungsrechtliche Zulässigkeit von Bauvorhaben, die der Gesetzgeber abschließend in den §§ 30ff. BauGB geregelt hat, durch Rückgriff auf allgemeine Rechtsprinzipien bzw. Anforderungen an das Bauleitplanverfahren anzureichern. Insoweit liegt die Parallele zum Umgang der Rechtsprechung mit dem allgemeinen Rücksichtnahmegebot auf der Hand. Nach seiner „Entdeckung" ist das Rücksichtnahmegebot bisweilen dahingehend missverstanden worden, dass dieses gewissermaßen „neben" den planungsrechtlichen Maßstabsnormen stünde – mit der Konsequenz, dass ein „an sich" zulässiges Vorhaben rücksichtslos und damit unzulässig sein könne. Das Bundesverwaltungsgericht ist dieser Auffassung entgegengetreten. Es hat klargestellt, dass dieses in den planungsrechtlichen Zulässigkeitstatbeständen verankert ist – mit der Konsequenz, dass das Rücksichtnahmegebot *keine eigenständige, zusätzliche Zulassungsschranke* ist, sondern dass sich dessen Inhalt und Reichweite nach Maßgabe der gesetzlichen Zulässigkeitstatbestände ergeben.[11] Eben

---

sowie Hoffmann NVwZ 2010, 738 (738ff.) und Hug Gemeindenachbarklagen im Öffentlichen Baurecht 376ff.

[10] Uechtritz DVBl 2006, 799 (801); diese Einschätzung zumindest andeutend BVerwG BauR 2019, 470 (471).

[11] Hierzu Petz ZfBR 2015, 644 (644ff.); siehe auch Uechtritz VBlBW 2016, 265 (267ff.).

dies gilt auch für das in § 2 Abs. 2 BauGB enthaltene interkommunale Abstimmungsgebot.[12]

2. *Die Entwicklung der Rechtsprechung des Bundesverwaltungsgerichts*

In der Rechtsprechung des Bundesverwaltungsgerichts ist bisher keine abschließende Klärung der Frage erfolgt, ob und gegebenenfalls wann § 2 Abs. 2 BauGB „neben" den planungsrechtlichen Maßstabsnormen der §§ 30, 34 und 35 BauGB ein einzelfallbezogenes Abwehrrecht begründen kann. Die Rechtsprechung ist von der „Schweinehundtheorie" geprägt, also von der Absicht, im interkommunalen Verhältnis Missbräuche zu unterbinden.[13]

Zunächst hat das Bundesverwaltungsgericht allgemein formuliert, das interkommunale Abstimmungsgebot könne beim Fehlen abgestimmter Bauleitpläne *„unmittelbar ein Abwehrrecht gegen einzelne Vorhaben begründen"*[14]. Diese Aussage hat das Bundesverwaltungsgericht in einem Sachverhalt getroffen, in dem eine Nachbargemeinde gegen die immissionsschutzrechtliche Genehmigung für einen Schlachthof klagte, der in einer Entfernung von ca. 900 m von einer Wohnbebauung realisiert werden konnte. Im Flächennutzungsplan der Standortgemeinde war der Schlachthof als Sonderbaufläche „Schlachthof" dargestellt. Ein Bebauungsplan existierte nicht, sodass sich die bauplanungsrechtliche Zulässigkeit des Vorhabens nach § 35 Abs. 2 BauGB beurteilte. Das Bundesverwaltungsgericht konstatierte, die angefochtene immissionsschutzrechtliche Genehmigung hebe tragend auf die Darstellung des Flächennutzungsplans „Sonderbaufläche Schlachthof" ab. Die von der Standortgemeinde (die nicht mit der Genehmigungsbehörde identisch war) in Ausübung ihrer Planungshoheit getroffenen Maßnahmen (Änderung des Flächennutzungsplans und Erklärung des gemeindlichen Einvernehmens, das beim Fehlen eines Bebauungsplans die an sich grundsätzlich gebotene abzustimmende verbindliche Bauleitplanung ersetze) verletzten die klagende Nachbargemeinde in eigenen Rechten, und zwar in dem sie schützenden interkommunalen Abstimmungsgebot.[15] Offen ließ das Bundesverwaltungsgericht die Frage, ob dann, wenn eine Gemeinde von einer an sich erforderlichen Bauleitplanung absehe (um der interkommunalen Abstimmung auszuweichen), die betroffene Nachbargemeinde erfolgreich geltend machen könne, schon in dieser Umgehung des Abstimmungsgebots liege einer Verletzung des § 2 Abs. 2 BauGB.

In einer späteren Entscheidung[16] hat das Bundesverwaltungsgericht die – im „Schlachthoffall" nicht ausdrücklich auf § 35 BauGB-Konstellationen beschränkte Aussage – beim Fehlen abgestimmter Bauleitpläne könne das interkommunale Ab-

[12] Insoweit ist zu beachten, dass § 2 Abs. 2 BauGB das Gebot „kompetenzieller Rücksichtnahme" enthält, so Brohm Öffentliches Baurecht § 9 Rn. 16; das Bundesverwaltungsgericht hat bereits im „Krabbenkamp"-Urteil angenommen, das interkommunale Abstimmungsgebot fordere eine Rücksichtnahme auf die benachbarten Gemeinden, BauR 1972, 352 (354).

[13] So zutreffend Kuschnerus in Jarass Interkommunale Abstimmung in der Bauleitplanung, 1 (5): *„Verhinderung von Gemeinheilten"*.

[14] BVerwGE 84, 209 (209ff.).

[15] BVerwGE 84, 209 (217).

[16] NVwZ 1994, 285 (285ff.).

stimmungsgebot *„unmittelbar"* ein Abwehrrecht gegen einzelne Vorhaben begründen, eingeschränkt. Zu beurteilen war ein Sachverhalt, in dem sich eine Stadt mit der raumordnerischen Funktion eines Mittelzentrums gegen die Genehmigung eines großflächigen Einzelhandelsbetriebes wandte, die auf § 34 BauGB gestützt war. Nach den tatsächlichen Feststellungen der Vorinstanz war das Vorhaben nach § 34 Abs. 1 BauGB zu beurteilen und bauplanungsrechtlich zulässig, da in der näheren Umgebung weitere großflächige Einzelhandelsbetriebe vorhanden waren. Das Bundesverwaltungsgericht wies die Klage ab, weil der Gesetzgeber davon abgesehen habe, in § 34 Abs. 1 BauGB eine Bindung an raumordnerische Ziele anzuordnen. Zur Bedeutung des § 2 Abs. 2 BauGB für ein Abwehrrecht der klagenden Nachbargemeinde führte das Bundesverwaltungsgericht aus:[17]

„Ob das interkommunale Abstimmungsgebot auf die Rechtmäßigkeit einer Baugenehmigung durchschlägt, lässt sich nicht losgelöst von den Zulassungsregelungen der §§ 29ff. BauGB beurteilen. Ein einzelvorhabenbezogenes Abwehrrecht kann es allenfalls dann begründen, wenn die Gemeinde dem Bauinteressenten unter Missachtung des § 2 Abs. 2 BauGB einen Zulassungsanspruch verschafft hat. Dies setzt voraus, dass sie durch einen nicht abgestimmten Bauleitplan oder im Fall des Fehlens eines solchen Planes auf andere Weise die Weichen in Richtung Zulassungsentscheidung gestellt hat. Hat sie dagegen auf die Genehmigungsvoraussetzungen ersichtlich nicht eingewirkt, so kann von einer Umgehung des § 2 Abs. 2 BauGB keine Rede sein."

Ausführlich hat das Bundesverwaltungsgericht die Frage eines einzelvorhabenbezogenen Abwehrrechts aus § 2 Abs. 2 BauGB dann in seinem Urteil zum FOC Zweibrücken behandelt.[18] Zu beurteilen war ein Sachverhalt, in dem die Rechtmäßigkeit der von einer Nachbargemeinde angegriffenen Baugenehmigung für ein Factory-Outlet-Center nach § 35 Abs. 2 BauGB zu beurteilen war, weil § 33 BauGB entgegen der Annahme der Genehmigungsbehörde nicht anwendbar war. Das Bundesverwaltungsgericht nahm an, der in § 2 Abs. 2 BauGB enthaltene Rechtsgedanke komme dann zum Zuge, wenn ein Vorhaben ohne förmliche Planung nach § 35 BauGB zugelassen werden solle. Handle es sich um ein Vorhaben, das im Fall einer Bebauungsplanung nur nach Abstimmung mit einer Nachbargemeinde gemäß § 2 Abs. 2 BauGB als zulässig festgesetzt werden könnte, so dürfe das Abstimmungsgebot nicht dadurch umgangen werden, dass eine förmliche Planung unterbleibt. Im konkreten Fall bejahte das Bundesverwaltungsgericht einen qualifizierten Abstimmungsbedarf, weil das genehmigte Vorhaben als Einkaufszentrum iSd § 11 Abs. 3 S. 1 Nr. 1 BauNVO einzustufen sei. Auch wenn sich aus § 11 Abs. 3 BauNVO unmittelbar nur ableiten lasse, dass Einkaufszentren außer in Kerngebieten nur in eigens festgesetzten Sondergebieten zulässig seien, sei für den An-

[17] BVerwG NVwZ 1994, 285 (288).

[18] BVerwG NVwZ 2003, 86 (86ff.); zu dieser Entscheidung Uechtritz NVwZ 2003, 176 (176ff.) und – sehr instruktiv – Rojahn in Spannowsky/Krämer Großflächiger Einzelhandel und Windkraftanlagen in Raumordnung und Städtebau, 147 (147ff.); Kuschnerus in Jarass Interkommunale Abstimmung in der Bauleitplanung, 1 (5) nimmt an, mit dieser Entscheidung habe das Bundesverwaltungsgericht viele Aspekte des interkommunalen Abstimmungsgebots weiterführend zugunsten solcher Gemeinden geklärt, die von nicht gerade rücksichtsvollen Planungen einer Nachbargemeinde betroffen seien.

wendungsbereich des § 35 BauGB ein Erst-Recht-Schluss naheliegend. Der Außenbereich scheide als geeigneter Standort von vornherein aus. Im Ergebnis hatte die Klage der Nachbargemeinde also Erfolg. Allerdings nicht wegen einer Verletzung des unmittelbar anwendbaren interkommunalen Abstimmungsgebots des § 2 Abs. 2 BauGB. Das Bundesverwaltungsgericht leitet aus dem interkommunalen Abstimmungsbedarf bei Genehmigung eines Einkaufszentrums ein „Planungsbedürfnis" als ungeschriebenen öffentlichen Belang iSd § 35 Abs. 3 S. 1 BauGB ab, der im konkreten Fall nicht nur zur objektiven Rechtswidrigkeit der Baugenehmigung, sondern auch zur Verletzung subjektiver Rechte der klagenden Nachbargemeinde führte.[19]

Im Jahr 2009 hat das Bundesverwaltungsgericht im Rahmen einer Nichtzulassungsbeschwerde knapp ausgeführt, die im FOC Zweibrücken-Urteil entwickelten Grundsätze seien auf Konstellationen übertragbar, in denen ein Vorhaben im Geltungsbereich eines qualifizierten Bebauungsplans nach § 30 BauGB genehmigt wird, wenn das Vorhaben nicht den Festsetzungen des Bebauungsplans entspreche und auch keine rechtmäßige Befreiung erteilt werde.[20] Wörtlich formuliert das Bundesverwaltungsgericht[21], es liege auf der Hand,

„dass ein sich aus § 2 Abs. 2 BauGB ergebendes Bedürfnis nach Abstimmung und planerischer Koordinierung zwischen den betreffenden Gemeinden nicht nur dann einer Genehmigung entgegensteht, wenn überhaupt nicht geplant worden ist, sondern auch dann, wenn etwas anderes als das abstimmungsbedürftige Vorhaben geplant worden ist und deshalb dessen Auswirkungen weder mit den benachbarten Gemeinden abgestimmt noch abgewogen worden sind. Auch in diesem Fall kann sich die Nachbargemeinde gegen unmittelbare Auswirkungen gewichtiger Art zur Wehr setzen."

Nähere Ausführungen zu der Frage, wie die Übertragung der Grundsätze aus dem FOC Zweibrücken-Urteil auf die Konstellation des Vorliegens eines qualifizierten Bebauungsplans rechtskonstruktiv vonstattengehen soll, lassen sich dieser Entscheidung nicht entnehmen. Die Frage drängt sich aber auf, weil im Fall der Genehmigung eines planwidrigen Vorhabens der Rechtsgrundsatz des § 2 Abs. 2 BauGB nicht – wie bei einem Außenbereichsvorhaben – als ungeschriebener öffentlicher Belang iSd § 35 Abs. 3 BauGB (und zwar in Gestalt eines Planungsbedürfnisses) zum Tragen kommen kann.

Der – soweit ersichtlich – jüngsten Entscheidung des Bundesverwaltungsgerichts zum interkommunalen Abstimmungsgebot im Jahr 2018[22] lag wiederum ein nach § 34 BauGB zu beurteilendes Vorhaben zugrunde. Das Bundesverwaltungsgericht wies die Nichtzulassungsbeschwerde einer Nachbargemeinde ab, die erfolglos gegen einen auf § 34 BauGB gestützten Bescheid zur Erweiterung eines Einkaufszen-

---

[19] Näher zur Argumentation des Bundesverwaltungsgerichts Uechtritz NVwZ 2003, 176 (176 ff.) und Rojahn in Spannowsky/Krämer Großflächiger Einzelhandel und Windkraftanlagen in Raumordnung und Städtebau, 147 (150), der betont, das Bundesverwaltungsgericht habe nicht den „Kunstfehler" begangen, § 2 Abs. 2 BauGB unmittelbar auf die Entscheidung über die Zulässigkeit eines Außenbereichsvorhabens nach § 35 Abs. 2 BauGB anzuwenden.

[20] BVerwG BauR 2010, 740 (740 ff.).

[21] BVerwG BauR 2010, 740 (742).

[22] BVerwG BauR 2019, 470 (472).

trums geklagt hatte. Das Gericht knüpfte an sein Urteil aus dem Jahr 1993 an, wonach ein Abwehranspruch einer Nachbargemeinde gegen ein Einzelvorhaben in Betracht komme, wenn die Gemeinde dem Bauinteressenten unter Missachtung des § 2 Abs. 2 BauGB einen Zulassungsanspruch verschafft habe, in dem sie durch einen nicht abgestimmten Bauleitplan oder im Fall des Fehlens eines solchen auf andere Weise *„die Weichen in Richtung Zulassungsentscheidung"* gestellt habe. Es erscheine zweifelhaft, ob auf diese Überlegungen bei Vorhaben im unbeplanten Innenbereich weiterhin zurückgegriffen werden könne. Im Hinblick auf die Einfügung des § 34 Abs. 3 BauGB im Jahr 2004 könne der Bedarf für eine Missbrauchsabwehr entfallen sein. Jedenfalls sei die vom Senat erwogene Fallgruppe („Stellung der Weichen in Richtung Zulassungsentscheidung") auf das aktive Einwirken der Gemeinde auf den Zulassungsanspruch des Bauinteressenten beschränkt. Die planerische Untätigkeit der Gemeinde genüge nicht.[23] Mit Blick auf das FOC Zweibrücken-Urteil betont das Gericht, dass sich dieses auf ein Außenbereichsvorhaben bezogen habe, bei dem zu den in § 35 Abs. 3 S. 1 BauGB nicht ausdrücklich benannten öffentlichen Belangen auch das Erfordernis einer öffentlichen Planung gehöre, während in § 34 Abs. 1 und 2 BauGB ein entsprechendes Tatbestandsmerkmal fehle.

Die vorstehend wiedergegebenen Judikate verdeutlichen, dass die – in ihrer Entwicklung nicht immer konsistente[24] – Rechtsprechung des Bundesverwaltungsgerichts zur Bedeutung des interkommunalen Abstimmungsgebots für Abwehransprüche gegen Einzelvorhaben noch nicht abgeschlossen bzw. konsolidiert ist. Jedenfalls lassen die Formulierungen in der jüngsten Entscheidung[25] erkennen, dass das Gericht – zurecht – Zweifel an dem Argument hegt, ein Abwehranspruch komme dann in Betracht, wenn die Gemeinde *„die Weichen in Richtung Zulassungsentscheidung"* gestellt habe. Auch wenn erkennbar ist, dass mit dieser Argumentationsfigur (die auch in zahlreichen obergerichtlichen Entscheidungen auftaucht, wenn eine zwischengemeindliche Klage gegen ein Einzelvorhaben zu beurteilen ist) Missbrauchskonstellationen erfasst werden sollen, verbleiben dogmatisch Fragen: Welche Relevanz soll ein *„nicht abgestimmter"* Bauleitplan für die bauplanungsrechtliche Beurteilung eines Vorhabens besitzen? Ein Bebauungsplan, der materiell nicht den Anforderungen des § 2 Abs. 2 BauGB entspricht, ist unwirksam und daher für die Beurteilung der planungsrechtlichen Zulässigkeit eines Vorhabens irrelevant. Beurteilungsgrundlage für den Zulassungsanspruch (sowie den Abwehranspruch einer Nachbargemeinde) kann in einer derartigen Konstellation ein Bebauungsplan sein, der durch den nicht abgestimmten Plan nicht wirksam geändert wurde. Fehlt es an einem derartigen Plan, so richtet sich die Beurteilung nach §§ 34 oder 35 BauGB. So ist das Bundesverwaltungsgericht auch im Urteil zum FOC Zweibrücken vorgegangen. Warum aber der Rechtsgedanke des § 2 Abs. 2 BauGB neben diesen Maßstabsnormen – wegen einer vermeintlichen „Weichenstellung" –

---

[23] BVerwG BauR 2019, 470 (470ff.).

[24] Dies erklärt sich wohl daraus, dass Maxime für das Bundesverwaltungsgericht dessen Bemühen war, Missbrauchsfällen zu begegnen. Die Wahrung der dogmatischen Kohärenz erscheint nachrangig gewesen zu sein.

[25] BVerwG BauR 2019, 470 (470ff.).

dann zur Anwendung kommen soll, wenn die Standortgemeinde den – untauglichen – Versuch unternommen hat, eine planungsrechtliche Grundlage für ein die Nachbargemeinde beeinträchtigendes Vorhaben zu schaffen, leuchtet nicht ein.[26] Entscheidend kann nur die objektiv bestehende planungsrechtliche Situation sein. Diese wird aber durch eine gescheiterte „Weichenstellung" nicht verändert.[27]

III. Vorliegen eines qualifizierten Bebauungsplans, § 30 Abs. 1 BauGB

1. Zu betrachtende Konstellationen

Wie dargelegt (→ II.2.), ist das Bundesverwaltungsgericht bisher nicht vertieft auf die Voraussetzungen eines Abwehranspruchs von Nachbargemeinden gegen Einzelvorhaben eingegangen, wenn diese auf Grundlage eines qualifizierten Bebauungsplans genehmigt wurden.[28] Dies legt es nahe, die Prüfung der Abwehransprüche von Nachbargemeinden gegen Einzelvorhaben mit Blick auf die Genehmigung eines die Nachbargemeinde „störenden" Vorhabens aufgrund des § 30 BauGB zu beginnen.

Dieser Sachverhalt liegt nur vor, wenn der maßgebliche Bebauungsplan *wirksam* ist. Nicht zu betrachten sind an dieser Stelle Konstellationen, in denen die Standortgemeinde einen Bebauungsplan für ein Vorhaben aufstellt oder einen bestehenden Bebauungsplan ändert, um die planungsrechtlichen Voraussetzungen für ein solches Vorhaben zu schaffen, der fragliche Bebauungsplan jedoch den Anforderungen des § 2 Abs. 2 BauGB nicht genügt und daher unwirksam ist. Unabhängig von der Frage, ob in diesem Fall die Standortgemeinde *„die Weichen in Richtung Zulassung"* eines solchen Vorhabens gestellt hat, sollte außer Frage stehen, dass ein entsprechender (unwirksamer) Bebauungsplan weder für die objektive Rechtmäßigkeit des genehmigten Vorhabens noch für das Bestehen subjektiver Rechte einer Nachbargemeinde relevant sein kann.

---

[26] Das OVG Lüneburg DVBl 2023, 1159 (1159ff.), will eine „Weichenstellung", die zur analogen Anwendung des § 2 Abs. 2 BauGB führt, nur annehmen, wenn der Bebauungsplan im Hinblick auf die Anforderungen aus § 2 Abs. 2 BauGB oder wegen eines Ziels der Raumordnung unwirksam ist, welches den Schutz der klagenden Nachbargemeinde bezweckt. Da diese Voraussetzung im konkreten Fall nicht erfüllt war (der Plan, der die Grundlage für das angegriffene Vorhaben bilden sollte, war aus anderen Gründen unwirksam), lehnt das OVG Lüneburg die analoge Anwendung des § 2 Abs. 2 BauGB ab und begründet die Rechtsverletzung der klagenden Nachbargemeinde mit § 11 Abs. 3 BauNVO, der im Zusammenhang mit dem maßgeblichen, nicht wirksam geänderten Bebauungsplan zur Anwendung kam. Damit bezeichnet das OVG Lüneburg zutreffend die objektive planungsrechtliche Rechtslage, anhand derer die Baugenehmigung und die Rechtsverletzung der Nachbargemeinde zu messen ist; ähnlich auch OVG Weimar BRS 67, Nr. 196.

[27] In seinem Urteil aus dem Jahr 1993 formuliert das Bundesverwaltungsgericht, die Zulässigkeit eines Vorhabens im unbeplanten Innenbereich werde *„ausschließlich"* durch § 34 Abs. 1 BauGB gesteuert. Diese *„Ausschließlichkeit"* gilt aber auch, wenn § 30 BauGB (in Verbindung mit einem qualifizierten Bebauungsplan) oder § 35 BauGB die anzuwendende Maßstabsnorm ist.

[28] Nur die Entscheidung BauR 2010, 740 (740ff.), mit der die Nichtzulassungsbeschwerde gegen das Urteil des OVG Greifswald BauR 2009, 1399 (1399ff.) zurückgewiesen wird, bezieht sich auf eine derartige Konstellation.

§ 30 BauGB kommt bei Unwirksamkeit eines entsprechenden Bebauungsplans allerdings dann zur Anwendung, wenn mit dem unwirksamen Plan ein bestehender (wirksamer) Plan geändert werden sollte, der wegen des Fehlschlags bzw. der Unwirksamkeit der beabsichtigten Änderung nunmehr Beurteilungsgrundlage ist. Eine derartige Konstellation hatte unlängst das OVG Lüneburg zu beurteilen.[29] Dieses hatte über die Klage einer Nachbargemeinde zu entscheiden, die gegen eine Baugenehmigung für einen (großflächigen) Sportfachmarkt gerichtet war. Den für das Vorhaben erlassenen Änderungsbebauungsplan hielt das OVG Lüneburg für unwirksam. Auf der Grundlage der Vorgängerpläne, die ein Gewerbegebiet iSd § 8 BauNVO festgesetzt hatten, war das genehmigte Vorhaben nicht plankonform und daher rechtswidrig.

Eine jüngst ergangene Entscheidung des VG Freiburg[30] verdeutlicht, dass die Anwendbarkeit des § 30 BauGB nicht stets voraussetzt, dass die Standortgemeinde zuvor bemüht ist, durch Erlass eines auf das „störende" Vorhaben zugeschnittenen Bebauungsplanes die „Weichen auf Zulassung" zu stellen. Zu beurteilen war ein Sachverhalt, in dem die mit der Standortgemeinde nicht identische Bauaufsichtsbehörde in einem als Gewerbegebiet nach § 8 BauNVO ausgewiesenen Bereich ein Einkaufszentrum genehmigt hatte, weil sie die Voraussetzungen für das Vorliegen eines Einkaufszentrums iSd § 11 Abs. 3 S. 1 Nr. 1 BauNVO verkannt hatte.

Die jüngst ergangenen Entscheidungen des OVG Lüneburg bzw. die des VG Freiburg beziehen sich auf großflächige Handelseinrichtungen. Selbstverständlich kann sich die Frage von Abwehransprüchen einer Nachbargemeinde bei der Genehmigung von Vorhaben im Geltungsbereich eines (wirksamen) qualifizierten Bebauungsplans auch bei anderen Vorhaben als solchen iSd § 11 Abs. 3 BauNVO stellen. Etwa dann, wenn eine Gemeinde an der Gemarkungsgrenze ein Gewerbe- und/oder Industriegebiet ausgewiesen hat und dann in diesem Gebiet ein Vorhaben genehmigt wird, welches die Planungshoheit der Nachbargemeinde in erheblichem Umfang beeinträchtigt. Sei es, dass das Vorhaben (schutzwürdige) Gebiete der Nachbargemeinde durch Immissionen beeinträchtigt;[31] sei es, dass ein den Anforderungen der Seveso-III-Richtlinie unterfallender Betrieb genehmigt wird, dessen angemessener Sicherheitsabstand ein auf der Gemarkung der Nachbargemeinde vorhandenes Schutzobjekt iSv Art. 13 Abs. 2 Seveso-III-Richtlinie, zB ein öffentlich genutztes Gebiet, erfasst.[32]

Zu klären ist, ob und unter welchen Voraussetzungen in derartigen Konstellationen Abwehransprüche von Nachbargemeinden bestehen. Im Hinblick auf das „Sonderrechtsregime" des § 11 Abs. 3 BauNVO sind zunächst Vorhaben zu betrachten, die von dieser Norm erfasst werden. Im Anschluss hieran ist auf die Abwehrposition der Nachbargemeinde gegenüber sonstigen störenden Anlagen einzugehen.

---

[29] OVG Lüneburg DVBl 2023, 1159 (1159ff.).

[30] VG Freiburg KommJur 2023, 299 (299ff.); siehe hierzu auch die Beschwerdeentscheidung des VGH Mannheim, DÖV 2024, 205 (LS).

[31] Vgl. etwa VGH München BayVBl 2003, 661 (661ff.): Beeinträchtigung durch Lärmimmissionen eines Steinbruchs; in dieser Entscheidung war Genehmigungsgrundlage allerdings § 35 BauGB.

[32] Vgl. OVG Saarlouis NVwZ-RR 2023, 319 (319 LS).

2. *Gebietserhaltungsanspruch der Nachbargemeinde?*

Wie die vorstehend genannten aktuellen Beispielsfälle des OVG Lüneburg und des VG Freiburg belegen, stellt sich die Frage nachbargemeindlicher Abwehransprüche bei Vorliegen eines qualifizierten Bebauungsplans im Regelfall dann, wenn die erteilte Genehmigung im Widerspruch zu den Vorgaben des Plans über die zulässige Art der Nutzung steht. Im Hinblick auf § 11 Abs. 3 BauNVO steht außer Frage, dass die Genehmigung eines großflächigen Sportfachmarktes in einem Gewerbegebiet nach § 8 BauNVO ebenso unzulässig ist wie die Genehmigung eines Einkaufszentrums. Im Regelfall wird sich eine klagende Nachbargemeinde zur Begründung eigener Rechte in derartigen Konstellationen nicht auf den Verstoß gegen die planerischen Festsetzungen zur Art der zulässigen baulichen Nutzung berufen können.[33] Die Festsetzung eines Gewerbegebietes dürfte typischerweise nicht von der planerischen Absicht der Standortgemeinde getragen sein, Nachbargemeinden vor der Zulassung nicht plankonformer Vorhaben zu schützen. Im Regelfall wird die Nachbargemeinde also keinen Gebietserhaltungsanspruch geltend machen können.

Der Grundsatz, dass sich eine Nachbargemeinde nicht auf die Festlegungen zur Art der zulässigen Nutzung in einem qualifizierten Bebauungsplan berufen kann, gilt aber nicht uneingeschränkt. Ein Ausnahmefall dürfte dann vorliegen, wenn die Standortgemeinde die Festsetzungen eines qualifizierten Bebauungsplans gerade im Hinblick auf die Anforderungen des interkommunalen Abstimmungsgebots des § 2 Abs. 2 BauGB getroffen hat. Etwa dann, wenn ein Sondergebiet für großflächige Einzelhandelsbetriebe festgesetzt worden ist, in dem Verkaufsflächenobergrenzen bzw. Sortimentsausschlüsse festgelegt worden sind und sich aus den Planaufstellungsvorgängen ergibt, dass diese (nach Einholung eines Markgutachtens im Bauleitplanverfahren) den Zweck hatten, unzumutbare Auswirkungen zulasten einer bestimmten Nachbargemeinde zu verhindern.[34] Wird in einer derartigen Konstellation im Wege der Befreiung eine Überschreitung der planerisch festgelegten Verkaufsflächen- oder Sortimentsbegrenzungen genehmigt, so dürfte eine derartige Befreiung nicht nur objektiv rechtswidrig sein (weil sie Grundzüge der Planung berührt), sondern auch subjektive Rechte der Nachbargemeinde verletzen, weil die fraglichen Bestimmungen gerade die Funktion haben, die klagende Nachbargemeinde zu schützen.

3. *Abwehransprüche aus § 11 Abs. 3 BauNVO*

Abwehransprüche von Nachbargemeinden bei Vorliegen eines qualifizierten Bebauungsplans kommen in Betracht, wenn die fragliche Genehmigung unter Missachtung der Zulassungsschranke des § 11 Abs. 3 BauNVO erteilt wird. Die Bedeutung des § 11 Abs. 3 BauNVO für Abwehransprüche von Nachbargemeinden

---

[33] Uechtritz NVwZ 2003, 176 (179 Fn. 32); Gerhard/Würtenberger BauR 2010, 550 (550 ff.) und Dünchheim/Schleiden DVBl 2019, 1361 (1368 f.).

[34] Uechtritz BauR 1999, 572 (587 Fn. 107); in diesem Sinne auch Hug Gemeindenachbarklagen im Öffentlichen Baurecht 559 f.

gegen Einzelvorhaben verdeutlichen die jüngst ergangenen Entscheidungen des OVG Lüneburg[35] und des VG Freiburg.[36]

§ 11 Abs. 3 BauNVO enthält für Einkaufszentren, großflächige Einzelhandelsbetriebe und im Hinblick auf ihre städtebaulichen Auswirkungen vergleichbare sonstige großflächige Handlungsformen eine spezielle Zulässigkeitsschranke, die die Zulässigkeitskataloge der Abs. 2 und 3 der Baugebietsvorschriften (§§ 2 bis 10 BauNVO) ergänzt. Nach dieser Bestimmung dürfen die entsprechenden Vorhaben nur in Kerngebieten oder in für sie festgesetzten Sondergebieten zugelassen werden. Die Bestimmung dient der Steuerung des großflächigen Einzelhandels auf bauplanungsrechtlicher Ebene. Nach der Rechtsprechung des Bundesverwaltungsgerichts ist § 11 Abs. 3 S. 1 BauNVO durch eine betont übergemeindliche Sichtweise geprägt. Wörtlich hat das Bundesverwaltungsgericht in der Entscheidung zum FOC Zweibrücken formuliert:[37]

„Die Vorschrift macht, soweit es darum geht, die Auswirkungen des Vorhabens zu beurteilen, nicht an den Gemeindegrenzen halt. Vielmehr stellt sie auf den ‚Einwirkungsbereich' ab, der weit über die Standortgemeinde hinausreichen kann. Auch unter dem Blickwinkel der Entwicklung zentraler Versorgungsbereiche lässt sie es unabhängig davon, ob insoweit landesplanerische Festlegungen oder gemeindliche Entwicklungskonzepte die Grundlage bilden, nicht mit einer auf ein bestimmtes Gemeindegebiet bezogenen Betrachtung bewenden. In die insoweit gebotene Beurteilung einzubeziehen ist nicht nur die Standortgemeinde. Rechtliche Relevanz kommt auch den Auswirkungen ‚in anderen Gemeinden' zu. In § 11 Abs. 3 BauNVO kommt also – hinsichtlich der von dieser Norm erfassten Anlagen – ein Planungserfordernis zum Ausdruck. Zutreffend betont die Rechtsprechung, dass dieses auch dem Schutz der Nachbargemeinden dient. Die naheliegende Konsequenz hieraus ist: Missachtet eine Standortgemeinde diese (auch) zum Schutz der Nachbargemeinden geschaffene Sperre, so kann sie damit zugleich Rechte der Nachbargemeinden im Einwirkungsbereich des Vorhabens verletzten."

Mit der Feststellung, § 11 Abs. 3 S. 1 BauNVO ziele grundsätzlich auch auf den Schutz der Nachbargemeinden ab, sodass eine (die Schranke des § 11 Abs. 3 BauNVO missachtende) planwidrige Genehmigung subjektive Rechte einer Nachbargemeinde verletzten kann,[38] ist aber noch nicht die weitere Frage geklärt, welche Voraussetzungen für den Erfolg einer zwischengemeindlichen Nachbarklage in diesem Fall erfüllt sein müssen.[39]

---

[35] OVG Lüneburg DVBl 2023, 1159 (1159 ff.).

[36] VG Freiburg KommJur 2023, 299 (299 ff.); ebenso – die Beschwerdeinstanz – der VGH Mannheim DÖV 2024, 205 (LS).

[37] BVerwG NVwZ 2003, 86 (88).

[38] Dies bejahend OVG Lüneburg DVBl 2023, 1159 (1159 ff.) und VG Freiburg KommJur 2023, 299 (299 ff.) sowie VGH Mannheim DÖV 2024, 205 (LS); ebenso bereits OVG Lüneburg NVwZ-RR 2003, 486 (487) und VGH München GewArch 1991, 314 (317); zur drittschützenden Wirkung des § 11 Abs. 3 BauNVO ausführlich auch Schenke VerwArch 98 (2007), 561 (569 ff.); gegen ein Abwehrrecht aus § 11 Abs. 3 BauNVO Gerhard/Würtenberger BauR 2010, 550 (552) und Kopf Rechtsfragen bei der Ansiedlung von Einzelhandelsgroßprojekten 332, der in derartigen Konstellationen aber eine Verletzung der Planungshoheit bejaht.

[39] Hierzu näher Schenke VerwArch 98 (2007), 561 (571) und Hoffmann NVwZ 2010, 738 (741 f.).

Fraglich ist insbesondere, ob zugunsten einer Nachbargemeinde bei der planwidrigen Genehmigung einer der Handelseinrichtungen iSd § 11 Abs. 3 BauNVO städtebauliche Auswirkungen für die Nachbargemeinde zu vermuten sind, mit der Folge, dass ein konkreter Nachweis, welche nachteiligen Wirkungen von dem genehmigten Vorhaben zu erwarten sind, entbehrlich ist. Lehnt man das Eingreifen einer entsprechenden Vermutungsregel ab, stellt sich die Frage, ab welcher Intensität der Einwirkungen ein Abwehranspruch zu bejahen ist.

Teilweise wird hinsichtlich aller der der Zulassungsschranke des § 11 Abs. 3 BauNVO unterfallenden Handelseinrichtungen angenommen, der Normgeber gehe davon aus, dass von entsprechenden Vorhaben nachteilige Wirkungen (auch für Nachbargemeinden) zu erwarten seien, sodass eine Einzelfallprüfung nicht erforderlich sei.[40] Jedenfalls im Fall der Genehmigung eines planwidrigen Einkaufszentrums ist in der obergerichtlichen Judikatur das Eingreifen der Vermutungsregel ausdrücklich bejaht worden.[41] Einschränkend gefordert wird nur, die klagende Nachbargemeinde müsse im „Einwirkungsbereich" des Vorhabens liegen. Teilweise findet sich in der Rechtsprechung ausdrücklich eine Differenzierung: So hat das OVG Münster für den Erfolg der Klage einer Nachbargemeinde gegen die Genehmigung eines großflächigen Einzelhandelsbetriebes gefordert, es müssten unmittelbare städtebauliche Auswirkungen gewichtiger Art zu besorgen sein. Anderes gelte aber bei der Abwehr eines Einkaufszentrums.[42]

Die in der Rechtsprechung vorgenommene Differenzierung zwischen Abwehransprüchen gegen Einkaufszentren einerseits und gegen sonstige großflächige Einzelhandelsbetriebe andererseits verdient Zustimmung. Ein Abwehranspruch gegen die (planwidrige) Genehmigung eines Einkaufszentrums besteht unabhängig vom Nachweis, dass sich dieses Vorhaben negativ auf die städtebauliche Entwicklung und Ordnung einer Nachbargemeinde auswirken kann.[43] Eine Einschränkung besteht allerdings im Hinblick darauf, dass § 11 Abs. 3 BauNVO nur *Nachbargemeinden* schützen kann. Das in dieser Norm zum Ausdruck kommende Planerfordernis

---

[40] OVG Lüneburg NVwZ 2003, 486 (488); ebenso OVG Lüneburg DVBl 2023, 1159 (1164), wobei in dieser Entscheidung ungeachtet der Bejahung der Vermutungswirkung des § 11 Abs. 3 BauNVO das Ausmaß der Umsatzumverteilung zulasten der klagenden Nachbargemeinde in den Blick genommen und die Rechtsverletzung im Hinblick auf unmittelbare Auswirkungen gewichtiger Art bejaht wird.

[41] OVG Koblenz BauR 2012, 206 (208); OVG Greifswald BauR 2009, 1399 (1406) und VGH Mannheim DÖV 2024, 204 (LS); Einzelfallprüfung im Fall eines Einkaufszentrums nicht erforderlich.

[42] OVG Münster BauR 2017, 215 (215ff.).

[43] Vgl. die Nachweise in Fn. 40; aA möglicherweise VG Freiburg KommJur 2023, 299 (305); das VG Freiburg verneint eine Vermutung für nachteilige Auswirkungen auf die Entwicklung des zentralen Versorgungsbereichs einer Nachbargemeinde bei der Genehmigung eines Einkaufszentrums, nimmt aber zugleich an, für die Annahme solcher Auswirkungen dürften (jedenfalls im Verfahren des vorläufigen Rechtsschutzes) *„keine allzu hohen Anforderungen"* gestellt werden. Im Ergebnis dürfte dies darauf hinauslaufen, dass dann, wenn die Möglichkeit negativer Auswirkungen prognostiziert werden kann, die Klage der Nachbargemeinde erfolgreich ist; der VGH Mannheim hat im Beschwerdeverfahren den rechtlichen Beurteilungsmaßstab des VG Freiburg dahingehend korrigiert, dass es bei der Genehmigung eines Einkaufszentrums keiner weiteren Feststellungen bedürfe, wie sie die Zulassung des Einkaufszentrums konkret auf den Umsatz der in der Nachbargemeinde vorhandenen zentralen Versorgungsbereich auswirke.

kann – hinsichtlich seiner drittschützenden Wirkung – nicht weiter reichen als die nach § 2 Abs. 2 BauGB bestehende Abstimmungspflicht, die nur im Verhältnis *benachbarter* Gemeinden gegeben ist. Auch wenn nicht erforderlich ist, dass es sich um Gemeinden mit unmittelbar aneinandergrenzendem Territorium handelt, müssen mehr als geringfügige Auswirkungen des Vorhabens auf die klagende Gemeinde zumindest möglich sein. Die Formulierung, die Nachbargemeinde müsse im „*Einwirkungsbereich*" liegen, dürfte inhaltlich diesem Erfordernis entsprechen.

Lehnt man – bei Handelseinrichtungen iSd § 11 Abs. 3 BauNVO, die nicht als Einkaufszentrum einzustufen sind – eine Vermutungsregel ab, stellt sich die Frage nach der erforderlichen Einwirkungsintensität als Bedingung für den Erfolg einer zwischengemeindlichen Nachbarklage. Teilweise wird angenommen, der Erfolg einer entsprechenden Klage erfordere *keine* gewichtigen Auswirkungen. Für die Subjektivierung der Zulassungsschranke des § 11 Abs. 3 BauNVO sei es ausreichend, wenn sich aus der Zulassung nicht nur unwesentliche Auswirkungen auf zentrale Versorgungsbereiche einer Nachbargemeinde oder die durch Ziele der Raumordnung zugewiesenen Funktionen ergeben könnten. Auf diese Weise würden der subjektiv-rechtliche und der objektiv-rechtliche Schutz von Nachbargemeinden in Übereinstimmung mit sonst anerkannten Grundsätzen in Einklang gebracht werden.[44] Vorzugswürdig erscheint die Auffassung, ein Abwehrrecht erst bei unmittelbaren Auswirkungen gewichtiger Art zu bejahen. Hierfür spricht folgende Überlegung: Zwar dient die Zulassungsschranke des § 11 Abs. 3 BauNVO auch dem Schutz von Nachbargemeinden. Dies aber nur insoweit, als diese negativen städtebauliche Auswirkungen (oder Auswirkungen auf die durch Ziele der Raumordnung zugewiesenen Funktionen) nur nach Maßgabe des interkommunalen Abstimmungsgebots des § 2 Abs. 2 BauGB hinzunehmen haben. Die „Schranke" des § 2 Abs. 2 BauGB in Form einer Berücksichtigungspflicht der Belange von Nachbargemeinden greift aber erst dann ein, wenn das Vorhaben unmittelbare Auswirkungen gewichtiger Art haben kann. Für die Frage, wann dies der Fall ist, kann auf die gefestigte Rechtsprechung zu den Anforderungen des § 2 Abs. 2 BauGB in Planungskonstellationen zurückgegriffen werden. Dabei darf die Formulierung „Auswirkungen gewichtiger Art" nicht missverstanden werden. Gemeint sind Auswirkungen, die im Fall eines Bebauungsplanverfahrens eine Abstimmungspflicht begründen.[45] Insoweit verdient auch die Formulierung des § 11 Abs. 3 S. 1 Nr. 2 BauNVO Beachtung, wonach die *Möglichkeit* („können") entsprechender Auswirkungen ausreicht. Im Ergebnis zutreffend hat daher das OVG Lüneburg Umsatzumverteilungen zulasten des zentralen Versorgungsbereichs der klagenden Nachbargemeinde von 7,5% für ausreichend gehalten.[46] Keinesfalls hängt der Er-

---

[44] Schenke VerwArch 98 (2007), 561 (571); im Ergebnis ebenso Kopf Rechtsfragen bei der Ansiedlung von Einzelhandelsgroßprojekten, S. 332.

[45] Wie hier Hug Gemeindenachbarklagen im Öffentlichen Baurecht 532ff.; zu den Voraussetzungen für das Bestehen einer Abstimmungspflicht Halama DVBl 2004, 79 (79ff.) und Uechtritz in Spannowsky/Uechtritz BauGB § 2 Rn. 26ff.

[46] OVG Lüneburg DVBl 2023, 1159 (1164); da dieses eine Vermutungsregel annimmt, kann man den Verweis auf – die als erheblich bewertete – Kaufkraftverlagerung von 7,5% dahingehend verstehen, dass bei einer derartigen Einwirkungsintensität die klagende Nachbargemeinde im Ein-

folg der kommunalen Nachbarklage davon ab, dass durch das Vorhaben unzumutbare Auswirkungen für die Nachbargemeinde eintreten.[47]

4. *Abwehransprüche gegen nicht von § 11 Abs. 3 BauNVO erfasste Vorhaben*

Eine Gemeindenachbarklage kann nur dann auf ein subjektives Recht aus § 11 Abs. 3 BauNVO gestützt werden, wenn sie sich gegen ein Vorhaben richtet, dessen bauplanungsrechtliche Zulässigkeit von § 11 Abs. 3 BauNVO geregelt wird. Zu klären ist also, wie sonstige Vorhaben, die das Selbstverwaltungsrecht von Nachbargemeinden beeinträchtigen können, zu behandeln sind. In Betracht kommt die (plankonforme) Genehmigung eines Vorhabens in einem Gewerbe- oder Industriegebiet, welches Immissionen auf der Gemarkung der Nachbargemeinde verursacht, die sich negativ auf schutzbedürftige Gebiete auswirken. Beeinträchtigend kann auch ein Vorhaben sein, welches ein Verkehrsaufkommen generiert, das aufgrund der verkehrlichen Anbindung des Plangebiets die Nachbargemeinde belastet, oder das „optisch das Stadtbild einer Nachbargemeinde beeinträchtigt. Letztlich ist an das gleichfalls bereits genannte Beispiel zu erinnern, dass ein der Seveso-III-Richtlinie, also dem Störfallrecht, unterfallendes Vorhaben an der Gemarkungsgrenze genehmigt wird, bei dem sich der angemessene Sicherheitsabstand auf die Gemarkung der Nachbargemeinde erstreckt – mit der Konsequenz, dass dort schutzwürdige Gebiete erfasst werden. Die nachteiligen Auswirkungen für die Nachbargemeinde können in diesen Fällen sowohl aufgrund einer plankonformen Genehmigung eintreten, als auch dadurch, dass die Genehmigung im Widerspruch zu den Festsetzungen eines qualifizierten Bebauungsplans erteilt wird – weil die genehmigende Behörde die planungsrechtliche Rechtslage verkannt hat, zB bei der Genehmigung eines Störfallbetriebes innerhalb eines Gewerbegebietes nach § 8 BauNVO. Lehnt man – zutreffend – einen Rückgriff auf § 2 Abs. 2 BauGB ab und berücksichtigt man, dass die Festsetzungen des Bebauungsplans in diesen Fällen – wie dargelegt – in der Regel nicht die Funktion haben, die Nachbargemeinde zu schützen, dann stellt sich die Frage, ob und gegebenenfalls unter welchen Voraussetzungen in derartigen Konstellationen Abwehransprüche von Nachbargemeinden bestehen können.

In Betracht kommt ein Rückgriff auf das in § 15 Abs. 1 BauNVO enthaltene Rücksichtnahmegebot. Nach dessen Abs. 1 S. 2 ist ein Vorhaben unzulässig, wenn von diesen Belästigungen oder Störungen ausgehen können, die nach der Eigenart des Baugebiets im Baugebiet selbst oder in dessen Umgebung unzumutbar sind. § 15 Abs. 1 S. 2 BauNVO vermittelt also grundsätzlich einen baugebietsübergreifenden Nachbarschutz. Grundsätzlich reicht die „Umgebung“, die durch § 15 Abs. 1 S. 2 BauNVO geschützt wird, so weit, wie die unmittelbaren Auswirkungen einer Anlage reichen, welche die Nutzung anderer Grundstücke in bebauungsrechtlicher Hinsicht beeinträchtigen können.[48] Da § 15 Abs. 1 S. 2 BauNVO nicht

---

wirkungsbereich des Vorhabens lag, was Bedingung dafür ist, dass sich eine (Nachbar-)Gemeinde auf § 11 Abs. 3 BauNVO berufen kann.

[47] In Planungskonstellationen wird teilweise angenommen, erst ab einer Umsatzverteilung von mehr als 20% komme eine Unzumutbarkeit in Betracht, OVG Weimar BRS 67, Nr. 196.

[48] BVerwGE 68, 369 (375) und Roeser in KRS BauNVO § 15 Rn. 27.

nur (unmittelbar) benachbarte Grundstückseigentümer schützt, kommt die Anwendung des in dieser Norm enthaltenen Gebots der Rücksichtnahme auch bei Konflikten von Schutzobjekten mit sogenannten Störfallbetrieben in Betracht. Die Maßstäbe, die das Bundesverwaltungsgericht zu einem Konflikt zwischen Störfallbetrieb und Schutzobjekten in einer § 34-Konstellation aufgestellt hat,[49] können – durch Rückgriff auf § 15 Abs. 1 S. 2 BauNVO – auf Gebiete mit qualifizierten Bebauungsplänen übertragen werden.[50]

Rechtsprechung und Literatur lehnen gemeindliche Abwehransprüche aus § 15 Abs. 1 S. 2 BauNVO praktisch einhellig ab. Im Jahr 1984 hatte das Bundesverwaltungsgericht einen großflächigen Einzelhandelsbetrieb zu beurteilen, der in einem Gewerbegebiet nach § 8 BauNVO idF 1968 genehmigt worden war. Da der fragliche Betrieb nicht vorwiegend der übergemeindlichen Versorgung diente, entsprach die Genehmigung den Festsetzungen des Bebauungsplans zur Art der zulässigen Nutzung, war also plankonform. Einen Rückgriff auf § 15 Abs. 1 S. 2 BauNVO lehnt das Bundesverwaltungsgericht ab.[51] Von dieser Norm würden nur solche unmittelbaren Wirkungen des Vorhabens erfasst, die die Nutzung anderer Grundstücke in bebauungsrechtlicher Hinsicht beeinträchtigen könnten. Mit Blick auf das genehmigte großflächige Einzelhandelsvorhaben verneinte das Bundesverwaltungsgericht eine derartige Beeinträchtigung. Allenfalls werde *mittelbar die Wirtschaftlichkeit* der dort ausgeübten Einzelhandelsnutzungen beeinträchtigt. Dies sei nicht unmittelbar bebauungsrechtlich relevant.[52] Dieser Auffassung hat sich der VGH Mannheim angeschlossen.[53] Dieser nahm – unter Bezugnahme auf das Bundesverwaltungsgericht – an, der durch ein Einzelhandelsvorhaben drohende Entzug von Kaufkraft für die Versorgung der Bevölkerung mit Gütern des täglichen Bedarfs könne nicht als *„Belästigung oder Störung"* iSv § 15 Abs. 1 S. 2 BauNVO verstanden werden. Das Schrifttum stimmt – soweit es Abwehransprüche aus § 15 Abs. 1 S. 2 BauNVO überhaupt in Erwägung zieht – dieser Annahme zu. § 15 Abs. 1 S. 2 BauNVO sei keine „übergemeindliche Sichtweise" zu eigen. Die Bestimmung gewährleiste (nur) eine baurechtliche Feinsteuerung. Interkommunale Spannungen seien *„auf der Ebene des Bebauungsplans, nicht erst auf der Ebene der Baugenehmigung, zu lösen"*.[54]

Diese Bewertung erscheint nicht zwingend. Folgt man der herrschenden Auffassung, dass die Umgebung iSd § 15 Abs. 1 S. 2 BauNVO so weit reicht, wie die unmittelbaren Auswirkungen des Vorhabens die Nutzung der betroffenen Grundstücke beeinträchtigen können, dann scheidet eine interkommunale Funktion des

---

[49] BVerwG NVwZ 2013, 719 (719ff.) mit Anmerkung Uechtritz.

[50] Uechtritz FS Dolde, 2014, 471 (502); zur Anwendung des § 15 BauNVO im Hinblick auf die Genehmigungsfähigkeit von Störfallbetrieben in einem qualifiziert beplanten Bereich siehe auch BVerwG ZfBR 2012, 252 (253).

[51] BVerwGE 68, 369 (375f.).

[52] BVerwGE 68, 369 (376).

[53] VGH Mannheim VBlBW 2008, 145 (146).

[54] Hug Gemeindenachbarklagen im Öffentlichen Baurecht 560ff.; diesem zustimmend Gerhard/Würtenberger BauR 2010, 550 (552) und Ziegler in Brügelmann BauGB § 15 BauNVO Rn. 80; soweit ersichtlich, hat bisher nur das VG Sigmaringen 9.11.2006 – 9 K 876/06 einen Rückgriff auf § 15 Abs. 1 S. 2 BauNVO erwogen.

§ 15 Abs. 1 S. 2 BauNVO nicht von vornherein aus. Gewiss kann § 15 Abs. 1 S. 2 BauNVO, der auf unzumutbare Belästigungen oder Störungen abstellt, nur Auswirkungen erfassen, die bebauungsrechtlich relevant sind.[55] Auswirkungen eines Vorhabens auf Grundstücke, die sich auf der Gemarkung einer Nachbargemeinde befinden, können nur und erst dann einen interkommunalen Abwehranspruch begründen, wenn diese eine Intensität erreichen, der städtebauliche Relevanz zukommt. Dies folgt schon daraus, dass eine Gemeinde – unstreitig – keine Befugnis hat, Belästigungen und Störungen für ihre betroffenen Gemeindebürger in prokuratorischer Funktion abzuwehren. Allerdings ist unbestreitbar, dass ein einzelnes Vorhaben die Nutzung von *Gebieten* (zentrale Versorgungsbereiche) der Nachbargemeinde beeinträchtigen kann. Einzelne Vorhaben können städtebauliche Relevanz gewinnen und so auf die Planungshoheit der Nachbargemeinde „durchschlagen".[56] Ein gewichtiges Argument gegen den Rückgriff auf § 15 Abs. 1 S. 2 BauNVO ist mit dieser Erwägung allerdings nicht ausgeräumt: § 15 Abs. 1 S. 2 BauNVO hat Einwirkungen im Auge, die für betroffene Grundstücke belästigend bzw. störend sein können. Dabei dürften dem Normgeber Auswirkungen vor Augen gestanden haben, die unmittelbar, etwa durch Immissionen, die Nutzung anderer Grundstücke unzumutbar einschränken. Die Planungshoheit einer Nachbargemeinde ist aber ein anderer „Schutzzweck" als die von unzumutbaren Belästigungen und Störungen freie Grundstücksnutzung – die durch § 15 Abs. 1 S. 2 BauNVO gewährleistet werden soll.[57]

Lehnt man aus diesem Grund Abwehransprüche einer Nachbargemeinde nach § 15 Abs. 1 S. 2 BauNVO ab, dann stellt sich die Frage, ob diese Schutzlücke mit der verfassungsrechtlichen Gewährleistung der Planungshoheit der negativbetroffenen Nachbargemeinde durch Art. 28 Abs. 2 GG vereinbar ist. Gewiss ist diese nur im Rahmen der Gesetze gewährleistet, sodass der Einwand naheliegt, das beschriebene Rechtsschutzdefizit ergäbe sich aus der einfachrechtlichen Ausgestaltung der Rechtslage, die die Gemeinden hinzunehmen hätten. Fraglich ist aber, ob ein solches Ergebnis den Anforderungen an eine verhältnismäßige Ausgestaltung der Planungshoheit genügt.[58] Jedenfalls in Einzelfällen (zu erinnern ist an den rechtswidrig genehmigten Störfallbetrieb an der Gemarkungsgrenze) können die Einschränkungen der Planungshoheit der Nachbargemeinde gravierend sein. Dies legt eine verfassungskonforme Interpretation des § 15 Abs. 1 S. 2 BauNVO nahe – und zwar in

---

[55] Zu einem weiten Verständnis städtebaulich bedeutsamer Auswirkungen siehe BVerwGE 128, 118 (118ff.): Mögliche Gefahren für die Nachbarschaft einer diplomatischen Einrichtung durch terroristische Anschläge.

[56] Uechtritz in Spannowsky/Uechtritz BauGB § 2 Rn. 27.

[57] In diesem Sinne wohl auch der VGH Mannheim VBlBW 2008, 145 (147).

[58] Für einen Rückgriff auf Art. 28 Abs. 2 GG zur Schließung von Rechtsschutzdefiziten bei Nachbargemeinden bereits Uechtritz BauR 1999, 572 (577); ebenso Kopf Rechtsfragen bei der Ansiedlung von Einzelhandelsgroßprojekten 329ff., der allerdings die Schwelle für eine Verletzung der Planungshoheit der Nachbargemeinde hoch ansetzt und annimmt, diese müsse über der der Unzumutbarkeit im Rahmen des § 2 Abs. 2 BauGB liegen; siehe auch Schenke VerwArch 98 (2007), 561 (572ff.); ausführlich (und im Ergebnis bejahend) zu Abwehransprüchen der Nachbargemeinde aus Art. 28 Abs. 2 S. 1 GG, Hug Gemeindenachbarklagen im Öffentlichen Baurecht 506ff.; näher zu möglichen Abwehransprüchen aus Art. 28 Abs. 2 GG unten im Zusammenhang mit der Prüfung von Konstellationen, in denen § 35 BauGB Beurteilungsgrundlage ist.

dem Sinne, dass bei einer intensiven Einschränkung der Planungshoheit der Nachbargemeinde ein Abwehranspruch aus § 15 Abs. 1 S. 2 BauNVO bejaht wird – um das verfassungsrechtlich geforderte Schutzniveau zugunsten der Nachbargemeinde zu wahren.

IV. Abwehransprüche im Fall des § 34 BauGB

Bei der Prüfung der Frage, ob vorhabenbezogene Abwehransprüche von Nachbargemeinden in Betracht kommen, wenn planungsrechtliche Maßstabsnorm zur Beurteilung eines Vorhabens § 34 BauGB ist,[59] ist zu differenzieren: Zu unterscheiden ist, ob § 34 Abs. 1 BauGB Anwendung findet, oder – bei Vorliegen einer homogenen Bebauung – § 34 Abs. 2 BauGB.

1. Abwehransprüche bei Anwendbarkeit des § 34 Abs. 1 BauGB

Zunächst ist die Situation in den Blick zu nehmen, dass sich das von der Nachbargemeinde bekämpfte Vorhaben iSd § 34 Abs. 1 BauGB in die Eigenart der maßgeblichen näheren Umgebung einfügt, die Genehmigungsvoraussetzungen nach § 34 Abs. 1 BauGB also erfüllt sind. Für diesen Fall ist in der Rechtsprechung grundsätzlich geklärt, dass Abwehransprüche von Nachbargemeinden ausscheiden – sofern nicht ein Vorhaben in Rede steht, welches gegebenenfalls von der besonderen – mit dem EAG Bau im Jahr 2004 eingeführten – Zulassungsschranke des § 34 Abs. 3 BauGB erfasst wird, auf die sogleich einzugehen ist. In seinem Urteil vom 11.2.1993[60] hat das Bundesverwaltungsgericht klargestellt, es unterliege nicht der Disposition der Gemeinde, ob ein Vorhaben im unbeplanten Innenbereich zugelassen werde. Die Zulässigkeit werde ausschließlich durch § 34 Abs. 1 BauGB gesteuert. Füge sich ein Vorhaben im Sinne dieser Vorschrift in die Eigenart der näheren Umgebung ein, so sei es nach der gesetzgeberischen Wertung zuzulassen. Im Rahmen der gebundenen Entscheidung sei kein Raum für eine Abwägung widerstreitender interkommunaler Interessen.[61] Einer Errichtung weiterer Zulassungsschranken zur Abwehr von Fernwirkungen auf Nachbargemeinden hat das Bundesverwaltungsgericht eine Absage erteilt. In dieser Entscheidung, aber auch in seinem späteren Mülheim-Kärlich-Urteil[62] betont das Bundesverwaltungsgericht, dass § 34 Abs. 1 BauGB – anders als § 35 BauGB – keine Zulassungsschranke in Gestalt „öffentlicher Belange" enthält, die durch einen qualifizierten interkommunalen Abstimmungsbedarf (subjektiv-rechtlich) angereichert werden könnte. Auch der Umstand, dass objektiv-rechtlich eine Planungspflicht nach § 1 Abs. 3 BauGB besteht und ein Vorhaben auf der Grundlage eines an die Ziele der Raumordnung und Landesplanung angepassten Bebauungsplans nicht genehmigungsfähig wäre, begründet keinen Abwehranspruch. Geklärt ist auf Basis dieser Rechtsprechung

[59] Hierzu auch Johlen BauR 2014, 1225 (1225ff.).
[60] BVerwG NVwZ 1994, 285 (285ff.).
[61] BVerwG NVwZ 1994, 285 (288).
[62] BVerwG BauR 2004, 443 (448).

auch, dass – jedenfalls im Anwendungsbereich des § 34 Abs. 1 BauGB – zur Begründung eines Abwehrrechts nicht auf § 2 Abs. 2 BauGB zurückgegriffen werden kann. Das Bundesverwaltungsgericht greift zwar seine Formulierung auf, ein einzelvorhabenbezogenes Abwehrrecht könne *„allenfalls"* dann nach § 2 Abs. 2 BauGB begründet werden, wenn die Gemeinde dem Bauinteressenten unter Missachtung des interkommunalen Abstimmungsgebots einen Zulassungsanspruch verschafft habe. Dies setze voraus, dass sie durch einen nicht abgestimmten Bauleitplan oder im Fall des Fehlens eines solchen Plans *„auf andere Weise die Weichen in Richtung Zulassungsentscheidung gestellt (habe)"*. Im Anschluss an die Wiedergabe dieser Sentenz aus der früheren Judikatur stellt das Gericht dann aber klar, dass hiervon im Fall des § 34 Abs. 1 BauGB nicht gesprochen werden könne.[63] Diese Aussage kann wohl nur so verstanden werden, dass nach Auffassung des Bundesverwaltungsgerichts in Fällen des § 34 Abs. 1 BauGB das grundsätzlich erforderliche Einvernehmen der Standortgemeinde, die Einvernehmenserteilung, nicht als „Weichenstellung" verstanden werden kann – was Bedingung für den Rückgriff auf § 2 Abs. 2 BauGB sein soll.[64]

Mit Blick auf mögliche Rechtsschutzlücken von Nachbargemeinden verweist das Bundesverwaltungsgericht in seiner Mülheim-Kärlich-Entscheidung auf die Möglichkeit, dass die Kommunalaufsichtsbehörden unter Rückgriff auf § 1 Abs. 3 BauGB eine Planungspflicht durchsetzen,[65] um Vorhaben zumindest künftig planungsrechtlich einen Riegel vorzuschieben.

Diese, mit Blick auf die „Fernwirkungen" von Vorhaben iSd § 11 Abs. 3 BauNVO für Nachbargemeinden unbefriedigende Rechtslage, hat der Gesetzgeber durch die Einfügung des § 34 Abs. 3 BauGB im Zuge des EAG Bau 2004 korrigiert.[66] Diese Bestimmung enthält eine zusätzliche Zulässigkeitsschranke für Vorhaben im unbeplanten Innenbereich. Von diesen dürfen, auch wenn sie sich gemäß § 34 Abs. 1 BauGB in die nähere Umgebung einfügen, keine schädlichen Auswirkungen auf zentrale Versorgungsbereiche in der Gemeinde selbst oder in anderen Gemeinden (also Nachbargemeinden) zu erwarten sein. Die Fragen, die diese Neuregelung aufgeworfen hat, sind inzwischen in der Rechtsprechung weitgehend geklärt. Sie erfasst vor allem Einkaufszentren und großflächige Einzelhandelsbetriebe, darüber hinaus aber auch nichtgroßflächige Einzelhandelsbetriebe,[67] soweit diese im Einzelfall städtebauliche Auswirkungen haben, die über die nähere Umgebung hinausgehen. Ebenfalls geklärt ist durch die Rechtsprechung des Bundesverwal-

---

[63] BVerwG NVwZ 1994, 285 (288).

[64] Wollte man dies anders sehen, dann hätte dies die Konsequenz, dass bei Einvernehmenserteilung durch die Gemeinde ein Rückgriff auf § 2 Abs. 2 BauGB möglich wäre, während dies bei einer Ersetzung des Einvernehmens durch die Bauaufsichtsbehörde (bei fehlender Identität zwischen Genehmigungsbehörde und Standortgemeinde) kaum begründbar wäre.

[65] BVerwG BauR 2004, 443 (447).

[66] Zu dieser Bestimmung Uechtritz NVwZ 2004, 1025 (1025ff.); ders. DVBl 2006, 799 (799ff.); Reidt UPR 2005, 241 (241ff.); Vietmeier BauR 2005, 480 (480ff.); Reichelt BauR 2006, 38 (38ff.) und Rieger UPR 2007, 366 (366ff.).

[67] Spannowsky in Spannowsky/Uechtritz BauGB § 34 Rn. 51 mit Nachweisen für die Rechtsprechung; Mitschang/Reidt in BKL BauGB § 34 Rn. 67 betonen, dass die Bestimmung auch für andere zentrenrelevante Nutzungen, z. B. Großkinos, Bedeutung haben kann.

tungsgerichts, wann iSd § 34 Abs. 3 BauGB *„schädliche Auswirkungen zu erwarten"* sind. Das Bundesverwaltungsgericht hat entschieden, dass von einem Vorhaben schädliche Auswirkungen auf zentrale Versorgungsbereiche dann zu erwarten sind, wenn deren Funktionsfähigkeit so nachhaltig gestört werde, dass sie ihren Versorgungsauftrag generell oder hinsichtlich einzelner Branchen nicht mehr substantiell wahrnehmen könnten. Zugleich hat das Bundesverwaltungsgericht die teilweise vertretene Auffassung zurückgewiesen, schädliche Auswirkungen könnten unter Rückgriff auf die Vermutungsregel des § 11 Abs. 3 BauNVO bejaht werden.[68]

Außer Frage steht, dass § 34 Abs. 3 BauGB zugunsten von Nachbargemeinden drittschützend ist.[69] Hieran kann angesichts der Absicht des Gesetzgebers, mit dieser Neuregelung Rechtsschutzlücken hinsichtlich der Fernwirkung von Vorhaben auf Nachbargemeinden zu schließen, kein Zweifel bestehen.

Die oben behandelte Rechtsprechung des Bundesverwaltungsgerichts zu einzelvorhabenbezogenen Abwehrrechten von Nachbargemeinden bei Anwendbarkeit des § 34 Abs. 1 BauGB erging zu einem Sachverhalt, bei dem die Voraussetzungen des § 34 Abs. 1 BauGB erfüllt waren. Das zu beurteilende Vorhaben fügte sich in die Eigenart der näheren Umgebung ein. Fraglich ist, wie Konstellationen zu beurteilen sind, in denen ein Vorhaben zu Unrecht nach § 34 Abs. 1 BauGB genehmigt wird, obwohl die Anforderungen des § 34 Abs. 1 BauGB nicht erfüllt sind. In Betracht kommt die Genehmigung eines großflächigen Einzelhandelsbetriebs, obwohl ein solcher in der näheren Umgebung nicht existiert, oder die Möglichkeit, dass durch die Genehmigung weiterer nichtgroßflächiger Einzelhandelsbetriebe in der Nachbarschaft bereits bestehende Einzelhandelsbetriebe erstmals ein Einkaufszentrum iSd § 11 Abs. 3 Nr. 1 BauNVO entsteht.

Soweit es sich um die – objektiv rechtswidrige – Genehmigung eines Vorhabens handelt, das von § 34 Abs. 3 BauGB erfasst wird, steht außer Frage, dass sich aus dieser Norm ein Abwehranspruch einer Nachbargemeinde ergeben kann. Das Eingreifen dieser Schranke hängt nicht davon ab, ob sich ein Vorhaben iSd § 34 Abs. 1 BauGB einfügt oder nicht. Offen ist aber, ob *unabhängig von § 34 Abs. 3 BauGB* Abwehransprüche bestehen – die möglicherweise darüber hinausgehen.

Das Verwaltungsgericht Aachen[70] hat Abwehransprüche einer Nachbargemeinde in einem Sachverhalt bejaht, in dem ein bestehender Einzelhandelsstandort durch drei weitere Fachmärkte erweitert wurde. Das Verwaltungsgericht Aachen bewertete dies als Genehmigung eines Einkaufszentrums, welches sich nach Maßgabe des einschlägigen § 34 Abs. 1 BauGB *nicht* einfügte. Es ließ ausdrücklich offen, ob das Vorhaben schädliche Auswirkungen auf einen zentralen Versorgungsbereich der klagenden Nachbargemeinde hatte, ob also die Schranke des § 34 Abs. 3 BauGB

---

[68] BVerwG NVwZ 2010, 587 (588ff.); zur Anwendung des § 34 Abs. 3 BauGB bei vorgeschädigten Versorgungsbereichen BVerwG BRS 85, Nr. 83 und OVG Münster BRS 85, Nr. 84; raumordnerische Zielvorgaben können grundsätzlich nicht als Maßstab für die Beurteilung der Schädlichkeit herangezogen werden; ausführlich zu den schädlichen Auswirkungen iSd § 34 Abs. 3 BauGB Spannowsky in Spannowsky/Uechtritz BauGB § 34 Rn. 57ff.

[69] Spannowsky in Spannowsky/Uechtritz BauGB § 34 Rn. 52 und Mitschang/Reidt in BKL BauGB § 34 Rn. 68.

[70] VG Aachen BeckRS 2014, 49081; zu dieser Entscheidung auch Johlen BauR 2014, 1225 (1229ff.).

eingehalten war. Unabhängig hiervon bejahte das Verwaltungsgericht Aachen einen Abwehranspruch aus § 2 Abs. 2 BauGB, weil die (mit der Genehmigungsbehörde identische) Standortgemeinde von der an sich erforderlichen Bauleitplanung Abstand genommen habe und damit der gesetzlich angeordneten zwischengemeindlichen Abstimmung aus dem Weg gegangen sei. Die Judikatur des Bundesverwaltungsgerichts, das im Fall des § 34 Abs. 1 BauGB einen Rückgriff auf § 2 Abs. 2 BauGB abgelehnt hatte, stand nach Auffassung des Verwaltungsgerichts dieser Annahme nicht entgegen. Diese beziehe sich nur auf den Fall, dass sich das streitige Vorhaben tatsächlich in die Eigenart der näheren Umgebung einfüge. Dies war im konkret zu beurteilenden Sachverhalt nicht der Fall. Da die Genehmigung eines Einkaufszentrums angefochten war, nahm das Verwaltungsgericht Aachen unter Rückgriff auf das Urteil des Bundesverwaltungsgerichts zum FOC Zweibrücken an, die in § 11 Abs. 3 S. 1 Nr. 1, S. 2 BauNVO genannten Auswirkungen auf Nachbargemeinden seien bei einem derartigen Vorhaben generell nicht auszuschließen. Es bedürfe daher im Einzelfall keiner Feststellung, welche nachteiligen Auswirkungen durch das genehmigte Einkaufszentrum konkret zu erwarten seien.

Dieser Fall zeigt, dass die Frage eines Rückgriffs auf § 2 Abs. 2 BauGB zur Begründung eines einzelvorhabenbezogenen Abwehrrechts im Anwendungsbereich des § 34 Abs. 1 BauGB ungeachtet der höchstrichterlichen Klärungen doch nicht endgültig „vom Tisch" sein könnte. Allerdings bleibt es dabei: Die Ableitung eines Abwehranspruchs aus § 2 Abs. 2 BauGB ist – wie eingangs bereits ausgeführt wurde – abzulehnen. Gegen den unmittelbaren oder analogen Rückgriff auf § 2 Abs. 2 BauGB bestehen bei *allen* planungsrechtlichen Maßstabsnormen der §§ 30, 34 und 35 BauGB durchgreifende Bedenken.[71] Und Zwar auch in Fällen wie dem des Verwaltungsgerichts Aachen. Selbst wenn man der – abzulehnenden – Auffassung folgt, dass in Missbrauchsfällen die Heranziehung des § 2 Abs. 2 BauGB zulässig sein soll, erschließt sich nicht, welches Verhalten im Fall des Verwaltungsgerichts Aachen missbräuchlich sein sollt. Jedenfalls hatte die Gemeinde nicht durch einen nicht abgestimmten Bauleitplan die Weichen in Richtung Zulassungsentscheidung gestellt. Die „Weichenstellung" könnte also nur mit einer (rechtswidrigen) Genehmigungserteilung begründet werden.[72] Hielt man dies für ausschlaggebend, würde dies zu dem befremdlichen Ergebnis führen, dass das Abwehrrecht der Nachbargemeinde davon abhängt, ob die Standortgemeinde zugleich Genehmigungsbehörde ist oder nicht. Bei fehlender Identität scheidet ein missbräuchliches Verhalten der Standortgemeinde, die den Rückgriff auf § 2 Abs. 2 BauGB ermöglichen soll, aus – jedenfalls wenn man der hier vertretenen Meinung folgt, dass es auf die Erteilung des Einvernehmens iSv § 36 BauGB nicht ankommen kann.

Vorzugswürdig ist die Bejahung eines einzelvorhabenbezogenen Abwehrrechts einer Nachbargemeinde im Fall der fehlerhaften Anwendung des § 34 Abs. 1

[71] Jedenfalls hinsichtlich § 34 Abs. 1 BauGB im Hinblick auf die Einfügung des Abs. 3 zumindest zweifelnd BVerwG BauR 2019, 470 (479 ff.).

[72] In dem Fall des VG Aachen BeckRS 2014, 49081 war die Standortgemeinde auch Genehmigungsbehörde.

BauGB unter Rückgriff auf Art. 28 Abs. 2 S. 1 GG.[73] Dieser konstruktiven Lösung kann nicht entgegengehalten werden, das gemeindliche Selbstverwaltungsrecht (welches die Planungshoheit einschließt, die möglicherweise durch ein störendes Vorhaben einer Nachbargemeinde beeinträchtigt wird) sei nur im Rahmen der Gesetze gewährleistet. Aus dieser Einschränkung des Selbstverwaltungsrechts ergibt sich nur, dass eine Gemeinde die einfachgesetzliche Ausgestaltung ihrer Rechtsposition im Verhältnis zu anderen Gemeinden und Vorhabenträgern bzw. Grundstückseigentümern hinnehmen muss. Die Erteilung einer Genehmigung für ein störendes Vorhaben bewegt sich – im Fall einer zu Unrecht auf § 34 Abs. 1 BauGB gestützten Genehmigung – aber nicht innerhalb der gesetzlichen Schranken, die die Nachbargemeinde hinzunehmen hat.[74]

Einem Rückgriff auf Art. 28 Abs. 2 S. 1 GG kann auch nicht entgegengehalten werden, ein solcher missachte die Prärogative des Gesetzgebers zur einfachgesetzlichen Ausgestaltung der einzelvorhabenbezogenen Abwehrrechte von Nachbargemeinden – und zwar im Hinblick auf § 34 Abs. 3 BauGB. Dieser Einwand greift von vornherein nicht, wenn sich die Nachbargemeinde gegen ein Vorhaben wendet, dessen störende Auswirkungen von § 34 Abs. 3 BauGB von vornherein nicht erfasst werden. Aber auch bei Vorhaben, für die § 34 Abs. 3 BauGB einschlägig ist, muss berücksichtigt werden, dass der Gesetzgeber mit dieser Bestimmung eine *zusätzliche* Zulässigkeitsschranke einführen wollte, um Nachbargemeinden von den Fernwirkungen eines Vorhabens, die im Rahmen des § 34 Abs. 1 BauGB nicht berücksichtigungsfähig sind, zu schützen. Eine Absicht des Gesetzgebers, mit Einfügung des § 34 Abs. 3 BauGB weitergehende Abwehrrechte zu beschränken, die bei einer *rechtswidrigen* Anwendung des § 34 Abs. 1 BauGB in Betracht kommen, wird man dem Gesetzgeber schwerlich unterstellen können.

Nimmt man also an, sedes materie für einen einzelvorhabenbezogenen Abwehranspruch einer Nachbargemeinde sei im Fall der rechtswidrigen Genehmigung eines Vorhabens nach § 34 Abs. 1 BauGB die verfassungsrechtlich durch Art. 28 Abs. 2 S. 1 GG garantierte gemeindliche Selbstverwaltungsgarantie, dann stellt sich die Frage, unter welchen Voraussetzungen deren Verletzung zu bejahen ist. Anders formuliert: Welche Intensität die nachteiligen Auswirkungen zulasten einer Nachbargemeinde haben müssen, damit ein Abwehranspruch bejaht werden kann. Durchgreifende Bedenken bestehen zunächst gegen die Annahme, bei Vorhaben nach § 11 Abs. 3 BauNVO, speziell bei Einkaufszentren nach § 11 Abs. 3 S. 1 BauNVO, bestehe zugunsten einer Nachbargemeinde eine Vermutung. Für die Be-

---

[73] Hierzu bereits oben (III.4.) die Überlegungen zu einer verfassungskonformen Interpretation des § 15 Abs. 1 S. 2 BauNVO.

[74] Schenke VerwArch 98 (2007), 561 (573) und Hug Gemeindenachbarklagen im Öffentlichen Baurecht 506, 508; siehe auch bereits Uechtritz BauR 1999, 572 (577f.); ob das Bundesverwaltungsgericht in der hier betrachteten Konstellation einen Rückgriff auf Art. 28 Abs. 2 S. 1 GG ablehnt, ist offen. Zwar hat es in seiner Entscheidung aus dem Jahr 1993, in der es einen Abwehranspruch einer klagenden Nachbargemeinde verneinte, die sich auf ihre Stellung als Mittelzentrum berief, ausgeführt, Art. 28 Abs. 1 GG stehe dem vom Bundesverwaltungsgericht angenommenen Ergebnis nicht entgegen. Dies aber ausschließlich mit dem Argument, die Klägerin habe sich nicht auf ihre Planungshoheit berufen, sondern auf ihre raumordnerische Zentralität. Diese sei aber nicht Ausfluss ihrer kommunalen Planungshoheit, BVerwG NVwZ 1994, 285 (288).

antwortung der Frage nach Umfang und Reichweite des Schutzes der gemeindlichen Selbstverwaltungsgarantie gegenüber störenden Vorhaben, die auf der Gemarkung einer Nachbargemeinde genehmigt werden, gibt § 11 Abs. 3 BauNVO nichts her.[75] Bei Vorhaben, die ohnehin nicht von dieser Norm erfasst werden, ist dies evident. Vielmehr geht es um die *Konkretisierung des verfassungsunmittelbaren Schutzniveaus.* Also um die Frage, bei welcher Intensität von Einschränkungen der Planungshoheit ein Abwehranspruch in Betracht kommt. Eine Differenzierung nach Anlagetypen (in der Form, dass bei einzelnen Vorhaben eine Vermutung für die Verletzung der Planungshoheit spricht, bei anderen nicht) kommt nicht in Betracht.

Zu entscheiden ist also, ob ein Abwehrrecht einer Nachbargemeinde im Fall einer – rechtswidrigen – auf § 34 Abs. 1 BauGB gestützten Genehmigung nur und erst dann in Betracht kommt, wenn von dieser *unzumutbare* Auswirkungen ausgehen, oder ob dies bereits dann der Fall ist, wenn im Sinne der Rechtsprechung zu § 2 Abs. 2 BauGB unmittelbare Auswirkungen gewichtiger Art in Betracht kommen – die im Fall einer planungsrechtlichen Zulassung des Vorhabens einen interkommunalen Abstimmungsbedarf bedingen.[76] Die besseren Gründe sprechen dafür, Letzteres zu bejahen.[77] Ausschlaggebend hierfür ist die Überlegung, dass in den hier zu betrachtenden Konstellationen der Eingriff in die Planungshoheit und damit in das Selbstverwaltungsrecht der Nachbargemeinde unter Verletzung bzw. Missachtung der einfachrechtlichen Ausgestaltung des Selbstverwaltungsrechts erfolgt. Unstreitig stellt § 2 Abs. 2 BauGB eine einfachrechtliche Ausgestaltung des gemeindlichen Selbstverwaltungsrechts dar. Nach § 2 Abs. 2 BauGB ist aber eine Gemeinde nicht nur vor unzumutbaren Wirkungen, die von der Planung einer Nachbargemeinde ausgehen, geschützt. Vielmehr kann sie eine Berücksichtigung ihrer Belange in der Planungsentscheidung verlangen. Hierfür sind aber iSd Rechtsprechung „*unmittelbare Auswirkungen gewichtiger Art*“ erforderlich, aber auch hinreichend.[78] Dies genügt für Abwehransprüche, die unmittelbar auf Art. 28 Abs. 2 S. 1 GG gestützt werden.

---

[75] Insoweit ist daran zu erinnern, dass das Bundesverwaltungsgericht selbst auf Bezug auf § 34 Abs. 3 BauGB betont hat, diese Norm erfordere eine Prognose, ob schädliche Auswirkungen zu erwarten seien, auf die Vermutungsregel des § 11 Abs. 3 BauNVO könne nicht zurückgegriffen werden, NVwZ 2010, 587 (588), die muss gelten, unabhängig von der Frage, ob ein Vorhaben zu Recht oder zu Unrecht nach § 34 BauGB genehmigt wird.

[76] Schenke VerwArch 98 (2007), 561 (575) tendiert – weitergehend – dazu, dass das kommunale Selbstverwaltungsrecht bei jedem, aus welchen Gründen auch immer, rechtswidrigen Eingriff verletzt ist. Im Ergebnis wäre danach ein durchgreifendes Abwehrrecht bei jedweden Auswirkungen, die über die Unwesentlichkeitsschwelle hinausgehen, zu bejahen.

[77] Im Ergebnis ebenso bereits Uechtritz BauR 1999, 572 (578); ebenso Hug Gemeindenachbarklagen im Öffentlichen Baurecht 508f.; Schenke VerwArch 98 (2007), 561 (576) für den Fall, dass man seiner weitergehenden Auffassung nicht folgen wollte, das Selbstverwaltungsrecht schütze vor jedwedem rechtswidrigen Eingriff.

[78] Diese Erwägung spricht auch gegen die Annahme, unwesentliche Einwirkungen (unterhalb der Schwelle, die ein Abstimmungsbedürfnis begründet) könnten von einer Nachbargemeinde abgewehrt werden.

2. *Abwehransprüche bei Anwendbarkeit des § 34 Abs. 2 BauGB*

Richtet sich der Abwehranspruch einer Nachbargemeinde gegen ein Vorhaben, welches nach § 34 Abs. 2 BauGB genehmigt wurde, so beurteilt sich seine Zulässigkeit der Art nach, ob es im jeweiligen Baugebiet, dem die tatsächlich vorhandene Bebauung entspricht, zulässig wäre. Hinsichtlich möglicher Abwehransprüche einer Nachbargemeinde kann daher auf die oben (→ III.) gemachten Ausführungen zur Rechtslage bei Vorliegen eines qualifizierten Bebauungsplans verwiesen werden. Richtet sich der Abwehranspruch der Nachbargemeinde gegen ein Vorhaben, welches von § 34 Abs. 3 BauGB erfasst wird, so greift *zusätzlich* diese Zulässigkeitsschranke ein, auf die sich eine Nachbargemeinde berufen kann.

Fraglich kann insoweit nur sein, in welchem Verhältnis ein sich aus § 34 Abs. 2 BauGB iVm § 11 Abs. 3 BauNVO ergebender Abwehranspruch zur Zulässigkeitsschranke des § 34 Abs. 3 BauGB verhält. Wie dargelegt, geht das Bundesverwaltungsgericht davon aus, dass diese Schranke nur eingreift, wenn von dem Vorhaben schädliche Auswirkungen auf zentrale Versorgungsbereiche der Nachbargemeinde zu erwarten sind, wenn es also deren Funktionsfähigkeit so nachhaltig stört, dass die Nachbargemeinde ihren Versorgungsauftrag generell oder hinsichtlich einzelner Branchen nicht mehr substantiell wahrnehmen kann. Nach Auffassung des Bundesverwaltungsgerichts ist dies anhand einer Prognose zu ermitteln.[79] Ein Rückgriff auf die *Vermutungsregel* des § 11 Abs. 3 BauNVO scheidet aus. Dies kann dazu führen, dass jedenfalls bei der Genehmigung eines Einkaufszentrums iSd § 11 Abs. 3 S. 1 Nr. 1 BauNVO ein Abwehranspruch nach § 34 Abs. 2 iVm § 11 Abs. 3 BauNVO besteht, obwohl die Voraussetzungen für einen solchen nach § 34 Abs. 3 BauGB nicht vorliegen. Dies ist aber ohne Bedeutung. § 34 Abs. 3 BauGB, mit dem eine zusätzliche Einschränkung für Einzelhandelsbetriebe (gerade auch zum Schutz von Nachbargemeinden) geschaffen werden sollte, kann – wie bereits ausgeführt – nicht dazu führen, dass ein im Einzelfall weiterreichender Abwehranspruch im Hinblick auf diese neue Schranke nicht (mehr) eingreift.

V. Situation im Fall des § 35 BauGB

1. *Typische Konstellationen*

Die Frage, ob ein einzelfallbezogenes Abwehrrecht einer Nachbargemeinde besteht, wenn das genehmigte Vorhaben nach § 35 BauGB zu beurteilen ist, stellt sich zum einen, wenn das Bemühen der Standortgemeinde für ein Vorhaben einen (wirksamen) Bebauungsplan aufzustellen, scheitert und ein entsprechender Bebauungsplan im Fall einer zwischengemeindlichen Nachbarklage im Rahmen einer Inzidentprüfung als unwirksam eingestuft wird. Sofern dann das Vorhabengrundstück nicht innerhalb eines Bebauungszusammenhangs liegt und auch kein Vorgängerbebauungsplan existiert, ist maßgebliche planungsrechtliche Beurteilungsnorm

---

[79] NVwZ 2010, 587 (588).

§ 35 Abs. 2 BauGB. Entsprechendes kommt auch in Betracht, wenn ein Vorhaben – wie im Fall des FOC Zweibrücken[80] – zu Unrecht auf § 33 BauGB gestützt wird.

Die Frage von Abwehransprüchen nach § 35 BauGB stellt sich zum anderen – wie Entscheidungen jüngster Zeit illustrieren – aber nicht nur im Fall der Genehmigung auf Grundlage eines „gescheiterten" Bebauungsplans. Denkbar sind auch Klagen von Nachbargemeinden gegen Vorhaben, die ohne Bebauungsplan zulässig sind, etwa privilegierte Windkraftanlagen nach § 35 Abs. 1 Nr. 5 BauGB[81] oder sonstige privilegierte Anlagen[82].

Im Folgenden sind zunächst Abwehransprüche gegen Vorhaben iSd § 11 Abs. 3 BauNVO zu betrachten. Im Anschluss hieran sind sonstige Anlagen in den Blick zu nehmen.

2. *Abwehransprüche gegen Vorhaben nach § 11 Abs. 3 BauNVO*

Das Urteil des Bundesverwaltungsgerichts zum FOC Zweibrücken[83] zeigt auf, wie rechtskonstruktiv Abwehransprüche von Nachbargemeinden gegen Einzelvorhaben im Anwendungsbereich des § 35 BauGB zu begründen sind:[84] Im Ausgangspunkt steht zunächst fest, dass derartige Vorhaben (als nicht privilegierte Vorhaben iSd § 35 Abs. 2 BauGB) im Außenbereich objektiv-rechtlich regelmäßig rechtswidrig sind. Fraglich kann daher nur sein, ob und unter welchen Voraussetzungen eine Nachbargemeinde die Rechtswidrigkeit nach § 35 BauGB geltend machen kann. Ansatzpunkt für das Bundesverwaltungsgericht ist § 35 Abs. 3 BauGB, wonach ein Außenbereichsvorhaben wegen Beeinträchtigung öffentlicher Belange iSd § 35 Abs. 3 BauGB unzulässig sein kann. Nach Auffassung des Bundesverwaltungsgerichts stellt ein Planungsbedürfnis einen in § 35 Abs. 3 nicht ausdrücklich genannten öffentlichen Belang dar. Für die Frage, ob ein derartiges Planungsbedürfnis im konkreten Fall besteht und ob sich eine Nachbargemeinde hierauf berufen kann, greift das Bundesverwaltungsgericht auf den Rechtsgedanken des § 2 Abs. 2 BauGB zurück. Die Schranke eines Planungsbedürfnisses greift also ein, wenn ein Vorhaben zugelassen wird, welches im Fall einer Bebauungsplanung nur nach Abstimmung mit einer Nachbargemeinde gemäß § 2 Abs. 2 BauGB als zulässig festgesetzt werden könnten. Auch hier kommt also wieder die der Rechtsprechung des Bundesverwaltungsgerichts zugrundeliegende Idee zum Ausdruck, Missbräuche bzw. Umgehungsstrategien zu vereiteln. Dies aber nicht dadurch, dass § 2 Abs. 2 BauGB unmittelbar oder analog neben § 35 BauGB zur Anwendung kommt. Viel-

---

[80] BVerwG NVwZ 2003, 86 (86ff.).

[81] Vgl. zB VGH München BayVBl 2010, 112 (112ff.) und VGH München 9.4.2015 – 22 C 515.483 sowie VGH Mannheim VBlBW 2022, 389 (389ff.).

[82] Vgl. VGH München BayVBl 2003, 661 (661): Genehmigung eines Steinbruchs, der bauplanungsrechtlich nach § 35 Abs. 1 Nr. 3 BauGB („ortsgebundener gewerblicher Betrieb") genehmigt wurden; siehe auch OVG Saarlouis NVwZ-RR 2023, 319 (319ff.): Immissionsschutzrechtliche Genehmigung für die Errichtung und den Betrieb einer Anlage zum Lagern von gewerblichen Explosivstoffen.

[83] BVerwG NVwZ 2003, 86 (86ff.).

[84] Näher hierzu Uechtritz NVwZ 2003, 176 (176ff.); Kuschnerus in Jarass Interkommunale Abstimmung in der Bauleitplanung, 1 (14f.) und Rojahn in Spannowsky/Krämer Großflächiger Einzelhandel und Windkraftanlagen in Raumordnung und Städtebau, 147 (147ff.).

mehr dient der „Rechtsgedanke" des § 2 Abs. 2 BauGB dazu, sowohl das Planungsbedürfnis zu begründen, als auch diesen Belang subjektiv-rechtlich zugunsten der klagenden Nachbargemeinde anzureichern.[85]

Dies bedeutet: Die Einschlägigkeit des § 35 BauGB wegen des Fehlens eines wirksamen Bebauungsplans (etwa weil der Versuch, die „Weichen auf Zulassung" eines Vorhabens, zu stellen, scheitert), ist für sich genommen noch nicht geeignet, Abwehrrechte einer Nachbargemeinde zu begründen.[86] Allerdings bedurfte es im Fall des FOC Zweibrücken nach Auffassung des Bundesverwaltungsgerichts keines Nachweises im Einzelfall, ob von dem Vorhaben Auswirkungen iSd § 11 Abs. 3 BauNVO auf die klagende Nachbargemeinde zu erwarten waren. Insoweit verweist das Bundesverwaltungsgericht auf die dem § 11 Abs. 3 BauNVO zugrundeliegende Annahme, die in § 11 Abs. 3 S. 2 BauNVO bezeichneten Auswirkungen, ließen sich bei einem Einkaufszentrum generell nicht ausschließen. Auch wenn das Bundesverwaltungsgericht in seiner Entscheidung hierauf nicht eingeht, können diese Erwägungen die Frage nach der Intensität der Einwirkungen auf eine klagende Nachbargemeinde nicht entbehrlich machen – dies schon deshalb, weil es einer Abgrenzung des Kreises klagebefugter Nachbargemeinden bedarf. Hierfür kommen nur die in Betracht, zu deren Schutz das Planungsbedürfnis besteht, was wiederum nur dann der Fall ist, wenn ein Vorhaben unmittelbare (städtebauliche) Auswirkungen gewichtiger Art im Gebiet der Nachbargemeinde erwarten lässt bzw. wenn diese im „Einwirkungsbereich" des Einkaufzentrums (s. o. III. 3) liegt.[87]

3. *Abwehransprüche bei sonstigen Vorhaben*

Die vorstehend beschriebenen Maßstäbe, die das Bundesverwaltungsgericht in seiner Entscheidung zum FOC Zweibrücken im Fall eines Vorhabens nach § 11 Abs. 3 BauNVO entwickelt hat, „passen" auch für die Beurteilung von einzelvorhabenbezogenen Abwehrklagen von Nachbargemeinden für sonstige Vorhaben. Dies zeigt ein Blick in die einschlägige obergerichtliche Rechtsprechung. Dieses war wiederholt mit Fällen befasst, in denen sich Nachbargemeinden gegen die Genehmigung von Windkraftanlagen an der Gemarkungsgrenze gewehrt haben.[88] Im Anschluss an das FOC Zweibrücken-Urteil wird in den Entscheidungen eine Be-

---

[85] Hierzu auch Rojahn in Spannowsky/Krämer Großflächiger Einzelhandel und Windkraftanlagen in Raumordnung und Städtebau, 147 (153ff.).

[86] So auch ausdrücklich das OVG Münster BRS 78, Nr. 51: Aus einem Verstoß gegen die objektiv-rechtliche Planungspflicht allein folgt noch keine subjektive Rechtsverletzung (der Nachbargemeinde); die Subjektivierung des Belangs „Planungspflicht" erfordert eine tatsächlich (negative) Betroffenheit der klagenden Nachbargemeinde, weil schwerlich eine „kommunale Popularklage" (so Hug Gemeindenachbarklagen im Öffentlichen Baurecht, 550) angenommen werden kann.

[87] Rojahn in Spannowsky/Krämer Großflächiger Einzelhandel und Windkraftanlagen in Raumordnung und Städtebau, 147 (154), der auch betont, dass das Bundesverwaltungsgericht in seiner Entscheidung die Auffassung der Vorinstanz, des OVG Koblenz, zurückgewiesen hat, ein Abwehranspruch komme erst bei *unzumutbaren* Auswirkungen auf die städtebauliche Entwicklung und Ordnung benachbarter Gemeinden in Betracht. Nach den tatsächlichen Feststellungen der Vorinstanz stand also fest, dass von dem Vorhaben unmittelbare Auswirkungen gewichtiger Art auf die klagende Nachbargemeinde zu erwarten waren.

[88] Vgl. die Nachweise in Fn. 81.

rufung der klagenden Nachbargemeinde auf den öffentlichen Belang des Planungserfordernisses geprüft, im Ergebnis aber verneint. Und zwar mit der Erwägung, privilegierte Anlagen nach § 35 Abs. 1 BauGB seien dem Außenbereich bereits von Gesetzes wegen „planartig" zugewiesen.[89] Darüber hinaus wird in den Entscheidungen das Vorliegen eines qualifizierten Abstimmungsbedarfs (iSd § 2 Abs. 2 BauGB) geprüft und mit Blick auf die optischen Wirkungen von Windkraftanlagen an der Gemarkungsgrenze im Regelfall verneint. Auf der gleichen Linie liegt eine Entscheidung des VGH München, der über die Klage einer Nachbargemeinde gegen eine immissionsschutzrechtliche Genehmigung zur Errichtung und zum Betrieb eines Steinbruchs zu urteilen hatte.[90] Auch in dieser Entscheidung prüft der VGH München, ob ein Planungserfordernis als ungeschriebener öffentlicher Belang besteht und verneint dies. Ähnlich wie bei Windkraftanlagen wird mit Blick auf das Vorhaben als ortsgebundener gewerblicher Betrieb iSd § 35 Abs. 1 Nr. 3 BauGB auf die planartige Zuweisung des Vorhabens zum Außenbereich verwiesen. Darüber hinaus setzt sich der VGH München in dieser Entscheidung mit den Lärmemissionen des Steinbruchs auseinander und gelangt zum Ergebnis, dass durch diese die bauliche Entwicklung der Nachbargemeinde nicht beeinträchtigt werde.

Letztlich belegen die Judikate, die sich mit Abwehransprüchen von Nachbargemeinden gegen sonstige, nicht dem § 11 Abs. 3 BauNVO unterfallenden Vorhaben richten, auch, dass – im Hinblick – ein Abwehrrecht auf die Garantie der Selbstverwaltung durch Art. 28 Abs. 2 S. 1 GG in Betracht kommt. So werden Abwehransprüche auch im Hinblick auf eine *„Beeinträchtigung des Ortsbildes"* geprüft.[91] Also im Hinblick auf einen Belang, der letztlich im gemeindlichen Selbstgestaltungsrecht wurzelt, welches wiederum von der gemeindlichen Selbstverwaltungsgarantie umfasst ist.[92] Auch wenn diese Klagen – soweit ersichtlich – in allen Fällen scheiterten, weil die Hürden für eine Verletzung des gemeindlichen Selbstverwaltungsrechts hoch sind, stützen sie die Auffassung, dass ein einzelvorhabenbezogenes Abwehrrecht auf Art. 28 Abs. 2 S. 1 GG gestützt werden kann. Im Anwendungsbereich des § 35 BauGB bedarf es dabei auch nicht des unmittelbaren Rückgriffs auf Art. 28 Abs. 2 S. 1 GG. Vielmehr können sich Nachbargemeinden auf dem Vorhaben entgegenstehende öffentliche Belange berufen. Zu diesen zählt auch das Selbstverwaltungsrecht der Nachbargemeinde. Ein entsprechendes Verständnis des Begriffs „öffentliche Belange" ist verfassungsrechtlich geboten.

---

[89] Zur Frage, ob ein Planbedürfnis auch bei privilegierten Anlagen iSd § 35 Abs. 1 BauGB in Betracht kommt näher Brukwicki Das bebauungsrechtliche Planungserfordernis, S. 252ff.

[90] VGH München BayVBl 2003, 661 (662).

[91] VGH Mannheim VBlBW 2022, 389 (389ff.); gegen ein verfassungsrechtlich fundiertes Abwehrrecht von Nachbargemeinden gegen privilegierte Vorhaben Hug Gemeindenachbarklagen im Öffentlichen Baurecht, S. 556f.

[92] Auch das OVG Saarlouis NVwZ-RR 2023, 319 (319 LS), das einen Fall zu entscheiden hatte, in dem sich eine Nachbargemeinde gegen die Genehmigung für die Erweiterung eines Störfallbetriebs wandte, greift zur Begründung eines subjektiven Abwehrrechts auf Art. 28 GG zurück.

E. ANWENDUNGSFRAGEN DER VORHABENZULASSUNG

KARIN MILLER

Konsequenzen der Überschreitung der Durchführungsfrist eines vorhabenbezogenen Bebauungsplans

I. Einführung und Problemstellung

„Deutschland in der Bauflaute" titelt die FAZ in ihrer Ausgabe vom 19.7.2023[1] und berichtet, dass die Zahl der Baugenehmigungen im Wohnungsbau im Mai 2023 im Vergleich zum Vorjahresmonat um 25,9% zurück gegangen sei. Insgesamt sei damit für die Monate Januar bis Mai 2023 ein Rückgang von 27% im Vergleich zum Vorjahr zu verzeichnen. Dem entspricht, dass die Auftragseingänge im Bauhauptgewerbe im Vergleich zum März 2022 um 20,1% zurückgegangen sind. Betroffen ist dabei nicht nur, aber vor allem der Wohnungsbau, der seit April 2022 durchgehend zweistellige Rückgänge im Vergleich zum jeweiligen Vorjahresmonat aufweist.[2] Hintergrund für diesen Konjunktureinbruch im Bau ist die Kombination aus höheren Materialkosten und gestiegenen Zinsen, die dazu führen, dass sich viele Neubauvorhaben nicht mehr rechnen sowie zusätzliche Verunsicherung bei potentiellen Bauherren/Immobilienerwerbern im Hinblick auf steigende energetische Anforderungen an Neu- und Bestandsbauten.

Diese veränderten Rahmenbedingungen haben dazu geführt, dass in der Beratungspraxis für Kommunen und Vorhabenträger seit etwa Herbst 2022 zu beobachten ist, dass in der Aufstellung befindliche vorhabenbezogene Bebauungspläne seitens der Vorhabenträger nicht weiterverfolgt werden, die gem. § 12 BauGB zwingend zu vereinbarenden Durchführungsfristen immer weiter gestreckt werden sollen bzw. in Fällen, in denen vorhabenbezogene Bebauungspläne bereits in Kraft gesetzt, die Durchführungsverträge folglich abgeschlossen sind, die Vorhabenträger auf die Gemeinden mit der Bitte um Fristverlängerungen zukommen.

Die im Durchführungsvertrag zum vorhabenbezogenen Bebauungsplan gem. § 12 Abs. 1 BauGB zu vereinbarende Durchführungsfrist wirft infolge dieser Entwicklung größere Schwierigkeiten auf, als dies in Zeiten boomender Baukonjunktur zu beobachten war und rückt damit gleichzeitig die zentrale Besonderheit der vorhabenbezogenen Bebauungspläne, nämlich das Verhältnis der Bebauungsplansatzung zu den Regelungen des Durchführungsvertrages, stärker als bisher in den Blick.

---

[1] Frankfurter Allgemeine Zeitung, Ausgabe vom 19.7.2023, 17.

[2] Vgl. statt vieler: B_I baumagazin, Online-Portal und Fachzeitschrift für Hoch-, Tief- und Straßenbau sowie Baupolitik; www//bi-medien.de/fachzeitschriften/baumagazin, Internetabruf am 18.7.2023.

II. Intention des Gesetzgebers

Entwickelt als neuartiges Instrument der städtebaulichen Planung noch vor der Wiedervereinigung am 03.10.1990 ursprünglich als § 55 BauZVO der DDR, sah man in dieser Vorschrift eine Möglichkeit, im Beitrittsgebiet, in dem städtebauliche Planungen weitgehend fehlten und gleichzeitig die Kommunen aufgrund fehlender Finanzmittel und fehlenden Personals kaum in der Lage waren, von ihrer Planungshoheit wirkungsvoll Gebrauch zu machen, private Kapazitäten zu nutzen, um strikt vorhabenbezogenes Planungsrecht zu schaffen.[3] Von Beginn an zeichnete sich dieses Planungsinstrument, das in der Folgezeit in mehreren Schritten in Dauerrecht übernommen und schließlich als Bebauungsplan an die Verfahrensvorschriften des BauGB für Bebauungspläne angeglichen wurde, durch folgende Besonderheiten aus:

Es handelt sich nicht um eine Angebotsplanung, sondern – auch in den Fällen des § 12 Abs. 3a BauGB – um eine vorhabenbezogene und auf baldige Realisierung angelegte Planung, weswegen sich der Vorhabenträger zur Durchführung des Vorhabens innerhalb einer bestimmten Frist zu verpflichten hat.

Die Planung besteht aus dem vorhabenbezogenen Bebauungsplan, der das Planungsrecht gibt und dem Vorhaben- und Erschließungsplan, der das innerhalb dieses Bebauungsplans ausschließlich zulässige Vorhaben beschreibt und bestimmt.

Das Verfahren unterstellt eine Kooperation zwischen dem (meist aber nicht zwingend privaten) Vorhabenträger und der planenden Kommune, mithin ein gemeinsam anzustrebendes Projekt.

Die gesetzliche Regelung unterstellt, dass der Vorhabenträger die Kosten der städtebaulichen Planung, der Planung des Vorhabens und gegebenenfalls der erforderlichen Erschließung ganz oder zu Teilen trägt.

Der Erlass des vorhabenbezogenen Bebauungsplans setzt zwingend den Abschluss eines städtebaulichen Vertrages (Durchführungsvertrag), der die Pflichten der Vertragsbeteiligten und insbesondere den Umfang der Kostentragung durch den Vorhabenträger regelt, vor dem Satzungsbeschluss über den Bebauungsplan voraus.

Das Planungsrecht kann entschädigungslos entzogen werden, falls das Vorhaben nicht innerhalb der vereinbarten Frist realisiert wird; die 7-Jahres-Frist des § 42 Abs. 2 BauGB muss in diesem Fall also nicht abgewartet werden.

III. Anwendung dieses Planungsinstruments in der Praxis

1. Interessenlage der planenden Kommune

Die Kommunen wählen das Instrument des vorhabenbezogenen Bebauungsplans häufig deshalb, weil in dem Erfordernis einer konkreten Beschreibung des zu realisierenden Vorhabens die Chance gesehen wird, auf die Planung, insbesondere

[3] Zur Entstehungsgeschichte der Vorschrift ausführlich Krautzberger in EZBK BauGB § 12 Rn. 4ff.

die Gestaltung Einfluss zu nehmen und detailliertere Vorgaben durchzusetzen, als dies im Rahmen der Festsetzungsmöglichkeiten nach § 9 Abs. 1 BauGB iVm den Vorgaben der BauNVO möglich wäre. Vorhabenbezogene Bebauungspläne werden infolgedessen oft als geeignetes Planungsinstrument angesehen, wenn aus Sicht der Kommune besondere Anforderungen an das Bauvorhaben zu stellen sind. Diese besonderen Anforderungen können sich im Einzelfall aus der Lage des Vorhabens (zB Bauen an exponierten Standorten, Bauen im Innerortsbereich), aus rechtlichen Vorgaben (zB Schallschutz durch einen vertraglich vereinbarten Ablauf der Bebauung einer Fläche) oder aus dem Ziel, durch Gestaltungsvorgaben (zB Farbgebung, Materialwahl, Außenanlagen) eine gestalterische Qualität sicherzustellen, die sich auf der Basis von BauGB und BauNVO nicht erreichen lässt, ergeben. Auch ist häufig das Missverständnis zu beobachten, wonach angenommen wird, allein der vorhabenbezogene Bebauungsplan erlaube es, die gesamten Kosten der städtebaulichen Planung und erforderlichenfalls Erschließung dem Vertragspartner der Kommune (Vorhabenträger) aufzuerlegen. Die Frage der Durchführungsfrist spielt dabei für die Kommunen gegenüber diesen vorrangigen Zielen häufig eine untergeordnete Rolle, da sie sich darauf verlassen, dass in der Regel die hohen Vorlaufkosten für die Planung auf Seiten des Vorhabenträgers eine ausreichende Motivation für eine zügige Realisierung des Vorhabens darstellen.

2. *Interessenlage des Vorhabenträgers*

Die Vorhabenträger sind in der Regel entgegen der ursprünglichen Intention des Gesetzgebers bei der Einführung der Vorschrift, die ja von einer Initiative des Vorhabenträgers, die Planung einzuleiten, ausging,[4] wenig erpicht auf einen vorhabenbezogenen Bebauungsplan. Sie sehen – oft zu Recht – die Problematik, dass dem Vorhaben durch zu enge gestalterische Vorgaben die bei der Ausführung notwendige Flexibilität genommen wird und sind sich darüber im Klaren, dass die erforderliche Konkretisierung des Vorhabens im Rahmen des Vorhaben- und Erschließungsplans vergleichsweise hohe Planungsvorlaufkosten bei nicht sicher prognostizierbarem Verlauf des Bebauungsplanverfahrens verursacht; sie sehen insbesondere die Durchführungsfrist häufig deshalb als Problem, weil im Zeitpunkt der Aufstellung des vorhabenbezogenen Bebauungsplans die Vermarktung des Projekts noch unsicher sein kann.[5] Attraktiv wird der vorhabenbezogene Bebauungsplan für die Vorhabenträger vorzugsweise dann, wenn im Vordergrund das Interesse steht, den Umfang des Abwägungsmaterials durch Beschränkung der zulässigen Nutzung auf ein bestimmtes Vorhaben einzugrenzen. Vorhabenbezogene Bebauungspläne tauchen in der Praxis nicht ohne Grund häufig dann auf, wenn Probleme mit der Einhaltung der jeweiligen Vorgaben zum Schallschutz bestehen oder befürchtet werden.

---

[4] Siehe hierzu Krautzberger in EZBK BauGB § 12 Rn. 61.

[5] Vgl. zu den Unsicherheiten, die im Laufe des Planaufstellungsverfahrens bzw. während der laufenden Durchführungsfrist auftreten können u. a. Turiaux NJW 1999, 391 (392), Burmeister VBlBW 2002, 245 (245 ff.).

Allerdings stellt sich für die Vorhabenträger in Zeiten nachlassender Baukonjunktur, wie sie eingangs beschrieben wurde, nun das erhebliche Problem der verbindlichen und konkret festzulegenden Durchführungsfrist, ohne die ein vorhabenbezogener Bebauungsplan nicht wirksam erlassen werden kann.[6] Burmeister stellte in diesem Zusammenhang schon vor einigen Jahren fest, die Durchführungsverpflichtung bilde „das zentrale praktische Problem des vorhabenbezogenen Bebauungsplans".[7]

IV. Die Durchführungsfrist

1. Sinn und Zweck der Durchführungsfrist

Zum Sinn und Zweck der Durchführungsfrist wird in der Literatur die Auffassung vertreten, dass für diese in den eingangs geschilderten Anfängen der Vorschrift „sicherlich unter anderem der Aspekt der Investitionsförderung eine gewisse Rolle gespielt" habe, dass aber daneben außerdem sichergestellt werden sollte, dass der vorhabenbezogene Bebauungsplan nicht dazu benutzt wird, den Wert eines Grundstücks spekulativ zu erhöhen: „dem Grundstückseigentümer sollte nicht die Möglichkeit gegeben werden, die planbedingte Wertsteigerung eines Grundstücks ohne weitere eigene Investitionen durch einen gewinnbringenden Verkauf auszunutzen."[8] Dementsprechend galt ursprünglich, dass der Vorhaben- und Erschließungsplan nicht für jedes Vorhaben eingesetzt werden konnte. Er kam vielmehr nur dann als Planungsinstrument in Betracht, „wenn die Durchführung der Vorhaben für die Sicherung oder Schaffung von Arbeitsplätzen, zur Deckung eines Wohnbedarfs der Bevölkerung oder für erforderliche Infrastrukturmaßnahmen dringlich ist"[9]. Diese Vorgaben sind zwischenzeitlich entfallen. Heute ist die Vereinbarung einer verbindlichen Durchführungsfrist maßgeblich als Ansatzpunkt für den Einstieg in eine entschädigungslose Entziehung des Planungsrechts, soweit das Baurecht nach § 12 Abs. 6 BauGB wieder entzogen werden soll, weil das Vorhaben nicht fristgemäß realisiert wurde.

2. Maximale Dauer der Frist

§ 12 BauGB macht zur zulässigen maximalen Dauer der Durchführungsfrist keine Vorgaben. Die Rechtsprechung hat zwischenzeitlich herausgearbeitet, dass die Frist nicht zwingend datumsmäßig bestimmt, aber jedenfalls bestimmbar sein muss.[10] Ferner ist nach einhelliger Ansicht in der Literatur der vorhabenbezogene

---

[6] Vgl. statt vieler: OVG Bremen 15.3.2023 – 1 D 24/22, Rn. 50, ebenso VGH München 26.11.2019 – 1 N 16.1809, Rn. 4.

[7] Burmeister VBlBW 2002, 245 (245 ff.).

[8] Burmeister VBlBW 2002, 245 (246), ebenso Turiaux NJW 1999, 391 (393).

[9] Krautzberger in EZBK BauGB § 12 Rn. 5a.

[10] Burmeister Praxishandbuch städtebauliche Verträge Rn. 213 mit zahlreichen Nachweisen zur Rechtsprechung.

Bebauungsplan ein auf „baldige Durchführung“ angelegtes Instrument.[11] Darüber, was unter „baldiger Durchführung“ zu verstehen ist, gehen die Meinungen allerdings auseinander.

Während Krautzberger[12] der Auffassung ist, ein Zeitraum von ca. 3 bis 5 Jahren sei für die Durchführung eines Vorhabens ausreichend, soweit sich das Vorhaben nicht durch eine überdurchschnittliche Komplexität auszeichne, referiert Burmeister, dass bei der Bemessung der Frist zu berücksichtigen seien „Umfang und Komplexität des Projekts, die voraussichtlich benötigte Zeit bis zur Erteilung der Baugenehmigung, bis zur Entscheidung über die Finanzierung des Vorhabens, bis zum Abschluss von Verträgen mit künftigen Erwerbern oder Betreibern sowie die geschätzte Bauzeit und Einbeziehung möglicher witterungsbedingter und sonstiger Verzögerungen“. Der Spielraum sei allerdings dann überschritten, „wenn das Fristende so weit in die Zukunft hinausgeschoben ist, dass eine Realisierungspflicht faktisch nicht mehr besteht“.[13]

Uechtritz weist darauf hin, dass die Vertragsparteien des Durchführungsvertrags bei der Vereinbarung der Frist einen weiten Spielraum hätten, die Angemessenheit der zwingend zu vereinbarenden Frist nicht pauschal bestimmt werden könne, so dass lediglich die Einschränkung bestehe, dass die Realisierung des Vorhabens absehbar sein müsse, weil ansonsten der vorhabenbezogene Bebauungsplan zur Angebotsplanung mutiere und damit seine eigentliche Zweckbestimmung verliere.[14]

Reidt führt aus, es dürfe nicht ein Zeitpunkt in ferner Zukunft vereinbart werden. Notwendig sei vielmehr eine terminliche Bindung, die sich an einer ordnungsgemäßen und kontinuierlichen Projektentwicklung orientiere.[15]

Schon diese Übersicht, die keinen Anspruch Vollständigkeit erhebt, zeigt, dass es außerordentlich schwierig ist, klare Kriterien für die Bemessung einer Durchführungsfrist jeweils bezogen auf ein bestimmtes Vorhaben zu definieren. Offenkundig ist lediglich, dass es der vorhabenbezogene Bebauungsplan auch in Zeiten schwacher Baukonjunktur nicht erlaubt, überlange Durchführungsfristen zu vereinbaren, die letztlich dazu führen, dass der vorhabenbezogene Bebauungsplan seinen Charakter als ein auf zügige Durchführung angelegtes Planungsinstrument verliert.[16] Dies gilt auch für die Fälle, in denen Kommune und Vorhabenträger von vornherein zulässiger Weise eine abschnittsweise Realisierung des Vorhabens in Form gestaffelter Fristen für definierte Bauabschnitte oder die Möglichkeit einer Verlängerung der Durchführungsfrist mit Zustimmung der Gemeinde vorsehen.[17]

---

[11] Vgl. statt vieler Krautzberger in EZBK BauGB § 12 Rn. 93.

[12] Krautzberger in EZBK BauGB § 12 Rn. 95.

[13] Burmeister Praxishandbuch städtebauliche Verträge Rn. 213.

[14] Uechtritz in Schäfer/Uechtritz/Zuber Rechtsgestaltung in der kommunalen Praxis, § 14 Rn. 15.

[15] Reidt NVwZ 1996, 1 (5).

[16] Vgl. hierzu OVG Bremen 31.1.2022 – 1 LA 263/20, Rn. 9 zu einem Fall, in dem eine Durchführungsfrist von 9 Jahren, wenn auch zur Errichtung von 400 (!) Einfamilienhäusern, vereinbart war und nicht eingehalten wurde.

[17] Vgl. statt vieler jüngst OVG Bremen 31.1.2022 – 1 LA 263/20, Rn. 22 und Krautzberger in EZBK BauGB § 12 Rn. 95 mwN zur Rechtsprechung.

In der gegenwärtigen Situation der Bauwirtschaft stellt sich also die Frage, was für jene Fälle gilt, in denen der vorhabenbezogene Bebauungsplan bereits in Kraft getreten, der Durchführungsvertrag abgeschlossen ist, mit der Ausführung des Vorhabens aber noch nicht begonnen wurde und der Beginn der Ausführung zeitlich auch nicht absehbar ist, womit sich abzeichnet, dass die vereinbarte Durchführungsfrist nicht eingehalten werden kann.

V. Verhältnis Durchführungsvertrag und Bebauungsplansatzung

1. Allgemeines zum Verhältnis von Durchführungsvertrag und Bebauungsplansatzung

Aus der gesetzlichen Regelung lässt sich zum Verhältnis von Bebauungsplansatzung und Durchführungsvertrag zunächst eine zeitliche Komponente entnehmen, da gefordert wird, dass der Durchführungsvertrag vor dem Satzungsbeschluss über den vorhabenbezogenen Bebauungsplan nach § 10 Abs. 1 BauGB abgeschlossen werden muss; § 12 Abs. 1 Satz 1 BauGB. Eine inhaltliche Abhängigkeit der Bebauungsplansatzung vom Durchführungsvertrag normiert § 12 Abs. 6 BauGB, wonach die Kommune den Bebauungsplan aufheben soll, wenn das Vorhaben nicht innerhalb der Durchführungsfrist durchgeführt wird. Aus diesen Vorgaben des § 12 BauGB hat die Rechtsprechung gefolgert:

Der Durchführungsvertrag ist konstitutive Voraussetzung für den Erlass eines vorhabenbezogenen Bebauungsplans.[18]

Ein vorhabenbezogener Bebauungsplan, der als Satzung beschlossen wird, obwohl zum Zeitpunkt des Satzungsbeschlusses kein verbindliches Angebot des Vorhabenträgers zum Abschluss eines Durchführungsvertrages vorliegt, ist unwirksam.[19]

Das Inkrafttreten des vorhabenbezogenen Bebauungsplans ist konkludente Wirksamkeitsvoraussetzung[20] bzw. Geschäftsgrundlage[21] des Durchführungsvertrages.

Der Durchführungsvertrag ist Gegenstand der Abwägung im Bebauungsplanverfahren, wobei eine Verlagerung der Konfliktbewältigung in den Durchführungsvertrag zu berücksichtigen hat, dass der Vertrag weder rechtsnachfolgesicher noch insolvenzfest ist.[22]

Ein Durchführungsvertrag, der unter einer aufschiebenden Bedingung abgeschlossen wurde, genügt den Anforderungen des § 12 Abs. 1 BauGB nur,

[18] VGH Mannheim NVwZ-RR 2003, 407 (407ff.), Spannowsky FS Birk, 2013, 217 (227) mit weiteren Literaturnachweisen.

[19] Burmeister Praxishandbuch städtebauliche Verträge Rn. 225 und Birk Städtebauliche Verträge Rn. 613, jeweils mwN zur Rechtsprechung. Vertreten wird auch die Ansicht, ein verbindliches Angebot des Vorhabenträgers reiche nicht aus. In diesem Sinne: Spannowsky ZfBR 2010, 429 (437).

[20] Burmeister Praxishandbuch städtebauliche Verträge Rn. 225, Krautzberger in EZBK BauGB § 12 Rn. 99, Turiaux NJW 1999, 391 (393).

[21] Uechtritz in Schäfer/Uechtritz/Zuber Rechtsgestaltung in der kommunalen Praxis, § 14 Rn. 23 und Pietzker DVBl 1992, 658 (660).

[22] Burmeister Praxishandbuch städtebauliche Verträge Rn. 219, OVG Bremen 15.3.2023 – 1 D 24/22, Rn. 50 mwN zur Rechtsprechung.

wenn diese Bedingung zum Zeitpunkt des Satzungsbeschlusses bereits eingetreten ist.[23]

Der Vorhabenträger muss zum Zeitpunkt des Satzungsbeschlusses über den Bebauungsplan den verbindlichen Nachweis der Verfügungsbefugnis über die Vorhabengrundstücke führen können.[24]

Der Durchführungsvertrag nebst Anlagen muss öffentlich ausgelegt werden, soweit er für die Abwägung wesentliche Punkte enthält, die im Bebauungsplan sonst nicht geregelt sind.[25]

2. *Auswirkungen der Fristüberschreitung auf Durchführungsvertrag und Bebauungsplan*

Die Auswirkungen einer Überschreitung der Durchführungsfrist werden im Folgenden für den Fall betrachtet, dass der vorhabenbezogene Bebauungsplan in Kraft gesetzt, der Durchführungsvertrag folglich abgeschlossen, aber weder mit dem Vorhaben noch mit seiner Erschließung begonnen wurde. Verschiedene Reaktionsmöglichkeiten der Beteiligten sind zu betrachten:

a) Die Frist wird überschritten, Kommune und Vorhabenträger wollen an dem Plan und am Vorhaben dennoch festhalten

Es ist auch bei absehbarer Fristüberschreitung nicht auszuschließen, dass Kommune und Vorhabenträger an einem Vorhaben, das bis zum Erlass des vorhabenbezogenen Bebauungsplans bereits erhebliche Planungskosten verursacht hat, trotz Fristüberschreitung festhalten wollen und die Kommune den vorhabenbezogenen Bebauungsplan nicht nach § 12 Abs. 6 BauGB aufheben will. Der Bebauungsplan wird durch die Fristüberschreitung nicht obsolet oder tritt „automatisch" außer Kraft, wie sich aus § 12 Abs. 6 BauGB ohne weiteres ergibt. Auch der Durchführungsvertrag bleibt bestehen, soweit er nicht durch Rücktritt, Kündigung oder einvernehmliche Aufhebung beseitigt wird oder schon im Vertrag selbst ein „Automatismus" angelegt wurde, wonach der Durchführungsvertrag unwirksam wird, wenn der vorhabenbezogene Bebauungsplan aufgehoben wird.[26]

Eine Umdeutung des vorhabenbezogenen Bebauungsplans in einen Angebotsbebauungsplan kommt in diesen Fällen nach einhelliger Auffassung in der Literatur nicht in Frage.[27] Es besteht zunächst die Möglichkeit, dass die Vertragspartner in

---

[23] VGH Mannheim 29.3.2023 – 5 S 1291/22, Rn. 65 fordert im Falle noch ausstehenden Grunderwerbs die Auflassung und Eintragung des Vorhabenträgers als Eigentümer des Vorhabengrundstücks im Grundbuch.

[24] OVG Magdeburg 22.10.2022 – 2 K 62/19, Rn. 43.

[25] VGH Mannheim 29.3.2023 – 5 S 1291/22, Rn. 65. In der Tendenz ebenso: OVG Bremen 15.3.2023 – 1 D 24/22, Rn. 50, OVG Münster 2.8.2021 – 2 B 1893/20, Rn. 22, Reicherzer NVwZ 2017, 1233 (1234).

[26] BVerwG NVwZ 2017, 1291 (1291 ff.) spricht davon, dass der Durchführungsvertrag „erlischt", wenn der Vorhabenträger die Durchführungsfrist nicht einhält.

[27] Uechtritz in Schäfer/Uechtritz/Zuber Rechtsgestaltung in der kommunalen Praxis, § 14 Rn. 11, ebenso Burmeister Praxishandbuch städtebauliche Verträge Rn. 225 und Birk Städtebauliche Verträge Rn. 589.

diesen Fällen eine oder mehrere Verlängerungen der Durchführungsfrist vereinbaren. Die Verlängerung der Durchführungsfrist durch Änderung des Durchführungsvertrages ist nicht nur in den Fällen, die § 12 Abs. 3a S. 2 BauGB regelt, zulässig,[28] wenn und soweit sie der Zustimmung der Gemeinde unterworfen ist.[29] Eine einvernehmliche Verlängerung führt dazu, dass die Kommune die Entscheidung über die Aufhebung des Plans zunächst zurückstellen kann, die vom Vorhabenträger aufgewandten Kosten fürs Erste nicht verloren sind, stößt aber bei mehrfacher Verlängerung an die Grenzen, die im Zusammenhang mit der erstmaligen Vereinbarung der Frist bereits geschildert wurden. Auch mehrfache Fristverlängerungen dürfen nicht dazu führen, dass die Realisierung des Vorhabens in „die ferne Zukunft" verschoben wird.

Die Verlängerung der Frist löst mithin das Problem nicht, falls der Vorhabenträger auch die Einhaltung der verlängerten Frist nicht verbindlich zusagen kann. In diesen Fällen stellt sich eher die Frage, ob mit mehreren Fristverlängerungen nicht die eigentliche Zielsetzung eines Verfahrens nach § 12 BauGB unterlaufen wird. Ferner wirft diese Vorgehensweise das Problem auf, wie nach möglicherweise mehreren Verlängerungen eine Situation definiert werden kann, aufgrund derer die Kommune weitere Verlängerungen ablehnen und in das Verfahren zur Aufhebung des vorhabenbezogenen Bebauungsplans eintreten kann. Anders formuliert: wann ist der Punkt erreicht, ab dem der Vorhabenträger nicht mehr darauf vertrauen darf, dass die Gemeinde eine weitere Fristverlängerung akzeptiert? Wie bewältigt die Kommune in dieser Situation den Wechsel vom Erhalt des Planungsrechts durch mehrfache Fristverlängerung zur Aufhebung des Plans in der im Aufhebungsverfahren vorzunehmenden Abwägung der Belange auch des Vorhabenträgers?

Die Vereinbarung von Erfüllungssicherheiten wird in diesen Fällen nicht weiterhelfen. Sie können nicht dazu beitragen, dass das nach wie vor von der Kommune gewünschte Vorhaben zeitnah realisiert wird. Schließlich ist schwer vorstellbar, dass eine Kommune durch Inanspruchnahme von Sicherheiten den Versuch unternimmt, die Realisierung eines Vorhabens durchzusetzen, das der Vorhabenträger selbst im gegebenen Moment nicht für wirtschaftlich realisierbar hält. Die Inanspruchnahme vereinbarter Sicherheiten wird allenfalls dann in Frage kommen, wenn diese zumindest auch zur Absicherung von Erschließungsmaßnahmen gestellt wurden, deren Herstellung auch dann zweckmäßig ist, wenn das Vorhaben, mit dem sie verknüpft waren, nicht realisiert wird. Diese Fälle dürften selten sein.

Auch die Vereinbarung von Vertragstrafen hat regelmäßig nur zur Folge, dass der vereinbarte Betrag von der Kommune vereinnahmt werden kann, sobald die für die Verwirkung der Vertragsstrafen definierten Voraussetzungen eingetreten sind, nicht aber, dass das Vorhaben selbst realisiert wird. Es stellt sich also schon die Frage, ob die Vereinbarung von Vertragsstrafen als Erfüllungssicherheit in Fällen vorhabenbezogener Bebauungspläne überhaupt als eine sachgerechte Form der Sicherung angesehen werden kann.

[28] Krautzberger in EZBK BauGB § 12 Rn. 95.
[29] Burmeister Praxishandbuch städtebauliche Verträge Rn. 213.

b) Die Frist ist überschritten, die Gemeinde entschließt sich, den Bebauungsplan nach § 12 Abs. 6 BauGB aufzuheben

Hat sich eine Kommune nach Überschreitung der Durchführungsfrist entschieden, das gewährte Planungsrecht wieder kassieren zu wollen, weil an der Realisierung des Projekts kein Interesse mehr besteht oder an der Leistungsfähigkeit des Vorhabenträgers begründete Zweifel aufgetreten sind,[30] so ergibt sich aus der Regelung des § 12 Abs. 6 BauGB, dass ein vorhabenbezogener Bebauungsplan bei Nichteinhaltung der Durchführungsfrist nicht automatisch außer Kraft tritt oder obsolet wird.[31] Gefordert wird vielmehr die Aufhebung des Plans, die gem. § 1 Abs. 8 BauGB im selben Verfahren zu erfolgen hat wie dessen Aufstellung, also einer Abwägung der Belange gem. § 1 Abs. 7 BauGB bedarf.[32] Die Regelung erscheint sachgerecht, weil nur auf diese Weise der Rechtsschein der Wirksamkeit des Bebauungsplans zuverlässig beseitigt werden kann und klargestellt ist, dass die Baurechtsbehörde bei der Beurteilung der Zulässigkeit von Bauvorhaben nicht mehr an die Festsetzungen des Bebauungsplans gebunden ist.

Nach Auffassung von Krautzberger ist aus der Tatsache, dass die Aufhebung des vorhabenbezogenen Bebauungsplans in § 12 Abs. 6 BauGB als „Soll-Vorschrift" formuliert ist, abzuleiten, dass die Aufhebung des Bebauungsplans der Regelfall bei Eintritt einer Fristüberschreitung jedenfalls dann ist, wenn mit der Ausführung des Vorhabens noch nicht begonnen wurde.[33]

Beabsichtigt die Gemeinde, das Planungsrecht auf der Basis von § 12 Abs. 6 BauGB wieder zu entziehen, so besteht keine Pflicht der Gemeinde, vor Aufhebung des Bebauungsplans – gleichsam als milderes Mittel – etwaige Ansprüche aus dem Durchführungsvertrag geltend zu machen. Gefordert ist lediglich eine sachgerechte Entscheidung über die Aufhebung des Bebauungsplans und eine ordnungsgemäße Abwägung der Belange sowohl der Kommune als auch des Vorhabenträgers.[34] Dabei besteht die Möglichkeit des entschädigungslosen Entzugs von Planungsrechts innerhalb der 7-Jahres-Frist gem. § 12 Abs. 6 BauGB nur in Fällen, in denen die Aufhebung aus Gründen der Fristüberschreitung einer in einem Durchführungsvertrag vereinbarten Durchführungsfrist erfolgt. Fälle der Aufhebung oder Änderung von Bebauungsplänen aus anderen (städtebaulichen) Gründen werden von dieser Vorschrift nicht erfasst.[35]

Gefordert ist in der Abwägung eine „legitime städtebauliche Entscheidung".[36] Damit stellt sich die Frage, ob das Abstellen auf die Fristüberschreitung schon ausreicht, um das Abwägungsmaterial im Zuge der Aufhebung des Plans dergestalt zu verkürzen, dass allein die Fristüberschreitung für sich genommen schon genügt, um

---

[30] Vgl. den Fall OVG Bremen 31.1.2022 – 1 LA 263/20, Rn. 32.

[31] So auch Reicherzer NVwZ 2017, 1233 (1233ff.) und Külpmann JurisPR-BVerwG 19/2017 Anm. 1.

[32] Birk Städtebauliche Verträge Rn. 577.

[33] OVG Potsdam 10.12.2008 – 2 A 10.07, Rn. 69.

[34] OVG Potsdam 10.12.2008 – 2 A 10/07, Rn. 59 und Krautzberger in EZBK BauGB § 12 Rn. 156.

[35] Krautzberger in EZBK BauGB § 12 Rn. 159.

[36] Burmeister Praxishandbuch städtebauliche Verträge Rn. 228.

abwägungsfehlerfrei zur Aufhebung des vorhabenbezogenen Bebauungsplans zu gelangen oder ob die Kommune auch in diesem Fall zusätzlich einen städtebaulichen Grund benötigt, warum es bei dem ursprünglich gewährten Baurecht nicht verbleiben soll. Die herrschende Meinung geht davon aus, dass allein die Fristüberschreitung nicht als Grund für eine abwägungsfehlerfreie Aufhebung des Plans ausreicht, stellt bisher aber maßgeblich die in der Abwägung zu berücksichtigenden Belange des Vorhabenträgers in den Vordergrund. So soll die Kommune beispielsweise bei ihrer Abwägungsentscheidung in Rechnung stellen, ob Anhaltspunkte gegeben sind, wonach prognostisch der Vorhabenträger nicht oder nicht in absehbarer Zeit in der Lage sein wird, das Vorhaben zeitnah zu realisieren. Die Investitionen, die der Vorhabenträger bis dahin in die Planung getätigt hat, sollen trotz § 12 Abs. 6 BauGB bei dieser Abwägungsentscheidung ebenso zu gewichten sein wie die Frage, ob der Vorhabenträger die Verzögerung selbst zu vertreten hat bzw. ob und inwieweit das Vorhaben bereits ins Werk gesetzt ist.[37]

Fraglich ist, ob dic Kommune in einem solchen Fall die Aufhebung des Bebauungsplans durch Erlass einer Veränderungssperre sichern kann, obwohl § 12 Abs. 3 BauGB dieses Sicherungsinstrument im Rahmen des vorhabenbezogenen Bebauungsplans für nicht anwendbar erklärt. Dies wird mit der Argumentation bejaht, der Ausschluss des § 14 BauGB gelte nur für die Aufstellung des vorhabenbezogenen Bebauungsplans, aber nicht für dessen Aufhebung, weil ansonsten die Aufhebung des Plans weitgehend wirkungslos bliebe, sobald der Vorhabenträger auf der Basis einer vorliegenden Baugenehmigung mit dem Bau beginne.[38]

Die Frage ist, was im Fall der Aufhebung des vorhabenbezogenen Bebauungsplans nach § 12 Abs. 6 BauGB mit dem Durchführungsvertrag geschieht. Es kann wohl analog zur Vorgabe des § 12 Abs. 6 BauGB davon ausgegangen werden, dass im Falle der Aufhebung des vorhabenbezogenen Bebauungsplans auch der Durchführungsvertrag nicht automatisch als aufgehoben gelten kann. Nach der Rechtsprechung des Bundesverwaltungsgerichts[39] kann die Gemeinde im Durchführungsvertrag vorsehen, dass dieser erlischt oder gekündigt werden kann, wenn der Vorhabenträger die Durchführungsfrist nicht einhält.[40] Der Wegfall des Durchführungsvertrags soll dann zur Folge haben, dass die Festsetzungen des Bebauungsplans außer Funktion treten und das vereinbarte Vorhaben planungsrechtlich nicht mehr an § 30 Abs. 2 BauGB gemessen werden kann.[41] Diese Auffassung ist in der Literatur[42] zu Recht kritisiert worden. Die Frage, ob die Zulässigkeit eines Bauvorhabens im Geltungsbereich eines vorhabenbezogenen Bebauungsplans nach Überschreitung der Durchführungsfrist noch an § 30 Abs. 2 BauGB zu messen ist oder nicht, kann nicht von der für einen Außenstehenden bzw. auch die Baugenehmigungsbehörde nicht bzw. kaum überprüfbaren Überschreitung der Durchführungsfrist,

37 Burmeister Praxishandbuch städtebauliche Verträge Rn. 228.

38 Reicherzer NVwZ 2017, 1233 (1237). Ebenso: VGH München NVwZ-RR 2016, 215 (215 ff.) und Burmeister Praxishandbuch städtebauliche Verträge Rn. 228.

39 So BVerwG NVwZ 2017, 1291 (1291 ff.).

40 Burmeister Praxishandbuch städtebauliche Verträge Rn. 213.

41 BVerwG NVwZ 2017, 1291 (1291 ff.).

42 Reicherzer NVwZ 2017, 1233 (1235).

die sich allein aus dem Durchführungsvertrag entnehmen lässt, abhängen, solange der noch nicht aufgehobene vorhabenbezogene Bebauungsplan jedenfalls noch den Rechtsschein seiner Wirksamkeit entfaltet. Anderenfalls hätte der Gesetzgeber auf die Forderung der Aufhebung des Plans in § 12 Abs. 6 BauGB verzichten und den Automatismus einführen können, wonach der Bebauungsplan bei Fristüberschreitung obsolet wird und nicht mehr anzuwenden ist.

Was aber, wenn sich die Kommune eine Beendigung des Vertragsverhältnisses in der geschilderten Art und Weise im Durchführungsvertrag nicht vorbehalten hat? Man wird in diesen Fällen wohl davon ausgehen müssen, dass nicht nur das Inkrafttreten, sondern auch der Bestand des vorhabenbezogenen Bebauungsplans Geschäftsgrundlage des Durchführungsvertrags waren. Eine Vertragsanpassung des infolge der Aufhebung des Bebauungsplans notleidend gewordenen Durchführungsvertrages kommt nach Aufhebung des Planungsrechts nicht mehr in Frage; es soll in diesen Fällen vielmehr ein Anspruch der Kommune auf Kündigung des Durchführungsvertrags wegen des Wegfalls der Geschäftsgrundlage infolge der Aufhebung des vorhabenbezogenen Bebauungsplans bestehen.[43] Teilweise wird auch die Auffassung vertreten, mit der Nichteinhaltung der Frist verstoße der Vorhabenträger gegen eine wesentliche Vertragspflicht, dies habe zur Folge, dass die Kommune berechtigt sei, die weitere Durchführung des Vertrages zu verweigern. Infolgedessen habe der Vorhabenträger in diesem Fall auch keinen Anspruch auf eine (weitere) Fristverlängerung mehr gegen die Gemeinde. Andernfalls sei die Sollvorschrift des § 12 Abs. 6 BauGB und die daraus folgende Aufforderung zur Aufhebung des Bebauungsplans sinnlos.[44]

c) Die Frist ist überschritten, die Vertragsparteien unternehmen nichts

Die Praxis zeigt, dass in vielen Fällen vorhabenbezogene Bebauungspläne auch nach Überschreitung der Durchführungsfrist tatsächlich nicht aufgehoben werden. Die Vermutung liegt nahe, dass die Kommunen mit der Aufhebung zögern, weil sie die Kosten des Aufhebungsverfahrens naturgemäß selbst tragen müssen und weil die Anforderungen an das Verfahren zur Aufhebung des Bebauungsplans als aufwendig und rechtlich angreifbar angesehen werden.

Der vorhabenbezogene Bebauungsplan wurde wirksam erlassen und bleibt wirksam, solange das Verfahren zur Aufhebung des Plans nach § 12 Abs. 6 BauGB nicht durchgeführt wird. Die Baurechtsbehörde ist gehalten, dieses Planungsrecht anzuwenden. Eine Verwerfungskompetenz dürfte ihr wohl auch in einem solchen Fall nicht zustehen.[45]

Der Durchführungsvertrag wiederum wird ebenso wenig wie der Bebauungsplan aufgehoben oder gekündigt, womit sich aus der vorstehend zitierten Entscheidung des Bundesverwaltungsgerichts[46] ergibt, dass, solange der Durchführungsvertrag nicht „beseitigt“ ist, ein Anspruch auf Erteilung von Baugenehmigungen für

---

[43] Burmeister VBlBW 2002, 245 (250).
[44] VG Bremen 9.2.2020 – 1 K 2292/16, Rn. 68.
[45] Vgl. zum Stand der Diskussion VGH Mannheim NVwZ 2016, 398 (398 ff.).
[46] BVerwG NVwZ 2017, 1291 (1291 ff.).

das im vorhabenbezogenen Bebauungsplan, im Vorhaben- und Erschließungsplan und im Durchführungsvertrag bzw. in Fällen des § 12 Abs. 3a BauGB im Durchführungsvertrag konkretisierte Vorhaben auf der Basis des § 30 Abs. 2 BauGB besteht. Die Überschreitung der Durchführungsfrist bleibt angesichts dessen folgenlos, solange die Kommune nicht durch Aufhebung des Plans reagiert. Reicherzer[47] stellt für den Fall einer bestandskräftigen Baugenehmigung nach Ablauf der Durchführungsfrist die Überlegung an, dass die Gemeinde den Vorhabenträger im Durchführungsvertrag verpflichten könne, von der Baugenehmigung nach Ablauf der Frist keinen Gebrauch mehr zu machen. Er hält aber auch fest, dass die Gemeinde einen solchen Unterlassungsanspruch auf vertraglicher Grundlage einklagen müsse. Auf ein Einschreiten der Baugenehmigungsbehörde dürfe sie nicht hoffen.

Ungeachtet dieser ungelösten praktischen Probleme wird in der Rechtsprechung die Ansicht vertreten, die Nichteinhaltung der Frist könne nicht ohne rechtliche Folgen bleiben und stehe nicht zur freien Disposition der Vertragsbeteiligten.[48] Es handle sich vielmehr um ein im öffentlichen Interesse strikt zu beachtendes Verfahrenserfordernis.[49] Konkrete Ausführungen dazu, welche Rechtsfolgen in einem solchen Fall eintreten sollen, nachdem vorstehend festzustellen war, dass es weder beim vorhabenbezogenen Bebauungsplan noch beim Durchführungsvertrag einen „Automatismus" gibt, der bei Fristüberschreitung ohne Zutun der Beteiligten greift, bleibt die zitierte Rechtsprechung allerdings schuldig.

Mit der Rechtsprechung des BVerwG[50] ist davon auszugehen, dass in den Fällen konsequenten Nichtstuns sowohl auf Seiten der Kommune als auch auf Seiten des Vorhabenträgers das durch den vorhabenbezogenen Bebauungsplan, den Vorhaben- und Erschließungsplan sowie den Durchführungsvertrag konkret zugelassene Vorhaben trotz Fristüberschreitung dauerhaft zulässig bleibt. Zulässig ist – auch in den Fällen des § 12 Abs. 3a BauGB, in denen das Vorhaben im Durchführungsvertrag konkretisiert wird – ausschließlich das vereinbarte und festgesetzte Vorhaben. Nur bezüglich dieses Vorhabens besteht weiterhin ein Anspruch auf bauordnungsrechtliche Zulassung.

Häufig dürfte sich das Problem faktisch dadurch lösen, dass nach Überschreitung der Durchführungsfrist über so manches Vorhaben die Zeit hinweg gegangen ist, so dass an dessen Realisierung auch von Seiten des Vorhabenträgers kein Interesse mehr besteht. Die Ausführung des Vorhabens unterbleibt, die Gemeinde kann nach Ablauf der 7-Jahres-Frist andere städtebauliche Ziele verfolgen, soweit ein Planungsbedürfnis besteht.

---

[47] Reicherzer NVwZ 2017, 1233 (1236).
[48] VG Bremen, 9.2.2020 – 1 K 2292/16, Rn. 68.
[49] VGH München 26.11.2019 – 1 N 16.1809, Rn. 3.
[50] BVerwG NVwZ 2017, 1291 (1291 ff.).

VI. Fazit

1. Für noch nicht abgeschlossene Verfahren zur Aufstellung vorhabenbezogener Bebauungspläne hat die aktuell zu beobachtende schwache Baukonjunktur zur Folge, dass sie als Planungsinstrument ungeeignet sind, wenn und solange der Vorhabenträger außerstande ist, sich auf eine verbindliche und im Hinblick auf die Komplexität des Vorhabens angemessene Durchführungsfrist einzulassen.

2. Für diese Fälle bleibt die Möglichkeit der Aufstellung eines Angebotsbebauungsplans, flankiert durch ergänzende Regelungen eines städtebaulichen Vertrages. Die Besonderheiten des vorhabenbezogenen Bebauungsplans, insbesondere die Begrenzung des Planungsrechts auf ein ganz bestimmtes Vorhaben und die Möglichkeit zu entschädigungslosem Entzug des Planungsrechts stehen dann nicht zu Gebote, was insbesondere aus Sicht der Kommune misslich sein kann, wenn man bedenkt, dass der städtebauliche Vertrag weder rechtsnachfolge- noch insolvenzsicher ist.

3. Die anerkannten Möglichkeiten wie die Realisierung des Vorhabens in mehreren Bauabschnitten und das Vorsehen einer Verlängerungsmöglichkeit für die Durchführungsfrist im Ermessen der Kommune können aktiviert werden, setzen aber ebenfalls voraus, dass ein Zeitraum für die Realisierung des Vorhabens zumindest seriös abschätzbar ist.

4. Mit Rücksicht auf die Rechtsprechung des Bundesverwaltungsgerichts[51] sollte in jeden Durchführungsvertrag eine Regelung aufgenommen werden, wonach die Kommune berechtigt ist, den Vertrag zu kündigen, falls der Vorhabenträger die vereinbarte Durchführungsfrist nicht einhält. Von der Vereinbarung einer auflösenden Bedingung für diesen Fall ist abzuraten, weil diese Konstruktion dazu führen kann, dass der Vertrag „erlischt" ohne dass dies registriert wird oder von den Vertragsbeteiligten gesteuert werden kann.

5. Der vorhabenbezogene Bebauungsplan sollte nur für Projekte eingesetzt werden, die zeitlich und inhaltlich überschaubar erscheinen.[52] Für hochkomplexe Planungen oder Vorhaben, deren Realisierung sich über einen Zeitraum von mehreren Jahren erstreckt, ist der vorhabenbezogene Bebauungsplan nicht geeignet.

6. Wird der vorhabenbezogene Bebauungsplan trotz Fristüberschreitung nicht aufgehoben und bleibt der Durchführungsvertrag auch in diesen Fällen erhalten (wird also weder gekündigt noch enthält er eine auflösende Bedingung für den Fall der Fristüberschreitung), dann bleibt es bei dem für das konkret definierte Vorhaben gewährten Baurecht. Auf dessen Zulassung besteht weiterhin ein Rechtsanspruch.

---

[51] BVerwG NVwZ 2017, 1291 (1291 ff.).

[52] Burmeister VBlBW 2002, 245 (251), Turiaux, NJW 1999, 391 (392).

STEFAN HOLL

Einzelhandel planen und genehmigen

I. Einleitung

Seit jeher ist der Einzelhandel einer der maßgeblichen Frequenzbringer für unsere Zentren. Einzelhandel beansprucht Flächen, konkurriert mit anderen Nutzungen, ist Frequenzerzeuger und Verkehrsziel, Mieter und Investor. Aus planerischer Sicht und für Bürger gehört er zur Innenstadt „dazu" – eine Innenstadt ohne Einzelhandel ist so wenig denkbar wie ein größeres Wohngebiet ohne Nahversorgung.

Auch deshalb beschäftigt kaum ein Thema bis heute die Akteure im Handel, der Immobilienwirtschaft, bei Kommunen und übergeordneten Planungsträgern so intensiv wie die standörtliche Steuerung von Handelsbetrieben und die möglichen Auswirkungen ihrer Ansiedlung bzw. Erweiterung.[1]

Gleich ob Lebensmittel- oder Drogeriemarkt, Einkaufszentrum, Möbelhaus, Sport- oder Fahrradfachmarkt – durch Neuansiedlungen aber auch durch Erweiterung und Verlagerungen sind neben Flächenverbrauch, Veränderungen des Orts- und Landschaftsbildes, räumliche Veränderungen des Verbraucherverhaltens (und damit auch der Verkehrsmengen) sowie ein verändertes Investitionsverhalten zu erwarten.

Zwar wurde der Handel vor etwa einem Jahrzehnt als einer der Hauptkonfliktpunkte der Kommunalpolitik von den Herausforderungen der Verkehrsplanung sowie des Klimawandels, den kommunalen Folgen der Bewältigung der Flüchtlingsproblematik einschließlich des Überfalls auf die Ukraine abgelöst. Der vorliegende Beitrag ordnet in einer kurzen historischen Betrachtung die Entwicklung des Einzelhandels in Deutschlands nach dem 2. Weltkrieg und benennt absehbare Entwicklungstrends. Ergänzend werden die Instrumente der planerischen Steuerung des Einzelhandels und neuer planerischer Herausforderungen skizziert. Ausgangspunkt ist die Darstellung der strukturprägenden Aspekte des Wandels auf der Nachfrage- und Angebotsseite.

---

[1] Der Jubilar und der Verfasser haben langjährig bei der Befassung mit großflächigen Ansiedlungsvorhaben und der diesbezüglichen Ausgestaltung von Forschungsprojekten zusammengearbeitet.

II. Grundzüge der Einzelhandelsentwicklung und ihre städtebauliche Bedeutung

Die Wachstumsdynamik des Handels selbst wird durch handelsexogene Faktoren (wie Demografie, Kaufkraftentwicklung, aber auch regulatorische Vorgaben) sowie handelsendogene Faktoren (Vertriebskonzepte, Betriebstypenwandel oder Investitionsverhalten) bestimmt.

1. Strukturwandel des Einzelhandels und Standortentwicklung bis in die 1970er-Jahre

Ab Anfang der 1970er-Jahre vollzieht sich im deutschen Einzelhandel ein *Strukturwandel,* der v. a. zu Lasten inhabergeführter Fachgeschäfte geht. War in der Nachkriegszeit der Eigentümer innerstädtischer Immobilien, Bewohnerin der Obergeschosse und Betreiber des Handels im Erdgeschoss oft ein und dieselbe Familie, sicherten sich in Folge filialisierte und discountierende Unternehmen sowie Franchisekonzepte, welche ihre größenbedingten, beschaffungsseitigen und logistischen Vorteile nutzten, innerstädtische wie periphere Standorte.

Neben gesellschaftlichen und demografischen Wandlungsprozessen (Demografie, Wanderungsbewegungen, wachsender Anteil älterer Menschen, Trend zu kleineren Familieneinheiten) veränderte die *Neubewertung von Standortfaktoren und Standortqualitäten* durch Einzelhandelsunternehmen die Standort- und Handelslandschaft. Gleichzeitig hat der *Anstieg der Mobilität* mit ihren Folgewirkungen die Einkaufslagen verändert:

- Er löste eine *Stadt-Umland-Wanderung* aus, dh es entstanden um die Stadtzentren herum neue Wohnstandorte. Ab einer gewissen Größe dieser Siedlungsbereiche stellte sich die Versorgungsfrage und waren die Voraussetzungen für die Entwicklung neuer Versorgungslagen gegeben.
- Er ermöglichte den *wirtschaftlichen Betrieb autokundenorientierter Standorte* außerhalb geschlossener Siedlungskörper und stellte zeitgleich die bestehenden Standorte in Frage. Als besonders „profitable" Einzelhandelsstandorte kristallisierten sich v. a. die Schnittstellen von Fern- und Bundesstraßen sowie Durchgangs- und Ausfallstraßen mit hoher Verkehrsfrequenz heraus.
- Die *Benutzung des Pkw zum Warentransport* förderte die Bedeutung des „one-stop-shopping". Von der Entwicklung des „Kofferraumeinkaufs" profitierten v. a. Großflächenbetriebe mit einem breiten und tiefen Warenangebot, wie zB SB-Warenhäuser und Fachmärkte.

Mit der Suburbanisierung ging deshalb bis in die 1970er-Jahre des vorherigen Jahrhunderts ein Bedeutungsrückgang der Zentren einher. Die ins Umland gezogenen Innenstadtbewohner kauften nun dort ein, der für den Einkauf in den Innenstädten nötige stetig wachsende Stellplatzbedarf stellte neben den Bestandsimmobilien den Handel in den Innenstädten vor schwierige und sehr kostenaufwändige Herausforderungen.

2. *Stadtsanierung als Chance zur Wiederbelebung der Zentren*

Der Gesetzgeber machte im Jahr 1971 mit der Einfügung des besonderen Städtebaurechts in das Baugesetzbuch den Weg frei für eine Revitalisierung und wirtschaftliche Stärkung der Zentren und die nunmehr ein halbes Jahrhundert währende Erfolgsgeschichte der Städtebauförderung.[2]

In Folge beschäftigten sich Gewerbeplaner, Stadtplaner und Wirtschaftsförderer mit „Marktgutachten". Kommunen und Sanierungsträger planten die anlaufenden Sanierungen sowie weitere Handelsentwicklungen im Zentrum betreffend Standortwahl und Branchenmix der gewerblichen Nutzungen – die Erdgeschosse der seinerzeit ihre Funktionen einbüßenden Ortszentren wurden neu geplant. Viele der damaligen Gutachten waren mit Blick auf wachsende Märkte absatzorientiert[3] oder wettbewerbsorientiert.[4] Die europäische Wirtschaft wuchs trotz erster mahnender Stimmen[5] und der ersten Ölkrise 1973 robust.[6]

Spätestens ab dieser Phase wurde der Ausbau des Handels in den Zentren als Motor der Stadtbelebung gesehen, Fachhandel, Kaufhäuser und später Einkaufszentren wurden in die zum Teil noch von den Kriegsfolgen perforierten Zentren gebaut. Der Handel und die seine Projekte finanzierende Immobilienwirtschaft legten in diesen Jahren vielerorts den Grundstein für die innerstädtische Nutzungsdominanz des Einzelhandels und trennten die Funktionen „Wohnen" und „Arbeiten" vom „Einkauf"; von den heute planerisch favorisierten Mixed-Use-Konzepten war man damals weit entfernt. Zeitgleich wurden auch in peripheren Lagen Handelsstandorte entwickelt.

Im Anschluss wurde Deutschland ab 1982 bis Ende der 1990er-Jahre durch Helmut Kohl geprägt[7]; in diesen Jahren wurden periphere Entwicklungen im Handel zunehmend kritischer betrachtet und in Nordrhein-Westfalen mit dem Instrument der Raumverträglichkeitsprüfung experimentiert.

Bis 1990 war die wirtschaftliche Entwicklung in der Bundesrepublik noch durch einen nachhaltigen Konjunkturaufschwung gekennzeichnet, der seinen Niederschlag nicht nur in der Einkommensentwicklung, der Konsum- und Handelsflächenentwicklung fand, sondern als Randnotiz auch die Nachfrage nach Einzelhandelsgutachten in Deutschland „befeuerte". Der Einzelhandel erzielte in diesen Jahren gerade beim langfristigen Bedarf und bei konsumigen Sortimenten erhebliche Umsatzzuwächse; die Immobilienwirtschaft tätigte weiter Investitionen auch in Innenstädte und die stark wachsenden Shoppingcenter.

---

[2] In diese Zeit fällt auch die Gründung der GMA, Gesellschaft für Markt- und Absatzforschung mbH, 1972 in Ludwigsburg.

[3] Kein Wunder bei der damaligen Dynamik im Wohnungsneubau, von der wir heute nur träumen können.

[4] In Kaufmannskreisen rauchten die Köpfe: Wie stärken wir unseren Standort, und schneiden ein möglichst großes Stück aus dem Kaufkraftkuchen?

[5] Veröffentlichung des Club of Rome „Die Grenzen des Wachstums" 1972.

[6] Beides wurde im Nachgang als Wegmarke im Rückspiegel betrachtet.

[7] Helmut Kohl war auch der Rheinland-pfälzische Ministerpräsident, in dessen Amtszeit die Universität Kaiserslautern 1970 ihren Betrieb aufnahm, der als CDU-Vorsitzender den Ausbau der CDU als Mitgliederpartei vorantrieb und der last but not least 1989 die Wiedervereinigung Deutschlands maßgeblich gestaltete.

Bei der *Wiedervereinigung 1989* betrug die Einzelhandelsausstattung der ostdeutschen Kommunen bestenfalls ein Sechstel der Verkaufsfläche vergleichbarer Städte in den alten Bundesländern; aus (kommunal-)politischer Sicht war im Zeitraffertempo ein funktionierendes Versorgungsnetz aufzubauen: die Menschen in den neuen Bundesländern wollten nicht für Aldi auf die Straße gehen, sie wollten dort einkaufen. Im Gegenstromprinzip zu den Konsumenten aus Ostdeutschland, die sich in den westdeutschen Handel der Grenzstädte orientierten, ergossen sich Investoren und Dienstleister in die nahezu unbearbeiteten Märkte.

Getragen durch einen Bedeutungszuwachs großflächiger Betriebe verzeichnete der Einzelhandel in den westlichen Bundesländern von 1995–2010 einen *Verkaufsflächenzuwachs* von ca. 20,0 Mio. m^2 (+ 25%). In den neuen Bundesländern verlief die Verkaufsflächenexpansion sogar noch rasanter. Seit dem Jahr 1995 entstanden dort ca. 6,0 Mio. m^2 Verkaufsfläche neu (+ 40%). In der Nachbetrachtung war dies die letzte durchgängige Wachstumsphase des stationären Handels in Deutschland.

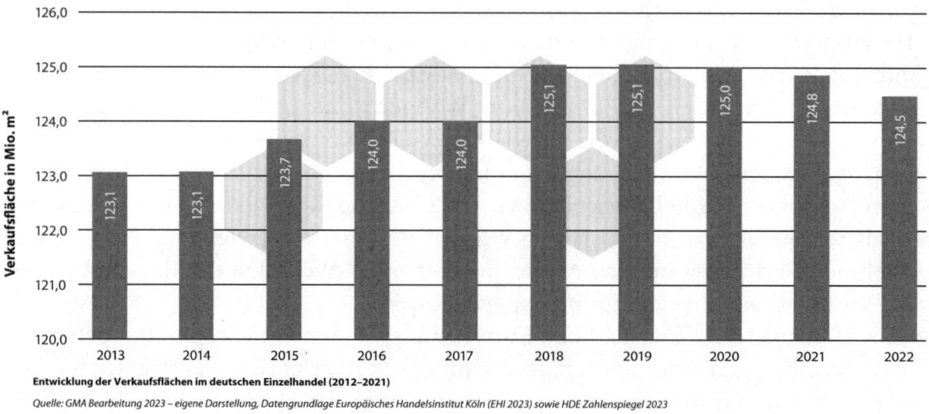

Abb. 1: Verkaufsflächenentwicklung im Einzelhandel; GMA 2023 auf Datenbasis von EHI Handelsdaten aktuell 2023 sowie HDE Zahlenspiegel 2023.

In allen Bundesländern zeigten sich in der ersten Dekade des neuen Jahrtausends gleichermaßen die Grenzen ungebremsten Wachstums bei Umsätzen und Flächen im Handel. Hatte noch unmittelbar nach der Wende eine nahezu durchgängige Abwanderung von Ost nach West die Bevölkerungsentwicklung in den neuen Ländern bestimmt, waren es später kleinräumliche Wanderungsbewegungen, welche die Grenzen kleinräumlicher Märkte auch in Westdeutschland setzten.

Die *Konsumzurückhaltung* breiter Bevölkerungsschichten und der Wunsch der Verbraucher v. a. preiswert einzukaufen, führte zu einer Absenkung des Qualitätsniveaus; vielerorts geriet dadurch zunächst das mittlere Preissegmentes unter Druck. Fehlende Flächennachfrage führte bei 1b- und 1c-Lagen zu einem Bedeutungsverlust. Hier traten zunehmend *Fluktuation, Mindernutzungen und Leerstand* auf.

Die *Konzentration* auf der Angebotsseite führt in Innenstädten und Ortszentren nicht selten zur Uniformität der Betriebs- und Warenangebote. Hertie, Horten, Karstadt, Kaufhof, Kaufring oder Neckarmann – die Warenhäuser und der lokal verwurzelte Fachhandel verloren ihre Funktion als Leitbetriebe der Innenstädte. An ihre Stelle traten zunächst Handelsmarken *(„Retail Brands")* aus dem mittelfristigen Bedarf (Textil/Schuhe/Sport, Elektronik) und später auch Anbieter des täglichen Bedarfs (Drogeriewaren, Nahrungs- und Genussmittel) sowie Fachmarktangebote und Factory-Outlets, die im Gegensatz zur überwiegend auf Innenstädte orientierten Neuentwicklung von *Shoppingcentern*[8] ausschließlich Grüne-Wiese-Standorte belegten. Nach etwa 2010 kam die vormals beachtliche Verkaufsflächenexpansion schon vor dem Boom des Onlinehandels weitgehend zum Stillstand und wurde durch Ersatzinvestitionen abgelöst. Bei dieser Gesamtbetrachtung darf jedoch nicht vernachlässigt werden, dass sich die Branchen und Betriebstypen unterschiedlich entwickelten, wie etwa bei der Nahversorgung.

3. Nahversorgung: Lebensmittel und Drogeriewaren im Fokus

Nach wie vor bespielen die Betriebe der Nahversorgung das Expansionsgeschehen in Deutschland. Dabei haben sich in den zurückliegenden drei Dekaden im Lebensmitteleinzelhandel in Deutschland *discountierende Angebotsformen* besonders dynamisch entwickelt. Sie verfügen aktuell über einen Marktanteil im Lebensmittelsektor von ca. 45%.[9] Die anderen Betriebstypen des Lebensmitteleinzelhandels haben in den vergangenen Jahren hingegen eine unterschiedliche Entwicklung genommen. Supermärkte expandierten, SB-Warenhäuser stagnierten (sieht man von der real-Zerschlagung ab) und kleinere Lebensmittelgeschäfte verzeichneten einen Bedeutungsverlust. Als *Standorte* werden idR Lagen mit guter Erreichbarkeit für den motorisierten Individualverkehr und mit großen Stellplatzkapazitäten präferiert, wobei in stark verstädterten Räumen zunehmend auch Wohnnutzung über den Märkten projektiert wird. Aktuell experimentieren alte und neue Marktteilnehmer mit vielfältigen Kleinformaten der Lebensmittelgrundversorgung; hier ist noch nicht klar, welche Formate dauerhaft Erfolg versprechen. Gleiches gilt für digitale Nahversorgungskonzepte, die als Chance für durch stationären Einzelhandel unterversorgte ländliche Räume gesehen werden, aber von maßgeblichen Marktteilnehmern zunächst in städtischen Räumen erprobt werden.

Die Drogerieangebote haben nach der Insolvenz des langjährigen Marktführers Schlecker 2012 wie keine andere Branche im deutschen Einzelhandel eine Zäsur erfahren, die bis heute nachwirkt. So ist insbes. in ländlichen Gebieten ein deutlich ausgedünntes Standortnetz vorzufinden, welches dazu führt, dass in vielen kleineren und mittleren Kommunen aktuell kein qualifiziertes Angebot vorhanden ist.

---

[8] Nicht zuletzt auch aufgrund des restriktiveren Planungsrechts. Lag der Anteil innerstädtischer Shoppingcenter noch bis 1990 bei ca. 47%, so wuchs der Anteil an Shoppingcenter-Neueröffnungen auf ca. 76% Anfang der 2010er Jahre, vgl.: EHI Köln Einzelhandelsdaten aktuell 2014.

[9] Dabei handelt es sich um Vertriebskonzepte, die auf eine konsequente Niedrigpreispolitik setzen wie zB Aldi oder Lidl. Quelle: EHI Köln, Einzelhandelsdaten aktuell.

Mit zeitlicher Verzögerung setzte ein starker Expansionsdrang der verbliebenen Wettbewerber ein. Die Branche verzeichnete in den vergangenen Jahren starke Zuwächse; zwischen 2013–2021 hat sich die Zahl der Drogeriemärkte auf ca. 5005 bzw. um + 30% erhöht[10], wobei die Altgeschäftsräume von Schlecker sehr selten für einen Weiterbetrieb geeignet waren. Das weggebrochene Drogeriewarenangebot von Schlecker wurde zunächst über den Lebensmitteleinzelhandel, Fachdrogerien, Parfümerien, Reformhäuser, Apotheken sowie Kauf- und Warenhäuser kompensiert. Ein Blick auf die Marktanteile im Handel mit Drogeriewaren nach Vertriebsformen zeigt, dass ca. 45% des Umsatzes auf Drogeriemärkte entfallen, ca. 33% auf den Lebensmitteleinzelhandel bzw. ca. 22% auf sonstige Vertriebslinien.

4. *Weitere Rahmenbedingungen: Onlinehandel, Corona, Ukraine*

Kaum ein Thema beschäftigte den Einzelhandel in der letzten Dekade mehr als der wachsende Stellenwert des Onlinehandels. Vor dem Hintergrund jährlich hoher Wachstumsraten stellte sich mit der Corona-Pandemie die Frage, ob und in wieweit der Onlinehandel den stationären Einzelhandel substituieren wird. Wie also verändert der Megatrend Onlinehandel die bestehenden Einzelhandelsstrukturen? Welche Auswirkungen sind bereits erkennbar?[11] Das Wachstum des Onlinehandels erfolgte in einem Umfeld, in dem der Einzelhandel im Wettbewerb der Konsumausgaben der privaten Haushalte zunehmend an Gewicht verlor; insbes. die Ausgaben für Wohnen, Verkehr und übrige Verwendungszwecke nehmen zu Lasten des Einzelhandels zu. Maßgebliche Treiber der Entwicklung sind Veränderungen des Verbraucherverhaltens sowie die „Echtzeitökonomie", deren Kunden durch das Smartphone standort- und zeitunabhängig agieren.

Allerdings schwanken die Anteile des Onlinehandels je nach Branche stark. Während im Bereich Consumer-Electronics/Elektro und im Bereich Mode Werte von fast 40% erreicht werden, liegt im Heimwerker- und Gartenbereich der Anteil lediglich bei 4%. Insbesondere der Lebensmitteleinzelhandel, der einen Großteil der Umsätze im gesamten Einzelhandel bindet, weist mit 1–2% immer noch sehr geringe Umsatzanteile im Onlinehandel auf.[12]

---

[10] EHI, handelsdaten aktuell 2022, S. 120f.

[11] Der Onlinehandel (E-Commerce, Internethandel, elektronischer Handel) ist Teil des Versandhandels (Distanzhandel, interaktiver Handel), zu dem auch der klassische Kataloghandel zu zählen ist. Der Onlinehandel trägt dabei den größten Umsatzanteil am Versandhandel. Beim Onlinehandel im Sinne eines Geschäftsverkehrs handelt es sich bei der Betrachtung des Einzelhandels um eine sog. business to consumer Beziehung und muss entsprechend von anderen Teilnehmerbeziehungen wie business to business – welche hinsichtlich Umsatzvolumen nochmals größer sind – abgegrenzt werden. Auch werden in diesem Zusammenhang nur Waren, aber keine Dienstleistungen betrachtet.

[12] Oft sind die Übergänge zwischen Onlinehandel und stationärem Einzelhandel mittlerweile nicht mehr klar abgrenzbar. Viele namhafte (stationären) Einzelhändler bieten mittlerweile auch Onlineshops an, in denen entweder das Gesamtangebot oder zumindest ausgewählte Artikel verfügbar sind. Der Rahmen dieser sog. Multi- oder Omni-Channel-Strategien des Einzelhandels, d. h. die Verknüpfung der unterschiedlichen Vertriebskanäle, wird durch die Abgrenzung zwischen stationärem Handel und Onlinehandel zunehmend schwieriger. Insbesondere in Großstädten ist zu beobachten, dass auch reine Online-Händler (sog. Pure-Player) in den vergangenen Jahren ein stationäres Netz aufgebaut haben bzw. aufbauen (zB Mr. Spexx).

Für die Entwicklung der Innenstädte ist die Online-Entwicklung auch deshalb gravierend, weil sich in den Paketen der Zusteller leicht transportierbare „Taschensortimente“ befinden, die regelmäßig auch das funktionale Rückgrat der Zentren bilden.

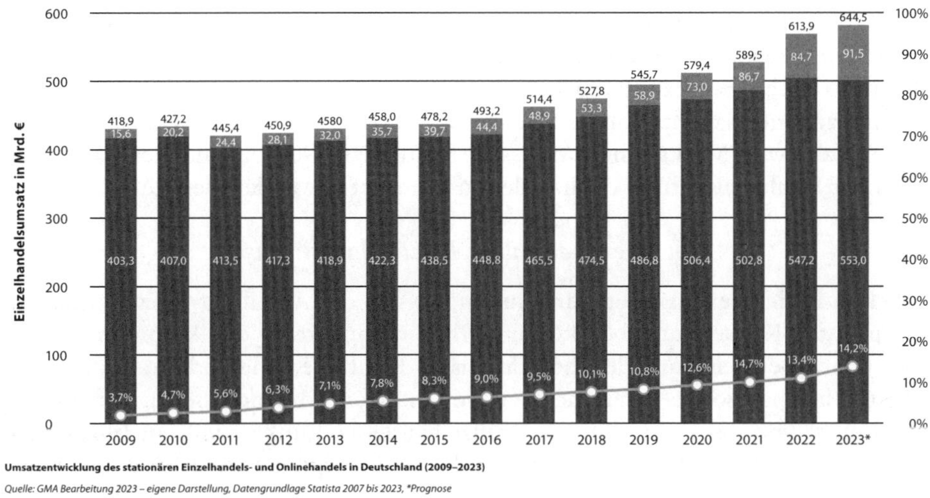

* Prognose

Abb. 2: Umsatzentwicklung im Einzelhandel; GMA 2023 auf Datenbasis von EHI Handelsdaten aktuell 2023 sowie HDE Online-Monitor der letzten Jahre

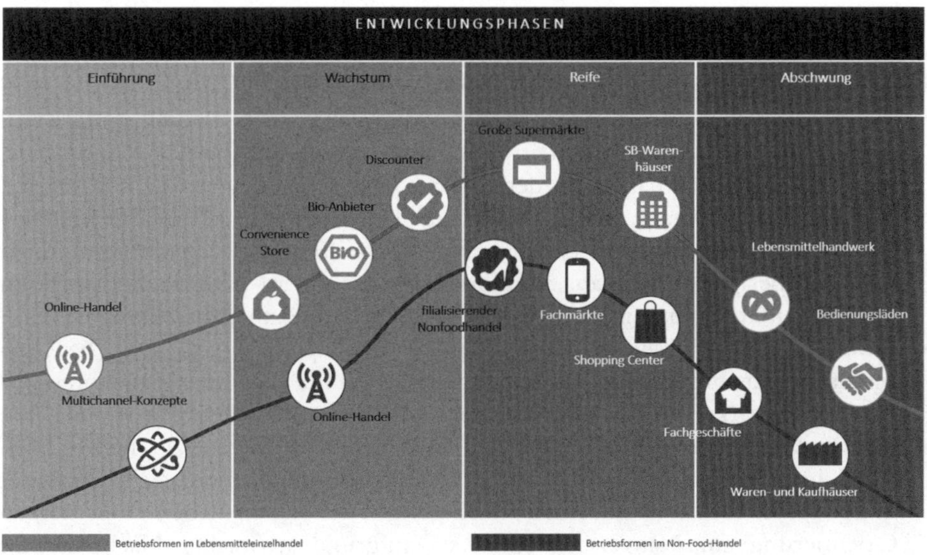

Quelle: GMA-Darstellung, 2024

Abb. 3: Betriebstypenentwicklung

Mit der Corona-Pandemie und den folgenden Lockdowns brach 2020 die Frequenz deutscher Innenstädte drastisch ein. Erst allmählich wurden – auch verursacht durch die Zuwendung der Kunden zum Onlinehandel – in den deutschen Innenstädten die Frequenzrückgänge wieder ausgeglichen. Die Ukrainekrise und die durch steigende Energiepreise wachsende Verunsicherung der Verbraucher mit der einhergehenden Konsumzurückhaltung hat neben den o. g. Faktoren in einigen Branchen auch bereits zu deutlichen Flächenbereinigungen geführt. So wurden in den vergangenen Jahren größere Flächen des Textil-, Schuh- oder Bucheinzelhandels ersatzlos vom Markt genommen – die Schuhkette Görtz nannte bei Schließung mehrerer Filialen als Grund explizit den ins Internet abwandernden Umsatz.

5. Heute absehbare Entwicklungstrends

Schon in den vergangenen Jahrzehnten hat sich der Anteil des Einzelhandels an den privaten Konsumausgaben kontinuierlich verringert. In den kommenden Jahren ist auch bei Beilegung der internationalen Konflikte, einer Erholung der deutschen Wirtschaft sowie einer nach wie vor intakten Förderkulisse für Innenstadtlagen nicht von einer Erholung der Einzelhandelskonjunktur auf ein Niveau vor Corona auszugehen. Zu tiefgehend sind die Veränderungen der Konsumgewohnheiten, der Trend zur Ausgabenumschichtung vom Einzelhandel in andere Lebensbereiche. Eine weitere schleichende Relativierung seines Stellenwertes wird der Einzelhandel durch die anhaltende *Entwicklung zur Freizeitgesellschaft* und die nachwachsenden Kohorten der Generationen Y und Z und deren Verbraucherverhalten erfahren; aktuell gibt es keine Anhaltspunkte, die auf eine Renaissance des Einzelhandels hoffen lassen, zu deutlich ausgeprägt sind die Vorzeichen, die eine Marktentwicklung und einen Wandel weg vom Einzelhandel erwarten lassen.[13]

Vor dem geschilderten Hintergrund wird sich die *Standortentwicklung des Einzelhandels in der langfristigen Perspektive* folgendermaßen darstellen:

- Neue Verkaufsflächen werden schwerpunktmäßig in Nahversorgungs- und Citylage realisiert, auch Ersatzinvestitionen werden realisiert. Lebensmittel-, Drogerie- und Fachmärkte werden auf stabilem Niveau leicht wachsen. Es gilt: wer ein Licht anmacht, macht andere aus. Der nach wie vor scharfe Verdrängungswettbewerb zwischen City-Handel, Stadtteilzentren, Nahversorgungszentren und Peripherie hält an. Standorte, die mit einem städtebaulich intakten Umfeld punkten können, werden eine vorteilhafte Gesamtentwicklung haben.
- *Fachmarktstandorte stagnieren, Einkaufszentren mit Anpassungsproblemen.* Die Umgestaltung der Einzelhandelslandschaft wird auch in den kommenden Jahren v. a. durch Fachmärkte und Discounter bestimmt. Beide Betriebstypen werden ihre Marktanteile noch leicht ausbauen, im Gegensatz zu früheren Jahren steht auch ausreichend Fläche zur Verfügung. Mehr als ausreichend Fläche steht insgesamt in deutschen Einkaufszentren zur Verfügung. Hier stehen neben einer starken Orientierung auf Nahversorgungsanker (aufgrund schwacher Nachfrage für

[13] Neben den Wettbewerbsaspekten sei der Vollständigkeit halber noch auf weitere Rahmenbedingungen wie Attraktivität der Arbeitsplätze im Handel verwiesen, die den Rahmen dieses Kurzbeitrags sprengen würden.

konsumige (Textil-)Sortimente) umfangreiche Refurbishments und eine stärkere Ausrichtung auf Gastronomie und Mixed-Use an.
- *Die Konzentrationstendenzen im Einzelhandel setzen sich fort.* Ob im Lebensmittelmarkt mit der Annäherung von Aldi-Süd und Aldi-Nord oder bei der Standortbereinigung der Warenhäuser – die Konzentration im Handel setzt sich fort. Die früher mehr als die Hälfte der Unternehmen stellenden Einzelunternehmer sind zwischenzeitlich eine Restgröße. An Beispielen, dass Größe kein nachhaltiges Betriebkonzept ersetzen kann, mangelt es nicht: Praktiker, Galeria-Karstadt, mein real um nur einige zu nennen.
- *Online-Shopping mit verlangsamten Wachstum.* Der „E-Commerce" (Internet-Handel) zeigt geringere Zuwachsraten oder stagniert, insbes. in den Sortimentsbereichen Computer, Bücher und Tonträger. Voraussetzung für den Erfolg des E-Commerce ist der weitere Ausbau von Logistik- und Distributionsstrukturen, hier sind neben den hohen Investitionen auch regulatorische Rahmenbedingungen zu beachten.
- Insgesamt werden bei kaum steigenden Realeinkommen die Ausgabenanteile für Einzelhandel zurückgehen.

Die Umschichtung der Konsumausgaben zu Lasten von Einkaufen (incl. Onlineshopping) setzt sich mittelfristig fort. Urlaube und gemeinschaftliche Erlebnisse bis hin zum Gastronomiebesuch (und dem anschließenden Teilen der Fotos) gewinnen an Bedeutung. Für den Handel und seine Standorte stellt sich in der kommenden Dekade die Herausforderung, Angebote und Standorte noch besser mit anderen Nutzungen zu verzahnen.

III. Bauplanungsrechtliche und planerische Rahmenbedingungen

Die enge Verflechtung von Einzelhandels- und Stadtentwicklung führte dazu, dass der dynamische Strukturwandel im Handel durch zahlreiche Rechtsvorschriften begleitet wurde und wird. Als rechtliche und planerische Grundlagen sind zu beachten:
- Baugesetzbuch (BauGB) und Baunutzungsverordnung (BauNVO)
- Landesentwicklungspläne (LEP) und Einzelhandelserlasse der Länder (so vorhanden)
- Regionale Entwicklungspläne/Flächennutzungspläne
- Einzelhandels- und Zentrenkonzepte/Auswirkungsanalyse
- Europäisches Recht.[14]

[14] Wie im Folgenden dargestellt, erfolgt die Planung des Einzelhandels durch Einzelhandelskonzepte und Auswirkungsanalysen, die Zulassung bei Beachtung der landes- und regionalplanerischen Vorgaben durch kommunale Bauleitplanung. Zwar wurde die deutsche Planungspraxis einschließlich der Folgen für Antragsteller vor dem Hintergrund der Niederlassungsfreiheit (Art. 49 AEUV) oder der EU-Dienstleistungsrichtlinie (Art. 14 Abs. 5) kritisch hinterfragt (Nach Rechtsprechung des EuGH sind nationale Regelungen, die andere Staatsangehörige diskriminieren oder die Niederlassungsfreiheit einschränken, unzulässig, vgl hierzu Spannowsky/Holl Die Steuerung der Einzelhandelsentwicklung in Deutschland im Lichte der europäischen Niederlassungsfreiheit, 2012.) Im

Das Recht der Raumordnung als zusammenfassende, übergeordnete Planung des Raumes auf Bund-, Länder- sowie Regionalebene, die Fachplanungen zusammenfasst und aufeinander abstimmt, ist in den Artikeln 72, 74 Abs. 1 Nr. 31 GG verankert und in ihrer Wirkung auf Vorgabe von (allgemeinen) Zielen und Erfordernissen der Raumplanung beschränkt – die konkrete Raumplanung auf Ebene der Bundesländer ist Ländersache.

1. *§ 11 Abs 3 BauNVO als Schlüsselvorschrift der Handelssteuerung I*

In der Planungspraxis kommt neben den unbeplanten Innenbereichen den Regelungen des § 11 Abs. 3 BauNVO eine hervorgehobene Stellung zu. Nach *§ 11 Abs. 3 BauNVO* und der dazu ergangenen Rechtsprechung ist für Neuansiedlungen großflächiger Einzelhandelsbetriebe, die sich nach Art, Lage oder Umfang auf die Verwirklichung der Ziele der Raumordnung und Landesplanung oder auf die städtebauliche Entwicklung und Ordnung nicht nur unwesentlich auswirken können, regelmäßig ab ca. 1200 m^2 Geschossfläche bzw. ca. 800 m^2 Verkaufsfläche[15] die Festsetzung eines Kern- oder Sondergebietes[16] erforderlich. Negative städtebauliche Wirkungen werden nach § 11 Abs. 3 S. 3 BauNVO vermutet, wenn das Vorhaben eine Geschossfläche von 1200 m^2 überschreitet.[17] Die Regelvermutung kann nach § 11 Abs. 3 S. 4 BauNVO widerlegt werden, wenn Anhaltspunkte dafür be-

Ergebnis dürfen europarechtliche Vorgaben von den planenden Kommunen nicht außer Acht gelassen werden; zwingenden Gründe der Raumordnung und Raumplanung können aber Einschränkungen „europäischer Freiheiten" rechtfertigen. EuGH- NVwZ 2018, 307:

die Tätigkeit des Einzelhandels mit Waren stellt eine „Dienstleistung" i. S. der Richtlinie 2006/123 dar

Regelung (der Niederlassungsfreiheit) ist möglich, aber nur unter drei Voraussetzungen:

1. die Genehmigungsregelungen sind für den betreffenden Dienstleistungserbringer nicht diskriminierend,
2. die Genehmigungsregelungen sind durch zwingende Gründe des Allgemeininteresses gerechtfertigt (erforderlich),
3. das angestrebte Ziel kann nicht durch ein milderes Mittel erreicht werden (verhältnismäßig).
   Aus genehmigungsplanerisch-rechtlicher Sicht ist festzuhalten:
   Schutz der städtischen Umwelt (Innenstadt, ZVB) ist ein zwingender Grund
   Begründung der Einschränkungen ist nur über städtebauliche Ziele möglich
   eine wirtschaftliche Bedarfsprüfung (Kontingentierung, Kaufkraftabschöpfung) ist nicht zulässig
   Ansiedlungen innerhalb von ZVB müssen grundsätzlich möglich sein, d. h. Potenzialflächen im ZVB vorhanden oder in Planung sein.

[15] Nach Rechtsprechung des Bundesverwaltungsgerichtes beginnt die Großflächigkeit eines Einzelhandelsbetriebes nun bei 801 m^2 Verkaufsfläche (früher 701 m^2; vgl. u. a. BVerwG NVwZ 2006, 455). Zur Begründung hatte es angeführt, dass die Ansprüche und Erwartungen der Käufer zu einem Strukturwandel geführt hätten, der im Hinblick auf die Bestimmung der Großflächigkeit von Einzelhandelsbetrieben seine Berücksichtigung finden müsse.

[16] § 11 Abs. 3 S. 2 BauNVO benennt insbes. schädliche Umwelteinwirkungen, Auswirkungen auf die infrastrukturelle Ausstattung, auf den Verkehr, auf die Versorgung der Bevölkerung im Einzugsbereich, auf die zentralen Versorgungsbereiche in der Gemeinde oder in anderen Gemeinden, auf das Orts- und Landschaftsbild und auf den Naturhaushalt. Für die Beurteilung der Auswirkungen sind die Gliederung und die Größe der Gemeinde und ihrer Ortsteile, die Sicherung der verbrauchernahen Versorgung der Bevölkerung und das Warenangebot des geplanten Betriebs zu berücksichtigen.

[17] Die Regelvermutung des § 11 Abs. 3 S. 3 BauNVO ist nach der Rechtsprechung nur anzuwenden, wenn beide Kriterien der Großflächigkeit (Verkaufsfläche über 800 m^2) und die Über-

stehen, dass negative städtebauliche Wirkungen bereits bei weniger als 1200 m^2 Geschossfläche zu besorgen sind oder bei mehr als 1200 m^2 Geschoßfläche nicht vorliegen.[18] Sind solche Negativauswirkungen nicht zu erwarten, ist das Vorhaben nicht kern- oder sondergebietspflichtig. Damit ist es Gegenstand der kommunalen Planung, nicht aber der raumordnerischen Steuerung.

2. ROG, Landesplanung

Im Raumordnungsgesetz des Bundes wird zwischen den Grundsätzen der Raumordnung (§ 3 Abs. 1 Nr. 3 ROG) und den Zielen der Raumordnung (§ 3 Nr. 2 ROG) unterschieden; das ROG spielt bei der Planung und Genehmigung von Einzelhandel praktisch keine Rolle. Für die Planung von größeren raumbedeutsamen Einzelhandelsbetrieben ist der oben beschriebene § 11 Abs. 3 BauNVO maßgeblich. Für die Ausweisung von Kerngebieten und Sondergebieten für Einzelhandelsgroßprojekte sind in den Bundesländern unterschiedliche Ziele und Grundsätze verankert. Die Bauleitplanung für großflächigen Einzelhandel soll dabei (nach Ländern in Teilen abweichend) auf fünf Säulen ruhen, die das Zentralen-Orte-Prinzip umsetzen:

- *Konzentrationsgrundsatz:* Großflächige Einzelhandelsvorhaben sind grundsätzlich nur in Ober- und Mittelzentren zulässig.[19]
- *Kongruenzgebot:* Großflächige Einzelhandelsvorhaben haben sich nach Größe und Einzugsbereich in das zentralörtliche Versorgungssystem einzufügen, dh der Einzugsbereich der Vorhaben darf den zentralörtlichen Verflechtungsbereich der Standortkommune nicht wesentlich überschreiten.
- *Integrationsgebot:* Großflächige Einzelhandelsvorhaben sollen enge räumliche und funktionale Verbindungen zu bestehenden Siedlungsgebieten aufweisen, sie sind in bestehende Siedlungsgebiete und das ÖPNV-Netz anzubinden. Regelmäßig wird auch die Nähe zu Wohnstandorten gefordert.[20]
- *Beeinträchtigungsverbot:* Großflächige Einzelhandelsvorhaben dürfen keine wesentlichen schädlichen Auswirkungen auf die Funktionsfähigkeit von Zentralen Orten und ihrer zentralen Versorgungsbereiche ausüben. Zudem darf die verbrauchernahe Versorgung der Bevölkerung nicht beeinträchtigt werden.[21]
- Fallweise auch das *Agglomerationsverbot* zur Feinsteuerung von mehreren Handelsbetrieben/einer Ansammlung von Einzelhandelsbetrieben, bei denen jeder für sich unter der Schwelle der Großflächigkeit bleibt. Hier wird unterstellt, dass eine Summierung der Verkaufsflächen erfolgen müsse, da diese gemeinschaftlich

schreitung der Geschossflächengrenze von 1.200 m^2 kumulativ vorliegen. Vgl. BVerwG NVwZ-RR 2004, 815.

[18] Beispielhaft werden die Beurteilungskriterien Gliederung und Größe der Gemeinde und ihrer Ortsteile, die Sicherung der verbrauchernahen Versorgung der Bevölkerung oder das Warenangebot des Betriebs genannt – eine individuelle Prüfung der Gegebenheiten und konkreter Auswirkungen des Betriebs ist vorzunehmen.

[19] Ausnahmen für Lebensmittelmärkte zur Sicherung der örtlichen Grundversorgung regelmäßig möglich.

[20] Die Länderregelungen und die Vorgaben der Regionalplanung weisen hier eine erhebliche Varianz auf.

[21] Als Orientierungsmarke für deren Bestimmung hat sich in der kommunalen und gerichtlichen Praxis die 10%-Marke bewährt, die vom Verfasser mit entwickelt wurde.

die in § 11 Abs. 3 BauNVO beschriebenen Folgen auftreten lassen können und damit in ihrer Gesamtheit wie Einzelhandelsgroßprojekte negative städtebauliche Auswirkungen haben.[22]
Das *Beeinträchtigungsverbot* bietet den Nachbargemeinden, etwa wenn sie durch Planungen anderer Gemeinden eine Gefährdung ihrer landesplanerisch zugewiesenen Versorgungsaufgabe, zentraler Versorgungsbereiche oder ihrer Nahversorgungsstruktur besorgen, Klagemöglichkeiten, und ist mithin in der Praxis das „schärfste Schwert".

Bis heute sind es neben den Vorgaben der Bundes- und Landesgesetzgebung zwei Planungsgrundlagen, welche die Handelsentwicklung auf kommunaler Ebene rahmensetzend prägen und ihren Niederschlag in der kommunalen Bauleitplanung finden:

- zum einen *Einzelhandels- und Zentrenkonzepte,* bei denen es um die Frage geht, welche Handelsnutzungen die Zentren prägen sollen und wie mit sonstigen Standorten umgegangen wird. In größeren räumlichen Einheiten wird auch das Zentrengefüge untereinander austariert; Beispiele sind gesamtstädtische oder regionale Einzelhandelskonzepte, Auftraggeberin ist hier in der Regel die öffentliche Hand.
- zum zweiten *Auswirkungsanalysen,* bei denen es regelmäßig um die Frage geht, wie sich mögliche (periphere) Ansiedlungen auf den Einzelhandel in Zentren oder die Nahversorgung auswirken. Hier wird den am Planungsprozess Beteiligten häufig eine Prognose der zu erwartenden ökonomischen, städtebaulichen und raumbezogenen Folgewirkungen unter Berücksichtigung der geltenden Rechtsvorschriften vorgelegt.

Bei der handwerklichen Umsetzung der Vorhabenplanungen sind neben Bestandsbaurechten und den Bestandsbebauungsplänen die planerischen Ziele in der kommunalen Bauleitplanung umzusetzen.

---

[22] Das in Ergänzung zu den o. a. Zielen der Raumordnung teilweise in Raumordnungspläne der Länder aufgenommene Agglomerationsverbot soll der Summierung auch nicht großflächiger Einzelhandelsbetriebe mit zentrenrelevanten Sortimenten außerhalb zentraler Versorgungsbereiche entgegenwirken. Kritiker wenden ein, dass diese Beeinträchtigungen bereits nach dem Beeinträchtigungsverbot unzulässig seien, und dass diese Vorschrift zur weiteren „Überreglementierung" beitrage. Die Rechtsprechung hat dieses Vorgehen nur unter strengen Voraussetzungen als möglich erachtet, im Falle von Einkaufszentren und bei Vorliegen einer Funktionseinheit von Einzelhandelsnutzungen. Das Bundesverwaltungsgericht hat in seinem Urteil vom 10.11.2011 (BVerwG NVwZ 2012, 315. Grundlage für die mittelgerichtliche Entscheidung war ein GMA-Gutachten) eine Regelung im Regionalplan Heilbronn als legitimes raumordnerisches Ziel anerkannt, wonach eine Agglomeration von eigenständigen Betrieben, wie ein großflächiger Einzelhandelsbetrieb oder wie ein Einkaufszentrum zu behandeln sei, sofern von der Ansammlung der Einzelbetriebe vergleichbare raumordnerische Wirkungen ausgingen. Eine weiter detaillierte Festlegung findet sich im Regionalplan Stuttgart, wo zwar nach 2.4.3.2.8 Absatz 1 Agglomerationen von Einzelhandelsbetrieben in den Ortskernen aller Gemeinden zulässig sind, die Bauleitplanung aber berücksichtigen soll, dass zulässige Agglomerationen von Einzelhandelsbetrieben keine schädlichen überörtlichen Wirkungen entfalten. Bundesweit hat auch die Stuttgarter Definition der Einzelhandelsagglomeration als mehrere Einzelhandelsbetriebe, die räumlich nahe beieinander liegend mehr als 800 m^2 VK aufweisen – gemessen an der Luftlinie zwischen den Gebäudezugängen von weniger als 150 m – für Aufmerksamkeit gesorgt).

3. *Einzelhandels- und Zentrenkonzepte (EHK)*

Die durch Kommunalpolitik zu verabschiedenden städtebaulichen Konzepte iSv § 1 Abs. 6 Nr. 11 BauGB geben einen verbindlichen Orientierungsrahmen für die weitere Einzelhandelsentwicklung vor und werden in der Bauleitplanung berücksichtigt, um bestehende und künftige, v. a. großflächige Einzelhandelsvorhaben auf städtebaulich sinnvolle Standorte zu lenken und ggf. negativen Auswirkungen auf die vorhandenen Zentrenstrukturen vorzubeugen. *Wesentliche Bausteine* von rechtssicheren Einzelhandels- und Zentrenkonzepten sind:

- die sachgerechte Aufbereitung des relevanten Tatsachenmaterials.
- eine Prognose der Entwicklung des Einzelhandels
- die Ziele/Grundsätze der Einzelhandelsentwicklung[23]
- die Abgrenzung der zentralen Versorgungsbereiche mit exakter räumlicher Lage
- die städtische Sortimentsliste.

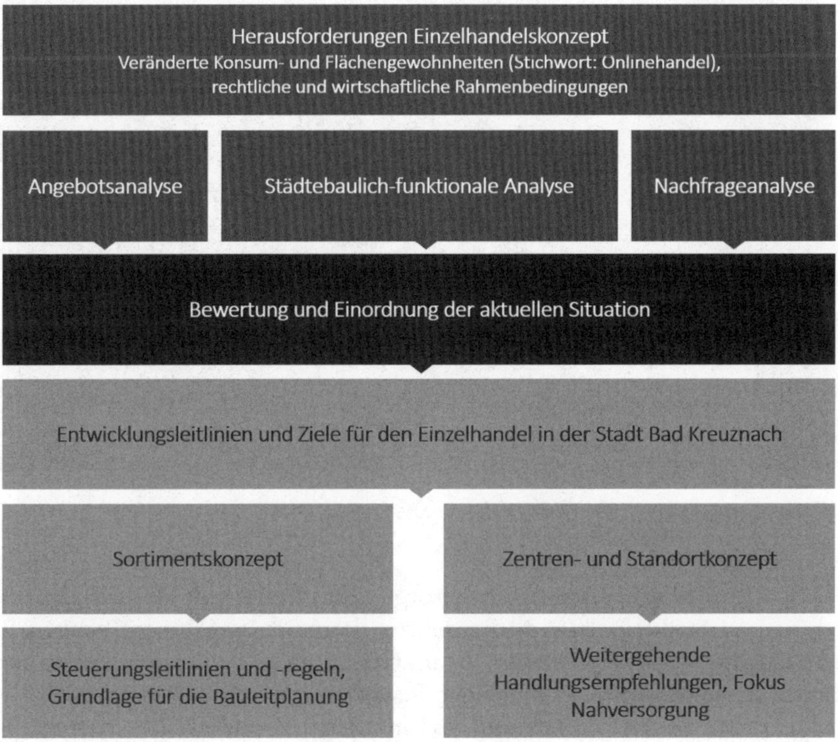

Abb. 4: Untersuchungsdesign eines Einzelhandelskonzeptes

[23] Nach Größe der Kommune unterschiedlich gegliedert: zB Leitziele, allgemeine Ziele für die Gesamtstadt, Entwicklungsziele für das Hauptzentrum, die Nebenzentren, für die Nahversorgung und für Sonderstandorte für nicht-zentrenrelevanten Einzelhandel.

Weiter ist darauf zu achten, dass die Gutachten noch verständlich sind, dies hat neben Einfachheit auch den Vorteil, dass sie in der politischen und planerischen Diskussion vergleichsweise einfach „transportiert“ werden können. Zur sachgerechten Aufbereitung des Tatsachenmaterials zählt regelmäßig eine vollständige Bestandsaufnahme des Einzelhandels im gesamten Gebiet der Kommune sowie die Darstellung aktueller Nachfragedaten wie Einwohnerentwicklung und Kaufkraftentwicklung. Darüber hinaus wird das Einzelhandelsangebot kartografisch (auf Basis einer GIS-fähigen Kartierungsgrundlage) dargestellt.

Abb. 5: Kartierung

Bei der Detailbewertung der Nahversorgungsstrukturen zur Herleitung und Begründung von Stadtteil- bzw. Nebenzentren kommen zunehmend weitere GIS-basierte Lösungen zur Anwendung, die im Gegensatz zu Versorgungkreisen auf tatsächlichen Erreichbarkeiten (Fußgänger, Radfahrer) aufgebaut sind.

Bei der Prognose der Entwicklung des Einzelhandels wurde früher regelmäßig auf Verkaufsflächenprognosen zurückgegriffen, die vor dem Hintergrund der o. a. eher rückläufigen Tendenzen im Einzelhandel nur noch an perspektivisch wachsenden oder unterversorgten Standorten sinnvoll erscheinen. Wichtiger ist die Darstellung des örtlichen Kaufkraftpotenzials (inkl. Kaufkraftkennziffern) und der Kaufkraftentwicklung, differenziert nach Warengruppen unter Berücksichtigung des Zuwachses im Onlinehandel und der Corona-bedingten Einflüsse sowie der Wettbewerbsbeziehungen zu benachbarten Handelsstandorten. Daraus sind realistische Potenziale zur

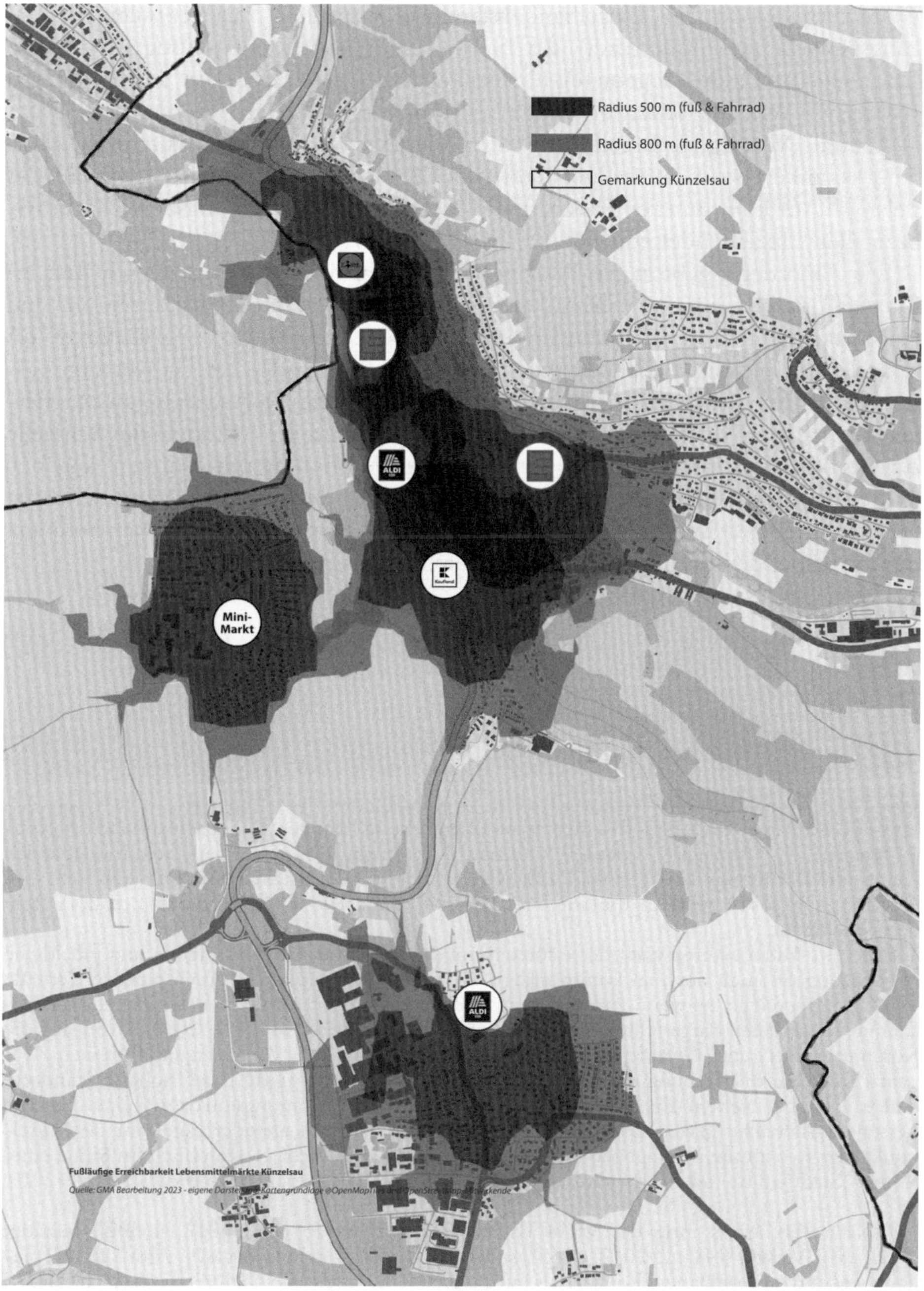

Abb. 6: Fußläufige Nahbereiche

Weiterentwicklung der Einzelhandelsstandorte insgesamt, der zentralen Versorgungsbereiche (v. a. Innenstadt), der Nahversorgungslagen und sonstiger Standorte (zB Gewerbe-/Industriegebiete) abzuleiten und Angebotslücken sowie ggf. zu erwartende Verkaufsflächenrückgange (schrumpfende Branchen) zu benennen.

Zentrale Versorgungsbereiche, wie im Baugesetzbuch und Baunutzungsverordnung verankert, sind ein maßgeblich bei der Bauleitplanung zu berücksichtigender Belang[24] Auf kommunaler Ebene finden sich zentrale Versorgungsbereiche in nahezu allen Einzelhandelskonzepten.[25]

Die Anforderungen an das Angebot im zentralen Versorgungsbereich sind im Einzelfall durch Gutachten herzuleiten und für Innenstädte, Stadtteilzentren und Hauptzentren größerer Gemeinden anders abzugrenzen und zu begründen als für zentrale Versorgungsbereiche in kleineren Gemeinden oder bei Nahversorgungszentren. Auf den ersten Blick ist das Vorhandensein eines leistungsfähigen Magnetbetriebs, bei der Nahversorgung regelmäßig ein Lebensmittelmarkt an der Schwelle zur Großflächigkeit oder ein Drogeriemarkt (in Verbindung mit weiteren Angeboten) ein Hinweis auf einen möglichen ZVB. Neben der Frage der Mindestausstattung ist unter Beachtung der mittelgerichtlichen Rechtsprechung die Versorgungsfunktion über den unmittelbaren Nahbereich hinaus zu beachten.[26]

[24] Vgl. § 1 Abs. 6 Nr. 4 BauGB), dienen zur „Verstärkung" der gemeindenachbarlichen Abstimmungspflicht (§ 2 Abs. 2 Satz 2 BauGB) und sind als Schutzgut beim nicht beplanten Innenbereich („einfacher Bebauungsplan" § 9 Abs. 2 a BauGB) wie bei der Zulässigkeit von Vorhaben nach § 34 Abs. 3 BauGB sowie bei den zu besorgenden Auswirkungen iSv § 11 Abs. 3 Satz 2 BauNVO zu berücksichtigen.

[25] In den Anfangsjahren nach der Baurechtsnovelle 2004 war deren räumliche und inhaltliche Abgrenzung oft auch noch an kommunalem Wunschdenken orientiert. Auch wurden Zentrale Versorgungsbereiche teilweise zur verfahrensmäßigen Absicherung der Rechtswirkung in Flächennutzungsplänen dargestellten dargestellt; vgl. Einzelhandelserlass NRW 2008, davon sind die Kommunen aus guten Gründen abgerückt. Heute ist festzuhalten: Voraussetzung für einen ZVB ist nach der Rechtsprechung des BVerwG die städtebaulich integrierte Lage. Isolierte Standorte bilden auch bei weitem Einzugsbereich und beachtlicher Versorgungsfunktion keine Zentrale Versorgungsbereiche (BVerwG NVwZ 2010, 590). Eine zentrale Lage oder Lage nahe des Mittelpunkts der Kommune ist hingegen nicht nötig, da der Begriff nicht geographisch im Sinne einer (Innen-)Stadt(-mitte) oder Ortsmitte, sondern funktional zu verstehen ist. (BVerwG NVwZ 2010, 587).

[26] Nach Rechtsprechung des VGH Baden-Württemberg (BeckRS 2012, 46302), bestätigt durch das BVerwG (NVwZ 2012, 1565), sollen bei der Anwendung des § 34 Abs. 3 BauGB jedoch weder das Einzelhandelskonzept als informelle Planungsleitlinie noch die landesplanerischen Zielvorgaben, sondern allein die tatsächlichen Verhältnisse für das Vorliegen eines zentralen Versorgungsbereichs maßgeblich sein. Die (mittel-) gerichtliche Rechtsprechung hat die Planungspraxis an verschiedenen Stellen insoweit „geschärft" als die städtebauliche Qualität der Standortlage eine unbeachtliche Rolle spielt und bei der Einstufung eines Nachbarschaftszentrums als ZVB neben dem Einzugsbereich auch Struktur und Größe des Siedlungszusammenhangs zu berücksichtigen (vgl. zB OVG NRW ZfBR 2009, 67) ist.

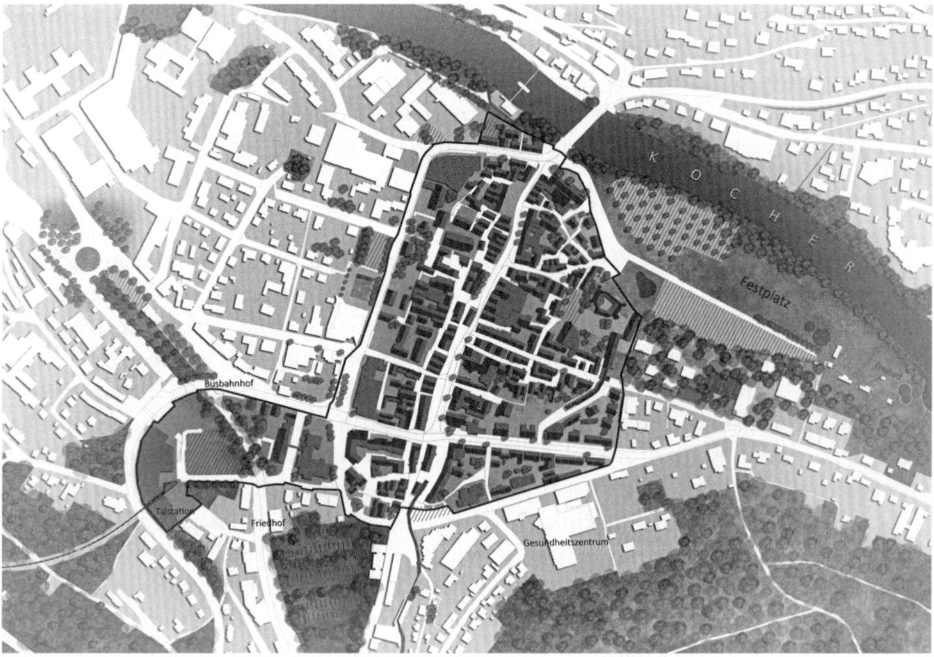

Abb. 7: Zentraler Versorgungsbereich – kartografische Darstellung

Ob ein zentraler Versorgungsbereich vorliegt kann auf vier Fragen reduziert werden:

1. Handelt es sich um eine durch den Handel geprägte Standortlage?
2. Befindet sich dieser Standort in integrierter Lage?
3. Verfügt er über einen über den Nahbereich hinausgehenden Kundenkreis?
4. Wie ist die Abgrenzung vorzunehmen?

Nach Bestimmung faktischer Zentraler Versorgungsbereiche auf der gemeindlicher Ebene wird regelmäßig herausgearbeitet, dass neben investiven und sonstigen Maßnahmen zur Sicherung und Entwicklung der zentralen Lagen Innenstadt eine weitere Entwicklung von Einzelhandelsbetrieben in den Gewerbegebieten negative Auswirkungen nach sich zieht und durch Bauleitplanung zu verhindern sei. Bei der Formulierung der Ziele und Grundsätze gilt es zu beachten, dass diese auch nach heutigem Kenntnistand erreichbar sein sollten. Gleiches gilt für die Sortimentslisten, die teilweise in der kommunalen Praxis noch durch Waren, die nicht mehr innenstadtrelevant sind („Devotionalien") oder auch durch kommunales Wunschdenken geleitet sind, in dem Sinne, dass sie weder die Innenstadt prägen, noch am Standort vorhanden sind.[27] Beim inhaltlichen Vorgehen kann auf eine schlanke

[27] Ein weiteres Spannungsverhältnis besteht beim Vorliegen von Ländersortimentslisten, die kritiklos auf Kommunen oder im Falle von Berlin auf Bezirke übertragen werden, und ein Risiko bei der Steuerung darstellen.

und kostenbewusste Bearbeitung, die eine valide Steuerung ermöglicht, geachtet werden. Immer stärker ist zu beachten, dass Projektträger mit von ihnen beauftragten Dienstleistern „mitlesen", was beim Begründungsaufwand berücksichtigt werden muss, und dass das Klagerisiko bei Zentrenkonzepten steigt.[28] Dies gilt insbes. auch bei vorhabenbegründenden Auswirkungsanalysen.

4. *Auswirkungsanalysen*

Großflächiger Handel führt regelmäßig zu städtebaulichen und raumstrukturellen Folgen, erzeugt Verkehr und nimmt Flächen in Anspruch. Die potentiellen wirtschaftlichen und städtebaulichen Folgen sind Gegenstand der regelmäßig vom Vorhabenträger zu beauftragenden Auswirkungsanalyse, in welcher nach einer Vorhaben- und Standortbeschreibung die gleichen Parameter bearbeitet werden wie bei Einzelhandelskonzepten (u. a. Flächenausstattung, Betrachtung von betriebstypenbezogene Abschöpfungsquoten und Kaufkraftbindung, Erreichbarkeitsradien etc.) und abschließend die zu besorgenden Folgen aufgezeigt werden.

Grundsätzlich haben Gutachter bei ihrem Vorgehen ein erhebliches Maß an Freiheiten, soweit das Vorgehen sachgerecht, inhaltlich begründet ist, die möglichen Prognoserisiken berücksichtigt und zu fachlich richtigen Ergebnissen führt.[29]

Zwei Wegmarken für Auswirkungsanalysen stellen die 10%-Marke sowie die Worst-case-Betrachtung dar. Die Grundlage für die 10%-Marke wurde bereits im Jahr 1997 vom Verwaltungsjuristen Hans-Jörg Birk, Paul Vogels und dem Verfasser mit der Publikation „Auswirkungen großflächiger Einzelhandelsbetriebe" gelegt.[30]

---

[28] Vgl etwa Normenkontrollverfahren beim Oberverwaltungsgericht Berlin-Brandenburg. Dort wurde im Rahmen eines Normenkontrollverfahrens das Einzelhandelskonzept der Stadt Templin angegriffen. Die Antragstellerin griff einen von der Stadt aufgestellten Bebauungsplan an, dessen Begründung u. a. maßgeblich das Einzelhandelskonzept der GMA zitierte. Das Oberverwaltungsgericht kam zu folgenden Schlüssen: „Das … auf der Grundlage des GMA-Gutachtens vom Juni 2007 beschlossene Einzelhandelskonzept ist geeignet, die Verkaufsflächenentwicklung im Gebiet der Stadt Templin nachvollziehbar und widerspruchsfrei zu lenken. Es wird im Einzelnen plausibel dargelegt, welche tatsächlichen Vorgaben und Bewertungen den Analysen sowie den hierauf aufbauenden Empfehlungen zugrunde liegen … Das Konzept beruht auf umfangreichen Ermittlungen u. a. zu den maßgeblichen Strukturdaten und der Kaufkraft, der Anzahl der Betriebe, der Verkaufsflächen, dem Umsatz sowie der Einzelhandelsstruktur […]. Es sei „nachvollziehbar und widerspruchsfrei", die Klage wurde abgewiesen.

[29] Eine gute Richtlinie für das gutachterliche Vorgehen ist die Preussenparkentscheidung der OVG Münster (NVwZ-RR 2001, 635). Daraus folgt, dass unterschiedliche Weg zum Ergebnis führen können, Hilfestellung leistet auch die GIF-Publikation „Qualitätskriterien für Einzelhandelsgutachten", Wiesbaden 2021.

[30] Auf Basis einer Langzeitstudie wurden die tatsächlich eingetretenen Auswirkungen der Ansiedlung bzw. Erweiterung von großflächigen Einzelhandelsbetrieben aufgezeigt. In Vorher-Nachher-Analysen von 103 Fälle wurden unterschiedliche Branchen, unterschiedliche Standortlagen und Raumkategorien (ländlicher Raum, Verdichtungsraum, Orte unterschiedlicher Zentralität) analysiert. Als Ergebnis der Studie wurden Schwellenwerte identifiziert, ab denen schädliche Auswirkungen nicht mehr auszuschließen sind. Der sog. 10%-Schwellenwert (10% Umsatzrückgang in zentralen Versorgungsbereichen) ist heute aus keiner ernstzunehmenden Diskussion, aus keiner Auswirkungsanalyse und aus keinem einschlägigen Gerichtsurteil mehr wegzudenken. Natürlich wurde dieser Anhaltswert auch kontrovers diskutiert, jedoch ist er bis heute und bis hinauf zum Bundesverwaltungsgericht als tauglicher Maßstab für die Bewertung der Auswirkungen großflächiger Einzelhandelsbetriebe anerkannt.

Die Definition des Worst-Case bestimmte die Diskussion bei vielen Auswirkungsanalysen nach der Jahrtausendwende. Sie kam auch bei der Erweiterungsplanung des sog. CentrO in Oberhausen – eines der attraktivsten Einkaufszentren in Deutschland – zu ihrem Recht, als die am 22.9.2004 beschlossene Bebauungsplanänderung der Stadt Oberhausen für eine Erweiterung des Einkaufszentrums um bis zu 3000 m² Geschossfläche am 6.6.2005 beim OVG Nordrhein-Westfalen gerichtlich überprüft und entgegen der Klagen der Umlandkommunen sowie der Bezirksregierung Düsseldorf für rechtens erklärt wurde. In Folge wandten sich die Planer und Gutachter einem „realistischen worst-case" zu.

5. *Kommunale Bauleitplanung*

Zentrales Steuerungsinstrument des Einzelhandels auf kommunaler Ebene ist die Bauleitplanung, Nach § 1 Abs. 4 BauGB sind die Bauleitpläne an die oben bereits angesprochenen Ziele der Raumordnung anzupassen.[31]

Die Bauleitplanung gliedert sich nach § 1 Abs. 2 BauGB in Flächennutzungsplan und Bebauungsplan, wobei der Bebauungsplan aus dem Flächennutzungsplan zu entwickeln ist. Bebauungspläne stellen die notwendigen Instrumente zur (Fein-) Steuerung von Nutzungen dar, etwa durch die Festsetzung bestimmter Baugebiete, aber auch durch die Möglichkeit der Feindifferenzierung zulässiger Nutzungen, die in § 1 Abs. 4 bis 9 BauNVO für die dort aufgeführten Baugebiete eröffnet werden. Grundsätzlich haben Kommunen die Möglichkeit, einfache oder qualifizierte Bebauungspläne aufzustellen. Wo keine Bebauungspläne vorhanden sind, gelten die Maßgaben des unbeplanten Innenbereichs.

a) Bebauungsplan und interkommunales Abstimmungsgebot

Bei der Aufstellung von Bauleitplänen für großflächige Einzelhandelsbetriebe kommt dem interkommunalen Abstimmungsgebot (§ 2 Abs. 2 BauGB) eine herausragende Stellung zu. Das Abwägungsgebot verleiht betroffenen Nachbargemeinden das Recht, sich gegen rechtswidrige Planungen der Aufstellungsgemeinde zu Wehr zu setzen und notfalls mit gerichtlicher Hilfe dagegen vorzugehen.[32]

---

[31] So Ziele örtlich bedeutsame Aspekte betreffen, bestehen erhebliche kommunale Gestaltungsspielräume bei der Bauleitplanung.

[32] Ein Normenkontrollverfahren gegen Sasbach wegen der Ansiedlung eines großflächigen Lebensmittelmarktes verdeutlicht die Gefechtslage: Die Gemeinde Sasbach hatte in unmittelbarer Nachbarschaft zum Mittelzentrum Achern zum Zwecke der Ansiedlung eines großflächigen Lebensmittelmarktes ein Sondergebiet iSd § 11 Abs. 3 BauNVO ausgewiesen. Begründet wurde das Vorhaben mit einem Gutachten, das im Wesentlichen argumentierte, dass das Vorhaben der Kaufkraftrückholung aus dem Mittelzentrum Achern diene. Dabei hatte der Gutachter jedoch übersehen, dass dadurch eine Gefährdung der Nahversorgung in der Innenstadt des Mittelzentrums Achern erfolgen könnte. Der Verwaltungsgerichtshof Baden-Württemberg kam dann auch unter Berufung auf ein Gutachten des Verfassers zum Schluss, dass die Einhaltung des städtebaulichen Beeinträchtigungsverbotes in Bezug auf das Mittelzentrum Achern nicht gewährleistet ist. Das Urteil hat insbes. gezeigt, dass es auch Grenzen der Grundversorgung für nicht-zentrale Orte gibt. Hier gilt nicht der Grundsatz „je mehr Verkaufsfläche, desto mehr Grundversorgung", sondern bei Bestimmung der zulässigen Verkaufsfläche sind auch die Interessen der Nachbarn in die Abwägung einzustellen.

b) Feinsteuerung durch Verkaufsflächenobergrenzen?

Neben dem Instrument der Festsetzung von Kerngebieten oder Sonderstandorten für großflächigen Einzelhandel besteht für Kommunen auch die Option, durch Ausschlussplanungen in Bebauungsplänen nicht erwünschte Einzelhandelsstandorte oder -entwicklungen zu verhindern. Dabei sind die Grenzen einer Feinsteuerung durch Verkaufsflächenobergrenzen zu beachten. Wo Festsetzungen von Verkaufsflächenobergrenzen nicht betriebsbezogen (ein konkretes Vorhaben betreffend) sondern gebietsbezogen und vorhabenunabhängig vorgenommen wurde, sind diese als „Kontingentierung" mangels Rechtsgrundlage vielfach gerichtlich gescheitert.[33]

c) Agglomeration von Einzelhandelsbetrieben als neue Planungsvariante?

Die Beurteilung der planungsrechtlichen Zulässigkeit von Einzelhandelsvorhaben bezieht sich im Grundsatz zunächst nur auf den jeweiligen Einzelbetrieb. Bei Agglomerationen mehrerer Einzelhandelsbetriebe, die für sich jeweils unterhalb der Schwelle der Großflächigkeit bleiben, zusammen aber die Großflächigkeitsgrenze überschreiten, kann unter engen Voraussetzungen[34] mit der Möglichkeit der Zusammenfassung mehrerer Einzelhandelsnutzungen zu einer Funktionseinheit erfolgen.[35] Eine Verkaufsstätte ist als eigenständig anzusehen, wenn sie unabhängig von anderen Einzelhandelsbetrieben genutzt werden kann und somit baurechtlich auch als eigenständiges Vorhaben genehmigungsfähig wäre. Notwendig hierfür sind ein eigener Eingang und separierte Anlieferung, Personalräume sowie eine bauliche Möglichkeit zur Umsetzung eigener Öffnungszeiten.

IV. Zusammenfassung

Die hohe Dynamik des Einzelhandels rückt mit dem ab den 1950er-Jahren einsetzenden Wirtschaftsaufschwung und der wachsenden Suburbanisierung die Steuerungsnotwendigkeit seiner standörtlichen Entwicklung in den Fokus der Kommunen und überörtlicher Planungsträger.

Mit Beginn des deutschen Wirtschaftswunders ab Mitte der 1950er-Jahren schien das Wachstum für alle Wirtschaftsbereiche zunächst grenzenlos. Mehr Kaufkraft für neue Vertriebskonzepte bestimmte die Entwicklung bis in die 1970er-

---

[33] Das BVerwG hat mit Urteil vom 3.8.2008 (NVwZ 2008, 902) ausgeführt, dass eine vorhabenunabhängige Kontingentierung von Nutzungsoptionen der BauNVO grundsätzlich fremd sei, und auf die der BauNVO innewohnende Regelungssystematik hingewiesen, nach der im Geltungsbereich eines Bebauungsplans jedes Baugrundstück für jede nach dem Nutzungskatalog des jeweiligen Baugebiets zulässige Nutzung in Betracht käme. Mit dieser Ausrichtung habe der Gesetzgeber ein unerwünschtes „Windhundrennen" potentieller Antragssteller verhindern wollen.

[34] Grundsatzurteil BVerwG NVwZ 2006, 455.

[35] Grundsätzlich ist die summierende Betrachtung mehrerer eigenständiger Betriebsstätten vom geltenden Recht nicht gedeckt. (BVerwG 4.5.1988 – 4 C 34.8; OVG NRW 22.12.1986 – 7 A 2483/84).

Jahre, als mit dem Ölkrise 1973 auch Grenzen des (Flächen-)Wachstums im Einzelhandel in den Fokus traten. Mit der Einfügung des besonderen Städtebaurechts ins BauGB rückt der Schutz der Zentren und die Steuerung peripherer Entwicklungen in das Blickfeld des Bundes, der Länder und der Gemeinden.

Nach der Erholung und anschließender Phase wirtschaftlichen Wohlstands in den 1980er Jahren standen auch nach 1989 in Folge der deutschen Wiedervereinigung die Zeichen wieder auf flächenseitiger Expansion – insbes. in Ostdeutschland wurde das ehemals staatliche Versorgungsnetz durch Angebote vorwiegend westlicher Immobilienentwickler und Handelskonzerne ersetzt. Seit Mitte der 2000er Jahre ist das Flächenwachstum deutschlandweit weniger dynamisch und ab 2010 überwiegend durch Ersatzinvestitionen bestimmt.

Das Raumplanungs- und Bauplanungsrecht hat über die letzten fünf Dekaden einen ausdifferenzierten Steuerungsrahmen entwickelt, um Raum- und Zentrenstrukturen sowie Infrastruktur zu sichern, negative Verkehrs- und Umweltbelastungen zu begrenzen und diese laufend an die sich wandelnden Erfordernisse angepasst.

Für Kommunen und Antragsteller steht ein ausreichend differenziertes planungsrechtliches Instrumentarium bereit, das in der kommunalen Bauleitplanung rechtssicher umgesetzt werden kann. Verfechtern eines stringenten Planungsrechts gehen die Steuerungsmöglichkeiten auch heute nicht weit genug, von dort werden weitergehende Steuerungsmöglichkeiten – wie etwa bei Agglomerationen – gefordert. Im Handel und in der Immobilienwirtschaft werden teilweise – etwa mit dem Verweis auf den entgrenzten Onlinehandel – die Steuerungsregelungen des Raumordnungs- und Bauplanungsrechts kritisiert, da sie dem Konkurrenzschutz dienten, teilweise mit kontingentierenden Vorgaben aufträten, und damit unzulässige Markteintrittsbarrieren seien. Auf europäischer Ebene wird die zunehmende Regelungsdichte in Deutschland bisweilen kritisch diskutiert.

Aktuell beschäftigen vor allem kommunale Festsetzungen zentraler Versorgungsbereiche und Ansiedlungsplanungen die Gerichte, die als „Reparaturbetriebe“ mit kleinlichen kommunalen Festsetzungen oder unangemessenen Investorenwünschen gleichermaßen aufräumen dürfen. Das OVG Lüneburg fasst in der Eystrup-Entscheidung trefflich zusammen:

„Von den Gemeinden sind Tatkraft, Kreativität und Phantasie gefordert, um eine Ansiedlung innerhalb der städtebaulich integrierten Lagen zu ermöglichen; ihre Aufgabe ist es, ihre zentralen Versorgungsbereiche lebensfähig zu erhalten und zu stärken.“

Nur wenn alle Versuche gescheitert sind oder aufgrund objektiv belegbarer Umstände von vornherein kein Erfolg versprechen, darf ausnahmsweise in eine nicht integrierte Lage ausgewichen werden.

Ob diese Anforderungen erfüllt sind, unterliegt der vollen gerichtlichen Überprüfung.“[36]

Mit der Abnahme der Wachstumsdynamik im Einzelhandel wird die Stadtplanung und die Immobilienwirtschaft die „Stadtmischung“ neu erfinden und ausgestalten wollen, damit treten in den kommunalen Konzepten die Orientierung

---

[36] OVG Lüneburg 29.4.2021 – 1 MN 154/20 –, juris.

auf Freizeitgestaltung, Gastronomie und Tourismus sowie gewerbliche Wirtschaft (Büros) etwas nach vorne. Lebendige Innenstädte brauchen auch zukünftig sowohl eine an planerischen Überlegungen ausgerichtete städtebauliche Rahmensetzung, eine aktive Wirtschaftsförderung und – wie die Städtebauförderung nachweist – eine begleitende Förderkulisse.

HANS-JÖRG BIRK

Zur Zulässigkeit der bauplanerischen Festsetzung eines (1) Einkaufszentrums gem. § 11 BauNVO

I. Einführung

Willy Spannowsky (W. S.), dem diese Festschrift gewidmet ist, sticht unter den Vertretern des Berufsstandes der Hochschullehrer hervor. Er ist nicht nur Lehrender und Wissenschaftler, sondern auch Richter und Prozessvertreter. Diese große Bandbreite juristischer Tätigkeiten zeichnet W. S. Zeit seines beruflichen Lebens aus. Vor seiner wissenschaftlichen Laufbahn war er Staatsanwalt in der Schwerpunktabteilung für Wirtschaftsstrafsachen und Richter am Landgericht; die richterliche Tätigkeit führte er als Richter am Oberlandesgericht Zweibrücken neben seiner Tätigkeit als Hochschullehrer lange Jahre in den Fragen des Amtshaftungsrechts fort.

Diese durch die drei unterschiedlichen Tätigkeitsbereiche entstandenen, sehr verschiedenen juristischen Sichtweisen prägten und prägen ihn und beeinflussen immer Gespräche und Diskussionen im privaten Bereich, am Lehrstuhl, bei den stets aktuellen Problemen verpflichteten Fachtagungen an der Rheinland-Pfälzischen Technischen Universität Kaiserslautern-Landau und seinen jährlichen Doktorandenseminaren.

Der Verfasser dieses Beitrags genießt diese Begegnungen seit langem und immer mit großer Freude. Als Anwalt registrierte ich, stets verständnisvoll, die besondere argumentative Deutlichkeit, die dann aufscheint, wenn W. S. als Prozessvertreter vor einem Gericht nicht Recht bekam! Eine Erfahrung, die jeder Rechtsanwalt kennt: Man hat eine wohl überlegte und begründete Rechtsansicht, trägt diese vor, hält sie für die einzig richtige, aber entscheiden tun andere! Wie anders hören sich demgegenüber Ausführungen über die Entscheidungen an, die W. S. als Richter und Berichterstatter vorstellt; dort leitet sich die Richtigkeit des Ergebnisses aus der Entscheidungsmacht des Gerichtes ab!

Der Wissenschaftler „fliegt" höher; schließlich kann er die Details (noch) anderen überlassen, kann die großen Linien erarbeiten und darstellen. Die Kombination dieser drei Sichtweisen macht W.S., auch in seinen vielen Kommentierungen und Veröffentlichungen, aus und lässt jedes Gespräch und jede Diskussion zu einem Genuss und Gewinn werden.

Eine nicht nur im kleinen Kreis diskutierte, sondern veröffentlichte Auseinandersetzung mit Prozessen, die „verloren" wurden, unterliegt beim Leser schnell dem Verdacht einer durch Vorbefassung und Enttäuschung des Betroffenen ausgelösten Befangenheit, die der Stringenz und Richtigkeit der Ausführungen zu schaden geeignet ist. Nicht ganz zu Unrecht wird deshalb immer wieder darüber diskutiert, solche Veröffentlichungen möglichst zu unterlassen. Wenn der Verfasser des vorliegenden Beitrags diese Zurückhaltung nicht an den Tag legt, dann deshalb, weil er sich sicher ist, dass W. S. aufgrund seiner eigenen Erlebnisse als Prozessvertreter Verständnis für eine solche „nachlaufend" prüfende kritische Analyse zweier Entscheidungen haben wird.

II. Urteile des Bundesverwaltungsgerichts vom 17. 10. 2019 und 25. 1. 2022

Der Verfasser dieses Beitrages hat in dem Verfahren, das mit der Entscheidung des Bundesverwaltungsgerichts vom 17.10.2019 endete,[1] die Stadt in einem Normenkontrollverfahren vor dem OVG Koblenz und vor dem Bundesverwaltungsgericht vertreten. Der angegriffene Bebauungsplan hatte die planungsrechtlichen Grundlagen zweier am Rande der Stadt bestehender Einkaufszentren angepasst, um deren Größe und Sortimente so zu definieren, dass nur beherrschbare Auswirkungen auf den innerstädtischen Einzelhandel auftreten können. Dies geschah dadurch, dass der Bebauungsplan in zwei getrennten Sondergebieten jeweils ein nach der Größe und den Sortimenten konkretisiertes Einkaufszentrum zuließ.

Auch im Verfahren, das zur Entscheidung vom 25.1.2022 führte,[2] hat der Verfasser dieses Beitrags die Stadt als Antragsgegnerin in einem Normenkontrollverfahren in beiden Instanzen vertreten. Dabei ging es um die Ansiedlung eines Einkaufszentrums in Form eines Fabrikverkaufszentrums (Factory-Outlet). Der Bebauungsplan arbeitete mit denselben Festsetzungsmechaniken, um über die Zulässigkeit eines Einkaufszentrums dessen mögliche Auswirkungen zu steuern.

In beiden Fällen fußte diese Methode auf einer Überlegung, die das Bundesverwaltungsgericht mehrfach und ausdrücklich bestätigt hatte.[3]

In den Entscheidungen vom 17.10.2019 und 25.1.2022 hat das Bundesverwaltungsgericht geurteilt, dass eine Beschränkung der Zahl zulässiger Vorhaben in einem sonstigen Sondergebiet (§ 11 Abs. 1 BauNVO) mangels Rechtsgrundlage unwirksam ist. Zur Begründung wird darauf abgehoben, § 11 Abs. 1 BauNVO verlange, die Zweckbestimmung und Art der baulichen Nutzung auch in einem Sondergebiet festzusetzen; die Zahl der im Sondergebiet zulässigen Vorhaben lasse sich unter diese Begriffe jedoch nicht subsumieren. Damit werde das Regelungsmuster der §§ 2–10 BauNVO verletzt; welche Vorhaben im Sondergebiet konkret zulässig sein sollen, sei nach dem Vorbild der Abs. 1, 2ff. der §§ 2–10 BauNVO als Art der baulichen Nutzung festzusetzen.[4] Der numerischen Festsetzung fehle es an einer Rechtsgrundlage, da damit keine Art und Zweckbestimmung geregelt werde.

Dieses Schema, das die §§ 2–10 BauNVO präge, dürfe die Gemeinde auch bei der Anwendung des § 11 Abs. 2 S. 1 BauNVO nicht außer Acht lassen.

---

[1] BVerwG 17.10.2019 – 4 CN 8/18, BVerwGE 166, 378 (378ff.).
[2] BVerwG 25.1.2022 – 4 CN 5/20, NVwZ 2022, 1057 (1057ff.).
[3] BVerwG 19.2.2011 – 4 BN 43.10, Rn. 7 = BauR 2011, 1118 (1118ff.); BVerwG 10.11.2011 – 4 CN 9/10, BVerwGE 141, 144 (144ff.).
[4] BVerwG 17.10.2019 – 4 CN 8/18, Rdnr. 14.

Mit diesen Ausführungen engt das Bundesverwaltungsgericht die bisher von ihm vertretene Ansicht ein, wonach die Gemeinde im Rahmen des § 11 BauNVO geringeren Beschränkungen unterliege als bei der Festsetzung von Baugebieten nach §§ 2–9 BauNVO: *„Sie ist weder an bestimmte Nutzungsarten noch gem. § 1 Abs. 3 S. 3 BauNVO an die Möglichkeiten der Feinsteuerung gebunden, die in § 1 Abs. 4–10 BauNVO für die normativ ausgestalteten Baugebiete eröffnet sind. Vielmehr liegt die Definitionsmacht darüber, welche Anlagen zulässig oder ausnahmsweise zulässig sind, bei ihr."*[5] Dieser früheren Offenheit stellt das Bundesverwaltungsgericht in den hier besprochenen Entscheidungen nun die Einschränkung entgegen, die Gemeinde müsse im Rahmen der Festsetzung eines Sondergebiets nach § 11 Abs. 1 BauNVO das Schema und die Typisierung der Abs. 1 und 2 der §§ 2–10 BauNVO einhalten.[6] Daraus leitet das Gericht die (neue) Feststellung ab, eine numerische Begrenzung sei nur zulässig, wenn dies (wie zB im Mischgebiet) ausdrücklich in der BauNVO vorgesehen sei.[7] Da es daran fehle, sei eine solche Festsetzung mangels Rechtsgrundlage unzulässig.

Die beiden Entscheidungen des Bundesverwaltungsgerichts sind für die kommunale Praxis deshalb negativ zu bewerten, weil damit die vom Bundesverwaltungsgericht früher gebilligte Möglichkeit der numerischen Festsetzung eines Einkaufszentrums „kassiert" wurde. In der Entscheidung vom 10.11.2011[8] formuliert das Bundesverwaltungsgericht ausdrücklich: *„Sofern durch städtebauliche Gründe gerechtfertigt (U. v. 24.3.2010, 4 CN 3.09), hat die Gemeinde überdies die Möglichkeit, ein Sondergebiet für einen einzigen großflächigen Einzelhandelsbetrieb festzusetzen und den Betrieb dann – wie der VGH zutreffend dargelegt hat – in einem zweiten Schritt nach Bedarf entsprechend den raumordnerischen Anforderungen nach Sortimenten und Sortimentsverkaufsflächen zu untergliedern und/oder zu begrenzen (U. v. 3.4.2008, 4 CN 3.07, Rdnr. 16, 18)."*[9]

Auf diese Entscheidung und die eindeutige Aussage hatte sich die Praxis umfangreich eingestellt.[10] Die Festsetzung nur eines Einkaufszentrums oder großflächigen Einzelhandelsbetriebes für ein räumlich definiertes Sondergebiet ist hervorragend geeignet, die nach § 1 Abs. 4 BauGB zu beachtenden Ziele der Raumordnung ebenso wie die nach § 2 Abs. 2 BauGB erforderliche gemeindenachbarliche Abstimmung zu gewährleisten und die Auswirkungen eines Einkaufszentrums für die eigene Gemeinde zu steuern; im Übrigen dient die Konkretisierung auch dem allgemeinen Abwägungsgebot des § 1 Abs. 7 BauGB.

Das Bundesverwaltungsgericht „räumt" in seiner Entscheidung vom 17.10.2019[11] die Aussage der vorhergehenden Entscheidung vom 10.11.2011[12] mit der Feststellung ab, die nur einem obersten Bundesgericht erlaubt ist: *„Für die Beschränkung*

---

[5] BVerwG 3.4.2008 – 4 CN 3/07, Rn. 16 = BVerwGE 131, 86 (86ff.).

[6] BVerwG 17.10.2019 – 4 CN 8/18, Rn. 17.

[7] BVerwG 17.10.2019 – 4 CN 8/18, Rn. 18.

[8] BVerwG 10.11.2011 – 4 CN 9/10, Rn. 18 = BauR 2010, 430 (430ff.).

[9] So auch BVerwG 11.11.2009 – 4 BN 63/09.

[10] Vgl. zB Bischopink in Kruse Handbuch Einzelhandel, 135 (156); ders. in Bönker/Bischopink BauNVO § 11 Rn. 169 und 285.

[11] BVerwG 17.10.2019 – 4 CN 8/18, Rn. 12.

[12] BVerwG 10.11.2011 – 4 CN 9/10.

auf einen Betrieb gibt es keine Rechtsgrundlage, sollte dem Urteil am 10.11.2011 – 4 CN 9.10 (BVerwGE 141,144, Rdnr. 18) – Gegenteiliges entnommen werden, hält der Senat daran nicht fest.“

Nach der vollzogenen Beseitigung der früheren Rechtsprechung kann das Bundesverwaltungsgericht dann in der Entscheidung vom 25.1.2022[13], die ein identisches Problem behandelt, den Ratschlag formulieren: „*Nach Auffassung des Senats wäre es Sache des Gesetz- oder Verordnungsgebers, eine Rechtsgrundlage für die Festsetzung von Verkaufsflächen zu schaffen. In der Praxis haben sich Verkaufsflächen als Parameter für die Planung von Einzelhandelsvorhaben und Einkaufszentren durchgesetzt. Indes fehlen im Baugesetzbuch und in der Baunutzungsverordnung Regelungen, um die Ansiedlung dieser Vorhaben mittels Festsetzungen zur Verkaufsfläche rechtssicher zu steuern. Eine solche Rechtsgrundlage zu schaffen, ist nicht Aufgabe richterlicher Rechtsfortbildung. Das verbleibende Regelungsdefizit kann zum Scheitern kosten- und zeitintensiver Verfahren führen, ohne dass die mit der Planung zu lösenden Sachfragen überhaupt zur Sprache kommen. Der Fall ist ein beredtes Beispiel.*“

Für den beratenden Praktiker sind diese Ausführungen wenig hilfreich, für dessen Mandanten sind sie vernichtend: es wurde eine Festsetzung vorgenommen, die das Gericht für zulässig erklärt hat, um dann von diesem zu hören, daran halten wir nicht fest, weil wir nun der Ansicht sind, dafür gebe es keine Rechtsgrundlage.

Bevor der Frage nachgegangen werden soll, ob denn für die Festsetzungen eines Einkaufszentrums in einem Sondergebiet keine Rechtsgrundlage gegeben ist, ist zu verdeutlichen, dass das Bundesverwaltungsgericht in den beiden hier behandelten Entscheidungen[14] einen Ausweg gewiesen hat, der Abhilfe bringen kann. Die Festsetzung eines Einzelhandelsbetriebes soll dann doch zulässig sein, wenn im jeweiligen Sondergebiet nur ein für diese Art der Nutzung (Einkaufszentrum) geeignetes Grundstück vorhanden ist. § 11 Abs. 2 S. 1 BauNVO lasse es zu, „*die höchstzulässige Verkaufsfläche für ein Grundstück im Bebauungsplan in der Form festzusetzen, dass die maximale Verkaufsfläche für jeweils einzelne Grundstücke festgelegt wird, sofern dadurch die Ansiedlung bestimmter Einzelhandelstypen und damit die Art der Nutzung im Sondergebiet geregelt werden soll.*“[15] Voraussetzung sei, dass zum Zeitpunkt des Satzungsbeschlusses ein das Sondergebiet umfassendes einheitliches (Grundbuch-) Grundstück in der Hand eines Eigentümers vorliege.[16]

III. Kritik

Dieser vom Bundesverwaltungsgericht aufgezeigte Weg zur Zulässigkeit der Festsetzung eines Einkaufszentrums überrascht bei näherem Hinsehen. Im ersten Schritt bemängelt das Bundesverwaltungsgericht die fehlende Rechtsgrundlage für die Festsetzungen, weil die numerische Begrenzung weder unter eine Zweckbestimmung noch unter die Art der baulichen Nutzung zu subsumieren sei. Darauf soll es

[13] BVerwG 25.1.2022 – 4 CN 5/20, Rn. 38.
[14] BVerwG 17.10.2019 – 4 CN 8/18 und BVerwG 25.1.2022 – 4 CN 5/20.
[15] BVerwG 17.10.2019 – 4 CN 8/18, Rn. 33.
[16] BVerwG 17.10.2019 – 4 CN 8/18, Rn. 34.

aber in einem zweiten Schritt dann nicht ankommen, wenn sich die Festsetzung dieses einen Einkaufszentrums ausschließlich auf ein Grundstück bezieht. Diesem Ansatz liegt vermutlich die Überlegung zu Grunde, dass die baugebietsbezogene vorhabenunabhängige Verkaufsflächenobergrenze nicht, die grundstücksbezogene Verkaufsflächenobergrenze dagegen sehr wohl zulässigerweise festgesetzt werden kann.[17] Diese grundstücksbezogene Verkaufsflächenobergrenze könne zB durch Verkaufsflächenzahlen, vergleichbar mit den Grundflächen- und Geschossflächenzahlen gem. §§ 19, 20 BauNVO festgesetzt werden. Damit gehorche ein Bebauungsplan dem Regelungsgrundsatz der §§ 2–9 BauNVO, demzufolge im Geltungsbereich eines Bebauungsplans jedes Baugrundstück für jede nach dem Nutzungskatalog der jeweiligen Baugebietsvorschriften zulässige Vorschrift bebaut werden können solle.[18] Damit wird die unter dem Begriff „Windhundrennen" auftretende Problematik ausgeschlossen, die sich dadurch auszeichnet, dass nach teilweiser oder vollständiger Erschöpfung des Verkaufsflächenkontingents auf den restlichen Grundstücken eine an sich zulässige Nutzung nicht mehr zu realisieren ist.

Dieser Lösungsansatz kann nur dahin verstanden werden, dass die numerische Begrenzung der Zahl der Betriebe sich doch auf § 11 Abs. 2 S. 1 BauNVO stützen kann, jedoch die Beschränkung gleichzeitig grundstücksbezogen wirken muss, um die Möglichkeit eines sogenannten Windhundrennens zu vermeiden.

Vor diesem Hintergrund lässt die Argumentation des Gerichtes in beiden hier aufgezeigten Urteilen Fragen offen. Nachvollziehbarer wäre, die numerische Beschränkung allgemein als eine Zweckbestimmung und Art der baulichen Nutzung zu betrachten und die konkrete Zulässigkeit eines Vorhabens an der Grundstücksbezogenheit der konkreten Festsetzung zu messen.

Beide Kriterien schließen jedoch, was zu zeigen sein wird, die Festsetzung eines Einkaufszentrums im Bebauungsplan nicht aus.

Die Rechtsprechung des Bundesverwaltungsgerichts, § 11 Abs. 2 S. 1 BauNVO biete keine Rechtsgrundlage für die numerische Begrenzung auf die Zahl zulässiger Anlagen fußt auf der Annahme, damit werde weder die Zweckbestimmung noch die Art der baulichen Nutzung beschrieben. Das mag in der Verkürzung der Betrachtung nur auf die eine Einzelhandelseinrichtung noch nachvollziehbar sein. Diese Festsetzung endet stets nicht mit dieser Beschränkung auf eine zulässige Anlage. Sie wird vielmehr zielorientiert verbunden mit Regelungen zur höchstzulässigen Gesamtverkaufsfläche, zu definierten zulässigen Sortimenten und zu deren höchstzulässigen Verkaufsflächen, oft ergänzt um Regelungen zu Randsortimenten, Aktionsflächen uÄ. Bei der Beurteilung der Frage nach der Rechtsgrundlage für eine solche Festsetzung ist deshalb auf die Kumulation sämtlicher Regelungen abzuheben. Die Festsetzung leitet sich nicht nur aus der zahlenmäßigen Beschränkung auf ein zulässiges Einkaufszentrum ab, sondern umfasst ebenso die konkretisierenden Festsetzungen, die diese Anlage insgesamt hinsichtlich ihrer zulässigen Nutzungen und daraus folgend ihrer Auswirkungen bestimmen. Das Ziel dieser kumulierten Gesamtbestimmung der zulässigen Nutzungen, qualitativ hin-

[17] BVerwG 3.4.2008 – 4 CN 3/07, Rn. 16.
[18] BVerwG 3.4.2008 – 4 CN 3/07, Rn. 17.

sichtlich der Sortimente, quantitativ hinsichtlich der Gesamtverkaufsfläche und der Verkaufsfläche der einzelnen Sortimente ist der Versuch, auf diese Weise die notwendige Bestimmung der raumordnerischen und städtebaulichen Auswirkungen der Einzelhandelsansiedlung mit dem Blick auf die allgemeine Abwägung nach § 1 Abs. 7 BauGB, auf die Berücksichtigung gemeindenachbarlicher Belange, § 2 Abs. 2 BauGB, und auf die Einhaltung der Ziele der Raumordnung, § 1 Abs. 4 BauGB, zu erreichen und zu sichern.

Diese differenzierten Festsetzungen in ihrer Gesamtschau sind gleichzeitig Grundlage für Auswirkungsanalysen der planungsrechtlich zuzulassenden Einzelhandelsbetriebe und im Ergebnis Folge der gutachtlich prognostizierten Auswirkungen. Prognostiziert werden diese Auswirkungen mit Hilfe der erwarteten Umsatzumverteilungen/Kaufkraftabflüsse in Bezug auf den bestehenden Einzelhandel in der Belegenheitsgemeinde und der betroffenen Nachbargemeinden; sie sind abhängig von den mit dem Bebauungsplan zuzulassenden Verkaufsflächengrößen definierter Sortimente. Die Auswirkungen von Einzelhandelsflächen unterscheiden sich mit dem Blick auf die jeweilige zulässige Verkaufsfläche: Ein Lebensmitteleinzelhandelsbetrieb mit 800 m^2 hat eine andere Sortimentstiefe[19] als ein solcher mit 4.000 m^2 Verkaufsfläche[20], damit andere Raumleistungen Euro pro m^2/Verkaufsfläche[21] und daraus folgend andere Auswirkungen mit dem Blick auf die Kaufkraftumverteilungen und -abflüsse. Ein weiterer Effekt tritt hinzu: Teilen sich die beispielhaft genannten 4.000 m^2 Verkaufsfläche für Lebensmittel auf fünf Geschäfte mit je 800 m^2 auf, sind die Auswirkungen, selbst wenn diese räumlich nahe zueinander liegen (Agglomeration), in der Summe, vor allem in ihrer räumlichen (Fern-) Wirkung geringer, als ein einzelner Betrieb mit 4.000 m^2 Verkaufsfläche. Diese unterschiedlichen, von der Verkaufsflächengröße abhängigen Auswirkungen gelten für sämtliche städtebaulich und raumordnerisch relevanten Sortimente, also zB für Bekleidung, Schuhe, Drogeriewaren ebenso wie für Möbel.

Die vorliegenden Erkenntnisse verdeutlichen, dass gesamt- und sortimentsbezogen betrachtet nachweislich eine prognostizierbare Abhängigkeit zwischen Flächengröße und Flächenleistung, damit Kaufkraftabfluss, und städtebaulichen und raumordnerischen Auswirkungen vorhanden ist. Daraus leiten sich letztlich die im Raumordnungs- und im Bauplanungsrecht geregelten Differenzierungen zwischen nicht großflächigen und großflächigen Einzelhandelsbetrieben und Einkaufszentren nach § 11 BauNVO ab.

Daran knüpfen die raumordnungsrechtlichen Kriterien des Beeinträchtigungsverbotes, Konzentrations- und Zentralitätsgebotes, Integrationsgebotes, Kongruenzgebotes und der Agglomerationsregelungen ebenso an[22] wie das Regelungssys-

---

[19] Sortimentstiefe umschreibt die Zahl der Artikel innerhalb einer Warengruppe.

[20] Auf 800 m^2 Verkaufsfläche werden weniger Alternativen der einzelnen Waren wie beispielsweise Käsesorten, Joghurtsorten als auf einer Fläche von 4.000 m^2, angeboten.

[21] Beispiele aus Struktur- und Marktdaten des Einzelhandels 2020; Bayerisches Staatsministerium für Wirtschaft, Landesentwicklung und Energie, 2022: Durchschnitt €/m^2/p. a.: SB-Warenhäuser 7.100, Verbrauchermärkte 5.600, große Supermärkte ab 2.500 m^2 Verkaufsfläche 4.000, Supermärkte bis 2.000 m^2 Verkaufsfläche 3.600.

[22] Vgl. zB LEP IV Rheinland-Pfalz, Z 57 ff; LEP 2002 Baden-Württemberg, 7.3.3.7.

tem des § 11 Abs. 3 S. 2 BauNVO. Vor diesem Hintergrund definiert die Festsetzung eines Einzelhandelsbetriebes iVm der Gesamtverkaufsfläche, den Sortimenten und deren höchstzulässiger Verkaufsfläche eine hinsichtlich ihrer Auswirkungen bestimmte Nutzungsart und verdeutlicht damit die konkrete Zweckbestimmung für die durch Bebauungsplan zuzulassende Umsatzumverteilung. Die Beschränkung auf einen Betrieb mit dessen Auswirkungen im Vergleich zu mehreren Betrieben mit in der Summe identischen Verkaufsflächen umschreibt und bestimmt das einzelhandelsbezogene Auswirkungsverhalten des Betriebes. Darin liegt die Zweckbestimmung. Sie ist vergleichbar mit den Gliederungsmöglichkeiten nach § 1 Abs. 4 BauNVO bei den Beschränkungen des Immissionsverhaltens eines Gewerbebetriebs[23] oder den Kriterien, die bei §§ 8 und 9 BauNVO zur Bestimmung des Störcharakters herangezogen werden. Auch diese Festsetzungen konkretisieren die Art der baulichen Nutzung mithilfe der definierten Auswirkungen der zuzulassenden baulichen Maßnahmen.

Den hier besprochenen Entscheidungen des Bundesverwaltungsgerichts ist entgegenzuhalten, dass die Argumentation nur die numerische Begrenzung auf einen Betrieb in den Blick nimmt und die Gesamtschau mit den anderen die Nutzung zusätzlich steuernden und damit die Art der zulässigen Nutzung definierenden Festsetzungen außer Betracht lässt.

Nach den beiden Urteilen des Bundesverwaltungsgerichts vom 17.10.2019 und 21.2.2022 kann die Festsetzung eines Einkaufszentrums planerhaltend ausgelegt werden, wenn es zum Zeitpunkt des Satzungsbeschlusses über den Bebauungsplan jeweils nur ein für die festgesetzte Nutzung geeignetes Grundstück innerhalb des festgesetzten Sondergebiets gibt.[24] Begründet wird dieser Ansatz mit der Überlegung, ein sogenanntes „Windhundrennen“ könne in diesem Fall nicht entstehen: *„Besteht das Plangebiet nur aus einem vorhabengeeigneten Grundstück, können sich die Eigentumsverhältnisse zwar auch ändern. Das Eigentum bleibt aber stets in der Hand eines Eigentümers. Er kann das Grundstück in den Grenzen der Verkaufsflächenbeschränkungen nutzen und muss nicht befürchten, durch andere Eigentümer Abstriche an seinen Nutzungsmöglichkeiten hinnehmen zu müssen. Der Möglichkeit der Grundstücksteilung kommt rechtlich insoweit keine Bedeutung zu (BVerwG, B.v. 11.11.2009 – 4 BN 63.09 –, Rdnr. 3).“*

Nicht ausreichend soll dagegen sein, wenn zum Zeitpunkt des Satzungsbeschlusses mehrere (Buch-)Grundstücke im Bebauungsplan im Bereich der Festsetzung eines Sondergebietes vorhanden sind, auch wenn sie im einheitlichen Eigentum eines Eigentümers stehen.[25] Dies soll auch dann gelten, wenn die jeweils planende Gemeinde Eigentümerin aller Grundstücke ist.[26]

Diese Feststellungen überzeugen nicht. Die planende Gemeinde hatte im Fall der Entscheidung vom 25.1.2022, ihr in wesentlichem Umfang das Sondergebiet umfassendes Eigentum an den Grundstücksflächen aufschiebend bedingt in Bezug auf die Wirksamkeit des Bebauungsplans und die Unanfechtbarkeit einer darauf gestützten Baugenehmigung durch notariellen Vertrag auf den Vorhabenträger über-

[23] Söfker in EZBK BauGB § 1 BauNVO Rn. 62.
[24] BVerwG 17.10.2019 – 4 CN 8/18, Rn. 34.
[25] BVerwG 17.10.2019 – 4 CN 8/18, Rn. 34 mwN.
[26] BVerwG 25.1.2022 – 4 CN 5/20, Rn. 25 mwN.

tragen.[27] Der Vorhabenträger hatte sich zudem in einem städtebaulichen Vertrag verpflichtet, das geplante Einkaufszentrum (Designer-Outlet Center) zu errichten. Das Bundesverwaltungsgericht hat es unterlassen, diese Regelungen (Kauf und Bauverpflichtung) in Bezug auf die Bebauungsplanfestsetzungen in ihrer Verknüpfung und damit Gesamtheit einheitlich zu werten.

Dies ist mit dem Blick auf die Regelungssysteme der Bodenordnung nach §§ 45 ff. BauGB in Form eines gesetzlichen Verfahrens und nach § 11 BauGB im Rahmen eines Städtebaulichen Vertrages zu hinterfragen. Beide Regelungssysteme sehen die Neuordnung von bebaubaren Grundstücken vor, damit *„nach Lage, Form und Größe für die sonstige Nutzung zweckmäßig gestaltete Grundstücke"* entstehen. Diese Regelungen können im gesetzlichen Verfahren (§§ 45 ff. BauGB), im vereinbarten gesetzlichen Verfahren (§ 56 Abs. 2 iVm § 11 Abs. 1 S. 2 Nr. 1 BauGB) oder im rein privaten Bauordnungsverfahren (sog. Freiwillige Umlegung, § 11 Abs. 1 S. 2 Nr. 1 BauGB) umgesetzt werden.[28] Allen Verfahren liegt die gesetzliche oder vertragliche Voraussetzung zugrunde, dass die Realisierung der Bodenordnung das Inkrafttreten des die Bebauung ermöglichenden Bebauungsplans voraussetzt, also zeitlich danach vollzogen wird. Dies wird beim gesetzlichen Umlegungsverfahren gem. §§ 45 ff. BauGB besonders deutlich: Der Umlegungsplan, der die Neuordnung bestimmt, setzt das Inkrafttreten des Bebauungsplans voraus, § 47 Abs. 2 S. 2 BauGB. Diesem muss zum Zeitpunkt des Inkrafttretens eine (ungeordnete) Grundstückssituation zugrunde liegen, da nur unter dieser Voraussetzung eine gesetzliche Umlegung zulässig ist. Diese ungeordnete Situation hat zur Folge, dass das Bebauungsplangebiet ohne Bodenordnung nicht entsprechend den Festsetzungen des Bebauungsplans bebaubar ist. Auch bei der Bodenordnung auf der Basis eines Städtebaulichen Vertrages (§ 11 Abs. 1 Satz 2 Nr. 1 BauGB) ist das Inkrafttreten des Bebauungsplans Voraussetzung für die Kausalität und vor allem Angemessenheit der (vertraglich-freiwilligen) Bodenordnung. Die Zulässigkeit von Bebauungsplanfestsetzungen ist vor diesem Hintergrund sowohl im gesetzlichen als auch im vereinbarten Verfahren verknüpft mit der grundstücksmäßigen Neuordnung und somit der durch das gesetzliche oder vertragliche Verfahren erreichten Vollzugsfähigkeit des Bebauungsplans. Ist eine Neuordnung mit dem Ziel der Erreichung plangemäß bebaubarer Grundstücke ausgeschlossen, so führt dies zur Unwirksamkeit des Bebauungsplans. Das bedeutet für den Zeitpunkt des Satzungsbeschlusses, dass die Realisierbarkeit der Grundstücksneuordnung mit hinreichender Sicherheit angenommen werden können muss, sei es im gesetzlichen, sei es im freiwilligen Verfahren der Grundstücksneuordnung.[29]

Die Überlegungen des Bundesverwaltungsgerichts in den beiden angesprochenen Entscheidungen, insbesondere in jener vom 25.1.2022, verlassen dieses für die Bodenordnung aufgezeigte, im BauGB verankerte System, das darauf abhebt, dass die grundstücksmäßigen Vollzugsvoraussetzungen an die Bebauungsplanfestsetzungen anknüpfen und das Inkrafttreten des Bebauungsplans voraussetzen. Im gesetzlichen Verfahren können diese Vollzugsvoraussetzungen zwangsweise nach §§ 45 ff.

---

[27] BVerwG 25.1.2022 – 4 CN 5/20, Rn. 4.

[28] Vgl. dazu Dieterich Baulandumlegung Rn. 465 ff.; Birk Städtebauliche Verträge 395 ff.; Birk in BeckOK BauGB § 56 Rn. 13.

[29] BVerfG NJW 2003, 2229 (2229 ff.); BVerwG BauR 2008, 1106 (1106 ff.).

BauGB umgesetzt werden. § 11 Abs. 1 Satz 2 Nr. 1 BauGB stellt ein zulässiges vertragliches Verfahren zur Verfügung, das letztlich den identischen materiell-rechtlichen Regeln folgt, wie das gesetzliche Verfahren.

Wendet man diese Überlegungen unter dem Blickwinkel der Bodenordnung auf die beiden Entscheidungen des Bundesverwaltungsgerichts vom 17.10.2019 und vom 25.1.2022 an, so ist für den Fall des Urteils vom 17.10.2019 festzustellen, dass eine Neuordnung nicht erforderlich war, da ein geeignetes Grundstück für die gewählte Festsetzung vorlag.[30]

Für den Fall der Entscheidung vom 25.1.2022 ist zu fragen, ob mit der durch notariellen Kaufvertrag aufschiebend bedingten Grundstücksübertragung mit dem Ziel der Schaffung eines Vorhabengrundstücks und der durch Städtebaulichen Vertrag übernommenen Verpflichtung zur Realisierung des festgesetzten (einen) Einkaufszentrums nicht eine bodenordnende Regelung vereinbart wurde und vorlag, die den Vollzug des Bebauungsplans sicherstellte. Die Frage ist zu bejahen. Es handelt sich – entgegen den Überlegungen des Bundesverwaltungsgerichtes[31] – nicht um eine festsetzungsergänzende oder -ersetzende Regelung des Bebauungsplans, sondern um bodenordnende Regelungen zur „Herstellung" eines für die Realisierung des Vorhabens notwendigen Baugrundstücks. Die vertraglich formgerecht vereinbarten Verpflichtungen des Vorhabenträgers sichern den Vollzug der zulässigen (freiwilligen) Bodenordnung und damit die Grundlage für die Realisierung der Bebauungsplanfestsetzungen. Eine solche vertragliche Regelung ist vor dem Satzungsbeschluss über den Bebauungsplan verbindlich abzuschließen; ihr Vollzug hängt (als Geschäftsgrundlage) vom Inkrafttreten des Bebauungsplans ab. Aus dem System der gesetzlichen Bodenordnung ist nicht abzuleiten, dass deren Vollzug – hier die Schaffung des einheitlichen Eigentums – schon vor Inkrafttreten des Bebauungsplans erfolgt sein muss. Entscheidend für diesen Ansatz ist, dass zum Zeitpunkt des Satzungsbeschlusses zwischen Gemeinde und Vorhabenträger vertraglich abschließend geregelt sein muss, dass das für das Vorhaben „ein Einkaufszentrum" notwendige Grundstück gebildet werden kann, also die bebaubare Fläche zur Verfügung gestellt wird.

Diese Überlegungen weichen nicht von der Rechtsprechung des Bundesverwaltungsgerichts ab, wonach die ausnahmsweise zulässige gebietsbezogene Verkaufsflächenbeschränkung dann nicht vorliege, wenn das Grundeigentum oder alle Grundstücke im Plangebiet zum Zeitpunkt der Beschlussfassung über den Plan in einer Hand liegen.[32] In diesen Fällen fehlt es an der gesetzlich oder vertraglich initiierten

---

[30] Nach Zurückverweisung: OVG Koblenz 1.7.2020 – 8 C 11.841/19, BauR 2020, 1890 (1890ff.).

[31] BVerwG 25.1.2022 – 4 CN 5/20, Rn. 26: *„In den Fällen festsetzungsergänzender oder -ersetzender Vereinbarungen sollen die durch einen Bebauungsplan begründbaren Nutzungsmöglichkeiten aufgrund von legitimen gemeindlichen Planungszielen eingeschränkt oder unter zusätzliche Anforderungen gestellt werden (vgl. Reidt, in: Battis/Krautzberger/Löhr, BauGB, 15. Auflage 2022, § 11 Rdnr. 45). Verträge berechtigen und verpflichten indes nur die an ihnen Beteiligten. Sie können nicht mit allgemeiner Verbindlichkeit gewährleisten, dass nur ein Einkaufszentrum entsteht, auch wenn die Gemeinde – wie hier – davon ausgeht, dass jedenfalls ihr Vertragspartner nur einen einzigen solchen Betrieb errichten wird."*

[32] BVerwG 11.11.2009 – 4 BN 63/09; BVerwG 24.10.2010 – 4 CN 3.09, Buchholz 310, § 47 VwGO Nr. 178 Rn. 24.

Verpflichtung, der Bildung (und Aufrechterhaltung) eines einheitlichen Grundstücks und der Errichtung nur eines Vorhabens.

Auf einen letzten Gesichtspunkt ist hinzuweisen: Die vertragliche Konstellation im Fall der Entscheidung vom 25.1.2022[33] mit der aufschiebend bedingten Übertragung der Grundstücksfläche für das Vorhaben und der durch Städtebaulichen Vertrag übernommenen Bauverpflichtung entspricht der Konstruktion des § 12 BauGB. Im vorhabenbezogenen Bebauungsplan muss der Grundstückseigentümer zum einen in der Lage sein, das Grundstück zu bebauen, sich zum anderen im Durchführungsvertrag verpflichten, dies innerhalb bestimmter Zeit auch zu tun. Die erstgenannte Voraussetzung ist gegeben, wenn der Vorhabenträger Eigentümer des Grundstückes ist oder durch einen aufschiebend bedingten Kaufvertrag von der Gemeinde zur Übernahme des Vorhabengrundstücks gezwungen werden kann.[34] Es sind keine Rechtsgründe erkennbar, ob dieser Regelungsansatz nicht auch für die Konstellation der Entscheidung vom 25.1.2022 hätte Anwendung finden können.

IV. Ergebnis

Die vorstehenden Überlegungen erlauben den Schluss, dass die beiden Entscheidungen des Bundesverwaltungsgerichts – wie der Verfasser meint: richtigerweise – auch hätten lauten können: „Die Festsetzung nur eines Einkaufszentrums stellt zusammen mit den zulässigerweise festgesetzten maximalen Verkaufsflächen des gesamten Vorhabens und der der einzelnen Sortimente eine für ein Sondergebiet ausreichend festgesetzte Zweckbestimmung und Art der Nutzung dar, wenn gleichzeitig entweder ein vorhabengeeignetes Grundstück vorliegt oder durch bodenordnende Maßnahmen verbindlich geregelt ist, dass ein für das Vorhaben geeignetes Grundstück entweder in einem gesetzlichen Bodenordnungsverfahren nach § 45 BauGB oder im Rahmen einer (freiwilligen, vertraglichen) Regelung nach § 11 BauGB geschaffen werden kann." Vor dem Hintergrund der Planakzessorietät der Umlegung[35] sollten die Regelungen über zulässige Bebauungsplanfestsetzungen und deren Vollzugsfähigkeit, gegebenenfalls nach Durchführung einer Bodenordnung, nicht getrennt, sondern als einheitlicher Rechtsvorgang gesehen, gewertet und eingesetzt werden.

[33] BVerwG 25.1.2022 – 4 CN 5/20.

[34] VGH Mannheim 29.3.2023 – 5 S 1291/22, BauR 2023, 1469 (1469ff.).

[35] Vgl. Dieterich Baulandumlegung Rn. 28; BVerfG 22.5.2001 – 1 BvR 1512/97, NVwZ 2001, 1023 (1023ff.).

WILHELM SÖFKER

Strukturwandel in der Landwirtschaft und Bauplanungsrecht

I. Zur Ausgangslage: § 35 BauGB und die bauplanungsrechtlichen Grundlagen für Vorhaben der Landwirtschaft und die Anforderungen des Strukturwandels

1. Die bauplanungsrechtlichen Grundlagen

Für die Zulassung von Vorhaben der Landwirtschaft haben die bauplanungsrechtlichen Vorschriften des BauGB nach §§ 29ff. BauGB wesentliche Bedeutung. Dies gilt auch für Vorhaben, die aus Gründen des Strukturwandels in der Landwirtschaft der bauplanungsrechtlichen Absicherung bedürfen. Wichtige Veränderungen sind: Abnahme der Anzahl landwirtschaftlicher Betriebe, Entstehung größerer Betriebe sowie Neuausrichtung landwirtschaftlicher Betriebe auf geänderte landwirtschaftliche Tätigkeiten.

Die hier zu behandelnden Fragen können vielfältig sein (→ II.). Sie können sich grundsätzlich auf alle Vorhaben im Sinne des § 29 Abs. 1 BauGB (Errichtung, Änderung oder Nutzungsänderung von baulichen Anlagen) beziehen. Im Vordergrund steht die bauplanungsrechtliche Absicherung von Vorhaben, die aus Gründen des Strukturwandels errichtet werden sollen. Es entsteht oftmals ein Bedarf an neuen oder zusätzlichen Gebäuden für einen größer gewordenen landwirtschaftlichen Betrieb oder die Neuausrichtung von landwirtschaftlichen Betrieben macht Änderungen von baulichen Anlagen oder auch Nutzungsänderungen von baulichen Anlagen erforderlich.

Die wichtigsten bauplanungsrechtlichen Grundlagen für Vorhaben der Landwirtschaft und damit auch des landwirtschaftlichen Strukturwandels sind die Vorschriften über das Bauen im Außenbereich (§ 35 BauGB), weil landwirtschaftliche Betriebe zumeist im Außenbereich gelegen sind (→ II.).

Werden infolge des Strukturwandels landwirtschaftliche Betriebe ganz oder teilwiese aufgegeben, sind Fragen nach der bauplanungsrechtlich zulässigen Anschlussnutzung an den vorhandenen Gebäuden zu beantworten. Hier ist der seit langem bestehende und mehrfach geänderte § 35 Abs. 4 BauGB einschlägig, der im Rahmen des Gebäudebestands außenbereichsverträglich insbes. eine Weiternutzung von Gebäuden zu Wohnzwecken, aber auch zu gewerblichen und anderen Zwecken Nutzungsänderungen im Sinne eines erweiterten Bestandsschutzes ermöglicht. In diesem Rahmen ist eine Weiterentwicklung im Außenbereich zu nicht landwirtschaftlichen Zwecken möglich.

2. *Strukturwandel durch Änderung gesetzlicher Grundlagen für das Bauen im Außenbereich*

Ein Strukturwandel im landwirtschaftlich geprägten Außenbereich ist auch aus anderen Gründen zu beobachten. Nicht erst jetzt, jedoch verstärkt in jüngerer Zeit sind durch Gesetzgebung zugunsten bestimmter, nicht-landwirtschaftlichen Zwecken dienender Vorhaben die bauplanungsrechtlichen Grundlagen für Vorhaben im Außenbereich geschaffen worden. Auf diese Weise ist eine Bautätigkeit in den Außenbereich gelenkt worden, die nicht im Sinne des Begriffs der Landwirtschaft nach § 201 BauGB als Bodenertragsnutzung zu verstehen ist, die aber mittelbar landwirtschaftlichen Betrieben und Gebäuden und vor allem landwirtschaftlichen Flächen tatsächlich zugeordnet sind. Insofern können sie als „landwirtschaftsnah" bezeichnet werden. Und die in den Außenbereich gelenkte Bautätigkeit ist zwar geeignet, vorhandene landwirtschaftliche Betriebe wirtschaftlich zu stärken und damit mittelbar den eingangs beschriebenen Strukturwandel in der Landwirtschaft zu unterstützen. Insbesondere aber ist diese Bautätigkeit geeignet, dem Außenbereich eine andere städtebauliche Entwicklung zukommen zu lassen, die sich von der traditionellen, durch Landwirtschaft geprägten Entwicklung unterscheidet.

Zu solchen Beispielen zählen die in § 35 Abs. 1 BauGB und in ergänzenden Vorschriften des BauGB durch Gesetzgebung aufgenommenen bauplanungsrechtlichen Grundlagen zugunsten der Nutzung von erneuerbaren Energien wie Windenergieanlagen, Anlagen zur Nutzung der solaren Strahlungsenergie und zur energetischen Nutzung von Biomasse. Auch nicht landwirtschaftliche Tierhaltungsanlagen gehören dazu.

Bei dem hier angesprochenen Strukturwandel geht es nicht um einen sich aus Entwicklungen in der Landwirtschaft entstehenden Strukturwandel, wie zB die Abnahme der Anzahl landwirtschaftlicher Betriebe, sondern um einen Strukturwandel, der darauf zurückzuführen ist, dass durch die gesetzliche Erweiterung der Zulassungsmöglichkeiten im Außenbereich insbes. aus Gründen des Klimaschutzes und der Energieversorgungssicherheit auf landwirtschaftlich genutzten Flächen entsprechende Vorhaben gelenkt werden (→ III.).

Im Übrigen wird der Strukturwandel in der Landwirtschaft, der zur Aufgabe von landwirtschaftlichen Betrieben einschließlich Aufgabe der landwirtschaftlichen Nutzung von ehemaligen Betriebsgebäuden führt, auch dadurch unterstützt, dass auf der Grundlage des § 35 Abs. 4 BauGB Möglichkeiten bestehen, für solche Gebäude andere, wirtschaftlich tragfähige Nutzungen wie Wohnnutzungen vorsehen zu können. Dies bedeutet die Möglichkeit einer bauplanungsrechtlich zulässigen Verwendung aufgegebener landwirtschaftlicher Gebäude für andere als landwirtschaftliche Zwecke und bedeutet eine wirtschaftliche Unterstützung des durch die Entwicklungen in der Landwirtschaft begründeten Strukturwandels.

Unberührt bleibt, wie im Allgemeinen auch, die Aufstellung von Bebauungsplänen, durch die gezielt die bauplanungsrechtlichen Voraussetzungen für Vorhaben mit Bedeutung für den Strukturwandel in der Landwirtschaft geschaffen werden. Dies richtet sich nach den allgemeinen Vorschriften über die Aufstellung von Bebauungsplänen (§§ 1 ff. BauGB), namentlich durch Festsetzung von Baugebieten von Sondergebieten (§ 11 Abs. 2 BauNVO) und von Dorfgebieten (§ 5 BauNVO).

II. Bauplanungsrechtliche Grundlagen für Vorhaben im Rahmen des Strukturwandels in der Landwirtschaft

1. Vorhaben landwirtschaftlicher Betriebe (§ 35 Abs. 1 Nr. 1 BauGB)

Auch beim Strukturwandel in der Landwirtschaft ist für Vorhaben landwirtschaftlicher Betriebe § 35 Abs. 1 Nr. 1 BauGB zentrale bauplanungsrechtliche Grundlage. Gleiches gilt entsprechend für Vorhaben der gartenbaulichen Erzeugung nach § 35 Abs. 1 Nr. 2 BauGB.

Das Vorhaben muss „einem landwirtschaftlichen Betrieb dienen". Seine Merkmale, die von der Rechtsprechung eingehend behandelt worden sind, sind weitgehend auch auf solche Vorhaben anzuwenden, die Folge des Strukturwandels in der Landwirtschaft sind. Dabei stehen die Veränderungen landwirtschaftlicher Betriebe im Vordergrund. Diese lassen sich umschreiben mit: rückläufige Zahl landwirtschaftlicher Betriebe insbes. durch Zusammenlegen von bisher selbständigen Betrieben, Übernahme bisher selbständiger Betriebe durch einen sich vergrößernden Betrieb, Zusammenlegung von Betrieben oder auch Neugründungen großer landwirtschaftlicher Betriebe, die vorhandene Betriebe übernehmen. Solche Entwicklungen können schließlich auch zum Entstehen kleiner Betriebe führen, die die von § 35 Abs. 1 Nr. 1 BauGB verlangten Anforderungen an landwirtschaftliche Betriebe nicht mehr erfüllen, weil sie zB als „Hobbybetriebe" einzuordnen sind.

Der Strukturwandel kann auch dazu führen, dass landwirtschaftliche Betriebe zwar als solche fortgeführt werden, jedoch die an Vorhaben landwirtschaftlicher Betriebe iSd § 35 Abs. 1 Nr. 1 BauGB zu stellenden Anforderungen neu bewertet werden müssen, weil sich die Änderungen im Einzelnen auf die Zulässigkeit von Vorhaben nach § 35 Abs. 1 Nr. 1 BauGB auswirken. Die Folgen können vielfältig sein. Zu diesen Fragen gehören: Änderungen der Zuordnungen landwirtschaftlicher Flächen zu landwirtschaftlichen Betrieben, wobei zusätzlich Eigentums- und Pachtflächen zu unterscheiden sein können. Der Strukturwandel kann auch zu Neuausrichtungen von Betrieben auf bestimmte landwirtschaftliche Betätigungen mit geänderten Betriebsabläufen führen, die Ergänzungen und Anpassungen im Baubestand voraussetzen. Daraus ergeben sich teils weitreichende Fragen zur Anwendbarkeit des Privilegierungstatbestands der Nr. 1 des § 35 Abs. 1 BauGB auf beantragte Vorhaben. Entsprechendes kann sich auswirken auf Vorhaben, die Betrieben der gartenbaulichen Erzeugung nach Nr. 2 des § 35 Abs. 1 BauGB dienen. Nachfolgend werden verschiedene Beispiele behandelt.

2. *Erforderlichkeit des Vorhandenseins landwirtschaftlicher Betriebe*

Zentrale Anforderung ist das Vorhandensein oder die Gründung eines landwirtschaftlichen Betriebs, dem das betreffende Vorhaben dient, also eine funktionale Beziehung des Vorhabens zu einem jeweiligen landwirtschaftlichen Betrieb. Allein die Umstände, dass landwirtschaftliche Flächen vorhanden sind oder der Antragsteller ein Landwirt ist, reichen nicht.

In dem zu verlangenden landwirtschaftlichen Betrieb müssen organisatorisch zusammengefasst sein die drei Produktionsfaktoren Betriebsmittel (Lagerräume und -plätze, Maschinenhallen, Scheunen, Tierhaltungsanlagen und andere baulichen Anlagen), menschliche Arbeit (Tätigkeiten im Betrieb wie Ausführung von anfallenden Arbeiten im Betrieb, Einsatz von Arbeitskräften, Betriebsleitung) sowie Bodennutzung (Flächen, die in dem landwirtschaftlichen Betrieb bewirtschaftet werden)[1]. Die durch den Strukturwandel der Landwirtschaft entstehenden Veränderungen in diesen drei Bereichen einschließlich ihrer Zusammenhänge werfen daher regelmäßig die Frage auf, ob dadurch das Vorhandensein eines landwirtschaftlichen Betriebs als Grundvoraussetzung des Privilegierungstatbestands des § 35 Abs. 1 Nr. 1 BauGB überhaupt in Frage gestellt wird oder ob in einzelnen Beziehungen die funktionale Beziehung des Vorhabens zu dem betreffenden Betriebsfaktor neu bewertet werden muss.

Geht bei einem bisherigen landwirtschaftlichen Betrieb einer der drei Faktoren verloren, liegt ein landwirtschaftlicher Betrieb iSd § 35 Abs. 1 Nr. 1 BauGB nicht mehr vor. Vorhaben an den Gebäuden des bisherigen landwirtschaftlichen Betriebs auf der Grundlage des § 35 Abs. 2 BauGB ermöglichen seine bauliche Weiterentwicklung nicht. Denn die davon erfassten sonstigen Vorhaben beeinträchtigen nach aller Erfahrung öffentliche Belange und sind daher nicht mehr zulässig.

3. *Dauerhaftigkeit der landwirtschaftlichen Betriebe, Nebenerwerbsbetriebe, Hobbybetriebe*

Zu den Merkmalen eines landwirtschaftlichen Betriebs gehört seine Dauerhaftigkeit und Nachhaltigkeit, zugleich als Rechtfertigung für die Inanspruchnahme von Standorten im Außenbereich für bauliche Zwecke und damit die privilegierte Zulässigkeit der Vorhaben nach § 35 Abs. 1 Nr. 1 BauGB. Der landwirtschaftliche Betrieb muss ein auf Dauer angelegtes lebensfähiges Unternehmen sein, mit Mindestumfang an landwirtschaftlicher Betätigung und landwirtschaftlicher Betriebsflächen sowie Gewinnerzielung, als wichtigem Indiz. Bei den im Rahmen des Strukturwandels zumeist zu beobachtenden Entwicklungen zu großen und damit grundsätzlich lebensfähigen Betrieben kann zB die Gewinnerzielung angenommen werden, dh es kommt bei ihnen nicht auf einzelne Nachweise an.

Als Folge des Strukturwandels in der Landwirtschaft kann auch das in der Praxis zu beobachtende Interesse an kleinen Betrieben und an landwirtschaftlichen Ne-

[1] Vgl. Söfker in EZBK BauGB § 35 BauGB Rn. 24 mwN zur Rechtsprechung.

benerwerbsbetrieben eingeordnet werden.[2] Sind diese als landwirtschaftliche Betriebe zu beurteilen, sind auf die ihnen dienenden Vorhaben als im Sinne des § 35 Abs. 1 Nr. 1 BauGB privilegiert zulässige Vorhaben einzuordnen, andernfalls als sonstige Vorhaben im Sinne des § 35 Abs. 2 BauGB, die erfahrungsgemäß wegen Beeinträchtigung öffentlicher Belange im Außenbereich zumeist nicht zulässig sind. Beispiele sind:

Bei landwirtschaftlichen Nebenerwerbsbetrieben können auch im Hinblick auf die zu verlangende wirtschaftliche Tragfähigkeit die (allgemeine) berufliche Tätigkeit des Betriebsinhabers und daneben die Tätigkeit als Inhaber des Nebenerwerbsbetriebs in gewisser Weise berücksichtigt werden, zB weil solche Kombinationen von beruflichen Tätigkeiten regionaltypisch sind[3]. Allgemeinberufliche Einkünfte des Betriebsinhabers schaden nicht, wenn der landwirtschaftliche Betrieb zB wegen seiner Größe selbständig lebensfähig ist. Insofern hätte die Änderung eines landwirtschaftlichen Betriebs in einen Nebenerwerbsbetrieb keine Folgen hinsichtlich der Anforderungen an den Privilegierungstatbestand des § 35 Abs. 1 Nr. 1 BauGB.

Auch im Rahmen des Strukturwandels ist die Abgrenzung von landwirtschaftlichen Betrieben zu sog. Hobbybetrieben, die als sonstige Vorhaben (§ 35 Abs. 2 BauGB) zu behandeln sind, von Bedeutung. Beispiele: Vorhaben der Pensionspferdehaltung können nur unter den in § 201 BauGB genannten Voraussetzungen als von § 35 Abs. 1 Nr. 1 BauGB erfasste Vorhaben privilegiert zulässig sein. Dabei kommt es bezüglich der erforderlichen Gewinnerzielung auf die Anforderungen, die an sog. mitgezogene Nutzungen zu stellen sind, an. Das gilt auch bezüglich der Anforderung, dass die erforderliche Gewinnerzielung erst durch als gewerblich einzustufenden Tätigkeiten erreicht werden könnte[4].

Wohnzwecken dienende Vorhaben sind vom Privilegierungstatbestand des § 35 Abs. 1 Nr. 1 BauGB nur nach dessen allgemeinen Anforderungen erfasst, zB als Betriebsleiterwohnungen. Im Falle der Aufgabe landwirtschaftlicher Betriebe können Wohnungen nach § 35 Abs. 4 BauGB begünstigt sein.

Als weitere Folge kann festgehalten werden, dass der Strukturwandel in der Landwirtschaft allein nicht schon dazu genutzt werden kann, außerhalb der Anforderungen des § 35 BauGB für nicht landwirtschaftliche Zwecke als bauplanungsrechtliche Grundlage eingesetzt zu werden.

Ergänzend wird auf eine den Strukturwandel unterstützende Wirkung zu einer in der Praxis auftretenden Frage hingewiesen. Nach der Rechtsprechung muss der landwirtschaftliche Betrieb nicht darauf angelegt sein, über mehrere Generationen hinweg in der Hand derselben Familie zu bleiben; es genügt, wenn erwartet werden kann, dass das Unternehmen nach dem Ausscheiden des derzeitigen Inhabers

---

[2] Vgl. BVerwG ZfBR 2023, 690; Hörnicke DVBl 2021, 694; Schmidt – Eichstaedt ZfBR 2011, 323.

[3] Söfker in EZBK BauGB § 35 BauGB Rn. 47.

[4] Vgl. dazu die Betriebseigenschaft verneinend: OVG Münster BeckRS 2012, 58818: bei einem „Reiterhof" würde der größere Teil der Einnahmen erzielt aus Vermietung der eigenen Pferde, Reitunterricht, Weide- und Deckenservice, Vermietung der Sattelschränke, Longieren der Pferde usw.; ähnlich OVG Schleswig BeckRS 2015, 49096;VGH München BeckRS 2013, 52250: Dauer und Nachhaltigkeit würde nur durch die Vermietung von Ferienwohnungen (Ferien auf dem Bauernhof) erreicht.

durch einen Verwandten oder Dritten fortgeführt werden wird"[5]. Vorhaben sind daher unabhängig vom Beststehen der Betriebsnachfolge in einer Familie vom Privilegierungstatbestand des § 35 Abs. 1 Nr. 1 BauGB erfasst. Der Verzicht auf die familienbezogene Bindung bedeutet aber auch, dass Altenteilerhäuser nicht etwa automatisch vom Privilegierungstatbestand der Nr. 1 erfasst werden, sondern nur, wenn ein konkreter, vom vorhandenen Bestand nicht abgedeckter Bedarf besteht, und es müssen die Altenteilerhäuser dem Generationenwechsel dienen[6].

4. Folgen von Verlust oder Vergrößerung landwirtschaftlicher Flächen, Eigentums- oder Pachtflächen

Im Rahmen des Strukturwandels verändern sich oftmals die Eigentums- oder Besitzverhältnisse an den landwirtschaftlichen Flächen. Ihre Bedeutung für das Vorliegen eines landwirtschaftlichen Betriebs richtet sich danach, dass zum landwirtschaftlichen Betrieb, der den Privilegierungstatbestand der Nr. 1 für sich geltend macht, stets Flächen gehören müssen. Dies sind die in den Betrieb eingebrachten, also betriebseigenen Flächen (Eigentumsland) und auf Grund von Pachtverträgen gepachtet und in den Betrieb eingebrachten Flächen (Pachtland). Die auch durch Pachtflächen erreichbare neue Größe des Betriebs kann wiederum einen Investitionsbedarf auslösen; dabei ist für die Zulässigkeit von Vorhaben wiederum bedeutsam, inwieweit die Pachtflächen mitgerechnet werden können. Speziell für landwirtschaftliche Tierhaltungsanlagen (vgl. § 201 BauGB) wird verlangt, dass das Futter überwiegend auf den zum landwirtschaftlichen Betrieb gehörenden, landwirtschaftlich genutzten Flächen erzeugt werden kann. Umgekehrt kann nach diesen Kriterien ein bisheriger Betrieb seine Eigenschaft als landwirtschaftlicher Betrieb verlieren.

Angesichts der Aufgabe von landwirtschaftlichen Betrieben im Rahmen des Strukturwandels hat Pachtland als Angebot große Bedeutung. Dabei steht die Frage im Vordergrund, inwieweit der Zugriff landwirtschaftlicher Betriebe auf landwirtschaftlich nutzbare Flächen durch Pachtverträge dauerhaft gesichert ist. Die Rechtsprechung[7] hat Möglichkeiten zur Berücksichtigung von Pachtland deutlich gemacht, auch unter Berücksichtigung der praktizierten Laufzeit von Pachtverträgen oder der Nutzungsdauer[8]. Diese Frage kann letztlich nicht ohne Rücksicht auf die regionalen Verhältnisse einschließlich Handhabung in der Praxis beantwortet werden[9].

---

[5] BVerwG ZfBR 2005, 382, BVerwG BeckRS 2012, 60785,.

[6] Vgl. zusammenfassend BVerwG NVwZ-RR 1994, 637, ZfBR 1994, 298.

[7] Vgl. insbes. BVerwG NVwZ 2013, 155; BVerwG BeckRS 2012, 60785.

[8] VGH München ZfBR 2019, 59; BVerwG ZfBR 2005, 382; vgl. auch Söfker, in EZBK BauGB § 35 BauGB Rn. 36.

[9] Vgl. zB OVG Schleswig BeckRS 1991, 715: Erweiterung eines Pferdestalles unzulässig wegen fehlender gesicherter Zuordnung von Pachtflächen wegen unterschiedlicher Pachtdauer. OVG Münster BeckRS 2002, 18170: Zurückhaltung geboten bei Pachtverträgen, besonders bei Nebenerwerbsbetrieben, unter Hinweis; auf BVerwG Urt. v. 24.8.1979 – 4 C 3.77; eine Pachtdauer von fünf Jahren mit der „festen Aussicht" auf Verlängerung um weitere fünf Jahre reicht zur Sicherung der Futtergrundlage nicht aus (ähnlich OVG Lüneburg Urt. v. 30.8.1988 – 1 A 164/86, Juris). VGH München BeckRS 2015, 51964: kein Nebenerwerbsbetrieb mit 2,7 ha Eigenland und 9,58 ha Pachtfläche mit Pachtverträgen von zwei bis sechs Jahren und Verlängerungsmöglichkeit „von Jahr zu Jahr". VGH München ZfBR 2019, 59; BVerwG ZfBR 2005, 382.

Folge der Vergrößerung der zugeordneten landwirtschaftlichen Flächen ist, dass eine entsprechend größere Tierhaltung als Landwirtschaft einzuordnen ist.

5. Inhaber von landwirtschaftlichen Betrieben

Im Rahmen struktureller Veränderungen der landwirtschaftlichen Betriebe sind vielfältige Veränderungen bei der Inhaberschaft der Betriebe zu beobachten. § 35 Abs. 1 Nr. 1 BauGB stellt ab auf Vorhaben, die einem „landwirtschaftlichen Betrieb" dienen, nicht auf eine bestimmte Inhaberschaft. Gleichwohl können sich Veränderungen der Inhaberschaft auf die Zulässigkeit von Vorhaben auswirken.

Inhaber eines landwirtschaftlichen Betriebs können zB sein Landwirt/in als natürliche Person oder eine Gesellschaft, zB GbR (Gesellschaft bürgerlichen Rechts), GmbH (Gesellschaft mit beschränkter Haftung) als juristische Person. Das Vorhaben muss dem landwirtschaftlichen Betrieb dienen, es muss ein funktionaler Zusammenhang von Vorhaben mit dem landwirtschaftlichen Betrieb bestehen. Dies gilt auch, wenn Inhaberin des landwirtschaftlichen Betriebs eine Gesellschaft ist. Das Vorhaben wird für den landwirtschaftlichen Betrieb (hier: von der Gesellschaft) beantragt, genehmigt und errichtet. Dabei sind zusammenfassend zu berücksichtigen, entsprechend den oben dargelegten Anforderungen an einen landwirtschaftlichen Betrieb als Gesellschaft:

Organisatorische Zusammenfassung der drei Produktionsfaktoren Betriebsmittel, menschliche Arbeit und Bodennutzung; die Fortführung des Betriebs kann über längere Zeit (überschaubarer Zeitraum) erwartet werden; grundsätzlich nicht entscheidend ist die Dauer der Inhaberschaft des landwirtschaftlichen Betriebs (des Landwirts oder der Gesellschaft), sondern die anzunehmende Existenz des jeweiligen landwirtschaftlichen Betriebs als solchem.

Es fehlt an einem landwirtschaftlichen Betrieb bei Vorhaben von „Betriebsgesellschaften" mit nur den beiden Faktoren „Betriebsmittel" und „menschliche Arbeit", wenn die beiden Faktoren „Betriebsmittel" und „menschliche Arbeit" herausgenommen und auf einen anderen landwirtschaftlichen Betrieb übertragen sind, der Inhaber (Eigentümer) der Flächen hat keinen landwirtschaftlichen Betrieb im Sinne des § 35 Abs. 1 Nr. 1 BauGB mehr; die in eine Gesellschaft eingebrachten landwirtschaftlichen Flächen können nicht noch einmal im Rahmen anderer landwirtschaftlicher Betriebe für die Zwecke von Vorhaben im Sinne des § 35 Abs. 1 Nr. 1 BauGB herangezogen werden. Sog. Kooperationen für die gemeinsame Nutzung von Betriebsmitteln und die Durchführung landwirtschaftlicher Tätigkeiten sind grundsätzlich keine landwirtschaftlichen Betriebe, für die nach § 35 Abs. 1 Nr. 1 BauGB Vorhaben beantragt werden können.

Wie bei der Nutzung von Betriebsmitteln eines Dritten oder bei der Beauftragung eines Dritten für die Durchführung von bestimmten Tätigkeiten kann im Grundsatz davon ausgegangen werden, dass sich die Kooperation selbst nicht auf die Zulässigkeit von Vorhaben nach § 35 Abs. 1 Nr. 1 BauGB stützen kann und dass die Anwendbarkeit des § 35 Abs. 1 Nr. 1 BauGB auf den jeweiligen landwirtschaftlichen Betrieb unberührt bleibt. Im Einzelnen können Abgrenzungsfragen aufgeworfen werden, etwa wenn ein an der GbR beteiligter Gesellschafter für

Vorhaben für bestimmte Betriebsmittel oder für landwirtschaftliche Tätigkeiten § 35 Abs. 1 Nr. 1 BauGB anwenden will; dabei können Gesichtspunkte der (dauerhaften) funktionalen Beziehung des Vorhabens zu dem betreffenden landwirtschaftlichen Betrieb von Bedeutung sein, ggf. auch Gesichtspunkte der von der Rechtsprechung anerkannten, vom landwirtschaftlichen Betrieb mitgezogenen gewerblichen Nutzungen.

6. *Räumliche Nähe der Vorhaben zur Hofstelle*

Kommt es insbes. im Rahmen des Strukturwandels etwa wegen der Vergrößerung der Betriebe oder anderer landwirtschaftlicher Betriebsformen zu zusätzlichen Vorhaben, kann die räumliche Nähe der Vorhaben zur Hofstelle Bedeutung haben, allein schon wegen der weiteren Inanspruchnahme des Außenbereichs für bauliche Maßnahmen. Das BVerwG[10] hat darauf hingewiesen, dass die möglichst nahe räumliche Zuordnung der Hofstelle zu den Betriebsflächen der landwirtschaftlichen Betriebsweise in besonderer Weise dienlich und für den Betriebserfolg im Allgemeinen von Bedeutung ist. Die Prüfung von Standortalternativen findet allerdings nicht statt[11]. Maßgeblich ist zumindest, ob an dem beabsichtigten Standort öffentliche Belange im Sinne des § 35 Abs. 1 Nr. 1 BauGB entgegenstehen. Die obergerichtliche Rechtsprechung hat in zahlreichen Fällen hilfreiche Kriterien angewandt, weist aber auch Unterschiede auf. Der hier vielfach verwandte Hinweis darauf, dass „der eigentliche Zweck des Erfordernisses des Dienens nach § 35 Abs. 1 Nr. 1 BauGB darin liege, Missbrauchsversuchen begegnen zu können"[12] dürfte allerdings nicht dahin missverstanden werden können, dass damit die bei Vorhaben zu beachtende „größtmögliche Schonung des Außenbereichs" relativiert wird[13].

Die zu stellenden Anforderungen an die räumliche Nähe von Vorhaben zur Hofstelle dienen letztlich dem Schutz des Außenbereichs und dürften die Investitionsfähigkeit der landwirtschaftlichen Betriebe nicht beeinträchtigen. Wenn landwirtschaftliche Betriebe zwei Hofstellen als Schwerpunkte ihrer Tätigkeiten haben (zB Ackerbau einerseits und Rinderzucht andererseits), ist die räumliche Nähe auf diese beiden Hofstellen abzustellen[14].

7. *Betriebe der gartenbaulichen Erzeugung (§ 35 Abs. 1 Nr. 2 BauGB)*

Mit Rücksicht auf die sich ändernden Produktionsverhältnisse kommt es gerade auch bei Neugründung von Betrieben auf situationsgemäß einsetzbares Planungsrecht an. Als Beispiel kann § 35 Abs. 1 Nr. 2 BauGB genannt werden bei Umstellung auf eine bodenunabhängige Aquakultur. Solche Vorhaben können sich auf den Begriff der Landwirtschaft „gartenbauliche Erzeugung" im Sinne des § 201 stützen[15].

---

[10] BVerwG BeckRS 1996, 12552.
[11] BVerwG ZfBR 1991, 279.
[12] BVerwG BeckRS 2012, 60785.
[13] Vgl. Söfker. in EZBK BauGB § 35 BauGB Rn. 34 mwN zur Rechtsprechung.
[14] VG Osnabrück Beschl. v. 17.10.2018 – 4 B 2691/18, nv
[15] Söfker in EZBK BauGB § 201 BauGB Rn. 19a.

8. Fazit

Zur bauplanungsrechtlichen Absicherung des Strukturwandels in der Landwirtschaft enthält für Vorhaben im Außenbereich die sich aus § 35 Abs. 1 Nr. 1 und 2 BauGB ergebende privilegierte Zulässigkeit weitreichende und situationsgemäß einsetzbare bauplanungsrechtliche Grundlagen.

III. Strukturwandel im Außenbereich durch zusätzliche privilegierte Vorhaben

1. Strukturwandel durch Gesetzgebung

Wie schon eingangs unter I. 2. ausgeführt ist, ist über die oben unter II. näher behandelten Strukturveränderungen in der Landwirtschaft und ihre bauplanungsrechtliche Beurteilung hinaus durch Gesetzgebung, die den Regelungsbereich der im Außenbereich privilegiert zulässigen Vorhaben im Sinne des § 35 Abs. 1 BauGB erweitert hat, ebenfalls eine Veränderung entstanden, die zwar landwirtschaftlichen Zwecken dienende Vorhaben nicht unmittelbar betreffen, jedoch weitreichende Auswirkungen auf die Flächen des Außenbereich insgesamt haben und damit auch auf die Flächen, die zumindest ursprünglich und im Wesentlichen der land- oder forstwirtschaftlichen, nicht – baulichen Nutzung vorbehalten waren. Dazu enthalten die Ausführungen unter 2. einen Überblick und unter 3. ein Fazit.

Diese Erweiterungen der Privilegierungstatbestände sind aktuell insbes. mit Rücksicht auf die Anliegen von Klimaschutz und Sicherheit der Energieversorgung vorgenommen worden.

2. Überblick über die gesetzlichen Erweiterungen der privilegierten Zulässigkeit von Vorhaben im Außenbereich mit mittelbarer Bedeutung für die Landwirtschaft

a) Allgemeines

In diesem Überblick sind die wesentlichen gesetzlichen Änderungen aufgeführt. Dabei wird unterschieden zwischen den Änderungen innerhalb von § 35 Abs. 1 BauGB und den Änderungen, die in weiteren Vorschriften des BauGB ergangen sind und inhaltlich dem § 35 Abs. 1 BauGB (Vorschrift über die privilegierte Zulässigkeit von Vorhaben im Außenbereich) zuzuordnen sind.

b) Tierhaltungsanlagen, die nicht dem Anwendungsbereich des § 35 Abs. 1 Nr. 1 BauGB (Vorhaben, die landwirtschaftlichen Betrieben dienen) unterliegen

Der Privilegierungstatbestand des § 35 Abs. 1 Nr. 4 BauGB erfasst nach der Rechtsprechung nicht landwirtschaftliche Tierhaltungsanlagen („gewerbliche Tierhaltungsanlagen“) im Außenbereich, seit 2013 unter insbes. der Größe nach beschränkenden Voraussetzungen. Diese Tierhaltungsanlagen unterliegen der Steuerungsmöglichkeit nach § 35 Abs. 3 S. 3 BauGB, die wiederum für bestimmte Fallgestaltungen nach der seinerzeitigen Überleitungsvorschrift § 245a Abs. 3 BauGB modifiziert ist. Weitere Modifizierungen der Beschränkungen sind durch zwei gesetzliche Änderungen zugunsten von baulichen Maßnahmen des Tierschutzes an gewerblichen Tierhaltungsanlagen in § 245a Abs. 5 BauGB vorgenommen worden.

c) *Windenergieanlagen als unter bestimmten Voraussetzungen nach § 35 Abs. 1 Nr. 5 BauGB privilegiert zulässige Vorhaben*

Windenergieanlagen sind nach heutiger Rechtslage seit dem Gesetz zur Erhöhung und Beschleunigung des Ausbaus von Windenergieanlagen an Land vom 20.7.2022[16] grundsätzlich und insbes. nur noch nach Maßgabe des Windenergieflächenbedarfsgesetzes (WindBG) und des § 249 BauGB als im Außenbereich privilegierte Vorhaben zulässig. Deren Grundkonzept ist: Windenergieanlagen sind privilegierte Vorhaben im Sinne des § 35 Abs. 1 Nr. 5 BauGB, wenn ihre Standorte in Windenergiegebieten im Sinne des WindBG ausgewiesen sind und die sich aus dem WindBG ergebenden Flächenbedarfe für die Windenergie noch nicht erreicht wurden. Die Ausweisung der Windenergiegebiete kann letztlich aufgrund Entscheidung der Länder und unabhängig von Zielen der Raumordnung und Darstellungen der Flächennutzungspläne vorgenommen werden. Übergangsweise gelten auch die vor dieser neuen Rechtslage ausgewiesenen Gebiete für die Windenergie im Sinne von § 35 Abs. 3 S. 3 BauGB (245e BauGB).

d) *Anlagen für die energetische Nutzung von Biomasse, Biogasanlagen nach § 35 Abs. 1 Nr. 6 BauGB*

Die Erweiterung der ursprünglich nur als von einem landwirtschaftlichen Betrieb „mitgezogenen Nutzung“ dieser erneuerbaren Energie geschah im Jahr 2004 dadurch, dass die überwiegende Verwendung von Biomasse aus dem betreffenden Betrieb (Basisbetrieb) und nahegelegenen Zuliefererbetrieben (landwirtschaftliche Betriebe, Gartenbaubetriebe und gewerbliche Tierhaltungsanlagen) maßgeblich ist. Nach der in 2023 eingeführten, bis Ende 2024 geltenden Sonderregelung des § 246d BauGB für Biogasanlagen, können die Zulieferungsbetriebe bis zu 50 km entfernt vom Basisbetrieb gelegen sein. Es kann also nach § 246d BauGB eine Biomasseanlage ggf. privilegiert zulässig sein, die Biomasse überwiegend aus bis zu 50 km entfernten Betrieben verwendet.

e) *Anlagen für die Herstellung oder Speicherung von Wasserstoff nach § 249a BauGB*

Für diese Anlagen („Wasserstoffanlagen“) gilt die privilegierte Zulässigkeit im Außenbereich wie für die im räumlich – funktionalen Zusammenhang stehenden Windenergieanlagen und Anlagen für die Nutzung von solarer Strahlungsenergie im Außenbereich (§ 249a Abs. 1 und 2 BauGB). Gleiches gilt für „Wasserstoffanlagen“ unmittelbar angrenzend an Anlagen für die Nutzung solarer Strahlungsenergie, die in festgesetzten Bebauungsplänen gelegen sind (§ 249a Abs. 3 BauGB). Die Zulässigkeitsvoraussetzungen sind ähnlich denen des § 35 Abs. 1 BauGB teils modifiziert.

---

16 BGBl. I S. 1353

f) Windenergieanlagen und Anlagen für erneuerbare Energien in Abbaubereichen des Braunkohletagebaus aufgrund Landesverordnungen nach § 249b BauGB

In diesen Abbaugebieten kann durch Rechtsverordnung der Landesregierungen bestimmt werden, dass dort Windenergieanlagen und Anlagen für die Nutzung solarer Strahlungsenergie wie nach § 35 Abs. 1 Nr. 5 BauGB zulässig sind. Darstellungen in Flächennutzungsplänen sowie Ziele der Raumordnung haben – differenziert geregelt – nur eingeschränkte Bedeutung.

g) Anlagen für die Nutzung solarer Strahlungsenergie nach § 35 Abs. 1 Nr. 8 BauGB

Dieser Privilegierungstatbestand bezieht sich auf Anlagen in, an und auf Dach- und Außenflächen vorhandener Gebäude im Außenbereich, zB solche von landwirtschaftlichen Betrieben, sowie auf Freiflächen entlang von Autobahnen sowie von Schienenwegen des übergeordneten Netzes, jeweils bis 200 m Abstand. Diese „Freiflächen“ sind unbebaute Flächen, die zB landwirtschaftlichen Betrieben zugeordnet sind.

3. Bedeutung für den Außenbereich und die städtebauliche Entwicklung

Die hier dargestellte gesetzliche Erweiterung des Katalogs von im Außenbereich im Sinne des § 35 Abs. 1 BauGB privilegiert zulässigen Vorhaben erfasst Vorhaben, die nicht wie die Privilegierungstatbestände von § 35 Abs. 1 Nr. 1 und 2 BauGB landwirtschaftlichen Betrieben und Betrieben der gartenbaulichen Erzeugung dienen. Angeknüpft wird – und dies auch nur teilweise – an das Vorhandensein solcher Betriebe und ihrer Gebäude. In weiten Bereichen aber sind dies nicht landwirtschaftlichen Zwecken dienende Vorhaben und überhaupt unabhängig von der Landwirtschaft, wie sie in § 201 BauGB bestimmt ist. Die dargestellten privilegierten Vorhaben sind jedoch – in unterschiedlicher Weise – auf Flächen angewiesen, die zumeist landwirtschaftlich genutzt werden, bei den privilegierten Windenergieanlagen ggf. auch auf Wald – Flächen. Insofern besteht eine tatsächliche Verbindung mit landwirtschaftlichen Betrieben, weil zB die Flächen von ihnen bewirtschaftet werden oder weil die bauliche Entwicklung der Landwirtschaft (auch im Rahmen ihres Strukturwandels) mit der Entwicklung der unter 2. dargestellten Vorhaben einhergehen kann.

Erfüllt ein Vorhaben die Voraussetzungen eines Privilegierungstatbestands, bedeutet dies noch nicht die bauplanungsrechtliche Zulässigkeit des Vorhabens nach § 35 Abs. 1 BauGB. Denn es dürfen dem Vorhaben keine öffentlichen Belange entgegenstehen (in einer nicht abschließenden Aufzählung in § 35 Abs. 3 Satz 1 geregelt). Der Widerspruch von raumbedeutsamen Vorhaben zu Zielen der Raumordnung kann deren Zulässigkeit beschränken (§ 35 Abs. 3 S. 2 BauGB), und es muss die Erschließung gesichert sein. Und mit Rücksicht auf die Zuständigkeit der Gemeinden für die Bauleitplanung (§ 2 Abs. 1 BauGB) bedarf es des Einvernehmens der Gemeinden (§ 36 BauGB), die aus Anlass einer beantragten Zulassung eines Vorhabens auch das Instrument der Bauleitplanung nutzen können, um entsprechend ihren städtebaulichen Vorstellungen die bauplanungsrechtlichen Grundlagen zu bestimmen. Aus diesen Gründen kann im Einzelfall die Zulässigkeit von Vorhaben, die an sich im Sinne des § 35 Abs. 1 BauGB im Außenbereich privilegiert zulässig sind, zu verneinen sein.

Der Gesetzgeber hat die sich daraus ergebenden Fragen erkannt und – unter Hinweis auf Klimaschutz und Energieversorgungssicherheit – zu einzelnen privilegiert zulässigen Vorhaben die Bedeutung entgegenstehender öffentlicher Belange reduziert oder eingeschränkt, so zu Gunsten der benannten Vorhaben der Windenergie, der Anlagen für die Herstellung und Speicherung von Wasserstoff und der Anlagen für erneuerbare Energien in Abbaubereichen des Braunkohletagebaus. Dadurch wird der Bedeutungszuwachs von den im Sinne des § 35 Abs. 1 BauGB im Außenbereich privilegiert zulässigen Vorhaben flankiert durch Reduzierung der Zulässigkeitsvoraussetzungen.

In solchen Fällen hilft an sich die bauplanungsrechtliche Absicherung des betreffenden Vorhabens durch Aufstellung von Bebauungsplänen durch die jeweilige Gemeinde. Dies entspricht auch den Aufgaben der Bauleitplanung (§ 1 Abs. 1 und 2 BauGB) und der Planungszuständigkeit der Gemeinden für die Bauleitplanung (§ 2 Abs. 1 BauGB) sowie den weitreichenden Festsetzungsmöglichkeiten in Bebauungsplänen, die durch eindeutige Bestimmungen der Zulässigkeitsvoraussetzungen zugleich auch den Vollzug wesentlich erleichtern können.

Weitergehende Regelungen sind bezüglich der Windenergie getroffen worden; (→ II.). Letztlich können die Länder nach dem WindBG die Standorte für Windenergieanlagen durch die von ihnen zu verantwortende, entsprechend den festgelegten Flächenbedarfen erforderliche Aufstellung von Windenergiegebieten nach dem WindBG bestimmen. Und die Länder können sich erforderlichenfalls über entgegenstehende Darstellungen in Flächennutzungsplänen (ebenso von Zielen der Raumordnung) hinwegsetzen (§ 249 Abs. 5 BauGB). Dadurch ist zumindest in diesen Bereichen den Gemeinden letztlich die Möglichkeit genommen, durch Nutzung der Bauleitplanung die städtebaulich relevanten Auswirkungen der durch gesetzliche Ergänzungen von Privilegierungstatbeständen – hier von Windenergieanlagen – entstehenden (städte-) baulichen Entwicklungen in den Außenbereichen der Gemeinden aufzugreifen und Lösungen zuzuführen. Es kommt daher sehr auf die Handhabung des Konzepts für den Ausbau der Windenergie in der Praxis an, ob und inwieweit die städtebaulichen Vorstellungen der Gemeinden Berücksichtigung finden.

CHRISTIAN W. OTTO

Wenn der Abstand des Abstandsflächenrechts zum Planungsrecht gering ist – Über das Verhältnis von Abstandsflächenrecht und Planungsrecht insbesondere in der Bauordnung Rheinland-Pfalz

Die Kommentierungen im Bauordnungsrecht und der Baunutzungsverordnung bei beck-online verbinden mich seit vielen Jahren mit dem Jubilar. Es liegt daher nahe, für diese Festschrift ein bauordnungsrechtliches und planungsrechtliches Thema zu wählen. Diese beiden Rechtsgebiete sind im Abstandsflächenrecht eng miteinander verknüpft und damit auf einem bedeutsamen Betätigungsfeld des Jubilars zu finden. Das Abstandsflächenrecht ist für die Stadtplanung und damit auch für den Fachbereich Raum- und Umweltplanung, den der Jubilar an der Rheinland-Pfälzischen Technischen Universität Kaiserslautern über sehr viele Jahre geprägt hat, von nicht geringer Bedeutung. Die Verbindungen zwischen Abstandsflächenrecht und Planungsrecht lassen zudem die praktische Bedeutung einer fehlerfreien Bebauungsplanung erkennen und damit nicht nur den hohen Rang, den Lehre und Fortbildung im Bereich Raum- und Umweltplanung besitzen, sondern auch die große Relevanz des Jubilars als Hochschullehrer und Experte auf diesem Gebiet.

I. *Abstandsflächenrecht folgt Planungsrecht*

Die natürliche Nähe des Abstandsflächenrechts zum Planungsrecht hat den Gesetzgeber bewogen, dem Planungsrecht den Vortritt zu geben.[1] Dies betrifft die Erforderlichkeit sowie die Tiefe der Abstandsflächen. Sehr viel weitgehender ist die Fachkommission Bauaufsicht der Bauministerkonferenz in ihrer 332. Sitzung am 14./15.3.2023 gegangen, als sie vorgeschlagen hatte, dass eine Abstandsfläche nicht erforderlich sei, soweit nach der umgebenden Bebauung im Sinne des § 34 Abs. 1 Satz 1 BauGB abweichende Gebäudeabstände zulässig sind.[2] Dass dieser Regelungsvorschlag problematisch sein dürfte, liegt auf der Hand, soll aber hier nicht weiter thematisiert werden, da bereits die verbindlichen Regelungen einer genaueren Betrachtung lohnen. Dies gilt auch für die Landesbauordnung Rheinland-Pfalz, also für die Bauordnung des Landes, in dem der Jubilar beheimatet ist und welches er in mit seiner Forschung, Lehre und auch in der Rechtsprechung beeinflusst hat.

---

[1] Vgl. Jeromin in Jeromin LBauO RhPf § 8 Rn. 191.
[2] Vgl. dazu auch Otto, BauR 2023, 384; s. § 6 Abs. 1 Satz 3 Nr. 2 SchlHBauO und ThürBauO.

II. Die Abstandsfläche

Abstandsflächen sind gem. § 8 Abs. 1 RhPfBauO vor den Außenwänden von Gebäuden grundsätzlich erforderlich. Liegt vor der Außenwand eine vorgeschriebene Abstandsfläche, hat dies zwei Konsequenzen:

1. Diese Fläche darf gem. § 8 Abs. 1 Satz 1 RhPfBauO nicht von anderen Hochbauten bebaut werden. Daraus folgt ein Abstand zu anderen baulichen Anlagen. Handelt es sich dabei um ein anderes Gebäude, ist damit der sog. *Gebäudeabstand* definiert.[3] Der Gebäudeabstand ist wegen des Überdeckungsverbotes aus § 8 Abs. 3 RhPfBauO die Summe der Abstandsflächentiefen vor gegenüberstehenden Außenwänden. Da in § 8 RhPfBauO nicht unterschieden wird zwischen den Außenwänden desselben oder eines anderen Gebäudes, muss ein Abstand auch vor den Außenwänden desselben Gebäudes, etwa bei dessen U-förmigen Gestaltung, gewahrt werden. Um kenntlich zu machen, dass es insoweit nicht nur um den Abstand bei gegenüberstehenden Außenwänden verschiedener Gebäude geht,[4] sollte genau genommen vom Gebäudeaußenwandabstand die Rede sein.

2. Abstandsflächen müssen gem. § 8 Abs. 2 RhPfBauO grundsätzlich auf dem eigenen Grundstück liegen. Dadurch erzeugt die Tiefe der Abstandsfläche einen Abstand zur Grundstücksgrenze, den sog. *Grenzabstand.*[5] Die Außenwand muss von der Grundstücksgrenze so weit entfernt stehen, dass die Abstandsfläche mit ihrer gesamten Tiefe, die sich gem. § 8 Abs. 4 RhPfBauO nach der Wandhöhe bemisst, auf dem Baugrundstück[6] liegt.

Es unschwer erkennbar, dass diese Vorgaben über die räumliche Positionierung von Außenwänden in Konflikt mit dem Bauplanungsrecht geraten können. Soll insbes. die planende Gemeinde dadurch nicht mit schwer zu lösenden Konflikten konfrontiert oder sogar in ihrer Gestaltung des städtischen Raums gravierend eingeschränkt werden, muss der Gesetzgeber diese Spannungen auflösen. Die Landesgesetzgeber haben, wie zu zeigen ist, den Konflikt des Abstandsflächenrechts mit dem Bauplanungsrecht auf recht unterschiedliche Weise gelöst.

III. Die grenzständige Bebauung

Um das Abstandsflächenrecht mit dem Planungsrecht zu harmonisieren, ist in § 8 Abs. 1 Satz 2 RhPfBauO bestimmt worden, dass innerhalb der überbaubaren Grundstücksflächen Abstandsflächen nicht erforderlich sind vor Außenwänden, die an Grundstücksgrenzen errichtet werden, wenn nach planungsrechtlichen Vorschriften

[3] Vgl. Schönfeld in BeckOK BauordnungsR Bayern Art. 6 Rn. 1.

[4] Zu kurz gegriffen etwa Schönfeld in BeckOK BauordnungsR Bayern Art. 6 Rn. 1.

[5] Vgl. Jeromin in Jeromin LBauO RhPf § 8 Rn. 54; Kockler in BeckOK BauordnungsR NRW § 6 Rn. 46

[6] Dies ist das sog. Buchgrundstück, also die auf einem Grundbuchblatt von einer Nummer erfasste Fläche.

1. das Gebäude ohne Grenzabstand gebaut werden muss oder
2. das Gebäude ohne Grenzabstand gebaut werden darf und öffentlich-rechtlich gesichert ist, dass auf dem Nachbargrundstück ebenfalls ohne Grenzabstand gebaut wird.

Mit dieser Vorschrift hat der Landesgesetzgeber eine Radikallösung gewählt, weil eine Abstandsfläche bei planungsrechtlich zulässiger Grenzbebauung nicht erforderlich ist. Dies ist aus planungsrechtlicher Perspektive überraschend, da Grundstücksgrenzen der Bauleitplanung kaum zugänglich sind. Grundstücksgrenzen lassen sich in einem Bebauungsplan auf der Grundlage von § 9 BauGB nicht festsetzen. Will die planende Gemeinde anordnen, dass an die Grundstücksgrenze angebaut werden soll, kann sie dabei den Verlauf der Grundstücksgrenze planungsrechtlich nicht steuern. Die Gemeinde kann zwar Teilungen und Verschmelzungen von Grundstücken mittelbar über die Festsetzung der Mindestgrundstücksgröße nach § 9 Abs. 1 Nr. 3 BauGB regeln,[7] den konkreten Verlauf der Grundstücksgrenze erfasst sie damit aber nicht.[8] Die Änderung der Grundstücksgrenze durch Teilung und Verschmelzung von Grundstücken ist zudem kein Vorhaben im Sinne von § 29 BauGB. Nur über § 19 Abs. 2 BauGB kann auf die Teilung eines Grundstücks eingewirkt werden. Es dürfen dadurch bauplanungsrechtwidrige Zustände nicht verursacht werden, bei bebauten Grundstücken darf auch die Erschließung nicht gekappt werden.[9] Werden Grundstücksgrenzen jedoch durch Verschmelzungen verändert, versagt auch § 19 BauGB. Die Vergrößerung von Grundstücken wird von § 19 BauGB nicht erfasst, obwohl die Vergrößerung von Wohngrundstücken bei Festsetzungen der Maximalgröße im Bebauungsplan nach § 9 Abs. 1 Nr. 3 BauGB planungsrechtswidrig sein kann. Folglich ist die planende Gemeinde in der Bebauungsplanung darauf beschränkt, die Stellung der Gebäude zu den Grundstücksgrenzen abstrakt zu bestimmen. Dh, sie kann eine Grenzbebauung, nicht aber die Grenze des Grundstücks festsetzen.

1. *Die planungsrechtlich obligatorische Grenzbebauung*

Musterfälle der planungsrechtlich vorgeschriebenen Grenzbebauung sind die geschlossene Bauweise und – bei offener Bauweise – die Vorgabe, dass nur Doppelhäuser und Hausgruppen zulässig sind.[10] Die Bauherrn müssen in beiden Varianten an ihre seitliche Grundstücksgrenze anbauen. Für die Doppelhäuser gilt dies allerdings mit der Besonderheit, dass nur an eine Grundstücksgrenze gebaut werden darf. Eine geschlossene Bauweise ist daher auch nur festsetzbar, wenn mehr als ein Grundstück davon erfasst ist.[11] Wären in offener Bauweise auch Einzelhäuser zulässig, wäre dies kein Fall des § 8 Abs. 1 Satz 2 Nr. 1 RhPfBauO.[12]

---

[7] Dazu bleibe Spannowsky in BeckOK BauGB§ 9 Rn. 12.
[8] Vgl. Mitschang/Reidt in Battis/Krautzberger/Löhr BauGB § 9 Rn. 34.
[9] Dazu Grziwotz in BeckOK BauGB § 19 Rn. 12.
[10] Jeromin in Jeromin LBauO RhPf § 8 Rn. 39; s. a. Kockler in BeckOK BauordnungsR NRW § 6 Rn. 30.
[11] OVG Berlin-Brandenburg NVwZ-RR 2009, 51.
[12] OVG Rheinland-Pfalz BeckRS 1993, 9916-; BVerwG NVwZ 1994, 1008.

Planungsrechtlich muss auch dann an die Grundstücksgrenze gebaut werden, wenn die Gemeinde die Stellung der Außenwände durch Baulinien festsetzt und diese entlang von Grundstücksgrenzen verlaufen.[13] Dann muss an der Grundstücksgrenze gebaut werden. Klassische Beispiel dafür ist die Festsetzung der vorderen Grundstücksgrenze durch eine Baulinie, so dass eine die Verkehrsfläche begleitende Bebauung vorgeschrieben wird.[14] Anlass dafür kann die Absicht der Gemeinde sein, eine bestimmte Platzgestalt zu schaffen. Baulinie und Straßenbegrenzungslinie werden in dem Fall direkt parallel zueinander festgesetzt. Dass die Gemeinde die grenzständige Bebauung mit der Festsetzung der Baulinie beabsichtigt haben muss, ist für die Erfüllung des Tatbestandes in § 8 Abs. 1 Satz 2 Nr. 1 RhPfBauO jedoch unerheblich. Denn auch bei faktischen Baulinien an Grundstücksgrenzen ist der Bauherr zum Grenzanbau ohne Abstandsfläche gezwungen, ohne dass die Gemeinde dies gewollt hätte.[15] Der Gesetzgeber hat nicht auf die Intention der Gemeinde abgestellt, sondern allein auf die rechtlichen Verhältnisse.[16]

Da § 22 Abs. 2 BauNVO bestimmt, dass auf einer festgesetzten Baulinie gebaut werden muss, muss der Bauherr sein Gebäude so planen, dass dessen Außenwand genau auf der Baulinie steht. Sie darf nicht vortreten oder mit ihrer Außenfläche hinter der Linie zurückbleiben. Dies gilt für die gesamte Außenwand, so dass deren Höhe nicht festgesetzt zu werden braucht, um eine Bebauung auf der Baulinie als grenzständige Bebauung zu erwirken.[17] Dh, nur wenn die Baulinie entlang der Grundstücksgrenze verläuft, wird dadurch ohne Abstand zur Grenze gebaut, also grenzständig. Bauordnungsrechtlich darf aber nicht *auf* der Grundstücksgrenze gebaut werden, sondern nur *an* der Grundstücksgrenze. Dies wird bei der geschlossenen Bauweise relevant, in der die Grundstücksnachbarn jeweils an die gemeinsame Grenze bauen und sie dadurch den Abstand zu dieser Linie auf beiden Seiten der Grenze auf Null reduzieren. Die Gebäude stehen dann Wand an Wand, also in geschlossener Bauweise. Damit Bauplanungsrecht und Bauordnungsrecht sich nicht widersprechen, muss also die Baulinie direkt neben der Grundstücksgrenze verlaufen. In dem Fall wird auf der Baulinie und zugleich an der Grundstücksgrenze gebaut. Verläuft die Baulinie aber auf der Grundstücksgrenze und wird auf dieser gebaut, wäre dies kein Fall des § 8 Abs. 1 Satz 2 RhPfBauO.[18]

2. *Die fakultative Grenzbebauung*

Eine Abstandsfläche ist nach § 8 Abs. 1 Satz 2 Nr. 2 RhPfBauO auch dann nicht erforderlich, wenn die Außenwand des Gebäudes planungsrechtlich an die Grund-

---

[13] Vgl. Kockler in BeckOK BauordnungsR NRW § 6 Rn. 30; Henkel in Schönenbroicher/Kamp/Henkel § 6 Rn. 72.

[14] S. a. Jeromin in Jeromin LBauO RhPf § 8 Rn. 40.

[15] Vgl. Jeromin in Jeromin LBauO RhPf § 8 Rn. 40, der bei seiner Kommentierung zu § 8 Abs. 1 Satz 2 Nr. 1 nur auf die faktische Baulinie eingeht.

[16] A. A. Johlen in GJWHKKP BauO NRW § 6 Rn. 313 ff.; Henkel in Schönenbroicher/Kamp/Henkel§ 6.

[17] A. a. Kockler in BeckOK BauordnungsR NRW § 6 Rn. 28–35

[18] Ungenau zwar Kockler in BeckOK BauordnungsR NRW § 6 Rn. 30, praktisch ist diese Differenzierung ohne Bedeutung.

stücksgrenze gebaut werden darf. „Dürfen" bedeutet, dass der Bauherr entscheiden kann, ob er mit oder ohne Grenzabstand bauen will. § 8 Abs. 1 Satz 2 Nr. 2 RhPfBauO ist in dieser planungsrechtlichen Konstellation nicht einfach zu handhaben, weil das „Dürfen" planungsrechtlich nicht ausdrücklich geregelt ist. Denkbare Festsetzungen für das „Dürfen", bei der die Wahlfreiheit des Bauherrn erhalten bleibt, sind die offene Bauweise gem. § 22 Abs. 2 BauNVO, in der *auch* Doppelhäuser und Hausgruppen zulässig sind, oder Baugrenzen, die entlang von Grundstücksgrenzen verlaufen. Im unbeplanten Innenbereich folgt dieses „Dürfen" gem. § 34 Abs. 1 BauGB aus der Eigenart der näheren Umgebung in Bezug auf die Bauweise und die überbaubare Grundstücksgrenze. Ist nach der Eigenart der näheren Umgebung eine offene Bauweise vorzufinden, in der sowohl Einzel- wie auch Doppelhäuser zu finden sind, darf der Bauherr sich zwischen diesen Hausformen entscheiden. Sofern in der näheren Umgebung nur faktische, bis an die Grundstücksgrenze heranreichende Baugrenzen zu finden sind, ist dem Bauherrn unbenommen, bis zu dieser Grenze zu bauen, also ggf. grenzständig, oder hinter dieser zurückzubleiben, also mit Abstand zur Grundstücksgrenze zu bauen. Der Bauherr darf daher im unbeplanten Innenbereich (§ 34 BauGB) auch bei einer sog. regellosen Bebauung an die Grundstücksgrenze bauen, muss dies aber nicht tun.[19]

Ebenso ist im unbeplanten Außenbereich (§ 35 BauGB) dieses „Dürfen" möglich, wenn öffentliche Belange bei einer Bebauung mit oder ohne Grenzabstand im Falle eines privilegierten Vorhabens nicht entgegenstehen (§ 35 Abs. 1 BauGB) oder bei einem sonstigen Vorhaben dadurch nicht beeinträchtigt werden (§ 35 Abs. 2 BauGB). Der vielfach in Literatur[20] und Rechtsprechung[21] vertretenen Meinung, dass Abstandsflächen im unbeplanten Außenbereich (§ 35 BauGB) stets zu wahren sind, ist daher nur dann zu folgen, wenn Abstandsflächen nach der Bauordnung im Außenbereich auch bei grenzständiger Bebauung erforderlich sind. Dies ist in Rheinland-Pfalz der Fall. Denn dort gilt für die Nicht-Erforderlichkeit der Abstandsfläche gem. § 8 Abs. 1 Satz 2 RhPfBauO die besondere Einschränkung, dass diese nur „innerhalb der überbaubaren Grundstücksflächen" einschlägig ist. Mit diesem Tatbestandsmerkmal nimmt der Gesetzgeber auf § 23 BauNVO „Überbaubare Grundstückfläche" Bezug. Die grenzständige Außenwand muss also nach § 8 Abs. 1 Satz 2 RhPfBauO innerhalb der Baugrenzen bzw. Bautiefen oder auf der Baulinie stehen, damit die Abstandsfläche nicht erforderlich ist. Im unbeplanten Innenbereich (§ 34 BauGB) kommt es auf die Fläche an, die überbaut werden soll. Diese muss sich in die Eigenart der näheren Umgebung gem. § 34 Abs. 1 BauGB einfügen. Im unbeplanten Außenbereich gibt es gem. § 35 BauGB eine solche Fläche nicht. Dort sind in Rheinland-Pfalz Abstandsflächen also stets erforderlich.

Andes verhält es sich etwa in Hessen oder Nordrhein-Westfalen, in deren Bauordnungen die Einschränkung „innerhalb der überbaubaren Grundstücksflächen" fehlt. Dort ist es abstandsflächenrechtlich erlaubt, auch im Außenbereich ohne Abstandsflächen zu bauen, wenn dadurch öffentliche Belange gem. § 35 BauGB nicht be-

---

[19] Vgl. OVG Berlin-Brandenburg BeckRS 2019, 6584.
[20] Ohne Begründung Jeromin in Jeromin LBauO RhPf § 8 Rn. 37.
[21] Vgl. OVG Bautzen BeckRS 2003, 13572; VG Mainz BeckRS 2006, 25620.

einträchtigt werden oder nicht entgegenstehen.[22] Eine einschränkende Auslegung der Vorschrift, die der rheinland-pfälzischen Regelung gleichkommt, wäre mit dem Wortlaut des Abstandsflächenrechts dieser Länder nicht zu vereinbaren und würde die grundrechtlich geschützte Baufreiheit in unzulässiger Weise einschränken. Allein der Gesetzgeber ist gem. Art. 14 Abs. 1 Satz 2 GG beauftragt und befugt, die Grenzen des Eigentums und damit auch die der Baufreiheit zu bestimmen. Abgesehen davon ist sachlich nicht gerechtfertigt, dem Bauherrn im Außenbereich die grenzständige Bebauung mit der grundsätzlichen Erforderlichkeit einer Abstandsfläche zu versagen, wenn die grenzständige Bebauung dort doch nur dann abstandsflächenrechtlich zulässig ist, wenn dadurch öffentliche Belange nicht beeinträchtig werden oder nicht entgegenstehen. Planungsrechtlich und abstandflächenrechtlich ist eine grenzständige Bebauung im Außenbereich unter diesen Umständen unproblematisch.

3. *Sicherung eines Grenzanbaus*

In der Bauordnung Rheinland-Pfalz ist bei der fakultativ grenzständigen Bebauung nach § 8 Abs. 1 Satz 2 Nr. 2 RhPfBauO als weitere Voraussetzung bestimmt, „dass auf dem Nachbargrundstück ebenfalls ohne Grenzabstand gebaut wird." Es muss also gesichert sein, dass auf dem Nachbargrundstück grenzständig gebaut wird.[23] Allerdings ist mit der Formulierung, „dass auf dem Nachbargrundstück ebenfalls ohne Grenzabstand gebaut wird" offengelassen, an welcher Grundstücksgrenze ohne Grenzabstand gebaut werden muss. Diese Offenheit wird beim Blick auf die parallele Regelung in Hessen augenfällig. Dort wird verlangt, „dass vom Nachbargrundstück angebaut wird". Nach der hessischen Rechtslage muss auf dem Nachbargrundstück ein Gebäude gebaut werden, dass nicht nur ebenfalls grenzständig steht, sondern auch an die grenzständige Wand des Bauherrn angebaut wird. Dass an der gemeinsamen Grundstücksgrenze gebaut werden muss, ist auch der Formulierung in der Bauordnung Baden-Württemberg zu entnehmen, nach der in beiden Halbsätzen des § 5 Abs. 1 Satz 2 Nr. 2 BWBauO auf „die Grenze" abgestellt wird.[24] Heißt es im Unterschied dazu in der Bauordnung Rheinland-Pfalz lediglich, dass auf dem Nachbargrundstück ebenfalls ohne Grenzabstand gebaut wird, bleibt offen, für welche Grundstücksgrenze diese Anbaupflicht gilt. Setzt die planende Gemeinde die grenzständige Bebauung nicht fest, sondern erlaubt diese lediglich, kann in Rheinland-Pfalz bauordnungsrechtlich weder verlangt werden, dass der Eigentümer des Nachbargrundstücks an die grenzständige Wand, an der der Bauherr zu bauen beabsichtigt, anbauen muss,[25] noch dass er jedenfalls an die gemeinsame Grundstücksgrenze bauen muss.[26]

---

[22] Vgl. Henkel in Schönenbroicher/Kamp § 6 Rn. 118.

[23] So § 6 Abs. 1 Satz 3 Nr. 2 NRWBauO.

[24] *„an die Grenze gebaut werden darf und öffentlich-rechtlich gesichert ist, dass auf dem Nachbargrundstück ebenfalls an die Grenze gebaut wird."* Zu weitgehend die Auslegung von Balensiefen in BeckOK BauordnungsR § 5 Rn. 22b.3, dass vom Nachbargrundstück angebaut werden muss.

[25] Gegen eine Deckungsgleichheit Kockler in BeckOK BauordnungsR NRW § 6 Rn. 41. Nach der Rechtsprechung müssen sich das bestehende Gebäude und der Neubau auf einer nennenswerten Länge überdecken, OVG Münster BeckRS 2019, 5679.

[26] A. A. Jeromin in Jeromin LBauO RhPf § 8 Rn. 44.

Die Antwort auf die Frage, an welche Baugrenze zu bauen ist, kann durch das Planungsrecht gegeben werden. Dies geschieht jedoch nicht dadurch, dass im Bebauungsplan die Errichtung von Doppelhäusern oder eine geschlossene Bauweise vorgeschrieben ist. Dadurch würde der Bauherr gezwungen sein, grenzständig zu bauen. Einschlägig wäre dann § 8 Abs. 1 Satz 2 Nr. 1 RhPfBauO. Diese Vorschrift greift auch dann, wenn eine abweichende Bauweise bestimmt ist und jeder Bauherr an eine bestimmte Grundstücksgrenze grenzständig bauen muss, also etwa jeweils an der nördlichen Grenze. Planungsrechtliche Vorgaben können nur solche Festsetzungen machen, die eine Grenzbebauung lediglich erlauben. Ist etwa ein grundstücksübergreifendes Baufenster festgesetzt, ohne dass dabei die Bauweise bestimmt ist, dürfen die Bauherrn sich in diesem Baufenster frei bewegen. Baut der Bauherr auf der vorderen Grundstücksfläche seines Baufeldes grenzständig, darf der Nachbar im hinteren Bereich des Baufeldes grenzständig bauen. Er muss dabei nicht an die gemeinsame Grenze bauen, sondern kann – im Rahmen dessen, was planungsrechtlich zulässig ist – auch an eine andere Grundstücksgrenze bauen und sich dazu auch verpflichten. Ein weiteres planungsrechtliches Korrektiv kann das Rücksichtnahmegebot aus § 15 BauNVO bzw. im unbeplanten das Rücksichtnahmegebot als Teil des Einfügungsgebotes sein.[27] Dieses Gebot kann den Bauherrn verpflichten, an die grenzständige Außenwand anzubauen, um eine unzumutbare Verschattung des Nachbargrundstücks zu vermeiden.

Diese so verstandene Verpflichtung des Nachbarn zur Grenzbebauung entspricht der Rechtslage in den Ländern, die eine Anbauverpflichtung des Nachbarn nicht kennen.[28] Auch dort kann vor allem das Rücksichtnahmegebot die Folgen eines einseitigen Grenzanbaus regulieren. Bauordnungsrechtlich lässt sich in diesen Ländern eine Verpflichtung zum Anbau an die gemeinsame Grundstücksgrenze nicht herleiten.

Soweit eine bauordnungsrechtliche Verpflichtung zur grenzständigen Bebauung auf dem Nachbargrundstück besteht[29] und diese Verpflichtung öffentlich-rechtlich zu sichern ist, ist dafür die Baulast das geeignete Instrument. Sie ist eine öffentlich-rechtliche Sicherung, die gewährleistet, dass der Eigentümer eines Grundstücks sich in einer bestimmten Weise verhält. So kann er nach Maßgabe der Baulast verpflichtet sein, im Falle der Errichtung eines Gebäudes dieses grenzständig zu bauen. Ist, wie in Nordrhein-Westfalen, bezüglich der Verpflichtung zur grenzständigen Bebauung lediglich eine Sicherung, nicht aber eine öffentlich-rechtliche Sicherung erforderlich, reicht eine beschränkt persönliche Dienstbarkeit zugunsten der Bauaufsichtsbehörde.[30]

---

[27] Dazu OVG Berlin-Brandenburg BeckRS 2013, 56599 – und VG München BeckRS 2021, 45991.

[28] Vgl. etwa § 6 Abs. 1 Satz 3 BlnBauO, MVBauO, sachsanhBauO LSA, SchlHBauO; HmbBauO; BayBO; BremLBO; SächsBauO; ThürBO.

[29] Vgl. § 8 Abs. 1 Satz 2 Nr. 2 RhPfBauO; § 6 Abs. 1 Satz 3 Nr. 2 NRWBauO 2 HessBO; § 5 Abs. 1 Satz 2 Nr. 2 BWLBO; § 7 Abs. 1 Satz 2 Nr. 2 SaarlLBO.

[30] Vgl. Henkel in Schönenbroicher/Kamp//Henkel§ 6; eine privatschriftliche Erklärung reicht nicht, da sie den Rechtsnachfolger nicht bindet, a. A. Kockler in BeckOK BauordnungsR NRW, § 6 Rn. 39.

IV. Reduzierung der Tiefe der Abstandsfläche

Festsetzungen des Bebauungsplans beherrschen das Abstandsflächenrecht auch in Bezug auf die Tiefe der Abstandsfläche. In § 8 Abs. 11 RhPfBauO ist bestimmt, dass geringere Abstandsflächen zulässig sind, *„wenn sie aus zwingenden Festsetzungen eines Bebauungsplans, aus der Sonderregelung zur sparsamen und effizienten Nutzung von Energie nach § 248 BauGB oder aus einer örtlichen Bauvorschrift nach § 88 folgen und die Beleuchtung mit Tageslicht, die Lüftung und der Brandschutz gewährleistet sind; entsprechendes gilt für größere Abstandsflächen."* Zwingende Festsetzungen des Planungsrechts sind solche, die dem Bauherrn einen Spielraum nicht lassen, also für ihn ein „muss" bedeuten und zugleich von abstandsflächenrechtlicher Relevanz sind. Vorrangig kommt dafür eine Festsetzung nach § 9 Abs. 1 Nr. 2a BauGB in Betracht. Zwingend können auch Festsetzungen einer Baulinie, einer geschlossenen Bauweise, einer offenen Bauweise mit dem Zusatz, dass nur Doppelhäuser oder Hausgruppen zulässig sind, in Kombination mit Festsetzungen von Mindestgeschosszahlen oder Mindesthöhe bzw. von zwingenden Höhen oder Geschosszahlen der baulichen Anlage sein.[31] Entscheidend für diese Festsetzungen als zwingend im Sinne des Abstandsflächenrechts ist, dass die Stellung der Außenwand und deren Höhe vorgeschrieben ist.

Indem der Gesetzgeber in Rheinland-Pfalz für die Verkürzung von Abstandsflächentiefen unter das Regelmaß zwingende Festsetzungen verlangt, ist er vergleichsweise streng. Denn nach der Musterbauordnung oder nach § 6 Abs. 5 Satz 6 NRWBauO werden Abstandsflächen anderswo bereits dann verkürzt, wenn von einer städtebaulichen Satzung Außenwände zugelassen oder vorgeschrieben werden, vor denen Abstandsflächen größerer oder geringerer Tiefe als nach § 6 Abs. 5 Sätzen 1 bis 3 NRWBauO liegen müssten.[32] Unter diesen Bedingungen finden die Sätze 1 bis 3 des § 6 Abs. 6 NRWBauO keine Anwendung, es sei denn, die Satzung ordnet die Geltung dieser Vorschriften an. Außenwände werden in diesem Sinne zwar ebenfalls *vorgeschrieben,* wenn deren Stellung und Höhe durch zwingende Festsetzungen vorgegeben werden; insoweit entspricht dies der Regelung in Rheinland-Pfalz. *Zugelassen* werden Außenwände nach § 6 Abs. 5 Satz 6 NRWBauO jedoch schon dann, wenn die Festsetzungen diese lediglich in dem Sinne erlauben, dass der Bauherr diese Wände an einer Linie mit einer bestimmten Höhe bauen darf, aber nicht bauen muss. Vielfach sind derartige Konstellationen anzutreffen, wenn die Gemeinde im Bebauungsplan Baugrenzen und Geschosszahlen oder Höhen des Gebäudes festsetzt. Der Bauherr darf gem. § 23 Abs. 3 BauNVO hinter der Baugrenze zurückbleiben, er muss die zugelassene Höhe nicht ausnutzen. Gleichwohl werden bei derart weichen Festsetzungen durch § 6 Abs. 5 Satz 6 NRWBauO die Abstandsflächen verkürzt.

Zu einer Verkürzung kann es auch kommen, wenn die Gemeinde die Verkürzung in einer örtlichen Bauvorschrift regelt. Grundlage dafür ist in Rheinland-Pfalz § 88 Abs. 1 Satz 1 Nr. 4 RhPfBauO. Durch diese Bauvorschrift wird der Gemeinde

[31] Ähnlich Jeromin in Jeromin LBauO RhPf § 8 Rn. 193.

[32] Ebenso die Regelung in § 6 Abs. 5 Satz 3 BbgBO; ähnlich § 6 Abs. 5 Satz 4 BlnBauO.

erlaubt, ein von § 8 RhPfBauO abweichendes Maß der Abstandsflächentiefe zu bestimmen. Die Gemeinde darf die Verkürzung jedoch nur aus den in § 88 Abs. 1 Satz 2 Nr. 4 RhPfBauO genannten Gründen vorsehen, in Rheinland-Pfalz also nur, um die baugeschichtliche Bedeutung oder die sonstige erhaltenswerte Eigenart eines Ortsteils zu wahren.

Sofern die Gemeinde die Verkürzung der Abstandsflächentiefe nicht mit ausdrücklichen Festsetzungen nach § 9 Abs. 1 Nr. 2a BauGB oder § 88 Abs. 1 Nr. 4 RhPfBauO geregelt hat, findet die Verkürzung ihren Rechtsgrund in der Bauordnung selbst.[33] Dies gilt auch dann, wenn die Gemeinde die abstandsflächenrechtliche Konsequenz bei der Planaufstellung nicht beabsichtigt hatte.[34] Regelmäßig dürfte damit auch ein Abwägungsmangel einhergehen. Denn die Gemeinde muss die abstandsflächenrechtlichen Folgen ihrer Festsetzung abwägen. Die Abwägung muss in den Planaufstellungsunterlagen dokumentiert sein. Die Dokumentation der Abwägung braucht jedoch nicht Bestandteil der Begründung zu sein,[35] da diese nicht zu den von § 2a Satz 2 BauGB genannten Inhalten gehört.

Was Gegenstand der Abwägung sein muss, hat der Gesetzgeber in Nordrhein-Westfalen in § 89 Abs. 1 Nr. 6 NRWBauO deutlich gemacht. Danach ist eine Verkürzung der Abstandsfläche durch örtliche Bauvorschriften nur zulässig, soweit eine ausreichende Belichtung sowie der Brandschutz gewährleistet ist.[36] Im Rahmen der gemäß § 1 Abs. 7 BauGB gebotenen Abwägung sind zudem die Anforderungen an gesunde Wohn- und Arbeitsverhältnisse (§ 1 Abs. 6 Nr. 1 BauGB) zu berücksichtigen.[37] Da zu den Zweckbestimmungen des Abstandsflächenrechts auch die Belüftung und Besonnung der Bebauung sowie ein sozial verträgliches Wohnen mit einem ausreichenden Abstand zu den Nachbarn gehören,[38] muss die Gemeinde klären, ob diesen Anforderungen weiterhin genügt wird. Allerdings dürfen diese Schutzzwecke bis zur Grenze der Gesundheitsgefährdung verfehlt werden, sofern dies durch gewichtige städtebauliche Gründe gerechtfertigt ist. Als solche kommt etwa die Deckung eines dringender Wohnbedarfs[39] durch verdichtete Bebauung in Betracht. Auch zugunsten eines sparsamen Umgangs mit Grund und Boden kann die Abstandsflächentiefe deutlich verkleinert werden.[40] Ebenso kann in dicht bebauten Innenstadtbereichen und historisch gewachsenen Stadtquartieren, in denen geringe Abständsflächen bereits vorhanden sind, die Verringerung der Regelabstandstiefe gerecht abgewogen werden. Der planenden Gemeinde ist grundsätzlich erlaubt, ihren städtebaulichen Interessen Vorrang vor den privaten Interessen

---

[33] Vgl. Jeromin in Jeromin LBauO RhPf § 8 Rn. 192.

[34] Im Ergebnis a. A. Hornmann HBO § 6 Rn. 173 mit Verweis auf OVG Münster BeckRS 1997, 11839, das jedoch zu § 6 Abs. 15 NRWBauO 1995 entschieden hatte.

[35] A. A. Jeromin in Jeromin LBauO RhPf § 8 Rn. 194

[36] Zum Umfang der Abwägung s. a. Jeromin in Jeromin LBauO RhPf § 8 Rn. 195.

[37] vgl. OVG Lüneburg ZfBR 2015, 274.

[38] Vgl. allgemein vgl. BVerwG NJW 1991, 3293; VGH München NVwZ-RR 2015, 365; VGH München BeckRS 2008, 34109.

[39] Dies gilt insbes. in Gebieten mit angespanntem Wohnungsmarkt im Sinne von § 201a BauGB.

[40] Vgl. zu dieser Rechtfertigung § 1a Abs. 2 Satz 1 BauGB.

daran, dass die bauordnungsrechtlich Abstandsflächentiefen unverändert bleiben, zu geben.[41]

Diese Abwägung ist allerdings mit der Schwierigkeit verbunden, dass bei einer Verkürzung der Abstandsfläche durch Festsetzungen von Stellung und Höhe baulicher Anlagen in der Bauordnung nicht angegeben ist, um welches Maß die Abstandsfläche verkürzt wird.[42] Nach der Bauordnung Rheinland-Pfalz sind bei zwingenden Festsetzungen geringere Abstandsflächen zulässig. Eine geringere Fläche bedeutet eine verkürzte Abstandsflächentiefe. Offen lässt der Gesetzgeber durch diese Formulierung, wie groß die Verringerung ist. Soll § 8 Abs. 1 Satz 3 RhPfBauO dem Planungsrechts den Vorrang geben,[43] muss das verkürzte Maß der Abstandsflächentiefe aus dem Zweck dieser Regelung abgeleitet werden, die Realisierbarkeit der planungsrechtlichen Festsetzung nicht am Abstandsflächenrecht scheitern zu lassen. Die Verringerung ist also so umfangreich, wie es für die Realisierung der planungsrechtlichen Festsetzungen erforderlich ist.[44] Stehen sich die Außenwände der Gebäude gegenüber, so wird die Tiefe der Abstandsfläche vor jeder Außenwand so weit reduziert, dass ein Verstoß gegen das Überdeckungsverbot des § 8 Abs. 2 RhPfBauO und gegen das Überbauungsverbot des § 8 Abs. 1 Satz 1 RhPfBauO ausgeschlossen ist. Diese Verkürzung kann von der Gemeinde ermittelt und abgewogen werden. Verläuft zwischen den Gebäuden jedoch eine Grundstücksgrenze, wird die Abstandsflächentiefe so weit reduziert, dass die Abstandsfläche gem. § 8 Abs. 2 Satz 1 RhPfBauO auf dem Baugrundstück selbst liegt. Diese Verkürzung kann mangels Regulierbarkeit des Grundstücksgrenzverlaufes nicht ermittelt werden. Daher kann die Verkürzung der Abstandsflächentiefe auch bei einer nachträglichen Teilung des Grundstücks zum Tragen kommen. Widerspricht die Teilung eines Grundstücks nicht den Festsetzungen des Bebauungsplans, etwa in Bezug auf die festgesetzte Mindestgröße oder die Grundflächen- oder Geschossflächenzahl, ist die Teilung nicht nur planungsrechtlich zulässig. Denn sind die passenden Festsetzungen gem. § 8 Abs. 11 RhPfBauO oder § 6 Abs. 5 Satz 6 NRWBauO getroffen, ist die Teilung auch abstandsflächenrechtlich zulässig. Es liegt folglich in der Hand des Bauherrn, durch seine Entscheidung über den Verlauf Grundstücksgrenze auch über die Tiefe des Grenzabstandes zu entscheiden. Die Gemeinde muss diese Unsicherheiten in ihrer Abwägung berücksichtigen. Sie kann diesen Schwierigkeiten begegnen, indem sie einen Mindestgrenzabstand nach § 9 Abs. 1 Nr. 2a BauGB festsetzt oder im Bebauungsplan den Gebäudeabstand durch Baugrenzen oder Baulinien bestimmt. Durch diese Festsetzungen mit Relevanz für den Gebäudeabstand können die Ziele und Zwecke des Abstandsflächenrechts und die Anforderungen an gesunde Wohn- und Arbeitsverhältnisse gerecht abgewogen werden, ohne dass es auf den (späteren) Verlauf der Grundstücksgrenze ankommt.

Die Rechtslage in anderen Ländern, die der Musterbauordnung gefolgt sind, ist wenig anders. Nach § 6 Abs. 6 Satz 6 NRWBauO finden die Sätze 1 bis 3 keine An-

[41] Vgl. OVG Lüneburg ZfBR 2015, 274; VGH München BeckRS 2020, 2751.
[42] Dieses Maß wird bei Festsetzungen nach § 9 Abs. 1 Nr. 2a BauGB beschrieben.
[43] Dazu Jeromin in Jeromin LBauO RhPf § 8 Rn. 194.
[44] Vgl. Jeromin in Jeromin LBauO RhPf § 8 Rn. 195.

wendung, wenn vor den Außenwänden Abstandsflächen größerer oder geringerer Tiefe als nach den Sätzen 1 bis 3 liegen müssten. Werden durch die Festsetzungen des Bebauungsplans die Abstandsflächen vergrößert, ist diese Vergrößerung beachtlich. Zwar ist die Vergrößerung der Abstandsfläche in der Bauordnung Rheinland-Pfalz nicht eigens geregelt, gleichwohl ist die Vergrößerung als eine Festsetzung des Bebauungsplans nach § 30 BauGB zu beachten.

V. Abstandsflächen bei unwirksamen Bebauungsplänen

Die durch § 8 Abs. 1 Satz 2 und § 8 Abs. 11 RhPfBauO bzw. § 6 Abs. 1 Satz 3 und § 6 Abs. 5 Satz 6 NRWBauO bewirkte Abhängigkeit des Abstandsflächenrechts vom Bebauungsplan und seinen Festsetzungen ist für die am Bau Beteiligten nur dann hilfreiche, wenn der Bebauungsplan auch wirksam ist. Erweist sich der Bebauungsplan (später) als unwirksam, kann dies fatale Folgen haben. Dies gilt vor allem bei der Zulassung von Vorhaben im Genehmigungsfreistellungsverfahren (§ 67 RhPfBauO), die also nicht durch eine Baugenehmigung zugelassen wurden. Erweist sich der Bebauungsplan nachträglich als unwirksam, hat dies zur Folge, dass das Genehmigungsfreistellungsverfahren nicht zulässig war, vielmehr eine Baugenehmigung erforderlich war. Da das Abstandsflächenrecht auch nachbarschützend ist, wird der Bauherr so der Gefahr ausgesetzt, auf Anträge und Klagen des Nachbarn hin zur Beseitigung seines Gebäudes verpflichtet zu werden. Diese Situation ist für den Bauherrn unzumutbar, weil nicht er, sondern die Gemeinde den Mangel des Bebauungsplans verschuldet hat. Zum Schutz des Bauherrn sehen daher einige Bauordnungen, allerdings nicht die in Rheinland-Pfalz, vor, dass ein solcher Mangel des Bebauungsplans unbeachtlich bleibt. So heißt es in § 63 Abs. 7 NRWBauO: *„(7) Wird nach Durchführung des Bauvorhabens die Nichtigkeit des Bebauungsplans festgestellt, so bedarf das Bauvorhaben auch keiner Baugenehmigung. Seine Beseitigung darf wegen eines Verstoßes gegen bauplanungsrechtliche Vorschriften, der auf der Nichtigkeit des Bebauungsplans beruht, nicht verlangt werden, es sei denn, dass eine Beeinträchtigung von Rechten Dritter dies erfordert."* Letzteres wird nur dann der Fall sein, wenn der Mangel des Bebauungsplans in den abwägungsfehlerhaften Festsetzungen zu finden ist, die die Verkürzung der Abstandsflächen gem. § 6 Abs. 5 Satz 6 NRWBauO zur Folge haben.

Ähnlich sieht die rechtliche Situation aus, wenn die Baugenehmigungen im vereinfachten Baugenehmigungsverfahren erteilt wurde, zu dessen Prüfprogramm aber das Abstandsflächenrecht nicht gehört. Dies ist etwa in Rheinland-Pfalz oder Berlin der Fall.[45] Da eine Baugenehmigung nur im Umfang ihres Prüfprogramms eine legalisierende Wirkung besitzt, wäre der Verstoß gegen das Abstandsflächenrecht nicht durch die Baugenehmigung gedeckt, so dass ein Nachbar diesen Verstoß bei einer auf Erlass einer Beseitigungsverfügung gerichteten Klage geltend machen könnte. Der Bauherr kann sich zu seinem Schutz nicht mehr auf die vom Bebau-

[45] Vgl. § 66 Abs. 4 RhPfBauO und § 63 Abs. 1 BlnBauO; s. a. Jeromin in Jeromin LBauO RhPf § 66 Rn. 5.

ungsplan verkürzte Abstandsflächentiefe berufen. Erschwerend kommt hinzu, dass die Bauordnungen für diese Konstellation eine Unbeachtlichkeitsregelung, wie sie in § 63 Abs. 7 NRWBauO für das gescheiterte Freistellungsverfahren vorgesehen ist, nicht kennen. Daher sind die Gemeinden auch in Rheinland-Pfalz in besonderer Weise gehalten, für die Wirksamkeit ihrer Bebauungspläne zu sorgen.

VI. Ausblick

Hier schließt sich der Kreis. Der Jubilar leistet in Forschung und Lehre wichtige Beiträge für eine fehlerfrei Bauleitplanung. Nicht nur die von ihm herausgegebenen online-Kommentare sind für die Gemeinden und ihre Planer wichtige Hilfsmittel. Gerade die von dem Jubilar regelmäßig veranstalteten wissenschaftlichen Fachtagungen an der Rheinland-PfälzischenTechnischen Universität Kaiserslautern sind für alle, die sich mit dem Planungsrecht befassen, von größtem Gewinn; auch um den Schwierigkeiten im Umgang mit dem Abstandsflächenrecht zu begegnen. Es bleibt zu hoffen, dass der Jubilar diese Quellen des Wissens noch viele Jahre mit seinen Kenntnissen und seinem Engagement speisen wird.

STEFAN PÜTZENBACHER*

Denkmalschutz als Hürde für die Energiewende?

I. Einleitung: Die Berücksichtigung wechselseitiger Interessen

Der Denkmalschutz hat seit Mitte der 1970er-Jahre sowohl in politischer als auch in rechtlicher Hinsicht eine erhebliche Bedeutung in der Bundesrepublik Deutschland erlangt.[1] Dies ist auch nicht verwunderlich, da der Denkmalschutz darauf abzielt, das kulturelle Erbe einer Gesellschaft zu schützen.[2] Das öffentliche Interesse an dem Schutz und der Instandhaltung von Kulturdenkmälern ist evident, damit diese auch noch in den künftigen Generationen unversehrt existieren. Dieses öffentliche Interesse ist explizit in § 1 Abs. 1 des Hessischen Denkmalschutzgesetzes verankert. Demnach ist es „die Aufgabe von Denkmalschutz und Denkmalpflege, die Kulturdenkmäler als Quellen und Zeugnisse menschlicher Geschichte und Entwicklung nach Maßgabe dieses Gesetzes zu schützen und zu erhalten [...]". Um das Ziel der Erhaltung der historischen Substanz und des Erscheinungsbildes des Denkmals zu erreichen, ist eine feinsinnige und rücksichtsvolle Herangehensweise bei Veränderungen des Denkmals unerlässlich.[3]

Dies kann jedoch zu einer Kollision mit anderen schützenswerten Interessen, insbes. den Zielen der Energiewende und des Klimaschutzes, der sowohl im Grundsatz in Art. 20a GG als auch in der Hessischen Verfassung nach Art. 26a HV verfassungsrechtlich verankert ist, führen. Die erneuerbaren Energien, wie Wasser- und Solarkraft, Windenergie, Erdwärme und nachwachsende Rohstoffe, sollen die fossilen Energieträger kontinuierlich ersetzen.[4] Sie sollen bis 2050 rund 60 Prozent am Bruttoendenergieverbrauch und 80 Prozent am Bruttostromverbrauch ausmachen.[5] Das hessische Kabinett geht sogar noch ein beachtliches Stück weiter, indem es im Jahr 2017 den Integrierten Klimaschutzplan Hessen 2025 mit dem Ziel beschlossen

* Besonderer Dank des Verfassers gilt aufgrund der tatkräftigen Unterstützung bei der Bearbeitung des Beitrags Herrn Christian Wascheck, Rechtsreferendar in Frankfurt am Main.

[1] Fraatz-Rosenfeld in Elzer Stichwort Kommentar Wohnungseigentumsrecht, Denkmalschutz, Rn. 1

[2] Skrobek/Drasdo in Drasdo/Elzer Münchner Handbuch des Wohnungseigentumsrechts, § 81 Rn. 3.

[3] Mast in Martin/Krautzberger Handbuch Denkmalschutz und Denkmalpflege, Teil H Rn. 262ff.

[4] Bundesministerium für Bildung und Forschung, Artikel: Energiewende (www.bmbf.de/bmbf/de/forschung/energiewende-und-nachhaltiges-wirtschaften/energiewende/energiwende_node.html, abgerufen am 11.10.2023).

[5] Bundesministerium für Bildung und Forschung, Artikel: Energiewende (www.bmbf.de/bmbf/de/forschung/energiewende-und-nachhaltiges-wirtschaften/energiewende/energiwende_node.html, abgerufen am 11.10.2023).

hat, bis zum Jahr 2050 klimaneutral zu werden.[6] Das Interesse an der Bewohnbarkeit der Erde für die künftigen Generationen ist insbes. öffentlicher Natur, vgl. Art. 20a GG. Deshalb werden durch die öffentliche Hand umweltplanerische Vorgaben instrumentell verfolgt, um erneuerbare Energien erheblich zu fördern.[7] Die öffentliche Hand ist in diesem Zusammenhang jedoch zusätzlich darauf angewiesen, dass der einzelne Bürger klimaschutztechnische Maßnahmen trifft, um insbes. die eigenen vier Wände energetisch aufzubessern.[8]

Um sich die wechselseitigen Interessen zwischen Denkmalschutz und anderen schützenswerten Interessen bildhaft besser vorstellen zu können, sollte man an folgenden Fall denken: ein Bauherr möchte an einem in seinem Eigentum stehenden Altbau ein Wärmedämmverbundsystem anbringen, um seinen Gebäudebestand energetisch zu optimieren. Zusätzlich möchte er an der Außenseite des Gebäudes einen Aufzug anbauen, damit sein Gebäude auch im Hinblick auf die Barrierefreiheit für seine Mieter optimiert wird. Zu berücksichtigen ist hierbei jedoch, dass (auch) die Altbaufassade des Gebäudes denkmalgeschützt ist. Insoweit steht die geplante „Aufrüstung" des Gebäudes nicht im Einklang mit dem Denkmalschutz, da die historische Substanz und das Erscheinungsbild des Gebäudes durch die Maßnahmen verändert werden würden. Ein Eingriff in die denkmalwerte Bausubstanz stellt zudem eine *erhebliche* Beeinträchtigung des Denkmals dar, so dass der Schutz vor dem unversehrten Bestand besonders ins Gewicht fällt.

Da im vorliegenden Fall wesentliche Schutzgüter kollidieren, stellt sich die Frage, welches Schutzgut im Einzelfall überwiegt: der Denkmalschutz oder der Klimaschutz bzw. die Barrierefreiheit? Überwiegt das Interesse an dem unversehrten Bestand des Denkmals oder überwiegt das Interesse des Bauherrn, sein Gebäude energetisch aufzubessern und die notwendige Barrierefreiheit herzustellen? Gilt in diesen Fällen ein pauschaler Vorrang eines Schutzguts oder findet stets eine umfassende Abwägungsentscheidung statt?

Dieselbe Problematik besteht zudem im Verhältnis zwischen dem Denkmalschutz und dem Brandschutz. Auch die brandschutzrechtlichen Vorschriften sind in den letzten Jahren mit jeder Novelle der hessischen Bauordnung strikter geworden, um die öffentliche Sicherheit und Ordnung intensiver zu schützen. Konkret besteht das Grundziel des Brandschutzes darin, der Entstehung eines Brandes und der Ausbreitung von Feuer und Rauch vorzubeugen, die Rettung gefährdeter Menschen und Tiere zu erleichtern und den Rettungskräften der Feuerwehr die Möglichkeit zu geben, Löscharbeiten effizient durchzuführen, vgl. § 14 Abs. 1 HBO.[9] Eine Vielzahl von denkmalgeschützten Bauten weisen jedoch aufgrund Ihres Alters und Erhaltungszustands Brandschutzmängel auf, die in Summe zu einer besonderen Gefährdung führen können.[10] Eine entsprechende Sanierung des Denkmals, mit dem Ziel, Anpassungen an die brandschutzrechtlichen Vorgaben vorzunehmen, kann wiederum im Einzelfall zu einer erheblichen Beeinträchtigung des

[6] Integrierter Klimaschutzplan Hessen 2025, S. 14.

[7] Spannowsky Rechtliche Grundlagen der Umweltplanung, S. 25.

[8] Mast in Martin/Krautzberger Handbuch Denkmalschutz und Denkmalpflege, Teil H Rn. 263.

[9] Hornmann Hessische Bauordnung, § 14 Rn. 12.

[10] Kabat in Martin/Krautzberger Handbuch Denkmalschutz und Denkmalpflege, Teil I Rn. 592f.

geschützten Denkmals führen. Insoweit stellt auch in diesem Fall die Frage: wie wird dieser Konflikt in praktischer Hinsicht gelöst?

Wie sich bereits aus den rhetorischen Fragen ergibt, ist eine pauschale Antwort hierauf nicht möglich. Ein guter Jurist würde daher antworten: „Es kommt darauf an."

Der nachfolgende Beitrag setzt sich mit der Entwicklung des Verhältnisses zwischen dem Denkmalschutz und den Zielen der Energiewende auseinander. Hierbei wird das Verhältnis nicht nur auf historischer und gegenwärtiger Ebene durchleuchtet und gewürdigt, sondern ebenfalls im Hinblick auf die zu erwartende zukünftige Entwicklung des Verhältnisses bewertet. Im gesamten Kontext muss berücksichtigt werden, dass die Bedeutung erneuerbarer Energien, insbes. mit dem Zeil, einer Klimakrise entgegenzuwirken, stetig zunimmt, so dass es auch Aufgabe der öffentlichen Verwaltung sein muss, zum Klima- und Ressourcenschutz beizutragen.[11]

II. Historisch: Wie wurden die wechselseitigen Interessen in der Vergangenheit berücksichtigt?

Bereits vor der Novellierung des Hessischen Denkmalschutzgesetzes im Jahr 2016 ordnete § 16 Abs. 3 S. 3 HDSchG aF an, dass die öffentlichen Belange des Klima- und des Ressourcenschutzes im Rahmen von denkmalschutzrechtlichen Genehmigungen angemessen zu berücksichtigten sind.[12] Dies zeigt, dass der Gesetzgeber auch schon vor Jahrzehnten die erhebliche Bedeutung des Klimaschutzes erkannt hat. Dennoch muss berücksichtigt werden, dass die Bedeutung des Klimaschutzes vor 2016 nicht derart präsent war, wie es zum jetzigen Zeitpunkt ist. Zwar wurde die Notwendigkeit des Rückgriffs auf erneuerbare Energien bereits vor 2016 auch von den Denkmalschutzbehörden erkannt, was im Hinblick auf § 16 Abs. 3 S. 3 HDSchG aF unabdingbar war, jedoch hat sich die Gewichtung zwischen dem Denkmalschutz und den Zielen der Energiewende in den letzten Jahren erheblich verändert. Dies wird bei einem Vergleich der Abwägungsentscheidungen der wechselseitigen Interessen durch die Rechtsprechung in den letzten Jahrzenten evident. Hierzu bieten sich vier Urteile an, die vorliegende Problematik zu verdeutlichen:

Das VG Düsseldorf hat mit Urteil vom 31.1.2008 (9 K 448/07) entschieden, einem Bauherrn die beantragte denkmalrechtliche Erlaubnis zur Errichtung einer Photovoltaikanlage auf der Dachfläche einer in seinem Eigentum stehenden denkmalgeschützten Scheune nicht zu erteilen.[13] Begründet wird dies damit, dass das äußere Erscheinungsbild des Denkmals durch die Errichtung einer Solaranlage nachhaltig beeinträchtigt würde und kein überwiegendes öffentliches Interesse an der Errichtung einer Solaranlage bestehe.[14] Insgesamt bestehe kein allgemeiner

[11] Söfker in EZBK Baugesetzbuch, § 1 BauGB Rn. 107 a ff.
[12] Vierbrock Hessisches Denkmalschutzrecht, § 9 Rn. 24.
[13] VG Düsseldorf BeckRS 2010, 47456, Rn. 14 ff.
[14] VG Düsseldorf BeckRS 2010, 47456, Rn. 21 ff.

Vorrang des Umweltschutzes und erneuerbarer Energien vor der Denkmalpflege.[15]

Das VG Neustadt hat mit Urteil vom 23.11.2005 (5 K 1498/05) entschieden, dem Bauherrn die Errichtung einer 34 qm großen Photovoltaikanlage auf dem 70 qm großen Dach einer Scheune, die zu einem seit fast 25 Jahren unter Denkmalschutz stehenden Anwesen gehört, zu untersagen.[16] Das VG Neustadt führte aus, dass das Erscheinungsbild des Denkmals durch die Errichtung der Photovoltaikanlage erheblich beeinträchtigt wird und dem keine gleichwertigen Eigentümerinteressen gegenüberstehen.[17] Zwar sind die Eigentümerinteressen grundsätzlich zu berücksichtigen, jedoch erscheint es dem Bauherrn zumutbar, auf die wirtschaftliche Nutzung seines Scheunendachs durch die Errichtung der Photovoltaikanlage zu verzichten[18]. Der Kläger hätte vielmehr darlegen müssen, dass das Anwesen unter Verzicht auf den Erlös aus der Stromgewinnung nicht mehr wirtschaftlich sinnvoll genutzt hätte werden kann.[19]

Das OVG Lüneburg hat mit Urteil vom 3.5.2006 (1 LG 16/05) entschieden, dass ein Gebäudeeigentümer bereits angebrachte Sonnenkollektoren auf einem Steildach eines Gebäudes, das in einem zwischen dem 13. und 19. Jahrhundert entstandenen Innenstadtbereich (Fachwerklandschaft) steht, zu entfernen hat.[20] Zwar seien Art. 14 GG und Art. 20a GG entsprechend bei der Interessensabwägung zu berücksichtigen, jedoch überwiegen die Belange des Denkmalschutzes im Einzelfall.[21] Eine rentable Nutzung des Grundstücks könne dem Kläger verwehrt werden, „wenn die Belange des Denkmalschutzes im Einzelfall stärker wiegen als die finanziellen oder sonstigen Interessen und Belange".[22]

Das VG Göttingen hat mit Urteil vom 18.10.2011 (2 A 309/10) entschieden, dass ein Bauherr keinen Anspruch auf Erteilung einer denkmalschutzrechtlichen Genehmigung für die Anbringung von zwei Sonnenkollektoren auf der südlichen Dachseite seines denkmalgeschützten Wohnhauses hat.[23] Im Rahmen der Interessenabwägung zwischen Art. 20a GG und dem Denkmalschutz sei Art. 20a GG „nur" ein bestimmtes öffentliches Interesse, ohne dass diesem Interesse grundsätzlich der Vorrang zu gewähren sei.[24] Vielmehr überwiege das öffentliche Interesse, das denkmalgeschützte Wohnhaus vor derart erheblichen und groben Eingriffen zu verschonen.[25]

Alle zitierten Urteile haben offensichtlich gemeinsam, dass ein Gebäudeeigentümer Sonnenkollektoren bzw. eine Photovoltaikanlage auf seinem denkmalgeschützten Haus anbringen wollte bzw. bereits angebracht hat und dass eine ablehnende Entscheidung der Gerichte gegenüber dem jeweiligen Kläger ergangen ist.

---

[15] VG Düsseldorf BeckRS 2010, 47456, Rn. 31.
[16] VG Neustadt 23.11.2005 – 5 K 1498/05, Rn. 16ff.
[17] VG Neustadt 23.11.2005 – 5 K 1498/05, Rn. 19.
[18] VG Neustadt 23.11.2005 – 5 K 1498/05, Rn. 28.
[19] VG Neustadt 23.11.2005 – 5 K 1498/05, Rn 28.
[20] OVG Lüneburg NJOZ 2007, 4572, Rn. 21ff.
[21] OVG Lüneburg NJOZ 2007, 4572, Rn. 45f.
[22] OVG Lüneburg NJOZ 2007, 4572, Rn. 44.
[23] VG Göttingen BeckRS 2011, 55254, Rn. 12ff.
[24] VG Göttingen BeckRS 2011, 55254, Rn. 25.
[25] VG Göttingen BeckRS 2011, 55254, Rn. 26.

Zudem enthält jedes Urteil den Hinweis darauf, dass eine Interessensabwägung zwischen Art. 20a GG und dem Denkmalschutz zwingend vorzunehmen sei. Hierbei spricht das OVG Lüneburg in treffender Weise bildlich von einer Waagschale, in der sämtliche Interessen und Belange untereinander abzuwägen sind.[26] Die vorgenommene Abwägung ging in den genannten Fällen stets zulasten des Klima- und Ressourcenschutzes aus, wobei die rechtliche Begründung des Vorrangs des Denkmalschutzes in sämtlichen Urteilen ähnlicher Natur ist.

Die Urteile zeigen folglich, dass dem Klimaschutz und dem Rückgriff auf erneuerbare Energien in den 2000er Jahren keine hohe Priorität eingeräumt wurde. Bereits die Beeinträchtigung des äußeren Erscheinungsbildes des denkmalgeschützten Gebäudes durch die Anbringung von Solaranlagen begründete in der Vergangenheit eine ablehnende Entscheidung des Gerichts hinsichtlich der denkmalschutzrechtlichen Genehmigung. Dies zeigt, dass die Erhaltung des äußeren harmonischen Erscheinungsbildes des Denkmals von überragender Bedeutung war.[27] Wenn aber bereits die Erhaltung des äußeren Erscheinungsbildes eines Denkmals vorrangig gegenüber der Anbringung erneuerbarer Energien war, ist fraglich, wieso überhaupt eine Interessenabwägung der Gerichte vorgenommen wurde. Selbstverständlich ist das Gericht verpflichtet, in derartigen Fällen eine Interessenabwägung vorzunehmen, da dies Ausdruck des Rechtsstaatsprinzips nach Art. 20 Abs. 3 GG ist. Dennoch verdeutlichen die zitierten Urteile, dass das Ergebnis der Interessensabwägung bereits vor der vorgenommenen Abwägung feststand, da der Denkmalschutz im Ergebnis stets vor Art. 20a GG priorisiert wurde. Zwar wird dies nicht ausdrücklich in den Urteilen erwähnt, da dies eine Verletzung des Rechtsstaatsprinzips nach Art. 20 Abs. 3 GG darstellen würde, jedoch führten bereits geringfügige Beeinträchtigungen des Denkmalschutzes zu einem entsprechenden Vorrang gegenüber dem Klima- und Ressourcenschutz.[28] Dies könnte auch damit begründet werden, dass die Anforderungen an eine erhebliche Beeinträchtigung eines denkmalgeschützten Gebäudes zu dem damaligen Zeitpunkt wesentlich niedriger angesetzt wurden. Dennoch erscheinen die vorgenommenen Abwägungen mit feststehendem Ausgang zugunsten des Denkmalschutzes eher deklaratorischer Natur zu sein. Überspitzt formuliert, fühlt es sich an wie ein vollständiger Abwägungsausfall, der wohl eklatanteste und offensichtlichste Abwägungsfehler, den das Verwaltungsrecht kennt. Selbstverständlich lässt sich dieser Gedanke nicht 1 zu 1 übertragen. Dennoch soll mithilfe dieses Beispiels verdeutlicht werden, dass der Klimaschutz, insbes. im Bereich des Anbringens von Solaranlagen, zuvor keine tatsächliche Chance erhalten hat, sich „in der Waagschale" gegen den Denkmalschutz durchzusetzen. Die in § 16 Abs. 3 S. 3 HDSchG aF angeordnete angemessene Berücksichtigung der öffentlichen Belange des Klima- und Ressourcenschutzes im Rahmen von denkmalschutzrechtlichen Genehmigungen ist im Ergebnis bisweilen viel zu kurz gekommen. Insoweit bestand an der Anordnung des § 16 Abs. 3 S. 3 HDSchG aF keine Notwendigkeit, da dem Denkmalschutz ein allgemeiner Vor-

---

[26] OVG Lüneburg NJOZ 2007, 4572, Rn. 44.
[27] Vgl. auch Art. 3, 10 Charta von Venedig.
[28] VG Neustadt 23.11.2005 – 5 K 1498/05, Rn. 27ff.

rang gebührte. Dennoch formulierten die Gerichte diesen Grundgedanken insoweit um, dass „dem in Art. 20a GG als Staatszielbestimmung geregelten Umweltschutz und dem damit verbundenen Interesse an der Erzeugung regenerativer Energie [...] kein allgemeiner Vorrang vor der Denkmalpflege“ gebührt.[29] Zwar kann aus dieser rechtlichen Wertung nicht unmittelbar der Umkehrschluss gezogen werden, dass der Denkmalpflege der Vorrang vor dem Klimaschutz einzuräumen ist, jedoch sprechen die Argumentation der Gerichte und die daraus resultierenden Ergebnisse für einen allgemeinen Vorrang des Denkmalschutzes in den vergangenen Jahrzehnten. Hieraus ergab sich ein äußerst unbefriedigendes Ergebnis für die betroffenen Bauherrn, die Solaranlagen an ihr denkmalgeschütztes Gebäude anbringen wollten, so dass der Aufschrei nach einer Novellierung der gesetzlichen Vorschriften und der Veränderung der gerichtlichen Praxis und Verwaltungspraxis groß war.

III. Gegenwart: Besteht weiterhin ein Vorrang des Denkmalschutzes vor den Zielen der Energiewende?

Da der Klima- und Ressourcenschutz und insbes. der Rückgriff auf erneuerbare Energien in öffentlicher und in politischer Hinsicht in den letzten Jahren weiterhin bedeutend zugenommen haben, war eine entsprechende Einflussnahme auf die rechtliche Abwägungsentscheidung unabdingbar und zugleich deutlich spürbar. Von erheblicher Bedeutung war in diesem Zusammenhang das Urteil des VGH Baden-Württemberg vom 1.9.2011 (1 S 1070/11). Der VGH hat hierbei die entscheidende Aussage getroffen, dass durch Photovoltaikanlagen hervorgerufene Beeinträchtigungen eines denkmalgeschützten Gebäudes in stärkerem Maße hinzunehmen sind.[30] Ob das Erscheinungsbild des Denkmals durch die Photovoltaikanlage erheblich beeinträchtigt wird, sei von der Empfindung eines für die Belange des Denkmalschutzes aufgeschlossenen Durchschnittsbetrachters abhängig.[31] Das Empfinden des Durchschnittsbetrachters könne sich im Laufe der Zeit wandeln, so dass er Photovoltaikanlagen anders als in der Anfangszeit der Nutzung dieser Technik wahrnehme.[32] Insoweit könne nicht jede Photovoltaikanlage unmittelbar zu einer derart erheblichen Beeinträchtigung führen, der zu einem uneingeschränkten Vorrang des Denkmalschutzes gelange, da ansonsten der Klima- und Ressourcenschutz nicht hinreichend berücksichtigt werden würde.[33] Dieser Ansatz des VGH Baden-Württemberg wird von Teilen der Literatur bis heute kritisiert.[34] Hierbei wird vor allem angeführt, dass die besondere Schutzwürdigkeit eines Denkmals durch Photovoltaikanlagen erheblich beeinträchtigt würde und dass ein Rückgriff

[29] VG Düsseldorf BeckRS 2010, 47456, Rn. 31.
[30] VGH Baden-Württembergs NVwZ-RR 2012, 222, Rn. 52.
[31] VGH Baden-Württembergs NVwZ-RR 2012, 222, Rn. 34.
[32] VGH Baden-Württembergs NVwZ-RR 2012, 222, Rn. 34.
[33] VGH Baden-Württembergs NVwZ-RR 2012, 222, Rn. 52.
[34] Vgl. insbes. Mast in Martin/Krautzberger Denkmalschutz und Denkmalpflege, Teil H Rn. 326ff.

auf das Empfinden eines Durchschnittsbetrachters nicht zielführend sei.[35] Vielmehr sollte in diesem Zusammenhang auf die Beurteilung sachverständiger Kreise abgestellt werden, da ansonsten die Gefahr bestehe, dass die Beurteilung der Beeinträchtigung eines Denkmals von dem Zeitgeschmack eines Durchschnittsbetrachters abhänge.[36]

Dennoch hat das Urteil des VGH Baden-Württemberg genau das bestätigt, was ohnehin gelten sollte: die sich in der Waagschale befindlichen Interessen müssen in gerechter Art und Weise gegeneinander abgewogen werden, ohne dass der Vorrang des Denkmalschutzes von vornherein feststeht. Zu beachten ist hierbei, dass der Denkmalschutz damit keinesfalls an Bedeutung verloren hat. Sein Stellenwert hat sich in den letzten Jahrzehnten nicht erheblich verändert. Dennoch hat das Urteil bestätigt, dass weder der Klima- und Ressourcenschutz noch der Denkmalschutz vorrangig zu behandeln sei, so dass im Einzelfall die ebenfalls verfassungsrechtlich geschützten Belange des Denkmalschutzes immer noch überwiegen können.

Zudem zeigte sich die stetig steigende Bedeutung des Klima- und Ressourcenschutzes in Hessen in der Novellierung des HDSchG im Jahre 2016. Hierbei ist § 16 Abs. 3 S. 3 HDSchG aF in die Regelung des § 9 Abs. 1 S. 3 HDSchG aufgegangen.[37] § 9 Abs. 1 S. 3 HDSchG ordnet ebenfalls an, dass die Denkmalschutzbehörden die Belange des Klima- und Ressourcenschutzes besonders zu berücksichtigen haben, so dass § 16 Abs. 3 S. 3 HDSchG aF mit § 9 Abs. 1 S. 3 HDSchG inhaltlich weitgehend identisch ist. Der hessische Gesetzgeber hatte jedoch vor der Novellierung die besondere Berücksichtigung des Klima- und Ressourcenschutzes bei denkmalschutzrechtlichen Genehmigungen für ausreichend erachtet, so dass der Anwendungsbereich durch § 9 Abs. 1 S. 3 HDSchG erweitert wurde. Nach § 9 Abs. 1 S. 3 HDSchG hat die Berücksichtigung bei *allen Entscheidungen und Genehmigungen* und nicht nur bei denkmalschutzrechtlichen Genehmigungen zu erfolgen. Hierdurch wollte der Gesetzgeber den Schutzbereich des Klima- und Ressourcenschutzes erweitern, um Schutzlücken zu schließen.[38] Hinzu kommt, dass die in § 9 Abs. 1 S. 3 HDSchG angeordnete „angemessene Berücksichtigung" der öffentlichen Belange des Klima- und Ressourcenschutzes nachfolgend tatsächlich in *angemessener* Hinsicht erfolgte. Die angemessene Berücksichtigung des Klima- und Ressourcenschutzes entsprach im Wesentlichen den Grundsätzen, die der VGH Baden-Württemberg mit seinem Urteil vom 1.9.2011 aufgestellt hat. Insoweit durfte die Anbringung von Photovoltaikanlagen auf denkmalgeschützten Gebäuden nicht ohne Weiteres durch die Behörden untersagt werden, da ansonsten keine angemessene Berücksichtigung im Sinne des § 9 Abs. 1 S. 3 HDSchG erfolgte. Dennoch bedeutet die in § 9 Abs. 1 S. 3 HDSchG angeordnete „besondere Berücksichtigung" keinen absoluten Vorrang des Klimaschutzes im Rahmen der Interessensabwägung.[39] Dies ergibt sich insbes. aus einem Vergleich zu § 29 Abs. 3 HDSchG.[40] Nach § 29 Abs. 3

---

[35] Mast in Martin/Krautzberger Denkmalschutz und Denkmalpflege, Teil H Rn. 328f.
[36] Mast in Martin/Krautzberger Denkmalschutz und Denkmalpflege, Teil H Rn. 329.
[37] Vierbrock Hessisches Denkmalschutzrecht, § 9 Rn. 24.
[38] Vierbrock Hessisches Denkmalschutzrecht, § 9 Rn. 24.
[39] Vierbrock Hessisches Denkmalschutzrecht, § 9 Rn. 25.
[40] Vierbrock Hessisches Denkmalschutzrecht, § 9 Rn. 25.

HDSchG müssen die Denkmalschutzbehörden bei Entscheidungen über Kulturdenkmäler, die der unmittelbaren Religionsausübung dienen, die religiösen Belange *vorrangig* berücksichtigen. Insoweit hat der Gesetzgeber in diesem Bereich ein Vorrangigkeitsverhältnis ausdrücklich angeordnet. In der Konsequenz kann der Gesetzgeber kein pauschalisiertes Vorrangigkeitsverhältnis zugunsten des Klima- und Ressourcenschutzes bezweckt haben, ansonsten hätte der Gesetzgeber eine entsprechende Formulierung in § 9 Abs. 1 S. 3 HDSchG eingefügt.

Das hessische Kabinett hatte ja, wie zuvor erwähnt, den Integrierten Klimaschutzplan Hessen 2025 mit dem Ziel beschlossen, bis zum Jahr 2045 klimaneutral zu werden. Im Koalitionsvertrag wird die Dringlichkeit beschrieben, Strategien für die Energieeffizienz und den Klimaschutz zu finden.[41] Die Notwendigkeit, sparsam mit Ressourcen umzugehen und erneuerbare Energien zu nutzen, werde durch die Energiekrise, die insbes. durch den Krieg in der Ukraine entstanden ist, verdeutlicht.[42] Adressaten dieses Koalitionsvertrages sind insbes. auch die hessischen Denkmalschutzbehörden, die durch den Vertrag einen enormen Anpassungsdruck verspürten. Denn auch im Verwaltungshandeln muss das Leitprinzip einer nachhaltigen Entwicklung Berücksichtigung finden.[43] Die öffentliche Hand generell, aber insbes. auch die Denkmalschutzbehörden, müssen ihrer Vorbildfunktion gerecht werden.[44]

Dieser Vorbildfunktion wurde das Hessische Ministerium für Wissenschaft und Kunst mit dem Erlass der Richtlinie für Denkmalbehörden im Hinblick auf die Genehmigung von Solaranlagen an bzw. auf Kulturdenkmälern nach § 2 Abs. 1, Abs. 3 HDSchG vom 6.10.2022 hinreichend gerecht. Demnach bezieht sich die Richtlinie zunächst auf die ohnehin bestehende gesetzliche Vorgabe: „jede An- oder Aufbringung einer Solaranlage wie Photovoltaik oder Solarthermie bedarf einer denkmalschutzrechtlichen Genehmigung nach § 18 HDSchG.“[45] Hierbei sind die Belange des Klima- und Ressourcenschutzes nach § 9 Abs. 1 S. 3 HDSchG in der Interessensabwägung hinreichend zu berücksichtigen. Insoweit bestätigt die Richtlinie, dass eine denkmalschutzrechtliche Genehmigung für derartige Fälle nicht abdingbar ist, sondern dass die gesetzliche Grundkonzeption in Form der notwendigen Genehmigung ausdrücklich bestehen bleibt. Dies wäre ohnehin anders in der Praxis nicht umsetzbar gewesen, da ansonsten die rechtliche Bedeutung des Denkmalschutzes in einem erheblichen Maße eingeschränkt worden wäre. Die Richtlinie bezieht sich daher insbes. auf die vorzunehmende Abwägungsentscheidung zwischen Denkmalschutz und Klima- und Ressourcenschutz. Hierbei normiert Ziffer 3 der Richtlinie ausdrücklich, dass „eine Genehmigung für Solaranlagen […] regelmäßig zu erteilen [ist].“[46] Aus dem Wortlaut der Richtlinie ergibt sich, dass das

[41] Integrierter Klimaschutzplan Hessen 2025, S. 14.
[42] Landesamt für Denkmalpflege Hessen, Solaranlagen auf denkmalgeschützten Gebäuden, S. 6.
[43] BT-Drs. 19/32688, 1.
[44] BT-Drs. 19/32688, 1.
[45] Richtlinie HMWK – 784/12.000-(0053) des Hessischen Ministeriums für Wissenschaft und Kunst vom 6.10.2022 für Denkmalbehörden.
[46] Richtlinie HMWK – 784/12.000-(0053) des Hessischen Ministeriums für Wissenschaft und Kunst vom 6.10.2022 für Denkmalbehörden.

Ermessen der Denkmalschutzbehörden bei der Erteilung einer Genehmigung für Solaranlagen intendiert ist bzw. dass eine Ermessensreduktion auf Null vorliegt.

Nur bei einer „erheblichen" Beeinträchtigung ist eine abweichende Entscheidung von diesem Grundsatz möglich. Ziffer 4 der Richtlinie stellt wiederum dar, wann eine erhebliche Beeinträchtigung eines Denkmals regelmäßig gegeben ist. Demnach ist eine erhebliche Beeinträchtigung eines Kulturdenkmals bei künstlerischen oder städtebaulichen Ausweisungsgründen eines Kulturdenkmals, bei ortsbildprägenden Gesamtanlagenobjekten, insbes. solche, die herausragend an bedeutenden Plätzen sind, bei erheblichen Eingriffen in die denkmalwerte Bausubstanz oder bei einer Gefährdung der Statik eines Kulturdenkmals gegeben. Das Hessische Ministerium für Wissenschaft und Kunst hat bewusst normiert, dass bei einer erheblichen Beeinträchtigung eines Kulturdenkmals „eine abweichende Entscheidung in Betracht" kommt. Dies zeigt, dass auch bei einer erheblichen Beeinträchtigung eines Kulturdenkmals eine Genehmigung für Solaranlagen erteilt werden kann. Somit besteht auch bei einer erheblichen Beeinträchtigung eines Denkmals kein pauschalisierter Vorrang zugunsten des Denkmalschutzes, da anderenfalls das Hessische Ministerium für Wissenschaft und Kunst eine abweichende Formulierung für Ziffer 3 der Richtlinie gewählt hätte. Das Ziel der Richtlinie ist nach Ziffer 3 Satz 3, dass „die Beeinträchtigung im Einzelfall so zu reduzieren [ist], dass es zu einer Genehmigungsfähigkeit kommen kann." Die Abwägungsentscheidung bei einer erheblichen Beeinträchtigung eines Denkmals ist somit nicht schwarz oder weiß zugunsten bzw. zulasten des Denkmalschutzes, was Ziffer 5 der Richtlinie verdeutlicht. Um die Genehmigungsfähigkeit bei einer erheblichen Beeinträchtigung zu erreichen, ist der Ermessens- und Beurteilungsspielraum so weit auszuschöpfen, dass ein interessensgerechter Ausgleich gefunden werden kann. Hierbei ist zu prüfen, ob technische Möglichkeiten bestehen, die die Erheblichkeit einer Beeinträchtigung des Denkmals beseitigen, so dass nachfolgend lediglich eine geringfügige Beeinträchtigung gegeben ist. In diesem Zusammenhang stellen sich die beiden folgenden Fragen: Kann die Solaranlage möglicherweise an einem adäquaten Alternativstandort angebracht werden, so dass das Denkmal ohnehin nicht beeinträchtigt wird? Oder lässt sich die Solaranlage in technischer Hinsicht zurückhaltender gestalten, um die bauliche Substanz des Denkmals nicht bzw. geringfügiger zu beeinträchtigen? Ziffer 5 der Richtlinie zeigt folglich, dass die Denkmalschutzbehörden und der Bauherr ein gemeinsames Interesse und Ziel verfolgen, nämlich die Genehmigungsfähigkeit bei einer erheblichen Beeinträchtigung eines Denkmals herbeizuführen. Die Genehmigungsfähigkeit ist jedoch nicht um jeden Preis zu erreichen, da ansonsten der Denkmalschutz zu sehr an Bedeutung verlieren würde. Dennoch ist Folgendes im Rahmen der Entwicklung des Verhältnisses zwischen Denkmalschutz und Klima- und Ressourcenschutz festzuhalten: eine denkmalschutzrechtliche Genehmigung bei einer erheblichen Beeinträchtigung eines Denkmals wäre in den 2000er Jahren noch undenkbar gewesen, da bereits eine geringe Beeinträchtigung eines Denkmals durch das Anbringen einer Solaranlage zu einer denkmalschutzrechtlichen Versagung geführt hat. Dass heutzutage eine denkmalschutzrechtliche Genehmigung bei einer erheblichen Beeinträchtigung eines Denkmals von den Denkmalschutzbehörden erteilt wird, verdeutlicht die stetig steigende Bedeutung des Klima- und Ressourcenschutzes und die – erkannte – Notwendigkeit des Rückgriffs auf erneuerbare Energien.

Dennoch muss die besondere Bedeutung dieser Richtlinie etwas relativiert werden. Die Richtlinie legt Grundsätze fest, die ohnehin gelten sollten: im Rahmen der Abwägungsentscheidung zwischen dem Denkmalschutz und dem Klima- und Ressourcenschutz sind beide Interessen gegeneinander abzuwägen und in einen schonenden Ausgleich zu bringen. Dies ist der Ausdruck des Verhältnismäßigkeitsgrundsatzes, der ohnehin im Rahmen einer denkmalschutzrechtlichen Genehmigung Anwendung finden muss. Bei einer geringfügigen Beeinträchtigung eines Denkmals durch die Anbringung von Solaranlagen ist der Klima- und Ressourcenschutz gegenüber dem Denkmalschutz regelmäßig vorrangig, bei einer erheblichen Beeinträchtigung eines Denkmals ist ein für den Denkmalschutz schonender Ausgleich zu finden. Ein pauschaler Anwendungsvorrang des Denkmalschutzes würde zu einem Ermessensausfall führen.[47] Dies sind allgemeine Ausprägungen des Verhältnismäßigkeitsgrundsatzes, ohne dass hierbei ein Rückgriff auf die Richtlinie notwendig erscheint. Insoweit erzeugt die Richtlinie keine konstitutive, sondern eher eine deklaratorische Wirkung. Allerdings war die Richtlinie in der Hinsicht notwendig, dass die öffentliche Verwaltung zum einen ausdrücklich aufzeigt, dass sie selbst das Leitprinzip einer nachhaltigen Entwicklung berücksichtigt, und zum anderen, dass die Denkmalschutzbehörden erneut auf die besondere Bedeutung des Klima- und Ressourcenschutzes aufmerksam gemacht werden.

Die Richtlinie bezieht sich, was sich bereits unmittelbar aus der Überschrift der Richtlinie ergibt, ausdrücklich nur auf die Genehmigung von Solaranlagen, jedoch kann der Rechtsgedanke dieser Richtlinie auf weitere klimaschutztechnische Maßnahmen übertragen werden. Dies lässt sich wiederum aus der Richtlinie ableiten. Anknüpfungspunkt in Ziffer 1 der Richtlinie ist die besondere Berücksichtigung des Klima- und Ressourcenschutzes im Rahmen der Abwägungsentscheidung nach § 9 Abs. 1 S. 3 HDSchG. Dabei enthält Ziffer 1 einen Hinweis darauf, dass dem Klima- und Ressourcenschutz kein pauschaler Vorrang einzuräumen ist, sondern dass eine entsprechende Abwägung unabdingbar ist. Sobald eine geringfügige Beeinträchtigung eines Kulturdenkmals durch eine klimaschutztechnische Maßnahme gegeben ist, ist dem Klima- und Ressourcenschutz im Rahmen einer Abwägungsentscheidung der Vorrang gegenüber dem Denkmalschutz einzuräumen.[48] Dies ergibt sich zwar nicht ausdrücklich aus der Richtlinie, da sich Ziffer 3 lediglich auf die Genehmigung für Solaranlagen bezieht, jedoch ergibt sich dies sowohl aus dem Sinn und Zweck der Richtlinie als auch aus dem Grundsatz der Verhältnismäßigkeit, der durch den allgemeinen Rechtsgedanken der Richtlinie verstärkt wird. Aus diesem Grund muss es ebenfalls das Ziel der Denkmalschutzbehörden sein, dass die Genehmigungsfähigkeit einer klimaschutztechnischen Maßnahme bei einer erheblichen Beeinträchtigung erreicht wird, unabhängig davon, ob es um die Genehmigung für *Solaranlagen* geht.

---

[47] Vgl. Wurster in Hoppenberg/de Witt Handbuch des öffentlichen Baurechts, 7. Teil Rn. 403.
[48] Vgl. auch Müller in Maslaton Windenergieanlagen, Kapitel 1 Rn. 167 ff.

Um diesen Grundgedanken besser nachvollziehen zu können, sollte man sich an das Ausgangsbeispiel erinnern: ein Bauherr will sein denkmalgeschütztes Gebäude energetisch aufbessern und plant, ein Wärmedämmverbundsystem anzubringen. Die Denkmalschutzbehörden müssen somit im Rahmen der Abwägungsentscheidung prüfen, ob eine erhebliche oder geringfügige Beeinträchtigung des denkmalgeschützten Gebäudes durch das Wärmedämmverbundsystem gegeben ist. Bei einer geringfügigen Beeinträchtigung ist das Ermessen der Denkmalschutzbehörde intendiert, was sich sowohl aus dem Rechtsgedanken der Richtlinie als auch aus dem Grundsatz der Verhältnismäßigkeit ergibt, vgl. auch § 18 Abs. 4 HDSchG. Bei einer erheblichen Beeinträchtigung, zB wenn die Fassade des denkmalgeschützten Gebäudes durch das Wärmedämmverbundsystem in ihrer Substanz beschädigt würde, ist eine umfassende Abwägungsentscheidung zwischen dem Denkmalschutz und dem Klima- und Ressourcenschutz vorzunehmen. Dies ergibt sich sowohl aus dem Sinn und Zweck der Richtlinie als auch aus dem Verhältnismäßigkeitsgrundsatz. Folglich müssten der Bauherr und die Denkmalschutzbehörde in einer einvernehmlichen Art und Weise zusammenwirken, um einen schonenden Ausgleich für die widerstreitenden Interessen zu finden. Hierbei ist der Ermessens- und Beurteilungsspielraum auszuschöpfen. Eine pauschale Ablehnung der Genehmigungsfähigkeit zugunsten des Denkmalschutzes würde ausdrücklich der Richtlinie widersprechen.

Der stetig steigende Klima- und Ressourcenschutz hat sich auch im Rahmen der Rechtsprechung eindeutig bemerkbar gemacht. Dementsprechend entscheiden aktuell nicht nur die hessischen Verwaltungsgerichte, sondern mittlerweile auch die meisten Verwaltungsgerichte im Bundesgebiet bei einem geringfügigen Eingriff zugunsten des Klima- und Ressourcenschutzes. Bei erheblichen Beeinträchtigungen nehmen die Verwaltungsgerichte in praktischer Hinsicht eine umfangreiche Abwägungsentscheidung vor.

In diesem Zusammenhang entschied das VG Braunschweig mit Beschluss vom 27.1.2023 (2 B 290/22), dass die fachgerechte Installation von Photovoltaikanlagen zu einem derartig geringfügigen Eingriff des Denkmalschutzes führe, dass der Klima- und Ressourcenschutz gegenüber dem öffentlichen Interesse am Denkmalschutz überwiegt.[49] Dabei knüpft das Verwaltungsgericht an § 7 Abs. 2 S. 1 Nr. 3 NDSchG an, wonach ein Eingriff in ein Kulturdenkmal zu genehmigen ist, wenn das öffentliche Interesse an erneuerbaren Energien gegenüber dem Denkmalschutz überwiegt. § 7 Abs. 2 S. 1 Nr. 3 NDSchG ist somit im Vergleich zu § 9 Abs. 1 S. 3 HDSchG eindeutiger geregelt, da § 9 Abs. 1 S. 3 HDSchG lediglich die besondere Berücksichtigung des Klima- und Ressourcenschutzes im Rahmen der Abwägungsentscheidung normiert. Inhaltlich stimmen beide Vorschriften jedoch nahezu überein.

Das OVG Lüneburg entschied mit Beschluss vom 8.6.2023 (1 ME 15/23), dass eine Abwägungsentscheidung zwischen Klima- und Ressourcenschutz und dem Denkmalschutz stets vorzunehmen sei, jedoch sei „die Errichtung von Anlagen zur Erzeugung oder Umwandlung erneuerbarer Energien mithin grundsätzlich zu ge-

[49] VG Braunschweig BeckRS 2023, 2214, Rn. 32.

nehmigen".[50] Dies ergebe sich aus der gesetzgeberischen Konzeption des § 7 Abs. 2, Abs. 3 NDSchG. 17 Jahre zuvor hatte das OVG Lüneburg, also dasselbe Gericht, mit Urteil vom 3.5.2006 (1 LB 16/05) noch eine gegenteilige Auffassung vertreten. Dies liegt insbes. an zwei Faktoren: zum einen gab es im Jahre 2006 die Vorschriften des § 7 Abs. 2, Abs. 3 NDSchG nicht in der heute geltenden Fassung, weshalb zum damaligen Zeitpunkt der Klima- und Ressourcenschutz nicht in diesem Maße gesetzgeberisch verankert war. Zum anderen ist auch den Verwaltungsgerichten die erhebliche Bedeutung des Klima- und Ressourcenschutzes bewusst geworden, so dass die Abwägungsentscheidung grundsätzlich zugunsten dieser Ziele der Energiewende erfolgt.

Dennoch gibt es weiterhin Verwaltungsgerichte, die auch bei einem geringfügigeren Eingriff des Denkmalschutzes zulasten des Klima- und Ressourcenschutzes entscheiden. So hat das OVG Sachsen-Anhalt in seinem Beschluss vom 10.6.2022 (2 L 21/20.Z) entschieden, dass eine ablehnende Entscheidung hinsichtlich einer denkmalschutzrechtlichen Genehmigung einer Solarthermieanlage rechtmäßig war.[51] Das OVG Sachsen-Anhalt argumentierte insoweit, dass die Denkmalqualität des betroffenen Gebäudes durch die Solarthermieanlage beeinträchtigt würde, da die Solarthermieanlage insbes. deutlich sichtbar und in einem farblichen Kontrast zu dem Denkmal stünde. Zwar erkennt das Oberverwaltungsgericht das Interesse des Bauherrn an, jedoch ergebe sich aus Art. 20a GG keinen unbedingten Vorrang des Umweltschutzes gegenüber dem ebenfalls verfassungsrechtlich verankerten Denkmalschutz. Es bedürfe einer umfassenden Abwägung beider Interessen, bei der der Denkmalschutz vorrangig zu berücksichtigen wäre.[52] Im Gegensatz zu der hessischen Richtlinie für die Denkmalschutzbehörden vom 6.10.2022 nimmt das OVG Sachsen-Anhalt eine erhebliche Beeinträchtigung an. Nach den Grundsätzen der hessischen Richtlinie wäre in einem solchen Fall jedoch eine geringfügige Beeinträchtigung zu bejahen, so dass eine Genehmigung für die Solarthermieanlage von den hessischen Denkmalschutzbehörden hätte erteilt werden müssen. Dieser Vergleich zeigt, dass es trotz der erheblichen Bedeutung des Klima- und Ressourcenschutzes für die Verwaltungsentscheidungen im Bundesgebiet nach wie vor Unterschiede bei der Abwägungsentscheidung gibt. Dennoch kann im Vergleich zu den gerichtlichen Entscheidungen der Verwaltungsgerichte aus den 2000er Jahren in positiver Hinsicht festgestellt werden, dass die vorzunehmenden Abwägungsentscheidungen auch in rechtlicher Hinsicht durchgeführt werden und nicht nur rein deklaratorischer Natur sind. Dennoch ist an dem Beschluss des OVG Sachsen-Anhalt zu kritisieren, dass das Gericht die besondere Bedeutung des Klima- und Ressourcenschutzes eindeutig verkannt hat. Eine bloße ästhetische Beeinträchtigung eines Denkmals durch eine Solarthermieanlage sollte in diesem Zusammenhang in den seltensten Fällen zu einer Ablehnung der Genehmigungsfähigkeit führen. Erst wenn die Verwendung der Solartechnik eine äußerst empfindliche Verfremdung bewirkt, die das Erscheinungsbild eines Denkmals und seine Dokumentationsfunk-

[50] OVG Lüneburg NVwZ 2023, 1017, Rn. 13ff.
[51] OVG Sachsen-Anhalt 10.6.2022 – L 21/20.Z, Rn. 1ff.
[52] OVG Sachsen-Anhalt 10.6.2022 – L 21/20.Z, Rn. 6f.

tion in erheblichster unharmonischer Weise beeinträchtigt, kann eine Ablehnung im Einzelfall gerechtfertigt sein.[53]

Zusammengefasst lässt sich daher sagen, dass der Klima- und Ressourcenschutz in Hessen nicht nur in der Öffentlichkeit an Bedeutung gewonnen hat, sondern auch im Rahmen der Abwägungsentscheidungen der Denkmalschutzbehörden. Dies wird durch die Richtlinie des Hessischen Ministeriums für Wissenschaft und Kunst verdeutlicht. Es bedarf stets einer Abwägungsentscheidung zwischen Klima- und Ressourcenschutz und dem Denkmalschutz, wobei eine Genehmigung für Solaranlagen *regelmäßig* zu erteilen ist.[54] Bei einer erheblichen Beeinträchtigung eines Kulturdenkmals ist ein schonender Ausgleich der widerstreitenden Interessen zu finden, wobei die Denkmalschutzbehörden angewiesen sind, zu einer Genehmigungsfähigkeit des baulichen Vorhabens zu gelangen. Hierbei sind sämtliche Möglichkeiten auszuschöpfen, wobei die Denkmalschutzbehörden mit dem Bauherrn in einverständlicher Art und Weise zusammenwirken. Dieses Ergebnis ist Ausfluss einer jahrzehntelangen Entwicklung, die die Ziele der Energiewende betont und stärkt, ohne den Denkmalschutz zu entwerten oder ein Regel-/Ausnahmeverhältnis ins Gegenteil zu verkehren.

IV. Ausblick: Wie wird sich das Verhältnis zwischen Denkmalschutz und Klima- und Ressourcenschutz in Zukunft entwickeln?

Die zukünftige Entwicklung des Verhältnisses zwischen dem Denkmalschutz und dem Klima- und Ressourcenschutz ist bereits zum heutigen Zeitpunkt klar absehbar. Nachdem dem Denkmalschutz in den 2000er Jahren ein nahezu pauschaler Vorrang vor dem Klima- und Ressourcenschutz gewährt wurde, wird der Klima- und Ressourcenschutz in den kommenden Jahren weiterhin auch in Politik und Verwaltung an Bedeutung gewinnen. Dies zeigt sich insbes. durch den Klimaschutzplan des Landes Hessen 2025, bei dem die Zielvorgabe gesetzt wurde, bis zum Jahr 2045 klimaneutral zu werden. Hierbei ist auch der Bürger Adressat des Koalitionsvertrages, da die Mithilfe jedes Einzelnen für die Erreichung des Klimaschutzplans notwendig ist.[55]

Die Richtlinie des Hessischen Ministeriums für Wissenschaft und Kunst vom 6.10.2022 enthält einen Ausblick bezüglich der Entwicklung des Verhältnisses zwischen Denkmalschutz und dem Klima- und Ressourcenschutz. Dort heißt es am Ende: „Die technische Entwicklung von Solaranlagen schreitet stetig voran, so dass eine regelmäßige Aktualisierung dieser Richtlinie erfolgen wird." Dies zeigt, dass dem Hessischen Ministerium für Wissenschaft und Kunst bewusst war und ist, dass die Wissenschaft daran arbeitet, in technischer Hinsicht möglichst effiziente Solaranlagen zu entwickeln, die von ihren optischen Wirkungen her im Einklang mit dem Denkmalschutz stehen können. Hierdurch wird der Denkmalschutz nicht ent-

---

[53] Mast in Martin/Krautzberger Denkmalschutz und Denkmalpflege, Teil H Rn. 326ff.
[54] Richtlinie HMWK – 784/12.000-(0053) des Hessischen Ministeriums für Wissenschaft und Kunst vom 6.10.2022 für Denkmalbehörden.
[55] Integrierter Klimaschutzplan Hessen 2025, S. 6.

wertet. Ganz im Gegenteil: Es sollen klimaschutztechnische Möglichkeiten geschaffen werden, um den Denkmalschutz und den Klima- und Ressourcenschutz zu einem noch schonenderen Ausgleich zu bringen. Dennoch ist zukünftig abzuwarten, wie hoch die Erforderlichkeit eines funktionierenden Klima- und Ressourcenschutzes auch in politischer Hinsicht angesiedelt wird, um erneuerbare Energien beim Planen und Bauen noch attraktiver zu machen. Dies wird ebenfalls einen Einfluss auf die Genehmigungsfähigkeit für bauliche Maßnahmen an denkmalgeschützten Gebäuden haben. Es ist davon auszugehen, dass die klimatische Situation zukünftig nicht besser wird, so dass eine Notwendigkeit und deshalb auch ein besonderes Interesse daran besteht, Treibhausgasemissionen zu reduzieren, wobei nachhaltige Sanierungen an denkmalgeschützten Gebäuden inbegriffen sein müssen.[56] Auch wenn denkmalgeschützte Gebäude lediglich ca. 3% des gesamten Gebäudebestandes in der Bundesrepublik Deutschland ausmachen,[57] hilft jeder Rückgriff auf erneuerbare Energien, die Treibhausgasemissionen zu senken. Zudem kann die Installation von Solaranlagen auf denkmalgeschützten Bundesgebäuden oder anderen Gebäuden öffentlicher Bauherren eine Vorbildfunktion für den einzelnen Bürger darstellen, der ermutigt wird, selbst klimaschutztechnische Maßnahmen an seinem Eigenheim vorzunehmen.

Da die vorliegende Problematik in Zukunft immer evidenter wird, kann davon ausgegangen werden, dass das Ermessen von den Denkmalschutzbehörden in derartigen Fällen nicht nur bei Solaranlagen, sondern auch bei anderen klimaschutztechnischen Maßnahmen intendiert sein wird. Dies könnte in Zukunft ebenfalls in die Richtlinie des Hessischen Ministeriums für Wissenschaft und Kunst aufgenommen werden. Trotz der erheblichen Bedeutung des Klima- und Ressourcenschutzes ist nicht davon auszugehen, dass dem Klima- und Ressourcenschutz sogar ein pauschaler Vorrang vor dem Denkmalschutz eingeräumt wird. Dies würde den verfassungsrechtlich verankerten Denkmalschutz in zu erheblicher Weise beeinträchtigen. Zudem wäre ein Verfassungsverstoß wegen der Missachtung des Verhältnismäßigkeitsgrundsatzes bei erheblichen Beeinträchtigungen evident. Es wird auch in Zukunft weiterhin notwendig sein, eine Abwägungsentscheidung vorzunehmen, da sich an der Zielvorgabe eines schonenden Ausgleichs nichts ändern wird.[58]

Es wird künftig auch in der juristischen Literatur zu diskutieren sein, ob der Anwendungsbereich des Denkmalschutzes im Hinblick auf Wohn- und Bürogebäude eingeschränkt werden soll, um insbes. erneuerbare Energien für Privatpersonen attraktiver zu machen.[59] Zudem gibt es Stimmen in der Literatur, die sämtliche EE-Anlagen (Erneuerbare-Energien-Anlagen) aus dem Anwendungsbereich des landesrechtlichen Denkmalschutzrechtes herausnehmen wollen.[60] Dies wäre zwar eine einschneidende Maßnahme zulasten des Denkmalschutzes, jedoch könnte

[56] Mast in Martin/Krautzberger Handbuch Denkmalschutz und Denkmalpflege, Teil H Rn. 262.
[57] Mast in Martin/Krautzberger Handbuch Denkmalschutz und Denkmalpflege, Teil H Rn. 299.
[58] Faßbender/Gläß in Böttcher/Faßbender/Waldhoff Erneuerbare Energien in der Notar- und Gestaltungspraxis, § 8 Rn. 42ff.
[59] Dies dürfte sich einreihen in die vielen derzeitigen Initiativen, regulatorische Hürden nicht nur für die Energiewende, sondern für das Bauen insgesamt zu senken.
[60] Kment/Jurdt NVwZ 2022, 1597 (1604).

hierdurch eine nicht unerhebliche Beschleunigungswirkung zugunsten des Klima- und Ressourcenschutzes erzielt werden.[61] In diesem Zusammenhang möchte ich dafür zu plädieren, den Anwendungsbereich des Denkmalschutzes nicht einzuschränken. Auch wenn dem Klima- und Ressourcenschutz eine erhebliche Bedeutung zukommt, darf dies die Bedeutung des Denkmalschutzes nicht aushöhlen, um die verfassungsrechtliche Stellung des Denkmalschutzes zu bewahren. Sinnvoll dürfte es aber sein, im Rahmen einer Abwägungsentscheidung zwischen den öffentlichen Belangen an dem Erhalt eines Kulturdenkmals und weiteren öffentlichen-rechtlichen Belangen (erneuerbare Energien, Barrierefreiheit, städtebauliche Belange etc.) sensibler vorzugehen und keinen uneingeschränkten Vorrang des Klima- und Ressourcenschutz festzuschreiben oder zu fordern. Auch in diesem Zusammenhang muss es sowohl im öffentlichen als auch im privaten Interesse liegen, einen schonenden Ausgleich zwischen den einzelnen Interessen zu finden. Eine Einschränkung des Anwendungsbereichs des Denkmalschutzes kann somit keine erfolgsversprechende Lösung des Problems darstellen.

Zuletzt bleibt noch die Beantwortung der Ausgangsfrage offen: stellt der Denkmalschutz eine Hürde für die Energiewende dar? Nein, der Denkmalschutz stellt keine Hürde mehr für die Energiewende dar. Die Novellierung des HDSchG im Jahre 2016, der Klimaschutzplan Hessen 2025, die Richtlinie des Hessischen Ministeriums für Wissenschaft und Kunst und das allgemeine erhebliche öffentliche Interesse an dem Klima- und Ressourcenschutz haben dazu geführt, dass der Rückgriff auf erneuerbare Energien auch im Verhältnis zu dem Denkmalschutz stark an Bedeutung gewonnen hat. Durch die vielseitigen technischen Möglichkeiten und eine sensiblere Herangehensweise im Rahmen der Abwägungsentscheidung, kann ein schonender Ausgleich zwischen Denkmalschutz und Klima- und Ressourcenschutz in der Regel erreicht werden. Man könnte allenfalls annehmen, dass der Denkmalschutz bei erheblichen Beeinträchtigungen eine *kleine* Erschwernis für eine schnelle Umsetzung der Ziele der Energiewende darstellt. Diese Erschwernis ist jedoch nicht unüberwindbar, was Ziffer 3 der Richtlinie vom 6.10.2022 verdeutlicht. Selbst bei erheblichen Beeinträchtigungen von Kulturdenkmälern kann die Genehmigungsfähigkeit nun erreicht werden. Zukünftig ist zu erwarten, dass der Denkmalschutz bei geringfügigen Beeinträchtigungen eines Kulturdenkmals der Erreichung der Ziele der Energiewende nicht (mehr) entgegensteht. Die Erschwernis bei erheblichen Beeinträchtigungen eines Kulturdenkmals wird jedoch aufgrund der besonderen Bedeutung des Denkmalschutzes aller Voraussicht nach dauerhaft bestehen bleiben.

[61] Kment/Jurdt NVwZ 2022, 1597 (1604).

F. DIGITALISIERUNG IN DER PLANUNG

MICHAEL SPANNOWSKY

Anwendung von Künstlicher Intelligenz in der räumlichen Planung

I. Einleitung

Im Zeitalter der Digitalisierung erleben wir eine rasante Entwicklung und Adoption von Technologien, die traditionelle Arbeitsweisen und Entscheidungsprozesse revolutionieren. Eine dieser bahnbrechenden Technologien ist die Künstliche Intelligenz (KI), die das Potenzial hat, eine Vielzahl von Sektoren zu transformieren. Durch die Automatisierung routinemäßiger Aufgaben und die Fähigkeit, komplexe Datenmengen zu analysieren, kann KI erhebliche Effizienzsteigerungen und verbesserte Entscheidungsfindung ermöglichen.

Über einen verhältnismäßig kurzen Zeitraum hat sich ein signifikanter Paradigmenwechsel hin zu einer daten- und informationszentrierten Gesellschaft vollzogen. Diese Entwicklung hat zu einer zunehmenden Integration und Dominanz von KI in zahlreichen Sektoren geführt, einschließlich Bereichen mit hoher Sicherheitsrelevanz und ethischer Sensibilität, wie zum Beispiel der Rechtsprechung[1] oder dem Gesundheitswesen[2]. Die wachsende Präsenz von KI in Entscheidungsfindungsprozessen und in der Automatisierung von Systemen erfordert eine verstärkte Auseinandersetzung mit Datenschutzfragen, ethischen Normen und der Resilienz unserer gesellschaftlichen Infrastrukturen[3]. Dieser Wandel impliziert die Notwendigkeit einer fortlaufenden Evaluation und Anpassung regulativer Rahmenbedingungen, um die Integrität und Sicherheit im Kontext der sich rasant entwickelnden KI-Technologien zu gewährleisten.

Im Bereich der Planung, einschließlich der Raum- und Stadtplanung sind die Implikationen der KI weitreichend. Planung ist ein systematischer, zukunftsorientierter Prozess, bei dem Ziele gesetzt und Strategien sowie Maßnahmen zur Erreichung dieser Ziele entwickelt werden. Sie umfasst die Identifizierung von Bedürfnissen oder Problemen, die Festlegung von Prioritäten, die Entscheidung über Ressourceneinsatz und die Entwicklung eines Aktionsplans. Dieser Prozess beinhal-

---

[1] Brooks/Vorley Cambridge Journal of Regions, 2020, 135 ((https://doi.org/10.1093/cjres/rsz026); Colonna Law and Business 2021, 1 (https://doi.org/10.2478/law-2021-0001); Rodrigues Journal of Responsible Technology, 2020, 4 (https://doi.org/10.1016/j.jrt.2020.100005).

[2] Bates/Levine/Syrowatka/Kuznetsova/Craig/Rui/Jackson/Rhee npj Digital Medicine 4 (https://doi.org/10.1038/s41746-021-00423-6); Habli/Lawton/PorterBulletin of the World Health Organization, 98, 251 (https://doi.org/10.2471/BLT.19.237487).

[3] Dobbe, System Safety and Artificial Intelligence (http://arxiv.org/abs/2202.09292); Wang/Chung Industrial Management & Data Systems, 122, 442 (https://doi.org/10.1108/IMDS-07-2021-0419).

tet typischerweise die Sammlung und Analyse von Informationen, die Prognose zukünftiger Entwicklungen, die Berücksichtigung verschiedener Handlungsalternativen und deren mögliche Auswirkungen sowie die Festlegung spezifischer Schritte zur Umsetzung der geplanten Aktionen.

Damit ist Planung charakterisiert durch ihre Zukunftsorientierung, ihre Ziel- und Lösungsausrichtung, ihre Flexibilität im Umgang mit Veränderungen und Unsicherheiten sowie ihre Fähigkeit, Ressourcen effizient zu allozieren. Sie erfordert kritisches Denken, kreatives Problemlösen und oft eine iterative Vorgehensweise, bei der Pläne regelmäßig überprüft und angepasst werden, um auf neue Herausforderungen und Gegebenheiten reagieren zu können. Insgesamt ist Planung ein wesentliches Instrument, um strukturiert und, soweit es die rechtsverbindliche Planung anbelangt, unter Öffentlichkeits- und Behördenbeteiligung entwicklungsperspektivisch rechtsgestaltend und konfliktausgleichend mit Drittwirkung auf zukünftige Ereignisse oder Zustände hinarbeiten zu können[4].

KI und maschinelles Lernen (ML) bieten revolutionäre Möglichkeiten in der Raum- und Stadtplanung, indem sie den Prozess effizienter, präziser und adaptiver gestalten. Diese Technologien ermöglichen eine fortschrittliche Datenanalyse und Informationsverarbeitung, die es Planern erlaubt, große Mengen komplexer städtischer Daten zu verarbeiten und zu analysieren, um tiefergehende Einblicke in städtische Muster und Trends zu gewinnen.

Trotz des wachsenden Interesses an der Integration von KI in die Stadtplanung gibt es in der bestehenden Literatur keine allgemein anerkannte Definition für „Stadtplanungs-KI". Wir definieren sie hier als den Prozess, bei dem KI-Agenten, teilweise oder vollständig, zur Erstellung von Plänen beitragen. Diese KI-Agenten, ähnlich wie Softwareprogramme oder Systeme, folgen spezifischen Regeln oder Algorithmen, um Aufgaben auszuführen oder Entscheidungen zu treffen. In der Stadtplanung unterstützen oder automatisieren sie analytische Aufgaben oder simulieren verschiedene Szenarien der Stadtentwicklung, was Planern helfen kann, die Auswirkungen unterschiedlicher Politiken zu visualisieren. KI- und ML-Systeme sind besonders nützlich, wenn es um die Vorhersage zukünftiger Entwicklungen in Städten geht. Sie können Trends in Bevölkerungswachstum, Verkehrsfluss, Energieverbrauch und anderen städtischen Dynamiken mit hoher Genauigkeit prognostizieren. Diese Vorhersagen sind entscheidend für die langfristige Planung und Entwicklung von Städten. In der Entscheidungsfindung können KI-Systeme eine Vielzahl von Szenarien simulieren und die Auswirkungen verschiedener städtebaulicher Entscheidungen evaluieren (digital twin[5]). Dadurch können sie Planern dabei helfen, die besten Strategien für Stadtentwicklung, Verkehrsmanagement und Ressourcenverteilung zu identifizieren und insbes. die im Rahmen von Alternativenprüfungen[6] notwendigen Szenarien zu entwerfen und vorzuführen. Die Automatisierung durch KI in der Städteplanung bedeutet, dass sich wiederholende und zeitaufwändige Aufgaben effizienter und bei der normativen Planung auch gestützt

---

[4] Spannowsky in ARL Handwörterbuch der Stadt- und Raumentwicklung, S. 1749.

[5] Bielik/Koenig/Schmidt Digitale adaptive Masterpläne mittels Künstlicher Intelligenz (https://www.researchgate.net/publication/351037429).

[6] Spannowsky in Mitschang Umweltprüfverfahren in der Stadt- und Regionalplanung, S. 89ff.

auf vorgegebene Planzeichen (PlanzVO) ausgeführt werden können, was den Planern mehr Zeit für strategische Überlegungen lässt. Ferner ermöglichen KI- und ML-Systeme eine dynamische Planung, die sich schnell an veränderte Bedingungen anpassen und Planungsmodelle in Echtzeit und wenn notwendig auch mehrdimensional, also etwa unter Berücksichtigung des unterirdischen Raums[7], aktualisieren kann. KI kann auch im Risiko- und Compliance-Management eingesetzt werden, um potenzielle Herausforderungen und Unsicherheiten in der städtischen Entwicklung zu identifizieren und Strategien zur Risikominderung zu entwickeln. Zudem unterstützt sie die Erstellung personalisierter und zielgerichteter Pläne, die auf spezifische städtische Bedürfnisse und Präferenzen zugeschnitten sind.

Insgesamt hat KI und ML das Potential die Fähigkeiten in der Raum- und Städteplanung erheblich zu erweitern, indem sie die Planungsprozesse intelligenter und reaktionsschneller machen. Damit bieten diese Technologien neue Möglichkeiten, um städtische Umgebungen effektiver und zukunftsorientierter zu gestalten.

II. Grundlagen der Künstlichen Intelligenz

Künstliche Intelligenz ist ein Bereich der Informatik, der sich mit der Schaffung von Maschinen befasst, die in der Lage sind, Aufgaben auszuführen, die normalerweise menschliche Intelligenz erfordern. Dies kann von einfachen Berechnungen bis hin zu komplexen Entscheidungsfindungen reichen. Dazu gehören Aktivitäten wie Lernen, Problemlösung, Spracherkennung und visuelle Wahrnehmung. Die KI ist ein etabliertes und hochentwickeltes Forschungsfeld, dessen Beginn oft auf die Dartmouth-Konferenz im Jahre 1956 zurückgeführt wird. Heute ist KI ein äußerst vielfältiges und dynamisches Forschungsfeld, das zahlreiche Disziplinen wie Informatik, Mathematik, Psychologie, Linguistik, Philosophie und andere umfasst.

In der Disziplin der Künstlichen Intelligenz wird zwischen zwei fundamentalen Kategorien differenziert: der starken KI (General AI) und der schwachen KI (Narrow AI), die sich hinsichtlich ihrer konzeptuellen Ausrichtung und Anwendungskomplexität unterscheiden.

Die starke KI, auch als General AI bekannt, ein hypothetisches Konzept, das weit über die aktuellen technologischen Realitäten hinausgeht. Während die schwache KI auf spezifische Domänen begrenzt bleibt, zielt die starke KI darauf ab, ein breites Spektrum kognitiver Aufgaben zu bewältigen, die traditionell menschliche Intelligenz erfordern. Diese Form der KI würde über Fähigkeiten wie Bewusstsein, Selbstreflexion und emotionale Intelligenz verfügen, wodurch sie in der Lage wäre, unabhängige Entscheidungen zu treffen, eigenständig zu lernen, Kreativität zu entwickeln und emotionale Reaktionen zu zeigen. Derzeit befindet sich die starke KI jedoch im Bereich der theoretischen Forschung. Die Realisierung einer solchen KI stellt Wissenschaftler vor substanzielle technische, ethische und philosophische Herausforderungen, die weit über das aktuelle Verständnis und die existierenden technologischen Kapazitäten hinausgehen.

---

[7] Spannowsky, Rechtliche Grundlagen der Umweltplanung.

Im Gegensatz dazu ist die schwache KI, auch als Narrow AI bezeichnet, charakterisiert durch ihre Spezialisierung auf dedizierte, eng umrissene Aufgabenbereiche. Diese Form der KI manifestiert sich primär in Systemen, die für spezifische, klar definierte Funktionen konstruiert sind, ohne dabei genuine Intelligenz oder ein Bewusstsein aufzuweisen. Beispiele solcher Systeme umfassen Chatbots, die in der Kundeninteraktion eingesetzt werden, algorithmische Empfehlungssysteme, die in E-Commerce-Plattformen und Streaming-Diensten, ihre Verwendung finden, sowie Spracherkennungstechnologien, die in mobilen Endgeräten und digitalen Assistenzsystemen implementiert sind. Diese Systeme zeichnen sich durch eine hohe Effizienz in ihren spezifischen Aufgabenfeldern aus, verfügen jedoch nicht über die Kapazität, über ihre vorprogrammierten Funktionen hinaus zu lernen oder sich anzupassen.

1. *Modelle des Maschinellen Lernens*

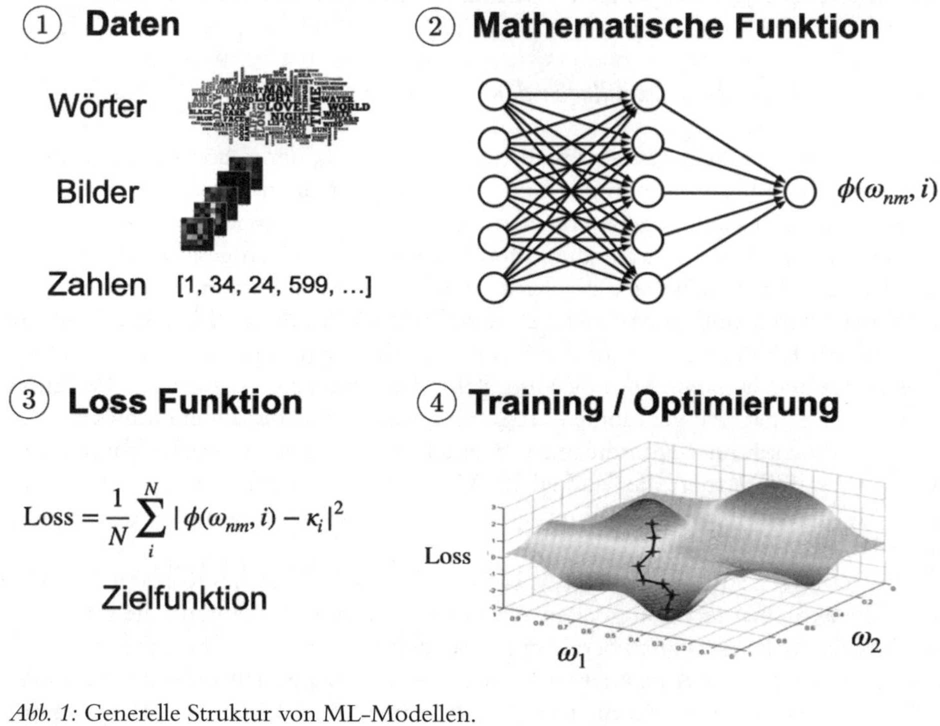

Abb. 1: Generelle Struktur von ML-Modellen.

Maschinelles Lernen (ML) ist ein integraler Unterbereich der schwachen KI, der sich auf die Entwicklung von Algorithmen und statistischen Modellen konzentriert, die es Computern ermöglichen, aus Daten zu lernen und Entscheidungen zu treffen oder Vorhersagen zu treffen, ohne dafür explizit programmiert zu sein. Diese Form des Lernens wird durch die Analyse und Interpretation von Daten ermöglicht, wobei das System Muster und Beziehungen in den Daten erkennt und daraus Schlussfolgerungen zieht. Damit liegt ML nahezu allen heutigen KI-Anwendungen zugrunde.

Alle technischen Realisierungen des maschinellen Lernens umfassen folgende Schlüsselelemente:

1. *Daten:* Der Kern des maschinellen Lernens sind Daten. Daten können in verschiedenen Formen vorliegen, wie Text, Bilder, Videos oder numerische Werte. Die Qualität und Quantität der verwendeten Daten haben einen erheblichen Einfluss auf die Leistungsfähigkeit des ML-Modells. In ML-Modellen, die nichts anderes als verschachtelte, hochkomplexe mathematische Funktionen sind, werden alle Input-Daten, ungeachtet, ob sie als Text oder Bild vorliegen, in numerische Zahlen umgewandelt, sodass sie von dem ML-Modell ausgewertet werden können.
2. Algorithmen: ML verwendet eine Vielzahl von Algorithmen, die auf unterschiedliche Weise lernen können. Diese Algorithmen können in Kategorien wie überwachtes, unüberwachtes und bestärkendes Lernen eingeteilt werden. Konkret ist ein ML-Modell eine mathematische Funktion, die eine große Anzahl an trainierbaren Parametern besitzt. Wie diese Funktionsvariablen gewählt werden müssen, damit ein solches ML-Modell eine Aussage treffen kann, zB, ob die eingelesenen Bilddaten einen Hund oder eine Katze zeigen, bestimmt die sogenannte Kosten- oder Verlustfunktion. Diese Funktion quantifiziert, wie weit das ML-Model von der intendierten Arbeitsweise entfernt operiert. Die Minimierung der Kostenfunktion, durch Variation der trainierbaren Parameter des Models, führt zum Training des ML-Models und dessen optimaler Funktionalität, die durch die Kostenfunktion festgelegt wird.
3. Modellbildung: Ein austrainiertes ML-Modell ist das Ergebnis des beschriebenen Lernprozesses und wird verwendet, um Vorhersagen oder Entscheidungen zu treffen. Die Modellbildung beinhaltet das Training des Modells auf Basis von Daten, die Optimierung des Modells[8] zur Verbesserung seiner Genauigkeit und die Validierung des Modells anhand neuer Daten.
4. Training und Validierung: Während des Trainingsprozesses lernt das Modell aus einer Menge von Trainingsdaten. Die Validierung erfolgt anhand eines separaten statistisch unabhängigen Datensatzes, um die Leistung und Genauigkeit des Modells zu bewerten. Ein austrainiertes Model wird am Ende mit Daten getestet, die nicht Teil des Trainings waren, um zu sehen, ob das Model auch für diese Daten das gewünschte Ergebnis liefert, es also ausreichend generalisierbar ist.

Aus diesen vier Schlüsselelementen eines ML-Modells treten diverse technische Herausforderungen zutage, die in der Anwendung dieser Technologien regulatorische und ethische Implikationen nach sich ziehen können. Das Erstellen eines ML-Modells ist das Resultat eines heuristischen Prozesses, oft auch mit dem Begriff „trial-and-error" umschrieben, dessen Erfolg stark von der Expertise des verantwortlichen Data-Scientists abhängt. Durch die menschliche Einflussnahme auf die Operationsweise in allen vier Schlüsselelementen, der Auswahl und Aufbereitung der Daten, der Wahl des mathematischen Modells, der Definition der Verlustfunk-

---

[8] Abel/Blance/Spannowsky Physical Review A, 106 (https://doi.org/10.1103/PhysRevA.106.042607).

tion und letztlich dem Training des Modells, ergeben sich Verantwortlichkeiten und eine Dokumentationspflicht für den Hersteller von ML-Modellen. Für den Nutzer dieser Technologien ist zu berücksichtigen, dass der Begriff ML-Modell eine große Klasse an algorithmischen Ansätzen umfasst, die wiederum von verschiedenen Faktoren wie der Datenqualität, dem spezifischen Anwendungskontext und den Zielvorgaben des Modells abhängen. Dies macht deutlich, dass ML-Modelle keine uniformen Produkte sind, sondern vielmehr individuell zugeschnittene Lösungen, die auf den jeweiligen Anwendungsfall maßgeschneidert werden müssen. Der „Teufel liegt im Detail", wie man sagt, und dies trifft in besonderem Maße auf die Entwicklung und Anwendung von ML-Modellen zu. Jedes Element im Entwicklungsprozess eines ML-Modells birgt seine eigenen Herausforderungen und erfordert eine sorgfältige Abwägung und Anpassung, um die gewünschte Funktionsweise zu gewährleisten.

2. *Allgemeine Risiken und Bedenken des Maschinellen Lernens*

Die unter II.1. dargestellten Schlüsselkomponenten, die einem jeden ML-Model zugrunde liegen beherbergen jeweils eigene Risiken, die bei der Erstellung eines Models zu bedenken sind.

Wie erfolgreich ein ML-Modell die an das Modell gestellten Aufgaben erfüllen kann, hängt stark von der mathematischen Struktur des Modells, dem Training und der Aufbereitung der Input-Daten ab. Die Wahl dieser Stellschrauben obliegt dem verantwortlichen Data-Scientists. In der Praxis bedeutet dies, dass der Begriff „ML-Modell" eine breite Palette von Ansätzen und daraus resultierenden Ergebnissen umfasst, was eine einheitliche Definition erschwert. Jedes ML-Modell reflektiert die spezifischen Entscheidungen des Data-Scientists bezüglich der Auswahl des Algorithmus, der Datenaufbereitung und der Parametereinstellungen. Diese Faktoren beeinflussen nicht nur die Leistung des Modells, sondern auch dessen Generalisierbarkeit und Interpretierbarkeit. Daher ist es entscheidend, diese Wahlmöglichkeiten transparent zu machen und ihre Auswirkungen auf die Modellergebnisse zu verstehen. Die Vielfalt der ML-Modelle spiegelt die Komplexität und Flexibilität des maschinellen Lernens wider, bringt jedoch auch Herausforderungen in Bezug auf die Standardisierung und Bewertung der Modellqualität mit sich.

Es ist jedoch hervorzuheben, dass ML-Modelle, wie neuronale Netzwerke, eine wohldefinierte mathematische Struktur haben, sie keineswegs sogenannte „Blackboxes" sind, also Objekte, deren innere Arbeitsweisen für den Außenstehenden unergründlich bleiben müssen[9]. Es ist insbes. möglich, durch die Analyse eines austrainierten Netzwerkes zu bestimmen, welche Input-Daten für die Arbeitsweise des Models besonders wichtig sind, und auch durch das Herausschreiben der iterativ trainierten Modellparameter die Güte des Trainings zu beurteilen. Diese Informationen sind von zentraler Bedeutung um später, bei einem möglichen Fehlverhalten des ML-Models zu beurteilen ob bei der Erstellung des Models die nötige Sorgfaltspflicht gewahrt wurde. Aufgrund der Größe moderner Netzwerke, ChatGPT

---

[9] Krippendorf/Spannowsky Machine Learning: Science and Technology, 3(3) (https://doi.org/10.1088/2632-2153/ac87e9).

3.5 hat beispielsweise etwa 175 Milliarden trainierbare Parameter[10], dies entspricht der Zahl an Neuronen im menschlichen Gehirn, und dem Umstand, dass diese Modelle häufig von Privatunternehmen designt und trainiert werden, die eine Kopie Ihres Produktes verhindern möchten, werden diese Informationen allerdings entweder nicht erhoben oder nicht veröffentlicht. Dieser Mangel an Transparenz, ermöglicht durch die Abwesenheit regulatorischer Anforderungen, fördert den Eindruck der Opazität von ML-Modellen.

Technologische Entwicklungen, wie die Zunahme verfügbarer Daten und Fortschritte in der Computerhardware, insbes. in der Entwicklung von Grafikprozessoren (GPUs) und Tensor Processing Units (TPUs), sind maßgeblich zur Steigerung der Fähigkeiten von ML-Modellen. Diese Modelle sind jedoch zunehmend größer geworden, was zu immensen Hardwareanforderungen führt. Die benötigte Hardware, primär in Bezug auf Rechenkapazität und Speicher, ist sehr energieintensiv. Dies führt zu einer Zunahme des Energieverbrauchs, was sowohl ökonomische als auch ökologische Herausforderungen mit sich bringt. Es wird daher immer wichtiger, bei der Weiterentwicklung von ML-Modellen auch energieeffiziente und umweltfreundliche Lösungen zu berücksichtigen. Zum Beispiel werden die Kosten für das Training von GPT-3, dem Grundmodell hinter ChatGPT, auf 4.6 Millionen US-Dollar geschätzt, bei einem Energieverbrauch von etwa 10 GWh, was wiederum dem jährlichen Energieverbrauch von 1000 US-Haushalten entspricht[11].

Eine weitere Herausforderung in diesem Kontext bildet die Datenqualität und die inhärente Verzerrung (Bias) der Daten, die dem Training zugrunde liegen. Die Integrität der Trainingsdaten ist von entscheidender Bedeutung, da defizitäre oder voreingenommene Datensätze zu inkorrekten oder diskriminierenden Ergebnissen führen können[12]. Diese Problematik gewinnt insbes. in Anwendungsbereichen von gesellschaftlicher Relevanz, wie der Justiz[13] oder sozialen Netzwerken[14], an Brisanz.

Ein weiterer kritischer Aspekt ist der Datenschutz. Der verantwortungsvolle Umgang mit sensiblen Daten, vorwiegend in Bereichen wie dem Gesundheitswesen und der Finanzindustrie, erfordert rigorose Datenschutzmaßnahmen. Dies schließt die gesicherte Verarbeitung und Speicherung personenbezogener Daten sowie die Konformität mit gesetzlichen Datenschutzregelungen ein. Die Komplexität des Datenschutzes nimmt zu, sobald diverse Datenquellen und -typen in ML-Modelle integriert werden.

---

[10] Ray Internet of Things and Cyber-Physical Systems 3, 121 (https://doi.org/10.1016/j.iotcps.2023.04.003).

[11] https://www.washington.edu/news/2023/07/27/how-much-energy-does-chatgpt-use

[12] Pagano/Loureiro/Lisboa/Cruz/Peixoto/Guimarães/Santos/Araujo/Cruz/de Oliveira/Winkler/Nascimento, Bias and unfairness in machine learning models – a systematic literature review./http://arxiv.org/abs/2202.08176); Schwartz/Vassilev/Greene/Perine/Burt/Hall, Towards a standard for identifying and managing bias in artificial intelligence (https://doi.org/10.6028/NIST.SP.1270).

[13] Addressing Bias in Artificial Intelligence – The Current Regulatory Landscape (https://www.nist.gov/system/files/documents/2022/03/17/AI-RMF-1stdraft.pdf)

[14] Morstatter/Liu Online Social Networks and Media, 1, 1 (https://doi.org/10.1016/j.osnem.2017.01.001); Neuhäuser/Stamm/Lemmerich/Schaub/Strohmaier Applied Network Science, 6 (https://doi.org/10.1007/s41109-021-00425-z).

Ferner erfordert die Transparenz und Nachvollziehbarkeit der Entscheidungsprozesse in ML-Modellen, vornehmlich bei tiefen neuronalen Netzwerken, eine eingehende Betrachtung[15]. Diese Modelle, also verschachtelte mathematische Funktionen, die häufig in nicht trivialen Anwendungen wie der optischen Identifikation oder automatisierten Entscheidungsfindung zum Einsatz kommen, zeichnen sich oft durch eine hohe Komplexität und eine mangelnde Transparenz ihrer Algorithmen aus[16].

Die hier angesprochenen Bedenken sind Gegenstand des EU AI Acts[17], ein Entwurf für eine Verordnung der Europäischen Union zum Umgang mit KI, der verschieden Anforderungen an KI-Methoden festlegt, insbes. in Fragen des Datenschutzes, der Dokumentationspflicht zur Funktionsweise und der Meldepflicht bei Fehlfunktionen der eingesetzten ML-Modelle. KI-Systeme sollen darin in Risikostufen unterschieden und unterschiedlich reguliert werden, was das Vertrauen in den Einsatz von diesen Systemen in Planungsentscheidungen stärken soll.

3. Technologische Reifung von ML-Modellen

In den vergangenen Jahren hat ML einen erheblichen Bedeutungszuwachs erfahren, was maßgeblich auf mehrere technologischen Entwicklungen zurückzuführen ist, die die Fähigkeiten von ML-Modellen exorbitant gesteigert haben.

Ein entscheidender Faktor ist die explosionsartige Zunahme verfügbarer Daten, getrieben durch die fortlaufende Digitalisierung in nahezu allen Lebensbereichen. Diese Datenflut, von sozialen Netzwerken hin zu IoT-Geräten, liefert die notwendigen Ressourcen für das Training von ML-Modellen. Mit der steigenden Datenmenge verbessert sich die Fähigkeit der Modelle, Muster zu erkennen und präzisere Vorhersagen zu treffen.

Parallel dazu haben Fortschritte in der Computerhardware, insbes. die Entwicklung von GPUs und TPUs, die für ML-Anwendungen optimiert sind, die Rechenkapazitäten signifikant erhöht. Diese Spezialprozessoren sind äußerst effizient in der Durchführung paralleler Berechnungen, die für das Training komplexer ML-Modelle entscheidend sind. Ferner hat das Aufkommen des Cloud-Computings den Zugang zu hochleistungsfähiger Rechenkraft und Speicherkapazität demokratisiert, was es einer breiteren Nutzerbasis ermöglicht, ML-Modelle, ohne die Notwendigkeit eigener teurer Hardware-Infrastrukturen zu entwickeln.

Zudem sind erhebliche Verbesserungen in den Algorithmen und Techniken des maschinellen Lernens zu verzeichnen. Primär die Fortschritte im Bereich des tiefen Lernens, einer Methode, die auf tiefen neuronalen Netzwerken basiert, haben zu Durchbrüchen in komplexen Anwendungen wie der Bild- und Spracherkennung geführt. Effizientere Algorithmen haben auch zur Reduzierung der erforderlichen

---

[15] Araz/Spannowsky, Journal of High Energy Physics, 2021(4) (https://doi.org/10.1007/JHEP04(2021)296).

[16] Englert/Galler/Harris/Spannowsky European Physical Journal C, 79 (ttps://doi.org/10.1140/epjc/s10052-018-6511-8).

[17] AI ACT (https://www.europarl.europa.eu/news/en/headlines/society/20230601STO93804/eu-ai-act-first-regulation-on-artificial-intelligence, abgerufen am 27.11.2023).

Rechenleistung beigetragen, wodurch ML-Modelle schneller und kostengünstiger trainiert werden können.

Schließlich hat die Verfügbarkeit von Open-Source-Software und Frameworks für maschinelles Lernen, wie TensorFlow[18] und PyTorch[19], einen wesentlichen Beitrag zur Entwicklung und Verbreitung von ML-Technologien geleistet. Diese Tools bieten eine frei zugängliche Plattform für Forscher und Entwickler, um fortschrittliche ML-Modelle zu entwickeln und zu trainieren. Die aktive und wachsende Community rund um diese Open-Source-Projekte trägt zur ständigen Verbesserung und Erweiterung der Funktionalitäten bei, was die Forschung und Anwendung von ML ebenfalls weiter vorantreibt.

4. Gesellschaftliche Akzeptanz und nationale KI-Initiativen

Die Kombination aus rasanten Verbesserungen im Bereich der Computerhardware, der Algorithmen und der Zugänglichkeit von hochwertigen Daten hat zu einer explosionsartigen Effektivitäts- und Effizienzsteigerung des maschinellen Lernens geführt und hat es zu einem der zentralen Pfeiler der modernen Technologielandschaft gemacht. Durch die weitreichenden Erfolge in der Anwendung von ML-Modellen stieg, insbes. in den letzten Jahren, in ähnlichem Maße deren gesellschaftliche Akzeptanz. Der Meinungsmonitor Künstliche Intelligenz[20] (MeMo:KI), erhoben durch das Düsseldorfer Institut für Internet und Demokratie, dokumentiert die Entwicklung der Bevölkerungsmeinung zur KI durch regelmäßige Befragungen und veröffentlicht die Untersuchungsergebnisse zur Einstellung der Bevölkerung in KI-Fragen im Abstand von zwei Wochen. Die Studie zeigt, dass die positive Grundstimmung gegenüber KI, insbes. in Krisenzeiten wie der Corona-Pandemie, zunimmt. Besonders groß ist die Zustimmung zu KI-Anwendungen in der medizinischen Forschung. Insgesamt spiegelt sich die wachsende gesellschaftliche Zustimmung zum alltäglichen Einsatz von KI-Technologie in den nationalen und internationalen KI-Initiativen wider. Allerdings sinkt die Zustimmung im Allgemeinen, wenn KI-Anwendungen näher an die Privatsphäre der Menschen heranrücken.

Die KI-Strategie Deutschlands wird durch eine Vielzahl von Initiativen auf Bundes- und Landesebene gestützt[21]. Neben der „KI-on-Demand-Plattform" und der Unterstützung durch das Deutsche Forschungszentrum für Künstliche Intelligenz (DFKI) hat die Bundesregierung sechs KI-Kompetenzzentren etabliert, die in Kooperation mit den Ländern Baden-Württemberg, Bayern, Berlin, Nordrhein-Westfalen und Sachsen gefördert werden. Das Tübingen AI Center und das „Berlin In-

---

[18] Abadi/Agarwal/Barham/Brevdo/Chen/Citro/Corrado/Davis/Dean/Devin/Ghemawat/Goodfellow/Harp/Irving/Isard/Jia/Jozefowicz/Kaiser/Kudlur/Research, TensorFlow – Large-Scale Machine Learning on Heterogeneous Distributed Systems.

[19] Paszke/Gross/Massa/Lerer/Bradbury/Google/Chanan/Killeen/Lin/Gimelshein/Antiga/Desmaison/Xamla/Yang/Devito/Raison Nabla/Tejani/Chilamkurthy/Ai/Steiner/Chintala, PyTorch – An Imperative Style, High-Performance Deep Learning Library, 2019.

[20] Marcinkowski, Meinungsmonitor Künstliche Intelligenz (MeMo:KI) (https://diid.hhu.de/nachrichten/studie-zur-akzeptanz-von-kuenstlicher-intelligenz/).

[21] Bundesministerium für Bildung und Forschung, KI-Strategien von Bund und Ländern (https://www.ki-strategie-deutschland.de/home.html, abgerufen am 19.11.2023).

stitute for the Foundations of Learning and Data" (BIFOLD) formen das Rückgrat des deutschen KI-Ökosystems. Um die Forschungsförderung zu stärken, wurden zahlreiche Maßnahmen ins Leben gerufen, die sich auf Grundlagenforschung und Anwendungsbereiche wie autonomes Fahren, Mikroelektronik, IT-Sicherheit und Produktionstechnik konzentrieren. Vier KI-Servicezentren wurden eingerichtet, um insbes. kleinen und mittleren Unternehmen den Zugang zu Recheninfrastruktur und KI-Technologien zu erleichtern und so den Transfer von KI in die Praxis zu fördern. Zudem gibt es die Förderinitiative „KI-Leuchttürme für Umwelt, Klima, Natur und Ressourcen", die Projekte zur Lösung ökologischer Herausforderungen unterstützt, sowie eine Förderung des Bundesministeriums für Ernährung und Landwirtschaft (BMEL) für KI-Technologien in der Landwirtschaft und den ländlichen Räumen.

Alle Bundesländer unterstützen und unterhalten eigene KI-Initiativen. In Bayern hat das Bayrische Staatsministerium für Digitales im Rahmen der Hightech Agenda Bayern 360 Millionen Euro für KI vorgesehen. Neue Institute wie die „Munich School of Robotics and Machine Intelligence" und die bayerische KI-Agentur wurden gegründet, und das Programm „KI-Transfer+" unterstützt kleine und mittlere Unternehmen im Wissenstransfer. Als erstes Bundesland hatte Baden-Württemberg Ende 2018 eine eigene KI-Strategie vorgelegt. In Workshops mit Mitarbeitern aus Kommunal- und Landesverwaltungen wurden Anwendungsmöglichkeiten wie Chatbots, persönliche Sprachassistenten und digitale Assistenten für die Sachbearbeitung diskutiert und bewertet[22]. Ferner wurde die Digitalisierungsstrategie digital@bw vorgestellt, die das KI-Ökosystem weiterentwickeln soll. Die Initiative „KI made in BW" unterstützt Unternehmen bei der Weiterentwicklung ihrer KI-Angebote, und es sind Wettbewerbe und ein KI-Innovationspark geplant.

In den KI-Initiativen anderer Bundesländer, zum Beispiel von Hessen, Nordrhein-Westfalen, Sachsen und Rheinland-Pfalz, wird die Integration von KI in die öffentliche Verwaltung unterschiedlich akzentuiert. Hessen legt den Fokus auf die verantwortungsvolle Entwicklung von KI-Anwendungen, um Verwaltungsprozesse zu optimieren[23]. Nordrhein-Westfalen, obwohl in der Artikulation der Ziele und Initiativen stärker auf Industrie und Forschung ausgerichtet, könnte durch seinen menschenzentrierten Ansatz auch Implikationen für KI in der Verwaltung haben[24]. In Sachsen zielt der KI-Hub[25] darauf ab, die Verwaltung durch die Bündelung von Kompetenzen und den Transfer von Innovationen zu modernisieren. Rheinland-Pfalz hingegen fokussiert mehr auf Forschung und Bildung, bietet aber Potenzial für die Entwicklung von KI-Kompetenzen in der öffentlichen Verwaltung[26]. Generell erkennen alle Bundesländer das Potenzial von KI zur Modernisierung von Planungs- und Verwaltungsprozessen.

[22] Staatsministerium Baden-Württemberg, Künstliche Intelligenz in der Verwaltung (https://www.baden-wuerttemberg.de/de/service/alle-meldungen/meldung/pid/kuenstliche-intelligenz-in-der-verwaltung, abgerufen am 19.11.2023).

[23] https://digitales.hessen.de/kuenstliche-intelligenz/ki-agenda-hessen.

[24] https://www.ki.nrw/en/

[25] https://ki-hub.org.

[26] https://mwg.rlp.de/themen/wissenschaft/forschung/

Diese umfassenden Bemühungen auf Bundes- und Länderebene zeigen einerseits ein klares Engagement für die Entwicklung und Integration von KI in Deutschland, sowohl in der Forschung als auch in der praktischen Anwendung, und bilden eine solide Grundlage für die Weiterentwicklung der KI-Kompetenz in verschiedenen Sektoren, andererseits spiegeln sie allerdings auch eine starke Zerfaserung von KI-Initiativen mit unterschiedlichen Fokusrichtungen wider, die eine kohärente und kosteneffiziente Entwicklung von KI-Methoden herausfordern könnte. Diese Fragmentierung birgt das Risiko von Redundanzen und Effizienzverlusten und könnte die Synergien, die durch eine stärkere Koordination und Zusammenarbeit erzielt werden könnten, einschränken. Eine zentrale Herausforderung besteht daher darin, eine übergreifende Strategie zu entwickeln, die es ermöglicht, die verschiedenen Initiativen auf nationaler und regionaler Ebene zusammenzuführen, um eine harmonisierte Entwicklung und Anwendung von KI-Technologien in Deutschland zu fördern.

III. Anwendung von KI in der Raum- und Stadtplanung

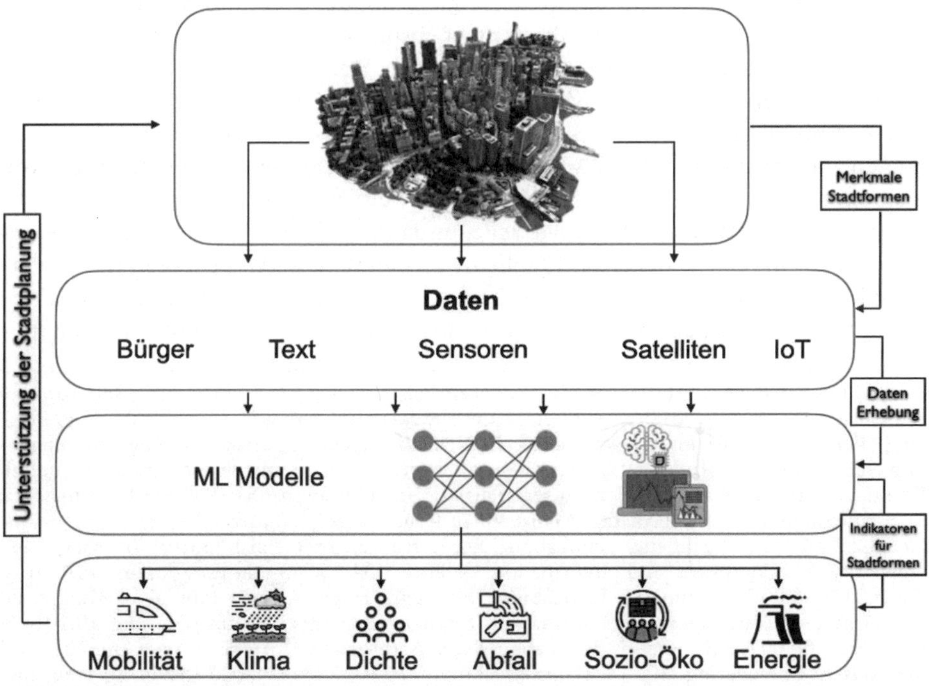

Abb. 2: Illustration der Anwendung von ML- Modellen in der Stadtentwicklung. Adaptiert von Koumetio Tekouabou/Diop/Azmi/Jaligot/Chenal Journal of King Saud University – Computer and Information Sciences 34, 5943 (https://doi.org/10.1016/j.jksuci.2021.08.007).

Die aktuelle Forschung beschäftigt sich eingehend mit der Verwendung künstlicher Intelligenz im Bereich der Raum- und Stadtplanung[27]. Die vorgeschlagenen Anwendungsbereiche sind durch innovative, transformative Ansätze, mit dem Ziel, den Planungsprozess effizienter, nachhaltiger und schneller zu gestalten, gekennzeichnet. Es ist jedoch wichtig zu betonen, dass sich als Konsens herauskristallisiert, dass KI nicht darauf abzielen kann, den Menschen zu ersetzen, sondern vielmehr darauf, ihn zu unterstützen und zu ergänzen. Im Bau- und Planungsrecht bedeutet dies, dass Juristen, Planer, Architekten und andere Fachleute durch KI-Tools in die Lage versetzt werden, szenarientechnisch[28] variabler, partizipativ und kooperativ zu entwerfen, und methodisch effizienter zu arbeiten sowie informierter zu entscheiden.

Schon jetzt gibt es eine reichhaltige und stetig wachsende Zahl an Fachbeiträgen zu diesem Thema. Im Zeitraum 2010 bis 2020 ist die Zahl an wissenschaftlichen Publikationen die KI-Methoden als Entscheidungshilfe für die Stadtplanung diskutieren von einer Publikation im Jahr 2010 auf 172 im Jahr 2020 gestiegen[29]. Im Mai 2023 wurden in der Datenbank von Web of Science (WoS) 881 Publikationen zum Thema AI und Stadtplanung identifiziert[30]. Viele dieser Studien beschäftigen sich mit konkreten Anwendungsmöglichkeiten von KI, um den Planungsprozess zu unterstützen, wobei eine kritische Betrachtung der Herausforderungen von KI unterstützten Entscheidungsverfahren nicht ausbleibt.

In der Forschung zum Einsatz von KI in der Stadtplanung kristallisiert sich als zentrales Thema die effektive Modellierung unterschiedlicher Stadtformen heraus. Wie in Abbildung 2 schematisch dargestellt, bieten KI-Modelle fortschrittliche Lösungen zur Erfassung und Analyse verschiedener Indikatoren von Stadtformen, von sozioökonomischen Aspekten bis hin zur Umweltverträglichkeit. Besonders wichtig ist für die Nützlichkeit dieser Modelle, umfangreiche und vielfältige Daten – gewonnen aus unterschiedlichsten Quellen – zu verarbeiten. Diese Daten tragen entscheidend dazu bei, die Dynamik urbaner Räume zu verstehen und nachhaltige Entwicklungsstrategien zu entwickeln und fördern die szenarientechnische Lö-

---

[27] Andrews/Cooke/Gomez/Hurtado/Sanchez/Shah/Wright AI in Planning Opportunities and Challenges and How to Prepare Conclusions and Recommendations from APA's „AI in Planning" Foresight Community; Basu/Talwar, Artificial intelligence in urban planning and design – Implementation, and Impacts; Bielik/Koenig/Schmidt Digitale adaptive Masterpläne mittels Künstlicher Intelligenz (https://www.researchgate.net/publication/351037429); Herath/Mittal International Journal of Information Management Data Insights, 2 (https://doi.org/10.1016/j.jjimei.2022.100076);; Koumetio Tekouabou/Diop/Azmi/Jaligot/Chenal Journal of King Saud University – Computer and Information Sciences 34, 5943 (https://doi.org/10.1016/j.jksuci.2021.08.007); Koumetio Tekouabou/Diop/Azmi/Jaligot/Chenal Journal of King Saud University – Computer and Information Sciences 34, 5943 (https://doi.org/10.1016/j.jksuci.2021.08.007); Koumetio Tekouabou/Diop/Azmi/Chenal Archives of Computational Methods in Engineering, 30, 1421 (https://doi.org/10.1007/s11831-022-09844-2); Peng/Lu/Liu/Zhai Journal of Planning Education and Research (https://doi.org/10.1177/0739456X231180568); Planning Association, Planning With Artificial Intelligence (https://iashin.ai/detector).

[28] Gornig in ARL, Handwörterbuch der Stadt- und Raumentwicklung, S. 2641.

[29] Koumetio Tekouabou/Diop/Azmi/Chenal Archives of Computational Methods in Engineering, 30, 1421 (https://doi.org/10.1007/s11831-022-09844-2).

[30] Peng/Lu/Liu/Zhai Journal of Planning Education and Research (https://doi.org/10.1177/0739456X231180568).

sungsfindung. Die Herausforderung besteht jedoch darin, die Komplexität der KI-Algorithmen zu beherrschen und sie effizient auf die spezifischen Anforderungen der Stadtplanung anzupassen.

Während eine Zunahme der Digitalisierung, bei gleichzeitigem Einsatz von KI-Methoden, aufgrund der möglicherweise transformativen Verbesserungen des Planungsprozesses, wie in den Abschnitten I. und II. beschrieben, mit hoher Wahrscheinlichkeit Verwendung finden wird, bleibt als zentrales Spannungsfeld zwischen dem Planenden und der KI-Software die Frage der Kompetenz, also wie weit KI-Software autonom in den Planungsprozess eingreifen darf. Diese Fragestellung ist besonders relevant in Anbetracht der zunehmenden Fähigkeit von KI-Systemen, komplexe Datenmengen zu analysieren und daraus selbstständig Schlussfolgerungen und Handlungsempfehlungen abzuleiten. Die Herausforderung besteht darin, ein Gleichgewicht zwischen menschlicher Expertise und maschineller Effizienz zu finden, wobei ethische Überlegungen und die Sicherstellung der Qualität der Planungsergebnisse eine wesentliche Rolle spielen.

Das Level an Autonomie von KI-Methoden im Stadtplanungsprozess kann in vier Stufen eingeteilt werden[31]:

1. In der ersten Stufe, der KI-unterstützten Planung, sammelt der KI-Agent Daten und identifiziert relevante Muster und Themen in der Stadtplanung. Hier unterstützt der KI-Agent die Planer aktiv, indem er wertvolle Informationen und Analysen bereitstellt, wobei die Hauptverantwortung für Entscheidungen bei den Planern liegt. Eine Anwendung in dieser Phase könnte die Analyse von Bevölkerungsbewegungen sein, um Verkehrsmuster zu erkennen und den öffentlichen Nahverkehr effizienter zu planen. In Studien[32] wurde zum Beispiel gezeigt, dass KI-Modelle Informationen aus historischen Texten und Plänen extrahieren können und eine Zusammenfassung der Planungscharakteristiken geben können. Diese Informationen können dann vom Planenden berücksichtigt werden und in den Planungsprozess integriert werden.
2. In der zweiten Stufe, der KI-erweiterten Planung, geht der KI-Agent einen Schritt weiter, indem er verschiedene Planungsschemata, die von Planern vorgeschlagen wurden, simuliert und bewertet. In dieser Phase agiert der KI-Agent als Berater, der Planern hilft, die besten Schemata auszuwählen, während die Planer immer noch die endgültigen Entscheidungen treffen. Eine mögliche Anwendung ist die Simulation von Stadtentwicklungsszenarien, um die Auswirkungen verschiedener Bauprojekte zu bewerten[33]. Verschiedene Szenarien können hier in Echtzeit simuliert, bewertet und für den Planenden aufbereitet werden.

---

[31] Peng/Lu/Liu/Zhai Journal of Planning Education and Research (https://doi.org/10.1177/0739456X231180568).

[32] Fu/Li/Zhai Journal of the American Planning Association, 89, 107 (https://doi.org/10.1080/01944363.2022.2038659); Zhai/Peng/Bai Journal of Planning Education and Research 2021 (https://doi.org/10.1177/0739456X211048928).

[33] Al-Ramini/Takallou/Piatkowski/Alsaleem Environment and Planning B: Urban Analytics and City Science, 49, 1612 (https://doi.org/10.1177/23998083211066103); Gora Transportation Research Procedia, 41, 532 (https://doi.org/10.1016/j.trpro.2019.09.089).

3. Die dritte Stufe, die KI-automatisierte Planung, kennzeichnet den Übergang, bei dem der KI-Agent stärker in den Planungsprozess eingebunden wird. Hier kann der KI-Agent Prozesse teilautomatisieren und unter der Aufsicht der Planer optimale Optionen vorschlagen. Die Rolle des Planers verschiebt sich hin zur Überwachung und endgültigen Genehmigung der von der KI vorgeschlagenen Pläne. Erste Verfahren wurden auf Konzeptionspläne für Gangnam-Superblocks in Seoul angewendet[34]. Um die KI in einer kontrollierten Umgebung zu testen, werden in groß angelegten Forschungsprojekten sogenannte „Urban Living Laboratories" (ULL) geschaffen die eine realistische experimentelle Umgebung für die Integration von KI in die Stadtplanung bieten[35].
4. In der vierten und letzten Stufe, der KI-autonomen Planung, erstellt der KI-Agent eigenständig Pläne basierend auf selbst erlernten Erfahrungen, insbes. vorherigen Planungsverfahren, die zum Training der KI verwendet werden, mit minimalen Eingriffen von Stadtplanern. In dieser Stufe nimmt die Rolle des Planers eine eher beaufsichtigende Funktion ein, wobei der Schwerpunkt auf der Überprüfung und Anpassung der von der KI erstellten Pläne liegt. KI-Modelle, die zur technischen Realisierung von Stufe 4 beitragen würden als „strong AI" klassifiziert, die, wie in II. Grundlagen der Künstlichen Intelligenz geschildert, momentan noch nicht existiert.

Aktuelle Entwicklungen in der KI ermöglichen bereits maßgebliche Fortschritte in den ersten beiden Stufen der Autonomie im Bereich der Stadtplanung. Stufe 1, die KI-unterstützte Planung, und Stufe 2, die KI-erweiterte Planung, sind bereits in der Praxis technisch realisierbar. Diese Stufen zeichnen sich durch die Fähigkeit der KI aus, Daten zu sammeln und zu analysieren sowie Planungsszenarien zu simulieren und zu bewerten, wobei der Mensch weiterhin die Kontrolle über die Bewertung von in Betracht kommenden Alternativen und die endgültigen Entscheidungen behält und auch die Verknüpfung der modular im Planungsprozess eingesetzten KI-Techniken steuert.

Die dritte Stufe, die KI-automatisierte Planung, befindet sich derzeit an der Grenze des technologisch Machbaren und stellt eine bedeutende Herausforderung für die aktuelle KI-Forschung dar. In dieser Phase beginnt die KI, eigenständig Vorschläge für Planungsprozesse zu entwickeln, wobei menschliche Planer in den Hintergrund treten und nur noch eine Überwachungsfunktion übernehmen. Die Realisierung dieser Stufe erfordert eine realistische digitale Abbildung des Planungsszenarios, zum Beispiel in der Form eines digitalen Zwillings einer Stadt, und eine tiefe Integration der KI in alle Aspekte des Planungsprozesses, ähnlich wie in Abbildung 2 skizziert.

Die vierte Stufe, die KI-autonome Planung, bei der die KI eigenständig ohne menschliches Eingreifen Pläne erstellt, bleibt derzeit noch eine Vision für die Zukunft. Die Entwicklung solcher Systeme erfordert Durchbrüche in der KI-For-

[34] Quan/Park/Economou/Lee Environment and Planning B: Urban Analytics and City Science, 46, 1581 (https://doi.org/10.1177/2399808319867946).

[35] Bulkeley/Marvin/Palgan/McCormick/Breitfuss-Loidl/Mai/von Wirth/Frantzeskaki European Urban and Regional Studies, 26, 317 (https://doi.org/10.1177/0969776418787222).

schung, insbes. im Bereich der „starken KI", und stellt somit höchstens eine langfristige Zielsetzung dar. Auch in Stufe 4 ist die Arbeit von Stadtplanern erforderlich, um die optimalen Planungsschemata mit realen Situationen und den Erwartungen der Menschen an den Planungsprozess in Einklang zu bringen. Es ist anzunehmen, dass auch hier der Planende weiterhin Schnittstelle zwischen digital simuliertem Raum und dem realen Raum bleibt. Hierbei wird die Funktionalität maßgebend davon abhängen, ob und inwieweit die KI-autonome Planung an die wertenden und normativen Anforderungen der komplexen und verflochtenen Querschnittsmaterie der räumlichen Planung in mehrstufigen Planungssystemen dadurch angepasst werden kann, dass gegebenenfalls durch Schnittstellen für überwachende und korrigierende Entscheidungen von Planern und Juristen eine während des Planungsprozesses entwicklungsfähige und im Ergebnis tragfähige und rechtssichere gesamträumliche Planung entstehen kann.

Insgesamt verdeutlichen die vorstehend aufgezeigten Entwicklungsstufen sowohl das Potenzial und die gestuften Herausforderungen der KI in der Stadtplanung und markieren einen klaren Pfad für zukünftige Forschungs- und Entwicklungsanstrengungen in diesem neuen hochtechnologischen Bereich der planerischen Zukunftsgestaltung.

IV. Handlungsempfehlungen für den Einsatz von KI-Methoden in der Stadt- und Raumplanung

Der Wandel hin zu einer digitalisierten Gesellschaft, unterstützt durch sicher und zuverlässig gestaltete KI-Methoden, stellt eine der entscheidenden und zugleich verantwortungsvollen Herausforderungen unserer Zeit dar[36]. Um die Integration von KI-Methoden in die Stadt- und Raumplanung effektiv und verantwortungsvoll zu gestalten, ist ein koordinierter Ansatz mit konkreten Handlungsmaßnahmen erforderlich. Eine Schlüsselkomponente hierbei ist die Förderung der interdisziplinären Zusammenarbeit zwischen Juristen, Architekten, Planern einerseits und Data-Scientists sowie KI-Technologen andererseits. Dies erfordert die Etablierung eines formellen Rahmens für regelmäßige Workshops und gemeinsame Projekte, um eine effektive Synergie zwischen KI-Experten und Planenden zu schaffen. Durch gemeinsame Veranstaltungen und fortlaufenden Austausch kann ein tiefgehendes Verständnis für die planungsrelevanten Belange der jeweils anderen Disziplinen entwickelt werden.

Parallel dazu ist die Entwicklung spezieller Bildungsinitiativen und Schulungsprogramme entscheidend. Diese sollten Planende in die Grundlagen der KI und Datenwissenschaft einführen und könnten in Form von Online-Kursen, Workshops und Zertifizierungsprogrammen umgesetzt werden. Ziel ist es einerseits, eine breite

---

[36] Kraus/Jones/Kailer/Weinmann/Chaparro-Banegas/Roig-Tierno SAGE Open, 11 (https://doi.org/10.1177/21582440211047576); Leal Filho/Yang/Eustachio/Azul/Gellers/Gielczyk/Dinis/Kozlova Environment, Development and Sustainability, 25, 4957 (https://doi.org/10.1007/s10668-022-02252-3); Matt/Pedrini/Bonfanti/Orzes European Management Journal, 41, 47 (https://doi.org/10.1016/j.emj.2022.01.001).

Basis an Wissen und Fähigkeiten zu schaffen, die es den Anwendern ermöglicht, die neuesten Entwicklungen zu verstehen und effektiv in ihre Arbeit zu integrieren, und andererseits ein Bewusstsein für die Limitierung der KI-Tools zu schaffen, wie in Abschnitt II. 2. angedeutet. Durch regelmäßige Publikationen, Fallstudien und öffentliche Diskussionen sollte ein realistisches Bild der Fähigkeiten, Potentiale, Entwicklungsstadien und Grenzen von KI vermittelt werden, um Fehleinschätzungen und unreflektiertes Folgen von KI-Empfehlungen vorzubeugen.

Die Einführung ethischer Richtlinien für die Nutzung von KI in der Planung ist ebenfalls unerlässlich. Ziel ist es, einheitliche Standards zu schaffen, die eine gerechte und nachhaltige Anwendung von KI sicherstellen. Solche Richtlinien könnten von Expertengremien entwickelt werden, deren Arbeit durch entsprechende Gesetzgebungen, wie den EU-AI-Act, unterstützt und dadurch mit einer sich ebenfalls entwickelnden Rahmensetzung versehen wird. Eine regelmäßige Überprüfung von KI-Tools durch unabhängige Prüfinstanzen ist dabei von zentraler Bedeutung. Zu existierenden internationalen Standardisierungs- und Zertifizierungsorganisationen gehören das Institute of Electrical and Electronics Engineering (IEEE) und die Internationale Organisation für Normung (ISO), aber auch die Vereinten Nationen oder die Organisation für wirtschaftliche Zusammenarbeit und Entwicklung (OECD). Auf nationaler Ebene gibt es mehrere Nichtregierungsorganisationen, wie AlgorithmWatch oder die Gesellschaft für Informatik, die die Wirksamkeit, Genauigkeit und Fairness von KI-Tools bewerten, Berichte veröffentlichen und Empfehlungen für Verbesserungen geben.

Die Standardisierung von Datenformaten ist ein weiterer wichtiger Punkt. Eine zentrale Initiative sollte Richtlinien für die Datenerfassung und -verarbeitung erarbeiten, um die Kompatibilität und den effizienten Austausch von Planungsprozess relevanten Daten zu gewährleisten. Diese sollten einheitlich, über die Grenzen der Bundesländer hinweg, erhoben, gespeichert und zugänglich gemacht werden. Es ist möglich, dass dies eine Homogenisierung der Planungsverfahren in Deutschland erfordert und dies wiederum nur durch eine bundesweite Initiative realisierbar wird.

Abschließend ist die Koordination nationaler KI-Initiativen und der daraus resultierenden KI-Tools unerlässlich. Die Schaffung einer zentralen Koordinationsstelle, die als Schnittstelle zwischen Bund, Ländern und privaten Akteuren fungiert, kann die Umsetzung der nationalen KI-Strategie effektiv unterstützen.

Durch die Umsetzung dieser und weiterer Maßnahmen kann ein umfassender und koordinierter Ansatz für den Einsatz von KI in der Stadt- und Raumplanung erreicht werden, der technologische Innovation mit ethischen Überlegungen und nachhaltiger Entwicklung verbindet. Der Schlüssel zum Erfolg liegt in der bewussten Einbindung aller relevanten Stakeholder und der Förderung eines offenen Dialogs zwischen Wissenschaft, Wirtschaft, Politik, KI-Technologie und Gesellschaft. Dieser ganzheitliche Ansatz ermöglicht es, die Vorteile der KI-Nutzung zu maximieren, während gleichzeitig potenzielle Risiken und unerwünschte Nebeneffekte minimiert werden. Es ist unerlässlich, dass die KI-Strategien nicht nur auf technologische Fortschritte fokussieren, sondern auch soziale, kulturelle und ökologische Faktoren berücksichtigen. Damit kann die KI als Werkzeug dienen, das nicht nur die Effizienz und Qualität der Stadt- und Raumplanung erhöht, sondern auch zur Schaffung lebenswerter, inklusiver und nachhaltiger urbaner Umgebungen beiträgt. Letztlich wird durch diese umfassende Herangehensweise sichergestellt, dass die digitale Transformation der Gesellschaft, gestützt durch KI, im Einklang mit den Werten und Zielen der Gemeinschaft erfolgt und einen bedeutenden Beitrag zum Wohl aller leistet.

V. Zusammenfassung

In dem vorliegenden Beitrag wurde die transformative Rolle der Künstlichen Intelligenz und des maschinellen Lernens in der Raum- und Stadtplanung beleuchtet. Dabei wurde beschrieben, dass KI- und ML-Technologien das Potenzial besitzen, den Planungsprozess durch effiziente, präzise und adaptive Datenanalyse Methoden grundlegend zu verändern. Das Zusammenspiel von Digitalisierung, insbes. der digitalen Erhebung planungsrelevanter Daten, und der Nutzung von ML-Methoden können Planenden helfen komplexe Datenmengen zu verarbeiten und tiefergehende Einblicke in urbane Muster und Trends zu gewinnen, was zu einer effektiveren und zielgerichteteren Planung führen kann.

Im Kern der Beschreibung von ML-Modellen stehen deren Schlüsselelemente – Daten, Algorithmen, szenarientechnische Modellbildung und Training. Es wurde erörtert, wie die Qualität und Quantität der verwendeten Daten die Leistungsfähigkeit der Modelle beeinflussen und dass das Erstellen eines ML-Modells ein Prozess ist, der stark durch menschliche Entscheidungen geprägt ist. Dabei wurde auch auf die Risiken und Herausforderungen hingewiesen, die bei der Erstellung von ML-Modellen zu bedenken sind, insbes. hinsichtlich der Komplexität und Notwendigkeit einer angemessenen Datenaufbereitung. Erleichterungen und Verbesserungen könnten mit Hilfe der KI kurzfristig vor allem im Bereich des planerischen Entwerfens und der Alternativenprüfung in Bezug auf die konzeptionelle Szenarientechnik und die Visualisierung verschiedener Lösungsvarianten erreicht werden.

Es wurde versucht, deutlich zu machen, dass KI in der Raum- und Stadtplanung nicht darauf abzielen kann, den Menschen zu ersetzen, sondern ihn zu unterstützen und zu ergänzen. Hierfür wird ein koordinierter Ansatz mit konkreten Handlungsmaßnahmen als erforderlich erachtet. Zu diesen Maßnahmen zählen die Förderung interdisziplinärer Zusammenarbeit, die Entwicklung spezieller Bildungsinitiativen und Schulungsprogramme, die Bewusstseinsbildung über die Grenzen von KI-Tools, die Einführung ethischer Richtlinien, die regelmäßige Überprüfung von KI-Tools, die Standardisierung von Datenformaten und die Koordination nationaler KI-Initiativen.

Das transformative Potenzial von Künstlicher Intelligenz in der Stadtplanung ist unbestreitbar und weist einen klaren Pfad für zukünftige Forschungs- und Entwicklungsanstrengungen im Schnittfeld zwischen Technik und entwicklungsperspektivischer Konzeption auf. Um dieses Potenzial voll auszuschöpfen, ist es entscheidend, KI verantwortungsbewusst und unter Berücksichtigung ethischer, technologischer sowie bildungsbezogener Aspekte in den Planungsprozess zu integrieren. Ein solcher integrativer Ansatz ermöglicht es, KI als wertvolles Werkzeug für eine effektivere und nachhaltigere Raumplanung zu etablieren und gleichzeitig die Herausforderungen und Risiken dieser fortschrittlichen Technologie beherrschbar zu machen.

GERHARD STEINEBACH/JUTTA STEINEBACH

Zur Raumbedeutung der digitalen Transformation in der Stadt

I. Einordnung

Die planungswissenschaftliche und planungspraktische Bedeutung von Nutzungsansprüchen an den Raum und die Flächen in der Stadt sind im Kontext der digitalen Transformation bisher wenig erforscht. Das gilt auch für die empirische Erfassung von räumlichen Wirkungen der Digitalisierung und ihre Folgen für die Stadtentwicklung (→ III. 2.a)).[1]

Hier sollen mögliche technologische Entwicklungen für ausgewählte Themen auf unterschiedlichen Raumebenen der Stadt dahingehend erörtert werden, wie mit der digitalen Transformation den Zielen der Stadtentwicklung entsprochen werden kann oder sie besser zu erreichen sind.

Dazu wird zunächst der Raum betrachtet und der Stadtraum abgegrenzt sowie in der Raumbedeutung eingeordnet. Der digitale Raum hat eigenständige Bedeutung und wird als Ergänzung des physischen Raums näher untersucht. Es folgt eine Abgrenzung von Digitalisierung und digitaler Transformation. Für den Stadtraum werden anhand der morphologischen Ebenen von Stadt/Region bis Parzelle angenommene Entwicklungen in der digitalen Transformation in einen raumbezogenen Zusammenhang gebracht. Als ein besonders bedeutsames Instrument wird für die Raumentwicklung das Konzept des digitalen Stadtzwillings betrachtet und in Bezug zur Stadtplanung eingeordnet. Schließlich wird die Nutzung des Werkzeugs Stadtzwilling in einen Zusammenhang mit der Orientierung der Planung auf das System Stadt gestellt.

II. Raum

1. Abgrenzung

Das Verständnis von Raum hat zahlreiche Facetten. In der hier zu betrachtenden Thematik soll zunächst die physische dreidimensionale Ausdehnung genannt werden, in der sich Objekte befinden. Damit sind im weitesten Sinne Gebiete angesprochen, die in einem bestimmten geografischen Kontext liegen. Zu physischen Merkmalen wie Topografie, Klima, Vegetation, Geologie und Hydrologie treten

---

[1] Bundesministerium für Wohnen, Stadtentwicklung und Bauwesen, Smart City Dialog – Räumliche Dimensionen digitaler Stadtentwicklung (https://www.smart-city-dialog.de/raeumliche-dimensionen-digitaler-stadtentwicklung, abgerufen, 16.10.2023).

politische, wirtschaftliche und soziale Merkmale hinzu. Zum sozialen Raum gehören u. a. soziale Beziehungen und soziale Strukturen, die Interaktionen und das Verhalten von Menschen betreffen.[2]

Mit diesem Raumverständnis eröffnet sich ein Zugang zum Gegenstand der Raumplanung wie sie sich als wissenschaftliche Disziplin entwickelt hat (RPTU Kaiserslautern-Landau, Universität Dortmund uam) und bis 2017 an der TU Kaiserslautern in der Stadtplanung gelehrt wurde.[3]

Nun kann es in diesem Beitrag zwar nicht darum gehen, planungswissenschaftliche und planungspraktische Fragen zum System der Raumplanung zu erörtern. Jedoch ist der Bezug zum Raum und zur Stadt als Gegenstand von Veränderungen zumindest in Ansätzen zu behandeln.

Früher als Telearbeit[4] bezeichnet, ist spätestens mit der COVID-19-Pandemie die Notwendigkeit und der Wunsch entstanden, außerhalb des Arbeitsplatzes den Beruf im Home-Office ausüben zu können. Damit haben sich Arbeitsabläufe und Organisationsformen in Unternehmen und öffentlichen Verwaltungen, aber auch in der Wissenschaft stark verändert. Arbeitsplätze mussten flexibler gestaltet werden und verändern sich weiter. Dies impliziert ebenso Veränderungen der Arbeitsstandorte sowie der Wohnstandorte im Stadtraum und auf der überörtlichen Ebene.

In engem Zusammenhang damit steht ein Wandel des Mobilitätsverhaltens von der Wohnung zum Arbeitsplatz. Weit darüber hinaus werden im Berufs- und Freizeitverkehr insgesamt, vor allem wegen der zwingenden Notwendigkeit zur Anpassung an den Klimawandel, räumliche Konsequenzen entstehen.

In gleicher Weise wie ein wachsendes Bedürfnis festzustellen ist, von zu Hause zu arbeiten, wird stetig zunehmend in den eigenen vier Wänden eingekauft.[5] Der Leerstand von Geschäften in den Innenstädten ist eine Folge, die jedoch seit Jahrzehnten zu beobachten ist.[6] Weitere Beispiele für Veränderungen im Raum betreffen die Bildungsinfrastruktur, die Energieversorgung, die Wasserversorgung, die Abwasserentsorgung und die Abfallentsorgung, aber auch Abläufe in der öffentlichen Verwaltung und den Zugang zu öffentlichen Dienstleistungen. Der Wandel ist grundsätzlich unstrittig. Unklar scheint jedoch, auf welchen räumlichen Ebenen und in welchen räumlichen Ausprägungen, mit welchen technologischen Implikationen und Folgewirkungen und in welchen Zeiträumen dieser stattfinden wird.

Nicht jede Veränderung des Raums ist bedeutsam. Als raumbedeutsam werden solche Maßnahmen angesehen, die nach Art, Umfang oder Auswirkungen die räumliche Entwicklung wesentlich beeinflussen können.[7] Daraus wird als Präzisierung für die weiteren Überlegungen abgeleitet, dass eine Raumbedeutung dann gegeben ist, wenn eine wesentliche Änderung nach Art der Anordnung sowie der

---

[2] Spiegel, Die Stadt als soziales Gefüge, 1983, 85; Lexikon der Geographie, Stichwort Raum (https://www.spektrum.de/lexikon/geographie/raum/6432, abgerufen am 12.10.2023).

[3] Steinebach in ARL Grundriss der Raumordnung und Raumentwicklung, 2011, 605 (605).

[4] Wüstenrot Stiftung, Telearbeit in der postindustriellen Gesellschaft, 2000, 20.

[5] Statistisches Bundesamt, Umsätze im Onlinehandel haben auch nach Wiedereröffnung der Geschäfte weiter zugenommen, (https://www.destatis.de/, abgerufen 23.10.2023).

[6] CIMA GmbH, Deutschlandstudie Innenstadt, (https://einzelhandel.de/component/attachments/download/10700, abgerufen 24.10.2023).

[7] § 2 Abs. 1 ROG.

Beziehung und der Verbindung von baulichen und nicht baulichen Anlagen im Stadtraum erfolgt (→ III. 2.).

2. Stadtraum

Der Begriff Stadt wird international unterschiedlich verstanden. Die genauen Merkmale für das, was als Stadt betrachtet wird, variieren. Städte spielen jedoch eine entscheidende Rolle in der menschlichen Zivilisation und beeinflussen das Leben von Milliarden von Menschen weltweit.[8]

Die Stadt ist als phänomenologisches Gebilde immer im Zusammenhang von Zeit und Ort zu verstehen. So unterscheiden sich die europäischen Städte des 19. Jahrhunderts in vielerlei Hinsicht untereinander und von solchen auf anderen Kontinenten. Das gilt ebenso für die Städte der Antike, des Mittelalters und der Gegenwart in den dargelegten Zusammenhängen. Andererseits existieren neben den jeweiligen Unterschieden gemeinsame Merkmale, die eine Stadt ausmachen.

So ist erst ab einer bestimmten Größe der Einwohnerzahl von einer Stadt zu sprechen.[9] Hinzu kommt die bauliche Dichte, die als Grundflächenzahl, Geschossflächenzahl, Geschosszahl[10] oder auch als Nettowohndichte (zB als Einwohner pro Hektar) gemessen werden kann.

Zu nennen ist ferner die soziale Dichte als Stadtmerkmal, zB als Zahl sozialer Schichten[11] oder die Anzahl sozialer Milieus[12] und anderes mehr. Ein weiteres Merkmal einer Stadt ist die Heterogenität der Bevölkerung. Dazu gehören religiöse, ethnische, kulturelle, berufliche und demographische Vielfalt.[13]

Die Stadt als Wirtschaftsraum kann mit den Merkmalen der Produktion und des Erwerbs von Erzeugnissen für und durch die Stadtbevölkerung sowie den städtischen Export von Gütern beschrieben werden.[14]

Zu den ökonomischen treten ökologische Merkmale. Die Stadt ist als Biotop mit einer Akkumulation energetischer und natürlicher Ressourcen von Wasser, Biomasse, Baumaterialien und Energieträgern charakterisiert.[15]

Nicht zuletzt ist die Stadt rechtlich definiert. In Rheinland-Pfalz sind Städte nur solche Gemeinden, die nach Siedlungsform, Gebietsumfang, Einwohnerzahl und anderen, die soziale und kulturelle Eigenart bestimmenden Merkmalen, städtisches Gepräge haben.[16] Kreisangehörige Städte mit mehr als 25 000 Einwohnern können

---

[8] Bundesministerium für wirtschaftliche Zusammenarbeit und Entwicklung Hintergrund – Das Zeitalter der Städte (https://www.bmz.de/de/themen/stadtentwicklung/hintergrund-181 38#, abgerufen 25.10.2023).

[9] BBSR, Stadt- und Gemeindetypen in Deutschland, 2023.

[10] §§ 16–20 BauNVO.

[11] Spellerberg in Dangschadt/Hamedinger Lebensstile, soziale Lagen und Siedlungsstrukturen, 2007, 182 ff. (https://nbn-resolving.org/urn:nbn:de:0168-ssoar-318896, abgerufen 23.10.2023).

[12] Torakai, Zielgruppenspezifische Stadtplanung, Quantifizierung und Qualifizierung der räumlichen Ansprüche Angehöriger mikrogeografischer Milieus an Wohnstandorte, 2017 12.

[13] Spiegel, Die Stadt als soziales Gefüge, 1983, 85.

[14] Eckey, in ARL Grundriss der Raumordnung und Raumentwicklung, 2011, 637 (645).

[15] Frick, Theorie des Städtebaus, 2006, 14; Stich/Porger/Steinebach/Jacob, Stadtökologie in Bebauungsplänen, 1992; Steinebach/Herz/Jacob, Ökologie in der Stadt und Dorfplanung,1993.

[16] § 4 Abs. 2 GemO RLP.

zu großen kreisangehörigen Städten erklärt werden.[17] Für kreisfreie Städte wird keine Einwohnerzahl genannt.[18]

Alle genannten Merkmale stehen im Zusammenhang von Wechselwirkungen im Sinne eines städtischen Interaktions- und Kommunikationssystems.[19]

Die räumlichen Ausprägungen dieses Systems sollen in den weiteren Überlegungen nach den morphologischen Ebenen[20] Region/Gesamtstadt, Stadtteil, Quartier und Parzelle unterschieden werden (→ III. 2.).

3. Digitaler Raum

a) Virtual Reality

Der digitale Raum wird hier als Erweiterung des oben dargestellten Raums (→ II.1.) betrachtet, da die Digitalisierung bereits zu neuen Raumwahrnehmungen geführt hat und die digitale Transformation mit großer Wahrscheinlichkeit weitere Formen hervorbringen wird.[21]

In der Virtual Reality (VR) wird eine Simulation von dreidimensionalen Umgebungen oder Situationen erzeugt. Dazu wird spezielle Hard- und Software benötigt. Es soll das Gefühl vermittelt werden, in einer virtuellen Welt physisch präsent zu sein. Dazu werden visuelle, auditive und auch taktile Sinnesreize erzeugt. Mit einer Brille oder einem Helm (Head–Mounted Display – HMD[22]) werden stereoskopische Bilder für jedes Auge erzeugt.

Mit der Tracking Technologie[23] werden die Bewegungen der Benutzer eines HMD verfolgt. Durch die Erfassung der Kopfbewegung kann die Blickrichtung im virtuellen Raum simuliert werden.

Immersive[24] Erfahrungen können durch dreidimensionale Darstellungen mit fotorealistischen Texturen, Beleuchtung und Animationen erzeugt werden (3D Visualisierung).

Auch die Bewegung im virtuellen Raum kann für den Benutzer eines HMD durch Positionstracking im physischen Raum ermöglicht und dadurch kann mit Objekten oder Umgebungen interagiert werden. Es sind dazu Controller, Handschuhe oder andere Eingabegeräte erforderlich.[25]

---

[17] § 6 Abs. 1 GemO RLP.

[18] § 7 Abs. 1 GemO RLP.

[19] Albers in ARL Grundriss der Stadtplanung 91; Albers/Wékel, Stadtplanung, 2008, 52.

[20] Curdes/Rodriguez-Lores Stadtstruktur, Stabilität und Wandel, 1989.

[21] Bundesministerium für Wohnen, Stadtentwicklung und Bauwesen, Smart City Dialog, Modellprojekte Smart Cities (https://www.smart-city-dialog.de/modellprojekte-smart-cities, abgerufen 16.10.2023).

[22] Wietzel, Methodische Anforderungen zur Qualifizierung der Stadtplanung für innerstädtisches Wohnen durch Mixed Reality-Techniken und immersive Szenarien, 2008 165.

[23] Wietzel, Methodische Anforderungen zur Qualifizierung der Stadtplanung für innerstädtisches Wohnen durch Mixed Reality-Techniken und immersive Szenarien, 2008 176 ff.

[24] Wietzel, Methodische Anforderungen zur Qualifizierung der Stadtplanung für innerstädtisches Wohnen durch Mixed Reality-Techniken und immersive Szenarien, 2008 215 ff.

[25] Wietzel, Methodische Anforderungen zur Qualifizierung der Stadtplanung für innerstädtisches Wohnen durch Mixed Reality-Techniken und immersive Szenarien, 2008 171 ff.

Zur VR gehört auch die akustische Umgebung. Dazu können realistische Geräusche aller denkbaren Lebensumstände als 3-D Klang simuliert werden.

Insgesamt können in der VR beliebige digital erzeugte Räume und Situationen aus der Realität der Vergangenheit und der Gegenwart gezeigt werden. In gleicher Weise können erdachte Zukunftsräume sichtbar gemacht werden.

Gegenwärtig wird VR intensiv in Spielen, bei Schulungen, u. a. Militär, Flugausbildung, Medizin, sowie in Bildung, Kunst, Bauwesen und zahlreichen anderen Gebieten eingesetzt. Sie wird in der Zukunft auch in der virtuellen Simulation von Raumentwicklungen eine hohe Bedeutung erlangen (→II. 3.)

b) Augmented Reality

Mit Augmented Reality[26], AR, können virtuelle Informationen, Bilder, 3-D Modelle uam in der physischen Welt sichtbar gemacht werden. Dies geschieht als Überlagerung und Erweiterung der realen Umgebung mit digitalen Elementen. Anders als bei VR (→II.3.a)), bei der nur die digital erzeugte Umgebung zu sehen ist, wird bei AR die Sicht auf die reale Welt erhalten. Gleichzeitig werden kontextbezogene Informationen und Daten zu bestimmten vorhandenen Objekten oder 3-D Visualisierungen zu geplanten Objekten eingeblendet. Dazu dienen spezielle Brillen, heute häufig auch Smartphones. AR ermöglicht es, digitale Elemente im realen Raum zu bewegen. So können zB geplante Gebäude in der realen Umgebung dargestellt und Veränderungen vorgenommen werden, die dann die sichtbaren Bedingungen, zB der Nachbarschaft oder der Umwelt, erfordern. Es ist zu erwarten, dass solche Anwendungen zukünftig auch für Quartiere, Stadtteile und die Region/Gesamtstadt möglich sind (→III. 2.).

Schon jetzt ist die Technologie bei Navigationssystemen in Kraftfahrzeugen Standard, indem Informationen zur Fahrtrichtung, zu Straßenarten, zu Hausnummern uam in das Kamerabild der realen Welt eingeblendet werden. Auch im Einzelhandel, zB virtuelles Anprobieren von Kleidung, Platzierung von Möbeln in den eigenen Räumen, ist AR verbreitet. Die Technologie hat im Gesundheitswesen, der Industrie, im Einzelhandel und der Kultur einen festen Platz.

Mit AR wird die physische Welt um digitale Informationen erweitert. In einem nächsten Schritt sind in der Mixt Reality[27] als Kombination von VR & AR noch weitergehende Verbindungen von physischer und realer Welt möglich. Auch immersive Szenarien, in der Benutzer tief in eine virtuelle oder simuliert reale Welt eintauchen können, zeigen weitere Entwicklungen auf, die für den Stadtraum bedeutsam sein können(→III.4.).

---

[26] Wietzel, Methodische Anforderungen zur Qualifizierung der Stadtplanung für innerstädtisches Wohnen durch Mixed Reality-Techniken und immersive Szenarien, 2008 181ff.

[27] Wietzel, Methodische Anforderungen zur Qualifizierung der Stadtplanung für innerstädtisches Wohnen durch Mixed Reality-Techniken und immersive Szenarien, 2008 149ff.

III. Digitale Transformation

1. Abgrenzung

Digitalisierung und digitale Transformation werden nicht selten synonym verwendet. Im hiesigen Verständnis bestehen zwischen den beiden miteinander verknüpften Prozessen jedoch erhebliche Unterschiede.[28]

Digitalisierung bezieht sich darauf, analoge Informationen, Abläufe, Arbeitsweisen uam in digitale Daten umzuwandeln. Dazu werden Hardware und Software benötigt, um die erforderlichen Informationen zu erfassen, zu speichern, zu verarbeiten und zu übertragen.

Während Digitalisierung demnach einen Umwandlungsprozess darstellt, bedeutet digitale Transformation einen Veränderungsprozess. Dabei werden die sich ständig ändernden digitalen Technologien zur kontinuierlichen Verbesserung von Organisationsstrukturen, Produktionsabläufen, Geschäftsmodellen, Kompetenzen, Fähigkeiten, Fertigkeiten und Handlungen eingesetzt.

Bei Geschäftsprozessen in Unternehmen können einige Kernfaktoren für diesen Veränderungsprozess genannt werden: Automatisierung, Datennutzung, Cloud Computing, Kundeninteraktion, Lieferketten sowie Sicherheit und Datenschutz.[29]

Für die weitere Betrachtung des Stadtraums soll unter digitaler Transformation ein kontinuierlicher Veränderungsprozess verstanden werden, um mit neuen digitalen Technologien die Ziele der Stadtentwicklung besser zu erreichen.

Für den Zusammenhang von digitaler Transformation und Raumbedeutung werden dazu im weiteren folgende Kernfaktoren behandelt:

- Ebene Region/Gesamtstadt: Vernetzung von Infrastrukturen und sonstigen kommunalen Einrichtungen durch autonomes Fahren als Teil einer neuen Mobilität
- Ebene Stadtteil: E-Government
- Ebene Quartier Handel
- Ebene Parzelle: Smarte Gebäude.[30]

2. Stadtraum

a) Region/Gesamtstadt

Für eine Verdeutlichung der Raumbedeutung der digitalen Transformation in der Vernetzung von Infrastruktur auf der Ebene Region/Gesamtstadt soll die Entwicklung des autonomen Fahrens herangezogen werden. Mit der angenommenen Zielsetzung, die Verkehrsverhältnisse wieder stärker am Menschen und einer lebenswerten Stadt zu orientieren und dabei die regionale Mobilität auch zukünftig

[28] Bidt – Bayerisches Forschungsinstitut für Digitale Transformation „Digitale Transformation", (https://www.bidt.digital/?glossary=digitale-transformation, abgerufen 12.10.2023).

[29] Recherche mit ChatGPT-3.5(https://chat.openai.com/, abgerufen 15.10.2023).

[30] Recherche mit ChatGPT-3.5 (https://chat.openai.com/, abgerufen 15.10.2023).

zu sichern, kann ein möglicher Transformationsprozess anhand der Skala für die Stufen der Fahrzeugautomatisierung veranschaulicht werden.[31]

„Level 0 – Keine Automatisierung: In diesem Level ist das Fahrzeug vollständig manuell und erfordert die uneingeschränkte Aufmerksamkeit und Kontrolle des Fahrers. Es gibt keine automatisierten Fahrzeugfunktionen.

Level 1 – Fahrerassistenz: Hier werden einige Fahrerassistenzsysteme eingeführt, wie beispielsweise Tempomat oder Spurhalteassistent. Der Fahrer behält jedoch die Kontrolle über das Fahrzeug und muss aktiv das Lenkrad halten und die Fahrsituation überwachen.

Level 2 – Teilselbstfahrende Systeme: In diesem Level kann das Fahrzeug bestimmte Aufgaben wie beschleunigen, bremsen und lenken unter gewissen Bedingungen autonom leisten. Der Fahrer muss jedoch bereit sein, jederzeit die Kontrolle wieder zu übernehmen.

Level 3 – Bedingte Automatisierung: Das Auto kann in bestimmten Situationen weitgehend autonom fahren, aber der Fahrer muss immer noch bereit sein, die Kontrolle zu übernehmen, wenn das System ihn dazu auffordert. Die Übergabezeit bei Aktivierung des Systems ist hier entscheidend.

Level 4 – Hohe Automatisierung: In Level 4 kann das Auto autonom in den meisten Situationen fahren, ohne dass der Fahrer ständig die Kontrolle behalten muss. Es kann jedoch Bereiche oder Bedingungen geben, in denen der Mensch eingreifen muss.

Level 5 – Vollautomatisierung: Auf diesem höchsten Level ist das Fahrzeug in der Lage, ohne menschlichen Fahrer in allen Situationen autonom zu operieren. Es gibt weder ein Lenkrad noch Pedale, da keine menschliche Intervention erforderlich ist."

Die Übergänge zwischen diesen Stufen sind nicht immer eindeutig. Es existieren zahlreiche ethische, rechtliche und technische Herausforderungen im Zusammenhang mit der Entwicklung und Implementierung von autonomen Fahrzeugen.[32]

Mit Fahrzeugen der Stufe 5 würden für die Gesamtstadt in Wechselwirkung zur Region bedeutsame Folgen bei der Verkehrsinfrastruktur und damit für den Raum entfaltet. Das betrifft die Pendlerbeziehungen aus der Region in die Stadt im Individualverkehr und im öffentlichen Verkehr sowie die innerstädtischen Verkehrsabläufe. Autonomes Fahren könnte den Bestand an Kraftfahrzeugen erheblich reduzieren. Durch die Nutzung von On-Demand – Mobilitätsangeboten[33] ließe sich das individuelle Eigentum an Fahrzeugen substanziell verringern. Eine Voraussetzung wäre, dass die Fortbewegung mit Kleinfahrzeugen durch anlassbezogene Anforderung und autonomes Fahren zu Quell- und Zielorten ein vergleichbares Qualitätsniveau wie der private Personenkraftwagen liefert. Für die Nutzer autonomer Fahrzeuge könnte die Verpflichtung zur Herstellung von privaten Stellplätzen auf den Grundstücken entfallen und im öffentlichen Straßenraum könnte das Parken deutlich verringert werden. Dadurch würde in erheblichem Umfang öffentlicher Raum für andere Nutzungen verfügbar. Parkplätze im Straßenraum könnten redu-

---

[31] Society of Automotive Engineers, Levels of Driving Automation (https://www.sae.org/news/2019/01/sae-updates-j3016-automated-driving-graphic, abgerufen 23.10.2023).

[32] R+V Versicherung, Autonomes Fahren, Ethische Fragen und moralische Dilemmata (https://www.ruv.de/kfz-versicherung/magazin/trends-der-mobilitaet/autonomes-fahren-ethische-fragen-und-moralische-dilemmata, abgerufen 23.10.2023).

[33] mobil.nrw, On-Demand- Verkehr (https://infoportal.mobil.nrw/projekte/on-demand-verkehr.html/, abgerufen 23.10.2023).

ziert und die gewonnenen Flächen Fußgängern und Radfahrern besser zur Verfügung gestellt werden. In ähnlicher Weise würde der ÖPNV profitieren. Busse On-Demand und die Vernetzung von intelligenten Verkehrssystemen würden den Verkehrsfluss in der Stadt und die Auslastung der Fahrzeuge verbessern sowie Staus und Umweltbelastungen erheblich reduzieren.

Einen Teil der Raumbedeutung in der Veränderung des ruhenden Verkehrs in Stadt und Region soll folgendes Rechenbeispiel verdeutlichen:

Zum Stichtag 1.1.2023 gab es in Deutschland 48,8 Millionen Pkw.[34] Davon parken circa 19% im öffentlichen Straßenraum und 74% auf dem eigenen Grundstück.[35]

Bei circa 9,3 Millionen Pkw, die an öffentlichen Straßen parken, führt das zu einem Flächenpotenzial der digitalen Transformation dieses ruhenden Verkehrs von circa 120 Millionen m^2 oder 12 000 ha. Das entspricht etwa 16 800 Fußballfeldern.

Bei circa 36 Millionen PKW, die auf privaten Grundstücken parken, führt das zu einem Flächenpotenzial der digitalen Transformation dieses ruhenden Verkehrs von circa 810 Millionen m^2 oder 81 000 ha.

Im Zusammenhang der digitalen Transformation von Mobilität wären noch zahlreiche weitere Themen zu betrachten, zB neue Formen des Lieferverkehrs und der Logistik oder der Einsatz von Drohnen. Darauf soll hier nicht eingegangen werden.

Zum Komplex der Vernetzung ist jedoch das Förderprogramm zu Smart Cities zu erläutern. Seit dem Jahr 2019 werden in drei Staffeln insgesamt 73 Vorhaben zur Stadtentwicklung und Digitalisierung gefördert.[36] Für die Auswahl der Modelle hat der Bund zwölf Bewertungskriterien festgelegt und mit dem Förderaufruf veröffentlicht.[37] Das Leitthema der dritten Staffel lautete: „Gemeinsam aus der Krise: Raum für Zukunft“. Die Bewertungskriterien bezogen sich auf die drei Gruppen, Zukunftsfähigkeit und integrierte Stadtentwicklung, Einbezug der Akteure und lokale Ressourcen sowie Modellhaftigkeit. Schon in dem Leitthema ist mit dem Begriff „Raum für die Zukunft“ ein Schwerpunkt im Zusammenhang der hier erörterten Fragen gelegt und im Kriterium K5: „Gestaltende Nutzung der Digitalisierung im Raum und Umgang mit ihren stadträumlichen Wirkungen“[38] operationalisiert worden. Allerdings zeigt sich bei näherer Betrachtung der Vorhaben, dass die räumlichen Wirkungen der Digitalisierung und mehr noch die der digitalen Transformation überwiegend noch kein etabliertes Thema darstellen.[39]

---

[34] Umweltbundesamt, Verkehrsinfrastruktur und Fahrzeugbestand (https://www.umweltbundesamt.de/daten/verkehr/verkehrsinfrastruktur-fahrzeugbestand#entwicklung-des-kraftfahrzeugbestands, abgerufen 20.10.2023).

[35] Forschungs-Informations-System, Mobilität und Verkehr (https://www.forschungsinformationssystem.de/servlet/is/79656/, abgerufen 20.10.2023).

[36] Bundesministerium für Wohnen, Stadtentwicklung und Bauwesen, Smart City Dialog – Räumliche Dimensionen digitaler Stadtentwicklung (https://www.smart-city-dialog.de/raeumliche-dimensionen-digitaler-stadtentwicklung, abgerufen, 16.10.2023).

[37] Bundesministerium des Innern und für Heimat, Dritte Staffel – Smart Cities (https://www.bmi.bund.de/abgerufen 10.10.2023).

[38] Aus dem Juryhandbuch Juli 2021, unveröffentlicht.

[39] BBSR, Die digitale Stadt gestalten, 2022 14.

Neben einzelnen Untersuchungen, die in der Vergangenheit erstellt wurden[40], soll in der laufenden Studie „Räumliche Dimensionen digitaler Stadtentwicklung“[41] einerseits der Zusammenhang von Digitalisierung und integrierter Stadtentwicklung in verschiedenen Dimensionen konzeptionell erfasst werden. Andererseits soll ein Referenzrahmen zur Messung räumlicher Wirkungen von Smart – City – Strategien und Projekten entstehen. Das Forschungsvorhaben wurde 2022 gestartet. Ein Abschlusstermin ist nicht veröffentlicht.

b) Stadtteil

Die Bedeutung der digitalen Transformation für die räumliche Ebene von Stadtteilen wird vor allem bei Großstädten eine Rolle spielen, die in Stadtteile gegliedert sind. In der Regel ist dann auch von einer verwaltungsmäßigen Funktion der Stadtteile auszugehen. Als ein Kernfaktor für die digitale Transformation wird hier E-Government angesehen und auf der Stadtteilebene näher beschrieben.

E-Government bezieht sich in weiten Teilen auf die Digitalisierung von Verwaltungsprozessen. Als Beispiele können Bauanträge, Ausstellung von Ausweisen, Steuererklärungen, Förderanträge sowie Bürgerbeteiligung bei Planungsprozessen genannt werden. Insgesamt wurden circa 600 zu digitalisierende Verwaltungsleistungen gemäß OZG[42] festgestellt. Gemäß OZG sollten Bund, Länder und Kommunen bis Ende 2022 ihre Verwaltungsleistungen über Verwaltungsportale digital anbieten. Von diesem Ziel ist man weit entfernt.

Im Hinblick auf eine mögliche digitale Transformation der Verwaltung sollen in Anlehnung an die Levels des autonomen Fahrens (→ II.2.a) beispielhaft Stufen der digitalen Transformation beschrieben werden.[43]

1. Online-Präsenz für Informationen zu Dienstleistungen, Kontaktmöglichkeiten sowie digitale Formulare.
2. Grundlegende E-Government-Dienste, Online-Steuererklärungen, Online-Wahlen, elektronische Beschaffungssysteme.
3. Verknüpfung von Verwaltungsstellen, Schnittstellen zur reibungslosen Datenübertragung zwischen den Behörden. Bereitstellung weiterer Online-Dienstleistungen, zB Personalausweise, Führerscheinverlängerungen, Gesundheitsdienste, Bildung.
4. Datenanalytik zu Bürgerbedürfnissen, personalisierte Dienstleistungen.
5. Künstliche Intelligenz (KI) und Chatbots, Automatisierung Kundensupport und Routineaufgaben.

---

[40] BBSR, Die digitale Stadt gestalten, 2022, 14.

[41] Bundesministerium für Wohnen, Stadtentwicklung und Bauwesen, Smart City Dialog – Räumliche Dimensionen digitaler Stadtentwicklung (https://www.smart-city-dialog.de/raeumliche-dimensionen-digitaler-stadtentwicklung, abgerufen, 16.10.2023).

[42] Onlinezugangsgesetz vom 14. August 2017 (BGBl. I S. 3122, 3138), das zuletzt durch Artikel 16 des Gesetzes vom 28. Juni 2021 (BGBl. I S. 2250; 2023 I Nr. 230) geändert worden ist.

[43] Recherche mit ChatGPT-3.5 (https://chat.openai.com/, abgerufen 15.10.2023).

Die Stufen sind nicht scharf voneinander abgegrenzt und nicht vollständig.[44] In vielen Fällen ist die öffentliche Verwaltung bisher nicht über die Stufe 1 hinausgekommen.

Es ist davon auszugehen, dass Raumwirkungen nicht nur auf Stadtteilebene entfaltet werden. Grundsätzlich können digital angebotene Verwaltungsleistungen dazu führen, dass die Nutzung von Verwaltungsgebäuden abnimmt. Gleichzeitig kann Besuchsverkehr verringert werden. In besonderer Weise wird sich die digitale Transformation der Verwaltung[45] jedoch im sozialen Raum auswirken. Ob diese und weitergehende Wirkungen eintreten, erscheint bei der „schleichenden" Digitalisierung im öffentlichen Sektor zurzeit eher sekundär. Viel wichtiger ist aktuell ein bürgernahes und von Dienstzeiten unabhängiges Angebot an Verwaltungsleistungen für die Bevölkerung, ohne Wartezeiten, Papierformulare und Zeitaufwand für Ortstermine.

c) Quartier

Der Handel mit Gütern in Geschäften auf Quartierebene gehört zu den raumprägenden Nutzungen der Stadt. Allerdings hat die Konkurrenz durch den Onlinehandel zu erheblichen Leerständen, vor allem in den Innenstädten geführt.[46] Problematischer erscheint jedoch die fehlende Versorgung mit Gütern des täglichen Bedarfs auf der Quartiersebene. Dort spielt zwar auch der Leerstand im Sinne von räumlichen Wirkungen eine wichtige Rolle. Hinsichtlich der Tragweite geht es aber um die problematische Nahversorgung der Bevölkerung durch analogen Vertrieb.

Auch hier sollen in Anlehnung an die Levels der digitalen Transformation zum autonomen Fahren (→ II.2.a)) beispielhaft Stufen der digitalen Transformation im Onlinehandel beschrieben werden.[47]

1. Online-Präsenz, für Produkte oder Dienstleistungen auf einer Website oder als Präsenz auf Social-Media-Plattformen.
2. Erweiterung auf verschiedene Vertriebskanäle, mobile Apps, soziale Medien, Partnerplattformen.
3. Sammlung und Analyse von Kundendaten zum Kundenverhalten, personalisierte Ansprache und Produktanpassung.
4. Automatisierung von Bestellabwicklung, Lagerverwaltung und Kundendienst.
5. Künstliche Intelligenz und Machine Learning, personalisierte Empfehlungen, Bestandsprognosen und Betrugsprävention. Digitale Transformation der gesamten Lieferkette, von Bestellung und Produktion bis Auslieferung.

---

[44] Recherche mit ChatGPT-3.5, (https://chat.openai.com/, abgerufen 17.10.2023).

[45] INSM GmbH, Deutschland scheitert beim E-Government, (https://www.insm.de/insm/themen/digitalisierung/deutschland-scheitert-beim-e-government, abgerufen 24.10.2023).

[46] DStGB/imakom, Zukunftsfeste Innenstädte, (https://www.imakomm-akademie.de/index.php/publikationen/nationale-imakomm-studie, abgerufen 24.10.203); CIMA GmbH, Deutschlandstudie Innenstadt, (https://einzelhandel.de/component/attachments/download/10700, abgerufen 24.10.2023).

[47] Recherche mit ChatGPT-3.5 (https://chat.openai.com/, abgerufen 15.10.2023).

Der Onlinehandel stellt einerseits eine schwierige Konkurrenz für Einzelhandelsgeschäfte, vor allem für kleinere, dar. Ob dies dafür ausschlaggebend war, dass viele Geschäfte geschlossen werden mussten, soll an dieser Stelle nicht erörtert werden. Es ist jedoch davon auszugehen, dass der Onlinehandel weiter wachsen und der analoge Einzelhandel schrumpfen oder allenfalls stagnieren wird.[48] Bei weiter fortschreitender digitaler Transformation werden sich in der Folge die Raumverhältnisse im Gebäudebestand (→ III.2.c), in den Wegebeziehungen sowie den Verkehrsbeziehungen verändern. Gegenwärtig scheint der Veränderungsprozess zumindest die Stufe 3 erreicht zu haben. Damit verbunden sind Logistikzentren und Lagerhäuser neu entstanden, um die steigende Nachfrage nach Onlinebestellungen zu bewältigen. Dies hat zu einer verstärkten Ansiedlung solcher Einrichtungen in bestimmten Regionen geführt. Der Anstieg des Onlinehandels hat auch eine Zunahme von Lieferprozessen erzeugt. Damit ist die Verkehrsbelastung gestiegen. Gleichzeitig kann durch Anlieferung Verkehrsaufwand gespart werden. Ob damit Verkehr insgesamt verringert oder erhöht wird, kann hier dahingestellt bleiben. Unstrittig sind die teilräumlichen Veränderungen der Verkehrsabläufe und damit der Raumnutzung.[49] Große E-Commerce-Unternehmen bestimmen die Standorte ihrer Logistikzentren und Lagerhäuser nach Erreichbarkeits- und Verteilparametern. Die damit verbundenen Raumwirkungen hinsichtlich Bindung von Arbeitskräften mit ihren Wohnstandorten erfolgen außerhalb des Absatzmarktes. Sie sind als Transfereffekte in der Vernetzung der räumlichen Teilebenen (→ II.2.) relevant.

Insgesamt wird die digitale Transformation den Handels- und Arbeitsmarkt weiterhin stark verändern und sowohl städtische Räume als auch ländliche Regionen beeinflussen. Diese Raumwirkungen sind komplex und variieren je nach Standort, Wirtschaftssektor und individuellen Verhaltensweisen der Menschen.

d) *Parzelle*

Auf der räumlichen Ebene des Grundstücks soll zwischen Planung, Herstellung und Betrieb von Gebäuden differenziert werden. Auch hier können ebenfalls in Anlehnung an die Levels der digitalen Transformation des autonomen Fahrens (→ II.2.a)) beispielhaft Stufen der digitalen Transformation beschrieben werden.[50]

1. Ganzheitliche, digitale Darstellung eines Gebäudes, einschließlich Design, Konstruktion und Betrieb. Zusammenarbeit der Baubeteiligten, Präzision im Design, Simulation von Bauabläufen.
2. Virtual Reality (VR), Augmented Reality (AR), realistische 3D-Modelle, Erkundung vor der physischen Umsetzung, Änderungen gemäß Realität.

---

[48] DStGB/imakom, Zukunftsfeste Innenstädte, (https://www.imakomm-akademie.de/index.php/publikationen/nationale-imakomm-studie, abgerufen 24.10.203) mit teilweise optimistischeren Prognosen.

[49] BBSR, Verkehrlich-Städtebauliche Auswirkungen des Online-Handels, (https://www.bbsr.bund.de/BBSR/DE/forschung/programme/exwost/Studien/2015/SmartCities/SmartCities-VerkehrOnline/endbericht.pdf?__blob=publicationFile&v=1, abgerufen 25.10.2023).

[50] Recherche mit ChatGPT-3.5 (https://chat.openai.com/), abgerufen 15.10.2023).

3. Robotik, automatisierte Baumaschinen, Setzen von Mauerwerk, Verlegen von Fliesen, Schweißen von Stahlträgern.
4. 3D-Druck, Teile von Gebäuden, ganze Gebäude.
5. Internet der Dinge-Geräte (IOT) und Sensoren steuern und messen Energieverbrauch, Temperatur, Feuchtigkeit, Sicherheit; Vernetzung von Gebäudekomponenten.

Die Levels der digitalen Transformation für smarte Gebäude auf Parzellen in Planung, Herstellung und Betrieb sind in der Praxis in unterschiedlicher Intensität realisiert. Insoweit stellen sie weniger eine Stufenfolge im Veränderungsprozess der digitalen Transformation dar. Im Kontext der Raumbedeutung sind sie hier als vierte Maßstabsebene und als Ort der Verwirklichung von raumbezogener Planung zu betrachten. (→ II.1.)

Die Parzelle gibt an dieser Stelle Gelegenheit, den Zusammenhang mit den drei anderen Maßstabsebenen Quartier, Stadtteil und Stadt/Region darzulegen.[51] Im Raumbezug sind diese Maßstabsebenen funktional verflochten und weisen zahlreiche Abhängigkeiten auf. Gleichzeitig haben sie im Planen und Bauen eine Teilautonomie.[52] Unter Teilautonomie morphologischer Ebenen wird hier verstanden, dass auf den einzelnen Ebenen eigenständig und unabhängig voneinander Entscheidungen getroffen oder Aufgaben ausgeführt werden dürfen.[53] Dennoch sind sie miteinander verbunden. Für den Stadtraum heißt das, Gebäude werden zu Quartieren, Quartiere zu Stadtteilen und Stadtteile zur Gesamtstadt, die Teil der Region ist. Die Ebenen sind untereinander Einflüssen ausgesetzt. Die raumbezogene Planung läuft deshalb methodisch im Gegenstromprinzip ab und folgt gleichzeitig dem Subsidiaritätsprinzip.[54] Die rechtliche Ausformung für den örtlichen Bezug beinhaltet demgemäß die Flächennutzungsplanung für die Gesamtstadt und die Bebauungsplanung für Teilräume.[55] Für die Parzelle sind eigenständige Planungen für Gebäude, Infrastruktur und sonstige Anlagen geregelt.[56] Der Zusammenhang mit der Region wird in der Regionalplanung erfasst.[57]

Die vorstehenden Betrachtungen deuten eine Verbindung zur künstlichen Intelligenz, zur Robotik, zum autonomen Fahren, zur digitalen Vernetzung verteilter Systeme und dem Internet der Dinge (IoT) an, da dort ähnliche Strukturen wie bei der Teilautonomie morphologischer Ebenen eine Rolle spielen. So geht es zum Beispiel um die Fähigkeit von digitalen Systemen, Prozesse und Funktionen autonom auf verschiedenen Ebenen, aber unter Berücksichtigung des Gesamtzusammenhangs zu steuern.[58] Das könnte darauf hindeuten, dass sich mit der Diffe-

---

[51] Curdes/Rodriguez-Lores Stadtstruktur, Stabilität und Wandel, 1989.
[52] Vgl. Curdes/Rodriguez-Lores Stadtstruktur, Stabilität und Wandel, 1989.
[53] Steinebach, Ziele, Aufgaben und Formen der Bauleitplanung, 2011, 605.
[54] Steinebach, Ziele, Aufgaben und Formen der Bauleitplanung, 2011, 624.
[55] §§ 5, 9 BauGB.
[56] Vgl. Fachplanungsrecht und Bauordnungen der Länder.
[57] § 13 ROG.
[58] Fraunhofer -Allianz Big Data, Zukunftsmarkt Künstliche Intelligenz, (https://www.iais.fraunhofer.de/content/dam/bigdata/de/documents/Publikationen/KI-Potenzialanalyse_2017.pdf, abgerufen 25.10.2023).

renzierung der Stadt in teilautonome morphologische Ebenen ein methodischer Zugang zur Entwicklung digitaler Werkzeuge eröffnet und für das komplexe System Stadt mit Hilfe künstlicher Intelligenz weiterführende Instrumente entstehen werden. Zur Gestaltung einer zukunftsfähigen Stadt wie eines Raums insgesamt, kann das eine äußerst bedeutsame Rolle spielen.

IV. Virtuelle Simulation

1. Digitale Visualisierung

Digitale Visualisierung hat in Wissenschaft und Praxis, auch der Planung, seit vielen Jahren sehr hohe Bedeutung. Mit dem Internationalen Graduiertenkolleg 1131[59] wurden in der Laufzeit 2005–2013 zahlreiche Dissertationen an den beteiligten Universitäten Kaiserslautern, University of California, University of Utah und Arizona State University bearbeitet. Allein an der TU Kaiserslautern sind 44 Promotionen betreut worden.[60]

In einer frühen Phase ging es zunächst um die digitale Visualisierung von großen Datenmengen in Diagrammen, Grafiken, in aktiven Dashboards und Heatmaps.[61] Mit der Prozessvisualisierung konnten im weiteren Geschäftsprozesse, aber auch Planungsprozesse dargestellt und optimiert werden.

Von besonderer Bedeutung in der digitalen Visualisierung ist die Möglichkeit, verdeckte Zusammenhänge sichtbar zu machen. Das gelingt vor allem in der dreidimensionalen Visualisierung als 3-D Darstellung. Mit ihr wird eine Tiefenwahrnehmung ermöglicht. Es können räumliche Tiefe und Abstände der physischen Welt realistisch virtuell dargestellt werden. Mit 3-D können auch Bewegungen und Veränderungen im Raum simuliert werden. Über die Anwendung von VR & AR (→ II.3. a), b)) ist es möglich, in eine geplante und digital dargestellte Umgebung einzutauchen oder digitale Elemente in eine reale Umgebung einzufügen. Grundsätzlich (→ III. 3.) besteht somit die Möglichkeit, komplexe Zusammenhänge im Quartier, im Stadtteil und in der Region/Gesamtstadt besser zu verstehen. Das gilt im Besonderen für räumliche Beziehungen von Siedlungsstruktur, Verkehr, Luftqualität, Lärm, Altlasten, Grünflächen, Parks, Freiflächen, Fauna, Flora, Wasserflächen uam zueinander, ihre Wechselbeziehungen untereinander und in ihren Wirkungen auf den Menschen im Sinne der Nachhaltigkeit. (→ IV. 1.))

Das kann in besonderem Maße zu besseren Grundlagen für Entscheidungen über Alternativen von räumlichen Entwicklungskonzepten beitragen. (→ IV. 2.))

---

[59] International Research Training Group (IRTG) 1131 „Visualization of Large and Unstructured Data Sets: Applications in Geospatial Planning, Modeling, and Engineering", 2013.

[60] IRTG 1131, Final Report, 2014.

[61] Wietzel, Methodische Anforderungen zur Qualifizierung der Stadtplanung für innerstädtisches Wohnen durch Mixed Reality-Techniken und immersive Szenarien, 2008, 154 ff.

2. *Digitaler Zwilling*

Digitale Zwillinge werden in Wirtschaft und Verwaltung zunehmend eingesetzt, wenngleich sie bei Entwicklung und Nutzung erst am Anfang stehen.[62] Bereits in der ersten Staffel der Modellvorhaben Smart Cities wurde von zahlreichen Kommunen die Förderung von digitalen Zwillingen beantragt. Insgesamt beschäftigen sich nach den ausgewerteten Projektanträgen 22 der insgesamt 73 Modellvorhaben mit dem Thema digitaler Zwilling.[63]

In der Präzisierung zu einem digitalen Stadtzwilling variieren Auslegungen und Beurteilungen von Inhalt und Gegenstand erheblich.[64]

Im Rahmen der BBSR-Studie[65] wurde anhand der dort analysierten Literatur eine Definition abgeleitet:

„Ein digitaler Zwilling einer Stadt ist ein dynamisches digitales Abbild, welches sich auf die Ganzheit oder einen anwendungsfallspezifischen Teil einer Stadt bezieht. Dazu gehören unter anderem die physische Bausubstanz, Infrastrukturanlagen und -einrichtungen sowie städtische Prozesse, Systeme und Daten unter Einbeziehung von Geräten des Internets der Dinge (IoT) und Informationsfeedback der Bürgerschaft. In einem digitalen Stadtzwilling werden anwendungsspezifische Funktionen intelligent und dynamisch integriert (zB KI, maschinelles Lernen und Datenanalyse), wobei ein kontinuierlicher und systematischer Abgleich zwischen der Realität und dem digitalen Abbild erfolgt. Dadurch wird es möglich, Simulationen durchzuführen, den digitalen Zwilling aus verschiedenen Quellen lernen zu lassen und den aktuellen und zukünftigen Zustand seiner physischen Gegenstücke darzustellen."

Die visuelle Darstellung der Stadt mit Objekten, Infrastrukturen, Prozessen sowie aktuellen und geplanten Zuständen ist nicht nur ein Abbild. Es werden Daten aus realer und virtueller Welt erfasst und verarbeitet und ihre Verbindungen dargestellt.[66] Über die Interaktion mit den Bürgern durch zusätzliche Prozesse und Dienste, die die Bedürfnisse und Beteiligung von Bürgern erfassen, wird eine zusätzliche Ebene einbezogen.

Bislang ist zwar nicht jeder Aspekt einer Stadt digital abbildbar. Nach der oben dargelegten Definition ist der digitale Stadtzwilling aber ein äußerst mächtiges Werkzeug zur evidenzbasierten Entscheidungsunterstützung in Form von Simulationen.[67] Darüber hinaus könnte durch statische und dynamische Daten, die im digitalen Stadtzwilling eingespeist und verarbeitet werden, die Kluft zwischen unterschiedlichen Zeitskalen von kurzfristiger Entwicklung und Einsetzbarkeit neuer Technologien sowie kurzfristigen tatsächlichen Veränderungen in der Stadt (zB Verkehrsmengen) und langfristigen Planungshorizonten der Stadtplanung partiell verringert werden.[68]

---

[62] BBSR, Digitaler Zwilling, 2023, 7.
[63] BBSR, Digitaler Zwilling, 2023, 16.
[64] BBSR, Digitaler Zwilling, 2023, 10.
[65] BBSR, Digitaler Zwilling, 2023, 10.
[66] BBSR, Digitaler Zwilling, 2023, 10.
[67] BBSR, Digitaler Zwilling, 2023, 11.
[68] BBSR, Digitaler Zwilling, 2023, 12.

Insbesondere das Zusammenspiel verschiedener digitaler Zwillinge, die in unterschiedlichen Fachbereichen entstehen, und die Zusammenarbeit mit digitalen Zwillingen anderer Städte, werden von zentraler Bedeutung sein.[69]

Der digitale Stadtzwilling, wie er oben dargelegt und wie er in unterschiedlichen Anwendungsfällen national und international erprobt wird, weist in jeder Hinsicht auf die Zusammenhänge von Raumbedeutung und digitaler Transformation hin. Das gilt für die genannten Raumdimensionen (→ II.), aber auch für die Beispiele digitaler Transformation im Stadtraum (→ III.)

Konkret wird hier die besondere Bedeutung in der Stadtplanung für

- Experten, zum Beispiel in der Simulation von Planungsalternativen in ihren umfassenden Wirkungszusammenhängen
- Entscheidungsträger, zum Beispiel als Unterstützung bei der Abwägung aller öffentlichen und privaten Belange gegeneinander und untereinander

sowie

- Bürger, zum Beispiel für ihre Unterstützung bei der Mitwirkung in Planungsprozessen und der Ausübung ihrer Rechte

gesehen.

V. Stadtplanung

1. Gegenstand und Aufgaben

Stadtplanung[70] bezieht sich auf zahlreiche Tätigkeitsfelder und Sachverhalte. Dabei verarbeitet sie wissenschaftliche Grundlagen verschiedenster Disziplinen, integriert Anforderungen der Kunst und kann nur auf der Basis wertender – letztlich politischer – Entscheidungen wirksam werden. Im Verlauf der verschiedenen Phasen des Planungsvorgangs von Bestandsaufnahme, Analyse, Zielfindung, Bewertung, Planentwurf und Durchführung, berücksichtigt und verknüpft Stadtplanung die Kategorien Wissenschaft, Kunst und Politik in unterschiedlichem Maße. Dazu gehören auch die Wirkungszusammenhänge von Siedlungsraum und Umgebung im ökologischen, ökonomischen und sozialen Sinne. Gleichwohl werden auf der Grundlage dieser weitreichenden Aufgabenstellung fachlich, zum Teil auch naturwissenschaftlich begründete Zielvorstellungen und Aussagen, im konkreten Planungsprozess durch wirtschaftliche Bedingungen und – notwendige – politische Entscheidungen sowie durch politische Einflussnahmen eingeschränkt und verändert.[71]

Nach § 1 BauGB hat die Bauleitplanung und damit im Wesentlichen auch die Stadtplanung dann zu erfolgen, wenn sie für eine städtebauliche Entwicklung und Ordnung erforderlich ist. Sie soll eine nachhaltige städtebauliche Entwicklung, die

[69] BBSR, Digitaler Zwilling, 2023, 13.
[70] Die Überlegungen zu a) beruhen im Wesentlichen auf Steinebach/Herz/Jacob, Ökologie in der Stadt und Dorfplanung, 1993, 7ff.
[71] Albers in ARL Grundriss der Stadtplanung, 1983, 2.

die sozialen, wirtschaftlichen und umweltschützenden Anforderungen auch in Verantwortung gegenüber künftigen Generationen miteinander in Einklang bringt, und eine dem Wohl der Allgemeinheit dienende sozialgerechte Bodennutzung unter Berücksichtigung der Wohnbedürfnisse der Bevölkerung gewährleisten. Die Planung soll dazu beitragen, eine menschenwürdige Umwelt zu sichern, die natürlichen Lebensgrundlagen zu schützen und zu entwickeln sowie den Klimaschutz und die Klimaanpassung, insbes. auch in der Stadtentwicklung, zu fördern, sowie die städtebauliche Gestalt und das Orts- und Landschaftsbild baukulturell zu erhalten und zu entwickeln.[72] Es sind damit auch diejenigen Räume in besiedelten wie in unbesiedelten Bereichen einbezogen, die von menschlichen Tätigkeiten frei bleiben müssen.

Bei der städtebaulichen Entwicklung geht es hier im Vordergrund um die räumliche Verteilung von Ansprüchen an die Bodennutzung und um den Flächenbedarf für Wohnen, Gewerbe, Freizeit, Verkehr und zahlreichen anderen Funktionen im Bestand und in neuen Gebieten der Stadt. Im Begriff der nachhaltigen städtebaulichen Entwicklung ist zu dem eher statischen Ansatz der Ordnung eine dynamische und sich entwickelnde Betrachtung der Stadt als System hinzugetreten. Flexibilität der Konzepte und Anpassungsfähigkeit an die Bedürfnisse der Wohnbewohner sind zu beachten.

Im Ergebnis des Planungsprozesses zur nachhaltigen städtebaulichen Entwicklung geht es in der Stadtplanung und vor allem in der rechtlichen Umsetzung auf der instrumentellen Ebene der Bauleitplanung um die räumliche Verteilung von unterschiedlichen Ansprüchen an die Bodennutzung und damit um deren Flächenbedarf im Siedlungsbestand und in neuen Gebieten. Dazu bedarf es planerischer Konzepte für die Standorte baulicher Anlagen, etwa Wohnen und Arbeiten, und ebenso für die sonstigen, nicht baulichen Nutzungen. Zudem sind die erforderlichen Ver- und Entsorgungsanlagen, Verkehrswege, Gemeindebedarfseinrichtungen und vieles andere mehr Gegenstand der Planung. Jede bauliche Entwicklung hat zudem einen dreidimensionalen Bezug mit entsprechenden Wirkungen auf das Orts- und Landschaftsbild.

Indem Böden versiegelt, Wasser verbraucht, Abwasser und Müll beseitigt, Luftverunreinigungen und Lärm erzeugt sowie Tiere und Pflanzen verdrängt und zerstört werden, greift der Städtebau darüber hinaus in die natürlichen Lebensgrundlagen und die Klimabedingungen ein.

2. *Systemorientierung*

Pointiert zusammengefasst ist Stadtplanung[73] eine zielgerichtete Einflussnahme auf den räumlichen Bestand und auf Entwicklungen unter gleichwertiger Berücksichtigung ökologischer, ökonomischer und sozialer Anforderungen. Das deutet an, in welcher Vielfalt sie unterschiedliche Fachdisziplinen zu berücksichtigen hat und sich mit ihnen auseinandersetzen muss.

---

[72] § 1 Abs. 5 BauGB.

[73] Die Überlegungen zu b) beruhen im Wesentlichen auf Steinebach/Herz/Jacob, Ökologie in der Stadt und Dorfplanung, 1993, 10ff.

Viele dieser Fachdisziplinen haben aber keine Gesetzmäßigkeiten mit kausalen Folgen zum Gegenstand. Vielmehr sind sie häufig auch auf menschliche Entscheidungen gerichtet. Dazu gehören Entschlüsse von Betrieben zur Standortwahl, Entschlüsse von Arbeitnehmern zur Arbeitsplatzwahl, Entscheidungen von politischen Körperschaften über die Höhe von Steuern oder die Einrichtung von kulturellen Einrichtungen, um nur wenige Beispiele zu nennen. Derartige Entscheidungen sind zudem nicht unabhängig voneinander – die Höhe der Steuern vermag die Wahl eines Betriebsstandortes entscheidend zu beeinflussen, das Angebot schulischer Einrichtungen die Arbeitsplatzwahl eines Beschäftigten ausschlaggebend zu steuern.

In solchen Prozessen überlagern und verknüpfen sich also verschiedene Gesichtspunkte. Für einen bestimmten Teilbereich sinnvoll erscheinende Maßnahmen können in anderen Bereichen negative Wirkungen mit sich bringen. Stadtplanung im Sinne politischer Entscheidungsvorbereitung muss diesem Sachverhalt gerecht werden und dementsprechend Einsicht in diese Zusammenhänge besitzen und vermitteln. Sie muss sich den Lebensraum Stadt in seiner Gesamtheit vergegenwärtigen und als System begreifen. Daraus sind im einzelnen Planungsfall diejenigen Verflechtungen genauer ins Auge fassen, die bei der Verwirklichung der jeweils geplanten Maßnahmen eine Rolle spielen können.

Stadtplanung hat deshalb seit langem eine Reihe wissenschaftlicher Disziplinen, welche der gesamten Stadt oder teilräumlichen Zusammenhängen zugewandt sind, zu beachten. Dazu gehören Soziologie, Ökologie, Ökonomie, Rechtswissenschaften, Geografie, Geologie, Bauingenieurwesen, Architektur sowie Informatik und andere mehr.

Diese transdisziplinäre und interdisziplinäre Querschnittsorientierung gilt umso mehr im Zusammenhang der digitalen Transformation. Für eine zukunftsfähige und lebenswerte Stadt wird sich die Stadtplanung umfassend mit dem Wandel digitaler Technologien befassen und die Nutzung digitaler Werkzeuge zielorientiert beurteilen und für die Anwendung einüben müssen.

VI. Fazit

Aus der Sicht der Planungswissenschaft ist es erforderlich, der digitalen Transformation raumbezogene Zielfunktionen zugrunde zu legen, um damit den Veränderungsprozess zu gestalten. Es geht darum, wie mit der digitalen Transformation zum Beispiel mehr Innenentwicklung erreicht, mehr Brachflächen genutzt oder der Flächenverbrauch reduziert werden können. Dazu könnte die empirische Forschung für eine möglichst frühzeitige Erkennung räumliche Auswirkungen von Digitalisierung äußerst hilfreich sein.[74]

[74] Bundesministerium für Wohnen, Stadtentwicklung und Bauwesen, Smart City Dialog – Räumliche Dimensionen digitaler Stadtentwicklung (https://www.smart-city-dialog.de/raeumliche-dimensionen-digitaler-stadtentwicklung, abgerufen, 16.10.2023).

VERA PARISIO

Public Administrations and Smart Cities between Law and Technology in Italy: A First Short General Overview

I. Introduction: The Jurists' Bewilderment in front of the Smart Cities Model

The topic of smart cities, or "intelligent cities"[1], is progressively attracting the attention of jurists,[2] who are faced, however, with definitional issues that are not easy to solve,[3] especially when one wants to consider *smart cities* as a unitary subject, without separating the different relationships that are created in relation to the individual assets that make them up.

The jurists' difficulties, *rectius,* bewilderment also derives from the fact that the words "smart cities" have introduced into the system a sort of "liveability detector" for cities, based on indices of an exquisitely technical nature, such as the presence of particularly developed technologies, highly advanced services and applications, as well as energy-saving solutions, based on the adoption of "smart grid" technologies in energy distribution.

These are intelligent networks providing a whole series of indications for the network user at the time of distribution, which can then condition his subsequent behaviour, usually in terms of greater savings, but at the same time providing the distributor with important indications on how to improve the distribution itself.[4]

---

[1] On the different notions of *smart cities, or smart communities,* see Caporale El régimen de las smart cities en Italia, in Fundación Democracia y Gobierno Local Las nuevas perspectivas de la ordenación urbanística y del paisaje: smart cities y rehabilitación. Una perspectiva hispano-italiana, Barcelona, 2017, 205 (205ff.). See also Delle Cave La smart city e le sfide del diritto alla salute: brevi riflessionie spunti di analisi, in www.Federalismi.it, Osservatorio di diritto sanitario, 12, 2022.

[2] It is proved by the decision to devote an entire issue, no. 4 of 2015, of the Journal "Institutions of Federalism", Maggioli, Rimini, to the topic "Smart cities and smart administrations", where many interesting contributions are published, also in a comparative perspective.

[3] On that point, see Fracchia/Pantalone Smart city: condividere per innovare (e con il rischio di escludere?), in www.federalismi.it, 25 November 2015; Ferrero Le smart cities nell'ordinamento giuridico, in Foro amm., 2015, 4, 1267 (1267ff.); Aguado I Cudolà/Parisio/Casanovas I Ibàñez El derecho a la ciudad: el reto de las smart cities, Atelier, Barcellona, 2018, passim.

[4] On smart grids, see Giglioni La "domanda" di amministrazione delle reti intelligenti, in Istituzioni del federalismo, Maggioli, Rimini, 2015, 1049 (1049ff.). On the general problem, related to the creation of a network in a connected system, i. e. of the uncontrolled use of personal data profiling techniques, potentially contrary to the fundamental rights of freedom in our constitutional charter: Ladu Rappresentanza e partecipazione politica nell'era digitale, Cacucci, Bari, 2023, 257ff.

Also, the European Commission – in its Digital Agenda presented in 2010[5] – pays special attention to the topic of smart cities, as it is considered one of the necessary prerequisites for balanced economic growth in the different Member States,[6] for the development of social inclusion, for the improvement of the environmental conditions etc. The transformation of cities into smart systems is seen as a kind of catalyst for maintaining and/or achieving a high level of competitiveness at a global level. The aim is above all to create a "digital single market", based on interoperable systems, overcoming any compatibility problems between systems.[7]

The notion of "smart city" actually evokes a context, mostly urban[8] – given that a large part of the world's population is expected to live in cities over the next few decades –, in which the use of technology (e. g. the use of sensors for parking spaces or streetlights that only light up when pedestrians pass by etc.) through a special platform, data processing, the use of energy-saving techniques, even in the construction of buildings, is a key factor in the development of a smart city. The use of technology as well as new forms of mobility, will improve the quality of life of citizens, or at any rate, of those who share more or less large spaces. It is the digitalisation that is called upon "first" to positively improve life, the environment and health. Smart city is also the point of arrival and departure, with a circular trend, of the principle of transparency applied to well-defined contexts (cities or communities).[9]

It is not just a matter of applying new technical devices to simplify the citizen's life, or of finding new ways to collect and make data available, in light of the principle of sustainability; it is essential that in the overall design that is outlined, citizens are given the chance to participate in this new technological dynamism, taking a

[5] Communication from the Commission to the European Parliament, the Council, the European Economic and Social Committee and the Committee of the Regions of 19.5.2010, titled "A Digital Agenda for Europe", COM(2010) 245 final. Available at www.eur-lex.europa.eu.

[6] The guidelines provided for by the "European Digital Agenda" were already implemented in 2015 by the Council of Ministers, which approved two strategic programmes for the country: the "National Ultra Broadband Plan" and the "Digital Growth Strategy 2014–2020".

[7] The Digital Agenda for Europe is based on six pillars: 1. Achieving a dynamic digital single market; 2. Increasing interoperability and standards; 3. Strengthening *online* trust and security; 4. Promoting fast and ultra-fast internet access for all; 5. Investing in research and innovation; 6. Deliver benefits to society through the intelligent use of technology.

[8] It is in the cities that most of the world's population will flock in the coming decades, as rural and mountain areas will be progressively abandoned. On this point, see Ferrero Le smart cities nell'ordinamento giuridico, in Foro amm., 2015, 4, 1267 (1267ff.).

[9] On this point, see Simonati La partecipazione dei privati al governo del territorio nella legislazione regionale: fra tradizione e sperimentazione, per una nuova urbanistica "reticolare", in Riv. giur. ed., 3, 2016, 268 (268ff.); Gaspari Città intelligenti e intervento pubblico, in Dir. economia, 98, 2019, 71 (71ff.); Acocella/Laneve Città intelligenti e diritti: nuove prospettive di consumo nel prisma della socialità, in PA Persona e Amministrazione, 2, 2021, 105 (105ff.); Ferrara The Smart City and the Green Economy in Europe: a Critical Approach, in Il Piemonte delle Autonomie, 2, 2015; Cocchia Smart and Digital City: A Systematic Literature Review, in Dameri/Rosenthal-Sabroux Smart City. How to create Public and Economic Value with High Technology in Urban Space, New York, 2014, 35 (35ff.); Auby/De Gregorio Le smart cities in Francia, in Istituzioni del federalismo, 4, 2015, 975 (975ff.); Rochet Smart Cities: Reality or Fiction, Wiley, New York, 2018; Sennett Costruire e abitare: Etica per la città, Milano, 2018; Napoli La smart city tra ambizioni europee e lacune italiane: la sfida della sostenibilità urbana, in Le Regioni, 2, 2019, 445 (445ff.); Favaro Verso la smart city: sviluppo economico e rigenerazione urbana, in Riv. giur. ed., 2, 2020, 87 (87ff.); Ferrari Smart city. L'evoluzione di un'idea, Mimesis, Milan, 2020.

benefit from the collected data and at the same time modifying their behaviour. A continuous dialogue must be created between citizens and technology in a two-way flow between the two poles.

The aim is to improve everyone's standard of living, through technology in its most advanced and refined forms, and to foster processes of social inclusion and thus, ultimately, equality, while respecting the principle of transparency. The increasingly massive recourse to technology could however trigger spatial isolation processes of social marginalisation among those who do not and will never use the new digital tools (just think of many elderly people). The most concrete risk, which cannot be excluded, appears to be the one of social control.[10]

If everything becomes an object of measurement and is guided by digital mechanisms, we certainly control reality more effectively, but at the same time we are controlled,[11] we become prisoners of highly technical languages outside of which no form of communication is established. If our lives are guided in a capillary manner by the data that we constantly receive from specially prepared networks, knowledge and above all our way of reasoning will in the long run adapt and decisively condition our way of communication, of establishing social relationships, but also of learning about and catalogue phenomena. There is a real risk that a sort of mental and physical dependence on technology will develop without which we will no longer be able to live (one thinks that progressively, with the use of calculators, for our children it will become increasingly difficult to carry out simple mathematical operations or, the use of automatic correctors, will result in spelling difficulties). If we gain, on the one hand, in terms of convenience and speed in the use of services, in the long run, we face the risk of losing, on the other hand, in terms of the full development of the intellectual and cognitive faculties.

The smart city, for its consolidation, needs a review of needs considering the principles of sustainability, transparency, and equality and is based primarily on the application of new digital technologies. The latter, in turn, relates to very different areas: environment, education, transport, health, energy etc.

The essential characteristic of the smart city is the integration of technologies and services in a platform that ensures interoperability and coordination, all held together by appropriate governance and, above all, financing tools. In this regard, it should be noted that, in the face of a legally ill-defined notion, the European system has, over the last decade, invested enormous sums of money in smart cities, even overcoming the ban on state aid.

Jurists, especially scholars, as we said, have been bewildered by the phenomenon of smart cities, which is difficult to trace back to consolidated legal concepts, given the strong novelty elements that are found.

---

[10] This threat is well underlined by Ladu Rappresentanza e partecipazione politica nell'era digitale, Cacucci, Bari, 2023, 33ff.

[11] See Sartori Alla ricerca della smart citizenship, in Istituzioni del federalismo, 2015, 4, 927 (927ff.); Croci/Molteni Il Green Deal e il Recovery Plan: un nuovo quadro per una riconversione urbana sostenibile?, in Ferrari Le smart cities al tempo della resilienza, Mimesis, Milano, 2021, 375 (375ff.).

It has been thought to identify the founding element of smart cities in the great technological and intangible infrastructure, which allows for the exchange of information, and to frame it in the most flexible category, available to the jurists, recently coined,[12] i. e. that of "common goods"[13], understood as goods that are part of the legal heritage of every human being, not too different from the *"res communes omnium"* of Roman law. They are doomed to be enjoyed individually and collectively and to be passed on to future generations as intact as possible. It would thus be a new type of common good, which would be listed in addition to those already known, like environmental resources, in particular water resources. This new type of common goods consists of a large, sprawling, technological and immaterial infrastructure called upon to enable the dialogue between people and objects, aimed at producing increasingly detailed and complex information.

This dialogue, however, is not the purpose itself, but it is oriented to establish social inclusion and a strong improvement in citizens' quality of life, at least from a purely technological perspective.

Anyway, it is not proven that a progressive and totalising dependence on the technological infrastructure can, in the long term, lead to a substantial improvement in living conditions if we consider the possible lack of autonomy, freedom of evaluation and the development of a critical sense.

The implementation of the technological platform requires huge financial resources, not easy to obtain from public bodies, especially now, in present days, characterised by a sharp reduction in public spending and by a capillary control on the national budget, done by the Court of Auditors. In this context, the role of the private sector and the public-private partnership can only be strengthened, as the French experience shows,[14] as there is a need for capital that produces a financial return alongside a "social" return.

However, in the Italian legal system, the division of competencies between State and Regions remains problematic, with the consequent risk of overlapping, given that there is no "smart city" subject matter, as such, but rather a conceptual sphere crossing various topics falling, from time to time, under the State competence, pursuant to Article 117, paragraph 2, letter r) of the Constitution, or regional competence. This scenario gives rise to a great deal of legal uncertainty, difficult to accept in a democratic State.

Having said this, in order not to expand excessively the scope of our investigation, we will focus only on some legal aspects of the digitalisation of public administrations, one of the essential elements of the smart city concept.

---

[12] See the Italian Constitutional Court's judgment (Corte cost.) no. 179/2019 where the soil is considered included in the "Common Goods" and the less recent Italian Supreme Civil Court United Chambers judgement on the fishing valleys in the Venetian lagoon, 16.2.2011, no. 3811, in Riv. giur. ed., 2011, 4, 881ff. Anyway, the Common Goods, considered as a legal category, are not based on a precise discipline in the Italian Civil Code.

[13] For a good analysis of the doctrine of "Common Goods ", see Boscolo Le politiche idriche nella stagione della scarsità. La risorsa comune tra demanialità custodiale, pianificazioni e concessioni, Milano, 2012, 221–241.

[14] On this point, read the interesting essay by Auby/De Gregorio Smart Cities in France, in Istituzioni del federalismo, 2015, 4, 975 (975ff.).

II. Smart Cities and the Agency for Digital Italy

The first step to take is to look for the regulation if there is any, provided for by the Italian legal system for that jagged and complex phenomenon embodied by smart cities,[15] *rectius* smart communities. The starting point can be found in art. 20 of Decreto Legislativo (DL – Legislative Decree) No. 179/2012, as amended,[16] which does not mention "smart cities" but rather "smart communities", thus demonstrating that the phenomenon should not be limited exclusively to cities in the strict sense of the word, but also to other scenarios. The latter could be identified in areas outside the city, provided that a suitable technological infrastructure is set up and that population's participatory mechanisms is created by the inhabitants of the area, both essential for the rooting of the smart city.

In our system, the decisive starting point for the establishment of smart cities is the creation of the Agency for Digital Italy (AGID – Agenzia per l'Italia Digitale), which, pursuant to art. 20, paragraph 1, of the DL No. 179/2012, defines strategies and objectives, coordinates the implementation process and prepares the technological and economic tools for the constitution of smart communities, of innovation and economic growth. Its specific goal is to ensure the achievement of the Italian Digital Agenda purposes and to contribute to the release of information and communication technologies.

This Agency, a technical agency of the Presidency of the Council of Ministers, every year is called upon to adopt and update guidelines, a special example of soft law, setting the technical standards in order to obtain homogeneous levels in the services to be rendered and into data to be provided. It works in collaboration with the regions, the autonomous provinces of Trento and Bolzano, the provinces and the municipalities for the planning and implementation of the provisions of all the technological and economic tools which are necessary for the development of the smart cities without new resources. The "no-cost cost model" is the usual technique, widespread in the Italian system, on which a large part of the last reforms is based. The legislator sets new ambitious overcoming goals without new "*ad hoc*" resources, in the hope that the existing ones are still enough for the new goals. During the last year, in the Italian legal system, ambitious reforms have often remained unimplemented because of this lack of resources. This is quite impossible if one wants to make an impact on the existing situation.

The AGID, through its Technical Committee, provides guidelines aiming at improving living conditions, developing a sustainable economy and exploiting synergies with specific systemic actions, such as those related to the development of digital skills, broadband networks, cloud computing etc. AGID carries out the planning and implementation of important research activities to develop innovative services

---

[15] On this point, see Caporale L'attuazione delle smart cities. Competenze e coordinamento tra livelli di governo, in Istituzioni del federalismo, 2015, 4, 949 (949ff.).

[16] Decree-Law no. 179/2012 (converted into Law no. 221/2012). Art. 20, headed "Smart Communities", gives the technological and economic tools for the development of smart communities. See www.agid.gov.it.

and products, by using the tools of pre-commercial public procurement, as well as public-private partnerships for the implementation of interventions.

Pursuant to art. 9 of DL No. 179/2012, the Agency promotes policies to enhance the national public information heritage. The President of the Council of Ministers (or the Minister delegated for technological innovation) reports annually to Parliament on the status of the enforcement of the programme for the implementation of computerisation in the country, by demonstrating how digitalisation was – is – considered a priority of our country, also in light of the large amount of funds coming from the EU through the Horizon 2020 programme.

The AGID, in short, establishes a governance model and coordinates specific technical actions to foster the emergence and replication of good practices, as well as being responsible for setting up the architecture model and the platform where metadata, geospatial references and services are contained.

A "Smart Communities Committee" is foreseen within the Agency, which suggests the standards to be adopted, the monitoring system to be maintained, as well as the annual plan for the development of smart communities and prepares a proposal for a smart city statute.

Art. 9 amends the Digital Administration Code (DAC – Codice dell'Amministrazione digitale, CAD)[17], DL No. 82/2005, further amended, in which the open digital documents aimed at creating a true digital inclusion are listed. Moreover, art. 9, paragraph 4, expressly states that the activities aimed at ensuring telematic access and reuse of data by public administrations are among the parameters for the evaluation of managerial performance, as for DL No. 150/2009.

The implementation of the Italian Digital Agenda requires the coordination of multiple actions performed by the different public administrations, business firms and civil society, in addition to an integrated management of the various national and EU funding sources (at the central and territorial levels). To achieve this goal AgiD has the task of drawing up the "Three-year Plan for Information Technology in the Public Administration", which aims at directing investments in Information and Communication Technologies (ICT) in the public sector, according to the Government's guidelines and in line with European objectives and programmes.

This Plan, in the more general scenario of the rationalisation of Italian expenditure, asks the Public Administrations, whether central and/or local, to contribute to the development and growth of the country's economy, by implementing the guidelines contained in the plan itself, based on the streamlining of bureaucratic procedures, the widest transparency of administrative procedures and on the most efficient delivery of public services.

The rationale of the Plan, an act of strategic and economic direction, is the enhancement of digital innovation as a public investment for a structural reform of the country, in a context of rationalisation and savings of public expenditure. The pri-

[17] DAC is a consolidated law (in italian *Testo unico*) collecting all the rules concerning digitalisation of public administrations and their relationship with citizens and businesses. The exercise of public order activities, public security and elections fall outside the scope of the DAC. The essential topics provided for in the text concern electronic document and electronic signature.

vate sector, in turn, will be called upon to exploit any opportunities that may open by creating new solutions to be integrated with the national platforms.

However, it shall be noted that – to demonstrate the fluctuating fortunes of the smart cities in the Italian system – in the first "Three-year Plan for Information Technology in Public Administration" 2017–2019,[18] the smart community/city is not even mentioned and was therefore not considered a priority in the implementation of the digitalisation of public administrations. In the second three-year plan, 2019–2021 the reference to smart community/city appears but with a broader dimension. The same can be said for the 2022–2024 plan, aimed at facing efficiently the new challenges of data economy. AGID, the Department for the Digital Transformation and all the other "actors" are contributing to the improvement of data sharing. Special attention is also given to support the existing platforms (SPID, pago pA etc.) and to cyber security, especially cyber security connection. In this plan a central place is given to PNRR implementation, an excellent chance to faster digital transformation of public administrations.

A reference to smart cities, to their "social" content, can be found, subsequently, in Law No. 160/2019 (the "State budget for the financial year 2020 and the multiyear budget for the three-year period 2020–2022"), art. 1, paragraph 437, which refers to the promotion of the "Innovative National Programme for Housing Quality", aimed at increasing the social housing, by the regeneration of the socio-economic factories and public spaces or buildings, to reach a new kind of social cohesion and to guarantee a better quality of living to citizens, also in compliance with the urban model of the smart, inclusive and sustainable city.

In compliance with art. 3c.1 DAC and art. 133c.1 DL No. 104/2010 all litigations concerning electronical communications fall into the exclusive jurisdiction of Administrative Courts and are governed by the Code of Administrative judicial procedure.

III. The National Recovery and Resilience Plan and its Impact on Smart Cities

In the "National Recovery and Resilience Plan" (Piano nazionale di ripresa e resilienza = PNRR),[19] with its six missions[20] (divided into sub-missions), as it is well known, the legislator has focused on the "digital transition" aiming at modernising

[18] In the plan development, both central and local public administrations will be involved, in light of their different competencies. The central ones provide for rules and standards and implement the enabling platforms to make investments more efficient; while the local administrations will develop the general models according to their own needs, with particular reference to usability rules, interoperability and the classification of ICT expenditure.

[19] See Decree-Law no. 77/2021, converted into Law No. 108/2021. Among the first analysis of the role and legal nature of PNRR, see Clarich Il PNRR tra diritto europeo e nazionale: un tentativo di inquadramento giuridico, in Astrid, 2021; Picozza The Next Generation EU: un passo decisivo verso l'unificazione europea, in Dir. proc. amm., 2022.

[20] See www.italiadomani.gov.it: 40 billion (21% of the PNRR funds) are given to the mission "Digitalisation, innovation, competitiveness and culture", while approximately 60 billion are allocated (31% of the total) to "Green revolution and ecological transition". For the mission "Infra-

the public administrations considering a quick recovery after the terrible 2019 COVID-pandemic. The goal is to obtain economic growth for our country with the implementation of all the tools that artificial intelligence (AI) offers, but at the same time, giving special attention to the "social" dimension of the city. Even if no "*ad hoc*" resources are given to smart cities (or smart communities) as a specific topic, the development of the latter will certainly profit from the general enforcement of the PNRR, especially where the urban regeneration is concerned. In light of the PNRR provisions, urban regeneration from the digital perspective is always considered a goal strictly joined to the elimination/reduction of the social exclusion and degradation of a large part of the citizens who are living in a condition of increasing poverty in a polluted environment. So, the rationale of smart cities model to create a permanently connected city to improve the citizen's standard of living, mainly from the social point of view, is confirmed. The urban sector will be affected by many interventions, coordinated by AGID when digitalisation will be involved, but keeping strict cooperation with the local public administrations, sometimes in real troubles to respect the strict PNRR implementation times.

What is needed, therefore, is a governance model that overcomes the current fragmentation among administrative levels and ensures greater coordination, as well as a strengthening of the competencies of local authorities.

IV. Smart Cities and the Digital Ombudsman as Guardian of digital Rights?

As already mentioned, the smart cities model is based on an incessant exchange of data provided to service users but at the same time also transferred to public administrations, including the managers of the services themselves, to better perform their functions, adapting them to the real needs of citizens. It is abundantly clear, for a full consolidation of smart cities, how important it is to ensure that all citizens can properly exercise their digital rights, both in terms of broad and inclusive access and control over the collection and use of the data themselves.[21] The role of the guardian of digital rights is mainly exercised by the Digital Ombudsman (DO), on which we will therefore now focus in summary form. AGID President's general determination no. 37 of 2018 provided for a specific regulation, now repealed by the regulation DT 270/2022[22], to access the "Digital Ombudsman" (DO) thus allowing the latter to become fully operational.

The question now is whether the way the DO had been conceived, as a guardian of citizens' digital rights, by facilitating the relationship between the digital public

structure for sustainable mobility" 25 billion (13.3%) Anyway in all the missions you find interventions which could condition the rooting of the smart cities model: the ultra-fast networks realisation (mission 1), the safety and upgrading of the buildings to save energy (mission 2), the urban regeneration and social housing (mission 5).

[21] On this topic, see Pedrazzi Big urban data nella smart city. Dai dati degli utenti ai servizi per il cittadino, in Ferrari La prossima città, Mimesis, 2017, 757 (757 ff.).

[22] They can be read at www.agid.gov.it. See also the regulation DT no. 355/2022 implementing art. 3-quinqies l. 4/2004, aimed at simplifying the access to digital tools especially for disabled people, in www.agid.gov.it.

administrations and citizens (and business firms) can contribute to the full establishment of the model of smart cities.

This general determination implements art. 17 DAC[23], which provides for the Digital Ombudsman rooted at the AGID.

Before giving a short overview of the features of the DO, it should be noted that in our legal system, for the first time an Ombudsman is established at the national level as it is.

Art. 11 of the DL No. 267/2000 concerning the organisations of the local territorial entities, provides for an ombudsman with general competencies against public maladministration only with a competence limited to the local level: provincial and regional level. Every Region in Italy, at their discretion, can provide for an Ombudsman but his action is limited to reviewing (and reacting against) the regional maladministration only.

A special mention should also be made of the hypothesis set out in art. 25 of Law No. 241/1990 for cases of unlawful refusal (or silence) on the request for access to administrative documents, where the recourse to the ombudsman with territorial competence appears to be an administrative remedy that suspends the time limits for bringing a jurisdictional action. It embodies a case of ADR *(Alternative Dispute Resolution),* intending to deflate the access to administrative jurisdiction.[24]

Instead of choosing a decentralisation of the DO, as it was initially planned at each public administration, also to make his control more efficient, the legislator has chosen to centralise it, and to create a sort of guarantor of the citizen's digital rights.

As mentioned above, the DO through the appropriate area of the AGID institutional website, intervenes following the submission of a report concerning alleged violations by the subjects indicated in art. 2, paragraph 2, DAC[25] and/or any other rule concerning the digitalisation and innovation of the public administration.

The DO performs his functions in compliance with the principles of a third party, autonomy, impartiality, as well as transparency, reasonableness, proportionality and non-discrimination. These are, moreover, the principles governing the administrative action, pursuant to art. 1 of Law No 241/1990.

---

[23] Art. 17(1-quarter) states: "An office of the digital ombudsman is established at AgiD, to be headed by a person with appropriate requirements of third-party status, autonomy and impartiality. Anyone may submit to the digital ombudsman, through a specific area on AgiD institutional website, reports of alleged breaches of this Code and any other rule on the digitalisation and innovation of public administration by the persons referred to in Article 2."

[24] Nor should we forget the possibility granted to the regions by the 'Gelli-Bianco' law to establish the figure of the ombudsman at a regional or provincial level, in medical liability disputes, as a guarantor of the right to health (Art. 32 of the Constitution).

[25] Art. 2, paragraph 2, DAC states: "The provisions of this Code shall apply: a) to the public administrations referred to in Article 1, paragraph 2, of Legislative Decree 30 March 2001, no. 165, in compliance with the division of competencies set out in Article 117 of the Constitution, including the port system authorities, as well as the independent administrative authorities of guarantee, supervision and regulation; b) to public service operators, including listed companies, in relation to services of public interest; c) to publicly controlled companies, as defined in Legislative Decree No. 175 of 19 August 2016, excluding listed companies referred to in Article 2, paragraph 1, letter p), of the same decree that do not fall into the category referred to in letter b)".

In his activity, the DO serves the public interest related to each activity, in light of proportionality and transparency principles, but it is not clear if his action has a purely administrative and not para-judicial nature, as it is sometimes the case with independent authorities.[26]

The DO may use digital modes together, and, at least in the early stages of his action, the *discrimen* between those who know and use digital systems and those who are not yet able to do so could cause a sort of social exclusion of a part of citizens.

Art. 17 DAC states that the DO is the "subject owning adequate requirements of third party status, autonomy and impartiality". One would have expected a clear delimitation concerning adequate professionalism, to reduce the level of discretion at the time of appointment.

Pursuant to art. 4–6 of the Regulation, the DO, after assessing that the request is not too general and lacks the necessary elements to start his investigation, may deem it inadmissible and order it to be filed, informing the General Director as to its competence.

The request, in addition to being intelligible, should not require any inspection action, as the DO lacks such powers. It is the Area manager who carries out a sort of pre-investigation and, therefore, the assessments as to whether the report is well-founded, including, where appropriate, hearing the administration concerned. If the pre-investigation reveals that the report is not justified, after assessing the observations, he orders its closure notifying the General Director. The same happens if the pre-investigation shows that the report does not fall within the competence of the DO.

If, on the other hand, the pre-investigation reveals that the report is probably well-founded, the ombudsman initiates the proceedings, designating the person responsible for the investigation, who may also be the same as the person who has already carried out the pre-investigation, to whom he entrusts the processing of the report, which ends with the latter proposing a measure.

Pursuant to art. 7 of Regulation No. 270/2022, after the conclusion of the preliminary investigation the DO adopts the measure based on the findings. This may be an approval of the proposed measure not to proceed on the grounds that the report is unfounded. In this case, the report is filed, and the General Director is notified. If, on the other hand, the preliminary investigation reveals that the report is well-founded, after having assessed the observations, the Ombudsman approves the proposal for a measure, in which the administration to which the report was addressed is invited, preferably in the person of the person responsible for the digital transi-

[26] On the subject of indipendent authorities, ex multis, see Parisio Contrôle juridictionnel des actes des Autorités indépendantes Italiennes: un bref aperçu, in Federalismi.it, 2018, 19, 1 (1ff.); Napolitano Autorità indipendenti e agenzie amministrative, in Il Diritto, Enciclopedia giuridica, Il sole 24 ore, Milano, 2007; Patroni Griffi Le autorità amministrative indipendenti nell'ordinamento costituzionale: profili problematici di ieri e di oggi, in Rassegna di diritto pubblico europeo, 2015, 1 (1ff.); Cassese, Le autorità indipendenti: origini storiche e problemi odierni, in Cassese/Franchini I garanti delle regole, Bologna, 1996; Merusi Democrazia e autorità indipendenti, Bologna, 2000, passim.

tion, referred to in art. 17, paragraph 1, DAC, to remedy the situation indicated in the report. The decision is sent to the AGID Director, who takes note of it and returns it to the Ombudsman. The latter sends it to the recipient administration for publication in the appropriate area of the Agency's website. The person responsible for the digital transition of the addressee administration communicates the measures adopted, which will be assessed by the ombudsman.

If the administration remains inactive, the Ombudsman notes the failure and forwards the report of non-compliance to the General Director. The latter takes note of this and returns the report of non-compliance to the ombudsman, who will notify the office responsible for disciplinary proceedings of the administration concerned.

Naturally, if there are relevant indications of a possible breach of anti-corruption law, the Anticorruption Authority (Autorità Nazionale Anticorruzione, ANAC) will be involved in the matter.

From the contents of the Regulation above summarised, it can be inferred that the DO, one of the most prominent elements, together with the digital domicile, of the changes made to the DAC, in the implementation of the "Madia Law" (no. 12472015), on Public Administration Reform, appears to be a faded figure, squeezed by the AGID General Director, in addition to his lack of inspection powers.

It seems that he DO performs simply a sort of report function. Moreover, the timeframe is, when all is added up, rather long.

Thus a question arises quite naturally whether there was any need to set up such a figure, in a context already with too many fragmented competencies, expression of a polycentric administration that has reached a high degree of maturity.

The DO's regulation does not indicate to what extent the ombudsman could impose his will over the one of the person in charge of the proceedings and in no way the DO could take the place of the defaulting manager.

We will see how the ombudsman action will develop in the future. Certainly, the legislative and regulatory premises are not encouraging and envisaging an additional figure, without delimiting the categories of subjects from which to choose it appears to be a way of disempowering it.

The digital ombudsman is added to other Independent Authorities (e. g. the Anticorruption Authority – Autorità Garante della Concorrenza e del Mercato, AGCM), which in our legal system can also intervene in the case of disputes of a digital nature arisen between citizens and the public administration.

The risk of legal uncertainty as to the actual spheres of intervention of the various subjects is not insignificant and is aggravated by the limited powers attributed to the DO. In fact, not only is the latter not endowed with sanctioning powers, unlike other independent authorities, but it does not even perform the function of resolving or mediating any disputes between the citizen and the public administration, unlike e. g. the Regulatory Authority for Energy Networks and Environment, ARERA. The DO cannot replace the public administration in carrying out the activity requested and/or reported by the citizen. Due to the way the Regulation was conceived and written, it is not even clear how the ombudsman can, in practice, carry out a real support action towards citizens in the event of a violation of the digital provisions.

Perhaps it would have been better to strengthen the responsibilities of officials with active administration functions or of the AGID General Director himself if the full enjoyment of digital citizenship rights was to be safeguarded.

If the DO's acts cause damage to legitimate interests or third parties' rights they can be challenged before the Administrative Courts (exclusive jurisdiction) as public power and subjective rights are strictly joined, Administrative Courts seem the best jurisdictional authority to give protection, especially in compliance with the administrative code of judicial procedure, where art. 66 and 67 provide for special powers of investigation.

V. Conclusions

The Italian legal system, especially through the creation of the AGID and the provision of the DO, is trying to strengthen the full digitalisation of our country, which is essential for the establishment of the smart cities model. The legislation is, as a whole, quite recent, especially the one concerning the DO, so it is still too early to be able to fully assess its impact for the full rooting of the smart city model; certainly, Italy lags behind other European countries where digitalisation of public administrations began much earlier.

Even if in the PNRR no special provisions are set for smart cities, other provisions concerning the digital transition will certainly help the smart city model to develop.

In the end, the ombudsman's role seems reduced to be a reporter of pathologies in the process of full digitalisation of public administrations, without sanctioning or coercive powers, when he collects the notifications concerning the DAC and every other breach of the rules concerning the digitalisation and innovation of public administration. Perhaps his role is stronger when he takes decisions and suggests different corrective measures about the full implementation of Law 4/2004 concerning full access to public administrations and public services providers web sites and mobile apps.

In any case, it should not be forgotten that the smart cities phenomenon implies the full digitalisation of administrations but does not end therein. All the aspects of active citizen participation and overall improvement of the quality of life, essential elements of the smart city's model, must be analysed.

The jurist, once he has overcome the initial bewilderment deriving from the difficult insertion of the smart cities model into the traditional legal categories, keeps his important role above all where the forced application of digitalisation of public administrations, if not implemented in a balanced manner, can lead to social inequalities between citizens.

The jurist, therefore, while not being able to intervene in the more purely technical aspects, can nevertheless play the role of guarantor for the principles of equality and freedom.

The dialectic between technology and law sees the latter taking a back seat in favour of the former and this then implies the lack of justiciability, especially from a jurisdictional point of view, of many of the legislator's choices, hence the risk of creating phenomena of social exclusion that the smart city would instead like to tackle.

SVEN UHRHAN

Verwendung von künstlicher Intelligenz in der Lehre – eine kritische Analyse des Einsatzes von ChatGPT zur Aufgabenstellung „Das Straßenverkehrsgesetz und die Straßenverkehrs-Ordnung als Grundlagen der sogenannten Verkehrswende"

I. *Einführung*

Smart ist die Welt. Zu jederzeit und von überall wird mithilfe von Internet gestützten Systemen in den Alltagsablauf eingegriffen. Innenbeleuchtung steuern, Rollläden herunterfahren, die Kaffee- oder Waschmaschine starten, Musik und Filme streamen oder aus dem Smartphone-Adressbuch direkt zu einem der Kontakte navigieren lassen. Im „internet of things (IOT)" kommunizieren Geräte und Maschinen direkt miteinander. Die Produktion und Logistik arbeiten dank „Industrie und Logistik 4.0" just in time und der Bestell- und Auslieferungsprozess von bestellten Waren wird in Echtzeit und mit Ortsangaben des Sendungsverlaufs verfolgt. Kinder werden zum Schulstart mit Smartwatches ausgestattet, in den Schulen werden Unterrichtseinheiten ebenso wie Meetings in der Arbeitswelt hybrid oder gänzlich digital angeboten.

Während die sogenannten „digital natives", „die mit digitalen Technologien aufgewachsen sind und in ihrer Benutzung geübt sind"[1] seit wenigen Jahren in die Universitäten und Hochschulen strömen, muss sich auch die akademische Lehre dieser Herausforderung stellen. Didaktische Konzepte, Lehrformate und eingesetzte Lehrmittel sind stärker denn je gefordert, regelmäßig hinterfragt und an den digitalen Fortschritt angepasst zu werden. Chatbots in Form von Schreib-Bots, Literatur-Bots und weitere Funktionen werden v. a. in sozial- oder gesellschaftswissenschaftlichen Disziplinen regelmäßig von der weit überwiegenden Zahl der Studierenden angewendet[2]. „Dass in der öffentlichen Debatte zum Teil der Generalverdacht mitschwingt, unsere Studierenden würden dies mit der Absicht des Betrugs tun, verhindert eine sachliche Debatte darüber, wie mit diesen neuen

---

[1] Duden, Stichwort „digital native" (https://www.duden.de/rechtschreibung/Digital_Native, abgerufen am 29.9.2023).

[2] Stützer,,Künstliche Intelligenz in der Hochschullehre, Empirische Untersuchungen zur KI-Akzeptanz von Studierenden an (sächsischen) Hochschulen, 2022; S. 21 ff. (abrufbar unter: https://doi.org/10.25368/2022.12); von Garrel/Mayer/Mühlfeld, Künstliche Intelligenz im Studium – Eine quantitative Befragung von Studierenden zur Nutzung von ChatGPT & Co., 2023 (abrufbar unter: https://doi.org/10.48444/h_docs-pub-395).

Möglichkeiten umzugehen ist"[3]. Hier setzt die Untersuchung mit der Frage an, wie solche KI-Systeme komplexere Fragestellungen eigenständig bearbeiten oder wie sie zur Anfertigung von Texten zielgerichtet einbezogen werden können.

Für diese Untersuchung fiel die Wahl auf die KI-Anwendung ChatGPT (generative pre-trained transformer) des Unternehmens OpenAI Global LLC. OpenAI arbeitet und entwickelt in enger Partnerschaft mit Microsoft, deren Marktanteil von Betriebssystemen im September 2023 weltweit bei knapp 70 Prozent liegt[4]. Diese Software ist einerseits einer breiten Öffentlichkeit bekannt und andererseits handelt sich um die von Studierenden am häufigsten verwendete Chatbot-App, wie u. a. eine Studie der HS Darmstadt empirisch belegt[5]. ChatGPT ist frei zugänglich und verfügt bereits in der kostenfreien Ausführung über weite Einsatzmöglichkeiten.

Wie valide sind die Antworten der KI-Software im wissenschaftlichen Kontext und damit die belastbare Verwendbarkeit zum Einsatz in der Lehre?

II. Methodik

Zum Start in die Untersuchung wird die Themenstellung komplett in das KI-System eingegeben, um auszuloten, ob die Applikation in der Lage ist, ein solches Thema bereits anhand der Überschrift eigenständig, kritisch, erschöpfend und wissenschaftlich zu lösen.

Dieser Schritt wurde im Vorfeld bereits unternommen und auf Basis des Ergebnisses (siehe nachfolgend) beschlossen, die Aufgabenstellung zu gliedern und sich der Untersuchungsfrage in mehreren Schritten zu nähern.

Durch die Aufgliederung in kleinteilige Leitfragen wird der Handlungsstrang der Untersuchung herausgearbeitet. Die KI wird fortan gezielt dafür eingesetzt, diesen Handlungsstrang mit Inhalt zu befüllen.

Aus den KI-generierten Antworten werden Erkenntnisse für den Einsatz in der wissenschaftlichen Lehre gewonnen. Diese Erkenntnisse können themenbezogen auf die konkrete Fragestellung ausfallen; im besten Fall lassen sich darüber hinaus allgemeingültige Positionen zum Einsatz von ChatGPT und ähnlichen KI-Applikationen in der Lehre ableiten.

---

[3] Hochschullehrerbund hlb, Positionspapier Wissenschaftsbasierte Lehre und generative KI-Systeme, Arbeitsgruppe „Digitalisierung der Lehre, 2023; S. 1.

[4] Statista, Marktanteil Marktanteile der führenden Betriebssysteme weltweit von Januar 2009 bis September 2023 (www.statista.de, abgerufen am 29.10.2023).

[5] von Garrel/Mayer/Mühlfeld, Künstliche Intelligenz im Studium – Eine quantitative Befragung von Studierenden zur Nutzung von ChatGPT & Co., 2023 (abrufbar unter: https://doi.org/10.48444/h_docs-pub-395).

III. Aufgabenstellung als Ganzes nicht eigenständig lösbar

Im Rahmen der Erstrecherche zur Aufgabenstellung wurden an die Künstliche Intelligenz ChatGPT zwei ähnlich lautende Fragestellungen gerichtet, um erste Hinweise darauf zu erhalten, ob die Untersuchungsfrage als Ganzes erschöpfend oder zumindest ausreichend selbständig bearbeitet werden kann.

Aufgabenstellung als Ganzes: „Künstliche Intelligenz in der Lehre: eine kritische Analyse des Einsatzes von ChatGPT zum Thema „Die StVO[6] als Grundlage der sogenannten Verkehrswende"

Antwort von ChatGPT (Antwortzeit ca. 8 Sek.): „(…) Bitte beachten Sie jedoch, dass ich als KI-Programm keine eigene Meinung habe, sondern Informationen basierend auf vorhandenen Daten und Algorithmen bereitstelle. Ich kann Ihnen also eine Analyse des Chatbots zum Thema „Die StVO als Grundlage der sogenannten Verkehrswende" liefern, jedoch ohne persönliche Bewertung. Wie kann ich Ihnen weiterhelfen?"

Aufgrund der unzureichenden Beantwortung der ersten Formulierung wurde die Aussage leicht angepasst: „Verwendung von künstlicher Intelligenz in der Lehre – eine kritische Analyse des Einsatzes von ChatGPT zum Thema ‚Die StVO als Grundlage der sogenannten Verkehrswende'."

Antwort der KI ChatGPT (Antwortzeit ca. 11 Sek.) *„Hallo! Als AI-Assistent stehe ich Ihnen gerne zur Verfügung, um eine kritische Analyse des Einsatzes von ChatGPT in der Lehre zum Thema ‚Die StVO als Grundlage der sogenannten Verkehrswende' zu liefern. Es ist wichtig zu beachten, dass ChatGPT ein KI-Modell ist, das auf vorherigen Daten trainiert wurde und versucht, menschenähnliche Antworten zu generieren. Es kann nützlich sein, um Informationen bereitzustellen und Fragen zu beantworten, aber es hat auch seine Grenzen."*

Bei komplexen Themen wie der Verkehrswende und der Straßenverkehrsordnung (StVO) kann ChatGPT möglicherweise nicht alle Aspekte vollständig erfassen oder eine umfassende Analyse liefern. Es kann zu ungenauen oder oberflächlichen Antworten kommen, da das Modell auf vorherigen Daten basiert und möglicherweise nicht über das Verständnis und die Expertise eines menschlichen Fachexperten verfügt.

Darüber hinaus kann ChatGPT auch anfällig für Voreingenommenheiten sein, da es auf den Daten trainiert wurde, die ihm zur Verfügung gestellt wurden. Es ist wichtig, dies bei der Verwendung von KI-Modellen in der Lehre zu berücksichtigen und sicherzustellen, dass die Informationen, die von ChatGPT bereitgestellt werden, kritisch hinterfragt und mit anderen Quellen überprüft werden.

Insgesamt kann der Einsatz von ChatGPT in der Lehre zum Thema „Die StVO als Grundlage der sogenannten Verkehrswende" eine nützliche Ergänzung sein, sollte jedoch mit Vorsicht und kritischem Denken verwendet werden. Es ist ratsam, auch andere Quellen zu Rate zu ziehen und den Einsatz von KI-Modellen als Unterstützung und nicht als alleinige Informationsquelle zu betrachten.

---

[6] Straßenverkehrs-Ordnung vom 6.3.2013 (BGBl. I S. 367), die zuletzt durch Artikel 2 der Verordnung vom 28. August 2023 (BGBl. 2023 I Nr. 236) geändert worden ist.

IV. KI-Applikation liefert insgesamt überzeugende inhaltliche Antworten

Leitfrage 1: Was ist die sogenannte Verkehrswende?

Antwort ChatGPT, Antwortzeit ca. 10 Sek.: *Die sogenannte Verkehrswende bezieht sich auf den Übergang von einer auf fossilen Brennstoffen basierenden Mobilität hin zu einer nachhaltigeren und umweltfreundlicheren Verkehrslösung. Sie zielt darauf ab, den Verkehrssektor zu transformieren, um die negativen Auswirkungen auf die Umwelt zu reduzieren, insbesondere den CO_2-Ausstoß und die Luftverschmutzung. Die Verkehrswende beinhaltet die Förderung von Elektromobilität, den Ausbau des öffentlichen Nahverkehrs, die Förderung des Fahrradverkehrs und des Fußgängerverkehrs sowie die Nutzung von erneuerbaren Energien im Verkehrssektor. Ziel ist es, eine nachhaltige, effiziente und umweltfreundliche Mobilität zu schaffen, die die Lebensqualität verbessert und den Klimawandel bekämpft.*

Leitfrage 2: Was ist der Unterschied zwischen Verkehr und Mobilität?

Antwort ChatGPT, Antwortzeit ca. 6 Sek.: *Der Begriff „Verkehr" bezieht sich auf die physische Bewegung von Personen, Gütern oder Fahrzeugen von einem Ort zum anderen. Es umfasst den Transport auf Straßen, Schienen, Wasserwegen oder in der Luft. Der Fokus liegt hierbei auf dem Transportmittel und der Infrastruktur, die für den Transport benötigt wird.*

Im Gegensatz dazu bezieht sich der Begriff „Mobilität" auf die Fähigkeit einer Person, sich frei und flexibel fortzubewegen. Es umfasst nicht nur den reinen Transport, sondern auch die individuelle Entscheidung, wie, wann und warum man sich bewegt. Mobilität bezieht sich auf die Gesamtheit der Fortbewegungsmöglichkeiten einer Person, einschließlich des Zugangs zu verschiedenen Verkehrsmitteln, der Planung von Reisen und der Nutzung von Verkehrsdienstleistungen.

Mit anderen Worten: Verkehr ist der physische Akt des Transports, während Mobilität den breiteren Kontext der individuellen Fortbewegungsmöglichkeiten und -entscheidungen umfasst.

Leitfrage 3: Was sind Merkmale der Verkehrswende?

Antwort ChatGPT, Antwortzeit ca. 8 Sek.: *Die Verkehrswende ist ein umfassender Prozess, der auf eine nachhaltige, umweltfreundliche und sozial gerechte Neugestaltung des Verkehrssystems abzielt. Merkmale einer Verkehrswende sind:*

1. *Reduzierung des motorisierten Individualverkehrs: Eine Verkehrswende strebt an, die Dominanz des motorisierten Individualverkehrs, insbesondere von privaten PKWs, zu verringern.*
2. *Förderung von umweltfreundlichen Verkehrsmitteln: Sie fördert umweltfreundliche Verkehrsmittel wie öffentlichen Nahverkehr, Fahrrad, Fußgänger- und Elektromobilität.*
3. *Nachhaltigkeit: Eine Verkehrswende zielt darauf ab, den Verkehrssektor nachhaltiger zu gestalten, indem sie den CO_2-Ausstoß reduziert und die Ressourcennutzung optimiert.*
4. *Verbesserung der Luftqualität: Sie setzt Maßnahmen zur Verbesserung der Luftqualität in Städten um, insbesondere durch die Reduzierung von Schadstoffemissionen.*
5. *Verkehrssicherheit: Die Verkehrswende hat die Verbesserung der Verkehrssicherheit als wichtiges Ziel, sowohl für Fahrzeuginsassen als auch für andere Verkehrsteilnehmer.*

6. *Verringerung von Verkehrsstaus: Maßnahmen zur Entlastung der Straßen und zur Verringerung von Verkehrsstaus gehören zu den Merkmalen einer Verkehrswende.*
7. *Gerechtigkeit und soziale Inklusion: Die Verkehrswende strebt eine sozial gerechtere Mobilität an, die für alle Bevölkerungsgruppen zugänglich ist und die sozialen Ungleichheiten im Verkehrssystem reduziert.*
8. *Förderung des öffentlichen Verkehrs: Die Stärkung des öffentlichen Verkehrs, seine Erweiterung und Verbesserung der Qualität sind wichtige Elemente der Verkehrswende.*
9. *Stadtentwicklung: Die Verkehrswende geht oft Hand in Hand mit einer stadtplanerischen Neugestaltung, die auf kurze Wege und eine bessere Integration von Wohn- und Arbeitsbereichen abzielt.*
10. *Digitalisierung und Vernetzung: Der Einsatz von Informationstechnologie und intelligenten Verkehrssystemen zur Verbesserung der Verkehrseffizienz und -sicherheit ist ein Kennzeichen der Verkehrswende.*
11. *Förderung von Alternativen zum Auto: Sie unterstützt alternative Verkehrsmittel wie Fahrräder, E-Scooter und Mitfahrdienste.*
12. *Bewusstseinsbildung und Bildung: Aufklärung und Bildung der Bürgerinnen und Bürger über nachhaltige und sichere Verkehrsmöglichkeiten spielen eine wichtige Rolle.*
13. *Politische Unterstützung und Investitionen: Die Verkehrswende erfordert politische Entscheidungsträger, die Maßnahmen und Investitionen unterstützen, um die Ziele zu erreichen.*

Diese Merkmale sind allgemeine Aspekte einer Verkehrswende, die in unterschiedlicher Weise und Intensität in verschiedenen Regionen und Ländern umgesetzt werden können, um den jeweiligen lokalen Bedürfnissen gerecht zu werden.

Leitfrage 4: Welche Maßnahmen sind geeignet, um eine Verkehrswende einzuleiten/umzusetzen?

Antwort ChatGPT, Antwortzeit ca. 8 Sek.: *Die Verkehrswende ist ein Konzept, das auf eine nachhaltige und umweltfreundliche Neugestaltung des Verkehrssystems abzielt. Sie hat das Ziel, den motorisierten Individualverkehr, insbesondere den Straßenverkehr, effizienter, sicherer, umweltfreundlicher und sozial gerechter zu gestalten. Maßnahmen der Verkehrswende können folgende Elemente umfassen:*

1. *Förderung des öffentlichen Verkehrs: Investitionen in den Ausbau von öffentlichen Verkehrsmitteln wie Bussen, Straßenbahnen, U-Bahnen und Regionalzügen, um sie attraktiver und zuverlässiger zu machen.*
2. *Ausbau von Radwegen und Fußgängerzonen: Schaffung von sicheren und gut zugänglichen Infrastrukturen für Fußgänger und Radfahrer, um die Nutzung dieser umweltfreundlichen Verkehrsmittel zu fördern.*
3. *Elektromobilität: Förderung von Elektrofahrzeugen, um den CO_2-Ausstoß zu reduzieren. Dies kann durch Kaufanreize, Ladestationen und andere Maßnahmen erfolgen.*
4. *Carsharing und Mitfahrdienste: Die Bereitstellung von Carsharing-Diensten und Mitfahrmöglichkeiten kann die Anzahl der Fahrzeuge auf der Straße reduzieren und die Ressourcennutzung optimieren.*
5. *Stärkung des Schienenverkehrs: Förderung des Schienenverkehrs für den Güter- und Personenverkehr, um den Straßenverkehr zu entlasten und CO_2-Emissionen zu reduzieren.*

6. *Verkehrsberuhigung: Maßnahmen wie Tempo-30-Zonen, verkehrsberuhigte Zonen und Fußgängerzonen können die Verkehrssicherheit erhöhen und die Lebensqualität in Städten verbessern.*
7. *Parkraumbewirtschaftung: Die Einführung von Parkgebühren, begrenzten Parkzeiten und anderen Maßnahmen zur Steuerung des Parkens kann den innerstädtischen Verkehr reduzieren.*
8. *Umweltzonen: Einführung von Umweltzonen, in denen nur Fahrzeuge mit niedrigem Schadstoffausstoß zugelassen sind.*
9. *Förderung von Alternativen zum motorisierten Individualverkehr: Maßnahmen zur Förderung von Fußgängern, Radfahrern, E-Scootern und anderen umweltfreundlichen Verkehrsmitteln.*
10. *Verkehrserziehung und Sensibilisierung: Aufklärungskampagnen zur Sensibilisierung der Öffentlichkeit für umweltfreundliches und sicheres Verhalten im Straßenverkehr.*
11. *Digitalisierung und Vernetzung: Nutzung von Informationstechnologie und intelligenten Verkehrssystemen zur Verbesserung der Verkehrseffizienz und -sicherheit.*
12. *Stadtentwicklung: Eine städtebauliche Planung, die darauf abzielt, die Wege zwischen Wohnorten, Arbeitsplätzen und anderen Einrichtungen zu verkürzen und eine Mischung von Wohn- und Gewerbegebieten zu schaffen, um die Notwendigkeit von langen Pendelwegen zu reduzieren.*

Die konkreten Maßnahmen zur Verkehrswende können je nach Region und Bedürfnissen variieren, aber sie zielen alle darauf ab, den Verkehr nachhaltiger, sicherer und umweltfreundlicher zu gestalten.

Die Antwort ist durchaus bemerkenswert, da sie gleichsam Maßnahmen zur Umsetzung einer Verkehrswende wie auch die mit ihnen jeweils verfolgten Zwecke („… um …") anführt.

Leitfrage 5: An welchen Ländern kann Deutschland sich orientieren, um eine gute Verkehrswende zu gestalten?

Antwort ChatGPT, Antwortzeit ca. 5 Sek.: *Deutschland kann von verschiedenen Ländern lernen, die bereits erfolgreich Maßnahmen zur Verkehrswende umgesetzt haben oder Vorreiter in diesem Bereich sind. Hier sind einige Länder, an denen sich Deutschland orientieren kann:*

1. *Dänemark: Dänemark ist bekannt für seine fahrradfreundlichen Städte, ausgebaute Radwege und Investitionen in den öffentlichen Nahverkehr. Deutschland kann von Dänemark lernen, wie man Radfahrer und Fußgänger priorisiert.*
2. *Niederlande: Die Niederlande sind weltweit für ihre Fahrradinfrastruktur und verkehrsberuhigten Innenstädte bekannt. Sie haben auch den Anteil des Fahrradverkehrs deutlich gesteigert. Deutschland kann sich von den niederländischen Erfahrungen im Fahrradverkehr inspirieren lassen.*
3. *Schweden: Schweden hat ehrgeizige Ziele zur Reduzierung der CO_2-Emissionen im Verkehrssektor und investiert in Elektromobilität sowie in den Ausbau des öffentlichen Verkehrs. Deutschland kann sich an Schweden orientieren, um den Umstieg auf Elektrofahrzeuge zu fördern.*

4. *Norwegen: Infrastrukturinvestitionen einen hohen Anteil an Elektrofahrzeugen erreicht. Deutschland kann von Norwegen lernen, wie man den Übergang zu emissionsfreien Fahrzeugen beschleunigt.*
5. *Schweiz: Die Schweiz hat ein gut entwickeltes Schienennetz und einen gut funktionierenden öffentlichen Nahverkehr. Deutschland kann sich Inspiration für die Stärkung des Schienenverkehrs holen.*
6. *Frankreich: Frankreich hat in vielen Städten Maßnahmen zur Förderung des Radverkehrs und zur Schaffung von Fußgängerzonen umgesetzt. Deutschland kann von den französischen Erfahrungen im Bereich der urbanen Mobilität profitieren.*
7. *Finnland: Finnland setzt auf innovative Lösungen wie Mobility-as-a-Service (MaaS), bei dem verschiedene Verkehrsangebote in einer einzigen App gebündelt werden. Deutschland kann sich in diesem Bereich inspirieren lassen.*

Es ist wichtig zu beachten, dass die Umsetzung von Maßnahmen zur Verkehrswende von den lokalen Gegebenheiten und den Bedürfnissen der Bevölkerung abhängt. Deutschland sollte daher die besten Praktiken aus verschiedenen Ländern auswählen und an die eigenen Anforderungen anpassen. Die Zusammenarbeit und der Austausch von Erfahrungen zwischen verschiedenen Ländern und Städten sind ebenfalls entscheidend, um die Verkehrswende voranzutreiben.

Leitfrage 6: Was sind die Hindernisse oder Hürden, die einer Verkehrswende in Deutschland entgegenstehen?

Antwort ChatGPT, Antwortzeit ca. 11 Sek.: *Die Verkehrswende in Deutschland steht vor einer Reihe von Herausforderungen und Hindernissen, die ihre Umsetzung erschweren. Zu den wichtigsten gehören:*

1. *Infrastruktur:* Die vorhandene Verkehrsinfrastruktur in Deutschland ist in erster Linie auf den Autoverkehr ausgerichtet. Es fehlen ausreichende Radwege, Fußgängerzonen und öffentliche Verkehrsverbindungen in vielen Regionen.
2. *Finanzierung:* Die Umsetzung von Maßnahmen zur Verkehrswende erfordert erhebliche finanzielle Mittel, sowohl für den Ausbau des öffentlichen Nahverkehrs als auch für die Schaffung von Radwegen und Fußgängerzonen. Die Finanzierung ist oft eine Herausforderung.
3. *Gewohnheiten und Mentalität:* Die Deutschen sind in hohem Maße auf das Auto angewiesen, und die Autokultur ist tief verwurzelt. Die Änderung von Verkehrsgewohnheiten erfordert Zeit und Überzeugungsarbeit.
4. *Politische Hürden:* Es kann politischer Widerstand gegen Verkehrswende-Maßnahmen geben, insbesondere wenn diese als unpopulär wahrgenommen werden, beispielsweise die Einführung von Umweltzonen oder Parkgebühren.
5. *Interessen der Autoindustrie:* Die starke Autoindustrie in Deutschland hat Einfluss auf politische Entscheidungen und kann die Umsetzung von Maßnahmen zur Verkehrswende behindern, da sie auf den Verkauf von Autos angewiesen ist.
6. *Planungs- und Genehmigungsverfahren:* Infrastrukturprojekte und Verkehrsmaßnahmen erfordern oft langwierige Planungs- und Genehmigungsverfahren, die die Umsetzung verzögern können.

7. *Mangelnde politische Priorität:* In manchen Fällen wird die Verkehrswende von politischen Entscheidungsträgern nicht als Priorität angesehen, was die Umsetzung von Maßnahmen behindert.
8. *Flächenknappheit in Städten:* In vielen deutschen Städten ist Bauland knapp, was die Schaffung von Fußgängerzonen und Radwegen erschwert.
9. *Soziale Gerechtigkeit:* Die Kosten für die Verkehrswende dürfen nicht auf die Bevölkerung abgewälzt werden, insbesondere auf sozial benachteiligte Gruppen. Es ist wichtig, soziale Gerechtigkeit in den Maßnahmen zur Verkehrswende zu berücksichtigen.
10. *Technische Herausforderungen:* Der Übergang zu Elektromobilität erfordert den Ausbau von Ladeinfrastruktur und die Bewältigung von technischen Herausforderungen.
11. *Widerstand gegen Verkehrsbeschränkungen:* Maßnahmen wie die Einführung von Umweltzonen oder Geschwindigkeitsbegrenzungen können auf Widerstand stoßen.

Trotz dieser Hindernisse hat Deutschland bereits Fortschritte bei der Verkehrswende gemacht und eine Reihe von Maßnahmen umgesetzt. Die Verkehrswende erfordert jedoch anhaltende Bemühungen und eine enge Zusammenarbeit zwischen Regierung, Gemeinden, Bürgern und der Wirtschaft, um die Herausforderungen zu bewältigen und die Mobilität in Deutschland nachhaltiger zu gestalten.

Mit Blick auf die Aufgabenstellung bleibt an dieser Stelle festzuhalten, dass bei den ausgegebenen Hindernissen und Hürden kein Hinweis auf die bundesdeutschen und landesspezifischen Rechtsgrundlagen gegeben wird.

Leitfrage 7: Wer sind die Unterstützerinnen und Unterstützer einer Verkehrswende in Deutschland?

Antwort ChatGPT, Antwortzeit ca. 8 Sek.: *Die Unterstützerinnen und Unterstützer einer Verkehrswende in Deutschland sind vielfältig und umfassen verschiedene Gruppen, Organisationen und Interessenvertretungen. Zu den wichtigsten Unterstützern gehören:*

1. *Umweltschutzorganisationen: Umweltschutzorganisationen wie der Bund für Umwelt und Naturschutz Deutschland (BUND), der Naturschutzbund Deutschland (NABU) und Greenpeace setzen sich aktiv für eine Verkehrswende ein, um den CO_2-Ausstoß und die Umweltauswirkungen des Verkehrs zu reduzieren.*
2. *Fahrrad- und Fußgängerlobby: Fahrrad- und Fußgängerorganisationen wie der Allgemeine Deutsche Fahrrad-Club (ADFC) und der Deutsche Fußgängerverband (FUSS e. V.) kämpfen für bessere Bedingungen für Radfahrer und Fußgänger und fördern die Verkehrswende.*
3. *Öffentlicher Nahverkehr: Verkehrsunternehmen, die den öffentlichen Nahverkehr betreiben, sind oft Befürworter der Verkehrswende, da sie von einer verstärkten Nutzung des ÖPNV profitieren.*
4. *Wirtschaftsverbände: Einige Unternehmen und Wirtschaftsverbände, insbesondere solche im Bereich der Elektromobilität und des öffentlichen Nahverkehrs, unterstützen die Verkehrswende, da sie Geschäftsmöglichkeiten in diesem Sektor sehen.*

5. *Städte und Kommunen: Viele Städte und Gemeinden in Deutschland sind aktiv an der Förderung der Verkehrswende beteiligt, da sie von einer nachhaltigeren Mobilität profitieren, die die Lebensqualität in ihren Regionen erhöht.*
6. *Wissenschaft und Forschung: Forschungseinrichtungen und Universitäten spielen eine wichtige Rolle bei der Entwicklung von Konzepten und Lösungen für die Verkehrswende.*
7. *Bürgerinitiativen: Verschiedene Bürgerinitiativen und lokale Gruppen setzen sich auf lokaler Ebene für nachhaltige Mobilität und Verkehrswende-Maßnahmen ein.*
8. *Politische Parteien: Einige politische Parteien in Deutschland haben die Verkehrswende zu einem wichtigen politischen Anliegen gemacht und unterstützen Maßnahmen zur Förderung nachhaltiger Mobilität.*
9. *Gewerkschaften: Einige Gewerkschaften befürworten die Verkehrswende, da sie Arbeitsplätze im Bereich des öffentlichen Nahverkehrs und in der Elektromobilität sehen.*
10. *Internationale Organisationen: Deutschland ist Teil internationaler Vereinbarungen zur Reduzierung von Treibhausgasemissionen im Verkehrssektor, und internationale Organisationen* wie die Europäische Union setzen Anreize für eine nachhaltige Verkehrspolitik.

Die Unterstützung für die Verkehrswende kommt also aus verschiedenen Richtungen und umfasst eine breite Palette von Akteuren, die sich für eine nachhaltige und umweltfreundliche Mobilität in Deutschland einsetzen. Die Zusammenarbeit und das Engagement dieser Gruppen sind entscheidend, um die Verkehrswende voranzutreiben.

Leitfrage 8: Wer ist verantwortlich, um die Maßnahmen zur Verkehrswende in Deutschland umzusetzen?

Antwort ChatGPT, Antwortzeit ca. 5 Sek.: *Die Verantwortung für die Umsetzung von Maßnahmen zur Verkehrswende liegt in der Regel bei einer Kombination von verschiedenen Akteuren auf unterschiedlichen Ebenen, darunter:*

1. *Regierungsebene: Die Regierung, sei es auf Bundes-, Landes- oder Kommunalebene, spielt eine entscheidende Rolle bei der Planung und Umsetzung von Maßnahmen zur Verkehrswende. Dies umfasst die Festlegung von Verkehrspolitiken, die Bereitstellung von finanziellen Mitteln, die Gesetzgebung und die Regulierung des Verkehrssektors.*
2. *Verkehrsbehörden: Verkehrsbehörden auf verschiedenen Ebenen sind oft für die Entwicklung und Umsetzung von Verkehrsplänen und -projekten verantwortlich. Sie kümmern sich um den Ausbau von Verkehrsinfrastruktur, die Verbesserung des öffentlichen Nahverkehrs und die Schaffung von sicheren Rad- und Fußwegen.*
3. *Stadt- und Raumplanung: Stadtplanungsbehörden spielen eine entscheidende Rolle bei der Gestaltung von Städten und Gemeinden, um kurze Wege, gemischte Nutzungen und eine bessere Integration von Wohn- und Arbeitsbereichen zu ermöglichen.*
4. *Verkehrsunternehmen: Öffentliche Verkehrsunternehmen sind für den Betrieb und die Wartung des öffentlichen Nahverkehrs verantwortlich. Sie müssen oft enger mit Regierungsstellen zusammenarbeiten, um den öffentlichen Verkehr effizient und attraktiv zu gestalten.*

5. *Privatsektor: Unternehmen, die im Verkehrssektor tätig sind, können eine wichtige Rolle bei der Förderung von Elektromobilität, Carsharing, Fahrradverleih und anderen nachhaltigen Verkehrsdienstleistungen spielen.*
6. *Bürgerinnen und Bürger: Die Akzeptanz und Umsetzung von Maßnahmen zur Verkehrswende hängen auch von der Bereitschaft der Bürgerinnen und Bürger ab, ihre Verkehrsgewohnheiten zu ändern und nachhaltigere Verkehrsmittel zu nutzen.*
7. *Nichtregierungsorganisationen (NGOs): NGOs und Umweltschutzorganisationen können bei der Bewusstseinsbildung, der Lobbyarbeit und der Überwachung der Fortschritte in Richtung Verkehrswende eine wichtige Rolle spielen.*
8. *Forschung und Wissenschaft: Forschungseinrichtungen und Universitäten tragen dazu bei, wissenschaftliche Erkenntnisse über Verkehrsfragen zu generieren und innovative Lösungen zu entwickeln.*

Die Verantwortung für die Verkehrswende liegt daher bei einer breiten Palette von Akteuren, die auf verschiedenen Ebenen zusammenarbeiten müssen, um die Ziele der nachhaltigen Mobilität zu erreichen. Politische Führung, finanzielle Ressourcen und die aktive Beteiligung der Bevölkerung sind entscheidend, um die Verkehrswende erfolgreich umzusetzen.

Leitfrage 9: Welche Instrumente stehen den Verantwortlichen zur Verfügung, um die Verkehrswende aktiv zu gestalten?

1. *Die Verantwortlichen haben eine Reihe von Instrumenten und Maßnahmen zur Verfügung, um die Verkehrswende aktiv zu gestalten. Diese Instrumente können auf verschiedenen Ebenen, von der nationalen bis zur kommunalen, eingesetzt werden. Hier sind einige der wichtigsten:*
2. *Gesetzgebung und Regulierung: Die Erlassung von Gesetzen und Vorschriften kann dazu beitragen, die Rahmenbedingungen für die Verkehrswende festzulegen. Dies kann die Einführung von Umweltzonen, die Festlegung von Emissionsstandards für Fahrzeuge oder die Förderung von Elektromobilität umfassen.*
3. *Finanzierung und Förderprogramme: Die Bereitstellung von finanziellen Mitteln und Förderprogrammen kann die Umsetzung nachhaltiger Verkehrsprojekte unterstützen. Dies umfasst Investitionen in den Ausbau des öffentlichen Nahverkehrs, den Bau von Radwegen, den Aufbau von Ladeinfrastruktur für Elektrofahrzeuge und die Förderung von Carsharing.*
4. *Stadt- und Raumplanung: Die Gestaltung von Städten und Gemeinden kann so angepasst werden, dass kurze Wege, eine Mischung von Wohn- und Gewerbegebieten sowie die Schaffung von Fußgängerzonen und Fahrradwegen gefördert werden.*
5. *Infrastrukturprojekte: Der Ausbau von Verkehrsinfrastruktur, einschließlich des öffentlichen Nahverkehrs, Schienenverkehrs, Radwege und Fußgängerzonen, ist ein wichtiger Schritt zur Förderung nachhaltiger Mobilität.*
6. *Förderung von Elektromobilität: Dies umfasst Anreize wie Kaufprämien für Elektrofahrzeuge, den Ausbau von Ladeinfrastruktur und die Einführung von steuerlichen Vorteilen für emissionsfreie Fahrzeuge.*

7. *Förderung des öffentlichen Nahverkehrs: Die Stärkung des öffentlichen Nahverkehrs durch den Ausbau des Netzes, die Erhöhung der Kapazität und die Verbesserung der Qualität kann dazu beitragen, mehr Menschen zur Nutzung des ÖPNV zu bewegen.*
8. *Bewusstseinsbildung und Bildung: Aufklärungskampagnen und Bildungsprogramme können dazu beitragen, das Bewusstsein für nachhaltige Verkehrsmöglichkeiten zu schärfen und das Verhalten der Bürgerinnen und Bürger zu beeinflussen.*
9. *Parkraumbewirtschaftung: Die Einführung von Parkgebühren, begrenzten Parkzeiten und anderen Maßnahmen zur Steuerung des Parkens kann den innerstädtischen Verkehr reduzieren.*
10. *Digitale Technologien und Vernetzung: Der Einsatz von Informationstechnologie und intelligenten Verkehrssystemen kann die Effizienz und Sicherheit des Verkehrs verbessern.*
11. *Förderung von alternativen Verkehrsmitteln: Dies umfasst die Schaffung von Anreizen für die Nutzung von Fahrrädern, E-Scootern, Mitfahrdiensten und öffentlichen Verkehrsmitteln.*
12. *Bürgerbeteiligung: Die Einbeziehung der Bürgerinnen und Bürger in die Planung und Umsetzung von Verkehrswende-Maßnahmen ist entscheidend, um Akzeptanz und Unterstützung zu gewinnen.*

Die Kombination dieser Instrumente und Maßnahmen kann den Verantwortlichen helfen, die Verkehrswende aktiv zu gestalten und nachhaltige Mobilität in ihrer Region oder ihrem Land zu fördern. Je nach den lokalen Gegebenheiten und Bedürfnissen können diese Instrumente angepasst und weiterentwickelt werden.

Da die auf diese Leitfrage generierten Antworten teilweise nicht in der erforderlichen Tiefe ausgegeben wurden, wird mit einer Nachfrage versucht, mehr Hintergründe zu den gesetzlichen Instrumenten in Erfahrung zu bringen.

Nachfrage: Welche Gesetze sind für die Verkehrswende in Deutschland besonders bedeutsam?

Antwort ChatGPT, Antwortzeit ca. 9 Sek.: *In Deutschland sind verschiedene Gesetze und Regelungen von großer Bedeutung für die Verkehrswende, da sie die rechtlichen Grundlagen für nachhaltige Mobilität schaffen. Einige der besonders bedeutsamen Gesetze und Verordnungen sind:*

1. *Straßenverkehrsgesetz (StVG[7]): Das StVG ist das zentrale Gesetz, das den Straßenverkehr in Deutschland regelt. Es enthält Bestimmungen zur Zulassung von Fahrzeugen, zur Verkehrsregelung und zu Bußgeldern. Änderungen im StVG können die Einführung von Verkehrswende-Maßnahmen wie Umweltzonen oder Geschwindigkeitsbegrenzungen ermöglichen.*
2. *Bundesimmissionsschutzgesetz (BImSchG): Das BImSchG legt die rechtlichen Grundlagen für die Einführung von Umweltzonen fest, in denen nur Fahrzeuge mit niedrigem Schadstoffausstoß zugelassen sind.*

[7] Straßenverkehrsgesetz in der Fassung der Bekanntmachung vom 5. März 2003 (BGBl. I S. 310, 919), das zuletzt durch Artikel 8 des Gesetzes vom 21. November 2023 (BGBl. 2023 I Nr. 315) geändert worden ist.

3. *Elektromobilitätsgesetz (EmoG): Das EmoG regelt die Nutzung von Elektrokleinstfahrzeugen wie E-Scootern und legt Rahmenbedingungen für den Betrieb und die Zulassung fest.*
4. *Erneuerbare-Energien-Gesetz (EEG): Das EEG fördert den Ausbau erneuerbarer Energien, die für Elektromobilität von entscheidender Bedeutung sind, da sie eine nachhaltige Energiequelle für Elektrofahrzeuge bieten.*
5. *Personenbeförderungsgesetz (PBefG): Das PBefG regelt den öffentlichen Personennahverkehr (ÖPNV) und kann Maßnahmen zur Stärkung des ÖPNV unterstützen.*
6. *Straßenverkehrs-Ordnung (StVO): Die StVO enthält die wichtigsten Verkehrsregeln und kann geändert werden, um Maßnahmen wie Geschwindigkeitsbegrenzungen und die Einführung von Fahrradwegen zu unterstützen.*
7. *Klimaschutzgesetz: Das Klimaschutzgesetz setzt ehrgeizige Klimaziele und verpflichtet die Bundesregierung, die Treibhausgasemissionen zu reduzieren. Die Verkehrswende spielt eine wichtige Rolle bei der Erreichung dieser Ziele.*
8. *Kommunales Straßenverkehrsrecht: Die Kommunen haben die Befugnis, Verkehrsregelungen in ihrem Zuständigkeitsbereich zu erlassen. Dies ermöglicht die Einführung von Fahrradwegen, verkehrsberuhigten Zonen und anderen Maßnahmen auf kommunaler Ebene.*

Diese Gesetze und Verordnungen sind entscheidend, um die rechtlichen Rahmenbedingungen für die Verkehrswende in Deutschland zu schaffen. Änderungen und Anpassungen in diesen rechtlichen Bestimmungen sind oft notwendig, um nachhaltige Verkehrsmöglichkeiten zu fördern und die Ziele der Verkehrswende zu erreichen.

Leitfrage 10: Wann wurden das Straßenverkehrsgesetz (StVG) und die Straßenverkehrs-Ordnung (StvO) gegründet und welche Zwecke verfolgen sie?

Antwort ChatGPT, Antwortzeit ca. 10 Sek.: *Das „Straßenverkehrsgesetz" (StVG), zentrale Gesetz, das den Straßenverkehr in Deutschland regelt, wurde erstmals im Jahr 1909 verabschiedet und mehrmals überarbeitet. Es legt die grundlegenden Vorschriften und Bestimmungen für den Straßenverkehr in Deutschland fest.*

Die „Straßenverkehrs-Ordnung (StVO)" hingegen ist eine Verordnung, die auf Grundlage des Straßenverkehrsgesetzes erlassen wird. Die erste StVO wurde 1934 verabschiedet, und seither gab es viele Aktualisierungen und Anpassungen. Die StVO enthält die konkreten Verkehrsregeln und -vorschriften, die im Straßenverkehr gelten. Sie regelt unter anderem Geschwindigkeitsbegrenzungen, Vorfahrtsregeln, Parken, Überholen und andere Verkehrsverhaltensweisen.

Die Zwecke des Straßenverkehrsgesetzes (StVG) und der Straßenverkehrs-Ordnung (StVO) sind:

1. *Sicherheit im Straßenverkehr: Beide Gesetze haben das Ziel, die Sicherheit aller Verkehrsteilnehmer zu gewährleisten, indem sie klare Verkehrsregeln und Verhaltensnormen festlegen.*
2. *Ordnung und Regelung: Die StVO regelt das Verhalten im Straßenverkehr und schafft Ordnung, um einen reibungslosen Verkehrsfluss sicherzustellen.*
3. *Schutz der Umwelt: Die Gesetze können auch dazu beitragen, die Umwelt zu schützen, indem sie Vorschriften zur Emissionsreduzierung und zur Einführung von Umweltzonen enthalten.*

4. *Rechte und Pflichten der Verkehrsteilnehmer: Sie definieren die Rechte und Pflichten von Fahrzeugführern, Fußgängern, Radfahrern und anderen Verkehrsteilnehmern.*
5. *Haftung und Sanktionen: Die Gesetze legen auch Sanktionen und Haftungsregelungen fest, um Verstöße zu ahnden und Verantwortlichkeit im Fall von Unfällen zu klären.*

Beide Gesetze dienen dazu, den Straßenverkehr in Deutschland sicherer und geordneter zu gestalten und die Interessen aller Verkehrsteilnehmer zu schützen. Sie werden regelmäßig überarbeitet, um den sich ändernden Anforderungen und Entwicklungen im Verkehrsbereich gerecht zu werden.

Leitfrage 11: Wie kann das Straßenverkehrsgesetz eine Grundlage sein für die Umsetzung der Verkehrswende?

Antwort ChatGPT, Antwortzeit ca. 6 Sek.: *Das Straßenverkehrsgesetz (StVG) bildet eine grundlegende rechtliche Grundlage für die Umsetzung der Verkehrswende in Deutschland, obwohl es nicht die konkreten Verkehrsregeln und Vorschriften enthält, wie es die Straßenverkehrs-Ordnung (StVO) tut. Das StVG spielt eine wichtige Rolle, indem es die allgemeinen Prinzipien und Regelungen für den Straßenverkehr festlegt, die die Grundlage für die Verkehrswende bilden können. Hier sind einige Wege, wie das StVG zur Umsetzung der Verkehrswende beitragen kann:*

1. *Zulassung von umweltfreundlichen Fahrzeugen: Das StVG kann Regelungen zur Zulassung und Einstufung von umweltfreundlichen Fahrzeugen wie Elektroautos und Wasserstofffahrzeugen enthalten, um den Einsatz emissionsarmer Fahrzeuge zu fördern.*
2. *Verkehrssicherheit: Das StVG enthält Bestimmungen zur Verkehrssicherheit, die die Umsetzung von Maßnahmen zur Verbesserung der Sicherheit im Straßenverkehr unterstützen, beispielsweise die Einführung von Geschwindigkeitsbegrenzungen, Verkehrszeichen und Verkehrseinrichtungen.*
3. *Fahrerlaubnisregelungen: Das StVG kann Regelungen für den Erwerb und Entzug von Führerscheinen und Fahrerlaubnissen enthalten, die sicherstellen, dass Fahrerinnen und Fahrer bestimmte Anforderungen erfüllen und sich mit den Prinzipien der Verkehrswende vertraut machen.*
4. *Verkehrserziehung und -aufklärung: Das StVG kann die Grundlagen für Verkehrserziehungsprogramme und Verkehrsaufklärung legen, um das Bewusstsein für nachhaltige Mobilität zu schärfen.*
5. *Einhaltung von Umweltauflagen: Das StVG kann Bestimmungen zur Einhaltung von Umweltauflagen und Emissionsstandards für Fahrzeuge und den Betrieb von Fahrzeugen enthalten.*
6. *Förderung von alternativen Verkehrsmitteln: Das StVG kann die rechtliche Grundlage für die Einführung von Regelungen und Anreizen für alternative Verkehrsmittel wie Fahrräder, E-Scooter und öffentliche Verkehrsmittel schaffen.*

Obwohl das StVG keine detaillierten Verkehrsregeln und Vorschriften enthält, legt es die Grundsätze für die Regulierung des Straßenverkehrs fest. Diese Grundsätze können auf lokaler, regionaler und nationaler Ebene durch spezifische Regelungen und Maßnahmen zur Förderung der Verkehrswende konkretisiert und umgesetzt werden. Es bildet somit eine wichtige rechtliche Grundlage für die Transformation des Verkehrssystems hin zu mehr Nachhaltigkeit und Sicherheit.

ChatGPT gelingt es nicht, eine für die Lösung der Aufgabenstellung bedeutsame kausale Voraussetzung, nämlich die der notwendigen Erweiterung von Verordnungsermächtigungen aus dem StVG für die StVO, herzustellen. Mindestens eine potenzielle Quelle dafür ist auch online zu finden und dadurch theoretisch auch im Zugriff der KI, da u. a. Heß diese Zielformulierung von der Bundesregierung einfordert, nämlich dass „in den Verordnungsermächtigungen für das Bundesverkehrsministerium nach § 6 StVG (Ermächtigung für § 45 StVO) *(…)* diese Ziele ebenfalls deutlich zu formulieren" seien[8].

Demnach gibt die KI keinen entscheidenden Hinweis darauf, dass diese für die Lösung der Aufgabenstellung nicht unwesentliche Kausalkette der Verordnungsermächtigungen aus dem StVG für die Änderung der StVO gegeben sein muss. An dieser bedeutsamen Stelle muss der Mensch nachsteuern und durch eigenes Wissen, welches er außerhalb von ChatGPT erlangt (hat), den Zusammenhang herstellen. Die daraufhin nachsteuernde Fragestellung „Verordnungsermächtigung StVG für StVO" an den Chatbot liefert dann wiederum gute Antworten:

Antwort ChatGPT, Antwortzeit ca. 4 Sek.: *Das Straßenverkehrsgesetz (StVG) enthält in verschiedenen Paragrafen Ermächtigungen, die es der Bundesregierung und den Ländern ermöglichen, Verordnungen zu erlassen, die dann die konkreten Regeln und Vorschriften des Straßenverkehrs festlegen. Dies beinhaltet die Befugnis zur Erlassung von Verordnungen im Rahmen der Straßenverkehrs-Ordnung (StVO). (…) Diese Verordnungsermächtigungen im Straßenverkehrsgesetz (StVG) bilden die Grundlage für die Straßenverkehrs-Ordnung (StVO), die dann die konkreten Verkehrsregeln und Vorschriften festlegt. Auf der Grundlage dieser gesetzlichen Regelungen werden die Maßnahmen zur Förderung der Verkehrswende umgesetzt, indem sie die Verkehrsregeln anpassen und neue Regeln einführen, die eine nachhaltigere Mobilität fördern.*

Hinweis: An der (…) markierten Stelle fand eine Auflistung mehrerer Paragraphen des StVG statt, in denen unterschiedliche nachgeordnete Adressaten über die noch auszugestaltende StVO zur Ausführung in Verordnungen ermächtigt werden. Diese generierte Auflistung ist augenscheinlich unvollständig und in Teilen fehlerhaft, sodass der Autor von einer Nutzung als Textbaustein absieht. Die KI ChatGPT produziert ihren ersten offensichtlichen Recherchefehler.

Leitfrage 12: Welche konkreten Maßnahmen zur Steuerung der Verkehrswende können auf Basis des StVG und der StVO ergriffen werden?

Antwort ChatGPT, Antwortzeit ca. 8 Sek.: *Das „Straßenverkehrsgesetz (StVG)" und die „Straßenverkehrs-Ordnung (StVO)" bilden die rechtliche Grundlage für viele Maßnahmen zur Steuerung der Verkehrswende in Deutschland. Hier sind einige konkrete Maßnahmen, die auf Basis dieser Gesetze ergriffen werden können:*

1. *Einführung von Umweltzonen: Die StVO erlaubt es den Städten und Kommunen, Umweltzonen einzurichten, in denen nur Fahrzeuge mit niedrigem Schadstoffausstoß zugelassen sind. Dies fördert die Verwendung umweltfreundlicherer Fahrzeuge und trägt zur Reduzierung der Luftverschmutzung bei.*

[8] Heß, Zeitenwende im Straßenverkehrsrecht, 2023 (https://rsw.beck.de/aktuell/daily/magazin/detail/zeitenwende-im-stra%C3%9Fenverkehrsrecht, abgerufen am 11.10.2023).

2. *Geschwindigkeitsbegrenzungen: Die StVO ermöglicht die Festlegung von Geschwindigkeitsbegrenzungen, die dazu beitragen können, den Verkehr sicherer zu gestalten und den CO_2-Ausstoß zu reduzieren.*
3. *Förderung des Radverkehrs: Die StVO kann genutzt werden, um Radwege einzurichten, die die Sicherheit von Radfahrern erhöhen und den Anreiz zum Radfahren erhöhen.*
4. *Vorfahrt für den öffentlichen Nahverkehr: Das StVG ermöglicht es, den öffentlichen Nahverkehr zu bevorzugen, indem beispielsweise Busspuren eingerichtet werden.*
5. *Fußgängerzonen und verkehrsberuhigte Zonen: Die StVO gestattet die Schaffung von Fußgängerzonen und verkehrsberuhigten Zonen, in denen der Autoverkehr stark eingeschränkt ist, um die Lebensqualität in Städten zu verbessern und die Sicherheit von Fußgängern zu erhöhen.*
6. *Parkraumbewirtschaftung: Das StVG und die StVO erlauben die Einführung von Parkgebühren, begrenzten Parkzeiten und anderen Maßnahmen zur Steuerung des Parkens, um den innerstädtischen Verkehr zu reduzieren.*
7. *Regelungen für E-Scooter: Die StVO enthält Vorschriften für die Nutzung von Elektrokleinstfahrzeugen wie E-Scootern, um deren sichere Integration in den Verkehr zu gewährleisten.*
8. *Verkehrsregelungen für Elektrofahrzeuge: Das StVG und die StVO können Regelungen für Elektrofahrzeuge, Ladestationen und besondere Parkplätze für Elektroautos umfassen.*
9. *Mobilitätsmanagement: Die Gesetze können auch die Förderung von Mobilitätslösungen wie Carsharing, Mitfahrdiensten und digitalen Mobilitätsplattformen unterstützen.*

Diese Maßnahmen basieren auf den bestehenden Gesetzen und Vorschriften und können auf kommunaler, regionaler oder nationaler Ebene angepasst und umgesetzt werden, um die Verkehrswende zu steuern und nachhaltige Mobilität zu fördern. Sie tragen dazu bei, die Ziele der Verkehrswende zu erreichen, darunter die Reduzierung von CO_2-Emissionen, die Förderung des öffentlichen Nahverkehrs und die Schaffung sicherer und umweltfreundlicherer Verkehrsbedingungen.

Einer der größten Wegbereiter für eine nachhaltigere Mobilität in unseren Städten liegt in der angeschobenen Novellierung des Straßenverkehrsgesetzes[9]. Aktuell wird der Gesetzesentwurf nach erster Lesung im Bundestag im zuständigen Verkehrsausschuss diskutiert. Insbesondere wird die Gleichrangigkeit von Zielen hervorgehoben, sodass neben die Gewährleistung von Sicherheit und Leichtigkeit des Verkehrsflusses gleichberechtigt weitere Ziele wie Gesundheitsschutz, Umweltschutz und Unterstützung der städtebaulichen Entwicklung gesetzt werden sollen. Die KI ChatGPT vermochte auf keine der ihr gestellten Fragen einen solchen Querverweis auf unmittelbar verbundene Gesetzgebungen herzustellen. Die wichtigen, handlungsleitenden Fragestellungen müssen demnach vom Menschen erarbeitet werden, die KI arbeitet hier nicht verlässlich zu. Gerade im wissenschaftlichen Arbeiten, wo es nicht ausreicht, nur prägnante Informationen auf einzelne Fragen zu erhalten, sondern darauf komplexe Zusammenhänge zusammenfassend zu lösen, ist die Synergie von Menschen und Maschine von entscheidender Bedeutung.

---

[9] Entwurf eines Zehnten Gesetzes zur Änderung des Straßenverkehrsgesetzes; BT-Drs. 20/8293.

Schlüssige Fragen anhand einer Gliederung zu einem roten Inhaltsfaden zu fügen, das ist zumindest aktuell noch unabdingbare Handlungskompetenz des Menschen. Die deutliche Stärke der KI zeigt sich darin, binnen weniger Sekunden diese Fragen zu beantworten und – zum Teil sogar sehr gute – Antwortbausteine zu generieren.

ChatGPT bedient sich den im weltweiten Netz angebotenen Quellen, die meist unkenntlich bleiben. So wird dem Menschen eine abschließende wichtige Rolle zuteil: die Plausibilitätsprüfung. Sind die Textbausteine kongruent, sind die aufgeführten Meinungsbilder stimmig, ist die Argumentation erkennbar und in ihrer Breite und Tiefe der Ausgangsfrage gerecht?

V. Zusammenfassung der Erkenntnisse und kritische Würdigung

- ChatGPT kann nicht die komplexe Aufgabenstellung zusammenhängend beantworten. Durch die Gliederung in mehrere fachliche Leitfragen obliegt es dem Menschen, einen die Untersuchung leitenden Handlungsstrang herstellen.
- ChatGPT liefert in kurzer Zeit auf nahezu alle Fragen in Tiefe und Breite gut bis sehr gut verwertbare Antwortergebnisse.
- ChatGPT bleibt insbesondere bei den Antworten mit vielen Aufzählungspunkten ersichtlich an der Oberfläche und beantwortet eher in der Breite als in der Tiefe. Bei Antworten mit vielen Anführungspunkten sollten diese einzelnen Punkte jeweils nochmal separat in die Suchmaske eingegeben werden, um tiefergehende Antworten zu erhalten.
- ChatGPT wurde auf vorherigen (= vorliegenden) Daten trainiert. Die KI kann nicht eigenständig einschätzen, ob die wiedergegebenen Inhalte korrekt oder fehlerhaft sind.
- ChatGPT kann eine Auswertung von Primärdaten nicht vornehmen. Neue oder „eigene“ Erkenntnisse aus einer Datenanalyse sind somit nicht generierbar.
- ChatGPT erkennt keine auf den zuvor generierten Antworten aufbauende Folgefragen. Daher müssen wichtige Schlüsselwörter in jeder Frage erneut eingesetzt werden.
- ChatGPT kann anfällig sein für eine Voreingenommenheit. Die KI kann aktuell ihre Antworten nicht reflektieren, sondern lediglich reproduzieren.
- ChatGPT gibt keine Fundstellen, Quellen- oder Literaturnachweise an. Dadurch ist das wissenschaftliche Arbeiten nur eingeschränkt möglich.
- ChatGPT wirft im Untersuchungsbeispiel keine veralteten Textbausteine aus und greift nicht auf veraltete Gesetzesgrundlagen zurück.

Je enger das Zusammenspiel mit der Maschine, desto belastbarer fallen die Ergebnisse aus. Diese Feststellung mag profan klingen, jedoch wurde belegt, dass der Fokus der wissenschaftlichen Arbeit unabdingbare Aufgabe des anwendenden Menschen vor der Maschine sein muss. Für den Chatbot ist die ihm eingangs gestellte Frage nicht eigenständig lösbar. Der Titel der wissenschaftlich zu untersuchenden Arbeit muss vom Menschen in mehrere Leitfragen untergliedert werden. Diese Aufgabe kann zumindest in der aktuell verfügbaren open source-Variante nicht von der Maschine übernommen werden.

Die Einbindung von ChatGPT und ähnlichen sog. großen Sprachmodellen in die Lehre hilft deren Anwendung zu normalisieren und sie aus dem Anschein des Illegalen zu lösen. Inhaltlich ist es mindestens in sozial-, geistes- und literaturbasierten Wissenschaften empfehlenswert, den Einsatz von ChatGPT zu verstetigen und über die Stärken und Schwächen der KI mit den Studierenden in Diskurs zu treten. Die Lehrenden bleiben die Vertrauenspersonen, denen die Studierenden eine hohe Fachlichkeit beimessen. Der KI hingegen wird durch die kritische Betrachtung die Rolle der wichtigen Unterstützung für die Ausarbeitung von fachlichen Fragestellungen zuteil, aber sie erlangt nicht die Rolle als Ersatz für Dozentinnen oder Dozenten, wegen der augenscheinlich noch zahlreiche Lehrende den KI-Applikationen argwöhnisch gegenübertreten.

KI im allgemeinen und Chatbots wie ChatGPT im speziellen sind in den Hochschulen und Universitäten angekommen. Es gilt, ihren Einsatz in der Lehre aktiv zu fördern, um die Vorteile wie insbesondere die Generierung eines hohen reproduzierten Informationsgehaltes in sehr schneller Geschwindigkeit zu nutzen. Dabei wird den Studierenden an praktischen Beispielen vorgeführt, dass vor allem die in Wissenschaft und Lehre immanenten Anforderungen zur Reflektion und Abstraktion ausschließlich von ihren eigenen geistigen Fähigkeiten abhängig bleiben.

In dieser Synergie und diesem Rollenverständnis, das kann die Untersuchung aufzeigen, ist der Einsatz der KI ChatGPT ein großer Gewinn und eine deutliche Arbeitserleichterung in der Lehre. Insbesondere aufgrund des mangelhaften Umgangs mit Quellen und Fundstellen ist die Anwendung der KI ChatGPT in der wissenschaftlichen Arbeit nur äußerst eingeschränkt zu empfehlen.

SCHRIFTENVERZEICHNIS WILLY SPANNOWSKY (STAND: JANUAR 2024)

A. *Monographien/Selbstständige Schriften*

Das Verhältnis der europäischen Regionalpolitik zur deutschen Regionalpolitik, Bonn, 1986 (gemeinsam mit Günter Püttner)

Der Handlungsspielraum und die Grenzen der regionalen Wirtschaftsförderung des Bundes, Berlin, 1987

Die Grenzen des Verwaltungshandelns durch Verträge und Absprachen, Berlin, 1994

Verwirklichung von Raumordnungsplänen durch vertragliche Vereinbarungen, in: Bundesamt für Raumordnung und Bauwesen (Hrsg.), Forschungen, Bonn, 1999

Standortbezogene Steuerung von Unternehmensgründungen, Köln u. a., 2001 (gemeinsam mit Andreas Hofmeister)

Die Auswirkungen von Truppenübungsplätzen auf die städtebauliche Planung und die planungsrechtliche Zulässigkeit von Vorhaben – dargestellt am Beispiel des Landes Brandenburg, Kaiserslautern, 2002 (gemeinsam mit Karl-Wilhelm Porger)

Interkommunale Kooperation als Voraussetzung für die Regionalentwicklung, Kaiserslautern, 2003 (gemeinsam mit Dietrich Borchert)

Umweltverträglichkeitsprüfung im Rahmen des Bebauungsplanverfahrens, Kaiserslautern, 2003

Umweltprüfung im Bauleitplanverfahren nach dem BauGB 2004, Kaiserslautern, 2005

Verbesserung der Regionalentwicklung – Regionalmanagement – Staatsvertrag, Strategische und strukturelle Weiterentwicklung der Zusammenarbeit in der Region Rhein-Neckar, Kaiserslautern, 2006 (gemeinsam mit Peter Eichhorn)

Die Ansiedlung von großflächigen Einzelhandelsbetrieben – Implementation des magasins de grande surface – Vergleich der räumlichen Planungssysteme in der Großregion „Saarland, Lothringen, Großherzogtum Luxemburg, Region Wallonien und Rheinland-Pfalz", Kaiserslautern, 2006

Erscheinungsbilder eines sich wandelnden Verwaltungsrechts, Festschrift für Günter Püttner, Köln, Berlin, München, 2007

Planung und Realisierung von Autobahnen – Planification et l'autorisation des autoroutes – Vergleich der räumlichen Planungssysteme in der Großregion „Saarland, Lothringen, Großherzogtum Luxemburg, Region Wallonien und Rheinland-Pfalz", Kaiserslautern, 2007

Ausweisung von Natur- und Regionalparken – Konsequenzen für die Entwicklung des Raums – Vergleich der räumlichen Planungssysteme in der Großregion „Saarland, Lothringen, Großherzogtum Luxemburg, Region Wallonien und Rheinland-Pfalz", Kaiserslautern, 2007

Vergleich der räumlichen Planungssysteme in der Großregion, Kaiserslautern, 2007

Strategische Umweltprüfung bei räumlichen Plänen mit landes- und staatsgrenzenüberschreitenden Umweltauswirkungen, Kaiserslautern, 2011

Die Steuerung der Einzelhandelsentwicklung in Deutschland im Lichte der europäischen Niederlassungsfreiheit, Kaiserslautern, 2012 (gemeinsam mit Stefan Holl)

Konkretisierung der bundesgesetzlichen Grundsätze der Raumordnung durch die Bundesraumordnung, Endbericht, Bonn, 2012 (abrufbar unter: https://www.bbsr.bund.de/BBSR/DE/forschung/programme/refo/raumordnung/2010/Grundsaetze/Download_Handbuch.pdf;jsessionid=5279667A985BE5C51DF26A7EBA80FC38.live11294?__blob=publicationFile&v=1)

Schnittmengen zwischen Planung und Planverwirklichung im Städtebaurecht, Festschrift für Hans-Jörg Birk, München, 2013 (gemeinsam mit Hans Büchner)

Das Handwerk im Bauplanungs- und Umweltrecht, in: Gunther Friedl/Martin Burgi (Hrsg.), Wirtschaft und Recht für Mittelstand und Handwerk, Baden-Baden, 2019

Rechtliche Grundlagen der Umweltplanung, München, 2023

B. Herausgeberschaft von Einzelschriften

Raumordnungs- und Landesplanungsrecht des Bundes und der Länder, Kommentar, Loseblattsammlung (gemeinsam mit Walter Bielenberg und Peter Runkel)
Beck'scher Online-Kommentar zum BauGB, seit 2007 (Print-Fassung: 1. Aufl., München, 2009; 2. Aufl., München 2014; 3. Aufl., München, 2018; 4. Aufl., München, 2022) (gemeinsam mit Michael Uechtritz)
Raumordnungsgesetz, Kommentar, 1. Aufl., München, 2010 (2. Aufl., München, 2019) (gemeinsam mit Peter Runkel und Konrad Goppel)
Beck'scher Online-Kommentar zur BauNVO, seit 2015 (Print-Fassung: 1. Aufl., München, 2018; 2. Aufl., München, 2021) (gemeinsam mit Norbert Kämper und Gerhard Hornmann)
Beck'scher Online-Kommentar Bauordnungsrecht Niedersachsen, seit 2015 (Print-Fassung: 1. Aufl., München, 2020) (gemeinsam mit Christian-W. Otto)
Beck'scher Online-Kommentar Bauordnungsrecht Bayern, seit 2016 (Print-Fassung: 1. Aufl., München, 2020) (gemeinsam mit Gerrit Manssen)
Beck'scher Online-Kommentar Bauordnungsrecht Hessen, seit 2016 (Print-Fassung: 1. Aufl., München, 2020) (gemeinsam mit Lutz Eiding bis 8. Edition sowie mit Stefan Pützenbacher seit 9. Edition)
Beck'scher Online-Kommentar Bauordnungsrecht Baden-Württemberg, seit 2016 (Print-Fassung: 1. Aufl., München, 2020) (gemeinsam mit Michael Uechtritz)
Beck'scher Online-Kommentar Bauordnungsrecht Nordrhein-Westfalen, seit 2019 (Print-Fassung: 1. Aufl., München, 2020) (gemeinsam mit Jens Saurenhaus)
La mobilité urbaine/Urban mobility, Bruxelles, 2020 (gemeinsam mit David Renders und Jacqueline Morand-Deviller)

C. Herausgeberschaft von Schriftenreihen

Schriften zur Raumordnung und Landesplanung, Augsburg und Kaiserlautern (bis 2006) (gemeinsam mit Konrad Goppel, Franz Schaffer, Karin Thieme und Gabi Troeger-Weiß)
Schriftenreihe zum Raumplanungs-, Bau- und Umweltrecht, Kaiserslautern
Schriftenreihe Bau, Planung, Wirtschaft und Verwaltung, Kaiserslautern

D. Herausgeberschaft von Tagungsbänden

Flächennutzungsplanung im Umbruch?, Köln u. a., 1999 (gemeinsam mit Stephan Mitschang)
Nachhaltige städtebauliche Entwicklung, Köln u. a., 2000 (gemeinsam mit Stephan Mitschang)
Bauleitplanung auf Bahnflächen?, Köln u. a., 2001 (gemeinsam mit Stephan Mitschang)
Planung heute und morgen, Köln u. a., 2001 (gemeinsam mit Stephan Mitschang)
Fach- und Rechtsprobleme der Nachverdichtung und Baulandmobilisierung, Köln u. a., 2001 (gemeinsam mit Stephan Mitschang)
Umweltprüfungen bei städtebaulichen Planungen und Projekten, Köln u. a., 2001 (gemeinsam mit Stephan Mitschang)
Umweltverträglichkeitsprüfung in der Bauleitplanung, Köln u. a., 2002 (gemeinsam mit Stephan Mitschang)
Lärmschutz in der Bauleitplanung und bei der Zulassung von Bauvorhaben, Köln u. a., 2002
Realisierung städtebaulicher Planungen und Projekte durch Verträge, Köln u. a., 2003 (gemeinsam mit Tim Krämer)
Großflächige Einzelhandelsbetriebe und Windkraftanlagen in Raumordnung und Städtebau, Köln u. a., 2003 (gemeinsam mit Tim Krämer)
BauGB-Novelle 2004, Köln u. a., 2004 (gemeinsam mit Tim Krämer)
Neue Wege in der Bodenordnung, Köln u. a., 2004 (gemeinsam mit Tim Krämer)
Plan-UP-Richtlinie, Köln u. a., 2004 (gemeinsam mit Tim Krämer)
Die aktuellen Änderungen des BauGB sowie des ROG 2004 und ihre Auswirkungen auf die Praxis, Köln u. a., 2005 (gemeinsam mit Tim Krämer)
Ökonomische und finanzielle Aspekte des Städtebaurechts – neue Ansätze, Köln u. a., 2005 (gemeinsam mit Andreas Hofmeister)

Umweltprüfungen in der Bauleitplanung nach dem BauGB 2004, Köln u. a., 2006 (gemeinsam mit Andreas Hofmeister)
Planverwirklichung – aktuelle Fach- und Rechtsfragen, Köln u. a., 2006 (gemeinsam mit Andreas Hofmeister)
Der europäische Biotopschutz in der städtebaulichen Planung, Köln u. a., 2006 (gemeinsam mit Andreas Hofmeister)
Die Landschaftsplanung und ihr Beitrag für die räumliche Planung, Köln, u. a., 2007 (gemeinsam mit Andreas Hofmeister)
BauGB 2007 – Neue Anforderungen und Möglichkeiten für Städte und Gemeinden, Köln, u. a., 2007 (gemeinsam mit Andreas Hofmeister)
Innenentwicklung unter neuen Vorzeichen, Köln, u. a., 2008 (gemeinsam mit Andreas Hofmeister)
Vergaberecht in der städtebaulichen Planung, Berlin, 2008 (gemeinsam mit Andreas Hofmeister)
Umweltrechtliche Einflüsse in der städtebaulichen Planung, Berlin, 2009 (gemeinsam mit Andreas Hofmeister)
Mobilisierung von Baulücken und Leerstandspotentialen, Berlin, 2009 (gemeinsam mit Andreas Hofmeister)
Entschädigung und Haftung in der städtebaulichen Planung, Berlin, 2009 (gemeinsam mit Andreas Hofmeister)
Die Abwägung – das Herzstück der städtebaulichen Planung, Berlin, 2010 (gemeinsam mit Andreas Hofmeister)
Aspekte der Innenentwicklung in der städtebaulichen Planung, Berlin, 2011 (gemeinsam mit Andreas Hofmeister)
Die Bewältigung städtebaulicher Missstände als Themengegenstand der Innenentwicklung, Berlin, 2012 (gemeinsam mit Andreas Hofmeister)
Naturschutzgerechte Steuerung der Windenergienutzung durch die gesamträumliche Planung, Berlin, 2012 (gemeinsam mit Andreas Hofmeister)
Novellierungen des BauGB 2011 und 2013 mit den Schwerpunkten Klimaschutz und Innenentwicklung, Berlin, 2013 (gemeinsam mit Andreas Hofmeister)
Einzelhandelsentwicklung in den Gemeinden – aktuelle Fach- und Rechtsfragen, Berlin, 2013 (gemeinsam mit Andreas Hofmeister)
Städtebauliche Planung in Zeiten leerer Kassen – Potentiale für eine nachhaltige Stadtökonomie, Berlin, 2014 (gemeinsam mit Andreas Hofmeister)
Umwelt- und energierechtliche Aspekte in der Bauleitplanung – aktuelle Rechtsentwicklungen, Berlin, 2014 (gemeinsam mit Andreas Hofmeister)
Baulandmanagement – ein Ansatz nachhaltiger Stadtentwicklung, Berlin, 2015 (gemeinsam mit Andreas Hofmeister)
Erschließung zur Verwirklichung städtebaulicher Planung, Berlin, 2015 (gemeinsam mit Andreas Hofmeister)
Kooperative und nachfrageorientierte Kommunalentwicklung durch städtebauliche Verträge, Berlin, 2016 (gemeinsam mit Andreas Hofmeister)
Naturschutzrechtliche Anforderungen in der Bauleitplanung unter Berücksichtigung aktueller Entwicklungen, Berlin, 2016 (gemeinsam mit Andreas Hofmeister)
Rechtsverstöße bei städtebaulichen Planungen – Beachtlichkeit, Heilung und Nichtigkeit, Berlin 2017 (gemeinsam mit Andreas Hofmeister)
Aktuelle Themenfelder der Änderungsnovellen 2017 im Städtebau- und Raumordnungsrecht, Berlin, 2017 (gemeinsam mit Andreas Hofmeister)
Schutz vor Luftschadstoffen und Lärm durch städtebauliche Planung, Berlin, 2018 (gemeinsam mit Andreas Hofmeister)
Praxisrelevante Themenfelder der BauNVO in der städtebaulichen Planung, Berlin, 2018 (gemeinsam mit Andreas Hofmeister)
Umweltprüfungen und Verfahrenserleichterungen in der städtebaulichen Planung und Raumordnungsplanung, Berlin, 2019 (gemeinsam mit Christian Gohde)
Städtebauliche Planung zur Gestaltung und Erhaltung des Bestandes, Berlin, 2019 (gemeinsam mit Christian Gohde)
Nachfrageorientierte städtebauliche Planung, Berlin, 2020 (gemeinsam mit Christian Gohde)
Die Bewältigung von Niederschlagswasserversickerung und Starkregen durch die Bauleitplanung, Berlin, 2021 (gemeinsam mit Christian Gohde)

Entwicklungen im Städtebau- und Raumordnungsrecht im Zeichen der „Corona-Pandemie“ und des „Green-Deals“, Berlin, 2021 (gemeinsam mit Christian Gohde)
Fach- und Rechtsfragen der Baulandmobilisierung – das aktuelle Baulandmobilisierungsgesetz, Berlin, 2022 (gemeinsam mit Christian Gohde)
Gemischte Baugebiete, Berlin, 2023 (gemeinsam mit Christian Gohde)
Konflikte mit der Landwirtschaft in der Raumordnungs- und Bauleitplanung bei der Planung Erneuerbarer-Energien-Anlagen, Berlin, 2023 (gemeinsam mit Christian Gohde)

E. Kommentierungen und Handbuchbeiträge

Kommentierung der §§ 13 (L § 13), 18 (L § 18), 7 (M § 7), § 8 (M § 8), § 9 (M § 9), § 13 (M § 13), in: Walter Bielenberg/Peter Runkel/Willy Spannowsky (Hrsg.), Raumordnungs- und Landesplanungsrecht des Bundes und der Länder, Kommentar, Loseblattsammlung
Kommentierung der §§ 13–13b BauGB, Vorbemerkungen §§ 45–84 BauGB, §§ 45–47, 50–57, 80–84 BauGB, in: Otto Schlichter/Rudolf Stich/Hans-Joachim Driehaus/Stefan Paetow (Hrsg.), Berliner Kommentar zum BauGB, Loseblattsammlung
Stichwort „Gewerbeverbot“, in: Wilhelm Krekeler/Klaus Tiedemann/Klaus Ulsenheimer/Günter Weinmann (Hrsg.), Handwörterbuch des Wirtschafts- und Steuerstrafrechts, Heidelberg (Stand: 1990)
Kommentierung des § 113 VwGO, in: Helge Sodan/Jan Ziekow, (Hrsg.), Kommentar zur VwGO, Baden-Baden, 1995
Stichwörter „Filmförderung“ sowie „Stand von Wissenschaft und Technik“, in: Hermann-Josef Bunte/Rolf Stober (Hrsg.), Lexikon des Rechts der Wirtschaft, Neuwied, 1995
Stichwort „EG-Richtlinie“, in: Wolfgang Piereth (Hrsg.), Ergänzbares Lexikon des Rechts, 1996
Umweltschutz und Regionalpolitik, in: Hans-Werner Rengeling (Hrsg.), Handbuch zum europäischen und deutschen Umweltrecht, Bd. II, Besonderes Umweltrecht, Köln, Berlin, Bonn, München, 1. Aufl., 1998 (2. Aufl., München, 2002)
Beihilfenrecht und Beihilfenaufsichtsrecht, in: Paul Klemmer (Hrsg.), Handbuch Europäische Wirtschaftspolitik, München, 1998 (gemeinsam mit Günter Püttner)
Baulasten, in: Heidi Lambert-Lang/Karl Friedrich Tropf/Norbert Frenz (Hrsg.), Handbuch der Grundstückspraxis, Berlin, 1999, S. 753 (gemeinsam mit Michael Stern)
Stichwörter „Planungsrecht“ sowie „Raumordnerische Verträge“, in: Akademie für Raumforschung und Landesplanung (Hrsg.), Handwörterbuch der Raumordnung, 4. Aufl., Hannover, 2005
Kommentierung der §§ 4, 4a, 9, 34, 176a, 245d, 245f, 248 BauGB, in: Willy Spannowsky/Michael Uechtritz (Hrsg.), Beck'scher Online-Kommentar zum BauGB, seit 2007 (Print-Fassung: 1. Aufl., München, 2009; 2. Aufl., München 2014; 3. Aufl., München, 2018; 4. Aufl., München, 2022)
Kommentierung der §§ 2, 5, 8, 11, 19, 24, 26, 27 ROG, in: Willy Spannowsky/Peter Runkel/Konrad Goppel (Hrsg.), Raumordnungsgesetz, Kommentar, 1. Aufl., München, 2010 (2. Aufl., München, 2019)
Kommentierung des § 1 BauNVO, in: Willy Spannowsky/Norbert Kämper/Gerhard Hornmann (Hrsg.), Beck'scher Online-Kommentar zur BauNVO, seit 2015 (Print-Fassung: 1. Aufl., München, 2018; 2. Aufl., München, 2021)
Grundlagen des Bauordnungsrechts in Deutschland sowie Kommentierung der §§ 1, 2, 3 NBauO, in: Willy Spannowsky/Christian-W. Otto (Hrsg.), Beck'scher Online-Kommentar Bauordnungsrecht Niedersachsen, seit 2015 (Print-Fassung: 1. Aufl., München, 2020)
Grundlagen des Bauordnungsrechts in Deutschland sowie Kommentierung der Art. 1, 2, 3 BayBO, in: Willy Spannowsky/Gerrit Manssen (Hrsg.), Beck'scher Online-Kommentar Bauordnungsrecht Bayern, seit 2016 (Print-Fassung: 1. Aufl., München, 2020)
Grundlagen des Bauordnungsrechts in Deutschland sowie Kommentierung der §§ 1, 2, 3 HBO, in: Willy Spannowsky/Stefan Pützenbacher (Hrsg.), Beck'scher Online-Kommentar Bauordnungsrecht Hessen, seit 2016 (Print-Fassung: 1. Aufl., München, 2020)
Grundlagen des Bauordnungsrechts in Deutschland sowie Kommentierung der §§ 1, 2, 3 LBO BW, in: Willy Spannowsky/Michael Uechtritz (Hrsg.), Beck'scher Online-Kommentar Bauordnungsrecht Baden-Württemberg, seit 2016 (Print-Fassung: 1. Aufl., München, 2020)

Grundlagen des Bauordnungsrechts in Deutschland sowie Kommentierung der §§ 1, 2, 3 BauO NRW 2018, in: Willy Spannowsky/Jens Saurenhaus (Hrsg.), Beck'scher Online-Kommentar Bauordnungsrecht Nordrhein-Westfalen, seit 2019 (Print-Fassung: 1. Aufl., München, 2020)

Stichwörter „Planungsrecht" sowie „Raumordnerische Verträge", in: Akademie für Raumforschung und Landesplanung (Hrsg.), Handwörterbuch der Stadt- und Raumentwicklung, 1. Aufl., Hannover, 2018

Raumordnerischer Vertrag (§ 24), in: Michael Uechtritz (Hrsg.), Städtebauliche Verträge, 1. Aufl., Baden-Baden, 2023

F. Beiträge in Sammelwerken

Beihilfenaufsicht der EG-Kommission und deutsche regionale Wirtschaftsförderung, in: Europäische Integration als Herausforderung des Rechts: Mehr Marktrecht – weniger Einzelgesetze, in: Hanns Martin Schleyer-Stiftung (Hrsg.), III. Kongress „Junge Juristen und Wirtschaft", Berlin, 1990, S. 108

Das Kreislaufwirtschafts- und Abfallgesetz vor der Bewährungsprobe, in: Udo Di Fabio/Peter Marburger/Meinhard Schröder, Jahrbuch des Umwelt- und Technikrechts, Berlin, 1996, S. 289

Öffentlich-rechtliche Aspekte des Kreislaufwirtschaftsgesetzes, in: Hans-Dieter Feser/Wolfgang Flieger/Michael von Hauff (Hrsg.), Integrierter Umweltschutz, Regensburg, 1996, S. 69

Der „Regionale Flächennutzungsplan" als neues Instrument der räumlichen Ordnung des örtlichen und überörtlichen Raums, in: Willy Spannowsky/Stephan Mitschang (Hrsg.), Flächennutzungsplanung im Umbruch?, Köln u. a., 1999, S. 33

Vorgaben der räumlichen Gesamtplanung für die Ausweisung besonderer Schutzgebiete, in: Jarass (Hrsg.), EG-Naturschutzrecht und räumliche Gesamtplanung, Münster, 2000, S. 26

Entwässerung der Baugebiete – Aufgabe und Verantwortung, in: Willy Spannowsky/Stephan Mitschang (Hrsg.), Planung heute und morgen, Köln u. a., 2001, S. 63

Vertragliche Regelungen als Instrumente zur Sicherung der nachhaltigen städtebaulichen Entwicklung, in: Willy Spannowsky/Stephan Mitschang (Hrsg.), Nachhaltige städtebauliche Entwicklung, Köln u. a., 2001, S. 127

Instrumente und Verfahren – flexibel, wirtschaftlich, transparent, in: Institut für Landes- und Stadtentwicklungsforschung des Landes Nordrhein-Westfalen (Hrsg.), Nordrhein-Westfalen im 21. Jahrhundert – Die Zukunft innovativ und nachhaltig planen und gestalten, Dortmund, 2001, S. 49

Instrumente der Durchsetzung einer flächenschonenden Siedlungsentwicklung, in: Willy Spannowsky/Stephan Mitschang (Hrsg.), Fach- und Rechtsprobleme der Nachverdichtung und Baulandmobilisierung, 2001, Köln u. a., S. 45

Aufgaben und Möglichkeiten der Steuerung der regionalen Siedlungsentwicklung – Anforderungen an die Instrumente der Landes- und Regionalplanung, in: Willy Spannowsky/Stephan Mitschang (Hrsg.), Fach- und Rechtsprobleme der Nachverdichtung und Baulandmobilisierung, 2001, Köln u. a., S. 107 (gemeinsam mit Hans-Jörg Domhardt)

Die verspätete Umsetzung von europäischen Umweltrichtlinien und ihre Folgen für städtebauliche Planungen und Projekte, in: Willy Spannowsky/Stephan Mitschang (Hrsg.), Umweltprüfungen bei städtebaulichen Planungen und Projekten, Köln u. a., 2001, S. 165

Umweltverträglichkeitsprüfung in der Bauleitplanung – die aktuellen Änderungen des BauGB, in: Willy Spannowsky/Stephan Mitschang (Hrsg.), Umweltverträglichkeitsprüfung in der Bauleitplanung, Köln, u. a., 2002, S. 77

Praxisuntersuchung und Expertise zu einer Umsetzung der europarechtlichen Umweltverträglichkeitsrichtlinien in das Raumordnungsrecht, in: Hans Kistenmacher (Hrsg.), Werkstattberichte, Bd. 34, Kaiserslautern, 2001, S. 25

Raumordnerische Verträge als Instrument des interkommunalen Interessenausgleichs, in: Petra Jähnke/Thomas Gawron (Hrsg.), Regionale Kooperation – Notwendigkeit und Herausforderung kommunaler Politik, Materialien des IRS, Heft 21, Berlin, 2000, S. 35

Bewältigung von Altlasten im Rahmen der Bauleitplanung, in: Reinhard Hendler/Peter Marburger/Michael Reinhardt/Meinhard Schröder (Hrsg.), Jahrbuch des Umwelt- und Technikrechts, Berlin, 2002, S. 207

Die rechtliche Bedeutung technischer Normen und Richtlinien für den Lärmschutz in der Bauleitplanung und für die Zulassung von Einzelvorhaben, in: Willy Spannowsky/Stephan Mitschang (Hrsg.), Lärmschutz in der Bauleitplanung und bei der Zulassung von Bauvorhaben, Köln u. a., 2002, S. 35

Die Bedeutung zivilrechtlicher Verträge zur Steuerung der städtebaulichen Entwicklung, in: Willy Spannowsky/Tim Krämer (Hrsg.), Realisierung städtebaulicher Planungen und Projekte durch Verträge, Köln u. a., 2003, S. 11

Steuerungspotentiale der Raumordnung, in: Konrad Goppel/Franz Schaffer/Willy Spannowsky/Gabi Troeger-Weiß (Hrsg.), Implementation der Raumordnung, Sonderband, Festschrift für Konrad Goppel, Augsburg und Kaiserslautern, 2003, S. 3

Steuerungspotentiale der Raumordnung, in: Konrad Goppel/Franz Schaffer/Willy Spannowsky/Gabi Troeger-Weiß (Hrsg.), Implementation der Raumordnung, überarbeiteter Sonderband, Augsburg und Kaiserslautern, 2004, S. 3

Möglichkeiten zur Steuerung der Ansiedlung großflächiger Einzelhandelsbetriebe durch die Raumordnung und ihre Durchsetzung, in: Willy Spannowsky/Tim Krämer (Hrsg.), Großflächiger Einzelhandel und Windkraftanlagen in Raumordnung und Städtebau, Köln u. a., 2003, S. 35

Neustrukturierung der Anforderungen an das Bauleitplanverfahren und die Abwägung aufgrund der Plan-UP-Richtlinie, in: Willy Spannowsky/Tim Krämer (Hrsg.), BauGB-Novelle, Köln u. a., 2004, S. 39

Möglichkeiten und Grenzen der Steuerung des Flächenverbrauchs durch ökonomische Ansätze, in: Willy Spannowsky/Andreas Hofmeister (Hrsg.), Ökonomische und finanzielle Aspekte des Städtebaurechts, Köln u. a., 2005, S. 59

Anforderungen an Alternativenprüfungen im Rahmen von Umweltprüfverfahren, in: Stephan Mitschang (Hrsg.), Umweltprüfverfahren in der Stadt- und Regionalplanung, Frankfurt/Main u. a., 2006, S. 89

Agglomeration von Einzelhandelsbetrieben – Möglichkeiten zur Sicherstellung von Raumverträglichkeit, in: Max-Emanuel Geis/Dieter C. Umbach (Hrsg.), Planung – Steuerung – Kontrolle, Festschrift für Richard Bartlsperger, Berlin, 2006, S. 389

Rechtsgrundlagen der Planung und Genehmigung großflächiger Einzelhandelsbetriebe, in: Willy Spannowsky (Hrsg.), Die Ansiedlung von großflächigen Einzelhandelsbetrieben – Implementation des magasins de grande surface – Vergleich der räumlichen Planungssysteme in der Großregion „Saarland, Lothringen, Großherzogtum Luxemburg, Region Wallonien und Rheinland-Pfalz", Kaiserslautern, 2006, S. 117 und 264

Das städtebauliche Vorkaufsrecht und dessen Beitrag zur Planverwirklichung, in: Willy Spannowsky/Andreas Hofmeister (Hrsg.), Planverwirklichung und ihre Bedeutung für den Städtebau, Köln u. a., 2006, S. 105

Rechtsgrundlagen der Planung und Realisierung von Autobahnen in Deutschland, in: Willy Spannowsky (Hrsg.), Planung und Realisierung von Autobahnen – Planification et l'autorisation des autoroutes – Vergleich der räumlichen Planungssysteme in der Großregion „Saarland, Lothringen, Großherzogtum Luxemburg, Region Wallonien und Rheinland-Pfalz", Kaiserslautern, 2007, S. 67

Die Ausweisung von Natur- und Regionalparken in Deutschland und deren Bedeutung für die Regionalentwicklung, in: Willy Spannowsky (Hrsg.), Ausweisung von Natur- und Regionalparken – Konsequenzen für die Entwicklung des Raums – Vergleich der räumlichen Planungssysteme in der Großregion „Saarland, Lothringen, Großherzogtum Luxemburg, Region Wallonien und Rheinland-Pfalz", Kaiserslautern, 2007, S. 114

Liberalisierung der Energieversorgung und deren Auswirkungen auf das kommunale Selbstverwaltungsrecht, in: Willy Spannowsky (Hrsg.), Erscheinungsbilder eines sich wandelnden Verwaltungsrechts, Festschrift für Günter Püttner, Köln u. a., 2007, S. 255

Investitionslenkende Verwaltungsverfahren im „Fadenkreuz" von Rechtsstaat, Demokratie, Umweltschutz und Ökonomie, in: Reinhard Hendler/Peter Marburger/Michael Reinhardt/Meinhard Schröder (Hrsg.), Jahrbuch des Umwelt- und Technikrechts, Berlin, 2007, S. 251.

Von der strategischen Umweltprüfung von Landschaftsplänen zur Umweltprüfung und Überwachung von Flächennutzungsplänen, in: Willy Spannowsky/Andreas Hofmeister (Hrsg.), Die Landschaftsplanung und ihr Beitrag für die räumliche Planung, Köln u. a., 2007, S. 51

Die Einführung eines beschleunigten Verfahrens für Bauleitpläne der Innenentwicklung, in: Willy Spannowsky/Andreas Hofmeister (Hrsg.), BauGB 2007 – Neue Anforderungen für Städte und Gemeinden, Köln u. a., 2007, S. 27

Flächenkreislaufwirtschaft als neuer Ansatz für die Stadtentwicklung und ihre planungsrechtliche Konsequenzen, in: Willy Spannowsky/Andreas Hofmeister (Hrsg.), Innenentwicklung unter neuen Vorzeichen, Köln u. a., 2008, S. 23

Interkommunale Kooperationen bei der Erfüllung kommunaler Aufgaben, in: Michael von Hauff/Bülent Tarkan (Hrsg.), Nachhaltige kommunale Finanzpolitik für eine intergenerationelle Gerechtigkeit, Baden-Baden, 2008, S. 158

Neue vergaberechtliche Herausforderungen für die kommunale Praxis, in: Willy Spannowsky/Andreas Hofmeister (Hrsg.), Vergaberecht in der städtebaulichen Planung, Berlin, 2008, S. 91

Der Vertrag im Raumordnungsrecht, in: Bernhard Stüer (Hrsg.), Nachhaltige Stadt- und Raumentwicklung, Festschrift für Prof. Dr. Michael Krautzberger, München, 2008, S. 217

Wasserrechtliche Vorgaben für die Bauleitplanung als Folge der Festsetzung von Überschwemmungsgebieten, in: Willy Spannowsky/Andreas Hofmeister (Hrsg.), Umweltrechtliche Einflüsse in der städtebaulichen Planung, Berlin, 2009, S. 145

Ansprüche auf planungsbedingte Entschädigung im System der gegen die öffentliche Hand gerichteten Entschädigungsansprüche, in: Willy Spannowsky/Andreas Hofmeister (Hrsg.), Entschädigung und Haftung in der städtebaulichen Planung, Berlin, 2009, S. 51

Rahmenbedingungen für den Aufbau eines Flächenmanagements, in: Thomas Weith (Hrsg.), Flächenmanagement im Wandel, Zeitschrift für Angewandte Umweltforschung, Sonderheft, Berlin 2009, S. 23

Die Zulässigkeit abwägungsdirigierender Verträge, in: Willy Spannowsky/Andreas Hofmeister (Hrsg.), Abwägung – das Herzstück der Raumplanung, Berlin, 2010, S. 127

Regenerative Energien und räumliche Planung, in: Wolfgang Köck/Kurt Fassbender (Hrsg.), Klimaschutz durch Erneuerbare Energien, Baden-Baden, 2010, S. 95

Die EU-rechtlichen Anforderungen an die Umweltprüfung bei räumlichen Planungen mit staats- und landesgrenzenüberschreitenden Umweltauswirkungen, in: Willy Spannowsky (Hrsg.), Strategische Umweltprüfung bei räumlichen Plänen mit landes- und staatsgrenzenüberschreitenden Umweltauswirkungen, Kaiserslautern, 2011, S. 1

Steuerung der Windkraftnutzung unter veränderten landespolitischen Vorzeichen, in: Willy Spannowsky/Andreas Hofmeister (Hrsg.), Naturschutzgerechte Steuerung der Windenergienutzung durch die gesamträumliche Planung, Berlin, 2012, S. 67

Kooperation mit Privaten und städtebauliche Planung, in: Willy Spannowsky/Hans Büchner (Hrsg.), Schnittmengen zwischen Planung und Planverwirklichung im Städtebaurecht, Festschrift für Hans-Jörg Birk, München, 2013, S. 217

Raumordnung in Europa, in: Michael Krautzberger/Hans-Werner Rengeling/Klaus Saerbeck (Hrsg.), Bau- und Fachplanungsrecht, Festschrift für Bernhard Stüer zum 65. Geburtstag, München, 2013, S. 59

Fortentwicklung des Rechts städtebaulicher Verträge, in: Willy Spannowsky/Andreas Hofmeister (Hrsg.), Novellierung des BauGB 2011 und 2013 mit den Schwerpunkten Klimaschutz und Innenentwicklung, Berlin, 2013, S. 39

Die Niederlassungsfreiheit und die Einzelhandelsentwicklung in den Städten im Recht der Europäischen Union, in: Willy Spannowsky/Andreas Hofmeister (Hrsg.), Einzelhandelsentwicklung in den Gemeinden – aktuelle Fach- und Rechtsfragen, Berlin, 2013, S. 11

Aktuelle Rechtsprechung zur Steuerung der Windkraftnutzung durch die Bauleitplanung, in: Energieagentur Rheinland-Pfalz (Hrsg.), Windenergie in der kommunalen Praxis, Kaiserslautern, 2013, S. 13

Der Ausbau der erneuerbaren Energien in der Raumordnungs- und Bauleitplanung, in: Timo Hebeler/Reinhard Hendler/Alexander Proelß/Peter Reiff (Hrsg.), Energiewende in der Industriegesellschaft, Berlin, 2014, S. 83

Kooperationsmodelle im Städtebau und ihre Bedeutung für die nachhaltige Stadtökonomie, in: Willy Spannowsky/Andreas Hofmeister (Hrsg.), Städtebauliche Planung in Zeiten leerer Kassen – Potentiale für eine nachhaltige Stadtökonomie, Berlin, 2014, S. 29

Allemagne, rapport national, in: Thierry Tanquerel/Jacqueline Morand-Deviller/Fernando Alves Correia (Hrsg.), La contractualisation dans le droit de l'urbanisme, Paris, 2014, S. 119

Les évolutions dans le droit de l'urbanisme allemand de 2004 à 2013, in: GRIDAUH (Hrsg.), Droit de l'Aménagement de l'Urbanisme de l'Habitat, Paris, 2014, S. 569

Erschließungsrechtliche Aspekte im Städtebaurecht, in: Willy Spannowsky/Andreas Hofmeister (Hrsg.), Erschließung zur Verwirklichung städtebaulicher Planung, Berlin, 2015, S. 1

Baulandmodelle als Refinanzierungsgrundlage?, in: Willy Spannowsky/Andreas Hofmeister (Hrsg.), Baulandmanagement – ein Ansatz nachhaltiger Stadtentwicklung, Berlin, 2015, S. 77

Raumordnerischer Vertrag, in: Martin Schäfer/Michael Uechtritz/Andreas Zuber (Hrsg.), Rechtsgestaltung in der kommunalen Praxis, Baden-Baden, 2015, S. 323

Gestaltungsmöglichkeiten und Grenzen städtebaulicher Verträge, in: Willy Spannowsky/Andreas Hofmeister (Hrsg.), Kooperative nachfrageorientierte Kommunalentwicklung durch städtebauliche Verträge, Berlin, 2015, S. 69

Die rechtlichen Anforderungen an Planungs- und Genehmigungsverfahren zur Steuerung der Windkraftnutzung, in: Ruthard Hirschner (Hrsg.), Die Naturlandschaft des Schwarzwalds als Standort für Windenergieanlagen, Schopfheim, 2015, S. 19

Kommunale Interessenvertretung am Puls der Zeit – Grenzen städtebaulicher Verträge und Konsequenzen der Einführung einer Umweltprüfung für Bauleitpläne, in: Festschrift für Jürgen Busse, 26 Jahre Bayerischer Gemeindetag, München, 2015, S. 209

Le plan d'aménagement du territoire allemands, in: Étienne Fatôme/Yves Jégouzo/Henri Jacquot/Francois Priet/Alexandra Cocquière (Hrsg.), La planification territoriale stratégique: entre droit souple et droit dur, Études en l'honneur de Jean-Pierre Lebreton, Paris 2015, S. 291

Allemagne, rapport national, in: David Renders/Jacqueline Morand-Deviller/Thierry Tanquerel/Mircea Dutu/François Priet (Hrsg.), Le renouvellement urbain en Europe, Les Cahiers du GRIDAUH, série Droit comparé, N° 27-2014, Paris, 2015, S. 119

Entwicklungslinien einer stadtplanerischen Teilaufgabe: die bauleitplanerische Bewältigung naturschutzfachlicher Anforderungen, in: Willy Spannowsky/Andreas Hofmeister (Hrsg.), Naturschutzrechtliche Anforderungen in der Bauleitplanung unter Berücksichtigung aktueller Entwicklungen, Berlin, 2016, S. 1

Transparenzanforderungen für Gemeinden – Rechtsfragen im Zusammenhang mit den Informationsfreiheitsgesetzen, in: Willy Spannowsky/Andreas Hofmeister (Hrsg.), Rechtsverstöße bei städtebaulichen Planungen – Beachtlichkeit, Heilung und Nichtigkeit, Berlin 2017, S. 99

Luftreinhaltung und Lärmminderung – veränderte Anforderungen im Bereich der Stadtentwicklung, in: Willy Spannowsky/Andreas Hofmeister (Hrsg.), Aktuelle Themenfelder der Änderungsnovellen 2017 im Städtebau- und Raumordnungsrecht, Berlin, 2017, S. 49

Bericht über die lärmschutz- und luftreinhaltungsrelevanten aktuellen Änderungen im Bauplanungsrecht, in: Willy Spannowsky/Andreas Hofmeister (Hrsg.), Schutz vor Luftschadstoffen und Lärm durch städtebauliche Planung, Berlin, 2018, S. 1

Allgemeine Feinsteuerungsmöglichkeiten nach § 1 Abs. 4 bis 9 BauNVO und deren Verhältnis zu den gesetzlichen Spezialvorschriften, in: Willy Spannowsky/Andreas Hofmeister (Hrsg.), Praxisrelevante Themenfelder der BauNVO in der städtebaulichen Planung, Berlin, 2018, S. 65

National report for Germany from the perspective of the law on natural heritage protection, in: David Renders/Jacqueline Morand-Deviller/Judith Gifreu Font (Hrsg.), Partrimoine architectural sites et paysage saisis par le droit de l'urbanisme – Architectural heritage, sites and landscapes seized by Urban Law, Bruxelles, 2019, S. 201

Umweltprüfungserfordernisse und Verfahrensvereinfachungen im Raumordnungsrecht nach dem ROG 2017 sowie Abschichtungsmöglichkeiten, in: Willy Spannowsky/Christian Gohde (Hrsg.), Umweltprüfungen und Verfahrenserleichterungen in der städtebaulichen Planung und Raumordnungsplanung, Berlin, 2019, S. 121

Eigentumsbeschränkende planerische Inhaltsbestimmungen in Bebauungsplänen zur Überplanung des Bestandes, in: Willy Spannowsky/Christian Gohde (Hrsg.), Städtebauliche Planung zur Gestaltung und Erhaltung des Bestandes, Berlin, 2019, S. 17

Mobilité urbaine, in: David Renders/Jacqueline Morand-Deviller/Willy Spannowsky (Hrsg.), La mobilité urbaine/Urban mobility, Bruxelles, 2020, S. 15

Refinanzierung städtebaulicher Planungen durch städtebauliche Verträge – Möglichkeiten und Grenzen, in: Willy Spannowsky/Christian Gohde (Hrsg.), Nachfrageorientierte städtebauliche Planung, Berlin, 2020, S. 19

Hochwasserschutzvorsorge in Bezug auf Niederschlagswasser und Starkregen nach dem WHG und den Landeswassergesetzen der Länder, in: Willy Spannowsky/Christian Gohde (Hrsg.), Die Bewältigung von Niederschlagswasserversickerung und Starkregen durch die Bauleitplanung, Berlin, 2021, S. 49

Überblick über die Entwicklungen im Städtebaurecht im Zeichen der „Corona-Pandemie“, in: Willy Spannowsky/Christian Gohde (Hrsg.), Entwicklungen im Städtebau- und Raumordnungsrecht im Zeichen der „Corona-Pandemie“ und des „Green-Deals“, Berlin, 2021, S. 1
Anforderungen und Schwierigkeiten bei der Realisierung von Erneuerbare-Energie-Projekten durch Kommunen – Haftungsrisiken kommunaler Projektentwickler, in: Willy Spannowsky/ Christian Gohde (Hrsg.), Entwicklungen im Städtebau- und Raumordnungsrecht im Zeichen der „Corona-Pandemie“ und des „Green-Deals“, Berlin, 2021, S. 111
Die verschiedenen städtebaulich-planerischen Möglichkeiten zur Mobilisierung von Bauland, in: Willy Spannowsky/Christian Gohde (Hrsg.), Fach- und Rechtsfragen der Baulandmobilisierung – das aktuelle Baulandmobilisierungsgesetz, Berlin, 2022, S. 1
Feinsteuerungsmöglichkeiten zur Entschärfung von Gemengelagen, in: Willy Spannowsky/Christian Gohde (Hrsg.), Gemischte Baugebiete, Berlin, 2023, S. 91
Beschleunigter Ausbau der Windkraft- und Photovoltaiknutzung und deren Folgen für die Raumordnungsplanung und Bauleitplanung, in: Willy Spannowsky/Christian Gohde (Hrsg.), Konflikte mit der Landwirtschaft in der Raumordnungs- und Bauleitplanung bei der Planung Erneuerbarer-Energien-Anlagen, Berlin, 2023, S. 11

G. *Aufsätze in Zeitschriften*

Altlasten und Störerhaftung im Spannungsfeld von Gerechtigkeit und Effizienz, UPR 1988, 367
Postgeheimnis und betrügerischer Versand von Nachnahmesendungen, wistra 1989, 287
Konkursverschleppung bei Gesellschaften ohne Geschäftsführer, wistra 1990, 48
Deutscher Datenschutz und Datenschutz der EG, Europäische Zeitschrift für öffentliches Recht 1991, 31
Der Obdachlose zwischen Eigentümer und Obdachlosenbehörden, Baden-Württembergische Verwaltungspraxis 1991, 197
Der Einfluss europäischer Rechtsentwicklungen auf den kommunalen Handlungsrahmen, DVBl. 1991, 120
Deutscher Datenschutz und Datenschutz der EG, European Review of Public Law 1991, 31
Probleme der Rechtsnachfolge im Verwaltungsverfahren und im Verwaltungsprozess, NVwZ 1992, 426
Die Verantwortung der öffentlichen Hand für die Erfüllung öffentlicher Aufgaben und die Reichweite ihrer Einwirkungspflicht auf Beteiligungsunternehmen, DVBl. 1992, 1072
Schutz der Finanzinteressen der EG zur Steigerung der Effizienz des Mitteleinsatzes, JZ 1992, 1160
Auf dem Weg zu einer Europäischen Staatlichkeit, JZ 1993, 610 (gemeinsam mit Susanne Förster)
Abfindungsanspruch eines Verbandsmitglieds beim Ausscheiden aus einem Zweckverband?, DÖV 1993, 600
Wettbewerbsverzerrende Defizite des gemeinschaftsrechtlichen Sanktions- und Vollstreckungssystems, JZ 1994, 326
Das Prinzip gerechter Lastenverteilung und die Kostentragungslast des Zustandsstörers, DVBl. 1994, 560
Verwaltung zwischen Strafrecht und Wirtschaftsförderung, UPR 1994, 401
Die Leistungsfähigkeit von Effizienzkontrollen am Beispiel der regionalen Wirtschaftsförderung, DÖV 1995, 41
Die Stellung der Kommunen im Wettbewerb der Energieversorgungsträger, RdE 1995, 135
Vergabe von Standplätzen auf Volksfesten, Messen und Märkten an EU ausländische Anbieter, GewA 1995, 265
Übungen im öffentlichen Recht für Fortgeschrittene – Das Ausscheiden aus einem Zweckverband und das Gesetz über die kommunale Zusammenarbeit, VBlBW 1995, 294 (Teil 1) und 332 (Teil 2)
Die Grenzwertkonzeption im Wandel, NVwZ 1995, 845
Städtebauliche Verträge als Instrumente zur Bewältigung komplexer städtebaulicher Entwicklungsaufgaben bei der Wiedernutzung von Brachflächen?, UPR 1996, 201
Der Einfluss öffentlich-rechtlicher Zielsetzungen auf das Statut privatrechtlicher Eigengesellschaften der öffentlichen Hand – Öffentlich-rechtliche Vorgaben, insbesondere zur Ingerenzpflicht –, ZGR 1996, 400

Der Planer als Rechtsgestalter, DÖV 1996, 1017
Öffentlich-rechtliche Bindungen gemischt-wirtschaftlicher Unternehmen, ZHR 160 (1996), 560
Verträge zwischen Gemeinden und Privaten im Rahmen förmlicher städtebaulicher Entwicklungsmaßnahmen und des Zustandekommens von Satzungen mit Vorhaben- und Erschließungsplan, UPR 1997, 41
Gewichtsverschiebungen im Verhältnis zwischen der örtlichen Bauleitplanung und der überörtlichen Landes- und Regionalplanung, DÖV 1997, 757
Entwicklungen im Bereich des Rechtsschutzes bei städtebaulichen Maßnahmen der Gemeinden und bei städtebaulichen Verträgen, GewArch 1998, 1
Die Neuregelungen im Recht der Bauleitplanung aufgrund der Änderungen des BauGB, UPR 1998, 44 (gemeinsam mit Tim Krämer)
Die zunehmende Bedeutung des Rechts der Europäischen Gemeinschaft für die Regionalplanung, die Bauleitplanung und die Fachplanungen, UPR 1998, 161
Rechtsprobleme im Schnittfeld zwischen städtebaulichen Verträgen und Satzungen, GewA 1998, 362
L'intervento economico die poteri locali in Germania, Diritto publico, 1998, 867
Ansiedlung großflächiger Einzelhandelsbetriebe und raumordnerischer Vertrag, UPR 1999, 241
Der „Regionale Flächennutzungsplan" als neues Instrument der räumlichen Ordnung des örtlichen und überörtlichen Raums, UPR 1999, 40
Vorgaben der räumlichen Gesamtplanung für die Ausweisung besonderer Schutzgebiete, UPR 2000, 41
Vertragliche Regelungen als Instrumente zur Sicherung der nachhaltigen städtebaulichen Entwicklung, DÖV 2000, 569
Planfeststellung und Denkmalschutz, ZfBR 2000, 239
Entwässerung von Baugebieten – Aufgabe und Verantwortung, ZfBR 2000, 449
Rechts- und Verfahrensfragen einer „Plan-UVP" im deutschen Raumplanungssystem, UPR 2000, 201
Grenzen landes- und regionalplanerischer Festlegungen gegenüber Verkehrswegeplanungen des Bundes, UPR 2000, 418
Raumordnungsrechtliche Steuerung der Ansiedlung großflächiger Einzelhandelsbetriebe, NdsVBl. 2001, 1 (Teil 1) und 32 (Teil 2)
Die Bedeutung zivilrechtlicher Verträge zur Steuerung der städtebaulichen Entwicklung und deren Grenzen, UPR 2003, 81
Möglichkeiten zur Steuerung der Ansiedlung großflächiger Einzelhandelsbetriebe durch die Raumordnung und ihre Durchsetzung, UPR 2003, 248
Raumordnerische Steuerung der Windenergienutzung im Lichte aktueller Rechtsprechung, UPR 2004, 161 (gemeinsam mit Theophil Weick und Herbert Gouverneur)
Umlegung im Lichte des Eigentumsschutzes, UPR 2004, 321
Rechtliche Steuerung der Freiraumentwicklung, UPR 2005, 201
Notwendigkeit und rechtliche Anforderungen an die Alternativenprüfung in der Bauleitplanung, UPR 2005, 401
Die Grenzen der Länderabweichungsbefugnis gem. Art. 72 Abs. 3 Nr. 4 GG im Bereich der Raumordnung, UPR 2007, 45
Die Zuständigkeitsverteilung zwischen Bund und Ländern im Bereich der Raumordnung nach der Föderalismusreform, ZfBR 2007, 221
Die Einführung eines beschleunigten Verfahrens für Bebauungspläne der Innenentwicklung, NuR 2007, 521
Möglichkeiten zur bauleitplanerischen Steuerung von Standortentscheidungen bezüglich der Errichtung von Mobilfunkanlagen, ZfBR 2008, 446
Neue vergaberechtliche Herausforderungen für die kommunale Praxis, UPR 2008, 281
Planungsrechtliche Steuerung von Vorhaben der Erneuerbaren Energien durch Verträge, UPR 2009, 201
Die Zulässigkeit abwägungsdirigierender Verträge, ZfBR 2010, 429
Aktuelle Rechtsprechung zu den Instrumenten der Innenentwicklung, UPR 2011, 241
Steuerung der Windkraftnutzung unter veränderten landespolitischen Vorzeichen, ZfBR-Beil. 2012, 53
Fortentwicklung des Rechts der städtebaulichen Verträge, ZfBR 2012, 742

Allgemeine Anforderungen der Raumordnungsplanung im Lichte der Niederlassungsfreiheit nach Art. 49 AEUV, EurUP 2012, 216
Aufgabe und Kompetenz des Bundes zur Konkretisierung der bundesgesetzlichen Grundsätze der Raumordnung durch einen Raumordnungsplan nach § 17 Abs. 1 ROG, UPR 2013, 54
Stärkung der Innenentwicklung und Reduzierung der Flächeninanspruchnahme, UPR 2013, 201
Stadt- und Dorferneuerung im Zeichen der Innenentwicklung, ZfBR 2013, 752
Der Ausbau der erneuerbaren Energien in der Raumordnungs- und Bauleitplanung, NuR 2013, 773
Die Abgrenzung zwischen dem Innen- und Außenbereich im Sinne der §§ 34 und 35 BauGB nach dem Kriterium des Bebauungszusammenhangs, ZfBR 2014, 1
Umfang und Grenzen des Anpassungsgebots nach § 1 Abs. 4 BauGB, ZfBR 2015, 445
Transparenzanforderungen für Gemeinden – Rechtsfragen im Zusammenhang mit den Informationsfreiheitsgesetzen –, ZfBR 2017, 112
Lärmschutz- und luftreinhaltungsrelevante Änderungen im Bauplanungsrecht, ZfBR 2018, 25
Allgemeine Feinsteuerungsmöglichkeiten nach § 1 Abs. 4 bis 10 BauNVO und deren Verhältnis zu speziellen gesetzlichen Festsetzungsmöglichkeiten zur Art der baulichen Nutzung, ZfBR 2018, 447
Der Ausschlussgrund für die Anwendung des beschleunigten Verfahrens der Bebauungsplanung nach § 13a Abs. 1 S. 4 BauGB am Beispiel des Neubaus oder der Erweiterung eines großflächigen Einzelhandelsbetriebs, ZfBR 2018, 544
Der rechtliche Umgang mit gesundheitsgefährdenden Luftschadstoffen mit und ohne Grenzwerte: eine Doppelmoral im Lichte von Nachhaltigkeit und Umweltgerechtigkeit, NuR 2019, 433
Bebauungspläne, Gestaltungs- und Erhaltungssatzungen als städtebauliche Mittel zur Revitalisierung und Inwertsetzung des Bestands, ZfBR 2019, 748
Gründe für und Anforderungen an die Einführung einer Raumordnungsplanung für die Landesebene im Zwei-Städte-Staat Bremen, ZfBR 2020, 146
Hochwasserschutzvorsorge in Bezug auf Niederschlagswasser und Starkregen nach dem WHG und den Landeswassergesetzen der Länder, ZfBR 2020, 523
Wasserstress vorbeugen, Konflikte regeln: Trinkbare Ressourcen managen und im Grundwasser schützen – Teil I, UPR 2020, 506
Gefahren rechtlicher Verschlechterungen des Schutzes von Trink-, Mineral- und Heilwasserressourcen und Rechtsschutzmöglichkeiten, NuR 2021, 146
Das Planungssystem in Frankreich – Entwicklungsperspektiven für Deutschland?, ZUR 2021, 659
Das anlassbedingte Verschlechterungsverbot im Umweltrecht, UPR 2021, 459,
Wasserrecht in der Raumordnung, ZfW 2021, 49
Die verschiedenen städtebaulich-planerischen Möglichkeiten zur Mobilisierung von Bauland, ZfBR 2022, 127
Gewährleistung einer nachhaltigen Wasserversorgungsstruktur, ZfBR 2022, 549
Feinsteuerungsmöglichkeiten zur Entschärfung der Gemengelagen-Problematik, ZfBR 2022, 639
Beschleunigter Ausbau der Windkraft- und Photovoltaiknutzung und deren Folgen für die Raumordnungsplanung und Bauleitplanung, ZfBR 2023, 18
Multifunktionale Wasserspeicher zur Entschärfung von Hochwasser- und Niedrigwasserrisiken – rechtliche und raumplanerische Aspekte bezüglich Hochwasserschutz und nachhaltiger Wasserversorgung, UPR 2023, 59
Änderungen des Raumordnungsgesetzes, ZfBR 2023, 540
Überblick über die Änderungen im Energiefachrecht und deren Auswirkungen auf die städtebauliche Planung, ZfBR 2023, 643

H. Rezensionen

Bernd Schütze, Aufgabe und rechtliche Stellung von Landschaftsplanung im räumlichen Planungssystem, Berlin, 1994, in: AöR 121 (1996), 500
Wolfgang Demmler, Der Abgeordnete im Parlament der Fraktionen, Berlin, 1993, in: AöR 121 (1996), 122
Eberhardt Schmidt-Aßmann (Hrsg.), Besonderes Verwaltungsrecht, 10. Aufl., 1995, in: AöR 121 (1996), 328

Wolfgang Hoffmann-Riem/Eberhard Schmidt-Aßmann (Hrsg.), Öffentliches Recht und Privatrecht als wechselseitige Auffangordnungen, 1. Aufl., 1996, in: AöR 122 (1997), 328

Friedemann Tetsch/Ulrich Benterbusch/Peter Letixerant: Die Bund-Länder-Gemeinschaftsaufgabe „Verbesserung der regionalen Wirtschaftsstruktur", Köln, 1996, in: DVBl. 1997, 1079

Schmidt-Eichstaedt (Hrsg.), Bauleitplanung und Baugenehmigung in der Europäischen Union, in: AfK 1999, 360

Stephan Harbarth, Anlegerschutz in öffentlichen Unternehmen, Untersuchungen über das Spar-, Giro- und Kreditwesen, Bd. 122, Berlin, 1998, in: ZHR 166 (2002), 600

Andreas Möller, Siedlungsrückbau in den neuen Ländern nach Stadtumbau- und Sanierungsrecht, in: RuR 2007, 233

Mathias Werner, Allgemeine Fehlerfolgenlehre für den Verwaltungsvertrag, Studien zum öffentlichen Recht, Bd. 5, Baden-Baden, 2008, in: Die Verwaltung 43 (2010), 132

Jean-Bernard Auby: Droit de la ville – du fonctionnement juridique des villes au droit à la ville, Paris, 2013, in: Die Verwaltung 48 (2015), 451

Lars Kindler, Zur Steuerungskraft der Raumordnungsplanung. Leipziger Schriften zum Umwelt- und Planungsrecht, Band 34. Baden-Baden 2018, in: Die Verwaltung 54 (2021), 619

BEARBEITERVERZEICHNIS

Prof. Dr. jur. Gotthold Alexander Balensiefen, maîtrise en droit, *Professor an der Hochschule Biberach*

Prof. Dr. jur. Hans-Jörg Birk, *Rechtsanwalt und Fachanwalt für Verwaltungsrecht i. R., Honorarprofessor an der Hochschule für Verwaltung Ludwigsburg und an der Rheinland-Pfälzischen Technischen Universität Kaiserslautern-Landau*

Prof. Dr. Rainer Danielzyk, *Professor an der Leibniz-Universität Hannover; Generalsekretär der Akademie für Raumentwicklung in der Leibniz-Gemeinschaft*

Prof. Dr.-Ing. Hans Dennhardt, *Professor im Ruhestand an der Rheinland-Pfälzischen Technischen Universität Kaiserslautern-Landau*

Dr.-Ing. Hans-Jörg Domhardt, *außerplanmäßiger Professor im Ruhestand an der Rheinland-Pfälzischen Technischen Universität Kaiserslautern-Landau*

Dr. rer. pol. Dominik Frankenberg, *Wissenschaftler am Thünen-Institut für Innovation und Wertschöpfung in ländlichen Räumen in Braunschweig*

Prof. Dr. jur. Konrad Goppel, *Ministerialdirigent a. D., Honorarprofessor an der Universität Augsburg, ehem. Vorsitzender des Ausschusses Recht und Verfahren der Ministerkonferenz für Raumordnung*

Univ.-Prof. Dr. rer. nat. Sascha Henninger, *Professor an der Rheinland-Pfälzischen Technischen Universität Kaiserslautern-Landau*

Dipl.-Volkswirt, Dr. rer. pol. Ruthard Hirschner, *Rechtsanwalt und Mediator in Schopfheim*

Dr. Stefan Holl, *Senior-Berater bei der Gesellschaft für Markt und Absatzforschung mbH (GMA) in Ludwigsburg*

Gerhard Hornmann, *Vorsitzender Richter am Verwaltungsgericht Frankfurt am Main a. D.*

Dr. iur. Henning Jaeger, *Städtischer Rechtsdirektor, Stadtplanungs- und Bauordnungsamt, Stadt Dortmund*

Univ.-Prof. Dr. Martin Junkernheinrich, *Professor an der Rheinland-Pfälzischen Technischen Universität Kaiserslautern-Landau*

Prof. Dr. jur. Norbert Kämper, *Rechtsanwalt in Düsseldorf, Honorarprofessor an der Ruhr-Universität Bochum*

Prof. Dr.-Ing. Jörg Knieling, *Professor an der HafenCity Universität Hamburg*

Prof. Dr.-Ing. Michael Koch, *Stadt- und Landschaftsplaner in Stuttgart, Honorarprofessor an der Rheinland-Pfälzischen Technischen Universität Kaiserslautern-Landau*

Prof. Dr. Detlef Kurth, *Professor an der Rheinland-Pfälzischen Technischen Universität Kaiserslautern-Landau*

Univ.-Prof. Dr. jur. Gerrit Manssen, *Professor an der Universität Regensburg*

Dr. rer. pol. Karin Miller, *Stuttgart*

Univ.-Prof. a. D. Dr.-Ing. habil. Stephan Mitschang, *Potsdam und Wissenschaftlicher Direktor des Instituts für Städtebau Berlin*

Prof. Dr. jur. Christian-W. Otto, *Professor an der Technischen Universität Berlin*

Univ.-Prof. Dr.-Ing. habil. Karina Pallagst, *Professorin an der Rheinland-Pfälzischen Technischen Universität Kaiserslautern-Landau*

Vera Parisio, *Full Professor of Administrative Law at the University of Brescia (Italy), Secretary General of the Association Internationale de Droit de l'Urbanisme (AIDRU)*

Prof. Dr. Axel Priebs, *Honorarprofessor an der Leibniz-Universität Hannover und der Christian-Albrechts-Universität Kiel; Präsident der Akademie für Raumentwicklung in der Leibniz-Gemeinschaft*

Prof. Dr. jur. Stefan Pützenbacher, *Rechtsanwalt und Notar sowie Fachanwalt für Verwaltungsrecht in Frankfurt/Main, Honorarprofessor an der Frankfurt University of Applied Sciences*

David Renders, *Professeur à l'Université catholique de Louvain, Avocat au barreau de Bruxelles, ancien secrétaire général de l'Association Internationale de Droit de l'Urbanisme (AIDRU)*

Dr. jur. Peter Runkel, *Ministerialdirektor a. D., Berlin*

Prof. Dr.-Ing. Holger Schmidt, *Professor an der Rheinland-Pfälzischen Technischen Universität Kaiserslautern-Landau*

Prof. Dr. jur. Gerd Schmidt-Eichstaedt, *Professor im Ruhestand an der Technischen Universität Berlin*

Dr. jur. Holger Schmitz, *Rechtsanwalt und Dipl.-Geograph in Berlin*

Prof. Dr. phil. Hans-Jürgen Seimetz, *Präsident der Struktur- und Genehmigungsdirektion Süd a. D., Honorarprofessor an der Rheinland-Pfälzischen Technischen Universität Kaiserslautern-Landau*

Prof. Dr. jur. Wilhelm Söfker, *Ministerialdirigent a. D., Bonn, Honorarprofessor an der Rheinischen Friedrich-Wilhelms-Universität zu Bonn*

Prof. Dr. Michael Spannowsky, *Professor at the University of Durham*

Prof. Dr. Annette Spellerberg, *Professorin an der Rheinland-Pfälzischen Technischen Universität Kaiserslautern-Landau, Vizepräsidentin der Akademie für Raumentwicklung in der Leibniz-Gemeinschaft*

Prof. Dr. jur. Andreas Staudacher, *Rechtsanwalt und Fachanwalt für Verwaltungsrecht sowie für Bau- und Architektenrecht in Laupheim, Honorarprofessor an der Hochschule Biberach*

Prof. Dr.-Ing. Gerhard Steinebach, *Professor im Ruhestand an der Rheinland-Pfälzischen Technischen Universität Kaiserslautern-Landau*

Dipl.-Ing. Jutta Steinebach, *Geschäftsführerin der A.S.T. – Angewandte Stadtforschung Steinebach GmbH in Kaiserslautern*

Univ.-Prof. Dr. habil. Gabi Troeger-Weiß, *Professorin an der Rheinland-Pfälzischen Technischen Universität Kaiserslautern-Landau*

Prof. Dr. jur. Michael Uechtritz, *Rechtsanwalt und Fachanwalt für Verwaltungsrecht in Stuttgart, Honorarprofessor an der Universität Stuttgart*

Prof. Dr.-Ing. Sven Uhrhan, *Professor an der Hochschule Bremen*

Prof. Dr. iur. Armin von Weschpfennig, *Professor an der Helmut-Schmidt-Universität/Universität der Bundeswehr Hamburg*